THEATER
GESCHICHTE
IN EINEM BAND

AKTUALISIERTE
NEUAUFLAGE

세계 연극사

Theatergeschichte in einem Band
by Peter Simhandl, Franz Wille, Grit van Dyk

Licensed edition for HanulMPlus Inc.
First published in Germany under the title "Theatergeschichte in einem Band"

페터 짐한들 Peter Simhandl
외 지음

이문기
류용상
이은희
이철우
옮김

THEATER
GESCHICHTE
IN EINEM BAND

AKTUALISIERTE
NEUAUFLAGE

세계 연극사

한울
아카데미

차례

서문

이 책은 드라마와 연극의 발전 과정에 대해 원론적으로 간결하고 일목요연하게 기술하고 있다. 고등학생, 대학생 및 연극을 애호하는 일반인을 위한 입문서로 기획된 이 책은 각 주제와 관련된 다양한 연구 논문들을 요약해서 그 내용을 상세히 설명하고 있다. 이 책은 난해한 이론들의 나열, 전문적인 논쟁과 복잡한 각주의 명기를 생략하고 있다. 이 책이 참고한 수많은 연구서들 중에서 가장 중요하다고 생각한 문헌들은 주제별로 분류하여 참고문헌 목록에 수록하고 있는데, 이것은 계속되는 각 주제들과의 연구에서 보충적 수단으로 활용된다. 따라서 발췌작업 과정에서 언급된 참고문헌은 쉽게 찾아볼 수 있고, 너무 어렵지 않게 이해할 수 있도록 배려했다. 또한 본문에서 단지 제목만 짧게 언급한 모든 문헌들은 참고문헌 목록에서 출판 정보를 상세하게 명기했다. 삽화들은 텍스트와 구체적인 관련이 있을 때 선택적으로 배치했다. 전위 연극예술에 대해 설명한 몇몇 장은 상당 부분 이 책의 지은이에 의해 『이미지 연극(Bildertheater)』(1993)에서 이미 발표된 내용임을 밝혀 둔다.

본문에서 다뤄진 시대와 주제의 선택은 제2차 세계대전 이후 현대연극의 상연 목록에서 중요한 위치를 차지한 작가와 작품들에 따르고 있다. 현대 외국의 극작법은 독일 연극사에서 독특하게 나타난 각 시대와 연관해서 다뤄진다. 또한 각 시대를 분류한 것과 같이 여기에서 시도된 시대 분류를 신뢰할 수 있는 논증들로 이의를 제기할 수 있으며, 더욱이 이 논증들의 범주는 상이한 출처에서 왔다. 어린이들과 마찬가지로 학자들에게도 "상자는 가장 선호되는 장난감(Egon Fiedell)"이며,

현상의 다양함을 정리하고, 역사적 과정을 분류하는 것 또한 학자의 본연의 과제에 속한다. 그와 동시에 학자가 자료를 선택하고, 정리하고, 자신의 시스템에 적용하기 위해 해석하는 행위에는 위험이 뒤따른다. 그렇다면 논리적인 일관성은 역사가 아니라 역사가의 몫이다. 예술에 관련하여 이러한 성향은 베네데토 크로체(Benedetto Croce)가 저서 『심미학(Estetica)』에서 정의한 생각과는 상반된 입장으로 모든 진정한 예술 작품은 결국 비교가 불가능하며 단지 예술품의 폐쇄적 완결성 속에서만 이해될 수 있다.

이러한 역사 서술의 일반적인 문제점들과 함께 연극 역사학자들은 그들의 특별한 대상에서 귀착되는 문제들에 직면한다. 엄밀히 말해서 이러한 역사학자들은 전혀 존재하지 않는다. 자발적으로 참여한 최소 2명 이상의 사람들 사이에서 행해지는 과정으로 이해되는 공연은 출연자들과 함께 사라진다. 이 순간은 결과적으로 역사가 되는데, 이것은 이틀 전이든 또는 200년 전에 일어났든 아무 상관이 없다. 남아 있는 것은 서술과 비평, 연출 노트와 무대장치, 무대의상과 무대소품, 사진과 비디오 같은 증거 자료와 다소 과하게 표현력을 가진 증인들뿐이다. 문학에 바탕을 둔 연극에서 상연의 결과물인 텍스트는 —비록 텍스트의 가치가 연출가의 텍스트 해석 방법에 좌우되기는 하지만— 물론 특별한 의미를 갖는다. 그럼에도 불구하고 이러한 사실에서 작가는 연극사에서 드라마의 발전에 비교적 폭넓은 가능성을 허용한다는 근거를 보았다.

여타 무대예술과 마찬가지로 이 책에서 현실 생활과 연관된 연극의 한계점들은 의문점으로 남겨 둘 예정인데, 그 이유는 아직도 미디어가 우리 주변에서 추억을 일깨우는 중요한 자극제 역할을 하기 때문이다. 더욱이 앞으로의 기능성들을 예단한 한계 설정을 포기했다. 무엇보다 다양성과 과제 설정의 변화 속에서 연극은 그의 생명력을 증명해 왔다. 연극은 한때 도덕적 교육기관으로 나타났고, 정치적 투쟁을 위한 무기였고, 피안의 세계를 불러냈고, 한때는 환상 속에서 왕국을 건설하기도 했고, 관객을 교육·교화했고, 정신력을 훈련시켰고, 일상의 각정거리에서 벗어나게 해주었다.

따라서 이 책에서는 어떻게 연극이 2500년이 넘는 오늘날까지도 여전히 그 생명력을 이어 갈 수 있었는지에 관해 큰 틀 안에서 기술해 볼 것이다.

옮긴이 서문

대학의 서양 어문학자들을 중심으로 개별 시대 혹은 작가(연출자)들의 드라마 및 연극 작품에 관한 연구 논문들은 여러 관련 학회를 중심으로 지금도 활발하게 생산되고 있다. 이러한 논문들은 드라마나 연극을 연구하는 전문가들에게는 매우 의미 있는 연구 성과물이라고 할 수 있다. 그러나 대학에서 드라마와 연극을 가르치는 사람이라면 누구나 전 세계 드라마와 연극의 역사를 통시적 차원에서, 그러면서 동시에 공시적으로 그 발전 과정을 일목요연하게 일별할 수 있는 입문서, 특히 21세기 드라마 및 연극의 발전 양상을 포함시켜 소개하는 입문서가 부재함으로써 학부생이나 대학원생들에게 폭넓은 정보를 제공하지 못하는 아쉬움을 경험했을 것이다. 해당 분야의 전공자로서 대학에서 오랜 기간 드라마나 연극을 가르치고 있는 옮긴이들도 이러한 문제의식을 공유하면서 이 책의 번역을 야무지게 계획했다.

이 책에 대해서 간략하게 소개하면, 크게 4개 장으로 구성되어 있다. 먼저 각각의 장에서 소개되는 개별 연극사는 시대별로 정치적·사회적·문화적 맥락을 두루 반영하고 있다. 이로써 독자들이 각 시대를 대표하는 대표적인 드라마 장르와 공연작품, 그리고 무대형식이나 극장 운영 등에 관한 배경 지식을 개괄적으로 얻을 수 있도록 꾸며져 있다. 그러나 무엇보다도 이 책은 2015년 개정증보판에 기초하고 있으며 최근의 새로운 이론들, 연극 작품들과 무대연출가들, 그리고 무대형식들을 다양하게 소개하고 있기 때문에 독자들에게 드라마와 연극에 대한 새로운 인식과 통찰을 제공할 수 있을 것이다. 또한 이 책은 각 시대별로 드라마 작가나 작품들, 연출가나 무대형식들에 관한 소위 대동소이한 형식의 카탈로그식 서술을 지양하는 대신, 본문의 내용과 밀접한 관련이 있는 다양한 사진 자료나 스케치 등의 시각 자료를 십분 활용함으로써 독자들이 각 시대별로 그 특징을 알기 쉽게 정리할 수 있도록 돕는다.

물론 이 책을 번역하면서 옮긴이들이 가장 심혈을 기울인 부분은 다음과 같다. 먼저, 지은이들이 드라마 및 연극의 전체 발전과정을 압축해서 기술했기 때문에 그 내용이 —특히 공연작품의 내용이나 무대실연과 관련한 간략한 소개 등— 경우에 따라서는 전후 맥락 없이 매우 모호하게 기술되어 있는 경우도 있었다. 이처럼 그 의미가 바로 파악되기 어려운 부분들은 원문의 의미를 흩트리지 않는 범위 내에서 독자들이 이해하기 쉽게 우리말로 옮기고자 노력했다. 둘째, 이 책에 등장하는 드라마 및 연극 용어의 경우에 한국의 학회를 중심으로 우리말로 정립된 경우에는 번역해서 옮겼지만, 그렇지 않은 경우에는 오히려 번역된 용어가 혼란을 줄 수 있기 때문에 원어를 그대로 우리말 표기했다. 셋째, 개별 드라마나 연극 작품의 경우에 가능하면 우리말로 옮기는 동시에 원문을 병기했다. 예를 들면 독일어권 작품의 경우에는 원문 제목을 병기했지만, 그 밖의 경우에는 해당 국가의 원문 제목과 독일어 제목을 병기했다. 끝으로, 독자들에게 연극사에 관한 유용한 정보를 제공하기 위해서 이 책에서 다룬 시각 자료의 출처와 참고문헌의 목록을 첨부했다.

물론 이 책을 번역하면서 한 가지 매우 아쉬웠던 점은 세계의 연극사에서 여전히 아시아의 연극이 변방에 머물고 있다는 점이다. 예를 들어 이 책에서 아시아의 일부 국가들의 전통적인 연극 장르와 공연작품들에 관한 간략한 소개에 머물고 있을 뿐 근현대의 연극발전 과정에 관한 기술이 더 이상 이어지지 않은 점은 옮긴이들에게 커다란 아쉬움으로 남는다. 그러나 이러한 아쉬움을 뒤로 하고, 마침내 이 책이 출간됨으로써 옮긴이들은 오랜 시간 어두운 긴 터널을 마침내 빠져나온 듯이 방대한 작업을 해냈다는 해방감이 드는 한편, 혹여 독일어를 번역하면서 그 의미가 독자들에게 정확하게 전달되지 못하는 부분이 있지 않을까 하는 두려움도 없지 않다. 이와 관련해 부족한 부분이 있다면 학계의 선후배, 동료들뿐만 아니라 독자들의 아낌없는 조언을 부탁한다.

끝으로 이 자리를 빌려 이 책의 출간을 적극 추천한 중앙대학교 독어독문과 오성균 교수, 그리고 오늘날 순수 인문도서 출판시장이 점차 축소되고 있는 현실에도 불구하고 기꺼이 이 책의 번역 출간을 허락한 한울엠플러스㈜의 김종수 사장에게 감사의 말을 전한다. 그러나 무엇보다도 이 책이 출간되기까지 오랜 시간 옮긴이들과 긴밀하게 소통하며 책의 완성도를 높이는 데 헌신적인 노력과 수고를 마다하지 않은 편집부의 배소영 팀장과 사내 관계자 모두에게 심심한 감사의 뜻을 전하지 않을 수 없다.

2023. 2.
옮긴이 일동

1장

연극의 기원에서 바로크 연극까지

연극의 뿌리

먼저 기원전 1500년경 고대 이집트를 시작으로 1000년 뒤에는 고대 유럽에서, 그리고 그 이후 동아시아에서 우리가 볼 수 있는 '연극'이라는 현상은 주술적 제의에 그 기원을 두었다. 동물로 변장해 춤을 추는 사람들을 그려 넣은 석기시대의 동굴 벽화는 제의의 조형적 표현으로 간주될 수 있다. 몇몇 원시 민족의 경우에는 오늘날까지 이어져 내려오는 주술시대의 기나긴 —역사시대와 비교해서— 시간 동안 자연환경은 여전히 인간이 간파할 수 없는 대상이었다. 자연환경은 그 자체가 고유의 의지를 갖춘 존재로서 인간에게 비쳐졌으며, 인간은 그것을 극복할 필요가 있었다. 인간은 주술적 제의를 통해서 비 또는 바다의 악령들을 마법으로 몰아내고자 애를 썼으며, 아직 문명화되지 못한 몇몇 지역에서는 —오늘날까지도 잘 보존되어 있는— 전통 놀이나 춤을 통해서 대지의 비옥함을 기원하고자 했다. 이때 사람들을 '제물로 바치기' 위해서, 그리고 몽환이나 도취, 원기 회복의 상태로 변환하기 위한 수단으로서 자신의 얼굴과 신체를 변장하는 것이 중요했다. 춤을 추는 사람은 말 그대로 그가 연기하는 자의 영혼에 홀려 있었다. 대부분의 제의는 소망하는 상황을 모방해서 표현했다. 그래서 사냥꾼은 잡고자 하는 동물들을, 전사는 이기고자 하는 적을 흉내 냈다. 농부는 곡식으로 위장해서 풍요를 기원했다. 인간은 육체의 언어로 표현되는 제의를 통해서 조상들의 혼령을 달래고자 했다. 시간이 흐르면서 자연에 대한 인간의 지배, 탄생과 월경–그것을 예감하는 달의 변화와 관련해서–, 그리고 질병이나 죽음과 관련된 행위들이 덧붙여졌다. 제의는 대부분 남성들에 의해서 주도되었다. 자연을 굴복시키는 데 있어서 여성보다 훨씬 힘이 세다는 이유로 제의에서 가장 중요한 역할, 즉 상징적으로 혼령을 불러내기 위한 주문은 남성들의 몫이었다. 일반적으로 여성들이 제의 참여를 허락받는다 해도, 그들의 역할은 의식이 진행되는 동안 음악을 반주하는 일에 국한되었다. 하지만 농업이나 원예를 통해서 여성들이 집단의 부양을 책임지는 모계사회에서 제의는 여성들의 일이었다.

시간이 흐르면서 사유재산과 가부장적 권력구조에 기초한 사회질서, 즉 계급사회는 집단적 씨족제도로부터 비롯되었다. 그렇게 해서 자연과 우주에 대한 인간의 생각들도 변했다. 인간의 형상을 한 신들이 자연의 힘을 체현하는 초자연적 존재가 되었다. 사람들은 더 이상 신체의 언어로 표현되는 명령이나 주문을 통해서가 아니라, 제물이나 기도를 통해서 이러한 신들에게 호감을 사고자 했다. 사회집단은 사제라는 이름으로 지상의 신을 대리하도록 신으로부터 소명을 받고, 사회적으로도 인정받는 중재 기관을 만들었다. 사제에 의해서 행해지는 의식 속에서 평범한 사람들도 신의 존재를 느끼게 된다. 주술의 전동에 관여해 직접 신과 자신을 동일시하는 사람들과는 달리 종교적 의식에서 사제는 자신이 계시받은, 그러나 자기자신보다 훨씬 더 높은 세계에 속하는 힘만을 보여 줄 뿐이다. 이때 참석자들은 대체로 수동적인 자세를 취한다. 사제가 무엇인가를 표현하는 동안에 참석자들은 뭔가를 상상할 뿐이다. 우리가 이러한 종교적인 성격의 행동을 벗겨 보면, 그것은 철저하게 연극의 구조와 일치한다. 물론 거기서 놀이의 허구적 현실을 진짜로 받아들이는 자발적 약속은 제의에서 묘사되는 현실에 대한 절대적 믿음을 대체한다. 당연히 허구적 현실 쪽으로 발걸음을 내딛기 위한 전제조건은 인간이 가상과 실재 사이를 분간하는 법을 배웠다는 사실이었으며, 이것이 바로 인간의 가장 큰 소득 가운데 하나다.

다산을 빌기 위한 춤, 서아프리카의 상아 해안

제의가 연극으로 발전했다는 첫 번째 증거들은 고대 이집트(기원전 2000~1500년) 문화에서 발견된다. 우리는 오시리스(Osiris) 신에게 경의를 표하기 위한 공연 과정을 한 석비(石碑)의 비문에서 추론할 수 있다. 유럽의 중세시대에 행해진 그리스도 수난극에서와 마찬가지로 여기서도 매년 신의 고통, 죽음 그리고 부활에 대한 생각을 환기시켰다. 이때 묘사된 공연 내용을 보면 그 근원이 풍요, 즉 다산 숭배임을 알 수 있다. 오시리스는 형제의 손에 의해서 살해되고, 그 시신은 갈기갈기 찢겨진다. 그러나 오시리스는 자신의 원한을 사후에 태어난 아들에 의해서 풀게 되고, 마침내 다시 환생한다. 사제들과 지위가 높은 사람들에 의해서 공연되는 놀이들은 에로틱했으며, 애크러배틱의 강한 리듬과 함께 여성들의 춤을 동반했다. 이러한 놀이들은 축연이나 장례식에서도 행해졌다.

제의와 연극의 관계에 대한 보다 정확한 정보는 고대 그리스에서 비로소 얻을 수 있었다. 물론 이 경우에 단계별 발전을 분명하게 입증할 수 있다. 하지만 이러한 과정이 점진적으로 이뤄졌는지, 아니면 껑충 건너뛰어 이뤄졌는지에 대해서는 오늘날까지도 의견이 나눠져 있다. 프리드리히 니체(Friedrich Nietzsche)[1)]의 주목할 만한 저서 『음악 정신으로부터의 비극의 탄생(Die Geburt der Tragödie aus dem Geiste der Musik)』의 결론을 보면, 한편으로 그의 연구 방향은 고전주의 시대의 공연에는 여전히 제의적이고 종교적인 시각이 뚜렷하게 나타나고 있음을 보여 주고 있는 반면에, 또 다른 연구 방향은 공연의 세속적이고 정치적인 성격, 그

1) 독일의 철학자, 1844~1900년. ―옮긴이

리고 그것으로 인한 역사적 발전의 불연속성을 강조한다.

예를 들면, 베르톨트 브레히트(Bertolt Brecht)[2]는 강력하게 이러한 입장을 대변한다. "연극이 제의에서 나왔다고 말한다면, 그것은 바로 제의로부터 일부분만을 뽑아내어 연극이 된 것이다. 비밀 종교의식에서 그것은 제의적 임무가 아니라, 그로부터 오락성을 취했다. 순수하고 단순하게."[3] 따라서 브레히트는 주로 연극의 사회적 영향에 대해서 관심을 드러내 보이면서도 가능한 한 그 뿌리에서부터 연극을 종교와 분명하게 구별하고자 했다. 이로써 그는 고대를 모범으로 삼아 연극으로부터 형이상학적 차원의 재획득을 열망했던 앙토냉 아르토(Antonin Artaud)[4]와 분명하게 대비된다.

기원전 6세기와 5세기 사이에 아테네의 폴리스에서 완성되었듯이 아리스토텔레스(Aristoteles)[5]는 『시학(Poetik)』에서 그리스의 연극 발전에서 가장 중요한 증거들을 제시한다. 그의 저서는 비극과 희극이 디오니소스의 전통에서 생겨났다고 설명한다. 신의 업적과 고통을 다룬 경배의 노래를 가수 아리온(Arion)이 기원전 600년경에 고정된 형식으로 완성했으며, 그는 오늘날 오보에와 비슷한 고대 그리스의 관현악기 아울로스(Aulos)에 맞춰서 노래를 낭송하도록 하는 한편, 그와 동시에 춤 동작도 곁들이도록 했다. 연기자들은 숫양의 뿔과 뾰족한 귀, 그리고 편자와 꼬리를 붙이고 사티로스(Satyros)와 실레노스(Silenus), 즉 디오니소스의 음탕하고 음주벽이 있는 수행원들로 분장했다. 그리스어 '트라고디아(tragodia)'는 『숫양들의 노래(Gesang der Böcke)』로, 또는 『숫양의 희생을 기리는 노래(Gesang um den Preis des Bockes)』로도 번역될 수가 있다. 그와 달리 『디오니소스 송가(Dithyrambos)』[6]라는 이 단어의 의미가 신을 경배하기 위한 노래인가는 분명하지 않다. 왜냐하면 이 노래는 (디오니소스 신과 마찬가지로) 소아시아의 프리지아(Phrygien)와 트라키아(Thrakien) 지역에서 유래하기 때문이다.

---

2) 독일의 극작가이자 연출자, 1898~1956년. —옮긴이

3) Bertolt Brecht: Werke. Bd. 23. 67p.

4) 프랑스의 극작가이자 연출자, 1896~1948년. —옮긴이

5) 그리스의 철학자, 기원전 384~322년. —옮긴이

6) 남성 15명이 춤을 추며 노래를 부르는 장편의 송가. —옮긴이

술의 신 디오니소스와 시중을 드는 무녀들,
꽃병 장식화, 기원전 540년경

이러한 유래는 신화를 통해서 확인된다. 디오니소스는 일반적으로 인간에 의해서 인정받기 전에는 외지에서 와서 저항을 극복하지 않으면 안 되는 침입자였다. 그는 강렬하게 인간들의 마음을 빼앗고 사로잡았으며, 그들에게 무절제한 자유의 감정을 심어 주었다. 또한 그는 인간들을 도취하도록 만들었으며, 환희와 고통의 극단적 긴장 속으로 끌어들였다. 디오니소스는 '술의 신 바커스의 시중을 드는 무녀들' 혹은 —리디아의 신의 이름에 따라서— '술의 신 바커스를 섬기는 무당들'이라고 불린 한 무리의 무희들에 둘러싸여 있었다. 신화에 따르면, 신은 여자들을 가정생활의 폐쇄적 세계로부터 자유분방한 세계로 인도하고 광란 속으로 몰아댄다. 에우리피데스(Euripides)[7]가 그의 비극 작품 〈디오니소스를 섬기는 무녀들(Die Bakchen)〉에서 묘사하고 있듯이 그들은 숲속의 동물들을 잡아채서 날고기로 먹고, 심지어 자신들의 아이들까지도 죽인다. 그러한 방탕한 요소들이 디오니소스를 숭배하는 데 모종의 역할을 했었을 것이며, 무의식적 충동 에너지의 집단적 정화 작용이 그것과 연결되어 있었다. 신화는 신들의 아버지 제우스(Zeus)와 테베(Theben)의 공주 세멜레(Semele)의 아들 디오니소스가 태어나자마자, 곧바로 티탄족들에게 끌려갔다고 전한다. 이때 그들을 속이기 위해서 디오니소스는 처음에는 염소로, 그다음에는 사자로, 뱀으로, 호랑이로, 그리고 마지막에는 황소로 잇달아 변신했다. 티탄족들은 디오니소스를 그와 똑같은 형태로 갈기갈기 조각내어 삼켜 버렸다. 물론 디오니소스의 머리는 제우스의 어

7) 고대 그리스의 비극 작가, 기원전 480~406년. —옮긴이

머니 레아(Rhea)에 의해 위험을 겨우 모면하게 되었으며, 그들이 다시 뱉어 낸 그의 사지육신도 불가사의한 방법으로 다시 접합되었다. 부활한 디오니소스는 올림포스 산으로 들어가 영원히 죽지 않는 자들의 일원으로 받아들여졌다. 죽음과 부활의 신화는 자연에서 일어나는 사건들을 환기시킨다. 디오니소스는 다산 및 풍요의 신적 체현으로서 생명의 수액인 피, 포도주와 물, 그리고 정액을 귀히 여기며 생명을 불어넣는 신으로 여겨진다. 그 때문에 디오니소스는 농부들로부터 특별한 숭배를 받았다.

기원전 6세기 중반 아테네의 권력을 독점한 지배자 페이시스트라토스(Peisistratos)는 귀족들과 치열한 권력투쟁을 벌이면서 가난한 농민들의 지지를 얻기 위해서 디오니소스의 숭배를 장려했다. 그는 자신이 통치하는 도시구역에 각기 다른 신전들을 짓게 했으며, 디오니소스를 경배하기 위해 몇몇 축제들을 개최했다. 그래서 '디오니소스 대축제(Große Dionysien)'가 개최되는 동안에는 많은 비극 작품들이 공연된 반면에, '레나이아 축제(Lenäen)' 기간에는 주로 희극 작품들이 공연되었다. 페이시스트라토스의 의도는 방종한 숭배의 에너지를 통제된 길로 인도하려는 것이었는지도 모른다. 축제를 기획하면서 페이시스트라토스는 디오니소스를 숭배하는 노래와 춤을 공연하기 위해서 수레를 타고 전국을 유랑하는 유명한 시인들을 데려왔다. 이들의 노래와 춤은 디오니소스에 관한 신화뿐만 아니라, 이미 500년 전에 멸망한 미케네(Mykene) 제국의 신과 영웅들에 관한 이야기들도 담고 있었다. 물론 이것들은 오랫동안 구전으로 내려오다가, 마침내 호머(Homer)의 대서사시 〈일리아스(Ilias)〉와 〈오디세이(Odyssee)〉에서 문자 형식으로 고정되었다. 여기에 기초해 테스피스(Thespis)[8]는 합창과 선창자(先唱者)의 관계를 대화 형식으로 바꿔 놓음으로써 비극의 기본틀을 만들었다. 비록 그에 관해서는 몇몇 시구만이 전해지고 있지만, 우리가 배운 비극에서 그의 작품 구조를 어느 정도 규명할 수 있다. 먼저, 불행한 사건이 예감된다. 그런 다음 그 사건은 전령 보고[9]에 의해서 보다 분명해지고, 마지막에 합창은 그러한 불행의 한스러

8) 기원전 6세기경 고대 그리스의 비극 시인. —옮긴이

9) 무대에서 연출할 수 없는 극 중 사건을 관객에게 전달하는 연극 기법. —옮긴이

움과 슬픔을 전달한다.

『시학』에서 아리스토텔레스는 희극의 기원에 관해서도 설명한다. 그는 〈팔루스의 노래들(Phallos-Lieder)〉에서 희극의 기원을 찾고 있으며, 그러한 노래와 함께 행해지는 무대행진도 그의 시대에는 여전히 중요한 전통이었음을 밝히고 있다. 낱말의 의미 또한 이러한 설명을 뒷받침한다. '코모디아(Komodia)'는 〈코모스의 노래(Gesang des Komos)〉[10]를 의미하며, '코모이(Komoi)'는 디오니소스를 숭배하기 위해서 노래를 부르고 춤을 추며 무대행진을 벌이면서 1미터 길이의 남근 조형물을 짊어지고 열광하는 젊은 남자들의 흥분 상태를 가리켰다. 그들은 짧지만, 아주 외설적인 내용의 시구로 관중을 야유하고 비난했다. 그들은 검댕이로 검게 얼굴을 칠하고 반은 동물의 형상으로, 반은 인간의 모습으로 변장했다. 이러한 관습은 아리스토파네스(Aristophanes)[11]의 희극에 등장하는 동물 합창에 이르기까지 계속 이어졌다.

고대 그리스의 드라마와 공연 형식

100년이라는 시간은 그리스 비극이 발전과 절정, 그리고 종결을 짓기에 충분했다. 도시 아테네와 지배지역의 정치적 발전과 동시에 진행된 정신적·문화적 발전 과정이 3세대 만에 완성되었다. 고대에 관해 신뢰할 수 있는 전문가들은 기원전 490년 그리스가 페르시아와 벌인 마라톤(Marathon) 전투에서 거둔 승리, 즉 아테네의 도시국가 폴리스의 '운명의 시간(Schicksalsstunde)'과 위대한 3명의 비극 시인들의 삶을 연관시켰다. 아이스킬로스(Aischylos)[12]는 직접 마라톤 전투에 참가했으며, 소포클레스(Sophokles)[13]는 어린 나이에 마라톤 전투의 승리를 기리는 윤무(輪舞)를 이끌었고, 같은 해에는 에우리피데스가 태어났다고 한다. 3명의 비

---

10) 고대 그리스에서 음악에 맞춰 자유분방하게 의례에 따라 무대를 행진하면서 부르는 노래. —옮긴이

11) 그리스의 희극 작가, 기원전 445~385년. —옮긴이

12) 고대 그리스의 비극 작가, 기원전 525~456년. —옮긴이

13) 고대 그리스의 비극 작가, 기원전 496~406?년. —옮긴이

극 작가들이 쓴 33편의 드라마 작품들은 완벽하게 보존되었다. 물론 고전주의 시대에 쓰인 1000여 편의 작품들에 비하면 그들의 작품 수는 아주 미미하다. 그러나 그들의 작품은 서양 문화에 엄청난 영향을 미쳤다. 오늘날에 이르기까지 그들의 작품은 서양에서 문화를 담당하는 계층들의 정신 및 도덕교육의 바탕이 되는 교양의 기초에 해당된다. 르네상스 시대가 시작되면서 그들의 작품은 생산적 논쟁의 대상이었다. 인문주의 시대와 프랑스 및 독일 고전주의 드라마 작품들뿐만 아니라 오페라 장르에서도 그들의 작품은 견본의 역할을 했다. 사람들은 아리스토텔레스의 『시학』에서 말하는 그리스 비극과 반향을 끊임없이 —논쟁의 여지가 있는 만큼 빈번하게— 논의했으며, 각기 다른 관점에서 그것을 해석하고 모범으로 삼았다. 베르톨트 브레히트는 자신의 '반(反)아리스토텔레스' 연극을 발전시키기 위한 모델로서 그들의 작품을 이용했다. 20세기의 또 다른 위대한 연극개혁자 앙토냉 아르토는 고대 비극에서 '잔혹극(Theater der Grausamkeit)'의 모델을 보았다. 현대연극의 저명한 연출가들은 고대의 드라마 작품들로부터 커다란 자극을 받았다. 후고 폰 호프만슈탈(Hugo von Hofmannsthal), 유진 오닐(Eugene O'Neill), 장 지로두(Jean Giraudoux), 장 아누이(Jean Anouilh), 앙드레 지드(André Gide), 장 폴 사르트르(Jean-Paul Sartre), 그리고 하이너 뮐러(Heiner Müller)는 고대의 주제와 인물에 기대어 자기시대의 문제점들을 논했다. 예전에 그리스의 비극 작가들과 마찬가지로 그들은 자기시대의 현실을 탐색하고 표현하기 위해서 타락한 세계가 반영된 신화들을 즐겨 이용했다.

초창기 비극과 관련된 텍스트는 전무하리만큼 아주 미미하게 전해져 내려왔다. 비로소 우리는 아이스킬로스의 작품들을 통해서 보다 정확한 정보를 얻을 수 있었다. 아이스킬로스는 아테네에서 그리 멀지 않은 도시 엘레우시스(Eleusis) 출신의 귀족계급 부모에게서 태어났으며, 이른바 고대 그리스의 '황금시대'라 일컬어지는 5세기 초에 처음으로 비극 경연에 참가했다. 이때 그는 테스피스, 그리고 그가 가설에 입각해 추론한 '원(原)비극(Ur-Tragödie)'을 뛰어넘는 중요한 발걸음을 내딛었다. 그는 두 번째 배우를 코러스의 맞은편에 세워 놓았다. 소포클레스는 여기서 한걸음 더 나아가 세 번째 배우를 추가했다. 그러나 그리스 연극은 배우의 숫자를 그 이상 넘어서지 못했다. 그것은 극작법상 상당한 제약을 가져다주었

비극에서 코러스의 춤, 꽃병 장식화, 기원전 4세기

다. 동시에 3명 이상의 배우가 무대 위에 있어서는 안 되었다. 그리고 장면과 장면 사이에는 가면과 의상을 바꿀 수 있는 충분한 시간이 있어야만 했다. 아이스킬로스의 경우에 극 중 사건은 언제나 똑같은 기본틀에 맞춰서 전개되었다. 그의 후계자들도 그러한 기본틀을 고수했다. 프롤로그에는 극 중 사건의 출발 상황을 설명하는 제1배우, 즉 '주인공'(대개는 작가와 동일한 인물)이 등장한 이후에 코러스의 서곡['파로도스(Parodos)']이 나오고, 이어서 개별 배우들의 무대장면['에페이소디온(Epeisodion)']이 그 뒤를 따른다. 이러한 무대장면과 이어지는 코러스의 합창곡['스타시몬(Stasimon)'], 그리고 또 다른 무대장면들이 교대하면서 반복적으로 전개된다. 그리고 마지막에는 코러스가 노래하면서 퇴장한다['엑소더스(Exodus)']. 언어 파트는 약강격의 3음보시행(三音步詩行)으로, 그리고 독창자의 '아리아'와 합창가는 각기 다른 서정적 운율로 맞춰져 있다. 근대 드라마와 달리 대화는 그리 중요하지 않다. 특히 노래로 표현되는 경과구(經過句)는 다른 등장인물들과 대화를 나누기 위해서라기보다는 오히려 감정표현에 이용된다. 코러스는 기쁨과 고통, 두려움과 의혹을 표현한다. 즉, 코러스는 무대사건에 관해서 해설을 하지만, 직접 무대사건에 개입하는 경우는 매우 드물다. 코러스의 개입을 통해서 등장인물들 사이의 내밀한 장면이 외부로 드러난다. 여기서 시민극(Bürgerliches Theater) 특유의 내면화는 생각할 수 없다. 디오니소스 극장(Dionysos-Theater)에서 공연할 경우에 코러스는 폴리스 공동체의 입장을 옹호했으며, 이곳에서 공개적으로 공동체의 문제를 협의했다. 이 시기는 아테네 시민들에게 있어서 정치적으로도 사회적으로도 중대한 변혁기에 해당되었으며, 수없이 많은 근본적인 문제가 제기되었다. 그들은 그러한 문제를 풀 수 있는 해답을 찾고자 전승되어 내려오는 신화의 모델을 다방면으로 숙고했다. 비극은 사물들을 다양한 관점에서 볼 수 있는 능력과 대안들을 서로 비교하면서 저울질하고, 그렇게 함으로써 자신들이 필요로 하는 정치적 결정에 합리적인 방식으로 도달할 수 있는 능력을 스스로 배양하는 데 중요한 역할을 했다. 이런 과정이 극장이라는 공공장소에서 수행되었기 때문에 아티카 풍[14]의 시민사회에 미치는 통합적·정치적 효과는 바로 거기에서 비롯되었다. 그러므로 아이스킬로스와 그 후계자들의 연극은 폴리스의 삶에서 중요한 위치를 차지했으며, 오늘날처럼 연극을 특별히 여기는 사람들만의 관심사가 아니라 전체 아테네 시민의 중요 관심사였음을 알 수 있다.

자신의 가장 오래된 작품 〈페르시아인들(Die Perser)〉에서 아이스킬로스는 —규범에서 벗어나— 신화적 소재를 선택하지 않고 동시대의 소재, 즉 적대적 강국에 맞서 싸우는 그리스인들의 전투를 작품 소재로 선택했다. 그의 작품은 유일하게 전해져 내려오는 고대의 시대극(Zeitstück)이지만, 여기서 시인은 승리를 거둔 아테네인들을 기리기 위한 송가를 노래하지 않고, 오히려 패배한 사람들의 고통을 표현한다. 아이스킬로스는 아테네 시민들이 거만해지는 것을 경계하고, 신에 대한 불경으로 비쳐지는 그리스인들의 오만불손함을 경고하기 위해서 전쟁에서 패배한 페르시아인들의 운명에 주목한다. 시인은 그의 모든 비극 작품에서 그 점을 경고한다. 그래서 그는 법질서를 위반하는 무절제함이 궁극적으로는 어떻게 몰락으로 이어지는가를 반복해서 표현한다. 그러나 인간은 언제나 그 점을 망각하기 때문에 올림포스에 사는 신들의 운명을 통해서 그 점을 인간에게 끊임없이 상기시키지 않으면 안 된다. 아이스킬로스가 쓴 모든 비극 작품의 중심에는 인간들로 하여금 '진지하게 숙고하도록' 하는 한편, '고통을 통해서 배우도록' 하는 힘이 놓여 있다. 이미 동시대인들이 '전쟁의 신에 사로잡혀 있음을' 묘사한 그의 드라마 〈테베에 대항하는 7인들(Sieben gegen Theben)〉에서 아이스킬로스는 오이디푸스(Ödipus)의 두 아들 에테오클레스(Eteokles)와 폴리네이케스(Polyneikes)가 테베의 권력을 놓고 벌이는 형제간의 싸움을 다루고 있다. 두 형제는 그 싸움에서 서

14) 우아하고 기지 넘치는 아테네식의 고전풍을 일컫는다. —옮긴이

로를 죽인지만, 도시 테베는 위험한 상황에서 벗어난다. 작품의 결말에서 한 전령이 그중 한 사람의 시신은 최대의 경의를 표해서 매장할 것을, 그러나 다른 한 사람의 시신은 새와 개들에게 먹이로 던져 주라는 명령을 전한다. 물론 소포클레스가 나중에 그의 동명의 비극 작품에서 이야기하듯이, 바로 여기서부터 안티고네(Antigone)[15]의 이야기가 시작된다.

아이스킬로스의 비극 작품 중에서 가장 많이 공연되지 않은 작품이 〈보호를 탄원하는 사람들(Die Schutzflehenden)〉이다. 이 작품의 중심에는 다나오스(Danaos)[16]의 딸들로 구성된 코러스가 있다. 사촌들의 구혼을 피해서 달아나는 그녀들의 도피는 고대 그리스에서 상당히 큰 의미로 받아들여졌던, 망명자의 피보호권에 관한 논쟁으로 이어지는 계기를 제공한다. 제우스의 뜻과 관계없이 인간들에게 불을 가져다준 반신(半神)이자, 티탄족(거인족)의 아들에 관한 3부작 가운데 첫 번째 비극 작품 〈결박당한 프로메테우스(Der gefesselte Prometheus)〉도 그리 많이 공연되지 않은 작품 가운데 하나다. 이 작품에서 교만하고 잔인한 폭군으로 등장하는 주신(主神) 제우스는 형벌로서 프로메테우스가 영원히 고통받도록 카프카스(Kaukasus)[17]에 있는 어느 커다란 바위에다 묶어 놓도록 했다. 이곳에서 프로메테우스는 이나코스(Inachos)[18]의 딸 이오(Io)[19]를 만난다. 프로메테우스는 그녀가 언젠가는 다시 평온을 얻을 것이며, 그녀의 후손 중 하나인 헤라클레스(Herakles)가 자신의 고통을 끝내게 할 것이라는 말도 덧붙인다.

〈오레스테이아(Orestie)〉는 온전하게 전해 내려오는 아이스킬로스의 유일한 비극 3부작이다. 이 작품에서 아이스킬로스는 아주 지독한 범죄에 사로잡힌 저주받은 아트리덴(Atriden) 부족에 관한 신화를 다루는데, 그의 후계자들도 관심을 갖고 다룬 소재다. 귀족들로 구성된 아테네의 최고 법정 아레오파고스가 권력을 상실하던 시기, 즉 가장 중요한 권한들이 국민회의로 넘어가던 시기에 나온 아이

15) 테베 왕 오이디푸스의 딸. —옮긴이
16) 50명의 딸을 가진 아르고스(Argos)의 왕. —옮긴이
17) 흑해와 카스피 해 사이에 있는 산맥. —옮긴이
18) 강의 신. 그의 아버지는 티탄족의 일원이자 바다의 신인 오케아노스(Okeanos)이다. —옮긴이
19) 제우스의 사랑을 받아 헤라에게 미움을 사고 암소로 변하는 등 온갖 고난을 겪는다. —옮긴이

오레스트와 복수의 여신들, 꽃병 장식화, 기원전 4세기

스킬로스의 작품은 폭발성이 가장 강력한 주제를 다룬다. 이 작품은 복수가 복수를 낳는 연쇄 복수 끝에 번갈아 가며 벌어지는 살인의 광기가 어떻게 끝을 맺는지 보여 준다. 어머니를 살해한 오레스트(Orest)는 아테네의 법정으로부터 —도시 아테네의 수호신 아테네(Athene)의 노골적인 협조로— 무죄 판결을 받는다. 피의 복수라는 낡은 제도는 아테네 시민사회가 보장하고 신의 뜻에 근거하는 새로운 법질서와는 거리가 멀다. 복수의 여신 에리니에스(Erynies)는 아버지의 머리에서 태어난 이성의 여신 아테네와도 거리가 멀다. 하지만 그녀들은 아테네와 화해하면서 축복을 가져오는 복수의 여신이 된다. 초기 아테네의 이야기에서 수백 년에 걸쳐 이어져 오는 과정을 〈오레스테이아〉에서는 연극 공연시간에 맞게 압축해서 보여 준다.

아이스킬로스의 7개 비극 작품 이외에도 그의 사티로스 연극[20]의 단편들이 3편 더 전해지고 있다. 다나오스의 딸들에 관한 이야기를 다루고 있는 그의 3부작(비극 작품) 가운데 하나인 〈아미모네(Amymone)〉에서 주인공 아미모네는 숲속에서 물을 길을 때, 호색적인 반인반수 형상의 숲의 신 사티로스로부터 괴롭힘을 당한다. 이때 바다의 신 포세이돈(Poseidon)이 개입하면서 그녀는 위기를 모면하고 아름다운 소년의 모습을 한 포세이돈의 연인이 된다.

〈그물로 고기 잡는 어부들(Die Netzfischer)〉에서 사티로스의 모습을 한 코러스는 낚아 올린 그물에서 상자 하나를 발견한다. 그 상자 속에는 다나에(Danae)[21]

20) 고대 그리스의 익살극으로 사티로스 모습의 합창대가 등장한다. —옮긴이
21) 아르고스의 왕 아크리시오스의 딸이자 페르세우스의 어머니. —옮긴이

가 가슴에 어린아이를 품은 채 버려져 있었다. 여기서 아이스킬로스의 관심사는 순박하고 명랑한 시각에서 이야기하는 페르세우스(Perseus)의 전설이다. 운동경기에서 사티로스와 실레노스가 등장하는 〈그물 배 끄는 사람들(Die Isthmosfahrer)〉에서 기본적으로 같은 입장을 접할 수 있다.

아이스킬로스에 비해 소포클레스에 대해서는 훨씬 더 많은 것들이 알려져 있다. 결코 그것은 우연이 아니라 폴리스의 발전과 함께 개인의 비중이 커졌음을 의미한다. 그의 삶은 기원전 5세기 전체를 거의 아우른다. 시인은 상류층 집안 출신이며, 훌륭한 교육과 의술을 익혔다. 그는 의술의 신 아스클레피오스(Asklepios)의 사제가 되었다. 소포클레스는 민주주의를 지향하는 정당의 공인된 지도자로서 15년간 아테네 정치에 결정적인 영향력을 행사한 페리클레스(Perikles)[22]와 정치적으로 친분이 두터웠다. 페리클레스의 지지와 함께 철두철미하게 폴리스의 안녕을 목표로 삼는 그의 드라마 작품들이 거듭 성공을 거두면서 소포클레스는 고위직에 여러 번 선출되었다. 그가 쓴 드라마 작품은 130편에 이른다. 그중 7편의 비극, 그리고 〈사냥개들(Die Spürhunde)〉이라는 제목의 사티로스 연극 1편이 현재까지 전해지고 있다. 특히 그의 사티로스 연극에서는 헤르메스(Hermes) 신과 아폴로(Apollon) 신에 관한 음악의 삽입이 매우 중요하다. 연극 경연에서 1등을 열여덟 차례, 2등을 열두 차례나 차지했을 만큼 극작가로서 소포클레스의 작품들은 당시 시민들로부터 상당히 공감을 얻은 듯하다.

소포클레스의 가장 오래된 작품 〈아이아스(Aias)〉는 전사한 아킬레스 (Achilles)의 무기를 둘러싸고 트로이 앞에서 벌어지는 그리스 영웅들의 싸움에 관한 이야기다. 아이아스는 아킬레스의 무기를 요구하지만, 술수로 말미암아 그 무기는 오디세우스(Odysseus)[23]에게로 돌아가게 된다. 그러자 아이아스는 복수를 계획하고, 그의 동료들을 살해하고자 한다. 그렇지만 아테네는 그를 미치광이로 만들어 한 무리의 가축이 그의 눈에 그리스인들의 진영으로 보이도록 한다. 그는 동물들 틈에서 살육을 저지른다. 광란에서 벗어난 그는 자신이 조롱감이 되어 있다는 것

---

22) 아테네의 정치가, 기원전 499~429년. —옮긴이

23) 호머의 영웅 서사시 〈오디세이〉의 주인공으로 이타카(Ithaka)의 왕. —옮긴이

을 깨닫고 자신의 칼에 몸을 내던진다. 자주 공연되지 못한 이 작품은 아직 아이스킬로스의 작품에 가까우며, 소포클레스 특유의 양식을 가장 적게 보여 준다.

그의 드라마 〈안티고네〉는 주인공 안티고네와 테베의 지도자이자 그녀의 삼촌인 크레온(Kreon) 사이에서 벌어지는 갈등이 중심을 이룬다. 안티고네는 삼촌의 명령을 어기고 오빠인 폴리네이케스의 시신을 매장한다. 그녀는 자신의 생각을 단호하게 주장한다. "서로 증오하기 위해서가 아니라 같이 사랑하기 위해서 내가 있는 것입니다!" 심지어 그녀는 그러한 생각을 실천하기 위해서 자신의 목숨을 바친다. 가족에 대한 의무와 종교적 의무가 여기서 국가이념과 현실정치와 대립한다. 크레온의 생각에는 몇 가지 객관적이고 정당한 측면이 없지 않다. 그러나 무대사건이 진행되면서 그의 무절제함이 비로소 드러난다. 크레온이 말하는 원칙들은 경직된 권력 지향적 교만함의 산물이다. 이런 점에서 안티고네와 크레온이 대변하는 원칙들이 동등한 권리가 있다고 해석한 게오르크 프리드리히 헤겔(Georg Friedrich Hegel)[24]의 생각은 반박할 여지가 있다.

소포클레스는 안티고네 아버지의 운명에 2편의 비극을 헌정했다. 시인의 마지막 작품 가운데 하나인 〈콜로노스의 오이디푸스(Ödipus auf Kolonos)〉는 1편의 서정적 조가(弔歌)다. 그가 소재로 이용한 〈오이디푸스 왕(König Ödipus)〉은 '분석 드라마'의 모델로 간주된다. 지난 세기, 특히 헨리크 입센(Henrik Ibsen)[25]이 다시 관심을 갖고 다룬 이 드라마 유형에서 드라마의 내용은 과거 은폐된 사건들을 밝히는 데 있다. 소포클레스는 그가 신민으로부터 사랑을 받는 통치자이자 행복한 남편에서 자기 아버지를 살해하고 자기 어머니와 결혼했다는 인식이 어떻게 서서히 생겨나는지를 보여 준다. 운명의 뒤바뀜('급전')이 강렬하게 표현되어 있다. 인간은 자신의 운명에서 벗어나기 위해서 애를 쓰지만, 신들의 예언은 실현된다. 실패를 통해서 주인공의 비극적 실존이 인식된다. 엄청난 불행 속에서도 오이디푸스는 자신과 맞닥뜨리는 힘, 즉 인식의 힘에 의지한다. 물론 그 힘은 그를 파멸로 몰아간다. 그는 자기 스스로 눈을 멀게 하지만, 진정 그는 눈뜬 사람이 된다.

---

24) 독일의 철학자, 1770~1831년. —옮긴이

25) 노르웨이의 극작가, 1828~1906년. —옮긴이

소포클레스의 후기 작품에 해당되는 드라마 〈엘렉트라(Elektra)〉는 아이스킬로스의 비극 3부작 〈오레스테이아〉의 제2부와 같은 신화를 소재로 다룬다. 물론 소포클레스의 작품에서 어머니의 살해 모티브와 피의 복수 모티브는 또 다른 테마, 즉 엘렉트라[26]의 고립무원, 오빠 오레스트가 복수자 내지는 응징자로 귀환하기를 바라는 그녀의 절망적인 기대 때문에 배후로 밀려난다. 소포클레스의 〈필로크테트(Philoktet)〉에서 비극성은 철저하게 절망적으로 나타나지 않는다. 크레인과 비슷하게 생긴 기계와 함께 무대 위에 출현하는 기계신[데우스 엑스 마키나(Deus ex machina)][27]은 드라마의 마지막 부분에서 주인공으로부터 트로이를 점령하는 데 필요한 그의 기적의 활과 독이 묻은 화살을 빼앗기 위해서 온 오디세우스와 네오프톨레모스(Neoptolemos)[28]뿐만 아니라 커다란 부상을 입고 섬에 홀로 남겨진 주인공을 그리스 진영으로 옮겨 놓는다.

아이스킬로스의 작품에서는 종교적 성격이 분명하게 드러나는 데 반해, 오히려 소포클레스는 '인간을 위한 비극 작가'다. 이제 초인적인 운명의 흐름들은 보다 풍성한 내면적 존재로 등장하는 개인에게 초점이 맞춰져 있다. 인간은 운명과 맞선다. 비극적으로 인간은 그 속으로 휩쓸려 들어간다. 그러나 인간은 고통 속에서도 내적 숭고함을 통해서 우뚝 일어선다. 설사 소포클레스의 주인공들이 자신들의 숙명으로부터 벗어날 수 없다 하더라도 그들에게는 결정의 자유가 남아 있다. 그들은 운명으로 말미암아 흔들릴 수는 있지만, 결코 그것 때문에 꺾이지는 않는다. 그들의 완강한 의지와 그들이 피할 수 없는 운명과의 충돌은 비극 작품의 중심을 이룬다. 이러한 긴장 관계를 만드는 기본 갈등은 오랜 시간에 걸쳐서, 그리고 수 세대에 걸쳐서 확장된 아이스킬로스의 사건들과 마찬가지로 3부작의 서사적 진행으로는 표현될 수가 없다. 오히려 그는 폐쇄적이고 엄격하게 구성된 개별 드라마 작품들을 필요로 한다. 그 때문에 소포클레스의 3부작들은 비교적 상호 연관성이 결여된 채 연이어져 있다. 이따금 같은 신화군(神話群)에서

26) 아가멤논(Agamemnon)의 딸. —옮긴이

27) 고대극에서 기계 장치로 공중에서 내려와 문제를 해결해 주는 신. —옮긴이

28) 아킬레우스(Achilleus)와 데이다미아(Deidamia)[스키로스(Skylos) 섬의 왕 리코메데스(Lykomedes)의 딸]의 아들이자 에피루스(Epirus)의 왕. —옮긴이

취한 주제들을 다루고 있다는 점을 제외하면, 이들 작품의 연관성은 극히 적다.

3명의 위대한 그리스 비극 작가 가운데 가장 젊은 에우리피데스[29]는 살라미스(Salamis) 섬에서 대농장을 소유한 농장주의 아들로 태어났다. 아이스킬로스나 소포클레스와는 달리 그는 군대에 복무하지 않았고, 정치에도 관여하지 않았기 때문에 관직에 임명되지도 않았다. 이러한 현상은 개인과 폴리스라는 공동체 사이의 과도기인 그리스 고전주의의 후기 시대에는 매우 흔한 일이다. 에우리피데스가 종종 많은 관객으로부터 분노와 야유를 유발시켰다는 것은 사회적으로 고립된 시인의 위치를 말해 준다. 아테네의 '보통 시민'을 대표하는 연극경연 심사위원들도 그에게 특별한 호감을 가지고 있지 않았다. 그 때문에 그들은 에우리피데스에게 1등상을 단 네 번밖에 수여하지 않았다. 오늘날까지 전해지는 그의 작품 대부분은 시인의 사후 명성이 얼마나 동시대인들의 평가를 무색하게 하는지 입증한다. 아이스킬로스와 소포클레스의 작품들보다 많은 18편의 작품이 현재까지 남아 있다.

에우리피데스는 소포클레스보다는 나중에 태어났지만, 그 차이가 채 20년도 안 된다. 그러나 이 시기는 정신적 측면에서 아테네 폴리스의 급격한 발전을 의미한다. 기원전 5세기 중엽 그리스의 '계몽주의' 시대가 시작되었다. 신(新)궤변철학은 모든 사물을 양쪽에서 관찰해야 한다는 신념, 즉 모든 사물은 '찬'과 '반'을 지니고 있다는 신념에서 출발한다. 이제 인간의 인식 자체가 성찰의 대상이 된다. "인간은 만물의 척도다"[프로타고라스(Protagoras)]. 인간은 신들의 가르침 속으로 도피하지 말고, 독자적으로 생각하고 판단해야 한다. 에우리피데스는 궤변철학자들(소피스트들)의 생각을 드라마에 적용한다. 이제 신들과 그의 관계, 그리고 그 때문에 자신에 의해서 비극적 소재의 토대로서 의심의 여지 없이 받아들였던 신화들과 그의 관계는 일정한 거리를 두는 그런 회의적 관계다. 그렇지만 그는 선배 비극 작가들보다는 훨씬 더 자유롭게 신화를 이용한다. 에우리피데스는 그다지 잘 알려지지 않은 신화의 변형된 표현에 기꺼이 기댄다. 그는 자기시대의 사람들이 공동생활을 위해서 만들어 놓은 도덕규범으로 신들의 행동을 재단한

29) 고대 그리스의 비극 작가, 기원전 480~406년. —옮긴이

다. 어떤 경우, 인간과 비교해 신들에 대한 평가는 형편이 없다. 신들은 기만하고 속이며, 부당하게 행동하고 배반한다. 에우리피데스는 그들의 행동을 문제 삼는다. 물론 그들의 존재를 문제 삼는 것이 아니다. 따라서 그리스 비극은 가장 계몽된 대변자의 경우에도 종교적 기본 입장과 결합된다. 그러나 개인이 관심의 초점이 되면 될수록 폴리스 공동체를 대변하는 코러스는 점차 그 중요성을 상실한다. 자주 에우리피데스는 코러스를 상당히 부차적으로 취급한다. 등장인물들의 내면에서 일어나는 사건들, 그리고 인간행위의 정신적 동인들이 그에게는 무엇보다도 중요하다. 에우리피데스는 서양 연극 최초로 심리에 정통한 사람이다(심리학자). 소포클레스는 자신과 에우리피데스의 차이점을 다음과 같은 말로 표현했다. "나는 인간(들)이 어때야 하는지를 표현하는 데 반해, 에우리피데스는 인간이 어떤가를 표현한다."

에우리피데스의 드라마 작품들은 대개 주인공 또는 신이 이야기하는 프롤로그로 시작된다. 프롤로그에서는 무대사건과 관련한 전제조건들의 윤곽이 그려진다. 그것은 필요하다. 왜냐하면 관객은 시인이 선택한 신화의 해석에 종종 익숙하지 않기 때문이다. 대부분 그의 드라마 작품의 마지막 부분에 나타나는 화해를 에우리피데스는 때로는 지나치게 자의적으로 유도한다. 경우에 따라서는 비극적 갈등을 해소하는 것이 그리 어렵지 않은 순간에도 기계신이 등장한다. 에우리피데스의 작품에는 신들이 정해 놓은 운명에 반응하는 것이 아니라 '티케(Tyche)'30), 즉 눈에 보이지 않는 우연이 작용한다. 아이스킬로스나 소포클레스의 드라마 작품에서 볼 수 있듯이 신의 의지가 숙명적으로 실현되는 것에서 생겨나는 인간의 충격 대신에 3인의 비극 작가들 중 가장 젊은 시인의 작품에서는 인간의 운명이 지닌 불가사의에 대한 놀라움과 지상의 행복이 갑작스레 뒤바뀌는 데서 생겨나는 인간의 당혹감이 나타난다.

에우리피데스의 드라마 작품 가운데 가장 일찍 전해진 작품이 〈알케스티스(Alkestis)〉다. 이 작품은 '행복한 결말이 있는 비극'이다. 에우리피데스는 사티로스 연극 대신에 흔히 그 작품을 3부작 비극에 이어서 공연토록 했다. 그리고 〈키

30) 행운의 여신. ―옮긴이

클로프(Der Kyklop)〉는 시인이 쓴 단 하나의 사티로스 연극으로 전해져 오고 있다. 〈알케스티스〉에서는 주인공이 자발적으로 남편을 대신해 지하세계로 걸어 들어간다. 그런 다음 헤라클레스의 도움으로 지하세계에서 빠져나온다. 이전의 비극 작가들과는 달리 에우리피데스는 문체상 한쪽으로 지나치게 치우치는 것을 가능한 한 경계했다. 오히려 에우리피데스는 아내이자 어머니를 사실주의적 인물로 그린다. 미래에 대한 그녀의 최종적인 생각은 그녀의 아이들에게 매우 중요한 역할을 한다. 일반적으로 그리스의 비극 작가들 가운데 가장 젊은 에우리피데스는 여성의 심리를 그리는 데 탁월한 극작가다. 〈메데아(Medea)〉에서 시인은 자연의 힘에 의해서 실현된 여성상을 유약하고 기회주의적인 그녀의 남편과 대비시킨다. 여기서 태양신의 손녀는 철저하게 인간적인 면모를 갖춘 여성으로 등장한다. 만약에 그녀가 ―주변 환경이 그녀를 그쪽으로 몰아갔지만― 나중에 태양신 헬리오스(Helios)에 의해서 마차를 타고 올림포스로 들어가기 위해서 자신의 아이들을 살해한다면, 그것은 더더욱 경악할 일이다. 전설적인 아테네의 왕 테세우스(Theseus)의 아내이자 의붓아들과 사랑에 빠지지만, 결국 남편에게 추방당하고 자살하는 페드라(Phädra)[31]의 영혼 속에서 요동치는 열정들을 에우리피데스는 〈히포리토스(Hippolytos)〉에서 매우 섬세하게 표현한다.

펠로폰네소스(Peleponnes)[32] 전쟁 기간에 에우리피데스의 드라마 창작은 정점에 이른다. 그러므로 그가 이 주제에 항상 주목하고 있다는 것은 그리 놀라울 일이 아니다. 비극 〈안드로마케(Andromache)〉[33], 〈헤카베(Hekabe)〉[34], 〈트로이의 여자들(Die Troerinnen)〉에서 에우리피데스는 그리스인들의 자랑스러운 승리에 관해서 이야기하는 트로이의 전쟁 신화들을 다룬다. 그러나 에우리피데스의 작품에서 우리는 영웅적인 탁월함에 대해서는 전혀 듣거나 보지 못한다. 오히려 그의 작품에서 우리는 일련의 잔혹한 행위들과 마주친다. 고통의 홍수가 패배자들을 덮친다. 그러나 승리자들에게도 마찬가지로 어마어마한 재앙이 예고된다.

---

31) 미노스(Minos) 왕의 딸. ―옮긴이
32) 그리스 남부를 이루는 반도. ―옮긴이
33) 트로이 전쟁 영웅 헥토르(Hektor)의 아내. ―옮긴이
34) 트로이의 왕 프리아모스(Priamos)의 아내. ―옮긴이

"왜냐하면 파괴하는 자는 스스로 자신의 몰락을 재촉한다"라고 바다의 신 포세이돈이 〈트로이의 여자들〉에서 분명하게 말하기 때문이다.

에우리피데스의 후기 작품은 크게 두 부분으로 나뉘진다. 한편으로는 낯선 나라나 먼 바다에서 겪는 모험들을 이야기하며, 예외 없이 행복한 결말을 취하는 〈타우리스의 이피게니에(Iphigenie auf Tauris)〉, 〈헬레나 (Helena)〉, 〈페니키아의 여자들(Die Phönikerinnen)〉에서 보듯이 '공상적'이고 '낭만적'인 작품들이 있는가 하면, 다른 한편으로는 말 그대로 본연의 비극 작품들도 있다. 이런 유형은 드라마 〈엘렉트라〉와 〈오레스트〉에서 특징적으로 가장 잘 나타난다. 이때 복수의 여신들이 행하는 어머니의 살해자에 대한 박해는 매우 '현대적'이며, 심리적으로 죄책감에 시달리는 고뇌로 그려진다. 에우리피데스의 백조의 노래[35]는 마케도니아 망명 중에 탄생한 드라마 〈디오니소스를 섬기는 무녀들〉이다.

예전에 '원(原)비극'을 발전시킨 디오니소스 신화가 이 작품의 토대가 된다. 프롤로그에서 디오니소스는 지배권력을 쥐고서 자신의 숭배를 허락하지 않으려는 왕의 혈족을 단죄하기 위해 자신이 돌아왔음을 테베인들에게 알린다. 이미 디오니소스가 여자들을 광란의 도가니 속으로 몰아넣었음에도 불구하고 매우 합리주의적인 태도를 보이는 왕 펜테우스(Pentheus)는 여전히 그에게 맞선다. 디오니소

펜테우스의 머리를 들고 있는 아가우에와 디오니소스에게 시중을 드는 무녀들, 고대 후기의 부조

35) 죽으면서 부르는 노래, 즉 최후의 작품. —옮긴이

스는 그가 ―여자로 가장해서― 도시 앞에서 무녀들의 행동을 구경할 수 있을 것이라고 약속한다. 하지만 펜테우스는 함정에 빠지고 결국 여자들에게 갈기갈기 찢기고 만다. 광기에 사로잡힌 그의 어머니는 전리품으로 아들의 머리를 들고 테베로 돌아온다. 마침내 그녀는 자신이 아들을 살해했음을 깨닫고 도시를 떠난다. 코러스는 마지막 노래에서 신들의 힘을 인정한다. 이로써 비극의 결말에 다시 한 번 그리스 연극의 토대가 되는 인간의 오만에 대한 경고와 종교적 충고가 자리를 잡는다.

그리스의 마지막 위대한 비극 작가 에우리피데스가 죽은 후 3세대가 지나서 비로소 아리스토텔레스의 『시학』이 나왔다. 앞서 작품들로부터 이끌어 낸 규칙 체계가 여기서 다뤄진다. 강의를 위해서 쓴 이 책은 자신의 생각을 핵심어 중심으로 표현하고 있고, 또한 비약과 단절로 가득 차 있다. 아리스토텔레스가 희극 이론을 다루는 『시학』 제2부는 분실되었다.

아리스토텔레스는 비극이야말로 ―대체로 시문학과 마찬가지로― 현실을 모방해야 한다는 생각에서 출발한다. 그는 '모방[미메시스(Mimesis)]'의 개념을 플라톤(Platon)[36]으로부터 넘겨받았다. 그러나 이때 아리스토텔레스는 모방이라는 개념을 수공업적 생산을 위한 일반적 범주에서 벗어나 예술 작품을 창작하기 위한 특수한 범주로 변환시켰다. 그는 시문학의 현실 관계를 정의하기 위한 두 번째 용어로 '개연성[에이코스(Eikos)]'의 개념을 도입한다. 시인에게는 있을 수 있는 것과 일반적인 것이 중요시되는 반면에, 역사가에게는 사실적인 것과 특수한 것이 중요시된다. 그 때문에 아리스토텔레스는 시문학을 역사 기술보다도 훨씬 더 진지하고, 훨씬 더 철학적인 작업이라고 생각한다. 그의 견해에 따르면 극작가는 관객이 자기자신의 현실과 연관지을 수 있도록 인물과 사건을 보편타당한 모델로 형상화하지 않으면 안 된다. 그는 비극이 의도하는 영향을 '연민[엘레오스(Eleos)]'과 '공포[포보스(Phobos)]'라는 개념으로 부른다. 관객은 무대 위에서 표출된 격정들을 떠올리면서 거기에서 벗어나게 된다. 아리스토텔레스는 이러한 진정 작용을 '카타르시스(Katharsis)'라는 개념을 사용해서 설명한다. 원래 이 용어는 유해한

---

36) 그리스 철학자, 기원전 427~347년. ―옮긴이

구희극의 여인들, 기원전 5세기의 화병 장식화

물질의 제거를 가리키는 의학에서 비롯된 낱말이다. 예술에서 카타르시스는 무절제하고 자유분방한 긴장을 이완하며 도덕적으로 교양 있는 구성요소들을 함께 포함한다. 그러므로 동시에 관객은 흘가분하고 순화된 감정을 갖는다.

고대 그리스의 연극예술에서 비극과 희극은 매우 엄격하게 구분된다. 어떤 작가도 결코 두 장르 모두에 종사하지 않았다. 단연코 두 장르의 공연도 동일한 행사에서 함께 공연되지 않았다. 비극 배우는 희극 작품을 공연한 적도 없었으며, 그 반대의 경우도 전혀 없었다. 이미 고대의 교양인들은 그리스의 희극을 세 가지 양식으로 구분했다. 특히 아리스토파네스[37]가 남긴 9편의 희극 작품들은 아테네 폴리스의 공적 생활에 대한 비판을 특징으로 하는 '구희극(Alte Komödie)'[38]을 대표한다. 시인의 후기 작품에 해당되는 2편의 드라마 작품, 즉 동화처럼 신비로운 느낌을 주는 희극 〈플루토스(Plutos)〉와 〈여자들의 집회(Die Weibervolksver sammlung)〉는 '중희극(Mittlere Komödie)'으로 분류된다. 아테네 시민들의 사적인 문제를 주로 다루는 '신희극(Neue Komödie)' 가운데는 메난데르(Menander)[39]의 작품과 일련의 미완성 작품들이 현존하고 있을 뿐이다. 그리스 고전시대에 2000여 편의 희극 작품들이 쓰인 점을 고려하면, 희극 작품에 대한 자료는 비극 작품의 경우보다 훨씬 적은 편이다.

기원전 5세기 중엽에 태어난 아리스토파네스 이전에도 이미 그리스에는 희극

37) 고대 그리스의 대표적인 희극 작가, 기원전 445~385년. —옮긴이

38) 그리스의 연극 축제 때 공연되는 희극. —옮긴이

39) 고대 그리스의 희극 작가로 메난드로스(Menandros)라고도 한다. 기원전 342/341~291/290년. —옮긴이

의 전통이 있었음이 분명하다. 왜냐하면 아리스토파네스는 처음부터 기존의 풍부한 양식요소의 토대 위에서 창작했기 때문이다. 가장 섬세한 감정표현부터 가장 거친 음담패설에 이르기까지 사용된 언어의 폭은 굉장히 넓다. 주인공이 이야기하는 프롤로그가 중심 부분을 이루며, 이 부분은 기본적으로 서로 모순되는 두 가지 원칙을 대변하는 극 중 인물들 사이에서 벌어지는 설전 장면들을 '아곤(Agon)'이라 부른다. 종종 이 장면은 양편으로 나눠진 소규모 코러스로부터 지원을 받는다. 아리스토파네스의 어느 희극 작품에서 지칭하듯이 식사를 하기 위한, 또는 '유쾌한 동침'을 위한 코러스의 퇴장, 즉 '엑소더스' 역시 중요 부분에 해당된다. 전통적인 비난극(Rügespiel)에서 그 기원을 알 수 있듯이 구희극의 가장 오래된 구성요소는 '파라바시스(Paravasis)'다. 아직 남은 무대사건과는 비교적 아무런 관계없이 이 장면에서는 코러스가 가면을 벗고 관객을 향해서 극작가의 생각이나 의도를 설명하고, 연극 경연에 참여한 경쟁자들이나 정치가들에 대해서 훈계하거나 비꼬아서 말한다. 결국에는 신들의 도움을 간청한다.

아리스토파네스의 가장 왕성한 창작 시기는 아테네 폴리스의 상황에 믿을 수 없는 결과를 가져온 펠로폰네소스 전쟁 때다. 민주주의는 눈에 띄게 몰락했으며, 경제도 마찬가지였다. 국체(國體)의 황금기에 생겨난 모든 물질적·정신적 유산들이 위협받고 있다는 의식이 희극 작가의 거의 모든 작품에서 느껴진다. 개인들의, 그리고 정치 및 문화생활의 일반적 행태에 대한 그의 예리한 비판은 바로 그러한 의식의 결과에서 비롯된다.

희극 경연에서 아리스토파네스에게 1등상을 안겨 주었으며, 현존하는 희극 작품들 가운데 가장 오래된 그의 작품 〈숯쟁이들(Die Acharner)〉에서는 한 농부가 평화의 영웅으로 등장한다. 전쟁으로 말미암아 자신의 삶이 피해를 입는 데 넌덜머리가 난 농부는 적과 개인적으로 평화 협상을 맺는다. 여기서 전쟁을 선동하는 정파는 무대사건이 진행되면서 평화주의로 전향한 도시 아카이(Achai) 출신의 숯쟁이들로 이뤄진 코러스에 의해서 짓밟힌다. 숯쟁이들은 작가가 동시대인의 모습을 정확하게 캐릭터화한 장군 라마코스(Lamachos)와 협상을 벌인다. 그는 군국주의적 기본 태도를 완강하게 고집하고 있으며, 그 때문에 평화의 혜택을 누리지 못한다. 결국 다른 사람들이 디오니소스 축제를 여는 동안에, 그는 몸에 상처를 입고 다리를 질질 끌면서 무대 위로 걸어 나온다. 이미 〈숯쟁이들〉에서 아리스토파네스는 다음 작품에서 다른 인물, 즉 정치가 클레온(Kleon)을 다룰 것이라고 예고한다.

대부분 아리스토파네스의 희극 작품들이 코러스에 따라서 작품명이 정해졌듯이 그의 작품 〈기사들(Die Ritter)〉은 정치가들의 전쟁 선동과 대중 선동을 비꼬는 풍자극이다. 이 작품은 경쟁 관계에 있는 2명의 정치가가 '미스터 데모(Herr Demo)'[40]로 의인화되어 등장하는 국민에게 어떤 방식으로 아양을 떨면서 국민을 자기들 편으로 끌어들이는지 보여 준다.

정치가들 다음으로 아리스토파네스는 〈구름(Die Wolken)〉에서 공적 삶의 또 다른 인물로서 철학자 소크라테스(Sokrates)[41]를 논박한다. 경연에서 탈락한 이 희극 작품에서는 자기보다 신분이 높은 사람과 결혼했지만, 향락에 빠진 아들 때문에 빚더미에 올라앉은 우직하고 나이 든 아테네 시민이 기대감에 충만한 아들을 소크라테스의 학교로 보냈다. 물론 이런 조치는 그의 아들이 자신의 책임을 회피할 수 있는 토론 기술을 배우도록 하기 위함이었다. 여기서 시인은 모든 사물을 양쪽에서 볼 것을 가르치는 궤변주의를 반어적으로 다룬다. 아리스토파네스는 그의 대변자로서 소크라테스를 허위로 내세운다. 이로써 그는 철학자 소크라테스에 대한 사형선고에 어느 정도 기여했다.

아테네에서 재판관들은 제비로 결정되었다. 보수가 좋았기 때문에 많은 시민들이 재판관이 되려고 몰려들었으며, 가능한 한 많은 소송을 진행시켜야만 했다. 밀고자들의 비열한 태도가 꽃을 피웠다. 아리스토파네스는 광적인 시민들의 소송 열풍을 자신의 희극 〈말벌들(Die Wespen)〉의 주제로 삼았다. 여기서 한 젊은이는 자기 아버지가 소송의 열정에 빠지게 하기 위해서 아버지에게 개인 법정을 차려 준다. 예를 들면 그는 치즈 한 조각을 둘러싸고 개 두 마리 사이에서 벌어지는 싸움을 재판토록 한다.

그의 희극 〈평화(Der Frieden)〉와 〈리시스트라테(Lysistrate)〉는 수년간의 전쟁을

---

40) 원래 그리스어 Demo는 '민중' 또는 '국민'을 뜻한다. —옮긴이

41) 고대 그리스 철학자, 기원전 470~399년. —옮긴이

끝내고 싶어 하는 아테네 시민들의 열망을 테마로 한 작품이다. 〈평화〉에서는 포도를 재배하는 농부가 주인공이다. 그는 —천마가 아니라 말똥구리를 타고— 올림포스로 날아간다. 그는 추락에 대비해 자신의 남근을 조정키로 사용하려고 한다. 그리스의 모든 종족들을 불러 모으는 코러스의 도움으로 그는 전쟁의 신이 가두어 놓은 평화의 여신을 구한다. 다시 지상으로 돌아온 농부는 평화의 여신을 호위한 여신들 가운데 한 명인 '가을 열매의 여신'과 결혼식을 올린다. 〈리시스트라테〉에서는 여주인공이 서로 적대적인 그리스 도시국가 출신의 여자들을 불러 모은 다음, 사랑 싸움을 통해서 남자들에게 평화를 요구하자는 자신의 계획을 들려주고 설득한다.

현존하는 아리스토파네스의 희극 작품들 가운데 가장 아름다운 작품은 바로 〈새들(Die Vögel)〉이다. 이 작품은 운문 형식으로 쓰여 있다. 무대사건은 대부분의 다른 희극 작품들보다도 훨씬 더 풍부하고, 또한 훨씬 더 짜임새 있게 진행되는 것처럼 보인다. 사람들의 광적인 소송 열기에 너무 실망한 나머지, 2명의 아테네 시민은 자신들의 고향을 떠나 새의 왕에게 도움을 청해 식민지를 하나 세운다. 그들은 이 식민지를 '꿈나라'라고 이름 짓는다. 새들은 하늘을 지배하기 때문에 인간들을 제물로 바쳐 신들을 공양하는 것을 저지할 수 있다. 그래서 올림포스의 신들은 새로운 국가의 통치자로 출세한 이주 아테네 시민 가운데 한 사람에게 통치의 화신인 여신 바실레이아(Basileia)를 아내로 삼도록 줄 수밖에 없다.

흔히 시인이 신랄하게 공격하기 위해서 사용하는 주 표적은 바로 비극 작가 에우리피데스였다. 〈테스모포로스 축제의 여인들(Die Frauen am Thesmophorien fest)〉에서 아리스토파네스는 여자들에 대한 그의 적대감이 전적으로 부당하다며 비난한다.

〈개구리들(Die Frösche)〉에서도 에우리피데스는 그리 좋은 성과를 거두지 못한다. 가상의 경연에서 연극의 신 디오니소스가 심판관으로서 저승세계에 들어갔다. 이 경연에서 에우리피데스는 폴리스의 낡은 이상들을 대변하는 아이스킬로스에게 패배한다. 일반적으로 아리스토파네스는 과거의 위대한 가치들에 대한 분별력을 아테네 공동체 사회를 위한 만병통치약으로서 입증했다.

기원전 5세기 말 스파르타 사람들이 아테네의 성벽을 무너뜨렸을 때, 풍자를 통한 조정자로서 구희극이 지지한 정치사회 질서는 침몰했다. 아리스토파네스의 창작은 그의 고향이 사라진 뒤에도 상당 기간 지속된다. 중희극에 해당되는 2편의 희극 〈플루토스〉와 〈여자들의 집회〉에서는 명망 있는 동시대인들이 더 이상 주인공으로 등장하지 않는다. 그에게 정치는 더 이상 비판의 대상이 되지 않는다. 이젠 공상적이고 동화 같은 유토피아에 대한 동기가 그에게 무엇보다도 중요시된다. 아리스토파네스의 조소에서는 날카로움과 시니컬함, 그리고 정곡을 찌르는 위트가 사라졌다. 예를 들면 그것은 2편의 여성 희극에서도 잘 나타난다. 희극 〈리시스트라테〉에서는 일체의 판타스틱을 관통하면서 이성의 승리에 대한 희망이 아직은 뚜렷이 남아 있는 데 반해, 그의 후기 작품 〈여자들의 집회〉에서는 그와 정반대되는 대안적 청사진에서도 불합리함이 엿보인다. 여자들이 마침내 권력을 손에 쥔다. 그 후 그들은 사랑뿐만 아니라 모든 것을 공유하는 원시적 공산주의 강령을 공포한다. 이 작품에서 자기 애인에게로 돌아가려는 한 젊은 청년이 요물 같은 노파들에 의해서 어떻게 희생물로 전락하는지를 보여 주는 아리스토파네스는 그 자신이 기획한 유토피아를 맘껏 조소한다. 〈플루토스〉에서도 삶의 터전에서 고정분배를 점점 더 절박하게 제기하는 고향 사람들의 물음에 아리스토파네스는 실현될 수 없는 염원이라고 답한다. 어느 가난한 농부가 눈이 먼 부(富)의 신 플루토스에게 눈을 뜰 수 있는 신비의 약을 가져다준다. 물론 플루토스가 장님이 된 것은 사기꾼들에게 호의를 베푼 죄였다. 이제 그는 치유되어 착한 사람들을 찾아다닐 것이다.

아리스토파네스의 희극 작품들을 전체적으로 조망해 보면, 우선 리얼리즘과 동화 같은 자유의지가 결합되어 있음을 알 수 있다. 두 요소는 서로 밀접하게 연결되어 있다. 예를 들면 〈숯쟁이들〉에서 주인공 개인의 평화 협상은 공상으로 비쳐진다. 하지만 이러한 평화 협상은 현실 상황 아래 성사되고, 현실의 인간들에 의해서 실행된다. 새들의 도시도 철저하게 비현실적이다. 하지만 그들의 방어벽은 돌과 모르타르로 지은 것처럼 단단하다. 희화와 과장 속에서 아테네인들은 자신들의 현실을 재인식하는 동시에, 바람직스럽지 못한 발전을 꿰뚫어 보지 않을 수 없는 것이다.

물질에 대한 개인의 합목적적 사고로 말미암아 공공의 이익에 대한 책임감이 사라지고 있음이 신희극의 생성에 반영된다. 이 드라마 장르는 기원전 320년경 헬레니즘과 거의 동시에 시작되었다. 이 시기는 과거의 국경선을 훨씬 뛰어넘는 그리스인들의 삶의 확장과 함께 새로운 경제적·정신적 중심지들의 형성과 빠른 성장으로 특징지어진다. 현실에서는 더 이상 존재하지 않았지만, 여전히 사람들은 자율적이고 민주적으로 통치된 본국의 폴리스를 꿈꾸었다. 그리스의 도시국가들은 그들의 독립성을 상실했다. 먼저 그들은 알렉산더 대왕의 휘하로 들어간 마케도니아 사람들을 굴복시켜야 했고, 그런 다음 로마인들을 꺾어야만 했다. 이러한 상황 속에서 정치에 대한 그들의 관심은 확실히 사라졌다. 이제 그것은 개인의 문제가 되었다. 사회적 대립이 첨예화되고 있었다. 평민들은 경쟁이 심해지면서 자신들의 임금이 낮아지자, 노예를 통해서 자신들의 최저생계비를 지키려고 애썼다. 그러나 이런 현상은 도시에서도 생겨났다. 다시 말해, 물려받은 재산을 안전하게, 그리고 더 많은 이득을 얻는 데만 몰두하던 부유층이 특히 그랬다. 아테네와 그 밖의 다른 그리스 도시에서의 삶은 '시민의 존재'로 발전했다. 오늘날 현존하는 메난데르의 작품들을 통해서 알 수 있듯이 그것이 바로 신희극 발생의 온상이었다. 그것에 관한 보다 정확한 정보―그 존재를 정확하게 알게 된 것―는 20세기 초 이후에 비로소 알 수가 있었다. 당시 이집트에서 몇몇 희극 작품의 일

신희극에 나오는 가정극의 한 장면, 기원전 3세기 부조

부가 담겨 있는 파피루스 고문서들이 발견되었다. 이 문서들은 로마시대의 극작가 티투스 마키우스 플라우투스(Titus Maccius Plautus)[42]와 푸블리우스 테렌티우스 아페르(Publius Terentius Afer)[43]의 번안 작품들과 관련해 비교적 신희극에 대한 정확한 정보를 제공해 준다. 현재까지 완벽하게 전해지고 있는 메난데르의 유일한 작품은 〈인간의 적(Der Menschenfeind)〉이며, 이 작품이 1950년대에 발견됨으로써 처음 우리에게 알려지게 되었다. 〈심판소(Das Schiedsgericht)〉라는 제목을 단 그의 두 번째 작품의 경우에는 약 3분의 2 정도만이 현존하고 있다. 작가가 수백 편의 희극 작품들을 쓴 것을 고려하면, 현존하는 그의 작품 수는 너무 적다.

메난데르 작품의 배경과 줄거리는 주로 일상의 문제, 가정의 문제, 그리고 가족의 문제를 다루고 있다. 대부분 그의 작품에는 사회적 규범과 재산을 지키는 데 특별한 의미를 두는 구세대의 식구들과 연애나 그 밖의 다른 즐거운 일에 관심을 갖는 젊은 세대 사이에서 불거지는 갈등이 중심에 놓인다. 그러나 젊은이들은 언제나 돈이 부족하기 때문에 어른들을 속이려고 한다. 이때 그들은 대부분 교활한 노예나 기식하며 얹혀사는 식객[44]의 도움을 받는다. 그러면서 어느 한 편이 다른 한 편을 속이고 물리치려고 애쓴다. 메난데르는 자신의 운명을 스스로 거머쥐는 인간들을 그린다. 헬레니즘 시대의 현실에서 마치 인간의 모범인 양 그들은 더 이상 신들이 정한 운명을 믿지 않는다. 이제 우연의 여신이자 행운의 여신인 티케를 최고의 신으로 받아들인다. 오늘 잘되지 않은 일은 내일 잘될 수 있다. 인간들은 목표에 파묻혀 스스로 자신들의 계획을 세운다. 그럼에도 불구하고 인간들은 공허해진다. 희극의 전통이 그렇기 때문에 행운의 여신은 모든 것을 좋게 끝낸다. 특히 행운의 여신은 우연히 다시 식별할 수 있게 함으로써 기꺼이 깜짝 놀라게 만든다. 잃어버린 아이들과 그 부모, 또는 헤어진 여인들은 행운의 여신이 베푸는 배려 덕분에 재회하게 된다.

신희극에서 동일한 줄거리 구도에도 불구하고 다양한 변형이 발견되었다. 그

---

42) 고대 로마시대의 희극 작가, 기원전 254?~184년. —옮긴이

43) 고대 로마시대의 희극 작가이자 시인, 독일어로 테렌츠(Terenz)라고도 부른다, 기원전 195?~159?년. —옮긴이

44) 고대희극의 전형적인 인물 유형 가운데 하나. —옮긴이

것은 희극 작가들로 하여금 판타지와 종합 능력을 상당히 요구한다. 메난데르는 플롯의 조작뿐 아니라 인물들의 형상화와 관련해서 그것을 뛰어나게 이용했다. 물론 그는 언제나 동일한 인물들을 등장시키지만, 철저하게 그들을 개성 있게 발전시킨다. 이때 그의 스승 테오프라스토스(Theophrastos)[45]의 유명한 저서 『성격론(Die Charaktere)』에 기술된 심리학적 인식들이 무엇보다도 그에게는 커다란 도움이 되었다. 메난데르의 작품에는 전형적인 인물로서 때로는 다정다감하고, 때로는 엄격한 아버지와 어머니, 그리고 당연히 부모보다는 훨씬 더 자유분방한 아들, 꾀가 많은 노예, 마음이 넓은 매춘부, 허풍쟁이 군인, 충직한 유모, 그리고 마지막으로 부양을 받는 대신에 온갖 재담으로 이에 보답하는 식객이 등장한다. 등장인물의 개성화와 무대사건의 사유화는 드라마 형식에도 눈에 띄는 결과를 가져온다. 특히 공동체의 대변인으로 역할을 담당하던 코러스는 신희극에서는 사실상 그 의미를 상실한다. 메난데르의 작품은 코러스가 막과 막을 연결하는 기능에 국한되어 있음을 보여 준다. 이에 상응해 무대공연도 변화되었다. 4분의 3의 원형 형태로 관객에 의해 둘러싸이는 동시에 연극 무대 양옆의 한가운데 자리 잡고 있던 오케스트라 무대도 더 이상 사용되지 않았다. 무대사건은 배우들의 연기 공간인 오케스트라로부터 나무로 가볍게 만든 무대 구조물인 스케네(Skene)의 단상무대로 옮겨졌으며, 이로써 연기 공간은 관객의 세계를 지향하는 독자적 허구의 영역으로 구성되었다. '제4의 벽'이 끼워졌다. 물론 그것은 훗날 시민극에서 보는 것보다는 투과성이 아직은 훨씬 더 크다. 그렇게 본다면, 신희극과 구희극 사이의 경계는 고대극과 근대극의 경계보다 훨씬 더 그 의미가 컸다.

그리스 고전주의 시대에는 비극이든 희극이든 초연은 종교 축제에서 이뤄졌다. 아테네 사람들은 흔쾌히, 그리고 자주 축제를 벌였다. 펠로폰네소스 전쟁에서 전사한 사람들을 기리기 위한 조사(弔詞)에서 페리클레스[46]는 1년 내내 여기저기서 행해지는 오락이나 여흥을 금지하고, 더 나아가 —말하자면 전사자들의 가족을 위로하기 위해서— 어느 누구에게도 연극 관람을 허락하지 말 것을 지시했다. 일

45) 고대 그리스의 철학자이며 자연과학자, 기원전 371~287년. —옮긴이

46) 고대 그리스의 정치가, 기원전 495~429년. —옮긴이

반적으로 정치가들은 자신들의 정치적 목적을 관철하기 위해서 축제와 놀이(연극)를 적극 장려했다. 그들은 제물로 바친 동물의 고기로 사람들을 배불리 먹이고, 무대공연을 통해서 교화와 함께 즐길 수 있는 여흥의 기회를 제공하면서 시민 집회에서 결의된 결정에 대한 지지를 이끌어 낼 수 있었다. 비극은 전체 공동체의 자기정화로서 이용되었으며, 희극은 꽉 막힌 정치적 불만을 해소하는 배출구의 기능을 했다. 먼저 희극 공연은 1, 2월에 개최되는 레나이아 봄 축제 때 행해졌으며, 폭풍이 몰아치는 겨울이 지나 항해가 비로소 다시 가능해지는 3, 4월의 디오니소스 축제 때는 비극이 공연되었다. 이 계절에는 동맹국들이 공물과 함께 대표단을 아테네로 파견했다. 아테네는 이러한 기회를 자기연출을 위해서 이용했다. 외부 손님뿐만 아니라 아테네의 토착민들에게 폴리스의 부와 권력을 과시하기 위해 자신들의 국력을 공개적으로 대놓고 자랑했다. 또한 디오니소스 축제는 공로가 큰 아테네의 남자들에게 표창을 하고 국비로 생산한 투구를 전사한 병사들의 아들들에게 수여하는 행사 등과 같은 정치적 행사를 벌이는 공적 공간이기도 했다.

축제가 시작되기 전에 사람들은 상징적인 행위를 통해서 디오니소스의 '현존재'를 확인했다. 주변의 마을에서 온 사람들은 자신들이 숭배하는 초상을 가져와 도시의 성벽 밖에 위치한 조그마한 사원으로 가져간 다음, 땅거미가 지면 그것을 성전으로 삼아 극장 근처에서 거행하는 횃불 행렬을 호위했다. 축제 첫날 아침에는 나무로 만든 남근들을 들고서 제물을 바치는 화려한 행렬이 진행되었다. 오후에는 디오니소스의 송가풍으로 부르는 남성 코러스들의 경연이 개최되었다. 그 다음 나흘간은 철저하게 연극 공연으로만 이뤄진다. 그 첫날에는 5편의 희극이 공연되고, 나중에는 겨우 3편의 희극만이 공연되었다. 다음 날에는 하루에 한 번씩 3부작 비극이 사티로스 연극과 함께 공연되었다. 공연이 시작되기 전에 돼지새끼 한 마리가 도살되고, 공연장에 모인 관객들의 죄를 씻기 위해서 돼지 피가 뿌려졌다. 그런 다음, 도시를 대표하는 사람들 가운데 제비로 경연의 심사위원들이 결정되었다. 비극 아곤(경연)이 끝나면, 심사위원들은 우승과 순위를 결정했다. 코러스도 표창을 받았다. 우승을 한 극작가에게는 월계관이 씌워졌다. 그리고 경연에 참여한 나머지 극작가들과 마찬가지로 승리를 한 극작가는 국가가 주는 상금을 받았다. 그들의 이름은 돌에 새겨졌으며, 후세에도 전해졌다. 디오니소스 축제가 끝난 후에는 축제의 전 과정을 논의하고 수정 제안을 결의하는 국민회의가 소집되었다. 아테네의 폴리스에서 일어나는 일체의 주요 사건들과 마찬가지로 연극 축제도 여론의 통제를 받았다.

디오니소스 축제는 대부분 아테네의 자유시민과 동맹도시의 하객들이 참석하는 하나의 이벤트였다. 여자들이 이 축제에 참가했는지에 대해서는 오늘날까지도 불분명하다. 노예들은 오로지 주인을 수행하기 위해서만 입장이 허락되었다. 남성으로서 온전한 시민권을 가진 시민들은 다른 관객들과 떨어져서, 물론 좌석이 도시구역에 따라서 배열되었지만, 훨씬 좋은 자리에 앉았다. 모든 관객은 화환을 목에 걸고 축제복을 입고 참석했다. 사람들은 적당량의 포도주와 함께 먹을 음식을 가지고 왔다. 끝으로 이 포도주는 신에게 바쳐졌으며, 신을 숭배하기 위한 제전을 열었다. 아주 격조 높은 축제 분위기와 더불어 거기에 기꺼이 몰입하는 것이 매우 중요했다. 박수갈채와 고함소리가 빈번하게 터져 나왔다. 조예가 깊은 해설은 관객으로부터 나왔다. 왜냐하면 비극에서 다루는 신화는 일반적으로 그들에게 잘 알려져 있으며, 희극이 다루는 현실 문제들에 대해서도 잘 알려져 있었기 때문이다. 배우들의 연기는 엄격한 비평을 받았다. 특히 어떤 배우가 연기를 잘하지 못한다면, 사람들은 그를 몽둥이로 매질하겠다고 위협했다. 입장료는 질서 유지를 맡는 사설경비업체의 경영자에 의해서 책정되었다. 무대공연에 참석하는 데 있어서 금전적인 문제가 장애가 되지 않도록 하기 위해서 기원전 5세기 페리클레스 시대에는 '테오리콘(Theorikon)'이라는 제도가 도입되었다. 이 제도는 극장에서 보내는 시간 동안 발생하는 소득손실만큼 국가가 보상해 주는, 일종의 관람료 지원을 위한 제도였다.

그리스 고전주의 시대에 연극 공연은 아테네 밖에서 아주 간헐적으로만 이뤄졌다. 기원전 4세기에 이르러 비로소 연극 무대가 그리스 전역으로 확산되었다. 이 시기에는 이미 종교적 숭배와 폴리스 공동체와의 연결이 느슨해졌으며, 결국 나중에는 완전히 분리되었다. 그리스 연극문화는 기원전 1세기까지 세속화되고 탈정치화된 형태로 이어져 내려왔다. 물론 그리스 연극문화는 의미 있는 드라마 작품들을 더 이상 생산하지 못했다. 그 대신 그리스 연극은 전래의 폭넓은 레퍼토리들을 재공연하면서 지칠 대로 지쳐 가기 시작했다.

아테네에서 연극 경연을 위한 준비기간은 통상 반 년 이상이 걸렸다. 축제를 담당하는 행정관리, 즉 '아르콘(Archon)'이라 불리는 관리가 취임하면, 먼저 그는 연극 경연에 참여하는 시인들 가운데서 3명을 우선적으로 선발했다. 물론 그는 극작가들의 작품 텍스트를 직접 보지 않았기 때문에 대개는 예전에 연극 경연에 참여한 극작가들의 명성에 기대어 결정했다. 아르콘의 다음 과제는 연습하는 데 필요한 비용의 상당 부분을 떠맡을 수 있는 시민들을 찾아내는 것이었다. 일반적으로 사람들은 연극경연 참가를 크나큰 영예이자, 자신의 정치적 위상을 높이기 위한 전 단계로 생각해 너도나도 그 직책을 맡겠다고 자진해서 신청했다. 그것이 여의치 않을 경우에 아르콘은 능력 있고 재산이 많은 아테네 시민 가운데서 ―오늘날의 제작자에 해당되는― '코레게(Chorege)'들을 결정했다. 이 낱말은 원래 코러스의 리더를 가리켰다. 그러나 이 낱말은 이미 일찍부터 연극을 시연하는 몇 달 동안에 무대세트, 의상이나 가면, 그리고 합창 윤무를 하는 무용수들의 생계를 지원하는 예술 후원자라는 의미로 바뀌었다. 그들의 숫자는 비극의 경우에 처음에는 12명, 나중에는 15명으로 늘었으며, 희극의 경우에는 24명에 달했다. 국가는 개별 배우들에게 일정한 보수를 지급했다. 극작가와 코레게는 추첨을 통해서 서로 짝을 이루었다. 코레게는 전체 아테네의 자유시민들 가운데서 코러스의 단원들을 뽑을 수 있었다. 어느 누구도 그러한 의무를 면제받을 수 없었다. 그렇지 않을 경우 호된 벌금을 내야만 했다. 코레게는 공연의 예술적 측면과는 아무 관련이 없었다. 일반적으로 그것은 극작가의 몫이었다. 초창기에 극작가는 자기 작품의 연출자이자 동시에 주연배우였다. 기원전 4세기에 이르러 재공연이 빈번해지자, 공연의 책임이 주연배우에게로 넘어갔다.

그리스 고전주의 시대에 거의 모든 희곡 작품의 초연은 아크로폴리스의 남쪽 언덕에 위치한 아테네의 디오니소스 극장에서 행해졌다. 5세기 초반에는 원래 시장광장에 뿌리내린 놀이공연들을 그쪽으로 옮겨 놓았다. 디오니소스의 사원 근처에 설치된 극장의 유물들이 그리 넉넉하게 남아 있지는 않았다. 그러나 처음부터 그 극장은 독특하게 세 부분으로 나눠져 있음을 알 수 있었다. 처음에 관객은 산비탈 언덕에 그냥 앉았다. 물론 나중에 사람들은 우묵하게 흙을 파내고, 그 위에다 돌로 만든 좌석을 설치했다. 이 부분을 '테아트론(Theatron)'이라 불렀다. 나중에 이 명칭은 전체 극장의 시설을 가리키는 의미로 확대되었다. 원형의 '오케스트라(Orchestra)'는 코러스의 연기 공간을 구성했다. 오케스트라는 관객에게 연극 공연의 종교적 성격을 끊임없이 상기시키기 위해서 디오니소스 제단 정중앙에 위치했다. 오케스트라와 인접한 바로 그 옆에 '스케네'가 설치되었다. 원래 스케네는 '천막(Zelt)'을 의미하지만, 나중에는 의상을 갈아입는 탈의실과 소품들을 보관하는 보관창고로서 이용된 –초창기에는 나무로, 나중에는 돌로 만든– 무대 구조물의 형태를 가리킨다. 아이스킬로스는 공연에서 이 구조물의 전면부를 무대 배경으로 사용한 최초의 극작가였다. 스케네와 오케스트라 사이에 '로게이온(Logeion)'이라 불리는 가늘고 좁은 통로는 개별 배우들이 연기를 하는 공연무대로 이용되었다. 때로는 이 무대가 잘 보이게 하기 위해서 오케스트라의 높이보다 몇 단 높게 설치하기도 했다. 로게이온의 좌우에 위치한 2개의 측면 날개로 경계선을 만들었다. 이러한 기본형에 따라서 지금까지도 가장 잘 보존된 원형극장은 에피다우로스(Epidauros)가 건축한 극장이다. 기원전 5세기 중엽 아테네에서는

에피다우로스의 극장 스케치

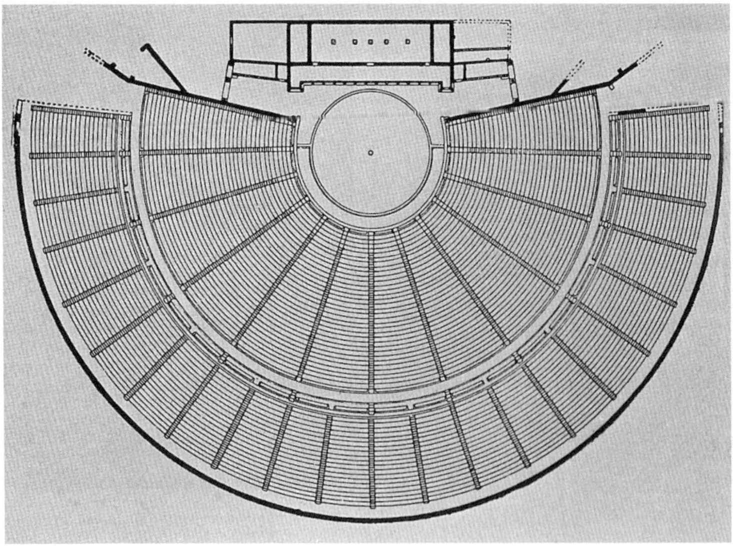

디오니소스 극장에 대한 전면적인 개축에 착수했다. 스케네의 무대 구조물이 증축되었다. 이제 그 지붕은 신들이 출현하는 장소로 이용되었다. 오케스트라는 좀 더 비탈면 쪽으로 가까이 옮겨졌다. 그 때문에 관람석을 더 경사지게 만들지 않을 수가 없었다. 디오니소스 극장은 주변 경관과 절묘한 조화를 이루었다. 관객은 무대사건뿐만 아니라 저 멀리까지도 내다볼 수가 있었다. 그 너머에는 아크로폴리스가 위치했다. 중간축은 북서쪽에서 남동쪽으로 뻗어 있었다. 이른 아침에 연극 공연이 시작되면, 스케네의 구조물이 오케스트라 위쪽으로 기다란 그림자를 만들었다. 코러스 단원들은 역광을 받으며 서 있었다. 그런 다음 낮 시간 동안에는 시계 상황이 훨씬 나아졌다. 그렇지만 오후에는 또다시 관람석 상단의 커다란 그림자가 오케스트라 위쪽에 짙게 드리워졌다. 비교적 시계 상황이 좋지 않았던 또 다른 이유는 엄청난 시설물의 면적에 있었다. 계산에 따르면 디오니소스 극장의 관람석은 대략 1만 4000석에 달했다. 가장 위쪽에 위치한 객석은 무대와 무려 100여 미터나 떨어져 있었다. 그럼에도 불구하고 통상적인 톤으로 무대 위에서 말하는 한마디 한마디를 저 객석의 꼭대기에서도 아주 훌륭하게 알아들을 수가 있었다. 이러한 현상은 다양한 요인들의 결합으로 설명된다. 조가비 모양의 움푹 파인 부분 때문에 소리의 울림이 집중되었으며, 무대 앞의 따뜻한 공기가 곡선을 그리며 객석 맨 뒤로 거슬러 올라가면서 그곳까지 소리를 실어 날랐다. 또한 일부 소리의 울림은 스케네의 구조물에 부딪치면서 청중 쪽으로 강하게 퍼져 나갔다. 오케스트라의 밑바닥도 똑같은 기능을 담당했다. 그래서 오케스트라의 바닥 면을 매끄럽게 연마한 대리석판으로 깔았다.

아리스토텔레스는 『시학』에서 원근법—그림으로 스케네를 꾸미는 원근법—을 최초로 사용한 극작가가 소포클레스라고 쓰고 있다. 아이스킬로스는 그의 젊은 경쟁자로부터 이러한 기법을 넘겨받았다. 그는 원근법이라는 예술 기법으로 작업하는 자신의 무대배경에 그리스의 사모스(Samos) 섬 출신의 화가 아가타르코스(Agatharchos)를 참여시켰다. 초창기에는 스케네라는 무대 구조물의 전면 벽에 조각의 형태로, 추측컨대 선으로 빠르게 그리는 형태로 무대배경을 형상화하는 데 국한되어 있었다. 헬레니즘 후기 시대에 이르러 비로소 환상적인 공간표현으로 그려졌으며, 교체가 가능한 전면도로 덧대었다. 그리스 희곡 작품을 공연하는 데 있어서 가장 중요한 요소 가운데 하나가 기계 장치들이었다. 스케네라는 무대 구조물의 가운데 문쪽에 높이가 그리 높지 않고 굴릴 수 있는 플랫폼(발판)인 '에키클레마(Ekkyklema)'를 설치하고, 그 위에서 마음속에 담고 있는 살해 장면들이 생생한 이미지의 형태로 표현되었다. 그리고 만약에 등장인물이 먼 곳에서 무대사건이 벌어지고 있는 장소로 옮겨 와야 하거나, 아니면 무대사건의 실마리를 풀고 좋은 결말을 가져오기 위해서 기계신이 필요한 경우에는 항상 크레인 모양의 중장비인 '메카네(Mechané)'가 사용되었다.

비극 공연의 기본 의상은 '키톤(Chiton)'[47]이었다. 키톤은 남자든 여자든 일상에서 입던 의복이었으며, 어깨에 있는 죔쇠로 한데 모을 수 있고 허리띠로 길이를 마음대로 조정할 수 있도록 주름을 잡는 직사각형 모양의 천 조각으로 만들어졌다. 등장인물이 여성들인 경우에 키톤은 대부분 발목 관절까지 내려오고, 후드 모양으로 후두부 위로 끌어올릴 수 있는 망토를 걸쳤다. 그와 달리 등장인물이 남자들인 경우에는 비극에 어울리는 의상이 별도로 있었다. 이 의상은 —오리엔탈의 풍습에 따라서— 바닥까지 질질 끌리며 긴 소매가 달렸다. 의상의 변화는 재단보다는 색이나 장식을 통해서 먼저 이뤄졌다. 비극 공연 시 입는 의상의 유래에 대해서는 수많은 추측이 있었다. 그 의상이 디오니소스의 전형적인 의복이었는가? 혹은 비극 탄생기의 축제 때 입었던 의상이었는가? 어쨌든 서 있을 때든 움직일 때든 그 의상으로 말미암아 인상 깊은 효과들을 얻을 수 있었다. 그리스 연극은 무대의상과 마찬가지로 신발에서도 특수한 것을 만들어 냈다. '코투른(Kothurn)'이라는 이 신발은 부드럽고 쉽게 휘어지며, 신발창이 없는 한 조각의 긴 장화다. 왼발과 오른발 구분 없이 신을 수 있었고, 특히 무대의 요구에 정말 잘 맞는 신발이었다. 왜냐하면 이 신발은 걷든지 아니면 춤을 추든지 전혀 방해를 받지 않았을 뿐만 아니라, 발을 내디딜 때 발걸음 소리를 줄여 주기까지 했기 때문이다. 원형극장의 뛰어난 음향 효과에 그것은 매우 중요했다. 연기자들의 키를 실제보다 훨씬 더 크게 보이게 하기 위해서 그리스 연극의 후기 시대에는 코투른 밑에다 30센티미터 두께의 밑창을 덧붙였다.

---

47) 고대 그리스인들이 입은 가운 형태의 의상. —옮긴이

손에 가면을 들고 긴 장화를 신은 배우, 화병 장식화, 기원전 4세기

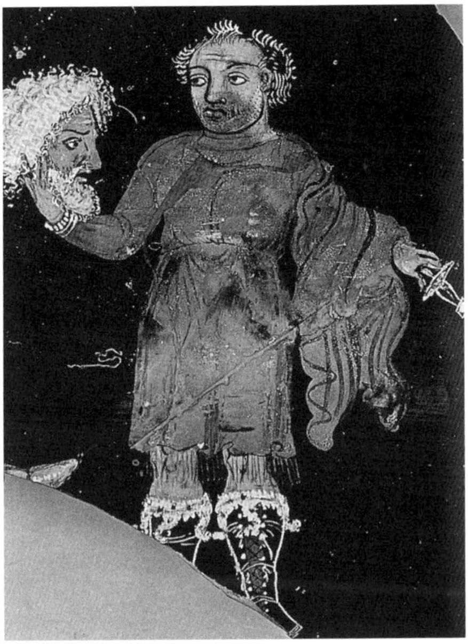

사티로스 연극 공연에서 사용되는 의상들은 코러스 단원들이 허리에 두르는 가죽 요포와 남근에 이르기까지 비극의 그것과 상당히 비슷했던 반면에, 희극에 등장하는 인물들의 의상이나 장식은 비극의 그것과는 확연히 구별되었다. 조상(彫像)처럼 화려하지는 않지만, 그 외관은 감각적 본능을 강렬하게 자극하도록 만들었

중희극의 배우들이 입은 의상, 화병 장식화, 기원전 4세기

다. 살색의 트리코 밑에 배와 엉덩이를 집어넣었다. 등장인물이 남자인 경우에는 아주 짧은 키톤을 걸쳤으며, 배우들의 다리 사이에 매달려 있는 인공 페니스가 밖으로 노출되도록 키톤으로 완전히 덮지 않았다. 그것은 디오니소스 경배에서 비롯된 전통이었다. 또한 희극 공연에서는 특수한 신발을 신지 않았다. 희극의 주인공들은 대부분 키가 작은 사람들이었으며, 그들은 일상에서와 마찬가지로 맨발이거나 아니면 가벼운 샌들을 신었다.

그리스의 모든 연극 장르에서는 코러스 단원들이든 배우들이든 가면을 쓰고 무대에 등장했다. 이러한 전통은 제례의식이라는 연극의 기원에서 비롯되었다. 디오니소스 숭배에서 그것은 매우 중요한 의미가 덧붙여져 있었다. 하지만 연극의 신은 신의(信義) 공동체로부터의 탈자아, 즉 본래의 인물을 포기할 것을 요구했다. 그리스 연극에서 사용되는 가면은 아마포로 만들어졌다. 풀로 빳빳하게 만든 다음에 채색을 했다. 남성용 가면은 어두운 피부색으로, 여성용 가면은 밝은 피부색으로 그 특징을 나타냈다. 면갑(面甲)이 달린 헬멧과 같은 가면은 머리 전체를 덮었다. 그리스 연극에서 사용된 가면을 보여 주는 가장 오래된 삽화는 기원전 5세기 초반의 것이었다. 이 가면들은 평온하고 내성적인 얼굴 표정을 보여주고 있다. 그것은 시간이 흐르면서 변했다. 입은 점점 더 커졌고, 표정은 전반적으로 훨씬 더 격앙되었다. 헬레니즘 시대에는 일종의 가면 유형이 생겨났다. '온

온코스가 달린 가면, 헬레니즘 시대에 돌로 만든 복제품

가면을 고르는 메난데르, 대리석 부조, 기원전 3세기

코스(Onkos)'라고 불리는 커다란 가발 모양의 머리 장식을 통해서 등장인물들로 하여금 초인간적인 위엄과 함께 공포를 불러일으키는 표정을 담아내도록 했다. 나이, 계급 그리고 캐릭터에 따라서 다양한 가면의 분화가 일어났는데, 언제 그것이 시작되었는지는 정확하게 확인할 수는 없다. 그렇지만 헬레니즘 시대에 번성한 초상화 예술의 영향을 받아서 인물의 성격을 세련되게 묘사한 가면을 만드는 데까지 이르렀다. 메난데르가 등장인물들에게 어울리는 가면들을 고르는 모습을 그려 넣은 부조에서 보듯이 신희극에 나오는 장면들 가운데 오늘날까지 전해져 오는 가면의 표정들을 보면 인물의 성격을 세밀하게 표현했다는 것을 알 수 있다. 희극용 가면들에서는 커다란 눈구멍과 딱 벌린 입에서 과장된 표현 경향이 나타났다.

아이스킬로스가 제2의 배우를 도입한 이래로 극작가이자 동시에 연출가로서 더 이상 활동하지 않고, 오로지 배우로서만 활동한 사람들도 있었다. 배우라는 새로운 직능계층은 우선 코러스 단원 출신에서 선발되었다. 경쟁의 원칙은 빠르게 직업화와 전문화로 이어졌다. 배우와 관련해 그리스 연극에는 엄격한 분업이 있었다. 비극 배우들은 결코 희극작품 공연에는 출연하지 않았으며, 희극 배우들도 역시 비극 작품에는 전혀 출연하지 않았다. 여자 역할들도 남자 배우들에 의해서 연기되었다. 이미 여자들은 —노예들과 마찬가지로— 연극의 종교적 특성 때문에 배우로서 전혀 고려되지 않았다. 공연 시 배우를 총 3명으로 제한함으로써 결과적으로 비극에 출연하는 배우는 각자 더 많은 역할을 연기해야만 했다. 물론 역할을 교대할 경우 배우는 가면을 바꿔 씀으로써 어렵지 않게 수행했다. 초기에 극작가와 배우의 공동작업은 기본적으로 개인적 친분 관계에 의존한 반면에, 나중에는 코러스 단원들뿐만 아니라 배우들도 추첨으로 결정해서 극작가들에게 배당했다. 처음에는 제1배우가 하루 동안 가장 중요한 세 가지 역할을 연달아 연기했다. 그러나 차츰 3명의 배우들이 각자 맡는 역할을 균등하게 배분하는 쪽으로 나아갔다. 그리스의 배우들은 디오니소스 신의 종복으로서 상당한 특권을 누렸다. 그들은 군 복무를 면제받았으며, 적국을 통과할 수 있는 자유통행권을 가졌다. 그 때문에 사람들은 그들에게 외교사절단의 특별 임무를 맡기기도 했다. 기원전 4세기에는 재공연 횟수가 폭증하면서 배우 경연이 극작가의 그것과 비교될 만큼 중요시되었다. 대중으로부터 많은 인기를 얻고 높은 출연료를 받는 이른바 '스타들'이 생겨났다. 그러나 대다수 배우들의 물질적 상황은 장밋빛 같지만은 않았다. 그들의 열악한 상황은 디오니소스 축제에 참가한 예술가들이 일종의 배우조합을 결성하면서 비로소 향상되었다.

고대 연극의 연기 방식과 관련해서는 거의 추측만이 존재한다. 우리는 무대사건이 우선적으로 언어로 전달되었다는 것을 연극 텍스트를 통해 미뤄 알 수 있다. 줄거리의 클라이맥스는 동작이나 몸짓이 아니라 말로 표현되었다. 텍스트에 표정술로 표현되어야 하는 무대사건들이 있는 경우에는 시각적으로 그것에 합당한 표현 방법을 가지고 있지 못했다. 언어와 가면 사이에 표현의 불일치가 지나치게 클 것 같으면, 배우는 손으로 자신의 얼굴을 가리거나 몸을 딴 곳으로 돌렸다. 언어의 우위는 배우들로 하여금 완벽한 낭송을 하도록 요구했다. 그러나 동시에 배우들은 뛰어난 가수이자 무용수이지 않으면 안 되었다. 무대작품은 극히 복잡한 창작물이었다. 언어, 음악, 그리고 춤은 조화를 이루었다. 물론 거기서 우리는 어떤 구체적인 이미지를 떠올릴 수는 없다. 왜냐하면 세 가지 요소 가운데 첫 번째 요소인 언어만이 오늘날까지 전해져 내려왔기 때문이다. 주로 플루트나 리라(Lyra)[48], 아니면 키타라(Kithara)[49]로 연주되었던 음악이나 동작에 관해서는 알려진 것이 별로 없다. 이는 비극이나 희극 양쪽 모두에 해당된다. 다만 희극은 과장된 표현을 포함해 음악이나 춤 등이 비극에 비해서 훨씬 더 자유롭고 역동적이었을 것이다.

고대 로마의 드라마와 연극

특히 고대 그리스인들의 역사적 성과가 학문 및 예술 분야에 있었던 반면에, 로마인들은 무엇보다도 정치 영역에서 주목할 만한 성과를 거두었다. 로마인들

48) 고대 그리스의 현악기. —옮긴이
49) 고대 그리스의 현악기. —옮긴이

은 오랜 기간 매우 안정적으로 세계 제국을 건설했다. 공화정 시대에 그들은 정복에 몰두했고, 왕정시대에는 통치에 전념했다. 그들의 모든 에너지는 경제, 군사, 그리고 권력정치에 집중되었다. 정신문화의 완성은 그다음의 일이었으며, 끊임없이 그리스인들의 모범으로부터 영향을 받았다. 사람들은 그리스인들의 철학과 종교, 문학과 연극을 물려받았다. 로마인들은 기원전 3세기 중엽 포에니 전쟁에서 그들의 가장 강력한 적인 카르타고 사람들을 정복했을 때, 즉 서부 지중해 지역의 헤게모니를 쟁취했을 때, 비로소 문화에 투신할 여유와 에너지를 가졌다. 그때까지 승마 경기와 마차 경기, 그리고 레슬링으로 구성된 '루디 로마니(Rudi Romani)' 축제 프로그램, 즉 주신 주피터(Jupiter)를 숭배하기 위한 축제들이 마침내 연극작품 공연으로 확대되었다. 남부 이탈리아에 위치한 서그리스 식민지의 타렌트(Tarent) 출신으로 전쟁 포로가 된 리비우스 안드로니쿠스(Livius Andronicus)[50]는 비극과 희극을 이탈리아어로 번역해 연극으로 상연하라는 명령을 받았다. 적어도 그가 맡은 임무를 문학적 측면에서 보면 그는 훌륭한 자격을 갖춘 최고의 적임자였다. 왜냐하면 이미 그는 호머의 〈오디세이〉를 라틴어로 번역했기 때문이다. 이러한 능력과 그가 번역한 총 14편의 그리스 희곡 작품에 근거해 리비우스 안드로니쿠스는 로마 문학의 시조로 간주된다. 특히 공화정 시대에 20여 명의 유명한 비극 작가들의 작품들과 마찬가지로 그의 작품도 몇몇 작품만이 오늘날까지 전해질 뿐이다. 물론 이 작품들은 그리스인들의 경우와 마찬가지로 주로 신화적 테마를 다루었음을 알 수 있다.

로마의 희극은 티투스 마키우스 플라우투스와 푸블리우스 테렌티우스 아페르라는 이름과 연결되어 있다. 두 극작가는 그리스 신희극의 전형, 특히 메난데르의 작품에 전적으로 의존했다. 이때 그들은 메난데르의 독창적인 분위기뿐만 아니라 무대와 의상도 그대로 넘겨받았다. 고대 로마인들은 주로 망토를 사용해 입던 그리스인들의 의복을 가리키는 '팔리움(Pallium)'이라는 명칭을 따서 자신들이 만든 희극 형식을 '팔리아타(Palliata)'라고도 명명했다. 비로소 나중에 로마의 상

50) 로마가 아닌 그리스의 한 지방에서 출생했지만, 로마의 언어인 라틴어로 작품을 쓴 고대 로마 최초의 시인이자 극작가, 기원전 284?~204?년. ―옮긴이

황으로 바꿔 놓고 그에 상응하는 의상을 입혀 공연한 희극 '토가타(Togata)'가 생겨났다. 그러나 이에 관해서는 단편적으로만 전해지고 있을 뿐이다. 플라우투스는 기원전 250년경에 태어났으며, 극작에 뛰어들기 전까지는 40대가 될 때까지 군대를 따라서 곳곳을 누비고 다녔다. 그가 쓴 희극 작품들 가운데 오늘날까지 전해지고 있는 20편을 보면 주제와 모티브가 매우 다양하다. 그의 가장 유명한 작품은 몰리에르(Molière)[51], 하인리히 폰 클라이스트(Heinrich von Kleist)[52], 장 지로두[53], 페터 학스(Peter Hacks)[54]가 자신들의 작품 원전으로 이용한 〈암피트루오(Amphitruo)〉다. 플라우투스 자신은 이 작품을 '희비극(Tragikomödie)'이라고 말했다. 왜냐하면 이 작품에는 희극적 인물들이 비극의 주인공들이나 신들과 함께 등장하기 때문이다. 고트홀트 에프라임 레싱(Gotthold Ephraim Lessing)[55]으로부터 각별한 칭송을 받은 감상극(Rührstück)[56] 〈전사자들(Die Gefallenen)〉은 특별한 위상을 지닌다. 이 작품에는 여성의 역할이 없으며, 따라서 팔리아타에 전형적인 사랑의 간계도 없다. 플라우투스의 나머지 희극 작품에는 언제나 한 쌍의 젊은이가 중심을 이룬다. 극작가는 수많은 갈등과 분규를 경험한 이후에 언제나 행복한 결말을 맞지만, 서로 다른 문체로 그것을 이야기한다. 한 아버지가 자기 아들의 연적으로 등장하는 희극 작품 〈바보놀이(Das Eselsspiel)〉에서는 상스러움과 음란함이 짙게 깔려 있다. 주인공의 분장에 따라서 명명된 희극 작품 〈페르시아 고양이(Der Perser)〉는 익살극으로 보인다. 이 작품에서는 ―모든 규칙을 거슬러서― 노예들이 서로 연인으로 만난다. 시인의 고상한 감정과 철학적 사상들은 가정희극(Familienkomödie) 〈서푼짜리 동전(Das Dreigroschenstück)〉에도 적용된다.

오랜 기간 헤어진 사람들의 재회는 '요지경 희극(Kastenkomödie)'의 중심을 이

---

51) 17세기 프랑스의 대표적인 신고전주의 극작가 겸 배우로 본명은 장 바티스트 포클랭(Jean-Baptiste Poquelin), 1622~1673년. ―옮긴이

52) 19세기 독일의 가장 위대한 극작가, 1777~1811년. ―옮긴이

53) 현대 프랑스의 극작가, 1882~1944년. ―옮긴이

54) 현대 독일의 극작가, 1928~2003년. ―옮긴이

55) 18세기 독일 계몽주의 시대의 대표적 사상가 가운데 한 명으로 극작가 겸 예술비평가, 1729~1781년. ―옮긴이

56) 19세기 계몽주의 시대의 멜로 드라마. ―옮긴이

플라우투스의 〈허풍쟁이〉, 폼페이의 벽화, 기원전 1세기

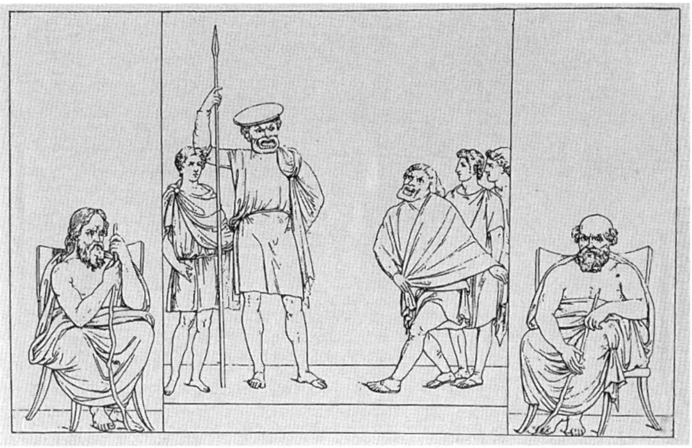

룬다. 익살스러운 사기와 치밀한 간계는 〈허깨비(Das Gespenst)〉와 흔히 모범으로 삼는 〈허풍쟁이(Der Maulheld)〉에 영향을 미친다. 〈황금냄비 희극(Die Goldtopf-komödie)〉에서 극작가는 어느 구두쇠의 캐릭터를 그린다. 이 작품을 몰리에르는 그의 성격희극에서 모범으로 삼는다. 윌리엄 셰익스피어(William Shakespeare)도 플라우투스의 작품을 원용했다. '실수희극'에서 셰익스피어는 그의 희극 〈쌍둥이들(Die Zwillinge)〉을 모범으로 삼았다. 플라우투스 희극의 주제와 줄거리 구조, 그리고 등장인물들도 그리스의 모범과 흡사하다. 그의 작품에도 엄격하고 욕심 많은 아버지들, 경박한 아들들, 교활한 창녀, 생각이 고결한 매춘부, 노회한 식객, 허풍쟁이 군인들, 그리고 고리대금업자와 포주들, 요리사와 유모들이 등장한다. 특히 플라우투스가 선호하는 인물은 교활하지만, 충실하게 주인에게 복종하는 노예들이다. 그들은 종종 재치 있게 음모의 실마리를 찾아낸다. 대부분 그들은 정신적인 측면에서 그들의 주인들을 능가한다. 그들은 노예제도를 비판하지는 않지만, 불공정한 상황에 대해서는 비판한다.

리비아 출신으로 아페르라는 이명(異名)을 지닌 푸블리우스 테렌티우스는 플라우투스가 죽던 해(기원전 185년)에 태어났다. 노예 신분으로 그는 어린 나이에 로마로 왔으며, 한 원로원 의원이 그의 교육을 위해서 애썼다. 결국 그는 나중에

노예 신분에서 면천이 되었다. 25세 때, 신희극을 창작하기 위해서 그는 그리스로 여행을 떠났다가 행방불명이 되었다. 로마의 상황을 —특히 삽입된 여러 노래들이 — 암시하는 플라우투스와는 달리, 테렌티우스는 가능한 한 그리스의 원전을 충실하게 전달하고자 노력했다. 현재 전해지고 있는 6편의 희극 작품들(〈안드로스의 소녀(Das Mädchen von Andros)〉, 〈장모님(Die Schwiegermutter)〉, 〈자책자(Der Selbstquäler)〉, 〈환관(Der Eunuch)〉, 〈포르미오(Phormio)〉, 〈형제들(Die Brüder)〉)은 그의 전임자 플라우투스의 작품들보다 훨씬 더 내용상 서로 비슷하다. 예외 없이 그의 희극 작품들은 교육문제, 세대 간의 갈등, 부부간의 문제들을 다루고 있다. 플라우투스보다 훨씬 더 강하게 테렌티우스는 로마 시민들의 관점에서 이른바 '예의 바른 자'에 주목한다. 그의 작품에서 나이 든 남자들은 존경받고 친절한 아버지들로 등장하고, 성실하게 자기 아이들의 행복을 위해서 애쓴다. 그의 자식들 역시도 그런 아버지들에 대해서 어느 정도 예의 바른 태도를 보이고, 노예들도 뻔뻔스럽고 염치없이 행동하지 않는다. 그러나 테렌티우스는 경박한 창녀들에 대해서는 그다지 호감을 표하지 않는다. 그가 선호하는 여성상은 고결한 마음씨를 가진 창녀들이다. 등장인물들은 심리적으로 훨씬 더 강한 모습을 갖추고 등장한다. 설령 그들의 운명이 우연에 의해서 결정된다 해도, 노력하는 그들의 모습은 훨씬 더 개연성이 있어 보인다. 자신이 모범으로 삼는 메난데르와 마찬가지로 테렌티우스도 무대사건으로부터 희극성을 직접 발전시키고, 그렇게 해서 줄거리의 폐쇄성과 관객의 감정이입을 획득한다. 음악적인 요소는 고양된 어투로 진술하는 대사에 비해서 그리 중요하게 다뤄지지 않았다. 플라우투스가 꾸밈없이 내뱉는 욕설이나 음담패설은 거의 사라졌다. 차분하고 세밀한 문체로 테렌티우스는 라틴 문학어의 육성에 커다란 기여를 했다. 형식과 내용이 뛰어나 중세시대 수도원의 부속학교는 그의 작품들을 독서 교재로 삼았다. 테렌티우스의 규범에 따라서 10세기에 수녀 로스비타 폰 간데르스하임(Roswitha von Gandersheim)[57]은 성서의 내용을 담은 독서용 희극 작품들[58]을 만들었다. 이후 르네상스 시대에 이르러 테

57) 중세 초기에 활동한 독일 최초의 여성 시인, 935~973년. —옮긴이

58) 무대공연보다는 읽기에 적합한 희곡 작품. —옮긴이

렌티우스의 희극 작품들은 근대희극 발전의 출발점이 되었다.

로마제정시대의 비극 작품으로는 철학자 루키우스 안나이우스 세네카(Lucius Annaeus Seneca)[59]의 작품들이 있다. 그는 네로 황제의 스승으로 정치에도 막강한 영향을 미쳤다. 그는 자기 문하생의 모반 때문에 책망을 받았으며, 심지어 자살을 강요받기도 했다. 아마도 세계의 모든 것을 이성적이며, 동시에 필연적으로 여기고 격정의 극복을 행복의 전제조건으로 파악하는 스토아(Stoa) 학파의 중심인물로서 세네카의 명성이 그의 문학 작품들이 살아남은 이유였다. 세네카의 작품들이 공연되었는지, 낭독되었는지, 아니면 다만 독서용 희곡 작품으로 계획되었는지는 알 수 없지만, 그의 10편의 작품 가운데 6편은 에우리피데스의 작품으로 거슬러 올라간다. 〈난폭한 헤라클레스(Der rasende Herkules)〉, 〈트로이의 여자들〉, 〈페니키아의 여자들〉, 〈메데아〉, 그리고 〈페드라〉가 거기에 해당된다. 그는 비극 〈오이디푸스〉로 소포클레스를 모방했으며, 〈아가멤논〉으로는 아이스킬로스의 〈오레스테이아〉를 모방했다. 다만 〈티에스테스(Thyestes)〉는 어떤 모범을 따르지 않았다. 세네카는 자신의 드라마 작품에서 그리스인들과 마찬가지로 동일한 형식적 수단들을 이용하고 있을 뿐만 아니라 동일한 주제들을 다루고 있다. 즉, 권력자들의 위기, 운명으로 말미암아 위험에 처한 인간들, 행복의 변덕스러움 등이 그것이다. 그의 비극의 토대가 되는 신화들을 그는 단순하고 솔직하게 이야기한다. 특히 그는 에우리피데스의 극작법에서 특징적이라고 할 수 있는 기상천외한 갈등의 뒤틀림, 인위적인 음모, 그리고 복잡한 재인식을 포기한다. 그의 작품에는 야심찬 파토스와 잔혹한 행위에 대한 풍성한 묘사가 눈에 띈다. 세네카의 작품에는 오로지 극단만이 존재한다. 모든 행위는 전례가 없으며, 모든 감정은 광란으로 표현된다. 과장된 레토릭의 형식으로 쏟아 내는 주인공들의 정열적 자기고백은 그리스 비극에 등장하는 인물들의 근엄함보다 훨씬 더 르네상스 시대와 바로크 시대의 극작가들에게 깊은 인상을 주었다. 그렇게 해서 세네카의 작품들은 근대 비극의 출발점이 되었다.

59) 에스파냐 태생으로 고대 로마제정시대의 스토아 철학자·정치인·문학가, 기원전 4년~기원후 65년. ―옮긴이

팬터마임 연극에 사용되는 양면 얼굴 가면,
상아 패널, 4세기

왕정시대에 로마인들의 수준 높은 문예연극은 상스러운 대중적 연극 형식들에 의해서 관심 밖으로 밀려났다. 마찬가지로 남부 아페닌(Apennin) 산맥의 반도에 위치한 그들의 식민지에서 장려되었던 대중적 연극 형식들은 그리스인들의 그것을 모범으로 삼는다. 즉, 일상의 사건들을 저속한 육체언어로 패러디한 짧은 형식의 즉흥극, 신들이 지극히 인간적인 상황 속에서 상연되었던 신화의 희화화(트라베스티), 상스럽고 육감적인 유형 연극(Typentheater)인 프리아켄(Phlyaken) 익살극[60]과 맞닿는다. 남부 이탈리아의 도시 이름을 따서 명명된 아텔란(Atellan) 소극(笑劇)들도 비슷한 구조를 지니고 있었다. 소극의 고정인물들은 늙은 얼간이 파푸스(Pappus), 편협한 사람 마쿠스(Maccus), 대식가 도세누스(Dossenus), 그리고 대머리 익살꾼 부코(Bucco)로 구성되었다. 로마제국 전역에 성행했으며, 춤과 노래로 다채롭게 꾸민 미무스(Mimus) 소극 이외에도 로마인들은 팬터마임(Pantomime)이라는 새로운 장르를 만들어 냈다. 여기서는 한 명의 배우가 제스처니 움직임을 통해서 드라마 사건의 다양한 역할들을 소화한다. 반면에 한 명의 낭독자 또는 전체 코러스가 오케스트라의 반주에 맞춰서 텍스트를 낭송했다. 팬터마임 연기자는 가면을 바꿔 쓰거나, 아니면 머리의 방향을 바꿔서 얼굴 표정을 바꿀 수 있는 가면을 사용했다.

고대 그리스는 연극의 기능을 신들에 대한 경배와 공동체의 안녕을 기리는 데 초점을 맞춘 반면, 적어도 왕정시대에 로마인들의 연극은 무엇보다도 권력자들의 권력 유지에 봉사하고 정치로부터 대중의 눈을 돌리는 데 이용되었다. 신에

60) 고대 그리스 중부지방에 자리 잡은 도리스(Doris) 지역에서 성행했던 민중소극 형식. —옮긴이

대한 경배는 이곳에서 부수적인 역할만을 담당했으며, 그것도 공연이 시작될 즈음에 희생자들을 기리는 의식에 국한되어 있었다. 그리스 신화에서 제우스에 해당되는 로마의 주신 주피터를 기리기 위한 전통적인 '루디 로마니' 축제에 즈음해 수도 로마의 공연 달력에는 많은 연극 축제들, 예를 들면 주신에게 바치는 '루디 플레베이(Ludi Plebei)', '루디 아폴리나레스(Ludi Apollinares)', 주피터의 아내로 최고의 여신인 —신들의 어머니— 주노(Juno)를 기리기 위해서 개최되는 '루디 메갈렌세스(Ludi Megalenses)', 그리고 마지막으로 '루디 플로랄레스(Ludi Florales)' 축제 등이 점점 더 추가되었다. 축제 기간은 왕정시대 초기에는 40일이었는데, 후기에 들어서면서 매년 100일 이상으로 늘어났다.

연극 공연장의 숫자는 대중매체로서 로마 연극의 성격을 잘 보여 준다. 동물 사냥과 검투사 시합만이 행해지는 원형 경기장(콜로세움)과 연극 공연이 행해지는 훌륭한 건물도 도시의 기본 인프라에 해당되었다. 이전에는 옥외에 '풀피툼(Pulpitum)'이라 불리는 단순한 목조 무대 위에서 공연했다. 이 무대는 주신을 모시고 축제를 개최하는 사원 근처에 세웠다. 석조로 만든 최초의 극장 건물은 기원전 55년 폼페이우스(Pompejus)[61]가 자신의 승리를 예찬하기 위해 지은 것이다. 아우구스투스(Augustus)[62]가 자신의 조카를 기리기 위해서 건축한 로마 소재의 마르셀루스 극장(Marcellus-Theater)도 통치자를 우상화하는 데 이용되었다. 영국에서 북아프리카까지, 그리고 스페인에서 소아시아에 이르기까지 로마가 통치하는 전역에 250여 개의 극장 건축물이 지어졌다. 물론 극장의 기본 구조는 그리스의 극장을 모델로 삼았다. 정역학 분야의 발전 덕분에 로마의 건축가들은 더 이상 자연 경사면에 객석을 설치할 필요가 없어졌으며, 극장의 입지를 자유로이 선택할 수 있었다. 로마의 건축가들은 극장의 구조로 떠받치는 궁륭형 아치의 다층 객석을 만들어 내는 놀라운 성과를 거두었다. 관객들은 수많은 출입문과 계단, 아치형 통로를 통해 자신의 자리로 입장할 수 있었다. 로마 희곡에서 코러스의 생략과 더불어 오케스트라는 그 의미를 상실했다. 오케스트라는 절반으로 축소

61) 로마의 정치가이자 최고의 야전지휘관, 기원전 126~28년. —옮긴이
62) 로마 최초의 황제, 기원전 63년~기원후 14년. —옮긴이

남프랑스 오랑쥬에 소재한 로마 극장의 유적

되었으며, 그 자리는 주빈을 위한 관람석으로 이용되었다. 로마인들은 관람석을 ―그리스의 4분의 3 원형 구조와는 달리― 반원형으로 설계했다. 이로써 공연무대와의 분리선이 명확하게 생겨났다. 이러한 무대 앞쪽의 형태는 오늘날까지 전해졌다. 중요한 변화는 커튼의 도입이었다. 배경 전환을 위하여 무대의 막을 도입했다. 그 사이에 사람들은 햇볕이나 비를 막기 위하여 무대 맨 뒤쪽 벽인 '스케나 프론스(Scena frons)'라고 부르는 무대 뒤편을 관람석의 가장 맨 위와 같은 높이로 시어 전체 극장시설을 덮개로 씌어 덮을 수 있게 되었다. 이러한 방식으로 로마인들은 최초의 폐쇄식 극장 건축물을 만들었다. 또한 그들은 그리스 연극 무대의 소박한 무대배경을 기념비적인 벽면 장식으로 발전시켰다. 이를테면 남프랑스 소재 오랑쥬 극장(Theater von Orange)에서 그것을 확인할 수 있다. 추측컨대 원근법에 입각해 그린 그림으로 장식한 나무판자들을 3개의 문에 끼워 놓은 것으로 보인다. 그렇게 해서 그때그때 희곡 작품의 무대를 특징적으로 나타낸다. 훗날 로마 연극의 기본 구조는 재수용되었다. 그래서 사람들은 르네상스 시대 최초의 연극 건축물로 북이탈리아에 위치한 도시 비첸자(Vicenza)에 소재한 '올림피코 극장(Teatro Olimpico)'을 통해서 고대의 전형을 복원하고자 했다.

고대 로마는 드라마 창작과 연극 공연을 비교적 엄격하게 분리했다. 로마 연극의 시조 리비우스 안드로니쿠스를 제외하면 어떤 극작가도 자기 작품에 배우로 등장하지 않았다. 이미 로마 초기에 직업배우들의 유랑극단이 있었다. '도미누스 그레기스(Dominus gregis)'라고 하는 —대개의 경우 최고참 배우— 우두머리의 지휘를 받는 소규모 극단들은 한편으로는 자비로 운영되었고, 다른 한편으로는 연극 공연을 담당하는 정부 관리들이 공연 비용을 극단들에게 보장해 주었다. 그리스인들의 경우에 배우들은 소위 '성스러운 사람들'로 간주된 반면에, 배우들에 대한 로마인들의 존경심은 미미했다. 미무스 소극을 제외하고는 여자들에게 허용되지 않았다. 이 연극 장르에서는 여자들의 무대공연 금지가 그리 쉽지는 않았을 것이라 여겨진다. 왜냐하면 이 연극 장르는 —유일하게— 가면 없이 공연되었기 때문이다. 배우들은 주로 하층민, 특히 노예들이 많았으며, 그들은 큰 성공을 거두면 종종 사면을 받기도 했다. 로마의 배우들 가운데 몇몇 '스타들'은 명성과 부를 획득했다. 그러나 나머지 배우들은 상당히 모욕적인 상황을 견디면서 살았다. 공연을 담당하는 관리들은 비극이든 희극이든 그리스 연극의 그것과 유사하게 의상과 가면을 조달하는 업무를 개인업자에게 위임했다. 로마 시민에게 축제의 연극 관람은 무료였다. 외지인들만이 소액의 관람료를 지불했다. 연극 축제에서 공연을 하는 경우에 가장 좋은 공연작품을 선정하기 위해 몇몇 극단들은 시연을 해 보이기도 했다. 아테네와는 달리 로마의 연극 축제에는 경쟁이 없었다. 로마인들은 새로운 작품만을 공연할 수 있다는 그리스 고전주의 시대의 규정을 알지 못했다.

아시아의 전통극

유럽에서는 시기적으로 고대 연극의 몰락과 기독교 교회의 예배의식에서 비롯된 종교극의 탄생 사이에 연극이라고 할 만한 연극이 존재하지 않았던 것에 반해, 아시아에서는 오늘날까지 그 기본 형태가 전해져 내려오고 있을 만큼 다양한 연극 장르들이 발전했다. 실로 믿기 어려울 만큼 전통의 계승이 견고한 것을 보면, 아시아 연극은 그 발전이 먼저 부단한 변화를 통해서, 그리고 근대 시작 이래로 전통의 단절과 비약으로 특징지어지는 서양의 연극과는 확연히 대조를 이룬다. 늦어도 5세기 이래로 인도 아대륙에는 제의 형식의 사원연극이 존재했다. 750년경 중국은 이미 교화적인 동시에, 오락적인 국민극장의 직업배우들을 양성했다. 그 뒤를 이어서 일본은 불교와 함께 중국인들로부터 종교극과 세속극을 넘겨받았다. 그것은 일본의 토착종교인 신토(Shinto) 의 숭배극들과 결합되었다. 전통의 계승은 분명 그들의 관습과 관련을 맺는다. 연기술의 비밀들은 가족 내에서 세대를 거치면서 전해진다. 이미 어렸을 때 아시아의 배우와 춤꾼들은 자신들의 예술 특성을 완성하는 복잡한 동작들을 습관처럼 익혔다.

언어나 기호체계에 비해서 몸짓언어의 기교가 우위에 있었기 때문에 20세기에 서양의 많은 연극인들은 아시아의 전통극을 서구 사실주의 연극의 대립항으로 선택했으며, 그것을 새로운 연극 구상의 출발점으로 삼았다. 그것은 반자연주의 연극 형식의 핵심인물 에드워드 고든 크레이그(Eduard Gordon Craig)[63], 러시아의 아방가르드 예술가 프세볼로트 메이예르홀트(Wsewolod Meyerhold)[64], 세르게이 아이젠슈타인(Sergej Eisenstein)[65], 알렉산드르 타이로프(Alexander Tairow)[66]를 넘어서 발리의 무용극으로부터 새로운 형이상학적 연극예술에 관한 영감을 얻은 앙토냉 아르토, 그리고 중국의 연극예술에서 이미 생소화 효과의 전형을 본 베르톨트 브레히트에 이르기까지 광범위했다. 최근 20세기 후반에는 특히 예지 그로토프스키(Jerzy Grotowski)[67], 유제니오 바르바(Eugenio Barba)[68], 피터 브룩(Peter Brook)[69]과 아리안 므누슈킨(Ariane Mnouchkine)[70]이 아시아의 전통극들로부터 커다란 자극을 받았다.

---

63) 영국 출신의 연출가이자 배우, 1872~1966년. —옮긴이
64) 러시아 출신의 연출가이자 배우, 1874~1940년. —옮긴이
65) 러시아 출신의 연극 및 영화 연출가, 1898~1948년. —옮긴이
66) 러시아 출신의 연출가이자 연극이론가, 1885~1950년. —옮긴이
67) 폴란드 출신의 연출가, 1933~1999년. —옮긴이
68) 이탈리아 출신의 극작가 겸 연출가, 1936년~. —옮긴이
69) 영국 출신의 연극연출가, 1925년~. —옮긴이
70) 프랑스 출신의 작가이자 연극연출가, 1939년~. —옮긴이

시바 신, 청동 조각상, 13세기

인도인들의 고전 무용극은 윤회사상, 그리고 그것에 의해서 정당성을 부여받은 카스트 제도 및 인간 형상의 신들에 관한 믿음을 담은 힌두교의 숭배와 제의에 근거하고 있었다. 춤이 종교에서 얼마나 중요한 의미가 있는지는 이미 주신 브라마(Brahma)가 춤의 창조자로, 그리고 '모든 악의 파괴자'인 시바(Shiva)가 '춤꾼들의 지배자'로 여겨지는 데서 잘 나타나 있다. 힌두교의 그 밖의 신들도 춤을 좋아한다. 이에 상응해 인간들은 자신들의 신을 모신 사원을 조형예술품들로 장식하고 그들을 경배하기 위한 무용공연을 개최하면서 그들을 섬겼다. 특별히 사원구역 안에 이러한 목적을 위해서 만든 커다란 강당에서 젊은 소녀들은 '구루(Guru)'라고 불리는 정신적 스승들의 지도를 받으면서 생동감 넘치는 제식과 의례를 거행했다. 바로 거기서 본래의 무용극들이 발전했다. 초기의 무용수들은 동시에 매춘부들이기도 했다. 어느 도덕경을 보면, "그대는 누구의 소유인가?"라고 질문을 던지는 남자에게 그들은 "저는 당신의 것입니다!"라고 대답한다고 써 있다. 인도의 고전연극은 종교로부터 자양분을 얻었을 뿐만 아니라 떠돌이 악사들의 대중적인 공연들로부터도 영향을 받았다. 떠돌이 악사들은 가수, 무용수, 배우, 애크러배틱, 팬터마임의 연기자를 겸했다. 흔히 '비두샤카(Vidushaka)'라고 불리는, 배가 불룩 나오고 대머리에다 게으르고 끝없이 먹어 대는 익살꾼이 공연에서는 가장 중요하다. 초기에 배우들은 즉흥적으로 연기를 했지만, 나중에 그들의 공연이 문학적 특성을 갖추면서 분명한 캐릭터를 지닌 역할, 예를 들면 용감한 하인이나 주인공의 믿음직한 친구와 같은 역할을 연기했다. 원래 비두샤카는 상류계급 출신으로 교양어인 산스크리트(Sanskrit)를 사용하는 것이 맞지만, 하층계급의 일원인 것처럼 대중이 사용하는 프라크리트(Prakrit) 언어로 말한다는 것은 이 연극의 유래를 생각나게 한다.

교본 『나티아사스트라(Nātyasāstra)』는 무용의 교과서라고 불릴 만큼 인도의 전통 무용극에 관해서 상세하게 묘사하고 있다. 이 책의 제목은 '춤'과 '연극'이라는 의미를 함께 지닌 '나티아(Nātya)'라는 낱말에서 파생되었다. 이 교본은 적어도 서기 200년경에 쓰인 것으로 보인다. 힌두교의 주신 브라마가 직접 구술하여 그 내용을 학자 바라타(Bharata)에게 받아쓰게 했다고 한다. 사람들이 들을 수도 있고, 볼 수도 있는 예술에 대한 인드라(Indra) 신의 소망을 충족시키기 위해서 주신 브라마는 다섯 번째 경전을 만들고자 인도인들의 경전인 4개의 '베다서(Vedas)'로부터 각각의 요소를 하나씩 인용했다. 주신 브라마는 첫 번째 경전에서는 낭송을, 두 번째 경전에서는 노래를, 세 번째 경전에서는 연기를, 네 번째 경전에서는 미학을 끄집어냈다. 그렇게 해서 교본 『나티아사스트라』는 공연장의 크기나 시설물, 의상이 상징하는 색깔, 옷을 걸치지 않는 신체 부분에 매우 중요하게 사용되는 장신구, 목소리의 억양과 반주 악기들에 대한 사항들, 그리고 그와 함께 움직임과 동작 연기에 대한 규정들을 담고 있다. 보다 구체적으로 언급하면, 이 교본에는 13가지 몸통의 움직임, 아홉 가지 목의 움직임, 여섯 가지 콧방울의 움직임, 일곱 가지 턱의 움직임, 36가지 눈의 움직임을 기술되어 있다. 또한 뺨과 눈썹 그리고 입술도 그 표현 기능에 따라서 상세하게 묘사되어 있다. 여기에 더해 가슴, 배, 허리, 엉덩이의 다양한 움직임, 그리고 무엇보다도 인물들의 사회적 신분 차이를 나타내 보이기 위해서 사용되는 다양한 발의 위치와 보행법에 대해서도 기술되어 있다. 인도의 전통 춤에서

인도의 전통 무용

인도 전통 무용의 손동작

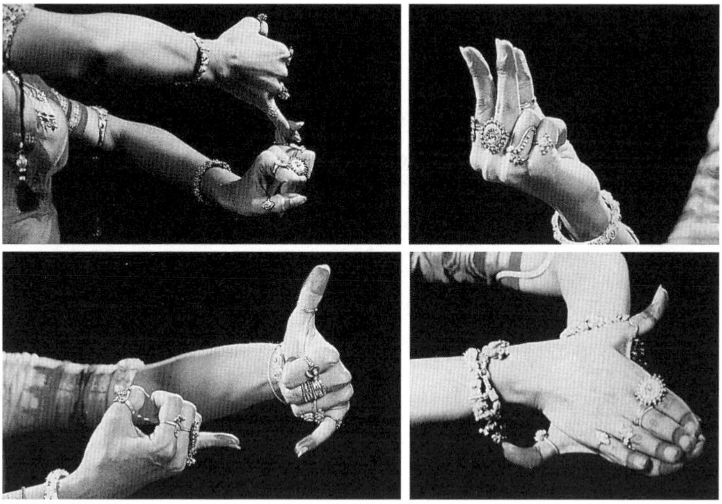

는 특히 손동작['하스타스(Hastas)']과 손가락 동작['무드라스(Mudras)']이 아주 중요한 역할을 한다. 그것은 각각 하나의 낱말, 표현 또는 생각을 의미한다. 몸짓은 본래 주변 환경의 다양한 현상들을 흉내 냈었다. 따라서 '모방적 기호들'이 문제시되었다. 하지만 세월이 흐르면서 그 가운데서도 몇몇 몸짓 연기는 그 자체가 상징이 될 만큼 상당한 수준의 추상적 개념을 획득했다. 예를 들면 반달 모양, 앵무새의 부리 모양 또는 연꽃 모양의 손동작들은 전자에 속하고, 숲이나 강, 그리고 밤 또는 구름을 표현하기 위해서 위로 쭉 뻗은 손가락과 엄지손가락을 푸는 손동작은 후자에 해당된다. 그 의미는 그때그때의 맥락 속에서 밝혀지고, 이러한 동작 연기의 알파벳을 알고 있는 사람들만이 그것을 이해할 수가 있다.

무용극에서 배우 및 관객의 기본 태도를 규정하기 위해서 『나티아사스트라』는 인도인들의 전통 미학에서 매우 중요한 역할을 하는 '바바(Bhāva)'와 '라사(Rasa)'라는 2개의 개념을 사용한다. 느낌과 감정이라는 단어로는 실로 그 내용이 충분하게 묘사될 수 없다. '바바'는 분위기나 감정 및 정신의 상태, 그리고 특정한 정신적 특질일 수 있다. 어쨌든 거기에는 예술적 행위를 위한 죽음이 포함되어 있다. 원래 '라사'는 '성스러운' 흥분제로 사용된 체세포 식물의 수액을 지칭하는 명칭이다. 이 낱말은 감각적 인상을 의미하지만, 예술 작품의 총체적 감동으로부터 절정을 추구하는 미적 체험의 본질을 말한다. 이와 관련해 『나티아사스트라』는 그것의 원천을 여덟 가지로 밝히고 있다. 즉, 에로틱, 즐거움, 충격, 분노, 용감함, 두려움, 혐오, 황홀함이 바로 그것이다. 나중에 이 목록에 '마음의 평화'가 하나 더 추가된다. 그뿐만 아니라 각각의 작용들을 모방할 수 있는 몸짓 연기의 다양한 표현 수단들, 예를 들면 에로틱한 표현의 경우에는 쾌활한 미소와 눈썹 연기, 두려움을 표현할 때는 관절 떨기 등을 구체적으로 제시하고 있다. 또한 『나티아사스트라』는 일반적으로 배우로 하여금 지나치게 자기자신에게 몰두하지 말 것, 다른 생각에 사로잡히지 말 것, 올바르게 동작을 행할 것, 당황하고 않고 세련되게 낱말을 낭독할 것 등을 권장한다.

『나티아사스트라』는 무용극의 주제를 시민적 혹은 궁정적 배경이 자리 잡고 있는 세속적 형식과 인도의 2대 국민 서사시 〈라마야나(Ramayana)〉와 〈마하바타라(Mahabharata)〉에서 소재들을 차용한 신화적 형식으로 구분한다. 두 서사시는 신과 영웅들의 전쟁과 사랑을 주제로 다루고 있다. 이때 동물 형상의 악령들도 일정한 역할을 한다.

대부분의 무용극에는 비두샤카가 주연배우와 극단장과 3자 대화를 나누는 프롤로그가 있다. [덧붙이자면 바로 이 인도 무용극의 프롤로그에서 요한 볼프강 괴테(Johann Wolfgang Goethe)는 〈파우스트(Faust)〉의 「연극의 서막(Vorspiel auf dem Theater)」에 대한 영감을 받았다.] 세속적 형식의 무용극은 프롤로그에서 드라마 사건이 바로 전개되는 반면에, 종교적 형식에서는 먼저 극단장이 신화와의 관련성을 한 차례 제시한다. 그는 인드라 신의 지팡이를 무대 위에다 꽂고, 꽃을 기부하고 세례를 주면서 축문을 읽는다. 또한 그를 '실 감는 실패(Fadenhalter)'라고 부르는데, 이러한 명칭은 가죽인형 또는 나무인형을 가지고 공연하는 그림자극에서 유래한 것이다. 이 그림자극은 아시아 전역에 보급되어 오늘날까지 곳곳에 남아 있다.

완벽하게 전해져 내려오고 있는 무용극들 가운데서 2세기와 3세기에 나온 무용극이 가장 오래된 작품이다. 지나친 관대함으로 말미암아 가난해진 어느 상인, 그리고 고결한 성품을 지닌 매춘부에 의한 그의 구원을 주제로 다룬 가장 오래된 인도의 무용극들 가운데 한 작품을 페르디난트 브루크너(Ferdinand Bruckner)[71]가

〈진흙으로 만든 작은 마차(Das irdene Wägelchen)〉라는 제목으로 현대적으로 변용한 바 있다. 5세기에 쓰였으며, 서양에서는 특히 독일 고전주의자와 낭만주의자들로부터 칭송을 받은 칼리다사(Kālidhāsa)[72]의 서정적 애정극 〈샤쿤탈라(Shakuntalā)〉도 잘 알려진 작품이다. 제1차 세계대전이 일어나기 직전 러시아의 알렉산드르 타이로프가 모스크바 실내 극장의 개관 기념공연으로 그의 작품을 연출했다.

인도의 전통 무용극은 지역적으로 그 특징이 매우 다르다. 복잡한 몸짓언어, 그리고 뱀처럼 느린 동작을 특징으로 하는 〈마니오우리(Maniouri)〉, 그리고 무용교본 『나티아사스트라』를 모범으로 삼은 〈바라타 나티람(Bharata Nātyram)〉과 함께 〈카타크(Kathak)〉와 〈카타칼리(Kathakāli)〉 무용극이 가장 유명하다. 카타크는 북인도에서 발전했으며, 특히 시인이자 음악가이며 무용수였던 한 제후가 통치하던 19세기에 전성기를 누렸다. 그는 무슬림이었음에도 힌두교의 신화를 표현하고 수세기에 걸쳐서 이어져 내려온 예술 형식을 계승하기 위해서 무용학교를 세웠다. 카타크는 특히 미믹(Mimik)의 변형에 능통하며 신화적 이야기들을 다룬다. 여기서는 추상적 표현의 변형, 특정한 느낌들의 표현이 무엇보다 중시된다. 전자의 경우에는 동작, 몸짓, 표정 그리고 사건 이외에 가수와 악기가 만들어 내는 음악도 중요한 구성요소로 추가된다. 그리고 남녀 무용수들은 발목 관절에 방울을 단다. 또한 무용수들은 발바닥으로 리듬의 강약을 만들어 낸다. 카타크의 동작 원칙은 원칙적으로 고정되어 있다. 그러나 추상적 표현 형식의 경우에는 무용수들이 최소한의 요소들을 선택하고, 그 순서는 임의로 결정할 수 있다.

다양한 표현 수단들, 특히 '하스타스'와 '무드라스'의 다양함과 '바바'와 '라사'의 미적 목표와 관련해 말하자면, 영국의 식민통치로부터 해방된 뒤 인도 남부 케랄라(Kerala) 주에서 특별히 국가문화재로 장려된 '카타칼리'는 다른 지역의 양식들과 상당히 비슷하다. 화려한 모자, 폭이 넓은 의상, 상징적 의미를 지닌 색채

---

71) 본명 테오도르 타거(Theodor Tagger), 오스트리아 출신의 극작가이자 사회심리적 갈등을 다룬 시사극의 대가, 1891~1958년. —옮긴이

72) 고대 인도의 시인이자 극작가, 373?~415년. —옮긴이

카타크 무용수들, 16세기 회화

카타칼리 무용수들

로 정교하게 분칠한 얼굴이 '카타칼리'의 특징이다. 정열적이고 애크러배틱이 있으며, 악마의 괴물들과 벌이는 위대한 여신의 투쟁을 다루는 '바가바티' 신화의 전투 장면들을 공연하려면 어린아이 때부터 10여 년 이상 훈련받은 신체의 뛰어난 유연성이 무엇보다도 필요하다. 카타칼리의 공연무대는 세계를 상징화한다. 커다랗고 밝게 빛나는 램프는 태양을 표현하며, 관람석에 있는 작은 램프는 달을 표현한다. 사원 앞에서 공연이 행해지는 경우에는 신들의 참석을 간청하기 위해서 신주함을 활짝 열게 한다.

인도네시아의 연극문화는 기본적으로 인도로부터 많은 영향을 받는다. 이미 1000년 전에 힌두교 및 그와 관련된 신화와 더불어 거기에 기초한 연극 형식들이 인도네시아 전역, 특히 자바(Java)와 발리(Bali)로 전파된다. 토착 놀이문화와 결합해서 오늘날까지도 전승되는 두 가지 전통, 즉 그림자극과 무용극이 만들어졌다.

발리 무용

발리의 와양 쿨릿의 등장인물

두 공연 장르는 종교적 의미를 지니고 있다. 물론 두 장르가 관광 상품으로 발전하면서 오늘날에는 종교적 의미가 많이 퇴색되었다. 우상숭배, 특히 조상숭배의 의식에서 비롯된 기원은 그림자극에서 보듯이 대부분 성별에 따라 관객이 분리되는 것에서 잘 나타나 있다. 남자들은 스크린 한쪽에서 가죽 혹은 나무로 만든 평면 형태의 인물들을 볼 수 있는 반면에, 또 다른 쪽에 앉아 있는 여자들에게는 그림자 형상만을 볼 수 있도록 허용된다. 200여 명의 인물들이 등장하는 무대사건은 '다에앙(Daeang)'이라고 불리는 한 명의 연출가에 의해서 표현된다. 그뿐만 아니라 그는 텍스트를 말하고, 가멜란(Gamelan)이라 불리는 소규모 오케스트라를 지휘한다. 이 오케스트라에서 가장 중요한 악기는 청동으로 만든 금속악기인 징이나 실로폰, 대나무로 만든 피리 그리고 두 줄로 된 현악기이다. 주제에 따라서 사람들은 인도네시아어로 '그림자'를 가리키는 '와양(Wayang)'의 형식을 다양하게 구분한다. 훗날 이 형식은 배우극(Menschentheater)에도 응용되었다. 힌두 서사시에 나오는 사건들은 '와양 푸르와(Wayang Purwa)'의 토대가 되며, 자바와 발리에서는 토착신화와 결합된다. '와양 마디야(Wayang Madya)'는 역사에 나오는 사건들을 이야기하고, 와양 게독(Wayang Gedok)은 전설적인 한 왕자의 사랑의 모험을 주제로 다룬다.

인도네시아의 그림자극은 추수가 끝날 무렵에 벌이는 축제에서, 그리고 건조기에 비를 기원하거나 또는 탄생이나 결혼을 계기로 신들의 축복을 기원할 때 공연된다.

전통과 관련된 자바의 배우극, 그리고 거기서 발원한 발리의 배우극은 종교적 형식과 세속적 형식으로 분류된다. 하나는 사원의 마당이나 교차로 또는 묘지와 같이 신비스러운 장소에서 공연된다. 또 다른 하나는 거기에 적합한 세속적인 장소, 더 나아가 요즘에는 관광객이 많은 호텔에서도 공연된다. 공통적으로 동작과 음악이 두 형식에 매우 중요한 역할을 한다. 신화나 기록에 나오는 텍스트들은 그다지 큰 역할을 하지는 않는다. 텍스트는 주로 외부로부터 주어진다. 인도네시아 무용극의 한 갈래로 특히 중부 자바의 궁정이 장려한 '와양 웡(Wayang Wong)'의 경우에는 연기자들이 말을 하기도 한다. 인도 연극과는 달리 인도네시아 연극의 기호들은 그다지 큰 상징적 의미들을 지니고 있지 않다. 몇몇 손동작으로 하나의 이야기를 모방해 미믹의 형식으로 이야기한다. 발리 연극에서 연기자의 얼굴 표정은 변화가 없다. '와양 토펭(Wayang Topeng)'에서 연기자의 얼굴 표정은 그가 쓴 가면 때문에 전혀 드러나지 않는다. 이 극형식은 일련의 기본 장면과 색깔로 특징을 나타내는 붙박이 인물에만 국한되어 있다. 인도네시아의 무용극은 5명 내지 6명의 앙상블로 공연되거나, 아니면 한 명의 연기자가 혼자 모든 역할을 맡아서 공연한다. 이때 그 연기자는 가면을 수시로 바꾼다. 가면의 사용은 당연히 우상숭배의 전통과 관련이 있다. 그것은 오로지 이러한 방식으로만 영웅과 신들을 표현할 수 있다는 자바 사람들과 발리 사람들의 생각에서 비롯된 것임을 알 수 있다. 또한 '와양 웡'이라는 발리의 무용극은 신화에 등장하는 새 '가루다(Garuda)'와 수행원들을 동반한 거미원숭이와 같은 동물들을 환상적으로 형상화하는 데 특히 뛰어나다.

신화에 등장하는 상상의 동물 바롱(Barong)의 이름을 붙여 만든 무용극은 발리에서 널리 사랑받는 형식이며, 그 중심에는 바롱이 놓인다. 바롱은 선인(善人)의 의인화다. 그는 마녀 란다(Randa)의 형상을 한 악과 맞서 싸운다. 10세의 나이에 데뷔하는 여자 무용수들은 화려한 의상을 입고 장식이 많은 모자를 쓰고 귀중한 장신구로 치장한다. 바람에 날리는 술과 스카프는 육체의 불안정한 인상을 강조한다. 학교에서 그들은 기예를 갈고닦는다. 오늘날에도 이러한 학교는 큰 마을에 하나씩은 있다. 그러나 이른 나이에 시작한 학생들 가운데서도 소수만이 18세는

되어야 그들의 기량을 겨우 정점에 이르게 할 수 있다. 그 뒤에는 자신들이 배운 예술을 직업으로 삼을 수 있으며, 그때 비로소 그들은 축제에 초빙되거나 혹은 사원에서 거행하는 의식에 참여할 수 있다.

인도 문화권의 전통연극과 마찬가지로 중국의 연극도 종교적 유희와 미믹의 민족적 관습에서 유래했다. 중국에서는 뿌리 깊은 샤먼의 제의와 의식이 특별한 역할을 했다. 짧은 형식의 익살극, 음악 반주에 맞춰 낭독되는 이야기, 그리고 서정적 가극의 형태로 각기 서로 다른 발전 과정을 거치면서 사회의 현실, 전설의 세계, 그리고 —대부분 전설로 치장된— 역사의 세계로부터 얻은 주제들이 문제시되는 작품 레퍼토리가 풍부하게 발전했다. 그것은 중국연극의 기본 형식들—인물극, 그림자극 그리고 배우극—과 대체로 일치한다. 음악은 세 장르 모두에 중요한 역할을 한다. 활기 넘치는 연기자들의 연극에서 중요한 구성요소로는 동작, 특히 애크러배틱이 추가된다. 최근까지 많은 국민이 읽을 줄도 쓸 줄도 몰랐던 나라에서 연극은 종교적·오락적 기능뿐만 아니라 교육적 기능도 가졌다. 그것은 새 천년으로 넘어갈 당시에 불교와 도교를 철저하게 배척한 반면에 유교적 덕목들을 널리 보급시켰다. 지혜, 관용, 신의, 용기, 공경, 순종 등이 유교적 덕목에 해당된다. 유교의 중요한 사회 교육적 과제에도 불구하고 중국에서 연극은 별다른 명성을 얻지 못했다. 그것은 대부분의 작품들이 익명으로 전해져 내려오고 있다는 사실을 보아도 충분히 짐작할 수 있다. 왜냐하면 그런 건 작가들에게 어떤 명망도 가져다주지 않았기 때문이다. 배우들은 가장 천한 사회계층에 속했다. 종종 부모들은 돈을 받고 어린아이들을 연기수업을 가르치는 사람들에게 넘겼으며, 아이들에 대한 연기 지도가 끝난 뒤에 그들은 이익을 남기기 위해서 다시 극단에다 아이들을 팔아넘겼다.

중국의 전통음악극은 전성기 때에는 지역적으로 300개가 넘는 다양한 갈래가 남아 있었다. 그것은 특히 민속음악에 가까웠기 때문에 사람들로부터 가장 사랑받는 연극 형식이었다. 물론 문화혁명 기간에 순수 선전도구로 남용되었지만, 오늘날에는 통치 이데올로기와 극히 모순되지 않는 한, 전통작품들을 공연하는 것이 다시 허용되었다. 서양의 오페라와 달리 중국 전통음악극의 연기자는 노래하는 가수이며 무대연기를 하는 배우로서, 그리고 춤을 추는 무용수와 팬터마임의 배우로서, 또한 재주를 부리는 아크로바트(곡예사)로도 활동한다. 그 때문에 설령 연기자가 일생 동안 자신의 '전공'에 해당되는 역할만을 할지라도, 중국의 연기자 교육은 매우 집중적이고 다양하지 않을 수 없다. 중국의 전통음악극에서 가장 중요한 인물 유형은 중국 남성의 이상형인 '쉥(Sheng)', 20세기까지 남자가 맡았던 '단(Dan)' 그리고 악인 '징(Jing)', 마지막으로 익살꾼 '초우(Chou)'다. 이미 8세기 중엽에 황제 밍 후앙(Ming Huang)은 최초의 배우양성 기관을 설립했다. 이때 그는 소위 '영원한 봄의 정원'에 설치한 학교에서 여자 연기자들을, 그리고 이른바 '배나무 정원의 학교'에서는 남자 연기자들을 각각 양성했다. 오늘날에도 '배나무 정원의 문하생'이라는 명칭을 '명예 칭호'로 사용하고 있으며, 밍 후앙은 연극예술의 수호신으로서 칭송받고 있다. 중국 공연예술의 경우에 음성이나 신체적 표현 수단들은 상당히 양식화되어 있으며, 오랜 전통에 기반하고 있기 때문에 매우 세련되어 있다. 예를 들면, 60여 가지의 각기 다른 행동양식이 있으며, 걸음걸이는 55가지, 팔 동작은 72가지, 손가락 동작은 무려 50가지나 있다. 각각의 양식은 정확하게 고정되어 있으며 특정한 의미를 지닌다. 소품의 사용도 엄격한 관례에 따라 규정되어 있다. 이를테면 부채를 들고 하는 연기에도 수많은 형식의 변형이 있는데, 그것은 각기 다른 의미를 지닐 뿐만 아니라 그 의미 또한 그때그때 대상의 형태 및 역할 유형과 관련을 맺는다.

중국 음악극의 시각적 특징은 특히 악인이나 익살꾼들을 위해서 마련된 것으로 풍부한 상상력을 자극하는 화장 가면에 의해서 결정된다. 그 모양이나 색깔로 교육받은 관객은 역할의 범주 내에서 인물의 성격을 정확하게 읽어 낼 수가 있다. 일곱 가지 상징적인 색 가운데 각각의 색은 특정 캐릭터의 특성을 대변한다. 빨간색은 용기와 충성심, 검정색은 정직과 솔직함, 보라색은 과묵함, 파란색은 술책, 노란색은

베이징 오페라의 가면

교활함, 초록색은 교활한 음모꾼, 끝으로 흰색은 악당이나 배신자를 의미한다. 색채의 조합과 얼굴 각 부분에 그려 넣은 색채는 의상과 수염 모양의 특징과 함께 등장인물의 전체 캐릭터를 관객에게 잘 드러낸다. 사실주의 또는 역사에의 충실은 여기서도 그렇고, 무대배경에서도 어떤 역할을 하지 않는다. 유랑극단의 경우 현실적인 이유 때문이기도 하지만, 고정식 무대에서도 무대세트는 매우 간소하게 설치되었다. 등장과 퇴장을 위해서 사용되는 막은 배경과 측면의 경계를 형성했다. 오른쪽 무대 측면에는 현악기, 타악기, 관악기 연주자 총 24명으로 구성된 오케스트라가 앉았다. 작은북 연주자는 시작 신호와 박자를 주었다. 몇몇 물건들이 —바닥 매트, 탁자, 몇 개의 안락의자 등— 소품으로 이용되었다. 이것들이 어떻게 사용되느냐에 따라서 극히 서로 다른 의미를 가질 수 있었다. 초크로 스케치해서 2개의 대나무 막대에 걸은 검은색 천은 벽이나 문으로 상상할 수 있었고, 작은 막대기에 고정시킨 종이 부스러기는 눈이 내리는 것으로 상상할 수가 있었다. 특히 군인들을 주제로 한 인기 있는 작품들의 경우에 장군의 어깨에 고정된 작은 깃발들은 자기 부대의 숫자를 가리켰다.

중국의 전통음악극 가운데 베이징 오페라는 특별한 지위를 차지한다. 베이징 오페라는 몇몇 극단과 그들이 지닌 가장 효과적인 요소들을 서로 합해서 19세기 초반에 만들어졌다. 베이징 오페라는 처음에는 수도에서, 나중에는 전국적으로 커다란 사랑을 받았다. 이 음악극이 그와 같은 명성을 획득하기까지는 무엇보다도 '13인의 명장들'이 기여한 바가 가장 컸다. 그들은 연기자로서 자신들의 기예를 완벽하게 발전시켰으며, 자신들의 예술

베이징 오페라의 한 장면

을 후대에 전승하기 위해서 학교를 세웠다. 우수한 연기자들 가운데 1920년대에 전설적인 연기자 메이 란팡(Mei Lanfang)이 배출되었다. 여성의 역할을 환상적이고 감각적으로 수행한 연기자로서 메이 란팡은 수많은 국가로부터 초청을 받아 공연을 하면서 세계적인 명성을 쌓았으며, 예를 들어 에드워드 고든 크레이그, 프세볼로트 메이예르홀트, 베르톨트 브레히트와 같은 유럽의 현대연극의 수많은 개혁자들은 메이 란팡을 새로운 연극예술 발전의 선구자로 여겼다.

오늘날 일본에는 대여섯 개의 독자적인 공연예술 장르가 전해지고 있다. 물론 각 공연예술 장르의 전통은 서로 다른 시대에 생겨났다. '카구라(Kagura)' 춤은 신화의 시대에 유래했다. 그것은 신도(神道)의 자연신들을 경배하기 위해서 공연되었다. 그 신화적 근원은 여신 아마 노 우추메 (Ama no Uzume)의 춤에 있다. 이 여신은 춤으로 일본 민족의 시조로 간주되는 태양신 아마테라스(Amaterasu)를 칠흑 같은 동굴의 어둠 속에서 유혹했다. 오늘날까지도 기본적인 경배의 요소들, 상록수 나뭇가지로의 무대 치장, 제물 공여, 두건과 대나무 다발 꼬기 그리고 태양의 여신에게 장엄함을 비춰 주는 거울 만들기 등이 카구라 연극에 보존되어 전해졌다. 밤에 공연을 시작해서 새벽 첫 닭이 울 때 공연이 끝나는 관례도 신화와 관련된다.

'기가쿠(Gigaku)'와 '부가쿠(Bugaku)'라고 불리는 가면극은 7세기와 8세기, 즉 불교시대에 중국으로부터 넘어왔다. 기가쿠의 경우에는 —이 낱말은 정교한 음악이라는 뜻이다— 짧은 팬터마임 형식의 개별 장면이나 집단 장면 속으로 흘러 들어가는 음악가와 무용수들의 퍼레이드가 중요시된다. 이때 배우들은 갈퀴 모양의 기다란 코, 강인해 보이는 이빨, 툭 튀어나온 눈 등 그로테스크한 가면을 썼다. 넉넉하지 않은 증거 자료에 근거해서 말하자면, 상스러움과 음란함을 기본 특성으로 삼고 있었다. 예를 들면 부처 앞에서 엎드린 채 불공을 드리는 두 소녀가 남근 팬터마임을 통해 어떤 신화적 인물에게 어떤 괴롭힘을 당하는지, 그런 다음 보호자가 나타나 익살스러운 춤으로 평화의 파괴자인 남근을 뽑아 낼 때까지 오랫동안 어떻게 자신들을 지킬 수 있는지를 보여 주었다. 기가쿠 연극의 전성기는 비교적 짧았다. 그 이후에는 부가쿠(말 그대로 '춤과 음악')와 합쳐졌다. 특히 이 장르는 궁정에서 장려되었다. 종종 옥외에서 공연되는 경우에 고대 일본의 가요나 시가 낭송됨으로써 무용공연의 맥은 끊겨졌다. 현재에는 신화적 사건들을 표현하는 약 24개의 부가쿠 장면이 전해지고 있다.

또한 '데라쿠(Deraku, 농민음악)'와 '순라쿠(Sunraku, 원숭이 음악)'라고 불리는 연극들도 전통에 깊게 뿌리내리고 있었다. 이 형식들은 12세기와 14세기 사이에 한편으로는 신도와 불교사원이라는 종교적 환경 속에서, 다른 한편으로는 세속의 권력자들이 있는 궁정에서 전문화되고 미학적인 세련미를 갖추게 되었다. 예술형식으로서의 발전은 일본어로 '예술적 능력'을 의미하는 음절 '노(Nô)'가 장르의 명칭에 이름 붙여진 것에서도 알 수 있다. 민속공연에서 미학적 현상이 생겨났다. '수가라쿠-노-노(Sugaraku-nô-nô)'는 바로 노-연극의 전 단계라 할 수 있다. 수가라쿠 연기자 기요쓰구 가나미(Kiyotsugu Kanami)[73], 특히 그의 아들 모토키요 제아미(Motokiyo Zenami)[74]는 배우이자 극작가로서, 그리고 새로운 예술 형식의 이론가로서, 노-연극의 선조로 간주된다. 15세기 전반에 나온 제아미의 저서들—노-연극과 관련해 가장 중요한 저서들은 『9단계』, 『노의 수련 과정에 대한 고찰』, 그리고 『진주 수집과 꽃 취득』이 있다—은 사무라이 문화와 선불교에 깊게 연관되어 있다. 유럽의 기사도와 거의 동시에 생겨난 사무라이 무사계급은 헌신, 의협심, 죽음에 대한 장엄함, 그리고 비겁, 배신, 탐욕에 대한 경멸을 이상으로 삼았다. 노-연극은 이러한 가치들을 선전하기 위한 수단으로 삼았으며, 그 때문에 사람들은 힘닿는 대로 노-연극을 장려했다.

두 현상에 공통되는 토대는 선(禪)이다. 그것은 서양의 사고, 즉 문명의 진보라는 의미에서 인식의 부단한 지향, 오성의 실천과는 극단적으로 대립한다. 그와 달리 선불교의 수행자는 평온과 고요를 추구하고, 명상을 통해서 절대적인 것을 직관적으로 경험하는 것, 즉 '깨달음'을 얻고자 애쓴다. 물론 선은 신비주의적 특징을 지닌다. 하지만 그것은 세상으로부터의 도피, 그렇게 해서 무위(無爲)로 이어지는 것이 아니라 정신적·예술적 창조의 가장 중요한 토대로서 심리적 심층의 역동적 각성으로 이어지는 것이다. 비록 선이 우선적으로 형이상학적 유일성을

73) 노-연극의 극단장, 1333~1384년. —옮긴이

74) 노-연극의 이론가 겸 배우, 1363~1443년. —옮긴이

체험하는 것을 목표로 삼고 있지만, 오늘날 많은 일본인들에게 그것은 종교라기보다는 오히려 미학이라 할 수 있다. 그것은 숨겨진 삼라만상의 아름다움에 대한 깊은 통찰과 더불어 다례의 형식으로, 수묵화의 형식으로, 예전부터 내려오는 와카(Waka) 문학의 형식으로, 그리고 노-연극의 형식으로, 오늘날 떠오르는 태양의 나라에서는 일종의 생활문화로 받아들여진다.

제아미의 저서에 등장하는 세 가지 핵심 개념도 선불교의 가르침과 아주 밀접한 관계를 맺고 있다. 저자는 단순한 모방과 인간의 내적 본질의 충실한 재현의 차이를 설명하기 위해서 '표현' 또는 '모방'으로 번역되는 '모노마네(Monomane)'라는 개념을 사용한다. 배우는 현실 속에서 관찰되는 인간의 표상들로부터 의미 충만하고 중요한, 그리고 아름다운 것을 끄집어낼 수 있어야만 한다. 또한 배우는 인간의 사고방식과 삶의 목표를 이해하고 판단할 줄 알아야만 한다. 제아미의 견해에 따르면 여성 역할을 맡는 배우들은 —오로지 남자들이 맡는— 특히 여성들이 어떻게 걷는지, 어떻게 앉는지, 어떻게 부채를 잡는지 연구하지 않으면 안 된다. 설령 배우가 미친 여자, 늙은 남자 또는 마귀를 연기하더라도 노-연극의 배우는 기품과 격조를 염두에 두어야만 한다. 이러한 태도가 관객에게 미치는 영향을 제아미는 '유겐(Yûgen)'이라고 말한다. 서양 언어로 이 낱말의 의미는 다만 근접해서 표현될 수밖에 없다. 어쨌든 이 낱말은 뭔가를 직감하는 것과 잠재된 것을 의미한다. 배우의 기교가 자기 무의식의 일부가 되었더라도, 그는 그것을 단지 밖으로 끄집어낼 수 있을 뿐이다. '유겐'의 개념이 확실한 특성을 의미하는 반면에, '하나(Hana, 꽃)'의 개념은 변화하는 특성을 의미한다. 제아미는 젊음의 아름다움의 형식으로 배우에게 선사되는 '일시적인 꽃'과 지속적인 수련을 통해서 점점 더 배우를 성장시키는 '진실한 꽃'을 구분한다. 어쨌든 '하나'는 관객을 깊이 감동시키고 동시에 기쁘게 만든다. 그 어떤 형태든 그것이 관객에게 놀랄 만한 사실임은 분명하다.

수묵화나 하이쿠(Haiku)와 마찬가지로 노-연극의 드라마투르기(Dramaturgie)와 연기 방식은 극단적 밀도와 집중을 특징으로 한다. 모든 동작은 간결한 상징으로 환원된다. 예를 들어 우는 장면을 보여 주어야 한다면, 배우는 가만히 손 하나를 들어 손 안쪽에 얼굴을 대고 잠시 멈춘 다음 아주 가볍게 머리를 수그린다. 노-연극의 몸짓은 느리고, 걸음걸이는 매우 조심스럽다. 제아미는 "심장이 열 배 뛴다면, 몸은 일곱 배로 반응해야 한다"라고 말한다. 몸은 자신의 힘을 배에 집중시키고 허리와 엉덩이를 힘껏 긴장시키고, 걸을 때는 발바닥을 바닥에서 들어 올리는 것이 아니라 앞으로 질질 끌고 나아가기 때문에 배우의 움직임은 걷는 것이라기보다는 발을 질질 끄는 것과 같다. 이때 그의 행동 반경은 극히 제한되어 있다. 배우가 3보 또는 4보 앞으로 나아간다는 것은 이미 그가 극단적으로 격양되어 있음을 의미한다. 노-연극에서는 음악과 언어를 조화롭게 결합시키는 춤도 매우 제한적이며, 통제된 움직임들로만 이뤄진다. 물론 이러한 동작들은 상징적인 의미를 지닌다. '가타(Kata)'라고 불리는 이러한 행동수칙은 정확하게 고정되어 있으며, 가끔은 내용상의 의미 때문만이 아니라 동작의 아름다움을 위해서 표현되기도 한다. 노-연기자에게 가장 중요한 소품은 부채다. 배우는 부채로 자신의 감정을 표현하고 자신의 행동을 암시한다. 하라키리(Harakiri) 장면에서 부채는 검을 의미한다. 부채를 입 쪽에 갖다 대면 그것은 곧 마시는 동작을 상징한다.

(흔히 사원 경내에 설치된) 무대는 극도로 검소하다. 삼면은 관객으로 둘러싸이고, 5제곱미터 크기에 약 1미터 높이로 윤이 번쩍번쩍 나는 삼나무로 만든 무대 위에는 양식화된 몇 개의 소품, 예를 들면 움막을 떠받치는 4개의 장대와 정원을 나타내는 꽃 장식 정도만이 놓여 있을 뿐이다. 지붕이 얹혀 있는 공연무대는 나무로 만든 무대배경과는 분리되어 있다. 무대배경에 소나무가 대충 그려져 있다. 반면에 오른쪽 측면은 한 그루의 대나무로 장식한다. 2개 모두 불변을 상징한다. 모든 작품은 이러한 장식만을 가지고 공연된다. 공연무대는 눈에 보이지 않는 선에 의해서 무대 뒤와 구별된다. 그곳에는 4명의 악사가 악기(대나무 피리, 팀파니, 작은북과 큰북)를 들고 앉아 있으며, 그 밖에 배우에게 소품을 건네거나 무대 위에다 소품을 갖다 놓고 다시 치우는 소품 담당자['고켄(Kôken)']도 앉아 있다. 합창은 무대 오른쪽과 연결되는 일종의 베란다에 자리를 잡는다. 베란다 아래쪽, 그러니까 무대 아래쪽에는 음향을 증폭시켜 주는 소리 울림통이 세워져 있다. 공연무대는 세 그루의 생소나무로 장식되어 있으며 무대로 올라갈 수 있도록 만든 길이 10미터의 통로['하시가카리(Hashigakari)']와 상징적인 색깔들로 채색된 커튼으로 구분한 '거울방(Spiegelzimmer)'이 서로 연결되어 있다. 이곳에서 배우들은 준비를

노-연극의 한 장면

노-가면

한다. 검소한 노-연극의 무대장치는 색의 상징성과 전통적인 디자인, 그리고 엄격하게 유지되고 있는 화려한 의상으로 충분히 상쇄된다. 의상과 가발은 상이한 계급을 연기하는 인물들과 일치하도록 명확하게 규정되어 있다. 그러나 가면의 경우에는 다르다. 모든 가면은 매우 비슷하며 거의 표정이 없다. 물론 —일반적으로 4명의— 배우들 가운데 단 1명만이 가면을 쓴다. 그를 '시테(Shite)'라고 부르는데, 그는 주인공이자 극단의 단장이다. 하지만 주인공이든 혹은 노인이든, 젊은 여자이든 혹은 수척한 늙은 여인이든 간에 가면을 쓰는 것과 그가 연기하는 배역은 전혀 상관이 없다. '와키(Waki)'라 불리는 그의 상대역은 창백한 얼굴을 하고 등장한다. 시종들과 대개 8명의 가수로 구성되는 합창도 마찬가지로 창백한 얼굴로 등장한다.

노-연극은 일종의 1인칭 드라마다. 그것은 '시테'에 의해서 체현되는 한 인간의 내면세계와 정신적 갈등을 표현한다. 원래 시테가 노-연극에서는 유일한 연기자였다. 와키는 제아미의 후계자에 의해서 도입되었다. 두 배역 사이에 극적 갈등은 있을 수 없다. 왜냐하면 와키에게는 오로지 배우의 대사 또는 등장을 유도하는 말과 해설의 임무만이 주어지기 때문이다. 연극이 시작되면 그는 상황을 설명하고 관객에게 작품을 이해하는 데 필요한 역사적 정보들을 제공한다. 주변의 인물들이 갖는 의미는 훨씬 더 미미하다. 설사 규칙과 달리 주변의 인물들 가운데 지위가 높은 인물로 등장한다 해도 외관상 무대 위에서 시테의 우위를 유지하도록 하기 위해서 종종 어린아이로 하여금 그 역할을 연기하도록 한다. 시테에 의해서 연기되는 인물들은 저승 출신이다. 그래서 말이나 행동에서 그들은 과거 이승에서의 삶을 묘사한다. 따라서 회한과 그리움에 가득 차 있다. 이때 그들은 세련된 시어를 사용한다. 그와 달리 와키는 간단한 산문 형식으로 말한다.

노-연극의 구조는 일반적으로 5개의 장으로 나눠진다. 제1장에서는 와키가 무대사건으로 유입된다. 제2장에서는 시테가 나타난다. 제3장에서는 대화가 이어지고, 제4장에서는 그때까지 변장을 해서 사람을 속이는 역할을 맡은 주인공의 정체가 폭로될 것임이 예고된다. 제5장에서는 와키의 노래 이후에 주인공이 자신의 진짜 모습으로, 대부분 신 또는 신화적 주인공으로 행동한다. 오늘날에는 흔히 3부작 드라마, 심지어는 1부작 드라마로 축소되기도 하지만, 원래 노-공연의 프로그램은 5부로 구성된다. 공연작품은 흔히 '고전'으로 간주되는 200여 편의 작품 목록 가운데서 선택된다. 여러 세기를 거치면서 현재 전체적으로 2000여 편의 노-연극 작품이 전해지고 있다. 작품 주제의 다양한 출처에 따라서 —일본 및 중국 신화, 영웅전설과 불교전설에서 비롯된— 노-연극은 통상 5개 그룹으로 나눠진다. 그 가운데서 몇 시간 또는 흔히 오전에 시작하는 프로그램에 적합한 작품이 선택된다. 공연을 시작할 때는 신도의 신주함 혹은 유사한 종교적 사건들의 발생사를 이야기하는 이른바 '신들의 작품(Götterstück)'이 프로그램 맨 앞에 위치한다. 흔히 시테가 사무라이의 정신을 체현하는 '전쟁 작품(Kriegsstück)'이 그 뒤를 잇는다. 천상의 여자 역할을 맡는 시테와 더불어 '여성극(Frauenstück)'이 제3부를 구성한다. 제4부는 연인 혹은 자식의 죽음으로 인해서 미쳐 버린 한 여인의 고통을 묘사한다. 그리고 마지막 제5부에서는 춤과 함께 공연이 끝나기 전에 유령과 악령이 무대를 사로잡는다.

고전적인 공연 프로그램에는 노-연극에 이어서 '교겐(Kyôgen, 미친 말)'이라는 익살스러운 막간극이 이어진다. 노-연극이 발전하면서 전승 라인에서 벗어난 이 장르는 13~14세기의 사루가쿠(Sarugaku) 연극으로부터 유래한다. 효과의 측면에서 보면, 그리스의 사티로스 연극과 비교될 수 있는 이 장르에서 현재까지 전해지고 있는 작품은 200여 편에 달한다. 여기서는 진지한 극적 인물들이 희화화되고, 어리석음이나 자만, 탐욕과 가소로운 음주벽과 같은 인간들의 약점들이 노출된다. 그러나 이때 인간의 약점은 상스럽고 외설적으로 표현되지 않는다. '교겐'도 오로지 남자들에 의해서만 연기된다. 만약 그들이 동물 혹은 악령을 연기할 경우에는 가면을 쓴다. 연기 방식은 느슨하고 가볍다. 슬로 모션의 노-연극과는 반대로 이 장르에서는 템포가 빠르고 자연스럽게 말을 한다.

'가부키(Kabuki)'라는 낱말을 구성하는 3개의 글자는 '노래', '춤', 그리고 '기예(예술적 재능)'를 의미한다. 여기서도 동작과 몸짓, 음악과 아크로바트, 언어와 음악, 무대세트, 그리고 의상과 가면의 무대 앙상블이 중요시된다. 노-연극이 무사나 귀족계급이 담당한 것과 달리 가부키 연극은 일반 시민들의 생활세계에서 비롯된다. 유럽에서는 바로크(Barock)의 화려함, 그러나 그 이면에는 추악한 전쟁의 비극적 참상이 특징이었던 17세기 초반에, 일본은 오랜 시민전쟁 이후 마침내 평화를 되찾고 새로운 사회계층이 형성되었다. 그들은 특히 도시에 집중적으로 전개된 전쟁으로 말미암아 이익을 취한 자들, 예전의 농민들, 그리고 소규모 수공업자들이었다. 그들은 빠르게 부를 축적했지만, 교육을 받지 못한 계층으로 전통적인 고급문화를 받아들일 수가 없었다. 그래서 이 계층은 노-연극을 생각할 수 없었다. 오락예술이 그들의 취향에 훨씬 더 어울렸다. 마술사와 광대, 인형극 연기자와 무용수들, 창녀와 남창을 효율적으로 감시하기 위해서 일본 정부 당국은 도시에 독자적인 유흥지역들을 만들었다.

이러한 유흥지역에서 가부키가 탄생했다. 당연히 그것은 감각적이고 오락적인 예술이었다. 신도의 무녀 오쿠니(Okuni)가 가부키를 고안했다. 신도의 전통춤으로 고향의 불타 버린 사원을 재건하는 데 필요한 돈을 모으기 위해서 그녀는 1600년경 지방에서 당시 수도인 교토로 올라왔다. 그러나 곧 그녀의 계획은 순전히 경제적인 목적으로 변질되었다. 그녀는 단순한 연극 장면과 춤을 결합했으며, 몇몇 춤 교육을 받은 어린 소녀들과 함께 도시의 유원지에서 오락거리를 제

가부키 연극의 등장인물

공했다. 몇 년 뒤 오쿠니는 자신의 극단과 함께 에도, 즉 오늘날의 도쿄로 갔다. 이곳에서도 그녀의 공연은 대성황을 이루었다. 곧 찻집 주인들은 직접 가부키 정원을 만들어서 다른 극단들에게 돈벌이의 기회를 주었다. 관객의 호응을 얻기 위해서 가부키 공연은 점점 더 기존의 틀에 얽매이지 않게 되었다. 유곽으로 들어가는 남자들의 모습을 —여자들이— 연기하고 희화화하는

19세기 가부키 극장의 내부

장면은 특히 인기가 있었다. 이 장르가 생기고 20년이 지나서 관리들은 여자들의 무대연기를 금지하는 것이 불가피하다고 생각했다. 이어서 소년극단들이 생겨났는데, 그들의 연기 때문에 이들 극단은 사회의 죄악으로 여겨지는 호모섹슈얼리티를 조장했다는 말을 듣는다.

17세기 중반 이후부터는 성인 남자들이 공연하는 가부키 연극이 허용되었다. 이때 에로틱하고 섹슈얼한 암시는 배제되었다. 이러한 품위 있는 전향은 가부키의 예술적 발전과 연극 형식의 문학화를 촉진시켰다. 그때까지 사람들이 고정된 텍스트의 몇몇 구절만을 사용했을 뿐 나머지는 즉흥적으로 연기했다면, 이제는 점점 더 복잡한 무대사건의 전개와 잘 짜인 대화를 갖춘 드라마 작품이 가부키 공연의 기초가 되었다. 가부키 연극을 위한 드라마 작품들은 흔히 공동 집필자들에 의해서 만들어졌다. 개별 작가로는 예를 들면, 유럽의 시민비극(Bürgerliches Trauerspiel)과 어느 정도 유사한 점이 있는 18~19세기의 가부키 작품들을 쓴 몬자에몬(Monzaemon)[75]과 단주로 7세(Danjuô VII)[76]가 있다. 언제나 의무와 애착(대부분 사랑) 사이의 갈등을 다루는 이 드라마 유형과 더불어 역사극 장르와 춤이 중심인 가부키 장르들도 있다.

18세기 내내 가부키 연극은 시민계급이 좋아하는 또 다른 연극 장르 '요루리(Yôruri)', 나중에는 '분라쿠(Bunraku)'라고 불리는 인형극과 생산적인 경쟁 관계에 놓여 있었다. 이 장르의 경우에 사람들은 똑같은 역사적 소재들을 다루었으며, 심지어는 가끔씩 작품들을 맞교환하기도 했다. 배우극이 무대공연의 활기와 관련해 장점을 지니고 있었다면, 인형극은 드라마투르기와 기술적인 측면에서 장점을 지녔다. 무대사건이 1명의 낭독자에 의해서 서사적 형식으로 중재되기 때문에 분라쿠는 장소와 시간의 도약을 훨씬 더 잘 성취할 수 있었으며, 기술 장치는 또한 공연을 흥미롭게 형상화할 수 있는 가능성을 제공했다. 그러나 가부키 연극이 인형극으로부터 이를테면 회전무대, 상하 이동무대, 기중기와 같은 새로운 무대기술들을 넘겨받으면서 분라쿠는 경쟁에서 밀려났다. 원래 단순했던 공

75) 18세기 일본의 대표적인 극작가, 1653~1725년. —옮긴이

76) 에도시대의 가부키 연극배우. —옮긴이

연무대는 시간이 흐르면서 화려한 무대시설로 바뀌었다. 서양의 전통연극과 달리 가부키에서는 두 진영으로 명확하게 분리되지 않았다. 즉, 공연무대와 객석은 '하나미치(Hanamichi)'라고 불리는 조그마한 길로 연결되었다. 그 길은 관람석 뒤편에 있는 작은 문에서 시작해 관객을 가로질러 무대 맨 앞쪽으로 이어진다. 초창기에 관객들이 기부금과 함께 그 위에다 꽃가지를 갖다 놓은 데서 유래한 이름인 이 '꽃길(Blumenweg)'은 흡사 배우가 관객의 세계에서 등장하는 듯한 인상을 줄 뿐만 아니라, 무대행진이나 무용을 위한 또 다른 무대공연장을 제공했다. 관람석도 노-연극의 그것보다 훨씬 더 화려하게 치장되었다. 그리고 초창기에 이미 부유한 사람들을 위해서 특별히 설치된 시설에다 대부분 독립공간 형태의 특별석이 설치되어 있었다.

동양의 또 다른 전통극 형식들과 마찬가지로 가부키 연극도 무대에서 외적 모습을 보여 주기 위한 현실의 재현을 포기한다. 모든 무대사건의 구성요소들은 고도로 양식화되어 있다. 언어는 일종의 노래 형식으로 옮겨지고, 그것은 다시금 악사들의 음악을 통해서 강조된다. 그들은 눈에 확 띄도록 커다란 견장을 붙인 예복을 갖춰 입고 무대배경의 측벽에 앉아 있다. 그들의 음악은 아크로바트와 춤, 그리고 격투기가 결합된 동작에 맞춰서 연주된다. 가부키 연극의 특이한 전통은 여성의 역할을 연기하는 데 있었다. 그것을 전문적으로 습득한 배우는 몸을 약간 구부리고 무릎을 모아서 움직인다. 이러한 방식으로 특유의 총총걸음으로 발을 내딛는다. 그들은 결코 남성의 넓은 어깨를 하고 관객 앞에 등장하지 않는다. 그들은 어깨의 윤곽선이 가냘프게 보이도록 상체를 조금 옆으로 비틀어 자신들의 넓은 어깨가 가리도록 한다. 여자 역할을 맡는 배우의 경우에는 입술에다 점을 붙이는 화장을 한다. 그리고 커다란 가발을 씀으로써 자신의 얼굴이 훨씬 더 작게 보이도록 하는 효과를 낸다. 그와 달리 남자 역할을 맡은 배우들의 얼굴은 상징적인 색으로 얼굴의 면적이 넓게 보이도록 분장한다. 작품공연은 언제나 '스타'에 맞춰 정확하게 구상된 장면들로 구성된다. 스타는 본명으로 등장하지 않는다. 그 대신 자신의 롤 모델이라고 생각하는 사람, 예를 들면 이치카와 3세 또는 단주로 11세라고 자신을 지칭한다. 오늘날 일본에는 350여 명의 가부키 연극배우들이 있다. 그들 대부분은 큰 극단에 소속되어 있으며, 이 극단들은 자신들의 무대공연을 화려하게 연출하기 위해서 다양한 전통의상을 사용한다. 관객을 사로잡는 가부키의 내공은 서구의 생활방식과 공연예술 형식들이 들어오면서 점차 사라졌다.

중세의 종교극과 세속극

로마 연극이 몰락한 이후 유럽에서는 500여 년 동안 연극 없는 시대가 이어졌다. 그러다가 10세기에 이르러 비로소 기독교의 예배의식으로부터 중세의 종교극이 탄생했다. 그때까지 교회는 연극을 죄악을 뒤집어쓰는 장소라고 여겼으며, 그 때문에 연극에 대한 신랄한 비판과 함께 연극을 몰아내고자 했다. 이때 교회는 교부(敎父)들의 권위를 증거로 끌어들일 수 있었다. 특히 아우구스티누스(Augustinus)[77]는 연극의 해로운 영향을 다음과 같이 단호하게 기술했다. "내가 거부감을 갖는 것은 보다 나은 것을 선택하기 위해서가 아니라 유희에 대한 애정 때문이다. (…) 날조된 이야기로 내 귀를 자극하기 위해서, 그 이야기들은 점점 더 음탕해졌으며, 이러한 호기심은 언제나 점점 더 연극에 매료된 나의 눈에서 빛을 발했다."[78] 중세의 중요한 이데올로기 권력으로서 기독교 교회 쪽에서의 가혹한 거부는 고대의 전통들을 계승하는 것을 가로막았다. 따라서 중세의 종교극의 경우에는 고대 이후 유럽 연극이 두 번째 탄생하는 다시금 종교적인 이유로— 새로운 순수 창조물이라 할 수 있다.

이러한 발전 과정에는 점진주의 이념이 정신적 배경을 형성했다. '단계(Gradus)'에서 유추된 이 개념은 신의 뜻에 따른 세계의 단계별로 인간을 분류하는 것을 의미한다. 노예 신분에 이르기까지 종적 사회의 피라미드 구조에서는 누구나 마지막에 가서 특정한 자리에 앉는다고 생각했다. 지배질서의 경계를 넘어서려는 시도는 신의 교의에 대한 거부와 동일했다. 당연히 교회는 자신이 가진

77) 초대 기독교 교회가 낳은 위대한 철학자이자 사상가, 354~430년. —옮긴이

78) Augustinus, Bekenntnisse, S. 37.

권력을 유지한다는 의미에서 애초부터 이러한 견해에 대한 어떠한 의심도 제거했다. 모든 철학적·학문적 사고는 교회의 권위로부터 지배를 받았다. 신앙은 자연과 인간에 대한 지식 위에 놓여 있었다. 논리적 법칙에 따른 경험세계에 대한 합리적 관철의 이상은 관심 밖의 일이었다. 영원함에 대한 관심과 현세에 대한 정적(靜的)인 사고 속에서 점진주의는 실존세계에 대한 표상을 강조했다. 그러한 세계관은 비로소 근대의 시작과 함께 생성의 역동적 세계상에 의해서 벗겨졌다. 현세에 대한 과소평가라는 면에서 중세 전성기의 낭만주의 예술이 인간과 그를 둘러싼 세계의 모상들이 아니라 신적인 것의 상징들이었다는 점은 그리 놀랄 일이 아니다.

먼저 이러한 원칙은 동방교회(Ost-Kirche)에서 등장한 초기 종교극에도 적용된다. 여기서의 교독(交讀)은 일찍이 대화의 요소들, 이를테면 성직자와 신도들 간의 복음서 교차 낭독이나 찬송가의 대창(對唱) 등을 갖추고 있었다. 게다가 비잔티움에는 아직도 그리스 비극과 익살극의 유산들이 남아 있었다. 그것들이 기독교적인 요소들과 합쳐졌다. 새 천년으로 바뀌면서 동쪽의 범례들로부터 자극받은 로마교회도 예배에서 연극적 요소들을 수용하는 쪽으로 움직였다. 로마가톨릭 성직자들에 의해서 오라토리오의 형식으로 장엄한 동작이나 몸짓과 함께 라틴어로 표현된 교회 실내극(Kirchenraumspiel)의 출발점은 부활절이었으며, 그리고 미사는 짧은 대화('수사적 어구')에 의해서 확장되었다. 그리스도의 무덤을 방문한 3명의 마리아라는 중심 장면에 관해서는 영국 윈체스터(Winchester)의 주교 에슬우드(Ethelwood)의 다음과 같은 지시문을 통해서 알 수가 있다. "성경을 봉독하는 동안에 4명의 형제들이 옷을 갈아입어야 한다. 그들 가운데 1명은 알바(Alba)[79]를 걸치고 들어와야 한다. 무덤으로 가서 손에 종려나무 가지 하나를 들고 거기에 조용히 앉는다. 나머지 3명은 (…) 망토를 걸치고 손에 향로를 들고 천천히 그의 뒤를 따른다. 마치 뭔가를 찾는 듯 무덤 쪽으로 서서히 다가간다. 그들은 예수의 시신에 향유를 바르기 위해서 향료를 들고 오는 3명의 여자를 연기한다. 이제 무덤가에 앉아서 천사를 연기하는 형제가 가까이 다가오는 여자들을 보면,

79) 사제용 흰색의 긴 제의. ―옮긴이

그리스도의 무덤을 방문하는 3명의 마리아, 상아 부조, 메츠, 9세기

부드러운 목소리로 노래를 부르기 시작한다. '그대들은 무덤에서 누구를 찾는가? 오, 기독교들이여?' 그런 다음 3명은 같은 소리로 화답해야 한다. '십자가에 못 박히신 나사렛 예수님을 찾습니다. 오, 천사여.' 그러면 다시 그 형제가 말한다. '그분은 여기 안 계십니다. 본인이 예언하셨듯이 그분은 부활하셨습니다. 어서 가서 모든 이들에게 알리세요. 그분은 죽은 자들에 의해서 부활하셨다고.' 이어서 3명의 여자는 다음과 같은 말과 함께 합창 쪽으로 몸의 방향을 돌린다. '할렐루야, 주님이 부활하셨습니다!' 그런 뒤 무덤가에 앉아 있는 천사는 여자들을 다시 불러서 다음과 같이 답변한다. '오세요. 그리고 예수님이 묻혀 있었던 곳을 보세요.'"[80] 시간이 흐르면서 이 장면을 중심으로 또 다른 장면들이 덧붙여진다. 무덤으로 가는 베드로가 절뚝거리고 숨을 헐떡거리면서 점점 젊은 요하네스의 뒤로 처지지, 요하네스는 그럼에도 불구하고 그로 하여금 자신을 앞서가도록 하는 사도들의 경주 장면, 또는 돈을 탐내는 소매상, 잔소리를 퍼부어 대는 그의 아내, 게으르고 칠칠치 못한 하인들, 그리고 비바람이 몰아치는 한밤중에 사냥을 하는 게르만인들의 '마왕의 군대'를 지휘하는 지휘관처럼 루빈 혹은 로빈이라 불리는 그들의 지도자에 관한 '익살극', 그리고 이 익살극의 기원이 이교도의 전통에서 비롯된 것임을 가능한 한 알 수 있도록 한다.

부활절 축제와 마찬가지로 크리스마스 예배도 일련의 연극적 표현의 단초들

80) Zitiert nach Robert Fricker: Das ältere englische Drama. Bd.I. S. 24.

을 제공했다. 여기서 목자들을 향해서 "그대들은 누구를 찾는가?"라는 천사의 질문으로 시작해서 아기예수 숭배, 3명의 동방박사, 헤롯왕과 베들레헴의 영아살해 등의 교회 실내극들이 생겨났다. 물론 이 실내극들은 유럽 전역에 퍼진 부활절 연극만큼이나 큰 의미를 획득하지는 못했다. 부활절 연극은 전체적으로 700여 개의 이형이 전해지고 있는데, 먼저 그 연극들은 독일의 신성로마제국 영토 안에서 생겨났다.

13세기가 지나면서 종교극은 결정적 변화를 겪었다. 등장인물로 그리스도의 등장과 함께 또 다른 장면들, 예를 들면 그리스도를 정원사로 생각하는 마리아 막달레나와 부활자의 만남, 신앙이 없는 토마스와 함께 엠마우스(Emmaus)[81]로 가는 도중에 제자들 앞에 나타난 그리스도, 또는 아담과 이브의 구원과 함께 연옥으로 들어가는 구세주의 여행 등의 연기가 가능해졌다. 많은 단계를 거쳐서 결국 종교극은 천지창조의 역사로 되돌아갔다. 그러나 이러한 소재 확장은 교회 실내극으로 하여금 교회를 떠나게 만들었다. 이제 성직자들과 신도들은 교회를 에워싸고 행진하면서 연옥의 입구를 상징하는 정문을 통해서 발을 다시 내딛었다. 그리스도가 문을 두드렸다. 악마는 안에서 답했다. 구원자의 출입을 가로막고 섰다. 그러나 결국에는 문을 열고 불쌍한 영혼들에게 천상으로 이어지는 길을 열어주지 않을 수 없었다. 그런 다음 모든 참가자가 교회 안으로 들어갔다. 공간의 변화와 함께 언어에도 변화가 일어났다. 라틴어로 쓰인 텍스트에 대중의 언어요소들이 점점 더 많이 스며들었다. 이것은 14세기 초 윌리엄 오브 오컴(William of Ockham)[82]이 토대를 확립한 '유명론(Nominalismus)'의 등장과 관련이 있는 것으로 보인다. 그의 철학은 사물에 대한 보편적 개념들이 인간의 정신 속에 기호(명사)로서만 형성되어 있는 것이고 사물 자체의 고유한 특성은 소유하지 못하고 있다는 생각에서 출발한다. 더 나아가 언어가 인간의 인습에 근거하고 있을 뿐이라면, 신의 계시를 중재하는 매개체로서 '성스러운 언어'는 존재할 수가 없다고 한

81) 이스라엘의 고대도시. —옮긴이

82) 영국 출신이며 유명론의 선구자로서 근대철학의 아버지로 인정받고 있다. 프란체스코 수도회의 수사이자 철학자, 1285~1349년. —옮긴이

다. 이로써 헤브라이어와 그리스어, 특히 라틴어의 우위는 종교극에서도 진부해졌다.

그러나 연극 형식의 예배가 종교극으로 발전하게 된 이유는 13세기의 근본적인 사회경제적 변화에도 있었다. 시장에 내다 팔기 위해서 상품을 생산함으로써 자가 수요에 만족하던 가족경제의 해체는 수공업자와 상인들이 새로운 직능계층을 형성하는 결과를 가져왔다. 번영을 누리는 도시의 시민계급이 신흥계급으로 조직화되었다. 이를 통해서 예전에는 대부분 농노 신분이었으나, 이제는 봉건영주의 속박으로부터 벗어났다. 물론 대부분의 사람들이 해방되었다기보다는 오히려 방치되었다는 것이 올바른 표현이겠지만, 어쨌든 그로 인해서 새로이 형성된 그들의 생활감정은 신의 품 안에서의 절대적 보호에 대한 믿음이 사라지면서 더욱 강화되었다. 점점 더 자신에게 의지하는 인간은 세계에 대한 근본적인 회의를 품게 되었다. 이제 신앙을 가진 사람은 깊이 의심하는 자가 되었다. 그러자 중세의 종교극은 그러한 사람들에게 확신을 심어 주고 그들의 신앙을 강화하고 그들의 양심을 일깨우는 것을 목표로 삼았다.

시민적 이상들이, 즉 분별력 있는 객관성과 이해타산, 그리고 현실주의가 중세 후기의 세계관을 특징지었다. 이러한 이상들은 당연히 예술창작에도 반영되었다. 고딕의 자연주의적 이행은 낭만주의적 상징주의를 몰아냈다. 초시간적으로 통용되는 상징들 대신에 예술은 이제 자기시대를 모사한다. 고딕의 건축 양식이 대성당의 벽들을 해체하고, 빛이 흘러 들어오게 하듯이 연극의 공간도 개방된다. 사람들은 더 이상 교회에서 연극을 하지 않고 탁 트인 하늘 밑에서, 그리고 시민계급의 삶의 중심인 시장의 광장에서 공연했다. 처음에 연출은 성직자의 손에 여전히 있었다. 그러나 곧 교사나 시청의 서기, 그리고 조형예술가들이 이러한 기능을 넘겨받았다. 규모가 큰 수난극에는 배우가 300명 정도 필요했다. 이들은 도시의 거주민들로 구성되었다. 이때 수공업자 조합들이 중요한 역할을 했다. 비교적 독립된 각각의 무대장면이 종종 그들에게 할당되었다. 젊은이들이 여자 역할을 담당했다. 왜냐하면 여자 역할 연기는 부정한 것으로 여겨졌기 때문이다. 16세기 초 리얼리즘의 거센 요구는 시장광장의 공연무대에서 여자와 소녀의 등장이라는 결과를 가져왔다. 현실을 지향하는 연기 방법을 통해서 사람들은 관객을 감동시켜 함께 체험할 수 있도록 했다. 수난극은 대단히 강렬하게 표현되는 그리스도의 수난과 부활의 환희 사이에서 발생하는 긴장을 무대의 장으로 끌어들이고자 했다. 여기서는 지극히 종교적인 장면들이 극히 거칠고 투박한 장면들과 함께, 그리고 부드러운 시적 장면들은 현란하고 음란한 장면들과 나란히 있었다. 세부적인 것까지 모든 것을 아주 똑같이 연기하고자 했다. 그래서 그리스도를 연기하는 배우는 자신의 가발 밑에다 돼지의 방광을 달기까지 했다. 그것을 통해서 가시 면류관으로부터 그의 얼굴을 타고 흘러내리는 피로 가득 차도록 했다.

잔혹함을 표현하고, 이를 통해 관객에게 충격을 주기 위한 탁월한 가능성은 순교자극이 제공했다. 물론 순교자극은 —그리스도 탄생극, 성모 마리아의 탄식, 최후의 심판극, 성체극과 마찬가지로— 부수적인 역할만을 했다. 가능한 한 최대한 자연주의적 경향을 띠려는 노력은 의상에서도 뚜렷하게 나타났다. 대부분 동시대의 유행을 단순히 모방했다. 역사성을 강조하는 표현에 대한 생각은 부족한 역사의식으로 말미암아 중세에는 관심 밖에 있었다. 등장인물의 성격 묘사는 상징적인 부착물을 통해서 이뤄졌다. 이를테면 유대인들은 노란색 고깔모자를 썼으며, 그리스도의 적들은 붉은색 가발을 썼다. 천상의 인물들과 관련해서는 전통적인 성화(聖畵)를 모범으로 삼았다. 천사는 흰색 알바를 걸치고 날개를 달았다. 반면에 악마는 헝클어지고 축 늘어진 망토를 걸치고 무시무시한 가면을 썼다. 제스처나 말씨도 교회 공간에서 행해진 연극 전통과는 동떨어졌다. 엄격하고 제의적이며 상징적인 몸짓언어는 일상적인 신체언어로 대체되었고, 고조된 톤으로 발화되는 대사가 예배의식의 노래를 대신했다.

독일어권에서 가장 의미 있는 수난극은 빈(Wien)이나 보첸(Bozen), 빌링겐(Villingen)과 루체른(Luzern), 헤센의 알스펠트(Alsfeld)와 프랑크푸르트 암 마인(Frankfurt am Main)에서 공연되었다. 14세기 중반 이틀간의 프랑크푸르트 공연에서 배우의 등장과 대사의 신호 이외에도 상세한 연출 지시문이 기록된 4미터 종이 띠 모양의 연출 두루마리가 전해져 내려왔다. 프랑크푸르트 공연에서는 타원형의 뢰머베르크(Römerberg)[83]에다 '로카(Loca)'라고 불리는 간이무대가 대략 한

83) 프랑크푸르트 시장광장. —옮긴이

다스 정도 설치되었다. 다양한 소품으로 매일매일 장치하기 때문에 그 의미는 항상 바뀌었다. 공연이 시작될 즈음에 먼 쪽에서부터 모여든 관객들은 배우와 함께 무대에서 무대로 이동했다. 모든 로카가 동시에 설치되어 있어서 한눈에 알아볼

1583년 루체른 지방의 수난극 공연 구상을 위한 렌바르트 키자트의 스케치

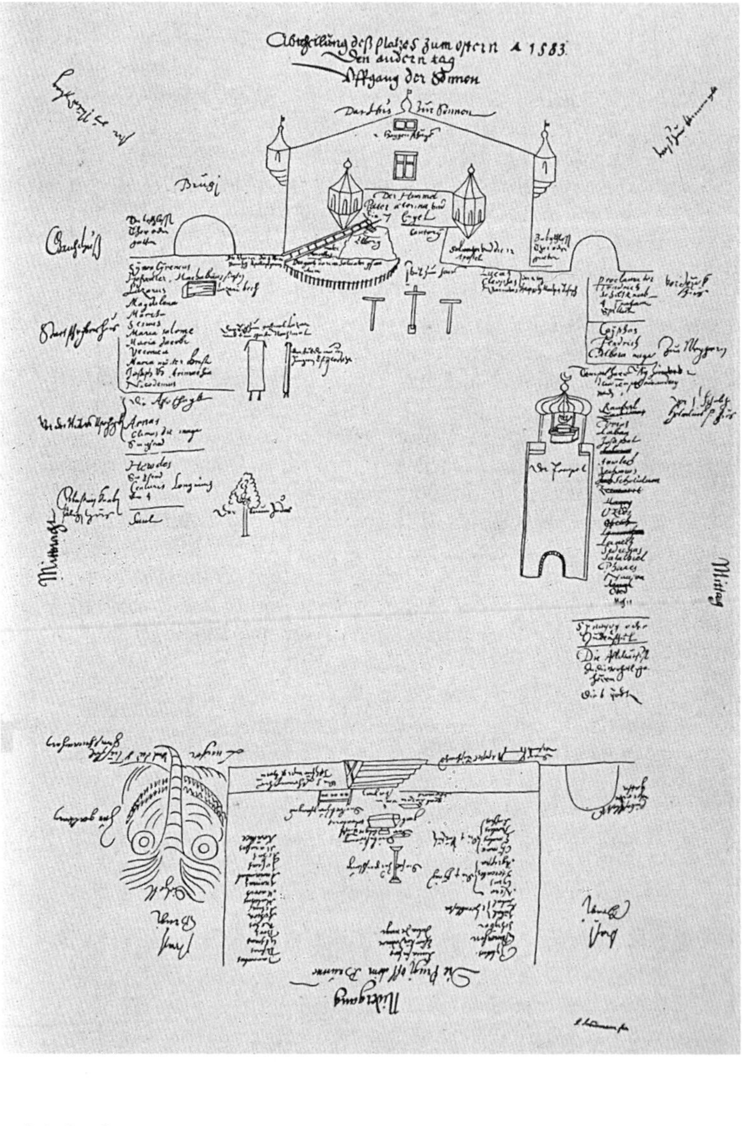

수 있었기 때문에 사람들은 이러한 무대형식을 '입체형 병렬무대(Räumliche Simultanbühne)'[84]라고도 부른다. 중세시대의 극단적인 두 세계상이라 할 수 있는 천상과 지옥이 마주보고 있었다. 그 사이의 공간은 그리스도의 수난의 장으로서 세계를 의미했다. 16세기 말 루체른의 수난극을 위한 공연, 중세 후기 공연 가운데 하나인 공연 구상은 이러한 무대형식의 생생한 그림을 전해 준다. 이 시기에 이미 종교극은 곳곳에서 일어난 종교개혁으로 말미암아 해체되었다. 그러자 가톨릭 지역에서 신앙과 그리 깊은 관련성을 지니지 않은 민중축제의 성격을 종교극이 받아들였다. 마침내 도시에서, 심지어는 성직자 자신도 부득이 종교극에 대한 엄한 금지령을 내리지 않을 수 없게 되었다. 결국 종교극은 시골 마을을 선택했다. 이곳에서 비로소 종교극은 —새로운 바로크의 경건함으로 무장해서— 20세기까지 살아남을 수 있었다.

구상적이고 엄격한 독일의 종교극과 비교하면 프랑스의 종교극은 극작법상에서 두드러진다. 프랑스의 종교극은 시대의 사회적·문화적 관계를 훨씬 더 직접적으로 반영하고, 16세기 중반 프랑스 북부 발렌시엥(Valenciennes)의 수난극에서 종교극의 절정을 경험했다. 이곳에서는 각각의 무대가 하나의 종축에 따라서 나란히 배열되었다. 프랑스어권 전역으로 널리 퍼진 이러한 무대 배치를 '평면형 병렬무대(Flächige Simultanbühne)'라고 한다. 성체축일의 도입과 밀접한 관련이 있는 순회극(Prozessionsspiel)은 스페인의 독특한 형식이다. 시간이 흐르면서 간소한 축제행렬에서 화려한 행렬로 발전했다. 이때 무대 위의 선명한 무대그림들도 함께 운반되었다. 그리고 그 자체가 연극적 행위로 녹아내렸다. 영국에서는 마차무대극(Wagenbühnenspiel)의 원칙이 철저하게 준수되었다. 한 동시대인의 다음과 같은 보고는 이 연극에 대한 정보를 제공한다. "서문 옆에서 공연된 첫 번째 극이 끝나자 마차는 시장의 관저 쪽으로 이동했다. 그곳에서 같은 장면이 되풀이되는 동안에 성문 옆의 그 자리에는 다음 마차가 두 번째 장면을 공연하기 위해서 다가왔다. 그런 식으로 각 장면마다 고유의 마차를 가지고 있었다. 이런 방식으로 각각의 작품은 동시에 몇 군데에서 연속적으로 공연되었다. 그러므로 관객은 각

---

84) 중세시대에 종교극의 무대로서 공연에 필요한 무대장치가 병렬로 설치되었다. —옮긴이

15세기 코번트리의 공연을 위한 중세 공연마차의 재현

기 다른 장소에 있는 순환극 전체를 볼 수 있었다."[85] 마차무대극 이외에도 영국에서는, 특히 콘월(Cornwall)이라는 지역에는 입체형 병렬무대의 형식이 잘 알려져 있었다. 여기서는 각각의 무대가 원형의 흙 제방 위에 설치되었다.

중세의 세속극은 그 의미에서 종교극에 훨씬 미치지 못했다. 한편으로 그 기원은 유랑배우들, 즉 이른바 익살꾼 또는 광대들의 흉내 연기에서 나왔으며, 다른 한편으로는 오늘날에도 여러 곳에서 그 흔적을 발견할 수 있듯이 기원전의 전통과 맞닿아 있었다. 이를테면 14세기 중반 네덜란드의 〈겨울과 여름의 연극(Speel van den Winter ende van den Somer)〉과 같이 계절들 사이에서 벌어지는 논쟁극(Streitspiel)들은 다산의식에서 비롯되었다. 여기서 두 계절 가운데 인간의 마음을 즐겁게 하는 여름 혹은 추위로 인간을 침대로 밀어 넣는 겨울 중에 어떤 계절이 사랑에 적합한가 하는 문제에 관해서 논쟁을 벌인다. 결국 사랑의 여신 비너스가 등장해서 두 계절 모두가 똑같다고 말하면서 논쟁을 중재한다. 추측컨대 노래와 춤과 함께 행한 '나이트하르트 연극(Neidhartspiele)'은 5월 왕국의 풍습에서

85) Zitiert nach Heinz Kindermann: Theatergeschichte Europas. Bd. I. S. 355.

제비꽃을 든 나이트하르트, 목판화, 1580년

유래했다. 이 연극은 특히 남부 독일과 오스트리아에 널리 퍼졌다. 이 연극의 주인공은 전설적인 연가(戀歌) 가수이자 배우인 나이트하르트 폰 로이엔탈(Neidhart von Reuenthal, 1180?~1237년)이다. 오스트리아의 공작부인은 만약에 그가 첫 번째 제비꽃을 그녀에게 보여 준다면 그를 5월의 애인으로 뽑을 것이라고 약속했다. 나이트하르트는 정말 그 꽃을 발견한 뒤, 그 위에다 모자를 덮어쓰고는 서둘러 공작부인에게 달려간다. 그러나 그는 풍자적인 시구 때문에 농부들로부터 미움을 사게 되었다. 농부들은 그의 승리를 엉망으로 만들어 버린다. 나이트하르트가 귀부인 앞에서 자신의 모자를 벗자, 그 속에서 악취가 나는 것이다. 원래 몇몇 배우들을 위해서 구상된 이 장면은 중세 후기를 거치면서 대략 70개의 역할이 들어갈 정도로 규모가 상당히 큰 드라마로 발전했다.

무엇보다도 중세 후기 동안에 뉘른베르크(Nürnberg)와 뤼베크(Lübeck), 그리고 남부 티롤(Tirol)의 조그마한 도시 스테르칭(Sterzing)에서 최고의 절정에 도달한 사육제극도, 예를 들면 뉘른베르크의 사육제 가장행렬에서 보듯이 민속에 그 뿌리를 두고 있었다. 이때 가면을 쓴 직인(職人)들은 짧은 형식의 시구나 노래로 도시의 유명인들을 조롱하고 그들의 과오를 비난했다. 사육제 기간 동안에 오락의 범주에서 그들은 수수께끼나 위트, 그리고 익살스러운 장난을 즐겼다. 그러나 즉흥적인 놀이 형식은 곧 사라졌다. 리뷰 형식의 연속 장면으로 구성되어 있으며, 문서 형태로 고정된 최초의 연극들이 생겨났다. 처음에 이들 작품에서는 조롱의 대상은 도시 수공업자들의 눈에 너무나 어리석게 보이는 농부들이었다. 여기서 그들은 농부들을 향해 온갖 상스럽고 음란한 조롱을 해 댔다. 물론 초기에 뉘른베르크 사육제극의 주요 작가인 한스 로젠플뤼트(Hans Rosenplüt)[86]와 한스 폴츠

(Hans Folz)[87]는 자신들의 작품에서 도덕적 의도를 목표로 하지는 않았다. 한스 작스(Hans Sachs)[88]가 비로소 이 연극 장르를 도덕적·예술적 수준으로 끌어올렸다. 특히 뉘른베르크에서 중간 시민계급이 핵심계층으로 등장한 반면에, 뤼베크에서는 조합 형식으로 조직된 도시귀족들이었다. 심지어 그들은 사육제극 공연에 의무적으로 참여하도록 규약을 만들었다. 2명의 회원은 작품 텍스트를 쓰고, 또 다른 2명의 회원은 연출을 담당했다. 그리고 12명의 젊은 회원들이 연기를 맡았다. 비록 한자(Hansa) 도시인 뤼베크에서 수십 년 동안 꾸준히 작품이 공연되었지만, 단 한 작품만이 유일하게 전해졌다. 이 텍스트와 함께 다른 작품들의 제목을 통해 이곳에서는 적어도 오락적인 요소 못지않게 교훈적인 내용을 특징으로 하고 있었음을 알 수 있다.

중세 후기 프랑스에서는 드라마 장르 가운데서 소극(笑劇)이 전성기를 누렸다. 문학사에서 이 장르는 15세기 중반에 등장했다. 작가 미상의 드라마 〈변호사 파텔렝(Maître Pathelin)〉은 사기를 당한 사기꾼에 관한 이야기를 다룬 작품이다. 여기서 변호사는 양 떼 도둑인 소송 의뢰인에게 어리석은 표정을 지으며 판사의 모든 질문에 '음메 음메(Me Me)'로만 대답할 것을 조언한다. 그러나 소송비용의 지급이 문제시되자, 이 도둑은 똑같은 태도를 취한다. 결국 변호사는 빈손으로 나간다. 소극은 수공업자와 상인, 학생과 서기, 특히 법률가 협회 회원들이 자신들의 지루함을 달래기 위해서 심심풀이로 행하던 즉흥적인 대화와 장면에서 비롯되었다. 특히 소극은 말장난이나 상황에서 비롯되는 희극성과 노골적인 연기 방식, 그리고 뒤바뀜과 소동을 끊임없이 유발하는 배우들의 행진 등을 특징으로 하고 있으며, 곧 이러한 발전된 형식을 갖추면서 유랑배우들로부터 관심의 대상이 되었고, 주로 간소한 가설무대에서 공연되었다.

세속극과 종교극 사이에 놓여 있는 연극 장르가 '교훈적 종교극(Moralität)'[89]이다. 이 연극은 추상적 개념과 사태의 의인화를 원칙으로 삼는다. 특히 네덜란드

---

86) 독일 뉘른베르크 출신의 총기 제작 기능장이자 시인, 1400~1460년. —옮긴이

87) 독일 뉘른베르크 출신의 이발사이자 직장가인(職匠歌人), 1435~1513년. —옮긴이

88) 16세기 독일의 대표적인 격언시인 겸 직장가인이자 극작가, 1494~1576년. —옮긴이

89) '권선징악극'이라고도 한다. —옮긴이

와 영국에 널리 보급된 이 유형의 드라마에서 기본이 되는 요소가 바로 논쟁이다. 미덕과 악덕, 그리고 오성과 총명, 자비와 정의 같은 종교적이고 도덕적 힘의 화신들이 인간의 영혼을 얻고자 애쓴다. 육욕과 탐욕, 질투와 소유욕은 인간을 악인(惡人)으로 만드는 반면, 참회와 겸손, 그리고 절제는 인간을 선인(善人)으로 만든다. 일시적으로 인간은 악의 마력에 빠져들 수는 있지만, 결국 신의 은총에 힘입어 구원을 받는다. 1425년 콘월의 어느 원형무대에서 공연되었던 가장 의미 있는 교훈적 종교극은 〈끈기의 성(The Castle of Perseverance)〉이다. 그리고 〈아무개 씨(Everyman)〉는 그 뒤 50년이 훨씬 지나서 생겨난 작품이다. 이 작품은 영어판 이외에 네덜란드어판으로도 전해지고 있다. 이 작품의 텍스트들은 후고 폰 호프만슈탈[90]이 쓴 드라마 작품 〈보통사람(Jedermann)〉의 기초가 되었다. 그의 작품은 제1차 세계대전 후 오스트리아의 잘츠부르크 연극제가 개최된 이래로 대성당 앞 광장에서 매년 공연되고 있다.

휴머니즘과 르네상스 시대의 드라마와 연극

14세기 전반 중세의 기나긴 침체 이후에 ―처음에는 이탈리아, 나중에는 유럽의 다른 나라들도― 역사적으로 커다란 변화가 시작되었다. 나중에 이 시대의 문화적 성과를 프랑스어로 '르네상스'라고 일컫는다. 그 용어는 이탈리아어 '리나씨멘토(rinascimento, 재탄생)'에서 유래되었다. 르네상스 운동은 고대의 문화유적들이 인상 깊게 보존되어 있는 이탈리아 아페닌 산맥의 반도에서 처음으로 시작되었다. 이 운동의 개혁은 그때까지 유일하게 통용되던 기독교 신앙 이외에 제2의 정신적 권위를 정착시켰다. 르네상스의 위대한 근본정신들은 그것이 제시하는 이상의 정당성을 고대에서 찾았으며, 흔히 그것들은 중세의 그것들과는 직접 대립되었다. 이 시대의 주요 특징은 현세적이고 세속적인 성격을 지닌 것이었다. 중세의 인간을 완벽하게 사로잡았던 종교적 사고에는 인간의 삶을 가득 채우는 구체

90) 오스트리아의 시인이자 극작가, 1874~1929년. ―옮긴이

적인 힘이 결여되어 있었다. 신의 왕국은 점차 인간의 내면 속으로 옮겨 갔다. 이제 사람들은 저 세계에 대한 위안에 더 이상 만족하지 못했다. 이미 행복에 대한 갈망은 바로 오늘 이곳에서의 실현을 촉구했다. 특히 중세적 금욕에 대한 저항은 인간정신의 찬미로, 육체의 해방은 속박 없는 생의 기쁨으로 표현되었다. "연구가 만개하고, 사상들이 서로 부딪치고, 또한 살아 있다는 것이 기쁨 아닌가!"라고 한 울리히 폰 후텐(Ulrich von Hutten)[91]의 외침은 이 시대의 기본 원리로 이해될 수 있다. 미지의 것에 대한 중세의 두려움은 여태까지 어두운 저편에 놓여 있는 것에 도달할 수 있다는 가능성에 대한 환희 넘치는 경탄으로 대체되었다. 르네상스는 정신 영역 못지않게 지리 분야에서도 발견의 시대였다. 항해자들은 지구의 여러 나라들과 바다들을 탐험했다. 동시에 코페르니쿠스(Kopernikus)[92]는 우주의 중심이 지구라는 지동설을 주장했다. 이제 막 새로이 싹트기 시작한 과학적 사고에는 무한에 대한 추구가 표현되었다. 중세의 정역학은 역동적인 생명력에 의해서, 영원한 생성철학에 의해서, 활성운동의 이상에 의해서 해체되고 말았다.

이러한 정신적 발전은 자본주의의 번영과 밀접한 관련을 맺는다. 이제 상업자본은 기업가의 새로운 형식을 취했다. 이탈리아의 시에나(Siena)와 피렌체(Florenz)에서는 최초로 은행들이 세워졌다. "공장제 수공업은 수공업 공장에 비해서 성공을 거두었으며, 필요해진 계산을 하기 시작했다. 왜냐하면 더 이상 폐쇄적인 상설시장이 아니라 이제 막 시작된 개방적 세계시장을 돌봐야 했기 때문이다."[93] 새로운 경제 형태의 발생과 더불어 시민계급은 부와 권력을 획득했다. 부상하는 시민계급과 동맹해서 영국과 프랑스, 그리고 스페인에서 왕권은 아직도 중세의 사고에 사로잡힌 봉건귀족들을 거부했다. 그래서 그들은 단일한 시민계급의 민족성에 기초해 왕정체제를 수립했다. 이탈리아와 독일은 비로소 수세기 뒤에 가서야 민족 통합을 이루었다. '기업가적'이며 자기자신에 관심을 갖는 개인의 욕구와 함께 자본주의적 경제 방식은 중세의 집단주의를 점차 해체시켰

---

91) 독일의 인문주의자이자 최초의 기사단 소속 기사, 1488~1523년. —옮긴이

92) 르네상스 시대 폴란드의 천문학자, 1473~1543년. —옮긴이

93) Ernst Bloch: Vorlesungen zur Philosophieder Renaissance. S. 8.

다. 개인은 자기자신을 일깨우고, 관찰하고, 분석하기 시작했다. 당연히 그것은 예술가의 생각에도 반영되었다. 중세의 예술가들은 예술을 영원한 질서를 표현하는 매체로 이해하고, 그에 따라서 자신들은 대부분 익명으로 남아 있었던 데 반해, 이제 예술가들은 자신을 자율적 창조의 주체로 이해했다. 천재의 사상이 인정을 받았으며, 그것은 인간의 능력과 현실에 대한 지배력의 본질로 파악되었다. 예술가의 사회적 명망은 수직으로 상승했다. 사람들은 미켈란젤로(Michelangelo)[94]를 한마디로 신성이라 불렀다. 물론 르네상스 시대 말기에 이르러서 개인의 의식은 극단적으로 확장되었다. 이를테면 모든 것이, 심지어 범죄조차도 '위대한 개인'에게 허용되었다.

자본주의와 시민계급의 완성이 가져온 또 다른 동반 현상은 합리적인 정신의 확산이었다. 인간의 삶은 합목적성과 계획, 그리고 예측 가능성의 원칙에 의해서 점점 더 지배를 받기 시작했다. 유사한 일이 미학 분야에서도 나타났다. 르네상스 시대에 사람들은 전체를 구성하는 각 부분들의 논리적 일치, 숫자로 표현될 수 있는 하모니, 그리고 예측 가능한 구성리듬을 '아름답다'라고 생각했다. 이러한 맥락에서 원근법의 —물론 시간적 및 공간적으로— 재발견도 중요한 역할을 했다. 현재와 과거, 그리고 미래의 연관성에 대한 새로운 의식이 생겨났다. 당연히 그것은 과학과 예술에 광범위한 성과를 가져왔다. 무대와 관련해서도 근본적인 변화가 일어났다. 동시성의 원리가 연속성의 원리에 의해서 교체되었다. 연속이 병렬을 대신했다. 중세시대에 사람들은 감상자로 하여금 하나의 길을 따라서 각 지점에 도달하도록 했다면, 르네상스 시대에는 무대사건을 장소에 고정되어 있는 관객 옆으로 끌고 지나가도록 만들었다. 이러한 원칙은 근대뿐만 아니라 오늘날에도 지배적인 것으로 입증되었다.

르네상스 시대에는 사고방식의 전환에도 또 다른 근본적인 변화가 생겨났다. 예술 작품은 보다 높은 현실, 즉 종교적 아우라를 보여 주는 기능을 상실했다. 이제 그것은 현실적인 현상들의 영역에 주목했다. 물론 그것은 이를테면 회화에서는 액자를 통해서, 조각의 경우에는 좌대를 통해서, 무대예술의 경우에는 정문을

94) 르네상스 시대 이탈리아의 조각가이자 화가 겸 건축가, 1475~1564년. —옮긴이

통해서 단호하게 거리를 취했다. 허구적 세계와 실제의 세계의 분리에서 비롯되는 환상에 대한 욕구가 자라났다. 대체로 그것은 근대 연극을 특징지었다. 성경에 따라서 정해진 순서에 맞게 무대사건들이 배열되어 있다고 믿으면서 관객의 시선을 전체 무대세트 너머로 훑어보게 하는 중세시대의 병렬무대와는 반대로, 연속무대(Sukzessionsbühne)는 인과율에 따라 진행되는 무대사건에 관객의 시선을 집중시킨다. 이때 ―르네상스 시대에 발전되었듯이 적어도 중앙투시도법에 따라서 만든 무대세트― 하나의 시점만이 존재한다. 그런 방식으로 하나의 무대사건이 최적으로 관찰될 수 있다. 거기에도 당연히 군주의 자리가 있었다.

르네상스 연극의 발전은 이탈리아의 궁정과 대학에서 시작되었다. 15세기 말 이탈리아 북부에 위치한 페라라(Ferarra)의 영주는 예술 애호가로서 고대 로마시대의 희극 작가 플라우투스의 희극 작품 가운데 하나를 처음으로 재공연했다. 동시에 인문주의학자 폼포니우스 레투스(Pomponius Laetus)[95]는 로마에서 세네카의 〈페드라〉와 관련된 근대 초기의 비극 작품들을 공연하는 데 힘을 썼다. 무대 구성에서도 사람들은 고대 로마의 그것에 의존했다. 또한 황제 아우구스투스 시대에 『건축에 관한 10권의 책(Zehn Bücher über die Architektur)』을 쓴 건축가 비트루브(Vitruv)[96]는 로마의 극장 건축을 정확하게 묘사했다. 이 저서의 신개정판을 통해서 우리는 고대의 연극 무대에 대해서 그때까지 가지고 있었던 잘못된 생각을 수정했다. 즉, 우리는 1명의 화자가 텍스트를 낭독하고 거기에 맞춰서 배우들이 무언극 형식으로 연기했을 것이라고 믿었다. 폼포니우스 레투스와 로마학술원의 동료들은 먼저 '스케나 프론스(Scenae frons)', 즉 무대 뒤쪽을 격리하는 화려한 배경 벽면의 꾸미기와 관련한 비트루브의 지적에 커다란 관심을 가졌다. 그것을 재구성하는 작업은 아마도 그들의 재력을 훨씬 능가했는지도 모른다. 그래서 그들은 그 형식만을 간소하게 재현했다. 같은 시기에 발행된 테렌츠의 희극 작품들의 판본에 들어갈 삽화에 근거해서 더욱 그것을 잘 알 수 있었다. 거기서 우리는 모서리 쪽으로 서로 마주 보고 세워진 몇 개의 입구가 있는 벽을 볼 수 있다. 그

95) 이탈리아의 인문주의학자, 1428~1498년. ―옮긴이

96) 고대 로마제국의 건축이론가이자 건축사, 기원전 70?~10년. ―옮긴이

테렌츠의 〈형제들〉, 1493년 리옹에서 출판된 판본의 삽화

리오나르도 살비아티의 〈일 그란초 코메디아〉, 동판화, 1566년

것은 커튼으로 가릴 수가 있다. 그 위에 설치된 게시판은 그때그때 극장주들에 관한 정보를 제공한다. 그 앞 쪽에 어느 쪽에도 속하지 않은 평면은 거리를 의미한다. 그 위에서 전체 무대 사건이 연출된다. 이러한 무대 구성을 위해서 '탈의실 무대(Badezellenbühne)'라는 개념이 사용되었다. 16세기 시작과 함께 무대장면들이 더 이상 나란하게 병렬해서 이어지는 것이 아니라 잇달아 연속적으로 배치하는 방향 쪽으로 선회했다. 날카롭지 않은 모서리에 짜 맞춰 잇댄 나무틀은 천으로 덧대어졌고, 원근법에 따라서 색이 칠해졌다. 그러자 먼 공간에 대한 착각 내지는 환상이 생겨났다. 물론 이러한 모서리 구조 무대형식은 결정적인 단점을 가지고 있었다. 즉, 원경에서 공연하는 것이 불가능했다. 왜냐하면 그 경우에 원근법에 따라서 그린 배경그림과 배우 사이에 실물 크기의 불일치가 관객의 환상을 방해하는 것으로 판명되었기 때문이다. 물론 이러한 문제점은 완화될

수 있었다. 사람들은 투시점을 무대배경 때문에 가려진 무대의 후벽 뒤쪽으로 옮겨 놓음으로써 원근법상의 생략을 완화시켰다. 그러나 그 당시에는 만족스러운 해결책을 제시할 수 없었다. 르네상스 시대의 무대미술가들은 전면 중앙의 ―어디에도 속하지 않은 중립적인― 공연무대와 원근법에 따라서 만든 무대배경과 서로 떼어 놓는 수밖에 없었다. 이러한 원칙에 따라서 세바스티아노 셀리오(Sebastiano Serlio)[97]는 16세기 중반 르네상스 시대의 주요 드라마 장르에 적합한 기본적인 무대배경 장치를 기획했다. 비극에는 궁궐 건축, 희극에는 거리의 모습을 담은 그림, 전원극(Schäferspiel)에는 숲의 풍경이 바로 그것이다. 그리고 지아코모 바로치 다 비그놀라(Giacomo Barozzi da Vignola)[98]는 5개의 페리아크토이(Periaktoi)[99]를 설치해서 원형무대의 구상 쪽으로 한걸음 더 나아갔다. 즉, 우리가 회전을 통해서 한 장면에서 다른 장면으로의 빠른 전환을 간단하게 실행할 수 있도록 3면의 각기둥(다면체 프리즘)에 배경그림을 넣은 것을 말한다.

초기에는 원근법에 따라서 궁정풍의 저택이나 공공건물의 넓은 실내 공간에 임시로 만든 무대에 만족했던 반면에, 16세기 중반에는 영주나 귀족, 그리고 대학의 주문으로 북부 이탈리아의 몇몇 도시에 최초의 상설극장 건물들이 생겨났다. 학자 및 예술가들의 단체인 올림픽 아카데미의 주문으로 비첸자에 건립된 '올림피코 극장'은 오늘날까지 잘 보존되어 있다. 이 극장을 건축한 안드레아 팔라디오(Andrea Palladio)[100]는 가능한 한 고대 로마의 극장을 충실하게 복원하고자 했다. 이때 그는 로마의 건축가 비트루브가 쓴 건축서에 의존했다. 이 저서의 신개정판을 내면서 자신이 삽화들을 그려 넣었다. 기둥 장식의 회랑과 그 옆에 고대 황제의 용모를 한 학술원 회원들의 입상으로 장식하고 계단 모양으로 올라가는 객석 맞은편에 화려한 '스케나 프론스'가 자리 잡는다. 그 양쪽 아래의 층들은 조각 기둥과 니치로 구분된다. 올림픽 아카데미의 수호신 헤라클레스의 행적을 표현하는 부조들이 그 위쪽을 장식한다. 명문(銘文)은 미덕과 천재를 찬양한다.

97) 이탈리아의 건축가이자 화가이며 디자이너, 1475~1554년. ―옮긴이
98) 16세기 이탈리아의 건축가이자 건축이론가이며 디자이너, 1507~1573년. ―옮긴이
99) 독일어로 '페리아크텐(Periakten)'이라 불리는 삼면 회전식 장면전환 장치. ―옮긴이
100) 이탈리아의 건축가, 1508~1580년. ―옮긴이

1580~1584년 안드레아 팔라디오와 빈첸조 스카모치가 건축한 올림피코 극장

그것은 주문자의 이상이기도 하다. 이 극장 건물은 팔라디오의 사망 이후에는 또 다른 유명한 건축가 빈첸조 스카모치(Vincenzo Scamozzi)[101]에 의해서 완성되었다. 그는 '스케나 프론스'의 문 뒤쪽에 그의 전임자가 계획한 이동식 페리아크토이 장치를 설치하지 않고 목재나 그림을 그려 넣은 석고 원근법에 입각해 고정식 건축물을 만들었다. 그것은 이상화된 화풍으로 고대의 테베를 표현한다. 1584년 개관 기념으로 공연된 소포클레스의 비극 〈오이디푸스 왕〉의 무대배경이기도 하다. 가파른 급경사와 원근법에 따라서 축소되었기 때문에 문 뒤편의 공간은 공연무대로 이용될 수가 없었다. 따라서 7개의 문이 있는 테베의 신화를 표현하기 위해 무대 앞의 양쪽 측면에 있는 문들 가운데 2개의 문과 연결되어 있는 3개의 도로는 이미지 효과를 내는 데 이용된다. 올림피코 극장이 준공된 뒤 곧 기교주

101) 후기 르네상스 시대 이탈리아의 건축가이자 건축이론가, 1548~1616년. —옮긴이

의[102] 예술 기법이 등장하기 시작했다.

무대미술과 마찬가지로 근대 초기의 극작법도 모범으로서 고대의 재발견에 바탕을 두고 있다. 처음에 이탈리아에서 시작된 휴머니즘 정신운동은 그 명칭에서 이미 고대와 맞닿았다고 생각되는 완결된 인간상을 통해 그 본래의 목표를 암시하고, 파묻혀 버린 전통들을 되살리고자 했다. 인문주의자들의 고향은 활짝 꽃을 피우는 대학들과 마음이 열려 있는 궁정들, 그리고 부유한 도시귀족들의 저택이었으며, 그들은 그리스 드라마와 아리스토텔레스의 『시학』, 그러나 무엇보다도 세네카의 로마 비극, 그리고 플라우투스와 테렌츠의 희극들을 연구하고 보급했다. 그들은 원래의 연기 방식에 대해서 걱정을 했지만, 결국 그들 작품들의 재공연을 감행했다. 물론 처음에는 유럽의 교양어인 라틴어로 재공연을 했다. 그러한 공연들을 장려함으로써 사람들은 로마제국의 문화적 부활뿐만 아니라 이 제국의 합법적 계승자로 여겨지는 이탈리아 지역 국가들의 정치적 강화를 기대했다. 시간이 흐르면서 사람들은 고대 드라마 작품들을 이탈리아어로 번역해서 공연하는 방향으로 선회했다. 이때부터 고대의 모범에 따라서 독자적인 드라마 작품들을 창작하기 위해 걸음을 재촉했다. 올림피코 극장이 개관되기 반세기 훨씬 전에 비첸자에서 이탈리아 르네상스 시대의 대표적인 비극 작품 가운데 하나인 지안지오르지오 트리시노(Giangiorgio Trissino)[103]의 〈소포니스바(Sofonisba)〉가 나왔다. 여기서 그는 그리스인들의 전통인 합창의 고정 배치, 그리고 시간과 장소 및 줄거리의 통일을 준수했지만, 그 소재는 로마의 역사에서 선택했다. 또한 그는 수사적인 문체와 잔악한 행위에 대한 풍부한 묘사와 관련해서는 세네카를 자신의 모범으로 삼았다.

비극보다 훨씬 더 중요한 것이 바로 '코메디아 에루디타(commedia erudita, 교양희극)'라고 불리는 르네상스 시대의 이탈리아 희극이었다. 이 장르의 극작가들은 형식적으로는 5막의 줄거리 구성, 3통일의 원칙, 전형적인 등장인물의 묘사, 일상적인 환경, 사랑의 음모 등을 플라우투스와 테렌츠로부터 넘겨받았다. 서정 및

102) 마니에리스모(Manierismus)라고도 한다. 르네상스와 바로크 사이의 과도기 미술양식. —옮긴이
103) 이탈리아의 시인이자 언어학자, 1478~1550년. —옮긴이

서사 작품, 그리고 비극 〈오라치오(Orazio)〉 이외에 5편의 희극 작품을 쓴 피에트로 아레티노(Pietro Aretino)[104]는 무엇보다도 이탈리아어를 사용하는 데 공헌했다. 유명한 서사시 〈광란의 오를란도(Orlando furioso)〉를 쓴 루도비코 아리오스트(Ludovico Ariost)[105]는 페라라(Ferrara)의 에스테(Este) 가문(家門)의 공연을 위해서 일련의 희극 작품들을 썼다. 그중 〈카사리아(Cassaria)〉와 〈모조품(I suppositi)〉이 가장 성공한 작품들이다. 고위 성직자들도 희극 작가로 활동했다. 훗날 교황 피우스 2세(Pius II)가 되는 에네아 실비오 피콜로미니(Enea Silvio Piccolomini)[106]는 〈크리시스(Chrysis)〉를 썼으며, 추기경 비비에나(Bibiena)[107]는 지오반니 보카치오(Giovanni Boccaccio)[108]의 〈데카메론(Decamerone)〉의 연장선에 있는 〈라 칼란드리아(La Calandria)〉를 썼다. 놀랄 만한 저술로서 일체의 윤리적 규범으로부터 분리된 권력정치의 변명서 『군주론(Il Principe)』의 저자 니콜로 마키아벨리(Niccolò Machiavelli)[109]의 익살극 〈라 만드라골라(La mandragola)〉는 오랜 세월 빛을 잃지 않았다. 이단자로 화형당한 지오르다노 브루노(Giordano Bruno)[110]는 시대의 정신적·정치적 경향들을 풍자한 드라마 〈양초를 만드는 사람(Il candelaio)〉으로 코메디아 에루디타를 마지막 정점으로 끌어올렸다.

지오바니 지랄디 친치오(Giovanni Giraldi Cinzio)[111]는 그리스의 사티로스 연극으로는 유일하게 완벽한 형태로 전해지고 있는 에우리피데스의 〈키클로프〉를 모방하는 데서 출발해서 비극과 희극 이외에 르네상스 시대에 제3의 장르로 불리는 전원극을 탄생시켰다. 전원극에는 끊임없는 정치적·경제적 권력투쟁의 세

---

104) 이탈리아의 극작가이자 시인, 1492~1556년. ─옮긴이
105) 이탈리아의 시인, 1474~1533년. ─옮긴이
106) 이탈리아의 인문주의자이자 시인, 1405~1464년. 교황 재위기간, 1458~1464년. ─옮긴이
107) 본명 베르나르도 도비치 다 비비에나(Bernardo Dovizi da Bibbiena), 이탈리아의 시인이자 교황 레오(Leo) 10세의 비서, 1470~1520년. ─옮긴이
108) 이탈리아의 시인이자 소설가, 1313~1375년. ─옮긴이
109) 이탈리아의 사상가이자 정치철학자, 1469~1527년. ─옮긴이
110) 이탈리아의 신학자이자 철학자, 1548~1600년. ─옮긴이
111) 본명 지암바티스타 지랄디(Giambattista Giraldi), 이탈리아의 시인, 철학자 및 의학자, 1504~1573년. ─옮긴이

계로부터 벗어나 목가적으로 양식화된 자연 속으로의 인문주의자들의 도피가 반영되었다. 안젤로 폴리치아노(Angelo Poliziano)112)는 〈파볼라 드오르페오(Favola d'Orfeo)〉라는 작품으로 최초로 이탈리아 언어로 쓰인 세속극의 서막을 알렸다. 이 새로운 장르의 가장 중요한 후견 장소는 페라라의 에스테 가(家) 궁정이었으며, 이곳에서 토르콰토 타소(Torquato Tasso)113)는 자신의 유명한 서사시 〈해방된 예루살렘(Das befreite Jerusalem)〉뿐만 아니라 전원극 〈아민타(Aminta)〉를 창작했다. 물의 요정 님프(Nymphe)와 양치기의 감동적인 사랑 이야기는 이 시대에 다음의 원칙이 유행하던 황금시대의 맹세이다. '마음에 드는 것은 정당하다!'

이후 바티스타 구아리니(Battista Guarini)114)는 이러한 금언을 바로크 정신을 특징적으로 보여 주고 있는 자신의 비희극적 전원극(Tragicommedia pastorale) 〈충실한 양치기(Il pastor fido)〉에서 다음의 슬로건과 대비시켰다. '걸맞은 것은 정당하다!' 여기서 구아리니는 곧장 장르를 혼합해서 새로운 예술 형식, 즉 오페라를 창조하는 길을 열어 놓았다.

대체로 인문주의 운동과 마찬가지로 알프스 이북 쪽에서 인문주의 드라마와 연극은 남부에서와 같은 그런 의미를 획득하지 못했다. 여전히 이탈리아에서 교육받은 교양인들은 독일어권 지역의 궁정이나 대학에서 중요한 위치를 차지했다. 신성로마제국의 황제 프리드리히 3세(Friedrich III, 1415~1493년)의 빈 궁정에서 에네아 실비오 피콜로미니115)는 고전적 교양의 전파와 관청어를 개혁하는 데 공로를 세웠다. 그리고 프리드리히 3세의 뒤를 이은 막시밀리안 1세(Maximilian I, 1459~1519년)는 이탈리아 르네상스 시대의 영주들이 한 방식을 본떠서 자신의 궁정을 예술과 인문주의 사상의 진흥을 위한 제1의 장소로 삼았다. 그 중심에는 수사학 및 시학 담당 교수로 빈 대학에 임명된 콘라트 켈티스(Konrad Celtis)116)가 있었다. 그는 이탈리아에서 수학하는 동안에 폼포니우스 레투스가 시도한 고대 희

---

112) 이탈리아 출신의 인문주의자이자 르네상스 시대의 시인, 1454~1494년. —옮긴이

113) 16세기 이탈리아의 시인, 1544~1595년. —옮긴이

114) 이탈리아의 시인, 1538~1612년. —옮긴이

115) 로마 교황 비오(Pio) 2세의 속명, 1405~1464년. —옮긴이

116) 최고의 인문주의학자로서 독일 최초의 계관시인, 1459~1508년. —옮긴이

극작품들의 재공연을 함께 경험했다. 이탈리아 밖에서 라틴어로 쓰인 드라마 작품의 첫 공연은 그의 업적으로 돌릴 수 있다. 1500년 그의 제자 라우렌티우스 코르비누스(Laurentius Corvinus)[117]가 연출했다. 그의 독일어 이름 로렌츠 라베(Lorenz Rabe)는 인문주의자들의 관례에 따라서 라틴어 라우렌티우스 코르비누스로 바꿔 불렀다. 그는 브레슬라우(Breslau)의 라틴어 학교[118] 학생들과 함께 테렌츠의 〈환관〉을 연출했다. 이어서 곧 켈티스 자신도 빈에서 고대 드라마 작품들을 공연하기 시작했다. 독일의 로스토크(Rostock), 에어푸르트(Erfurt), 하이델베르크(Heidelberg), 튀빙겐(Tübingen) 등과 같은 대학도시들은 그의 전례를 따랐다.

그때까지 기독교 교리에 따라서 규정된 교육제도를 세속화하기 위한 인문주의자들의 노력, 그리고 성경을 포함한 전례서에 대한 인문주의자들의 분명하고 비판적인 분석은 독일어권에서 여러 세대를 거치면서 비교적 폭넓은 주민들 사이에 자리 잡은 교회의 근본적인 개혁을 위한 노력과 밀접한 관련을 맺기 시작했다. 신(新)복음서 비평판을 간행하고, 이로써 종교개혁을 위한 루터의 사전준비 작업에 결정적 역할을 한 데시데리우스 에라스무스(Desiderius Erasmus)[119]는 교황 레오 10세(Leo X)[120]에게 보내는 한 편지에서 "인류의 고귀한 자산", "진실한 기독교 신앙심", 학문과 "기독교도 공동체와 영원한 단결"을 회복시킬 것을 요구했다. 1517년 10월 31일 마르틴 루터(Martin Luther)[121]가 면죄부 판매를 지원하는 교황의 태도를 비난하는 자신의 주장을 비텐베르크(Wittenberg) 성의 교회 정문에 붙였을 때, 그는 이처럼 사전 준비된 기반 위에서 움직였다. 종교개혁자 루터는 교회권과 세속권의 권위적 반응, 교황으로부터의 파문 및 국외 추방에도 불구하고 무릎을 꿇지 않았다. 결국 교회의 분열, 그리고 신·구교 간의 갈등에서 빚어진 전쟁은 더 이상 피할 수가 없었다. 독일 국민 가운데 종교적 반대파들은 정치적 반대파들과 함께 뒤섞였다. 봉건영주들로부터 세금과 부역에 부단히 시달려

117) 독일 슐레지엔 지방 출신의 학자, 1465~1527년. —옮긴이
118) 오늘날 김나지움(Gymnasium)의 전신으로 주요 교과목이 라틴어와 라틴문학이었다. —옮긴이
119) 네덜란드 로테르담 출신의 인문주의자, 1466?~1536년. —옮긴이
120) 속명 조반니 디 로렌초 데' 메디치(Giovanni di Lorenzo de' Medici), 1475~1521년. —옮긴이
121) 독일의 종교개혁자이며 신학자, 1483~1546년. —옮긴이

온 농민들은 전쟁터로 나가면서 루터의 저서 『어느 기독교인의 자유에 대해서(Von der Freiheit eines Christenmenschen)』를 근거로 삼아 전쟁행위를 정당화했다. 물론 루터는 하느님 앞에 만인이 평등하다는 자기 저서의 입장에는 동의하지만, 폭력으로 그것을 현실로 옮기려는 농민들의 시도에 처음에는 단호하게 반대했다. 결국 루터는 자신이 쓴 「약탈 및 살인을 저지르는 농민의 무리들을 반대하며(Wider die räuberischen und mörderischen Rotten der Bauern)」라는 제목의 호소문을 통해 압도적인 힘의 우위를 지닌 봉건영주들이 사회질서를 잡기 위해서 내린 위수령을 옹호했다. 1525년 농민들의 패배와 함께 전 세기까지도 지속되었던 독일 영주국들의 분열은 경제적·사회적·정치적으로 파괴적인 결과들을 가져왔다. 서유럽에서는 강력하고 발전된 민족국가들이 생겨난 반면에, 독일의 영주국들은 옹색하고 퇴보를 면치 못했다.

프로테스탄티즘의 확산을 위해서는 특히 교육제도의 확충이 큰 의미를 가졌다. 스스로 신앙을 찾기 위한 개개인의 요구는 필연적으로 읽기 능력을 전제했다. 그 때문에 루터는 도시의 시의원들이나 지방의 영주들에게 공공도서관과 학교의 건립을 요구했다. 여기서 그는 교육의 일환으로 연극 공연의 의미를 되풀이해서 언급했다. 기회가 있을 때마다 그는 자신의 그러한 주장을 다음과 같이 피력했다. "우리는 학교에 다니는 어린 학생들을 위해서 희극 공연을 막을 것이 아니라, 그러한 공연을 허락하고 인정해야만 한다. 먼저 그들은 라틴어로 연습하고, 다른 한편 희극에서 그러한 인물들이 심세하게 인위적으로 창작되고, 모사되고 제시되며, 그것을 통해서 사람들은 가르침을 받고, 각각의 지위와 신분이 환기되고 올바르게 제시된다. 그것은 하인이든 주인이든, 젊은 친구들이든 노인들이든 간에 당연히 주어져야 하는 것이고, 정말이지 지체 없이 해야만 하는 일이다. 또한 외적 변화 속에서도 각자 자신의 신분을 유지하듯이 고위 성직자의 모든 계급, 직위 그리고 책임은 그 속에 포함되어 거울에 비춰지듯이 눈앞에 나타날 것이다."[122]

이러한 원칙으로부터 자극받아서, 그리고 인문주의 정신에 의해 고무되어 여

---

122) Martin Luther: Tischreden und Colloquia. S. 357.

기저기서 대학 총장과 교사들은 고대의 희곡 작품들을 다시 공연하고 새로운 작품들을 처음에는 라틴어로, 그러나 나중에는 곧 독일어로 창작하기 시작했다. 이제 무대공연은 더 이상 학교에서만 행해지는 것이 아니라 무도장이나 교회, 조합이나 시청사에서 많은 관객들을 상대로 이뤄졌다. 몇 가지 소품만을 갖춘 간소한 가설무대에서도 공연되었으며, 무대는 관객이 삼면으로 빙 둘러싸고 있었다. 학교극의 소재와 관련해서는 성경이 점차 고대의 문헌들을 뒷전으로 밀어냈다. 특히 도덕적 교훈을 얻을 수 있는 구약성서의 사건과 인물들, 예를 들면 카인과 아벨, 아브라함과 이삭, 모세와 욥, 레베카와 수잔나에 관한 이야기들이 각별한 사랑을 받았다. 특히 복음서에서 잃어버린 아들, 포도 농장의 일꾼들, 영리한 여자들과 어리석은 여자들에 관한 우화(寓話), 그리고 예수의 삶으로부터 유래한 특정한 사건들은 드라마 작품의 풍부한 소재를 제공했다.

인문주의 드라마와 마찬가지로 민중극(Volkstheater) 또한 기독교 신앙을 전파하는 데 이용되었다. 중세 후기에 들어서면서 네덜란드에서는 서로 친목을 맺은 '수사학자들'의 아마추어 연극이 발전되었다. 이때 우의적인 행진이나 생생한 이미지, 해학과 익살, 그리고 도덕적 격언들이 공연되었다. 유사한 공연 형식들이 스위스에도 있었다. 스위스의 베른(Bern)에서 시인으로서, 화가이자 건축가로서, 그리고 정치가로서 활동한 니클라스 마누엘(Niklas Manuel, 1484~1530년)은 사육제극의 전통 장르를 로마교회에 대항하는 투쟁의 수단으로 삼았다. 예를 들면 〈면죄부 장사꾼(Der Ablaßkrämer)〉 또는 〈교황과 그의 성직자 신분(Vom Babst und seiner Priesterschaft)〉과 같은 그의 드라마 작품들은 리뷰 형식과 그로테스크한 등장인물의 형상, 그리고 방언 사용과 상스러운 음담패설을 특징으로 했다. 종교개혁 시대에 공연문화의 또 다른 중심지인 슈트라스부르크(Straßburg)의 사육제극은 인문주의를 지향하는 학교극과 통합되었다. 이를테면 외르크 비크람(Jörg Wickram)[123]은 〈여자의 간계(Die Weiberlist)〉라는 드라마 작품을 썼는데, 여기서 작가는 올바른 성생활을 종교적으로 채색한 교훈극으로서 전승해서 여성에 대한 책망의 모티브로 사용한다. 뉘른베르크 출신의 시인이자 제화공인 한스 작스는

123) 르네상스 시대의 독일 출신 작가, 1505~1562년. —옮긴이

사육제극의 전통을 인문주의 사상과 연극의 변증법적 경향 및 도덕적 경향과 결합했다. 직장가인들과 함께 그는 고대와 기독교에서 비롯된 가치체계를 민중에게 알리기 위해서 노력했다. 그 때문에 그는 신성한 공간에서 자신의 작품을 공연하는 것을 당연시했다. 뉘른베르크의 마르타 교회(Marthakirche)에 무대가 설치되었고, 그 무대 위에서 젊은 장인들이 신화나 성경, 그뿐만 아니라 전통적인 익살문학(예를 들어 〈광대 틸 오이겐슈피겔(Till Eugenspiegel)〉)이나 노벨레 모음집(예를 들어 보카치오의 〈데카메론〉)에서 거칠게 표현된 사건이나 인물들을 상연했다. 한스 작스의 사후에는 야콥 아이러(Jacob Ayrer)[124]가 1500편 이상의 교훈적인 단막극을 쓰면서 뉘른베르크의 전통을 이어 가고자 했다. 그러나 그는 16세기 말에 이미 이탈리아의 코메디아 델라르테(Commedia dell'arte)와 영국의 엘리자베스 여왕 시대의 드라마 작품과 공연 방식을 독일어권으로 들여온 전문 유랑극단들과 경쟁해야만 했다.

코메디아 델라르테

당시 이탈리아어에서 '코메디아(commedia)'라는 개념은 오늘날의 의미에서 희극을 지칭하는 것이 아니라, 일반적으로 연극이라는 현상을 지칭했다. 또한 그와 같은 맥락에서 낱말 '아르테(arte)'는 예술이라는 의미뿐만 아니라 수공업이라는 의미도 함께 지녔다. 따라서 그 명칭은 이미 16세기 중엽에 생겨난 이 연극 형식을 주도한 예술인들의 전문성을 강조하는 동시에, 고대의 연극문화를 재현하기 위해서 플라우투스와 테렌츠의 로마 희극을 재수용하고자 애쓰며 '아마추어 연극'을 이끌어 간 사람들과의 차이점을 분명하게 드러내 보인다. '코메디아 델라르테(즉흥희극)'는 복잡하게 꼬인 플롯의 전개와 음모, 그리고 음탕하고 옹색한 노인들, 젊은 여인들, 교활한 하인들, 허풍쟁이 군인이라는 등장인물의 기본 구성을 '코메디아 에루디타(교양희극)'로부터 넘겨받았다. 또한 베네치아 카니발의 몇

124) 독일의 극작가, 1544~1605년. —옮긴이

가지 가면 유형도 알게 되었다.

코메디아 델라르테의 선구자는 파두아(Padua)[125] 출신의 극작가이자 배우로 루찬테(Ruzante 혹은 Ruzzante)라는 예명으로 활동한 안젤로 베올코(Angelo Beolco, 1502~1542년)였다. 극작가 자신도 기아와 전쟁으로부터 위협을 받았으며, 그래서 그는 단순하고 감각적인 향락을 쫓는 농민들의 삶을 다루는 자신의 단막극에 등장하는 주인공들을 그런 식으로 불렀다. 그는 독일어로 〈루찬테의 연설, 전장에서(Des Ruzante Rede, so er vom Schlachtfeld kommen, Parlamento de Ruzante che iera vegnù de campo)〉, 그리고 〈파두아 출신의 여자(Die Paduanerin, La moscheta)〉로 번역되는 그의 작품에 등장하는 주인공들로 하여금 파두아의 방언으로 말하도록 한 반면에, 플라우투스의 모범을 따랐던 그의 후기 희극 작품에 등장하는 지체 높은 주인공들에게는 피렌체의 표준어로 연기하는 것을 허용했다. 소규모 유랑극단과 함께 루찬테는 이탈리아의 전역을 순회했다. 그는 1520년부터 매년 베네치아에서 카니발이 열리는 기간에 초대를 받았다. 또한 그는 종종 도시의 명문귀족의 저택으로 초대를 받았으며, 교양계층과도 교류했다. 그리고 마침내 페라라의 궁정에서 공연하는 기회를 얻었다. 그럼에도 불구하고 그는 자신의 사회비판적인 태도를 버리지 않았다. 파두아의 추기경 앞에서 그는 농민을 연기하는 주인공들에게 도발적인 대사를 하도록 했다. "우리는 땀을 흘리지 않으면 안 된다. 그래도 우리는 가진 것이 전혀 없다. 그렇지만 땀을 흘리지 않은 또 다른 사람들은 언제나 풍족하게 먹을 수 있다."

코메디아 델라르테는 적어도 초창기에는 하층계급의 입장을 대변하고 민중적인 연기 방식으로 두각을 나타냈다. 이 장르의 효과는 궁정연극에서나 볼 수 있는 장면의 매력이나 인문주의자들의 무대에서 보이는 것과 같은 설득력에서 비롯된 것이 아니라, 배우들의 독특한 동작에서 비롯된 것이다. 텅 빈 연단 위에서 또는 소박한 사각의 무대 위에서 배우는 자신의 몸으로 연기했다. 대본보다는 배우의 동작이 절대적인 우위를 점했으며, 대본은 배우가 즉흥적으로 연기를 하면서 비로소 그 형태를 갖춰 나갔다. 공연의 토대는 플롯의 기본 골격만을 갖춘 '시

125) 이탈리아 동북부 베네토 주의 바킬리오네 강변에 위치한 도시. —옮긴이

나리오'였다. 그것을 구체화하기 위해서 배우들은 전적으로 자신의 창작 재능과 판타지에 의존했다. 시간이 흐르면서 독백과 대화의 규범이 생겨났다. 사람들은 재삼재사 요구했다. 많은 인기를 끌은 '라치(Lazzi)'[126]도 세대를 거듭하며 계속 이어졌다. 관객이 무료함을 느낄 때 희극 장면 연출법에 따라서 라치를 —예를 들면 아를레치노(Arlecchino, 어릿광대)가 스파게티를 먹거나 혹은 파리를 잡아서 부위별로 잘라 먹어치운다— 무대사건으로 끌어들였다.

거의 예외 없이 코메디아 델라르테의 시나리오는 사랑을 다룬다. 그것은 가족들에게 이런저런 다양한 갈등이나 말썽을 불러일으킨다. 하지만 등장인물 모두는 그러한 말썽들을 다시 수습하고 무대사건을 해피엔딩으로 이끌고 가기 위해서 열광적으로 애쓴다. 종종 억지로 지어낸 해결책들은 당사자들의 도덕이나 감정을 전혀 고려하지 않는다. 모든 인물들이 윤리적 관점에서 의심받게 행동한다. 대개 그들은 자신의 본능만을 따를 뿐이다. 이 연극 형식의 주목적은 표피적 오락이다. 교훈이나 교화가 목적이 아니다. 코메디아 델라르테에는 다음 시대에 등장하는 시민극의 의미에서의 캐릭터는 존재하지 않는다. 오로지 저 장르에는 우악스럽게 그려진 인물 유형만이 있다. 이러한 인물 유형들은 의상이나 가면, 그리고 동작과 말투와 관련해 이미 이 형식이 등장할 때부터 고정되어 있었다. 비교적 그리 많지 않은 변화도 배우들의 특수성에서 비롯되었다. 일반적으로 배우들은 자신이 배우로 활동하는 동안에는 언제나 같은 인물 유형을 연기했다. 상당한 수준의 예술적 완성도와 노련함은 당연히 거기에서 비롯되었다. 등장인물 가운데 일부만, 즉 노인들과 하인들의 역할을 담당하는 배우들만이 가면을 썼다. 이러한 것은 역할 자체를 위해서도 사용된다. 그 역을 맡은 배우들은 가면으로 말미암아 표정술이 가진 다양한 표현 수단들이 생략되는 것을 만회하기 위해서 비상한 육체의 표현 수단들을 능숙하게 사용해야만 했다. 적어도 젊은 연인들인 '아모로시(Amorosi)'의 인물들은 코메디아 델라르테의 특색을 잘 보여 준다. 대체로 그들은 성격과 외모에서 코메디아 에루디타에 등장하는 젊은이들과 상당히 비슷하다. 젊은 여자들은 플로린다(Florinda), 플라미니아(Flaminia), 실비아(Silvia)

126) 우스꽝스럽고 익살스러운 희극 장면. Lazzi의 단수명사는 Lazzo이다. —옮긴이

또는 로사우라(Rosaura)라고 불리며, 젊은 남자들은 플라비오(Flavio), 실비오(Silvio), 렐리오(Lelio) 또는 레안드로(Leandro)라고 부른다. 무대의상으로 그들은 그 시기에 유행하는 옷을 입었다. 그들은 의상과 장식으로 자신들이 상류계층의 일원임을 보여 주었다. 그리고 젊은 연인들은 사건의 중심을 구성한다. 또한 그들 주변에 하인들의 라치와 아버지들의 별난 에피소드들이 배치된다. 연인들은 자신들의 감정을 아름다운 목소리의 대사로 전달한다. 애타게 그리워하는 트리아데(Triade)는 산들거리는 대화와 교차된다. 당시 그들은 전혀 오류 없이 이탈리아의 표준어인 토스카나 방언으로 말한다. 남자 주인공들은 극도로 점잖고 정중하게 행동하는 반면에, 여자 주인공들은 겸손하고 정숙하게 행동한다.

등장인물 카피타노(Capitano)는 스페인의 외세 지배에 저항하는 이탈리아인을 연기했다. 그의 또 다른 이름 스파벤토(Spavento)는 '두려움'을 의미한다. 그런 의미에서 그는 플라우투스의 〈허풍선이 군인(Miles Gloriosus)〉의 후예임이 분명하다. 기회가 있을 때마다 그는 자신의 영웅적인 행위와 용감성을 뽐낸다. 그러나 상황이 심각해지면 그가 매우 소심하고 비겁한 사람이라는 것이 입증된다. 카피타노는 모든 여자들이 자신을 좋아하고 있다는 환상 속에서 산다. 물론 그의 우스꽝스럽고 그로테스크한 사랑의 모험은 일반적으로 하찮고 보잘것없는 엔딩을 맞이한다. 그의 캐릭터는 소유욕과 오만, 그리고 허영이 가득한 메스꺼운 혼합물로 결집된다. 굶주림에 시달리다 못해 하인들의 먹을 것을 몰래 훔쳐 먹다가, 그들로부터 구타를 당하는 카피타노는 그럼에도 불구하고 관객들로부터 동정을 요구한다. 그의 의상은 세계적으로 유행하는 스페인의 패션을 군복으로 변형해서 만든 것이다. 몸에 꽉 끼이는 재킷은 잘 단련된 그의 상체를 강조한다. 길고 폭이 넓으며, 인상 깊게 주름이 잡힌 그의 망토는 어깨에 걸친다. 그는 반장화를

카피타노, 동판화, 1601년

신고 온 힘을 다해서 칠칠치 못한 자세로 멈춰 선다. 허리띠에는 매우 크고 쓸모없는 칼이 꽂혀 있다.

젊은 연인들의 아버지들은 처음부터 코메디아 델라르테의 전형적인 구성인물에 속한다. 그들의 자식들은 아버지들에게 커다란 근심거리를 안겨다 준다. 반항적인 딸들은 자신들에게 반한 '훌륭한 배우자들'을 거절하고, 아들들은 많은 돈을 탕진한다. 등장인물 판탈로네(Pantalone, 중년 혹은 나이 많은 노랑이)와 도토레(Dottore)[127]는 상류계층에 속한다. 그들은 도시민들이며, 물질적으로도 궁색하지 않은 삶을 살아간다. 그들이 보여 주고자 하는 위엄을 그들 자신뿐만 아니라 다른 사람들이 끊임없이 문제 삼는다. 특히 하인들은 그들에게 못된 짓을 하고, 그들을 끊임없이 함정에 빠지도록 내버려 둔다. 게다가 하인들은 그들의 불행을 유쾌하게 즐긴다. 두 인물의 캐릭터는 뚜렷하게 서로 다르다. 도토레는 말만 할 뿐 행동으로 옮기지 않는 반면에, 판탈로네는 직접 행동으로 옮기는, 그야말로 실천 의욕이 넘치는 사람으로 등장한다. 그의 이름은 풍자적인 의미를 담고 있다. 즉, 그 이름은 베네치아를 상징하는 사자 깃발의 명칭 '피안타 레오네(pianta leone)'에서 유래한 것이다. 상인들이 아주 작고 중요하지 않은 아드리아의 섬들을 자신들의 손아귀에 넣었을 때, 하지만 대개는 자신들의 위대한 행위를 과시할 때 그 깃발을 도시권력의 상징으로 게양했다. 판탈로네는 베네치아의 부유한 도시귀족의 의상, 이를테면 빨간색 바지, 빨간색 재킷, 빨간색 모자, 검정색 망토를 걸치고 굽이 낮은 슬리퍼를 신는다. 앞쪽으로 쭉 나온 매부리코가 달린 암갈색의 가죽 가면을 써서 지나치게 큰 코가 더욱 뾰족하게 앞쪽으로 나오게 한다. 턱은 기다랗고 뾰족한 흰색 수염으로 장식

판탈로네, 유화, 18세기

127) 판탈로네의 친구 혹은 경쟁자로서 학식을 뽐내는 현학자. —옮긴이

판탈로네가 처녀에게 구애하는 장면, 동판화, 16세기

된다. 돈 주머니는 이 인물에게 가장 중요한 소품이다. 그것은 판탈로네의 소유욕과 탐욕을 상징하기 위해서 그의 허리춤에 매달려 있다. 돈 주머니와 함께 도둑이나 강도를 막기 위해서 단도가 꽂혀 있다. 대개 판탈로네는 위통 혹은 관절염을 앓는 인물로 등장한다. 그래서 그는 갑작스레 허리를 반복해서 움켜잡는다. 그런 다음 그는 즉각 세련되고 우아하게 보이려고 다시 자세를 취한다. 기분이 언짢음에도 불구하고 판탈로네는 끊임없는 애정편력을 보인다. 이때 그는 당연히 배신을 당하는 위험을 무릅쓴다.

등장인물 도토레는 법학자 또는 의사이며, 대학도시 볼로냐(Bologna) 출신이다. 그의 의상은 대학교수들이 걸치는 관복과 같다. 재킷과 무릎까지 내려오는 반바지, 그리고 무릎까지 올라가는 양말과 구두는 검정색이다. 옷깃을 흰색의 깃털로 장식한 관복도 검정색이다. 도토레는 머리 위에다 테가 없는 검정색 모자를 쓰며, 그 위에다 큰 차양이 달린 모자를 종종 쓰기도 한다. 얼굴을 반쯤 가린 가면은 그의 코와 이마를 덮는다. 붉은색 뺨은 노출시킨다. 그것은 술을 즐겨 마시

도토레, 수채화, 18세기

브리겔라, 스케치, 17세기

아를레치노, 동판화, 16세기

는 것을 암시한다. 도토레는 자신이 세상에서 가장 학식이 높은 사람이라고 생각한다. 물론 그는 모든 것을 배웠다. 그러나 그는 아무것도 깨닫지 못했다. 그는 드물지만 자신의 장광설을 중단하기도 한다. 말 한마디 한마디가 상세하고 (적절하든 아니든) 라틴어 인용문을 섞어 가며 연설의 빌미를 그에게 제공한다. 물론 그것은 논리의 법칙에 부합한다. 그러나 어떤 의미도 입증하지 못한다.

2명의 차니(Zanni)는 —이 낱말은 지오바니(Giovanni)의 축소형이다— 코메디아 델라르테에서 가면을 쓰고 등장하는 인물 중 가장 인기를 끄는 인물이다. 브리겔라(Brighella)와 아를레치노는 가난한 지역인 북이탈리아 베르가모(Bergamo) 지방 출신이다. 이 지역 주민들은 종종 짐꾼으로 베네치아에서 생계를 이어 나갔다. 특정한 곳에 거주하는 서민들은 특히 이들 '이주 노동자들'을 자신들의 경쟁자로 보았으며, 그 때문에 그들에 대해서 거부적인 태도를 취했다. 그런 이유로 그들은 통속적인 연극 무대에서 동정 없는 무정한 웃음거리에 희생되었다. 초창기 코메디아 델라르테에서 차니는 무대에서 어리석고, 교활하고, 뻔뻔스럽고, 욕심 많고, 음탕한 모습으로 등장했다. 그들의 상대역으로서 차그나(Zagna)로 불리는 하녀도 처음에는 부정적인 캐릭터로 채색되었다. 물론 이 역할은 남성에 의해 연기되었다. 상스럽고 음란함이 부각되었다. 이처럼 하인과 하녀 역할의 기본적인 특징들은 처음부터 고정되어 있었다. 브리겔라는 적극적이며 활기 넘치고, 교활하고 음흉한 반면에, 아를레치노는 소극적이며 서투르고, 소박하고 단순하다. 그들의 도덕적·지적 옹색함에도 불구하고 차니는 어떤 상황에서든 개가를 올린다. 무대에서 그들의 승리가 크면 클수록 실로 현실의 삶에서 그것은 점점 더 불가능해진다. 가면을 쓴 두 인물이 걸치는 기본 의상은 원래 무르팍까지 거의 내려오는 블라우스와 통이 넓은 바지로 이뤄졌다. 그리고 허리 밑에는 허리띠로 연결시켰다. 두 사람 모두 가죽으로 만든 것으로 얼굴을 반쯤 가린 검정색 가면을 썼다. 브리겔라는 배후 조정자이자 모사꾼이다. 그는 생각할 수 있는 모든 술수를 사용한다. 그의 계략과 교활함 덕분에 그는 어떤 상황도 감당할 수 있으며, 어떤 질문에도 답변할 줄 안다. 하지만 할 말이 없을 경우에 그는 노래를 부르고 춤을 추기 시작하거나, 아니면 익살스러운 장면인 라초(Lazzo)를 연출한다. 여자들과 그의 관계는 양가적이다. 즉, 그는 모든 여자들에게 이끌린다고 느끼지만, 어떤 여자에게도 사랑에 빠지는 그런 일은 결코 없다. 브리겔라가 걸치는 흰색의 기본 의상에는 가슴과 다리 쪽에 녹색의 가로줄 무늬가 장식되어 있다. 그것은 하인이 걸치는 옷이라는 인상을 준다.

흔히 프리텔리노(Fritellino) 또는 트루팔디노(Truffaldino)라는 이름으로도 불리는 아를레치노는 특히 감각적 향락에 만족하고자 애쓰는 인물이다. 그는 음식물 저장실에 숨겨 놓은 음식물과 마찬가지로 하녀들을 좋아한다. 오로지 그의 생각은 자신의 뇌 속에 존재하는 논리에 의해서 규정된다. 그에게 있어서 오른쪽과 왼쪽의 차이는 가장 큰 난제다. 그러나 몽유병자와 같은 확신을 지닌 그는 몇 가지 난제들을 장난하듯이 해결한다. 또한 쉽게 믿어 버리는 태도와 호기심은 그를 계속해서 난처한 상황에 휘말리게 하지만, 어떻게 해서든 그는 그러한 상황에서 빠져나올 줄 안다. 아를레치노는 자신이 만들어 내는 상상의 이미지에 깜짝 놀라 달아날 만큼 생생한 판타지를 가지고 있다. 무대사건과 관련해서는 그에게 모든 것이 허락되어 있다. 그의 마음에 들면, 언제든 그는 말을 하거나 침묵해도 괜찮다. 노래를 부르거나 춤을 춰도 좋다. 라치나 애크러배틱을 보여 줘도 좋다. 아를레치노가 걸치는 흰색 의상은 원래 형형색색의 헝겊들을 꿰매어 달았다. 그것을 통해서 사람들은 그의 물질적 빈곤을 알아챌 수 있다. 거기서 훗날 초록색-빨간색-노란색의 양식화된 마름모꼴 무늬가 나왔다. 그의 머리 위에는 자그마하고 구겨진 모자가 얹혀 있다. 그 위에서 베르가모 출신의 농민들이 달고 다녔던 수탉의 꽁지 깃털 하나가 흔들거린다. 초기에 그가 쓰는 얼굴 가면에는 구레나룻과 이마에 혹이 붙어 있었다. 그것은 악마의 뿔의 흔적으로 해석되었으며, 중세의 신비극이 코메디아 델라르테에 영향을 끼쳤음을 보여 주는 증거로 평가되었다. 일련의 시나리오에 아를레치노는 그의 파트너가 그에게 선사한 자식들을 여럿 가진 가장으로 등장한다. 차그나는 그와 같은 사회계층으로 분류되며, 하녀로 일하면서 생계를 꾸려 나간다. 나중에 그녀는 안주인 혹은 그녀의 딸에게 시중을 드는 시녀로 바뀐다. 그녀는 그들과 연대해서 안주인이 남편을 속이거나 혹은 그녀의 딸이 비밀결혼을 통해서 엄격한 아버지를 속이려고 할 때 그들을 적극적으로 돕는다.

베네치아의 코메디아 델라르테와 함께 나폴리에서 성행했던 남부 이탈리아의 연극 형태도 있었다. 이 연극 장르에서 가면을 쓰고 등장하는 주요 등장인물은 차니로는 코비엘로(Coviello), 카피타노에 해당되는 스카라무치오(Scaramuccio), 도토레와 비교될 수 있는 공증인 타르타글리아(Tartaglia) 및 풀치넬라(Pulcinella)였다. 그중 풀치넬라는 나폴리 카니발에서도 중요한 역할을 한다. 풀치넬라는 북이탈리아의 사촌들과 비슷하게 단순하고 교활하며, 욕심 많고, 언제나 자신의 이익을 좇는다. 그는 어떤 일을 하던 간에 일하기 전에 바로 슬그머니 빠져나온다. 그 대신 그는 자식들을 돌봐야 한다. 그는 그들과 행복하다. 풀치넬라는 농민들이 입는 흰색의 의상을 걸친다. 통 넓은 재킷

풀치넬라, 지아코모 프랑코의 동판화, 1642년

알레산드로 스칼치, 독일 바이에른의 란트스후트 소재 트라우스니츠 성에 있는 광대를 위한 계단실 벽화, 1570년

은 그의 곱사등과 불룩 나온 큰 배를 완전히 가리지는 못한다. 그의 목덜미는 흰색의 주름 잡힌 옷깃으로 치장된다. 머리에는 전형적인 막대 사탕 모양의 모자가 얹혀 있다.

코메디아 델라르테의 유랑 극단들은 이탈리아 전역뿐만 아니라 다른 여러 지역에서도 공연을 했다. 그래서 그 이름이 "그들의 도덕, 명성, 그리고 명예가 모든 사람들을 질투하게 만든다(Virtu gloria onore ne fan gelosi)"라는 자신들의 모토에서 비롯된 극단 '젤로시(Gelosi, 질투)'는 파리로 빈번하게 초청을 받았으며, 극단 '콩피덴티(Confidenti, 자신만만)'는 스페인에서 여러 번의 순회공연을 가졌다. 알프스 산맥 이북에서도 이탈리아의 극단들이 공연을 가졌다. 예를 들면 1568년 코메디아 델라르테의 한 극단이 독일 바이에른 공국의 황태자 결혼식에 즈음해 뮌헨의 궁정에서 공연을 가졌다. 황태자는 자신의 영지 란트스후트(Landshut)로 배우들을 초청해 그곳에 그들을 위한 기념비—'광대를 위한 계단(Narrentreppe)'—를 세우도록 했다. 그의 지시로 한 이탈리아 화가가 당시 코메디아 델라르테의 공연 상황을 보여 주는 벽화로 트라우스니츠 성(Trausnitz 城)의 계단을 치장했다.

엘리자베스 여왕 시대 영국의 드라마와 연극

영국에서 인문주의와 르네상스 운동은 매우 더디게, 정확하게 말하면 유럽 대

륙보다는 훨씬 나중에 시작되었다. 그러나 엘리자베스 여왕 1세(Elisabeth I, 1533~1603년, 재위기간 1558~1603년)가 통치하던 16세기 후반에 영국은 전례 없는 문화의 전성기를 맞이했다. 세계상의 세속화, 현세와 결합된 인간에 대한 관심, 그리고 영국 국교의 개혁의 연장선에서 신앙의 내면화는 영국에서 근대의 의미가 지닌 근본적인 문제들을 제기했다. 엘리자베스 여왕 시대의 연극 무대도 이러한 문제들을 되풀이해서 공연했다. 윌리엄 셰익스피어[128]의 작품에서 이 문제들은 시대를 초월해서 통용되는 표현이 되었다. 엘리자베스 여왕 시대의 연극이 형성되던 세기의 마지막 25년 동안에 영국은 경제부흥의 시대를 맞이했다. 시민계급이 힘을 얻으면 얻을수록 귀족계급은 점차 그 의미를 상실했다. 봉건적인 사회 관계와 생활 형식들은 약화되었다. 끊임없이 전쟁을 일으킬 만큼 자신의 영토 내에서 절대적 권력을 행사하는 데만 오로지 관심을 기울인 귀족계급과 달리 시민계급은 단일한 국민경제, 그리고 안전한 길거리에서의 자유로운 무역과 상품 교환을 원했다. 그러므로 시민계급은 귀족들의 힘을 꺾고 그들의 군사력을 와해시키려고 노력한 엘리자베스 여왕을 절대적으로 지지했다. 귀족계급의 관심과 시민계급의 관심을 조정한 것은 엘리자베스 여왕의 가장 의미 있는 업적 가운데 하나였다. 끊임없이 저울질하고, 때로는 모순으로 보이는 정치를 통해서 그녀는 사회적 균형을 잡고 왕실을 견고히 하는 데 성공을 거두었다. 결국 그녀의 통치 원칙은 경제적 번영을 보장해서 영국 국민들을 사로잡는 데 있었다. 그녀가 그 일을 성공적으로 수행하는 한, 그녀의 명망은 흔들림이 없었다. 그렇게 해서 그녀는 모든 계급과 정파를 초월한 절대권력자로 등장할 수 있었다. 셰익스피어는 자신의 드라마 작품을 통해서 이러한 통치 이념을 유포시켰다.

이러한 정치적 조건하에서 학문과 예술의 가파른 부흥이 이뤄졌다. 사회적 삶과 마찬가지로 문화적 삶에서 아직은 계급 차이가 아주 분명하게 형성되지 않았다. 그 때문에 서로 다른 계층의 문화적 전통들이 서로 합류할 수 있었다. 게다가 인문주의자들의 지칠 줄 모르는 노력 덕분에 우수한 학교제도가 생겨났다. 이제 학교의 운영은 더 이상 성직자가 아니라 폭넓게 공부한 평신도들에 의해서 주도

---

128) 영국이 낳은 세계 최고의 시인 겸 극작가, 1564~1616년. —옮긴이

되었다. 영국 스트래트포드(Stratford)에 소재한 셰익스피어 학교의 교사들은 거의 대부분 옥스퍼드 대학을 졸업한 사람들이었다. 이런 방식으로 고대의 철학과 문학뿐만 아니라 동시대의 철학과 문학은 폭넓은 시민계층의 보편적 상식이 되었다. 오늘날처럼 교양인과 비교양인 사이에 그렇게 큰 차이가 존재하거나 명확한 구분이 존재하지 않았다. "칼리지가 야외 맥주 집을 지배하고, 야외 맥주 집은 칼리지를 지배했다."[129] 영국 및 유럽 역사, 그리고 고대와 기독교 신화에 관한 요점적 지식은 관객 대부분에게 전제되었다. 언어 능력만큼이나 지식과 사고에서 현저한 차이가 분명 존재했다. 그러나 사람들은 서로를 이해했고, 하나의 표현 형식은 또 다른 표현 형식을 풍부하게 했다. 엘리자베스 여왕 1세의 죽음(1603년), 그리고 프로테스탄티즘 교육을 받은 메리 스튜어트(Mary Stuart)[130]의 아들이며, 강력한 절대주의 통치 원리를 추구하면서 그의 전임자인 엘리자베스 여왕에 의해 강화된 의회를 무력화하고자 했던 제임스 1세(James I)[131]가 왕위를 계승하면서 정치 및 문화적 관심의 상대적 조화가 깨져 버렸다. 엘리자베스 여왕 시대에 널리 퍼진 생의 기쁨은 상류계층의 경박한 향락욕 앞에 굴복하고 말았다. 그리고 동시에 그와는 반대로 시민계급의 청교도적 저항이 강력해졌다. 그 후 약 반세기 뒤에는 런던의 모든 극장이 폐쇄되는 결과를 가져왔다.

고대 이후 처음으로 다시금 직업배우들이 있었다는 것은 엘리자베스 여왕 시대 연극의 전성기에 중요한 의미를 가졌다. 이미 15세기 중반에 '평범한 농민들'이 악사나 연기자로 활동하는 것을 금지했다는 기록이 전해지고 있다. 주지하는 바와 같이 경작에 비해서 덜 노동집약적인 축산으로 농업이 재편되는 과정에서 수많은 경작지의 일꾼들이 일터를 잃게 되자, 그들은 연극 공연을 통해서 생계를 꾸려 나가고자 했다. 매우 불안정하고, 유랑생활을 금지하는 엄격한 법률에 때문에 언제나 위협받는 생활 속에서 그들은 권력자들에게 몸을 위탁했다. 기록에 따르면 이미 16세기 중반에 궁정과 명문귀족들에 예속되어 그들의 보호를 받았던

129) Bertolt Brecht: Werke, Bd. 22, S. 731.

130) 스튜어트 왕가 출신의 스코틀랜드 여왕, 1542~1587년. —옮긴이

131) 메리 스튜어트의 아들이자 스코틀랜드의 왕. 1603년 엘리자베스 여왕의 후계자로 잉글랜드 왕위 계승, 1566~1625년. —옮긴이

극단들에 대한 보고 내용을 담은 기록들이 있었다. 극단의 수가 폭발적으로 증가했다. 엘리자베스 여왕 1세의 통치 기간에는 150개 이상의 전문 유랑극단들이 활동했다. 사회적 명망이 커지면서 시민계급도 점차 연극에 관심을 갖기 시작했다. 당시의 시민계급은 일반적으로 이전 시대의 시민계급보다 훨씬 더 높은 교양을 갖추고 있었으며, 자본주의적 경제 운용에 대한 지식을 함께 가지고 있었다. 그러한 영향을 받아서 주식회사 형태의 극단들이 생겨났다. 주연급 배우들은 주주로서 무대공연을 통해서 벌어들이는 이익에 큰 관심을 가졌다. 그와 달리 젊은 배우나 조연급 배우들은 임금을 받으면서 연극에 종사했다. 공동 주주가 되기 위해서는 일정한 금액을 극단에 지불해야만 했다. 만약 주주가 죽으면, 그 몫은 상속인에게 지불되었으며, 새로운 주주에게는 주식 구입을 제안했다. 이러한 시스템은 공동 주주와 극단을 한데 묶었기 때문에 공연의 성공에 대해서 그들의 관심을 불러일으키는 데 아주 훌륭한 수단이 되었다. 노년에 스트래트포드에 부동산과 저택을 구입하고 이자를 받고 돈을 빌려줄 수 있었던 셰익스피어의 경우에서 보듯이 지분에 상응해 지불되는 이익을 통해서 주주들은 부를 축적할 수가 있었다. 그와 반대로 흔히 임금을 받는 배우들의 생활은 곤궁하기 짝이 없었다. 한 극단에 적어도 한 사람 이상은 빚더미에 앉아 있었다.

연극에 종사하는 사람들의 생활 수준이 비교적 건실해진 것 말고도, 다음의 두 번째 사실은 연극문화의 안정화, 그리고 그 덕분에 연극이 예술적으로 계속 발전하는 데 기여했다. 즉, 몇몇 극단에 공연 기회를 제공하는 전용극장을 런던에 건립한 것이 바로 그것이다. 가장 오래된 상설무대는 단순하게 '더 씨어터(The Theatre)'라는 이름만을 붙인 극장이었다. 원래는 투우경기와 검술경기, 그리고 쇠사슬에 묶인 곰에게 개가 대들도록 부추기는 놀이와 같은 대중적인 오락에 이용되던 아레나를 목수 겸 훗날 연극제작자로 활동하는 제임스 버베이지(James Burbage, 1531~1597년)가 극장으로 전용해서 사용했다. 이후 몇 년 지나지 않아서 '로즈(The Rose)', '스완(The Swan)', '커튼(The Curtain)', '글로브(The Globe)'라는 낭랑한 이름의 전용극장들이 뒤를 이었다. 특히 대부분의 셰익스피어 작품들은 극장 '글로브'에서 초연되었다. 극장 설립의 이니셔티브는 극단에 건물을 빌려주고 거기서 이익을 얻은 친기업가적 성향을 지닌 시민계급에서 비롯되었다. 대부분의

템스 강 이남에 위치한 극장 '글로브',
런던의 풍경을 담은 비셔[132]의 삽화, 1616년

요한니스 드 위트: 극장 '스완',
스케치, 1596년

공설극장은 전통적으로 소시민들이 많이 모이는 유흥업소 밀집지역인 템스(Themse) 강 이남, 즉 청교도적이며 연극을 경멸하는 도시정부의 영향이 미치지 않는 런던의 외곽에 자리 잡았다. 극장 건물은 둥근 탑 혹은 팔각형의 탑 모양으로 만들어졌다. 몇 개의 창이 달린 육중한 탑의 벽면에는 통로가 나 있었다. 한쪽에는 의상실과 소품 보관실이 딸린 무대가 우뚝 솟아 있었다. 공연이 시작되면, 지붕 위에는 흰 깃발이 나부꼈다. 빙 둘러쳐진 3층의 갤러리석이 탁 트인 안마당을 감쌌다. 극장 '스완'의 스케치에서도 알 수 있듯이 무대 쪽에서 보면 나지막한 기둥들이 떠받치고 있는 플랫폼이 1층 관람석 앞쪽으로 도출했다. 아직 중세 종교극의 전통에 따라서 '지옥(Hölle)'이라 불리는 그 아래 공간에는, 예를 들면 셰익스피어의 희곡 〈맥베스(Macbeth)〉에서 개폐가 가능한 무대 바닥의 절단 면을 통해서 마녀들을 무대 위로 이동시키는 기중기 같은 기계 장치들이 설치되어 있

132) 네덜란드 출신의 동판화가 겸 출판인, 1587~1652년. —옮긴이

었다. 그러나 상하 이동장치는 이동배경이나 소품을 '마법과 같이 신비스럽게' 등장시키기 위해서 이용되었으며, 수면 혹은 무덤의 의미를 띨 수도 있었다. 무대 뒤쪽으로는 2개의 문이 나 있었다. 그 당시 일련의 희곡 작품에서는 갑작스러운 노출이 중요한 역할을 했기 때문에 추측컨대 그 뒤에는 이동식 커튼이 있었을 것이다. 극장 '스완'의 스케치를 보면, 그 위에 지위가 높은 관객을 위해서 마련된 6개의 칸막이 관람석(특별석)이 보인다. 그 가운데 하나는 아마도 발코니 장면을 연출하는 데 이용되었으며, 다른 하나는 악사들을 위한 공간으로 이용되었을 것이다. 플랫폼 위에 2개의 기둥이 떠받치고 있는 지붕은 비나 햇볕으로부터 배우들을 보호하는 기능을 가졌다. 게다가 거기에 해와 달, 별과 별자리를 그려 넣음으로써 하늘을 상징했다. 또한 일종의 오두막과 같은 공간이 천장 위로 솟아 있었다. 이곳은 트럼펫 연주자가 등장해서 공연 시작을 알렸다.

평범한 무대는 관객과 가깝게 설치되었다. 특히 광대와 악인들은 관객에게 바짝 다가가 연기를 했으며, 종종 그들은 자신들의 연기를 통해서 무대 주변에 앉아 있는 서민계급 출신 관객들의 생활세계를 직접 풍자했다. 사용된 소품들은 대체로 현실을 모방하지 않고 상징적으로 현실을 암시했다. 예를 들면 배우의 대사를 통해서 어떤 의미가 부여되는가에 따라서 나무 한 그루는 정원 또는 숲을 암시했다. 희곡 작품에 대한 다음의 요구사항들은 '언어로 표현된 무대장치' 또는 '언어로 표현된 무대배경'이라 불리는 바로 그러한 원리에서 비롯되었다. 즉, 극작가는 무엇보다도 무대의 분위기와 배경을 관객이 쉽게 이해할 수 있도록 대상을 훌륭하게 암시하는 언어를 사용해야만 했다. 무대배경을 언어로 표현하는 기법을 통해서 극작가들은 지구 밖의 공간을 이미지화할 수 있었다. 엘리자베스 여왕 시대에 무대장식은 매우 간소한 반면에, 의상은 아주 화려했다. 기본적으로 의상은 동시대의 유행을 반영했다. 당시에 하인들은 자신의 주인들로부터 종종 옷을 물려받았지만, 자신들의 신분에 맞지 않아 그 옷을 입을 수 없었기 때문에 그 옷을 극단에 팔아넘겼다는 것이 그러한 사실들을 뒷받침해 준다. 어쨌든 의상은 매우 화려했고 수많은 장식으로 치장되었다. 빨간색은 권력을, 흰색은 결백 또는 순수함을, 검정색은 슬픔과 멜랑콜리를 상징했다. 계급과 민족은 전형적인 장식 또는 부속물을 통해서 암시했다. 예를 들면 흉갑(胸甲)과 꽉 끼는 군복은 로마 병사를, 터번은 터키인을, 길고 헐렁한 옷은 중·근동 지역의 사람을, 카프탄(Kaftan)133)은 유대인을 나타냈다.

당시 엘리자베스 여왕 시대의 상황에 비추어 15만 명의 주민이 거주하는 거대 도시 런던에서는 대여섯 개 이상의 극단들이 매일 공연을 했으며, 매 공연은 대략 2000석 정도를 갖춘 극장에서 이뤄졌다. 수공업자와 귀족, 도제와 대학생, 그리고 상인과 교양인들이 극장 안에서 만났다. 비록 엄격한 청교도 성직자들에 의해서 '창녀'라는 낙인이 찍혔지만, 여자들도 연극 공연장을 찾았다. '몰려다니는 무리'라는 의미에서 알 수 있듯이 당시에 극장을 비교적 자주 찾는 비중 있는 관객은 평민과 소시민 출신의 젊은이들이었다. 그들은 무대 가까이에 빽빽이 둘러서서 큰소리로 반응하면서 공연의 성공 또는 실패를 종종 결정짓기도 했다. 관객은 관람료를 지불했다. 핏트석이라 불리는 입석은 빵 한 덩어리를 살 수 있는 1페니, 갤러리석의 좌석은 2페니, 그리고 1층 상등석은 3페니를 지불했다. 박스석이라 불리는 칸막이가 있는 특별석에 앉기 위해서는 0.5실링에서 1실링 사이의 관람료를 지불했다.

엘리자베스 여왕 시대의 연극은 배우의 연기술과 관련해서 많은 사항들을 요구했다. 연기술은 짧은 시간 동안 다양하고 세분화되어 발전했다. 물론 연기술의 기본과 규칙은 실습을 통해서만 전달되었다. 이와 관련된 문헌 자료는 일반적으로 위대한 배우의 사실주의적 연기를 칭송하는 찬사로만 전해져 내려왔다. 일반적인 내용의 경우에, 예를 들면 셰익스피어는 햄릿에게 말하도록 하는 지시문들도 배우들에게 물었다. 가치가 그리 크지 않은 증거에 기초해 서로 배타적인 양쪽 전문가들의 견해가 대립하고 있다. 그 하나는 사람들이 어느 정도 확정된 텍스트에 의지했다고 주장한다. 따라서 배우 개인의 해석 공간이 그다지 남아 있지 않았다는 것이다. 다른 하나는 배우가 자연스럽게 자신의 주관적 감성에 의존해 연기했다고 주장한다. 엘리자베스 여왕 시대의 연극배우들은 폭넓은 연기 능력, 그리고 뛰어난 신체 및 목소리의 표현 능력을 가지고 있었던 것만은 분명하다. 그들의 기억이 탁월했다는 것 또한 틀림없다. 하지만 공연 프로그램이 매일 바뀌

---

133) 긴 기장과 헐렁한 소매의 로브 풍 상의.—옮긴이

고 2주마다 새로운 작품이 무대 위에 올려졌다. 대성공을 거둔 작품일지라도 한 달 이상 공연될 수 없다. 한 극단이 동시에 공연 레퍼토리로 38개의 작품을 공연했다는 것을 우리는 알고 있다. 이러한 극단 구조는 배우들이 특정 분야에 고정되어 있었으며, 따라서 그들은 언제나 그 관례에 따라 연기를 할 수 있었기 때문에 기능적으로 작동할 수가 있었다. 가장 중요한 역할 유형은 주인공과 악당, 바보와 애인, 그리고 주인공들 밑에서 연기를 배우는 도제들이 연기하는 요염하고 감정이 풍부하고 자유분방한 젊은 여자의 역할이 가장 중요한 배역이었다. 엘리자베스 여왕 시대의 드라마에서는 보기 드문 경우였지만, 어머니의 역할은 어느 정도 나이가 든 성숙한 남자 배우들이 맡았다. 대부분의 극작가들은 특정 극단과 연계해서 자신의 극작품을 썼으며, 그 극단에 소속된 배우들에 대해서도 잘 알고 있었다. 셰익스피어는 어릿광대 역할을 극단의 한 동료에게 초점을 맞춰서 썼다. 그가 죽자, 셰익스피어는 배역을 물려받은 후임자와 그의 연기 특성을 고려해서 인물 구상을 새롭게 했다. 사람들은 엘리자베스 여왕 시대의 연극에서 우리 시대의 연극연출자와 일치하는 점을 쓸데없이 찾는다. 오히려 당시의 극작가는 프롬프터와 무대감독의 역할을 했다. 그의 주임무는 배우들에게 그들이 맡을 역할들을 말로 지정해 주고 플롯, 즉 배우들이 전체적인 작품의 맥락에서 그들이 맡을 역할에 관한 정보를 제공할 수 있는 줄거리의 개요를 만드는 것이었다. 완성된 작품 텍스트를 배우들은 손에 쥔 적이 없었다. 작품 텍스트는 저작권법이 도입되기 이전 시대에는 경쟁 극단이나 출판사로 그냥 넘어갈 수 있는 위험이 너무나도 컸었다.

엘리자베스 여왕 시대에는 천재 극작가 윌리엄 셰익스피어뿐만 아니라 상당수의 훌륭한 극작가들도 활동했다. 중세의 연극 전통과 인문주의자들에 의해서 재수용된 고대의 연극문화는 이 시대의 예술적 풍요를 가져오는 토대가 되었다. 중세 종교극의 진지성과 희극성, 고상함과 상스러움이 뒤섞여 있었으며, 그 특징은 셰익스피어와 동시대의 극작가들에게서 잘 나타난다. 중세의 도덕적 종교극으로부터 인물의 기본 구도, 즉 모순되는 행동 사이에서 결정을 내리는 인물상을 물려받았다. 특히 악당이나 어릿광대가 등장해서 직접 관객에게 말을 거는 원리 또한 중세의 전통에서 비롯된 것이다. 중세의 도덕적 종교극에는 미덕의 화신과 더불어 인간의 영혼을 얻고자 애쓰는 악덕의 화신 '바이스(Vice)'가 있었으며, 그는 종종 음모를 꾸미는 배후 조정자의 역할을 맡았으며, 그는 자신의 악행을 통해서 관객으로부터 동의를 얻어 내려고 하는 인물이다.

직업배우의 탄생과 공설극장의 건립, 그리고 '시나리오 작가'라는 새로운 직업의 탄생도 엘리자베스 여왕 시대에 드라마와 연극이 전성기를 맞이하는 데 기여했다. 새로운 작품을 필요로 하는 극단의 수가 크게 증가하면서 직업작가가 아닌 아마추어 작가들이나 공부를 그만둔 학자들, 심지어 배우들도 너 나 할 것 없이 드라마 작품을 써서 생계를 꾸려가고자 했다. 당시 자리를 잡은 50여 명의 극작가들은 거의 1000여 편에 달하는 극작품들을 썼다. 물론 이들 작품 가운데서 대략 10분의 1 정도는 공연되지 못했다. 엘리자베스 여왕 시대에는 극작가들의 명망이 그리 높지 않았다. 그 때문에 그들 역시도 사례금을 받았다. 일반적으로 극작가들은 작품 1편당 6파운드를 받았으며, 이 정도의 금액은 대략 귀족들이 입는 멋진 옷 한 벌 정도를 살 수 있는 돈이었다. 물론 나중에 극작가도 두 번째 공연 수입을 추가로 받았다. 이러한 상황에서 극작가는 부단한 창작활동을 통해서만 생활에 필요한 수단을 얻을 수가 있었다. 그들 가운데 많은 극작가들이 항상 빚에 시달렸으며, 그 때문에 그들은 극단 운영자들이 미리 지불하는 선금에 의존했다. 그들은 극단 운영자들의 선금 보증을 받으면 즉시 약속 시간에 맞춰서 다음 작품을 제공해야만 했다. 그러므로 극작가는 끊임없는 창작의 압박감에 시달렸으며, 물론 이러한 압박감은 작품의 질에도 영향을 미칠 수밖에 없었다.

엘리자베스 여왕 시대에는 중세의 윤리적인 기본 입장의 수용과 르네상스 시대에 부활한 역사의식에서 '역사극'이라는 새로운 드라마 장르가 탄생했다. 역사극의 발전은 정치적 사건들과 밀접한 관계가 있었다. 유럽 대륙의 강대국들과의 군사적 충돌 과정에서 싹트기 시작한 영국인들의 역사의식은 16세기에 이르러 광범위한 계층의 주민들로 하여금 자신들의 역사에 주목하게 한다. 이런 역사에 대한 관심은 극작가들에게 소재의 원천으로 이용될 수 있는 다양한 역사 기록물들이 출판되면서 충족되었다. 대략 셰익스피어가 런던에서 연극활동을 하기 시작한 1590년경에 출판된 최초의 역사서는 역사적 사건들에 대해 해설을 하지 않고 그냥 연대기에 따라서 나열했다. 크리스토퍼 말로우(Christopher Marlowe)[134]가 쓴 드라마 작품 〈에드워드 2세(Eduard II)〉가 나오면서 역사극의 장르가 비로소 지적으로나 극작법상으로나 일정한 수준에 도달했다. 셰익스피어는 왕을 소재로 한 자신의 드라마 작품을 통해서 역사극의 전성기를 가져왔으며, 특히 그는 자신의 작품들을 통해서 역사적인 사건뿐만 아니라 사회적 구조와 권력자들의 성격에서 사건의 원인을 함께 드러내 보였다. 만약 이와 같은 시선의 확대가 없었다면, 오늘날 역사극은 지금과 같이 문학사적 관심을 얻지는 못했을 것이다.

엘리자베스 여왕 시대의 비극 작가들은 고대 로마시대의 대표적인 비극 작가 세네카의 작품들을 모범으로 삼았다. 그들은 신들이 정한 피할 수 없는 비극적 운명을 다룬 그리스의 비극보다는 세네카의 세계관을 훨씬 더 쉽게 이해했다. 그들의 연극 작품들은 실패의 원인들을 —철저히 새롭게 각성된 개인의식의 의미에서— 주인공 자신에게로 돌렸다. 셰익스피어의 드라마 〈햄릿(Hamlet)〉의 착상에서 영향을 받은 토머스 키드(Thomas Kyd)[135]의 복수극 〈스페인의 비극(Spanischer Tragö die, Spanish Tragedy)〉이 그랬다. 시민계급의 배경에 뿌리를 둔 간통과 남편 살해 이야기를 다룬 작품으로 익명으로 출간된 드라마 〈아든 오브 페버스햄(Arden of

작가 미상: 〈아든 오브 페버스햄〉, 당시의 목판화

134) 엘리자베스 여왕 시대의 대표적인 극작가, 1564~1593년. —옮긴이

135) 영국의 극작가, 1558~1594년. —옮긴이

Feversham)〉에서도 그랬다. 이들 작품에서는 사건이 아주 피상적으로만 표현되어 있는 반면에, 크리스토퍼 말로우의 작품에서는 줄거리가 정신적으로도 감정적으로도 심화된다. 드라마 〈대왕 탬벌린(Tamerlan der Große, Tamburlaine the Great)〉과 〈파우스트 박사의 비극적 인생(Die tragische Geschichte des Doktor Faust, The Tragical History of Doctor Faustus)〉, 그리고 〈몰타의 유대인(Der Jude von Malta, The Jew of Malta)〉에서 말로우는 위대한 개인주의의 전형적인 르네상스 시대의 인물을 다양하게 변형해서 무대에 올렸다. 말로우의 업적은 셰익스피어뿐만 아니라 그의 동료와 추종자들에게도 매우 유용하게 활용되었다. 예를 들면 씨릴 터너(Cyril Tourneur)[136]는 메디치 가문의 극히 다양하고 파렴치한 행위들을 다루는 드라마 〈복수자들의 비극(Tragödie der Rächer, The Revenger's Tragedy)〉을 썼다. 존 웹스터(John Webster)[137]는 자신의 드라마 작품 〈하얀 악마(Der weiße Teufel, The White Devil)〉와 〈말피 공작부인(Die Herzogin von Malfi, The Duchess of Malfi)〉에서 인간이 생각해 낼 수 있는 거의 모든 비행들과 강렬한 '죽음의 경고(Memento mori)'를 결합시켰다. 이미 그것은 바로크 시대를 앞서 보여 주는 것이다. 셰익스피어가 햄릿을 통해서 말하고 있듯이 시대가 '혼란'에 빠졌다는 느낌이나 감정은 근친상간을 다룬 존 포드(John Ford)[138]의 비극 〈가엾게도 그녀는 창녀(Schade, daß sie eine Hure ist, Tis Pity She's a Whore)〉와 토머스 미들턴(Thomas Middleton)[139]과 윌리엄 로울리(William Rowley)[140]가 함께 쓴 드라마 습작 〈못생긴 아이(Der Wechselbalg, The Changeling)〉[141]의 토대가 되었다. 이들 작품에는 르네상스 시대의 어떤 각성의 에너지나 초인의 흔적은 더 이상 없다. 영국 자코비안(Jacobian) 시대[142]의 비극에는 세계 종말의 분위기가 지배적이다. 절대왕정 체제로의 정치

136) 영국의 극작가, 1575~1626년. —옮긴이

137) 영국 자코비안 시대의 대표적인 극작가, 1580~1630년. —옮긴이

138) 엘리자베스 여왕 시대 최후의 위대한 비극 작가, 1586~1639년. —옮긴이

139) 영국의 극작가, 1580~1627년. —옮긴이

140) 영국의 극작가, 1585~1625년. —옮긴이

141) 본래 의미는 '악마가 예쁜 아이를 빼앗아가는 대신에 두고 간 작고 못생긴 아이'라는 민간에 회자되는 믿음. —옮긴이

142) 영국의 제임스 1세 시대, 재위기간 1603~1625년. —옮긴이

적 발전으로 말미암아 흥이 깨지고 실망을 한다. 극작가들은 자신의 인물들을 자그마한 판형으로 적당히 자른다. 비극의 인물이 시민화된다. '산문 셰익스피어(Prosa-Shakespeare)'라고 불리는 토머스 헤이우드(Thomas Heywood)[143]는 그의 대표작 〈친절이 죽인 여자(Sie starb an ihres Gatten Güte, A Woman Killed with Kindness)〉에서 새로 부상하는 사회계층을 포함시킨다. 이 간통 드라마는 영웅의 이상들이 이성과 가정을 상호 고려하는 시민적 가치에 의해서 해체되고 있음을 보여 준다. 사회적 환경에 적절한 해결책 대신에 바람난 부인에 대한 남편의 복수가 등장한다. 즉, 유혹을 한 외간 남자는 달아나고 부정(不貞)한 아내는 시골로 쫓겨난다.

존 릴리(John Lyly)[144]는 희극을 우아하고 세련되게 양식화한 엘리자베스 여왕 시대의 대표적인 희극 작가이며, 특히 그는 사랑과 종교, 그리고 교육과 정치에 대한 시대의 생각을 묘사한 소설 〈유퓨즈: 지혜의 해부(Euphues: The Anatony of Wit)〉로 다양하게 모방된 유퓨이즘(Euphuism)[145] 양식을 확립했다. 이 양식은 아주 세심한 대칭과 정교한 대비를 염두에 둔 언어의 배열, 그리고 흔히 기발한 방식으로 예증하기보다는 어리둥절하게 만드는 화려하고 풍성한 상징과 비유로 가득 차 있는 것이 특징이다. 셰익스피어는 종종 빈정대며 그의 우아하고 풍성한 문체와 거리를 두었지만, 예술적인 언어로 쓰인 존 릴리의 작품은 셰익스피어의 희극 창작에도 상당한 영향을 미쳤다. 국왕 제임스 1세 집권 이후 세련된 연애희극(Liebeskomödie)과 함께 날카롭고 비판적인 톤이 주류를 이루는 풍자적인 희극 장르가 발전했다. 당시 이 장르의 대표적인 극작가는 벤 존슨(Ben Jonson)[146]이었다. 그의 작품은 —가장 큰 성공을 거둔 작품으로는 〈볼피니(Volpone, the Fox)〉, 〈연금술사(Der Alchimist, The Alchimist)〉 그리고 〈에피신 또는 과묵한 여자(Die schweigsame Frau, Epicoëne or the Silent Woman)〉— 자신의 이익을 염두에 둔 개인과 사회의 요구 사이에서 발생하는 갈등을 다루고 있으며, 그러한 갈등을 현실 속에서 점점 더 명

143) 영국의 소설가이자 극작가 겸 배우, 1574~1641년. —옮긴이
144) 산문을 희극에 도입한 영국의 극작가, 1554~1606년. —옮긴이
145) 16~17세기에 영국에서 유행한 화려하게 꾸민 문체. 미문체 또는 과식문체라고도 부른다. —옮긴이
146) 영국의 극작가 겸 비평가, 1572~1637년. —옮긴이

확하게 표현하고 있다. 새로운 시대와 함께 전문배우들의 연극은 엘리자베스 여왕 시대의 모든 계층과 연계된 민중극과는 거리가 멀어졌다. 오로지 상류계층의 취향에 맞는 작품들만이 점점 더 많아졌다. 특히 극단활동을 하면서 쓴 프란시스 버몬트(Francis Beaumont)[147]와 존 플레처(John Fletcher)[148]의 비희극 작품들이 거기에 해당된다. 먼저 그들의 작품은 특히 의외의 효과와 에로틱한 언행에서 매우 두드러진다. 두 극작가가 함께 쓴 가장 유명한 작품 〈불타는 절굿공이의 기사(Der Ritter von der flammenden Mörserkeule, The Knight of the Burning Pestle)〉에 나오는 한 장면은 실로 시대의 끝을 상징하는 의미를 갖는다. 여기서 런던의 한 소매상인이 환영받지 못하는 비판가로 무대 위에 세워지고 야유를 받는다. 즉, 그를 통해서 엘리자베스 여왕 시대의 연극을 실질적으로 떠받쳤던 관객층들이 야유를 받는다.

엘리자베스 여왕 시대의 극작가들과 마찬가지로 셰익스피어에 관해서는 몇 가지 전기적 사실만이 전해지고 있을 뿐이다. 몇몇 공식적인 증명 자료를 제외하고는 동시대인들에 관한 보고서나 일기 또는 편지 등이 전혀 존재하지 않는다. 그것은 그의 삶이 그리 극적이지 않았다는 결론을 시사한다. 셰익스피어는 벤 존슨처럼 결투를 벌여 누군가를 죽이지도 않았으며, 크리스토퍼 말로우처럼 살해당하지도 않았다. 그는 사회의 존경받는 일원으로 살았으며 자연사로 눈을 감았다. 그리고 그는 그의 가족들에게 꽤 많은 유산을 남겼다. 셰익스피어의 정확한 생년월일은 확인되지 않는다. 스트래트포드 어폰 에이번(Stratford-upon-Avon)의 교회 명부에는 그가 1564년 4월 26일에 세례를 받았다고 기록되어 있다. 그러나 세례는 일반적으로 태어나고 며칠 뒤에 행해지기 때문에 영국의 수호성인(守護聖人) 성 조지(聖Georg)를 기리는 날인 4월 23일에 태어났다는 가설이 인정을 받았다. 그것이 맞는다면, 그는 정확하게 52년 뒤에 세상을 떠났을 것이다. 셰익스피어의 아버지는 장갑제조조합의 조합원이며 무두장이였다. 또한 그는 농산품을 거래하기도 했다. 그는 번창하기 시작한 소도시 스트래트포드의 시민으로서 상

---

147) 영국의 극작가, 1584~1616년. ―옮긴이.

148) 영국의 극작가 겸 음유시인, 1579~1625년. ―옮긴이

당한 존경을 받았다. 그는 중재판사와 시의원으로도 활동했으며, 게다가 1년간은 시장으로 재직하기도 했다. 윌리엄 셰익스피어가 12세가 되었을 때 집안 형편이 기울어졌다. 아버지는 시의회의 회의에도 참석하지 않았으며, 점차 빚더미에 앉게 되었다. 그러자 그는 교회에도 나가지 않았다. 아들의 유년 시절 동안에 아버지 존 셰익스피어(John Shakespeare)가 유지했던 고위 신분 덕분에 아들은 훌륭한 교육환경을 가진 고향 도시의 초등학교에 다닐 수 있었다. 이 학교의 거의 모든 교사들은 옥스퍼드 대학의 학위를 가지고 있었다. 18세가 되면서 셰익스피어는 인근 마을에 사는 대지주의 딸 앤 해서웨이(Anne Hatheway)와 결혼했다. 그녀는 셰익스피어보다 근 10년 가까운 연상이었다. 다섯 달 뒤에 이미 셰익스피어의 첫딸 수잔나가 태어났으며, 이어서 2년 뒤에 그들은 쌍둥이를 낳았다. 셰익스피어가 런던에서의 연극활동과 관련해서 최초로 언급되기까지 거의 7년이라는 시간은 그에게는 '사라진 시간'으로 간주된다. 왜냐하면 이 기간에 그가 어떠한 활동을 했는지, 그리고 그가 어디에 머물렀었는지에 대한 기록이 전무하기 때문이다. 아마도 당시에 그가 이미 그 지역의 유랑극단에서 배우 생활을 시작했을 것이라는 추측이 그를 둘러싼 여러 억측 가운데 가장 신빙성이 있는 가정일 것이다. 어쨌든 그는 당시에 그 시간의 일부를 2편의 운문 서사시 〈비너스와 아도니스(Venus und Adonis, Venus and Adonis)〉와 〈루크리스의 능욕(Die Schändung der Lukretia, Lucrece)〉을 쓰는 데 썼다. 분명 그는 관객의 일시적인 박수뿐만 아니라 예술을 이해하는 교양계층의 주목을 받는 작품으로 자신의 문학적 명성을 굳건히 하려고 노력했다. 이 2편의 운문 서사시에는 사우스햄프턴(Southampton)의 백작에게 보내는 헌사가 있었으며, 거기에서 우리는 젊은 귀족과의 긴밀한 우정을 미뤄 판단할 수 있었다. 몇 년 뒤에 나온 시인의 소네트들도 이 젊은 귀족에게 보냈을 것이라는 추측은 거기에서 비롯된다. 어쨌든 이러한 후원자는 셰익스피어에게 훨씬 큰 금액을 보냈을 것이며, 아마도 시인은 그 돈을 극단을 사는 데 사용했을 것이다.

셰익스피어의 연극활동을 처음으로 명확하게 확인할 수 있는 것은 1595년도이다. 이 해에 그의 이름이 챔벌린 극단(Chamberlain's Men)의 2회 공연료 지불과 관련해서 왕실 재무장관의 회계장부에 등장한다. 이에 몇 달 앞서 생긴 극단은 궁정에서 처음으로 특권적 지위를 누렸다. 이 극단은 30회 이상 엘리자베스 여왕 앞에서 공연했다. 여왕의 죽음 이후 극단은 제임스 1세의 후원을 받았으며, 이때 이름도 '왕실 극단(King's Men)'으로 변경했다. 특히 극단이 성공하는 데 있어서 셰익스피어의 공로는 그가 언제나 새로운 작품을 준비하고 있었다는 데 있다. 그뿐만 아니라 그는 리허설을 주도했으며, 그 스스로 많은 작품에서 배역을 맡아 함께 공연했다. 그의 배역은 주로 존경받는 노인의 역할이었다고 한다. 그래서 그는 〈당신 좋으실 대로(Wie es euch gefällt, As you like it)〉에서는 늙은 하인 아담 역할을, 그리고 햄릿 아버지의 혼령 역할을 맡았다. 챔벌린 극단이 17세기로 넘어가기 바로 직전에 건물을 허물고 그 자재로 극단 글로브를 설립했을 때, 그들은 지분을 새로이 나누었다. 셰익스피어는 극단 이익의 10%를 요구했다. 이 금액은 적잖은 것이 아니었음이 분명하다. 왜냐하면 그는 그런 다음 곧 자신의 고향 스트래트포드에 대저택을 한 채 구입했기 때문이다. 동료들과의 사업에 관한 여러 정보는 그가 마지막 5년 동안에는 고향에서 안락하게 보냈다는 것을 짐작케 한다. 1616년 그는 이곳에서 영면했다. 그의 시신은 성 트리니티(Trinity) 교회에 안장되었다. 무덤을 열려는 사람 모두를 저주한다는 비문은 아마도 시인이 직접 썼을 것이다. 그러나 셰익스피어 연구자들은 주저하지 않았다. 물론 그들이 발견한 것은 실제로 셰익스피어 예술의 비밀을 벗기는 데 기여하지 못했다.

셰익스피어의 극작법에서 가장 눈에 띄는 것은 '모순'이다. 20세기에 그의 작품을 연출한 사람들 가운데서 가장 의미 있는 연출자인 피터 브룩[149)]은 다음과 같이 말했다. "셰익스피어는 브레히트와 베케트를 포괄하는 연극 모델이다. 그러나 그 두 사람을 훨씬 뛰어넘는다. (…) 셰익스피어의 경우에는 내면의 성찰이나 형이상학으로 인한 약화가 존재하지 않는다. 그와는 정반대이다. 바로 상스러운 것과 성스러운 것의 화해할 수 없는 대립을 통해서 (…) 우리는 그의 작품들로부터 감동적이어서 전혀 잊을 수가 없는 인상들을 받는다. 그 모순들이 너무나도 크기 때문에 그것들은 바로 우리의 뇌리에 깊게 박힌다. 성스러운 것은 지옥과 같이 무시무시한 것과, 가장 진부한 현실은 꿈과 같은 환상적인 문학과, 그리고

149) 20세기 영국 최고의 연출가 겸 왕립 셰익스피어 극단의 대표, 1925년~. —옮긴이

극도의 진지함은 자유분방한 희극성과 대조를 이룬다. 이때 시인은 어떤 진술이나 견해를 내놓는 것이 아니라 질문을 제기하고 세계 상황에 대한 판단만을 보여준다. 이때 셰익스피어는 어느 편도 들지 않는다. 그는 진실을 선동하거나 삶을 극복하기 위한 어떤 지침도 제공하지 않는다. 시류에 따라 조건 지어진 답변을 통해 그것들을 은폐하지 않으면서 그는 문제를 제기하고, 각 세대가 새롭게 그에 대한 자신들의 입장을 찾도록 자극한다."[150]

셰익스피어의 드라마는 아리스토텔레스의 『시학』이 요구하는 것과 같은 통일적이고 일관성 있게 구축된 줄거리를 알지 못한다. 흔히 개별 에피소드는 상대적으로 별 연관성 없이 연이어졌다. 대부분 하층계급이 담당하는 곁줄거리들은 중심 사건과는 대조를 이룬다. 줄거리의 통일만이 아니라 장소와 시간의 통일도 무시된다. 셰익스피어는 시간 확장이나 시간 축약의 원칙을 자유자재로 다룬다. 종종 표현된 시간, 즉 실제 공연 시간과 관객의 주관적 시간 경험은 현저하게 차이가 난다. 그러나 그것은 언제나 긴장으로 충만한 조화로 짜 맞춰진다. 줄거리 구조만큼이나 그의 드라마에 등장하는 인물들의 스펙트럼도 다차원적이다. 이를테면 〈페리클레스〉에서 '시간'의 그것과 마찬가지로 비유적인 의인화에서부터 〈맥베스〉의 마녀 또는 〈한여름 밤의 꿈(Ein Sommernachtstraum, A Midsummer Night's Dream)〉의 요정과 같은 환상의 인물들을 거쳐 어릿광대나 햄릿처럼 심리적으로 세밀한 인물에 이르기까지 그 스펙트럼은 대단히 넓다. 그의 드라마 속 인물들은 19세기 말의 의미에서 어떤 경우에도 자연주의적 방식으로 그려진 인물이 없다. 언제나 그들은 리드미컬한 배열과 수사학적 양식화에 기초한 수준 높은 문학 언어를 통해서 현실의 인간들과는 명확하게 구별된다. 셰익스피어의 드라마 작품에서 사용되는 언어는 말하는 인물들의 표현뿐만 아니라 동시에 언제나 문학이기도 하다. 가장 빈번하게 사용된 운율은 무운(無韻)의 5각 약강격이다. 특히 그것은 산문과 충돌할 때 더욱 높은 표현력을 얻는다.

엘리자베스 여왕 시대의 드라마 창작은 다양한 장르로 특징지어진다. 〈햄릿〉에서 셰익스피어는 폴로니우스(Polonius)로 하여금 긴 리스트, 즉 '비극, 희극, 역

---

150) Peter Brook: Der leere Raum. S. 142 ff.

사극, 전원극, 전원극-희극, 비희극-역사극, 비희극-희비극-역사극-전원극'을 줄줄이 암송하도록 한다. 셰익스피어 사후 7년이 지나 2명의 극단 동료들이 간행한 그의 최초 드라마 작품집은 비꼬듯이 쭉 나열한 저 장르 목록을 3개의 기본 장르, 즉 역사극과 비극, 그리고 희극으로 축소했다. 오늘날까지 그의 계승자들은 이런 분류를 고수했으며, 단지 그것을 좀 더 세분화했을 뿐이다. 특히 역사극에서 셰익스피어는 이른바 '장미전쟁'이라 불리는 요크(York) 가문과 랭커스터(Lancaster) 가문 간의 전쟁, 그리고 그 결과로 등장한 튜더 왕조의 부상에 대해서 큰 관심을 가졌다. 이때 엘리자베스 여왕 1세의 통치는 그 정점에 해당되었다. 셰익스피어가 쓴 10편의 역사극 가운데 8개의 작품이 이러한 영국 역사의 단면을 묘사하고 있다. 문헌으로 그는 1980년대에 발간된 랠프 홀린스헤드(Ralph Holinshed)와 에드워드 홀(Edward Hall)의 역사서를 이용했다. 물론 셰익스피어는 그들이 기록한 역사적 내용을 상당히 자유로이 다루었다. 극적 효과를 위해서 그는 내용을 간결하게 변경하고 현실에 맞게 묘사하고자 했다. 그의 역사극은 그 토대가 되는 사건들을 연대기 순으로 쓰지 않았다. 우리가 그의 드라마 작품이 발전해가는 것을 보면, 주제의 무게 중심이 분명하게 변화하는 것을 볼 수가 있다. 초기 작품에는 국가와 거기서 비롯된 문제가 중심에 놓여 있는 반면에, 후기 작품에는 민중과 지배자의 올바른 관계에 대한 물음이 지배적이다. 즉, 공공의 안녕이라는 방향으로 국가를 유도하기 위해서 국왕에게 필요한 여러 가지 품성이 구체적인 실례를 통해서 논구된다.

3부작 역사극 〈국왕 헨리 6세(König Heinrich VI, Henry VI)〉는 1590년과 1592년 사이에 나온 작품이다. 따라서 이 작품은 셰익스피어의 초기 작품에 해당된다. 셰익스피어가 이 작품의 유일한 저자였는가에 대해서 오랜 기간 의심을 받아 왔었다. 사람들은 개별 장면의 질적 불균형, 그리고 곳곳에서 발견되는 문체상의 부조화를 그 이유로 들 수 있다고 생각했다. 오늘날에는 오히려 그러한 작품의 단점이야말로 셰익스피어가 아직도 배우고 시험하는 단계에 있었다는 증거로 보고 있다. 신의 징벌로 불화와 무질서 속에 빠져 있는 영국의 추락이 이 드라마 작품의 중심 테마이다. 특히 헨리 6세는 자신의 적대자로서, 즉 그는 작품이 진행되면서 오랜 시간 누적된 만행에 스스로 경악하는 관객의 역할로 점차 빠져 들어

가고, 결국에는 양을 치는 목자의 평온함과 조화만을 꿈꾸는 양심의 허약자로 등장한다.

이미 드라마 〈헨리 6세〉에서 리처드 글로스터(Richard Gloster)는 국왕의 암살자로 등장한다. 셰익스피어는 자신의 드라마 〈국왕 리처드 3세(König Richard III)〉를 통해서 그에게 전체 역사의 순환을 끝내는 특유의 역사를 헌정했다. 리처드 3세의 폭정을 통한 영국에 대한 징벌은 정점인 동시에 종결이 된다. 리처드는 영국에 역사적 빚을 진 상징적 인물로서, 그리고 동시에 신이 파견한 복수의 천사로서 등장한다. 마지막에 권력을 넘겨받는 왕자 리치먼드를 제외하면, 그의 모든 희생자들이 죄에 연루되어 있으며 그의 손에서 정의의 형벌을 받는다. 대가답게 셰익스피어는 리처드 3세의 인물 속에서 역겨움과 경탄을 모두 염두에 둔다. 악한은 무대사건 내에서만 움직이는 것이 아니라 무대의 맨 앞쪽 너머로 관객의 관심을 끌기 위해서 아양을 떨고 그들로 하여금 흡사 자신의 카드를 들여다보게 만드는 바로 그러한 방식으로 은밀하게 동의를 이끌어 낸다. 이로써 그는 중세의 교훈적 종교극에 나오는 악덕의 화신 '바이스'의 전통과 맞닿게 된다.

셰익스피어는 역사극 〈국왕 존(König John, King John)〉으로 300년이라는 긴 시간을 거슬러 올라간다. 이 역사극의 드라마투르기는 정점에 있는 권력자들을 무자비하게 밑바닥으로 추락시키는 행운의 여신이자 운명의 여신 포르투나(Fortuna)의 수레바퀴의 이미지로 각인되어 있다. 그럼에도 불구하고 국왕 존은 온갖 음모를 써가며 쓸데없이 맞서 싸운다.

드라마 〈리처드 2세(Richard II)〉로 요크 가의 4부작 이전에 역사를 계승한 랭커스터 가의 4부작이 시작된다. 여기서도 포르투나 수레바퀴의 방향 전환은 국왕을 퇴위시키고, 그 대신 그의 적대자 하인리히 볼링브로크(Heinrich Bolingbroke)[151]를 추대한다. 리처드 2세는 자의적인 결정과 무분별한 착취로 말미암아 영국을 도탄에 빠뜨리고, 그렇게 해서 자신의 추락을 자초한다. 그는 사치스럽고 화려한 축제에 탐닉하며 산다. 그 때문에 그는 국왕으로서 권력관계의 현실을 보지 못한다. 리처드 2세라는 인물을 통해서 셰익스피어는 최초의 위대한 비극 인

151) 후에 국왕 헨리 4세(Henry IV)가 된다. —옮긴이

물을 창조했다. 특히 언어적으로 이 인물은 고도로 양식화된 수사와 함께 풍성한 상징을 통해서 발전했다.

헨리 4세는 —리처드 2세의 적대자— 그에게 헌정된 역사극에서 더 이상 원기 왕성한 왕위 찬탈자로서가 아니라, 국가 통합에 심혈을 기울이고 충족되지 않는 자신의 책무에 낙담하는 늙은 통치자로서 등장한다. 도처에서 예전의 추종자들이 들고 일어나 그의 추락을 위해서 애쓴다. 나라가 반란에 휩싸이는 데 반해, 그의 아들 하인츠(Heinz) 왕자는 밤낮으로 빈들빈들 놀면서 술로 세월을 보낸다. 여기서 셰익스피어가 처음으로 권력자의 세계와 대비하기 위해서 도입한 하층계급 출신의 중심인물이 바로 타락한 기사 팔스태프(Falstaff)이다. 이 인물의 비대함과 빛나는 재치는 특별한 극적 효과를 만들어 낸다.

국왕 헨리 5세로 예전의 하인츠 왕자가 동명의 역사극의 중심에 놓인다. 이 작품은 매우 서사적으로 꾸며져 있다. 무대 현장에서 멀리 떨어져 있으며, 오로지 주인공에 의해서만 한데 모아지는 장면들은 '합창(Chorus)'의 인물을 통해서 서로 연결된다. 여기서 셰익스피어는 이상적인 통치자의 상을 제시한다. 침착함을 결코 잃지 않는 이 인물의 쾌활함과 용기는 신민에 대한 높은 책임의식과 결합된다. 셰익스피어가 자신의 마지막 창작 시기에 역사를 소재로 한 드라마 작품을 썼을 때, 이 드라마 장르의 전성기는 이미 지나갔다. 드라마 〈헨리 8세(Henry VIII)〉는 더 이상 특정한 통치자의 상 또는 특정한 역사관을 선전하지 않는다. 화려한 축제의 성격을 지닌 사건들과 권력자들의 부상 또는 몰락에 관한 장면들의 혼합은 완결성을 갖추지 못했다. 물론 이러한 작품에서 셰익스피어는 화려한 무대공연에 대한 관객의 요구가 궁정 또는 귀족적인 경향으로 기울어지고 있는 관객 취향의 변화를 예고한다. 드라마 〈헨리 8세〉는 제임스 1세의 궁정에서 개최된 결혼식을 계기로 초연되었다. 극장 '글로브'에서 공연할 때 행한 예포 발사로 인해 짚으로 만든 극장 지붕에 불이 붙었다. 그것은 극장 건물 전체를 잿더미로 만들었다. 거기서 후대 사람들은 한 시대가 끝나는 것을 보았다.

셰익스피어의 희극 작품은 그의 창작 기간 내내 상당히 고르게 분포되었다. 처음 10여 편의 '명랑희극(Heitere Komödie)'은 17세기 들어서기 이전에 이미 생겨났다. 그 뒤를 이어서 우리가 흔히 '문제극(Problem Play)'이라 부르는 3편의 '다크 코미디(dark comedy)'[152] 작품들, 그리고 마지막으로 1610년경에 나온 '로맨스 코미디(romance play)' 작품들이 나왔다. 초창기의 희극 작품들은 고대 또는 이탈리아 르네상스 시대에 속했다. 그 본래의 세계는 꿈과 동경, 그리고 두려움과 악몽의 세계이다. 일어날 수 있는 모든 갈등 뒤에는 한 쌍 또는 여러 쌍의 행복한 결합으로 끝나는 사랑 이야기가 예외 없이 그 중심에 놓여 있다. 사랑의 행복은 종종 음악이나 춤, 그리고 가면극을 통해서 상징적으로 고조되고, 희극계 전반에 대부분 영향을 미친다. 이미 구상된 마지막 장면에서는 오랫동안 헤어진 가족들이 다시 만나고, 건달들은 착한 사람으로 변신하고, 싸우고 갈라진 사람들은 다시 서로 화해한다. 셰익스피어는 그의 초기 희극 작품들에서 다루는 사랑을 대부분 초기 단계, 즉 구혼의 단계에서 보여 준다. 흔히 모범으로 삼는 플라우투스와 테렌츠의 희극 작품들과는 달리 젊은 연인들은 오로지 육체적인 욕망에 의해서만 움직이지 않는다. 그들의 감정은 고상하고 순수하다. 시인은 희극 〈당신 좋으실 대로〉에서 로살린드(Rosalinde)와 〈십이야(Twelfth Night, What You Will)〉에서 바이올라(Viola)와 같은 소녀의 상에서 가장 순수하게 체현되어 등장하는 명랑하고 자연스러운 연극세계를 구상한다. 그들은 꿰뚫어 보는 능력과 함께 재치 있게 줄거리의 실마리를 풀어 나간다. 물론 이 경우에 우연은 언제나 그들을 돕는다. 성에 따른 역할을 통해서 자신들의 진실한 감정을 제약 없이 보여 주기 위해 흔히 그들은 남자로 변장해서 등장한다. 흔히 '착오희극(The Comedy of Errors)'이라 불리는 유쾌한 희극 작품 〈사랑의 헛수고(Verlorene Liebesmüh', Love's Labour's Lost)〉와 〈베로나의 두 신사(Die beiden Veroneser, The Two Gentlemen of Verona)〉에서 셰익스피어는 전통에서 발견한 요소들을 가지고 무대사건을 전개한다.

셰익스피어는 익살극에 가까운 희극 〈말괄량이 길들이기(Der Widerspenstigen Zähmung, The Taming of the Shrew)〉에서 전통을 비로소 뛰어넘는 데 성공했다. 이 작품에서 겉으로는 고집이 몹시 센 반항적인 소녀를 온순한 신부로 길들이는 것을 다루고 있다. 그러나 실제와 가상의 문제가 의미심장하게 다뤄진다. 희극 〈한여름 밤의 꿈〉은 시인의 희극 창작에서 최초의 전성기를 맞이했다고 볼 수 있다.

---

152) '어두운 코미디'라고도 부른다.—옮긴이

4개의 등장인물군은 —귀족, 연인, 요정의 나라에서 온 초자연적 인물, 그리고 직공— 사랑의 모티브를 통해서 서로 결합된다. 물론 그것은 극히 서로 다른 변주 속에서 발생한다. 그의 다음 희극 〈베니스의 상인(Der Kaufmann von Venedig, The Merchant of Venice)〉에서도 셰익스피어는 극단적으로 다른 세계를 대질시킨다. 즉, 한편으로는 철저하게 상업화되어 있으며 고리대금업자가 판치는 상업도시 베니스의 세계, 이곳에서 유대인 샤일록(Shylock) 그리고 그와 대립하는 상대역의 인물들이 거래를 한다. 이곳은 가혹한 법률과 갑작스러운 파국의 장소이다. 그러나 다른 한편으로 벨몬트(Belmont)의 세계, 즉 포샤(Porzia)처럼 매혹적이고 신비에 가득 찬 세계이다. 그녀의 세계는 옅은 산의 맑은 공기에 휩싸여 있으며 물을 건너가야만 닿을 수가 있다. 거기에는 조화로운 멜로디와 동화 같은 수수께끼가 있다. 영국적 정취가 물씬 풍기는 셰익스피어의 유일한 희극 작품 〈윈저의 즐거운 아낙네들(Die lustigen Weiber von Windsor, The Merry Wives of Windsor)〉은 문체상으로도 그의 초기 희극 작품과는 전혀 다른 톤이 지배적이다. 익살스러운 요소가 낭만적인 요소를 압도한다. 모든 것이 보다 직접적이고 사실적이다. 드라마 〈헨리 6세〉에 등장하는 활기 넘치고 놀기 좋아하는 기사 팔스태프가 그 중심에 위치해 있다. 어떤 식으로든 왕비는 애인으로서 그를 무대 위에서 보고자 한다. 〈헛소동(Viel Lärm um nichts, Much Ado About Nothing)〉에서는 〈한여름 밤의 꿈〉에서와 마찬가지로 실재와 가상 사이에서 발생하는 긴장에 기초한다. 진실에 이르는 길은 속임수와 음모를 거쳐 간다. 그것은 자신들의 사랑을 서로 인식하기 위해서 사람들이 처음에는 뭔가를 속여서 믿게 하지 않으면 안 되는 두 연인, 그리고 결합하기 위해서 거짓 혐의를 통해 비로소 순화되지 않으면 안 되는 또 다른 한 쌍의 연인에게도 마찬가지로 적용된다. 유쾌한 희극 작품 〈당신 좋으실 대로〉는 당시의 목가소설(Schäferroman)153)을 바탕으로 하고 있다. 이 희극 작품 역시도 서로 다른 2개의 생활세계의 대립에 의해서 특징지어진다. 즉, 궁정에는 삭막한 폭력만이 지배하는 반면에, 숲속에는 사랑이 지배한다. 이러한 사랑을 셰익스피어는 다

---

153) 중세 유럽에서 양치기로 변장한 귀족 출신의 젊은 남녀가 전원을 배경으로 감상적인 연애를 하는 내용의 소설, '전원소설'이라고도 부른다. —옮긴이

시금 극히 다른 형태로 묘사한다. 그러므로 어릿광대는 오로지 순박한 농촌 소녀에게서 자신의 성적 욕구를 충족시키기만을 원하고, 양치기들은 생동감이 없는 낭만적 이상만을 추구하고, 그리고 궁정에서 달아난 연인들은 전통적인 태도 방식에서 벗어나 마침내 깊은 감정으로 이어지면서 서로를 발견한다. 희극 〈십이야〉는 셰익스피어의 명랑희극 작품 가운데 하나로 간주된다. 이 희극 작품은 제목에서부터 이미 관객이 무엇을 기대할 수 있는지를 알게 해 준다. 〈십이야〉는 성삼왕 축제 전날 밤을 말하며, 민족적 풍습에 따르면 가지각색의 가장무도회와 희롱을 뜻하는 용어이다. 무대 또한 마법의 장소로 이용된다. 일리리아(Illyrien)[154]는 아드리아 해(Adria 海) 연안의 신비로운 땅이다. 이 지역을 통치하는 오시노(Orsino) 공작은 그의 첫마디와 함께 작품의 주제를 제시한다. '사랑의 음악이 양식이라면, 계속 연주하라!' 유희와 진지함, 망상과 현실, 그리고 속임수와 진실이 실타래처럼 작품 전체를 관통한다. 오시노 공작은 남자로 변장한 바이올라가 그에게 사랑을 보여 주는 것을 알지 못한다. 이러한 사랑은 올리비아(Olivia)에 대한 그의 광적인 사랑보다 훨씬 더 현실적이다. 그러나 올리비아는 바이올라를 사랑하게 된다. 그녀의 부조리함, 즉 사리에 맞지 않는 언행은 눈먼 장님마냥 그녀가 어떻게 사람의 겉모습에 속는지를 분명하게 보여 준다. 셰익스피어는 그의 초기 희극 작품에서 보다 훨씬 더 강하게 이 작품에서 변장과 혼동의 모티브를 인간적인 속임수와 변덕의 상징으로 삼았다.

원래 헨리크 입센[155]과 조지 버나드 쇼(George Bernard Shaw)[156]의 극작품들을 특징짓는 '문제극'이라는 명칭은 20세기에 들어서면서 1601년과 1604년 사이에 쓰인 드라마 작품 〈트로일로스와 크레시다(Troilus und Cressida, Troilus and Cressida)〉, 〈끝이 좋으면 다 좋아(Ende gut, alles gut, All's Well That Ends Well)〉 그리고 〈눈에는 눈으로(Maß für Maß, Measure for Measure)〉에 전용되었다. 쉽지 않은 도덕적 결정 앞에 드라마의 인물이나 관객을 세워 두고는 그때그때 복잡하고 당황스러운 양

154) 지금의 달마티아(Dalmatien) 및 알바니아(Albanien) 지방의 옛 이름. —옮긴이
155) 노르웨이 출신의 극작가 겸 시인, 1828~1906년. —옮긴이
156) 아일랜드 출신의 극작가 겸 소설가, 1856~1950년. —옮긴이

심의 문제제기가 이 작품들의 중심을 이룬다. 신학 및 철학의 주제들이 서로 다른 입장에서 논의가 자세히 전개되고 조명된다. 〈트로일로스와 크레시다〉에서는 명예와 권리, 그리고 가치와 성실이 문제시된다. 〈끝이 좋으면 다 좋아〉에서는 사회적 신분과 명예의 관계가, 〈눈에는 눈으로〉에서는 권리와 은혜가 문제시된다. 세 작품 모두 비극으로 이어지지 않으면서도 유쾌함보다 진지함이 훨씬 더 우위에 있다. 그래서 이들 작품은 희극과 비극의 중간에 위치한 하나의 독자적인 장르로 인정받는다.

셰익스피어의 마지막 창작 기간인 1606년과 1613년 사이에 나온 희극 작품들은 '로맨스 코미디'라는 개념으로 설명될 수 있다. 이 시기의 주요 작품으로는 〈심벨린(Kymbelin, Cymbeline)〉, 〈겨울 이야기(Das Wintermärchen, The Winter's Tale)〉, 〈폭풍우(Der Sturm, The Tempest)〉가 있다. 그리고 여기에 기존 작품을 개작한 〈페리클레스〉, 그리고 지금까지 확인이 되지 않는 한 동료와 공동 집필한 〈두 귀족 사촌 형제(Die beiden edlen Vettern, The Two Noble Kingsmen)〉를 덧붙일 수가 있다. 엘리자베스 여왕 시대에 주로 서사문학에 널리 퍼져 있었으며, 특히 필립 시드니(Philip Sidney)[157]의 소설 〈아케이디아(Arcadia)〉가 가장 대표적인 작품으로 간주되는 '로맨스 문학(Romance)'[158]의 전통으로부터 셰익스피어는 상징적인 인물들에 의해서 야기되는 행복한 결말의 원칙뿐만 아니라, 폭풍우와 배의 난파, 이별과 재회, 센세이션을 일으키는 우발적 사건과 이국적인 모험과 같은 수많은 줄거리의 요소들도 물려받았다. 예를 들면 〈겨울 이야기〉에서 보듯이 목가문학의 모티브들이 삽입된다면, 그러한 모티브들은 자연과 문명의 대조를 명료하게 설명하는 데 이용된다. 몰락과 부활, 그리고 무질서와 조화도 그 밖의 전형적인 대립쌍을 구성한다. 로맨스 문학에 나타나는 죄와 절망, 그리고 참회 또한 드라마 사건의 모티브로서 중요한 역할을 한다. 마술적이고 신비한 것, 동화적이고 경이로운 것을 끌어들이는 것 역시 전형적이며, 그것은 유토피아적 휴머니즘이 비추는

157) 영국의 정치가 겸 시인, 1554~1586년. —옮긴이
158) 주로 기사의 영웅담과 사랑의 모험을 다룬 서사문학으로 18세기경에는 프랑스의 감상적인 사랑 노래를 총칭했다, 독일어로는 로만체(Romanze)라고도 한다. —옮긴이

공간을 열어 준다. 가끔씩 우리는 매우 비현실적으로 전개되는 줄거리, 느슨한 구성, 그리고 대체로 단조롭고 평범한 인물 묘사에서 셰익스피어의 창조적 에너지가 약화되어 가고 있다는 징후를 보았다.

통상 셰익스피어 연구에서 그의 10편의 비극은 세 그룹으로 분류될 수 있다. 우리는 매우 상이한 2편의 드라마 〈타이터스 앤드러니커스(Titus Andronicus)〉와 〈로미오와 줄리엣(Romeo and Juliet)〉을 그의 '초기 비극'이라는 형식적 개념으로 한데 모을 수 있고, 또한 작품 소재에 따라 〈안토니우스와 클레오파트라(Antonius and Cleopatra)〉, 〈코리올라누스(Coriolanus)〉 그리고 〈줄리어스 시저(Julius Caesar)〉는 로마극으로, 그리고 〈햄릿〉, 〈오셀로(Othello)〉, 〈리어왕(King Lear)〉, 〈맥베스〉, 〈아테네의 티몬(Timon of Athens)〉은 그의 '전성기 비극'으로 나눌 수 있다. 내용적인 관점에서 그의 비극 작품들은 공통점을 찾을 수가 없다. 셰익스피어는 일정한 문학적 모델을 따르지 않는다. 오히려 그는 소재 선택, 드라마의 구조, 그리고 언어 사용과 관련해 그와 그의 동시대 극작가들에게 열려 있는 풍부한 기회를 거리낌 없이 펼친다. 2편의 초기 비극 작품에서 보이는 멜로 드라마의 특징과 미사여구의 문체는 철저하게 세네카의 전통을 따르고 있다. 오히려 이 경우에 비극성이라는 개념은 매우 피상적인 개념이며, 기본적으로 그의 후기 작품에 나타나는 비극성과는 확연히 구별된다.

비극 〈타이터스 앤드러니커스〉의 경우에는 주인공의 잔혹성 때문에 비극적 동정심이 대체로 생겨나지가 않는다. 베로나(Verona)의 연인들은 피할 수 없는 운명의 시련 때문이라기보다는 액운의 연속으로 인해서 파멸한다.

셰익스피어의 가장 왕성한 창작 기간이라 할 수 있는 17세기 초반의 10여 년 동안에 쓴 로마극들은 그의 비극 창작에서 비교적 일관성이 있는 카테고리를 형성한다. 설령 〈안토니우스와 클레오파트라〉, 〈코리올라누스〉 그리고 〈줄리어스 시저〉가 개별적으로는 상당한 문체상의 차이점을 보여 주고 있지만, 이들 작품은 주제나 전체 드라마의 구상에서 서로 많이 닮았다. 고대 로마의 정치인들을 비교 평론한 플루타르코스(Plutarchos)[159]의 전형적 대비열전(對比列傳)이 그 작품

159) 고대 그리스의 전기작가, 45~125년, 플루타크(Plutarch)는 영어식 표기이다. —옮긴이

윌리엄 셰익스피어: 〈타이터스 앤드러니커스〉, 헨리 피첨의 스케치, 1595년

엘리자베스 여왕 시대에 가장 성공한 작품들의 등장인물, 커크맨의 삽화: 〈위트〉, 런던 1672년

들의 출처였다. 역사적인 사건의 기술보다는 인물들의 성격을 밝히는 것이 고대의 작가들에게는 그리 중요시되지 않았다. 이 경우에 애초부터 셰익스피어의 의도에 맞는 문체상의 요소, 즉 심리적 모순과 극적 기본 상황, 그리고 팽팽한 줄거리를 연결하기 위해서 그것을 가공했다. 셰익스피어의 로마극 3편 모두 위대한 개인과 국가질서 사이에서 야기되는 갈등, 공적 생활에서 인간의 태도와 개인의 천성 사이에서 생겨나는 불일치가 그 중심에 놓여 있다. 이때 셰익스피어는 엘리자베스 여왕 시대에 자기시대의 정치적 모범으로 생각되는 로마의 역사를 현재적으로 묘사하고 거기에 생명을 불어넣었다.

셰익스피어가 전성기 때 쓴 5편의 위대한 비극은 여러모로 아리스토텔레스가 『시학』에서 제시한 규범들을 준수한다. 주인공은 신분이 높은 고결한 인물로 등장한다. 주인공의 파멸은 중대한 오류, 성격상의 약점 혹은 도덕적으로 빗나간 태도에서 비롯된다. 피할 수 없는 —그 때문에 본래의 의미에서 비극적인— 운명의 인식과 극심한 시달림은 관객의 카타르시스를 노린다.

가장 유명하고, 가장 오랫동안, 그리고 가장 빈번하게 공연된 셰익스피어의 드라마 〈햄릿, 덴마크의 왕자〉는 그 대열의 맨 앞에 위치하며, 여러 가지 면에서 다음의 비극 작품들과는 대조를 이룬다. 앞에서 언급한 저 비극 작품들의 경우에는 주인공들이 너무 서둘러 맹목적으로 잘못된 결정을 내리고, 그 때문에 정화 과정에서 자신들의 오류를 파악하는 반면, 햄릿에게는 그러한 결정 자체가 문제시된다. 이러한 관점에서 보면, 주인공은 자기 주관성으로부터 해방된 동시에, 그것에 자신을 완전히 내맡기는 현대인들의 최초의 모습이 투영된 인물로 등장한다. 자유로이 결정할 수 있는 기회, 그러나 그 대가로 책임을 진다는 것은 햄릿으로 하여금 도덕적 딜레마에 빠지게 만든다. 그리고 그의 망설임이 바로 이러한 딜레마로 설명될 수 있다. 이미 근대의 의식에 의해서 각인된, 그러나 동시에 여전히 중세식 복수의 망령에 사로잡혀 있는 햄릿은 두 시대, 그리고 그것을 떠받치고 있는 두 이데올로기의 경계 면에 서 있다. 그는 이성과 도덕의 관점에서 갈등을 성찰하고 있지만, 그 갈등을 봉건시대의 전통적인 방식으로 해결한다.

셰익스피어가 전성기 때 쓴 그 밖의 다른 비극 작품들과 비교해 보면 〈오셀로〉의 경우에는 주도면밀한 구성과 진한 완결성이 눈에 띈다. 드라마의 사건들이 빠르게 차곡차곡 뒤따른다. 무대는 자주 바뀌지 않는다. 곁줄거리가 사건의 흐름을 끊지 않는다. 엘리자베스 여왕 시대의 일반적인 사고방식에 따르면 우주에 이르기까지 존재의 모든 단계에 부합하는 인간의 두 가지 행동방식은 서로 모순이 된다. 즉, 한편으로는 야만적인 행위, 잔인한 행위, 성적 탐욕, 군인들 간의 반란과 바다의 위협을 통해서 구체적으로 표현되는 부정의 원칙이 있고, 다른 한편에는 베니스 공화국의 원로원과 총독이 보장하는 질서 구조에 의해서 상징적으로 표현되는 긍정의 원칙이 있다. 오셀로의 비극은 위풍당당한 장군과 행복한 연인이 간사한 음모를 꾸미길 좋아하는 악인 이아고(Iago)의 수준으로 가차 없이 몰락하는 데 있다. 셰익스피어의 다른 어떤 인물들도 이렇게 오셀로처럼 빠르고 철저하게 변하는 인물은 없다. 오셀로의 이성을 마비시키는 맹목적인 태도는 엄청난 재앙을 불러일으키는 그의 비극적 운명의 원인이며, 그것은 데스데모나(Desdemona)를 역겨워하고 그녀의 잘못에 미쳐 날뛰는 모습이나 이아고의 거짓된 발고를 너무나도 쉽게 믿는 그의 태도에서 잘 나타난다. 결국 그것은 질투에 의한 살인을 가져오는 결과로 이어진다. 또한 〈리어왕〉에서 주인공의 근본적인 과오는 현실을 인식할 만한 안목이 없는 그의 무분별함에서 기인한다. 본래 이것이 이 작품의 주제이기도 하다. 모든 것이 진실을 올바르게 보고 인식하는 것에 달려 있다. 흔히 충격적으로 받아들여지는 이런 비극을 통해 시인은 어리석은 인간의 실제 모습을 드러내기 위해서 인간과 세계로부터 이성의 가면을 벗겨 낸다.

짧고 빠르게 진행되는 〈맥베스〉의 줄거리는 범상치 않은 상황 속에서 드러나는 두 인물의 태도를 대비시킨다. 여기서 용감한 전사이며 충실한 가신이었던 주인공은 국왕을 살해하는 살인자이자 폭군으로 변신한다. 그는 악마의 힘과 마녀의 속삭임, 그리고 자기 아내의 야심과 자신의 권력욕에서 결코 벗어나지 못한다. 그와 달리 지옥의 예언 때문에 불안해하는 뱅코(Banquo)는 충실하게 국왕의 편에 선다. 두 주인공들은 그 천성부터가 매우 분명하게 구별된다. 맥베스 부인은 냉정하게 생각하고 실용적으로 행동하는 반면에, 그녀의 남편 맥베스는 환상과 감정, 그리고 꿈에 철저히 사로잡혀 있다.

마지막 비극 작품 〈아테네의 티몬〉에서 셰익스피어는 부유한 아테네인의 상을 그린다. 그는 자신의 지나친 관대함 때문에 나쁜 친구들로부터 거짓과 아첨을 촉발시키고, 그 결과 악당들보다 훨씬 더 큰 화를 불러일으킨다. 이로써 셰익스피어는 우리에게 최후까지 회의의 달인이자 인간존재를 흔들림 없이 그려 나간 화가로 남는다.

이탈리아와 독일의 바로크 연극

사회적 모순과 종교적 대립, 반복되는 전쟁과 끊임없는 전염병, 그리고 정치탄압과 종교재판에도 불구하고 17세기 바로크 시대는 연극사에서 실질적으로 가장 화려하고 가장 다채로운 시기였다. 연극은 모든 사회계층을 위해서 공연되었다. 일반 대중은 야단법석을 떠는 익살스러운 인물의 상스러운 농담들이 뒤섞인 유랑극단의 공연들을 즐겼다. 가톨릭교회는 연극 무대를 반종교개혁의 선전매체로, 그리고 프로테스탄티즘은 교육의 도구로 이용했다. 이 시기에 봉건영주들은 새로이 등장한 오페라와 발레라는 공연 장르를 오락으로서 뿐만 아니라 자신들의 권력을 과시하기 위한 수단으로 이용했다. 배우의 전문화 또는 직업화, 독자적인 공연장의 건립, 그리고 무대기술 분야에서 의미 있는 새로운 발견 등은 질적으로 수준 높은 연극문화의 전제조건들을 만들어 냈다. 언어가 중심이 되는 르네상스 연극과는 달리 이제는 무대장면이 중요시되었다. 모든 것이 시각적 감각화에 맞춰졌다. 극작가와 배우가 무대의 중심에 있는 것이 아니라 무대장치가와 소품 담당자가 중요시되었다. 로페 데 베가(Lope de Vega)[160]는 무대공연을 한마디로 다음과 같이 요약했다. "내 시구가 가장 적었다."

원래 '바로크'라는 용어는 '일그러진 진주(Pérole bârocka)'라는 포르투갈어에서 유래된 낱말로 18세기에 처음으로 등장해서 기묘하고, 기괴하고, 과장되고 지나치게 장식적이라는 의미에서 부정적으로 사용되었다. 이러한 개념으로 바로크 양식을 매도했다. 요한 요아힘 빙켈만(Johann Joachim Winckelmann)[161], 고트홀트

---

160) 스페인 바로크 시대의 극작가 겸 시인, 1562~1635년. ―옮긴이
161) 독일의 미술사가 겸 고고학자, 1717~1768년. ―옮긴이

에프라임 레싱, 그리고 요한 볼프강 괴테[162]와 같은 고전주의 예술 강령의 대변자들은 무질서와 자의성 때문에 바로크를 비판하고, 그러한 바로크의 특성을 기상천외하고 무성하게 우거진 사물의 표상과 연결시켰다. 실제로 바로크 시대에는 르네상스의 고대풍의 명료한 선이 파토스(Pathos)에 의해서 뒤로 밀려났으며, 직선은 장식 속에 파묻혀 버렸고, 또한 소박함은 충만함으로, 그리고 단순함은 과잉으로 대체되었다. 견고하고 조형적이며 선형적 형식은 동적이고 유동적이며 불가해한 것으로 바뀌었다. 경계와 윤곽이 희미해졌다. 그러므로 제약받지 않고 헤아릴 수가 없는 무한함을 불러일으키는 인상이 생겨났다. 불변하고 고정되어 있는 객관적 존재는 역동적인 생성으로 대체되었다.

연극은 바로크 시대의 사람들에게는 세계를 표현하는 일종의 비유다. 바로크의 인간은 신을 창작자이자 연출자로 보고, 인간은 그의 손안에서 배역을 맡아 연기하는 연기자라고 생각한다. 인간존재의 무상함과 덧없음은 —페드로 칼데론 데 라 바르카(Pedro Calderón de la Barca)[163]가 쓴 드라마 작품의 제목도 그렇듯이— 이른바 '세계 대극장(Großes Welttheater)'의 특징인 것이다. 바로크의 관점에서 보면, 세계는 연극 무대처럼 보인다. 즉, 지각할 수는 있지만 사실적이지 않다. 한편에서는 위험천만한 현혹이 문제시되고, 다른 한편에서는 의식적인 유희가 중요하다는 점에서 그 차이만이 있을 뿐이다. 르네상스 시대의 인간이 위험하지 않는 지반 위에서 움직인다고 생각한 반면에, 이젠 미끄러지고 사라진다는 감정이 지배했다. 달아나는 시간, 그럼으로써 무상함이 인간의 경험을 사실상 결정한다. 세계 분열의 감정이 조화의 믿음을 대신한다. 세속의 즐거움과 죽음의 그림자 사이에, 일시적인 것과 영원한 것 사이에, 그리고 이승의 것과 천상의 것 사이에 놓여 있는 극단적 양극성이 이 시대를 지배한다. 어떠한 축제도 죽음을 상정하지 않고서는 지나가지 못한다.

바로크는 경제적·정치적, 그리고 문화적 반동의 시기였다. 근대 초기에 시작된 시민 자본주의 상황은 점차 약화되었으며, 게다가 부분적으로는 봉건주의로

---

162) 세계문학사의 거인으로 인정받는 독일의 극작가 겸 시인, 1749~1832년. —옮긴이

163) 스페인 바로크 문학의 거장, 1600~1681년. —옮긴이

의 회귀로 말미암아 중단되기도 했다. 유럽은 절대왕정 체제의 출현을 경험했다. '신의 은총'을 받고 임명된 봉건영주들은 자신들을 '무소불위의 권력(legibus solutus)'이라고 생각했다. 즉, 그들은 모든 법률로부터 자유로웠다. 계급을 대변하는 의회와 영방(領邦)회의는 해산되거나 아니면 적어도 무력화되었다. 물론 '독일의 신성로마제국'에서는 절대주의에 기초한 중앙권력의 조직이 저지되었다. 그러나 그 대신에 수많은 세속 및 교회의 제후들에 의한 통치가 고착화되었다. 유럽의 다른 통치자들과 마찬가지로 그들 모두가 루이 14세(Louis XIV)[164]의 궁정문화와 궁정예법에 관심을 기울였다. 베르사유(Versailles) 궁전을 본보기로 삼아 사람들은 자그마한 궁전을 짓고 거기서 호화찬란한 축제를 벌였다. 국왕의 생일이나 즉위 기념일, 전승 축제나 국왕 결혼식에서 행해지는 무대공연에는 삶을 연극화하는 바로크의 경향이 잘 나타난다. 권력자들의 자기연출은 (연극 같은) 무대에 적합한 장면들로 구성되었으며, 거기서 그들은 어떻게 자신들이 백성에게 비쳐지기를 원하고 있는지를 표현한다. 왕족의 구성원들은 연극 축제에서 고대의 주인공들이나 신들의 역할을 맡았다. 이러한 방식으로 연극에서의 역할과 사회에서의 역할은 절대권력에 봉사하기 위해서 하나로 통합되고 용해되었다.

호화스러운 자기연출과 함께 바로크 시대에는 다시금 강화된 가톨릭교회가 자신의 권력욕을 과시했다. 흔히 그것은 세속의 이익과 동일시되었으며, 심지어 교회가 통치하는 지역에서는 그것과 일치했다. 종교전쟁에서 세력정치의 양상이 중요한 역할을 했다. 30년 종교전쟁 동안에 스페인과 합스부르크가(Habsburg家)가 통치하는 오스트리아 주도하에서 가톨릭과 복고적인 봉건제후를 중심으로 하는 반동세력이 한편에 서 있었으며, 그 반대편 진영에는 덴마크, 스웨덴, 그리고 오스트리아의 세력을 억제하기 위해서 스웨덴과 동맹 관계를 맺은 프랑스, 그리고 이미 시민사회 성격의 공화정을 세운 네덜란드 및 독일제국 내에서 프로테스탄티즘의 성향이 강한 제후국들이 맞서고 있었다. 그러나 유럽의 패권을 잡기 위해서 벌인 30년 전쟁의 주 무대는 독일이었다. 마침내 전쟁 당사자들이 지치면서 이 전쟁은 끝난다. 그러나 전쟁은 독일과 독일 국민을 황폐화했을 뿐이다. 전

164) 프랑스 절대왕정의 대표적인 전제군주, 1638~1715년. —옮긴이

쟁 체험은 일체의 현세적인 것이 덧없다고 생각하는 인간의 의식을 강화시키고 인간으로 하여금 종교 안에서 보호와 위로를 찾도록 만들었다. 현세는 인간으로 하여금 죄를 저지르기 쉬운 장소로 비쳐졌다. 그 때문에 인간은 세상에서 벗어나 신비로운 내세의 체험에 몰두했다. 가톨릭교회는 반종교개혁을 통해서 이러한 새로운 생활감정을 지원했다. 이념적 공세는 —이그나티우스 폰 로욜라(Ignatius von Loyola)[165]에 의해 창설된 가톨릭교회의 수도회 가운데 하나인 예수회가 실질적으로 담당한— 로마가톨릭교회에 다시금 광범위한 영향을 끼쳤다. 일상생활에서 깊은 신앙심은 예전보다 훨씬 더 많은 공간을 차지했다. 물론 이때 요구되는 종교성의 '초인적 기준'은 오랫동안 실현될 수 없었다. 가장 위축된 순간 인간은 정반대로 현세에 지나치게 몰두하게 되었다. 그러므로 바로크 시대의 교회미술에서 알 수 있듯이 '죽음의 상징'에 대항해서 삶의 향락에 대한 고삐 풀린 열망으로 맞섰다.

16세기 말 학교극에서 발전해 수도원에서 공연된 예수회 드라마는 가톨릭 신앙을 전파하는 데 매우 중요한 역할을 했다. 특히 이 연극은 예수회 교단에 의해서 주로 행해졌지만, 여러 곳에서 베네딕트 교단과 피아리스트(Piarist)[166]에 의해서 공연되기도 했다. 야콥 비더만(Jacob Bidermann)[167]은 현세의 명망만을 좇던 어느 학자의 종교적 귀의를 다룬 드라마 〈체노독수스(Cenodoxus)〉의 서문에서 직관적으로 다음과 같이 썼다. "드라마 〈체노독수스〉가 관객의 영혼 속에서 진실한 신앙심의 고귀한 움직임을 불러일으켰으며, 수백 명의 성직자들도 해 내지 못한 일을 이 드라마가 몇 시간 만에 해 냈다는 사실은 잘 알려진 바다. 물론 바이에른과 뮌헨에서 가장 신분이 높은 사람들 가운데서 14명의 남자는 대체로 인간의 운명을 엄숙하게 조정하는 신에 대한 의미 있는 경외심에 감동을 받았다. 연극이 끝나고 오래지 않아 이그나티우스 식의 신앙 수련회를 위해서 우리에게 돌아왔다. 곧이어 대부분의 사람들에게서 종교적 교화가 나타나기 시작했다."[168] 처음에는 라틴어로 쓰였다가 나중에는 독일어로 쓰였으며, 수사학 교수의

---

165) 스페인 출신의 수도사, 1491~1556년. —옮긴이
166) 1597년 청소년 교육을 목표로 로마에 세운 수도회 회원. —옮긴이
167) 독일 뮌헨의 예수회 학교 수사학 교수 겸 극작가, 1578~1639년. —옮긴이
168) Heinz Kindermann: Theatergeschichte Europas. Bd. III. S. 443 f.

프란치스쿠스 랑의 삽화: 「연극술에 관한 논문」, 1727년

지도하에 동료 교수들과 학생들에 의해서 공연된 예수회 드라마는 일반적으로 현세적 행복의 공허함과 무상함을 주제로 다루었다. 기교적이고 힘찬 동작은 열변조의 말투와 어울린다. 뮌헨 예수회 출신의 연출자 프란치스쿠스 랑(Franciscus Lang)[169]은 1727년 발간된 「연극술에 관한 논문(Dissertatio de actione)」에서 격정적 감정들을 표현할 수 있는 자세와 몸짓을 상세하게 기술했다. 특히 남부 독일과 오스트리아 지역에서 예수회 연극을 공연하기 위해서 설립된 대부분의 공연극장들은 매우 발전된 무대기술들을 사용했다. 그래서 성서와 성담(聖譚)에 등장하는 경이로운 사건들도 관객의 감각을 압도하는 방식으로 공연될 수 있었다. 황제 페르디난트 3세(Ferdinand III)[170]의 제안으로 빈에 건립된 극장은 십여 차례나 무대장면을 전환할 수 있었다. 남부 티롤 출신의 귀족 니콜라우스 폰 아반치니(Nicolaus von Avancini)[171]는 이러한 무대조건에 맞게 쓴 연극 작품들에 행진과 전투, 해전과 폭죽, 그리고 춤과 노래를 삽입해 무대를 하나의 화려한 종합예술작품으로 공연할 수 있었다. 가급적 강렬한 효과를 얻기 위해서 상징적인 등장인물들은 막이 끝날 때마다 합창이나 극적 장면(Tableau)[172]을 연출하기 위해서 무대 위에 한데 모였다. 그리고 '황제 축제(Ludi Caeserie)' 때 예수회극과 궁정극장, 선교와 궁정의 자기연출은 완벽한 통합을 이룩했다.

169) 뮌헨 예수회 소속의 수사학 및 시문학 교수, 1654~1725년. —옮긴이
170) 신성로마제국의 황제, 1608~1657년, 재위기간 1637~1657년. —옮긴이
171) 예수회 소속의 교육자 겸 극작가, 1611~1686년. —옮긴이
172) 여러 명의 배우가 역사적인 장면 등을 정지된 행동으로 재현해 보여 주는 것. —옮긴이

프로테스탄트의 학교극은 바로크 시대에도 계승되었다. 수많은 도시에서 공연이 행해졌으며, 이제 관객층은 도시의 시민계급으로 확대되었다. 또한 시당국으로부터 지원도 받았다. 물론 공연에 소요되는 비용은 가톨릭 예수회의 연극보다는 훨씬 적게 들었다. 처음에는 대부분 간이무대 배경도와 분리되어 있는 단상무대에 만족했다. 그 때문에 무대 전면에서 공연을 계속하는 동안에 사람들은 무대 뒤쪽에서 무대를 조금 변경할 수 있었다. 그러나 이탈리아의 모델을 따라서 차츰 무대장면 전환이 가능한 공연무대가 세워졌다. 그 선구자는 요제프 푸르텐바흐(Joseph Furttenbach)[173]였다. 밀라노, 제노바, 로마 그리고 피렌체에서 공부하기 위해서 수년간 이탈리아에 머문 뒤 독일로 돌아온 그는 1640년 독일의 울름(Ulm) 시로부터 위탁을 받아서 지역 소재의 라틴어 학교에 연극 무대를 만들었는데, 이 무대 위는 원근법에 따라 서로 다른 기본 모티브가 그려져 있는 4면체의 각기둥 프리즘(텔라리, Telari) 5개가 설치되었다. 방향 전환을 손쉽게 할 수 있었기 때문에 무대의 장면 전환이 가능했다. 비록 실현되지 못했지만 나중에 푸르텐바흐는 독창적인 무대구상을 내놓았다. 즉, 한 작품이 끝난 뒤 주변에 있는 4개의 무대 가운데 하나의 무대가 다음 무대로 연속해서 회전될 수 있게 하는 회전장치를 큰 무대 한가운데에 설치하려고 계획했다.

브레슬라우[174]에 소재한 김나지움 두 군데에 설치된 연극 무대에서 안드레아스 그리피우스(Andreas Gryphius)[175]와 카스퍼 폰 로헨슈타인(Casper von Lohenstein)[176]의 작품들이 초연되었다. 두 시인은 학교장이 아니었다. 그들은 학식이 높고, 법률을 공부했으며 고위 공직을 맡아서 일했는데, 자신들의 드라마 작품을 통해서 일반인의 교양 수준을 높이는 데 기여하고자 했다. '슐레지엔 예술희곡(Schlesisches Kunstdrama)'의 대표적인 극작가로 독일 문학사에 기록된 두 시인의 비극 작품들은 수사적으로 과장된, 피비린내 나는 끔찍한 세네카의 작품

173) 독일 출신의 건축가 겸 무대장치가, 1591~1667년. —옮긴이

174) 1945년까지 독일령이었으나, 현재는 폴란드 남서부에 위치한 돌노실롱스키에(Dolnoslaskie) 주의 주도로 브로츠와프(Wroclaw)라고 부른다. —옮긴이

175) 독일의 셰익스피어라 불리는 시인 겸 극작가, 1616~1664년. —옮긴이

176) 독일의 시인 겸 법률가, 1635~1683년. —옮긴이

들을 모범으로 삼았다. 기독교로 조색된 스토아주의는 그들 철학의 기초를 이룬다. 그리피우스와 로헨슈타인은 의연함 속에서 영원한 삶을 얻기 위해서 인간은 일체의 흥분을 이겨 내지 않으면 안 된다는 생각을 자신들의 작품을 통해서 전파한다. 이러한 이념은 역사적 사건을 통해서 표현된다. 그들의 작품에 등장하는 인물들은 높은 신분의 사람들이다. 그들의 끝 모를 추락을 통해서 현세적 행복의 무상함이 매우 인상 깊게 표현된다. 이처럼 마르틴 오피츠(Martin Opitz von Boberfeld)[177]가 앞서 자신의 『독일 시학의 서(Buch über die deutsche Poeterey)』에서 설명한 구상에 따라 그리피우스는 자신의 비극 작품들을 썼다. 그의 대표작으로는 〈레오 아르메니우스(Leo Armenius)〉, 〈카타리나 폰 게오르기엔 또는 무장된 인내(Catharina von Georgien oder Bewehrete Beständigkeit)〉, 〈살해당한 국왕 또는 카롤루스 슈투아르두스(Ermordete Majestät oder Carolus Stuardus)〉, 〈위대한 법률가 또는 죽어 가는 에밀리우스 파울루스 파피니아누스(Großmütiger Rechtsgelehrter oder Sterbender Aemilius Paulus Papinianus)〉 등이 있다. 바로크 드라마의 특징이라고 할 수 있는 2개의 제목 가운데 하나는 흔히 주인공의 이름을 표시하며, 다른 하나는 작품을 개관해 볼 수 있는 기본 이념을 나타낸다.

그리피우스와는 거의 한 세대 차이가 나는 카스퍼 폰 로헨슈타인의 드라마 〈이브라힘 파샤(Ibrahim Passa)〉, 〈클레오파트라(Cleopatra)〉, 〈소포니스바(Sophonisba)〉, 〈아그리피나(Agrippina)〉, 〈에피카리스(Epicharis)〉에는 그리피우스와 함께 자신이 모범으로 삼은 세네카와 비교해서 잔혹한 내용이 한층 더 강화되어 나타난다. 시인은 살인, 고문이나 처형을 바로 관객의 눈앞에서 일어나도록 한다. 견강부회식의 은유와 비유가 뒤섞인 호화찬란한 수사가 등장인물들의 대사를 규정한다. 자신들의 운명을 견딜 줄 아는 그리피우스의 소극적인 순교자 대신에 로헨슈타인은 적극적인 주인공들을 무대 위에 세워 놓는다. 결국 주인공들의 열정은 그들 자신에게는 비극적 운명이 된다. 형식적인 관점에서 보면, 두 극작가의 비극 작품들은 상당히 비슷하다. 그들의 작품은 5막으로 구성되어 있으며, '라이엔(Reyen, 합창)'이라고 불리는 막간극들이 있다. 특히 막간극에서는 작품의 줄거

177) 독일의 시인 겸 평론가로서 전기 바로크 문학의 정신적 지도자. 1597~1639년. —옮긴이

리가 알레고리와 비유적인 표현을 통해서 보편적인 것으로 고양된다. 오늘날 그리피우스와 로헨슈타인의 작품을 공연하기 어려운 이유는 내용상 현실성이 결여되어 있을 뿐만 아니라 말하기 어려운 알렉산더 율격(Alexandriner)[178]의 시행으로 쓰인 점도 있다.

독일 바로크 시대의 희극도 오늘날 공연 프로그램에서 찾기란 그리 쉽지 않다. 그리피우스가 쓴 희극 작품 가운데 고대 로마시인 오비드(Ovid)[179]가 사용한 피라무스(Pyramus)와 티스베(Thisbe)의 이야기 소재를 변형한 희극 작품 〈부조리극 또는 페터 스크벤츠 나리(Absurda Comica oder Herr Peter Squentz)〉와 고대 로마 시대의 희극 작가 플라우투스가 자신의 작품을 통해서 이미 선보인 허풍선이 군인이라는 전형적인 인물을 다룬 희극 작품 〈호리빌리크리브리팍스(Horribilicribrifax)〉 정도가 문학사에 그 이름을 올려놓고 있다. 독일 동부의 도시 치타우(Zittau)의 김나지움 교장으로 재직한 크리스티안 바이제(Christian Weise)[180]의 작품도 역사적 흥미를 갖게 만든다. 바이제는 학교 공연을 위해서 희극적인 막간극이 삽입된 비극 작품들, 그리고 이미 초기 계몽주의를 예고하는 몇 편의 희극 작품, 예를 들면 〈촌놈 마키아벨루스(Der bäurische Machiavellus)〉와 〈만족하지 못하는 영혼(Die unvergnügte Seele)〉과 같은 작품들을 썼다.

진심 어린 파토스와 통속적인 희극성의 결합은 현세적이며 생을 즐기는 바로크적 생활감정의 구성요소들을 연출한 유랑극단 레퍼토리의 특징을 잘 보여 주었다. 바로크 연극의 세속적 모습은 한편으로는 남부 독일과 오스트리아 지역의 궁정에 초청되어 공연된 코메디아 델라르테 극단들의 공연, 그리고 다른 한편으로는 엘리자베스 여왕 시대의 연극문화가 절정에 도달했던 16세기 말에 영국에서 극단 간의 치열한 경쟁을 피해 유럽 대륙으로 건너온 영국 출신 배우들의 공연문화에 그 기원을 두고 있었다. 먼저 영국 출신의 배우들은 덴마크와 네덜란드를 거쳐서 북독일 지역으로 들어왔으나, 얼마 지나지 않아 그들은 곧 자신들의

---

178) 6각 강약격의 시행으로 12세기 프랑스에서 알렉산더 대왕에 관한 서사시에 사용된 데서 유래했다. —옮긴이

179) 본명은 푸블리우스 오비디우스 나소(Publius Ovidius Nasõ), 기원전 43년~기원후 17년. —옮긴이

180) 독일의 교육자 겸 극작가. 1642~1708년. —옮긴이

활동 영역을 다른 지역으로 넓혔다. 지긋지긋한 고생을 견디면서 그들은 도시에서 도시로 떠돌아다니면서 간단한 가설무대 위에서 자신들의 레퍼토리라 할 수 있는 셰익스피어의 작품들과 함께 그의 동시대의 극작가들의 작품들을 공연했다. 그리고 몇몇 궁정에서는 그들의 공연예술에 관심을 보이기도 했다. 하인리히 율리우스 폰 브라운슈바이크(Heinrich Julius von Braunschweig, 1564~1613년) 공작은 스스로 극작가가 되어 보려고 노력할 만큼 그들의 공연에 매료되었으며, 모리츠 폰 카셀(Moritz von Kassel, 1572~1632년) 백작은 '오토니움(Ottonium)'이라는 독일어권 최초의 독립적인 극장 건물을 그들을 위해서 지어 주었다. 대다수의 관객이 영국 출신 배우들이 사용하는 언어를 이해하지 못했기 때문에 그들은 작품 텍스트에서 무대사건의 절정 부분만을 공연했으며, 그것을 무언극 형식의 하이라이트 레퍼토리로 표현하는 데 이용했다. 시간이 흐르면서 그들은 독일어를 습득했으며 독일 배우들, 예컨대 대부분 집을 나온 대학생들이나 일자리가 없는 대학 졸업생들을 배우로 받아들였다. 그들 덕분에 독일에서 처음으로 전문극장의 형태가 생겨났다. 17세기 중반 유랑극단들은 자신들의 무대공연에 대한 관객의 관심을 끌어올리기 위해서 (적어도 남성 관객을 위해서) 새로운 변화를 시도했다. 즉, 종전에는 젊은 남자들이 맡았던 여성 배역을 여자 배우들에게 맡겼다.

경쟁이 점차 치열해지자 유랑극단들은 점점 더 몰염치할 만큼 관객의 원초적 본능들을 충족시키는 데 몰두했다. 특히 그들은 '하우프트 및 슈타츠악티오넨(Haupt-und Staatsaktionen)'[181]이라고 불리는 익살극으로 귀족이나 상류계층의 피비린내 나는 싸움이나 미화된 연애에 대한 소망, 그리고 그와 동시에 온갖 종류의 음담 욕구를 충족시켰다. 영국식 광대의 전형에 따라서 '피켈헤링(Pickelhering)'[182] 아니면 이탈리아의 코메디아 델라르테의 전형에 따라서 '하를레킨(Harlekin)'[183]으로 등장하는 우스꽝스러운 인물이 무대사건에 삽입된 재담 장면에서 중심적인 역할을 맡았다. 한스부르스트(Hanswurst)로 불리는 어릿광대의 독

181) 17세기 말부터 18세기 중반까지 독일 유랑극단들의 주 레퍼토리로 대개 어릿광대가 등장하는 소극에 해당되는 작품들을 가리킨다. —옮긴이

182) 원래는 소금에 절인 청어라는 뜻으로 영국 출신 배우의 우스꽝스러운 모습을 가리킨다. —옮긴이

183) 이탈리아어로 아를레치노라고 불리는 어릿광대. —옮긴이

(좌) 피켈헤링, 1652년 동판화

(우) 한스부르스트로 분장한 요제프 안톤 슈트라니츠키, 동시대의 동판화

일적 인물 유형은 독일어권 전 지역에서 배우들에 의해 다양하게 발전되었다. 그러나 18세기 초 요제프 안톤 슈트라니츠키(Joseph Anton Stranitzky)[184]가 창안한 '빈의 한스부르스트(Wienerischer Hanswurst)'가 가장 널리 알려졌다. 그는 자신이 이끄는 극단 '토이체 코메디안텐(Teusche Komödianten)'과 함께 오스트리아의 수도 빈에 정착해 '테아터 암 케르트너토르(Theater am Kärtnertor)'라는 극장을 세워서 무대공연을 가졌다. 이러한 방식으로 훗날 이 극장은 빈 민중극의 모태가 되었다. 그리고 19세기 빈 민중극은 예술적으로 페르디난트 라이문트(Ferdinand Raimund)[185]와 요한 네스트로이(Johann Nestroy)[186]의 작품에 힘입어 절정에 이르렀다.

오페라는 바로크적 의미에서 가장 완벽한 연극 형식이다. 왜냐하면 오페라는 모든 구성요소들을 한데 묶는 화려한 종합예술작품이기 때문이다. 오페라라는 새로운 무대장르는 고대의 비극을 부활시킨 이탈리아 피렌체 출신의 인문주의자들의 실험으로부터 출발했다. 당시 사람들은 고대의 비극을 현악기 키타라에 맞

184) 오스트리아 출신의 배우 겸 극작가, 1676~1726년. —옮긴이

185) 오스트리아의 극작가 겸 배우, 1790~1836년. —옮긴이

186) 오스트리아의 극작가 겸 배우, 1801~1862년. —옮긴이

춰 연속된 낭송으로 공연했는데, 이것은 반은 노래로 부르는 합창 패시지를 통해서, 반은 말로 표현되는 합창 패시지를 통해서 중단되고는 했다. 그에 따라서 초창기 오페라 작품의 경우에 음악은 텍스트에 종속되었다. 이미 '음악에 의한 연극(dramma per musica)'이라는 본래의 장르 명칭은 그 점을 암시한다. 물론 나중에 이 명칭은 작품이라는 뜻의 라틴어 '오페라(Opera)'에서 파생된 단어로 대체되었다. 오타비오 리누치니(Ottavio Rinuccini)[187]의 리브레토(Libretto)에 따라서 야코포 페리(Jakopo Peri)[188]가 작곡한 〈다프네(Dafne)〉가 오페라 장르의 최초 작품으로 간주된다. 1600년 바로 직전에 이 작품은 피렌체의 팔라초 코르시(Palazzo Corsi)에서 연인들로 구성된 관객들 앞에서 공연되었다. 그 음악은 소실되었다. 음악의 주안점은 약간의 음악 반주와 함께 일종의 낭송에 가까운 서창(敍唱)으로 번역되는 레치타티보에 있었다. 자신들의 두 번째 작품에서도 페리와 리누치니는 고대 신화에 나오는 서정적이고 로맨틱한 주제, 즉 죽음의 세계로부터 아내 에우리디케(Eurydike)를 구출해서 데리고 돌아오는 가수 오르페우스(Orpheus)에 관한 이야기를 선택했다. 10여 년간 두 작곡가는 오로지 이 두 테마만을 고집했다. 왜냐하면 전해 오는 모든 원전 가운데서 이 두 작품은 당시 도처에서 인기를 누렸던 전원극 다음으로 사랑을 받았기 때문이다. 진정 예술적으로 의미 있는 새로운 장르의 작품은 클라우디오 몬테베르디(Claudio Monteverdi)[189]의 〈오르페오(Orfeo)〉였다. 그는 레치타티보를 음악적으로 더욱 풍부하게 형상화했으며, 아리아와 2중창을 삽입했고 독자적인 기악음악을 사용했다. 산 마르코 극장(San-Marco Theater)의 악장으로 그는 베네치아에서 오페라가 전성기를 맞이하는 데 중요한 기여를 했다. 이곳을 비롯해서 로마와 나폴리를 거쳐 이 새로운 공연 장르가 처음에 궁정의 지원을 받는 예술로서 전 유럽으로 보급되었다. 오페라의 테마 역시 확대되었으며, 이제 레치타티보는 카스트라토(Castrato)[190]와 프리마돈나가 돋보일 수 있는 아리아로 말미암아 주변으로 물러났다.

187) 이탈리아의 작곡가, 1562~1621년. —옮긴이
188) 이탈리아의 가수 겸 작곡가, 1561~1633년. —옮긴이
189) 이탈리아의 작곡가 겸 가수, 1567~1643년. —옮긴이
190) 바로크 시대의 거세된 이탈리아의 가수. —옮긴이

알프스 이북 지역에서 최초로 이뤄진 오페라 공연은 1618년 잘츠부르크(Salzburg)의 후작 주교의 헬브룬 슈타인 극장(Hellbrunner Stein theater)에서 있었다. 공연은 오르페우스와 에우리디케의 사랑을 주제로 한 오페라 〈오르페오〉의 변주에 바쳐졌으며, 독일의 모든 궁정에서 오랫동안 관례였듯이 이탈리아 가수들이 도맡아서 연기했다. 슐레지엔 출신의 시인 마르틴 오피츠와 작곡가 하인리히 쉬츠(Heinrich Schütz)가 〈다프네(Daphne)〉라는 작품을 쓰면서 독일어권 최초의 오페라라는 영예를 얻었다. 이 작품은 그 뒤 10년이 지나서야 비로소 라이프치히(Leipzig) 근교에 있는 하르텐펠스(Hartenfels) 성에서 초연되었다.

물론 30년 종교전쟁이 끝난 뒤에 비로소 독일 궁정에서 정기적으로 오페라 공연이 개최되었다. 우선 불꽃놀이와 분수 연주, 그리고 승마발레(Pferdeballett)와 같이 화려하게 수놓은 오페라 공연은 절대주의 권력을 과시하는 데 이용되었다.

당시 독일의 상업도시들 가운데서 가장 중요한 함부르크의 시민계급은 요란스럽지 않게 음악극의 발전을 위해서 애썼다. 사람들은 도시귀족의 기부금으로 공공장소인 겐제마르크트(Gänsemarkt)에 오페라하우스를 건립했으며, 1700년대에 10여 년 동안 이곳에서 음악극이 정기적으로 공연되었다. 라인하르트 카이저(Reinhard Keiser)[191]와 게오르크 필립 텔레만(Georg Philipp Telemann)[192]은 함부르크에서 독일식 오페라 형식인 대중적인 징슈필(Singspiel)[193]을 만들었다. 이 분야에서는 회화와 무대미술의 최신 경향들을 이탈리아에서 공부한 뒤, 드레스덴과 브라운슈바이크 궁정에서 오페라 공연을 위해 화려한 무대세트를 만든 오스발트 하름스(Oswald Harms)[194]가 명망 있는 무대미술가로 활동했다.

모든 예술을 종합하고자 하는 바로크의 이상에서 또 다른 연극적 예술 형식인 발레가 생겨났다. 발레의 발상지는 프랑스였다. 이미 파리에서는 16세기 중반에

---

191) 독일 함부르크 출신의 작곡가 겸 오페라 제작자, 1674~1739년. ―옮긴이

192) 독일 바로크 시대의 작곡가, 1681~1767년. ―옮긴이

193) 독일어로 '노래의 연극'을 뜻하며 18세기 후반 이후에 독일에서 성행한 민속적인 연극 형식이다. 이름 그대로 노래가 풍부하게 삽입되어 있으며 가사와 대사는 독일어로 쓰였고 희극적인 내용을 지닌 것이 특징이다. ―옮긴이

194) 독일 함부르크 출신의 화가 겸 무대장치가, 1643~1708년. ―옮긴이

〈왕비의 발레극〉, 1581년, 리브레토 삽화

〈밤의 발레〉에서 아폴로 신의 역할을 맡은 루이 14세, 동판화, 1665년

화려한 무도회가 열렸다. 물론 무도회에는 궁정사회 전체가 참여했다. 1581년 후작의 결혼식을 계기로 공연된 〈왕비의 발레극(Ballet comique de la Reine)〉, 그리고 트로이에서 돌아온 오디세우스를 현혹하는 마녀 키르케(Circe)의 시험과 같이 고대의 신화에 바탕을 둔 대부분의 초기 궁정발레와 같은 순수한 쇼 댄스들이 거기서 발전했다. 발레의 창시자인 시종장 발타자르 드 보주아이외(Balthazar de Beaujoyleux)[195]는 발레 형식을 '악기의 화음에 따라서 함께 춤추는 몇몇 사람들의 기하학적 편성'이라고 매우 간명하게 정의했다. 출연자 모두는 귀족 출신이었다. 80년이 훨씬 지나서 루이 14세는 〈밤의 발레(Ballet de la nuit)〉에서 본인 스스로 태양신 아폴로의 역을 맡아 춤을 추었다. 그 때문에 '태양왕(Sonnenkönig)'이라는 그의 또 다른 이름이 생겨났다. 물론 이 시대의 주도적인 공연 형식은 전문 무

195) 이탈리아 출신의 작곡가 겸 안무가, 1500~1587년. —옮긴이

용수들이 연기하는 '코미디 발레(Comédie-Ballet)'라는 연극적 혼합 형식이었다. 코미디의 위트와 궁정무용의 우아함을 결합시킨 '코미디 발레'를 대표하는 예술가는 작곡가 장 밥티스트 룰리(Jean Baptiste Lully)[196]와 작가 몰리에르[197]였으며, 당시 이 두 극작가에게는 언제나 가장 영향력 있는 예술가라는 평이 뒤따랐다.

새로운 예술 장르와 궁정연극의 기능 변화는 당연히 새로운 공간 구조에 대한 요구로 이어졌다. 초창기만 하더라도 아직 발레공연은 무술경합이나 무도회에 사용되었던 넓고 큰 실내 공간에서 자주 행해졌다. 오로지 무대공연을 위해서 만들어진 최초의 바로크 극장이라 할 수 있는 이탈리아 파르마(Parma)의 파르네세 극장(Teatro Farnese)에는 원형극장 형태로 경사가 점점 높아지는 편자 모양의 야외 관중석의 맞은편에 화려하게 장식된 정면 입구, 그리고 깊숙한 계단식의 프로시니엄 아치 무대가 설치되었다. 이 시대의 무대형식은 르네상스 시대의 전형적인 무대형식인 이탈리아 비첸자의 올림피코 극장을 아직은 모범으로 삼고 있었다. 장르의 발전과 함께 무대 정면은 점점 더 확장되었으며, 원근법에 입각한 인상적인 무대세트를 바라보는 시야를 활짝 열었다. 따라서 정원의 전망이 생겨날 정도로 곳곳에서 무대의 배경이 열릴 수 있었다. 관람석은 수평 및 수직으로 구분되었다. 거기에는 당시의 사회적인 계급사상이 반영되었다. 관람석 1층의 중간 칸막이 좌석은 귀족들을 위해서 마련해 두었다. 그 좌석에서만 무대사건의 올바른 전망이 감지될 수 있었다. 그러므로 세계 대극장에서 현세의 행동에 대한 진정한 전망은 이미 신이 정해 놓았듯이 통치자만이 무대사건을 진정 볼 줄 알았다.

바이로이트(Bayreuth)의 마르크그라프 오페라하우스(Markgräfliches Opernhaus), 빈의 쇤브룬 궁정극장(Schönbrunner Schloßtheater), 뮌헨의 쿠빌리에 극장(Cuvilliés-Theater)과 슈베칭겐(Schwetzingen)의 궁정극장과 함께 화려하고 과장된 건축물들을 만들어 낸 로코코(Rokoko) 양식으로 예술적 경향이 옮아 가면서 분명하고 확실한 세계관은 현실뿐만 아니라 극적 반영에서도 사라졌다. 빈의 부르나키니(Burnacini)[198]와 남부 독일 지역의 갈리 비비에나(Galli Bibiena) 가문처럼 대개는

196) 이탈리아 출신의 프랑스 작곡가, 1632~1687년. —옮긴이
197) 프랑스의 배우 겸 극작가, 1622~1673년. —옮긴이

이탈리아 파르마의 파르네세 극장, 조반니 바티스타 알레오티의 건축, 1618/1619년

바이로이트의 마르크그라프 오페라하우스. 쥬제페 갈리 비비에나[199]와 그의 아들 카를로[200]의 건축, 1744~1748년

198) 이탈리아 출신의 극장 건축가 겸 무대 디자이너, 1636~1707년. —옮긴이

쥬제페 갈리 비비에나: 제목 미상(작품공연을 위한 무대 배경 스케치), 1719년

이탈리아 출신이며, 흔히 왕가로부터 은혜를 입은 이 시대의 무대 디자이너들은 이제 더 이상 중앙투시도법에 만족하지 않고 대각투시도법과 서로 교차하는 무대배경축을 설치해서 사용했다.

이 시대의 화려한 극장 건축물에는 무대장면을 빠르게 전환할 수 있는 무대세트가 갖춰져 있었다. 지속적으로 변화하는 감정을 억제하는 바로크 시대의 생활감정이 거기에 모범적으로 표현되었다. 이 시대를 특징지은 환상성에 대한 동경, 실재와 허구의 대립적 유희, 그리고 믿기 어려운 것 내지는 경이로운 것을 직관하고자 하는 소망 등이 원근법에 기초한 무대미술의 완벽성을 통해서 충족되었다. 무대의 측면 배경장치(Kulisse)의 발명자는 —이 명칭은 '흐르다'라는 의미의 프랑스어 '쿨레(couler)'에서 파생됨— 조반니 바티스타 알레오티(Giovanni Battista Aleotti)[201]

199) 이탈리아 출신의 화가 겸 무대 디자이너, 1696~1757년. —옮긴이
200) 이탈리아 출신의 극장 건축가 겸 무대 디자이너, 1728~1787년. —옮긴이
201) 이탈리아 출신의 극장 건축가 겸 무대 디자이너, 1546~1636년. —옮긴이

였다. 그는 무대 양쪽 측면에 쌍으로 설치하는 배경막을 나무 액자에 붙이는 무대장면 전환장치(이동 무대배경)를 계발했다. 그리고 무대 양쪽 측면은 레일이 달린 중앙의 날개바퀴로 이동할 수 있었다. 무대 위쪽으로는 아치의 안쪽, 즉 구름 또는 청명한 하늘을 그럴듯하게 보이도록 원근법에 입각해 그린 그림으로 장식해 천정 밑으로 매단 무대배경은 뒤쪽으로 가면서 무대의 가장자리를 이루었다. 20세기까지 그 기본 구조가 유지되었으며, 처음으로 알레오티가 1600년경 페라라의 궁정극장에서 이러한 무대형식을 실현했다. 그 후 20년이 지나 다시 한번 이러한 무대형식은 파르마의 파르네세 극장에서 실현되었다.

무대배경 시스템을 기술적으로 완성하고 유럽 전역에 널리 전파한 공로는 알레오티의 제자 지아코모 토렐리(Giacomo Torelli)[202]에게 돌아갔다. 그는 베니스의 노비시모 극장(Teatro Novissimo)과 프랑스 궁정극장에 공연무대를 설치하면서 —보다 나은 환상을 만들어 낼 목적으로— 무대를 경사지게 세우고 무대 아래쪽에서 움직이는 기계 장치 위에다 무대를 얹어 놓았다. 그러자 무대의 배경 전환이 훨씬 더 쉽고 빠르게 이뤄졌다. 바로 관객의 앞에서 눈 깜짝할 사이에 이뤄지는 장면 전환은 바로크 연극의 기본적인 무대효과에 속했다. 또한 무대 위의 하늘이나 상하 이동무대의 등장도 많은 사랑을 받았다. 세계상에 걸맞게 수평적인 움직임을 선호했던 르네상스 연극, 그리고 곧 도래하는 시민연극과는 달리 바로크 시대에는 수직적인 움직임도 중요한 역할을 했다.

'황금세기' 스페인의 드라마와 연극

스페인의 연극은 17세기 전반기에 최고의 전성기를 맞이했다. 물론 이 시기는 정치적으로나 경제적으로나 더 이상 그렇지는 못했지만, 문화적 측면에서는 여전히 '황금기'였다. 스페인은 강대국의 지위를 상실했으며, 경제적으로는 파산 직전에 놓였다. '황금세기(Siglo d'Oro)'라고 불리는 아메리카 대륙의 발견과 식민

202) 이탈리아의 극장 건축가 겸 무대장치가, 1608~1678년. —옮긴이

지화에 따른 비약적인 발전 이후에 스페인의 경제 및 사회적 후진성은 이제 스페인의 파국적인 몰락을 야기했다. 지나친 왕실의 부채 때문에 면허권과 무역독점권을 매각함으로써 식민지로부터 들어오는 적잖은 부의 일부가 외국으로 흘러 들어가는 결과를 낳았다. 무슬림과 유대인의 추방으로 말미암아 무역과 산업은 마비 상태에 빠졌다. 아메리카로부터 들어오는 금은 산업 생산을 촉진하기보다는 지배계층이 토지를 취득하는 데 사용되었다. 그러나 곧 농업도 위기에 빠졌다. 정부는 농부로 일할 용의가 있는 사람에게 세습귀족을 약속했지만 경작지들은 경작되지 않았다. 자유분방한 스페인 사람들은 육체노동을 치욕으로 여겼기 때문에 그와 같은 조치는 실효를 거두지 못했다. 그러자 농촌의 농노들이나 도시의 서민들 사이에도 기아가 끊임없이 만연되었다. 마침내 귀족들도 궁핍해졌다. 그럼에도 불구하고, 아니 바로 그 때문에 아마도 대공(大公)들이나 귀족들은 지나치게 과장된 자부심을 과시했고, 웃음거리가 될 정도로 위풍당당한 태도를 보였다. 미구엘 드 세르반테스 드 사베드라(Miguel de Cervantes de Saavedra)[203]는 소설 〈돈키호테(Don Quijote)〉에서 그러한 태도를 아주 생생하고 비유적으로 표현했다. 예전의 권력과 위엄은 사라지고, 이제 그들에게는 껍데기, 즉 그들이 능란하게 자기연출을 위해서 사용했던 헐렁한 망토만이 남았다. 그런데도 그들은 무슨 일이 있어도 손에 칼을 들고서라도 자신들의 명예를 지킬 각오를 하고 있었다. 옷과 무기는 카파 이 에스파다(capa y espada)[204]라 불리는 새로운 희극 장르에 그 이름을 제공했다. 스페인의 바로크 이념에 따르면 명예는 세속의 공덕을 통해서 얻어지는 것이 아니라 태어나면서 신으로부터 함께 주어지는 것이었다. 따라서 인간에게는 죽을 때까지 그것을 지키는 것 말고는 다른 어떤 의무도 부여되지 않았다. 실질적인 노동이나 산업적인 활동을 촉진시키지 못하는 이러한 바로크적 이념은 스페인의 경제적 후진성에 일조했으며, 그로 인해서 유럽의 패권은 이미 시민사회와 자본주의적 특성을 갖춘 북유럽 국가들 쪽으로 이동하는 결과를 가

203) 스페인의 소설가 겸 극작가, 1547~1616년. —옮긴이

204) 망토와 칼이라는 뜻에서 비롯되어 '망토와 칼 희극(Mantel-und Degenstück)'이라고도 부른다. —옮긴이

져왔다. 17세기 초 스페인을 여행한 프랑스 국왕의 한 고문관은 스페인의 상황을 일목요연하게 표현했다. "명예를 고집하는 이러한 태도야말로 이미 그들의 모든 명예를 사라지게 만든다. 따라서 그러한 태도야말로 백해무익하며, 스페인의 비생산성을 낳은 공범이라 할 수 있을 것이다."[205]

이러한 정신적 태도에 상응해 명예의 상실과 재획득은 스페인 바로크 연극의 중심 테마를 형성했다. 로페 데 베가[206]는 자신이 쓴 희곡이론서 『이 시대를 위한 신 극작술(Die neue Kunst der Komödiendichtung in dieser Zeit)』에서 "명예를 주제로 다루는 작품들이 최고이다. 왜냐하면 그러한 작품은 모든 계층의 사람들을 한껏 사로잡을 수 있기 때문이다"라고 단호하게 주장했다.[207] 한편으로 명예는 시대를 이해하는 데 있어서 개별 인간에게는 당연한 가치들의 표현으로, 그리고 다른 한편으로는 사회가 정해 놓은 일정한 권위로 이해될 수 있다. 로페 데 베가가 쓴 어느 드라마 작품에는 다음과 같이 써 있다.

어느 누구도 자기 스스로 명예를 획득하지 못한다.
인간은 다른 사람들이 명예를 주기에 얻는다.
품행이 바르고 공덕을 많이 쌓은 남자라고 해서
명예로운 것은 아직 아니다. 그리고 그 때문에
명예는 다른 사람에게 거처하고 있는 것이지
나에게 거처하고 있는 것이 아니다.

사회적 정체성의 보증수표로서 명예라는 측면에서 보면 우리가 주변으로부터 어떤 평판을 얻고 있는지가 매우 중요하다. 가부장적인 가족 내에서 남편의 명예는 그의 아내의 훌륭한 평판에 달려 있다. 비록 스페인의 귀족들이 자신의 아내들을 세상과 격리시키기 위해서 모든 것을 다 하고는 있지만, 스페인의 바로크

205) Zitiert nach Hans-Joachim Müller: Das spanische Theater im 17. Jahrhundert. S. 135.
206) 스페인의 극작가 겸 시인, 1562~1635년. —옮긴이
207) Zitiert nach Erika Fischer-Lichte: Geschichte des Dramas. Bd. I. S. 166.

드라마에서 아내의 평판은 귀족들을 항상 위협하고 있는 듯하다. 명예와 그것을 위협하는 것이 모든 사회계층의 주요 관심사를 표현하고 있다는 것은 돈 후안(Don Juan) 테마를 다룬 다양한 드라마 작품들 가운데서도 전형이라 할 수 있는 티르소 데 몰리나(Tirso de Molina)[208]의 드라마 〈세비야의 탕아 또는 돌의 초대객(Der Verführer von Sevilla oder Der steinerne Gast)〉에 잘 나타나 있다. 이 작품에서 농부의 아내 아민타와 남편의 명예상실은 귀족 돈 옥타비오(Don Octavio)와 약혼녀의 명예상실만큼이나 매우 중대하게 다뤄진다. 심지어 탕아 자신도 자신의 명예에 신경을 쓴다. "정정당당하고 기품 있게 나와의 약속을 지키겠소?"라고 돌의 초대객이 묻자, "나도 신사요. 당연하죠. 난 약속을 지킬 거요. 기사이기 때문이죠"라고 돈 후안이 대답한다. 그가 여성들에게 기품 있고 예의 바르게 처신하지 못하는 이유는 그의 지나친 열정 때문이다. 이런 열정은 스페인의 바로크 드라마에 등장하는 모든 주인공이 지닌 기본 성격이다. 어떤 것에도 방해받지 않고 분출하는 그들의 격정이 중심 모티브이며, 그로 말미암아 이제 일어날 수 있는 모든 혼란과 파국이 생성된다. 그러나 무대는 경고뿐만 아니라 현실에서 금기시되어 있는 것을 경험할 수 있는 기회, 즉 지독한 감정의 순수한 표현도 제공한다.

전쟁 패배와 부의 상실, 예전의 강대국의 모습은 이제 오간 데 없이 끝 모르게 추락하는 시기에 최소한 연극은 영웅이나 기사다운 세계상을 여전히 중재했다. 이곳에서 연극은 현실의 대용품으로서, 그리고 위대한 과거에 대한 회상의 장소로서 기능했다. 그렇게 해서 연극은 '환멸의 체험(Desengano)'이라는 개념으로 설명되는 멜랑콜리와 나약함, 그리고 오로지 꿈으로, 다시 말해서 '삼라만상의 미풍'으로만 비쳐지는 인생의 비애와 회의의 분위기를 조장했다. 이처럼 스페인의 특수한 상황에 의해서 조건 지어진 생활감정은 바로크 세계관의 일반적인 경향들, 특히 무대로서의 세계 해석과 신의 보호하에서 맡겨진 역할을 하는 배우로서의 인간 이해가 서로 일치했다. 그러나 반대로 바로크 시대의 무대는 세계, 즉 그것의 전형이자 비유로 이해된다. 종교 및 문화생활의 또 다른 영역에서와 마찬가지로 이 시기에는 '세계를 의미하는 무대 위에서도' 오롯이 내세를 지향하고 있었

208) 스페인의 황금세기를 대표하는 극작가, 1584~1648년. —옮긴이

다. 그런 의미에서 무대사건은 지상의 현실적 의미뿐만 아니라 초월적 영역의 상징적 힘에 따라서 선별되고 평가된다. 명예와 더불어 무대 위에서와 마찬가지로 종교는 현실 속에서의 삶이 목표로 하는 두 번째 근본 가치를 표현한다. 무대는 신의 자비에 대한 믿음을 촉진하고 피안의 세계를 본래의 세계로 증명하는 동시에, 결코 안락하지 않은 현실이야말로 덧없는 허상에 지나지 않는다는 확신을 관객에게 강하게 심어 준다.

위안의 장소로서, 도피의 장소로서, 그리고 기분 전환의 장소로서 연극의 기능은 모든 사회계층을 막론하고 스페인 국민들의 연극에 대한 본격적인 탐욕으로 이어졌다. 그러나 그것은 극작가들에 의해서 충족될 수 없었다. 많은 작품들이 빠르게 소모되고 끊임없이 새로운 작품이 요구되었기 때문에 엄청나게 풍부하고 다양한 작품 생산이 이뤄졌다. 그 때문에 연극 관계자들은 물론이고, 학자와 성직자뿐만 아니라 귀족, 심지어는 국왕 필립 4세(Philipp IV)[209]도 드라마 작품을 쓰는 일에 직접 나섰다. 로페 데 베가는 말년에 자신이 쓴 1500여 편의 드라마 가운데 한 작품만을 회고할 수 있었다. 티르소 데 몰리나는 20여 년의 창작활동 기간에 최소한 400여 편의 작품을 썼으며, 칼데론 데 라 바르카의 작품도 그 정도의 편수에 육박했다. 모두 합치면 한 세기도 지나지 않아 대략 1만여 편의 코메디아 —스페인의 바로크 시대에 쓰인 드라마 형식 모두를 지칭하는 상위 개념— 작품들이 쓰였다. 물론 경계가 모호하고 중복되는 것이 자주 발견되기는 하지만, 이 시기에 쓰인 드라마 작품들은 대략 세속극과 종교극으로 분류될 수 있다. 전자의 경우에는 주로 사랑과 명예, 착오와 교활한 속임수를 다루는 '카파 이 에스파다'로 불리는 희극 장르가 압도적이다. 이와 함께 통치 기술, 어려운 상황 속에서의 적절한 행동, 그리고 인간의지의 자유와 같은 테마들을 다루는 진지한 작품들도 있다. 성자의 삶과 성서에 나오는 사건을 묘사하는 '코메디아 데 산토스(Comedias de Santos)'와 스페인의 유명한 우의극(寓意劇)의 한 장르로 성찬신비극(聖餐神秘劇)이라 불리는 '아우토스 사크라멘탈레스(Autos sacramentales)'가 종교극의 중심을 이루었다. 종교극 '아우토스'에 등장하는 등장인물의 스펙트럼은 한편으로는 왕,

209) 스페인의 국왕, 1605~1665년. —옮긴이

농민, 거지와 같은 사회적 신분 유형들, 그리고 다른 한편으로는 종교와 자비, 아름다움과 여성세계와 같은 의인화를 모두 포괄한다. 다양한 주제에도 불구하고 모든 '아우토스'에는 —원래 이 낱말은 라틴어의 '아크투(Actu, 행위)'에서 파생됨— 주요 관심사, 즉 성체의 찬미가 공통적으로 자리 잡고 있다. 형식적으로 아우토스는 1막으로 구성되어 있다. 그리고 성체축일의 행렬에 삽입하기 위해서 만들어졌으며, 이러한 맥락에서 희극적인 막후극과 자유분방한 춤, 그리고 거인의 등장이 아우토스에 덧붙여졌다.

스페인은 르네상스 문화에 별 관심을 가지고 있지 않았기 때문에 새로운 세속극의 경향들은 비교적 미미한 편이었다. '에글로가스(Eglogas)'로 불리는 후안 델 엔시나(Juan del Encina)[210]의 목가극, 바르톨로메 데 토레스 나아로(Bartolomé de Torres Naharro)[211]의 〈군인들의 대화(Soldatendialoge)〉와 〈결혼식 코미디(Heirats-komödie)〉, 그리고 포르투갈어와 스페인어로 작품을 쓴 길 비센테(Gil Vicente)[212]의 소극(笑劇)과 성서 드라마(Bibliodrama) 작품 정도가 소개할 만한 가치가 있다. 이탈리아의 르네상스 희극으로부터 넘겨받은 요소들은 처음부터 여기 스페인에서는 중세의 종교적 전통과 국민적 전통이 한데 뒤섞였다. 경이로운 것과 모험, 뜻밖의 사건과 운명의 양자택일에서 비롯되는 환희가 극작법상의 논리, 그리고 시간, 장소 및 줄거리의 통일, 엄격한 막의 구분과 같이 이제 막 싹이 트기 시작하는 근대 드라마의 성과물들을 뒤덮어 버렸다. 오늘날에도 공연되고 있는 페르난도 데 로하스(Fernando de Rojas)[213]의 비희극(Tragikkomödie) 〈셀레스티나(La Celestina)〉는 황금세기의 극작가들에게 전범으로 이용되었다. 1500년경에 쓰인 이 비희극 작품은 교활하고 술수를 잘 부리는 뚜쟁이 인물을 중심으로 전개된다. 2명의 젊은이를 결합시키려는 그녀의 노력은 그녀와 그들의 죽음으로 끝난다. 이처럼 '달콤한 음식에 숨겨진 쓰디쓴 약'은 육욕과 성적 쾌락의 지속적인 회복처럼 보이고, 우회하지 않고 그것에 주목하게 만든다. 하인이 등장하는 희극적 장

210) 스페인 연극의 아버지라 불리는 극작가 겸 시인, 1468~1529년. —옮긴이
211) 스페인의 극작가 겸 시인, 1485~1524년. —옮긴이
212) 포르투갈 출신의 극작가, 1465~1536년. —옮긴이
213) 16세기 스페인의 소설가 겸 극작가, 1465~1541년. —옮긴이

면, 서정적 세레나데와 언쟁 등은 이미 '카파 이 에스파다'의 등장을 예고한다. 드라마 〈셀레스티나〉가 나올 당시에는 작품을 무대에 올려 공연할 수 있는 전문극단이 부재했다. 전문극단의 설립은 16세기 중반에 이르러 비로소 로페 데 루에다(Lope de Rueda)[214]에 의해 이뤄졌다. 물론 그는 코메디아 델라르테를 모범으로 삼아 극단을 설립했다. 그는 몇몇 극단 동료들과 함께 스페인 전역을 누비고 다니면서 대목장이나 축제가 열리는 도시로부터 초청을 받아서 공연했으며, 또한 정기적으로 마드리드(Madrid)의 궁정에서도 공연을 가졌다. 그는 이탈리아 희극 작품들을 자신들에게 맞게 개작한 공연작품을 통해서 한편으로는 자기시대의 상황을 비판하고, 다른 한편으로는 인간이 기울이는 온갖 노력의 덧없음을 되풀이해서 지적하는 희극적 인물의 즉흥적인 시퀀스를 삽입했다.

스페인의 바로크 시대에 코메디아의 독특한 극작법은 그러한 모범에서 비롯되었다. 여기서 줄거리는 막이나 장으로 구분되어 있지 않고 '호르나다스(Jornadas)'라 불리는 일일 여행의 형식으로 구분되어 있다. 즉, 무대사건은 한 정거장에서 다음 정거장으로 계속해서 이동한다. 그 사이사이에 짧은 소극 형식의 막간극이라 할 수 있는 '엔트레메세스(Entremeses)'가 삽입된다. 시간이 흐르면서 '엔트레메세스'는 하나의 독자적인 장르로 발전하게 되었다. 코메디아의 공연은 등장인물 가운데 한 명이 작품의 내용을 이야기하는데, '로아(Loa)'라 불리는 희극적 인물이 등장하면서 시작되었다. 그리고 노래와 춤으로 표현되는 가면극이 마지막을 장식했다. 코메디아에 등장하는 다양한 인물군(群)은 형식요소의 다양성과도 부합한다. 예를 들면 칼데론 데 라 바르카의 드라마 〈살라메아의 촌장(El alcalde de Zalamea, Der Richter vom Zalamea)〉에서는 국왕 필립 2세, 장군, 대장, 자식들과 함께 등장하는 농부, 하인과 함께 등장하는 가난한 지방 귀족, 하사관, 순진한 병사, 전쟁터에서 장사를 하는 여인 등이 동시에 무대 위에 함께 선다. 낮은 신분의 사람들도 진지한 드라마 사건의 중심에 놓일 수 있다는 것은 스페인의 바로크 연극이 신분제한 조항을 엄격하게 고수하는 프랑스나 이탈리아, 그리고 독일의 연극과는 근본적으로 다른 점이다. 특히 인물 평등화의 경향은 신으로부터

214) 16세기 스페인의 극작가로 서민적이고 사실적인 연극의 창시자, 1510~1565년. —옮긴이

마지막으로 부여받은 역할의 위계가 중요한 것이 아니라 사람들이 자신들에게 부여된 역할을 어떻게 하느냐 하는 것이 더욱 중요하다는 생각을 일관되게 주장하고 대변한 스페인 가톨릭의 영향에서 비롯된 결과이다. 이 작품에서는 다른 나라의 희극 작품에 등장하는 우스꽝스러운 인물들과는 달리 희극적인 하인 역할을 맡은 그라치오소(Gracioso)가 웃음만을 자아내는 순수한 익살꾼의 기능에 국한되어 있는 것이 아니라 자기가 모시는 주인의 허풍이나 말투를 패러디해서 그것을 비꼴 뿐만 아니라 진지한 조언자로 주인을 돕는 이유도 바로 거기서 비롯된 결과이다.

스페인의 바로크 연극이 시작되면서 미구엘 데 세르반테스 데 사베드라의 풍자적인 기사소설 〈돈키호테〉가 나온다. 당시 세르반테스는 생계 수단으로 20여 편의 코메디아를 썼으며, 그 가운데 10여 편만이 지금까지 전해지고 있다. 그는 드라마 〈알제리에서의 생활(El trato de Argel, Das Treiben in Algier)〉과 〈알제리의 포로와 노예들(Los cautivos ó los esclavos, Die Gefangenen und Sklaven von Algier)〉에서 신성동맹(Heilige Allianz)[215]의 대(對) 터키 원정군의 일원으로 참가했다가 해적들에게 잡혀 수년 동안 포로 생활을 하면서 자신이 겪은 체험을 그렸다. 스페인 황금세기에 나온 비극 작품 가운데서 가장 중요한 드라마로 간주되는 〈누만시아의 멸망(El cerco de Numancia, Die Zerstörung von Numancia)〉은 스페인의 고대도시의 멸망, 그리고 적 로마의 손아귀에 들어가지 않기 위해서 스스로 목숨을 끊은 누만시아 주민들의 운명을 다룬 작품이다. 이 작품에 등장하는 비유적 인물들을 통해서 세르반테스는 자기시대에 대한 자신의 의도, 즉 스페인의 보다 나은 미래를 위한 전제조건으로서 영웅적 미덕의 부활을 잘 보여 주고 있다. 세르반테스는 젊은 시절 로마에 있는 스페인 출신 추기경 밑에서 일하면서 알게 된 이탈리아 르네상스 희극 작품을 자신이 쓴 희극 작품들의 모범으로 삼았다. 드라마 〈페드로 데 우르데말라스(Pedro de Urdemalas, Pedro von Urdemala)〉는 그의 희극 작품들 가운데서 가장 중요한 작품인 동시에, 영악한 하인이 꾸미는 사랑의 음모가 난무

---

215) 나폴레옹 이후 국제 평화와 질서 유지를 목적으로 1815년 독일, 오스트리아, 러시아가 체결한 동맹. —옮긴이

하는 집시들의 삶을 통해서 작품의 매력을 한껏 발휘한다. 특히 세르반테스의 작품에 삽입된 엔트레메세스는 연극적 효과가 매우 뛰어났으며, 단막극 형식의 소극으로 동시대 사람들의 삶의 현실을 보여 주는 단면들을 무대 위에 올리고, 언제나 도덕적 교훈을 담은 메시지와 함께 끝난다.

이러한 서막 이후에 스페인의 바로크 연극은 1580년 로페 데 베가의 등장과 함께 본격적으로 시작되었다. 그가 쓴 1500여 편 이상의 작품 가운데 현재에는 450편의 '코메디아'와 40편의 '아우토스 사크라멘탈레스'가 전해지고 있다. 서정적이며 시적인 목가극과 더불어 사실주의적 역사극이 있고, 경박한 희극과 더불어 세상의 삶과 동떨어진 순교자극이 있을 만큼 그가 쓴 드라마 장르는 매우 다양하다. 그리고 그의 작품세계만큼이나 로페 데 베가의 삶 또한 매우 상반되어 보인다. 즉, 신학 공부와 수도회 가입, 자기 탄핵에 의한 죽음이 한편에 있다면, 그 반대편에는 성추문과 절도 의혹, 그리고 추방이 놓여 있다. 그의 코메디아 작품에서 —가장 중요한 작품은 〈사랑하는 남자의 여자 노예(La esclava de su galán, Die Sklavin ihres Geliebten)〉, 〈영리한 여자 광대(La dama boba, Die kluge Närrin)〉, 〈미라켈의 기사(El caballero del miraglo, Der Ritter vom Mirakel)〉 등— 삶은 가면극으로 연출된다. 변장과 변신, 오해와 착오가 차곡차곡 쌓인 채 등장한다. 동일한 음모들이 계속해 꾸며지고 마지막 순간에 이르러 마침내 다시 해소된다. 로페 데 베가의 작품들은 인물의 캐릭터보다는 상황에 의해서 만들어진다. 등장인물들의 태도는 캐릭터를 관통하는 어떤 심리학적 논리에 의해서 규정되어 있지 않다. 그의 역사극 〈양의 우물(Fuente Ovejuna, Das brennende Dorf)〉은 오늘날에도 자주 공연되는 작품 가운데 하나다. 이 작품에는 자신에게 몸을 허락하지 않는 처녀들에 대한 분노로 그들을 박해하는 총독에 저항하는 마을 사람들의 집단적인 반란이 표현된다. 총독은 한 처녀를 자기 휘하의 포악한 군인에게 넘겨주고, 또 다른 처녀를 결혼식장에서 납치한다. 그러나 그가 그녀의 신랑을 고문하도록 내버려 둔 사이에 신부는 도망쳐 나와 마을 사람들을 불러 모은다. 그러자 마을 사람들은 탕아인 총독을 때려 죽인다. 마드리드에서 파견된 조사관은 범죄자들에게 질문을 하자, 그들로부터 똑같은 답변—"양의 우물이라는 마을!(Das Dorf Fuente ovejuna!)"—만을 듣게 된다. 결국에 그들을 사면하는 것 이외에 국왕이 할 수 있는 일이란 아무것도 없게 된다.

자신을 시인 티르소 데 몰리나라고 부른 가브리엘 테예스(Gabriel Téllez)는 로페 데 베가의 주변에서는 가장 중요한 극작가였다. 그는 자신의 동료 극작가 로페 데 베가로부터 극작법상의 테크닉을 넘겨받았지만, 등장인물들을 더욱 정제해서 묘사했다. 동시대인들의 정보에 따르면 그는 세상 인심에 관한 자신의 해박한 지식을 교회의 고해실에서 얻었다고 한다. 티르소 데 몰리나가 쓴 일련의 희극 작품들은 검열에 의해서 공연이 금지당할 만큼 매우 대담했다. 코메디아 〈세비야의 탕아 또는 돌의 초대객〉에서 몰리나는 나중에 프랑스의 극작가 몰리에르와 크리스티안 디트리히 그라베(Christian Dietrich Grabbe)[216]를 비롯해 현대의 극작가 외된 폰 호르바트(Ödön von Horváth)[217]와 막스 프리쉬(Max Frisch)[218]에 이르기까지 극작가들의 판타지를 끊임없이 자극했으며, 또한 볼프강 아마데우스 모차르트(Wolfgang Amadeus Mozart)[219]의 오페라를 통해서 불멸의 존재가 된 돈 후안이라는 인물을 처음으로 무대에 올렸다. 이 작품은 짧은 장면들로 구성되어 있으며, 주인공의 상대역과 희생자들은 흔히 개략적으로 윤곽만 그려져 있을 뿐이다. 공포의 이미지들은 억제하지 못하는 육욕을 표현하는 문구들로 바뀐다. 거기서 세상에 대한 바로크적 감정의 모순이 드러난다. 티르소 데 몰리나의 코메디아 가운데 많은 작품에서 여성 인물들이 중심적인 역할을 한다. 흔히 그들은 한 남자를 사이에 두고 서로 경쟁을 벌인다. 또한 그들은 재기 발랄한 술수, 그리고 위트와 열정을 가지고 행동한다. 반면에 어찌할 바를 모르는 허약자로 등장하는 대부분의 남성 인물들은 꼭두각시처럼 그녀들의 손아귀에서 허우적거린다. 그의 작품에 등장하는 여성 인물들 가운데 희극 〈녹색 바지를 입은 돈 힐(Don Gil de las calzas verdes, Don Gil von den grünen Hosen)〉에서 부정을 저지른 신랑을 되찾기 위해서 남자로 변장하는 과감한 돈나 디아나(Donna Diana)는 극작가가 가장 큰 성공을 거둔 예다.

---

216) 독일의 극작가, 1801~1836년. —옮긴이

217) 헝가리 출신의 독일 극작가, 1901~1938년. —옮긴이

218) 스위스 출신의 극작가 겸 건축가, 1911~1991년. —옮긴이

219) 오스트리아 출신의 고전주의 음악가, 1756~1791년. —옮긴이

칼데론 데 라 바르카는 400여 편의 코메디아를 썼으며, 그 가운데 절반 정도가 전해지고 있다. 그의 작품들은 스페인 바로크 드라마의 절정이자 종결을 의미한다. 그리고 그의 작품들은 인간의 분망한 삶이 포착되고, 이것이 결국 하나님의 유희로서 비쳐지는 오목거울로 비유되었다. 인간의 모든 갈등의 지양은 하나님 안에 전제되어 있기 때문에 칼데론의 경우에는 순수한 비극성이 존재하지 않는다. 하나님과 더불어 궁정 시인의 자리에 오른 극작가 칼데론은 절대주의 왕정체제에 의무감을 느꼈다. 그래서 그는 살라메아(Zalamea)의 촌장으로 하여금 자신의 기본 입장이라 할 수 있는 다음의 시구를 옮기도록 했다.

나의 왕에게 행복과 생명을,
그것이 의무이며, 명예는
영혼의 소유물이며,
영혼의 주인은 하나님이시다.

칼데론은 종교극 〈인생은 꿈(La vida es sueño, Das Leben ein Traum)〉을 썼다. 〈세계 대극장(El gran teatro del mundo, Das große Welttheater)〉이라는 그의 또 다른 종교극은 하느님의 무대로서 세계에 대한 생각을 환기시키고 있듯이 '꿈에 불과한 인생'은 현세적 삶의 허무함을 이미 그 제목에서부터 강조한다. 그 밖에 그의 작품 〈기적을 행하는 마술사(El mágico prodigioso, Der wundertätige Magier)〉는 후대인들에게 각별한 인기를 누렸다. 칼데론의 도덕적 교훈극에는 건실한 가정의 명예손상과 그 회복이 중심에 놓여 있다. 극작가는 드라마 〈살라메아의 촌장〉을 통해서 그와 같은 드라마 유형의 가장 훌륭한 예를 보여 주었다. 그는 자신의 희극 작품에서 로페 데 베가, 그리고 티르소 데 몰리나에 의해서 대성공을 거둔 '망토와 칼 희극'이라고 불리는 '카파 이 에스파다'의 경향을 따랐다. 이 장르에서 가장 성공한 칼데론의 작품으로는 〈마담 말괄량이(La dama duende, Dame Kobold)〉를 들 수가 있다. 이 희극 작품에서는 오빠들로부터 경쟁적으로 보호를 받고 있는 젊은 과부가 분란을 일으킨다. 여기서는 실로 해결하기 어려운 분란을 단지 한 말괄량이의 소행으로만 보는 광대 그라치오소가 작품에 희극성을 제공한다.

17세기 마드리드의 코랄레스 무대

스페인 바로크 연극의 극작법만큼이나 공연 형식도 매우 다양하다. 성체축일 행렬이 지나가는 동안에 종교극 '아우토스 사크라멘탈레스'를 공연하기 위한 이동식 무대와 바로크적 연극 무대의 모든 장치를 갖춘 궁정극장 이외에도 서민풍의 코랄레스 무대(Corrales-Bühne)가 있었다. 코랄레스 무대는 주거지역에 덮개 없이 마당에 나무판자로 설치한 단순한 연단이었다. 장막 하나가 무대배경을 구성하고, 장막의 틈새를 통해서 연기자들이 무대 위로 등장했다. 장막이 거둬지면, 사람들은 무대 안쪽 또는 무대배경을 암시하는 무대의 배경도를 볼 수 있었다. 관람석에는 상류계층 관객들을 위한 특별석—약간 높은 칸막이 좌석—이 설치되어 있었고, 일반 사람들을 위해서는 장의자들을 놔두었다. 여성 관람객들은 그 뒤편에 칸막이를 친 이른바 '닭장(Hühnerstall)'이라고 불리는 곳에 별도로 앉았다. 집을 에워싸고 있는 창들은 신분이 높은 여자들에게 임대되었다. 그들은 자신들의 명예에 해가 되지 않도록 다른 사람들이 자신들을 보지 못하게 창가에 설치된 블라인드를 통해서 연극 공연을 볼 수 있었다. '모스케테로스(Mosqueteros)'라고 불리는 입석 관람자를 위한 공간은 대부분의 마당을 차지했으며, 또한 도제나 대학생들이 지르는 커다란 환호성에 따라 작품의 성공과 실패 여부가 결정되었다. 처음에 코랄레스 무대는 자선활동을 하는 교단에 의해서 설치되었지만, 이후에는 극장 운영자들에게 임대되었다. 극장 운영자들은 교회축제에서도 공연을 했으며, 적어도 초창기에는 궁정에서도 공연을 했다. 나중에는 연극광인 국왕 필립 4세가 화려한 볼거리를 공연하도록 했으며, 이를 위해서 이탈리아로부터 '무대장치가들'을 데려왔다. 그 가운데서 특히 코시모 로티(Cosimo Lotti)[220]가 당시에 가장 탁월한 무대장치가 중 한 사람이었다.

자신의 작품을 발간하면서 로페 데 베가는 서문에 다음과 같이 썼다. "장막이 열리자, 우리는 바다가 아주 먼 또 다른 바닷가와 맞닿고, 항구와 등대 그리고 몇 척의 배가 있는 도시를 원경으로 보았다. (…) 심지어 우리는 파도 속에서 이리저리 물고기들이 헤엄쳐 다니는 것을 보았다. (…) 그리고 300개 이상의 조명이 모든 것을 정교하게 비추었다. 그러나 우리는 단 하나의 조명도 보지 못했다. 그런 다음 백조들이 끄는 수레를 타고 비너스(Venus)가 등장해 이리저리 높이 날아다니는 아들 아모르(Amor)와 대화를 나누었다. (…) 신성(神性)의 하강과 다양한 무대장면의 전환은 나의 목가(牧歌)보다 훨씬 더 많은 집중력을 요구했다. 물론 그것은 영혼이었다. 그러나 육체의 연기는 경청하지 않으면 안 되는 눈요깃감을 제공했다."[221] 스페인이라는 국가는 쇠퇴하고, 결국 국왕의 호위병조차도 끼니를 구걸하는 동안에 이런 연극적 현혹은 바로크 시대의 계급 피라미드에서 가장 맨 꼭대기에 위치한 소수계층의 여흥과 자기과시를 위해 적극적으로 장려되었다.

프랑스 고전주의 드라마와 연극

바로크는 프랑스에서도 모든 계층을 위한 다양한 연극문화를 만들어 냈다. 궁

---

220) 이탈리아의 무대장치가 겸 엔지니어, 1571~1643년. 옮긴이

221) Zitiert nach Karl Vossler: Lope de Vega und sein Zeitalter. S. 204 f.

정사회는 장중한 오페라 공연과 화려한 발레공연을 즐겼으며, 시민계급은 공설 극장에서 피에르 코르네이유(Pierre Corneille)[222]와 장 라신(Jean Racine)[223]의 비극에서 감동을, 그리고 장 밥티스트 포클랭 몰리에르(Jean Bapstiste Poquelin Moliére)의 희극에서 즐거움을 구했다. 서민들은 주로 통속적인 시장극(Théâtre de la Foire, Jahrmarktstheater)을 즐겼다. 17세기 중반까지 연극뿐만 아니라 다른 모든 예술 장르에서 바로크 양식은 지배적이었다. 그 뒤 바로크적 과잉은 고대의 엄격한 예술 이상을 지향하는 고전주의 운동에 의해서 억제되었다. 이러한 과정은 근대철학의 아버지로 불리는 르네 데카르트(René Descartes)[224]가 "나는 생각한다. 고로 나는 존재한다(Cogito ergo sum, Ich denke, also bin ich)"라는 사고에서 출발해 방법론적 회의의 원리와 함께 인간의 존재를 규정하면서 합리주의를 확립했듯이 당시 합리주의의 대두와 관련이 있다. 이성에 대한 믿음의 싹이 틀 수 있는 배경을 형성한 것은 정치적 권력투쟁이었다. 그 과정에서 왕권은 구 봉건귀족들의 원심력적 권력을 제압했다. 사실상 그것은 루이 13세와 루이 14세 아래 프랑스 정부를 이끌던 2명의 추기경 리슐리외(Richellieu)[225]와 마자랭(Mazarin)[226]의 공이었다. 절대왕정 체제에 대한 귀족과 시민계급의 저항이라 할 수 있는 '프롱드의 난(La Fronde)'[227]을 진압하면서 '태양왕'이라고 불리는 루이 14세의 절대주의 지배통치를 위한 모든 전제조건들이 갖춰졌다. 루이 14세는 봉건영주들을 궁정으로 불러 모아 별로 중요하지 않은 대표자의 의무를 맡기면서 그들을 완벽하게 무력화했다. 수백 년 동안 프랑스의 운명을 좌지우지하던 기독교 기사단 출신의 귀족들은 한낱 길들여진 궁정귀족으로 전락했다. 루이 14세는 낭비벽의 한 예를 보여 주었고, 궁신(宮臣)들도 이를 좇았다. 많은 궁신들은 파산하고, 자신의 흥망을 지배자의 자비에 내맡겼다. 그래서 그들은 루이 14세로부터 주목을 받거나 혹은 말 한

222) 17세기 프랑스의 신고전주의 극작가, 1606~1684년. —옮긴이
223) 17세기 프랑스의 신고전주의 극작가, 1639~1699년. —옮긴이
224) 프랑스의 철학자 겸 수학자, 1596~1650년. —옮긴이
225) 프랑스의 절대왕정 시대 재상, 1585~1642년. —옮긴이
226) 슐리에의 뒤를 이은 프랑스의 절대왕정 시대 재상, 1602~1661년. —옮긴이
227) 1648~1653년에 걸쳐서 일어난 프랑스의 내란. —옮긴이

마디 듣는 것을 가장 큰 행복으로 여겼다. 사람들은 그의 아침 단장에 참석하는 것을 대단한 영광으로 생각했다. 국왕이 궁신들을 매우 업신여겼다는 것은 놀라울 일이 아니다. 그들을 조소한 몰리에르의 희극 작품들은 국왕의 허락이 있었기에 가능했다. 국왕은 정치적으로 중요한 자리에 시민계급 출신들을 앉혔다. 국가에 봉사하는 일에 있어서 그들의 실천 의지와 업무 태도는 통치의 훌륭한 전제조건이라고 여기는 듯했다.

무력화된 봉건귀족과 새로운 관료귀족의 일족들이 궁정사회의 새로운 사회집단을 구성했다. 그들의 지위와 수입은 오로지 궁정에서의 권세에 따라 좌우되었다. 좌표계의 절대 중심에는 '신의 은총'을 받아 임명된 군주가 있었으며, 그를 통해서 국가는 비로소 그 본래의 존재 이유를 획득했다. 그러므로 루이 14세는 "짐이 곧 국가다"라고 당당하게 말할 수 있었다. 정치적 삶뿐만 아니라 사회적 삶 역시도 궁정에 의해서 결정되었다. 무엇이 아름답고 우아하며, 무엇이 재치 있고 점잖은 것인지는 거기서 확정되었다. 궁정사회의 모든 구성원들이 따라야 하는 '예의범절'의 규범도 거기서 정해졌다. 국왕 자신도 예법을 엄격히 지켜야만 했다. 그것이 국왕을 능가하는 유일한 권력이었다. 그의 하루 일과는 철저하게 규정에 따라 진행되었다. 그는 공식 의전이라 할 수 있는 아침 접견을 시작으로 저녁에는 대체로 축연 또는 향연을 베풀면서 화려한 자기과시와 함께 자신의 하루 일과를 마친다. 루이 14세는 항시 배역을 맡아 연기했으며, 이때 그는 자신의 역할이 프랑스 사회에 미치는 영향력을 정확하게 계산하고 있었다. 그리고 궁신들은 그와 똑같이 자신들의 역할을 연기했다.

무대 위에서도 예의범절은 최고의 규범이었다. 형식 및 내용의 관점에서 사람들은 궁정의 세계관과 인간상, 도덕관과 미적 기준과의 일치를 구했다. 이러한 것은 역사적으로 고정된 하나의 전통으로서가 아니라 시대를 초월해 적용되는 원칙으로 간주되었다. 그러므로 이 시대의 가장 뛰어난 비극 작가 피에르 코르네이유와 장 라신은 자신들의 작품에 등장하는 고대의 주인공과 연인들의 역할을 궁신들에게 맡길 수 있었다. 그래서 이폴리트 텐(Hippolyte Taine)[228]은 그들 작품

---

228) 프랑스의 비평가 겸 역사가, 1828~1893년. —옮긴이

에 등장하는 인물들을 다음과 같이 특징지었다. "그들은 완벽한 예의범절과 사교적 숙련을 갖추고 말한다. (…) 가장 맹렬하고 거친 연인 역할의 남자들은 완벽한 신사처럼 기교를 부리며 우아한 말씨를 사용하고 인사를 한다. (…) 그들은 죽을 힘을 다해서 완벽한 문장을 줄줄이 말한다. 따라서 왕자는 마지막 순간까지 뭔가를 생각하고 장엄한 예의를 갖추고 죽을 줄 알아야만 한다."[229] 언어, 즉 대화로 표현되지 않는 행동을 해서는 안 되는 것처럼 무대 위에서도 언어적 표현이 매우 중요했다. 프랑스 고전주의 배우들은 무엇보다도 웅변가였다. 그들의 주 과제는 작가의 언어를 수사학의 규칙에 따라서 낭송하는 것이었다. 동작과 관련해서는 궁정무용을 모범으로 생각했다. 따라서 연기술은 원칙적으로 습득될 수 있고, 기술적으로 숙련된 연기에 의존했다. 배우의 '예측할 수 없는' 환상이나 감수성은 전혀 받아들여지지 않았다. 예의바름이 신빙성보다 훨씬 더 중요했다. 예를 들면 지위가 높은 관객 쪽으로 등을 보이면서 연기해서는 안 되었다. 설령 그들이 배우들과 함께 신하를 연기하기 위해서 무대 위에 함께 앉아 있더라도 등을 보이면

코메디 프랑세즈 극장의 비극 연기자들, 극장의 유화, 1700년

229) Hippolyte Taine: Philosophie der Kunst, S. 70.

서 연기를 해서는 안 되었다. 이러한 관습은 18세기 중반까지 코메디 프랑세즈(Comédie Française) 극장[230]에서는 지배적이었다. 표현에서도 등장인물들은 궁정사회의 표본과 일치했다. 모두가 우아하고 화려한 의상을 걸쳤으며, 그러한 의상을 입지 않고서는 두말할 필요도 없이 궁정에 모습을 나타날 수도 없었을 것이다. 여성들의 경우에는 화려한 드레스와 우뚝 솟은 헤어스타일로, 그리고 남성들의 경우에는 길게 늘어뜨린 가발과 깃털 장식 모자, 그리고 구두 뒷굽으로 실제보다 크게 보이도록 함으로써 실제의 모습을 상징적으로 미화시켰다. 고대 로마나 고대 근동—두 곳 모두 고전주의 비극이 선호하는 무대배경이다—의 인물들을 연기하는 사람들은 헬멧과 흉갑, 그리고 짧은 스커트 또는 터번과 어깨에 걸치는 화려한 옷으로 치장했다. 고전주의 비극의 극작법은 예의바름과 개연성 이외에 무엇보다도 시간, 장소 그리고 줄거리 통일의 유지를 규정한 니콜라 부알로(Nicolas Boileau)[231]의 『고전주의 독트린(Doctrine classique)』에 기초한다. 추기경 리슐리외가 문화와 학문의 중앙집권화를 위해서 설립한 '아카데미 프랑세즈(Académie Française)'의 회원들은 아리스토텔레스의 『시학』 해석에 대해 격렬하면서도 끈질기게 논쟁을 벌였다. 해박한 희곡이론가들 모두가 단 하나의 올바른 해석을 요구했다. 그리스 철학자의 권위를 빌려 사람들은 3통일의 규칙뿐만 아니라 평범한 사람은 희극 쪽으로 추방시키는 반면에 비극에서는 고귀한 계급의 사람들만이 등장해야 한다는 신분제한 조항도 확립했다. 여기서 귀족계급의 지배로부터 시민계급의 해방이라는 의미에서 신분제한 조항을 비난한 드니 디드로(Denis Diderot)[232]와 고트홀프 에프라임 레싱의 비판이 시작되었다.

프랑스 고전주의 연극은 극작가 피에르 코르네이유로부터 시작된다. 17세기 초 프랑스 북서쪽에 위치한 소도시 루앙(Rouen)에서 태어났으며, 예수회 수도원에서 교육을 받은 코르네이유는 법률을 공부하고 고향에서 변호사로 활동했다. 그의 드라마 작품 30편 가운데 대부분이 그곳에서 쓰였다. 그는 나이가 들어 파

230) 1680년 루이 14세 때 건립된 프랑스 고전주의 시대의 주요 극장 건물 가운데 하나. —옮긴이
231) 17세기 프랑스의 시인 겸 평론가, 1636~1711년. —옮긴이
232) 18세기 프랑스의 대표적인 계몽주의 사상가 겸 문학자, 1713~1784년. —옮긴이

피에르 코르네이유: 앙드로메드, 파리 1650년, 지아코모 토렐리의 무대장치 설계도

리로 이주했다. 자신의 경쟁자이자 젊은 극작가인 장 라신의 등장 이후에 더 이상 성공을 거두지 못하자, 그는 재정적 어려움에 빠졌다. 결국 그는 절대왕정 체제에 절대적으로 신봉한 그에게 고마움의 표시로서 국왕이 자신의 사재를 들여 그에게 베푼 조그마한 연금에 의존했다. 처녀작 〈멜리트(Mélite)〉가 나온 뒤 코르네이유는 연속해서 6편의 희극 작품을 내놓았다. 그 가운데 그의 걸작이라 할 수 있는 〈거짓말쟁이(Le Menteur, Der Lügner)〉와 〈우스꽝스러운 환상(L'illusion comique, Die kommische Illusion)〉이 주목을 끌자 코르네이유는 추기경 리슐리외의 권유에 따라서 극작가연합에 동참했다. 리슐리외가 조직한 극작가연합에는 아리스토텔레스의 규칙들을 엄격하게 준수하고 정해 놓은 주제에 따라서 작품을 쓰는 과제가 주어져 있었다. 물론 극작가는 각자 일을 맡았다. 코르네이유는 의무에 따라 작품을 써서 제출해서 아카데미 프랑세즈의 회원이 되는 기회를 얻었다. 그러나 그 뒤 그는 자신의 재능을 유감없이 발휘한 드라마 〈르 시드(Le Cid, Der Cid)〉 때문에 추기경 리슐리외의 총애를 잃어버렸다. 또한 스페인을 배경으로 사랑, 명예 그리고 복수를 다루고 있으며, 격정과 결투의 용기에 불타는 주인공이 그 중심에 놓여 있는 비극 〈르 시드〉는 관객들로부터 열광의 물결을 불러

일으켰으나, 아카데미 프랑세즈의 회원들로부터 혹독한 비판을 받았다. 빈번한 장면 전환, 그리고 시간 및 장소의 통일을 경시한 것이 그들의 이론과 배치되었기 때문이다. 장문의 반박서로 이 논쟁은 조정되었다. 결국 아카데미 프랑세즈는 코르네이유와 그의 작품을 가혹하게 비판했다. 코르네이유는 압력에 굴복했고, 그때부터는 그는 훨씬 더 '규칙을 엄격하게 준수하는' 드라마 작품들을 썼다. 그는 비극 〈호라티우스(Horace)〉와 〈시나(Cinna)〉에서 로마사의 사건들에 기대어 절대왕정의 권력 욕구와 개인의 행복 추구 사이에서 일어나는 민감한 갈등을 다루었다. 순교자극 〈폴리에크트(Polyeucte)〉에서는 드라마의 갈등이 종교로 옮겨갔다. 신에 대한 복종이 국가에 대한 도리를 대신한다. 비극 〈로도귄느(Rodogune)〉의 테마는 자기파멸로 이어지는 권력에의 집착이며, 이 주제를 코르네이유는 클레오파트라라는 역사적 인물을 통해서 표현한다. 코르네이유의 마지막 작품 〈니코메드(Nicoméde)〉는 국왕에 대한 개개인의 절대 복종을 분명하게 지지한다. 그의 전 작품은 비극의 전형적인 요소들을 포함하고 있지만, 종국에는 화해를 하면서 비극적으로 끝나지 않는다. 그의 주인공들은 죄를 짓지만, 곧 거기서 벗어나 도덕적인 행위를 통해서 속죄를 한다. 물론 주인공을 죽게 내버려 두는 이러한 작가적 태도는 문학적 정의와 배치된다. 비극 〈르 시드〉의 마지막 문장은 이러한 태도를 함축성 있게 요약한다. "뭔가 시간이 그 위에 덧칠된다면, 다시 말해 시간이 흐르면 흔히 범죄라고 생각되는 것도 달리 받아들여지게 된다."

장 라신의 유년 시절과 청소년기는 금욕과 매우 엄격한 도덕성을 지향하는 가톨릭교회의 개혁운동 가운데 하나인 얀센주의(Jansenismus)233)의 영향을 받았다. 이 교의의 중심지인 포르 루아얄(Port Royal) 수도원에서 학창 시절을 보내는 동안에 그는 주변에서 죄에 빠지기 쉬운 행동으로 여기는 저술행위에 관심을 기울였다. 이미 그의 첫 번째 성공작이라 할 수 있는 비극 〈앙드로마크(Andromaque)〉에서 그는 드라마의 중심 주제와 문체를 발전시켰다. 라신의 작품에는 언제나 경쟁적인 열정, 욕구의 절망, 에로틱의 심리, 퇴짜 맞는 사랑과 질투가 다뤄진다. 라

233) 17세기 네덜란드의 가톨릭 신학자 코르넬리우스 얀세니우스(Cornelius Jansenius)가 주창한 교의. —옮긴이

신은 자신의 모든 작품에서 서로 배척하며 권리를 주장하는 세계에서 홀로 존재할 수 없는 인간의 불가능성을 보여 준다. 비극 〈앙드로마크〉의 성공 이후에 라신은 〈브리타니퀴스(Britannicus)〉, 〈베레니스(Bérénice)〉, 〈바자제(Bajazet)〉, 〈미트리다트(Mithridate)〉, 그리고 〈이피제니(Iphigénie)〉로 일찍이 극작가로서 탁월한 성공을 거두었으며, 이러한 성공은 〈페드르(Phédre)〉에서 절정을 이루었다. 비극 〈페드르〉에서 라신은 그리스 신화를 새롭게 해석한다. 즉, 아테네의 왕비 페드라는 그녀의 의붓아들에게 반해서 사랑에 빠진다. 그러나 그는 그녀를 거부한다. 그러자 그녀는 그를 중상모략하고, 결국 그녀는 자살한다. 운명은 가혹하다. 페드라는 남편에 대한 자신의 의무에 충실한 한편, 금지된 사랑을 자제하기 위해서 자신이 원하는 것이면 뭐든 할 수도 있으며, 경우에 따라서는 단념도 할 수가 있다. 그러나 강력한 의지도 사랑의 힘을 거역할 수는 없는 것이다. 하지만 사람들이 그의 비극 작품을 적대시하자 그는 연극계를 떠났다. 어린 시절의 얀센주의가 그를 다시 맞아들였다. 그는 죄를 짓기 쉬운 곳이라 여겨지는 연극에 대한 자신의 열정을 단념하고, 자신이 신격화한 태양왕 루이 14세의 사료 편찬관이 되었다. 그렇게 해서 10년 이상 연극계를 떠나 있었다. 그러다 생 시르(Saint Cyr) 여자기숙학교를 맡아 운영하던 국왕의 정부(情婦) 맹트농(Maintenon) 부인의 요청으로 그는 여학생들을 위해서 성서에 기초한 2편의 종교비극 〈에스터(Esther)〉와 〈아탈리(Athalie)〉를 썼다. 이들 작품에서는 기독교적 구원의 확신이 비극적 절망의 의식을 대체했다.

코르네이유가 극작법의 규칙들을 여전히 구속으로 느끼며 그것을 극복하고자 노력했다면, 라신은 그것을 좀 더 확신에 차고 능숙하게 다루었다. 그에게 줄거리, 장소, 그리고 시간의 통일은 당연한 것이다. 외부 사건을 축소하는 대신에 무게 중심이 등장인물들의 내부로 옮겨진다. 그의 작품에 등장하는 인물들은 절망 속에 내맡겨진 자신들의 영혼의 고통을 서정적인 톤으로 말한다. 얀센주의를 고수하면서 절대주의 지배 원리 속에서 자신들의 정치적 보상을 찾듯이 라신의 주인공들은 '수동적인 주인공'으로서 인간의 운명론을 철저하게 반영한다. 이러한 정치적 보상은 라신이 작품 속에서 지배자의 캐릭터에 부여한 정치적 프로필의 특징을 보여 준다. 전능(全能)은 신에 근거한다. 따라서 얀센주의의 관점에서 정치는 궁극적으로 기독교적 도덕의 문제가 된다. 군주가 자신의 격정을 통제하는 데 성공을 거둔다면 국가의 안녕도 보장된다. 반대로 군주가 자신의 격정에 굴복한다면, 국가는 곧 위험에 빠진다.

코르네이유와 라신이 쓴 비극 작품들은 지나치게 역사 속에 뿌리박고 있었으며, 또한 그 원천이라 할 수 있는 프랑스의 정신에, 그리고 번역하기 쉽지 않은 알렉산더 율격에 근거했기 때문에 그들 비극이 지닌 영향력이 프랑스에 국한된 반면에, 몰리에르의 희극은 세계 극장의 튼튼한 구성요소가 되었다. 일찍이 몰리에르라는 예명을 사용했던 장 밥티스트 포클랭(Jean Baptiste Poquelin)은 1622년 파리에서 궁정 실내 장식가의 아들로 태어났다. 14세가 되면서 그는 예수회 학교에 입학했다. 이곳에서 그는 철학자 피에르 가상디(Pierre Gassendi)[234]의 제자가 되었다. 그의 스승 가상디는 자신의 영원한 맞수 데카르트를 '유령(Geist)'이라 부른 반면에, 데카르트는 그를 가리켜 '고깃덩어리(Fleisch)'라고 불렀다. 왜냐하면 가상디는 프랑스 궁정사회의 방탕함에 정당성을 부여하는 기독교에 기초하여 쾌락주의 내지는 향락주의를 가르쳤기 때문에 데카르트로부터 명예스럽지 못한 그런 별칭을 얻었다. 학교를 졸업한 이후 몰리에르는 아버지 곁에서 실내 장식을 배운 다음, 오를레앙(Orléans) 대학에서 법학을 공부했다. 그는 국왕 루이 13세를 수행하면서 여행 중에 당시 프랑스를 대표하는 여배우 마들렌느 베자르(Madeleine Béjart)와 친교를 맺으면서 그녀와 함께 '일뤼스트르 극장(L'Illustre Théâtre)'이라는 이름의 극단을 건립했다. 얼마 후 극단은 파산했으며 몰리에르는 막대한 부채로 말미암아 구류 처분을 받았다. 그러나 이러한 실패가 그의 열정을 저지하지는 못했다. 새로운 극단과 함께 그는 12년간 프랑스의 지방을 다니면서 공연을 했다. 이때 그는 연기자로서의 경험과 함께 무엇보다도 연극이 감각적 기쁨을 주어야 한다는 사실을 깨달았다. 그의 극단은 코메디아 델라르테의 전통에 있는 동시대의 희극 작품들이나 소실된 몰리에르의 초기 작품들로 구성된 공연 프로그램을 그와 같은 원칙에 맞추었다. 점차 성공을 거두면서 그의 극단은 파리에서도 공연을 할 수 있을 것이라고 생각했다. 1658년 궁정의 초청공연이 성사

234) 프랑스의 신학자 겸 자연과학자, 1592~1655년. —옮긴이

되면서 그에게 구체적인 기회가 찾아왔다. 사람들은 여전히 국왕이 지루해하는 코르네이유의 비극들을 공연했다. 하지만 막후극으로 공연된 몰리에르의 희극 작품 〈홀딱 반한 의사(Le docteur, Der verliebte Doktor)〉가 국왕을 즐겁게 했다. 이를 계기로 몰리에르의 극단은 행운을 얻었다. 국왕은 그의 극단에 지원을 약속했고, 그의 남동생은 극단 창립자의 지위를 넘겨받았다. 그리고 몰리에르의 극단은 세트무대가 설치된 루브르(Louvre) 소재의 무도장인 왕실 소유의 '프티 부르봉 극장(Théâtre Petit-Bourbon)'을 공연장으로 사용해도 좋다는 허락을 받았다. 동시에 프랑스식 코메디아 델라르테라고 할 수 있는 극단 '코메디 이탈리엔느(Comédie Italienne)'도 이 무대공간을 이용했다. 그러나 무도장이 화재로 소실되자, 두 극단은 자신들의 공연장소를 추기경 리슐리외가 건립한 무대공연 홀인 팔레 루아얄(Palais Royal)로 옮겼다. 1673년 몰리에르가 죽을 때까지 몰리에르 극단은 이곳에서 공연했다. 그 후 극단은 장 밥티스트 룰리[235]가 이끄는 오페라 극단에 의해서 밀려나자, 몇 년 뒤 오텔 드 부르고뉴(Hôtel de Bourgogne) 극단과 함께 코메디 프랑세즈로 통합되었다.

극단이 파리에 자리를 잡고 궁정뿐만 아니라 시민계급의 관객으로부터 호감을 받자, 이때부터 몰리에르는 실질적으로 극작가로서 창작활동을 시작했다. 그는 죽을 때까지 매년 2편씩 30편 이상의 작품을 썼다. 대부분의 작품에서 그 자신이 주역을 맡았다. 그의 마지막 작품 〈망상환자(Le malade imaginaire, Der eingebildete Kranke)〉에서도 그는 주인공 역할을 맡았다. 이 작품공연 도중에 몰리에르는 심한 객혈에 시달리며 쓰러졌는데, 쓰러지고 몇 시간도 채 지나지 않은 당일 밤에 사망했다. 이른바 '명예스럽지 못한' 배우 신분이었기 때문에 그는 주교의 뜻에 따라 교회장을 치르지도 못했다. 물론 거기에는 몰리에르가 40세 때 그의 전 애인이었던 마들렌느 베자르의 사생아 아르망드 베자르(Armande Béjart)라는 스무 살 연하의 여자와 결혼한 것도 한몫을 했다. 몰리에르를 시기하는 사람들은 아르망드가 몰리에르의 친딸이라는 소문을 유포했다. 몰리에르를 중상

---

235) 이탈리아 출신의 작곡가, 본명은 지오반니 바티스타 룰리(Giovanni Battista Lulli), 1632~1687년. — 옮긴이

모략하는 사람들의 입을 다물게 하기 위해서 루이 14세는 몰리에르 부부가 낳은 첫 번째 아이와 대부대자(代父代子) 관계를 맺었다.

몰리에르는 지나치게 꾸민 궁정사회의 기교적 말씨를 조롱하는 단막극 〈웃음거리 새침데기 여자들(Les précieuses ridicules, Die lächerlichen Preziösen)〉이라는 희극 작품으로 파리에서 처음 대성공을 거두었다. 2편의 희극 작품 〈남편들의 학교(L'école des maris, Die Schule der Männer)〉와 〈아내들의 학교(L'école des femmes, Die Schule der Frauen)〉도 관객으로부터 어마어마한 호평을 받았다. 특히 극작가 몰리에르가 늙은 남자와 젊은 여자라는 전통적인 모티브를 다룬 후자의 경우에는 귀족계급뿐만 아니라 시민계급의 기대를 충족시켰다. 그러나 보수적인 집단, 특히 교회는 몰리에르 작품의 개방성에 대해서 격렬하게 비난했다. 또한 몰리에르를 질투하는 경쟁자들이 교회와 합세했다. 한평생 몰리에르는 그들과 싸우지 않을 수 없었다. 예를 들면 단막극 형식의 희극 〈베르사유의 즉흥극(L'Impromptu de Versailles, Das Stegreifspiel von Versailles)〉에서 보듯이 몰리에르는 그러한 싸움을 대부분 자신의 작품을 통해서 벌였다. 위선적인 인물을 그린 희극 〈타르튀프(Tartuffe)〉로 그는 교회의 분노를 샀으며, 그로 말미암아 교회는 그의 작품공연을 금지하는 동시에, 그를 이단자로 소추할 것을 요구하기도 했다. 그러나 국왕은 그를 보호해 주었다. 그 덕분에 그는 더 이상 시달림을 받지 않았으며, 5년 뒤 그의 작품은 예리한 비판의 날을 누그러뜨린 대본으로 다시 무대에서 공연될 수 있었다. 이 작품에서 그려진 인간의 위선적인 행동과 마찬가지로 몰리에르는 희극 〈인간혐오자(Le misanthrope, Der Menschenfeind)〉에서 인간혐오를 조롱의 대상으로 삼았다. 이때 그는 주인공을 비웃음의 대상이자, 측은한 인물로 표현했다.

몰리에르는 스페인의 극작가 티르소 데 몰리나의 모범에 따라서 쓴 자신의 〈돈 후안〉에서 신성모독과 부정함, 파렴치함과 오만함을 신랄하게 비판했다. 그와 달리 몰리에르는 희극 작품 〈마음에도 없는 의사(Le médicin malgré lui, Der Arzt wider Willen)〉와 플라우투스의 전형에 따라서 쓴 〈암피트리온(Amphitryon)〉이라는 제목의 소극을 내놓았다. 거짓투성이로 이뤄진 결혼의 위험성을 다룬 이 작품의 기본 테마는 그의 희극 〈조르주 당댕(Gorge Dandin)〉에서도 중심 테마를 이룬다. 즉, 어느 부유한 농부가 귀족 출신의 한 처녀와 결혼했다. 그녀는 그를 철저

몰리에르, 〈수전노〉, 1682년판의 삽화

하게 배신한다. 물론 그녀는 그러한 배신에 합당한 벌을 받지 않는다. 문학적 정의의 부재가 이 희극 작품에서는 불쾌한 뒷맛을 남겨준다. 그의 희극 〈수전노(L'avare, Geizigen)〉에서는 오히려 줄거리의 선이 가늘고 상투적이다. 그러나 여기서 인물 캐릭터는 극적 인물 묘사에서는 걸작임을 보여 준다. 이 인물을 통해서 몰리에르는 한 사회계층 전부를, 즉 번영하는 국민경제의 의미에서 이익을 낼 만한 기업들에 투자하는 대신 과거 좋았던 시절에 골몰하는 배부른 시민들을 희극의 대상으로 삼았다.

장 밥티스트 륄리와 함께 몰리에르는 노래와 춤, 그리고 연극의 요소로 이뤄진 바로크식 종합예술인 발레희극(Ballétt-Komödie)이라는 새로운 희곡 장르를 만들었다. 이 장르의 작품 가운데서 가장 커다란 성공을 거둔 작품은 국왕의 지시로 쓴 몰리에르의 희극 작품 〈시민귀족(Le bourgeois gentilhomme, Der Bürger als Edelmann)〉이다. 이미 이 작품은 제목에서부터 풍자적 비판에 초점을 맞추고 있음을 알 수 있다. 결국에 〈여학자들(Les femmes savantes, Die gelehrten Frauen)〉이라는 희극 작품으로 몰리에르는 자신의 첫 번째 히트작 〈웃음거리 새침데기 여자들〉의 모티브를 다시 이어 갔다. 고상한 시민계급 출신의 몇몇 여성들은 교양과 지식을 얻으려고 애를 쓰지만, 그것은 남자를 얻기 위한 경쟁에서 보다 나은 기회를 차지하기 위한 목적에 지나지 않는다.

몰리에르의 드라마 창작 말기에는 발레희극이 등장하는데, 그 중심은 〈망상환자〉에서 보듯이 다시금 인물의 성격을 뚜렷하게 구성한다. 한편으로 이 작품은 육체적 평안함에 대한 지나친 염려가 가져오는 우스꽝스러움, 그리고 다른 한편으로는 몇몇 의사들의 과도한 물질적 관심을 다루고 있는데, 그것은 시대를 초월해 통용되는 주제이기도 하다.

위대한 모든 극작가와 마찬가지로 몰리에르는 창시자라기보다는 완성자였다. 그는 자신의 드라마 작품에서 다양한 전통들, 특히 소극과 코메디아 델라르테, 그리고 스페인의 바로크 희극들을 소화해 냈다. 또한 그는 젊은 시절 파리의 시장에서 배웠던 민중극으로부터 통속적이고 익살스러운 희극적 요소, 이탈리아의 즉흥극으로부터 등장인물들의 아우트라인, '망토와 칼 희극'이라 불리는 '카파 이 에스파다'로부터 정교한 줄거리의 전개를 차용했다. 몰리에르의 가장 중요한 업적은 인물들이 지닌 상호 모순된 특성들을 혼합함으로써 희극적 효과를 꾀했다는 데 있다. 이러한 기법은 그때까지 통상적인 명료함을 해체하고, 개성을 창조해냈다. 이로써 그는 성격희극(Charakterkomödie)의 창시자가 되었다.

성격희극이라는 드라마 장르에서 사건은 특히 주인공이 지닌 우스꽝스러운 특정 성격을 노출시키는 데 이용된다. 황금세기의 스페인 희극에서 매우 중요한 엿듣기와 변장하기, 그리고 혼란 일으키기는 몰리에르의 작품에서는 뒷전으로 물러난다. 그의 발레희극이 물론 바로크적 정신에 뿌리를 두고 있지만, 그것은 어디까지나 현세적인 것에 국한된다. 그의 희극 작품은 거의 예외 없이 매우 정확하고 예리하게 관찰하고 묘사한 자기시대의 사회 속에 뿌리박고 있다. 코르네이유와 라신의 인위성과 그의 작품을 구별 짓는 리얼리즘의 원리는 거기에 근거한다.

몰리에르가 말하듯이 "비극 작가는 현실을 방치하고 흔히 경이로운 것에 이르기 위해서는 자신의 판타지가 자유롭게 펼치는 비행을 따라갈 수 있다. 그와 달리 희극 작가는 사람들이 우리 시대의 인간들을 드러내 보이는 삶과 비슷한 초상화를 그려내야만 한다". 몰리에르의 세계상은 인간의 이성과 자연의 법칙에 대한 믿음을 특징으로 한다. "우스꽝스러운 것은 비이성적인 모든 것에 자연의 섭리가 제공한 외적 형식이다. (…) 이처럼 우스꽝스러운 것을 알기 위해서는 이성의 척도를 알아야 하고, 어디에 이성의 척도가 존재하는지를 보아야만 한다. 여기서 벗어나는 것은 우스꽝스러운 짓이다."[236]

---

236) Zitiert nach Jürgen Grimm: Molière, S. 152.

2장

시민사회 시대의 연극

시민극의 탄생

시민계급이 절대 봉건주의 지배세력의 속박으로부터 벗어나 계몽주의 사상이 강력한 영향력을 발휘하게 되면서 18세기 중반 무렵에는 시민극, 그리고 이와 밀접하게 연관된 환상주의 연극 원칙이 처음에는 영국과 프랑스에서, 후에는 독일어 문화권에서도 그 틀을 갖춰 나가기 시작했다. 희곡문학을 토대로 한 사실적이고 심리적인 공연 원칙을 표방하는 동시에 교육적 효과를 지향하는 이 연극 양식은 19세기 말 유럽의 무대를 완전히 평정했다.

계몽주의라는 용어에는 '어둠을 밝히는 빛'이라는 은유적인 의미가 내포되어 있다. 계몽주의 사조의 대변자들은 이러한 은유적 표현을 통해서 종교적 미몽과 편견이라는 암흑을 이성의 빛으로 몰아내겠다는 의지를 표명했다. 그들은 바로크 시대를 건너뛰어 르네상스 시대의 인본주의 이상으로 되돌아가고자 했고, 자연과 인간사회에 대한 진정한 인식이 이뤄지는 시대의 도래를 열망했다. 계몽주의자들은 인간의 사고뿐만 아니라 감정까지도 계몽의 대상으로 보았고, 이로써 현대 심리학의 토대도 마련되었다.

배우를 주인공으로 한 소설 『안톤 라이저(Anton Reiser)』의 저자이자 후기 계몽주의자인 카를 필립 모리츠(Karl Philipp Moritz)는 자신이 개척한 신학문을 '경험심리학(Erfahrungsseelenkunde)'이라고 명명했다. 임마누엘 칸트(Immanuel Kant)는 계몽주의를 "인간이 자초한 미성숙으로부터 탈피하는 것"이라고 정의하면서 "네 자신의 이성을 사용할 용기를 가져라!"라고 외쳤다. 개인의 이성을 중시하는 것은 자신들만이 영원불변의 진실을 알고 있고, 그렇기 때문에 지배권을 부여받았다는 믿음에 사로잡힌 교회와 절대주의 국가의 입장과 상충될 수밖에 없었다. 이들과 달리 계몽주의 철학은 개인이 끊임없이 추구해야 하는 가치야말로 진실이라고 주장한다. 그러나 개인주의가 한계를 모르는 이기주의나 충동적 욕구의 분별없는 발산으로 변질될 위험을 방지하기 위해 개인의 자유를 보편주의에 입각해 어느 정도 제한하는 엄격한 도덕체계도 정립해 놓았다.

서부 및 중부 유럽 국가들 내에서 지배세력의 속박으로부터 벗어나려는 시민계급의 노력이 야기한 갈등은 각국의 고유한 권력 구도에 상응하는 다양한 형태로 발전했다. 영국에서는 기술적·경제적 혁명이, 프랑스에서는 정치적 혁명이, 그리고 독일에서는 단지 정신적 혁명만이 일어났다. 신하들에게 "무엇이든 원하는 대로 맘껏 비방해도 좋다. 단, 복종하라!"고 말한 프로이센 국왕 프리드리히 2세(Friedrich der Zweite)는 당시 독일의 군소영주국들의 입장을 대변한다. 아직 경제력을 갖춘 부르주아 계급이 단결된 힘을 발휘하지 못하고 있던 독일에서 사회적으로 부상하고 있는 시민계급의 이익을 옹호했던 관료들과 학자들은 프리드리히 2세가 자부하고 있는 '계몽된 절대주의'의 한계를 간파하고 있었다. 칸트는 볼테르(Voltaire)의 사상에 공감하고 있던 '위대한 프리츠(프리드리히 2세의 별칭)'가 공공의 안녕과 질서를 유지하고자 '잘 훈련된 많은 군인들'을 확보하기 위해 다만 어느 정도의 자유만 보장해 주었음을 꿰뚫어 보았다.

18세기에는 '계몽주의'가 특정한 정신적 태도만을 의미했다면, 19세기에 이르러서는 정신사 및 문학사의 한 시대를 아우르는 명칭으로 사용되었다. 계몽주의 시대는 협의로는 합리주의가 지배하던 1700년부터 1770년까지를, 광의로는 그 뒤를 이어서 등장한 슈투름 운트 드랑(Sturm und Drang)이나 감상주의(Empfindsamkeit)와 같은 비합리주의적 사조들을 통한 변증법적 지양(dialektische Aufhebung)이 이뤄진 수십 년 뒤까지를 일컫는다.

이성과 감성이 주축을 이루는 새로운 문화의 전제조건들을 최초로 제시한 인물은 경험론의 창시자로 역사에 기록된 영국의 정치가이자 철학자 프랜시스 베이컨(Francis Bacon)이다. 베이컨은 오로지 세밀한 관찰과 실험을 통해서만 인식에 도달할 수 있으며, 편견도 타파할 수 있다는 관점을 피력했다. 이와 달리 르네 데카르트는 지각이 너무도 주관적이며 불확실한 것이라는 이유로 반대 입장을 대변했다. 데카르트는 오로지 사유활동을 통해서만 인식의 믿을 만한 근거를 찾을 수 있다면서 '사유'야말로 인간이 존재하는 이유라고 주장했다.

경험주의자들과 합리주의자들은 의심과 비판, 비교와 차별화라는 방법에 의지한다는 점에서는 마찬가지다. 여기서 출발해 그 어떤 것에도 전혀 흔들리지 않는 이성의 낙관주의가 발아했으며, 17세기 말 독일에서는 철학자이자 법학자인 크리스티안 토마지우스(Christian Thomasius)가 라이프치히 대학과 할레 대학에서 이 사상을 최초로 전파한 인물이다.

철학자이자 법학자 토마지우스는 강의를 통해서 의도적으로 폭넓게 청중들과 접촉했다. '학식이 있는 여성은 남성 못지않은 능력을 가지고 있다'는, 당시로서는 매우 독특한 명제를 주장했다. 그는 인간의 이성으로부터 유추된 자연법이 국가권력이 제정한 어떤 법보다도 우위에 있다고 주장함으로써 절대주의 지배세력에 대한 시민계급의 비판을 대변한 최초의 인물이 되었다. 신이 아니라 경험에 기초한 이성에 최고 심판권을 부여한 토마지우스는 바로크 시대의 내세 지향주의로부터 긍정적이고 실천적인 현세 지향주의로 옮겨 가는 데 결정적인 전환점을 제공했다.

17세기 말에는 세계관의 세속화를 지향하는 경향과 함께, 이에 저항하는 기독교 신앙의 심화와 내면화를 추구하는 세력들도 등장했다. 독일 개신교 내에서 개인의 신앙적 경험을 중심으로 하는 경건주의(Pietismus) 운동이 일어난 것이다. 그들의 교리에 따르면 인간은 신이 내리는 은총의 계시를 인지하기 위해 자기 내면의 소리에 귀 기울이고 주관적인 감정의 심연을 들여다봐야 하며, 이와 함께 실제 삶에서도 경건한 생활을 해야 한다는 것이다. 이러한 점에서 경건주의는 시민계급의 사회적 상승의지를 고무시켰다.

개인주의의 특징은 신앙생활에 변화를 가져왔다. 교회에서 열리는 예배 외에도 감정적으로 강도 높은 종교적 체험을 할 수 있는 가족 및 친지 중심의 기도와 묵상이 이뤄졌다. 경건주의에서 내면의 성찰과 우정을 추구하는 종파가 발전했으며, 이러한 양상은 18세기 독일에서 특히 두드러졌다. 독일의 시민계급에게 사적인 자아(das private Ich)로의 회귀는 정치적으로 힘을 갖지 못하는 상황에 대한 일종의 보상의 결과였다. 이 과정에서 촉매 역할을 한 것이 바로 자연과 서정시였다. 요한 볼프강 괴테는 이러한 상황을 서간체 소설『젊은 베르테르의 슬픔(Leiden des jungen Werthers)』에서 자세히 묘사해 놓았다. 이 작품에서 시민계급 출신인 베르테르는 착오로 인해 귀족사회에 발을 들여놓았다가 정중히 내쳐진다. 이에 대해 베르테르는 다음과 같이 반응한다. "나는 귀족사회에서 조용히 걸어 나와 내 이륜마차를 타고 M으로 떠났다. 그곳의 언덕에서 지는 해를 바라보며 호메로스의 책을 들고 오디세우스가 충직한 돼지치기로부터 대접받는 멋진 시를 읽기 위해서."[1)]

감상주의를 동경하는 독일 시민계급 출신의 지식인들은 영국의 감각주의자(Sensualist)들로부터 힘을 얻고자 했다. 영국 감각주의 작가들의 소설이나 자연을 예찬하는 시들은 인물들의 감정을 상세하게 묘사하고 있는데, 그중 가장 뛰어난 작품은 단연코 로렌스 스턴(Laurence Sterne)의『풍류기행(A Sentimental Journey)』이다. 감각주의자들은 ≪도덕 주간(Moralische Wochenschrift)≫ 잡지를 통해서 시민계급을 귀족들과 차별화하는 미덕들, 즉 도덕심과 근면성, 절약과 건전한 직업윤리관, 형제애와 연민을 표방했다. 가족관 역시 비록 양면성이 존재하기는 했지만, 시민계급의 신분해방운동에서 중추적인 역할을 했다. 소가족은 시민계급이 자신들의 권리를 주장할 수 있는 장소인 동시에 '가장'이 발휘하는 권위적 힘으로 말미암아 부인과 자녀들이 고통받는 현장이기도 했다. 한편으로는 지배 관계를, 다른 한편으로는 밀접한 감정적 연대를 상징하는 '소가족'이란 테마는 곧 연극에도 수용되었다. 이미 17세기 말부터 시민계급이 국가정치를 주도하는 세력으로 부상했을 뿐만 아니라 '권리장전(Declaration of Rights)'을 통해서 절대왕정을 입헌

---

1) Johann Wolfgang Goethe: Sämtliche Werke. Bd. 1.2. S. 255.

군주제로 바꾼 영국이 가장 먼저 '소가족'을 연극의 주제로 삼았다는 사실은 과히 상징적이다. 점점 극장 관람석을 점령해 나간 시민계급은 청교도에 의한 극장 폐쇄령이 1660년 해제된 이후 런던의 연극 무대를 주름잡았던 '영웅극(Heroic Darama)'에 식상해 있었다. 시민들은 신분이 고귀한 영웅이 비극적 운명을 맞는 것보다는 자신들이 속한 계층의 사람들이 겪는 일상적 문제들을 무대 위에서 보고 싶어 했다. 그렇게 해서 벤 존슨의 전통을 계승한 '풍속희극(Sittenkomödie)' 이외에 리처드 스틸(Richard Steele)로 대표되는 '최루희극(Weinerliches Lustspiel)', 그리고 1731년 조지 릴로(George Lillo)가 쓴 〈런던 상인(The London Merchant)〉으로 그 서막을 알린 '시민비극'이라는 2개의 새로운 장르가 탄생했다. 작가가 "사생활을 모티브로 한 도덕적 이야기"라고 강조한 〈런던 상인〉은 중산층의 삶을 다루고 있다. 그때까지 통용되어왔던 연극의 신분조항(Ständeklausel)이 마침내 폐기된 것이었다. 시민계급의 인물을 비극에 적합하게 만들기 위한 릴로의 노력에 동참했거나, 그의 뜻을 계승한 영국의 작가들은 극소수에 불과했다. 그러나 유럽 대륙에서는 달랐다. 시민비극이 영국에서는 체계 없이 소수의 작품들을 통해서만 그 명맥을 유지했다면, 프랑스의 드니 디드로와 독일의 고트홀트 에프라임 레싱은 이를 포괄적인 연극 개념으로 발전시켰을 뿐만 아니라 자신들이 직접 창작한 드라마 작품들을 통해서 그 모범까지 제시했다.

비록 극작술 측면에서 그다지 언급할 만한 것이 별로 없지만, 적어도 이데올로기 측면에서는 가장 위대한 계몽주의 작가들 가운데 한 명으로 손꼽히는 프랑수와-마리 아루에(François-Marie Arouet)의 작품으로부터 연극개혁가 디드로와 레싱은 커다란 영향을 받았다. 자신을 볼테르라고 명명했던 아루에는 철학 저서들 이외에도 50편이 넘는 드라마 작품들을 썼는데, 일부는 자신을 후원하는 귀족들 —잘 알려진 바로는 프리드리히 대왕도 그중 한 명이었다—의 여흥을 위해서 쓴 희극 작품들이고, 몇몇 작품은 마음 가는 대로 쑥쑥 써 내려간 비극 작품들이었다. 그 가운데 〈오이디푸스(Oedipe)〉, 〈자이레(Zaïre)〉, 〈마호메트(Mahomet)〉와 〈메로프(Mérope)〉는 그의 최고의 수작들로 꼽히지만 오늘날 공연되는 작품은 희극과 비극을 통틀어서 단 1편도 없다. 형식적인 면에서 볼테르는 코르네이유와 라신이 발전시킨 프랑스 의고전주의 양식에 따라서 시간과 장소 그리고 줄거리의 3통일

원칙을 준수했으며, 신분조항을 지키고 6각 단장격의 알렉산드리너 시행을 사용했다. 볼테르가 쓴 비극들의 주제는 새로운 시대정신에 완전히 부합했다. 너무 과하지 않은 방식으로 철학자 볼테르는 관객들에게 자신의 계몽주의 사상을 설명해 주는 경향극(Thesenstück)이 대부분이다.

달랑베르(d'Alembert)와 공동발간한 『백과전서(Encyclopédie)』로 후대에 이르기까지 명성을 날리고 있는 작가 겸 학자인 드니 디드로는 고상하고 신분이 높은 인물들이 중심이 되는 극적 사건을 과감하게 포기하는 대신에, 가정과 가족의 영역에서 일어나는 사건들을 작품의 모티브로 삼아 '최루희극(Comédie larmoyante)'이나 '엄숙극(Genre sérieux)'의 형식으로 발전시키기 위해서 노력했다. 나중에 그는 이러한 작품들을 '가정과 시민비극(Tragédie domestique et bourgeoise)'이라고 총칭하기도 했다. 디드로에 따르면 이 장르에 속하는 작품을 쓰는 작가는 가족이 '그 존엄성을 십분 드러내며' 광휘를 발산할 수 있도록 소재를 선택하고 집필해야 한다. 작가는 자연의 우주적인 조화가 사회적 공생을 위한 이상적인 목표가 될 수 있도록 현실을 이상화하여 보여 줘야 한다. 디드로의 유명한 저서로 연극이론에 관한 대화 편인 『배우에 관한 역설(Paradoxe sur le comédien)』에서 작가는 대화체를 통해 자신의 견해를 다음과 같이 피력하고 있다. "잠시 생각해 보십시오. 연극적으로 진실해진다는 것이 과연 무슨 뜻인지를. 사물들을 자연 그대로의 모습으로 무대에서 보여 주란 말일까요? 절대 아닙니다! 그런 뜻이라면 진실은 평범한 것에 불과할 겁니다. 그렇다면 무대 위에서의 진실은 무엇일까요? 그것은 사건 진행, 대사, 인물, 목소리, 제스처와 동작이 작가가 고심해 창출해 낸 가치모델과 일치하는 데 있습니다."[2] 디드로는 관객이 현실과 마주하고 있다고 믿을 수 있도록 극을 구성해야 한다고 주장했는데, 바로 이 점에서 그의 주장의 모순이 드러난다. 관객은 자기와 동일한 계급 출신인 가정적 인물들의 덕성 있는 행동을 차후 돌이켜 보면서 자신의 자존감(Selbstbewusstsein)이 커지는 것을 경험한다. 그러나 이와 동시에 신분적 억압에서 벗어나려는 그의 의지는 약화된다. 더 나은 세상이 이미 존재하는 것처럼 꾸며져 제시되기 때문이다.

---

2) Denis Diderot: Ästhetische Schriften. Bd. II. S. 492.

디드로는 연극이 의도하는 효과를 새로이 규정하고, 여기에 근거해 고전주의의 틀에 갇혀 있는 희곡과 연극의 형식에 변화를 가져오기 위해서 다음과 같이 구체적인 제안을 하는데, 즉 현실과 연극을 동일시하는 관객의 환상이 가능하도록 연극 무대에서 일어나는 사건이 그 자체로 하나의 폐쇄된 세상(eine geschlossene Welt)으로 보여야 하고, 이제까지 통용되었던 관객을 향한 연설 또는 방백은 중지되어야 한다는 것이다. 환상주의 원칙을 위해서는 실제로 있을 법한 인물들을 등장시켜야 한다. 작가는 자신이 창조한 인물들을 작가 자신의 메시지를 전달하는 메가폰으로 만들어서는 안 된다. 또한 인물들에게는 캐릭터와 상황에 적절한 언어를 부여해야만 한다. 제스처를 활용하고, 사건들을 적절히 배치함으로써 대사 위주가 되지 않도록 주의한다. 무대 위에 인물들을 반원형으로 단조롭게 배치하는 대신에 한 가족의 삶이 갖는 아름다움과 풍부한 감정이 담긴 순간들을 보여 줄 수 있는 다양한 집단 연기의 장면들을 도입해야 한다. 디드로는 극적 사건의 절정을 대사보다는 장면이나 제스처를 통해 보여 주고자 했으며, 자신의 —현재는 연극사적 측면에서만 관심을 받고 있는— 두 작품 〈자연의 아들(Le fils naturel)〉과

드니 디드로: 〈가장〉, 1761년 코메디 프랑세즈 공연, J. G. 치즈니의 수채화

〈가장(Le père famillie)〉을 통해서 대사 없는 연극과 관객의 환상을 부추기는 무대 장치 및 의상의 구체적인 모범을 제시했다.

디드로의 연극관은 레싱으로 하여금 시민극에 대해서 심오한 성찰을 하게 만들었다. 독일의 계몽주의자인 레싱은 프랑스의 계몽주의자인 디드로를 최고의 '예술비평가(Kunstrichter)'라고 극찬하면서 그의 작품 〈가장〉을 '가장 탁월한 드라마'라고 호평했다. 디드로가 쓴 희곡 작품과 연극이론을 다룬 논문들을 번역해 1760년 『디드로 선생의 연극(Das Theater von Herrn Diderot)』이라는 제목으로 출간한 레싱은 서문에서 그를 아리스토텔레스 이후 연극계가 배출한 '최고의 철학적 두뇌'라고 칭송했다. 레싱은 코르네이유와 라신의 비극들이 '김빠진 두뇌들'이 요구하는 완벽의 수준을 결코 보여 주지 못했다고 평가한 점에서도 자신의 모범으로 삼았던 디드로와 전적으로 의견을 같이했다. 이러한 평가는 요한 크리스토프 고트셰트(Johann Christoph Gottsched)를 특별히 겨냥한 것이었다. 라이프치히 대학의 문학교수이자 ≪도덕 주간≫의 발행인이었던 고트셰트는 자신의 저서 『비판적 시작술(詩作術)에 관한 시론(Versuch einer chritischen Dichtkunst)』에서 극작가들에게 일단 도덕적인 명제를 찾은 후, 이것을 아리스토텔레스의 원칙에 따라 구축한 사건 진행 안에서 전개한다는 자신의 시론을 따르라고 권장했다. 교조적일 뿐만 아니라 그 엄격함으로 말미암아 어설프기까지 한 〈임종을 맞는 카토(Der sterbende Cato)〉는 그가 자신의 이론에 대한 실례를 제시하기 위해서 직접 쓴 비극 작품이다. 형식 면에서 고트셰트는 궁정과 귀족계급의 이해관계와 관습을 반영하는 프랑스의 의고전주의 연극을 답습하고 있었다. 반면 레싱은 궁정이 그 '허례허식'으로 인해서 '인간을 기계로 만들어 버리기' 때문에 문학가가 자연을 탐구하기에 적합한 장소는 아니라는 입장을 견지했다. 레싱은 고트셰트가 그 '난잡함'으로 인해 혐오해 마지않았던 윌리엄 셰익스피어의 작품이 자연 탐구에는 훨씬 더 적합하다고 평가했다. 물론 레싱의 이런 관점이 창조적인 결과물로 이어지지는 못했으며, 이는 질풍노도라는 다음 세대 작가들의 몫으로 남겨졌다.

레싱도 디드로처럼 '연극의 사명은 관객의 교화'라는 입장에서 출발한다. 그는 저서 『함부르크 희곡론(Die Hamburgische Dramaturgie)』에서 "비극의 사명은 교화다. 즉, 연민(Mitleid)을 느끼는 우리의 능력을 제고하는 것이다"라고 천명하고 있다. 희극과 관련해서는 "희극은 비웃음(Verlachen)이 아니라, 웃음(Lachen)을 통해 관객을 교화하고자 한다. (…) 희극의 보편적인 가치는 (…) 우스운 점을 알아차릴 수 있는 능력에 있다"라고 그는 지적한다.[3] 그는 희극의 도덕적 사명에 대해서는 간단히 서술하고 있는 반면, 비극의 사명에 대해서는 상세하게 근거를 제시한다. 여기서 그는 프랑스의 의고전주의 이론가들이나 그들을 추종하는 고트셰트와 마찬가지로 아리스토텔레스의 이론에 근거하고 있다. 물론 레싱 역시도 연극의 본질이 3통일의 원칙에 있는 것이 아니라 카타르시스 이론에 있다는 입장을 취하고 있다. 고대 철학자 아리스토텔레스는 『시학』에서 오늘날에는 비탄(Jammer)과 경악(Schauder)으로 번역되는 엘레오스(eleos)와 포보스(phobos) 같은 감정들을 관객들이 체험하고 공감함으로써 정화된다고 주장했다. 그러나 대표적인 감상주의자였던 레싱은 그러한 원초적인 감정보다는 오히려 '감추어진 영혼의 감동(verhaltene seelische Regungen)'에 주목한다. 그런 이유로 그는 아리스토텔레스가 사용한 용어들을 연민(Mitleid)과 공포(Furcht)로 번역했다. '가장 연민할 수 있는 인간이 모든 사회적 덕성과 모든 형태의 관용을 베풀 수 있는 가장 선량한 인간'이기 때문에 드라마는 '연민의 학습장'이 되어야 한다는 것이다. 연민을 통한 지속적인 교화가 가능하려면 연민을 자아내는 주인공에게 불어닥친 사건이 자기자신에게도 일어날 수 있다는 공포를 느껴야 한다. 따라서 공포와 연민은 직접적으로 맞물려 있는데, 즉 "공포는 우리 자신을 향한 연민이다."[4] 격정을 덕성의 고양으로 승화시킬 것을 요구한 레싱은 여홍이나 긴장 해소와 같은 오락적 기능을 중시한 아리스토텔레스의 원칙을 도덕적 원칙으로 끌어올림으로써 비극을 시민계급이 귀족계급에 비해서 자신들의 우월한 도덕성을 주장할 수 있는 장르로 발전시켰다.

시민계급에 속한 관객이 주인공의 감정을 공유할 수 있으려면 주인공은 '평범한 것 이상으로 악해서는' 안 된다. 그는 반드시 '만약 우리가 그의 입장이라면 그렇게 생각하고 행동했을 것으로' 생각하고 행동해야 한다. 이러한 주장을 통해서

---

3) Gotthold Ephraim Lessing: Sämtliche Werke. Bd. 9. S. 303.

4) Gotthold Ephraim Lessing: Sämtliche Werke. Bd. 10. S. 117.

레싱은 신분조항을 완전히 타파하고, '시민비극'이라는 새로운 드라마 장르를 개척했다. 레싱은 비극의 등장인물을 '고귀한 신분'의 귀족 대신에 시민계급 출신으로 단순하게 대체하는 것에 만족하지 않고, 인물의 사회적 신분과는 무관한 '진정한 인간성'을 제시하는 데 주력한다. 인간성을 증명해 주는 것은 영웅적인 행동이나 국가정치와 관련된 업적이 아니라 심오한 감정이라고 주장하면서, 더 이상 관객들을 감탄시키려 들지 말고 감동을 통해서 측은지심을 갖게 하라고 충고한다. 그는 『함부르크 희곡론』에서 "우리가 왕에게 연민을 느낀다면, 그것은 그 또한 인간이기 때문이지 왕이기 때문은 아니다. 종종 인물들의 신분이 그들이 겪는 사건들을 더 중차대하게 만들지는 몰라도 그로 인해서 사건들이 더 흥미로워지는 것은 아니다"라고 밝히고 있다.5)

따라서 고귀한 신분의 인물도 얼마든지 시민비극의 주인공이 될 수 있지만, 중요한 것은 이런 인물을 그의 사적인 삶의 테두리 안에서 보여 주어야 한다는 데 있다. 그를 둘러싸고 있는 틀, 즉 그의 배경은 국가나 궁정이 아니라 집이고 가족인 것이다. 레싱 역시 디드로와 마찬가지로 소가족이 '진정한 인간성(das wahre Menschentum)'을 보여 주는 장소라고 천명한다. 그리고 연극이 이 영역으로 들어올 때 비로소 관객들이 극적 사건에 감정이입을 할 수 있다고 믿었다. 그런 이유에서 레싱은 18세기 중반으로 접어들기 전에 크리스티안 퓌르흐테고트 겔러트(Christian Fürchtegott Gellert)가 프랑스의 최루희극과 영국의 감상희극(Sentimental Comedy)을 모범으로 삼아서 쓴 감상주의적(empfindsam) 희극 작품들이 진정한 가족의 모습을 보여 주고 있으며, 따라서 관객은 마치 집에 있는 것과 같은 느낌을 받을 수 있다고 칭찬해 마지않았다. 레싱은 우연처럼 보이는 세상사들을 이성적으로 연계시켜 '덕성'이라는 효과가 발휘되도록 만들어 주는 질서체제(Ordnungssystem)가 가족을 통해서 드러난다는 견해를 가지고 있었다.

레싱은 극작가가 등장인물들을 보다 더 개연성 있게 창조하기 위해서는 예외적이거나 특별한 점들을 모두 배제해야 한다고 주장했다. 따라서 연극개혁을 주창했던 그는 코르네이유와 라신의 비극이나 몰리에르의 희극에 등장하는 인물

---

5) Gotthold Ephraim Lessing: Sämtliche Werke. Bd. 9. S. 239.

들, 즉 단 한 가지 격정에만 사로잡혀 있는 인물들을 거부하는 대신에 현실적이되 그렇다고 해서 현실 그대로만이 아닌 '복합적인 성격'을 요구했다. 등장인물들은 모든 이들이 기꺼이 '벗어나고자' 하는 비참한 상황의 곤궁함을 드러내서는 안 된다. 이로 미뤄 볼 때 레싱의 시민비극은 디드로의 경우처럼 현실을 이상화하는 경향과 환상을 통해 관객들이 현실의 무력감을 잠시 잊고 위로받을 수 있는 감상적이고 아름다운 사건들로 이뤄진 연극을 추구하는 경향을 강하게 드러낸다고 하겠다.

레싱은 자신의 이론을 발전시키기 위해서 집필한 일련의 작품들을 통해 공연양식의 측면에서도 독일 시민극(das deutsche bürgerliche Drama)이라는 새로운 장르의 창시자가 되었다. 그는 1729년생으로 작센 주의 목사관에서 성장했으며, 신학자가 될 운명이었지만 결국 여러 직업들을 전전하며 근근이 생계를 유지했다. 그의 처녀작은 프리데리카 카롤리네 노이버(Friederika Caroline Neuber) 부인이 이끄는 유랑극단에 임시로 고용되어 번역자로 일하던 라이프치히 대학 재학 시절에 완성되었다. 〈젊은 학자(Der junge Gelehrte)〉라는 제목의 이 작품은 고트셰트가 이론을 정립하고 그의 아내인 루이제 아델군데 빅토리아(Luise Adelgunde Victoria)와 요한 엘리아스 슐레겔(Johann Elias Schlegel), 그리고 지금은 잊혀진 몇몇 작가들에 의해 시도되었던 풍자적 유형희극(Typenkomödie)의 전통을 답습하고 있었다. 레싱은 〈자유사상가

고트홀트 에프라임 레싱: 〈민나 폰 바른헬름〉, 1777년 베를린 왕립극장 공연, 다니엘 코도비키의 판화

(Der Freigeist)〉와 〈유대인들(Die Juden)〉로 대표되는 초기 습작 시절을 거친 후, 조지 릴로의 〈런던 상인〉으로부터 영향을 받아 교화적이면서도 관객의 눈물을 자아내는 〈미스 사라 삼프손(Miss Sara Sampson)〉을 완성했다. 이로써 그는 독일 문학사상 시민비극을 쓴 최초의 작가로 기록되었다. 프로이센의 장군 보기슬라프 프리드리히 폰 타우엔치엔(Bogislaw Friedrich von Tauentzien)의 비서로 재직하던 당시에 그 자신이 경험한 사건과 인물들을 소재로 한 희극 〈민나 폰 바른헬름 또는 군인의 행운(Minna von Barnhelm oder Das Soldatenglück)〉은 '눈물을 자아내는 극작(Tränen-Dramaturgie)'일 뿐만 아니라 유형희극의 표피적인 해학까지 극복한 작품이다. 감상주의와 이성은 그가 창조한 인물들을 통해서도, 또는 작품 전체를 통해서도 하나로 합쳐져 조화로운 통합(harmonische Synthese)을 지향한다. 함부르크 국민극장(Das Hamburgische Nationaltheater)의 드라마 평론가(Dramaturg)로 일하며 쌓은 실무 경험을 토대로 탄생한 작품이 바로 절대적 권력을 휘두르는 제후들과 그 신하들의 비도덕적 만행을 폭로한 시민비극 〈에밀리아 갈로티(Emilia Galotti)〉다. 여주인공 에밀리아는 귀족계급에 속하고 사건의 배경이 이탈리아지만, 그녀는 독일 시민계급이 이상적으로 생각하는 덕성을 상징한다. 에밀리아는 왕자에게 유린당하기보다는 차라리 부친의 단검에 찔려 죽는 것이 낫다고 생각한다. 극작가로서 레싱의 최고 걸작은 '극시(Dramatisches Gedicht)'로 평가되는 〈현자 나탄(Nathan der Weise)〉이다. 이 작품은 계몽주의에 입각한 이성의 낙관주의에 대한 찬양이자, 관용과 온유함에 대한 헌사다. 가족들이 유대인 박해의 피해자가 된 유대인 나탄은 세상의 종교들 가운데 어느 종교가 참된 종교인가를 묻는 술탄의 사악한 질문에 대해 어떠한 답을 해도 핍박을 피하지는 못하리라는 것을 알고 직접적인 대답을 거부한다. 그 대신 그는 술탄에게 3개의 반지에 대한 우화를 들려준다. 이 우화의 교훈은 우리 모두 편견에서 벗어나 인류애의 법칙에 따라 행동해야 하며, 그것이 바로 진정한 신앙이라는 것이다.

18세기 유럽의 희극

18세기 유럽 각국에는 이탈리아의 유랑극단 코메디아 델라르테와 몰리에르 희곡의 영향을 받아 희극문학이 발달했는데, 그 가운데 일부 작품들은 오늘날까지도 공연되고 있다. 영국에서는 '풍속희곡(Comedy of Manners)'이라는 새로운 장르가 탄생했는데, 이 장르의 대표적 작가들인 윌리엄 콩그리브(William Congreve), 조지 파쿠아(George Farquar), 올리버 골드스미스(Oliver Goldsmith) 그리고 리처드 브린즐리 쉐리단(Richard Brinsley Sheridan)은 한편으로는 엘리자베스 시대의 풍자 시인 벤 존슨의 영향을, 다른 한편으로는 몰리에르의 영향을 받았다. 덴마크 국민극장 설립에 관여하면서 20여 편이 훨씬 넘는 작품들을 단기간 내에 완성한 루드비그 홀베르그(Ludvig Holberg) 역시 그들의 작품들을 모범으로 삼았다. 이탈리아에서는 카를로 골도니(Carlo Goldoni)와 카를로 고치(Carlo Gozzi)라는 베니스 출신의 극작가 2명이 코메디아 델라르테의 유산을 계승했다. 골도니가 시민극의 정신에 입각해 코메디아 델라르테 풍의 연극을 개혁하고자 시도한 반면에, 고치는 코메디아 델라르테 풍의 연극을 재건하는 데 역점을 두었다. 피에르 카를레 드 샹블랭 드 마리보(Pierre Carlet de Chamblain de Marivaux)는 프랑스식 즉흥극(Stegreiftheater)이라고 할 수 있는 코메디 이탈리엔느에서 출발하여 시민적 사고방식을 내포하고 있는 '심리희극(Psychologisches Lustspiel)'이라는 장르를 발전시켰다. 18세기 희극에 마침표를 찍은 작품은 보마르쉐(Beaumarchais)의 〈멋진 날 또는 피가로의 결혼(La folle journée ou le mariage de Figaro)〉인데, 이 작품의 공연은 프랑스 혁명을 촉발시키는 데 결정적인 역할을 했다.

점차 신분적인 제한에서 벗어나기 시작한 시민계급이 연극에 교육적 사명을 부여한 결과로 말미암아 희극 분야에서 특히 도덕화 경향이 뚜렷하게 나타났다. 도덕과는 무관할 뿐만 아니라 '긍정적'인 인물들이 오히려 생동감 없이 표현되어 있는 것이 르네상스와 바로크 시대 희극의 특징이었다면, 이제는 관객이 자신과 동일시할 수 있는 모범적인 인물들이 주인공으로 등장했다. 18세기 희극의 주요 테마는 평범한 사람들의 근심과 곤궁이었다. 그런 근심과 곤궁은 결점 많은 행동을 인식하고 극복함으로써 사라진다. 이성과 덕성에 근거해 종국에는 모두가 서로를 이해하고 조화롭게 살아간다. 희극에서 시민계급의 이데올로기는 평등에 대한 갈망으로 나타나기도 한다. 모든 인간은 태생적으로 내면에 덕성을 갖추고 있다. 그렇기 때문에 극적 사건 속에서 승리를 쟁취하는 것은 더 이상 고귀한 신분을 가진 계층만의 특권이 아니다. 하인에게도 더 행복한 결말이 허락될 수 있다. 이런 사실을 구체적으로 보여 주는 작품이 보마르셰의 〈피가로의 결혼〉이다.

올리버 크롬웰(Oliver Cromwell)이 사망하고 스튜어트(Stuart) 왕조가 복귀한 1660년은 영국 정치사뿐만 아니라 연극사에서도 매우 중요한 해다. 거의 20년이나 계속된 청교도들의 '극장 폐쇄령'이 폐지되자 예술적 측면뿐만 아니라 제도적 측면에서도 새로운 시작을 알리는 팡파르가 울렸다. 자타가 공인하는 영국 연극의 중심지였던 런던의 공연사업 독점권이 두 곳의 극단에 쥐어졌고, 이후에는 100년이 넘게 보장되었다. 이 극단들이 설립한 극장들은 셰익스피어 시대의 극장들과 확연한 차이를 보였다. 500석 정도의 규모로는 몰려드는 관객들의 4분의 1 정도밖에 수용할 수 없었지만, 단조로웠던 무대는 화려하게 꾸며졌다. 이제는 여성의 역할도 여자 배우들에게 주어졌다. 사회 모든 계층에게 개방되었던 객석은 주로 궁정 사람들과 귀족들로 채워지기 시작했다. 코르네이유와 라신의 영향을 받아 '영웅극(Heroic Drama)'을 썼던 존 드라이든(John Dryden)은 이들의 관심사를 대변했다. 이데올로기적 목표는 군주제를 강화하고, 일반인들이 위대한 국가에 대해 경외심을 갖도록 만드는 것이었다. 주로 봉기, 전쟁과 같은 극단적인 상황에서 자기자신을 지켜야 하는 신분 높은 인물들이 주인공으로 등장한다. 이러한 인물들은 첨예한 갈등을 겪으면서도 개인적인 이익보다는 국민에 대한 의무를 우선시한다. 또한 상황의 탈출구가 보이지 않음에도 불구하고 용기와 굳은 의지로 해피엔딩을 맞는다. 영웅극을 공연할 때는 장엄하고 화려한 무대장식과 의상이 매우 중요했다. 연기 스타일은 프랑스 의고전주의의 영향을 받아 경직된 동작과 비장한 열변이 주가 되었다.

왕정복고 시대의 또 다른 특징은 '풍속희극(Komödie der Sitten)'이다. 1670년경에 몇몇 실험적인 작품들이 발표된 이후, 18세기 초반에 그 절정기를 구가했던 풍속희극은 청교도의 도덕적 억압에서 벗어나 방종한 삶을 추구했던 사회 상류층을 주 관객층으로 삼아 개인의 행동과 시대가 요구하는 보편타당한 규범 간의 갈등을 주제로 다루었다. 이러한 갈등은 개인의 행동이 개선됨으로써 해소된다. 시민사회가 도래하기 이전에 발표된 희극들의 특징인 도덕적 무관심을 여러 측면에서 발견할 수 있는 풍속희극은 '비(非)풍속희극(Komödie der Un-Sitten)'이라는 명칭이 더 적절하게 여겨질 정도로 당대의 상황을 거침없이 묘사하고 비판했다. 이 장르의 중심 테마는 돈과 사랑의 상호 관계다. 관객들에게는 감정적인 충동과 이성의 통제 사이에서 균형을 찾는 방법을 제시하며, 당시 소통의 가장 중요한 형식으로 간주되었던 위트와 속임수를 올바르게 혹은 그릇되게 사용하는 방법까지 알려 주었다.

주요 풍속희극 작가들 중에 최고령자인 윌리엄 콩그리브는 일련의 작품들을 통해서 위에서 언급한 주제의식을 잘 드러내고 있는데, 그 가운데 〈사랑을 위한 사랑(Love for Love)〉과 〈세상의 풍습(The Way of the World)〉 단 2편만이 오늘날까지 공연되고 있다. 전작이 인물의 사회적 특성을 정확하게 보여 주면서 절묘한 대사로 관객을 사로잡고 있다면, 후작은 개연성 있는 인물의 감정과 행동이 특히 부각된다. 아일랜드 출신으로 콩그리브와 동시대를 살다가 30세에 요절한 조지 파쿠아는 엘리자베스 시대의 작품들을 개작했을 뿐만 아니라 창작 드라마도 몇 편 선보였다. 무대 위에서 실수로 동료 배우에게 중상을 입힌 뒤에 배우로서의 직업을 포기한 파쿠아는 계약금을 받고 드라마 작품을 썼다. 그는 네덜란드에서 병역 생활을 한 경험을 바탕으로 자신의 최고 걸작인 〈모병장교(The Recruiting Officer)〉를 완성했다. 베르톨트 브레히트는 레싱이 드라마의 모범이라고 칭송했던 이 작품을 베를린 앙상블(Berliner Ensemble) 공연을 위해서 〈나팔과 트럼펫(Pauken und Trompeten)〉이라는 제목으로 번역해 개작했다. 파쿠아는 〈모병장교〉와 현재도 공연되는 희극 〈사랑의 전략가(The Beaux' Strategem)〉를 통해서 풍속희극을 품위와 자연미를 갖춘 장르로 발전시켰다.

그 후 50년 이상의 세월이 흐른 뒤, 영국의 풍속희극은 제2의 전성기를 맞게 된다. 아일랜드 출신인 올리버 골드스미스는 시민계급의 감상주의적 경향에 힘입어 당시 런던의 무대를 지배하고 있던 감상희극과는 대척점에 서 있다고 할 수 있는 풍속희극의 새로운 변주 작품들을 발표했다. 그러나 이 작품들은 괴테의 찬사에도 불구하고 독일어권에서는 커다란 호응을 얻지 못했다. 골드스미스보다

리처드 브린즐리 쉐리단: 〈패륜학교〉, 1777년 런던 드류리레인 씨어터 공연

더 큰 성공을 거둔 아일랜드 출신의 리처드 브린즐리 쉐리단은 〈패륜학교(The School for Scandal)〉로 문학성뿐만 아니라 공연의 흥행 면에서도 자신의 위상을 확고히 했다. 〈폐륜학교〉는 풍속희극이라는 장르의 전형적인 플롯을 따르고 있다. 두 형제가 한 소녀의 사랑을 얻기 위해 애를 쓰는 가운데 일련의 당황스러운 상황들이 발생하면서 도덕적 시험이 주어지는데, 이러는 와중에 그들의 본성이 드러난다. 한 명은 종종 방탕한 듯이 보였으나 알고 보니 아주 선량한 성격이었던 반면에, 겉으로는 늘 미덕의 화신처럼 보였던 또 다른 한 명은 실제로는 돈에 대한 탐욕과 욕정에 휘둘리는 위선자였음이 밝혀진다. '폭소희극(Lachende Komödie)'이라는 장르는 별반 성공을 거두지 못했지만 데이비드 개릭(David Garrick)이라는 18세기 영국 연극계의 가장 걸출한 인물을 배출했다. 그러나 그의 명성은 작가보다는 배우로서 그가 보여 준 역량에서 비롯된다. 과장되고 격정적이었던 연기 방식이 자연스럽고 심리적인 측면을 중시하는 방향으로 발전한 것은 개릭 덕분이다. 그는 당시에 발표된 신작뿐만 아니라 셰익스피어의 작품을 공연할 때도 내면을 중시하는 자연스러운 연기를 보여 줌으로써 시민극으로서 셰익스피어의 연극이 시민사회 시대의 요구에 부합하는 데 기여했다.

노르웨이의 베르겐(Bergen)에서 태어나 코펜하겐 대학을 졸업한 후 모교의 교수가 되어 라틴어와 형이상학 그리고 역사를 강의했던 루드비그 홀베르그는 덴마크 국민극장의 공동 설립자이자 위대한 희극 작가로 연극사에 길이 남았다. 그

는 유럽의 반을 관통하는 긴 여행을 통해 18세기 초반 연극계의 상황을 조망할 수 있게 되었다. 궁정과 귀족들을 위한 연극이라는 시대적 규범에 따라 프랑스어로 공연을 했지만, 앞으로는 극단을 초청한 국가의 언어로만 작품을 선보이겠다고 결심한 프랑스 극단의 단장은 연극에 대해 조예가 깊은 홀베르그를 극단 자문위원으로 초빙했다. 홀베르그는 총 34편에 달하는 희극 작품을 남겼는데, 그중에서도 릴 그뢰네가데(Lille Grønnegade) 극장에서 초연된 22편은 주옥 같은 작품들이다. 홀베르그는 학술 저서들뿐만 아니라 몰리에르의 영향을 받은 성격희극의 작품들을 통해서도 계몽주의의 열렬한 옹호자임을 증명했다. 그는 인간의 약점들을 우스꽝스럽게 보여 주면서 웃음을 통해 관객들을 교화할 수 있기를 희망했다. 1722년 가을 덴마크어로 공연한 최초의 극장이 개관한 후, 겨우 3일 만에 초연된 〈정담가(Der politische Kannengiesser)〉는 홀베르그의 최고 걸작이다. 이 작품의 주인공은 엄격하고 신앙심 깊은 수공업자이다. 그러나 그의 결점은 단골 술집에서나 떠들 만한 수준의 주제에 지나지 않는데도 불구하고 만사를 정치적으로 이슈화하려는 데 있다. 그는 다른 사람들의 술책으로 함부르크 시장에 임명되고 나서야 비로소 정치 병(病)에서 치유된다. 시장의 임무가 자신의 이성적 판단력과 교육 수준을 넘어서는 것임을 알게 된 주인공은 결국 정치는 직접 하는 것보다 비판하는 쪽이 더 낫다는 결론에 도달한다.

홀베르그의 희극 〈산에서 내려온 예페, 또는 변신한 농부(Jeppe vom Berge oder Der verwandelte Bauer)〉의 주인공에게는 곤혹스러운 일들이 일어난다. 잔소리 심한 아내 때문에 괴로워하다가 주정뱅이가 되어 버린 농부 예페가 완전히 고주망태가 되자, 지주는 그를 성으로 데려와 '남작'으로 깨어나게 한다. 예페는 곧 이 역할을 받아들이고 지배욕으로 점철된 폭군의 정체를 드러낸다. 다시 고주망태가 된 그는 거름덩이 위에서 제정신을 차리고 지주가 거짓으로 꾸민 법정에서 귀족 신분을 찬탈한 죄로 사형선고를 받는다. 혼절한 예페가 다시 정신을 차리고 보니 이미 사면되었을 뿐만 아니라 4탈러(Taler)의 보수까지 받았다. 그는 이 돈을 가지고 금방 다시 술집을 찾아간다. 작가는 〈정담가〉에서처럼 이 작품에서도 모든 인간은 출생과 함께 자신에게 주어진 처지에 만족하고 살아야 한다는 메시지를 전달하고 있다. 예페의 경우와 마찬가지로 〈프랑스의 장(Jean de France)〉에

루드비그 홀베르그: 〈산에서 내려온 예페〉, 1722년 코펜하겐 그뢰네가데 극장 공연

18세기 베니스 극장에서의 희극 공연, 피에트로 롱기 학파의 유화

서도 효과적인 교화는 실패한다. 파리에서 유학한 후, 집으로 돌아온 주인공 청년은 자기 고향이 문명화되지 못했다고 생각하면서 늘 프랑스어만 사용하지만 유학 전이나 유학 후나 멍청이라는 사실에는 변함이 없음이 결국 드러난다.

이탈리아의 시민희극은 코메디아 델라르테의 전통을 계승하며 발전했다. 사회적으로 부상하는 시민계급의 도덕적 기준과 취향에 어긋난다는 이유로 이미 많은 이들에게 거부당한 시민희극은 18세기 중엽 그 태동지인 베니스의 출신 두 작가들의 창조적인 도전 욕구를 다시 북돋았다. 카를로 고치는 동화극(Märchenstück)들을 통해 고사 직전의 시민희극을 회생시켰고, 카를로 골도니는 시민희극을 새로운 희극 형식을 탄생시키기 위한 초석으로 삼았다.

골도니의 드라마는 작가 자신의 모험적인 삶에서 영감을 받았는데, 그가 80세에 집필한 회고록 『내 인생과 내 연극의 역사(Geschichte meines Lebens und meines Theaters)』는 이러한 경험들을 유쾌하고 여유 있는 필치로 전해 주고 있다. 1707년 의사의 아들로 태어나 법학을 공부한 골도니는 별로 성공하지 못한 변호사로, 의사의 조수로 그리고 형편없는 봉급을 받는 외교관으로 이탈리아 북부의 수많은 도시들을 전전하면서 근근이 생계를 유지했다. 결국 그는 어린 시절부터 동경해 마지않았던 연극에 입문하여 희극과 희비극 작품 몇 편을 썼지만 훗날에는 이러한 장르들을 멀리했다. 골도니는 고향에서 4년 동안 극장을 운영했으나 재정상의 어려움으로 다시 그곳을 떠나야 했다. 재차 모험과 같은 여행을 하고 돌아온 그는 피사(Pisa)에서 변호사 사무실을 개업했다. 그곳에서 골도니는 베니스에서 가장 유명한 7개 극장 가운데 한 곳에서 공연을 하고 있던 극장 단장인 지롤라모 메데박(Girolamo Medebac)의 명성에 대해 듣게 되었다. 성 안젤로 극장(Teatro Sant'Angelo)과 성 루카 극장(Teatro San Luca)의 전속작가로 고용된 골도니는 수많은 작품들을 발표했는데, 초기의 희비극 작품들과 오페라 리브레토, 공연 지침서(Szenarium)까지 합하면 200편이 넘는다. 이러한 방대한 숫자로 미뤄 볼 때, 그중 많은 작품들이 평범한 수준에 그쳤거나 실패작들도 꽤 된다는 사실은 그리 놀랄 일은 아닐 것이다.

코메디아 델라르테의 전통에서 출발한 골도니는 시민희극으로 가는 길을 머뭇거리면서도 한 걸음 한 걸음 차근차근 밟아 갔다. 철저하게 관습을 따른 시나리오 몇 편을 완성한 그는 30대 후반에 가서야 등장인물이 가면을 쓰고 나오는 전통극 형식에서 벗어났고, 텍스트 측면에서도 부분적으로는 기존의 형식을 탈피한 최초의 작품을 선보였다. 골도니의 최초 성공작은 위대한 알레키노(Arlecchino)[6] 배우의 마지막 세대에 속하는 연기자에게 헌정한 〈두 주인을 섬기는 하인(Il servitore die due padroni)〉으로 모든 대사와 지문을 미리 지정해 놓은 것이 아주 인상적이다. 그러나 가면을 쓴 상태에서는 새로운 관객층으로 부상한 시민계급이 기대하는 감정표현이 '재에 묻힌 불씨(Feuer unter der Asche)'처럼 보일 뿐이라는 사실을 자각하고 있었음에도 불구하고 여전히 기존의 전형적인 인물들을 등장시키고 가면을 착용하도록 했다. 골도니가 이러한 전통에서 완전히 벗어난 것은 성 안젤로 극장의 전속작가로 일하면서 코메디아 델라르테의 전형적 인물들을 등장시키거나 혹은 배제한 작품들을 번갈아 발표하던 시절이었다. 당시 골도니에게 주어진 임무 중 하나가 자기 작품에 출연하는 배우들에게 대사 연습을 시키는 일이었는데, 즉흥극 연기에 익숙한 배우들이 대사를 암기하고 공연 중에 딴소리를 하지 않도록 엄하게 지도해야 했다. 그보다 더 힘들었던 과제는 현실주의적 색채가 점점 강해지는 자신의 작품에 적절한 연기술을 개발하는 것이었다.

이제 개인적 성향을 현저하게 드러내는 인물들이 극에 등장하면서, 이런 인물들을 사실적으로 무대에서 보여 주기 위한 새로운 연기력이 요구되었다. 특히 감정이입의 능력과 관찰력, 사람들이 현실에서 자연스럽게 취하는 행동을 모방하는 것이 관건이었다. 그런 이유로 골도니는 배우들을 위해 지인들을 모델로 한 등장인물들을 만들어 냈다. 그는 삶에서 흔히 접할 수 있는 현실적 인물들을 만들어 내는 데 중점을 두었지만, 성격희극이라는 장르의 제한으로 한계에 봉착할 수밖에 없었다. 이 장르가 발휘하는 효과의 메커니즘이 바로 특정한 성격적 측면을 '비현실적'으로 과장해 보여 주는 것이었기 때문이다. 확고한 신념을 가진 계몽주의자로서 연극의 교육적 효과를 지향했던 골도니는 자신이 존경해 마지않았던 몰리에르처럼 인간의 약점들을 첨예화시켜 보여 줌으로써 웃음을 유발했다. 그는 구두쇠, 낭비벽이 심한 사람, 도박꾼, 파산자, 아첨꾼, 험담만 일삼는 사람,

6) 코메디아 델라르테에 등장하는 어릿광대. ―옮긴이

수다쟁이, 거짓말쟁이, 불평꾼, 몽상가, 바람둥이 또는 여성 혐오자 등을 희극의 주인공으로 삼았는데, 〈거짓말쟁이(Il bugiardo)〉, 〈도박꾼(Il giuocatore)〉, 〈불평꾼 토데로 씨(Signore Todero brontolon)〉, 〈베니스의 쌍둥이(I due gemelli veneziani)〉, 〈촌놈(I rusteghi)〉처럼 제목만 봐도 그 스토리를 짐작할 수 있는 경우가 많다. 골도니는 방탕하고 우스꽝스러운 주인공을 내세우는 대신 거의 동등한 비중을 가진 배역들의 앙상블 연기에 주안점을 둠으로써 성격희극의 한계를 넘어섰다. 그는 풍속희극 작품들을 통해 자신의 고향 베니스의 일상을 총체적으로 보여 주기도 했다. 그중 〈키옷지아의 소동(La baruffe chiozzotte)〉, 〈소광장(Il campiello)〉, 〈커피하우스(La bottega del caffé)〉와 〈부채(Il ventaglio)〉 등이 대표작으로 손꼽힌다. '합창과 같은(chorisch)' 앙상블 연기가 특징인 골도니의 희극들은 사회의 단면을 관객에게 제시한다. 영지에 거주하는 귀족들, 상인들, 의사들, 사회적으로 부상하는 시민계급 출신의 변호사, 소시민적인 상인과 기업가, 뱃사람과 곤돌라 사공은 물론 그들의 부인과 딸들도 등장한다. 연극계 인사들도 이런 등장인물 목록에서 빠질 수 없다. 골도니는 몰리에르의 〈베르사이유의 즉흥극〉의 영향을 받아 성 안젤로 극장 단원들의 삶을 그린 〈웃기는 극장(Il teatro comico)〉을 썼고, 일자리를 잃은 오페라 가수들의 치열한 경쟁을 보여 주는 〈스미르나의 즉흥극(L'impresario delle Smirne)〉을 완성했다.

골도니가 주로 다룬 주제들인 충실한 결혼 생활, 평화로운 가족 생활, 근검절약 및 정직은 사회적으로 부상하는 시민계급이 중요시하는 덕목이기도 했다. 골도니는 문제에 봉착한 시민계급의 인물들을 매우 진지하게 묘사하고 있는 반면, 귀족들은 우스꽝스러운 인물로 표현하는 경우가 자주 있었다. 〈미란돌리나(Mirandolina)〉라는 제목으로도 유명한 희극 〈여관집 여주인(La locandiera)〉이 좋은 예다. 몰락한 귀족 3명은 수완 있는 여관집 여주인 미란돌리나에게 구애하지만 웃음을 자아내는 혼란들이 벌어진 후 그녀는 근면한 식당 종업원의 팔에 안김으로써 귀족들은 뒤통수를 맞게 된다. 골도니의 드라마는 이데올로기적 측면에서만 '시민적'이라고 말할 수 있는 것이 아니다. 귀족 관객들을 위해 외로운 영웅을 추상적인 위대함으로 포장해 보여 주는 대신, 인간이 더불어 살아가는 모습을 구체적으로 보여 주고자 했던 골도니의 관심사는 새로 부상하는 사회계급과 일치했다. 결국 '시민적'이란 골도니에게도 감정의 존중을 의미하는 말이었으니, 고통스럽고 슬픈 감정뿐만 아니라 편안하고 즐거운 감정도 여기에 모두 포함되었다.

카를로 고치는 반동적인 귀족계급의 관심사를 대변함으로써 골도니와는 완전히 대척점에 서 있었다. 골도니보다 열다섯 살 어린 고치는 베니스에서는 흔히 볼 수 있는 몰락한 귀족가문의 아들로 태어나 달마시아와 알바니아의 공화국에서 장교로 복무한 후 집필에 전념했다. 고치는 초기부터 항의문이나 팸플릿을 작성해 정치적 영역과 문화적 영역의 계몽주의 경향을 타파하고자 했다. 자연법 학설을 부정하고 계급 간의 차이가 좁혀지는 것에 반기를 드는가 하면, 새로운 의복의 유행이나 예법을 조롱하는 글들을 발표하고 삶의 현실을 재현하는 예술에 반기를 들었다.

특히 고치는 카를로 골도니의 연극개혁을 공격의 대상으로 삼았다. 고치는 글을 통해 골도니의 작품을 맹렬하게 비판했다. "그의 희극들은 나 역시 배우들의 해석 덕분에 재미있게 보긴 했어도, 야비하고 조야하며 더러운 진실을 담고 있는 장면들을 나열한 것에 지나지 않는다. 어떻게 한 작가가 그토록 얕은 오물 웅덩이에서 오합지졸들을 만들어 낼 수 있는지 도저히 이해할 수 없다."[7]

이런 식의 논박으로 시작된 '연극전쟁'은 호전적이었던 '백작' 고치가 현실주의에 입각한 풍속희극에 맞서 '민담극(Fiabe)'이라는 자신만의 독창적인 드라마 스타일을 발전시켰던 1860년대 초반 무렵부터 새로운 국면으로 접어들었다. 민담극의 소재들은 거의 모두 동화들, 그중에서도 당시에 특히 대단한 인기를 끌었던 동양의 동화들로부터 차용했다. 미학적 측면에서 가장 중요한 원칙은 '불가사의함(das Wunderbare)'과 '비현실성(das Unwahrscheinliche)'이었다. 전체적으로 플롯은 놀라운 반전을 통해 발전해 나갔으며, 갈등은 주로 초자연적 존재의 개입을 통해 해소되었다. 동화희극(Märchenkomödie)의 등장인물들은 왕, 공주, 말하는 동물, 요정, 마술사와 마녀들뿐만 아니라, 전통적인 코메디아 델라르테 가면극의 주인공들도 있었다. 고치의 첫 번째 민담극인 〈오렌지 3개에 대한 사랑 (L'amore delle

7) Zitiert nach Johannes Hösle: Carlo Goldoni, S. 254.

tre melarance)〉으로 작가는 물론 성 사무엘 극장(Teatro San Samuele)에서 공연을 했던 안토니오 사치(Antonio Sacchi) 극단까지 엄청난 성공을 거두었다. 코메디아 델라르테의 전통을 베니스의 문화유산으로 보전하기 위해 심혈을 기울인 카를로 고치의 가장 중요한 업적은 완전히 새로운 용도로 가면을 사용한 점이다. 고치는 〈오렌지 3개에 대한 사랑〉에서 아름다운 공주 니넬타(Ninelta)의 사랑을 얻고 싶어 하는 우울한 성격의 왕자 타르타글리아의 이야기를 들려준다. 타르타글리아는 사악한 경쟁자들의 방해에도 불구하고 음모꾼 트루팔디노의 도움으로 그녀의 사랑을 쟁취한다. 경쟁자들 중 한 명은 고치의 최대 라이벌인 골도니를 모델로 삼은 인물이었다. 총 10편에 달하는 고치의 동화희극들 중 현재까지 공연되고 있는 작품들로는 〈까마귀(Il corvo)〉, 〈여왕사슴(Il re cervo)〉, 〈순 녹색 새(L'augellin belverde)〉와 구애하는 남성들에게 수수께끼를 제시하고 그것을 풀지 못하는 경우 죽여 버리는 중국 공주에 대한 이야기인 〈투란도트(Trandot)〉가 있다. 〈투란도트〉에서는 칼라프(Kalaf) 왕자만이 투란도트 공주가 내놓은 수수께끼를 풀지만, 새로 발생한 갈등들로 인해 두 사람의 결합은 그녀의 자만심이 마침내 사랑하는 여인의 순종으로 바뀔 때까지 자꾸 지연된다.

골도니는 고치가 자신을 끈질기게 공박하는 데다가 설상가상으로 그의 동화희극이 엄청난 성공을 거두자, 파리에 있는 코메디 이탈리엔느 극단의 제안을 받아들여 그곳으로 이주했다. 코메디 이탈리엔느는 골도니에게 새로운 작품 대신 그가 이미 오래전에 손을 떼었던 작업, 즉 관례적인 공연 지침서를 집필할 것을 요구했다. 당시 시민계급의 새로운 취향에 부응하지 못했던 코메디 이탈리엔느는 존망의 위기에 처해 있었고, 골도니가 파리에 도착했을 때는 이미 오페라 코미크(Opéra comique)에 병합될 수밖에 없는 처지에 놓여 있었다. 코메디 프랑세즈의 사주로 무대 위에서 대사조차 할 수 없는 지경이 되어 연극 대신 팬터마임이나 음악공연을 할 수밖에 없었던 '테아트르 들 라 프와레(Théâtre de la Foire)', 즉 파리의 대목장 극단에서 출발한 것이 바로 오페라 코미크다. 오페라 코미크와 통합된 후 코메디 이탈리엔느의 의미는 점점 더 퇴색해 갔고, 이와 함께 수백 년에 걸쳐 전해 내려온 즉흥극의 전통도 사라지게 되었다. 상황이 이렇게 되자 골도니는 우선 궁정의 이탈리아어 교사로 밥벌이를 해야 했다. 루이 14세는 그에게 연금을 약속했지만 프랑스 혁명이 일어난 후 취소되었다. 골도니는 국민회의가 이 결정을 다시 번복한 것을 끝까지 알지 못했는데, 그 이유는 하필 그날 그가 사망했기 때문이다.

코메디 이탈리엔느는 그렇게 좌초해 버리기 전까지만 해도 100년 이상 파리 연극계를 이끌어 온 원동력이었다. 왕의 애첩을 비난했다는 이유로 20년간 추방당했던 기간에도 이 사실은 변함이 없었다. 1680년경 자신들을 초청해 준 프랑스의 언어를 수용하고 그 문화에 적응한 것이 극단 발전사에 있어서 결정적인 전환점이 되었다. 코메디아 델라르테의 전형적인 등장인물들 중 하나인 판탈로네(Patalone: 완고하고 인색한 노인)가 그로냐르(Grognard)나 오롱트(Oronte)로 불리게 되면서 캐릭터의 변화를 가져왔다. 도토레는 법학자에서 의사인 그라치앙 발루르드(Docteur Gratian Balourde)가 되었다. 여전히 가면을 쓰고 등장하는 인물은 알레키노뿐이었다. 그의 음탕한 희극적 면모는 섬세한 재기로 변모했다. 코메디아 델라르테에서는 조연에 불과했던 페드롤리노(Pedrolino: 익살꾼 하인)는 파리에서는 우수에 찬 매력을 지니게 되었다. 스카라무치오는 코메디아 델라르테의 카피타노(허풍쟁이 군인)의 특성이 부가된 하인 스카라무슈(Scaramouche)로 거듭났다. 극의 주인공인 사랑에 빠진 젊은 한 쌍의 배경이 프랑스 시민계급 사회로 옮겨지고 유행의 첨단을 걷는 우아한 의상과 가발로 치장했다는 것만 빼고는 변한 점이 거의 없었다. 코메디 이탈리엔느는 이러한 전형적인 인물들 주변에 파리의 일상생활에서 흔히 볼 수 있는 인물들을 다양하게 배치해 종종 귀족이나 신분이 상승한 시민계급의 풍속, 의사나 법률가들의 행동거지, 세상물정에 어두운 철학자나 코메디 프랑세즈의 동료 배우들을 비판하는 메가폰으로 삼기도 했다. 풍자적인 독설은 이탈리아 배우들을 위해 유머러스한 소품을 쓴 프랑스 작가들이 제공했다. 코메디 이탈리엔느 극단사의 제1단계에 공연된 작품 24편의 대본들은 1700년 『이탈리아 연극의 과거(Ancien théâtre italien)』라는 제목으로 출간되었다.

1715년 추방당했던 이탈리아의 희극 배우들이 돌아온 후 신임 단장으로 취임한 루이지 리코보니(Luigi Riccoboni)는 피에르 카를레 드 샹블랭 드 마리보라는 뛰어난 극작가를 영입하는 데 성공했다. 시민계급 가정에서 태어나 발음도 멋진 귀족 칭호를 멋대로 자신에게 부여한 마리보는 1720년부터 1740년까지 30편이 넘는 희극을 완성했는데, 그중 3분의 2는 코메디 이탈리엔느의 배우들, 특히 우수에 찬 연인 렐리오(Lélio)를 연기했던 리코보니 단장, 알레킨 전문배우 토마소 비센티니(Tommaso Vicentini) 그리고 사랑스러운 실비아 역할을 맡았던 지아네타 베노치(Gianetta Benozzi)를 위해 쓴 것이다. 마리보는 희극을 '심리희극'이라는 새로운 드라마 장르로까지 발전시켰다. 그는 주인과 하인의 대칭적 구도, 이상화된 젊은 남녀 한 쌍, 그리고 사랑이라는 기본 테마를 즉흥극으로 가져왔다. 그러나 즉흥극에서는 열정이 즉각적인 갈망으로 표출될 뿐 그 갈망이 충족되는지 여부에는 크게 관심을 기울이지 않는 반면, 마리보의 작품은 사랑 그 자체를 중심 테마로 다루고 있다. 아직은 스스로 확신하지 못해 감추고 있거나 고백하지 못했을 뿐 결국에는 인정하게 될 사랑의 싹이 바로 그의 테마다. 이 감정이 갑작스럽게 연인들을 압도하고 그 전에는 아무 문제가 없었던 자아감정을 뒤흔든다. 열정이 그들의 사고와 행동을 지배하려고 한다. 그들의 의식에 균열이 생기고, 이성의 통제력을 유지하려는 소망과 비합리적인 감정에 몸을 내맡기고 싶은 갈망이 마음속에서 충돌한다. 희극 〈사랑의 기습(La surprise de l'amour)〉에서 주인공 렐리오는 이러한 두려움을 다음과 같이 표현하고 있다. "여인들이여! 그대들은 우리의 이성을, 우리의 자유를, 우리의 평화를 강탈한다. 그대들은 우리에게서 우리 자신들을 빼앗아 가기도 하고 우리를 살리기도 한다. 도대체 자기자신에게 무슨 일이 일어났는지 명확하게 파악할 수 있는 남성은 거의 없단 말인가? 고통과 기쁨에 취해 미쳐 버린 불쌍한 인간들이여." 마리보가 다루고 있는 주제들은 대체로 〈이중의 외도(La double inconstance)〉, 〈사랑과 우연의 장난(Le jeu de l'amour et du hasard)〉, 〈거짓고백(Les fausses confidences)〉이나 〈논쟁(La dispute)〉과 같은 그의 대표적인 희극들의 제목을 통해서 알 수 있다.

마리보가 자신의 연애희극에서 보여 주려는 복잡미묘한 심리 상태들을 당시의 프랑스어로는 적확하게 표현할 수 없었다. 그래서 마리보는 단어, 복합어, 관용구와 이미지들을 새로 만들어 낼 수밖에 없었다. 대화체가 지닌 '일상의 문학성(Alltagspoesie)'을 모방하기 위해 선택했다고 스스로 밝힌 바 있는 그의 부자연스러운 산문체를 동시대 사람들은 전혀 긍정하지 못하는 차원에서 '마리보다주(Marivaudage)'[8]라고 불렀는데, 이는 현재까지도 통용되는 용어로 남아 있다. 많

이탈리아의 희극 배우들. 장-앙투안 바토의 유화, 1720년경

은 관객들은 마리보의 작품을 버겁다고 느꼈고, 복잡하고 미묘한 내용뿐만 아니라 그 내용이 표현되는 방식 또한 관객을 고려하지 않는다고 생각했다. 마리보의 심리희극에서는 코메디아 델라르테나 몰리에르의 작품들과는 달리 모든 웃음의 요소가 인물의 내면에 있다. 그래서 관객은 성찰의 과정을 통해서만 비로소 이러한 요소들을 이해할 수 있다. 전반적으로 극은 편안하게 웃을 수 있기보다는 정적이면서도 유쾌하다. 로코코 문학의 전형적인 표현 방식으로서 마리보의 작품들은 흔히 여기에 속한다는 평가를 받는다. 당대 가장 위대한 화가였던 장-앙투안 바토(Jean-Antoine Watteau)가 자신의 유화를 통해 표현하고자 했던 것처럼 마리보 역시 충동적인 감정을 잃어버린 상실감을 완화시켜 주는, 그렇게 해서 환상을 떨쳐 버린 세상을 완벽한 형식으로 그리고 있다.

---

8) 부자연스럽게 꾸민 말투나 문체. —옮긴이

마리보 작품에서 드라마 사건은 감정의 실험적 연구, 즉 거의 자연과학의 엄밀성으로 행해지는 영혼의 분석이 구체적인 사회의 영향으로 말미암아 방해받을지도 모르는 구체적인 현실과는 전혀 무관하다. 주로 마리보는 그 실체가 모호한 시골 저택을 배경으로 삼는다. 등장인물들 역시 사회적 관점으로 볼 때 정체가 확실하지 않다. 돈과 지위는 보편적이며 인간적인 사랑과 비교할 때, 극작가에게 그것은 별로 중요하지 않다. 기존의 연극적 관습과는 달리 마리보는 하인 역할에게도 그만의 고유한 감정세계와 성격을 부여한다. 물론 이것은 연애희극에만 해당하는 말이다. 그 외에도 마리보는 초기 계몽주의 사상에 입각해 도덕적 교화를 추구하며 사회적 이상향을 제시하는 작품들을 발표했다. 단막극 〈노예들의 섬(L'île des esclaves)〉에서는 배가 난파하면서 주인과 하인의 역할이 뒤바뀐다. 풍자극 〈이성의 섬(L'île de la raison)〉에서는 유럽인 8명이 문명의 손길이 전혀 닿지 않은 섬에 표류하면서 그들의 키는 소인국의 사람들처럼 쪼그라든다. 그리고 그들이 이성적으로 행동할 때마다 다시 그들의 키는 자란다. 희극 〈식민지(La colonie)〉에서는 여성들이 권력을 찬탈하는데, 남성들의 우두머리가 트릭 하나로 여성들의 반란을 진압한다. 세 작품 모두 결말에 가서는 원상태로 회복된다. 그렇다고 비판까지 취하되는 것은 아니다. 마리보 작품의 기본 사상은 인본주의에 입각해 미래에 대한 낙관적 희망을 갖는 것이다.

한 세대가 지나면서 귀족과 시민계급 간의 현실적인 대립이 첨예해졌다. 계몽주의 사상을 토대로 정치적 폭발력을 갖는 구체적인 강령이 확립된다. 여기에 적지 않은 기여를 한 인물이 파리 시계공의 아들로 태어나 귀족으로 신분이 상승하기도 전에 스스로를 '드 보마르셰(de Beaumarchais)'라고 귀족처럼 칭하고 다녔던 피에르-오귀스탱 카롱(Pierre-Augustin Caron)이다. 그는 궁정의 음악교사로서, 비밀 첩보원으로서, 무기상으로서, 문학가로서, 모험으로 가득 찬 생애를 보냈다. 금융업자로 스페인을 여행하던 중 출세주의자 클라비고(Clavigo)에게 버림받은 여동생의 명예를 지켜야만 하는 일도 있었다. 괴테는 보마르셰의 글을 통해 이 사연을 접하고 이를 소재로 한 비극 작품을 썼다. 작가이자 언론인이었던 보마르셰는 드니 디드로의 시민극의 영향을 받아 쓴 작품들이 실패한 후 희극으로 돌아섰다. 지금은 지오아키노 로시니(Gioacchino Rossini)가 작곡한 오페라의 리브레토로만 남아 있는 그의 희극 〈쓸모없는 조심성 또는 세비야의 이발사(La précaution inutile ou le barbier de Séville)〉가 코메디 이탈리엔느의 전통을 계승하고 있다. 속임수에 넘어가는 노인, 젊은 연인 한 쌍과 약삭빠른 하인 같은 전형적인 인물들도 등장한다. 피가로는 모든 사건의 배후 조종자로서 자기 손에 놀아나는 마리오네트에 불과한 주인이 장애를 극복하고 사랑하는 소녀와 결혼에 성공할 수 있도록 돕는다. 보마르셰는 타락하고 비생산적인 귀족이 특권이라고는 부여받지 못한 계층의 기지뿐만 아니라, 점점 강력해지는 그들의 힘에 종속되어 있음을 희극 특유의 경쾌한 터치로 보여 주고 있다.

'피가로 3부작'의 두 번째 작품은 〈멋진 날 또는 피가로의 결혼〉이다. 그 뒤를 이어 프랑스 혁명이 끝난 후 발표했으나 별 성공은 거두지 못한 마지막 작품이 〈두 번째 위선자 또는 죄 많은 어머니(L'autre Tartuffe ou la mère coupable)〉다. 〈피가로의 결혼〉에는 〈세비야의 이발사〉로 이미 알려져 있는 인물들이 다시 등장한다. 이제 피가로는 자신이 결혼을 성사시켜 준 백작부부의 저택에서 하인으로 일하고 있다. 그는 '첫날밤의 동침 권리'라는 귀족영주의 특권을 이용해 자신의 약혼녀인 시녀 쉬잔느의 순결을 빼앗으려고 하는 주인에게 뼈아픈 패배를 안긴다. 피가로의 계략으로 쉬잔느와 백작부인은 서로 옷을 바꿔 입고, 쉬잔느와 심야의 밀회를 위해 나온 백작은 그녀 대신 자기 부인을 만나게 된다. 모두가 서로 용서하고 화해한다는 결말이 볼프강 아마데우스 모차르트의 음악을 통해서 속세를 초월하는 차원으로까지 승화되었음에도 불구하고, 이 희극이 가하는 사회비판은 대단히 날카롭다. 보마르셰는 피가로의 의미심장한 독백을 통해 명시적으로 사회를 비판한다. "당신은 훌륭한 주인이니 스스로를 위대한 영혼이라 생각하시겠지요. (…) 귀족의 신분, 부귀영화, 높은 지위, 품위, 그런 것들을 다 지녔다고 우쭐대지요. 하지만 그처럼 다양한 특권을 얻기 위해 당신이 한 일이 대체 뭐가 있지요? 세상에 태어나는 수고 말고는 아무것도 한 일이 없잖소! 사실 당신도 알고 보면 지극히 평범한 사람일 뿐이거든요. 제길! 사람들이 수백 년간 스페인 전체와 지들 나라를 통치하겠다고 떠들어 댈 때, 천민의 아이로 태어난 나는 더 기지 있고, 더 이성적인 사람이 되려고 애를 써야 했었지요. 오로지 살아남기 위해서 말이오!"

기존 희극 작품에 등장하는 재기 넘치는 하인이 이 작품에서는 실제로 수년 뒤 발발한 혁명에 가담한 군중들이 외친 '평등'을 엄중하게 요구하며 사회체제에 근본적인 비판을 가하는 대변자로 변모했다. 〈피가로의 결혼〉의 ―결국 실행에는 실패한― 공연 금지령을 내리며 "바스티유 감옥을 먼저 없애 버리지 않는 한, 이 작품의 공연은 참으로 위험한 모순적 상황을 야기할 것"이라고 그 이유를 설명했던 루이 14세는 이 작품의 본질을 간파하고 있었음이 분명하다.

유랑극단에서 상설극장으로

시민계급이 정치적·사회적 속박에서 벗어나고, 이와 함께 정신적으로 계몽주의가 영향력을 크게 발휘하면서 희곡문학의 내용과 형식뿐만 아니라 연극적 실현, 즉 공연에 관한 원칙들도 변하기 시작했다. 그 변화의 파장이 멀리까지 미친 덕분에 유랑극단도 '상설극장'으로 정착할 수 있었다. 독일에서는 서부 유럽의 다른 국가들에 비해 이러한 정착 과정이 무척 힘겹게 그리고 비교적 뒤늦게 진행되었는데, 그 이유는 정치적으로 영토가 고만고만한 수많은 군소국가들로 분열되어 있었기 때문이다. 군소국가의 난립으로 시민계급이 단결된 힘을 발휘할 수 없었고, 이로 말미암아 함부르크와 라이프치히를 제외하고는 대도시라 불릴 만큼 성장한 곳도 없었다. 이 두 도시를 제외한 모든 지역에서는 잠재적 관객수가 턱없이 적었다. 관객의 관심을 끌기 위해 댄스 장면이나 팬터마임을 끼워 넣거나, 아니면 비극적 결말을 해피엔드로 바꾸는 노력에도 불구하고 상황은 별반 달라지지 않았다.

배우들의 신분도 '유랑민'이나 마찬가지였다는 점은 시민계급, 특히 교회가 이들을 무시한 결과였다. 사생활에서뿐만 아니라 무대 위에서도 '품격'과 '예의'를 갖추려는 배우들의 노력에도 불구하고 그들은 오랫동안 천대를 받았다. 프리데리케 카롤리네 노이버(Friederike Caroline Neuber) 부인은 배우들이 사회적으로 인정받는 데 있어 지대한 공헌을 했다. 유일한 여성 단장은 아니었지만, 그중 가장 뛰어난 인물임에 틀림없었던 그녀는 대단한 학식을 갖춘 자주적인 여성이었다.

노이버 부인의 저서 『독일 서곡(Deutsches Vorspiel)』의 서문은 언급할 만한 가치가 있다. "친애하는 독자 여러분! 여기 읽을거리가 있습니다. 위대한 남성 학자가 쓴 것이 아닙니다. 아니요, 배우에 불과하기 때문에 신세가 극빈자나 다름없는 여자가 쓴 것입니다. (…) 그녀가 내세울 것이라곤 자신의 예술뿐이죠. 예술에 대해 이야기하는 남성을 이해하기 위해 그녀 역시 그만큼 알아야 한다고 말한다면 말이죠. 그녀한테 왜 글을 쓰냐고 묻는다면 말이죠. 그녀는 이렇게 대답할 겁니다. (…) 바로 그렇기 때문이라고요. 어떤 이가 당신에게 그녀를 도와준 사람이 누구냐고 묻는다면 이렇게 말하세요. (…) 아마도 그녀가 직접 쓴 것 같다고 말입니다."[9]

이렇게 당당했던 노이버 부인조차 '품위 있는 여관'에서의 임종은 물론 교회 장례식까지 거부당했다는 사실은 배우들을 이성적이고 예의를 갖춘 인간으로 교육시키고 그들에 대한 사회인식을 개선하기 위해서 기울인 그녀의 노력이 거의 결실을 거두지 못했음을 시사한다. 결정적인 변화가 일어난 것은 유랑극단 배우들 중 가장 능력 있는 단원들에게 궁정극장으로의 입성이 허용되었고, 최소한 연중 일정 기간만큼은 정착해 지낼 수 있게 되면서부터다. 그 후 배우들의 위상은 20~30년 만에 높아져 추밀 고문관(Geheimrat)이자 장관인 괴테가 그들을 연극작업의 파트너로 받아들일 수 있을 정도가 되었다. 그러나 대부분의 배우들에게 사회적으로 인정받기까지의 과정은 힘겹고 고생스러웠다. 배우들의 직업병으로 불렸던 영양실조나 폐결핵으로 많은 이들이 요절했다. 추위와 굶주림을 겨우 이겨 내고 살아남는다고 해도 극심한 가난에 시달리며 말년을 쓸쓸히 보내야 했다. '교양 있는' 시민들도 사적으로는 배우들을 멀리했다. 귀족들은 궁정극장을 첩실을 선발하는 곳 정도로 생각할 뿐이었다. 바이마르(Weimar)의 제후였던 카를 아우구스트 공작(Herzog Karl August)조차 이런 관례에 따라 바이마르 궁정극장을 '뮤즈들의 궁정(Musenhof)'이라고 부를 정도였다. 극장장을 맡고 있던 괴테는 여배우 1명이 공작에게 그를 모함하는 베개송사를 벌였기 때문에 상당한 곤경에 처한 적이 있다.

9) Zitiert nach Renate Möhrmann: Theaterwissenschaft heute, S. 328.

뉘른베르크의 코메디엔하우스에서 공연 중인 유랑극단, 뉘른베르크에서 발행된 『즐거운 화집』에 실린 일러스트, 1730년

배우의 삶이 궁핍하고 신산했음에도 불구하고 유랑극단의 입단 희망자들은 끊이지 않았다. 18세기 후반 배우의 수는 1000명을 넘어섰고, 극단 수도 50개에 달했다. 학업을 중단한 대학생, 성직의 길을 포기한 신학자, 탈영병과 정조를 잃은 평민 소녀뿐만 아니라 유복한 환경에서 자란 시민계급의 자녀들도 무대로 모여들었다. 1870년대에는 '연극 열병(Theatromanie)'이 독일을 휩쓸었다. 시민계급에 속하는 지성인들 모두가 이 바이러스에 감염된 듯했다. 이상적인 자유를 누릴 수 있으리라는 믿음에 끌려 배우의 길을 찾는 사람들이 있는가 하면, 관객석에 앉아서나마 자신의 열정을 맘껏 발산하는 사람들도 있었다. 카를 필립 모리츠의 작품 『안톤 라이저』에 등장하는 동명의 배우나, 괴테의 작품에 등장하는 빌헬름 마이스터(Wilhelm Meister)와 같은 인물들은 현실에서는 불가능한 개인적 인성의 발현을 무대 위에서나마 시도해 보고자 했다. 이런 인물들은 시민계급의 젊은 지식인들을 대변했는데, 이들은 자신들이 현실에서 '아무것도 말할 것이 없기 때문에' 현실 또한 자신들에게 '아무것도 말해 주지 않는다'라고 생각했다. 다른 분야와 달리 배우의 세계에서는 어느 정도 남녀평등과 자립이 보장된다는 점이 여성

들에게 매력으로 작용했다. 그러나 이러한 매력은 여성이 별로 등장하지 않는 셰익스피어의 작품들이 큰 인기를 끌면서 감소하기 시작했다. 대부분의 극단 단장들이 고용하는 여배우의 수는 남자 배우의 절반 정도에 불과했다. 규모가 꽤 큰 극단은 15명에서 20명 정도의 배우들을 고용하고 있었다. 이들은 주인공의 아버지, 사랑에 빠진 소년소녀, 우스꽝스러운 노인에서 순진한 처녀에 이르기까지 거의 모든 역할들을 소화했다.

남녀평등이라는 관점에서 볼 때 연극인들의 위상이 향상되어 일반인과 같은 대우를 받게 된 것이 오히려 부정적인 결과를 가져오기도 했다. 18세기 중반까지만 해도 여성들 역시 극단을 이끌 수 있었지만, 그 이후로는 불가능해졌다. 시민계급 가정의 가부장주의로 말미암아 배우사회에서조차 여성들이 지배적 위치에 있는 것이 용납되지 않았던 것이다. 비교적 민주적이었던 배우 공동체의 구조가 점점 단장 중심의 절대적인 지배 구조로 변모해 갔다. 단장은 작품을 선택하고 역할을 배분했으며, 소도구와 의상들도 소유했다. 관청과 협상하여 공연 허가를 받는 것도 단장의 몫이었다. 수완이 좋거나 운이 따르는 경우에는 공연독점권을 받아내기도 했다. 종종 몸싸움을 벌일 만큼 극단들의 경쟁이 매우 치열했던 관계로 독점권은 대단히 중요한 관심사였다. 테오필 되블린(Theophil Doebblin) 극단의 단원들이 자일러(Seyler) 극단이 공연하는 도중에 일반 관객석의 의자를 때려 부순 일화는 경쟁이 얼마나 심했는지를 잘 말해 준다.

초기 유랑배우들이 공연하던 장소는 마술사와 돌팔이 의사, 인형극 연기자와 곡마사, 동물 조련사와 거리의 악사들도 모여드는 대목장이나 유흥업소였다. 이들은 야외 또는 여관의 홀에 단을 세우고 약간의 소품들을 이용해 무대를 만들었다. 훗날 대도시에서는 재력을 갖춘 몇 안 되는 단장들이나, 이제 연극에 대해 호의를 갖기 시작한 시장들이 극장을 건립했다. 시간이 흐르면서 점점 개방적인 태도를 보이게 된 제후들도 그들의 궁정극장을 독일 연극인들에게 개방하고 일반 관객들을 받아들이기 시작했다. 공간 조형적인 측면에서 시민들을 위한 극장은 바로크 시대에 확립된 원칙들을 따르고 있지만, 전체적으로는 매우 단순하다 못해 궁색해 보일 정도였다. 기본적인 무대는 새로 대두한 시민극에 적합하도록 거실, 군주의 접대실, 감옥, 술집, 국도나 숲과 같은 전형적인 배경으로 꾸며졌다.

물론 무대 구조물이 아니라 그림들로만 꾸민 것이다. 이런 무대는 전환이 비교적 용이했는데, 무대 중간에 커튼이 있어 그 전면에서 공연을 하는 동안 뒤쪽에서는 새로 무대를 꾸미는 경우가 빈번했다. 단조로운 무대에서 탈피하여 후면이 깊어진 무대는 지난 세기까지만 해도 준수되던 원칙이었다. 조명을 위해 앞쪽 무대의 양편과 측면 배경 뒤에 양초와 기름 램프를 설치했다. 거울을 교묘하게 배치하여 불빛의 광도를 증폭시키거나 빛의 각도를 바꾸기도 했다. 객석의 조명은 초를 꽂은 샹들리에를 사용했는데, 휴식 시간에는 이것을 내려 촛농을 닦고는 했다. 연극에 대한 일반 시민의 관심이 점점 커지면서, 객석을 어둡게 하는 경우가 점점 더 많아졌다. 공연 자체뿐만 아니라 자기과시 또한 중요했던 궁정극장의 관객들과는 달리 시민 관객들의 관심의 초점은 공연 자체에 있었다. 새로운 시민계급 출신 관객들은 하루의 일과를 마친 후에야 여흥이나 교화를 위한 시간을 낼 수 있었기 때문에 공연 시간도 저녁으로 늦춰졌다. 어두워서 더 이상 일할 수 없는 황혼 무렵이면 관객들은 어두운 객석을 찾았고, 막이 올라가면 조명으로 환하게 밝힌 무대에 집중했는데, 이는 연극의 '환상주의' 원칙에 유리하게 작용했다.

의상은 18세기 시민극에서 중요한 역할을 했다. 이미 노이버 부인도 요한 크리스토프 고트셰트와 함께 인물의 시대 배경과 사회적 신분에 맞는 의상을 제작하기 위해 노력한 바 있다. 그녀는 얼마 되지 않는 공연 수익을 우선적으로 값비싼 의상을 마련하는 데 사용했다. 보유하고 있는 의상들은 극단의 귀중한 재산이었고, 따라서 비일비재했던 차압의 경우에 중요한 담보물이었다. 동시대 작품을 공연할 때 배우들이 직접 의상을 준비한다는 원칙은 20세기까지 많은 극단에서 통용되었다. 그러나 이런 관례는 무대 위에서 벌어지는 사건을 늘 똑같이 보여주는 데 지장을 주기도 했다. 따라서 배우들의 의상이 최소한 어느 정도는 일치하도록 신경을 쓰는 것이 '연출가(Regisseur)'의 주된 임무였다. '연출가'라는 개념은 1770년 빈의 궁정극장 부르크테아터(Burgtheater)의 서류 속에서 최초로 등장했다. 이 극장은 경륜 있는 배우들이 2~3주마다 1명씩 돌아가며 그 기간 중 열리는 공연과 새로운 연출에 관련된 모든 책임을 지는 일명 '주번제(週番制, Wöchner-System)'를 도입했다. 그러나 의상과 관련된 문제로 리허설 책임자와 배우들 간에 자주 분쟁이 일어난 곳은 부르크테아터뿐만이 아니었던 것 같다. 심지어 최종 리허설조차 의상이나 가면 없이 진행하던 관례도 이러한 분쟁을 일으키는 데 한몫했다. 시민극에 등장하는 인물들의 개성이 부각되면서 그들의 외관 또한 성격을 표현하는 장치로 점점 더 중요해졌던 당시의 상황을 고려할 때 이해하기 쉽지 않은 일이다. 물론 콘라트 에크호프(Konrad Ekhof)나 아우구스트 빌헬름 이플란트(August Wilhelm Iffland)처럼 뛰어난 배우들만큼은 이러한 관례에서 과감히 벗어났던 것 같다. 에크호프는 농부를 연기하면서 로코코의 전형인 양치기 스타일을 완전히 탈피했다는 점에서, 이플란트는 인물들의 각기 다른 숙명과 출신, 위상을 드러내는 다양한 의상들을 통해 완벽한 변신에 성공했다는 점에서 호평을 받았다.

독일 문화권에서 시민극은 절대 봉건주의 억압으로부터의 해방뿐만 아니라 민족적 정체성을 강화하기 위한 수단이기도 했다. 18세기 중반부터 작가들과 비평가들은 '국민극장(Nationaltheater)' 건립을 요구하는 글을 발표했다. 그들의 요구는 쇼비니즘에서 나온 것이 아니라, 프랑스의 모범에 필적하는 독일의 희곡문학과 공연예술을 정립하여 소국 분립주의를 극복하는 데 기여하겠다는 열망에서 비롯된 것이었다. 프리드리히 실러(Friedrich Schiller)는 「훌륭한 상설무대는 과연 어떤 영향을 줄 수 있는가?(Was kann eine gute stehende Schaubühne eigentlich leisten?)」라는 제목으로도 널리 알려진 「도덕기관으로서의 공연무대(Die Schaubühne als moralische Anstalt betrachtet)」라는 강령적인 연설문에서 국민극장 건립을 제안했다. 이 글에서 실러는 극장이 '이성과 감정의 교육이 가장 고상한 유흥과 합일되는' 공간이라고 기술하고 있다. 종교와 달리 무대는 '관조와 살아 움직이는 현실'을 통해, 그리고 더 높은 차원의 정의를 통해 영향력을 발휘한다. 그렇기 때문에 무대는 현명한 입법자의 주도하에 있을 경우 국가를 위해 중요한 사회정치적 기구가 될 수도 있다. 즉, '무대의 재판권은 세속적인 법률의 영역이 끝나는 지점에서 시작'된다. 연극은 '인간이 다른 인간들을 이해하게' 해주고, 그럼으로써 시민들의 삶을 파악할 수 있는 지표가 된다. 실러는 극장의 본질적 가치는 연극이 내포하고 있는 '도덕적 교육(Sittlichen Bildung)'에 있다고 생각했다. 그는 이미 레싱이 발전시킨 아이디어에 근거해 '경외심을 자아내는 계급에 속한 사람들', 즉 귀족들이 "다른 계급에 속한 사람들보다 연극에 대해 더욱 고마워해야 할 이유가 있다. 세상의 위대한 인물들은 평소 전혀 듣지 못하거나, 아주 드물게 들을 수밖에 없는 것들을 무대를 통해 듣는다. 진실 말이다. 그들은 평소 전혀 보지 못하거나 아주 드물게 볼 수밖에 없는 것들을 무대 위에서 본다. 인간 말이다"라는 글을 남겼다. 정치적 계몽의 포럼으로서의 극장 안에서는 시민들을 위한 교육뿐만 아니라 사회 전체의 교화도 가능하다. 무대는 시민들의 가치관에 입각하여 국가정신을 변화시킬 수 있는 기회도 제공한다. 실러는 국민극장의 설립을 정치 현실의 변화를 야기할 수 있는 가장 근본적인 전제조건으로 간주했다. 그는 국민극장 건립을 향한 여정에서 첫 번째 성과들을 확인하고 "인간성과 인내심은 우리 시대를 지배하는 정신으로 부각되고 있다. 그 광휘는 법정을 지나 제후들의 마음속까지 밝혀준다"라고 기뻐했다.[10)]

레싱은 실러보다 훨씬 더 현실적인 시각으로 상황을 주시하고 있었다. 그는 독일인들이 아직 민족의식을 갖고 있지 않다는 이유로 시민 위주의 국민극장을 출범시키려다가 실패한 함부르크 상인들의 시도를 '기발한 착상'이라고 평가했다. 그는 1767년부터 1768년까지 드라마 전문가로서 이 계획에 참여했지만, 시민극을 무대에 올리거나 더 많은 관객을 동원하는 데 힘을 보태지는 못했다. 이로 인해 결국 국민극장 프로젝트는 실패했다. 레싱은 배우들의 연기를 분석하여 그 예술적 수준을 제고한다는 계획도 배우들의 감상주의에 빠진 연기 때문에 포기해야 했다. 그는 이런 사실을 『함부르크 희곡론』의 마지막 장에서 다음과 같이 해명하고 있다. "(연기예술에 대한) 일반적인 이야기들은 (…) 충분히 들을 만큼 들었지만, 상세할 뿐만 아니라 누구나 인정할 만한 내용이라 (…) 특별한 경우 그에 따라 배우의 연기를 비난하거나 칭찬할 수 있는 기준으로 삼을 만한 것은 두세 가지도 안 된다. 그렇기 때문에 배우의 연기에 대한 논쟁들은 늘 일관성이 없고 다의적이며, 이로 인해 가진 것이라고는 숙련된 연기술밖에 없는 배우들이 어떤 식으로든 모욕감을 느낄 수밖에 없다. 이런 상황이다 보니 배우는 제대로 칭찬받는 경우는 단 한 번도 없으면서 늘 지나치게 비난을 받고 있다고 생각되는 것이다."[11)]

---

10) Friedrich Schiller: Sämtliche Werke. Bd. 5. S. 823 ff.

로물루스: 〈아버지들의 학교〉, 1776년
고타 궁정극장 공연 중 에크호프와 헨젤이
등장하는 장면, 게오르크 미하엘 크라우스의 동판화

함부르크 국민극장 건립 프로젝트에서 레싱 다음으로 중요한 역할을 했던 인물은 '독일 연기예술의 아버지'로 연극사에 길이 남은 콘라트 에크호프이다. 1720년 가난한 가정에서 태어난 그는 배우라는 직업에 썩 어울리지 않는 외모의 소유자였지만, 노이버 부인에게 사사한 프리드리히 쇠네만(Friedrich Schönemann)이 이끄는 극단에 젊은 나이로 입단했다. 쇠네만은 당시 여느 극단 단장들과 마찬가지로 어딘가 정착할 곳을 찾기 위해 계속 노력 중이었다. 이런 노력이 마침내 어느 정도 결실을 맺어 1753년 메클렌부르크-슈베린 공작(Herzog von Mecklenburg-Schwerin)은 그의 극단을 연중 8개월 동안 고용했고, 그 외의 기간에는 함부르크에서 초청공연을 할 수 있도록 했다. 입단 후 얼마 지나지 않아 단원들 중 가장 뛰어난 배우로 급부상한 에크호프는 오랫동안 마음에 품고 있었던 계획, 즉 배우 아카데미 건립을 실현시킬 수 있는 기회가 드디어 눈앞에 찾아왔다고 생각했다. '아카데미'라는 명칭을 선택한 것은 그의 강렬한 의지를 시사하는 과감한 시도였다. 프랑스 출신의 추기경 리슐리외가 아카데미 프랑세즈를 창설한 이후 정신적·문화적 영역의 특정 분야를 위한 최고 기관을 지칭하는 의미로 사용된 '아카데미'라는 용어를 차용했기 때문이다. 실무진은 모두 쇠네만 극단의 배우들로 구성되었다. 이들은 13개월 동안 정기적으로 회의를 개최하여 연기술과 배우의 사회적 행동에 관한 문제들을 토의했다. 이에 관한 그들의 대화는 아카데미 회의록에 기록되어 있

11) Gotthold Ephraim Lessing: Sämtliche Werke. Bd. 10. S. 212.

다. "첫째로 우리는 배우로서 신과 세상에 대한 우리의 의무에 대해 토의한 결과, 배우라는 직업에 거의 항상 따라다니는 편견을 불식시키기 위해서 무엇보다도 사적 생활에서도 배우가 명예를 중시하고, 법을 준수하며, 이성적인 존재임을 증명해야 할 절대적 사명이 있다는 확신에 도달했다. 둘째로 여기서 우리는 배우조합원들에 대한 의무를 다하기 위해 배우가 공동체 의식을 가져야 한다는 점을 확실히 하고, 공동체 의식이라는 단어의 의미를 상세하게 분석한다. 셋째로 배우가 자기자신에 대해 져야 할 의무는 자신의 명예를 지키고, 배우에 대한 일반적인 평판을 개선하기 위해 노력하는 것이라는 데 합의한다."[12] 지각에서부터 음주에 이르기까지 예상할 수 있는 온갖 위반사항들에 대한 벌칙이 아카데미 정관에 포함되어 있다는 사실은 이런 원칙들의 수립이 얼마나 절실했는가를 반증한다.

에크호프는 아카데미 정관 중 예술과 관련된 부분에서 '공연할 작품의 강독'을 회원들의 의무사항으로 정해 놓고 있다. 그때까지 통용되던 관례와는 달리 이제 배우들은 리허설이 시작되기 전에 작품을 전부 파악하고 있어야 했다. 이것이 현대적 의미의 대본연습을 말하는 것인지는 확실하지 않지만, 어쨌든 에크호프가 대본 전체를 혼자 읽어 주었을 가능성이 크다. 작업의 두 번째 의무사항은 '캐릭터와 역할, 그것을 어떻게 연기할 수 있는지 그리고 어떻게 연기해야 하는지에 대한 철두철미한 연구'였다. 에크호프는 작품의 공연을 위해 중립성을 유지하고, 상대의 명성에 구애받는 일 없이 모든 편견과 아첨으로부터 자유로운 상태에서 비판적으로 서로를 관찰하고, 잘 드러나지 않는 실수까지 찾아내 없애거나 개선할 수 있도록 서로 자문해 주는 것을 회원들의 세 번째 의무사항으로 꼽았다.[13] 배우 아카데미는 작품이나 공연과 관련된 구체적인 사안들 이외에 배우의 연기에 대한 근본적인 문제들까지 고민했다. 심지어 '연기예술의 문법(Grammatik der Schauspielkunst)'을 정립한다는 목표를 세우기도 했다. 에크호프는 그 밖의 사안들에 대한 토론의 근거를 마련하기 위해 환상주의 원칙에 입각하여 다음과 같은 정의를 유추했다. "연기란 예술을 통해 자연을 모방하는 것이며, 가능한 한 자연에

---

12) Heinz Kindermann: Konrad Ekhofs Schauspieler-Akademie. 32f.

13) Heinz Kindermann: Konrad Ekhofs Schauspieler-Akademie. S. 13.

가까이 접근함으로써 그 진실이 신빙성 있게 받아들여질 수 있도록 하거나, 이미 발생한 일들을 자연스럽게 재현함으로써 마치 그 일들이 지금 막 벌어지고 있는 것과 같은 느낌을 주는 것이다." 이러한 요구를 충족시키기 위해서는 배우가 ―프랑스 의고전주의의 경우처럼― 특정한 연기 양식에 숙달해 있는 것만으로는 부족하다. 내용적 측면에서나 형식적 측면에서나 등장인물의 복합적인 성격을 파악할 필요가 있는 신작들을 제대로 숙지하고, 자신만의 개성적인 방식으로 이를 연기해 낼 수 있는 재능과 능력을 갖춰야 한다. 이렇게 함으로써 무대 위에서 배우의 연기는 독창적인 예술성을 발휘하게 될 뿐만 아니라 희곡으로부터 어느 정도 자유로운 독자성도 가질 수 있다. 에크호프에게 있어 배우의 가장 중요한 능력은 '생생한 상상력'과 '인간적인 판단력'이다. 물론 자연이 선사한 이러한 천분은 그가 늘 거듭해서 강조했던 바와 같이 '지칠 줄 모르는 근면성'과 '끊임없는 훈련'을 통해 개발할 수 있다.[14]

이제 연기는 이론적이고 교육적인 사안이 되었다. 콘라트 에크호프와 그의 동료들은 이 점을 주지하고 있었다. 그들은 18세기 중반 무렵 프랑스에서 출간된 후 즉시 독일어로도 번역된 연기 관련 저서들을 집중적으로 학습했다. 1750년 발표된 프란시스코 리코보니(Francisco Ricoboni)의 『연기술(L'Art du théâtre)』을 레싱이 독일어로 번역한 것과, 피에르 르몽 드 생트-알빈(Pierre Rémond de Sainte-Albine)의 에세이 『배우』를 레싱이 정리한 내용을 가지고 강독하고 토론하느라 몇 차례나 회의를 갖기도 했다. 두 저서들은 각기 다른 관점을 제시하고 있다. 생트-알빈의 경우 "비극적 인물을 연기하는 배우가 우리로 하여금 환상에 빠지게 하려면 자기자신이 먼저 환상에 빠져야 한다. 배우는 자신이 연기하는 인물이 바로 자기자신이라고 상상해야 한다. 광기에 휘둘린 인물을 실감나게 연기하려면 배우 스스로 배신당하고 쫓기는 인물이 되어야 한다. 그렇게 함으로써 (…) 배우는 우리의 영혼을 넘어서는 영역에 도달하는 것이다."[15] 언론인이자 희극 작가였던 생트-알빈이 제시한 '자기환상이론(Selbsttäuschungstheorie)'은 배우 출신인 리

14) Heinz Kindermann: Konrad Ekhofs Schauspieler-Akademie. S. 17.

15) Gotthold Ephraim Lessing: Sämtliche Werke. Bd. 6. S. 129.

코보니가 주장한 '인식론(Bewußtseinstheorie)'의 대척점에 서 있다. "연기는 인물이 겪고 있는 내적 동요를 관객들이 느끼게 만드는 기술이다. 나는 배우가 직접 그런 상황에 처해야 한다고 주장한 적이 없다. 오히려 배우가 인물의 감정을 그대로 느끼는 불행한 사태가 일어나는 경우 연기를 할 수 없게 된다고 확신하고 있었다."[16)]

디드로는 자신의 유명한 저서 『배우에 관한 역설』에서 배우가 무대 위에서 표현해야 할 감정들을 실제로 느낄 필요는 없다는 입장을 표명하고 있다. '표현해야 할 감정 자체를 실제로 느끼는 배우'는 균형감각을 상실할 위험에 늘 노출되어 있는 반면, '자연을 학습하고 이를 숙려해 연기하는 배우는 항상 편차 없이 완벽한 모습을' 보여 줄 수 있다. "나는 배우에게 판단력을 많이 요구한다. 나는 배우가 냉철하고 침착한 관찰자가 되어야 한다고 생각한다. 그렇기 때문에 배우에게 감성이 아니라 날카로운 시각을 요구하는 것이다."[17)] 디드로는 이 책의 다른 곳에서 "배우는 관객을 동요시키는 동안에 자기 내면의 소리에 귀를 기울인다. 그리고 그의 재능은 감정을 느끼는 게 아니라 그 감정의 외적 징후들을 성실하게 재현하여 관객이 환상에 빠지게 만드는 것이다. (…) 공연이 끝나면 배우는 완전히 기진맥진해 내의를 갈아입거나 잠자리에 눕는다. (…) 관객만이 계속 감동을 느낄 뿐이다. 배우는 지쳤으나 관객은 슬프다. 그 이유는 관객이 제자리에 가만히 앉아 감정을 느끼는 동안 배우는 감정 없이 격렬하게 움직였기 때문이다"라고 설명하고 있다.[18)]

물론 두 이론들 중 어떤 것도 절대적 당위성을 갖지는 못한다. 연기의 특별한 성격상 서로 대척하고 있는 이 두 가지 입장의 결합, 즉 환상과 현실인지, 감정이입과 성찰, 자기통제와 자기상실, 역할과의 동일시와 역할로부터 거리 두기 사이에서 양쪽을 끊임없이 오가야 하는 것이기 때문이다. 따라서 이를 둘러싼 논쟁은 사실 쓸모없는 것이다.

---

16) Francesco Riccoboni: Die Schauspielkunst. S. 73.

17) Denis Diderot: Ästhetische Schriften. Bd. II. S. 484.

18) Denis Diderot: Ästhetische Schriften. Bd. II. S. 488 f.

콘라트 에크호프는 독일 최초의 상설극장 건립에도 관여했다. 그는 1775년 괴테의 친구였던 카를 아우구스트 공작의 모친인 안나 아말리아 작센-바이마르 공작부인(Herzogin Anna Amalia von Sachsen-Weimar)의 추천으로 고타의 궁정극단의 예술감독으로 초빙되었는데, 1년 내내 작은 궁정에서 공연을 하던 이 극단은 순전히 내탕금만으로 운영되고 있었다. 작센-고타-알텐부르크 공작인 에른스트 2세(Herzog Ernst II von Sachsen-Gotha-Altenburg)는 에크호프 수하에 있는 단원들을 모두 고용하고 연금까지 약속했다. 당시 독일 최대의 도시였던 함부르크에서 시민들이 국민극장 건립 프로젝트를 통해서도 이루지 못한 것이 고타에서는 '계몽' 군주의 비호하에 실현된 것이다. 고타의 사례는 타의 모범이 되었다. 그 후 '국민극장'이라는 이름을 붙이기에 합당한 상설극장들이 빈, 만하임, 베를린, 뮌헨과 바이마르에 잇달아 설립되었다. 이런 과정은 한마디로 독일 시민계급이 ―어느 정도는 자발적으로― 봉건 귀족계급과 맺은 타협을 상징적으로 보여 주는 것이다. 사실 귀족들은 '국민적(national)'으로 생각할 마음이 당연히 없었다. 그것은 강력한 중앙집권적 권력을 위해 자신들의 기득권을 포기해야 하는 것을 의미했기 때문이다. 몇몇 제후들이 이탈리아 오페라를 독일 연극으로 대체하고, 사회적으로 부상한 시민계급에게 입장료를 받고 궁정극장을 개방한 데는 무엇보다도 경제적인 이유가 가장 크게 작용했다. 귀족들이 비판적인 시민계급 지성인들의 이데올로기도 수용했다는 흔적은 어디에서도 찾아볼 수 없다. 오히려 그러한 기미만 보여도 검열의 잣대를 들이밀었다. 결과적으로 배우들은 사회적 신분상승과 정치적 복종을 맞바꾼 셈이었다. 한때 사회적으로 냉대를 받던 아웃사이더들의 반항적 경향은 현저하게 보수주의로 바뀌었다. 프랑스 혁명이 일어났을 때 독일 제후들의 궁정극장이 프랑스 반동주의자들의 피난처가 되었던 사실은 시사해 주는 바가 크다.

콘라트 에크호프가 예술감독으로 취임한 후 3년 만에 사망하고, 그 후 공연 시즌이 두 차례 더 지나고 난 뒤 고타의 궁정극장이 다시 폐쇄되었을 때, 그의 정신을 계승한 연극적 작업을 지속한 곳은 만하임이었다. 심미적인 데다가 비교적 자유주의적 성향을 가지고 있던 볼프강 헤리베르트 폰 달베르크 남작(Freiherr Wolfgang Heribert von Dalberg)은 바이에른의 왕위를 이어받은 후 왕궁을 뮌헨으로

프리드리히 쉴러: 〈군도〉, 1782년 만하임 초연 당시 무대 측면 배경

옮긴 팔츠 선제후 카를 테오도르(Karl Theodor)로 하여금 만하임 극장을 시정부 관할하에 두어 지속시키도록 설득할 수 있었다. 이 극장이 예술적으로 두각을 나타낸 것은 고타 출신의 젊은 배우들을 고용하면서부터였다. 그들 중 특히 뛰어났던 배우는 당시 막 19세가 된 아우구스트 빌헬름 이플란트로, 그는 1782년 실러의 작품 〈군도(Die Räuber)〉의 전설적인 만하임 초연 당시 주인공 프란츠 무어를 열연했다. 처음에 이플란트는 자기자신을 위해서, 그 후에는 공연 책임자로서 모든 단원들을 위해서 에크호프의 연기 스타일을 발전시켰다. 이른바 '만하임 스타일'은 약간 과장되고 미화된 연기를 하면서도 개연성과 신빙성을 잃어버리지 않는 것이 특징이다. 이플란트의 이상화된 연기는 에크호프뿐만 아니라 디드로와 레싱과도 맥락을 같이하는 것이었다.

이플란트의 막강한 라이벌이었던 프리드리히 루트비히 슈뢰더(Friedrich Ludwig Schröder)는 이러한 연기 방식이 지나친 성찰과 노련한 계산에서 비롯된 것이라고 비판했다. 그가 질풍노도 시대가 표방한 직관과 열정에 경도되었던 인물임을 감안할 때, 이러한 비판은 놀랍지도 않다. 슈뢰더는 절제된 연기를 통해 인물의 개

연성을 보여 주는 데 만족하지 않고 '진실'과 '자연' 그 자체를 요구했다. 마침내 함부르크에 상설극장 '도이체스 테아터(Deutsches Theater)'가 건립되자, 감독 겸 주연배우로 취임한 슈뢰더는 젊은 천재 작가들의 작품들뿐만 아니라, 이들 작가들이 모범으로 삼았던 세익스피어의 작품들을 공연하는 데도 크게 기여했다. 그러나 대부분의 작품들은 당시 관객들의 정서를 감안해 수정하지 않을 수 없었다. 〈오셀로〉의 초연 당시 오셀로와 데스데모나의 죽음에 대해 관객들이 부정적인 반응을 보이는 바람에 공연을 중단해야만 했던 슈뢰더는 다음 공연부터는 어쩔 수 없이 이들을 살려 두었다.

슈투름 운트 드랑 시대의 드라마

프리드리히 막시밀리안 클링거(Friedrich Maximilian Klinger)의 희곡에서 그 명칭을 차용한 슈투름 운트 드랑은 예술의 몇몇 분야, 즉 문학과 연극에서만, 그것도 독일에서만 국한되어 나타난 사조였다. 이로써 신분해방을 갈구하는 시민계급에게 정신적으로 강력한 영향을 끼친 계몽주의는 새로운 단계로 접어들었다. 1770년 무렵까지 합리적·비판적 요소들이 지배적이었다면, 이제부터는 감상적·감정적 요소들이 전면으로 부상했다. 자기실현을 갈망하는 개인의 열정과 감정을 표현할 수 있는 새로운 가능성들이 대두하면서 정치적이고 사회비판적인 원동력은 더욱 강렬해졌다. 그러나 슈투름 운트 드랑의 혁명적 열기는 정신적 영역에만 국한되었다. 강력하게 외친 혁명적 구호들은 독일 시민계급의 정치적 무력감으로 인해 애초부터 실현이 불가능했기 때문이다. 요한 볼프강 괴테는 친구들인 하인리히 레오폴트 바그너(Heinrich Leopold Wagner), 야콥 미하엘 라인홀트 렌츠(Jakob Michael Reinhold Lenz), 프리드리히 막시밀리안 클링거, 그리고 자신보다 열 살 연하인 프리드리히 실러와 함께 이 사조의 주도적 역할을 담당했다. 훗날 그는 자신의 저서 『시와 진실(Dichtung und Wahrheit)』에서 '격앙'이나 '다가오는 혁명' 같은 친구들의 말을 조롱하기도 했다.

계몽주의 이념이 라인 강 저편의 프랑스에서는 정치적 강령으로 확립되어 결국에는 프랑스 혁명으로까지 이어진 반면, 독일에서는 막연한 반항에 그쳤다. 레싱이 동명의 논문을 통해 천명한 '인류의 교육(Erziehung des Menschengeschlechts)'에 대한 희망은 환상임이 증명되었지만, 젊은 천재들은 정신의 역량과 개인의 개별적 행동을 통해 현실을 변화시킬 수 있다는 믿음을 잃지 않았다. '자조자(自助者, Selbsthelfer)'라는 이상에는 집단적 행동을 통해 상황을 변화시킬 수 있다는 믿음이 결여되어 있었는데, 이는 괴테의 〈괴츠 폰 베를리힝겐(Götz von Berlihingen)〉의 주인공을 통해 단적으로 드러난다. 슈투름 운트 드랑 작가들은 귀족뿐만 아니라 중산층에 속하는 시민들까지 적대자로 간주하고 있었다. 이성과 도덕성에 절대적 가치를 부여하는 중산층이 육체적·정신적·감정적 에너지의 자유로운 발휘는 물론 기본적 욕구의 충족에까지 족쇄를 채웠기 때문이다. 사실 슈투름 운트 드랑 작가들은 개인존중이라는 경향과 보편성이란 미명하에 행해지는 억압 간의 충돌이 해소될 수 없다고 생각했다. 그런 이유로 말미암아 '적대적인 사회'에 대해 끓어오르는 반항심과 동시에 사회도피 경향이나 체념적 태도 역시 다시 나타났다. 괴테는 자신의 '천재 시기(Geniezeit)'에 완성한 악극(Singspiel) 〈벨라 별장의 클라우디네(Claudine von Villa Bella)〉에 등장하는 한 인물의 대사를 통해 이러한 태도를 다음과 같이 묘사하고 있다. "당신들은 내 심장처럼 젊은 심장이 요구하는 바를 아는가? 젊고 뛰어난 머리라고? 당신들은 나를 위해 내 인생의 무대를 어디에 준비해 두었나? 난 당신들의 시민사회를 참을 수 없어! 내가 일하고자 한다면 하인처럼 복종해야 하겠지. 만약 그럴 수 없다면 넓은 세상으로 나가야만 한다는 것인가?"

슈투름 운트 드랑 작가들의 반항적 태도는 무엇보다도 공적인 영역과 가족이라는 사적 영역 안의 권력 구도에 대한 거부감에서 비롯된 것이었다. 모두 25세 이전에 이미 첫 희곡을 발표했던 젊은 작가들은 "주관적으로도 객관적으로도 딱 자기들이 살아가는 시대만큼 나이를 먹는 행운"[에른스트 블로흐(Ernst Bloch)]이 주어진 덕분에 자신들이 개인적으로 겪고 있는 세대 간 갈등에 대한 문학적 묘사가 개인을 초월하는 의미를 가질 수 있었다. 이들의 작품에는 친부에 대한 반항심이 국가와 교회라는 초월적 부친(Über-Vater)으로까지 확장되어 있다. 한 세대 앞선 디드로나 레싱의 작품에서는 시민계급의 소가족이 공동체의 이상적 모델로 묘사되지만, 이들에게 소가족이란 뒤틀린 관계와 파국의 장소일 뿐이다. 아들은 아버지와 대립하고, 형제는 서로 적대적이며, 딸은 명예를 더럽히고, 어머니는 번민하다 사망한다. 초기 시민극에 등장했던 훌륭하고 선량한 '가장(Hausvater)'은 이제 저항 자체가 아예 무의미한 독재적인 가부장으로 변모했다. 실러의 〈군도〉에 등장하는 모어(Mohr) 노인처럼 아무리 아버지들이 힘을 잃어버린다고 해도 그로 인해 아들들이 자유로워지기는커녕 오히려 깊은 혼돈과 불안만을 야기할 뿐이고, 결국엔 사회적 혼란과 주인공의 몰락을 초래할 뿐이다. 야콥 미하엘 라인홀트 렌츠의 작품 속 인물들 중 한 명이 임종을 맞이하며 하는 말처럼 종국에는 '아버지들은 다 꺼져 버려라!'는 식의 절망적인 결론만이 남는다. 젊은 지식인들은 시민계급의 소가족 그 자체가 아니라, 소가족 내의 본질적인 권위 구조에 저항하고 있었다. 가족 구성원들 간의 감정적이고 깊은 연대감은 자연스러운 것이며, 이를 위해 권위 구조는 타파되어야 한다는 것이다. 이성적 계몽주의자들 역시 이미 이를 주창한 바 있으나, 서로에 대한 사랑을 토대로 자유의지에 의해 부부가 되어야 한다는 중요한 전제조건까지 제시하지는 못했다. 슈투름 운트 드랑 작가들은 부모의 강요, 신분 차이, 사회적 관습 또는 도덕적 규범 같은 외부적 요인에 따른, 당시로서는 매우 일반적이었던 배우자 결정을 단호하게 거부했다.

슈투름 운트 드랑 작가들의 세계관은 장 자크 루소(Jean-Jacques Rousseau)에 근거했다. 철학자 루소는 이성이 주도하는 인류의 발전이 자연의 본질을 왜곡시켰고, 오로지 자연에로의 회귀와 근원적인 것에 대한 성찰을 통해서만 현실 상황을 개선시킬 수 있다고 주장했다. 그는 파리의 살롱에서 계몽사회를 대표하는 인물들과 교류하며 얻은 개인적 경험을 토대로 예술과 학문이 발전함에 따라 인간의 영혼은 오히려 그만큼 더 타락했다는 확신에 도달했다. 루소는 이러한 견해를 피력함으로써 시민계급 해방운동의 정신적 동력을 약화시켰지만, 동시에 새로운 주장들을 통해 해방운동의 내적인 측면을 더욱 풍요롭게 만들어 준 것도 사실이다. 루소는 자연적 자유가 절대 타인에게 양도할 수 없는 인간의 재산이며, 불평등은 사회의 문명화 과정에서 파생된 부당함이라고 천명함으로써 프랑스 혁명의 중요한 슬로건을 제공했다. 나폴레옹은 루소의 무덤에서 "그가 태어나지 않았다면 프랑스의 평화를 위해서는 더 좋았을 것"이라고 말했다고 한다. 독일은 철학자 루소의 주장들을 일단 개인의 자유 및 '자연의 본질'로의 회귀라는 관점에서 수용했다. 슈투름 운트 드랑 작가들이 자신들의 희곡에 등장하는 인물들의 행동뿐만 아니라, 자신들의 개인적인 행동의 지침으로 삼은 것도 바로 이러한 이상이었다. 그들은 '거칠더라도 진심을 담아' 사람들을 대하고 자연스러운 신체언어를 찾고자 했으며, 스케이트와 나체욕을 즐기게 되었다.

'자연'이란 개념이 키워드의 역할을 하게 된 계기는 1770년 아직 스무 살이 채 안 된 법과 대학생 괴테와 그보다 5년 연상에 동프로이센 출신으로 신학자, 비평가 그리고 철학자였던 요한 고트프리트 헤르더(Johann Gottfried Herder)가 스트라스부르에서 만났을 때부터다. 일반적으로 이들의 만남을 슈투름 운트 드랑이라는 사조가 탄생한 순간으로 간주한다. 아직 세상에 널리 알려지지 않은 젊은 작가에 불과했던 괴테는 자연 어디에나 편재하는 신, 사실상 인류의 모국어라 할 수 있는 민중문학(Volkspoesie), 자연인의 모습을 가장 잘 보여 주는 독창적 천재(Originalgenie)와 같은 사상들을 친구이자 스승인 헤르더로부터 흡수한 후, 자연과 사랑을 찬미하는 민요풍의 자작시들과 예술이론에 관한 논문 몇 편에서 이를 더욱 발전시켰다. 헤르더는 스트라스부르 대성당을 보며 설명해 준 고딕건축 양식을 『독일 건축예술에 관하여(Von deutscher Baukunst)』라는 에세이를 통해서 칭송했다. 괴테는 「셰익스피어 기념일에 즈음하여(Zum Schakespeares Tag)」라는 강연문에서 엘리자베스 시대가 낳은 이 위대한 인물을 "자연의 손으로 빚어 낸 작가"라고 찬양하면서, 감격에 겨워 "자연! 자연! 셰익스피어가 창조한 인물들과 같은 자연은 없다"라고 외쳤다.[19] 괴테에게 셰익스피어는 자신이 문학적 동지들과 함께 '천재'라는 용어로 표현했던 '완전무결한 작가상'의 화신과도 같은 존재였다. 그들에게 '천재'란 개인적이고 본질적인 독창성으로 자신만의 작품을 창조하는 예술가였다. 이런 예술가는 자기 안에 내재하고 있는 규칙 외에는 어느 것에도 얽매이지 않아야 한다는 것이 괴테와 그의 동료들의 생각이었다. 이로써 그들은 디드로나 레싱처럼 예술적 창조활동이란 원칙적으로 설명이 가능한 특정 규범의 틀 안에서 이뤄져야 한다고 생각했던 작가나 이론가들과는 의도적으로 대

---

19) Johann Wolfgang Goethe: Sämtliche Werke. Bd. 4. S. 135.

척점에 선 것이다. 괴테와 그의 동료들은 문학적 창작활동의 깊이를 측량할 수 없는 직감과 영감으로부터 자양분을 얻는 비밀스러운 과정으로 간주했다. 창조성의 전제조건은 이제 학습이 아니라 천부적 자질이었다. 예술과 학문에서뿐만 아니라, 무조건적인 사랑이나 위대한 정치적 행동이라는 측면에서도 천재성은 기본적으로 모든 인간에게 주어진다. 괴테는 이를 '기름부음을 받은 자(gesalbter Gott)', 즉 메시아와 같다고 표현했다. 이로써 그는 요한 게오르크 하만(Johann Georg Hamann)의 사상을 답습했다. 같은 동프로이센 출신인 헤르더의 친구이자 스승이었던 하만은 신이 천재를 통해 말씀을 전한다고 주장했다. 그에게 광기로까지 치달을 수 있는 잠재력을 가진 천재의 영감이란 곧 계몽주의 틀 안에서 일방적으로 합리주의에 편중하는 세태에 맞설 수 있는 힘이었다. 하만은 이성의 지배에 맞서 열정과 감정의 우위를 주장했다. 그는 자신의 저서들—그 가운데 『소크라테스 회상록(Die Sokratischen Denkwürdigkeiten)』이 가장 탁월하다—을 통해서 분석이나 논리적 추론, 판단을 위한 언어 대신 비유(Analogie)와 시적인 이미지(poetische Bilder)를 표현할 수 있는 언어를 옹호하고 사용했다. 하만의 저서들은 인용, 단상(斷想), 모호한 암시와 신앙고백 등이 두서없이 섞여 있기는 하지만, 그가 직접적이고 감각적인 경험의 힘을 확고히 믿고 있었음을 알게 해준다. "더 적게 생각하고 더 많이 체험하라"고 요구한 하만의 외침은 슈투름 운트 드랑 작가들에게는 듣던 중 반가운 말이었다.

문학 발전에 대한 헤르더의 관점은 슈투름 운트 드랑 작가들이 셰익스피어를 자신들의 우상으로 삼게 되는 또 다른 근거를 제공했다. 이를 요약하면 다음과 같다. "인간은 사고할 뿐만 아니라 감각적으로 지각하고 느끼는 존재이기 때문에 문학은 과거 인류역사의 초기 단계에 그랬던 것처럼 다시 감정표현을 목표로 삼아야 한다. 고대 이론에 의존하는 시학의 규범체제는 문학을 차갑고 매끈한 '활자의 나열(Letternpoesie)' 수준으로 마비시켜 버렸다. 심장! 인간의 온기! 끓어오르는 피! 인류! 삶!" 헤르더에 따르면 이성 중심의 문화와 금욕적 윤리관이 부각되면서 과거 문학의 예술성을 동시대 문학에서는 더 이상 찾아볼 수 없게 되었다. 그러나 근원적인 것(고유의 전통)으로, 특히 민중문학으로 회귀함으로써 과거의 예술성을 되찾을 수 있다. 한 민족의 신화와 언어, 문학은 그 근원이 하나로 귀결되며, 다른 문화권으로 쉽게 이식될 수 있는 것이 아니다. 각 시대는 모두 '그 자체만으로 완벽한 하나의 전체(ein in sich geschlossenes Ganze)'며, 바로 그러한 전체로서 인류역사의 한 장을 차지하고 있다. 역사적으로 각기 다른 관찰 방식을 적용해야 한다는 헤르더의 주장은 예술의 판단기준이 시대를 초월한다고 여전히 믿고 있던 당대의 통념과 완전히 반대되는 것으로, 셰익스피어를 그 역사적 특수성 안에서 수용할 수 있는 길을 마련했다.

괴테의 친구였던 렌츠는 헤르더의 견해에 고무되어 자신과 동료들의 작품들을 염두에 두고 셰익스피어의 극작법을 비판적인 시각으로 연구했다. 렌츠는 『연극에 관한 주해(Anmerkung übers Theater)』에서 시간, 장소, 사건 진행을 통일하라는 아리스토텔레스의 원칙을 신랄하게 비판했다. "빌어먹을! 자연이 천재를 창조하면서 아리스토텔레스에게 묻기라도 했단 말인가?"[20] 그는 아리스토텔레스와는 반대로 사건 진행이 아니라 등장인물의 성격이 비극의 본질이라고 주장했다.

그의 견해에 따르면 이것이 희극에서는 정반대가 된다. 물론 렌츠는 자신이 살던 시대의 정치적 상황을 고려할 때, 순수한 희극의 창작이 과연 가능할지에 대해 의구심을 가지고 있었다. 그는 자신의 희곡 〈신 메노차(Der neue Menoza)〉에 대한 자평에서 "희극은 인간사회의 풍속도로 인간사회가 심각해지면 풍속도도 웃음을 줄 수 없다"라고 적고 있다.[21] 따라서 렌츠는 당면한 현실을 무대 위에서 보여 주는 것은 오로지 혼합 장르를 통해서만 가능하다고 생각했고, 디드로의 제자인 루이 세바스티앵 메르시에(Louis-Sébastian Mercier)의 주장이 자신의 의견을 뒷받침해 준다고 믿었다. 메르시에는 괴테와 렌츠의 스트라스부르 대학 재학 시절 동급생이었던 하인리히 레오폴트 바그너가 독일어로 번역해 출간한 자신의 1773년 논문 「연극예술에 관한 새로운 시도(Du théâtre ou Nouvel essai sur l'art dramatique)」에서 희비극이 당대에 가장 적합한 희곡 장르라고 주장했다. 더불어 사회 하위계층에 속한 이들을 희곡문학의 등장인물로 받아들일 것을 요구했는데, 이 점에서도 렌츠는 메르시에와 의견을 같이했다.

---

20) Jakob Michael Reinhold Lenz: Werke und Briefe. Bd. 2. S. 654.

21) Jakob Michael Reinhold Lenz: Werke und Briefe. Bd. 2. S. 703.

하인리히 빌헬름 폰 게르스텐베르크(Heinrich Wilhelm von Gerstenberg)가 단테의 『신곡』에 나오는 한 에피소드에 기초해 쓴 희곡으로 자연과 자유에 대한 찬미와 더불어 여전히 이성적 계몽주의의 면면들을 보여 주고 있는 〈우골리노(Ugolino)〉를 제외한다면, 슈투름 운트 드랑 최초의 희곡 작품은 괴테의 〈괴츠 폰 베를리힝겐〉이다. 1771년 완성된 이 작품은 수정을 거쳐 2년 뒤 출간되었고, 곧바로 초연되었다. 이때 비평가들은 그때까지만 해도 희곡 작품이라고는 기껏해야 전원극 〈연인의 변덕(Die Laune des Verliebten)〉이나 변장과 착각으로 인해 익살스러운 상황이 연출되는 희극 〈공범들(Die Mitschuldigen)〉과 같은 아류작만 선보였던 무명작가 괴테의 작품에 열광했다. 이런 열광적 분위기는 공개 토론으로까지 이어졌는데, 괴테와 그의 친구들은 이 토론을 자신들의 미학적 견해를 피력하는 장으로 삼았다. 이 작품은 괴츠 폰 베를리힝겐이라는 주인공을 통해 '힘센 녀석(Kraftkerl)'과 '자조자'라는 캐릭터를 최초로 무대 위에 등장시켜 새로운 형식의 비극적 분쟁에 직면하게 만들었다. '개인의 자아와 욕망이 갖는 특수성'이 '사회 전체의 필연적인 진행(notwendiger Gang des Ganzen)'과 충돌하는 것이다. 강한 자아는 세상에 도전장을 내밀지만, 세상의 반격에 패배할 수밖에 없다. 괴테는 셰익스피어 비극의 본질적 핵심이라고 믿었던 이 —패배할 수밖에 없는— 원칙을 독일 역사에서 가져온 소재를 통해서 제시했다. 소재의 출처는 도적기사로서 전혀 이상적이지 않은 삶을 살았던 한 남자의 자서전으로, 괴테는 이 인물을 귀족 신분으로 상승시켜 오직 '신과 황제에게만 복종하는' 영웅으로 만들어 놓았다. 이 역사적 인물은 자신들의 자주권을 인정받기 위해 절대주의 권력에 대항했던 18세기 시민계급을 상징한다. 괴츠는 '자유'라는 말을 마지막으로 남기고 죽으며 후손들에게 자기를 기억해 줄 것을 부탁한다. 당시 관객들에게 이 작품은 그 내용만큼이나 드라마의 형식에서도 혁명적으로 다가왔을 것이 분명한데, 왜냐하면 짧은 장면들의 빠른 전환을 통해서 스토리가 전개될 뿐만 아니라, 3통일의 원칙을 완전히 무시하고 있기 때문이다.

괴테는 〈괴츠 폰 베를리힝겐〉에 이어 곧바로 〈클라비고〉를 완성했다. 소재는 당시 막 출간된 프랑스 작가 보마르셰의 자서전에서 가져왔다. 내기 때문에 8일 만에 완성한 이 작품은 긴장감 있는 구성과 고전적 규범의 엄격한 준수가 인상적이다. 사건의 중심에는 '힘센 녀석'이 아니라 유약하고 줏대 없는 인물이 놓여 있다. 주인공 클라비고는 스페인 궁중에서 출세를 꿈꾼다. 하지만 미천한 신분의 가난한 소녀와 결혼하겠다고 약속한 것이 귀족사회로의 진입에 걸림돌이 될 것이 분명하다. 현실적 사고방식의 화신과도 같은 그의 친구는 애인을 버리라고 부추기면서 그의 양심의 가책을 덜어 준다. 비탄에 잠긴 소녀는 결국 세상을 떠난다. 소녀의 오빠는 동생의 시신이 운구되는 동안에 배신한 애인을 칼로 찔러 죽인다. 셰익스피어의 〈로미오와 줄리엣〉처럼 사랑하던 두 남녀는 죽음을 통해 숭고한 결합을 이룬다.

'연인들을 위한 연극'이라는 장르 명칭을 붙인 〈스텔라(Stella)〉에서 괴테는 〈클라비고〉에 잠재되어 있던 경향을 '영혼극(Seelendrama)'의 차원으로 끌어올린다. 사회와 개인의 관계, 그로 인해 발생하는 전형적인 슈투름 운트 드랑 풍의 갈등을 이 작품에서는 거의 찾아볼 수 없다. 사건은 과장되고 두서없어 보이는 대사를 통해서 표출되는 감정만으로 점철되어 있다. 클라비고가 자신의 욕망을 위해 사랑을 버린 반면, 〈스텔라〉에서 파멸을 불러오는 것은 외부적 요소가 아니라 주인공의 성애로, 종국에는 주인공을 기만적 시민이라는 나락에 빠뜨린다. 남자는 사랑의 힘으로 두 여자를 행복하게 만들어 주기도 했지만, 그녀들을 없애 버리겠다고 협박하기도 한다. 남자와 그가 버린 부인 그리고 그가 재회한 옛 연인 간의 삼각관계로 인해 발생하는 갈등은 화해 자체가 불가능하다. 그럼에도 불구하고 괴테는 당시의 관습으로 인한 한계를 뛰어넘어 세 사람이 굳건한 연대감으로 뭉치도록 만들고 있다. "집 한 채, 침대 한 개, 무덤 하나"가 이 희곡의 마지막 대사다. 괴테는 슈투름 운트 드랑 시기를 벗어난 뒤에 비로소 마지막 장면을 비극적으로 새롭게 고쳐 썼다.

괴테는 1770년부터 1775년까지 다양한 장르를 섭렵하며 악극인 〈에르빈과 엘미레(Erwin und Elmire)〉와 〈벨라 별장의 클라우디네〉, 문학 작품을 풍자한 〈신들, 영웅들 그리고 빌란트(Götter, Helden und Wieland)〉, 단막극 〈사티로스 또는 숭배된 숲의 악마(Satyros oder Der vergötterte Waldteufel)〉, 한스 작스 풍의 사육제극 〈브리 신부(Pater Brey)〉, 민중익살극인 〈잡동사니 작은 마을의 연례 장터축제(Das Jahrmarktfest zu Plunderweilern)〉와 〈어릿광대의 결혼식(Hanswursts Hochzeit)〉 등 일련의 소품들을 완성했다. 〈어릿광대의 결혼식〉에서 장장 한 페이지에 걸쳐 '한스 개자식 폰 리파흐 씨(Hans Arsch von Rippach)', '식은 똥구멍을 가진 우르젤 씨(Ursel mit dem kalten Loch)' 또는 '페터 돼지꼬리 씨(Peter Sauschwanz)'와 같은 결혼식 하객들의 기발한 이름들을 가득 나열한 것은 프랑크푸르트 중상류 시민계급 집안 출신으로 대학에서 법학을 전공한 법률가였던 작가의 음담패설에 대한 숨길 수 없는 관심뿐만 아니라, 관능적 활력도 엿볼 수 있게 해 준다. 이런 활력은 힘 있는 언어와 민요풍의 크니텔 시행(Knittelvers)[22]을 통해서도 표출된다. 힘 있는 언어구사나 크니텔 시행의 사용은 〈파우스트 초고(Urfaust)〉라는 제목으로 문학사에 길이 남은 〈파우스트〉 초본의 특징이기도 하다. 괴테는 16세기 전반부 독일 남서부 지역을 유랑했던 연금술사이자 마술사이며 돌팔이 의사이기도 했던 인물의 삶과 행적이라는 소재를 어릴 적부터 민중본(Volksbuch)과 인형극 대본을 통해 익히 알고 있었다. 괴테는 슈투름 운트 드랑 작가답게 이 인물 안에서 '형이상학적 자조자(metaphysischer Selbsthelfer)'의 전형을 보았다. 〈파우스트 초고〉는 학자의 삶, 대학교육에 대한 풍자와 그레트헨(Gretchen)의 비극이라는 세 가지 스토리가 맞물린 미완성본이지만, 위대한 작품이다. 주인공 파우스트는 도입부의 긴 독백을 통해 백면서생(Buch-Gelehrsamkeit)의 불만을 토로한다. 그는 모든 것을 알지만 사실 아무것도 이해하지 못하고 있으며, 무엇보다도 자신이 아는 바를 직접 실행하고 체험해 본 적이 없다. 그는 이러한 상황을 벗어나기 위해서 악마와의 연대조차 서슴지 않는다. 메피스토펠레스(Mephistopheles)의 도움으로 그는 마르가레테(Margarete)의 마음을 훔치는 대신, 그녀는 자신을 속박했던 가정의 울타리를 박차고 나와 스스로 감당할 수 없는 모험을 감행하도록 만든다. 마르가레테, 즉 그레트헨은 자신이 출산한 아이를 죽이고 체포되어 사형선고를 받는다. 파우스트는 그녀를 구하고자 하지만, 그녀가 이 세상에서 자신의 비극으로부터 벗어날 길은 없다. 그레트헨에게는 신의 자비에 대한 믿음이, 파우스트에게는 악

---

22) 강음 4개를 지니며 각운을 맞춘 시행으로 엄격한 강세 교체에 따라 8~9개의 음절로 이뤄지거나 약음 배열이 불규칙한 6~15개의 음절로 이뤄진다. 15~16세기에 독일 서사 및 희곡문학에서 주로 사용되던 시행. —옮긴이

마의 간계에 의지하는 길만이 남아 있을 뿐이다. 〈파우스트〉 최종본과는 달리 초본에서는 구원도, 점점 커져만 가는 천국에 대한 기대도 발견할 수 없다. 모든 장애물을 넘어 주관적·개인적 감정에 충실하게 살겠다는 시도는 결국 죄악으로 끝난다. 열린 결말은 파우스트의 속죄 여부를 알려 주지 않는다.

괴테가 그레트헨의 비극을 소재로 삼았던 실제 사건은 그의 친구인 하인리히 레오폴트 바그너에게도 작품의 영감을 주었다. 바그너는 자신의 작품 〈영아살해범(Kindermörderin)〉에서 귀족 장교에게 유혹의 손길이 뻗치는 소시민 세계를 보여 준다. 장교는 정절에 대한 자부심에 모욕을 받은 소녀에게 감화되어 마음을 바꿔 결혼을 약속한다. 그러나 이 계획은 양심이라고는 찾아볼 수 없는 그의 동료가 부린 술수로 인해 실행되지 못한다. 소녀는 버림받았다고 믿고 절망에 빠진 나머지 사람들이 보는 앞에서 막 출산한 아이를 살해한다. 이런 결말은 당시 관객들에게 너무도 충격적인 것이었다. 바그너는 작품을 무대에 올리기 위해 〈에프헨 훔브레히트 또는 어머니들이여, 명심하라!(Evchen Humbrecht oder Mütter merkt's Euch!)〉라는 교화적인 제목을 붙인 두 번째 버전의 결말을 두 젊은이가 신분의 차이에도 불구하고 결혼하는 것으로 수정했다. 역시 신분의 차이를 넘어서는 사랑을 테마로 한 바그너의 두 번째 장편 드라마 〈범행 후 참회(Die Reue nach der Tat)〉에서는 여성 법률고문관이 자신의 오만으로 인해 친아들과 아들이 사랑하는 마부의 딸을 죽음으로 내몬다.

괴테, 실러와 함께 슈투름 운트 드랑의 대표적인 극작가로 꼽히는 렌츠도 2편의 사회극 〈가정교사(Der Hofmeister)〉와 〈군인들(Die Soldaten)〉에서 유사한 테마를 다루고 있다. 렌츠는 자신이 직접 경험한 세계를 〈가정교사〉의 무대로 삼았다. 발트 해 연안 리보니아의 한 시골 마을에서 가난한 목사의 아들로 태어난 렌츠는 쾨니히스베르크 대학에서 신학을 전공하다가 경제적 이유로 학업을 중단했으며, 훗날 정신착란증을 앓다가 모스크바 거리에서 아사할 때까지 오랜 세월 가정교사로 일하며 겨우 생계를 유지했다. '사교육의 장점들(Die Vorteile der Privaterziehung)'이라는 작품의 부제는 의도적인 아이러니다. 렌츠는 사교육이 모두에게 단점이 될 뿐임을 보여 주며 공교육제도의 확립을 요구한다. 그는 절대봉건주의 체제 아래 시민계급 지식인이 겪는 비참한 상황을 귀족 출신 주인집에서 한 가정교사가 견뎌 내야 하는 온갖 멸시와 굴종을 통해서 보여 준다. 이러지도 저러지도 못하는 주인공의 상황은 자신이 가르치는 귀족의 딸이 그에게 관심을 드러내면서 더욱 악화된다. 그는 자신에게 아버지와 같은, 그러나 독선적인 마을학교 교장 집으로 피신하지만, 억압받는 상황은 전혀 달라지지 않는다. 가정교사는 성욕을 잠재우기 위해서 스스로 거세를 하고, 그의 정신적 지주인 교장은 이 극단적인 성욕 억제를 교직자의 최고 미덕이라면서 '인류의 등불(Leuchte der Menschheit)'이라고 칭송한다. 그러나 가정교사는 결국 순진무구한 시골 아가씨와 관계를 맺음으로써 교장을 실망시키는데, 이 아가씨는 앞으로 거위 떼를 사육하는 일이 부담스럽다는 이유로 스스로 아이를 출산하지 않겠다고 결심한다. 렌츠는 이 작품에서 편협하고 타락한 귀족들뿐만 아니라, 굴종적인 태도로 자신들의 입지를 더욱 약화시키는 소시민적 지식인들까지 고발하고 있다. 주인공이 스스로 거세하는 장면은 이러한 굴종적인 태도를 가장 극명하게 보여 준다.

렌츠가 고대 로마의 희극 작가 플라우투스의 작품들과 셰익스피어의 〈사랑의 헛수고〉를 〈사랑은 모든 것을 극복한다(Amor vincit omnia)〉라는 제목으로 번역하면서 심화시킨 격렬한 사회비판, 개방적인 극형식, 비극과 희극적 요소의 혼합 그리고 힘이 넘치는 친서민적 표현 방식은 그의 희곡 〈군인들〉의 특징이기도 하다. 〈군인들〉은 결혼금지령이 내리자 시민계급 출신의 순진한 여성들을 희롱하는 것에서 대리만족을 찾으려는 장교들의 무자비한 행태를 강렬하게 보여 준다. 알자스에서 병역의무를 수행하던 라트비아 남부 출신 남작 2명의 말동무 겸 시종으로 한동안 일했던 렌츠는 군인들의 세계도 잘 알고 있었다. 바그너의 〈영아살해범〉처럼 〈군인들〉의 주인공인 장교 역시 결혼과 귀족사회로의 진입을 미끼로 소녀를 유혹한 후 그녀를 버리고 떠난다. 소녀의 약혼자인 시민계급 청년은 이에 격분해 장교를 살해하고 자기도 스스로 목숨을 끊는다. 렌츠는 작품에 등장하는 한 인물의 대사를 통해서 '군인 아내들을 위한 양성소(Pflanzschulen für Soldatenweiber)'를 설립할 것을 매우 진지하게 제안하고 있다.

렌츠의 세 번째 대표작으로 꼽히는 〈신 메노차〉에서는 당시 매우 인기 있는 인물 유형으로 타락하지 않은 자연인을 대표하는 '귀족적인 야만인(edler Wilder)' 탄디(Tandi) 왕자가 등장한다. 태생적인 도덕심을 보여 주는 왕자는 유럽 문명이

"인간을 타락시키고 무력하게 만드는 욕망의 악취가 풍긴다. (…) 당신들은 놀랄 만큼 많이 알고 있지만 아무런 행동도 하지 않는다"라면서 신랄한 비판을 가한다. 그렇지만 종국에 가서 갈등은 허무하게 해결된다. 야만적인 이방인인 줄 알았던 왕자가 사실은 독일 대위의 아들로 밝혀지면서 '귀족적인 야만인'이 알고 보니 '귀족적인 유럽인'이었다는 식이다.

고결한 인품을 자랑하는 현인보다 한 수 위인 귀족이 결혼 첫날밤 자기 부인을 현인에게 넘겨주는 〈친구들이 철학자를 만든다(Die Freunde machen den Philosophen)〉에는 렌츠의 개인적인 갈망이 매우 잘 드러나 있다. 렌츠는 괴테의 〈스텔라〉를 패러디한 것으로 추측되는 이 작품에서도 괴테를 따라하려는 이상한 집착을 드러내고 있다. 그는 괴테의 연인들인 프리데리케 브리온(Friederike Brion)과 폰 슈타인 부인(Frau von Stein)에게 수작을 걸다가 괴테에 의해 바이마르에서 추방당하기도 했다.

바이마르 궁정에서 출세하기 위해 프랑크푸르트에서 보낸 어린 시절부터 쌓아 온 괴테와의 우정을 이용하려 했던 클링거의 사정도 별반 다르지 않았다. 고위직에 올라 존경을 한몸에 받게 된 괴테는 클링거를 '고기에 박힌 뼛조각(Splitter im Fleisch)'과 같은 존재로 여기고, 그에게 '떠나겠다'는 약속을 받아 냈다. 바이마르를 떠날 수밖에 없게 된 클링거는 유랑극단의 전속작가로 고용되어 여러 곳을 떠돌며 기회를 노리던 중, 러시아에서 대공의 '책 읽어주는 비서'로 입지를 굳히더니, 나중에는 군대에서 크게 출세해 러시아 황제 군대의 장군으로까지 승진했다. 또한 그는 작가로서도 후기 계몽주의 정신에 입각한 소설들을 발표해 상당한 명성을 얻었다. 그의 천재성이 발휘되던 시기에 발표된 『오토(Otto)』, 『고통받는 여인(Das leidende Weib)』, 『신(新) 아리아(Die neue Arria)』, 『심소네 그리잘도(Simsone Grisaldo)』 그리고 스위스 출신으로 '천재적 사도(Kraftapostel)'라고 불렸던 크리스토프 카우프만(Christoph Kaufmann)에 의해 제목이 『질풍노도』로 바뀐 『뒤죽박죽(Der Wirrwarr)』과 같은 작품들은 대담한 구상과 과열된 톤이 공통점이다. 클링거의 친구들은 그를 '사자 피를 마시는 놈(Löwenblutsäufer)'이라고 불렀다. 그러나 클링거의 작품 대부분에는 개인적인 문제를 보편적이고 일반적인 것으로 인식할 수 있는 필수조건인 구체적인 사회적 관계에 대한 암시가 없다. 무대에서

프리드리히 막시밀리안 클링거: 〈쌍둥이들〉, 판화가 J. 알브레히트의 작품

성공을 거둔 작품은 프리드리히 루트비히 슈뢰더가 함부르크 극장장 시절 주최한 공모전에 제출하기 위해 완성한 〈쌍둥이들〉뿐이다. 이 작품에서 그는 형제간의 살인을 그리고 있다. 주제 면에서 〈쌍둥이들〉과 비슷한 요한 안톤 라이제비츠(Johann Anton Leisewitz)의 비극 〈타렌트 출신의 율리우스(Julius von Tarent)〉도 이 공모전을 위해 만든 작품으로 형식 면에서 레싱의 〈에밀리아 갈로티〉를 따르고 있다. 프리드리히 뮐러(Friedrich Müller)는 비록 주변부에 머물렀다고는 해도 슈투름 운트 드랑 시대에서 빠질 수 없는 인물이다. 예술적인 재능을 두 가지나 타고난 그는 자신을 '화가 뮐러'라고 불렀다. 고향인 팔츠(Pfalz) 지방의 목가적 분위기를 노래한 전원시인으로서 문학사에 기록된 그가 남긴 희곡은 종교극 〈골로와 게노베바(Golo und Genoveva)〉와 파우스트를 주제로 한 작품이다. 뮐러의 파우스트는 학자이자 마술사인 주인공이 악마와 연대해 지옥을 순례하지만, 알고 보니 모든 것이 꿈이었다는 내용이다.

첫 번째 절정기가 지난 뒤 슈투름 운트 드랑의 파도를 다시 일으킨 것은 프리드리히 실러의 청년극(Jugenddrama) 작품들이었다. 괴테보다 10년 연하로 정신적으로나 물질적으로나 궁핍한 환경에서 성장한 그는 뷔르템베르크(Würtemberg)의 공작이 세운 사관학교에서 엄격한 군의관 교육을 받았다. 실러는 재학 시절 완성한 자신의 희곡 〈군도〉를 '혼란에 빠진 위대한 영혼의 초상화'라고 자평했다. 이 작품은 세대 간의 갈등과 개인의 해방을 주제로 삼고 있을 뿐만 아니라, 철학적 문제들을 정치적 저항과 접목시켜 당대의 상황을 격정적으로 보여 준다. 실러는 만하임 극장의 총감독이었던 달베르크 남작(Freiherr von Dalberg)의 요구에 따라

사건의 배경을 15세기로 옮겨 놓았지만, 초연 당시 관객들의 반응은 어마어마했다. 당시의 기록에 의하면 극장 안은 정신병원이나 다름없었다. "관객들은 눈이 휘둥그레져서 주먹을 꼭 쥐었고, 객석에서는 히스테릭한 비명소리가 터져 나왔다. 처음 본 사람들이 서로 껴안고 흐느끼고, 여성 관객들은 기절하기 일보 직전인 상태로 비틀거리며 문 쪽으로 갔다. 마치 대혼돈의 안개 속에서 새로운 창조가 이뤄지듯 총체적인 혼란이 일어나고 있었다."[23] 이 작품에서 실러는 성격이 판이하게 다른 백작의 두 아들의 이야기를 2개의 플롯으로 풀어가면서 이 둘을 긴밀하게 연결하는 탁월한 능력을 보여 준다. 유산상속권이 없는 차남 프란츠는 부친의 성 안에서 악랄한 간계를 꾸미고, 이로 인해 명예에 상처를 입은 형 카를은 도적 떼의 두목이 된다. 깊은 내면에 상처를 입은 카를은 사회를 지배하는 질서의 도덕성에 대해 의심을 품고, 슈투름 운트 드랑의 공식에 따라서 '자조자'가 된다. 범죄 조직의 우두머리가 된 그는 정의를 위해 투쟁한다. 그러나 폭력적인 수단은 그의 선의를 점점 무색하게 만들 뿐이다. 감정이 폭발하는 마지막 장면에서 가족과 지고지순한 연인을 잃은 카를은 스스로 법정에 출두한다. 이제야 진정한 의미에서 사회적 행동을 하게 되는 것이다. "하루하루 일당을 받아 자녀 11명을 키우며 근근이 살아가는 불쌍한 녀석이 대도를 산 채로 잡아오면 프랑스 금화로 천 루이도르[24]나 준다고 말한 기억이 난다. 나도 그런 놈한테 도움이 될 수 있겠군."

실러는 두 번째 희곡 〈게누아의 피에스코의 모반(Die Verschwörung des Fiesco zu Genua)〉에서 르네상스 시대에 공화주의를 꿈꾸었던 주인공을 〈군도〉의 카를 무어처럼 극단적인 감정 때문이 아니라, 자기자신의 '술책과 간계(Kunst und Kabale)'로 인해 파멸하는 인물로 그리고 있다. 실러는 부정적인 평가를 받은 이 작품을 대대적으로 수정했지만, 그 후에도 별반 성공을 거두지는 못했다. 결국 실러는 이 작품 속에 드러나는 '공화주의적 자유'에 대한 갈망이 독일에서는 부질없는 것이라는 결론을 내렸다.

23) Zitiert nach Heinz Kindermann: Theatergeschichte Europas, Band IV, S. 701.

24) 프랑스 대혁명 때까지 통용된 프랑스의 금화. —옮긴이

실러의 시민비극인 〈간계와 사랑(Kabale und Liebe)〉의 주인공들인 귀족 신분의 장관 아들과 가난한 음악가의 딸을 비극적인 최후로 이끄는 것은 극복할 수 없는 신분의 차이뿐만 아니라 가부장적인 가족 구조이기도 하다. 귀족과 시민이라는 계급을 떠나 잔혹하든, 양심이 없든, 애정이 깊든, 엄격하든 간에 지나치게 강조된 아버지의 권위는 그리스 비극에서 운명이 담당했던 역할을 대신하고 있다. 신분격차가 사라지고, '인간은 모두 그저 인간일 뿐인' 사회에 대한 연인들의 꿈은 현세에서는 이뤄질 수 없는 것이다.

〈간계와 사랑〉이 다시 한번 슈투름 운트 드랑의 바람을 몰고 왔다면 〈돈 카를로스(Don Carlos)〉는 훗날 고전주의 시대에 발표될 위대한 역사극들의 전조(前兆)였다. 그러나 실러의 사회저항 의식은 이 작품에서도 '제후의 하인이 될 수 없다'면서 왕에게 '생각의 자유'를 요구하는 포자 후작(Marquis von Posa)이라는 인물을 통해 표출되고 있다.

독일 고전주의 드라마와 연극

계몽주의와 함께 시작된 시민해방 운동의 정신적·예술적 측면은 슈투름 운트 드랑 시기를 거치며 정반합의 변증법적 발전 단계를 밟은 후, 18세기 마지막 25년간 독일 고전주의와 함께 비로소 그 절정에 도달했다. 독일 영토가 군소국들로 분할되어 강력한 시민계급의 단결이 이뤄질 수 없었던 만큼 문화적 발전은 오직 '계몽된' 제후들의 후원하에서만 가능한 일이었다. 작은 면적에 불과한 작센-바이마르-아이제나흐 공국(Herzogtum Sachsen-Weimar-Eisenach)의 영세한 지역성 속에서도 세계시민을 지향하는 독일적 국민문화가 태동했다. 이러한 성과가 정치적으로 이어지지 못한 이유로는 여러 객관적인 조건들 이외에도 정신적 지도층의 성향을 들 수 있다. 이들은 프랑스 혁명을 한 시대의 획을 그은 사건으로 받아들이는 데 있어서 이중적인 태도를 보였다. 시민계급에 속한 지식인들은 혁명 발발 소식이 전해지자 열광적인 반응을 보였지만, 혁명의 이념들이 실제 발생한 사건들의 무게에 눌려 뒷전으로 밀리면서 대부분의 경우에 긍정적이었던 입장이 거부적인 입장으로 바뀌었고, 심지어 광적인 혐오를 드러내는 사람들까지 생겼다. 바이마르의 고전주의자들 역시 혁명이 구체적으로 진행되는 방식에 대해서 맹렬한 거부감을 보였다. 실러는 초기 작품에 나타난 자유에 대한 갈망을 높이 평가받아 프랑스 공화국의 명예시민으로 추대되었지만, 자코뱅(Jakobin) 당의 공포정치와 나폴레옹의 집권에 경악해 혁명으로부터 거리를 두게 되었다. 반동적 정부의 장관으로 취임한 후 자신이 슈투름 운트 드랑 시절 꿈꾸었던 이상들로부터 멀어져 있던 괴테 역시 독일 내에서 프랑스에서와 같은 혁명을 책동하려는 모든 움직임을 결사적으로 막으려 했다. 괴테는 원칙적으로 사회개혁에 찬성하지만 아직은 독일인들이 충분히 성숙하지 못했다고 생각했으며, 그런 이유로 오로지 점진적이고 조심스러운 개혁만을 옹호했다. 그는 독일 계몽주의 정신에 철저히 입각해서 신분과는 상관없이 인간의 도덕성을 고양시켜 줄 수 있는 정신적·도덕적 발전을 지향했고, 이를 통해서 정치적 변화는 저절로 따라올 것이라는 입장이었다. 먼 장래에나 이런 변화가 가능할 것이라는 생각 때문에 바이마르 고전주의자들은 문학 작품을 통해서 당면한 현실의 문제를 묘사하려는 시도를 한 적이 거의 없다. 현실을 지배하는 분쟁들과 모순들을 보여 주는 대신, 현실을 유토피아로 이상화하여 제시했다. 〈타우리스의 이피게니에〉를 집필하면서 토아스(Thoas) 왕이 "아폴다(Apolda)[25]에서 양말 직조공이 굶어 죽는 일은 절대 없다"라는 식으로 말한다고 비난했던 괴테도 이러한 점을 너무도 잘 알고 있었다. '정치적 평등이라는 이상'이 독일에서는 단지 '미학적 광휘의 제국(Reich des ästhetischen Scheins)' 안에서만 실현될 수 있다는 견해를 피력했던 실러 역시 괴테와 같은 입장이었다.

당시 바이마르의 거장들과는 다른 입장을 취한 독일 작가들 중 대표적인 인물이 프리드리히 횔덜린(Friedrich Hölderlin)인데, 그의 작품에는 프랑스 혁명에 대한 긍정적 입장이 명백하게 드러나 있다. 횔덜린에게 고대 그리스는 정신적 지표였을 뿐만 아니라 민주적인 사회질서의 모범이기도 했다. 미완성 원고 3편으로 남은 그의 비극 〈엠페도클레스의 죽음(Der Tod des Empedokles)〉은 자연과 신들로부

25) 양말 직조공장으로 유명했던 작센-바이마르-아이제나흐 공국의 소도시. —옮긴이

터 멀어진 사제들과 절대적 권력을 행사하는 정부에 대항하며, 사람들이 평등한 관계 속에서 더불어 살아가는 사회를 위해 투쟁하는 소크라테스 이전 시대의 철학자들을 보여 준다. 주인공 엠페도클레스는 환경과 신들의 소중함을 잊은 사회를 이전으로 돌아가게 만들기 위한 본보기로 스스로 희생양이 된다. 자신의 우상인 역사 속 인물의 전철을 밟아 시칠리아 섬에 있는 에트나 화산의 분화구에 몸을 던짐으로써 사람들이 자신들의 생각을 근본적으로 바꾸고, 더 살기 좋은 세상을 만들기 위해 노력하도록 만들려 한다. 엠페도클레스는 민주적이고 혁명적인 관점을 대변하며, 민중에게 "이제 더 이상 왕의 시대가 아니다"라고, 혹은 "당신들 스스로 자신을 돕지 않으면 아무도 당신들을 돕지 않는다"라고 연설한다. 휠덜린은 급격한 변화의 시대를 살아가는 작가로서 자신이 처한 상황을 이 단편 비극 속에 투영하고 있다. 그는 나폴레옹이 집권하고, 프랑스인들이 슈바벤 공화국 설립 계획에 대한 지원을 거부한 것에 실망했음에도 불구하고 혁명에 대한 믿음에는 흔들림이 없었다. 작가의 정치적 사명에 대한 확신도 여전했다. 그는 정신착란을 일으키기 전에 쓴 『독일인들에게 보내는 헌시(Gedicht an die Deutschen)』에서 "우리 민족의 정신적 자성을 통해 이뤄질 숭고한 시대"를 예견하고 있다.

독일 고전주의 시대는 괴테와 실러의 만남이 이뤄진 1794년부터 실러가 사망한 1805년까지를 말한다. 두 거장의 주요 작품들은 대부분 이 시기에 완성되었다. 고전주의라는 개념을 광의로 해석한다면, 훔볼트(Humboldt) 형제와 말년의 헤르더 그리고 고고학자였던 요한 요아힘 빙켈만(Johann Joachim Winkelmann)도 이 사조에 포함된다. 고전주의라는 단어는 '보편타당(allgemeingültig)'하고 '완벽(vollendet)'하며 '모범적(vorbildlich)'일 뿐만 아니라, '균형적(maßvoll)'이고 '정화된(abgeklärt)' 것과 같은 의미를 내포하기 전까지만 해도 단순히 고대 그리스 시대를 지칭하는 말이었다. 고전주의자들은 빙켈만이 그 본질을 '고요한 단순미와 고귀한 위대성(stille Einfalt und edle Größe)'으로 규정한 고대 그리스의 사상과 예술 속에 자신들이 목표하는 인간교육의 중심사상인 인간애가 담겨 있다고 믿었다. 괴테의 스트라스부르 시절 그의 정신적 지주였을 뿐만 아니라, 훗날 바이마르 극장의 총감독을 역임하기도 했던 헤르더는 "인간애는 우리 인간의 특성이다. 그러나 우리는 이 특성이 잠재된 상태로 태어난다. 완벽한 형태로 타고나는 게 아니란 말이다. 그러나 인간애는 우리의 삶에서 모든 노력의 목표, 모든 교육의 최종점 그리고 최고의 가치가 되어야 한다"라고 설명한다. 철학자 헤르더에게 있어 고대 그리스는 그 광휘와 함께 한계도 지닌 '인류의 청년시대(Jünglingsalter der Menschheit)'였다. "인류역사에서 그리스는 인간이 가장 아름다웠던 청년기로, 풋풋했던 순수성을 지녔던 시대로 길이 기억될 것이다. 도대체 그리스인들은 어떻게 그럴 수 있었을까? 이를 가능하게 해 준 것은 단 한 가지뿐이다. 즉, 인간적인 감정과 사고의 단순성, 완전하고 진실한 인간적 기쁨에 대한 생명력 넘치는 이해로, 간단히 말해서 인간의 문화다. 이런 점에서 우리는 모두 그리스인이 되거나, 아니면 영원히 야만인으로 남을 것이다."[26]

고대의 정신을 재현한다는 취지에서 만들어진 교육 프로그램은 이성과 감성의 합일 및 개인의 자기실현과 인간을 존중하는 공동체 간의 조화를 목표로 하고 있었다. 여기서 핵심적 역할을 하는 것이 예술이다. 예술은 균형 잡힌 교육을 받아 보편성의 발전을 위해 크게 기여할 수 있는 인물상을 제시해야 한다. 실러가 잡지 ≪호렌(Die Horen)≫에서 천명했듯이, 예술은 정말 인간적이고 모든 시대적 영향을 초월하는 숭고하고 일반적인 관심사에 대해 자각하게 함으로써 인간의 감수성을 다시 자유롭게 하고, 진(眞)과 미(美)라는 이름하에 정치적으로 분열된 세상을 다시 (…) 통일해야 한다.[27] '순수하지 못한 당파성(unreiner Parteigeist)'이라고 낙인찍힐 만한 것은 예술 안에서 차지할 자리가 없다. 예술은 현실적인 관심사의 차이, 특히 시민계급과 귀족 간의 서로 다른 관심사들로부터 거리를 둠으로써 모든 것을 포용하는 화해가 ―허구의 세계에서― 이뤄지는 자유로운 공간이 된다.

실러는 『인간의 미학적 교육에 관하여(Über die ästhetische Erziehung des Menschen)』라는 에세이에서 '아름다움'이 개인과 사회를 위해 갖는 기능에 대해서 성찰하고 있다. 그 출발점은 임마누엘 칸트가 『판단력 비판(Kritik der Urteilskraft)』에서 '덕성의 상징(Symbol der Sittlichkeit)'이라고 정의한 예술이다. 실러는 유

---

26) Johann Gottfried Herder: Werke. Bd. II. S. 606.

27) Friedrich Schiller: Sämtliche Werke. Bd. 5. S. 870.

용성이 모든 판단의 기준처럼 되어 버리는 바람에 문학에 대한 적대적 분위기가 만연하고 있다고 주장하면서, 개인을 고귀하게 만들어 줌으로써 공동체에 더 높은 수준의 도덕성과 자유정신을 부여해 주는 미적 교육을 주창하고 있다. "훌륭한 교육을 받은 자들의 모범을 거듭 제시해 준다면, 예술의 광휘 아래 이상화된 세상은 언젠가 현실이 될 것이고, 위기에 처한 국가는 도덕적인 국가로 변모할 것이다. 오로지 예술적인 유희 속에서만 인간은 자신을 인간답게 만드는 내적 자유를 얻을 수 있다. 인간은 자신이 완전한 의미에서 인간일 수 있는 곳에서만 유희를 즐기고, 그가 유희를 즐기는 곳에서만 완벽한 인간이 될 수 있다."[28] 개인보다 점점 더 우위에 서면서 분열의 양상을 보이는 사회는 어떤 목적도 없이 즐기는 예술적 유희 안에서만 잃어버린 총체성을 회복할 수 있다는 것이다.

독일 고전주의가 지향하는 바와 같이 괴테와 실러가 바이마르 궁정극장에서 시도한 공연 방식은 예술의 기능에 대한 그와 같은 고찰에 근거하고 있다. 10년 이상 우정 어린 대화와 친밀한 서신교환을 통해 서로의 작품을 비평해 주고, 함께 개작하고, 무대에 올리기도 했던 두 문호는 당시의 정치적·문화적 상황에 대한 견해나 역사관에서도 의견이 일치했다. 그러나 두 사람의 협력이 그토록 생산적일 수 있었던 이유는 재능이나 지적 취향, 행동방식이 서로 달랐기 때문이다. 괴테가 관조, 즉 정적이고 순수하게 사물을 바라보는 관찰의 시선을 중요시했다면, 실러는 철학자 칸트의 영향을 받아 일단 사변적인 사상들을 따르는 편이었다. 괴테가 자연과학과 연관된 질문에 대한 답을 추구한 반면, 실러는 역사와 철학에 집중했다. 그러나 희곡의 전통, 구체적으로 계몽주의적 시민극에 대한 입장은 전적으로 같았다. 두 문호는 공동으로 완성한 단시집 『크세니엔(Xenien)』에서 풍자와 아이러니를 섞어 자신들의 견해를 다음과 같이 밝히고 있다.

우리를 감동시킬 수 있는 것은 오로지
기독교적이고 도덕적인 것뿐.
그리고 그야말로 잘 알려져 있고, 가정적이며

28) Friedrich Schiller: Sämtliche Werke. Bd. 5. S. 618.

시민적인 것은 (…)
뭐라고? 당신들 무대에 시이저는
안토니우스는, 오레스트는,
안드로마케는 더 이상 등장시킬 수 없다고?
(…) 아무것도 없네! 우리한테 볼 수 있는 것은 그저 목사들이나
상업고문관들이나
사관 후보생들이나, 비서들이나
경기병들뿐이네.[29]

괴테와 실러는 슈투름 운트 드랑은 물론이고, 자신들의 초기 작품들에 대해서도 거리를 두었다. 전만 해도 두 문호의 작품들은 셰익스피어의 영향을 받아 장면 연결이 상당히 자유로웠지만, 이제는 프랑스 의고전주의의 전형에 맞춰 폐쇄형 드라마의 형식을 따르게 되었다. 단조롭고 소박했던 산문체 대사는 점점 격정으로 치닫다가 잠언과 같은 문장으로 끝나는 —특히 실러의 작품이 그렇다— 얌부스(Jambus)[30]의 운문체로 바뀌었다. 이것은 임팩트가 강한 막의 엔딩, 과장된 제스처 그리고 화려하기 짝이 없는 '과시적 행위(Schau-Aktion)'와 함께 고전주의 연극이 시민극을 건너뛰어 바로크 시대의 비극으로 회귀했음을 알려주는 요소들이다. 실러의 말처럼 "현실 속의 인물이 절대 아닌" 역사와 신화 속의 인물들이 다소 이상화된 가면을 쓴 모습으로 독일 고전주의 연극 무대로 돌아와 시민계급 출신의 인물들을 전부 밀어내 버린 것이다. 고전주의자들은 초기 계몽주의자들이 인위적이라는 이유로 거부했던 오페라가 현실성에 치중하지 않고 장르 자체의 규칙에 충실하기 때문에 오히려 예술의 진수를 보여 주고 있다고 믿었다. 실러는 오페라를 드라마의 모범으로 간주하며, 자신의 작품 〈메시나의 신부(Die Braut von Messina)〉의 머리말을 통해서 자연주의에 대해 "솔직담백하게 전쟁을 선포한다"라고 밝히고 있다.

29) Johann Wolfgang Goethe: Sämtliche Werke. Bd. 2. S. 496.
30) 약강격의 시구, 장음과 단음이 규칙적으로 반복되면서 리듬을 만들어 낸다. —옮긴이

괴테는 이탈리아 여행에서 받은 인상으로 〈타우리스의 이피게니에〉를 완성하고 난 후 단호하게 고전주의로 돌아섰으며, 거의 동시에 실러도 급격한 스타일의 변화를 보여 준 〈돈 카를로스〉와 함께 슈투름 운트 드랑과 작별을 고했다. 고전적인 얌부스 형식의 운문체로 이뤄진 가족비극 〈돈 카를로스〉는 〈간계와 사랑〉처럼 당대 시민계급의 문제를 배경으로 삼는 대신 근대가 시작되던 즈음의 스페인 궁정으로 무대를 옮겨 놓았다. 역사적 사건의 전개는 〈피에스코(Fiesco)〉에서와 같이 그 자체로 하나의 완결된 사건이 아니라, 여러 사건들이 계속해서 꼬리를 물고 일어나는 방식을 취하고 있다. 도저히 피해 갈 수 없는 필연성의 결과로 연이어 발생하는 사건들 앞에서 자유라는 이상을 꿈꾸는 주인공의 패배는 애초부터 예고된 것이다. 실러는 자신의 다른 비극 작품들에서와 마찬가지로 〈돈 카를로스〉에서도 운명의 힘과 절대적 존재의 우월한 힘 사이에서 저항하다가 철저히 패배하지만, 결국 죽음으로서 자유를 쟁취하고 더 숭고한 의미에서 승자가 되는 위대한 인물을 보여 준다.

실러는 예나(Jena) 대학 역사학과 교수로 재직하며 세밀하게 연구한 바 있고, 「30년 전쟁사(Geschichte des Dreißigjährigen Krieges)」라는 논문을 통해서 발표하기도 했던 내용을 3부작 〈발렌슈타인(Wallenstein)〉의 소재로 삼았다. 철저하게 고전주의의 양식을 따르고 있는 이 작품에는 열정적이고 비장할 만큼 감동적인 대사들, 뛰어난 예술성을 증명하는 군더더기 없는 플롯, 수많은 갈등들 그리고 무엇보다도 의미심장한 주제를 인간존재의 근본적 상황을 보여 줄 수 있는 하나의 사례로 이해하고 평가하는 작가의 관점 등 실러를 위대한 문호로 만들어 준 모든 요소들이 고스란히 담겨 있다. 〈발렌슈타인〉은 중의적 의미에서 역사 드라마라고 할 수 있다. 한편으로는 우리가 목표를 제발 달성하기를 기원하지만, 이미 정해진 역사의 틀 속에서 그것이 불가능한 위대한 인물에 관한 이야기라는 측면에서, 다른 한편으로는 어떤 도덕적 개선도 이뤄지지 않는 채 진행되는 역사의 비극성을 보여 주고 있다는 점에서 그렇다. 정의와 부당함은 몰락의 소용돌이에 휘말린다. 이상적인 세상을 꿈꾸며 서로 사랑하는 젊은 한 쌍에게 현세에서의 결합은 허용되지 않는다. 그들은 자신들이 꿈꾸는 이상향을 위해 죽을 수밖에 없다.

실러는 〈발렌슈타인〉에 이어서 발표한 4개의 작품들—〈마리아 슈투아르트(Maria

Stuart)〉, 〈오를레앙의 처녀(Die Jungfrau von Orleans)〉, 〈메시나의 신부〉 그리고 〈빌헬름 텔(Wilhelm Tell)〉—의 소재도 역사에서 가져왔다. 실러는 역사적 사건을 작품 소재로 삼은 이유에 대하여, 그런 사건들의 결말은 이미 나 있기 때문에 자신의 환상을 억제할 수 있고, 작가적 전횡을 방지할 수 있기 때문이라고 괴테에게 고백한 바 있다. 그는 역사적 소재를 취할 때 빠지기 쉬운 함정인 산문체의 단조로운 나열을 피하기 위해 운문체를 사용함으로써 역사적 사실성에 예술성을 가미했다. 이런 점이 가장 두드러지게 나타나는 작품이 〈마리아 슈투아르트〉다. 여기서 실러는 역사적 사실에 따라 둘 중 한 명은 사라져야만 하는 두 여왕 간의 권력쟁탈전에 문학적 향취를 부여하기 위해 마리아의 기독교 신앙을 부각시켰다. 마리아는 천국에서 누리게 될 기쁨에 대한 기대로 자신의 죽음을 순순히 받아들인다. 그런 만큼 그녀에게 있어 종말은 개인적으로 결코 비극적이지 않다. 그러나 객관적인 시각으로 볼 때, 비극의 조건은 완벽하게 갖추어져 있다. 마리아 슈투아르트는 죄를 짓지 않았음에도 불구하고 역사가 그녀에게 자리를 내어 주지 않았기 때문에 죽어야만 한다. 이에 대항하는 것은 무의미하다. 그나마 위안이 되는 것은 결국 인간이 경험할 수 있는 영역을 초월한 세상에 대한 희망뿐이다. 오직 죽음을 통해서만 역사의 필연성을 극복할 수 있다. 실러에게 자유는 현세를 초월해 있는 개념이다. 이러한 작가의 관점은 〈오를레앙의 처녀〉에서 주인공의 운명을 통해서도 드러난다. 실러는 요한나(Johanna)가 죽는 장면에서 "하늘은 붉은빛으로 가득하다. 그녀가 구원을 받아 속세의 족쇄로부터 해방된다는 표시다"라고 무대 지문에 적어 놓았다. 양치기 소녀는 신의 은총을 받았지만, 세속적인 사랑에 빠지는 바람에 신으로부터 버림받는다. 요한나가 기꺼이 벌을 감수하자, 그때서야 비로소 신은 그녀를 용서한다. 이 작품의 비극성은 계몽된 인간이 신으로부터 멀어짐으로써 현세를 초월한 자유에 대한 희망을 잃어버렸다는 데 있다.

실러는 비극 〈메시나의 신부〉로 역사적 이념극(Ideendrama)과 잠시 거리를 두었다. 작품의 배경이 되는 사건은 실제 일어난 일도, 실제 일어날 법한 일도 아니다. 고대 연극을 떠올리게 만들지만, 작품의 시대적 배경은 중세로 옮겨진다. 두 형제가 동시에 한 여자를 사랑하는데, 당사자들은 모르지만 사실 그녀가 그들의 여동생이라는 스토리는 상당히 진부하다. 오로지 우연에 의해 형제 1명이 다른

프리드리히 실러: 〈메시나의 신부〉, 1808년 바이마르 궁정극장 공연, J. F. 마테이의 유화

형제를 죽이고 자신도 자살한다는 비극적 결말로 끝난다. 실러는 '순수예술(reine Kunst)'이라는 이상을 표방하며 고대 합창극 형식을 실험해 보기 위해서 이 작품을 집필했지만, 소재 자체가 작가의 의도를 충족시키기에는 역부족이었다.

그 후 실러가 다시 역사적 사건을 모티브로 삼아 끝까지 완성한 작품은 그의 마지막 작품 〈빌헬름 텔〉이었다. 이 작품에서 주인공은 독재자를 암살함으로써 봉기할 태세였던 민중이 다시 자유를 찾을 수 있게 해 준다. 좋았던 옛 시절이 다시 돌아온 것이다. 여기서 발전은 곧 과거로의 회귀를 의미한다.

중년기에 접어든 괴테의 작품들 역시 실러의 고전주의 작품들처럼 휴머니즘적 이상과 역사적 현실의 간극을 주제로 삼고 있다. 이런 경향은 괴테의 천재성이 빛나던 젊은 시절 이미 소재는 정해졌으나, 한참 후 이탈리아를 여행하던 시기에 가서야 비로소 완성된 비극 〈에그몬트(Egmont)〉에서부터 나타난다. 여기서 주인공은 아직도 슈투름 운트 드랑 특유의 열광적 성향을 가지고 있다. 이러한 성향 덕분에 에그몬트 백작은 시민계급 출신 소녀 클레르헨(Klärchen)뿐만 아니라 네덜란드 국민들로부터도 사랑을 받는다. 그러나 그는 스페인 지배세력에 대항해 봉기하려는 국민들의 지도자가 되겠다는 생각은 하지 않는다. 사실 에그몬

트는 대단히 비정치적인 인물로 그에게 있어서 인생은 '깨어 있는 상태에서 꾸는 꿈'이나 마찬가지이며, 그래서 당면한 현실과는 무관한 삶을 살아간다. 이런 점에서 그는 늘 정치적 계산에 따라 행동하는 자신의 적수 빌헬름 폰 오라니엔 공(Wilhelm von Oranien 公)과는 근본적인 차이를 보인다. 따라서 실러가 이 작품에 대해 비평하면서 주인공의 '위대한 결행'이 도대체 무엇인지 질문한 것은 어쩌면 당연하다고 하겠다. 그러나 실러는 정치적 결행을 통해서가 아니라, 자신의 개인적 삶을 통해 존재의 의미를 갖는 인물을 보여 주려는 괴테의 의도를 간과했다. 모순적으로 들리지만 종국에 가서 에그몬트가 실패하는 원인은 바로 그의 훌륭한 인품 때문이다. 그는 "사람들은 자기 인생을 주도적으로 살아가고, 주체적으로 행동한다고 믿고 있다. 그러나 그의 내면적 심연은 주어진 운명에 끌려가고 있다"라는 대사를 통해 이율배반적인 상황을 설명한다. 에그몬트는 '악마적인 것'이 —괴테는 주인공에게 이런 표현을 입에 담게 했다— 자기의 매력뿐만 아니라 '무한한 자신감'까지 부여했다고 말한다. 에그몬트는 죽음에 직면해서야 자기자신을 확실히 알게 되고, 이로써 더 숭고한 차원의 자유를 얻는다. 이제 그는 죽음을 통해 국민들에게 모범적 인물로 길이 남을 수 있게 되었다. 클레르헨이 그의 꿈에 등장하는 장면은 그가 현세를 초월하는 자유를 얻었음을 보여 주는 은유인 동시에 국민들도 앞으로 자신들의 정치적 자유를 얻게 될 것이라는 암시이다.

〈에그몬트〉의 사건들과 인물들이 여전히 슈투름 운트 드랑과 셰익스피어의 작품을 연상시키는 감성을 드러내고 있다면, 〈타우리스의 이피게니에〉는 괴테가 신화적 소재를 찾는 과정에서 프랑스 의고전주의에 적절한 형식을 발견해 완성한 작품이다. 이 작품은 휴머니즘의 신념을 단적으로 보여 준다. 이제 세계주의의 차원에서 '인류의 목소리(Stimme der Menschlichkeit)'가 부각된다. 여주인공의 대사처럼 "삶의 파도가 가슴속으로 밀려 들어와 거침없이 흐르는 사람"이라면 이 소리를 들을 수 있다. 어떤 상황에서도 도덕성을 지키려는 그리스 여인은 거친 야만족의 왕까지 참회하게 만든다. 그는 순결한 여사제(女司祭)에 대한 정욕을 버리고, 인간을 제물로 바치는 고대의 풍습을 금지시킴으로써 전사(戰士)의 영웅적 행위를 넘어서는 진정한 위업을 달성한다.

르네상스 시대 이탈리아의 페라라 궁정에서 활동하며 〈해방된 예루살렘〉이라는 위대한 서사시를 남긴 시인을 주인공으로 한 〈토르콰토 타소〉는 괴테의 희곡들 중에서 가장 개인적인 작품이다. 괴테는 비서 에커만(Eckermann)에게 이 작품을 "내 살과 피로(Bein von meinem Bein und Fleisch von meinem Fleisch)" 완성한 것이라고 말했다. 괴테는 서로 대척하고 있는 두 인물들에게 자기자신을 투영해 놓았다. 한 인물은 천재 시인 타소로, 그는 과민하고 의심이 많을 뿐만 아니라 자기자신을 스스로 감당하지 못해 거의 자멸 직전에 놓여 있으며, 외형적 관례를 중시하고 따르는 사회에서 파멸할 수밖에 없는 인물이다. 다른 한 인물은 장관인 안토니오(Antonio)로, 그는 늘 적절한 관례에 따라 행동하며, 스스로를 통제함으로써 그런 관례들까지 제어할 수 있는 인물이다. 두 인물, 즉 자신만의 원칙을 따르는 예술가와 사회법규에 복종하라는 요구를 관철시키는 정치가 모두 정당성을 갖는다. 둘 사이의 갈등은 해소될 수 없다. 결국 둘 중 한 명은 패배할 수밖에 없고, 그렇다면 패배자는 당연히 예민하고 상처받기 쉬운 타소다.

슈투름 운트 드랑의 정신 속에서 탄생해 고전주의를 거치며 숙성하더니 끝내는 두 사조를 초월해 버린 『파우스트』는 괴테 스스로 말했듯이 무엇과도 '비교될 수 없는(inkommensurabel)' 작품이다. 1부와 2부를 관통하는 주제는 시민계급에 속한 한 개인의 지식 추구와 개인적인 행복 그리고 사회에 유용한 행동 등이다. 원래 파우스트는 의욕적·천재적·독창적 인물로 구상되었으나, 후에 가서는 늘 정진하며 자신을 향상시키고자 노력하는 인간을 상징하는 인물로 바뀌었다. 그레트헨의 소시민적인 삶, 사악한 마녀들의 축제, 중세 황궁과 고대 그리스의 세계 등 다양한 세상들을 두루 경험하는 그의 여행은 공동체 복지를 위한 구체적이고 실용적인 활동으로 끝을 맺는다. 노력하는 인간 파우스트를 타락시키려는 악마의 시도는 결국 실패한다. 파우스트는 여행 중 계속 죄를 범하지만, 1부 마지막에 그레트헨이 그랬던 것처럼, 그 역시 2부 마지막에서 가서는 구원을 얻는다. 신은 인간세상을 창조하고, 인간의 강건함과 승리뿐만 아니라 방황과 실패도 계획했다. 그렇기에 총체적 조화는 깨지지 않는다.

괴테는 극장장이자 무대감독으로서 고전주의의 예술적 이상을 실현하기 위해 노력했다. 그 일환으로 한동안 실러와의 생산적인 협력 관계를 유지하기도 했다. 이렇게 해서 독일에서도 엘리자베스 시대의 영국이나 로페 데 베가와 칼데론

(Calderón)이 살던 당시의 스페인 그리고 몰리에르, 코르네이유와 라신이 활동하던 시기의 프랑스에서나 가능했던 문학과 연극의 조화로운 합일이 이뤄졌다. 그의 주 무대는 영토도 작고 경제적으로도 낙후한 한 공국의 수도로 인구가 7000명이 채 안 되는 바이마르였다. 괴테를 초빙하기 전부터 바이마르 궁정은 비교적 진보적이었고, 예술과 신학문에 대해 개방적이었다. 카를 아우구스트 대공의 모친인 안나 아말리아 공작부인이 섭정하는 동안 문화적 취향이 세련된 시민들과 귀족들로 이뤄진 상류층이 형성되었는데, 이들은 연극에도 큰 관심을 가지고 있었다. 콘라트 에크호프가 잠시 극장장을 맡기도 했던 소규모 궁정극장은 진작부터 독일 희곡들을 공연하고 있었다. 극장 건물이 화재로 소실된 후에는 동호인 극단이 바이마르 연극을 주도했다. 괴테는 바이마르에 도착하자마자 동호인 극단의 중심인물이 되었다. 그는 이 극단을 위해 평범한 악극과 골계극 몇 편을 썼고, 즉흥무대에서 〈타우리스의 이피게니에〉의 산문 버전을 연습하기도 했다. 당시 괴테는 직접 오레스트 역을, 대공의 동생은 필라테스 역을 맡았다. 주인공 이피게니에 역을 위해서 전문배우인 코로나 슈뢰터(Corona Schröter)를 초청했다. 괴테가 점점 더 많은 시간을 공직에 할애해야 하는 상황이 되면서 바이마르 동호인 극단의 활동도 시들해졌다. 연극 관람의 즐거움을 계속해서 누리려면 한동안 유랑극단을 고용해야 할 정도였다. 이러한 침체기를 겪은 후, 1791년 대공은 자신의 친구이자 장관인 괴테

괴테: 〈타우리스의 이피게니에〉, 1779년 산문체 버전의 초연(이피게니에 역의 코로나 슈뢰터와 오레스트 역의 괴테), 게오르그 멜시오르-크라우스의 유화를 모델로 제작한 파시우스의 동판화

에게 극장의 총책임을 맡겼다. 신중한 성격이었던 괴테는 극장과 관련된 모든 사안에 대해 어떤 간섭도 없이 독자적으로 결정할 수 있는 권리를 요청했다. 그는 합의서에 작품 선택, 캐스팅 그리고 독회 연습 등이 모두 자신의 관할임을 명백히 할 것을 대공에게 요구하기도 했다. 어마어마한 권력을 갖게 된 괴테는 극단을 엄격하게 운영하면서 종종 고압적인 태도로 단원들을 질책하고는 했다. 일례로 괴테는 자신의 허락 없이 타 지역 극장에 출연한 여배우를 자택에 구금시키고, 그녀의 집을 지키는 보초의 비용까지 직접 지불하게 했다.

괴테는 「전체 공연의 조화(Harmonie des ganzen Spiels)」라는 제목의 극장 개관기념 연설문에서 자신이 연극을 통해 추구하는 목표를 천명했다. 그는 낭송, 조화로운 동작 그리고 그림 같은 장면 연출로 이뤄진 공연을 지향했고, 고전주의 희곡의 문학성을 한층 제고하기 위해 연극은 "자연을 모방하는 데 그치는 것이 아니라, 이상화된 자연을 제시하는 것"이 그의 모토였다. '고상한 품위(vornehmer Anstand)', '예의 바른 자세(schickliche Stellung)', '심장의 언어(Herzenssprache)' 등은 그가 즐겨 언급한 말들이었다. 배우들은 슈투름 운트 드랑 시대의 희곡이 요구하는 '특징적인 것'으로부터 탈피해 '전형적인 것', '이상적인 것'을 추구해야 했다. 괴테는 공연과 관련해 악명 높은 지침서 『배우를 위한 규칙들(Regeln für Schauspieler)』을 만들기도 했다. 그가 쪽지에 적은 규칙들을 모아 91개 조항으로 정리한 인물은 비서 에커만이었다. 발성법과 낭송, 몸의 자세와 동작은 물론 배우들이 함께 등장할 때 무대 위에 서야 할 위치까지 정해 놓은 이 규칙들은 한마디로 정해진 규범에 따라서 공연하는 것을 목표로 삼았으며, 그런 의미에서 시민극의 사실주의를 버리고, 프랑스 의고전주의의 궁정극 전통으로 회귀하는 것을 의미했다. 일례로 괴테는 이 지침서에서 "깊은 상념에 빠진 자세를 아름답게 표현하려면 가슴을 펴고 머리는 약간 측면을 향한 다음, 땅을 내려다보면서 양팔을 떨어뜨릴 것"을 요구하고 있다.[31] 요한 야콥 엥겔(Johann Jakob Engel)이 1786년 출간한 『연기술에 대한 고찰(Ideen zu einer Mimik)』과 괴테의 친구였던 프리드리히 힐데브란트 폰 아인지델(Friedrich Hildebrand von Einsiedel)이 10년 뒤에 발표한

31) Johann Wolfgang Goethe: Sämtliche Werke. Bd. 14. S. 83.

『연기술 이론에 관한 기본 지침들(Grundlinien zu einer Theorie der Schauspielkunst)』에서 요구하는 것과 마찬가지로 괴테 역시 궁중무용과 미술의 중요성을 강조했다. 괴테는 자신의 까다로운 지침들을 배우들이 제대로 실천해 주기를 원했다. 마지막 조항들에 따르면 배우들은 "기술적이며 연기의 문법과도 같은 이 모든 규정들을 각자 나름대로 자신의 것으로 소화하고, 항상 연습하여 이것들이 자신의 몸에 배도록 해야 한다. 뻣뻣하지 않게 그리고 지침들을 엄수하되, 그런 지침들이 겉으로 드러나지 않도록 자연스럽게 연기해야 한다".32)

극장장 괴테는 바이마르 극장을 자신과 실러의 작품들을 초연하기 위한 장소로만 생각하지는 않았다. 그는 힘닿는 대로 모든 시대와 문화를 아우르는 작품들을 무대에 올리기 위해서 노력했다. 자신이 직접 번역하거나, 지인들에게 번역을 의뢰하여 많은 수작들을 독일 무대에 올릴 수 있었다. 괴테는 볼테르의 〈마호메트〉와 〈탕크레드(Tancred)〉를, 실러는 셰익스피어의 〈맥베스〉와 카를로 고치의 〈투란도트〉, 라신의 〈패드라〉를 독일어로 번역했다. 그뿐만 아니라 괴테는 플라우투스(Plautus)와 테렌츠, 소포클레스와 에우리피데스, 칼데론, 몰리에르, 마리보, 골도니, 홀베르그의 작품들까지 무대에 올리기 위해서 노력을 아끼지 않았다. 그러나 관객의 관심을 끌 수 있는 공연 레퍼토리를 구축하는 데 이러한 노력만으로는 부족했다. 그래서 바이마르 궁정극장은 악극이나 오페라, 특히 크리스토프 빌리 글루크(Christoph Willi Gluck)와 모차르트의 작품들뿐만 아니라 동시대 작가들의 통속극들도 공연했다. 아우구스트 폰 코체부(August von Kotzebue)와 아우구스트 빌헬름 이플란트의 감상연극들이 대체로 여기에 속했다. 통속극의 등장인물들은 시민 관객들이 익히 경험을 통해서 알고 있는 문제들, 즉 부부 및 가족 간의 갈등, 금전적 어려움, 일상에서의 윤리적 문제들로 혼란스러워한다. 정치적·사회적 갈등들도 완전히 배제된 것은 아니었다. 아우구스트 폰 코체부는 총 230편에 달하는 작품들을 발표했지만, 그중 제목이나마 전해져 오는 작품들은 〈독일의 소도시 사람들(Die deutschen Kleinstädter)〉과 〈인간혐오와 회한(Menschenhaß und Reue)〉 단 2편뿐이다. 그는 자신의 작품들을 통해서 신분적 한

---

32) Johann Wolfgang Goethe: Sämtliche Werke. Bd. 14. S. 90.

계, 국가 또는 가정 내에서의 남성 우월주의에 관한 문제들을 대담하게 제기하기도 했다. 그러나 그의 통속극에서는 도발적인 선동조차 유쾌한 방식으로 다뤄져야 했고, 종국에 가서는 모든 것이 원만하게 해결되어야만 했다. 감상연극 외에도 바이마르 극장의 레퍼토리에는 주로 낭만적인 독일의 중세를 배경으로 하는 무시무시한 기사극도 포함되어 있었다. 그중에 그나마 어느 정도 예술성을 갖춘 것들은 괴테의 처남이었던 크리스티안 아우구스트 불피우스(Christian August Vulpius)의 작품들뿐이었다.

바이마르 궁정극장은 당시로서는 유례가 없을 정도로 무대에도 세심한 주의를 기울였다. 공연예술의 모든 요소들을 조화롭게 합일시킨다는 고전주의 이상에 따라서 괴테는 무대배경과 동작, 무대 위에서 배우의 위치 등이 서로 조화를 이루도록 심혈을 기울였다. 무대의상 자문위원으로 화가 게오르크 미하엘 크라우스(Georg Michael Kraus)와 판화가 콘라트 호르니(Conrad Horny)를 초빙했다. 무대장식과 관련해 괴테를 보좌했던 하인리히 마이어(Heinrich Meyer)는 극장이 보유하고 있는 무대장식 모델 8개 가운데 적당한 것을 찾을 수 없는 경우에는 괴테와 긴밀한 협의를 거쳐 새로운 무대장식을 직접 도안해 제작하기도 했다. 재정적인 이유로 실력 있는 배우를 초청하는 경우는 극히 드물었지만, 모차르트의 〈티투스(Titus)〉 공연 당시에는 프랑크푸르트 암 마인에서 활동하고 있는 기오르기오 푸엔테스(Giorgio Fuentes)를 데려왔다. 1817년 괴테는 훈련된 푸들을 공연의 주연으로 출연시키려는 공작의 애첩 카롤리네 야거만(Karoline Jagermann)과의 갈등 때문에 극장장 자리에서 물러나기 직전, 이상화된 역사주의를 표방하던 프리드리히 보이터(Friedrich Beuther)를 무대감독으로 채용했다.

고전주의 정신에 입각한 괴테의 연극작업 성과는 독일어권 지역에 엄청난 영향을 미쳤다. 특히 당시에 독일어권 지역의 양대 대도시였던 빈과 베를린은 바이마르 문화와 밀접하게 관련되어 있었다. 아우구스트 빌헬름 이플란트는 1789년부터 1814년 세상을 떠날 때까지 프로이센의 수도였던 베를린의 궁정극장을 이끌며 존경해 마지않았던 스승 콘라트 에크호프 밑에서 배운 연기술로 앙상블 공연이라는 새로운 연기 스타일을 창조했다. 화려하고 장중한 무대를 보여 주려는 이플란트의 노력 덕분에 베를린 궁정극장은 신분 차이를 떠나 비교적 폭넓은 관

볼프강 아마데우스 모차르트: 〈티투스〉, 1779년 바이마르 궁정극장 공연, 지오르지오 프엔테스 무대 디자인

레싱: 〈에밀리아 갈로티〉에서 마리넬리를 연기하는 아우구스트 빌헬름 이플란트, 1810년 베를린 왕립 국민극장 공연, 빌헬름 헨쉘의 스케치

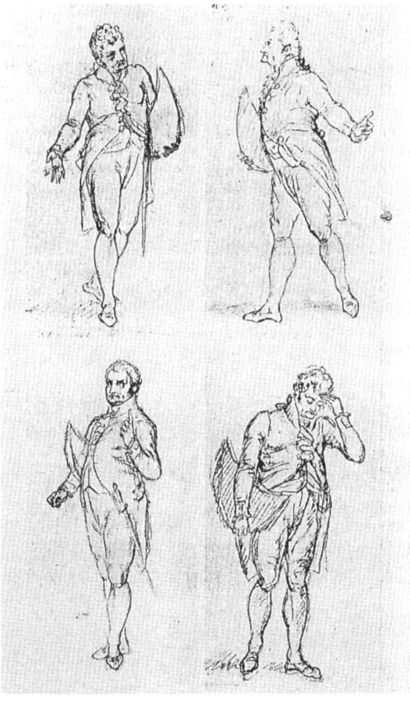

객층으로부터 호평을 받았다.

이플란트 사후 카를 브륄 백작(Karl Graf Brühl)이 베를린 궁정극장장에 취임했다. 그는 무대의상과 관련해 대대적인 개혁을 추진했는데, 이는 후대에 이르기까지 커다란 영향을 미쳤다. 그가 극장장에 취임한 뒤, 독일의 극장에서는 무대의상에 관한 철저한 역사적 고증이 이뤄지기 시작했다. 그뿐만 아니라 브륄 백작은 화가이자 건축가였던 카를 프리드리히 싱켈(Karl Friedrich Schinkel)의 천부적 재능을 알아보고, 그를 무

볼프강 아마데우스 모차르트: 〈마적〉, 1816년 베를린 왕립 국민극장 공연, 카를 프리드리히 싱켈의 무대 디자인

대감독으로 채용했다. 싱켈은 고전주의 양식과 낭만주의 양식을 오가며 예술성이 빛나는 다수의 무대도안을 제작했는데, 특히 모차르트의 〈마적(Zauberflöte)〉을 공연한 당시의 무대는 연극사에 기록되어 지금까지 전해지고 있다. 바로크 시대부터 전해오는 원근법 무대의 후면 대신에 무대의 전면에 이동 가능한 소품들을 배치하고, 또한 배경그림을 사용한 싱켈의 새로운 시도는 무대미술 발전에 있어서 매우 중요한 의미를 갖는다.

싱켈은 건축가로서도 베를린 극장 발전에 지대한 공헌을 했다. 브란덴부르크 문을 설계한 카를 고트하르트 랑한스(Carl Gotthard Langhans)가 지은 왕립 국민극장이 화재로 소실되자, 싱켈은 1818년과 1821년 사이에 장다르망 광장(Gendarmen markt)에 가장 뛰어난 고전주의 양식 건축물들 중 하나인 샤우슈필하우스(Schauspielhaus)를 건립했다. 그는 이 극장에 릴리프 무대(Reliefbühne)[33]와 여유 있게 연결된 프로시니엄 스테이지를 만들었다. 시민계급 출신의 관객수가 귀족계급 출신의 관객수를 점차 앞지르기 시작하고 있음을 단적으로 보여 주는 것이

33) 무대의 깊이 대신 넓이를 활용하는 현대적 의미의 무대. —옮긴이

객석의 배치다. 이제 귀족들을 위해 남겨진 좌석은 2층의 로지아뿐이었고, 1층 객석은 모두 시민들이 차지했다. 19세기에는 로지아 입장권조차 일반인들에게 판매되었다. 출신 성분 대신에 지불 능력이 신분을 좌우하게 된 것이다.

유럽 낭만주의의 드라마와 연극

1800년경 독일 고전주의와 거의 같은 시기에 낭만주의(Romantik)라는 새로운 정신 예술사조가 독일에서 발아하더니 점차 다른 유럽의 국가들로 확대되기 시작했다. 슐레겔 형제(Gebrüder Schlegel)와 프리드리히 폰 하르덴베르크(Friedrich von Hardenberg)로 —노발리스(Novalis)라는 필명으로 활동— 대표되는 독일 낭만주의 작가들은 초기만 해도 고전주의자들과 같은 기본 신념을 가지고 있었다. 이들 역시 프랑스 혁명의 전개 과정에 대해 비판적이었고, 독일은 그 정치적 상황을 고려할 때 점진적인 개혁이 이뤄져야 한다는 입장이었다. 계몽주의의 숭고한 이상과 현실역사의 발전 과정 사이의 간극을 뼈저리게 체험한 후, 예술이 중심 역할을 하는 인간교육을 표방했다는 점에서도 마찬가지다. 초기 낭만주의자들은 게르만 민족의 선사시대나 독일 중세시대를 이상으로 삼아 고전주의의 영역을 확장시키고자 했다. 이후 그들은 점진적으로 고전주의와 대척되는 이데올로기를 발전시키면서 이상화된 휴머니즘과 거리를 두게 되었고, 예술이야말로 현실과는 무관한 자유 영역이라는 견해를 피력하면서 예술을 도덕과 결부시키는 데 반기를 들었다. 낭만주의자들은 개인이 예술의 세계에서 자기 생각과 감정을 마음껏 펼쳐 보이는 가운데, 자신의 진정한 모습을 깨닫게 된다고 믿었다. 이들은 신화에 기반을 둔 고대 그리스 문화와 기독교에 의한 무한성과 유한성의 분리로 정리할 수 있는 현대 사회의 시대정신이 정반합 과정을 거쳐 새로운 발전을 가져올 수 있기를 기대했다. 물론 이러한 생각은 '예술의지(Kunstwollen)'라는 측면에서 심각한 결과를 초래했다. 고전주의가 그 자체로 완결된 전체와 균형 그리고 완벽을 추구했다면, 낭만주의는 개방된 형식과 불일치 그리고 미완성을 선호했다. 낭만주의 예술가들은 현실의 모든 것에 영적인 기능을 부여하고, 감정과 무한성을 합일시키는 것을 삶의 신조로 삼았다. "비밀이 가득한 길이 내면을 향해 뻗어 있다. 영원한 것은 우리 안에, 아니 어디에도 없다."[34] 실러의 표현에 의하면 낭만주의자들은 "추방되어 고향을 그리워하는 자들"이다. 이들의 작품에는 '끝없는 방랑(Wandern ohne Ende)'이나, 결국 찾을 수 없는 '푸른 꽃(Blaue Blume)'[35]에 대한 언급이 끊이지 않는다. 그러나 그들은 세상에서 마법적인 요소를 제거해 버린 계몽주의적 합리주의를 거부한다는 점에서 고전주의자들과 의견을 같이했다. 그와 동시에 그들은 '천지만물의 창조적인 음악을 거대한 물레방아가 덜커덩거리는 단조로운 소리'로 실추시킨 책임은 논리적이고 연역적인 사고방식에 있다고 주장하기도 했다. 계몽주의와는 반대로 꿈과 자연의 어두운 측면들이 이제는 그들에게 동경의 대상이 되었다. 낭만주의자들은 이성보다 직관을, 현실보다 허구를 그리고 학문보다 신앙을 중시했다. 고전주의 작가들이 철학자에 가까웠다면, 낭만주의 작가는 성직자나 마찬가지였다. 예술가는 신의 도구가 되어야 하고, 작품을 통해 현 세상으로부터 분리된 영역, 즉 예술적 광휘가 찬란히 빛나는 제국을 창조하여 그 제국의 절대적 지배자가 되어야 한다.

'낭만주의'라는 용어는 유럽 각국의 개별적 언어에 따라 조금씩 차이를 보이기는 했어도, 처음부터 이 사조를 지칭하는 명칭으로 사용되었다. 그 기원은 고대 프랑스어인 '로망스(Romance)'로 원래는 라틴어가 아닌 향토언어를 가리키는 의미로 쓰였는데, 계몽주의 시대로 접어들면서 '현실에 충실한' 또는 '진실한' 것의 반의어로 '허구적인' 또는 '환상적인' 것을 뜻하게 되었다. 속어적인 의미에서 이 단어는 먼저 영국에서 특정한 자연관으로, 또는 중세의 전통으로의 회귀를 뜻했다. 정치학이나 법철학은 물론 자연과학, 심지어 의학 분야에서도 이 용어를 학술적으로 확대해 사용하려는 시도가 있었다. '낭만성'이라는 카테고리를 통해 새로운 보편주의(Universalismus)를 확립할 수 있기를 희망했기 때문이다. 그러나 이 용어는 우선적으로 예술적 현상을 칭하는 말이었다. 낭만주의 예술이 유럽 내의 개별 문화권에 따라서 각기 다른 양상을 보이기는 했지만, 억압적인 규범과 장르

---

34) Novalis: Briefe und Werke. Bd. 3. S. 58.

35) 낭만파 문학에서 '동경'을 상징한다.—옮긴이

의 제한에서 벗어나려는 노력, 민속적인 구전문학에 대한 관심, 자연에 대한 애착과 종교적인 것에 대해 개방적인 입장이라는 점에서는 모두 동일하다. 젊은 예술가들과 지식인들은 자아의 무한한 발전을 열망하며, 회복(Regeneration) 또는 새로운 시대의 발아라고 칭한 낭만주의를 유럽 전역으로 전파했다.

영국에서는 이미 1770년경에 주로 고딕건축 양식과 그림 같은 정원의 설계를 모방하는 초기 낭만주의 운동이 시작되었다. 낭만주의 문학의 도래를 알린 작품은 19세기 직전에 발표된 윌리엄 워즈워스(William Wordsworth)와 새뮤얼 테일러 콜리지(Samuel Taylor Colerige)가 함께 쓴 『서정가요집(Lyrical Ballads)』이다. 서정시에 이어서 낭만주의의 대표적 장르로 대두한 것이 역사소설이다. 그 시조라고 할 수 있는 월터 스콧 경(Sir Walter Scott)은 대하 역사소설과 서사시를 통해 스코틀랜드의 역사를 되살렸다.

영국 낭만주의를 대표하는 작가인 로드 바이런(Lord Byron)의 시에는 역사의 신비가 자연에 대한 묘사, 기행문적 요소와 함께 어우러져 있다. 나폴레옹 시대 이후 관객들이 혁명과 체념 사이에서 갈등하는 주인공에게 크게 공감했던 「차일드 헤럴드의 편력(Child Harold's Pilgrimage)」은 엄청난 성공을 거두었다. 많은 사람들이 그의 정신분열 증세와 예술에 대한 회의적 태도에 열광하며 그것을 따라했다. 동시대의 사람들이 직면한 삶의 문제들을 매혹적인 필치로 다루었던 바이런은 낭만적 동경과 목표를 잃고 표류하는 인생을 세밀하게 형상화함으로써 이를 세기적 유행병으로 만들어 버렸고, 한동안 여러 아류 작가들이 이러한 작풍을 따랐다. 유행처럼 번진 염세주의의 이면에 숨어 있는, 절대 치유될 수 없는 삶의 절절한 고통을 드러낸다는 점에서 바이런의 시들은 지금까지 높이 평가되고 있다. 그의 이런 특징은 레제 드라마(Lesedrama)[36]로 만들어진 운문 드라마(Versdrama) 〈만프레드(Manfred)〉에서도 미약하게나마 나타난다. 이 작품처럼 전형적인 바이런 식 주인공의 독백을 통한 자기묘사로 거의 점철되어 있는 미스터리극 〈카인(Cain)〉도 공연을 염두에 두고 만들어진 작품은 아니다. 바이런의 역사극 작품 공연은 크게 성공을 거두지 못했다.

36) 독서용 희곡. —옮긴이

영국 낭만주의를 대표하는 또 다른 작가들의 희곡도 사정은 별반 다르지 않았다. 퍼시 셸리(Percy Shelley)의 신화적이며 우의적인 레제 드라마 〈속박에서 풀려난 프로메테우스(Prometheus Unbound)〉나, 이탈리아 르네상스 시대를 배경으로 근친상간과 복수를 다루고 있는 비극 〈첸치 일가(The Cenci)〉도 별 성공을 거두지 못했다. 〈첸치 일가〉는 훗날 앙토냉 아르토의 연출로 공연되어 '잔혹극'의 시작을 알렸다. 낭만주의 시대에는 비극을 천편일률적인 틀에 따라 통속적으로 변주한 멜로 드라마가 무대를 거의 독점했다. 대개 도주나 추적을 다루고 있고, 화재나 결투와 같은 스펙터클한 사건들을 보여 주면서도 감상적인 장면들을 절대 빠뜨리지 않는 극적 스토리는 관객들의 기대와는 달리 늘 해피엔드로 끝난다. 악당은 죄에 상응하는 벌을 받고, 호감 가는 젊은 남자 주인공과 사랑스러운 여자 주인공이 서로 맺어지는 식이었다.

셸리와 마찬가지로 터키에 대항한 그리스 독립전쟁에서 사망하기 전까지 수년간 이탈리아에서 살았던 바이런은 서정시인 지아코모 레오파르디(Giacomo Leopardi)와 이제 막 문학사적인 가치를 인정받은 비극 작품들을 발표한 알레산드로 만초니(Alessandro Manzoni)를 자신의 후계자로 지목했다. 바이런의 시는 낭만주의 문학이 독립투쟁과 밀접하게 결부되어 있던 폴란드에도 영향을 끼쳤다. 아담 미츠키에비츠(Adam Mickiewicz)는 바이런을 모범으로 삼아 『발라드와 로망스(Balladen und Romanzen)』라는 시집을 완성했는데, 그중에는 종교와 감정에 뿌리를 두고 있는 민속문학을 시의 모범으로 삼아야 한다는 작가의 주장이 담긴 경향시도 있다. 미츠키에비츠의 드라마 작품 〈장례식(Die Totenfeier)〉은 율리우시 스워바츠키(Julius Słowacki)의 〈코르디안(Kordian)〉의 경우와 마찬가지로 러시아 지배세력에 대항하는 역사적·문학적 저항이었다. 1960년대에 이 두 작품을 예지 그로토프스키(Jerzy Grotowski)는 브로츠와브에 있는 자신의 연극실험실에서 공연했다.

서유럽의 낭만주의 물결은 나폴레옹이 모스크바에서 퇴각한 후에야 러시아로 흘러들었다. 러시아의 대표적인 낭만주의 작가는 바이런 풍의 서정시를 발표한 미하일 레르몬토프(Mikhail Lermontov)다. 알렉산드르 푸슈킨(Aleksandr Puschkin)과 니콜라이 고골리(Nikolai Gogol)도 짧은 기간이나마 낭만주의에 속하는 작품을 발표한 적이 있다. 그러나 러시아의 두 문호의 걸작들은 이미 사실주의 경향을 보이고 있었다. 희곡으로는 셰익스피어로부터 많은 영향을 받은 푸슈킨의 〈보리스 고두노프(Boris Godunov)〉가 낭만주의적 특징을 보여 준다. 푸슈킨은 운문소설 『예브게니 오네긴(Evgenii Onegin)』으로 바이런의 영향에서 벗어났을 뿐만 아니라, 바이런 작품의 주인공들이 과장되게 염세적 태도를 보이며 권태와 무력감에 빠져 있는 것에 대해 비판적인 입장까지 드러냈다.

1802년 프랑수와 샤토브리앙(François Chateaubriand)이 미(美)와 신앙을 추앙하면서 중세를 예술과 문학의 원천으로 삼아야 한다는 주장을 피력한 〈그리스도교의 정수(Le génie du christianisme)〉를 발표하면서 프랑스 낭만주의의 서막이 올랐다. 그의 단편희곡 〈르네(René)〉는 프랑스 문학사상 염세주의를 모티브로 삼은 최초의 작품이다. 장기간 여행하며 괴테, 실러, 크리스토프 빌란트(Christoph Wieland)와 같은 위대한 인물들과의 만남을 회고한 스탈 부인(Madame de Staël)의 〈독일론(De l'Allemagne)〉도 낭만주의에 박차를 가한 작품이다. 특히 스탈 부인은 오랫동안 자신의 자녀들의 가정교사를 지낸 아우구스트 빌헬름 슐레겔(August Wilhelm Schlegel)과 의견을 활발히 교류한 적이 있었다. 프랑스 낭만주의는 외부의 영향에도 불구하고 완전히 독자적인 길을 걸었다. 독일에서와는 달리 프랑스 낭만주의는 내면의 중시와 사변적 경향 외에도 정치적·사회적 문제들에 대한 고찰을 중시했다. 적어도 이론상 낭만주의는 예술적 자유를 요구하건, 정치적 개혁을 부르짖던 간에 혁명적 색채가 강했다.

1830년 빅토르 위고(Victor Hugo)가 쓴 멜로 드라마 형식의 잔혹극 〈에르나니(Hernani)〉의 공연을 둘러싸고 일어난 고전주의자들과 낭만주의자들의 격렬한 대립은 지금도 문학사에 전설적인 사건으로 남아 있다. 이 사건으로 마침내 프랑스 낭만주의의 물꼬가 터졌을 뿐만 아니라, 고전주의와 낭만주의의 대립도 그 절정에 달했다. 위고는 그보다 몇 년 앞서 희곡 〈크롬웰(Cromwell)〉의 서문을 통해 낭만주의 연극이 기괴한 것과 고상한 것, 끔찍한 것과 우스꽝스러운 것 그리고 비극과 희극이 서로 맞물려 하나가 된 셰익스피어의 작품처럼 혼합 형식을 취할 수밖에 없다는 입장을 피력했다. 기독교의 영향을 받아 영혼은 고상하고 순수한 것이라고 믿었던 동시대인들의 자화상을 보여 주기 위해서는 그런 형식만이 적합하다는 것이었다. 육체에는 태생적으로 뭔가 기괴하고 우스꽝스러운 측면이 있다는 것이 위고의 생각이었다. 따라서 무대 위에서 인간을 총체적으로 그리고 현실감 있게 보여 주기 위해서는 비극과 희극의 장르 구분을 뛰어넘어야 한다고 주장했다. 위고는 이렇게 사실주의적인 관점에서 3통일의 원칙을 과감하게 거부했다. 한 장소만으로 삶의 충만함을 보여 주는 것은 절대 불가능하고, 사건 진행을 24시간이라는 틀 속에 꿰맞추는 것 역시 비현실적일 뿐만 아니라 아예 웃기는 이야기이며, 하나로 완결된 폐쇄적 사건 진행은 인간 삶의 다양한 측면들을 총체적으로 반영할 수 없다고 했다. 물론 서브 플롯이 메인 플롯에 종속되어야 함은 당연하다고 부언하기는 했다. 빅토르 위고의 주장은 피상적인 의미에서 일상의 현실을 모방하라는 것이 아니라, 그 현실을 더욱 농축시키고 승화시켜 보여 줘야 한다는 뜻이다. 이를 위해 위고는 앞서 언급한 작품들뿐만 아니라 〈뤼크레스 보르지아(Lucréce Borgia)〉, 〈마리 튀도르(Marie Tudor)〉, 〈뤼 블라스(Ruy Blas)〉와 같은 작품에서도 역사적 인물을 등장시켜 특별한 프로필을 부여하고 운문체로 말하게 했다.

프랑스의 낭만주의를 대표하는 작가이자 이론가였던 빅토르 위고 외에 소설 『삼총사(Die drei Musketier)』의 저자인 알렉상드르 뒤마(Alexandre Dumas)[37]도 한동안 파리의 무대에서 각광을 받았다. 그에게 성공의 발판이 되어 준 작품은 역사극 〈앙리 3세(Heinrich III)〉이며, 뒤이어 큰 성공을 거둔 작품은 사회의 이중적 도덕성으로 인해 파멸하는 낭만주의적 인물의 자화상인 현대극 〈앙토니(Anthony)〉다. 뒤마의 희곡으로 유일하게 남아 있는 작품은 당대 유명한 영국 배우의 일생을 그린 〈킨(Kean)〉이다. 20세기 중반 장 폴 사르트르는 이 작품을 각색하여 출간하기도 했다.

빅토르 위고 주변에 모여든 작가들 중 가장 두각을 나타낸 인물은 알프레드 드 뮈세(Alfred de Musset)이다. 원래 그의 작품들은 레제 드라마로 구상되었지만, 무대공연을 해도 전혀 지장이 없었다. 경구로 가득한 그의 희극(Sprichwörterkomödie)들 중 —당시의 전형적인 희곡 양식으로— 가장 성공한 작품은 〈사랑을 장난으로

37) 뒤마 부자 중에서 아버지. —옮긴이

하지 마오(On ne badine pas avec l'amour)〉다. 그의 희극 작품 〈판타지오(Fantasio)〉와 〈마리안느의 변덕(Les caprices de Marianne)〉은 현재에도 공연되고 있다. 이 작품들은 본래 그대로의 자연이라는 이상을 매혹적인 방식으로 제시하고 있다는 점에서 셰익스피어의 희극에 근접해 있을 뿐만 아니라, 가공의 세계에서 섬세한 영혼의 소유자들이 서로 만나 마음을 터놓는다는 점에서 마리보의 희극을 상기시킨다. 프랑스 낭만주의 시대의 역사극들 중 가장 뛰어난 작품인 비극 〈로렌자초(Lorenzaccio)〉는 외피적인 극적 요소와 장면 효과에만 치중하던 당시 멜로 드라마와는 전혀 다른 경향을 보여 준다. 작가는 르네상스 시대의 플로렌스를 배경으로 한 역사극을 통해서 당시의 시대적 본질뿐만 아니라 인물들의 심리까지 개연성 있게 그리고 있다.

독일의 낭만주의는 두 시기로 나뉘는데, 그 중심이 되는 도시의 이름을 따 '예나 낭만파(Jenaer Romantik)'라고도 불리는 초기 낭만주의는 철학과 문학 방면에서 요한 고트리프 피히테(Johann Gottlieb Fichte), 프리드리히 셸링(Friedrich Schelling), 슐레겔 형제로 불리는 프리드리히 슐레겔(Friedrich Schlegel)과 아우구스트 빌헬름 슐레겔, 루트비히 티크(Ludwig Tieck) 및 노발리스가 주도적인 역할을 했던 18세기 말부터 1805년까지를 말한다. 같은 시기 베를린에서는 E. T. A. 호프만(E. T. A. Hoffmann), 아달베르트 폰 샤미소(Adalbert von Chamisso), 드 라 모트-푸케 남작(Freiherr de la Motte-Fouqué) 이외에 조건부로 참여한 하인리히 폰 클라이스트도 젊은 작가집단을 형성했다. 이와 동시에 등장한 '하이델베르크 낭만파(Heidelberger Romantik)'의 대표적 인물로는 독문학자 요제프 폰 괴레스(Joseph von Goerres), 역사법률학자 프리드리히 폰 사빙니(Friedrich von Savigny) 그리고 그림형제(Gebrüder Grimm)가 동화를 수집하여 『어린이와 가족을 위한 동화(Kinder und Hausmärchen)』를 출간하게 된 계기를 제공했다고 알려진 민요 선집 『소년의 마적(Des Knaben Wunderhorn)』의 공동 저자인 아힘 폰 아르님(Achim von Arnim)과 클레멘스 폰 브렌타노(Clemens von Brentano) 등이 있다. 하이델베르크 낭만주의자들의 주안점은 미래지향적 이상주의로부터 역사에 대한 관심으로, 보편적 목표설정으로부터 민속적이고 민족적인 것으로 지평을 축소하는 방향으로 바뀌었다. 후기 낭만주의는 빈 회의가 열렸던 때부터 1830년 파리에서 7월 혁명이 발발할 때까지를 말하며, 다소간 차이는 있지만 복고주의적인 경향을 보였다. 요제프 폰 아이헨도르프(Joseph von Eichendorff)와 '슈바벤의 낭만파들(Schwäbische Romantiker)'로 불렸던 유스티누스 케르너(Justinus Kerner), 루트비히 울란트(Ludwig Uhland), 빌헬름 하우프(Wilhelm Hauff)의 작품들은 당시 지식인들이 정치로부터 등을 돌렸음을 보여 준다.

요한 고트리프 피히테와 프리드리히 슐레겔은 낭만주의 예술과 문학에 철학적 토대를 제공했다. 피히테가 '주관적 관념론'을 표방하며 절대적 자아의 창조적 자유를 인간정신이 지향해야 할 최고의 원칙으로 삼음으로써 상상력이 풍부한 개인에 대해 예찬하는 이론적 근거를 마련했다면, 프리드리히 슐레겔은 자연의 체계와 인간정신의 체계가 동일하다는 학설을 제기하면서 인간과 인간이 살고 있는 환경 사이의 관계를 새롭게 정립했다. 이로써 정신과 지성, 주체와 객체 그리고 이상과 현실 간의 간극이 메워진 것이다. 투철한 합리주의 대신 신비주의적 체험과 '지적 관조'가 전면으로 부상했다. 이에 따라 예술적 창조는 세상을 이해할 수 있는 특권을 선사한다. 예술은 인간의 삶과 사회를 미적으로 만들어 주며, 이로써 그 사회는 더 살기 좋은 곳이 된다. 예술과 인생 사이의 경계는 물론 꿈과 현실 사이의 경계도 사라져야 한다. 예술을 통해 멀게만 여겨진 것이 가까이 느껴지고, 익히 알고 있던 것은 비밀스러워지기 시작한다. '낯설게 만들기(Entfremdung)'는 낭만주의 예술 이론의 중심 개념이다. 예술은 일상적인 것에 '미지의 위엄(Würde des Unbekannten)'을 부여한다. 낭만주의자들에게 최고의 예술 장르는 음악이었다. 음악은 인간이 경험할 수 있는 세상과는 무관한 새로운 세계를 열어 준다. 낭만주의적 인물은 음악적 매혹에 사로잡혀 모든 것을 잊은 채 말로 표현할 수 없는 동경에 빠져든다.

슐레겔 형제는 낭만주의 정신에 입각해 문학을 새로이 정의하는 데 있어 지대한 공헌을 했다. 프리드리히 슐레겔은 서사적·서정적·희곡적 요소가 융합된 일종의 문학적 종합예술작품을 지향하며 '보편문학(Universalpoesie)'이라는 개념을 제시했다. 아우구스트 빌헬름 슐레겔 역시 희비극이라는 혼합 형식을 표방했지만, 낭만주의 시대에 이 형식이 시도된 적은 한 번도 없었다. 그와 의견을 같이했던 셸링은 저서 『예술철학 강론(Vorlesungen über die Philosophie der Kunst)』에서 현대 희곡문학의 원칙이 '서로 대립적인 것을 융합'하는 데 있다고 주장했다. 이와 같은 견해를 가진 낭만주의자들은 스페인 황금시대의 희곡문학, 그중에서도 특히 칼데론 데 라 바르카의 작품을 모범으로 간주했다. 이들은 종교적 색채가 강한 칼데론의 희곡들이 구원을 갈구하는 인간의 노력을 담고 있을 뿐만 아니라, 시간과 공간의 제한을 초월하는 개방된 형식을 갖추고 있다는 점을 높이 평가하면서 칼데론에 필적할 수 있는 작가는 윌리엄 셰익스피어뿐이라고 평가했다. 슐레겔 형제는 셰익스피어의 모든 작품을 번역하는 것을 사명으로 삼을 정도로 이 영국 작가를 흠모했다. 그러나 프리드리히 슐레겔은 번역에 거의 기여한 바가 없고, 아우구스트 빌헬름 슐레겔 역시 얼마 지나지 않아 흥미를 잃어버렸다. 결국 번역 작업은 루트비히 티크의 지도 아래 그의 딸 도로테아(Dorothea)와 볼프 폰 바우디신 백작(Graf Wolf von Baudissin)이 끝마쳤다.

윌리엄 셰익스피어: 〈한여름 밤의 꿈〉, 1843년 베를린 왕립 궁정극장 공연, 루트비히 티크 연출

드레스덴과 베를린에서 희곡 전문가 겸 연출가로 일했던 티크는 공연 실무 측면에서도 독일 무대가 셰익스피어를 수용하는 데 기여했다. 당시만 해도 당연시되지 않았던 '대본에 충실한 연기'를 중시했고, 영국 엘리자베스 시대의 공연 양식을 도입하는 데도 열심이었다. 드레스덴 궁정극장에서 그가 연출했던 〈맥베스〉의 무대는 장식을 거의 하지 않았다. 포츠담의 새로운 궁정에서 펠릭스 멘델스존-바르톨디(Felix Meldelssohn-Bartholdy)가 작곡한 음악과 함께 〈한여름 밤의 꿈〉을 초연했을 당시, 프리드리히 빌헬름 4세의 위임을 받은 티크는 장식을 하지 않은 앞무대를 관람석 쪽으로 돌출시켜 본무대를 2층으로 만들었다.

낭만주의 작가들의 작품은 자신들이 이론적으로 요구한 수준에 미치지는 못했다. 이들의 세계관과 예술관에는 희곡보다 소설, 특히 서정시가 더 적합했다. 처음부터 레제 드라마로 쓴 경우가 빈번했던 몇몇 희곡들은 아힘 폰 아르님의 〈할레와 예루살렘(Halle und Jerusalem)〉과 루드비히 티크의 〈성 제노베바의 삶과 죽음(Leben und Tod der heiligen Genoveva)〉처럼 역사적이거나 종교적인 주제를 다루고 있다. 공연에 적합했던 낭만주의 희곡 장르로는 초자연적인 힘이 인간의 삶을 압도하고, 인간을 잔혹한 운명의 장난에 시달리게 만드는 운명극(Schicksalsdrama)이 유일했다. 자주적인 인물이 등장했던 독일 고전주의 비극은 이제 숙명의 굴레에서 헤어나지 못하는 감상적인 가정극으로 전락했다. 미신과 가족에게 내린 저주가 맞물려 참혹한 결과를 가져오는 내용의 차하리아스 베르너(Zacharias Werner)의 〈2월 24일(Der 24. Februar)〉은 운명극들 가운데 가장 유명한 작품으로 관객들의 엄청난 호응을 얻었고, 여러 아류작들로 이어지기도 했지만 문학적 평가는 그리 높지 않다.

문학적 가치는 낭만주의 희극이 더 높다. 이런 평가는 루트비히 티크 덕분이다. 그의 작품 〈장화 신은 고양이(Der gestiefelte Kater)〉와 〈부조리한 세상(Die verkehrte Welt)〉은 '허와 실(Schein und Sein)'의 대결, 즉 연극적 현상 자체를 주제로 삼고 있다. 이보다 문학적 가치는 덜하지만 게오르크 뷔히너(Georg Büchner)의 〈레옹세와 레나(Leonce und Lena)〉의 원작이 된 클레멘스 폰 브렌타노의 〈퐁세 드 레옹(Ponce de Leon)〉과 요제프 폰 아이헨도르프가 로페 드 베가의 영향을 받아 완성한 〈구혼자들(Die Freier)〉 역시 낭만주의 시대의 대표적인 희곡 작품들이다.

그러나 세계 연극사에 길이 남을 낭만주의 시대의 희곡 작품은 하인리히 폰 클라이스트의 작품들이 유일하다. 그의 작품에는 낭만주의적 요소가 가득하지만, 여기에 그치지 않는다. 클라이스트가 최초로 완성한 〈슈로펜슈타인 가족(Die Familie Schroffenstein)〉은 주제 면에서 공포 낭만주의(Schauerromantik)에, 〈헤르만 전투(Die Hermannsschlacht)〉는 낭만주의 민족극에 해당된다. 또한 그의 작품 〈하일브론의 케트헨(Das Käthchen von Heilbronn)〉은 '대서사 기사연극(Ein großes historisches Ritterschauspiel)'이라는 부제가 말하듯이 기사극 장르에 가깝다. '진실의 추구'라는 대(大)주제는 클라이스트의 작품이 내용뿐만 아니라 형식 면에서도 낭만주의를 넘어서게 만든다. 34세에 자살로 생을 마감한 클라이스트는 한동안 임마누엘 칸트의 철학에 심취했으나, 종국에는 이성의 인식을 통해서는 진리를 깨우칠 수는 없다는 확신에 도달했다. 무대사건을 통해서 이 문제를 직접 다루고 있는 그의 희극 〈깨어진 항아리(Der zerbrochene Krug)〉는 자기가 유혹하려는 소녀의 약혼자에게 누명을 씌워 감옥에 집어넣으려다가 진실이 밝혀지는 바람에 결국 자신의 죄를 스스로 물어야 하는 재판관에 관한 이야기다.

칸트 철학에 회의를 느낀 후 진실한 감정의 추구만이 인간의 유일한 존재 이유라고 여기게 된 클라이스트의 생각이 담긴 작품이 〈암피트리온(Amphitryon)〉이다. 그는 앞서 플라우투스와 몰리에르가 작품화했던 이 불륜 스토리를 사랑에 대한 격정적인 대(大)혼란의 희극으로 바꿔 놓았다. 이 작품은 모든 착각과 미망에 지쳐 혼절해 버린 알크메네가 다시 정신을 차린 후 내뱉는 '아!'라는 탄식으로 끝난다.

클라이스트는 그리스 선사시대의 전설을 소재로 한 애정비극으로 〈하일브론의 케트헨〉과는 대척점에 서 있는 작품으로 평가받는 〈펜테질레아(Penthesilea)〉에서도 등장인물들의 심리를 대단히 섬세하게 묘사하고 있다. 작가 자신의 표현에 의하면 여주인공은 "아마존 여왕의 또 다른 면"을 보여 주는 인물로 그 강인함은 적극적인 행동뿐만 아니라 희생적인 행동을 통해서도 표출된다.

하인리히 폰 클라이스트의 마지막 작품인 〈프리드리히 폰 홈부르크 왕자(Prinz Friedrich von Homburg)〉 역시 그의 작품 대부분이 그러하듯 작가 사후에 비로소 공연될 수 있었는데, 그 이유는 무엇보다도 '감정적인 것'에 지나치게 비중을 두었기 때문이다. 작품의 중심을 이루는 것은 정의와 법규를 놓고 벌이는 두 주인공 사이에서 벌어지는 논쟁이다. 지혜로운 제후에 의해 자신의 죄를 스스로 심판하게 된 왕자는 죽음에 직면하자 비로소 자신의 죄를 인정한다. 이를 계기로 그는 제후로부터 사면을 받는다. 이처럼 모두가 만족할 만한 결말은 꿈처럼 비쳐진다. 그렇지 않다면 무엇이겠는가! 그것은 이 작품의 이상주의적 경향을 보여 주는 것이다.

빈의 궁정극장과 민중극

18세기에서 19세기로 접어들던 시기에 독일어권에서 연극 공연이 가장 활발했던 도시는 빈이다. 이에 비견할 만한 도시는 파리와 런던뿐이었다. 빈의 연극 애호가들은 매일 밤 10편이 넘는 공연들을 놓고 무엇을 볼까 고민할 정도였다. 빈의 연극계는 귀족과 부르주아 계층이 주로 찾는 궁정극장(Theater nächst der Burg)38)과 서민들이 모여드는 도시 외곽의 민중극장들이 주축을 이루고 있었다. 궁정극장인 부르크테아터가 희곡 작품의 문학성을 통해 관객들을 교화하고 신앙심을 고취하는 것을 최우선 목표로 삼았다면, 민중극장들은 배우들의 연기나 재주와 같은 오락거리를 제공했다. 희곡의 문학성보다 무대적인 요소를 더 중시한 것은 계몽주의 시대에도 —어차피 오스트리아에서는 계몽주의가 그리 큰 영향력을 발휘하지도 못했지만— 이곳에서는 바로크 전통이 이어져 내려온 것과 무관하지 않다. 오스트리아 제국의 신교지역에 비해 구교지역에서는 세상이 연극 무대와 마찬가지로 신은 연출가이며, 인간은 신의 손에 의해 조종되는 마리오네트에 불과하다는 생각이 지배적이었다. 특히 빈에서는 모든 사회계층을 불문하고 세계 연극(Welttheater)이라는 개념에 입각하여 무대 위에서 신이 연출한 세상을 감성적이고 희극적인 방식으로 보여 주고자 했다. 이런 이유로 무대는 도덕기관이라기보다는 볼거리를 제공하는 장소로 간주되었다. 오스트리아의 고전주의 희곡문학을

---

38) 부르크테아터의 전신. —옮긴이

대표하는 유일한 작가 프란츠 그릴파르처(Franz Grillparzer)조차도 작품은 문학성을 갖춰야 하지만 공연하기에도 적합해야 한다고 거듭 강조한 바 있다. 다른 지역에서는 계몽주의가 내세운 합리주의와 도덕주의 때문에 밀려났지만, 제국 수도의 특별한 환경 속에서 계속 살아남아 발전해 간 것들도 있다. 독일어권 중부와 북부의 극장들이 배척했던 어릿광대는 빈에서만큼은 확고하게 입지를 다질 수 있었을 뿐만 아니라, 다양한 유형의 희극적 인물들의 모태가 되었다.

계몽주의 시대에 대부분의 독일 제후들이 그랬던 것처럼 황제 요제프 2세도 궁정극장을 '국민극장'으로 선포하고, 주로 독일어로 쓰인 작품들을 공연했다. 1776년 개관에 맞춰 내린 칙령에는 극장의 목표가 고상한 취향을 널리 전파하고 도덕성을 고양시키는 데 있다고 명시되어 있다. '왕관을 쓴 계몽주의자'로 역사에 기록된 요제프 2세는 부르크테아터에 재정적 지원을 아끼지 않았고, 원로 배우 5명이 윤번제로 한 달씩 극장 운영, 공연작품의 선택, 배우 캐스팅 및 무대설비와 관련된 직무를 책임지게 하는 등 비교적 민주적인 운영체제를 허락했다. 그러나 이러한 체제로 말미암아 일관성 있는 예술성을 추구할 수 없었던 것도 사실이다. 프리드리히 루트비히 슈뢰더의 제자로 스승과 함께 슈투름 운트 드랑 연극양식의 대표주자였던 요한 브로크만(Johann Brockmann)이 극장장으로 취임하고 나서 비로소 레퍼토리의 상시성과 개방성이 더 강화되었고, 독일 각지에서 모인 배우들로 구성된 앙상블이 형성되었다.

독일 고전주의와 바이마르 공연 양식을 부르크테아터에 도입한 인물은 요제프 슈라이포겔(Josepf Schreyvogel)이다. 문학적 소양이 높았던 그는 극장장 밑에서 법률자문관 겸 비서로 일하며, 배경그림 앞에서 배우들이 낭송 중심으로 연기하는 타블로 스타일을 선호했던 바이마르 양식과 연기와 무대의 효과를 중시하는 이플란트의 베를린 국민극장 양식의 중간 형태인 '무대의 사실주의와 이상주의'를 부르크테아터의 예술 모토로 삼았다. 레퍼토리와 관련해서는 '세계문학(Weltliteratur)'[39]이라는 괴테의 이상을 따랐고, 셰익스피어, 홀베르그, 칼데론, 로

39) 괴테는 민족문학의 편향성과 편협성을 경계하며 개별 국가의 민족문학 속에서 보편적인 인간성을 추구한 문학을 '세계문학'으로 일컬었다. —옮긴이

페 드 베가, 골도니와 몰리에르뿐만 아니라, 괴테와 실러의 작품들도 공연했다. 심지어 바이마르와 베를린이 배척한 클라이스트의 작품까지도 무대에 올렸다.

상당한 차이는 있다 해도 레싱에 버금가는 희곡전문가로 평가받던 프란츠 그릴파르처는 부르크테아터 무대에서 많은 신작들을 선보였다. 한 전기작가는 오스트리아의 후기 고전주의자였던 그를 다음과 같은 말로 적확하게 표현했다. "우리는 10편이 넘는 작품을 보았지만, 결국 우리가 본 것은 그릴파르처의 인생이라는 단 1편의 완전한 비극뿐이다."[40]

그릴파르처는 1791년 정신질환 병력이 상당한 집안에서 태어났다. 모친과 1명의 형제는 자살했고, 또 다른 형제는 정신병으로 사망했다. 그릴파르처는 우울증에 시달렸고, 스스로를 매우 불행하게 여겼다. 그는 자서전에서 "내 안에 완전히 다른 두 존재가 공존한다. 모든 것을 삼켜 버릴 듯 밀려오는 환상으로 가득한 시인과 극단적인 냉정함과 완고함을 가진 이성적 인간이다"라고 밝힌 바 있다.[41]

그릴파르처 자신뿐만 아니라, 그의 작품에 등장하는 인물들도 뼈아프게 체험해야 했던 것은 자아의 극단적 분열 그리고 그로 인해 한 개인이 처한 위험한 상황뿐이다. 이는 곧 현대를 살아가는 인간이 삶에 대해 갖는 느낌이다. 다양한 성향을 갖고 있었던 그였던 만큼 여러 사조에 포함시킬 수 있을 정도로 다양한 작품들을 남겼다. 그의 사고방식은 계몽주의의 영향을 받았지만, 추구하는 이상은 이미 진보주의적 경향을 보였으며, 감성적인 면에서는 여전히 바로크 시대에 푹 빠져 있었다. 그릴파르처는 여러 시대의 사조를 넘나드는 자신의 성향으로 인해 자신이 살아가는 시대와는 오히려 동떨어져 있음을 잘 알고 있었다. 그는 한 경구를 통해 "다른 시대로부터 온 나는 또 다른 시대로 가기를 희망하고 있다"라고 자기자신을 표현했다.

그릴파르처의 문학적 여정은 남편에게 간통 장면을 들켜 살해당한 여성의 망령으로 가시화되는 저주 때문에 자멸하는 한 집안의 이야기인 운명극 〈할머니(Die Ahnfrau)〉에서 출발했다. 그는 이 작품이 초연되자 "이루 말로 다 할 수 없는

40) Hans Weigel: Flucht vor der Größe. S. 105.

41) Franz Grillparzer: Sämtliche Werke. Bd. IV. S. 88.

프란츠 그릴파르처: 〈사포〉, 빈 부르크테아터 공연에서 1865년부터 1896년까지 주인공 역할을 맡았던 샤를로테 볼터

불쾌감에 사로잡혔다"고 말한 바 있다. 작가 이름이 공연 팸플릿에 기재되는 것을 막기는 했어도, 마치 자기자신이 무대 위에서 벌거벗겨지고 있는 것 같은 느낌을 받았기 때문이다. 그 이후 그릴파르처는 자기 작품의 초연을 보러 가는 것을 더는 감내하지 못했다. 심지어 슈라이어포겔조차 그의 완성작을 받아 내기 위해 온갖 감언이설과 술책을 강구해야 했다.

그릴파르처의 다음 작품은 한 예술가의 비극을 그린 〈사포(Sappo)〉다. 나이 든 여류 시인 사포는 한 청년을 사랑하게 되면서 자신의 예술관을 버리고 평온한 가정적인 기쁨만을 노래하려 한다. 이 작품에서 고전주의의 정신적 유산은 비더마이어 시대의 보편적 인식을 시사하는 일상성을 띠게 된다.

소재를 고대신화로부터 가져온 3부작 〈황금 양털(Das goldene Vließ)〉은 일심동체였던 주인공 메데이아와 이아손이 서로 완전히 멀어지는 과정을 보여 준다. 이 작품은 휴머니즘적 이상의 상실뿐만 아니라, 현대 사회에서 일어나는 부부간의 비극까지 다루고 있다.

그릴파르처가 고대에서 소재를 가져온 또 다른 작품은 애정극 〈바다와 사랑의 물결(Des Meeres und der Liebe Wellen)〉이다. 작가는 헤로(Hero)와 레안드로스(Leander)의 이야기를 통해 외부의 압력에 맞서 자신들의 사랑을 지키려는 주인공들의 노력이 헛되었음을 보여 준다. 헤로는 가족들의 잔소리에서 벗어나기 위해 사랑의 여신을 섬기는 여사제가 되기로 하지만, 선서와 함께 절대 사랑을 해서는 안 된다는 규율을 받아들이는 바로 그 순간 레안드로스를 만난다. 두 사람은 비

극적인 결말을 초래하는 열정적인 사랑에 빠져든다.

비극 〈주인의 충실한 하인(Ein treuer Diener seines Herrn)〉은 지배층의 악랄함을 통해서 드러나는 충직함이 주제다. 주인공은 바로크 시대에 뿌리를 두고 있지만 합스부르크 왕정시대에도 여전히 통했던 가치관, 즉 시대를 초월해 힘을 발휘하는 계급질서에 대한 의무가 곧 복종이라는 사고방식을 구체적으로 보여 준다.

그릴파르처 스스로 자신의 최고 걸작이라고 생각한 〈오토카르 왕의 행운과 최후(König Ottokars Glück und Ende)〉는 오스트리아 왕가의 역사를 바탕으로 하고 있다. 그는 '소박한 지도자'라는 자신의 이상형을 합스부르크가의 루돌프에 투영하는 반면, 맞수인 보헤미아의 전제군주 오토카르 2세는 오만에 사로잡힌 통치자로 만들어 놓았다.

동화극 〈꿈은 삶이다(Der Traum ein Leben)〉는 제목부터 그릴파르처가 높이 평가한 칼데론의 〈인생은 꿈〉을 연상시킨다. 꿈과 인생은 번갈아 가며 서로에게 영향을 미친다. 꿈은 인생을 정화시킨다. 인생의 이상적인 형태는 가장 친밀한 사람들과 더불어, 즉 가족 같은 익숙한 환경에서 서로 조화를 이루며 살아가는 것이라는 게 이 작품의 메시지다.

그릴파르처는 철학적인 희극 〈거짓말쟁이에게 화가 있으라!(Weh dem, der lügt!)〉에서 인류문화의 다양한 발전 단계들을 도덕과 언어력의 향상을 통해 보여 준다. 이 작품은 관객들이 희극에 기대하는 바에 부합하지 않았기 때문에 호평을 받지는 못했다.

가뜩이나 관객들 앞에 나서기를 기피했던 그릴파르처는 이 작품의 실패를 계기로 문학적으로 외부와 맺은 관계를 모두 청산했다. 마지막 작품 3편에 대해서는 자신이 사망 후에는 폐기하라는 유언을 남기기도 했다. 이 유언이 실행되었다면 그릴파르처는 바이마르 고전주의의 아류 작가라는 평가를 받는 데 그쳤을 것이다. 독일어권 문학에서 그만의 독자적 의미를 갖게 해 준 것이 바로 말년에 쓴 작품들이기 때문이다. 도시 프라하의 건립신화를 다룬 〈리부사(Libussa)〉는 루소가 말한 '자연 상태'와 같은 목가적 모권사회가 가부장제에 의해 붕괴되고, 바로 이 가부장제로부터 문명화 과정이 그 명암을 모두 드러내며 시작되고 있음을 보여 준다.

〈합스부르크가의 형제 싸움(Ein Bruderzwist in Habsburg)〉은 작가의 완숙미가 가장 잘 드러나는 작품이다. 주인공인 황제 루돌프 2세는 강권정치가 어떤 식으로든 죄악을 저지를 수밖에 없다는 현명한 생각을 갖고 있지만, 바로 그렇기 때문에 아무것도 하려 들지 않는 태도가 그의 죄악이 된다는 사실로 인해 비극적인 인물이 된다. 그릴파르처의 마지막 작품인 〈톨레도의 유대 여인(Die Jüdin von Toledo)〉은 끓어오르는 욕정과 정치적 사회질서에 대한 엄격한 관념 사이의 간극을 다루고 있다. 라헬(Rahel)을 만나기 전까지만 해도 알폰스(Alphons) 왕은 심적인 균형을 갖추고 자신감에 넘쳐 살아가고 있었다. 그러나 육욕에 빠진 그는 자신의 정체성을 잃어버리고 점점 더 국사에서 멀어진다. 결국 라헬은 왕비와 국가 최고위원들이 내린 명령에 따라 살해된다. 국가의 일이 왕의 개인적 행복보다 우위에 놓여 있기 때문이다.

그릴파르처 희곡들의 공통점은 시대를 초월해 인간을 억누르는 사회체제로서의 세상과 자유에 대한 개인의 열망 사이의 충돌을 다루고 있다는 점이다. 정욕에 탐닉하다 자멸하고 마는 인물들은 현대 사회의 주관주의를 대표한다. 이 자멸의 메커니즘으로부터 벗어나는 것은 원칙적으로 불가능하다. 자신의 의지를 포기해야만 잠시나마 타협이 가능하다. 독일 고전주의의 비극들과 달리 그릴파르처 비극의 중심은 신화가 아니라 현대 사회의 파국이다.

그릴파르처는 바이마르 고전주의자들이 표방했던 '인간의 위대성'에 대단히 회의적이었다. 그의 인물들은 운명 앞에 무력하다. 체념, 우울과 절망이 그들을 지배하는 감정이다. 그들이 취하는 행동은 오히려 자기자신에게 해가 되는 경우가 대부분이고, 늘 뒤늦게야 대오각성을 한다. 물론 그들은 종종 사적이고 소소한 영역에서 소박한 행복을 맛보기도 한다. 그래서 그릴파르처는 정치의 세계에 평화란 있을 수 없는 만큼 평화란 오로지 정신적인 것이라고 믿었다.

부르크테아터와 같이 고상한 취향을 제고하는 교육기관으로서의 극장과 대척점에 서 있던 민중극장은 18세기 초부터 19세기 말까지 빈 관객들의 큰 사랑을 받았다. 당시에 민중극장은 대중매체였고, 극장과 관련된 일들은 시민들의 일상 대화의 소재였다. 민중극장의 관객층은 일반 서민들로, 동시대의 누군가의 표현에 의하면 "비천한 사람들과 교육받은 사람들 사이의 중간층"이었다. 그러나 상류계층에게도 극장문은 열려 있었다. 부르주아와 귀족들, 심지어 황제조차도 종종 시종들을 대동하고 빈의 3대 민중극장인 레오폴트슈타트 극장(Leopoldstädter Theater), 빈 강변 극장(Theater an der Wien)과 요제프슈타트 극장(Theater in der Josefstadt)을 찾고는 했다. 민중극장의 공연은 대사와 음악이 어우러지고 무용과 팬터마임 장면이 등장하며, 화려한 무대 위에서 기계를 이용해 마술 효과를 살린 덕분에 모든 관객층에게 감각적인 여흥을 제공할 수 있었다. 특히 관객들은 정치적 현안과 빈의 사회문제들에 관한 풍자적인 즉흥 연기를 선보이는 희극적 인물들을 좋아했다. 민중극장은 기분 전환을 위한 여흥을 제공함으로써 관객들이 현실에 더 잘 적응하도록 만들어 준다는 점에서 지배층의 호감을 샀다. 그러나 엄격한 검열기준을 적용해 조금이라도 혁명적 성향의 싹이 보이면 가차 없이 눌러버렸다. 그래서 연극인들은 검열 시에는 안전한 대본을 제출하고, 위험하다 싶은 장면들은 무대에서 즉흥적으로 연기하도록 했다.

민중극장에서는 연기와 음악의 비중이 대본 못지않았다. 요제프 하이든(Joseph Haydn)이나 모차르트와 같은 작곡의 대가들이 공연음악을 작곡했다. 빈 강변 극장은 극장장 엠마누엘 쉬카네더(Emanuel Schikaneder)가 쓴 리브레토를 위한 음악을 모차르트에게 위촉하여 예술적으로 세계 문화에 크게 기여한 작품 〈마적〉을 공연했다. 민중희극(Volkskomödie)에서 가장 중요한 곡은 등장인물이 자기가 처한 상황을 돌아보며 정리하는 삽입곡 쿠플레(Couplet)와 유행하는 멜로디들을 새롭고 풍자적인 가사와 함께 결합시킨 일종의 메들리 쿼들리벳(Quodlibet)이었다.

빈의 민중극은 여러 가지 이질적인 요소들이 합쳐진 것으로 예수회극과 이탈리아의 대형 오페라처럼 초자연적이거나 알레고리적인 사건을 중심으로 감각적 화려함을 발휘하고, 무대기계를 사용해 마술을 선보이면서도 교훈적인 요소를 담고 있었다. 유랑극단으로부터는 진지한 장면과 민속적이고 소박한 장면, 고귀한 신분의 주인공과 우스꽝스러운 하인을 확연하게 대비시키는 원칙을 계승했다. 오랜 세월 유랑극단의 배우 겸 치과의사 생활을 하다가 18세기 초 자신이 이끌던 '독일 희극단(Teutsche Komödianten)'의 캐른트너토어 극장(Theater am Kärntnertor) 초청공연을 위해서 빈을 찾은 후, 아예 이곳에 눌러앉은 요제프 안톤 슈

정치적 즉흥극에 등장한 영웅과 한스부르스트, 요제프 안톤 슈트라니츠키의 〈유쾌한 연필 소묘〉 1717년 공연 삽화

트라니츠키가 만든 어릿광대 '빈의 한스부르스트'는 곧바로 민중극의 중심인물로 부상했다. 슈트라니츠키가 이탈리아어 리브레토를 바탕으로 쓴 '국가대사극(Haupt-und Staatsaktion)' 대부분에는 한스부르스트가 중심인물로 등장한다. 이 인물은 영리하고 교활한 하인의 전형이다. 그는 순진하게 말하지만, 그 내용은 사실 아이러니로 가득하다. 주인의 비장한 장광설은 그가 대꾸하는 순간 허무맹랑함이 드러난다. 그렇게 해서 우쭐거리는 허상과 보잘것없는 진상 간의 모순이 드러나고, 이는 웃음을 유발한다. 주인은 숭고한 이상주의를 추구하지만, 한스부르스트는 물질적이고 감각적인 세계에 푹 빠져 있다. 그는 도덕과 훌륭한 관습을 무시하고, 푸짐한 식사 한 끼와 포도주 한 병을 위해서라면 악마에게 영혼도 판다. 그의 폭음과 식탐 못지않은 욕정 또한 즉각적으로 충족되어야 한다.

1776년 공연허가제가 폐지되어 누구나 극단을 창설할 수 있게 되자, 작품에 대한 수요가 급증했다. 극장들은 전속작가를 고용해 연간 일정한 수의 작품을 쓰도록 했다. 유령이 등장하는 기사극, 지역적인 문제를 다룬 익살극, 신화를 단순화한 풍자, 패러디, 마술소극과 감화극(Besserungsstück)이 대부분이었다. 몇몇 장르는 금세 사라진 반면, 다른 장르들은 오랜 기간에 걸쳐 지속적으로 발전해 가면서 서로 혼합되었다. 대부분의 작가들은 소속 극단의 구체적인 상황을 고려하여 작품을 썼다. 그들은 기계를 사용하는 장면을 삽입하고, 전속배우들에게는 몸에 맞춘 듯한 역할을 만들어 주었다. 특히 주인공으로서 희극적 인물은 기존 캐

릭터에서 벗어나지 않아야 했다. 그러는 사이에 한스부르스트는 요제프 폰 쿠르츠(Joseph von Kurz)가 창조한 유치한 베르나동(Bernadon)으로 바뀌었지만, 이 역시 얼마 지나지 않아 배우 요한 라 로체(Johann La Roche)가 탄생시킨 카스퍼를(Kasperl)에 의해서 밀려났다. 고분고분하지 않은 농부의 자리를 겁쟁이에 울보인 안티 히어로가 차지했다. 다른 사람을 두들겨 패는 필부에서 다른 사람에게 두들겨 맞는 필부로 변모한 것이다.

아돌프 보이에를레(Adolf Bäuerle)가 만들어 낸 '우산 장수 크리소스토무스 슈타베를(Parapluimacher Chrysostomus Staberl)'은 알고 보면 겁쟁이에, 거짓말쟁이에, 욕심쟁이인 속물의 전형이었다. 그는 호기심이 많고 수다스럽다. 치졸한 허풍선이로 뻔뻔하기 그지없으면서도 상황이 심각해지면 즉시 꼬리를 내린다. 늘 입에 달고 사는 말인 "거기서 뭔가 얻을 게 있다면"은 그의 물질만능주의를 드러낸다.

19세기 전반에 페르디난트 라이문트와 요한 네스트로이의 작품들이 공연되면서 빈의 민중극장은 예술적 전성기를 맞게 되었다. 대부분의 관객들과 마찬가지로 서민 출신인 라이문트는 저녁마다 부르크테아터에서 과자를 판매하는 제과 견습생으로 일하며 연극에 대한 지식을 습득했다. 그는 자서전에서 "이미 어릴 때부터 내 마음속에서 연기에 대한 갈망이 얼마나 격렬하게 솟구쳤던지, 꼬마 주제에 앞으로는 배우 이외에 다른 어떤 직업도 선택하지 않겠다고 결심할 정도였다. 나는 비극을 좋아했고, 희극에는 별 감흥을 느끼지 못했으며, 익살극에는 완전히 무관심했다".[42] 이게 바로 라이문트 인생의 비극이었다. 결국 비극은 그가 도저히 이룰 수 없는 꿈으로 남았다. 진지한 역할을 맡을 때마다 거의 실패했기 때문에 그는 민중희극을 택할 수밖에 없었다. 라이문트는 배우로 데뷔하고 근 10년이 지난 후에야 작품을 직접 쓰기 시작했다. 그가 펜을 잡은 이유는 짧은 시간 안에 다수의 작품을 연달아 써내는 작가들의 대본 수준이 너무 낮아 염증을 느꼈기 때문이다.

라이문트가 남긴 작품이 단 8편에 불과하다는 사실은 그가 동시대의 다른 작가들보다 훨씬 더 진지하게 희곡 집필에 임했음을 단적으로 보여 준다. 그의 작

42) Ferdinand Raimund: Sämtliche Werke, S. 1.

페르디난트 라이문트: 〈마술 섬의 기압계 제조공〉, 1826년 빈의 레오폴트슈타트 극장 공연, ≪보이에를레 연극신문≫의 삽화

품들은 희곡문학의 전통을 따르고 있고, 대부분 감화극과 마술극의 장르적 요소를 결합시킨 것들이다. 무대는 천당과 지옥까지 넘나들고, 대사는 숭고한 격정부터 패러디까지 모두 담고 있다. 그러나 극작가로서의 그의 강점은 정 많고 다정한 농부, 수공업자, 하인을 등장시켜 서민들의 삶을 무대 위에서 생생하게 재현하는 데 있었다. 그중에는 라이문트가 자기자신을 염두에 두고 만든 맞춤형 역할도 있다. 그의 처녀작 〈마술 섬의 기압계 제조공(Der Barometermacher auf der Zauberinsel)〉은 당시 유행하던 마술동화극의 틀을 완전히 벗어나지 못하고 있다. 그의 두 번째 작품 〈귀신 왕의 다이아몬드(Der Diamant des Geisterkönig)〉 역시 결말을 예측할 수 없게 만드는 기존의 극적 구성을 따르고 있는데, 작가가 애초부터 결말을 구상하고 쓴 것 같지 않을 만큼 예측 불허다. 그럼에도 불구하고 이 작품에는 라이문트의 작가적 위대성을 짐작케 하는 몇몇 장면들이 있다. 다이아몬드를 찾아 세계 방방곡곡을 헤매던 주인공은 '진실과 엄격한 도덕의 나라'에 도착한다. 그러나 이 나라는 주인공의 기대처럼 이상적인 국가가 아니라 지옥이다. 아무리 훌륭한 이상도 절대적 권위를 발휘하게 되는 순간, 그 이상은 그 반대로 전락될 수 있음을 라이문트는 잘 알고 있었던 것이다. 그의 유명세가 빈의 경계를 넘어선 최초의 작품은 바로크 연극과 같이 제목이 2개인 〈요정계에서 온 소녀 또는 백만장자로서 농부(Das Mädchen aus der Feewelt oder Der Bauer als Millionär)〉

다. 이 작품은 잘못된 도덕관을 바로잡는 것이 주제다. 현세적인 영역의 인물이나, 초현세적인 영역의 인물이나 모두 무절제와 방종으로 죄를 짓고 만다. 이들을 감화시키기 위하여 마술 기계가 등장하는데, 그 중심을 차지하고 있는 것은 비더마이어의 이데올로기를 완벽하게 시사해 주는 '만족의 알레고리(Allegorie der Zufriedenheit)'다.

결국 우울증과 강박관념으로 표출되는 성격장애로 말미암아 페르디난트 라이문트는 별 다른 이유 없이 자살하고 말았다. 이러한 성격은 그의 최고 걸작 〈알프스의 왕과 인간혐오자(Der Alpenkönig und der Menschenfeind)〉에서 극명하게 드러난다. 주인공 라펠코프(Rappelkopf: 고집쟁이)는 그 이름처럼 염세주의로 일관하는 심술쟁이로 주변 사람들을 괴롭힌다. 그를 개선시키기 위해 동화 속의 알프스의 왕이 지상으로 내려와 현명할 뿐만 아니라 연극적으로 효과가 있는 치료를 그에게 감행한다. 다시 말해 알프스의 왕 자신은 라펠코프로 변신하고, 라펠코프는 그의 매부로 변신시킨다. 매부로 변신한 라펠코프는 이제 타인의 시선으로 자기 자신을 관찰하며, 자신이 얼마나 혐오스러운 존재였는가를 깨달음으로써 치유된다. 라이문트는 〈불행을 가져오는 마술 왕관(Die Unheilbringende Zauberkrone)〉으로 쓰디쓴 실패를 경험하지만, 마지막 작품인 〈낭비자(Der Verschwender)〉로 빈의 연극계뿐만 아니라, 초청공연을 간 함부르크, 뮌헨과 베를린에서도 대대적인 성공을 거두었다. 라이문트는 이 작품에서 다층적 사건 진행과 명확한 묘사를 통해 다시금 자기 체념이 가져오는 행복에 대해 이야기한다.

페르디난트 라이문트는 자신이 사망한 해인 1836년 네스트로이의 첫 작품을 보고 난 뒤 "네스트로이 옆에 내 자리는 없군. 안 돼. 내 자리를 만들어 줘!"라고 말했다고 알려져 있다. 비극을 쓰고, 배우로서 부르크테아터 무대에도 서고 싶었던 라이문트의 염원은 그보다 10년 연하인 희극 작가 네스트로이에게는 관심 밖의 일이었다. 네스트로이는 자신의 희극에 등장하는 시인의 입을 빌려 자기의 관점을 다음과 같이 밝히고 있다. "월계관까지는 감히 바라지도 않는다. 그저 사람들이 내 작품들을 마음에 들어하고 재미있어 하면 된다. 그래서 내가 쓴 이야기가 나에게 돈을 벌게 해 주면 나도 웃을 것이다. 내가 작품을 쓰는 이유는 이것뿐이다."[43] 라이문트가 유쾌하면서도 교화적인 작품을 쓰기 위해 유령과 동화의 세계를 무대 위로 가져온 반면, 네스트로이는 인간의 약점과 사회의 전반적인 상황을 신랄하게 비판했다. 네스트로이가 무대 위에서 마법의 세계를 보여 준다면, 그것은 전적으로 이 세계를 조롱하기 위해서였다. 라이문트의 연극이 순수하고 열정적이며 감화적이라면, 네스트로이의 연극은 아이러니하고 회의적이며 폭로성이 강하다. 페르디난트 라이문트는 인간에 대해 선하고 관대한 태도를 보인 반면, 요한 네스트로이는 분노와 독설을 쏘아 댔다. 그의 모토는 "나는 사람들을 대할 때, 심지어는 내 자신조차도 가장 나쁜 점들을 판단의 기준으로 삼는다. 그래서 지금까지 사람을 잘못 본 적이 거의 없다"였다.[44]

네스트로이 역시 배우 생활을 거친 후 희곡을 쓰기 시작했다. 그의 작품의 주인공은 자기자신이나 동료 벤첼 숄츠(Wenzel Scholz)를 위한 역할이었는데, 뚱뚱하고 몸짓이 굼떴던 숄츠는 외관상으로도 네스트로이와는 완전히 대조적인 희극배우였다. 네스트로이는 거의 70편에 달하는 작품의 소재를 여기저기서 닥치는 대로 가져왔는데, 주로 프랑스풍의 보드빌(Vaudeville)[45]이나 영국과 독일의 통속극에서 차용했다. 그는 거리낌 없이 다른 작품의 기본 설정과 플롯을 가져와 빈의 상황에 맞게 변형한 다음, 그의 작품에 늘 빠지지 않는 시민계급의 다양한 인물들을 등장시켰다. 그는 유산상속이나 내기, 강제결혼과 탐욕스러운 후견인을 둘러싼 틀에 박힌 이야기들을 늘 새롭게 변주시켰다. 그의 작품들은 당시 민중극의 관습에 따라 늘 해피엔드로 끝나고 있지만, 대부분의 경우 작가의 예리함과 신랄함이 강하게 드러난다. 네스트로이의 작가적 역량은 조야한 빈 사투리에서 세련된 표준 독일어에 이르기까지 언어를 자유자재로 구사하는 데 있다. 작품의 희극성은 대부분 이러한 언어적 유희에서 비롯되기 때문에 외국어는 말할 것도 없고, 표준 독일어로 옮겨도 그것이 갖는 독창적 매력이 퇴색되고 만다.

희곡 작가로서 네스트로이가 최초로 대성공을 거둔 작품은 마술극 〈악령 룸파치바가분두스 또는 방탕한 3인조(Der böse Geist Lumpazivagabundus oder Das

---

43) Johann Nestroy: Komödien. Bd. 1. S. 270 f.

44) ohann Nestroy: Komödien. Bd. 1. S. 444.

45) 노래와 춤을 곁들인 풍자적 소희극. ―옮긴이

liederliche Kleeblatt)〉다. 타락의 길로 접어든 수공업 견습생 3명이 유령의 힘으로 개과천선한다는 내용인대, 얼핏 보면 감화극 같지만 자세히 들여다보면 사실 정반대다. 경박하고 무책임한 젊은이인 크니림(Knieriem)과 츠비른(Zwirn)이 아무런 계기도 없이 그야말로 벼락이라도 맞은 듯 책임감 강한 비더마이어 식 인물로 거듭난다는 점은 작가가 겉으로만 이 장르를 인정하는 척하고 있음을 알게 해 준다. 오히려 이 작품은 인간의 단점과 악덕을 개선할 수 없다는 메시지를 담고 있다. 인간은 이미 형성된 성격대로 살아갈 수밖에 없고, 유령이라 할지라도 그 성격을 고쳐 놓을 수는 없다는 것이다.

이후 네스트로이는 극에 초자연적인 존재를 등장시키는 대신 현세의 묘사에 집중하며, 특히 사람들의 심리적·사회적인 편차를 보여 주는 데 주력했다. 〈1층과 2층(Zu ebener Erde und im ersten Stock)〉은 여러 장면들을 동시에 보여 주는 병렬무대(Simultanbühne)를 사용하여 2층에 사는 부유한 가족과 1층에 사는 가난한

요한 네스트로이: 〈격정의 집〉, 1837년 빈 강변 극장 공연, ≪보이에를레 연극신문≫의 삽화

가족의 운명을 대비시키고 있다. 그는 〈격정의 집(Das Haus der Temperamente)〉에서도 병렬무대를 사용하여 소동 씨(von Braus), 무미건조 씨(von Fad), 비탄 씨(von Trüb)와 환희 씨(von Froh)의 네 가족이 살아가는 4개의 방을 같이 보여 준다. 그들의 딸들은 각각 태풍 씨(von Sturm), 수면 씨(von Schlaf), 고통 씨(von Schmerz), 행복 씨(von Glück)의 구혼을 받는다.

익살극 〈농담 만들기(Einen Jux will er sich machen)〉는 갈망과 그 성취 간의 불일치를 보여 준다. 상점 점원인 바인베를(Weinberl)은 도시가 제공하는 여흥을 만끽하려다가 온갖 난처한 상황에 처한다. 수동적인 삶의 공허함에서 탈피하고 싶다는 소망은 그를 대도시 일상의 예측할 수 없는 메커니즘에 휘말리게 만든다.

네스트로이의 〈탈리스만(Der Talisman)〉의 주인공 티투스 포이어푹스(Titus Feuerfuchs)[46]는 빨간 머리 때문에 사회적으로 아웃사이더가 되었다. 그는 이러한 편견의 뿌리를 간파한 후, 오히려 그것을 자신에게 이로운 방향으로 이용한다. 익살스러운 사건이 연달아 일어나는 가운데 그는 다양한 가발 덕분에 신분까지 상승한다. 미망인 3명이 그를 사랑하게 된 것이다. 그러나 티투스는 더 좋은 상대가 나타날 때마다 기존의 관계를 깨끗이 청산하다가 역시 자기처럼 머리가 붉은 거위치기 소녀 살로메 포케를(Salome Pockerl)을 만나 비로소 행복을 찾는다. 결말의 핵심은 붉은 머리를 가진 아이들을 많이 낳음으로써 붉은 머리에 대한 편견을 극복하자는 것이다.

1848년 3월 혁명이 일어난 해에 발표된 익살극으로 현세는 물론 초현세적인 지배권력까지 매우 신랄하게 비판하고 있는 〈소도시에서의 자유(Freiheit in Krähwinkel)〉에서 네스트로이는 비판의 화살을 메테르니히의 반동적 정권을 향해 정확히 겨냥하고 있다. 그는 검열을 '인간이 되어 버린 연필'로, 그리고 '창조적 아이디어가 풍요롭게 흐르는 강가에 숨어 있다가 수영을 하는 문학의 머리를 물어버리는 악어'로 표현했다. 그는 반동주의 경향에 가장 효과적으로 맞설 수 있는 방법을 다음과 같이 제안했다. "반동주의는 유령이다. 그러나 알다시피 유령은 겁쟁이들에게만 보이는 것이다. 따라서 반동주의를 두려워하지 않는다면 반동

---

46) 붉은 여우. —옮긴이

주의 자체가 존재하지 않는 것이 된다.” 혁명이 실패한 후, 네스트로이의 조롱 섞인 공격의 화살은 진지한 장르에 속하는 동료 작가들의 작품과 같은 비교적 안전한 대상으로 방향을 바꿨다. 부르크테아터가 크리스티안 프리드리히 헵벨(Christian Friedrich Hebbel)의 〈유디트와 홀로페르네스(Eudith und Holofernes)〉를 공연하자, 곧 이를 패러디한 작품을 내놓았다. 그뿐만 아니라 그는 리하르트 바그너(Richard Wagner)의 〈탄호이저(Tanhäuser)〉와 〈로엔그린(Lohengrin)〉의 패러디 작품도 발표했다. 1860년 네스트로이가 연극계에서 은퇴하면서 빈 민중극의 전성기도 그 막을 내렸다.

왕정복고에서 혁명 발발 전까지의 독일 드라마

인문학적 측면에서 볼 때 1814/1815년 빈 회의가 개최된 이후부터 1848년 혁명이 발발한 시기는 고전주의와 낭만주의를 거치면서 예술을 통해 구현된 이상주의를 극복한 기간이었다고 정리할 수 있다. 인식에 도달하기 위해서 철학적 성찰과 사유 대신 실험적이고 분석적인 방법이 필요하다는 견해와 함께 유물론적 세계관이 대두했는데, 그때까지만 해도 임마누엘 칸트에서 비롯된 이상주의적 철학이 진정한 학문으로 간주되어 왔다. 이상주의 철학은 삶에 의미와 목표가 주어져 있다는 관점 아래 현실을 인식하는 것에서 출발한다. 따라서 우선적인 관심사는 보이는 현상에 가려서 있는 본래의 진실을 찾아내는 것이다. 요한 고트리프 피히테와 프리드리히 빌헬름 셸링이 모든 현상의 본질을 신이나 자연에서 찾았다면, 독일 이상주의의 마지막 주자인 게오르크 프리드리히 헤겔은 ‘모든 인간의 이성의 총체(die Summe der Vernunft aller)’라고 정의한 ‘세계정신(Weltgeist)’을 주창했다. 헤겔에 따르면 개인은 물론 집단이나 국가조차 세계정신에 따라 움직인다. 하지만 그 과정에서 자신에게 주어진 역할을 제대로 인식하고 있지는 않다. 이성은 주관적인 목표를 추구하도록 술수를 부리기도 한다. 하지만 그 목표 달성에 패배한다고 해도, 그조차 행동하는 순간에는 인지하지 못했다 하더라도, 세계정신의 목표에는 기여하게 된다. 헤겔은 역사적 과정을 자유를 위한 인식의 발전

과정과 동일시하는 동시에, 세계의 발전 과정은 이성에 의해 지배당하기 때문에 역사는 이성적으로 발전할 수밖에 없다고 주장한다. 따라서 자유를 거부하는 것은 역사에 반하는 것일 뿐만 아니라, 비이성적이기도 하다는 것이 헤겔의 생각이다. 철학자 헤겔은 희곡문학을 통해 이성적인 것이 완벽하게 실현되는 것을 보여줘야 한다고 주장했다. 희곡은 가능한 한 역사적 발전이 실제로 어떻게 진행되는가를 보여 줌으로써 가장 이성적인 것이 무엇인가를 제시하고, 이로써 미래지향적인 기능을 수행할 수 있다.

헤겔 사상은 철학뿐만 아니라 신학과 같은 다른 학문들의 발전에도 막대한 영향력을 발휘했다. 헤겔 철학의 추종자들은 그가 사망한 후 종교철학적 문제를 둘러싸고 격렬한 논쟁을 벌였다. 헤겔은 철학과 종교를 형식 면에서 '지양'하는 범신론적 입장을 가지고 있었다. 헤겔 우파(Rechtshegelianer)는 이를 철학이 종교를 수용하되, 그 교의는 계속 유지하는 것으로 이해한 반면, 헤겔 좌파(Linkshegelianer)는 헤겔이 사용한 단어를 '배척'으로 해석하고, 철학에서 모든 종교적 내용을 파기시켜야 하는 것이라고 해석했다. 이 논쟁의 기폭제는 다비드 프리드리히 슈트라우스(David Friedrich Strauß)가 1835년 출간한『예수의 생애(Das Leben Jesu)』였다. 역사학자의 관점에서 복음서를 연구한 그는 복음서가 그 시대에 한정된 글일 뿐 절대적 진리는 아니라면서 신화로 이해해야 한다고 주장했다. 슈트라우스는 학자적인 관점으로 예수는 역사적으로 실존한 인물에 불과할 뿐이며, 예수가 신의 아들이라는 주장과 기독교적 도그마에 의문을 제기했다. 헤겔 좌파에 속했던 루트비히 포이어바흐(Ludwig Feuerbach)는 다비드 프리드리히 슈트라우스의 주장을 더욱 극단화했다. 그의 역작인『기독교의 본질(Das Wesen des Christentums)』은 인간이 신성에 대한 갈망으로 그 형상은 인간과 동일하되 더 강하고, 더 현명하며, 완전무결한, 즉 이상화된 인간의 모습으로 신을 만들었다는 심리학적 관점에서 출발한다. 그는 신이 자신의 형상을 따라 인간을 창조했다는 신앙의 근간을 완전히 뒤집어서 인간이 자신의 형상을 따라 신을 창조했다고 주장했다.

기독교의 천국에 대한 믿음뿐만 아니라, 19세기 전반에 걸쳐 진행된 산업화로 인해 더욱 힘들어진 일상에 대한 위안을 기독교에서 찾으려는 기대까지 포기하자, 종교적 편견으로부터 벗어나 새로운 시각으로 사회적 상황을 직시할 수 있게 되었다. 프랑스의 클로드 앙리 드 생시몽 백작(Comte Claude Henri de Saint-Simon)은 정치적·종교적 지도자들을 '비생산적인 계층'으로, 일하는 사람들을 '생산적인 계층'으로 언급한 최초의 인물이다. 그는 낡은 신분질서를 능력에 따른 위계질서로 대체해야 한다고 주장하기도 했다. 카를 마르크스(Karl Marx)는 이런 생시몽의 주장을 헤겔 철학과 함께 자신의 '역사변증법적 유물론'의 기초로 삼았다.

이제 철학의 영역에서 이상주의는 유물론에게, 예술의 영역에서는 사실주의에게 자리를 내주어야 했다. 예술 작품이 그 자체로서 존재하는 독자적 창조의 세계에 속한다고 주장한 고전주의나 낭만주의와 달리, 예술이 현실을 보여 주되 자연현상의 보편적 원칙을 모방하는 계몽주의적 관점에 그치지 않고, 당면한 현상의 문제들을 제시해 주어야 한다는 새로운 예술관이 대두했다. 하인리히 하이네(Heinrich Heine)는 1835년 발표한 「낭만주의 학파(Die romantische Schule)」라는 논문에서 예술을 오로지 그 자체로서 존재하는 또 하나의 세계로 간주했던 괴테의 시대는 끝났다고 선언했다. 청년독일파(Junges Deutschland)로 지칭되는 문학운동을 이끈 또 다른 작가 카를 구츠코프(Carl Gutzkow)는 「세기 전환기의 괴테에 관하여(Über Goethe im Wendepunkt zweier Jahrhunderte)」라는 제목의 논문을 통해 "이 문학적 제후(Dichterfürst)[47]는 고루한 인간형과 낡은 예술적 가치관을 대표하는 마지막 인물"이라고 주장했다. 구츠코프는 경험적 현실과 문학을 분리시켰던 과거와 달리, 이제는 현실에 기초하고 시대에 상응하는 경향문학(Tendenzdichtung)이 필요하다는 입장이었다. 그는 작가에게 자신이 살고 있는 시대의 정치적 논쟁과 관련해 태도를 분명히 밝힐 것을 요구했다. 청년독일파 작가들은 "아름다움을 거쳐 자유로(Durch Schönheit zur Freiheit)"라고 외쳤던 고전주의 예술 원칙보다는 정치적 교육을 우선시했다. 그들은 낭만주의 작가들이 엘리트적인 사고방식과 대중을 무시하는 경향을 보이고 있다면서 더욱 날선 비판을 가했다. 그러나 프랑스 혁명 이후와 나폴레옹 시대에는 대중의 의식이 점점 더 정치화되어 가면서, 진보적 성향을 지닌 지성인들에게 낭만주의 작가들의 예술적 이상은 귀족적으로 여겨졌고, 따라서 그것을 민주적인 예술 이상으로 대치하고자 했다. 아직

47) 괴테를 지칭한다. —옮긴이

'민주적'이라는 개념이 제대로 정리되지는 못했지만, 다양한 관점에서 사회를 인식하고, 사회적 상황에 종속된 개인에 대해서 성찰하고자 하는 그들의 의지는 이미 충만해 있었다.

혁명에 대한 확고한 신념을 가진 비판적 성향의 지성인들은 복고주의적 입장을 취한 지배계층과 극단적으로 대립하고 있었다. 빈 회의 개최 이후부터 1848년 시민봉기가 일어나기 전까지의 시기는 절대주의 왕정을 복구하려는 노력으로 점철되어 있다. 독일연방(Deutscher Bund) 소속 국가들은 나폴레옹의 몰락을 프랑스 혁명 이후 대두한 정치세력들을 탄압하는 계기로 삼았다. 한편으로는 공약의 실행을 지연시키는 작전을 구사하고, 다른 한편으로는 정치적 테러를 감행하고, 첩보기관과 엄격한 검열을 통해서 진보적이며 민족주의적인 성향을 가진 이들을 억압했다. 그럼에도 불구하고 시민들이 주축이 되어 각계각층의 서민들이 참여한 1848년 3월의 혁명을 막을 수는 없었다. 이 혁명의 정신적 토양은 비판적 성향의 작가들과 언론인들, 그리고 1830년 파리에서 일어난 7월 혁명 이후 3월 혁명이 발발하기 전까지를 일컫는 이른바 '3월 혁명 전기(Vormärz)'가 결성된 이후 활발한 활동을 보였던 대학생 조합(Burschenschaft)들이 제공했다. 샤를 10세의 퇴위와 '시민의 왕' 루이 필리프(Louis Philippe)의 등극을 가져온 7월 혁명은 독일에도 커다란 영향을 끼쳤다. 가장 강성했던 프로이센과 오스트리아를 제외한 모든 독일연방 소속 국가들이 일반 국민에게도 참정권을 보장하는 헌법을 도입했다. 특히 남서부 지역의 국가들은 비교적 진보적인 정치 성향을 가지고 있었다. 1832년 팔츠에 있는 함바흐 성(Schloß Hambach)에서는 제후의 폐위와 공화국 설립을 요구하는 축제가 열리기도 했다. 시위가 끊이지 않았고, 마인 강변의 프랑크푸르트에서는 대학생들이 성의 요새로 진입하려고 시도했는가 하면, 오버헤센에서는 당대가 낳은 독일의 가장 위대한 희곡 작가 게오르크 뷔히너가 주도적 역할을 한 시위와 국가전복 기도 사건이 일어났다. 복고세력은 잔혹한 폭력으로 혁명주의자들을 탄압했다. 주모자들은 수감되었고, 정신적 지도자들은 침묵을 강요당했다. 청년독일파의 양대 거두였던 루트비히 뵈르네(Ludwig Börne)와 하인리히 하이네는 추방되었다. 지배계층의 꼭두각시에 지나지 않았던 프랑크푸르트 연방회의는 혁명주의자들이 '종교, 풍기 및 도덕'에 해악을 끼친다면서 '가장 엄중한' 법으로 대처할 수도 있다고 협박했다.

이런 모든 제약들도 정치적·사회적 상황을 비판적으로 제시하고 표현하는 문학을 지향한 청년독일파 작가들을 막을 수는 없었다. 이들은 삼엄한 검열에도 불구하고 자신들의 생각을 비교적 많은 사람들에게 전할 수 있는 희곡문학과 연극에 특별한 관심을 기울였다. 혁명 이후 빈의 부르크테아터 극장장으로 취임한 하인리히 라우베(Heinrich Laube)는 '느려 빠진 시민계급의 자유화 우편마차(langsame Fahrpost bürgerlicher Freiwerdung)'를 앞질러야 하는 '민중의 삶의 전보(Telegraph des Volkslebens)'가 바로 무대라고 정의했다. 연극의 숭고한 사명을 확신한 청년독일파는 작가로서 그리고 비평가로서 독일 연극의 발전에 지대한 공헌을 했지만, 오늘날에는 단지 그 역사적 의미만 전해지고 있다. 카를 구츠코프의 〈푸가체프(Pugatschew)〉와 〈불렌베버(Wullenweber)〉, 하인리히 라우베의 〈슈트루엔 호수(Struensee)〉, 〈카를 사관학교 생도들(Die Karlsschüler)〉과 같은 희곡은 예술적 가치보다 그 경향성 때문에 높이 평가되는 작품들이다. 이 작품들은 전달하고자 하는 새로운 메시지를 중요시하다 보니 판에 박힌 간계극(Intrigenstück)이나 멜로 드라마로 대표되는 기존의 희곡과는 그 구성부터 다른 경우도 종종 있었다. 그럼에도 불구하고 역사발전 과정에서 일어났던 위기들을 보여 줌으로써 동시대의 관객들로 하여금 지속적인 정치적 발전을 확신하게 만들고자 했던 청년독일파 작가들의 작품은 그 시대의 심기를 불편하게 만들었다.

물론 이들의 노력이 더 많은 결실을 거두지 못한 이유는 엄격한 검열에 있다. 연극은 대중적 관심의 중심에 놓여 있었지만, 본질적으로는 정치적 참여가 허락되지 않는 데 대한 보상에 불과했다. 따라서 극장들은 권력자가 지시한 역할에 충실하기 위해 천박한 희극 작품들이나 아우구스트 빌헬름 이플란트와 아우구스트 폰 코체부의 감상극들을 주로 공연했다. 그 외에 샤를로테 비르히-파이퍼(Charlotte Birch-Pfeiffer)와 율리우스 로더리히 베네딕스(Julius Roderich Benedix)의 상투적이고 감상적인 통속극들이 인기를 끌었다. 복고주의 세력은 고전주의 작가들의 작품조차 엄청난 정치적 폭발력을 가지고 있다고 보았기 때문에 관객들은 프리드리히 할름(Friedrich Halm)이나 에른스트 라우파흐(Ernst Raupach)와 같은 고전주의의 아류 작가들의 작품에 만족할 수밖에 없었다.

이러한 연극계의 상황을 고려할 때, 그 시대가 낳은 최고의 작가인 크리스티안 디트리히 그라베와 게오르크 뷔히너의 작품처럼 시대를 초월한 걸작들이 단 1편도 공연되지 못했다는 사실은 과히 놀라운 일이 아니다. 천재 작가였지만 알코올 중독으로 비참하게 생을 마감한 그라베는 몇 안 되는 진보 성향의 극장장들 중 한 명에게 그나마 도움을 받을 수 있었다. 그는 비극적 생의 말년을 카를 임머만(Karl Immermann)이 제후가 아닌 시민연맹의 후원을 받으며 이끌었던 뒤셀도르프(Düsseldorfer)의 개혁무대(Reformbühne)에서 연극 전문작가로 일했다. 청년독일파에 속한 연극인으로서 티롤의 구국영웅 안드레아스 호퍼(Andreas Hofer)에 관한 자유극(Freiheitsdrama)을 써서 어느 정도 성공을 거두기도 한 임머만은 대본 리허설, 연기 리허설과 무대 리허설로 이뤄진 공연연습 체제를 도입했는데, 이러한 리허설 방식은 현재까지도 계속 유지되고 있다. 또한 스페인의 바로크 드라마와 괴테, 실러 및 셰익스피어의 작품들로 짜여진 문학성 높은 공연 레퍼토리를 구축하기 위해 심혈을 기울였으며, 셰익스피어의 작품들을 철저히 역사적으로 고증해서 무대에 올렸다.

그라베의 연극관 역시 엘리자베스 시대의 작가인 셰익스피어를 근간으로 하고 있었다. 그는 「셰익스피어 열광에 대하여(Über Shakespeareo-Manie)」라는 논문에서 셰익스피어의 역사물들을 민족주의 역사극의 모범이라고 칭송했다. 이미 초창기부터 그는 관습을 따르면서도 급진적일 만큼 새로운 시도를 감행한 셰익스피어의 희곡을 자기 작품의 모델로 삼았다. 그라베의 초기 작품들은 그가 시대에 뒤떨어졌다고 판단한 이상주의와 고전주의의 이상과 규범, 인간상, 역사관 그리고 교육 프로그램을 비판하고 있다는 공통점이 있다. 이상주의와 고전주의는 더 나은 미래를 만들겠다는 약속을 지키지 못했기 때문에 더 이상 신뢰할 수 없다는 것이 그라베의 생각이었다. 진보를 지향하는 세력이 강압적이고 복고적인 정치체제 아래 현실적으로 무력할 수밖에 없음을 경험한 그라베는 역사적·사회적 관습이 아무 의미도 갖지 못한다는 결론에 도달했다. 도덕적 원칙에 입각한 행동은 현실에 무지한 이상주의에 불과하며, 고전주의의 이상향은 환상일 뿐이라고 폄하했다. 그라베는 자본주의가 점차 확산됨에 따라 점점 치열해지는 개인들 간의 경쟁을 시대와 역사를 초월하는 인간의 본성으로 간주했다. 그의 초기 작품들은 인간의 공생이 서로 끊임없이 싸우고 경쟁하는 것에 불과함을 보여 준다. 이런 세상에서 자기실현이란 극소수의 예외적 인물들에게만 가능한 것이다. 이런 예외적 인물들은 반사회적이고 비도덕적인 냉소주의에 빠져 있으며, 모든 사회적 책임을 거부하는 모습으로 등장한다. 그라베의 처녀작 〈테오도르 폰 고트란트 공작(Herzog Theodor von Gottland)〉에 나오는 흑인 베르도아(Berdoa)가 전형적인 인물이다. 실러의 〈군도〉에 나오는 프란츠 무어와 셰익스피어 작품에 등장하는 악당들을 떠올리며 만들어 낸 이 인물은 그저 재미 삼아 악행을 일삼는데, 그의 대적자인 고트란트 공작은 그런 악행들을 눈감아 주었다는 이유로 죄인이 된다. 그라베는 한 등장인물의 대사를 빌려 "창공은 사형 집행인의 수레바퀴다. 그 바큇살은 범죄자들과 마찬가지로 낮과 밤으로 만들어졌다"라고 말하고 있다.

충격적인 장면들을 통해 인간의 태생적인 잔혹성에 대한 절망감을 과할 정도로 격정적으로 묘사한 〈테오도르 폰 고틀란드 공작〉이 가져온 파장도, 인간에 대한 경시가 노골적으로 드러나는 희극 〈익살, 풍자, 역설 그리고 더 심오한 의미(Scherz, Satire, Ironie und tiefere Bedeutung)〉가 불러온 파장에는 미치지 못했다. 티크의 〈장화 신은 고양이〉 스타일의 낭만주의 동화희극이 갖는 역설적인 위트가 이 작품에서는 거의 조롱조로 변해서 인간의 노력은 목표도 맥락도 없기 때문에 진부하고 임의적인 것이라고 주장한다. 문학조차도 '형편없는 것들 중에 가장 형편없는 것(das Jämmerlichste des Jämmerlichen)'일 뿐 아무런 의미를 가질 수 없다. 그라베는 마지막 장면에 자신을 연상시키는 인물을 등장시켜 자기 작품들마저도 가치의 총체적 상실에서 자유로울 수 없음을 시사한다.

〈돈 후안과 파우스트(Don Juan und Faust)〉는 초기 작품 2편에 나눠 담은 그라베의 기본적 생각들을 하나로 수렴했다. 대단한 난봉꾼의 존재는 〈익살, 풍자, 역설 그리고 더 심오한 의미〉에서 보여 준 분열된 세상을, 파우스트의 이상주의가 좌초하고 마는 것은 〈테오도르 폰 고트란트 공작〉에 담긴 파괴성을 반영한다.

작가 활동의 중반기에 접어든 그라베는 희곡 8편으로 구성된 호헨슈타우펜 프로젝트(Hohenstaufen-Projekt)를 시작했지만, 그중 완성작은 〈황제 프리드리히 바르바로사(Kaiser Friedrich Barbarossa)〉와 〈황제 하인리히 6세(Kaiser Heinrich der Sechste)〉뿐이다. 그라베는 이 프로젝트를 통해 새로운 가치관을 정립하는 데 생산적인 기여를 했다. 하지만 그가 주창한 가치들은 본인 스스로 생각했던 것처럼 완전히 새로운 것은 아니었다. 민족의 고유한 역사를 찬미함으로써 비참한 현실에 직면한 독일인들에게 전통에 대한 존중과 민족적 정체성을 부여하겠다는 생각은 이미 낭만주의자들도 갖고 있었다. 독일 중세시대에 대한 찬탄은 이미 도를 넘어서 있었다. 그라베는 1830년 파리에서 7월 혁명이 일어난 후에야 자신의 생각에 시대착오적인 면이 있음을 깨달았다. 단결한 대중이 발휘하는 위력을 간과할 수 없음을 인정한 그는 더 이상 역사적 인물들을 주인공으로 한 작품을 쓰지 않았다.

초개인적인 인물이 최초로 등장하는 그라베의 작품이 〈나폴레옹 또는 백일천하(Napoleon oder die hundert Tage)〉이다. 주인공은 관계에 대한 망상에 사로잡혀 있고, 그 망상이 그의 행동을 지배한다. 〈한니발(Hannibal)〉의 주인공은 역사의 희생양이다. 선견지명이 있는 최고지휘관 한니발은 로마와의 전쟁에서 승리하지만, 편협한 민중을 이끌기에는 역부족인 인물이다. 칸나에 전투의 승전 소식에 카르타고 장터 사람들은 "또 승전 소식이라고? 우리한테 밀가루 한 포대도 가져다주지 못하는데 무슨 소용이야!"라는 반응을 보인다. 그라베가 당시의 상황을 그대로 옮겨다 놓은 카르타고라는 세계는 물질주의로 인해 파멸한다.

〈헤르만 전투〉는 독일 민족의 역사에서 소재를 가져왔지만, 당면한 정치적 현실과는 전혀 다른 긍정적 세상을 제시해 주려는 의도에서 만들어진 작품이다. 그러다 보니 애국주의는 당연히 근본적인 회의주의와 대비되어 있다. 승리를 구가하는 독일인들은 지도자가 외치는 '독일'이라는 구호에 담긴 더 심오한 의미를 전혀 이해하지 못하고, 로마와 전쟁을 계속하라는 명령을 거부한다.

프리드리히 헵벨의 말에 따르면 그라베는 오로지 '창조를 위한 설계도(Riß zur Schöpfung)', 즉 계획만을 가지고 있었던 반면, 게오르크 뷔히너는 '창조를 위한 저력(Kraft zur Schöpfung)'을 소유하고 있었다. 실제로 두 사람은 작품에서 동일한 시대 상황을 다루고, 동일한 이상을 추구하고 있음에도 불구하고 근본적인 차이를 보인다. 뷔히너의 인생에서 파리의 7월 혁명은 정치적으로 대단히 중요한 사건이었고, 셰익스피어의 작품을 접한 것 역시 매우 중요한 예술적 체험이었다. 스트라스부르 대학에서 의학을 전공했던 뷔히너는 생시몽의 사상을 익히 알고 있었고, 이를 통해 '오로지 대중의 절박한 갈망만이 변화를 초래할 수 있다'는 결론에 도달했다. 기센(Gießen)에 있는 헤센 국립대학으로 돌아온 뷔히너는 '인권협회(Gesellschaft für Menschenrechte)'를 설립하고, 헤센 지역에서 반정부운동을 이끌고 있던 루트비히 바이디히(Ludwig Weidig) 목사와 함께 「헤센의 급사(Der Hessische Landbote)」라는 전단지를 만들었다. '오두막에는 평화를, 궁정에는 전쟁을!(Friede den Hütten, Krieg den Palästen!)'이라는 모토하에 발행된 이 전단지를 통해 착취당하는 농민들을 혁명으로 이끌 수 있기를 희망했으나, 억압받고 위축된 민중은 이에 반응하지 않았다. 발행인인 뷔히너와 바이디히는 밀고를 당해 경찰의 수배 대상이 되었다. 바이디히는 투옥되었고, 뷔히너는 부모의 집으로 몸을 숨겼다. 그는 경찰 첩보원이 대문 앞에서 잠복하는 동안, 단 5주 만에 희곡 〈당통의 죽음(Dantons Tod)〉을 완성했다. 그가 보낸 원고를 받은 카를 구츠코프는 원고를 조금 수정한 다음, '프랑스 공포정치의 극적 장면들(Dramatische Bilder aus Frankreichs Schreckensherrschaft)'이라는 대단히 효과적인 부제를 붙여 출간했다. 뷔히너는 정부가 몽타주까지 붙여 가며 현상수배를 하자, 체포의 위험으로부터 벗어나기 위해 스트라스부르로 망명했고, 그곳에서 의학 공부를 계속했다. 동시에 그는 정신병에 걸렸던 슈투름 운트 드랑 시대의 작가 야콥 미하엘 라인홀트 렌츠를 옆에서 돌보았던 요한 고트프리트 오벌린(Johann Gottfried Oberlin) 목사의 일기를 토대로 전기소설 『렌츠(Lenz)』를 집필했다. 코타 출판사의 공모전 소식을 들은 뷔히너는 희극 〈레옹세와 레나〉를 썼지만, 마감일을 넘겨 응모하는 바람에 출판사는 원고를 읽지도 않은 채 돌려보냈다. 그가 대학을 졸업하자, 취리히 대학이 교직을 제의해 왔다. 뷔히너는 사망하기 6개월 전 취리히 대학에서 「돌잉어의 신경체제에 관하여(Über das Nervensystem der Barben)」라는 제목의 논문으로 박사학위를 받기도 했다. 이즈음 그는 데카르트에서 스피노자(Spinoza)에 이르는 유럽철학개론 강의를 준비하며, 미완성작으로 남은 〈보이체크(Woyzeck)〉를 쓰기 시작했다. 게오르크 뷔히너는 1836년 봄 장티푸스로 생을 마감했다.

뷔히너의 문학 작품들을 보면, 그 역시 청년독일파 작가들과 비슷한 생각을 가지고 있었음을 알 수 있다. 그는 한 편지에서 "이상적인 작가란 하늘같이 파란 코에다 가식적인 정열을 가진 인형이나 만들어 낼 뿐, 피와 살을 가진 인간을 창조하지는 못한다"라고 폄하하고 있다.[48] 하이네나 뵈르네처럼 뷔히너 역시 경험적 현실을 외면했다는 이유로 '예술시대(Kunstperiode)'의 작가들을 비난했다. 작가란 당면한 현실이나 구체적인 역사발전 과정에 가능한 한 가까이 접근해야 한다는 것이 그의 생각이었다. 정치활동이 실패로 끝난 후, 뷔히너에게는 역사발전 과정을 설명하려는 시도 역시 그 발전 과정에 개입하려는 것만큼이나 무의미하게 여겨졌다. 그가 쓴 편지 한 통에는 "역사의 처참한 숙명론 밑에 깔려 내 자신이 완전히 짓눌려 버린 느낌이다. 인간 개체는 파도 위의 포말에 지나지 않고, 위대함이란 단순한 우연일 뿐이며, 천재가 세상을 지배한다는 것은 인형놀이에 불과하다. 철통 같은 법칙에 대항해 싸운다는 것도 가소로운 일이다. 법칙을 인식하는 것이 고작일 뿐 법칙을 지배한다는 것은 불가능하다"라고 적혀 있다.[49]

뷔히너는 이미 첫 작품에서부터 이데올로기뿐만 아니라 형식적인 측면에서도 과감하게 전통과 단절하고 있다. 〈당통의 죽음〉의 장면들은 영화의 몽타주 기법을 연상시키고, 대사는 노골적인 은어, 정치적 수사와 은유적인 문학적 표현들로 이뤄져 있다. 당통과 로베스피에르의 대립이 스토리의 중심이다. 여기에 민중이 제3의 인물로 등장한다. 등장인물 1명의 입을 빌려 작가의 관점을 전달하고 있다는 오해로 인해서 이 작품에 대해 극과 극의 평가들이 공존하게 되었다. 더 이상 행동할 수 없게 된 혁명주의자 당통은 염세주의적 사고를 드러낸다. "세상은 카오스야. 이제 무(無)는 막 태어나려는 세계의 신이고." 당통은 혁명을 통해 얻은 열매들을 향유하기 위해 혁명을 중단해 버렸다. 그가 귀족들을 제거하는 데 힘을 보탠 이유는 귀족들처럼 살 수 있기를 원했기 때문이다. 로베스피에르는 이런 태도를 비난하고, 인간을 미덕이라는 추상적 가치의 희생양으로 만들어 버리는 엄격한 이상주의를 표방한다. "세계정신은 자연에서 화산 폭발이나 대홍수가 일어날 때와 마찬가지로 우리 인간을 통해서 정신의 주변 세계로 확산된다. 사람들이 역병으로 죽어 가든, 혁명으로 죽어 가든 과연 무슨 차이가 있단 말인가?" 결국 민중이란 어느 쪽으로든 조정할 수 있다. "당통 만세!"라고 외치는 민중은 언제든

48) Georg Büchner: Sämtliche Werke. Bd. 2. S. 444.
49) Georg Büchner: Sämtliche Werke. Bd. 2. S. 425 f.

지 별 고민 없이 "로베스피에르 만세!"를 외칠 수 있는 것이다.

뷔히너는 구츠코프에게 보내는 편지에서 "새로운 정신적 삶은 이제 민중들에게 기대할 수밖에 없으며, 감당할 수 없는 지루함을 잊기 위한 노력 이외에는 아무것도 하지 않는 노쇠한 현대 사회는 몰락해 버려야 한다"라고 말하고 있다.[50] 바로 이러한 생각을 대단히 문학적인 방식으로 보여 주고 있는 작품이 〈레옹세와 레나〉다. 클레멘스 폰 브렌타노의 낭만주의 희극 〈퐁세 드 레옹〉과 알프레드 드 뮈세의 〈판타지오〉를 연상시키는 이 작품에서는 〈당통의 죽음〉의 모티브와 극적 정서가 풍자적이면서도 유머러스하게 변주되어 있다. 할 일 없는 계층의 특권인 염세주의, 자주적 인간을 꿈꾸는 이상주의 철학은 물론 절대왕정 체제하의 궁정 사람들의 시대착오적인 부조리로 희화화되어 있다. 레옹세 왕자와 레나 공주는 각각 타인이 결정한 결혼에 수긍하지 않는다. 두 사람은 서로의 정체를 모른 채 만나게 되고 사랑에 빠지며 결국 결혼하는데, 이는 원래 국가가 요구한 것과 똑같은 결과다. 그들은 독자적이고 자유로운 결정이라고 믿었던 자신들의 의지의 희생양이 된 것이다. 숙명으로부터 벗어나기 위한 노력이 오히려 그 숙명을 따르게 만들었다. 언어적 유희와 위트, 동화적 분위기와 겉으로 보기에는 행복한 결말이 작품의 사회비판적 메시지를 전달하며 외부의 요인에 의해 인간의 삶이 결정된다는 통렬한 결론을 받쳐 주고 있다.

이와 같은 문제의식이 담긴 또 다른 작품이 미완성작 〈보이체크〉다. 실제 일어난 범죄 사건을 소재로 했으며, '온갖 노력을 다 해도 바보나 범죄자가 되는 운명을 피할 수는 없다'라는 뷔히너의 유물론적 시각이 드러나는 이 작품은 필연적으로 경향성을 띨 수밖에 없다. 등장인물들의 성격과 태도는 사회적 상황과 맞물려 있다. 가장 말단 군인인 보이체크는 사회의 최하위 계층에 속해 있다. 그는 애인과 그녀가 낳은 자기 아이를 지키기 위해 인간을 경시하는 의학자의 실험 대상자가 되는데, 이 실험이 그를 정신적으로도 육체적으로도 혼란스럽게 만든다. 이로 인해 변심한 애인은 군악대장과 바람을 핀다. 보이체크는 그녀를 칼로 찔러 살해하고, 이로써 자신을 살아가게 만드는 유일한 희망을 상실한다. 극 중 할머

50) Georg Büchner: Sämtliche Werke, Bd. 2, S. 455.

니가 들려주는 동화는 이 작품에 담긴 절망감을 인상적으로 전해 준다. 버림받아 외롭게 우주를 떠돌고 있는 아이는 누군가를 만나 위안을 받고 싶어 한다. 그러나 낭만주의 작가들이 그토록 숭배했던 달이 알고 보니 '썩은 나무 토막'에 불과했고, 계몽주의의 상징인 태양도 '시들어 버린 해바라기'였을 뿐이다. 우주적인 것에 대한 환상이 깨지면서 이 세상에 대한 환상도 사라진다. 세상은 무너져 버린 피난처다. 이제 남은 것은 절대적 고독과 허무뿐이다. 〈보이체크〉처럼 계몽주의적 이상주의의 세계관이 와해된 것을 소름이 돋을 정도로 가차 없이 보여 주는 작품도 없다.

시민계급의 연극계 접수

1848년의 혁명으로 독일 시민들은 힘을 갖게 되었으나, 그 영역은 정부가 아니라 극장에 제한되어 있었다. 시민봉기가 제후들에 의해 진압되고, 정치적 자유의 쟁취와 민족의 통일이라는 염원이 무산되자, 부르주아들은 자신들의 에너지를 경제적·문화적 활동에만 집중했다. 혁명이 진행되는 와중에 동맹 파트너였던 소시민과 서민들에게 등을 돌리고, '사회적 혼란'과 '공산주의를 표방하는 공화국의 설립'이 우려된다는 이유로 봉건 귀족세력과 타협했던 부르주아 계층은 이제 재산을 모아서 교양을 쌓는 일에만 전념했다. 입헌군주제라는 허울하에 절대왕정 체제로 복귀한 정부는 독일의 부르주아들이 정치적 힘의 행사를 포기한 데 대해 경제적인 혜택으로 보답했다. 시민계급 지식인들은 자신들을 인본주의적 가치의 수호자라고 생각했지만, 이런 가치를 정치적으로 실현시키는 데는 관심이 없었다. 이들은 학문과 예술을 통해 민족적 정체성을 찾고자 했다. 그러나 1871년 독일제국이 선포된 후, 비참한 여건 속에서 극빈자로 살아가는 프롤레타리아 계층이 확대되면서 개인의 자유로운 자기발전이라는 부르주아 계층의 구호는 속빈 강정이 되고 말았다. 이상주의가 완전히 시대에 뒤떨어진 생각으로 전락하고 만 것이다.

이미 3월 혁명 전기에 다비드 프리드리히 슈트라우스와 루트비히 피히테에 의해 정립되어 부르주아 계층의 현실적인 세계관과 소유욕을 부추긴 종교 비판적 유물론 이외에 교양 있는 시민계층의 염세적 세계관의 근간이 된 아르투어 쇼펜하우어(Arthur Schopenhauer)의 철학이 수용되기 시작했다. 1819년 출간한 쇼펜하우어의 대표작 『의지와 표상으로서의 세계(Die Welt als Wille und Vorstellung)』는 10년이 지나도록 별 반향을 일으키지 못하다가 뒤늦게 많은 사람들로부터 주목을 받았다. 세상사는 늘 변함이 없으며, 동일한 사건들이 반복될 뿐이라는 쇼펜하우어의 철학적 근간은 진보적인 발전을 확신하는 포이어바흐의 사상과 대척점에 서 있었다. 세상을 움직이는 원칙은 인간들로 하여금 서로 대적해 힘든 싸움을 계속하도록 만드는 의지이며, 이것은 통찰력도 목표도 없는 데다 파괴적이기까지 하다는 것이 쇼펜하우어의 생각이었다. 따라서 그는 예술가처럼 관조적 입장을 취하거나, 고행자처럼 세상과 담쌓고 살아가는 것이 가장 현명한 대책이라고 주장했다. 모든 정치적 혁명을 반대한 이 철학자는 1848년 일어난 프랑크푸르트 시가전을 체험했고, '무뢰배들'의 봉기가 실패로 끝난 것에 대해 대단히 만족스러워했다.

쇼펜하우어의 철학은 소위 '창업시대(Gründerszeit)'라고 불리는 1870년대 찰스 다윈(Charles Darwin)의 적자생존 이론과 결합되었다. 독일에서 다윈의 학설은 에른스트 헤켈(Ernst Haeckel)의 『자연의 창조사(Natürliche Schöpfungsgeschichte)』와 게오르크 뷔히너의 동생인 루트비히 뷔히너(Ludwig Büchner)의 『다윈 이론에 관한 6편의 강의(Sechs Vorlesungen über die Darwin'schen Theorie)』를 통해 널리 알려진 후, 자연과학은 물론 인문학의 영역에도 수용되어 훗날 자연주의 예술에까지 크게 영향을 끼쳤다. 철학자 에두아르트 하르트만(Eduard Hartmann)은 권력에 대한 보편적인 관점을 자연법칙에 근거해 증명하고자 했다. 그는 생존을 위한 투쟁을 문화적 발전이라는 인류의 긍정적인 목표로 삼음으로써 쇼펜하우어의 비관론을 극복했다고 믿었다. 하르트만은 문화 발전을 위해서는 일반적인 사회적 자유와 평등을 제한할 수밖에 없다고 생각했다. 그와 같은 시각에서 시민계급이 형성되던 시기에 소리 높이 표방했던 기본 가치들을 부정하는 데 동의했다. 시민들의 상황은 적어도 경제적인 측면에서만큼은 대단히 만족스러웠기 때문에 자유의 추구라는 목표는 점점 늘어만 가는 프롤레타리아 계층에게 기꺼이 양보할 용의가 있었다.

당시의 세계관을 대표하는 두 번째 철학자인 프리드리히 니체는 세간의 이목을 집중시켰던 처녀작 『음악 정신으로부터의 비극의 탄생』에서 쇼펜하우어가 언급한 의지야말로 인간이 존재할 수 있는 원천적인 힘이라고 수긍하고 있다. 고대 세계와 그리스 예술에 대한 그의 해석은 늘 향락에 젖어 있지만, 긍정적인 디오니소스적 에너지와 늘 자제하며 형식을 존중하는 아폴론적 세력 간의 근원적인 긴장에 기초한다. 니체는 디오니소스적 성향과 아폴론적 성향이 그리스 비극 안에서 서로 하나가 되고 있다고 보았고, 어떤 시대도 그리스 시대와 그 당시 예술이 도달한 예술적 수준에 이르지 못했다고 주장했다. 니체는 현대 사회가 그 내적 균열을 극복하려면 종교를 긍정적으로 받아들이고, 신화를 재수용해야 한다고 확신하고 있었다. 그는 리하르트 바그너의 악극의 '종합예술작품(Gesamtkunstwerk)'이야말로 자신의 확신을 뒷받침해 줄 것으로 기대했지만, 후에 가서는 바그너의 작품들이 파괴적일 뿐만 아니라 퇴폐주의에 물들어 있다고 비난했다. 니체는 저서 『반시대적 고찰(Die Unzeitgemäßen Betrachtungen)』과 『인간적인, 너무나 인간적인(Menschliches, Allzumenschliches)』에서 당대의 시대적 약점을 과감히 비판했다. 그는 사회가 점점 대중화되면서 정신적 수준이 비슷비슷해지는 바람에 숭고한 이상이 사라졌다고 탄식했다. 더불어 목표도 없이 부산만 떤다고 인문학자들을 조롱하는가 하면, 시대를 확실하게 반영할 수 있는 통일된 양식을 발전시키지 못하는 예술가들을 비난하기도 했다. 니체의 저서들은 문화비평과 학문, 철학과 문학을 결부시키면서 19세기 최후의 위대한 사상체계를 확립했다. 그의 저서들은 새로운 미학적 가치를 정립하는 데 크게 기여했을 뿐만 아니라 자유롭고 도덕적 억압에서 벗어나 있으며, 자신이 살고 있는 시대를 초월한 '미래의 인간상'을 제시했다. 『선악의 저편(Jenseits von Gut und Böse)』과 『권력에의 의지(Der Wille zur Macht)』에서 그는 새로운 도덕관을 당당히 받아들임으로써 니힐리즘 시대가 도래할 수 있도록 하자고 주창하기도 했다. '정신적 지도자'들은 힘에 대한 의지를 인정하고, 생을 전적으로 긍정함으로써 늘 반복되는 세상사의 과정에 영향력을 발휘할 수 있다는 것이 니체의 생각이었다.

위와 같은 사상들에 크게 영향을 받은 19세기 말 사회에서는 예술, 그중에서도 특히 공연예술이 중요한 기능을 수행했고, 그런 만큼 무제한적인 지원을 받았다. 역사상 최초로 시민들이 귀족들의 지원 없이도 막대한 비용이 소요되는 극장을 독자적으로 운영할 수 있게 되었으며, 극장은 극장대로 당연히 시민들의 이해관계에 부응할 수밖에 없었다. 이 시기 극장은 관객들이 고된 일상사를 잠시 잊고 기분 전환을 할 수 있는 오락을 제공하는 한편, 이제는 시대에 뒤떨어진 시민계급이 추구하는 가치들을 보여 줌으로써 관객들을 정신적·도덕적으로 교화시켜야 했다. 그러나 이런 가치들은 실생활에서는 오히려 정반대의 양상으로 나타나고는 했다. 자본주의 사회구조가 점차 확립되어 가면서 평등이라는 이상은 딴 세상의 일이 되었다. 자유를 외치는 구호 역시 정치적·사회적 불평등에 시달리는 많은 이들에게는 공허한 메아리에 불과했다. 점점 더 첨예화하는 경쟁구도 안에서 형제애를 요구하는 것 자체가 어불성설이었다. 인류가 감정적으로 결합된 거대한 가족이라는 계몽주의자들과 고전주의자들의 생각은 현실감을 잃어버렸고, 감상적인 차원에서나 통할 뿐이었다. 이제 연극의 사명은 인간 본연의 완벽함을 보여 주는 것이 아니라, 정치적 현실이 시민적인 가치들을 실현시키지 못함에도 불구하고, 아니 실현시키지 못하기 때문에 더욱더 이것들을 무대 위에서 보여 주고, 보편적으로 유효한 규범으로 그리고 절대 건드릴 수 없는 인간의 영원한 재산으로 신성화하는 데 있었다. 고전주의 작품들은 시민계급의 교양을 위해서 공연되었다. 이와 반대로 오락적인 욕구를 충족시키기 위해서는 프랑스풍 살롱희극의 아류작들을 무대에 올렸다. 이런 희극들의 주인공은 대부분 귀족들이었지만, 그 안에서 나눠지는 문제들, 즉 주인공의 연애나 사교계에서의 성공과 실패는 부르주아들의 현실적 문제와 흡사했기 때문에 관객들은 극 속에서 자신들의 모습을 발견할 수 있었다. 편안하게 연극을 즐기고 싶어 하는 관객들의 요구에 부응하기 위해 이 장르의 정형화된 스토리들은 종종 그 개연성을 상실하더라도 해피엔드로 끝나야 했다.

당시 무대 위에서 벌어지는 사건 못지않게 시민계층 관객들의 관심을 끌었던 것은 호화롭게 장식된 로비와 휴게실, 관객들의 우아한 옷차림, 특별석에서 여배우들과 함께하는 만찬과 같은 극장의 부차적인 환경이었다. 슈테판 츠바이크(Stefan Zweig)의 자서전 『어제의 세계(Die Welt von gestern)』에 따르면 당시 부르크

테아터의 인기 있는 배우들은 빈 사회를 주도했다. 사람들은 인기 화가 한스 마카르트(Hans Makart)가 디자인한 여배우 샤를로테 볼터의 야회복과 동일한 옷을 입고, 그녀의 옷을 재단했던 요제프 카인츠(Josef Kainz)에게 특별 주문을 했다. 부르주아의 아들들은 배우 요제프 존넨탈(Joseph Sonnenthal)의 연기를 보며 모자와 지팡이를 다루는 법과 살롱에서 대화를 나누고 행동하는 법을 배웠다. 가난한 수공업 기술자에서 상류사회의 일원이 되어 황제로부터 귀족 작위를 수여받는 등 사회적으로 존경까지 받았던 존넨탈의 출세는 배우라는 직업에 대한 사회적 평판이 향상되었음을 말해 준다. 그러나 이러한 성공은 특급 배우 몇 명에게만 한정되었을 뿐 대다수 배우들은 시민들로부터 이중적인 대우를 받았다. 특히 사회적 신분이 애매했던 여배우들은 상류층 남성들의 성희롱의 대상이 되기도 했다. 여배우들은 종종 경제적 곤란 때문에 이들의 유혹에 응하기도 했는데, 이런 부수입 때문에 출연료 정산에서 불이익을 당하기도 했다. 배우라는 직업의 위상이 점점 추락하게 된 주된 원인은 1869년 누구나 극단을 설립할 수 있다는 '공연자유법'이 선포되면서 연극계가 점점 더 상업화되어 간 데 있다. 이와 함께 연극 붐이 거세게 일면서 극단의 수가 두 배로 증가하고, 배우의 수는 세 배로 늘었다. 배우의 수가 수요치를 넘어서자, 극장주들은 이들을 무자비하게 착취했다. '독일 무대 종사자 협동조합(Genossenschaft deutscher Bühnenangehöriger)'의 창설도 이러한 상황을 개선하는 데는 별반 도움이 되지 못했다.

1870/1880년대에는 극장들이 우후죽순처럼 설립되었다. 중간 정도 크기의 지방도시 시민들까지도 이제 자신들이 살고 있는 도시에 웅장한 극장 건물이 서 있는 것을 당연하게 여길 정도였다. 19세기 초만 해도 극장이 있는 독일의 도시는 40여 곳에 불과했지만, 19세기 말에는 그 수가 열 배 정도로 늘어났다. 제국 건국 이후에는 베를린에서만도 50여 개 이상의 공영 및 민영 극장들이 관객 유치를 위해 경쟁을 벌이게 되었다. 이제 독일제국의 수도는 연극의 중심지가 되었고, 배우들의 재능과 인기를 가늠할 수 있는 척도를 제공했을 뿐만 아니라 지방도시의 극장들이 나아갈 방향까지 제시하게 되었다. 베를린과 경쟁 관계에 있던 도시는 오스트리아-헝가리 제국의 수도 빈이었다. 빈의 부르크테아터는 하인리히 라우베와 프란츠 폰 딩엘슈테트(Franz von Dingelstedt)가 극장장으로 재임한 기간에 전

성기를 맞았다. 이 두 사람은 당시 공연 양식의 예술적 잠재력을 확대시키는 데 지대한 공헌을 했다. 청년독일파 작가 출신인 라우베가 언어 중심의 연출에 주안점을 두었다면, 딩엘슈테트는 무대와 조형예술 중심의 연출에 집중했다.

당시 독일어권 지역에는 대도시 베를린과 빈을 제외하고도 30~40개에 달하는 궁정극장들과 100여 개가 넘는 시립극장들이 운영되고 있었다. 시립극장은 자본회사(Kapitalgesellschaft)나 시정부가 자체적으로 설립하여 단장에게 임대하는 형식으로 운영되었고, 재정적 위험부담은 단장이 스스로 감수해야 했다. 공공기관이 운영을 책임지고 공적 자금으로 극단 재정을 정기적으로 지원하는 제도는 20세기에 접어든 이후에나 가능해졌다.

신설 극장의 설계는 이 분야에 정통한 몇몇 전문가들이 전담했는데, 빈에서 활동했던 페르디난트 펠르너(Ferdinand Fellner)와 헤르만 헬머(Hermann Helmer)가 가장 유명했다. 이들은 기본양식에 충실하면서도 대부분 르네상스풍이었던 동일한 형태의 장식적 요소들을 가미한 점이 특징이다. 당시 도시 중심부에 설립된 극장들 중 많은 곳이 지금까지도 건재해 여전히 극장으로서의 기능을 다하고 있

1896년 페르디난트 펠르너와 헤르만 헬머가 건축한 그라츠 오페라하우스

다. 화려한 극장 전면과 사원을 연상시킬 정도로 웅장한 정문은 극장 건물에 당당한 위풍을 선사했고, 도시를 대표하는 건축물다운 위상을 부여했다. 극장 내부는 바로크와 궁정극장의 건물 양식을 따랐다. 칸막이를 한 특별석은 신흥 부자들이 임대했고, 1층 앞쪽 관람석은 정기 관람권을 예약한 중산층이 차지했으며, 2~3층의 일반석은 수공업자들이나 소상인들에게 할당되었다. 바로크 극장의 전통에 따라 무대 전면과 관람석은 황금색과 적색을 바탕색으로 했고, 석고 세공으로 화려하게 장식했다. 극장에 화재가 빈번히 발생하자 —그중 최대의 참사는 빈의 링테아터(Ringtheater) 화재로 사망자가 450명에 달했다— 관청은 극장의 안전수칙을 강화했는데, 이런 수칙들은 다시금 극장 설계에 지대한 영향을 끼쳤다. 무대와 관람석은 이제 '철의 장막(Eiserner Vorhang)'으로 분리되었고, 가스 조명은 전기 조명으로 대체되었다. 무대장치 면에서는 철골 구조의 건축 기법과 수력학이 발전함에 따라서 이를 응용한 다양한 무대 디자인을 선보일 수 있었다. 공연예술 측면에서 대단히 생산적인 결과를 가져온 회전무대와 원형 파노라마(Rundhorizont)[51]는 20세기로 접어들기 직전 뮌헨 궁정극장의 상임 기계감독이었던 카를 라우텐슐레거(Karl Lautenschläger)가 고안한 것이다.

이제 극장장 직도 궁정극장에서조차 귀족기사 출신이 아니라 배우나 극작가 출신의 시민 전문가들이 맡게 되었다. 극장장들은 공영극장의 경우에는 지원금에 합당한 공연을 해야 할 의무가 있었고, 민영극장의 경우에는 가능한 한 많은 수익을 올려야 했다. 영리를 목적으로 하는 극장에서는 연극인과 관객이 생산자와 소비자의 입장으로 만나게 되었으며, 이들의 관계 또한 수요와 공급의 원칙에 따라서 결정되었다. 극장의 상업화는 당연히 공연작품에도 영향을 미쳤다. 일단 시민들의 필수 교양목록에 포함되어 있는 만큼 공연 실패라는 부담이 없는 고전 작품들로 레퍼토리를 구성했다. 셰익스피어, 몰리에르, 레싱, 실러와 괴테의 작품들이 주축을 이루고, 진지한 현대극들은 부수적인 역할을 했다. 그러나 최소한 양적인 측면에서 볼 때, 공연계의 호황과는 달리 희곡 창작은 부진했다. '시민적 사실주의(Bürgerlicher Realismus)'로 대표되는 이 시기는 고트프리트 켈러(Gottfried

---

51) 무대에서 무궁한 하늘을 표현하기 위해 조명설비와 함께 고안된 사반구형의 벽면. —옮긴이

Keller), 콘라트 페르디난트 마이어(Conrad Ferdinand Meyer), 테오도르 슈토름(Theodor Storm)과 테오도르 폰타네(Theodor Fontane)와 같은 서사문학의 대가들을 배출했지만, 희곡문학 분야에서는 아류 작가들뿐이었다. 극작가들은 극작술의 교과서로 많은 이들이 탐독한 『희곡의 기법(Die Technik des Dramas)』의 저자 구스타프 프라이탁(Gustav Freytag)처럼 고전주의를 모범으로 삼아 고전주의 극작 기법을 부활시키기 위해서 노력했다. 이들은 고전주의 희곡의 형식뿐만 아니라 작품 속에 제시된 인간상까지 모방하고자 했다. 그러나 이러한 노력은 도덕적 가치의 쇄락, 심리적 관찰 방식의 대두, 형이상학적 인식의 점진적 의미 상실 등으로 정의되는 새로운 세계관과는 모순되는 것이었다. 시대에 역행하는 내용과 형식상의 원칙들로 인해 당시의 희곡문학은 쇠퇴할 수밖에 없었는데, 이러한 구시대적인 착오는 파울 하이제(Paul Heyse)나 엠마누엘 가이벨(Emanuel Geibel)과 같은 교양문학가들의 졸작에 이미 잘 나타나 있다.

유일한 예외가 게오르크 뷔히너가 태어난 해인 1813년 당시 덴마크 땅이었던 디트마르쉔(Dithmarschen)에서 출생해 빈곤한 가정환경에서 성장한 후, 독학으로 공부한 프리드리히 헵벨이다. 혁명이 발발했던 1848년은 그의 작가 인생에 중요한 방점을 찍은 해였다. 혁명 전 발표된 작품들은 주변 환경에 편협한 남성들에 의해 억압받는 여성들의 상황과 이들의 대담한 저항을 보여 준다. 헵벨의 시민비극 〈마리아 막달레나(Maria Magdalene)〉의 비극적 갈등은 레싱의 〈에밀리아 갈로티〉나 실러의 〈간계와 사랑〉처럼 시민과 귀족의 사회적 대립 때문이 아니라, 소시민의 한계에서 비롯된다. 따라서 이 작품은 마지막까지도 갈등이 해소되지 않는다. 당시의 비평가들뿐만 아니라 작가 자신도 이 점을 작품의 단점으로 생각하고 있었다. 1848년 이후 발표된 작품들인 〈헤로데스와 마리암네(Herodes und Mariamne)〉, 〈아그네스 베르나우어(Agnes Bernauer)〉, 〈기게스와 그의 반지(Gyges und sein Ring)〉 그리고 〈니벨룽겐(Die Nibelungen)〉은 자신의 몰락을 불가피한 숙명으로 받아들이는 개인의 체념적인 태도를 다루고 있다. 혁명 전과 후에 발표된 작품들 간의 차이에도 불구하고, 헵벨의 작품을 관통하는 특징은 절대 변하지 않는 도덕적 세계질서의 완고함이다. 헵벨은 '기존 제도를 붕괴시키는 대신, 그 근원을 파고든다'라는 자신의 모토를 철저하게 따랐다. 그의 작품들이 고전주의 희곡 형식을 고집하면서도 그 아류라는 평가를 벗어날 수 있었던 것은 고대신화가 갖는 장대함에 '심리적 사실주의(Psychologischer Realismus)'를 결합시키려는 노력이 있었기 때문이다.

19세기 후반 희곡문학과 공연예술의 발전에 큰 획을 그은 인물을 뽑으라면 누구보다도 앞서 언급해야 할 인물이 리하르트 바그너다. 바그너는 다수의 음악극과 자작 리브레토를 남겼을 뿐만 아니라, 『예술과 혁명(Die Kunst und die Revolution)』, 『미래의 예술 작품(Das Kunstwerk der Zukunft)』과 『오페라와 희곡(Oper und Drama)』과 같은 에세이를 통해 자신의 무대예술관을 상세히 설명해 놓았다. 작곡가 바그너는 예술과 사회의 밀접한 관계를 우선적으로 강조했다. 그는 제한된 일부 계층이 아니라 각계각층을 망라한 국민 전체를 대상으로 하는 새로운 예술을 창조하기 위해서는 사회혁명이라는 필연적인 전제조건이 충족되어야 한다고 생각했다. 고대 그리스의 연극을 모범으로 삼으면서도 예술적 개혁을 꿈꾸었던 그의 노력은 1876년 출범한 바이로이트 음악제(Bayreuther Festspiele)로 그 결실을 거두었다. 바그너는 개별 예술 장르들의 주요 요소들을 모아 하나로 용해시키는 '종합예술작품'의 선례를 그리스 비극에서 찾았고, 희곡에 대한 고찰을 통해 '국민오페라(Nationaloper)'를 만들겠다는 계획을 세웠다. 그는 오로지 민족의 과거사에서만 국민오페라의 소재를 찾을 수 있다고 생각했고, 이에 따라 자신의 웅대한 4부작 〈니벨룽겐의 반지(Der Ring der Nibelungen)〉의 모티브를 모두 게르만 신화에서 가져왔다. 1848년 혁명이 발발한 해에 완성된 이 작품의 원안은 지그프리트의 죽음과 브륀힐데(Brünnhilde)의 헌신적 희생이 니벨룽겐을 황금의 저주에서 벗어나게 하고, 인본주의에 입각한 새로운 세계질서가 확립되는 것이었다. 그러나 완성된 작품의 결말부는 〈신들의 황혼(Die Götterdämmerung)〉으로 신과 인간이 모두 멸망한다. 사회혁명에 대한 희망에서 출발한 작품이 혁명의 실패를 겪은 후, 자기파멸을 통한 구원에 대한 열정으로 바뀐 것이다.

그러나 이 시대에도 레퍼토리에서 가장 큰 비중을 차지했던 것은 여전히 통속극이었다. 착각이나 모략으로 인해 벌어지는 사소한 소동을 다룬 희극, 시각적 효과에 치중한 감상극 그리고 상투적인 풍속희극이 가장 인기를 끌었다. 이런 작품들은 하루 일과를 마친 시민 관객들에게 가볍게 즐길 수 있는 기분 전환거리가

알렉상드르 뒤마 필스: 〈프랑실롱〉, 1887년 극단 코메디 프랑세즈의 파리 공연

되었다. 에두아르트 폰 바우에른펠트(Eduard von Bauernfeld), 로더리히 베네딕스 그리고 샤를로테 비르히-파이퍼와 같은 작가들의 연작이 레퍼토리의 주축을 이루었다. 프란츠 폰 쇤트한(Franz von Schönthan)은 군인들이 등장하는 익살극을 무대에 올렸고, 동생 파울과 함께 쓴 〈사비니 여인들의 강탈(Der Raub der Sabinerinnen)〉은 이 시기에 발표된 작품들 중 유일하게 오늘날까지도 종종 공연되고 있다. 파울 린다우(Paul Lindau)와 아돌프 라론쥐(Adolph L'Arronge)는 프랑스 도덕극의 절정기에 발표된 외젠 스크리브(Eugène Scribe), 알렉상드르 뒤마 필스(Alexandre Dumas fils)와 빅토리앙 사루두(Victorien Sardou)의 작품들을 그대로 베끼기도 했다. 대개 작가 여러 명의 공동 집필을 통해 대량으로 쏟아져 나온 이런 작품들은 주로 부르주아의 거실을 배경으로 하고 있으며, 불륜이나 경제적 파탄으로 파멸 지전에 이른 시민가정이 종국에는 그 위기를 모면한다는 이야기가 반복된다. 이런 식의 극작 시스템은 기름칠을 잘 해 원활히 돌아가기는 하지만, 제대로 된 제품은 하나도 만들어 내지 못하는 기계와 다름없었다. 등장인물들은 열정이 아니라 냉정한 계산과 성적 모험에 대한 충동에 따라 행동한다. '부르와르 희극(Boulevardkomödie)'이라고 총칭되는 이 장르는 19세기 후반에서 20세기 초반에 걸쳐 그 절정기를 맞았는데, 시민계층의 비도덕성을 —종종 작가의 의도와는 달리— 폭로하는 외젠 라비슈(Eugène Labiche)의 희극, 조르주 쿠르틀린(Georges Courteline)의 익살극 그리고 조르주 페이도(Georges Feydeau)의 골계극이 대표적인 작품들이다.

이 시대에는 희곡과 마찬가지로 공연 방식 또한 시민계급이 주를 이룬 관객들

의 기대에 부응했다. 사실주의적인 것을 선호하는 관객들을 위해 '폐쇄적인 실내 장식(geschlossene zimmerdekoration)'이 도입되었고, 이것은 점점 측면장치 무대를 대체해 갔다. 삼면을 둘러싼 벽에는 실제로 사용할 수 있는 출입문이 달려 있었고, 그 위에 천장을 덮어 만든 공간은 당시 작품들이 요구하는 내밀하면서도 안락한 분위기를 만들어 냈다. 무대는 그 당시 유행했던 살롱처럼 벨벳 소파와 야자수 화분, 드레이프 커튼 등으로 장식했다. 역사극을 공연할 때도 실내 장면의 경우에는 폐쇄적인 실내 장식을 사용했고, 여기에 니치나 기둥 또는 난간들을 이용해 악센트를 주었다. 야외 장면을 위해서는 무대 뒤 대형 배경그림 이외에도 곳곳에 배경도와 조각품들을 배치했다.

과거 시대를 무대에서 가능한 한 정확하게 재현하고자 한 역사주의(Historismus)는 고전작품을 연출할 때, 가장 중요한 원칙으로 대두했다. 부르주아 관객들은 역사 고증에 충실한 공연을 감상하며, 자신들의 정당성이 역사적으로 입증되었다는 느낌을 받았다. 그리고 현실에서는 찾아볼 수 없는 숭고함과 순수함을 예술의 허구적 세계에서 발견할 수 있었다. 19세기 중반 셰익스피어 작품을 공연하면서 웅장한 군중 장면을 삽입해 런던의 관객들을 매혹시켰던 찰스 킨(Charles Kean)의 연극적 역사주의는 20년 뒤에는 작센-마이닝겐의 공작 게오르크 2세(Georg II von Sachsen-Meiningen) 덕분에 독일에서도 전성기를 구가했다. 독일제국 선포 후 공작 작위를 박탈당한 게오르크 2세는 마이닝겐 극장의 예술 총감독직을 맡아서 배우였던 그의 부인 엘렌 프란츠(Ellen Franz), 감독이었던 루트비히 크로네크(Ludwig Cronegk)와 함께 훗날 유럽 전역은 물론 미국에서까지 '마이닝겐 양식'으로 유명해진 무대공연 방식을 체계화했다. 역사화를 주로 그린 화가 빌헬름 카울바흐(Wilhelm Kaulbach)의 제자였던 공작은 동료들이 현장에서 그려 온 스케치를 토대로 직접 무대를 디자인했다. 셰익스피어의 〈줄리어스 시저〉를 공연할 때는 고고학자의 자문을 받아 고대 로마시대의 유적지인 포럼 로마눔(Forum Romanum)[52]을 그대로 재현하기도 했다. 그러나 이러한 철저한 역사주의가 셰익스피어 작품의 몽환적인 분위기와는 전혀 맞지 않는다는 생각은 하지 못했다.

52) 고대 로마시대의 유적지. ―옮긴이

윌리엄 셰익스피어: 〈로미오와 줄리엣〉, 1875년 부르크테아터 공연, 프란츠 폰 딩엘슈테트 연출, 카를로 브리오시의 무대 디자인

윌리엄 셰익스피어: 〈줄리어스 시저〉, 1867년 작센-마이닝겐 공작 게오르크 2세의 무대 스케치

마이닝겐 극단은 셰익스피어의 작품들 이외에도 몰리에르, 실러, 클라이스트 그리고 그릴파르처의 작품들을 주로 공연했다. 공작은 의상도 색과 재단, 원단까지 철저하게 역사적 고증을 거쳐서 제작했다. 무대 위의 인물 배치는 역사화를

모범으로 삼았다. 그때까지만 해도 배우들이 개방형 무대 위에서 반원형으로 둘러서서 관객들을 향해 연기하는 것이 통상적이었는데, 마이닝겐 극장은 그러한 구도 대신에 배우들을 소그룹으로 나눠 계단과 연단에 배치시켰다. 수개월의 리허설을 통해서 무대연출은 사소한 디테일에 이르기까지 완벽하게 조탁되었고, 모든 배우들은 단역뿐만 아니라 군중 장면의 엑스트라 역까지 소화해야 했다.

'연극의 공작(Theaterheorzog)'이라고 불렸던 게오르크 2세는 스타 배우들의 비중이 점점 커지는 추세와는 달리, 앙상블 중심의 공연을 원칙으로 삼았다. 19세기 말 유럽의 대부분 국가에서 나타난 연극계의 특징은 초청공연을 다니는 배우들이 큰 인기를 끌었다는 점이다. 스타 배우들은 소속 극단과 함께 또는 이미 공연 중인 작품에 초청배우로 무대 위에 등장해 자신들의 주특기를 선보였다. 그중 가장 각광을 받았던 스타들은 에드먼드 킨(Edmund Kean), 톰마소 살비니(Tommaso Salvini), 엘레오노라 두세(Elenora Duse) 그리고 사라 베른하르트(Sarah Bernhardt)였다. 이들은 한두 차례 리허설을 통해 기본적인 연출 지침을 파악하고 나면, 곧바로 작품 속의 인물들을 훌륭하게 연기했다. 이러다 보니 한 무대에서 두 가지 언어가 사용되는 일도 빈번했다. 당시 작품들은 등장인물의 등장과 퇴장, 무대 위에서의 위치 등을 미리 정해 놓았기 때문에 평균적인 연기력을 가진 배우들도 출연했던 작품에서 맡은 역할을 철저하게 숙지하고 있었고, 그 덕분에 공연 중간에 투입되어도 지장이 없었다. 공연 여행을 다니는 스타 배우들은 '장벽 체류자(Mauerweiler)'라는 별명으로 불렸는데, 그들이 방문한 도시의 지역신문의 비평이 한결같이 "어제 우리 도시의 장벽 안에 머문 (…)"이라는 문장으로 시작되었기 때문이다. 그러나 이러한 현상은 당연히 무대공연의 예술적 측면에는 부정적인 영향을 가져왔다.

마이닝겐 극장의 게오르크 2세가 앙상블 연기를 중시하고, 다양한 요소들이 무대 위에서 하나로 융합되어 발휘되는 총체적 효과를 늘 염두에 두고 있었다는 사실은 그의 생각이 대단히 혁명적이었음을 증명해 준다. 그의 이러한 노력을 계승한 자연주의 거장들로는 앙드레 안토완(André Antoine), 오토 브람(Otto Brahm), 콘스탄틴 스타니슬라프스키(Konstantin Stanislawski)가 있다.

자연주의 드라마와 연극

'자연주의(Naturalismus)'라는 용어는 19세기 마지막 20년간 거의 유럽 전역에 확산된 희곡문학과 연극의 표현 양식을 일컫는다. 한마디로, 모든 면에서 실제의 모습 그대로를 재현하는 데 중점을 두는 것이 특징이다. 언어와 몸짓, 무대장치와 의상 등 세밀한 부분까지 현실을 충실하게 재현해야 하고, 등장인물들은 일상생활에서와 똑같이 행동하고 말한다. 그전까지만 해도 일반적으로 통용되던 방백을 통한 등장인물과 관객의 직접 소통, 등장인물들이 관객을 향해 반원형을 그리며 서 있는 배치는 더 이상 허용되지 않는다. 자연주의 연극에서 등장인물들은 자기들만의 세계에 살고 있다. 이들은 자신들이 존재하는 공간적 조건에 따라 움직인다. 여기서 디드로가 제창한 '제4의 벽'이 다시 요구된다. 배우들은 관객이 존재하지 않는 것처럼 행동해야 하고, 관객은 무대 위에서 벌어지는 사건을 마치 수족관의 유리창이나 열쇠 구멍을 통해서 훔쳐보는 듯 관찰하며, 그것이 현실과 다름없다는 환상에 빠진다.

표현 양식의 변화는 곧 연극의 기능이 변화했음을 시사한다. 연극의 기능은 이제 더 이상 기분 전환을 위한 오락이나 관객들을 교화하는 데 그치지 않았다. 오히려 자연주의는 연극의 경박한 오락성이나 경직된 역사주의에 반기를 들었다. 젊은 작가들과 연극인들은 당면한 현실을 관객들에게 보여 주고자 했으며, 확고부동한 과거와 그 가치들이 갖는 영원성에 만족하며 현실을 외면하는 시민계급이 환상 속으로 도피하는 것을 저지하고자 했다. 이들은 시민계급이 당면한 현실의 문제들과 사회적으로 착취당하는 프롤레타리아 계층의 비참한 현실을 교양 있는 시민 관객들의 눈앞에 들이밀었다. 이제 관객들은 아마추어 판사의 입장에서 판결을 내려야 했다. 그러나 작가들은 가능한 한 판단을 유보했다. 이들은 무대 위에서 벌어지는 사건이 마치 사진으로 촬영한 것처럼 정확하게 제시된 현실의 한순간이라고 생각했다. 그러다 보니 제시된 상황들은 뭔가 정체된 감이 없지 않았다. 무대 위에서 보여 주는 상황의 원인이나 이를 변화시킬 수 있는 가능성이 관객의 시야 밖에 놓여 있었기 때문이다. 관객이 자발적으로 그 원인과 변화의 가능성에 대해 의문을 품지 않는 이상 공연 후 남는 것은 동정심밖에 없었다.

모든 자연주의자들은 희곡문학과 연극이 진실을 추구해야 하며, 실제 현실과 모사한 현실 간의 차이를 가능한 한 최소화해야 한다는 점에서 의견이 일치했다. 자연주의 문학의 창시자라고 할 수 있는 에밀 졸라(Emile Zola)에게 예술이란 "기질을 통해 본 한 조각의 자연"이었다. 졸라에 필적하는 독일 자연주의 이론가 아르노 홀츠(Arno Holz)는 자신의 이론에 자연과학적 정확성을 부여하기 위해 '예술=자연－X'라는 공식을 만들었다. 홀츠는 예술의 목표가 X라는 요소, 즉 예술가의 주관과 예술적 수단의 불완전성을 완전히 없애지는 못한다 할지라도 가능한 한 최소화하는 데 있다고 역설했다.[53]

객관적 진실을 추구했던 자연주의자들은 현대과학, 그 가운데서도 실증주의, 환경결정론 그리고 진화론을 사상적 토대로 삼았다. 실증주의 철학의 창시자인 오귀스트 콩트(Auguste Comte)는 형이상학적이고 사변적인 고찰을 배격하고 관찰과 실험을 통해 사회현상의 상관관계와 그 적법성을 발견해야 한다고 주장했다. 모든 인식은 경험으로 통제할 수 있어야 한다. 즉, 인식은 실제적으로 경험되고, 의심의 여지 없이 검증할 수 있는 것에 기초한다는 것이다. 실증주의적 관점에서 보면, 인간의 삶까지 포함한 모든 사회적 현상은 절대불변의 법칙에 따라 일어난다. 콩트의 제자 이폴리트 텐은 모든 인간 개체가 '인종', '환경' 그리고 '시간'이라는 세 가지 요인에 의해 결정된다는 이론을 주창했다. 따라서 출신과 역사적 시대 상황이 인간의 삶을 좌우한다는 것이다. 다윈의 진화론에 따르면, 자연은 엄격하고 가차 없다. 후손의 과잉 생산으로 인해 발생한 생존경쟁에서 적자들이 살아남음으로써 새로운 환경에 더 잘 적응할 수 있는 능력이 보존되고, 이는 결국 그 종족의 변형까지 가져온다. 적자생존의 과정에서 그 특성과 능력이 부족한 개체는 도태된다. 그 종족을 보존해 가는 것은 뛰어난 적응 능력을 갖춘 개체들로 이들은 후손을 만들기에 적합한 파트너를 만나 번식함으로써 자신들의 긍정적인 특성을 후손에게 물려준다. 인간의 삶을 결정하는 것은 외부적 요인이라고 주장한 실증주의를 생태학적으로 확인해 준 것이 바로 다윈의 진화론이었다.

자연주의 문학이론가인 에밀 졸라가 특히 자신의 주장의 근거로 삼았던 것은

53) Arno Holz: Das Werk, Band X, S. 80.

클로드 베르나르(Claude Bernard)가 1865년 출간한 『실험의학 연구서설(Einführung in das Studium der experimentellen Medizin)』이었다. 이 책은 그때까지 주로 관찰에 의거했던 의학에 실험을 통한 연구라는 새 장을 열어 주었다. 실험적 소설에 대한 졸라의 논문은 거의 베르나르의 저서를 발췌한 것으로 '의사'라는 단어를 '작가'라는 단어로 바꿔 놓기만 했을 정도였다. 졸라는 자신의 이론을 실제 사례를 통해 증명하고자 장장 20권에 달하는 연작 『루공 마카르 총서(Les Rougon-Macquart)』를 집필했다. 이 작품은 조상의 유전자라는 동일한 조건에서 출발했으나 다양한 환경조건 아래 성장하며 서로 다른 인생을 살아가는 후손들의 이야기를 그리고 있다. 물론 이 작품을 과학적 실험과 같다고는 할 수 없다. 소설 안에서는 모든 일들이 작가가 원하는 방식으로 전개되기 때문이다. 연구 대상이 되는 현상은 실험실에서 진행되는 연구가 대개 그렇듯이 기대와 어긋난 반응을 보이지도 않지만, 그렇다고 연구자의 영향에 의해 좌우되지도 않는다.

졸라는 주로 이론적인 측면에서 자연주의 연극의 정립에 이바지했다. 그러나 실제적인 측면에서는 상업적인 이해관계에 의해 좌우되었다. 당시 작품공연이 성공적이면 많은 돈을 벌 수 있었고, 그래서 졸라 역시 희곡을 단순히 돈을 벌기 위한 수단으로 생각했다. 물론 그의 작품들은 파리의 관객들로부터 그리 큰 호응을 얻지는 못했다. 반면에 ―대부분 다른 작가들이― 졸라의 소설들을 각색한 작품들은 무대 위에서 크게 성공을 거두었다. 졸라는 1881년에 발표한 논문 「연극에서의 자연주의(Le naturalisme au théâtre)」에서 동시대 사람들의 삶에서 일어나는 실제 상황들을 아주 면밀하게 관찰한 후, 이를 무대 위에서 그대로 재현하는 것이 바로 미래의 연극이라고 말하고 있다. 무대 위에서 재현되는 실제 상황은 외형적인 것뿐만 아니라, 정신적이고 심리적인 것도 의미한다. 졸라는 환상이나 형이상학을 언급하며 우쭐거리는 것은 절대 자연주의 연극에서 허용될 수 없다고 말하면서, 일체의 미사여구와 이상적이고 역사적인 요소들을 배제할 것을 요구했다. 연극이 막다른 골목과 같은 침체기에서 벗어나는 길은 오로지 현재의 시점에서 벌어지는 상황에 집중하는 것이라면서, 작가는 사람들을 심문해 그들의 행동을 명확하게 규명하고자 하는 예심판사와 같다고 했다. 졸라의 작품은 특정한 상황에 처한 사람들의 행동양식을 보여 준다. 따라서 그 특정한 상황이 작품의 중심이다. 그리고 이 상황은 무대 위에서 세밀하게 재현된다. 졸라는 배우들의 연기와 관련해서도 똑같은 요구를 했다. 배우는 자기 역할을 '연기하는(spielen)' 것이 아니라 '살아야(leben)' 하고, 자신과 관객의 존재를 잊어버림으로써 관객 또한 배우가 연기한다는 사실을 잊을 수 있다. 배우는 길거리, 여관, 상점, 사무실과 한 가정의 거실에서 펼쳐지는 다양한 삶의 모습들을 정확하게 파악하여 그 삶을 소박하고 진실하게 연기할 수 있을 때, 비로소 무대 위로 올라와야 한다는 것이 졸라의 생각이었다.

이런 졸라의 생각을 무대 위에서 실현한 인물은 1887년 아마추어 연극인 신분으로 파리에서 '자유극장(Théâtre libre)'을 창설한 앙드레 안토완이다. 그 후 불과 2~3년 사이에 안토완처럼 자연주의 연극을 표방하는 극단들이 유럽 각지에 설립되었다. 베를린에서는 오토 브람이 '자유무대(Freie Bühne)'를, 런던에서는 토머스 그레인(Thomas Grein)이 '독립연극(The Independent Theatre)을, 그리고 모스크바에서는 스타니슬라프스키와 블라디미르 네미로비치-단첸코(Vladimir Nemirovich-Danchenko)가 '모스크바 예술극장'을 창설했다. 이들은 현대 드라마 작품을 공연하는 데 전념하면서 현실을 충실히 재현하는 공연 양식을 발전시키겠다는 동일

에밀 졸라: 『대지』, 1902년 파리 안토완 극장 공연, 앙드레 안토완 연출

한 목표를 가지고 있었다. 대다수 관객의 취향을 만족시키며 돈벌이를 하겠다는 생각 자체를 거부했기 때문에 재정적으로는 후원자의 도움이나, 주로 진보 성향의 지성인들로 구성된 동호회의 회비에 의지해야만 했다. 안토완은 회고록에서 "자유극장의 지적인 관객들"에 대해 언급하고 있다. 자유극장은 후원자들의 도움에도 불구하고 얼마 안 되는 회원들의 회비만으로는 극장을 운영할 수 없었기 때문에 거의 10년 가까이 지속된 재정적 어려움으로 존폐 위기를 겪어야 했다. 그러나 이러한 난관도 극단의 예술적 성장을 방해하지는 못했다. 어떤 위기에도 결코 흔들리지 않았던 안토완은 헨리크 입센, 아우구스트 스트린드베리(August Strindberg), 레오 톨스토이(Leo Tolstoi) 그리고 게르하르트 하우프트만(Gerhart Hauptmann)의 작품들을 과감히 무대에 올렸는데, 이러한 무대공연은 자연주의 연극에 지표를 제공하며 획기적인 전기를 마련해 주었다. 안토완은 사건의 배경이 되는 상황의 분위기를 충실히 재현하는 것을 가장 중시했다. 측면무대를 대체한 '폐쇄적 실내장치' 방식에 따른 무대는 아주 세밀한 부분까지 현실을 그대로 모사했다.

안토완은 연기와 관련해서도 극단적 사실주의를 추구했다. 그는 주로 아마추어 배우들을 단원으로 채용했는데, 다음과 같이 그 이유를 설명했다. "연기에 탁월한 사람은 자연스럽지 못하다. 그러나 연기에 익숙하지 않은 사람은 주저함이 없다. 주저함이 없기에 걸어가는 연기를 하라고 지시하면 일상에서와 마찬가지로 자연스러운 걸음으로 걷는다. 그러나 연기에 익숙한 사람은 특별한 걸음, 즉 '연극적' 걸음으로 걷는다. 이러한 습관을 없애려면 이러한 습관을 익힐 때보다 100배 이상 더 노력해야 한다."[54]

자연주의 희곡문학의 창시자는 헨리크 입센이다. 1828년 노르웨이의 한 소도시에서 출생하여 약방에서 도제 생활을 했던 그는 훗날 운 좋게 베르겐 극장의 연출가로 취임하게 되었으며, 사회극으로 자연주의에 전환기를 마련하기 전까지는 일련의 낭만주의적 국민극들을 발표했다. 이 중 대표적인 작품이 역사극 〈왕위를 노리는 자들(Kongs-Emnerne)〉과 환상적인 시퀀스와 몽환적인 장면이 혼합되

54) André Antoine: Meine Erinnerungen an das Théâtre libre. S. 184 f.

어 있는 장대한 시극 〈브랑(Brand)〉이다. 이 작품들의 주인공은 절대적인 도덕적 이상에 따라 행동하지만, 〈페르귄트(Peer Gynt)〉의 주인공은 허풍만 떨며 거짓말을 일삼는다. 역시 운문체로 쓰인 〈페르귄트〉는 상징성이 농후하다. 주인공은 노르웨이 국민의 전형이다. 형제국가인 덴마크가 1864년 프로이센과 전쟁을 벌였을 때, 노르웨이가 덴마크 편을 들지 않은 사실에 심히 절망한 입센은 노르웨이 국민들을 '미사여구만 늘어놓을 뿐' 위대한 일을 결행할 능력도, 공감과 연민의 감정도 없다고 비난했다. 그래서 입센은 페르귄트를 결단력 있는 행동은 전혀 하지도 못하는 주제에 늘 자신의 확고부동한 정체성을 자랑하는 인물로 만들어 놓았다. 페르귄트는 작품의 결말에 가서야 자신의 오만함을 깨닫고, 그가 그의 분신과도 같은 고향으로 돌아오기를 평생 동안 '믿음과 사랑과 소망' 속에서 기다려온 솔베이지의 팔에 안겨 회개한 다음 눈을 감는다.

그 후 거의 10년간 중단했던 집필활동을 재개한 입센은 당시 상류층의 문제로 시선을 돌렸다. 초기 작품에서는 시민들의 삶이 환상의 세계로 도피하는 계기를 제공하는 데 그친 반면, 이제는 작가의 관찰과 분석의 중심 대상이 되었다. 입센은 사회극을 통해 시민계급의 도덕성이란 겉치레에 불과할 뿐, 그들의 실제 행동은 비도덕적임을 폭로하고 있다. 입센의 의도는 거짓으로 포장된 삶의 실체를 여지없이 드러내는 것이었다. 그의 자연주의 작품에서는 애써 외면해 온 과거의 죄의식이 수면 위로 올라오며 풍파를 일으킨다. 이 과정은 분석극의 기법으로 서술된다. 입센이 그 전형을 소포클레스(Sophocles)의 〈오이디푸스 왕〉에서 발견한 분석적 극작법은 숨겨진 과거사를 스토리의 중심에 놓는다. 자연주의적 관점에서 볼 때, 입센의 사회극들은 사건 배경의 정밀한 묘사와 일상적인 구어체의 대사, 인물들의 다양한 심리묘사가 특징이다. 이런 특징들 속에서 작가가 창조한 인물들은 작가의 손을 떠나 독자적인 삶을 살아간다. 〈유령들(Gengangere)〉에서 목수 엥스트란드(Engstrand)가 방화를 저질렀는지 여부를 묻는 비평가에게 입센은 "그러고도 남을 녀석이긴 하다"라고 답했다고 전한다.

50세가 되어서야 사회극을 쓰기 시작한 입센은 최초의 사회극 〈사회의 기둥(Samfundets Støtter)〉에서 노르웨이 소도시에 살고 있는 부유한 선박업자이자 즉위하지 못한 왕이라는 인물을 통해 사회를 이끌어 나가는 인물들의 발판이 상당히 부패해 있기 때문에 이들이 부와 권력을 움켜쥐려면 흔히 기만과 사기도 서슴지 말아야 함을 보여 주고 있다. 작품의 상징적인 제목은 한 자유여성이 "진실과 자유의 정신이 사회를 지탱해 주는 기둥"이라고 말하는 순간에 가서야 비로소 그 아이러니한 의미를 상실한다.

후속작인 〈인형의 집(Et Dukkehjem)〉의 주제는 여성해방이다. 입센은 이 작품에서 자신의 내면세계에 충실히 살아가는 여성이 남성이 만든 규범과 법칙에 의해 평가되는 문제를 파고든다. 형식적인 측면에서도 〈인형의 집〉은 입센의 작품세계가 한층 성숙되었음을 말해 준다. 전작들에 비해 극적 사건에 더 집중하고 있고, 시간의 흐름도 압축적이며 등장인물의 수도 적다. 내면세계를 강조하면서도 극적 긴장감을 유지해 간다. 갈등은 여주인공이 남편을 떠나겠다는 당시로서는 가히 혁명적이라고 할 만한 결정을 내린 후, 이성적으로 나누는 대화와 함께 해소된다.

〈유령들〉 역시 입센의 문학성이 진일보했음을 보여 주는 작품이다. 여기서 사회는 더 이상 극적 사건을 야기하는 직접적인 원인이 아니라, 등장인물의 운명을 극적으로 꾸며 주는 장식에 불과하다. 〈유령들〉과 그 이후 발표된 작품들은 사회적 현실에 대한 분석이나 비판보다는 등장인물의 깊은 내면을 파헤치는 것에 더 중점을 두고 있다. 사회극과 심리비극을 결합한 것이다. 끝이 보이지 않는 고통과 존재적 위기는 결국 죽음을 초래한다. 겉으로는 평범하게 보이는 일들에 상징성이 더해지면서 개개인을 초월하는 보편적 의미를 갖게 된다. '유령들'이라는 제목은 죽은 자의 회귀라는 의미에서 끝까지 선모가 밝혀지지 않는 어두운 과거사에 대한 은유다. 이 작품의 자연주의적 경향을 암시하는 인물은 젊은 예술가 오스왈드(Oswald)다. 그는 방탕한 생활을 했던 부친으로부터 유전된 매독 때문에 마비증까지 앓는다. 철저하게 숨겨 왔던 부친의 과거는 오스왈드가 부친과 한 하녀 사이의 사생아인 젊은 하녀에게 관심을 갖게 되면서 점점 그 진상이 밝혀진다.

〈유령들〉에 이어 발표된 〈민중의 적(En Folkefiende)〉은 하수 때문에 물이 오염된 온천으로 상징되는 한 지역의 정치적·도덕적 타락을 보여 준다. 지역 주민들은 수입이 줄어들 것을 우려해 모두가 합심하여 그러한 사실을 숨기려 하지만, 온천의 전속의사인 스토크만(Stockmann)은 이에 맞서 온천물을 정화해야 한다고

헨리크 입센: 〈들오리〉, 1890년 파리 자유극장 공연, 앙드레 안토완 연출

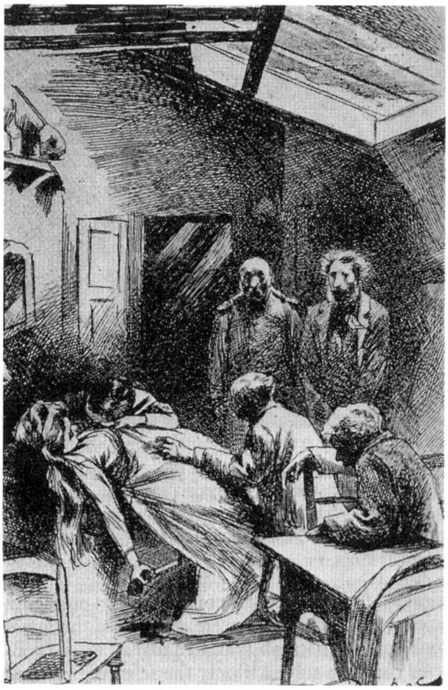

주장한다. 그러나 "혼자 외롭게 싸우는 사람이 가장 강한 사람"이라는 스토크만의 마지막 주장은 홀로 진실을 규명하려는 태도가 과연 옳은가에 대해 의문을 던진다.

기필코 진실을 밝히려는 의지가 오히려 삶을 파괴할 수도 있음을 보여 주는 입센의 또 다른 작품은 〈들오리(Vildanden)〉다. 이상주의의 신념에 가득 찬 나머지 진실 규명에 혈안이 된 인물이 오히려 해악만을 끼친다. 결국 그는 세상물정에 어두운 독불장군에 불과했고, 그가 회의적이고 철면피하다고 비난했던 사람들의, "평범하게 살아가는 사람들의 거짓말을 참아 주는 것이 그들을 행복하게 해 주는 길"이라는 말이 옳았음이 증명된다. 〈헤다 가블러(Hedda Gabler)〉의 주인공 헤다 역시 진실이 밝혀지면서 삶이 파괴되는데, 그녀는 남편의 별 볼일 없는 실체를 알고 난 후 권총으로 자살한다. 이 작품 이후로 입센의 사회극은 자연주의로부터 점점 더 거리를 두었으며, 말년의 작품들은 상징주의 경향을 강하게 드러낸다.

1849년 스톡홀름에서 태어나 빈곤한 가정에서 성장했으며, 평생 상류층의 화려한 삶을 갈구하다 정신까지 쇠약해진 아우구스트 스트린드베리는 작가의 길을 걸으며 헨리크 입센의 족적을 따라갔다. 자연주의에 속하는 그의 작품은 초기에 발표된 〈아버지(Fadren)〉, 〈율리에 아가씨(Fröken Julioöé)〉와 〈채권자들(Fordringsägare)〉뿐이다. 그가 훗날 일종의 신앙고백서인 『지옥(Inferno)』에서 스스로 밝히

고 있듯이 정신적·심리적 위기들을 격렬하고 격정적으로 체험한 후에는 〈꿈의 연극(Drömspelet)〉과 같은 신비주의적 상징주의에 속하는 작품들을 완성했다. 그는 〈율리에 아가씨〉의 서문에서 자신이 자연주의 작품들을 통해 표방하고자 한 바를 밝히고 있다. 그는 대부분 중류층에 속하는 관객들이 골머리를 썩지 않고도 동시대 사상들의 의미를 파악할 수 있도록 대중적인 방식으로 전파하는 것이 작가의 임무라고 생각했다.[55] 그는 자연주의 연극과 당시의 통속적 오락극의 가장 큰 차이는 관객의 현실을 직접적으로 보여 주는 데 있다고 생각했다. 그는 휴식 시간이 없기 때문에 그만큼 더 작품에 집중할 수 있고, 그래서 훨씬 강도 높은 감정적 참여를 유도할 수 있는 단막극이 자연주의 연극에는 가장 적합하다고 확신했다.

에밀 졸라의 문학이론을 철저히 연구한 스트린드베리는 졸라가 주창한 '사회학적 실험'과 함께 인물의 내면적 갈등 묘사를 중시했다. 그가 표방한 '새로운 심리극'의 전형을 최초로 보여 준 작품이 〈아버지〉다. 1887년 완성된 이 비극의 저변에는 스트린드베리가 당시의 시대적 담론에서 차용해 온 '암시를 통한 정신적 살인'과 '남성과 여성의 대립'과 같은 문제들이 깔려 있다. 시종일관 주인공의 시점으로 전개되는 이 작품은 친부 관계에 대한 주인공의 의혹을 주축으로 여성 혐오, 올바른 교육을 둘러싼 배우자 간의 다툼, 광기로 인한 위험 등을 다루고 있다. '자연주의 비극'이라는 장르 명칭을 달고 있는 단막극 〈율리에 아가씨〉는 백작의 딸과 하인을 통해서 생존을 위한 투쟁을 보여 준다. 여기서는 남성을 상징하는 부친을 정신병원에 감금함으로써 끝났던 전작 〈아버지〉에서와는 달리 역시 남성을 대표하는 하인이 결국에는 승리한다. 하인이 상징하는 하류층의 건강한 피는 율리에로 대표되는 상류층의 퇴폐적인 신경쇠약 환자들을 지배한다. 이 작품의 극적 구조를 형성하고 있는 사회적 문제들이 희비극 〈채권자들〉에서는 별 의미를 갖지 못하고 있다. 그 대신 아우구스트 스트린드베리가 즐겨 다룬 남녀의 대립, 여성해방운동의 억압 그리고 남성들의 질투와 같은 주제들이 모두 담겨 있다.

---

55) August Strindberg: Werke in zeitlicher Folge, Bd. 5, S. 759.

버나드 쇼의 경우도 스트린드베리와 마찬가지로 그의 작품들 가운데 극히 일부만이 자연주의에 속한다. 1856년 아일랜드의 신교도 가정에서 태어나 15세 나이로 부동산 소개소에서 급사로 일했던 그는 이미 어린 시절부터 종교와 신분의 차이 때문에 생겨나는 사회적 모순을 몸소 체험했다. 청년 시절 영국으로 이주한 후, 카를 마르크스의 저서들을 탐독했던 그는 도그마를 지양하는 사회주의자들의 모임으로, 로마의 사령관 파비우스처럼 적대적 세력을 점진적으로 계몽시켜 사회주의의 토대를 마련해 나가야 한다는 취지하에 창설된 '페이비언 협회(Fabian Society)'에 가입했다. 버나드 쇼는 정치적 프로파간다를 위한 일을 하면서 틈틈이 음악과 연극비평을 썼고, 철저한 역사적 고증을 거친 셰익스피어 작품의 공연이나 경박한 신작 희극들을 비판했다. 그는 작품이 시대 상황에 가장 부합한다는 이유로 헨리크 입센을 추앙했고, 입센에 대한 책을 출간하기도 했다. 안토완의 자유극장을 모델로 삼아 런던에 '독립연극'을 설립한 토머스 그레인도 개관 기념 공연으로 입센의 〈유령들〉을 무대에 올렸다. 독립연극은 개관 공연이 스캔들까지 일으킬 정도로 주목을 받자, 이런 추세를 이어 가기 위해 〈유령들〉과 유사하되 영국적 상황을 다루고 있는 작품을 찾는 데 조급했다. 이런 와중에 그레인은 그때까지 소설가로만 알려졌던 버나드 쇼를 설득해 오래전에 집필을 시작했지만, 한동안 손을 놓고 있었던 드라마 작품을 다시 쓰도록 만들었다. 20세기 중반까지 다양한 양식과 장르를 넘나드는 희곡을 50편 이상 발표했던 버나드 쇼가 35세 나이로 쓴 최초의 희곡 〈홀아비의 집(Widower's Houses)〉은 그렇게 해서 탄생했다. 자연주의에 속하는 버나드 쇼의 처녀희곡은 런던의 집주인들과 그 대리인들이 빈민가의 끔찍한 주거환경에 대해 어느 정도까지 책임이 있는가를 조사한 의회청문회 보고서를 토대로 하고 있다. 〈홀아비의 집〉에 이어 발표된 〈워렌 부인의 직업(Mrs. Warren's Profession)〉은 독립연극 회원만을 위해 공연한 적은 있지만, 공영극장 무대에서 공연된 것은 1920년대 중반의 일이다. 당시의 정서에 따라 매춘부 출신의 여성 주인공을 참회하는 죄인으로 묘사하지 않고 매춘사업을 벌이며 철저하게 자본주의 원칙에 따라 행동하는 성공한 여성 사업가로 그린 점을 관객들이 용납하지 못했기 때문이다. 이 작품의 주인공은 착취당하는 대신 자신이 직접 착취하는 입장에 선다.

그러나 토머스 그레인의 소규모 실험극단 배우들만으로 이 연극을 제대로 공연하기에는 무리가 있었기 때문에, 이후 버나드 쇼는 런던 웨스트엔드에 있는 상업극장들을 염두에 두고 희곡을 집필했다. 관객들의 뜨거운 호응을 받았던 첫 번째 작품은 희극 〈무기와 인간(Arms and the Man)〉으로 애국심이나 용기, 영웅주의는 아랑곳없이 오로지 면피에만 급급한 스위스 출신의 장교 블런츨리(Bluntschli)가 주인공이다. 뒤이어 발표된 희극들에서도 관객들의 다양한 취향에 부응하려는 버나드 쇼의 노력이 엿보이는데, 그 가운데 가장 돋보이는 작품들은 〈바바라 소령(Major Barbara)〉, 〈의사의 딜레마(The Doctor's Dilemma)〉, 뮤지컬 〈마이 페어 레이디(My Fair Lady)〉의 원작으로 잘 알려진 〈피그말리온(Pygmalion)〉과 〈상심의 집(Heartbreake House)〉이다. 그는 관객들의 실제 삶을 역시 관객들에게 익숙한 방식으로 무대 위에서 보여 주면서도 현실을 판단하는 관객들의 가치 기준이 이상주의로 채색되어 있으며, 바로 그렇기 때문에 그것이 환상에 불과할 뿐이라는 점까지 깨닫게 만들어 주었다.

20세기로 넘어가는 전환기에 이르러 버나드 쇼의 현실을 이해하는 기준은 사회학적인 것에서 생물학적인 것으로 바뀌었다. 그는 당시 유행하던 학설을 수용하여 자연을 지배하는 것은 시행착오를 통해 더 나은 삶을 향해 끊임없이 진화하는 '생명력'이라는 확신에 도달했다. 종교적 차원으로까지 승화된 그의 확신이 담긴 최초의 작품이 〈인간과 초인(Man and Superman)〉이다. 이때부터 그의 희곡들은 이상향을 꿈꾸는 신비적 색채를 띠게 된다. 1920년 발표된 〈므두셀라로 돌아가라(Back to Methusalem)〉와 〈성녀 소앤(Saint Joan)〉은 코믹한 요소로 포장되어 있지만, 버나드 쇼가 작품을 통해 보여 주고자 했던 핵심이자, 그의 작품이 현실의 재현이나 현상에 대한 파악 수준을 넘어설 수 있게 만들어 준 '희망'이라는 삶의 원칙이 가장 잘 드러나 있는 작품들이다.

독일은 외국의 문물, 특히 프랑스의 문물을 거부하는 쇼비니즘으로 인해 상당히 늦게 자연주의를 받아들였다. 그러나 1880년부터는 독일에서도 젊은 작가들이 현실을 외면하는 동시대의 문학에 반기를 들기 시작했다. 이들은 다소간의 의견 차이가 없지는 않았지만, 급격한 산업화 과정에서 그 수가 급속도로 증가한 프롤레타리아 계층의 열악한 현실을 우선적으로 개선할 수 있는 근본적인 사회

개혁을 염원한다는 점에서는 대부분 의견이 같았다. 그런 이유로 많은 자연주의자들은 비스마르크의 악명 높은 사회주의 탄압법으로 인해 불법 정당이 되어 버린 아우구스트 베벨(August Bebel)과 빌헬름 리프크네히트(Wilhelm Liebknecht)의 '사회민주주의 노동자당(Sozialdemokratische Arbeiterpartei)'으로 모여들었다. 자연주의자들은 "동지들이여, 북을 치고 나팔을 불어라! 터질 것만 같은 심장으로 외쳐라! 부르주아는 사회악이다. 부르주아는 우리의 적이다! 몰락하라, 부르주아여!"라는 구호를 호기 있게 외치며 독일제국의 지배층에 대항하는 정치적 프로파간다 투쟁을 시작했다. 그러나 젊은 지성인들은 순전히 감정적인 차원에서 사회주의를 표방했기 때문에 그중 많은 이들이 얼마 지나지 않아 입장을 완전히 바꾸었다. 1890년대 프리드리히 니체의 영향을 받기 시작하면서 개인주의를 옹호하는 입장으로 돌아선 것이다.

독일의 자연주의 연극이 도약할 수 있는 전기를 마련한 인물은 연극비평가인 오토 브람이다. 그는 뜻을 같이하는 언론인 및 문학자들과 함께 앙드레 안토완의 '자유극장'을 모범으로 삼아 1889년 베를린에 극단 '자유무대'를 창단했다. 극단의 목표는 검열의 제약에서 벗어나는 동시에, 기존 극장의 상업성에서 자유로워지는 것이었다. 이를 위해 회원제를 도입하여 회원들이 내는 회비만으로 극단을 운영하기로 했다. 단장으로서 거의 모든 사안에 관한 결정권을 가지고 있던 브람은 공연을 위해 극장을 임대하고, 타 극단의 전문배우들을 임시로 고용했다. 극단 창설기념 공연작은 입센의 〈유령들〉이었다. 이어진 게르하르트 하우프트만의 처녀작 〈해뜨기 전(Vor Sonnenaufgang)〉의 초연은 엄청난 물의를 일으켰다. 브람은 〈평화의 축제(Das Friedensfest)〉, 〈고독한 사람들(Einsame Menschen)〉, 〈직조공들(Die Weber)〉과 같은 하우프트만의 작품들을 공연하는 한편, 레오 톨스토이의 〈어둠의 힘(Die Macht der Finsternis)〉, 스트린드베리의 〈율리에 아가씨〉 그리고 〈젤리케 가족(Familie Selicke)〉도 무대에 올렸다. 〈젤리케 가족〉을 공동 집필한 아르노 홀츠와 요하네스 슐라프(Johannes Schlaf)는 이 작품을 통해 시대 상황의 묘사와 언어 사용에 있어 세밀한 부분까지 극단적일 정도로 정확하게 모사하는 '철저 자연주의(konsequenter Naturalismus)'의 전형을 제시하고자 했다. 등장인물이 살아가는 환경을 상세한 지문을 통해 정확하게 설명해 놓기도 했다. 이런 점에서

〈젤리케 가족〉은 등장인물이 탄식해 마지않지만, 그들의 힘으로는 변화시킬 수 없는 상황을 서사적으로 묘사해 놓은 작품이다.

1890년 사회주의적 성향이 강한 극단 '자유무대'의 회원들이 모여 새로운 극단 '자유민중무대(Freie Volksbühne)'를 창단했다. 그러나 노동자들에게 문화를 접할 수 있는 길을 열어 준다는 취지를 내세운 이 극단은 창단한 지 얼마 지나지 않아 소시민을 위한 공연을 지향하는 일부 회원들이 탈퇴해 극단 '신자유민중무대(Neue Freie Volksbühne)'를 창설하면서 둘로 분리되는 사건을 겪으면서도 노동자를 위한 작품을 위주로 공연을 계속했으나, 결국에는 일종의 할인 입장권 판매소로 전락해 버렸다. 같은 해 극단 '자유무대' 역시 해체되었고, 곧이어 브람은 '도이체스 테아터'의 극장장으로 취임했다. 이곳에서 그는 현대작품들과 고전작품들을 적절히 섞은 레퍼토리를 구축했다. 브람은 심리적인 요소를 중시하는 연기술을 개발하는 데도 심혈을 기울였다. 이런 연기 방식을 계속 발전시킨 인물은 1905년 브람이 레싱 극장으로 옮겨 가자, 그의 뒤를 이어 도이체스 테아터의 극장장 직을 맡았던 막스 라인하르트(Max Reinhardt)였다.

오토 브람이 연극인으로서 성공을 거둘 수 있었던 데는 1862년 슐레지엔에서 태어난 게르하르트 하우프트만의 공이 크다. 하우프트만의 작품들은 자유무대를 시작으로 도이체스 테아터와 레싱 극장에서 초연되었다. 헨리크 입센이나 아우구스트 스트린드베리의 경우처럼 자연주의는 하우프트만 작품이 가지고 있는 많은 요소들 중 하나일 뿐이다. 그가 작품을 통해 추구했던 바는 초기 작품에서부터 뚜렷하게 드러난다. 벼락부자가 되었지만 유전적으로 문제가 있는 한 농부의 가족을 그린 〈해뜨기 전〉은 시대 상황에 대한 탐구다. 이어서 발표된 작품들은 퇴폐적인 시민가정이 처한 상황을 보여 주는 〈평화의 축제〉와 〈고독한 사람들〉이다. 하우프트만은 예술가와 시민계층 사이의 갈등을 그린 〈크램튼 동지(Kollege Cramton)〉나, 크게 주목을 끌지는 못했던 희비극 〈붉은 닭(Der rote Hahn)〉의 속편으로 약삭빠른 베를린 세탁부의 생존을 위한 계급투쟁을 둘러싼 절도행위를 그린 〈비버 모피(Der Biberpelz)〉와 같은 자연주의 희극들도 발표했다.

희곡문학에 새로운 지평을 연 하우프트만의 작품은 1844년 슐레지엔에서 일어난 직조공들의 봉기를 소재로 슐레지엔 지방의 사투리로 쓴 〈직조공들〉이다.

게르하르트 하우프트만: 〈직조공들〉, 1894년 공영극장으로는 처음으로 도이체스 테아터가 공연, F. 에플러의 스케치

이 작품은 이제 영웅은 1명이 아니라 단결된 대중이 사회를 움직인다는 사실을 보여 주고 있다. 하우프트만은 착취당하는 이들로 하여금 스스로 자신들이 처한 곤궁한 처지에 대해서 말하게 하고, 자기 손으로 운명을 개척해 가도록 만든다. 〈직조공들〉은 관객들뿐만 아니라 정치계에도 엄청난 반향을 불러일으켰다. 황제 빌헬름 2세는 이 공연에 대한 불만의 표시로 도이체스 테아터의 특별석 장기 예약을 취소하기도 했다.

하우프트만은 '꿈의 시'라고 불리는 〈한넬레의 승천(Hanneles Himmelfahrt)〉과 농민전쟁을 그린 〈플로리안 가이어(Florian Geyer)〉 그리고 동화극 〈침종(沈鐘, Die versunkene Glocke)〉을 집필한 후부터 자연주의와는 멀어졌다. 역시 슐레지엔 사투리로 쓴 희곡 〈마부 헨셀(Fuhrmann Henschel)〉에 대해 토마스 만(Thomas Mann)은 "사실적으로 묘사한 민중의 현실이라는 거친 의상을 입은 아테네풍의 우아한 비극"이라는 말로 정확하게 평가했다. 〈로제 베른트(Rose Bernd)〉는 농부들의 삶을 배경으로 한 시민비극이라고 할 수 있다. 하우프트만의 최고 걸작은 베를린을 무대로 한 희비극 〈쥐 떼(Die Ratten)〉다. 이 작품은 배우 지망생들에게 시대에 뒤

떨어진 예술론을 가르치며 겨우 생계를 유지하는 전직 극장장으로 인해 벌어지는 우스꽝스러운 사건들을 비참한 현실과 대비시켜 보여 준다. 하우프트만이 〈아트리덴 4부작(Atriden-Tetralogie)〉을 통해서 시대를 초월하는 신화의 세계로 침잠하기 전인 1932년 괴테 기념제를 위해 쓴 〈해지기 전(Vor Sonnenuntergang)〉의 제목은 그의 작가로서의 출발점이 자연주의에 있음을 상기시킨다.

러시아 사실주의 드라마와 연극

러시아가 19세기 후반에서 20세기 초반에 이르는 시기에 희곡문학과 공연예술 분야에서 기여한 바를 언급하기 위해서는 조금 모호하기는 해도 '사실주의(Realismus)'라는 용어로 총정리하는 것이 적절할 것이다. 여전히 낭만주의적 색채가 드러나는 알렉산드르 푸슈킨과 니콜라이 고골의 작품 대부분은 물론이고, 이반 투르게네프(Ivan Turgenev)의 시대적 분위기를 그린 희곡들, 알렉산드르 오스트로프스키(Alexander Ostrowski)의 작품들, 알렉세이 톨스토이(Alexei Tolstoi)의 역사극들, 레오 톨스토이의 자연주의 드라마 작품들, 안톤 체호프(Anton Tschechow)와 막심 고리키(Maxim Gorki)의 작품들, 심지어 콘스탄틴 스타니슬라프스키의 연출법까지 사실주의라는 범주에 포함시킬 수 있기 때문이다. 그러나 러시아 사실주의 작가들의 세계관이 동일했다고 말할 수는 없다. 이들의 공통점은 무대가 현실을 반영하는 거울과 같은 기능을 수행해야 한다고 생각했던 것뿐이다. 당연히 현실에 대한 인식도 작가마다 차이를 보였다. 경험적으로 인식할 수 있는 표면 현상에만 집중한 작가들이 있는가 하면, 인간의 정신적이고 심리적인 측면을 중시한 작가들도 있었다.

사실주의 이전의 러시아 연극사는 비교적 짧고 그리 중요하지도 않다. 러시아는 자국의 문화가 서구에서 그 영향력을 발휘할 수 있게 되기 전까지만 해도 근 200년 동안 외국 문물에 의존하고 있었다. 이탈리아 오페라단과 프랑스 및 독일의 극단들이 황제의 궁전에서 초청공연을 가졌다. 18세기 중엽에 가서야 처음으로 러시아의 전문배우들로 구성된 극단이 창설되고, 이후에 페테르부르크

(Petersburg)의 궁정극장으로까지 진출했다. 귀족이 대부분이었던 관객들을 위해서 서구의 히트작들과 몰리에르의 희극, 코르네이유와 라신의 비극들, 루드비그 홀베르그, 보마르셰, 고트홀트 에프라임 레싱의 작품들이 공연되었다. 러시아 작가의 희곡이 공연되기까지는 긴 시간이 걸렸다. 독일 출신의 여제 예카테리나 2세(Katharina II)는 러시아 연극 발전에 크게 기여했다. 그녀는 국민들의 오락을 위해 수많은 악극과 희극들을 공연하게 했을 뿐만 아니라, 교양과 도덕적 교화를 위해 계몽주의 작품들도 무대에 올리도록 했다. 귀족들은 여제의 본을 받아 모스크바와 페테르부르크에 있는 자신들의 궁전이나 시골 별장에 연극을 공연할 수 있는 홀을 만들었다. 배우는 채찍을 맞아 가며 연기수업을 받는 농노들이었고, 이런 배우들의 매매와 거래는 큰 수익을 가져다주었다. 이러한 관례는 1861년 농노해방령이 선포될 때까지 계속되었다.

완벽한 의미에서 러시아만의 독자적인 희곡문학이 대두한 것은 나폴레옹 군대에 승리를 거둔 후, 민족의식이 강화됨과 동시에 궁정귀족들 대신 비교적 신분이 낮은 귀족들이 러시아의 정신적 지주로 부상하면서부터다. 하급귀족들은 황제의 통치에 비판적이었고, 일반 국민들에 비해서는 어느 정도 혜택받은 자신들의 상황에 대해 성찰할 때도 편견이 없었다. 그런 이유로 러시아의 희곡문학은 풍자적이고 비판적인 성향을 띠고 출발했다. 자국을 넘어 외국에까지 알려진 최초의 러시아 희곡은 알렉산드르 그리보예도프(Aleksandr Gribojedov)가 1825년 발표한 희극 〈지혜의 슬픔(Gore ot uma)〉으로 사회적 불평등을 신랄하게 비판하고 있다. 그리보예도프는 고전주의 희곡 양식에 맞게 운문체를 사용하고, 3통일의 원칙을 준수하고 있지만, 등장인물들의 다양한 심리묘사라는 측면에서 고전주의 작품을 능가했다. 현실감 있는 인물들이 다수 등장해서 작가 자신도 속해 있던 계층의 현실을 그리 호의적이지만은 않은 방식으로 보여 준다. 귀족들과 고위 관리들은 타락하고 책임감 없는 인물로 묘사된다. 오늘날까지도 러시아 관객들에게 큰 인기를 누리고 있는 이 작품에 대해 당대 최고의 문예 및 사회 비평가로 이름을 떨치던 비사리온 벨린스키(Wissarion Belinski)는 "독서를 좋아하는 러시아인들이 10년 넘게 작가의 친필 원고 필사본을 외울 정도로 읽고 또 읽은 다음에야 책이 출간되어 나오다니! 그리보예도프의 운문체 대사는 이미 격언과 숙어가 되었고, 사람들은 일상에서 일어나는 사건들에 대한 비유를 그의 희극에서 찾게 되었다. 그의 작품은 격언과 경구가 넘치는 보고다"라고 말했다.[56)]

1799년 모스크바에서 태어난 알렉산드르 푸슈킨은 러시아 국민문학의 창시자이다. 그의 역사소설 및 사회상을 그린 단편들, 동화시 그리고 통상적인 내용과 관습적인 작법을 외면했다는 점에서 낭만주의 성향의 작품으로 평가받는 서정시들은 극단적일 정도로 복고주의를 표방했던 니콜라이 1세의 정책과 검열기관에 항거하기 위해 쓴 것이다. 푸슈킨의 희곡으로는 돈 주안의 이야기를 변주한 작품 〈돌이 된 손님(Kamennyi gosti)〉, 인간본성에 대한 스케치인 〈인색한 기사(Skupoi rytsari)〉, 사회에 편재하는 위험을 상징적으로 묘사한 〈페스트 속의 향연(Pir vovremya chumy)〉과 작곡가 모차르트가 라이벌에 의해 독살되었다는 소문에 근거한 〈모차르트와 살리에리(Motsart i Salieri)〉와 같은 4편의 소품이 잘 알려져 있다. 그러나 알렉산드르 푸슈킨의 대표적인 희곡 작품은 러시아어로 쓰인 최초의 역사극이기도 한 〈보리스 고두노프(Boris Godunow)〉다. 왕을 주인공으로 한 셰익스피어 희곡의 영향을 받은 이 작품의 주인공은 물론 지배자가 아니라 민중이다. 그런 이유로 이 작품은 발표 직후 검열기관에 의해서 공연이 금지되었고, 거의 50년이 지난 1870년에 가서야 비로소 초연되었다. 이 작품은 연극보다 모데스트 무소르그스키(Modest Mussorgsky)의 음악으로 독일에 먼저 알려졌다. 푸슈킨이 수용해 러시아 문학에 맞게 발전시킨 역사극 장르의 경우에는 소수의 작품만이 성공을 거두었다. 알렉세이 톨스토이 백작의 3부작 〈이반 뇌제(雷帝)의 죽음(Smcrt' Ioanna Groznogo)〉, 〈황제 표트르〉, 〈황제 보리스〉가 대표작들인데, 스타니슬라프스키는 세기 전환기에 마이닝겐 극단의 역사주의에 입각해 연출한 〈황제 표트르〉를 모스크바 예술극장의 무대에 올렸다.

알렉산드르 푸슈킨은 열 살 연하인 니콜라이 고골에게 지대한 영향을 미쳤다. 그의 희극 작품 〈결혼〉이나 〈노름꾼〉과 더불어 대표작으로 손꼽히는 〈검찰관(Revizor)〉의 소재도 푸슈킨이 제공해 주었다. 고골은 푸슈킨이 들려준 실제 사건을 단 몇 주 만에 극화시켜 세계문학사에 길이 남을 위대한 희극을 탄생시켰다.

---

56) Zitiert nach Georg Hensel: Spielplan. Bd. 1. S. 560.

니콜라이 고골: 〈검찰관〉, 1836년 페테르부르크의 알렉산드 린스키 극장 공연, 배우 V. 사모일로프의 스케치를 토대로 제작한 동판화

무엇보다도 이 작품은 타락한 관료제도를 기괴할 정도로 세밀하게 묘사하여 공직사회를 신랄하게 풍자하고 있다. 사기꾼 기질이 농후한 흘레타스코프(Chlestakow)는 여행 중에 들린 어느 소도시에서 관료들로부터 페테르부르크에서 온 검찰관으로 오인받는다. 관료들은 그의 호감을 사기 위해서 뇌물까지 바친다. 흘레타스코프는 수비대장의 딸과 약혼까지 하지만, 비밀이 탄로 날 위기에 처하자 도망가 버린다. 진실은 마지막에 가서야 밝혀진다. 진짜 검찰관이 도착했다는 소식을 들은 사람들은 그 자리에 얼어붙어 버린다. 허약한 사회체제가 야기하는 문제들을 비판적으로 제시하고 있음을 확실히 보여 주기 위해서 고골은 마지막 장면에 이르러서 연극적 환상을 산산이 부숴 버린다. 대외적으로 망신을 당한 수비대장은 전 세계 및 전체 기독교 사회를 향해 "우리 중 한 사람을 조롱거리로 만든 것으로는 충분하지 않아. 아마도 작가 누군가가 당신을 희극의 등장인물로 만들어 버리겠지. (…) 그러면 모두가 이를 드러내고 웃으면서, 손뼉을 칠 거고. 그런데 당신들이 지금 누구를 보고 웃고 있는 줄 알아? 바로 당신 자신들이야!"라고 외친다.

훗날 기독교 신비주의로 전향한 고골은 자신의 희곡 작품들을 형이상학적으로 해석하면서 "작품에 묘사된 도시에 대해 곰곰이 생각해 보시오. (…) 그런 도시는 실제로 존재하지 않아요. 하지만 그것이 정신적인 도시를 의미한다면, 우리 모두의 내면에 존재하지 않겠소? 세속적인 인간의 눈으로 우리 자신을 돌아보지 맙시다. 어떤 세속적인 인간도 우리를 판결할 수는 없으니까요"라고 말하고 있다.57)

서구 문화에 통달해 있었을 뿐만 아니라, 독일이 자신의 제2의 조국이라고 말하곤 했던 이반 투르게네프는 러시아의 서정시가 문학성은 높지만 타국의 작품과 경쟁할 만한 드라마 작품이 전무하다는 사실을 일찍부터 인식했다. 그는 고골 이외에 재능 있는 희곡 작가를 발견하지 못했고, 그런 이유로 스스로 드라마 작품을 써야겠다고 결심했다. 그는 솔직히 아류에 지나지 않았던 자신의 서정시를 포기하는 대신, 서사시 및 자신이 문학의 최고봉이라고 간주했던 희곡 집필에 몰두했다. 1842년과 1853년 사이에 발표된 그의 희곡 10편 가운데 오늘날까지 공연되고 있는 작품으로는 알프레드 드 무세의 경구로 가득한 희곡 작품을 모범으로 삼아서 햄릿과 같은 사색적 인물을 등장시킨 단막극 〈얇으면 터지는 법(Wo es dünn ist, reißt es)〉과 〈시골에서의 한 달(Ein Monat auf dem Lande)〉이 있다. 이 두 작품에는 인생이 '비극적인 익살극'에 불과하다고 말했던 아르투어 쇼펜하우어의 영향을 받은 투르게네프의 생각이 담겨 있다. 인간본성은 절대 변하지 않는다고 믿었던 그가 창조한 등장인물들은 대단히 정체되어 있다. 주도적으로 행동하는 등장인물들이 없을 뿐만 아니라, 플롯의 규칙으로부터도 자유로운 그의 희곡 스타일은 안톤 체호프에게 영향을 주었다. 투르게네프의 작품의 주된 특징은 인간의 내면세계에 대한 중시와 말과 침묵이 적절하게 조합된 대사다. 등장인물들은 늘 뭔가를 기다리며 지루함에 시달리고 있다. 그들이 추구하는 바는 언제나 완벽하게 또는 빈쯤 실패로 끝날 뿐이나.

가장 왕성하게 활동한 러시아 사실주의의 극작가는 다양한 장르를 넘나들며 근 50편에 달하는 작품을 발표한 알렉산드르 오스트로프스키다. 50편 가운데 약 3분의 2는 그가 희곡 집필에 몰두하기 전, 상업 재판소에서 법원 서기로 근무할 당시의 경험을 통해 익히 알고 있던 상인들의 생활을 다루고 있다. 오스트로프스키의 작품들은 모두 밀도 있는 구성과 입체적인 배경묘사가 특징이다. 인물들은 폭군 기질이 있는 가장, 타락한 관료, 약아빠진 매파처럼 전형적이면서도 자신만

---

57) Nikolai Gogol: Gesammelte Werke. Bd. 3. S. 139.

의 독특한 개성을 가지고 있다. 또한 사투리와 고상한 표준어, 서민들의 일상어를 혼합한 언어구사가 탁월하다. 19세기 중반 러시아의 상황을 보여 주는 작품들이 전하는 메시지는 오늘날에도 여전히 시의성을 띠고 있다. 오스트로프스키는 그 시대의 귀족들과 권력 지향적인 시민계급의 타락상뿐만 아니라, 인간이라면 누구나 갖고 있는 약점을 보여 줌으로써 관객들이 포복절도하게 만들었다. 가장 큰 성공을 거둔 작품은 어느 상인가정의 허위 파산신고를 둘러싼 이야기인 〈가족끼리 해결해야 할 문제(Svoi ljudi-cočtemsja)〉다. 그러나 그의 최고 걸작은 가부장적인 환경의 잔혹함으로 말미암아 자멸해 가는 한 젊은 여성을 그린 〈뇌우(Groza)〉다. 감옥과 같은 가정을 견딜 수 없는 주인공은 딴 남자와의 불륜을 통해서 자신의 상황을 벗어나고자 하지만, 결국 죄책감을 이기지 못하고 자살한다. 그의 또 다른 작품 〈아무리 영리한 사람이라 해도 실수는 한다(Na vsjakogo mudreca dovol'no prostoty)〉는 모스크바 상류사회의 일원이 되기를 간절히 희망하는 청년에 관한 작품이다. 주인공이 자신의 목표를 달성하기 직전, 하필이면 상류층의 편협함과 이중적인 모럴을 가차 없이 헐뜯고 있는 그의 일기장이 공개된다. 이 일기장은 그 주인이 자기 이익을 위해서라면 권모술수를 가리지 않는 인물이라는 사실까지도 폭로하고 있기 때문에, 결국 상류사회는 마지못해 주인공을 자신들의 일원으로 인정하고 받아들인다.

오스트로프스키가 극장장을 지내며 속속들이 알게 되었을 뿐만 아니라, 사회의 편견으로부터 지켜 주고자 항상 노력했던 배우들의 삶을 다룬 희곡들은 그의 작품세계의 또 다른 한 축을 이루고 있다. 지금도 자주 공연되고 있는 〈숲(Les)〉의 주인공들은 유랑 중에 한 영지에 묵게 되는 2명의 희극 배우로, 이들은 영지에 살고 있는 귀족들이나 상인들보다 훨씬 더 높은 도덕심을 발휘한다.

알렉산드르 오스트로프스키가 패륜과 격정의 세계를 해학적으로 보여 주고 있다면, 레오 톨스토이는 같은 세계를 가슴이 죄어들 정도로 암울하게 묘사한다. 두 작가가 모두 동일한 주제를 다루고 있음은 우연이 아니다. 1828년 출생한 톨스토이는 시대 상황을 사실적으로 묘사하고, 장면이 강렬한 효과를 발휘하게 만든다는 점에서 자신보다 겨우 몇 살밖에 많지 않은 오스트로프스키를 존경했다. 톨스토이는 미완성으로 남은 몇 편의 희곡과 그의 역작인 소설 『전쟁과 평화

(Voina i mir)』와 병행해 집필하면서 소설에 비하면 그 반 정도밖에 안 되는 에너지를 쏟았다는 사회희극(Gesellschaftkomödie) 〈감염된 가족(Die verseuchte Familie)〉을 완성했지만, 희곡문학사에서 한 획을 그은 대작 〈어둠의 힘(Die Macht der Finsternis)〉을 발표했을 때는 이미 환갑을 앞둔 나이였다. 발표 직후 서구에서는 이 작품을 자연주의의 대표작으로 인정했다. 파리에서는 앙드레 안토완이 이끄는 자유극장이, 베를린에서는 오토 브람이 주도하는 자유무대가 〈어둠의 힘〉을 무대에 올렸다. 당시 선견지명이 있는 연극비평가로 알려져 있던 테오도르 폰타네는 "현대의 사실주의 예술이 더 뛰어난 점은 없다. 그럼에도 불구하고 우리는 이 작품보다 더 성스럽게 빛나는 별을 찾아볼 수 없는 사실주의라는 깜깜한 밤하늘을 바라본다. 사실주의 예술과 그 정당성 또는 부당성에 대해 함께 논하고 싶다면, 이 사조의 뒤틀린 점만 붙들고 늘어지지 말고 일단 이 작품부터 봐야 할 것이다"라는 비평문을 썼다.[58] 폰타네는 〈어둠의 힘〉이 현실의 삶을 진실되게, 그리고 있는 그대로 재현하고 있는 점을 높이 평가했다. 귀족 출신이었던 톨스토이는 전국 곳곳을 유랑하면서 도덕적으로나 물질적으로 비참한 상황이 과연 어떤 것인지를 속속들이 알게 되었고, 이로 인한 고통을 금욕적 기독교 신앙에 대한 설교로 완화시키고자 했다. 〈어둠의 힘〉의 주인공은 의지박약한 일꾼 니키타(Nikita)다. 그는 남편을 독살한 과부와 결혼할 예정이면서도 그녀의 의붓딸과 관계를 갖는다. 의붓딸이 니키타의 아이를 출산하자, 과부와 니키타의 모친은 아이를 죽이라고 두 남녀를 들볶는다. 결국 아이를 살해한 니키타는 벌을 받을 것이 두렵지만, 자신이 죄를 감당할 수가 없어 공개적으로 죄를 사백한다. 인간의 악한 측면, 즉 '어둠의 힘'은 양심과 신의 은총 덕분에 극복된다. 죄를 털어놓는 니키타에게 소박한 농부인 그의 부친이 "여기 신의 위대한 작품이 있습니다. 참회하는 인간입니다"라고 말하는 것은 어떤 사상이 이 작품의 토대를 이루고 있는지 시사한다. 죄를 지은 인간은 참회를 통해서만 구원받을 수 있다고 톨스토이는 믿었다.

톨스토이는 지주계급과 계몽주의 지성인들에 관한 장편의 풍자희극 〈교육의

---

58) Theodor Fontane: Theaterkritiken, Band 4, S. 224.

열매(Früchte der Bildung)〉에 이어서 세기 전환기 무렵부터 그의 말년 작품인 〈산송장(Zhivoy trup)〉과 〈빛은 어둠 속에서 빛난다〉를 집필하기 시작했다. 정부에 대한 참을 수 없는 거부감과 자신의 삶으로부터 벗어나고자 하는 소망이 두 작품 모두에 담겨 있다. 자전적인 요소가 많은 이 두 작품은 소재 면에서는 셰익스피어의 〈리어왕〉의 영향을 받고, 〈산송장〉의 주인공은 가족과 멀어져 방랑을 하고, 미완으로 남은 〈빛은 어둠 속에서 빛난다〉는 서로를 이해하지 못하는 아버지와 자녀들을 통해 점점 더 가정에서 이방인이 되어 가는 부친의 모습을 보여준다.

러시아 사실주의는 안톤 체호프의 희곡 작품들과 콘스탄틴 스타니슬라프스키의 연극작업으로 그 절정기를 맞았다. 스타니슬라프스키는 체호프의 4편의 걸작 〈갈매기(Chaika)〉, 〈바냐 아저씨(Dyadya Vanya)〉, 〈세 자매(Tri sestry)〉 그리고 〈벚꽃동산(Vishnyovy sad)〉을 모스크바 예술극장에서 초연했다. 그는 체호프의 초기 작품에 속하는 〈플라토노프(Platonov)〉와 〈이바노프(Ivanov)〉는 물론이고, 〈큰길가에서〉, 〈곰〉, 〈청혼〉 그리고 〈결혼식〉과 같은 단막극들도 꾸준히 공연했다. 44세에 폐결핵으로 사망한 체호프가 지인에게 보낸 편지는 그의 작품세계의 특징을 알게 해준다. "고등학교 시절 무조건 복종해야 한다고, 빵 한 조각에도 감사해야 한다고 배우며 종종 매질까지 당한 청년, 잘사는 친척집에 가서 점심을 얻어먹으며 배를 채우고, 별 이유도 없이 신이나 타인에게 굴종하는 버릇이 생긴 청년이 어떻게 하면 자기비하적인 무력감으로

안톤 체호프: 〈벚꽃동산〉, 1904년 모스크바 예술극장 공연,
콘스탄틴 스타니슬라프스키 연출

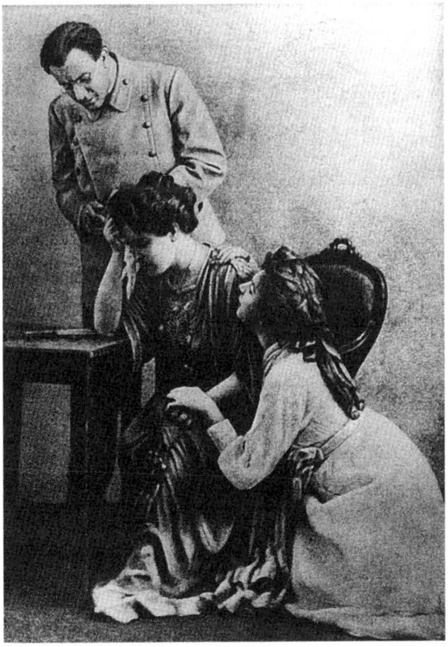

부터 벗어날 수 있는지에 대해 이야기를 만들어 보십시오. 이 청년이 도대체 어떻게 해야 자신의 몸에 속속들이 밴 노예근성을 한 방울씩 한 방울씩 다시 짜내어 버릴 수 있는지에 대해서 말입니다."[59]

체호프 문학의 두 번째 특징은 그가 의학을 공부했고, 의사로서 일했던 경험에서 기인한다. "의학 공부는 나의 시야를 대폭 넓혀 주었고, 그것을 통해 습득한 지식은 작가생활에 큰 도움이 되었습니다. 의사라는 직업을 가진 사람들만이 그 도움의 가치를 진정 이해할 수 있을 것입니다. 자연과학을 공부하고, 그 연구 방식을 배울 수 있었던 나는 늘 주변을 세심하게 관찰하는 습관을 갖게 되었을 뿐만 아니라, 가능한 한 학문적으로 증명된 사실들을 항상 염두에 두게 되었습니다."[60] 체호프는 관찰 대상과 객관적인 거리를 두었지만, 사람들의 비참한 생활상에 무감각하지는 않았다. 그는 1890년 범법자들과 황제가 통치하는 정부에 밉보였다는 이유만으로 정치범이 되어 버린 사람들이 유배되어 있는 시베리아의 사할린 섬을 방문하여 그곳의 실태를 조사했다. 그 후 객관적인 사실에 입각한 보고서를 제출함으로써 이들을 구제할 수 있는 방안을 강구하고자 했다.

체호프는 현실을 충실히 재현하는 작품을 쓰기 위해 자연과학적 관찰 방식뿐만 아니라, 자연주의적 요소도 수용했다. 그러나 그는 자연주의의 테두리 안에 안주하지 않고, 현실의 문제들에 상징성을 부여함으로써 그것들을 정신적 차원으로까지 승화시켰다. 체호프의 희곡들은 겉으로 드러나는 사건이나 극적 갈등이 부족하다. 정작 중요한 사건은 인물의 내면에서 일어나고 있고, 이러한 내면의 사건은 인물의 시선이나 억양을 통해 표출된다. 대사는 중간중간 끊어지고, 말보다 침묵이 더 의미심장할 때도 있다. 체호프는 음향, 색채 그리고 냄새까지 고려하는 표현주의적 묘사의 대가였다. 이런 묘사를 통해 창출된 분위기는 그 자체로 중요한 것이 아니라, 전체적으로 극적 사건들이 미완으로 남아 있는 것 같은 독특한 느낌을 자아내는 요소로 작용한다. 관객들이 감상적인 기분에 빠져들려는 순간, 우스꽝스러운 사건이 벌어지면서 관객들의 감정적인 반응을 방해한

59) Anton Tschechow: Briefe. Bd. I. S. 398.
60) Anton Tschechow: Briefe. Bd. IV. S. 190.

다. 스타니슬라프스키는 체호프의 작품을 연출할 때, 이 점을 제대로 파악하지 못한 듯하다. 체호프는 스타니슬라프스키가 연출한 공연을 보고 온 관객에게 "당신뿐만 아니라, 관객들도 제 작품을 보고 울었다고요. (…) 저는 관객들이 울어 주기를 기대하면서 작품을 쓴 것이 아닙니다. 제 의도는 다른 데 있었습니다. (…) 저는 그저 사람들에게 솔직하게 이야기하고 싶었습니다. (…) 당신들이 얼마나 형편없고 지루하게 살고 있는지 좀 알라고요. 그게 어디 울 일인가요?"[61] 체호프는 개성의 결여가 당대의 시대적 질병이라고 진단했다. 그의 작품에 등장하는 인물들은 존재 이유를 상실한 채, 공허함을 잊기 위해 단지 애쓸 뿐이다. 그러나 체호프는 변화를 야기할 수 있는 힘은 가지고 있지 못하더라도, 진부한 일상의 무게에 짓눌리지 않고 더 높은 삶의 목표를 추구하는 인물들을 날카로운 시각을 통해, 그러나 동시에 연민의 마음을 가지고 만들어 냈다.

러시아 사실주의의 절정기에 활동한 또 한 명의 위대한 작가는 '고리키(고통받는 자)'라는 필명을 사용한 알렉세이 페슈코프(Aleksei Peshkov)다. 체호프와 마찬가지로 암울한 환경에서 성장한 그는 다양한 직업을 전전했고, 여러 해에 걸쳐 러시아 전역을 떠돌아다니며 모든 권리를 박탈당한 채, 착취당하는 사람들의 생활상을 접했다. 그때의 영향으로 볼셰비키당에 들어가 레닌과 가까워졌고, 1905년 혁명에도 가담했다. 이 시기에 고리키는 훗날 베르톨트 브레히트가 교육극으로 개작한 소설 『어머니(Matb)』와 드라마 〈적대자들(Die Freinde)〉을 집필했다. 소비에트 문학 비평가들은 이 두 작품을 사회주의적 사실주의 문학의 표본이라고 선포했다. 레닌은 고리키를 지원하기 위해 노력했지만, 둘의 관계는 10월 혁명 이후 점점 더 소원해졌다. 고리키는 1920년대 초 이탈리아로 이주했으나, 조국에 대한 향수와 사회주의 체제에 대한 매력에 이끌려 1920년대 말 다시 러시아로 돌아왔다. 스탈린은 대문호인 고르키에게 소비에트 문학의 기수가 되어 줄 것을 부탁하면서 그를 설득하기 위해 한동안 지식인에 대한 숙청을 중지하기까지 했다. 결국 고리키는 1934년 사회주의적 사실주의 선언서에 서명했지만, 이것이 조야한 프로파간다 문학을 의미한다고는 생각하지 않았고, 오히려 이를 통해 자

61) Zitiert nach Elsbeth Wolffheim: Anton Tschechow, S. 112.

막심 고리키: 〈밤 주막〉, 1902년 모스크바 예술극장 공연, 콘스탄틴 스타니슬라프스키 연출

신이 작품에서 추구했던 것처럼 사실주의와 사회주의적 낭만주의를 융합시킬 수 있기를 기대했다. 그의 대표작으로는 사회로부터 배척당한 사람들의 비참한 삶을 그린 〈밤 주막(Na dne)〉, 전반적인 사회상을 보여 주는 〈여름 별장의 손님들〉, 〈태양의 아이들〉, 〈밑바닥〉, 〈바사 젤레스노바〉 등이 있다.

1863년 모스크바에서 유복한 공장주의 아들로 태어나 집안의 명예를 실추시키지 않기 위해 스타니슬라프스키라는 예명으로 배우활동을 했던 콘스탄틴 세르게예비치 알렉세예프(Konstantin Sergeevich Alekseev)는 오랫동안 단순한 연극 애호가의 입장에서 극장을 운영했다. 초기 실롱연극을 주로 공연했던 그는 마이닝겐 극단의 모스크바 초청공연을 보고 난 후, 연극인으로서 중요한 전환기를 맞게 되었다. 그는 자서전에 당시의 느낌을 "그 유명한 극단이 새로운 연출 양식을 최초로 제시해 주었다. 그것은 철저한 역사 고증을 거쳐 만들어진 무대, 대중이 등장하는 장면, 화려한 무대장식, 놀라울 정도로 절제된 연기와 완벽하게 진행되는 순수한 예술축제로서의 무대공연이었다. 나는 그 공연을 관람하기 위해서 뿐만 아니라, 철저히 연구하기 위해서 마이닝겐 극단의 공연을 단 1편도 놓치지 않았다"라고 적었다.[62] 스타니슬라프스키는 35세가 되고 나서야 연극을 평생의 업으로 삼겠다고 결심했다. 그는 비평가이자 배우학교 교장이었던 블라디미르 네미

알렉세이 톨스토이: 〈황제 표트르〉, 1898년 모스크바 예술극장 공연, 콘스탄틴 스타니슬라프스키 연출

로비치-단첸코와 함께 20세기로 접어들기 직전 '만인을 위한 모스크바 예술가 극장(Moskauer Künstlertheater für alle)'을 창설했다. 극장의 이름은 '배우는 예술가이며, 극장은 교육받은 시민들을 위해서만이 아니라, 모든 계층을 위해 존재하는 기관'이라는 그들의 연극에 대한 인식을 단적으로 보여 준다. 스타니슬라프스키는 자신들이 표방한 혁명적인 연극에 대해 "우리는 고루한 공연 방식, 꾸며 낸 연기, 허위적인 격정, 낭독풍의 대사와 과장된 연기, 의미 없이 겉만 번지르르하게 꾸미는 연출과 무대, 앙상블 연기를 망치는 스타 시스템, 당시 극장들의 공연 구조와 빈약한 레퍼토리에 반기를 들었다"라고 설명하고 있다.[63] 새로 출범한 극장의 공동 극장장으로서 네미로비치-단체코는 행정과 극작과 관련된 업무를 담당하고, 스타니슬라프스키는 연출을 책임지면서 창단 기념으로 알렉세이 톨스토이의 〈황제 표트르(Zar Fjodor)〉를 무대에 올렸다. 이 공연은 대대적인 성공을 거

62) Konstantin Stanislawski: Mein Leben in der Kunst, S. 161.
63) Konstantin Stanislawski: Mein Leben in der Kunst, S. 233.

두었지만, 두 단장들은 이에 현혹되지 않았고, 일단 공연 시즌이 끝나야 극장의 존립 여부를 가늠할 수 있을 것으로 생각했다. 관객들이 한 작품에 호응을 보이는 것보다는 전반적인 극단의 공연 방침을 받아들이는 것이 더 중요하다고 판단했기 때문이다. 그러나 공연 시즌이 끝난 후, 극장은 파산 위기에 처했다. 그럼에도 불구하고 예술극장이 존립할 수 있었던 것은 모든 주식을 사들여 빚을 갚을 수 있게 해 주고, 심지어 다음 시즌을 위해 필요한 경비까지 마련해 준 한 후원자 덕분이었다.

첫 시즌의 레퍼토리는 일부러 다양한 장르로 구성했다. 알렉세이 톨스토이의 역사극에 이어 무대에 올린 현대극은 페테르부르크 초연 당시 혹평을 받은 안톤 체호프의 〈갈매기〉였다. 그러나 예술극장의 〈갈매기〉 공연은 엄청난 반향을 불러일으켰고, 그때부터 갈매기는 이 극장의 상징이 되었다. 스타니슬라프스키는 첫 시즌의 공연작들을 연출하면서 그만의 '체계'에 따른 연기술을 도입했다. 그는 '직관과 감정의 체계'를 가장 중시했고, 안톤 체호프의 작품을 통해서 이 체계에 따른 연기가 어떤 것인지를 하나의 모범 사례로 보여 줬다. 이에 대해 스타니슬라프스키는 "체호프의 작품이 갖는 매력은 말로 도저히 표현할 수 없는 것, 아니 오히려 그 말의 저변에, 또는 말과 말 사이에, 배우의 시선 속에, 그가 드러내는 감정 안에 숨겨져 있다. 여기서는 소음, 장식 하나하나까지도 극적 의미를 갖는다. 이를 통해서 인물, 그리고 작품의 분위기와 연출이 살아 빛나게 된다. 따라서 배우의 창조적인 직관과 감정이 극을 살리는 관건이다. 나는 이런 사실을 체호프 덕분에 인식하게 되었다. 그의 작품의 본질을 파악하기 위해서는 작가의 내적 심연을 깊이 들여다봐야 한다"라고 설명했다.[64]

예술극장 역사의 전반부는 불안과 회의로 점철되었던 1905/1906년 공연 시즌과 함께 막을 내렸다. 체호프가 사망하고, 이 극장의 두 번째 '전속작가'인 고리키마저 외국으로 망명하는 바람에 당장 공연할 작품이 없었던 것이다. 예술극장은 앞으로 어떤 길을 가야 하는가? 당시 서구에서 러시아까지 확산된 반(反)자연주의 경향에 영향을 받은 스타니슬라프스키는 그때까지 자신이 견지해 온 입장에

64) Konstantin Stanislawski: Mein Leben in der Kunst, S. 269.

회의를 품게 되었다. 그는 상징주의 문학과 현대음악을 섭렵하고, 젊은 화가들과 함께 공동으로 작업하는가 하면, 자연주의로부터 완전히 등을 돌린 제자 프세볼로트 메이예르홀트와 함께 실험무대(Experimentierstudio)를 만들기도 했다. 이 시기에 그가 연출한 작품은 벨기에의 작가 모리스 마테를링크(Maurice Maeterlinck)의 동화극 〈파랑새(L'Oiseau Bleu)〉다. 연출 지침서는 당시에 스타니슬라프스키가 일시적으로나마 어떤 예술관을 추구했는지 알려 준다. "작가의 신비주의 경향을 가능한 한 수용해서 무대 분위기 역시 여기에 조응해 관객들을 매혹시킬 수 있도록 만들어야 한다. (…) 비밀스러운 것, 오싹한 것, 아름다운 것, 예상치 못한 것들이 인간을 겹겹이 둘러싸고 있다. (…) 우리는 비밀스러운 것에 끌리고 그것을 감지하지만, 이해는 하지 못한다. (…) 지구를 지배하는 인간은 세상의 비밀들을 다 파악하고 있다고 생각하지만, 사실 거의 아는 바가 없다."[65] 예술극장의 역사 후반부 내내 스타니슬라프스키는 '내면적 연기술'을 지향했다. 실험을 위해서이기는 했지만, 심지어 배우들에게 모든 동작과 제스처를 금지한 적도 있다. 배우는 전적으로 표정과 시선, 억양에 의지해 연기해야 했다. 그러나 스타니슬라프스키는 이러한 연기가 배우들을 훨씬 더 경직되게 만든다는 점을 즉시 인정했다. 그 당시 그는 현대무용의 선구자로 알려진 미국 출신의 무용가 이사도라 덩컨(Isadora Duncan)으로부터 새로운 예술적 자극을 얻었다. 그녀의 소개로 역시 자연주의를 배격하며 연극개혁을 주창하던 에드워드 고든 크레이그를 만나게 된 스타니슬라프스키는 크레이그에게 예술극장 공연작의 연출을 부탁했다. 수년간의 준비 과정을 거쳐 마침내 1911년 크레이그의 그 유명한 〈햄릿〉 공연이 성사되었다. 그러나 그동안 상징주의에 대한 거부감이 점점 커진 스타니슬라프스키는 그의 연출을 받아들일 수 없었다. 그는 배우들의 연기가 너무 피상적일 뿐만 아니라, 추상적인 무대 역시 지나치게 과감한 시도라고 생각했다.

"당연히 우리는 그간의 작업과 경험을 통해 조탁되고 한층 더 심오해졌으며, 심리적인 측면이 강화된 사실주의로 돌아왔습니다. 새롭게 다시 시작할 수 있는 힘을 다소나마 자연주의에서 얻을 수 있을 것입니다."[66] 그가 1908년 말 쓴 편지

---

65) Zitiert nach Joachim Fiebach: Von Craig bis Brecht, S. 20.

에서 인용한 이 구절은 4기로 나뉘는 스타니슬라프스키의 연극 인생 중 제3기와 제4기가 시작되었음을 시사한다. 이제 이론적으로나 실천적으로나 그가 지향하는 목표는 '정신적이고 심리적인 자연주의'였다. 과거 사실주의가 외적인 디테일의 정확한 모사를 가장 중시했다면, 이제는 극적 사건의 신빙성이 더 중요했다. 신빙성은 인물의 심리를 무대 위에서 그대로 재현하는 배우의 연기력에 좌우된다. 집중을 통해 인물의 경험을 자신의 경험으로 만들 수 있는 배우만이 관객들로 하여금 사건과 인물에 감정을 이입하고, 연극적 환상 속에서도 현실의 한 단면을 체험했다고 믿도록 만들 수 있다. 이를 위해 배우는 인물의 감정을 순수하고 자연스러우며 동일하게 느낄 수 있어야 한다. 그리고 여기에 직관이 더해져야 한다. 스타니슬라프스키는 "순간적으로, 감정적으로 그리고 무의식적으로 포착한 것을 직관을 통해 발전시켜 작품이 추구하는 본질적 목표를 이해하는 것이 배우의 가장 중요한 사명"이라고 생각했다.[67] 대부분의 경우 무의식적으로 자신이 맡은 역할과 자기자신을 동일시하는 연기는 저절로 생기는 것이 아니라, 신체적 훈련과 인물의 심리를 이해하려는 노력, 관찰력의 집중 그리고 상상력의 발휘를 통해 만들어진다. 스타니슬라프스키는 자신이 발전시킨 연기법을 '심리연기술(Psychotechnik)'이라고 총칭했다.

1917년 10월 혁명은 스타니슬라프스키의 예술관을 변화시키지 못했다. 그는 예술극장이 모스크바 국립극장으로 바뀐 후, 새로 취임한 여성 극장장에게 보낸 편지에서 "까다롭기 그지없는 데다 엄청난 위력까지 가진 우리 예술이 급격하게 벌어지고 있는 어마어마한 사건들에 어찌 그리 빨리 반응할 수 있겠습니까? 사건이 갖는 의미가 거창할수록 그것을 파악해서 작품에 반영하는 데 더 많은 시간이 필요합니다. 지금 당장 우리가 할 수 있는 일은 좋은 작품들을 공연하는 것입니다. 사건들이 의미심장할수록 공연은 더욱 훌륭해지겠지요"라고 썼다.[68] 1920년대 초반 건강상의 이유로 배우로서도, 연출자로서도 무대에서 완전히 은퇴한 스

66) Konstantin Stanislawski: Briefe. S. 274.

67) Zitiert nach Joachim Fiebach: Von Craig bis Brecht. S. 132.

68) Konstantin Stanislawski: Briefe. S. 450.

타니슬라프스키는 자신의 체계에 따른 연기술, 즉 '시스템 연기술'을 계속 발전시켜 가면서, 이를 연기교육 측면에서 검증하는 데 전념했다. 그는 자신이 창안한 연기술을 끊임없이 개선해 가며, 더 단순명료하게 정리하기 위해 심혈을 기울였다. 그러다 보니 생전에는 연기술에 관한 그의 역작이 단 1권밖에 세상에 나오지 못했다. 나머지 저서들은 그의 사후, 유고들을 정리해 출간한 것들이다.

1938년 세상을 떠난 스타니슬라프스키는 연기술 발전에만 전념했던 시절에도 '정신적·심리적 자연주의' 예술을 표방했다. 그는 현실을 정확하게 모사한 입자들이 모여 현실보다 더 강력한 메시지를 전달할 수 있는 재현된 현실을 보여 주는 것이 연극예술이라고 확신했다. 이를 위한 필수조건이 배우들의 '체험 연기'라는 그의 생각에도 변함이 없었다. 1930년 그는 체험 연기를 위한 '신체행위 이론(Theorie der physischen Handlungen)'을 발전시켰다. 이 이론은 등장인물의 내면세계를 표현하기 위해 우선적으로 그 인물의 육체적 삶, 즉 행동양식과 직업 등을 몸으로 습득하라는 것이다.

스타니슬라프스키는 생전에 마지막으로 남긴 글을 통해 "이 기법은 배우가 등장인물의 육체적 삶을 실제로 체험함으로써 인물의 내면세계까지 파악할 수 있고, 따라서 인물과 동일한 감정을 느낄 수 있다는 점에서 독창적이고 탁월하다"라고 밝히고 있다.[69] 스타니슬라프스키가 러시아 사실주의 전통에 의거해 발전시키고 체계화한 연기론은 그가 살았던 시대를 뛰어넘어 지금까지도 많은 연기자들이 연구하고 따르는 연기의 모범으로 자리를 잡았다.

인상주의와 상징주의 드라마

20세기로 들어서는 전환기에 희곡문학의 경향은 매우 다양한 모습들로 전개되었다. 비교적 폐쇄적으로 진행된 자연주의 운동은 1890년부터 다양성이라는 이름하에 서로 병존하고 뒤섞이면서 나타난 여러 주류들 속에 혼재되었다. 이 중

69) Zitiert nach: Joachim Fiebach: Von Craig bis Brecht. S. 271.

에서 가장 중요한 표현 양식으로 아르투어 슈니츨러(Arthur Schnitzler)의 '인상주의적 영혼예술', 후고 폰 호프만슈탈의 '서정적 드라마', 헨리크 입센의 '인상주의적 후기 작품들', 아우구스트 스트린드베리의 '꿈의 연극', 모리스 마테를링크의 '신비주의적·동화적 드라마', 오스카 와일드의 〈살로메(Salome)〉, 게르하르트 하우프트만의 '신낭만주의 연극', 프랑크 베데킨트(Frank Wedekind)의 '그로테스크 양식의 작품들' 등이 있다. 또한 세기 전환기가 바로 지난 후, 아일랜드에서 문예부흥의 일환으로 더블린에 창설된 '애비 극장(Abbey Theatre)'의 공연을 위해 아일랜드 작가 2명의 작품들이 탄생했는데, 즉 켈트족의 신화에 근거한 윌리엄 버틀러 예이츠(William Butler Yeats)의 운문 드라마 〈캐더린 백작부인(The Countess Cathleen)〉, 〈동경의 땅(The Land of Heart's Desire)〉, 〈별에서 온 유니콘(The Unicorn from the Stars)〉, 그리고 상징주의와 사실주의 사이에 위치한 존 밀링턴 싱(John Milington Synge)의 드라마 〈골짜기의 그림자(The Shadow of the Glen)〉, 〈바다로 간 기사들(Riders to the Sea)〉, 〈성자의 샘(The Well of the Saints)〉, 〈서방의 플레이보이(The Playboy of the Western World)〉, 〈땜장이의 결혼식(The Tinker's Wedding)〉 등이 그것이다.

이렇게 나타난 모든 양식들의 공통점은 자연주의를 거부한다는 것이다. 자연주의에서 나타난 예술에 대한 반감과 일방적 합리주의는 비판되었고, 자연주의적 정확성 대신에 비밀, 판타지 그리고 꿈으로 대체되었다. 프리드리히 니체로부터 사람들은 '개성'이란 슬로건을 새로운 중심 사상으로 받아들였다. 니체의 주장은 무엇보다 자유롭고 주관적인 인격에 대한 찬양이며, 사회와 국가 그리고 종교의 모든 속박에서 벗어나는 것을 의미한다. 좀 더 과장되게 말하면, 자연주의가 '예술가 없는 예술 작품'을 원했던 반면, 당시 자연주의의 반대자들은 각 개인의 창조적이고 독자적인 인식과 체험에 전적으로 근거한 예술을 주장했다. 또한 자연주의 운동에 참여한 대다수 사람들은 세기 전환기 이전에 품었던 이상들을 포기했다. 국가 지도층의 물질만능주의와 권력욕에서처럼 소위 획일적인 사회주의에 대해 혐오감을 느꼈고, 개선될 여지가 없다고 생각한 상황을 참고 있던 그들은 이제 관심사를 개인에만 한정시켰다. 그들에게 외적인 현실은 '내적인 세계'에 비해서 사소한 것으로 여겨졌다. 그들은 추하다고 느낀 현실을 회피하기 위하여 유미주의(Ästhetizismus)를 도피처로 삼았는데, 이러한 경향은 오스카 와일드와 청년 호프만슈탈에게서 나타났다. 세계와 인간의 존재는 무엇보다 미학적 현상으로 정당화될 수 있다는 프리드리히 니체의 견해에 따라 많은 사람들은 예술 작품을 고유한 현실로 받아들였다. 이러한 태도는 실용적인 행동양식의 포기와 더불어 윤리적 원칙의 포기로까지 이어졌다. 예를 들어 오스카 와일드의 견해로 대표되는 '향락의 윤리(Genussmoral)'가 크게 유행한 결과 많은 사람들은 불건전하고 과장된 이타주의에 의해 파멸되었다.

강렬하게 체험되고 예술작품 안에서 표현된 세기말적인 감정은 수동적 태도, 체념 그리고 지나친 고상함과 섬세함을 동반한 가을과 이별의 정취로 이어졌다. '퇴폐(Dekadenz)'의 개념으로 표현된 이러한 몰락의 정취는 한껏 향유되었고, 사람들은 무분별하게 타락, 변태 그리고 히스테리라는 갑옷으로 무장했다. 이것은 섬세한 뉘앙스, 중간 색조, 민감한 긴장감 그리고 영혼의 분열에 대한 의식으로 발전했다. 무의식에 대한 관찰과 연구는 학문 분야에 그 자리를 내주었는데, 정확히 1900년에 처음으로 지크문트 프로이트(Sigmund Freud)의 주저 『꿈의 해석(Traumdeutung)』이 출판되었다. 그 당시 나타난 '생기론(Vitalismus)'은 문학과 조형예술에 나타난 죽음에 대한 주문과 대조를 이루었다. 세계와 정체적(停滯的) 관계에 있던 자연주의자들과 달리 예술가들은 역동적으로 전개된 운동을 경험했다. '인생'이라는 개념은 시대의 기본 가치로 표명되었다. 이러한 맥락에서 '생철학(Lebensphilosophie)'의 경향이 나타나는데, 이것은 20년 전 니체의 저서 『반(反)시대적 사고(Unzeitgemäße Gedanken)』에서 이미 언급되었다. 사람들은 지식과 삶의 모순을 참아 냈고, 진정한 문화민족의 교육에 대한 특징, 즉 "문화는 단지 인생 안에서 성장하고 번창할 수 있다는 사실을 전혀 인식 못하기 때문"[70]이라는 이유에서, 니체는 역사주의와 실증주의의 의미 안에서의 교육을 "완전히 오류투성이고 피상적인 지식"이라고 비판했다. 니체의 사상은 대학의 학자들 사이에서도 토론되었을 뿐 아니라, 생철학적으로 생각하는 출판업자들을 통해 비교적 폭넓은 국민계층으로 확산되었다. 율리우스 랑벤(Julius Langbehn)의 저서 『교육자로서의 렘브란트(Rembrandt als Erzieher)』는 대중에게 폭발적인 인기를 얻었는데, 이

70) Friedrich Nietzsche: Sämtliche Werke. Bd. II. S. 186.

책에서 "공장 굴뚝과 책상"과 같은 각박한 삶 대신 힘, 건강 그리고 생의 환희라는 이상이 자리를 차지한다. 이러한 목표설정 안에서 무엇보다 중산층의 시민은 증가하는 복잡한 도시의 산업사회로부터 벗어날 수 있는 가능성을 보았다. 이런 사회계층의 젊은이들은 노동계의 속박, 열악한 주거환경 그리고 계승된 관습에 저항했다. '반더포겔(Wandervogel)'[71] 회원들은 —이들은 스스로 자신들을 이렇게 칭했는데— 배낭과 기타를 매고 "잿빛 도시의 장벽"을 벗어나 광활한 들판으로 여행을 떠났고, 뻣뻣한 프록코트와 흰색 와이셔츠의 깃 대신에 화려한 무늬의 바지와 매듭진 머플러를 걸쳤다. 여행, 캠프파이어 그리고 민속춤을 통해 얻은 사교적 체험은 강요받지 않은 공동체와 나만의 개성 표현에 대한 그들의 욕구를 충족시켜 주었다.

인상주의 사조의 탄생은 물리학 분야의 새로운 발전과 관련이 깊다. 수백 년 간에 걸쳐서 통용된 인과율적·기계론적 세계상은 더 이상 유지될 수 없는 것으로 입증되었다. 바로 이 시점에서 추상예술의 기초를 세운 바실리 칸딘스키(Wassily Kandinsky)의 마음속에는 '원자의 붕괴'가 곧 '온 세계의 붕괴'와 동일시되었다. 이미 몇 해 전 인상주의가 미술 분야에서 색과 빛의 매력 속에서 시대의 조류에 맞게 대상의 해체로 나타난 이후, 1900년경 인상주의는 문학 분야도 정복했다. 이 과정에 대한 철학적 논증은 물리학자 에른스트 마흐(Ernst Mach)에 의해 제시되었다. 그의 논문 「감각의 분석 그리고 육체적인 것과 정신적인 것의 관계(Die Analyse der Empfindungen und das Verhältnis des Physischen und Psychischen)」에서 마흐는 인상을 이해하기 위해서 정신의 체계적인 기능을 부정했다. 그의 주장에 따르면, 어떠한 불변의 현실과 객관적 실재(Ding an sich)는 존재하지 않는다. 그에게 현실은 일련의 인상과 감각 이외에 그 어떤 것도 아니다. 그러므로 추상적 사변(事變)은 근거가 없으며, 유일하게 존재하는 것은 바로 '인상'뿐이다. 이로써 자아는 불변성을 상실하게 되고, 자아 그 자체로는 더 이상 확신이 없다. 자아가 확실성이 보장된 곳에는 스스로 속는 것이고, 그 외에도 자아는 다음 순간에 더 이상 존재하지 않는다는 사실을 숨기지 않고는 드러날 수 없다. 아르투어 슈니츨

71) 1895년 설립된 청년 도보여행의 장려 모임. —옮긴이

러의 드라마 〈파라셀수스(Paracelsus)〉의 주인공은 다음과 같이 말한다. "우리가 항상 연기한다는 사실을 아는 사람은 현명하다."

인상주의적 생활감정의 영향 아래서 20세기 전환기 바로 직전에 유럽의 여러 나라에서는 정취와 분위기 있는 느낌을 주는 문학적 경향이 나타났다. 그 당시 덧없는 화젯거리, 모호한 감각에 대한 자극, 민감한 색깔과 피곤한 음색 등이 혼재된 서정시들이 탄생했다. 극작법에서 이러한 경향은 무엇보다 아르투어 슈니츨러와 후고 폰 호프만슈탈에게서 발견되었다. '청년빈파(Junges Wien)'라는 그룹의 이름으로 문학사에 등장한 2명의 대표자들은 과학적·예술적인 양식들이 상호 간 자극을 주는 민감한 인지문화(Wahrnehmungskultur)에 근거를 두고 있었다. 에른스트 마흐의 경험비판론적 철학의 영향은 카페 그린슈타이들(Griensteidl)에 머물던 작가 모임의 강령을 세운 헤르만 바르(Hermann Bahr)가 쓴 예술이론에 관한 탁월한 에세이 『구제할 수 없는 자아(Das unrettbare Ich)』에서도 감지된다. 이로써 그는 —베를린에서와는 반대로— 빈에서는 결코 기반을 잡을 수 없었던 자연주의를 극복하기 위한 본질적이고 정신적인 전제조건들을 만들어 냈다. 덧없는 순간을 포착하기 위한 그의 노력은 스케치, 서정적 단편극 내지 단막극과 같은 소규모의 문학 형식이 유행하는 결과를 낳았다.

마지막에 언급한 문학 장르는 아르투어 슈니츨러에 의해 자주 애용되었다. 이미 그의 첫 번째 연작 형식의 단막극 〈아나톨(Anatol)〉에서 그는 인상주의적 인간에 대한 감명 깊은 성격 묘사를 성공적으로 해냈다. 이런 전형적 인물에 대해 작가는 다음과 같이 묘사했다. "많은 인간들의 영혼은 각기 어느 정도는 유동적으로, 즉 어떠한 경우에도 중심에 모이지 않고, 또한 통일성과는 거리가 먼 요소들로 구성된 것처럼 보인다. 이렇게 구심점 없는 인간은 결코 자신에게 완전히 인식되지 않은 엄청난 고독감 속에서 삶을 영위한다."[72] 아나톨은 과거 속에서 자신감 없이, 미래에 대한 계획 없이 완전히 즉흥적으로 살아간다. 그의 유일한 파트너는 자기자신을 비추는 거울이며, 자신의 인격을 묘사하는 도구다. 아나톨은 사랑의 모험을 통해, 즉 '불멸의 시간'이라는 특별한 체험을 통해 이러한 존재의

---

72) Arthur Schnitzler: Aphorismen und Betrachtungen: S. 56 f.

단조로움에서 벗어나려고 한다. 그가 당면한 과제들은 주로 의식과 관련된 것인데, 그는 상류층과 자유로운 예술가의 삶 사이를 오가며 경제적으로 독립한 연금 생활자로 지내고 있다. 그는 시골 출신의 '귀여운 아가씨'와 소박한 행복감에 빠져들고, 그는 저녁 만찬을 위해 어느 발레리나를 비밀의 방으로 초대한다. 그는 사교적인 유부녀에게 구혼하지만, 그녀는 자신의 사회적 지위를 지키기 위해 거절한다. 아나톨에게 있어 성적 모험은 언제나 종말의 의식을 전제한다. 죽어 가는 사랑에 대한 그의 애착은 주인공을 퇴폐적인 생활의 전형적 대표자로 만든다. 슈니츨러는 흥미로운 관찰 방법을 통해 이러한 '인상주의적 인간'에 접근했고, 비로소 그에 대한 비판적 시각을 그의 후기 작품, 특히 큰 성공을 거둔 드라마 〈사랑의 유희(Liebelei)〉에서 수용했다. 이 작품에서 진정한 감정과 애정이 결핍된 주인공은 사랑을 게임으로 여겼던 반면, 시골 출신의 소녀는 그와 깊은 감정을 발전시켰지만, 결국 남자의 배신으로 파멸하고 만다.

또한 슈니츨러는 '창녀'를 주제로 쓴 드라마 〈소녀(Das Mädchen)〉에서 여성의 운명을 다루고 있으며, 그 외에도 〈야수(Freiwild)〉는 연극감독과 관객인 젊은 남자들에게 동시에 쫓기는 시골 출신 여배우의 난감한 상황을 보여 주고 있다. 〈인생의 명예(Der Ruf des Lebens)〉에서 여성에 대한 착취는 가정으로 옮겨져 나타나는데, 여기서 여주인공은 병들고 이기적인 아버지를 간호하는 데 그녀의 유년기를 희생해야 했다. 〈아나톨 연작(Anatol-Zyklus)〉이 일관된 인물에 의해 연결된다

아르투어 슈니츨러: 〈윤무〉,
슈테판 에글러의 동판화,
1921년 출판 때 첨가된 삽화

면, 〈윤무(Reigen)〉에서 10편의 대화들은 프롤로그와 에필로그를 포함하여 계속 되풀이되는 성교의 이야기를 통해서 연결된다. 이 작품은 창녀와 군인으로부터 시작하여 모든 사회계층을 두루 거쳐 백작에까지 전개되고, 다시 백작이 창녀로 추락한다는 내용이다. 슈니츨러는 〈윤무〉에서 사회의 복합적인 상황을 묘사하고 있는데, 사회의 도덕적 기반은 부부의 침대 안에서 시작하며, 그 외의 모든 장면에서는 파멸적으로 묘사된다. 이런 시민의 이중적 도덕성에 대한 솔직한 묘사가 그 당시 무대에서 상연될 수 없었다는 것은 너무나 당연하다. 25년 후인 1920년에 비로소 베를린 소극장에서 막스 라인하르트의 연출로 뒤늦게 초연된 이 작품은 엄청난 스캔들을 일으켰으며, 외설적인 내용 때문에 재판에 회부되기까지 했다.

대부분 슈니츨러의 드라마 작품들은 빈의 보수적인 관객에 의해 거부되었던 반면, 베를린에서는, 특히 오토 브람의 연출을 통해서 대성공을 거두었다. 베를린에 소재한 도이체스 테아터의 예술감독인 브람은 자유연애의 권리를 요구한 슈니츨러의 연극 〈유언(Vermächtnis)〉뿐만 아니라, 특히 죽음에 직면해 책임 청산의 문제와 여성에 대한 남성들의 잘못된 행동을 다루고 있는 2개의 단막극 연작 〈생생한 시간과 꼭두각시(Lebendige Stunden und Marionetten)〉의 초연을 책임졌다. 프랑스 혁명이 배경인 슈니츨러의 그로테스크 드라마 〈초록 앵무새(Der grüne Kakadu)〉는 실재와 허상의 세계가 집중적으로 교차하면서 전개된다. 이 단막극은 빈의 부르크테아터에서 공연되다가, 황실의 요구로 즉시 공연 스케줄에서 사라졌다. 슈니츨러의 연극 〈고독한 길(Der einsame Weg)〉은 인상주의적 생활방식을 섬세하면서도 비판적으로 보여 준다. 작품은 '현재'라는 시간을 언급한 마지막 작품이다. 그다음 드라마 〈광활한 땅(Das weite Land)〉에서 1910년대 초반의 시점은 이미 과거인 1900년의 빈으로 향하고 있다. 이 희비극에서는 한 사회의 상황이 결혼 상황에서 명백하게 드러나는데, 이러한 사회의 특징은 불안감, 나약함, 정체성과 보수주의 등이다. 마지막으로 희극 〈베른하르디 교수(Professor Bernhardi)〉는 적대적 감정이 만연한 환경 속에서 인도주의자인 어느 유대인 의사의 실패와 관련된 권모술수를 다룬 문제작으로, 결국에는 시기적절하게 끝나는 관계로 행복한 결말을 맺는다.

일반적으로 아르투어 슈니츨러의 극작법은 무엇보다 인간의 영혼에 대한 철저한 분석을 통해서 두각을 나타냈다. 이러한 탁월함은 슈니츨러의 도플갱어라고 할 수 있는 지크문트 프로이트로부터 비롯된다. 슈니츨러는 시민계급의 개인뿐만 아니라 그 시대의 사회와 문화를 정확하게 진단했다. 그는 사회적 역할에 대한 정확한 묘사를 통해 시민계급의 본질과 구조에 대해서 20세기로 넘어가는 전환기의 빈을 초월하는 깊은 통찰력을 제공했다. 슈니츨러는 어떠한 비난도 하지 않으며, 어떠한 정치적 변혁도 제안하지 않는다. 오히려 그의 작품들 속에는 회의적 세계관이 특징적으로 나타나는데, 여기에는 체념적인 특징, 당혹감과 수용의 태도가 나타난다. 그의 대부분의 희곡 작품들은 해결되지 않은 채 애매모호한 결말로 끝난다.

'청년빈파'의 회원 가운데 두 번째로 중요한 극작가인 후고 폰 호프만슈탈은 그의 초기 작품에서는 인상주의 요소들을 상징주의 요소들과 통합시키고자 노력했다. 그의 서정적 단편극 〈어제(Gestern)〉, 〈티지안의 죽음(Der Tod des Tizian)〉, 〈바보와 죽음(Der Tor und der Tod)〉, 〈하얀 부채(Der weiße Fächer)〉, 〈모험가와 여가수(Der Abenteurer und die Sängerin)〉 등에서 사건의 진행이 아니라, 상황에 집중해서 정선된 역사적 현장과 시적 그림언어를 통해 슈니츨러와 비슷한 생활감정이 나타나고, 동시에 그 안에서 작가의 매력은 프랑스 상징주의를 통해 돋보인다. 통일된 세계관의 붕괴를 아무 관련 없는 감각적 인상으로 단순하게 반영한 인상주의와는 반대로 상징주의는 대안을 추구한다. 여기서 상실된 관계성을 회복하는 임무가 예술에 부여되고, 그러면서 예술은 개별적인 것을 우주의 상징으로 인식하고 묘사한다. 상징주의자들에게는 숨겨진 비밀에 대한 추구와 예술가적 수단의 암시적 힘을 통한 비밀을 불러내는 주문이 중요하다. 상징주의자들의 견해에 따르면, 인간은 이성적 노력을 통해 가치 있는 인식에 도달할 수 없기 때문에 각자의 환상에 따른 예상치 못한 결과를 감수해야만 한다. 아마도 이러한 예술의 방향은 자연주의와 이것에 토대가 된 실증주의적 세계상에 대해 생각할 수 있는 가장 큰 대립을 의미한다.

호프만슈탈의 초창기 창작 시기의 문학적 체험이 집약된 작품은 필립 첸도 경(Philipp Lord Chando)과 프랜시스 베이컨 간에 교환된 허구의 「편지(Ein Brief)」를 꼽을 수 있다. 작가는 17세기 영국 귀족의 가면을 쓰고 다양한 관점에서 ―예를 들어 상징주의의 시문학에 관한 논평, 언어비평적인 논문 그리고 창작의 위기에 놓인 인물에 대한 심리학적 분석 등― 해석될 수 있는 이 단편을 1902년에 발표했다. 여기에는 다음과 같은 묘사가 나온다. "뭔가에 대해 어떤 것을 연관시켜 생각하고 말하는 능력을 나는 완전히 상실해 버렸다. (…) 나는 형용할 수 없는 불쾌감을 느꼈고, 하루에 대한 어떤 평가를 내리기 위해 자연스럽게 혀를 사용하는 단어들은 부패한 버섯과 같이 내 입속에서 산산이 뭉개졌다."[73] 이러한 표현에서 초기 드라마에서 나타난 유미주의를 극복하려는 작가의 노력이 나타난다. 그는 예술 이상에 부합한 인생의 매력을 완벽하게 알고 있었음에도 불구하고, 그것이 인생의 생동감과 즉흥성을 위협한다고 생각해 비판적인 견해를 갖고 있었다. 고대 비극을 개작한 작품(〈오이디푸스〉, 〈엘렉트라〉)과 작곡가 리하르트 슈트라우스(Richard Strauss)와 공동 작업한 오페라 대본(〈낙소스의 아리아드네(Ariadne auf Naxos)〉, 〈장미의 기사(Der Rosenkavalier)〉, 〈그림자 없는 여인(Die Frau ohne Schatten)〉, 〈이집트의 헬레나(Die ägyptische Helena)〉), 종교극(〈보통사람〉, 〈잘츠부르크의 위대한 세계 연극(Das Salzburger große Welttheater)〉) 그리고 대화 형식의 코미디(〈고집쟁이(Der Schwierige)〉, 〈청렴한 남자(Der Unbestechliche)〉) 등과 같이 전통적 드라마 유형들을 소화하기 위해서 마침내 기존의 유미주의적 기본 입장으로부터 거리를 두기 시작하기 얼마 전, 호프만슈탈은 논문 「꿈의 이미지로서의 연극 무대(Die Bühne als Traumbild)」를 통해서 상징주의의 목표설정에 중요한 공헌을 했다. 이 논문에서 그는 다음과 같이 적고 있다. "우리는 무대가 빈 공간이라는 사실을 결코 잊어서는 안 되며, 만약 무대가 경이로운 어떤 것이 아니라면, 그 무대는 빈 공간보다 훨씬 나쁘다는 사실을 잊어서는 안 된다. 무대는 많은 꿈들 중에서 최고의 꿈이라는 사실을 잊어서는 안 된다. (…) 무대장치를 만드는 사람은 세상에 고정된 그 어떤 것도 없으며, 관련이 없는 것이 없으며, 혼자서 존재하는 것이 없다는 사실을 명심해야 한다. (…) 영혼으로부터 표출되는 광채를 지닌 마법이 나와야 한다."[74]

---

73) Hugo von Hofmannsthal: Gesammelte Werke. Bd. 7. S. 465.

74) Hugo von Hofmanns thal: Gesammelte Werke. Bd. 10. S. 490 f.

모리스 마테를링크: 〈파랑새〉, 파리 레잔(Réjane) 극장, 1911년,
레오폴트 슐러쉬츠키 연출, 블라드미르 제고롭프 무대장치

호프만슈탈의 이러한 생각은 모리스 마테를링크의 생각과 완전히 일치했다. 1862년 벨기에의 겐트에서 태어나 성장한 후에 프랑스어로 작품을 썼던 마테를링크는 무대를 일종의 '꿈의 극장'이라고 불렀다. 그는 자신의 에세이 『인조인간의 연극(Das Androidentheater)』에서 예술은 이방인이 잠시 가면을 쓴 채 우리를 방문한 것과 같다고 말한다. 이와 관련한 현실적인 실례로 그는 자신이 쓴 신비주의 동화극(〈펠레아스와 멜리상드(Pelléas und Mélisande)〉, 〈말렌 공주(Prinzessin Maleine)〉, 〈파랑새(Der blaue Vogel)〉) 그리고 단막극(〈침입자(Der Eindringling)〉, 〈실내 장식(Interieur)〉, 〈맹인들(Die Blinden)〉)을 들고 있다. 마테를링크는 기만적인 존재의 편안함 이면에는 어두운 운명의 힘이 도사리고 있으며, 이러한 힘의 제압이 '일상의 비극'을 잉태한다는 확신에서 출발했다. 이러한 내용을 무대 위에서 연출하기 위해 음모나 역동적인 사건 진행은 필요가 없다. 마테를링크 스스로 '정체적 드라마(statische Dramen)'라고 부른 자신의 연극 작품에서 그는 초자연적인 힘의 압박하에 꼭두각시와 같은 역할을 하는 사람들을 등장시켰다. 그들의 대화는 소통을 위함이 아니라, 단지 불가피하게 일어나는 형이상학적 파국을 기다리는 허탈함을 극복하기 위해 목적 없이 엇비껴 스쳐 지나가며 나누는 말이다. '중요한 사건'은 침묵 속에서 일어나는데, 여기서 "영혼은 깨

어 있으며 사건이 전개된다". 그런 방식으로 구조화된 하나의 희곡 작품은 "작가의 탄생 이전에 있었던 것과 같이 사건을 재배치"하느라 예술 작품을 망칠 수도 있는 사실적인 표현 양식을 수용하기 힘들다. 마테를링크의 견해에 의하면, 무대는 "걸작이 죽어 가는 장소"인데, 그것은 본의 아니게 배우의 주관성이 전달되어 걸작 내부에서 모순에 빠지기 때문이다. "모든 걸작들은 하나의 상징이며, 상징은 활동적인 인간의 현재를 수용하지 못한다. (…) 아마도 모두 살아 있는 것들을 무대로부터 완전히 격리하는 것이 불가피할지도 모른다. (…) 인간의 본질이 그림자를 통해서, 반사, 즉 상징적인 형식의 투영을 통해서, 또는 살아 있지 않지만 마치 살아 있는 것처럼 행동하는 존재를 통해서 대체되는가?"[75] 마테를링크는 이러한 인간을 대체할 수 있는 인물을 위해서 '인조인간(Android)'의 개념을 채택했으며, 그리고 이 개념은 몇 년 후 에드워드 고든 크레이그의 연극적 구상을 담은 저서 『인형극에 대하여(Über Marionette)』에서 언급된다.

시집 『에로디아드(Hérodiade)』에서 표출된 서정적 장면과 관련해 모리스 마테를링크, 그리고 그 이전에 스테판 말라르메(Stéphane Mallarmé)에 의해서 언급된 인식, 즉 상상의 언어로 쓴 상징주의 드라마는 구체적으로 무대에서 일어나는 사건들을 재구성하기보다는 독자의 상상 속에서 이미지와 음향을 불러일으키기에 적합하다는 인식에 대해 연극이론가들 가운데, 특히 폴 포르(Paul Fort)가 이에 대해 공감했다. 그는 자신이 총감독으로 있는 파리의 '예술극장(Théôtre d'art)'에서 마테를링크의 단막극과 그동안 거의 주목받지 못했던 다른 상징주의자들의 몇몇 단편 드라마를 엄격한 반(反)자연주의 형식으로 연출했다. 포르는 무대장치를 장식으로 꾸며진 배경그림으로 단순화했는데, 이러한 배경그림에는 언어문학의 형식과 색채의 유사성을 생산하는 임무가 주어졌다. 이를 위해서 그는 나비파(Nabi-Schule) 출신의 젊은 화가들을 고용했는데, 그들 가운데는 특히 폴 고갱(Paul Gauguin), 에두아르 뷔야르(Edouard Vuilard) 그리고 피에르 보나르(Pierre Bonnard)와 같이 걸출한 화가들도 있었다. 포르에 의해서 시작되었지만, 오렐리언 프랑소아즈 마리 뤼네-포(Aurelien François Marie Lugné-Poë)는 뢰브르 극장(Théâtre de

75) Maurice Maeterlinck: Prosa und kritische Schriften. 1983. S. 50 f.

L'Œuvre)에서 단명으로 끝난 포르의 실험을 계속 이어 갔다. 1895년부터 시작된 실험에서 그는 "요정과 같이 서정적 특징을 가진 연극, 즉 환상과 꿈의 연극을 만들고자 하는" 목표를 세웠다. 그 외에도 뤼네-포는 현대 화가들과 긴밀하게 공동작업을 했으며, 암시적 효과를 위해 무대의 영상적인 요소들을 삽입했다. 그는 자연주의적 모방 대신에 추상성과 예술성을 위해 배우들에게 가능한 한 동작의 단순함과 절제를 요구했다. 또한 뤼네-포가 첫 번째 작품을 공연하는 데는 폴 클로델(Paul Claudel)의 도움이 절대적이었는데, 즉 가톨릭교회의 성향을 띤 클로델의 극작법은 상징주의의 정신세계 속에 깊이 뿌리를 두고 있었기 때문이다. 클로델의 대표작 〈정오의 극점(Die Mittagswende)〉과 〈비단 구두(Der seidene Schuh)〉는 작품이 탄생한 지 50년이 지난 후에 비로소 초연되었던 반면, 그의 작품 〈계시(Die Verkündigung)〉는 제1차 세계대전 이전에 뢰브르 극장에서 상연된 바 있다.

상징주의의 최고의 대표작으로 뤼네-포는 자신의 무대에서 선보인 헨리크 입센의 후기 작품들을 꼽았다. 여기서는 입센의 후기 사회극에서 암시된 상징적 차원이 본질적이고 무한한 것으로 확장되어 나타났다. 〈로스메르 저택(Rosmersholm)〉에서는 죽은 자의 경고로 산 사람들의 죄를 일깨우는 백마(白馬)가 등장하며, 〈바다에서 온 여인(Die Frau vom Meer)〉에서 바다는 채워지지 않은 여주인공의 동경을 위한 것이며, 〈건축기사 솔네스(Baumeister Solness)〉에서는 주인공(솔네스)의 요구로 가장 높고 거대한 교회가 세워지지만, 이 건축물은 결국 무너지고 만다. 현실에서 보다 많은 상징은 입센의 후기 작품 〈꼬마 욜프(Klein Eyolf)〉에서도 나타난다. 유년 시절 책상 위에서 떨어져 불구가 된 욜프는 부모의 사랑에도 불구하고, 부모에게 —결국 상상 속에서만— 책임이 있음을 분명하게 경고한다. 이미 앞에서 언급한 〈건축기사 솔네스〉와 마찬가지로 그의 마지막 2개의 드라마 작품 〈존 가브리엘 보르크만(John Gabriel Borkman)〉과 〈우리 죽은 자들이 깨어날 때(Wenn wir Toten erwachen)〉에서는 노화의 문제가 핵심이다. 첫 번째 드라마에서는 한 남자가 권력을 위해 자신의 사랑을 버리는 죄를 범했다는 사실을 깨닫게 되며, 두 번째 드라마에서는 한 예술가가 자신이 만든 작품의 가치가 인생을 만족시킬 수 없다는 사실을 깨닫는 순간, 자신의 작품을 거부한다. 여기에서 입센은 자신의 전 작품들을 통해 목표로 삼았던 것을 가장 일관적으로 실현했다. "창작은 자기자신을 심판하는 것이다."

아우구스트 스트린드베리의 경우 자연주의에서 신비주의적 상징주의로의 변화는 그를 '비현실적인 것의 실재성'을 인식하게 한 심리적·세계관적 '지옥의 위기(Inferno-Krise)'와의 관계에서 찾을 수 있다. 3부작 드라마 〈다마스쿠스를 향해서(Nach Damaskus)〉에서 그는 자신의 첫 번째 상징주의적 '1인칭 드라마(Ich-Drama)'를 창작했다. 철저하게 자서전적으로 설정된 '무명'의 중심인물은 더 이상 현실적이고 심리적인 기준에 따라 평가될 수 없다. 이 인물의 연극적 역할은 아주 강력해서 모든 조연들은 그림자, 유령과 같은 유형들로 축소되었다. 여기서는 계속 진행되는 줄거리 대신 '중심적 자아(das zentrale Ich)'가 각각의 장면들과 연결되면서, 주인공의 인생 경로에 나타나는 다양한 단계들이 연출된다. 20세기를 거쳐 지속적인 흥미를 불러일으킨 이러한 극작법의 유형은 '정거장 드라마(Stationen drama)'라는 이름으로 불렸다. 여기서 연극적 현실성은 꿈과 현실에 스며든 이미지들의 다양성 속에 용해되어 나타났다. 무대장치는 현실에 대한 작가의 주관적 경험에 따라 표현되며, 이와 동시에 일상적인 사건과 과정은 강렬한 상징적 의미를 얻는다. 〈다마스쿠스〉 3부작과 직접 관련 있는 일련의 종교적 드라마들이 있는데, 중세의 종교극 〈강림절(Advent)〉, 〈부활절(Ostern)〉 그리고 작가에 의해 '수난극(Passionsspiel)'이라고 불린 드라마 〈황홀(Rausch)〉 등이 그것이다. 또한 마테를링크의 영향으로 탄생한 스트린드베리의 민속적이고 동화적인 드라마 〈백조아가씨(Schwanenweiß)〉와 〈왕의 신부(Die Kronbraut)〉도 하나의 통일성을 이룬다. 이러한 작품들은 스트린드베리가 자신의 창작 시기를 통틀어 예술적으로 전성기에 나온 작품 〈꿈의 연극(Traumspiel)〉의 밑거름이 되었다. 이 작품은 지상으로 내려와 다양한 방법으로 인간의 고통을 함께 체험한 뒤, 종국에는 "인간들이 참 불쌍하구나!"라는 말을 남기고 하늘로 다시 올라간 인드라 신의 딸에 대해 다루고 있다. 세계는 결점이 많은 원형의 복제품으로, 결국에는 일장춘몽으로 밝혀진다. 〈꿈의 연극〉의 서문에서 작가는 자신의 작품 구상에 대해 다음과 같이 자세하게 밝히고 있다. "나는 초기의 꿈의 연극 〈다마스쿠스를 향해서〉의 연결선상에서 이번 작품에서는 연관성이 없지만 피상적으로는 논리적인 꿈의 형식을 모방하고자 했다. 모든 것은 일어날 수 있으며, 모든 것은 가능성과 개연성을 갖고 있다. 시간과 공간은 존재하지 않는다. 중요하지 않은 현실성 때문에 환상은 발전하고 새로운 전형들이 만들어지는데, 즉 기억, 체험, 자유로운 창작, 부조리 그리고 즉흥적 생각 등이 그런 것들이다. 사람들은 분열되고, 배가 되며, 없어졌다가도 다시 모이며, 각자 흩어져 있다가도 다시금 서로 연결된다. 그러나 의식은 몽상가의 의식 위에서 존재한다. 몽상가에게는 비밀도, 모순도, 양심의 가책도 그리고 법도 없다."[76]

스트린드베리는 이미 희곡 작가로서의 글쓰기를 시작할 무렵 극작가를 위한 전용극장이 주어진다면, 계속해서 '현실적인 극작법'이 탄생될 것이라고 확신했다. 이런 이유에서 그는 1889년에 무대설치를 처음으로 시도했지만, 결국 이 계획은 완전히 실패로 돌아갔다. 그러나 거의 20년이 지난 뒤, 스톡홀름에서 '은밀한 연극(Intimes Theater)'이라는 형태로 그의 꿈이 실현되었다. 3년간 존속되는 동안에 160석의 작은 공연장에서 젊은 감독 아우구스트 팔크(August Falck)의 연출로 오직 스트린드베리의 작품들만이 무대에 올랐다. 스트린드베리에게 전용극장의 설립은 수년간의 휴식 후에 다시 극작법을 실험하는 실질적인 계기였다. 새로운 공연장을 위해 그는 공간적인 면적에 합당한 일련의 실내극 중심의 공연목록을 짰다. 〈번갯불(Wetterleuchten)〉, 〈화재 현장(Die Brandstätte)〉, 〈유령 소나타(Gespenstersonate)〉 그리고 〈화형장(Der Scheiterhaufen)〉과 같은 작품은 무엇보다도 자연주의 성향을 완전히 극복했다는 점에서 그의 단편극 형식의 초기 실험극들과 구별된다. 이들 작품은 표현주의적이며 초현실주의적 드라마의 선구자로서 평가를 받는다.

'꿈의 문학(Traumdichtung)'으로 불린 〈하넬레의 승천〉, 동화 드라마 〈그리고 피파는 춤춘다〉 그리고 〈침종〉과 같은 게르하르트 하우프트만의 반(反)자연주의적 실험작품들을 예외로 둔다면, 1900년대 독일 극작법 분야에서 기여는 프랑크 베데킨트에게만 한정된다. 그에게서 특히 시대의 생기론이 나타났다. 작품의 기본 모티브는 -〈눈 뜨는 봄(Frühlings Erwachen)〉, 〈루루(Lulu)〉, 〈카이트 후작(Der Marquis von Keith)〉, 〈궁전 가수(Der Kammersänger)〉 그리고 〈음악(Musik)〉 등이 가장 성

76) August Strindberg: Über Drama und Theater, S. 139 f.

공한 작품들이다— 경직된 사회의 관습과 구속받지 않으려는 삶의 욕구 사이에서 나타나는 대립과 갈등이다. 이러한 힘의 원천은 특히 성적 본능에서 나온다. 베데킨트의 자연주의적·감각적인 삶의 주인공들은 —예를 들면 〈눈 뜨는 봄〉에서 멜시오르(Melchior)와 일제(Ilse), 〈카이트 후작〉과 〈루루〉의 주인공들— 삶을 위협하는 사회권력에 저항한다. '잘 교육받은 가축으로 사는 것에' 반대하여 '창백한 식물성 음식에 화풀이를 하듯이' 베데킨트는 '거칠고 아름다운 가축'을 창작했으며, 이렇게 루루는 〈지령〉과 〈판도라의 상자〉의 두 부분으로 구성된 드라마의 서문에서 예고한다. 반명제는 몰개성, 안전 제일 그리고 평범함이 명확한 특징인 정체된 세계의 대변자로서 '시민'이다.

프랑크 베데킨트는 자연주의에 반대 입장을 취했을 뿐만 아니라 드라마의 전통에서도 완전히 다른 노선을 걸었다. 그는 자신의 모범을 비문학적인 영역에서 찾았다. 레뷰(Revue)[77]와 서커스의 순번 원칙에 따라 베데킨트는 연극적인 구성의 사건 진행을 에피소드를 열거하는 방식으로 대체했다. 그는 춤이나 팬터마임과 같은 비언어적인 요소들을 통해서 자신의 텍스트를 보다 풍부하게 만들었으며, 이러한 요소들의 감각적인 위력은 언어보다는 '훨씬 단순하고 동물적인 본능'을 표현하려는 그의 요구에 더 부합했다. 작품의 문체론과 관련해서 그는 시대의 현실에서 나타나는 어리석음을 밝혀내고, 이를 통해 시대의 변혁에 기여하기 위해서 무엇보다 그로테스크 양식을 사용했다.

프랑크 베데킨트는 자연주의를 거부하는 동시에 청년 브레히트와도 연결되는 세기말 전환기의 독일 연극을 이끌었다. 브레히트에게 베데킨트는 스트린드베리와 더불어 '새로운 유럽의 위대한 교육자'였다.

---

77) 동시대의 인물과 사건을 묘사하거나 때로는 풍자하는 노래, 춤, 촌극, 독백 등으로 이뤄진 가벼운 오락극. —옮긴이

3장

20세기 독일어권 연극

막스 라인하르트의 연극

1873년 빈 인근에 위치한 소도시 바덴에서 유대 상인 집안의 아들로 태어난 막스 골트만(Max Goldmann)은 그의 말에 따르면 부르크테아터의 "위층 객석 네 번째 줄"에서 자랐다고 한다. 라인하르트라는 예명으로 활동한 그는 다른 어떤 예술가와 비길 수 없을 만큼 20세기 연극 발전에 지대한 영향을 미쳤다. 그는 에드워드 고든 크레이그의 사상을 창조적으로 수용하면서 현대 연출가 연극(Regietheater)을 창시했다. 지금까지는 배우가 콘스탄틴 스타니슬라브스키(Konstantin Stanislavsky)를 본보기로 삼아서 자신을 역할에 억지로 끼워 맞춰야 했다면, 라인하르트는 배우를 역할로부터 해방시키는 동시에, 여러 배우들을 앙상블로 한데 녹여 냈다. 또한 그는 아돌프 아피아(Adolphe Appia)의 요구에 따라서, 측면 배경무대(Kulissenbühne)를 원형 파노라마[1]와 회전 장치가 있는 개방무대(Raumbühne)

1) 연극 등의 공연을 할 때 하늘이 있는 것 같은 효과를 내기 위해 설치하는 것. 주로 곡선으로 된 천을 사용하는 것이 관례이며 파노라마식 배경막이라고도 한다.—옮긴이

로 대체했다. 마이닝거(Meininger) 극단으로부터는 군중연출의 원리를 받아들이고 웅장한 통일감을 통해 그 영향력을 확대시켰다. 또한 라인하르트는, 예를 들어 무도장과 전시실, 공원이나 공공장소와 같은 공간을 연극을 위한 새로운 공연 장소로 삼았다. 그는 동시대의 극작법을 진작시키고, 고전문학에 대한 새로운 관점을 열었다. 또한 고전문학을 감각적으로 되살리면서 19세기 역사 교양연극을 진부한 것으로 만들어 버렸으며, 그에 의해 완성된 연기술의 심리적 심화는 자연주의의 한계를 넘어섰다. 라인하르트는 연극적 종합예술작품을 위해 노력하면서 동시대의 탁월한 작가와 음악가 그리고 조형예술가의 도움을 구하고 그들의 도움을 얻을 수 있었다.

막스 라인하르트는 배우수업을 받고, 빈의 교외 극장들과 잘츠부르크 국립극장에서 실습을 한 후, 1894년 오토 브람에 의해 '도이체스 테아터'로 영입되었다. 그는 그곳에서 여덟 번의 공연 시즌 동안 주로 노인 역할을 맡아 하면서, 헨리크 입센, 레오 톨스토이, 아우구스트 스트린드베리, 게르하르트 하우프트만의 작품에 등장하는, 치명적 유전과 불행한 환경으로 고통받는 인물들을 연구했다. 또한 세심하고 신비스러우며 절제된 북유럽 사람들의 연기를 접할 수 있었다. 그의 쾌활하고 유희적이며, 살짝 멜랑콜리한 천성은 그곳의 사회적 엄격함, 날카로운 사고 그리고 심리적으로 개연성 있는 연기와 조화를 이루었다. 하지만 몇 번의 공연 시즌이 지나지 않아 라인하르트는 오토 브람의 원칙과 충돌하게 된다. 라인하르트의 연극에 대한 개념은, 1901년에 쓰여서 1920년대 말에 출판된 한 텍스트에서 찾아볼 수 있는데 이것을 보면 그가 연출가의 길이란 이미 존재하는 청사진을 철저하게 실현시키는 것으로 여겼음을 알 수 있다. 이 글에 따르면 "연극은 사람들에게 다시금 기쁨을 주어야 한다는 생각이 머릿속을 떠나지 않는다. 연극은 암담한 일상의 불행으로부터 사람들을 끌어내어 쾌활하고, 순수한 아름다움의 공간으로 인도한다. 나는 사람들이 극장에서 매번 자신의 불행을 다시 보는 데 얼마나 질려 있는지, 그들이 보다 밝은 색채와 고양된 삶을 얼마나 동경하는지 느낀다. (…) 진실과 참됨은 너무나 당연한 것이지만 나는 그 이상을 요구한다. 내 주변에서 아름다운 사람들을 보고 특히 아름다운 목소리를 듣고 싶다. (…) 나는 지치지 않을 것이다. (…) 사람들이 다시 언어의 음악을 듣게 될 때까지 (…) 바이올리니스트가 귀하고 오래된 바이올린을 연주하는 것처럼 내가 내 악기를 연주할 수 있게 된다면 (…) 그때 연극 고유의 것이 이뤄질 것이다. 그때 나는 고전을 연주할 것이다. (…) 고전으로부터 살아난 새로운 생명이 무대에 오르게 될 것이다. 색채와 음악, 위대함과 화려함 그리고 쾌활함이."

이 글에서는 "현대 심리 드라마를 위한 아늑한 공간과 고전작품을 상연하기 위한 중간 크기의 극장" 이외에도 "고대 원형극장 형태의, 빛과 숭고함이 가득한 공간, 장엄한 효과를 내기 위한 축제 공연극장에 대해 말하고 있다".[2)]

라인하르트는 오토 브람의 도이체스 테아터에서 나오기 전에 이미 자신의 프로그램을 실현하기 위한 첫걸음을 내딛었다. 그는 예술가 친구들과 함께 '울림과 연기(Schall und Rauch)'는 이름하에 가설무대를 설립하고 샹송과 낭독회, 풍자적 촌극과 패러디를 선보였다. 곧이어 유명한 건축가 페터 베렌스(Peter Behrens)가 개조한 유겐트스틸(Jugendstil)[3)]의 홀에서 저녁공연 작품을 무대에 올릴 수 있도록 관청의 허가를 얻어냈다. '소극장(Kleines Theater)'이라고 불린 공간에서는 새로운 극장 법상의 중요한 작품들이 초연되었다. 라인하르트의 주요한 초기 연출 작업으로는 모리스 마테를링크의 작품들, 오스카 와

모리스 마테를링크: 〈펠레아스와 멜리장드〉, 노이에스 테아터 베를린, 1903년, 막스 라인하르트 연출, 로비스 코린트와 레오 임펙코펜의 무대장치

2) Max Reinhardt: Leben für das Theater. S. 73 ff.

3) 청춘 양식'이라는 뜻으로, 독일, 오스트리아 등 독일어권에서의 아르누보 운동 양식과 경향을 가리킨다. —옮긴이

일드의 〈살로메〉, 후고 폰 호프만슈탈의 〈엘렉트라〉가 있다. 그가 자신의 연극 세계의 초석으로 삼기 위해 인수한 쉬프바우어담(Schiffbauerdamm)의 '노이에스 테아터(Neues Theater)'에서 1905년 그의 첫 연출로 셰익스피어의 〈한여름 밤의 꿈〉이 공연되었다. 이 작품은 매번 그에게 새로운 해석을 불러일으켰고 그는 이 작품을 수십 번 이상 무대에 올렸으며 결국 할리우드 영화로 만들기도 했다.

브람에 이끌려 도이체스 테아터로 온 지 10년 만에 라인하르트는 극장의 감독이 되었다. 그가 처음 베를린으로 왔을 때는 여행을 하기 위해 가불을 해야만 했었지만, 이제 형제인 에드문트(Edmund)의 도움으로 극장 전체를 소유할 수 있게 되었다. 에드문트는 항상 새로운 후원자의 흥미를 유발할 줄 아는 사람이었다. 슈만 가(街)에 위치한 도이체스 테아터는 라인하르트의 첫 번째 창작 기간(1905~1920년)에 그의 예술작업의 중심이 되었다. 약 100번의 연출을 하면서, 그는 우선 고전연극의 혁신에 큰 공을 세웠다. 이 외에도 도이체스 테아터에서, 특히 그가 세운 '소극장'에서 30번의 연출을 했는데 대부분 현대 드라마였다. 이 작업 기간에 라인하르트가 다루지 않은 중요한 작가는 거의 없을 정도다.

모든 작업에서 그는 작품의 가장 작은 역할에 이르기까지 최적의 배우로 채운다는 초기 신념을 따랐다. 이 연출가는 문학 원전의 의미와 형식에 대한 자신의 기본적 이해를 기반으로 독일어권의 위대한 배우들[게르트루트 아이솔트(Gertrud Eysoldt), 알렉산더 모이시(Alexander Moissi), 틸라 두리외(Tilla Durieux), 아델레 잔드로크(Adele Sandrock), 에른스트 도이치(Ernst Deutsch), 막스 팔렌베르크(Max Pallenberg), 에밀 야닝스(Emil Jannings), 프리츠 코르트너(Fritz Kortner)]과 작업을 했다. 그 밖에도 배우들의 제안에서 영감을 얻고, 배우들을 연출의 기본 리듬과 조화시키고자 했다. 그는 힘주어 말한다. "연극은 배우들에게 달려 있다고 생각한다." 라인하르트는 점점 심해지는 인간관계의 사물화와 비인간화에 맞설 수 있는 가능성을 "직업상 감정적 인간"인 배우라는 존재에서 발견했다. 그는 무대를 다음과 같이 규정한다. 그에 의하면 무대는 "죽을 때까지 연기를 계속하기 위해서, 자신과 관객을 인생의 관습적 거짓 꾸밈으로부터 자유롭게 하기 위해서, 어린 시절을 은밀히 숨기고, 슬쩍 자신을 감추는" 사람들의 "가장 행복한 은신처"다.[4)]

라인하르트는 연기술에서뿐만 아니라 조형예술에서도 자연주의적 현실 재현

헨리크 입센: 〈유령〉, 베를린 도이체스 테아터 소극장 연극, 1906년, 막스 라인하르트 연출, 에드바르 뭉크 무대미술

윌리엄 셰익스피어: 〈한여름 밤의 꿈〉, 베를린 도이체스 테아터, 1913년, 막스 라인하르트 연출, 에른스트 슈테른 무대장치

윌리엄 셰익스피어: 〈리어왕〉, 베를린 도이체스 테아터, 1908년, 막스 라인하르트 연출, 칼 체시카 의상

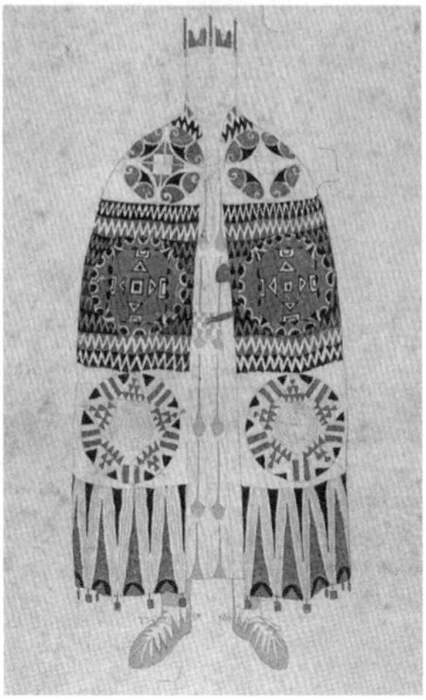

의 요구로부터 자유로운 무대예술의 가능성을 펼친다. 초기 연출가의 한 사람으로서 그는 유명 화가들과의 공동작업을 위해 노력했다. 인상주의자 막스 슬레보그트(Max Slevogt)와 로비스 코린트는 셰익스피어의 〈윈저의 명랑한 부인들(Die lustigen Weiber von Winsor)〉, 모리스 메테를링크의 〈펠레아스와 멜리잔데〉를, 노르웨이의 상징주의자 에드바르 뭉크(Edvard Munch)는 입센의 〈유령(Gespenster)〉을, 유겐트스틸 예술가 에밀 오어리크(Emil Orlik), 칼 체시카(Carl Czeschka), 카를 발저(Karl Walser)는 셰익스피어의 〈겨울 이야기〉, 〈리어왕(König Lear)〉, 〈한여름 밤의 꿈〉을 위한 무대를 설계했다. 라인하르트의 무대장치는 현대예술로부터 영감을 받았다. 알프레드 롤러(Alfred Roller)는 〈파우스트 II〉 무대구상에 상징주의의 영향을, 후고 폰 호프만슈탈의 〈오이

4) Max Reinhardt:Leben für das Theater, S. 436.

디푸스와 스핑크스(Ödipus und die Sphinx)〉는 신고전주의의 영향을 받아 작업했다. 헨리크 입센의 〈존 가브리엘 보르크만〉을 위한 에른스트 슈테른(Ernst Stern)의 무대 스케치는 표현주의적 특색을 지녔다. 라인하르트와 그의 무대장치가들은 측면장치 대신 대부분 조형적 무대장치를 활용했는데 종종 회전무대 위에 그것을 설치하기도 했다. 1905년 〈한여름 밤의 꿈〉 연출에서 예술적으로 탁월했던 그들의 첫 작업은 센세이션을 불러일으켰다. 베를린 사람들은 "라인하르트 연출에서 숲이 회전하는" 것을 보기 위해 극장으로 떼를 지어 몰려들었다.

막스 라인하르트 연극의 탐미주의와 화려함은 추하고 점점 불투명해지는 현실에서 미의 세계로 사람들을 인도하려는 세기 전환기의 소망으로부터 비롯되었다. 이러한 구상은 수많은 축제공연 프로젝트를 통해 완성되었다. 1909년과 1910년 라인하르트는 뮌헨의 예술극장에서 성대한 여름 공연을 개최했다. 제1차 세계대전 중에 그는 잘츠부르크에서 페스티벌을 계획하기 시작했고 전후에 호프만슈탈의 〈보통사람〉 연출을 통해 이것을 실현시켰다. 한 선언문에서 라인하르트는 1917년 자신의 연극관을 이렇게 설명하고 있다. "요즈음, 끔찍한 현실로 인해 균형이 깨졌다고 생각했던 아름다움의 세계는 아직 손상되지 않았다. 이러한 세계는 고국에 남은 사람들뿐만 아니라 외부에서 들어와 영혼을 위한 안식처를 구하는 사람들에게도 피난처가 되었다. 미의 세계는 부자와 자기만족에 빠진 사람들의 사치품일 뿐만 아니라 궁핍한 자들에게는 필수품과 같은 것이다."[5]

막스 라인하르트는 잘츠부르크 프로젝트와 동시에 도이체스 테아터 바로 옆에 있는 오래된 슈만 서커스단을 매입했다. 3000명 이상의 관객을 수용하기 위해 '그로세스 샤우슈필하우스(Großes Schauspielhaus)'를 고대 원형극장 구조로 개축해야 했고, 이 일을 훌륭한 건축가들 중 한 사람인 한스 푈치히(Hans Poelzig)에게 위임했다. 이렇게 라인하르트는 예전에 이미 소포클레스의 〈오이디푸스 왕〉과 카를 폴묄러(Karl Vollmoeler)의 〈기적(Das Mirakel)〉에서 군중 장편연출로 시도했었던 '웅장한 효과'를 낼 수 있는 이상적인 극장을 갖게 되었다. 그는 그로세스 샤우슈필하우스의 개관공연 작품으로 아이스킬로스의 〈오레스테이아〉를 선택

5) Max Reinhardt:Leben für das Theater, S. 215.

소포클레스: 〈오이디푸스 왕〉, 베를린 슈만 서커스, 1910년, 막스 라인하르트 연출

했다. 이어서 게오르크 뷔히너의 드라마 〈당통의 죽음〉, 아리스토파네스의 〈리시스트라테〉, 셰익스피어의 〈햄릿〉과 〈줄리어스 시저〉가 뒤따랐다. 무대와 연단 위에는 거대한 개인의 형상이 익명으로 표현된 대중과 대조를 이루면서 서치라이트와 빛의 폭포 속에 서 있었다. 하지만 몇 시즌 지나지 않아 라인하르트는 대극장을 오페레타 공연과 레뷰[6]로 채워야만 했다. "경제적인 이유로 입장이 불가능했던 수많은 대중"을 교양극의 관객으로 삼고자 했던 시도는 좌절되었다.

바이마르 공화국의 등장과 더불어 독일의 정신적 분위기가 근본부터 변했다. 극장에 관한 한 이념적이고 정치적인 동기가 전면에 대두된 것이다. 라인하르트의 탁월하게 감각적이었던 예술은 점점 진부한 것으로 보였다. 그래서 '연극의 마술사'는 점점 더 오스트리아의 고향으로 물러나게 되었다. 저명한 비평가 헤르베르트 예링(Herbert Jhering)은 다음과 같이 단언하면서 역사적 거리를 두고 그의 업적을 인정했다. "막스 라인하르트, 그는 연극을 천재적으로 활용하고 효과를 즐길 줄 안다. 그는 연극적 매력의 뒷맛을 음미할 줄 아는 사람이다. 라인하르트는 직관적이고 자유분방하게 즉흥 연기를 하고 자극을 받아들이고 다방면으로 노력하는, 온갖 시대의 다채로운 연극적 재능을 소유한 사람이다. 라인하르트는 상류층 시민의 연극을 천재적으로 완성한 자이고 업적에서 그와 비길 자가 없으

6) 흥행을 목적으로 노래, 춤 따위를 곁들여 풍자적인 볼거리 위주로 꾸민 연극. —옮긴이

며, 예술적으로 끝없이 변화무쌍한 모습을 보여 주고 있다."[7]

라인하르트는 1920년대에 그의 동료가 이끄는 베를린 극장에서 객원 연출가로 활동하면서 자신의 에너지의 상당 부분을 잘츠부르크 페스티벌에 바쳤다. 특히 그에게 중요했던 것은 실제 장소의 분위기를 이용해서 연극적 효과를 살리는 것과 —전형적인 바로크 방식으로— 가상과 현실의 경계를 없애는 것이었다. 대성당 광장(Domplatz)에서의 〈보통사람〉 이외에도 그는 호프만슈탈의 〈잘츠부르크의 위대한 세계 연극〉을 콜레기엔 교회(Kollegienkirche)에서 연출했고, 카를로 골도니의 〈두 신사의 하인(Der Diener zweier Herren)〉과 요한 볼프강 괴테의 『파우스트』를 펠젠라이트 학교(Felsenreitschule)에서, 그리고 몰리에르의 〈망상환자〉와 셰익스피어의 〈십이야〉를 자신의 성 레오폴트스크론(Leopoldskron)의 야외극장에서 연출했다. 빈에서 라인하르트는 공연을 위해 호프부르크(Hofburg)의 무도회장과 시청의 아르카덴호프(Arkadenhof)[8]를 사용했다. 요제프슈타트(Josefstadt)에 있는 극장을 인수할 때도 역시 건물의 공간적 분위기가 중요한 동기였다. 이곳에서 라인하르트는 고전뿐만 아니라 호프만슈탈의 〈고집쟁이〉와 조지 버나드 쇼의 〈성 요한나(Die heilige Johanna)〉 또는 루이지 피란델로(Luigi Pirandello)의 〈작가를 찾는 6명의 등장인물(Sechs Personen suchen einen Autor)〉과 같은 새로운 작품으로 공연 레퍼토리를 구성했는데, 이것은 1920년대 말경에 베를린에서 자주 공연되는 연출 작품들로 교체되었다. 이 시기에 도이체스 테아터와 소극장 이외에 특히 '쿠어퓌어스텐담 희극 전용극장(Komödie am Kurfürstendamm)', '쿠어퓌어스텐담 테아터', '베를린 극장', '놀렌도르프플라츠 테아터(Nollendorfplatz Theater)'가 라인하르트의 제국에 속했다. 독일 대도시에서 그의 마지막 연출은 오랜 기간 문학적 동반자였던 호프만슈탈이 각색한 칼데론의 〈세상이라는 거대한 연극〉이었다. 초연 다음날 1933년 봄 라인하르트는 독일을 영원히 떠났다. 그는 세계 대공황의 상황에서 막대한 부채를 졌던 극장을 그 사이 국가사회주의자들이 정권을 잡은 독일제국에 넘겨주었다. 그들은 '명예 아리안족의 자격'을 제안했지만 라인하

---

7) Herbert Jhering: Der Kampf ums Theater, S. 247.

8) arcade court, 르네상스 건축 양식에서 아케이드 통로가 있는 마당. —옮긴이

르트는 거절했다. 그는 생애 마지막 10년을 망명 생활로 보냈다. 피렌체의 보볼리(Boboli) 정원과 옥스퍼드(Oxford)에서 〈한여름 밤의 꿈〉을 연출한 후 그는 1937년 요제프슈타트의 빈 극장에서 프란츠 베르펠(Franz Werfel)의 〈어느 날 밤(In einer Nacht)〉으로 유럽에서의 마지막 작품을 연출했다.

그는 미국 망명에서 수많은 계획을 세웠지만 그중 몇 가지만이 실현되었다. 스스로 체념했듯이 그는 "황금 송아지를 위해 춤을 추기에는 너무 둔했다". 1943년 가을, 라인하르트는 뉴욕의 한 호텔 방에서 사망했다.

표현주의 드라마와 연극

1910년경 시작된 표현주의의 정신적·문화적 운동은 거의 독일어권에만 국한되어 나타났다. 표현주의 운동은 이 지역만의 경제적·정치적·사회적 상황에 대한 반응이었다. 산업 분야에서는 생산력이 엄청나게 향상되었고, 무역과 재정은 꽃피웠으며, 새로 생겨난 기업합병과 콘체른으로 인해 중소기업들은 대량으로 파산했다. 서유럽의 열강보다 다소 늦기는 했지만, 통일된 독일제국 역시 바다 건너 식민지로, 말 그대로 '양지바른 곳'을 향해 손을 뻗쳤다. 이러한 목적을 달성하기 위해서 독일제국은 특히 조선 분야에서 공격적인 군비강화 정책을 펼쳤다. 유럽 열강들의 경쟁은 이미 제1차 세계대전의 조짐을 보이고 있었다. 이러한 상황에서 젊은 예술가들은 앞선 세대가 추구했던 미적 자아실현의 길이 자신들에게는 봉쇄되었음을 알게 되었다.

그들은 현실에 주목했는데, 현실을 지각하는 과정에서 물론 자신들의 자아반영을 통해 현실을 변용시켰다. 이러한 의미에서 예술 작품은 개인의 창조적 표현으로 이해되었다. 주관적 경향으로 인해 표현주의 예술가들은 세기 전환기의 심미주의를 따랐지만, 창작을 현실로부터의 도피가 아니라 현실 변화를 위한 호소로 생각했다. 수많은 예술가들은 보다 나은 미래의 예언가가 되었으며, 자신에게 메시아적 특성을 부여했다. 매번 강력하게 요청되는 '새로운 인간', 환경에 대한 속박에서 벗어나 자신을 자율적 주체로 파악하고 '새로운 세계'를 창조해야만 하는 새로운 인간은 자기만족적이며 정신적으로 나태하고, 물질에 사로잡혀 있는 '시민'에 대한 대립상으로 규정되었다. 하지만 이 개념은 사회적 특성이라기보다는 정신 상태와 생활방식을 말하는 것이었다.

표현주의자들은 개인의 자율성을 강조하고, 예술 작품을 주관적 감정표현으로 규정하면서 자연주의와 극단적으로 대립했다. '기존의 세계'가 변화되어야 한다는 확신으로 인해 자연주의의 객관적이고 정확한 묘사는 무의미해 보였다. 오히려 예술에서는 '일상의 그림자'가 없어지고, '보다 고양된 현실'의 상이 그려져야 했다. 표현주의자들은 연극을 '현실이라는 지평을 넘어선 절정의 현상'으로, 그리고 '바로 옆에 있는 황량한 현실에 반해 일체의 상징성을 불태우는 것'이라고 묘사했다. 문학과 연극에서 들고 나온 혁명적 주장은 일반적인 존재, 세상과 인간 그 자체에 관한 것이었다. 이로부터 절대성의 요구와 과장된 비장함, 종종 의도치 않은 희극적 망상이 생겨났다. 표현주의자들에게는 극단만이 있었다. 그들에게 기존의 것은 완전히 부정적인 것으로 보였고, 이에 반해 도래하는 것은 절대 긍정적인 것이어야 했다. 그들에게는 개혁을 통한 점진적 변화에 대한 이해가 결여되어 있었다. 그들은 오로지 혁명만을 받아들였다. 이것은 물론 정치적이고 사회적인 변혁이 아니라 개인의 영적·정신적 변화를 뜻하는 것이었다. 표현주의자들은 과대평가된 언어의 힘에 자극을 받아 개인으로서 극단적 변화를 꾀하고, '동물'에서 '순수한 빛의 형상'으로, '이기주의자'에서 '동포'로, 오만하고 증오심에 가득 찬 자에서 겸손하게 사랑하는 자가 되기를 희구했다. 사람들은 고양된 개인적 변화로부터 '인류 파라다이스'의 도래를 꿈꿨다. 이것이 구체적으로 어떤 모습일지는 표현주의자들의 영역 밖이었다. 그들이 숭배하는 단어인 '공동체'는 사람들 사이의 온정과 사회 전체에 대한 소속감과 같이 그들이 현실에서 열망하는 것을 표기하는 말에 지나지 않았다.

오스카 코코슈카(Oskar Kokoschka), 엘세 라스커-슐러(Else Lasker-Schüler), 칼 슈테른하임(Carl Sternheim)의 드라마 작품은 표현주의의 영역에 속한다. 화가가 문학의 창시자가 되었다는 것은 우연이 아니다. 중요한 것은 '비전'을 근거로 삼고, 시인에게 '현자'의 역할이 부여되는 예술적 경향이다. 나중에 에른스트 바를라흐(Ernst Barlach)가 그랬듯이 코코슈카 역시 조형예술에서뿐만 아니라 드라마를 통

오스카 코코슈카: 〈살인자, 여인들의 희망〉, 1907년 출판용 일러스트레이션

해서 내면세계를 적절하게 표현하고자 했다. 그의 창작은 예술가야말로 표현할 세계를 전체적으로 받아들여야만 한다는 확신에 근거한다. 예술가의 의식은 '직관'에 열려 있어야 하고, 이것을 수용하고 동시에 그 안에 영혼의 내용을 쏟아부어야 한다. 코코슈카의 예술관에 의하면 '직관된' 세계는 단지 주관적 세계로만 표현될 수 있다. 예술가는 '사물을 의인화하면서' '불가해한 속박'으로부터 사물을 자유롭게 한다. 이런 방식으로 사물은 파악될 수 있고, 이때 비로소 '형이상학적 공포'로부터 벗어난다. 창작 과정에 대한 이러한 이해는 필연적으로 화가를 연극으로 이끌었다. 왜냐하면 연극에서는 '모든 것이 인간을 통해 관조되기' 때문이다. 1908년에서 1917년 사이에 쓰인 그의 작품들, 예컨대 〈살인자, 여인들의 희망(Mörder, Hoffnung der Frauen)〉, 〈스핑크스와 허수아비(Sphinx und Strohmann)〉, 〈불타는 가시덤불(Der brennende Dornbusch)〉, 〈오르페우스와 에우리디케(Orpheus und Eurydike)〉에서 그는 매번 원형으로 구체화된 인물들을 성욕과 에로스, 육체적 사랑과 이웃 사랑, 카오스와 조화 사이에서 결단을 요구하는 실존적 상황으로 내몰았다. 이 당시 그의 조형 작업은 코코슈카 자신이 작품을 어떻게 연출했는지 보여 준다. 인간의 자연스러운 형상은 일그러지고 비틀어져 양식화되었다. 사실적 형상은 보이지 않고 비유적 형상 그리고 창조자에 의해 구체화된 시각만이 나타난다.

엘세 라스커-슐러는 드라마 〈부퍼 강(Die Wupper)〉으로 새로운 예술적 경향의 발전에 영향을 주었다. 그 밖의 작품들은 그녀의 가족사에 근거한 것으로 기독교인과 유대인의 화해를 꾀하는 작품 〈아르투어 아로니무스와 그의 아버지들

(Arthur Aronymus und seine Väter)〉과 팔레스티나에서 쓴 신비극 〈나와 너(Ich-unddich)〉는 망명문학에 속한다. 1908년에 쓰인 파노라마 형식의 〈부퍼 강〉은 신비로운 '심리적 이미지'를 통해서 산업도시 부퍼탈에 거주하는 다양한 계층들의 일상생활을 다루고 있다. 더구나 부퍼탈은 라스커-쉴러가 유대인 은행가의 딸로서 태어난 곳이기도 하다. 여류 작가가 자신의 작품을 일컬었듯이 이 '도시 발라드(Stadtballade)'에서는 표현주의적인 것이 드라마와 서정시, 자연주의와 환상, 그리고 무시무시하고 그로테스크한 요소들과 한데 혼합되어 나타난다.

칼 슈테른하임은 1878년 라이프치히에서 태어났고, 무엇보다 빌헬름 2세 시대 독일의 지배적 정신에 대립하면서 표현주의와 관계를 맺었다. '수다스럽다'라고 여긴 자연주의 드라마의 화법에 반대해 나온 그의 간결한 어법에서 표현주의와의 유사성이 보인다. 〈화석(Das Fossil)〉에서 그는 한 인물의 입을 빌려 언어에 대해 다음과 같이 말했다. "말하는 데 문장이 필요하다고 주장하는 것인가? 명사가 가장 분명하고 가장 일반적인 생각을 표현하지 않는가? 우리가 쓸데없는 이야기나 지껄이는 문예부 기자인가? 우리는 간략한 언어로 의사소통한다." 1909년부터 만들어진 가족을 주제로 한 연작 드라마 〈마스크(Maske)〉는 〈바지(Die Hose)〉, 〈속물(Der Snob)〉, 〈1913〉과 같은 개별 드라마를 포함하고 있으며, 1920년대 초반에 〈화석〉이 첨가되었다. 이 작품에서 슈테른하임은 소시민 가족이 상류층으로 신분상승을 하는 과정을 묘사하고 있다. 그 가족 구성원들의 위장된 행동을 나타내기 위해서, 저자는 인물들의 이름을 상징적으로 선택했다. 그는 마스크를 벗기고 권력 지향적이고 금전욕이 강한 동시대인들의 진짜 얼굴을 보여 준다. 동시에 그는 상류계층의 몰락에 대한 예언적 전망을 보여 주기도 한다.

슈테른하임이 〈시민적 영웅의 삶으로부터(Aus dem bürgerlichen Heldenleben)〉라는 반어적인 제목을 붙인 선집의 작품들 역시 사회적 신분상승이라는 주제를 다루고 있다. 희곡 〈시민 쉬펠(Bürger Schippel)〉은 시합에 참가하고자 하는 남자 합창 사중주단에서 테너가 빠지는 상황에서 시작한다. 그런데 혼외정사로 태어났고, 사회적 능력이 없는 것으로 여겨지는 프롤레타리아 출신의 쉬펠 말고는 주변에 대안이 없다. 좋든 싫든 그는 사중주단에 들어가야만 했고, 이로써 시민계급으로의 신분상승이 시작되었다. 〈백지(Tabula rasa)〉에서 슈테른하임은 밖으로는 사회주의자인 척하면서 집에서는 시민으로의 행보를 준비하는 노조 임원을 다룬다. 자신이 바라던 바를 이루자 그는 자신의 끝없는 이기주의를 고백하면서 새로 얻은 '자유'를 자축한다. 〈보잘것없는 인간(Nebbich)〉은 소시민인 어느 세일즈맨의 이야기를 들려준다. 그는 허영심 많은 여가수 덕분에 상류사회로 진입했지만, '자기 계급의 익숙한 안락함' 때문에, 하이킹 클럽과 합창단의 일원으로 되돌아가고 싶어 하는 인물이다.

좁은 의미에서 '표현주의' 문학운동의 첫 번째 단계는 무엇보다 일반적인 침체에 대한 고뇌의 표현과 새로운 출발에 대한 막연한 의지라는 특징을 나타낸다. 이 시대의 문학은 서정시에 치중했다. 게오르그 하임(Georg Heym)과 에른스트 슈타들러(Ernst Stadler), 아우구스트 슈트람(August Stramm)은 전보문 스타일의 시와 언어적으로 과장되고 감정적으로 과열된 몇몇 단편 드라마를 통해서 표현주의 문학운동에 중요한 기여를 했다. 희곡에서 표현주의는 1910년 쓰인 라인하르트 요하네스 조르게(Reinhard Johannes Sorge)의 연극 〈거지(Der Bettler)〉로 시작되었다. 이 정거장식 드라마는 사회적 환경의 막강한 저항에 '당당하지만 고독하게' 맞서며 시인으로서 '사명'의 부름을 따르는 한 시인의 길을 보여 준다. 절대성의 요구를 짊어지고 그는 비장하게 선언한다. "나는 세상을 내 어깨에 짊어지고 태양을 향해 나아갈 것이다." 마지막에는 그의 계시가 나타난다. "나를 영접하라! 나를 둘러싸라! 난 은혜로 충만하도다!" 계시는 점점 공허로 잦아든다. 조르게의 작품에서 유사 종교적 경향은 형식적인 측면에서 아우구스트 스트린드베리의 수난극 〈다마스쿠스를 향해서〉로부터 받아들인 정거장식 드라마의 드라마투르기에 부합하는데, 이것은 나중에 에른스트 바를라흐와 한스 헤니 얀(Hans Henny Jahnn)과 같은 '형이상학자들'에 의해 다시 수용된다. 그리스도 수난에 대한 유사성은 중세 후기의 역사에 근거하는 게오르크 카이저(Georg Kaiser)의 연극 〈칼레의 시민들(Die Bürger von Calais)〉에서도 찾아볼 수 있다. 영국군에 의해 도시가 포위되자, 6명의 시민이 도시를 대표해 희생적인 죽음을 자청하면서 적의 침공에 맞서는 내용이다. 하지만 7명이 자원하고 1명이 자결함으로써 칼레의 시민들을 구한다. 결국 영국의 왕은 이들의 행동에 감명을 받아 더 이상의 희생을 중단하고 죽은 자의 관 앞에 무릎을 꿇는다.

조르게에게 이미 나타나고 있는 세대 간의 갈등은 아르놀트 브론넨(Arnolt Bronnen)에 와서는 드라마 창작의 핵심이 되었다. 시인은 처녀작 〈청춘의 탄생(Die Geburt der Jugend)〉에서 학교에서 일어나는 세대 간의 갈등을, 〈부친 살해(Vatermord)〉에서는 시민가정의 세대 간 갈등을 다루고 있다. 하급 공무원으로 직장에서 압박을 받는 아버지는 장래를 보장해 주는 교육을 통해서 아들을 '상류층'에 대한 복수의 수단으로 삼으려고 한다. 하지만 아들은 '농부'로서 조용하고 소박한 삶을 원하고, 현대 사회에서 도피하려 하기 때문에 아버지의 요구를 거부한다. 그는 어머니에게로 피신하고 어머니와 함께 잠을 자며 결국 아버지를 살해한다. 의심스러운 자유를 향해 출발하기 전에 그는 현관에서 어머니를 향해 돌아선다. "당신에게 충분히 받았어요/ 모든 걸 충분히 받았어요/ 가서 당신 남편을 묻으세요/ 당신은 늙고/ 나는 아직 젊어요/ 난 당신을 모르겠어요/ 나는 자유로워요/ 내 앞에 아무도, 내 주변에 아무도 없고 아버지는 죽었어요/ 하늘 너를 향해 뛰어오를 거야 난 날아갈 거야/ 밀려와서 전율하며 신음하며 한탄하네 부풀어 올라 솟아올라 폭발해야만 해 날아올라야 해/ 나는/ 나는 꽃처럼 피어나네." 언어 중첩, 최상급의 두드러진 사용과 극단적으로 인위적인 언어는 표현주의 드라마의 전형적인 특성이다. 인물의 심리적이고 사회적인 특성은 전혀 보이지 않는데, 이런 것은 중요치 않다. 왜냐하면 개별화된 개인이 아니라 젊은 작가의 의지에 따라 '인간존

발터 하젠클레버: 〈아들〉, 오토 라이크베르트의 무대장치, 1919년

재의 원형'이 무대에 등장하기 때문이다.

발터 하젠클레버(Walter Hasenclever)의 〈아들(Der Sohn)〉은 아버지와 아들의 대립을 보여 주지만, 세대 간의 갈등은 사실 이 작품에서 주인공의 변화 과정에 대한 소재만을 제공할 뿐이다. 주인공은 현실 도피적인 애송이에서 현실을 원칙적으로 긍정하고 활동적으로 현실에 영향을 끼치려는 자유로운 인물로 변해 간다. 작품은 주로 주인공의 공상적인 독백으로 이뤄져 있고 나머지 인물들은 그의 시각에서 그려진다. 무대는 전형적인 표현주의 방식으로 중심인물과 그의 두려움과 동경이 투사되는 장소로 기능한다.

게오르크 카이저의 〈아침에서 자정까지(Von morgen bis mitternachts)〉는 작가의 미래에 대한 소망보다는 세계대전 직전의 세계관적 회의가 표현된 '반(反) 변신드라마(Anti-Wandlungsdrama)'[9]의 전형을 구체적으로 보여 주는 작품이다. 이 작품은 성실했던 한 은행가의 이야기인데, 주인공은 속물적 존재로부터 벗어나 횡령한 돈을 가지고 '본질적인' 황홀한 인생을 즐기고자 한다. 그의 열망은 이러한 삶을 상상할 수 있는 대도시의 바와 스포츠 경기장으로 그를 이끈다. 하지만 그는 이전의 주변 환경과 마찬가지로 그곳에서도 황량함만이 지배하고 있다는 사실을 깨닫게 된다. 6일간의 질주를 통해 대중적 열광을 얻어 내려는 그의 시도는 실패한다. 구세군의 종교적 광신도 그가 기대하는 것을 가져다주지 않는다. 보상금 때문에 한 소녀에게 배신을 당하고 그는 결국 총으로 자살한다. 그는 십자가를 배경으로 사지를 뻗고 쓰러진다.

1915년부터 1920년까지 표현주의의 두 번째 시기는 전쟁과 혁명의 영향 아래 들어선다. 문학의 메시아적이고 형이상학적 노선 외에 시대적 사건의 영향으로 말미암아 정치적이고 행동주의적 노선이 나타난다. 젊은 작가들 다수가 군인으로서 직접 체험했던 잔인한 학살의 충격 때문에 적지 않은 작가들이 '새로운 인간'과 '새로운 세계'를 향한 모호하고 일반적인 노력과 결별하고 구체적인 목표설정을 하게 한다. 라인하르트 괴링(Reinhard Goering)은 〈해전(Seeschlacht)〉이라는

9) 표현주의에서 발생한 드라마 유형으로, 세계대전 직전에 작가들의 세계관적 회의가 표현되어 있다. —옮긴이

연극으로 전함의 회전 포탑 안에서 일어나는 극적 과정을 묘사했다. 패망하기 전에 선원들은 알게 된다. "우리는 도축업자를 기다리는 돼지들이야. 우리는 도살될 송아지들이야. 물고기들은 우리 피로 물들겠지. 조국이여, 보라, 보라, 보라! 도축될 돼지들과 도살될 송아지들을! 번개가 박살 낼 짐승의 무리를." 저항의 가능성은 죽음에 내맡겨진 한 선원의 말에서 암시된다. "난 총을 잘 쐈어, 그렇지? 역시 반란을 일으켰어야 했는데! 그렇지?" 행동주의자들은 전쟁을 비난하고 영원한 평화를 갈구한다. 하지만 그곳으로 이어지는 현실적 길을 제시하지는 못한다.

장교 교육을 받은 프리츠 폰 운루(Fritz von Unruh)는 전쟁 전에 애국적인 드라마로 등단했지만, 확신에 찬 평화주의자로 전향하고 나서 영원한 어머니의 창조력이 민족 학살에 대한 치유제라고 설파했다. 드라마 〈일족(Ein Geschlecht)〉에서 '어머니'는 전쟁에서 아들이 저지른 참혹한 행위를 알게 된 후 냉철해져서 모든 어머니들이 변해야 하며 남자들에게 '지휘봉'을 넘겨받을 것을 맹세한다.

게오르크 카이저의 드라마 〈가스 I(Gas I)〉과 〈가스 II(Gas II)〉에는 기계화된 살인에 대한 새로운 경험이 투영되어 있다. 이 드라마는 독가스의 생산을 실례로 기술의 무제한적 발전에서 생기는 도덕적 문제를 주제로 삼는다. 카이저는 여기에서 이미 암시되고 있는 자본주의 비판을 연극 〈지옥 길 지상(Hölle Weg Erde)〉에서 중심 테마로 다룬다. 지배적인 경제체계는 '지옥'으로 간주되고, '길'은 대중이 윤리적 기본 자세를 깨닫는 과정을 뜻하며, '대지'는 열망이 상상으로 선취된 상태를 말한다.

정치적으로 선회한 표현주의에서 가장 중요한 대표자는 에른스트 톨러 (Ernst Toller)이다. 제1차 세계대전 와중에 만든 드라마 〈변모(Die Wandlung)〉는 '한 인간의 투쟁(Das Ringen eines Menschen)'이라는 독특한 부제를 달고 있다. 그는 이 작품에서 젊은 예술가가 단순한 애국자에서 혁명과 자유를 부르짖는 선구자로 발전하는 모습을 그리고 있다. —표현주의에서 전형적인— '선언 드라마(Verkündigungsdrama)'의 방식으로, 작품은 대중에 대한 호소로 끝난다. "자, 동포여 내가 너희들에게 소리쳐 알린다. 행진하라! 백주대낮에 행진하라! 권력자에게 가서 오르간처럼 큰 목소리로 그들의 권력이 하나의 허상이라고 선포하라. 군인들에게 가서 그들의 칼로 쟁기의 날을 만들게 하라. 부자들에게 가서 폐허가 된 너희들의 심장을 보여라. (…) 기쁨에 이글거리는 목소리로! 우리의 자유로운 국가를 행진하라. 혁명이다! 혁명!" 대부분의 표현주의 드라마처럼 〈변모〉 역시 자전적인 이야기를 기반으로 한다. 에른스트 톨러는 전쟁 초에 자발적으로 입대했지만, 1년 후 정신적·신체적 탈진에 시달리다 의병 제대를 하고 나서 철학 공부에 몰두했다. 극좌파의 정신적 지도자인 구스타브 란다우어(Gustav Landauer)와 쿠르트 아이스너(Kurt Eisner)의 영향을 받아 전쟁이 끝난 후 그는 뮌헨 지역 노동자 및 군인 평의회(Münchner Arbeiter-und Soldatenräte)의 의장으로 선출되었다. 바이에른의 의회공화국이 해산된 이후에는 5년간의 구금형을 선고받았다. 작가로서 가장 생산적이었던 이 시기에 그는 〈고삐 풀린 보탄(Der entfesselte Wotan)〉이라는 희극을 썼는데, 이 작품은 같은 시기 바이에른 감옥에 투옥되어 있었던 쿠데타 주동자인 아돌프 히틀러(Adolf Hitler)를 과대망상에 빠져 정치 이야기를 해 대는 이발사로 묘사하고 있다. 〈대중인간(Masse Mensch)〉에서 톨러는 사회주의를 관철시키기 위해 폭력을 행사하는 것이 윤리적으로 정당화될 수 있는지 문제를 제기하고 있다. 초기 자본주의 시기에 영국의 한 공장에서 일어난 사건을 다룬 〈기계파괴자(Die Maschinenstürmer)〉에서도 폭력의 문제가 다뤄진다. 톨러의 〈독일인 힝케만(Der deutsche Hinkemann)〉은 성불구에 장애인이 된 전쟁의 희생자가 일반인의 웃음거리가 되는 이야기다. 힝케만은 절망적으로 운명의 근원에 대해 묻는다. "세계의 모든 거리마다 그들은 구원을 외친다. 내게 총을 쏴 병신을 만든 프랑스 사람, 나를 총으로 쏴 불구로 만든 흑인도 어쩌면 구원을 외치겠지. (…) 그는 나를 아프게 했고 또 다른 이가 그를 아프게 한다. 그럼 누가 우리 모두를 아프게 하는 것인가?"

정치적 표현주의의 대표적 작가가 모두 심오하게 의문을 제기하지는 않았다. 일련의 작가들은 독단적인 이데올로기에서 단순한 해답을 찾았다. 후에 동독의 문화부 장관이 된 요하네스 R. 베허(Johannes R. Becher)와 프리드리히 볼프(Friedrich Wolf)는 공산주의로 전향했고, 아르놀트 브론넨과 한스 요스트(Hanns Johst)는 국가사회주의자가 되었다.

형이상학적 표현주의의 대표적 작가들은 예술의 과제를 우선 "인류가 인간들로 이뤄져 있으며, 인간은 신의 것이고 영혼을 가진 존재라는 사실을 인류에게 상기시키는 데" 있다고 보았다.[10] 파울 코른펠트는 예속성과 죄에 대한 현대 신비극 〈천상과 지옥(Himmel und Hölle)〉으로 이러한 경향에 중요한 기여를 했다. 조각가이자 극작가인 에른스트 바를라흐는 그의 처녀작 〈죽은 날(Der tote Tag)〉에서 눈먼 현자라는 인물로 하여금 그의 신조를 대신 말하게 했다. "밤에 누워 어둠의 이불이 나를 답답하게 압박하면, 때때로 울려 퍼지는 빛이 내 주위로 몰려들어 내 눈이 보이고 내 귀가 들리게 된다. 그러면 보다 나은 미래의 아름다운 모습이 내 잠자리를 맴돈다. 찬란한 아름다움 앞에 여전히 꼼짝 않고 잠을 자면서 — 하지만 누군가 그런 아름다움을 불러일으킨다면 세상의 보다 나은 면모를 창조할 것이다." 여기서 바라는 미래는 바를라흐에 의하면 '설명할 수 없는 것을 해명하는 능력'을 갖춘 탁월한 '새로운 인간'에 의해 실현될 수 있다. 〈불쌍한 사촌(Der arme Vetter)〉에서 보자면 인간은 '영광', '정신', '고귀한 주', '폭력에 대한 위력을 가진 권력'과 같은 개념들로 바꿔 말할 수 있는 형이상학적 심급과 유사함에도 불구하고 그에 비교해 항상 궁핍한 존재다. 이러한 이유로 인간은 스스로 충족되지 못하고 자신을 극복해야만 한다. '새로운 인간'은 바를라흐에게 있어 항상 '생성하는 인간'으로 나타난다. 이러한 생각을 바를라흐는 〈불쌍한 사촌〉, 〈참다운 세데문트족(Die echten Sedemunds)〉, 〈푸른 얼굴의 볼(Der blaue Boll)〉에서 숭고함과 우스꽝스러움, 신비주의와 유머, 풍자극과 민중극을 묘하게 혼합하면서 생생하게 보여 줬다. 이 작품들에서는 북독일의 풍경과 민족성이 입체적인 배경을 제공하고 있다. 기독교적 상징을 담고 있는 3부작 〈주운 아이(Der Findling)〉, 〈홍수(Die Sündflut)〉, 〈좋은 시절(Die gute Zeit)〉은 이에 반해 추상적 공간을 배경으로 하며 내용이 일반적인 비유 속으로 사라져 버린다.

한스 헤니 얀은 기독교적 유산을 다루고 있다는 점에서 바를라흐와 비슷하다. 교주이자 오르겔 제작자인 작가의 소설 〈강변 없는 강(Fluß ohne Ufer)〉은 최근 독일 문학에서 가장 중요한 작품에 속하며, 특히 제1차 세계대전 중에 쓰인 드라마 〈목사 에프라임 마그누스(Pastor Ephraim Magnus)〉로 얀 역시 표현주의에 속한다. 과장된 언어 이미지에 탐닉하는 이 작품의 주인공은 죽어 가면서 다음과 같이 선

10) Paul Kornfeld, zitiert nach Annalisa Viviani: Das Drama des Expressionismus, S. 17.

언한다. "안전을 보장하는 길은 딱 두 가지다. (…) 하나는 원하는 삶을 사는 것, 신이 원했던 것처럼 사랑을 실천하되 남김없이 가차 없이 사랑하는 것, 즉 죄를 범하는 것이다. 다른 길은 신과 동등하게 되는 것이다. 모든 고통을 짊어지고 구제되지 않는 것이다. (…) 세 번째 길은 죽음이다." 목사의 세 자식들은 철저하게 이런 길을 간다. 한 아들은 죄악의 길을 간다. 그는 어린 처녀를 임신시키는데 그녀는 아이를 낳다 죽는다. 그녀의 죽음에 충격을 받고 그는 한 창녀의 "영혼을 얻기 위해" 그녀를 죽이고 처형된다. 딸은 또 다른 형제를 거세한 후 이글거리는 쇠막대기로 자궁을 찌른다. 그는 형제들에게 "햇빛에도, 달빛과 별빛에도 어느 누구도 몰래 들어올 수 없을 정도로 땅속 깊숙이" 무덤을 지어 주기 위해 목숨을 부지한다. 인물의 과장된 행동은 작가의 허무주의적 경향이나 외설적 경향에서 비롯되는 것이 아니라 "새로운 인간에 대한" 추구에서 비롯된다. 새로운 인간은 파괴적이기는 하지만 삶의 여정의 역동성과 내면세계와 본질적인 것에 집중하는 특색을 띤다. 얀은 1920년대 초 셰익스피어로부터 영향을 받은 연극 〈리처드 3세의 즉위(Die Krönung Richard III)〉(여주인공이 유색인종이었던 〈메데아〉의 신화 버전, 그리고 후에는 〈뤼베크의 새로운 죽음의 무도(Neuer Lübecker Totentanz)〉)에서 성과 죽음을 둘러싼 기본 모티브를 전개시켰고, 제2차 세계대전 후에는 〈토마스 카터톤(Thomas Chatterton)〉으로 시민사회에서 예술가의 문제를 다시 다루었다. 에르빈 피스카토어(Erwin Piscator)가 초연한 얀의 유작 〈양심의 잔해(Die Trümmer des Gewissens)〉에서는 과학실험의 윤리적 평가, 동물실험, 무기 개발, 원자력 사용을 주제로 다룬다.

표현주의 희곡론의 힘은 표현주의 작품들이 초연되었을 때 이미 거의 소진되었다. 형식적 새로움 때문에 극장장들이 관객에게 너무 늦게 선보였기 때문이다. 중요한 동인은 1917년 막스 라인하르트의 후원하에 설립된 베를린 도이체스 테아터의 실험무대에서 시작되었다. 실험무대가 있었던 세 공연 시즌 동안, 특히 라인하르트 요하네스 조르게의 〈거지〉, 라인하르트 괴링의 〈해전〉, 프리츠 폰 운루의 〈일족〉, 파울 코른펠트의 〈천상과 지옥〉, 오스카 코코슈카의 〈불타는 가시덤불〉이 젊은 연출가들에 의해서, 그리고 가끔은 라인하르트에 의해 공연되었다. 이와 동시와 칼 차이스(Carl Zeiss), 리하르트 바이헤르트(Richard Weichert), 구스타프 하르퉁(Gustav Hartung)과 같은 연출가들은 프랑크푸르트에서, 카를 하인츠 마르틴(Karl Heinz Martin)은 함부르크의 탈리아 극장(Thalia-Theater)에서, 오토 팔켄베르크(Otto Falckenberg)는 뮌헨 캄머슈필레(Münchner Kammerspiele)에서 무대 장치가 루드비히 지베르트(Ludwig Sievert), 오토 라이크베르트(Otto Reigbert), 체자르 클라인(César Klein)과 함께 연출 양식을 발전시켰다. 이 양식은 특히 극단적인 반자연주의적 연기술과 추상적 무대 구성이 특징이다. 그들은 아돌프 아피아가 세기 전환기에 제안했던 것처럼 주로 빛으로 무대공간을 나누고, 몇 개의 단순한 소도구만을 사용하는 공간무대(Raumbühne)[11]를 실현시켰다. 표현주의 무대공간에서는 거의 항상 인물의 심리적 내면 공간이 외부로 표출되며, 무대공간의 정서적 함의는 주로 빛을 통해서 표현된다. 빛의 변화를 통해서 정거장식 드라마가 요구하는 잦은 장면 전환이 복잡하지 않고 재빨리 이뤄질 수 있었다. 또한 표현주의 드라마에서는 매번 동일한 공간 유형과 마주치게 된다. 이를테면 고립의 표현으로서 폐쇄된 공간, 속수무책의 상징으로서 수평으로 확대된 공간, 구원에 대한 동경의 표시로서 수직으로 확대된 공간. 자연은 종종 상징적으로 나타나고 뒤틀린 조망을 통해 불가사의한 암시를 주는 효과가 발생한다.

윌리엄 셰익스피어: 〈리처드 3세〉, 베를린 국립 샤우슈필하우스, 1920년, 레오폴트 예스너 연출, 에밀 피르한 무대미술

11) 입체적인 무대 형성이 가능한 무대이다. 사방이 객석으로 둘러싸인 개방무대의 다른 명칭. —옮긴이

표현주의 드라마의 언어에서처럼 무대 구성에서 역시 단순화가 주도적인 원칙이 된다. 연출가와 무대장치가는 희곡으로부터 핵심 아이디어를 뽑아내고 그것을 가장 단순한 형식으로 표현한다. 이러한 방법에 대한 예로서는 레오폴트 예스너(Leopold Jessner)의 고전작품 연출이 있다. 그는 바이마르 공화국 초기에 베를린 국립극장의 극장장으로 임명되었다. 에밀 피르한(Emil Pirchan)이 초안한 계단식 무대에서 프리드리히 실러의 〈빌헬름 텔〉을 '자유의 외침'으로 해석한 그의 연출은 연극사에 기록되었다. 계단식 무대는 윌리엄 셰익스피어의 〈리처드 3세〉의 연출에도 사용되었다.

표현주의자에게는 대체될 수 없는 개인이 아니라 '인간 그 자체'가 문제되는 것이기 때문에 표현주의 드라마의 인물들은 본질적으로 축소되어 나타난다. 종종 그들은 이름조차 없고 '아들'이나 '엄마', '남자'나 '여자'로 표기된다. 이러한 인물 구상이 연기술에 가져온 결과는 뻔하다. 즉, 개인화와 일상현실의 세세한 모방을 포기하는 것이다. 〈유혹(Die Verführung)〉이라는 드라마 작품의 후기에서 파울 코른펠트(Paul Kornfeld)는 다음과 같이 설명하고 있다. "연기자는 (…) 표현해야 할 생각이나 말이 말하는 순간 떠오른 것인 양 노력하지 않는다. 무대에서 죽는 연기를 해야 한다고 해서 죽는 것을 배우러 미리 병원에 가지는 않는다. (…) 그는 높이 솟은 자리에 서서 인생에 단 한 번도 그런 적이 없는 것처럼 과감하게 팔을 쫙 벌리고 말을 해야 할 것이다."[12] 이제 리듬감 있게 구성된 연기술이 자연주의와 인상주의의 심리적으로 해부된 연기술을 대신해야 한다. 이러한 요구는 어법뿐만 아니라 표현주의에서 엄청나게 중요하게 여겨졌던 움직임에도 해당한다. '해방의 기반'으로서의 육체성은 에른스트 도이치, 프리츠 코스트너(Fritz Kostner), 아그네스 슈트라우프(Agnes Straub)가 가장 순수하게 실연해 보였듯이 전형적인 표현주의 연기자에게 가장 중요한 형상화의 수단이다. 표현주의 연극의 배우는 리듬감 있는 움직임이 갖는 암시적 효과로 관객을 표현주의 연극이 제시하는 대안적 세계로 끌어들이고, 일상세계를 극복하고자 하는 동경을 불러일으켜야만 한다.

---

12) Paul Kornfeld: Die Verführung. Nachwort an den Schauspieler. S. 202.

바이마르 공화국의 시대극과 민중극

첫 번째 독일공화국의 짧은 시기는 정치와 예술에서 지독한 갈등과 날카로운 대립의 기간이었다. 제국이 붕괴하고 국가사회주의자들이 권력을 장악하기까지 1년 동안 정신적 분위기는 진보적 세력과 반동적 반작용의 냉엄한 대결 구도라는 특색을 띠었다. 옛 관료주의 국가의 반민주적 전통이 계속되었다. 따라서 —마치 괴테와 실러가 살아 지켜보고 있는 듯한— 바이마르에서 헌법이 기획되었지만 관료주의 때문에 그 실현은 난황을 겪었다. 전쟁 후의 격변이 대지주의 소유나 자본주의 경제체계를 침해하지 않았고 대지주와 산업재벌의 세력은 상대적으로 빛이 바래지 않았다. 노동자운동은 사회민주주의와 공산주의 양 진영으로 분열되어 서로 대립해서 싸웠다. 좌익에는 국가사회주의의 상승을 저지할 만한 힘이 없었다. 공화국은 마침내 독일인들에게 일반적인 투표권과 출판과 집회의 자유, 임금협정의 파트너로서 노동조합에 대한 인정을 가능하게 했다. 하지만 실제로 민주적인 소수파의 단결 부족 그리고 다수파의 비동의 내지는 적어도 냉담한 태도로 인해 공화국은 몰락했다. 다수파는 오랜 기간에 걸친 독일의 권위적 권력 구조 때문에 정치적 성숙함이 결여되어 있었던 것이다.

정치적 분열에도 불구하고 바이마르 공화국은 문화적 측면에서는 독일 역사에서 가장 수확이 많은 시기여서 풍부하고 대립된 정신적·문화적 삶이 펼쳐졌다. 교양 시민의 고급문화 이외에도 미국에서 수입된 대중문화가 등장했고, 이러한 문화는 무엇보다 관리직의 새로운 중산층에 의해 유지되었다. 재즈와 레뷰, 스포츠와 영화는 오락에 대한 중산층의 욕구에 부합했다. 수많은 지식인들은 이러한 전개 과정에서 전통적인 서양 문화의 몰락에 대한 징후를 보았다. 그러나 경쟁, 특히 영화의 경쟁은 연극에 아무런 피해도 주지 못했다. 연극은 1920년대에 양적으로나 심지어 질적으로도 절정을 이루었기 때문이다. 제국의 붕괴 이후에 궁정무대와 지역의 임대극장이 국립과 시립 극장으로 바뀌면서 검열을 통한 정치적 압력 이외에 재정을 통한 상업적 압박 역시 거의 완전히 사라졌다. 바이마르 공화국 시대에는 대략 150개의 무대가 있었고 공공자금이 비교적 풍부하게 지원되었다. 극장의 4분의 3 이상이 뮌헨, 함부르크, 프랑크푸르트, 드레스덴, 뒤셀도르프와 같이 해당 지역의 중심을 이루는 도시에 위치했다. 하지만 역시 수도가 독일 연극계의 절대적 중심을 이루었다. “베를린에서 극장은 도시의 허파와 같다.” 비평가 헤르베르트 예링은 그때를 회고하면서 이렇게 말했다. “극장은 그 자체로 도시의 한 부분을 이루었다. 거리, 지하철, 주택, 레스토랑, 슈프레 강, 반제[13], 그루네발트[14], 직업, 공장, 포츠담처럼 도시의 필수적인 부분이었고, 당연한 있어야 할 존재였다. 극장은 휴일이나 대학 동창회나 축제가 아니었으며 과시할 대상이 아니었다. 그냥 그것은 일상이었다. 흥미진진하고 열정적이고, 경쾌하고 밝은, 원동력이 되는 일상이었다.”[15] 수도에서는 30개 이상의 무대에서 매일 밤 연극을 공연했다. 다른 어떤 곳에서도 그런 경쟁은 없었으며, 다른 어떤 곳에서도 연출가와 드라마투르그, 무대장치가와 배우들의 상상력이 그렇게 도전받는 곳은 없었다.

바이마르 공화국 시절 베를린 극장은 배우의 극장이자 연출가의 극장이었다. 연출가의 중요성이 눈에 띄게 커졌고 곧 작가의 인지도를 넘어섰다. 이러한 사실은 ‘작품에 충실한’ 이상적 연출이 문학 작품의 현재적 해석이라는 원칙으로 대체되는 것과 같은 맥락이다. 바이마르 공화국에서 선도적인 연출가는 레오폴트 예스너와 에르빈 피스카토어 그리고 위르겐 펠링(Jürgen Fehling)이었다. 막스 라인하르트는 연극 무대가 점점 정치적 경향으로 이행하면서 오스트리아의 연극계로 물러났다. 피스카토어가 공산주의자들과 가까웠다면 예스너는 사회민주주의자들에게 동조했다. 바이마르 공화국이 수립되자마자 베를린 국립극장장으로 임명된 예스너는 예술적 작업을 통해 국가에 봉사하려고 했으나 일선에서 논쟁에 연루되었다. 그는 〈빌헬름 텔〉, 〈리처드 3세〉, 크리스티안 디트리히 그라베의 〈나폴레옹 또는 백일천하〉, 크리스티안 프리드리히 헵벨의 〈헤로데스와 마리암네〉와 같이 현실 정치적 의미가 있고, 정치적 중심 이념에 초점을 맞춘 일련의 고전작품들 그리고 프랑크 베데킨트, 아르놀트 브론넨, 게오르크 카이저의 동시

---

13) 베를린 외곽의 호수. ―옮긴이

14) 베를린 남서쪽 교외 샤를로텐부르크(Charlottenburg)와 니콜라제(Nikolassee) 사이에 자리 잡은 숲. ―옮긴이

15) Herbert Jhering: Berliner Dramaturgie. S. 10 f.

대 작품들을 연출했다. 그 후 예스너는 1920년대 말 극좌와 극우 세력과의 논쟁으로 완전히 지쳤고 이러한 논쟁에서 그에 대한 사회민주당의 지원은 미온적인 것이었다.

프로이센의 국립극장에서는 이제 위르겐 펠링이 예술적으로 중심에 서게 되었다. 그의 환상적 힘과 광적인 진리 추구는 레오폴트 예스너의 분석적이고 지적 연극과는 대조를 이루었다. 특히 그는 북독일 프로테스탄트 동지인 에른스트 바를라흐와 한스 헤니 얀 그리고 크리스티안 디트리히 그라베와 하인리히 폰 클라이스트 작품을 모범적으로 연출하여 연출력을 과시했다. 헤르베르트 예링은 그의 예술적 특성을 다음과 같이 평했다. "펠링은 대부분의 사람들이 멈추는 곳에서 시작한다. 그는 뇌우와 폭풍 속에서 시작한다. (…) 그는 위험한 사건에 자신을 내맡긴다. 찢겨진 장면들로 작품을 만들어 가면서 그럴싸하게 조화로운 구성이라 속이지 않는다. 그는 단편적인 것을 강조하고 어떠한 '약점'도 은폐하지 않는다. 그는 어두움을 해명하지 않으며 은폐된 것을 들추지 않는다. 운명에 도전하는 고난의 주인공들은 정겨운 풍경 속으로 지나가는 것이 아니라 암벽과 협곡을 통과한다. 공포가 강조되고 경악이 짓누른다."[16]

바이마르 공화국에서 드라마와 연극의 내용과 형태는 지난 시대보다 더 다양해졌다. 과도한 감정표현 말고도 냉철한 기록, 신에 대한 집요한 추구 외에 정치적·사회적 변화에 대한 참여, 출발 전의 설렘 등 종말의 분위기가 존재했다. 서로 중첩되고 융합된 기본 경향들은 시대 정치적 발전 단계에 상응해 세 가지 경향으로 나타났다. 첫 번째 단계인 1920년대 초에는 혁명적 기본 원동력을 지닌 표현주의가, 두 번째 단계인 1920년대 중반부터는 '신즉물주의'의 경향이, 세 번째 단계에서는 특히 에르빈 피스카토어와 베르톨트 브레히트의 구상에서 나타나는 정치적 경향이 전면에 대두되었다. 표현주의가 빌헬름 2세 시대의 겉치레 문화와 전면적 결산을 수행했다면 신즉물주의의 대표자들은 폐허에서 새로운 정신적 구조를 세우고 새로운 가치를 수립하고자 했다. 수많은 예술가와 지식인들은 냉철하고 젊은 공화국의 물질적 진보와 정치적 안정을 바랐다. 과학과 철학, 회

---

16) Herbert Jhering: Regie, S. 33 f.

화와 건축, 문학과 연극에서 종종 표현주의자들의 과장된 유토피아는 현실에 대한 객관적이고 이성적인 견해와 마주쳤다. 제1차 세계대전 때까지는 현대적 삶에 대한 두려움에 찬 거부가 문화 주도 계층에 퍼져 있었다면, 이제 대도시, 기술, 속도와 같은 현상에 대한 긍정적 동의가 나타났다. 예를 들어 신즉물주의는 엄격한 바우하우스 디자인과 기능적 건축, 파울 힌데미트(Paul Hindemith)와 쿠르트 바일(Kurt Weill)의 '실용음악'에서, 베르톨트 브레히트, 쿠르트 투홀스키(Kurt Tucholsky), 에리히 캐스트너(Erich Kästner)의 서정시에서, 오토 딕스(Otto Dix), 루돌프 슐리히터(Rudolf Schlichter), 크리스티안 샤트(Christian Schad)의 회화에서 뚜렷이 표현되었다. 모든 예술에서 자아표현에 대한 관심은 사라지고 사실적이고 집단적인 경향이 두드러졌다.

드라마의 객관적인 경향은 우선 시대극이라는 새로운 장르에서 명백히 드러났다. 시대극의 작가들은 몇 십 년 전 자연주의자들과 비슷하게 동시대의 삶을 가능한 한 충실하게 모사하고 현재의 정치적·사회적 문제를 다루고자 했다. 시대를 초월하는 가치 있는 예술을 창조하려는 요구는 그들에게 이차적인 것이었다. 첫째로 그들에게 중요한 것은 지배적인 정치적·사회적 상태를 개선하는 것이었다. 시대극의 기본 경향은 제국의 반동적 정신을 계속 유지하려는 세력에 대한 저항이었다. 이러한 세력은 무엇보다 사법부과 교육기관, 장교단, 관료기구에 집중되어 있었다. 법적 판결을 위한 옛 규범은 시대의 빠른 변화에 비해 너무 제한되어 있었던 것이다. 따라서 사회적 범죄의 원인은 파악하기 어려운 경우가 많았다. 이것을 페르디난트 브루크너(Ferdinand Bruckner)는 시대극 〈범죄자(Der Verbrecher)〉에서 구체적으로 보여 준다. 내부가 훤히 들여다보이는 셋집을 무대로 그는 사회적 위법의 다양한 경우를 제시한다. 칼 크레데(Carl Credé)의 연극 〈제218조-궁지에 몰린 여자들(§218-Frauen in Not)〉과 프리드리히 볼프의 〈시안칼리(Cyankali)〉에서 종종 궁핍이 범죄를 초래한다는 사실을 분명하게 보여 주었다.

후에 동독에서 존경을 받았던 볼프는 농민전쟁 드라마 〈불쌍한 콘라드(Der arme Konrad)〉로 바이마르 공화국의 정치극에 중요한 기여를 했다. 예술을 무기로 사용하려는 작가의 의도는 〈카타로의 수병들(Die Matrosen von Cattaro)〉이라는 작품의 마지막 장면에서 뚜렷하게 드러난다. 이 작품은 제1차 세계대전이 끝나기 직전 오스트리아 전함에서 일어난 반란을 다루고 있다. 반란의 계획은 실패했지만 작가는 관객에게 긍정적인 전망을 제공한다. "동지 여러분, 다음에는 더 잘될 겁니다!" 한 수병은 이렇게 외친다.

페터 마르틴 람펠(Peter Martin Lampel)은 〈감화원의 반란(Revolte im Erziehungshaus)〉에서 자신이 보호자로서 베를린 사회복지기관에서 경험했던 폐해를 지적했다. 여기에서 인간의 온갖 존엄성에 대립하는 상황, 그리고 이로부터 야기된 청소년의 위기는 새로운 민주적 상황에 적응하지 못하는 목사인 '원장 아버지'의 무능력 때문이었다. 이런 사람들은 자신을 독재관료주의 국가의 정신으로 무장한 파수병이라고 생각한다. 클라우스 만(Klaus Mann)의 〈아냐와 에스터(Anja und Esther)〉와 페르디난트 브루크너의 〈청춘의 병(Die Krankheit der Jugend)〉은 사회적·도덕적 변화의 시대에 청소년의 성적 문제를 다룬다. 시대극을 지탱해 주었던 성공의 물결은 몇 년 지나지 않아 사그라졌다. 1920년대 말 정치적 대결은 점점 더 현실에서 투쟁의 대상이 되었지만 무대에서는 사라졌다. 수많은 연극인들이 특히 정치적으로 극단적인 성향의 당에 동참했으며, 폭넓은 관객층은 마지막으로 '화산 위에서 춤을 추듯' 오락산업으로, 유흥으로 관심을 돌렸다.

시대극은 예외적인 경우에만 시대를 넘어 살아남았지만 바이마르 공화국의 민중극(Volksstück)은 생명력이 길었다. 바이마르 공화국에서 가장 중요한 2명의 작가, 마리루이제 플라이서(Marieluise Fleißer)와 외된 폰 호르바트의 작품들은 1960년대 말 정치적 저항운동을 계기로 재발견되었다. 그 이유는 그들이 사회적 구조의 관찰과 분석에 대한 관심을 다루었기 때문이다. 마르틴 슈페어(Martin Sperr), 라이너 베르너 파스빈더(Rainer Werner Fassbinder), 프란츠 크사버 크뢰츠(Franz Xaver Kroetz)와 같은 젊은 극작가들은 이들을 본보기로 삼아 창작활동을 했다. 바이마르 공화국의 민중극은 —특히 오스트리아와 남독일에서— 바로크 이래로 호화스러운 궁정극장과 시민계급의 도덕을 설파하는 무대에 대한 대안으로 전개되었던, 거의 사라져 버린 전통을 계승했다. 19세기 후반부에 민중극은 몰락하기 시작했었다. 민중의 계몽이 아니라 민중의 미화가 이제 민중극의 본질적 특징이 되었기 때문이다.

베르톨트 브레히트의 작품 중 유일하게 '민중극'이라고 표기된 드라마 〈주인

베르톨트 브레히트: 〈주인 푼틸라와 하인 마티〉, 베를린 앙상블, 1949년, 베르톨트 브레히트 연출, 카스파르 네어의 배치도

푼틸라와 하인 마티(Herr Puntila und sein Knecht Matti)〉는 당시 텔레비전에서 다시 부활한 민중극 형태를 띤다. "민중극은 보통 거칠고 소박한 연극을 말하는데, 유식한 미학은 이에 대해 입을 다물거나 또는 민중극을 거만한 태도로 다룬다. 후자의 경우에 유식한 미학은 정부가 민중에게 바라는 것과 다르지 않은 것, 거칠고 소박한 것을 바란다. 민중극에서는 상스러운 농담이 감동과 하나가 되고, 부도덕과 값싼 성이 함께 존재한다. 악인은 벌을 받고 선인은 결혼을 한다. 부지런한 사람들은 유산을 얻고 게으른 사람은 아무런 소득도 취하지 못한다."[17]

브레히트는 뮌헨에 있는 칼 발렌틴의 교외 소극장을 예외적인 경우로 꼽았다. 그곳에서 브레히트는 젊은 시절 클라리넷을 연주했었다. 이 극장에서 소시민은 그로테스크와 부조리를 통해 '눈에 띄게 일그러지게' 묘사된다. 발렌틴은 1920년대 점점 더 위협적인 현실과 중산층의 대결을 주로 언어의 이중적 의미와 씨름하는 것으로 표현했다. 발렌틴의 인물들은 프롤레타리아로 몰락할까 봐 두려워서 '보다 나은 사람들'을 모방하려고 한다. 하지만 그들은 그런 사람들을 실제로 만나자, 정신을 차리지 못한다. 예를 들어 어떤 사람이 파산을 해서 추밀 고문관에게 대출을 간청하러 갔는데, 그의 부인에 대한 적절한 호칭을 찾지 못해 이런 말실수를 한다. "추밀 노파(Ihre geheime Alte), 늙은 추밀 고문관 부인(ihre alte geheime Frau Rat), 추밀 부인(ihre Geheimfrau)."

17) Bertolt Brecht: Werke, Bd. 24, S. 293.

1925년 칼 추크마이어(Carl Zuckmayer)는 ―그에게는 항상 "경직되고 삶에 적대적으로" 보였던 "표현주의에 질려서"― 희극 〈즐거운 포도밭(Der fröhliche Weinberg)〉을 써서 민중극을 혁신하는 첫발을 내딛었다. 작가의 고향 라인헤센 지역의 사투리로 쓰였고 포도 재배지역을 배경으로 하는 이 작품은 물론 보수적 이념을 대표한다. 지적 창백함과 이성에 반하는 삶에 대한 욕구와 순진함이 무대화된다. 또한 산업화 이전의 세상이 현대 문명에 대한 긍정적인 대립상으로 나타난다. 추크마이어는 '도둑의 발라드(Räuberballade)'인 〈신더하네스(Der Schinderhannes)〉에서 역시 현대 사회와 문화에 건강한 순수성을 대립시킨다. 이 극작가는 '프로이센의 동화' 〈쾨페니크 대위(Der Hauptmann von Köpenick)〉에서 바이마르 공화국 말경에 위험할 정도로 첨예화된 군국주의를 다루었다. 여기에서 추크마이어는 줄곧 비판적인 의도로 민중극이라는 장르를 사용했다. 외톨이 구두 수선공 포이크트(Voigt)는 훔친 제복의 도움으로만 사회에서 자신의 지위와 자부심을 다시 찾을 수 있는 인물로 나온다.

마리루이제 플라이서는 구교를 믿는 니더바이에른(Niederbayern)[18]의 잉골슈타트(Ingolstadt)에서 태어나고 자라서 브레히트의 도움으로 1925년 베를린으로 왔다. 그녀는 드라마에서 고향의 침울한 분위기를 사회적·문화적 조건의 부산물로 묘사한다. 여기에서 강압적인 교육 방식과 성직자의 감독, 착취와 억압, 전승된 질서의 강요는 민중을 지속적인 미성숙의 상태에 붙잡아 둔다. 그래서 사람들은 진짜로 자신을 표현할 수 없고 진정한 소통을 할 수 없게 된다. 〈잉골슈타트의 연옥(Fegefeuer in Ingolstadt)〉과 〈잉골슈타트의 개척자들(Pioniere in Ingolstadt)〉에서 극작가는 젊은 사람들이 더 연약한 사람들―주변인들과 여성들―에게 압박을 어떻게 전가하는지 그리고 이들을 어떻게 파괴하는지 보여 준다. 인물들의 행동 방식은 사실적이지 않고 예술적으로 낯설게 묘사된다. 마리루이제 플라이서는 베르톨트 브레히트의 생소화 이론의 의미에서 이렇게 지시했다. "관습과 관례는 자연스럽게, 즉 축소해서 연기해서는 안 되며, 과장되게 전형화하여 제시해서 처음 보는 것처럼 눈에 띄어야 한다."[19]

---

18) 독일 바이에른 주에 있는 한 행정구역. ―옮긴이

브레히트와 결별한 후 마리루이제 플라이서는 〈심해 물고기(Der Tiefseefisch)〉에서 민족적·보수적 서정시인 헬무트 드라브스-티히젠(Hellmuth Draws-Tychsen)과 좌익작가 사이의 갈등에서 겪은 자신의 고통스러운 경험을 재생시켰다. 이 작품은 1972년에 비로소 초연된다. 나치에 의해 집필 금지된 플라이서는 잉골슈타트로 돌아가 사랑하지도 않는 어릴 적 친구와 결혼하고 남편의 가게에서 고된 일을 했다. 따라서 역사 드라마 〈카를 슈투아르트(Karl Stuart)〉 외에 이 시기에는 단지 1편의 ―이번에는 분명하게 '민중극'이라고 표기된― 드라마만이 나왔다. 〈강인한 혈통(Der starke Stamm)〉이라는 이 드라마는 자전적인 색채가 묻어나는 가족 이야기를 다룬다. 작품의 탄생 배경을 작가는 이렇게 서술하고 있다. "남편과 그 친척들이 시민과 농부 사이를 왔다 갔다 하는 것을 피부로 느꼈고 난 이에 강한 반감을 가졌다. 나는 민중의 하층계급과 그들의 일상어에 깊이 빠져서 다른 것은 생각할 수 없었다. 언어 체험으로 경험한 일상어를 그것이 생생하게 빛을 발할 때까지 갈고닦고자 했다."

외된 폰 호르바트는 1901년 피우메(Fiume)에서 도나우 군주국의 한 외교관의 아들로 태어나 마흔 살이 되기 전에 파리의 샹젤리제(Champs Elysées)에서 부러진 나무에 맞아 사망한 작가다. 그는 민중극에서 소시민들의 고결함과 삶의 안락함이라는 신화의 가면을 벗기고, 이 장르의 전통적 수단을 계몽과 비판의 도구로 사용했다. 극작가는 그의 전 작품 중 핵심을 이루는 〈이탈리아의 밤(Italienische Nacht)〉, 〈빈 숲속의 이야기(Geschichten aus dem Wiener Wald)〉, 〈카시미어와 카롤리네(Kasimir und Karoline)〉, 〈믿음 사랑 소망(Glaube Liebe Hoffnung)〉에서 모든 통용되는 일체의 관습적 방식들, 키치적 감정과 진부한 표현, 변색된 노래들을 통해 그 정신적 배경을 공격했다. 그가 폭로하고자 한 잘못된 의식은 특히 소시민 사회에 만연해 있는 것이었다. 호르바트는 자신의 작품에 대한 '안내문'에서 이렇게 말하고 있다. "독일은 다른 모든 유럽 국가들처럼 90퍼센트가 흠잡을 데 없지만 좌절된 소시민들로 구성되어 있다. 민중을 묘사하려고 한다면 충실한 기록자로서 10퍼센트의 사람들뿐만이 아니라 대중을 묘사해야 할 것이다."[20]

---

19) Marie luise Fleißer: Gesammelte Werke, Bd. IV, S. 421.

호르바트 작품의 인물들은 물질적으로는 프롤레타리아와 거의 구별되지 않지만 정신적으로는 시민적 성향을 고수하고 있는 몰락한 대다수의 중산계층이다. 저자는 그들의 언어를 '교양은어'라고 지칭한다. 이 말은 공허한 미사어구, 부절적한 인용, 의미 없는 관용구가 혼합된 언어를 탁월하게 표현하고 있는데, 이것은 오히려 인물들이 원래 사용하는 바이에른-오스트리아 사투리를 망치는 요인이 된다. 인물들은 이렇게 본래 자기 것이 아닌 제한된 언어로는 무엇이 자신을 감동시키는지 충분하게 표현할 수가 없다. 이러한 예로는 "역시 집이 제일 좋아(Trautes Heim, Glück allein)", "내 집 부뚜막이 최고야(Häuslicher Herd ist Goldes wert)", "이 나라의 기둥은 가족이다(Die Grundlage dieses Staates ist die Familie)", "빈의 노래보다 더 좋은 게 있을까(Was kann Schönres sein als ein Lied aus Wien)"와 같은 관용구가 있다.

언어적 실책 그리고 호르바트의 의도에 따라 '의식과 무의식 사이의 투쟁'이 일어나는 '침묵'이 오히려 인물들의 고유한 감정과 충동을 드러낸다. 그러한 순간 인물들은 —지크문트 프로이트의 이론적 의미에서— 공격성과 파괴 본능, 성적 충동과 죽음 충동의 지배를 받는다. 대체로 극작가는 인물들을 죽음의 그림자 속에 세운다. 특히 〈빈 숲속의 이야기〉는 폐허와 동물의 시체, 해골과 추도미사와 같은 지상의 속절없음을 암시하는 은유들로 가득 차 있다. 마지막에 '천상의 현악 오케스트라'가 '하늘에서 울리는 듯한 음악', 즉 요한 슈트라우스(Johann Strauß)가 작곡한 작품명과 같은 왈츠가 연주된다. 이러한 모티브는 호르바트가 인물들의 정치적·사회적 위기뿐만 아니라 '형이상학적 고독'이라는 감정을 표현하려고 한다는 점을 분명히 보여 준다.

마리루이제 플라이서의 작품에서처럼 가장 불행한 인물들은 여성이다. 여성들은 진정 '희생양'으로 고통을 받고 인내한다. 그들은 작은 행복을 찾으려는 절망적인 시도를 하지만 남성들의 이기주의와 사회적으로 보장된 지배세력에 의해 좌절한다. 따라서 호르바트의 민중극 역시 파시즘이 시작되기 직전, 권력층의 독재적이고 잔인한 행동과 희생자의 방황과 무기력을 표현한다고 할 수 있다.

---

20) Ödön von Horváth: Gesammelte Werke, Bd. IV, S. 622.

에르빈 피스카토어의 정치극

제1차 세계대전 후 에르빈 피스카토어는 독일 연극의 정치화를 위해 노력한 첫 번째 연출가였다. 베르톨트 브레히트를 제외하고, 연대순으로 보자면 그보다 앞서 피스카토어는 1920년대 베를린에서 철저하게 프롤레타리아의 이해를 대변하는 연극을 발전시켰다. 일련의 지명도 있는 동료들과 함께 그는 '서사적 드라마'와 '기록극'이라는 드라마투르기의 두 가지 모델을 창조해 냈다. 이것을 실현시키기 위해서, 가령 프로젝션과 컨베이어 벨트와 같은 현대적 무대기술을 줄곧 사용했다. 게다가 피스카토어는 1924년 공산당의 독일제국 선거전을 위해 〈레뷰 붉은 소동(Revue Roter Rummel)〉을 연출했으며, 이로써 대부분 아마추어 배우들이 연기하는 선동극의 기본 모델을 제시했다.

피스카토어는 1893년 헤센 나사우(Hessen-Nassau)의 목사 집안의 아들로 태어나서 궁정극장의 배우로부터 연기수업을 받았고, 제1차 세계대전에 군인으로 참전했다가 '작열하는 유탄을 목격하고' 평화주의자가 되었다. 전쟁 직후 그에게 예술과 정치는 물론 '서로 나란히 달리는 두 갈래 길'이었다. 11월 혁명으로 피스카토어는 '인식을 통한 감정의 전환'을 경험했다. 그는 스파르타쿠스 연맹(Spartakusbund)에 가입했는데, 이 연맹은 바로 독일공산당으로 전환되었다. 그에 따르면 로자 룩셈부르크(Rosa Luxemburg)가 자신에게 직접 당원 증서를 전달했다고 한다. 정치적 투쟁의 소용돌이 속에서 피스카토어는 마침내 "예술이 가치를 가져야 한다면, 예술은 단지 계급투쟁의 수단만이 될 수 있다"라는 확신을 얻게 되었다.[21] 〈하얀 공포에 대항하여: 소비에트 러시아를 위해(Gegen den weißen Schrecken-für Sowjetrußland)〉라는 공연으로 그는 1920년 '프롤레타리아 극장'을 개관했다. 하지만 4편의 작품공연 후, 극장은 사회민주주의자인 베를린 경찰 국장의 지시에 따라 폐쇄되었다. 하지만 파산 위험과 극장장의 '예술적 자질'이라는 공식적 이유 뒤에는 정치적 동기가 도사리고 있었다. 폴크스뷔네(Volksbühne)의 경쟁단체로 설립된 관객기구(Besucherorganisation)의 회원 대부분이 신디칼리즘[22]

21) Erwin Piscator: Schriften, Bd. 1. S. 22.

적인 정치단체에 속해 있었기 때문이다. 하지만 별다른 장애 없이 프롤레타리아 극장이 작업을 할 수 있었던 거의 반년 동안 연극은 대단한 성공을 거두었다. 5000~6000명의 회원들을 위해 베를린 노동단체의 전통적 집회 장소에서 50회 이상의 연극이 공연되었다.

프롤레타리아 극장을 열기 위해 피스카토어는 지배적 예술사조에 대한 기본적 비판을 기조로 하는 강령적인 선언을 발표했다. "자연주의는 환경의 묘사에 국한되어 있으며" 사회적 인식과 가치평가를 시도하지 않는다. 자연주의의 모방은 "잘못 찍은 사진"과 같으며, 사회적 고발에도 불구하고 위험하지 않고 순진하다. "이러한 비판은 표현주의에 더 강하게 적용된다. 모호한 상징, 색, 선, 대상, 왜곡, 단어, 개념들을 의도적으로 무작위로 나열하는 것은 궁지에 몰린 사람들의 심리를 특징적으로 보여 준다. 그들은 자본주의의 옷자락을 부여잡고 있으며, 진보적 계급인 프롤레타리아와는 아무런 상관이 없는 사람들이다. 다다이즘은 뿌리를 잃은 예술이 어디로 가게 되는지 인식하고 있음에도 불구하고 탈출구는 아니다." 지배적 예술사조와는 반대로 피스카토어는 프롤레타리아 연극에서 두 가지 목표를 추구했다. 하나는 동질적이고 혁명적인 목표 그룹 내에서 "공산주의적 사고를 선전하고 심화하는 것이고, 다른 하나는 정치적으로 아직 흔들리고 차별화되지 않은 사람들에게 홍보 및 교육적 효과를 가져오는 것이었다." 피스카토어는 예술적 경향에 있어 "자연주의로 맺어진" 그룹들의 작품에서 "시대에 뒤떨어진 사람에게 친숙한" "낡은 세계를 보았다". 그러나 "세계문학의 위대한 부분은 혁명적·프롤레타리아적 사건에" 도움이 될 수 있을 것이다.[23)]

프롤레타리아 연극의 짧은 생존 기간에 이러한 목표는 이뤄지지 않았다. 오히려 단순하고 유형화된 연기술로 표현된 소규모의 선동극이 공연되었다. 하지만 극장이 상대적으로 큰 성공을 거둔 것은 관객의 요구가 많이 충족되었다는 것을 증명한다. 이에 반해 독일공산당에서 시민적 예술관을 추구하는 사람들은 피스카토어의 방식을 비판했다. 당 기관지인 ≪붉은 깃발(Die Rote Fahne)≫의 여류 비

---

22) 19세기 말경 발생한 급진적 노동조합주의.—옮긴이

23) Erwin Piscator: Schriften, Bd. 2, S. 9 f.

평가는 "형편없는 희화"라고 말했다. 그녀는 "예술이란 너무나 성스러운 것이라 천박한 선전극이라는 이름에 예술을 내줄 수 없다"라고 했다. 하지만 ≪붉은 깃발≫의 다른 평론가들은 연극의 근본적인 새로움을 인정하고 무대사건이 관객의 현실과 가까워진 것과 관객을 연극 속으로 끌어들인 점을 긍정적으로 평가하기도 했다.

피스카토어의 프롤레타리아 연극에 대한 상반된 평가는 1920년대 초 독일공산당이 여전히 결정하지 못한 문화정책의 기본 태도를 전형적으로 보여 준다. 어떤 사람들은 프롤레타리아로 하여금 '시민적' 예술에 관심을 갖게 하려고 노력한 반면, 어떤 사람들은 러시아의 '프롤레타리아 예찬'을 본보기로 삼아 독자적인 프롤레타리아 예술을 확립하고자 했다. 독일공산당 내에서 몇몇 노동자 봉기의 영향을 받아 혁명이 목전에 임박했다는 망상적인 견해가 지배적이었기 때문에, 사람들은 고유한 연극 형식을 개발하지 않고 당 회합의 테두리 내에서 관습적인 예술 수단을 사용하는 데 그쳤다. 그리고 그 밖의 영역은 다른 좌익세력에게 내맡겼다. 예를 들어 노동조합의 제안으로 1920년에서 1924년 사이에 매년 라이프치히에서 열리는 민중축제가 시작되었다. 바이마르 공화국이 상대적으로 안정되자 혁명이 바로 일어날 것이라는 희망은 사라졌고, 독일공산당 역시 연극이라는 매체를 통해 정치적 신념을 확산시키기 시작했다. 19세기 말 이래로 이미 독일노동자운동의 예술적 레퍼토리가 된 구호합창(Sprechchor)이 중심으로 떠올랐다. 격정적인 자축과 프롤레타리아의 감정적 강화의 수단이었던 구호합창이 이제 선전의 도구가 되었다. 하지만 직업배우인 구스타프 폰 방엔하임(Gustav von Wangenheim)이 독일공산당의 주요 구호합창을 이끌면서 그때까지 유지된 표현 방식이 부드럽게 변했다. 1923년 그는 〈노동의 합창(Chor der Arbeit)〉을 쓰고 연출했는데, 논거와 반론을 대립시켜서 일종의 대화가 이뤄지도록 했다.

1920년대 중반에는 혁명의 목표와 반혁명적 현실 사이의 간극이 명백해졌다. 이제 활동적으로 일하는 기구가 당원들에게 확신을 주어야만 했고, 당은 '민중에 더 가까이 다가가야' 했다. 그래서 사람들은 아마추어 극단을 양성하기로 결정했고, 극단은 연극을 통해 선동과 선전을 수행하는 과제를 맡았다. 이렇게 목표를 설정함으로써 연극은 특정한 임무를 띠었다. 즉, 연극은 폭넓은 층의 오락적 욕구를 충족시켜야 하고, 정치적 임무를 직접적이고 분명하게 전달해야 하며, 시사적 사건을 바로 반영하고 즉각적인 변화를 통해 대중의 관심을 유지시켜야 한다는 것이다. 피스카토어가 독일공산당의 지시로 1924년 독일제국의 선거 캠페인전을 위해 연출한 〈레뷰 붉은 소동〉은 연극에 대한 이러한 요구를 충족시키기 위한 모델을 제시했다. 이 연극은 2주 동안 베를린 노동자 집회장에서 공연되었다. 1년 후 피스카토어는 제1차 세계대전과 좌절된 혁명에 대한 기록물 텍스트와 사진, 그리고 장면들로 이뤄진 레뷰 〈모든 것에도 불구하고!(Trotz alledem!)〉를 공연했다. 그에게 드라마투르기의 모범이 되었던 것은 19세기 말 파리에서 발생한 후 런던과 뉴욕 그리고 베를린에서도 성공을 거둔 시민적 레뷰였다. 이 장르에서는 춤, 노래, 곡예, 마술, 활인화(活人畵)[24], 시사적 풍자시가 하나로 어우러져 '미식가적 마취제' 같은 기능을 했다. 피스카토어는 레뷰를 풍자적 촌극, 투쟁가, 시사 풍자시, 낭독, 노동자 스포츠맨과 풍자 만화가의 공연으로 변형시켰다. 지속적으로 등장하는 인물은 그가 파리 식의 레뷰로부터 받아들인 것이었다. 〈레뷰 붉은 소동〉에는 '프롤레타리아' 1명과 '부르주아' 1명이 등장하는데, 이들이 공연을 진행시키고, 각각의 프로그램을 해설한다. 그리고 언제나 그렇듯 지나치게 긍정적으로 그려진 프롤레타리아가 멍청한 파트너를 매번 이긴다.

1925년 이후 몇몇 독일 대도시에서 선동극단이 만들어졌는데, 이들은 대부분 〈레뷰 붉은 소동〉을 그대로 베꼈다. 이러한 움직임에 자극제가 된 것은 공연의 상이었던 '푸른 블라우스'라는 이름으로 불린 구소련 극단의 원정공연이었다. 1929년 선동연극이 정점에 달했을 때 독일에서는 300개의 다양한 극단이 공연을 했고, 3만 5000명 이상의 관객을 확보했다. 이들의 공연에서 연극적 허구는 종종 현실과 직접 연결되었다. 예를 들어 연출된 동맹파업 장면에는 실제 파업에 대한 뉴스가 삽입되고, 배우는 관객과 함께 파업에 대해 토론을 했다. 급기야 사람들은 파업을 위해 기금을 모았다. 관객의 적극적 참여는 내용뿐만 아니라 표현 방식을 통해서도 담보되었다. 아마추어 배우들은 자신을 '민중의 대변자'라고 생각했으며, 주제를 선택할 때 임금삭감이나 실업문제 등 오로지 생존을 위한 투쟁과

24) 살아 있는 사람이 분장하고 정지된 모습으로 명화나 역사적 장면 등을 연출하기. —옮긴이

〈중국에서 손 떼〉, 공산주의 청년동맹 선동극단, 1927년

같은 목표집단의 구체적 문제점에 집중했다. 그들은 트럭, 뒷마당, 음식점 등에서 공연을 했다. 실용성과 유동성은 무대작업의 가장 중요한 원칙이었다. 기본 의상은 대부분 푸른 작업복이었고, 담배, 연미복, 중산모와 같은 상징적 기호를 통해 인물의 사회적 특성화가 이뤄졌다.

1920년대 말 파시즘에 대항하는 인민전선 정책이 독일공산당에서 점점 강하게 대두되었고, 당의 이념을 위해 중산층을 확보해야만 했다. 새로운 목표설정으로 선동극의 모델보다 중산층의 시민적 기대치에 더 잘 부합하는 희곡과 연기법이 필요해졌다. 그래서 사람들은 전통적 드라마와 직업배우의 연기법으로 돌아가게 되었다. '프롤레타리아 혁명 작가연맹'의 작가들은 사회주의 드라마의 모범을 제시했다. 일자리가 없는 배우들은 모여서 '극단'을 구성했다. 그들은 칼 크레데의 〈제218조-궁지에 몰린 여자들〉과 임신중절에 관한 작품인 프리드리히 볼프의 〈시안칼리〉와 페터 마르틴 람펠의 〈감화원의 반란〉을 공연했다. 구스타프 폰 방엔하임은 〈햄릿〉에서 〈파우스트〉에 이르기까지 통용되는 문화적 상투어를 〈쥐덫(Die Mausefalle)〉, 〈저기 개가 파묻혀 있다(Da liegt der Hund begraben)〉, 〈누가 가장 멍청한 자인가?(Wer ist der Dümmste?)〉에다 각색해 넣었다. 왜냐하면 소시민 계층은 프롤레타리아로부터 거리를 두기 위해 '영원한 가치'를 다루는 것을 좋아했기 때문이다. 공인된 옷을 걸친 급진적 이념은 이런 방식으로 명성과 동의를 얻어 낼 수 있었다.

피스카토어는 노동자운동 출신의 아마추어 배우들과 작업하는 동시에, 제도화된 직업연극에서도 역시 정치적 목적을 추구했다. 사회민주주의 경향의 연극애호가들의 주 무대인 폴크스뷔네에서 그는 알폰스 파케(Alfons Paquet)의 〈깃발들(Fahnen)〉을 공연했다. 작가 스스로 '희곡적 소설'이라고 평한 이 작품은 19세기 말 시카고의 노동투쟁을 다루고 있다. 연출 역시 드라마의 서사적 특성을 강조했다. 영사막에 투사된 사진, 발췌된 신문, 플랜 카드, 그리고 역사적 기록물과 현재의 기록물들을 통해 역사적 사건의 시의성을 드러내고 정치적 관계를 설명했다. 또한 구체적이고 사회적인 맥락에서 개인 간의 관계가 묘사되었다. 이렇게 해서 처음 사용한 연출 방법으로 피스카토어는 '사회학적 드라마투르기'라는 개념을 만들어 냈다.

피스카토어는 베를린 폴크스뷔네에서 작업을 계속하면서 무대장치가 트라우고트 뮐러(Traugott Müller)와 함께 무대기술적 방법들을 실험했고, 그 후 자신의 극장인 '피스카토어 극장(Piscator-Bühne)'의 대형 공연에서 이러한 방법들을 무제한적이고 집중적으로 사용했다. 파케의 드라마 〈해일(Sturmflut)〉 연출에서 그는 특히 영화를 촬영해서 이것을 무대장면의 배경으로 활용했다. 피스카토어에게 항상 중요했던 것은 가능한 한 직접적으로 정치적 영향을 주는 것이었다. 그리고 모든 기술적 장치들, 모든 예술적 의도들은 단지 이러한 목적을 위한 것이었다. "예술 그 자체가 아니라, 바로 그 예술에 만족하자. 그것은 오늘 예술이라 불릴 수 있지만 내일은 정치라 불릴 것이다. 우리는 모든 것을 바로 그 목적에 종속시킨다."[25] 피스카토어는 실러의 〈군도〉 역시 이러한 원칙에 따라 베를린 국립극장에서 공연했다. 여기에서 카를과 프란츠 무어(Karl und Franz Moor) 형제의 개인적 운명은 뒤로 물러났다. 슈필베르크(Spielberg)는 트로츠키의 마스크를 쓴 혁명가로 나왔고 도적들은 재즈풍의 '국제노동자협회 노래'의 울림과 함께 모여들었다. 결말은 삭제되었다. 공연의 마지막은 "자유! 자유!"라는 구호로 끝났다. 고전을 그렇게 다룬 것에 대해 엄청난 비판이 쏟아지자 그는 성명으로 자신을 방어했

---

25) Erwin Piscator: Schriften, Bd. 2, S. 18.

는데, 그 골자는 오늘날 연출가 연극의 구상과 일치한다. "연출가는 한낱 '작품의 하인'일 수만은 없다. 작품은 부동의 것이 아니며 궁극적인 것도 아니다. 작품은 언젠가 세상에 나와서 시간이 흐름에 따라 성장하고, 녹이 슬고, 새로운 의식적 내용에 동화된다. 따라서 연출가의 과제는 어떤 입장에서 드라마적 창작의 뿌리를 드러낼 수 있을지 발견하는 것이다. 이러한 입장은 머리를 짜서 될 일도 아니고 의도적인 선택도 아니다. 연출가는 시대의 하인과 대변자로서 자신의 입장을 결정할 수 있다. 그리고 그는 이러한 입장을 시대를 만들어 가는 지배적 세력과 공유한다."[26]

1927년 피스카토어는 엠 벨크(Ehm Welk)의 드라마 〈고트란트의 뇌우(Gewitter über Gottland)〉를 폴크스뷔네에서 초연했다. 이 작품에서는 한자동맹 도시들과 북해 해적 사이의 전쟁이 자본주의와 공산주의 세력 간의 대립으로 묘사되었다. "드라마는 단지 1400년경의 이야기만은 아니다"라는 연극의 모토는 사건을 시사적이고 정치적인 상황에 관련시키려는 연출가의 의도를 더 견고하게 드러냈다. 그는 '감정의 혁명가' 슈테르테베커(Störtebeker)를 국가사회주의자로, '이성적 혁명가' 아스무스(Asmus)를 레닌의 모상으로 설정했다. 삽입된 필름에서 슈테르테베커와 그의 동지들이 관객을 향해 걸어왔고 그들의 의상이 변하면서 "혁명과 그 대변자들의 적법성이 몇 초 만에 수 세기를 거치면서 추적될 수 있었다".[27] 보수

엠 벨크: 〈고트란트의 뇌우〉, 에르빈 피스카토어 연출, 폴크스뷔네 베를린, 1927년, 무대와 영화 영상

26) Erwin Piscator: Schriften. Bd. 1. S. 90.
27) Erwin Piscator: Schriften. Bd. 1. S. 100 f.

적 신문의 비평가들은 공연을 '공산당의 선거집회와 선동집회' 또는 '레닌 축제'로 착각하고 이러한 시도를 강도 높게 비난했다. 폴크스뷔네의 이사회는 개입할 필요성을 느끼고 몇 장면을 삭제해서 공연을 훼손시켰다. 그리고 이것이 폴크스뷔네에서 피스카토어의 마지막 공연이 되었다.

피스카토어는 곧 한 양조업 사장의 경제적 지원을 받아 자신의 극장을 설립할 수 있게 되었다. 바우하우스의 교장인 발터 그로피우스(Walter Gropius)가 '총체연극(Totaltheater)'을 위한 설계도를 작성했다. 유토피아에 가까운 설계도에는 요지경 무대, 원형 경기장, 관객석을 포함하는 원형무대 세 종류의 무대가 제시되어 있었다. 복잡한 영사기구를 활용하면 관객을 '공연의 한가운데로 옮기거나', '둥근 천장을 별이 반짝이는 하늘로 뒤덮는 것'이 가능했다. 그러나 막대한 비용 때문에 계획은 실현되지 못했다. 피스카토어는 그의 '궁정극장-건축 양식'으로 지어진 '놀렌도르프플라츠 극장(Theater am Nollendorfplatz)'을 빌려서 개조하는 데 만족해야 했다. 그는 그곳에서 에른스트 톨러의 〈아이쿠! 우리는 살았구나!(Hoppla, wir leben!)〉를 개관 기념작으로 연출했다. 이 작품은 몇 년간의 수감생활 후에 풀려났지만 변화된 환경에 적응하지 못하는 한 혁명가의 이야기를 다루고 있다. 무대장치는 다층 구조로 이뤄져 있어서 각각의 층에서 동시에 공연이 진행되었다. 중앙에 설치된 스크린은 슬라이드와 11월 혁명 이후의 정치적 사건을 보여 주는 필름의 투사막으로 활용되었다.

피스카토어 극장의 두 번째 공연작 〈라스푸틴, 로마노프 왕가, 전쟁, 그리고 항거하는 민중(Rasputin, die Romanows, der Krieg und das Volk, das gegen sie aufstand)〉은 알렉세이 톨스토이의 드라마와 수많은 사료에 근거를 두었다. 무대장치가 트라우고트 뮐러는 거대한 은빛 지구본을 만들었고 부분마다 덮개를 열어서 각각의 무대장면을 볼 수 있게 했다. 짧은 기록필름과 슬라이드는 지구의 표면과 무대 위의 영사막 그리고 얇고 투명한 커튼에 비추게 했다.

다음 작품들에서는 기록의 원칙이 더욱 철저하게 적용되었다. 브레히트도 속해 있었던 연출 팀이 야로슬라프 하셰크(Jaroslav Hašek)의 『선량한 병사 슈바이크의 모험(Die Abenteuer des braven Soldaten Schwejk)』이라는 소설의 각 장면을 편집해서 대본을 만들었다. 이것은 원래 1명의 배우(막스 팔렌베르크)와 무대 기술장치

에른스트 톨러: 〈아이쿠! 우리는 살았구나!〉, 피스카토어 극장 베를린, 1927년,
에르빈 피스카토어 연출, 트라우고트 뮐러 무대장치

〈라스푸틴, 로마노프 왕가, 전쟁 그리고 항거하는 민중〉,
피스카토어 극장 베를린, 1927년, 에르빈 피스카토어 연출,
트라우고트 뮐러 무대장치

〈선량한 병사 슈바이크의 모험〉,
피스카 토어 극장 베를린, 1928년,
조지 그로스의 작품인물 초안

로만 공연하게 되어 있었다. 하지만 결국 앙상블로 처리되었고 이것은 다큐멘터리 필름과 조지 그로스(George Grosz)가 도안한 만화영화와 대조를 이루었다. 이 공연에서 피스카토어는 서로 반대 방향으로 움직이는 보도를 무대에 설치했는

데, 그 위에 —역시 그로스가 초안한— 허구적 인물을 세워 무대 위로 등장하게 했다.

피스카토어가 연출한 〈호황(Konjunktur)〉에서 드라마투르그 레오 라니아(Leo Lania)는 자본주의 경제를 분석하고자 했다. '경제 코미디(Komödie der Wirtschaft)' 라는 소제목을 단 이 작품은 석유 개발을 둘러싼 국제적 대립을 알바니아 오페레타로 담아낸다. "허허벌판인 텅 빈 무대를 배경으로 우연히 발견된 원전을 둘러싼 싸움이 처음에는 사소했지만 눈 더미처럼 커져 간다. 석유 생산과정 전체를 실연해 보이는 연극의 구조는 관객의 눈앞에서 전개되어야 한다. 원전의 발견부터 천공작업의 준비, 천공탑의 건설, 상품으로서의 석유 산업화에 이르기까지 벌어지는 경쟁, 살인, 암거래, 부정부패, 혁명과 같은 모든 사건이 관객 앞에서 진행되고 관객을 국제 석유정치의 전 과정으로 끌어들여야 한다."[28]

이 작업 후 피스카토어 극장은 파산에 직면했다. 극장 수입이 어마어마한 기술적 비용을 충당하기에 충분하지 않았기 때문이다. 비용은 배가 들었고 관객은 반으로 줄었다. 재도약을 하기 전에 피스카토어는 자신의 연극 개념의 기본 방침을 다시 한번 다음과 같이 요약했다. "개인적인 것 대신에 일반적인 것이, 특수한 것 대신에 유형화가, 우연한 것 대신에 인과성이 나타나야 한다. 장식적인 것은 구조적인 것으로 대체된다. 감정적인 것 옆에 동등하게 이성적인 것이 자리한다. 감상적인 것은 교육적인 것으로, 환상적인 것은 현실과 기록으로 대체된다."[29]

두 번째 피스카토어 극장의 유일한 공연은 발터 메링(Walter Mehring)의 작품 〈베를린 상인(Der Kaufmann von Berlin)〉을 바탕으로 했다. 이 작품은 인플레이션을 배경으로 우연히 베를린으로 오게 된 동유럽 출신 유대인 카프탄의 운명을 다루고 있다. 그는 자본주의의 이익을 누릴 줄 아는 자였지만 결국 자본주의에 의해서 박살이 난다. 바우하우스의 예술가 라슬로 모호이너지(László Moholy-Nagy)가 무대장치와 배경필름을 만들었다. 한스 아이슬러(Hans Eisler)는 음악을 작곡했다. 피스카토어는 또다시 복잡한 기계에 공을 들였다. 베를린을 배회하는 카프탄의 모습은 움직이는 보도를 사용해서 묘사했다. 회전무대가 돌아가고, 각 무대장

---

28) Erwin Piscator: Schriften. Bd. 1. S. 208.

29) Erwin Piscator: Schriften. Bd. 2. S. 50.

치들이 무대 위 천장에서 다리 위로 내려졌다. 관객은 여전히 외면했지만 피스카토어는 포기하지 않았다.

그는 1930년에 몇몇 배우들과 함께 극단을 설립하고 베를린의 노동자 거주지역 한가운데 위치한 '발렌 극장(Wallner Theater)'의 무대에서 칼 크레데의 작품 〈제218조-궁지에 몰린 여자들〉을 공연했다. 드라마투르기 펠릭스 가스바라(Felix Gasbarra)는 방 하나에서 10명의 가족이 함께 살아야 하는 노동자 가족의 비극을 공연하기 위해 무대와 객석을 아우르는 플롯을 짰고, 무대사건을 시민법정으로 만들었다. 각 공연의 끝에 예심판사 역의 인물이 관객을 향해 표결을 요구했고 '218조에 반대하며 독일제국위원회'에 그 결과를 전달했다.

피스카토어는 나치가 권력을 잡기 전, 독일에서 그의 마지막 연출작업에 다시 한번 자신이 생각한 연극 개념의 모든 기본 원리를 적용했다. 그는 사회주의적 드라마투르기의 의미에서 〈타이 양이 잠을 깨다(Tai Yang erwacht)〉라는 볼프의 작품을 작가와 함께 개작했다. 이 작품에서는 중국 프롤레타리아의 혁명 과정이 독일의 실제 상황에 비유되었다. 무대장치가 존 하트필드(John Heartfield)는 대나무 다리로 무대와 관객석을 연결했고, 객석은 벽보와 현수막을 붙여 '당 집회실'로 꾸며졌다.

이 공연 후에 피스카토어는 안나 제거스(Anna Seghers)의 노벨레(Novelle) 『성 바르바라 어부들의 반란(Der Aufstand der Fischer von St. Barbara)』을 영화로 만들기 위해 구소련의 초청을 받아들였다. 모스크바에서 그는 1936년 프랑스로, 이어서 1939년에는 미국으로 갔다. 뉴욕에서는 '드라마 워크숍'을 이끌었다. 이 학교는 '행위를 통한 배움'이라는 원칙을 기본으로 모든 연극 관련 직업을 위한 교육 과정을 포함하고 있었으며, 테네시 윌리엄스(Tennessee Williams), 아서 밀러(Arthur Miller), 말론 브란도(Marlon Brando), '리빙 씨어터'의 공동 설립자인 주디스 몰리나(Judith Malina)와 같은 유명인들을 배출했다.

1949년 피스카토어는 독일연방공화국으로 돌아왔지만, 그곳 사람들은 그에게 그렇게 관대하지 않았다. 연극은 전반적으로 나치정권을 교묘하게 이용한 사람들의 손에 들어가 있었다. 1962년 서베를린의 프라이에 폴크스뷔네의 극장장으로 재임명되기 전 몇 년 동안 그는 지방에서 객원으로 일해야 했다. 그 사이 70세가 넘은 피스카토어는 죽기 전 4년 동안 기록극(Dokumentarstück)이라는 형태의 새로운 독일 극작의 산파가 되었다. 피스카토어는 롤프 호흐후트(Rolf Hochhuth)의 〈대리인(Der Stellvertreter)〉을 초연했고, 연이어 하이나르 키프하르트(Heinar Kipphardt)의 〈로버트 J. 오펜하이머 사건(In der Sache Robert J. Oppenheimer)〉과 페터 바이스(Peter Weiss)의 〈수사(Die Ermittlung)〉로 성공을 거두었다.

베르톨트 브레히트의 서사극

막대한 양에 달하는 베르톨트 브레히트의 드라마, 연극이론에 관한 저술 그리고 연출작업은 20세기 연극사에서 가장 중요한 업적에 속한다. 브레히트가 스스로 자신을 '극작가'라고 일컬었듯이 그는 거의 50편에 이르는 연극을 썼을 뿐만 아니라 가장 많이 공연되는 작가 중 하나에 속한다. 또한 바이마르 공화국 시절 베를린의 문화적 토양에서 발생한 '서사극(Episches Theater)'이라는 개념은 오늘날까지 세계 각지의 극작가와 연극인들에게 자극제가 되고 있다. 국가사회주의자들에 의해 망명길에 오른 브레히트는 자신의 이론을 계속 확장시키고 일련의 대표작들을 창작했다. 이런 작품들을 공연하는 것이 그 후 베를린 앙상블에서 그의 작업의 중심이 되었다. 사회주의의 몰락 이후 브레히트 창작의 정치적 경향은 의심스러운 것으로 보였지만, 그럼에도 그의 방법론은 줄곧 생산적인 연구의 대상이 되었다. 모순에 입각한 그의 사고는 경직된 상태를 역동적으로 만들기 위한 도전이었다. 『연극을 위한 작은 지침서(Kleines Organon für das Theater)』의 부록에서 시인은 다음과 같이 말하고 있다. "논리적 또는 비논리적 과정에서 발생하는 갑작스러운 놀라움, 불안정한 모든 상태, 모순된 위트 등은 생동감 있는 인간과 사물 그리고 과정에서 느껴지는 즐거움이며 삶의 기술과 기쁨을 확장시켜 준다."[30]

1920년대에 '베르톨트'로 개명한 오이겐 프리드리히 베르톨트 브레히트(Eugen Friedrich Berthold Brecht)는 1898년 아우구스부르크(Augsburg)에서 공장장의 아들

30) Bertolt Brecht: Werke. Bd. 23. S. 290.

로 태어났다. 학생 시절에 이미 '브레히트 스캔들'의 첫 번째 사건이 있었다. 브레히트가 '조국을 위해 죽는 것은 달콤하고 명예로운 일이다'라는 글짓기 주제를 '의도적 선동'이라고 비난한 것인데, 그 당시는 제1차 세계대전이 정점에 다다른 시점이었다. '전쟁으로 혼란스러워서 학생의 머리가' 이상해졌다는 한 선생님의 변호로, 그는 퇴학을 간신히 면할 수 있었다. 친구들, 특히 나중에 무대장치가로서 가장 중요한 동료가 되었던 카스파르 네어(Caspar Neher)와 함께 그는 아우구스부르크에서 '격동의 시절'을 보냈다. 브레히트는 1918년 뮌헨의 의학부에 입학했지만, '연극학 교수' 아서 쿠처(Arthur Kutscher)의 세미나에 참여했다. 희극 배우 카를 발렌틴(Karl Valentin)이 공연하는 옥토버페스트 주점에서 그는 클라리넷 주자로 함께 활동하기도 했다. 브레히트는 크리스토퍼 말로우의 〈에드워드 3세의 삶(Leben Eduard III)〉의 첫 번째 연출을 위해 발렌틴에게 조언을 구하기도 했다. 전쟁터에서 군인들이 어떤지 물어보자, 발렌틴은 "두려움을 느끼면 하얘진다"라고 대답했고 브레히트는 곧 모든 조역들이 하얗게 분장하도록 했다.

브레히트는 심장이 약했지만, 제1차 세계대전이 끝나기 직전에 소집되었고 다행히 전방은 아니었다. 그는 사회민주당의 좌익지부인 독립사회민주당에서 발행하는 ≪아우구스부르크 신문≫의 연극평론가이자, 군사대표회의의 회원으로 활동하면서 이미 뮌헨의 좌초된 인민공화국과 혁명에 대한 경험을 했다. 공격적이며 날카로운 그의 비평 때문에, 특히 소극 〈옛 하이델베르크(Alt Heidelberg)〉를 "구질구질한 작품"이라고 지칭해서, 아우구스부르크 시립극장의 극단이 그를 법원으로 소환하는 일까지 벌어졌다.

브레히트는 1918년에서 1922년 사이에 250편 이상의 시, 그중에 「강과 바다에서 수영하기에 대하여(Vom Schwimmen in Seen und Flüssen)」, 「익사한 소녀에 대하여(Vom ertrunkenen Mädchen)」, 「불쌍한 B. B(Vom armen B. B)」 그리고 「A. 마리에 대한 회상(Erinnerungen an die Marie A.)」과 같이 성공한 작품들 외에 초기 희곡들을 썼다. 〈바알(Baal)〉에서 그는 이미 1920년대 내내 몰두했던 문제를 제기했다. 그것은 대중사회에서 개인의 존재 가능성이었다. 시인 크리스티안 디트리히 그라베를 세계의 창조자로 그린 한스 요스트의 표현주의 드라마 〈고독한 자(Der Einsame)〉에 대한 대응으로 구상한 이 작품에서 브레히트는 개인의 자아실현의 가능성을 부정했다. 생명력이 넘치고, 도덕적 회의로부터 자유로우며 정치적 목표를 추구하지 않는 바알의 행복에 대한 욕구는 시민사회에 순응하라는 강요와 대립한다. 스스로 절대적이라고 생각하는 주인공은 성적 욕망과 엄청난 식욕과 음주에 대한 욕구를 무제한으로 즐기고, 결국은 개인으로서의 자신을 지워 버리고 자연과의 완전한 합일 속에서 죽어 간다.

〈한밤의 북소리(Trommeln in der Nacht)〉에서도 역시 사회적 고립의 상황을 보여 준다. 1919년 노동자 봉기가 일어나고 있는 베를린에 한 군인이 귀환해서 자신의 '약혼녀'를 다른 전승군인이 차지했다는 것을 알게 된다. 그는 혁명에 가담할 것인지 고민하면서도 전승군인의 아이를 가진 약혼녀를 다시 정복하고 그녀와 침대로 자러 가는 것을 택한다. 브레히트는 새로운 사회의 탄생에 대해 널리 퍼져 있는 희망이라는 환상을 깬다. 작가의 초기 창작기에는 〈소시민의 결혼식(Die Kleinbürgerhochzeit)〉, 〈거지 또는 죽은 개(Der Bettler oder Der tote Hund)〉, 〈그가 악마를 쫓아내다(Er treibt einen Teufel aus)〉, 〈고기잡이(Der Fischzug)〉, 〈어둠 속의 빛(Lux in Tenebris)〉과 같은 짧은 소극들이 쓰였다. 창작 초기 세 번째로 중요한 작품인 〈도시의 정글 속에서(Im Dickiht der Städte)〉에서 브레히트는 시카고를 배경으로 동기도 없고 맹목적으로 전개되는 두 남자의 투쟁을 보여 준다. 이 작품의 분위기는 작가가 대도시 베를린에서 받은 인상들과 뒤섞여 있다. "정글 속에 있는 것은 하나다. 바로 도시. 정글 속에서 도시는 진실과 어두움과 신비로움을 다시 찾는다"라고 브레히트는 일기에 쓰고 있다.[31]

1922년 가을 〈한밤의 북소리〉가 뮌헨 캄머슈필레에서 초연되었고, 이 공연으로 젊은 극작가는 큰 호응을 얻었다. 헤르베르트 예링은 이렇게 적고 있다. "24세의 작가 베르톨트 브레히트는 하룻밤 사이에 독일의 문학적 면모를 바꿔 놓았다. 베르톨트 브레히트와 더불어 이 시대의 새로운 목소리가, 새로운 리듬이, 새로운 비전이 생겼다."[32] 브레히트는 곧바로 막스 라인하르트의 도이체스 테아터에서 드라마투르그로서의 계약을 받아들였다. 그 이외에도 칼 추크마이어와 함

---

31) Bertolt Brecht: Werke. Bd. 26. S. 261.

32) Herbert Jhering: Von Reinhardt bis Brecht. Bd. 1. S. 273.

베르톨트 브레히트: 〈한밤의 북소리〉, 뮌헨 캄머슈필레, 1922년, 오토 팔켄베르크 연출, 오토 라이크베르트 무대장치

께 일했는데, 그 역시 ―다른 많은 사람들처럼― 브레히트의 '어마어마한 생산력'과 '리얼리즘적 시각'에 매료되었다.

1920년대 중반 베르톨트 브레히트는 새로운 예술적 방향을 발견했다. '신즉물주의'의 의미에서 그는 이제 무대에서뿐만 아니라 객석에서도 역시 깨어 있는 정신을 요구했고 '담배를 피우는 관찰자'의 태도로 거리를 두고 무대사건을 관람하는 '스포츠 경기장에 있는 듯한' 관객을 원했다. 브레히트에게 고전은 단지 '멋대로 이용하기 위한 재료'로서의 가치만 있었다. 그는 특히 과학을 그에게 자극을 주는 원천으로 여겼다. 과학적 방식으로 인물들을 '아주 냉정하고, 객관적이고, 멋지게' 관객 앞에 세우고자 했다. 이러한 노력의 첫 번째 결과가 바로 1924/1925년 〈남자는 남자다(Mann ist Mann)〉라는 연극이다. 영국 식민지군의 병사 3명이 '감정의 엔지니어'로서 아일랜드 하역부 갈리 가이(Galy Gay)를 '인간적인 전투기계'로 개조한다. 극작가는 여기에서 행동주의적 심리학에 영감을 받아 환경

조건이 인간을 모조리 결정한다는 견해를 내보인다. 갈리 가이는 외부의 정확한 자연법칙에 따라 작동하는 메커니즘의 대상이다. 이것을 단초로 브레히트는 사회과학으로 가는 길을 발견했다. 사회학자 프리츠 슈테른베르크(Fritz Sternberg)와의 서신 교환에서 그는 다음과 같이 고백했다. "당신이 하는 학문 이외의 다른 학문들에는 충분한 사고의 자유가 없습니다. 다른 학문은 우리 시대의 일반적인 문명 수준을 불변의 것으로 만드는 데 너무 관심을 갖고 매달리고 있습니다."[33]

브레히트가 새로운 작품을 위한 준비 작업을 하는 동안 시카고의 밀 선물거래소 운영 과정을 파악하고자 했는데, 이때 그에게 전문 영역의 유용성에 대한 의구심이 들었다. "나는 전문가와 실무자들에게 물어보면 필요한 지식을 금방 얻을 수 있을 거라 생각했다. 하지만 어느 누구도, 유명한 경제부 기자도, 사업가도 밀 선물거래소의 과정을 나에게 충분히 설명해 주지 못했다. 그래서 이러한 과정이 설명될 수 없고 이성적으로 파악이 되지 않았기 때문에 비이성적이라는 인상을 받았다."[34] 브레히트는 국민경제에 관한 책을 읽기 시작했고 친구들에게 그가 카를 마르크스의 『자본론(Kapital)』에 "푹 빠져" 있다고 말했다. 이 공부의 결과가 바로 연극 〈도살장의 성 요한나(Die heilige Johanna der Schlachthöfe)〉였다. 브레히트의 이 작품에서는 구세군의 한 무지한 소녀가 대중의 불행의 원인을 찾아 나선다. 요한나는 처음에 이것이 당사자들의 무신앙과 일하려는 의지의 부족 때문이라고 생각했다. 하지만 그녀는 사회적 삶에 '깊숙이 들어가면서' 자본주의적 상황이 실업과 불행한 결과에 대한 원인임을 알게 된다. 베르톨트 브레히트는 여자 주인공으로 하여금 시카고의 도축업자와의 대결 속에서 이윤 추구와 불행과의 관계를 깨닫도록 한다. 요한나는 노동자의 투쟁을 돕기로 결정하지만 폭력의 사용은 완강히 거부한다. 하지만 그녀는 추위와 배고픔으로 허약해져서 폐렴으로 죽기 전에 다음과 같은 사실을 어렵사리 통찰한다. '폭력이 지배하는 곳에서는 폭력만이 도움이 된다'는 것을.

베르톨트 브레히트가 비교적 폭넓은 인기를 얻는 계기가 된 〈서푼짜리 오페라

---

33) Bertolt Brecht: Werke, Bd. 21, S. 202 f.

34) Bertolt Brecht: Werke, Bd. 20, S. 46.

(Dreigroschenoper)〉는 나중에 베를린 앙상블의 거처가 된 베를린 쉬프바우어담 극장(Berliner Theater am Schiffbauerdamm)에서 1928년 초연되었다. 이후 극작가는 조직화된 범죄와 기업의 동맹을 엉망진창으로 만드는 신사이자 악당 매키 매서, 그를 둘러싼 이야기의 성공을 등에 업고 〈해피엔드(Happy End)〉 역시 잘되기를 바랐다. 엘리자베스 하우프트만(Elisabeth Hauptmann)과 공동작업을 해서 가명으로 출판한 이 범죄 스펙터클에는 몇 곡의 감동적인 노래가 포함되어 있었지만 언론과 관객에게 호응을 얻지 못했다. 브레히트는 노래극 〈마하고니(Mahagonny)〉에서도 〈서푼짜리 오페라〉와 〈해피엔드〉의 작곡가 쿠르트 바일과 함께 작업했다. 환락의 도시 설립과 자기파괴에 관한 '20세기의 풍속도'인 이 작품은 자본주의가 약속하는 행복에 대한 풍자다. 〈마하고니〉에 대한 주석에서 브레히트는 처음으로 서사극의 기본 개념을 설명했다. 그는 표를 통해 드라마적 형태와 서사적 형태를 비교했다. ('옛') 드라마적 연극의 주요 특징은 사건과 인물에 대한 관객의 감정이입이다. 이에 반해 ('새로운') 서사극은 이러한 효과를 저지하려 한다. 오히려 서사극은 보이는 것을 이성적으로 파악하고 관철시키려 한다. "관객은 함께 체험하는 것이 아니라 비판적으로 대결해야 한다." 드라마적 연극에서는 과정이 "체현되고" 긴장은 결말을 향해 있다. "한 장면은 다음 장면과 연결되고", "사건은 선형적으로 진행된다." 서사극에서는 과정이 설명된다. 긴장은 과정에 맞춰져 있고, 모든 장면은 개별적으로 존재한다. "사건은 곡선으로 에둘러 진행된다."[35] 브레히트는 공연을 위한 주요 연극 이론서인 『놋쇠 구입(Messingkauf)』에서 '거리 장면'을 서사극의 기본 모델로서 제시했다. 거리 장면의 본질은 참여자의 태도로 사건과 원인을 재구성하고 잘못이 있는 사람을 정하는 데 있다. "'연극 장면'에서도 나타나는 '거리 장면'의 본질적인 점은 실연이 서사적이라 불리려면 그것이 사회적으로 실천적인 의미를 가져야 한다는 것이다. 거리의 실연자가 통행인이나 운전자의 입장에서 사건이 피할 수 없는 것이라는 사실을 보여 주려고 하는지, 아니면 다른 사람의 입장에서 피할 수 있는 것이라는 사실을 보여 주려고 하는지, 또는 책임의 유무를 해명하기 위해 실연을 할 것인지, 이러한 실연의 목적에

35) Bertolt Brecht, Werke, Bd. 24, S. 85.

따라 그가 얼마큼 완전하게 모방해서 보여 줄 것인지가 결정된다. 실연자는 모든 것을 모방할 필요는 없으며 인물의 몇 가지 행동만을 모방해서 그로부터 사람들이 이미지를 얻을 수 있을 정도만 보여 주면 된다." 모방의 정도는 의도 그리고 어떤 맥락에 이용될 것인지에 따라 결정된다. '연극 장면'은 보통 "대상을 멀리 설정할수록" "더 완전한 모사"가 가능하지만, "거기에 드는 에너지는 목적에 적합해야" 한다.[36)]

서사극의 결정적인 기준은 '리얼리즘'이다. 브레히트에 따르면 리얼리즘이란 인간 간의 행동을 모방하는 형식이며, 드러나는 현상뿐만 아니라 그 근원에 깔린 사회적 법칙성을 보여 주는 것이다. 연극에서 현실이 재인식될 뿐만 아니라 통찰되어야 한다. 이것이 가능하기 위해서는 무대사건이 인위적으로 만들어진 것으로 인식될 수 있어야 한다. 환상연극에서 —일반적으로— 그러하듯이 관객이 기만당해서 연극의 기호적 특성을 알아채지 못해서는 안 된다. 연극의 현실과 연극이 모방한 현실 사이의 간격을 눈에 띄게 만드는 것이 생소화하는 행위다. 서사극에 본질적인 이 원리는 아주 익숙한 대상이나 상황이 낯설게 만들어져서 놀라움을 불러일으키고, 그 결과 인식을 가능하게 한다는 데 있다. 연극의 사회적 기능과 관련하여 브레히트는 무대에서 사회적 과정을 생소하게 묘사함으로써 "개입할 수 없게 만드는" "익숙함의 낙인"을 제거하기를 기대했다. 그는 이렇게 적고 있다. "오랫동안 변하지 않은 것은 (…) 변할 수 없는 것처럼 보인다. 우리는 이해하려고 굳이 애쓰지 않을 정도로 너무나 당연시되는 것들을 도처에서 마주친다. 사람들이 서로 간에 경험하는 것은 기존의 인간적 체험으로 여겨진다. 하지만 수많은 기존의 것들이 사람들에게 의심스러운 것으로 보일 수 있기 위해서는 낯선 시선을 가져야 한다. 그것은 바로 위대한 갈릴레이가 흔들거리는 샹들리에를 관찰했던 그 시선이다. 마치 전혀 기대하지 않았던 것처럼 그는 흔들거리는 샹들리에를 보고 놀랐고 (…) 이로써 법칙성을 발견하게 되었다. 연극은 인간의 삶을 묘사하면서 어렵지만 생산적인 이러한 시선을 불러일으켜야 한다."[37)] 역사적 소재를

---

36) Bertolt Brecht: Werke. Bd. 22.1. S. 373.

37) Bertolt Brecht: Werke. Bd. 23. S. 81.

표현할 때, 생소화는 역사적 성격을 의식적으로 분명하게 드러내는 데 사용되어야 한다. 이때 낯설음이 피상적인 현실로 지워져서는 안 된다. 현재의 사건을 다룰 때는 정치적으로 보다 진전된 입장에서 그것을 관찰함으로써 역사성을 획득해야 한다. 그리고 브레히트에게 이러한 입장이 마르크시즘적 의미에서 정의될 수 있다는 것은 의심할 여지가 없다.

사회적 상황을 생성된 것으로, 그러기에 변할 수 있는 것으로 간주하는 것은 '영원히 인간적인 것'이라는 이념과 대립된다. 이렇게 역사를 파악하는 것은 미학적으로 감정이입의 원리에 부합하는 방식이다. 브레히트는 감정이입에 대해 다음과 같이 정의했다. "관객이 주인공을 모방하고 주인공의 체험을 함께할 수 있도록 배우는 암시와 변신을 통해 주인공을 모방한다. 그래서 —옛 연극에서— 관객은 무대에서 행위하는 인물의 지각, 감정, 인식을 공유했다. 딸들에 대한 리어왕의 분노는 관객에게 전염된다. 말하자면 관객은 연극을 관람하면서 놀라움이나 불안, 즉 다른 감정의 동요가 아니라 똑같은 분노를 체험할 수 있었다. 리어왕의 분노가 정당한지 의심할 수 없으며, 분노가 어떤 결과를 가져올지 미리 알 수도 없다. 그것은 논의될 수 없으며, 단지 공유될 뿐이다. 따라서 사회적 현상은 영원하고, 자연스럽고, 변할 수 없는 것으로 나타났고 토론에 부쳐지지 않았다."[38]

물론 감정이입에 대한 브레히트의 비판이 절대적인 것은 아니다. 그는 첨예화된 계급투쟁의 상황에서 관객의 감정적 전염을 아주 정당한 것으로 간주하고 〈카라 부인의 무기(Die Gewehre der Frau Carrar)〉라는 작품을 통해 이에 대한 실례를 제공했다. 이 외에도 마지막 창작 시기에는 변증법적 관계를 위해 감정이입과 거리를 둔 수용 태도 사이의 완고한 대립을 포기했다. 극작가는 이러한 방법을 더 이상 발전시키지는 않았지만, 후기의 한 비망록은 이러한 방향을 분명하게 지시한다. "이렇게 가정해 보자. 누이는 오빠가 전쟁에 나간다고 슬퍼서 운다. 그것은 농민전쟁이고 오빠도 농부라 농부들과 함께 전쟁에 나간다. 우리는 그녀의 고통에 공감해야 하는가? 아니면 전혀 공감하지 않는가? 그녀의 고통에 공감할 수도 있고 공감하지 않을 수도 있다. 분열적 상황에 대한 인식과 감정적 파악으

---

38) Bertolt Brecht: Werke. Bd. 22.1. S. 554.

로 인해 우리는 동요하게 된다."[39]

무대사건에 대한 관객의 감정이입의 정도는 브레히트에 따르면 인물에 대한 배우의 감정이입 정도에 달려 있다. 그러므로 관객의 감정적 전염이 방지되어야 한다면, 역시 인물에 대한 배우의 동일시가 제거되어야 한다. 배우는 "작품 속 인물에 전적으로 몰입해서는" 안 되며, "맹목적으로 인물의 삶을 살아서도" 안 된다. 관객과 마찬가지로 서사극의 배우는 감정이 없는 것은 아니지만 그렇다고 체현하는 인물 자체도 아니다. 물론 살아 있는 —브레히트에게는 모순에 찬— 인물이 무대 위에 서 있어야 한다. 배우는 이러한 인물을 그럴싸하게 체현할 수 있어야 한다. 게다가 배우는 인물의 행동에 대한 의견을 표현해야 하고, 이로써 관객에게 인물의 생활방식에 대한 비판을 요구해야 한다. 서사극의 배우는 화자의 태도로 말을 하고 행동한다. 즉, 그는 "사건이 발생했고" 여기에서 "반복되고 있다"는 것을 분명하게 표현한다. 그는 즉흥 연기를 하는 척하지 않고 "진실이 무엇인지" 보여 준다. 말하자면 "배우는 인용을 하는 것이다". 배우는 "연습된 상황이 아닌, 현재의 즉흥적 실제 상황을 체험하는 듯한" 관객의 환상을 방해해야 하는데, 이러한 연기의 토대는 "숙련된 어떤 것을 전달하는 게스투스(Gestus)"다.[40]

브레히트의 개념에 따르면 연기법에서처럼 무대장치에서도 역시 서사적 수단이 드러나야 한다. 조명을 보이게 하는 것은 이러한 목적을 위해서다. 그는 극에 대한 해설을 막에 비춤으로써 거리를 두는 효과를 달성하려고 했다. 연출가로서 브레히트는 연극적 사건과 직접적으로 관련이 있는 대상만을 무대에 허용했다. 개별 대상의 표현은 면밀히 검토된 것이어야 한다. 브레히트는 카스파르 네어의 작업에 대해 이렇게 썼다. "그는 의자를 조심스럽게 선택했고 용의주도하게 위치를 잡았다. 모든 것이 연기에 도움이 되어야 한다. 의자가 다리가 짧고, 탁자 역시 그에 맞는 높이여서 탁자에서 음식을 먹는 사람은 특별한 자세를 취해야 된다. 보통보다 더 허리를 굽히고 대화하는 사람은 특별한 점, 즉 어떤 점에서 상황을 분명하게 드러내게 된다."[41] 카스파르 네어는 무대 스케치에서 물리적 세계

39) Bertolt Brecht: Werke. Bd. 23. S. 413.
40) Bertolt Brecht: Werke. Bd. 23. S. 97.

의 묘사에 그치지 않고 인물의 태도와 인물들 간의 관계, 그리고 장면의 배치에 대한 암시를 주었다. 이러한 무대 스케치는 공연연습을 할 때 하나의 출발점 역할을 할 수 있었다.

브레히트는 1920년대 말에 서사극을 구상하면서 동시에 학습극 모델을 만들었다. 이 드라마 형태는 우선 배우가 아닌 프롤레타리아의 정치적 자기 교육을 위한 것으로 고안되었다. 학습극 장르에서 가장 중요한 작품들은 〈대양 횡단 비행(Der Ozeanflug)〉, 〈동의에 대한 바덴의 학습극(Das Badener Lehrstück vom Einverständnis)〉, 〈긍정자와 부정자(Der Jasager und der Neinsager)〉, 〈조처(Die Maßnahme)〉, 〈예외와 규칙(Die Ausnahme und die Regel)〉, 〈호라치 사람들과 쿠라치 사람들(Die Horatier und die Kuratier)〉이다. 브레히트에 따르면 "학습극은 보는 것이 아니라 연기하는 것을 통해 가르친다. 원칙적으로 학습극에는 관객이 필수적이지 않지만 있을 수는 있다. 그리고 연기자가 특정한 행동방식을 수행하고, 특정한 입장을 취하고, 특정한 말을 재연함으로써 사회적으로 영향을 받을 수 있다는 기대가 근본에 깔려 있다. 또한 인물의 형상화에 있어서 연극에서 유효한 미적 기준이 학습극에서는 효력을 상실한다".[42]

이러한 작품 유형은 서독에서 연극적 수단을 통한 사회사업으로, 연극교육학의 일환으로, 1970년대에 일시적으로 중요한 역할을 했다. 여기에서 인물은 개인적으로 그려지지 않는다. 개인은 집단 앞에서 '사라진다'. 개인은 대중 속에서 새롭게 규정되고 '다시 태어나야' 한다. 학습극은 유희적 방식으로 이러한 학습과정의 습득을 가능하게 하는 연극이다.

국가사회주의 드라마와 연극

국가사회주의 정권과 '지도자'는 극작가와 연극인들에 대해 전체주의 이념을

41) Bertolt Brecht: Werke. Bd. 22.2. S. 854.
42) Bertolt Brecht: Werke. Bd. 22.1. S. 351.

요구했다. 무조건적으로 순응하든지, 연극계에서 물러나든지, 아니면 망명만을 허락한다는 것이다. 『20세기의 신화(Der Mythos des 20. Jahrhunderts)』라는 책을 통해 정부의 이데올로기 조성에 주요한 기여를 했던 알프레드 로젠베르크(Alfred Rosenberg)는 "통일된 의지의 동력"에 대해 말했다. 이것은 "인종적 영혼이 처음으로 깨어날" 때, 세계관과 예술을 "서로 밀접하게 연결해 준다"는 것이다. 이러한 의도로 나치는 1933년 정권을 잡자마자 연극을 그들의 목적을 위해 활용하고자 했다. 따라서 무대에서 공허함과 쇼비니즘 그리고 모든 종류의 모더니즘에 반대하는 기본 입장이 바이마르 공화국 당시 예술가와 지식인들의 지배적 경향이었던 정신적 자유, 개방성, 실험성의 자리를 대신했다.

국가사회주의의 세계관은 일관성 없이 아주 모호하다. 정책 입안자들은 항상 상태가 아니라 움직임이 중요하며, 완결된 문구가 아니라 방향만을 제시할 수 있다고 강조했다. 특히 모든 영역에서 신봉되는 비합리주의가 두드러진 특징이었다. 의도적으로 '병든 지성'과 '건강한 감정', '퇴폐적인 지적 인간'과 '정상적인 본능적 인간'을 대립시켰다. 나치는 논증적인 확신이 아니라 압도적인 감정을 기반으로 그들의 이데올로기를 관철시켰다. 히틀러는 강령서 『나의 투쟁(Mein Kampf)』에서 이미 세계사에서 "혼을 불어넣는 광기"와 "고무적인 히스테리"가 "가장 강력한 전복"을 위한 고유한 추동력이라고 어설프게 설을 풀어놨다. 그러한 권력의 비호 아래에서 공동의 프로그램이 실현될 수 없다는 것은 당연하다.

나치의 선구자들은 유대인과 지식인, 의회민주주의와 세계주의, 현대예술과 비판적 언론에 대한 증오라는 특히 부정적인 면에서 공통된 의견을 가졌다. 긍정적 가치들은 오히려 모호해졌고, 애매한 상투어로 일컬어졌다. 가장 중요한 가치는 '인종', '혈통', '고향', '지도자', '민족'이었다. 국가사회주의자들은 독일인의 '민족적 단일성'을 '북유럽의 혈통'에서 찾았고 온갖 수단을 통해 이를 강화하고자 했다. 따라서 이에 합당한 이성 파트너를 맺어 줌으로써 금발과 푸른 눈의 우월한 인간을 양성하기 위해 인간의 존엄성을 파괴하는 계획이 수립되었다. 나치의 이데올로기에 따르면 '혈통과 인종' 그리고 '조상의 유산'에 대한 애착으로부터 '고향 땅'에 대한 애착이 생겨난다. 그러므로 민족성을 가장 순수하게 실현할 수 있는 사람들은 농부들이다. 그들은 오래전부터 전승된 계층적인 질서를 통해 도시의 ‘병든 문명화’와 정치적 ‘무차별주의’ 그리고 ‘영혼이 없는 기술의 타락’에 대항한다는 것이다. 조망할 수 없는 발전에 대한 ―특히 소시민 사이에 만연한― 두려움이 ‘대지로의 회귀(Rückkehr zur Scholle)’라는 연설에서 거론되었고 그들의 목적을 위해 활용되었다.

‘민족공동체’는 나치에게 있어 역사적으로 형성된 것이 아닌, 초시대적인 조직으로 신화적 성격을 지니고 있었다. 민족공동체의 영원 속에서 ‘올바른 감정’이 그리고 민족공동체의 의식 속에서 ‘올바른 사고’가 고양된다는 것이다. 이렇게 사회적 상황과 관계, 계급과 계층 간의 대립은 신화적 영역으로 말려 들어갔고, 결국 정치적 영향력을 상실했다.

예술가는 특히 민족공동체에 적합한 것을 감지하고 표현해 내야만 한다. 이 과정에서 예술가의 천성적 기질이 그를 인도해야만 한다. 또한 ‘교육과 사고 과정’이 아니라 ‘인물의 강함’이 작품의 질에 결정적인 것이라고 한다. 예술가가 ‘민족적 양심’에 의무를 느낄 때만이 그는 정말 ‘민족적인’ 작품을 창조할 수 있다. 따라서 그는 민족정신과 민족혼을 이어 주는 매개체일 뿐이다. 독일 민족에 속해 있지 않고, 게르만 인종의 특성을 가지고 있지 않은 자는 그럴 능력이 없다고 한다. 민족을 단결시키는 예술가는 이러한 의미에서 예술이 다시금 “같은 혈족의 가장 고귀한 창조적 표현”이 되고, 선전부 장관 요제프 괴벨스(Joseph Goebbels)가 집권 직후 요구했듯이 예술이 “민족의 영혼”에서 “폭발적으로”, “격렬하게”, “불가항력으로” 솟아나게 하는 능력을 지녀야 한다. 그는 새로운 예술에 “굳건한 로맨틱”이라는 특성을 기대했지만, 물론 이것은 제한적으로만 실현되었다. 말하자면 음악에서는 새로운 것이 나타나지 않았고, 단지 골동품만이 재생되었다. 조형예술은 공허한 영웅의 포즈를 충실히, 음모 하나하나까지 묘사하느라 진이 빠져 있었다. 단지 건축만은 대부분 위압적이고 압도적인 형태로 전반적으로 웅장한 효과를 냈다.

나치는 사람들에게 민족의식과 “고향의 대지에 대한 사랑”, “아리안”족의 우월감, “영웅적” 자세를 전달할 과제를 연극에 부여했다. 특히 “제국 소년단 단장”인 발두어 폰 시라흐(Baldur von Schirach)가 표현했듯이 연극은 젊은 관중들에게 “영웅적인 마음을 일깨워야” 했다. 이러한 의미에서 새로 만들어진 “영웅 드라마”의 공연과 고전에 대한 해석을 통해, 보다 고결한 전체를 위해서 개개인이 자발적으로 희생하도록 고무되어야 했다. 전쟁을 준비할 때 이러한 자발성이 중요했기 때문이다. 따라서 영웅적 희생정신이 게르만인의 특수성으로 선언되었다. 단지 이러한 인물만이 ―"지도자"와 같은 운명에 대해 믿음을 가지고― 자신의 생명을 공동체의 삶을 위해 바칠 수 있었다.

"존재를 풍요롭게 하고", "정서를 정화시키고", "에너지를 증대시키는" 것과 같이 무대에서 탈이데올로기적 목표는 부분적으로만 실현되었다. 나치가 사실 행한 일은 바이마르 공화국 시절에 번성했던 거의 모든 창조적인 방법과 전통을 파괴하는 것이었다. 나중에 "세계관 교육 감시를 위한 지도자의 대리인"으로 임명된 알프레드 로젠베르크가 이끌었던 "독일문화투쟁연합"은 이미 1920년대에 활동했지만 그렇게 성공적이지 않았다. 이 독일문화투쟁연합과 괴벨스의 선전부는 서로 경쟁적으로 문화 영역에서 모든 부적합한 인물들을 숙청했다. 그 대신 당원들과 고분고분한 동조자들이 그 자리를 차지했다. "정치적으로 믿을 수 없고" "아리안족이 아닌" 예술가들은 아주 잔인한 방법으로 배척당했다. 테러의 첫 번째 정점은 분서 사건이었다. 이 사건에서 수많은 중요한 연극 텍스트가 화염 속으로 사라져갔다. 곧 다수의 훌륭한 극작가, 연출가, 배우들이 망명길에 올랐다. 아리안족의 혈통을 증명할 수 없거나, 나치정권에 충성 서약을 하지 않은 사람들은 집필 금지, 상연 금지 가처분을 받고 직업적 활동을 할 수 없게 되었다. 나머지 연극인들은 물질적·사회적 상황을 대폭 개선시켜 줌으로써 매수했다. 많은 배우들―특히 여배우들―은 철저하게 권력자의 종아가 되었다. 그들은 예전에는 꿈도 못 꾸었던 수당과 특혜를 받았다. 극단의 단원이면 모두 "제국연극협회"의 회원이 되어야 했고, 이 협회가 극장의 모든 조직과 인적사항을 관리했다. 어느 정도 중요한 문제는 협회의 동의 없이 결정될 수 없었다. 관객의 구성 역시 통제되었다. 폴크스뷔네와 기독교 연극공동체의 자리를 대중연합인 "기쁨의 힘(Kraft durch Freude)"이 대신했다. 이 단체를 통해 권력자는 부하들의 여가활동을 통제하고자 했다.

"제국 드라마투르기"의 과제는 일종의 예비 검열을 통해 내용상 공연 프로그램의 방향을 설정하고 국가사회주의 극작법을 발전·육성시키는 것이었다. 그와 동시에 19세기에 이미 형성되었고, 제1차 세계대전 시 "국내 전선"에서 이데올로기를 다지면서 정점에 이르렀던 "민족적·보수적" 연극을 부활시켰다. 바이마르 공화국 시기에 이 장르의 작품들은 "베르사유의 수모"에 대항하라고 사람들을 선동하고 독일 국가의 입장을 선전했었다. 전쟁 후 무장 해제하지 않고, 오버슐레지엔(Oberschlesien) 지역과 점령된 루르(Ruhr) 지역에 흩어져서 "독일의 임무"를 위해 투쟁했던 군인들인 "자유군단"과 이 민족 드라마는 감정적으로 결합되어 있었다. 그들의 우두머리 중 한 명이 첩자로 인해 프랑스인들에 의해 처형되었다. 그의 이름은 레오 슐라게터(Leo Schlageter)로 극우주의자들은 그를 순교자로 숭배했다. 후에 제국작가협회의 회장이 된 한스 요스트라는 작가는 〈슐라게터(Schlageter)〉라는 희곡을 썼는데, 이것은 국가사회주의 드라마의 영웅적·행동주의적 유형에 대한 본보기가 되었다.

이 밖에 나치시대 드라마 창작의 기본적인 경향은 "피와 땅" 이데올로기에 부합하는 것이었다. "피와 땅" 이데올로기의 뿌리는 이미 세기 전환기에 산업화와 도시화에 대한 저항으로 생겨난 운동에 있었다. 이것을 통해 한편으로는 "고향의 대지"에서 농부의 삶을 찬양하고, 다른 한편으로는 "영토 없는 민족"이라는 논의를 사람들 사이에 퍼뜨렸는데, 이 운동이 동유럽에서 히틀러의 정복전쟁의 토대가 되었다. "국경지역 드라마(Grenzlanddrama)"에서는 단지 반갑지 않은 졸작만이 만들어졌던 반면, "향토문학"에서는 예외가 있었다. 이러한 드라마는 오스트리아인 리하르트 빌링어(Richard Billinger)가 힘찬 구어체로 쓴 작품들이었다. 그의 드라마(〈준마(Rosse)〉, 〈매서운 밤(Rauhnacht)〉, 〈거인(Der Gigant)〉)에서는 고향의 대지에 뿌리를 내렸지만, 국가사회주의의 시각에서는 "건전하지도" 모범적이지도 않으며 자연 그대로의 흐름에 무신경하게 빠져 있는 사람들이 등장한다. 빌링어는 현대 문명의 현상들, 도시, 기술과의 갈등을 다루고 있는데, 이러한 갈등은 항상 치명적인 결말을 가져온다.

동시대 작품 이외에 "제3제국" 시기에 상대적으로 역사극이 많이 만들어졌지만 –당연히도– 오늘날에는 잊혀졌다. 그들 작가들에게는 근본적으로 역사적 과정의 묘사가 아니라 국가사회주의 기본 개념의 초시대적 유효성을 주장하는 것이 중요했다. 이러한 관점에 따르면 모든 시대가 똑같이 국가사회주의 개념에 적합해야 함에도 불구하고 "아득한 선사시대"나 중세와 같은 특정 시기와 마르틴 루터, 나폴레옹, 비스마르크처럼 특정한 인물이 두드러지게 선호되었다.

국가사회주의의 문화정책에서는 게르만의 법정에서 이름을 따온 "팅-슈필(Thing-Spiel)"을 통해 고유한 연극 형태를 만들어 내고자 했다. 막대한 수의 인원과 연극적 수단이 동원된 프로젝트가 1930년대 중반경 시작되었으나 몇 년 지나지 않아 실패한 것으로 간주되어 중단되었다. 이 새로운 장르에서 합창은 중요한 역할을 했는데, 합창에서 국민과 지도자 사이의 관계가 본보기로 제시되어야 했다. 공간 구성을 위해서는 고대를 모범으로 삼았다. 대부분 —구릉 묘지, 전쟁터, 역사적 제후의 궁전과 같은— "신성한 장소"에 관객을 2만 명까지 수용할 수 있는 야외극장을 세웠다. 그리고 가능하면 소통이 잘되게 하기 위해서 무대 주위로 반원이나 4분의 3 원형 형태의 객석을 설치했다. 연극의 공공연한 목적은 관객과 무대 사건 상호 간의 "융합"이었다. 관객들은 각자 여기에서 "민족공동체"를 상징적으로 체험해야 했다. 이러한 맥락에서 매번 사용되는 단어인 "비의"는 이러한 시도 전체의 유사 종교적 특성을 보여 준다. 팅-슈필의 텍스트는 당연히 나치의 세계관과 동일한 파괴적 광신주의로 채워졌다. 오스트리아의 농민전쟁에 대한 볼프강 에버하르트 묄러(Wolfgang Eberhard Möller)의 민중 드라마 〈프랑켄부르크의 주사위 놀이(Frankenburger Würfelspiel)〉는 예술적으로 어느 정도 인정할 만하다. 이 작품은 1936년 베를린 올림픽 경기를 위해 건설된 20개의 시설 중 가장 규모가 크며 지금도 현존하는 "발트뷔네(Waldbühne)"에서 초연되었다.

나치가 군중집회를 지칭했던 "정치적 팅"은 "문화적 팅"보다 성공적이었다. 퍼레이드와 집회의 연출에서 국가사회주의 미학이 인상적인 형태로 실현되었다. 특히 뉘른베르크 "메르츠펠트(Märzfeld)"의 "제국 전당대회" 때는 온갖 수단이 동원되었다. 웅장하고 고전적인 건축이 이목을 끄는 무대장치를 배경으로 유니폼을 착용한 수천 명의 사람들이 북과 팡파르 소리에 맞춰 정밀하게 고안된 안무에 따라 움직였다. 종종 히틀러가 직접 관여한 행사에서 깜박거리는 서치라이트로 만들어진 "빛의 돔"과 마찬가지로 깃발은 중요한 역할을 했다. 레니 리펜슈탈(Leni Riefenstahl)이 1934년 촬영한 영화 〈의지의 승리(Triumph des Willens)〉에 미적 자질이 없다고는 말할 수 없다. 루돌프 폰 라반(Rudolf von Laban)과 마리 비그만

(Mary Wigman)과 더불어 표현무용의 중요한 대표자들을 동원했던 올림픽 경기 개막식에서의 집단안무도 마찬가지다. 하지만 얼마 안 가 그들과 집권자의 관계는 끝났다. 이러한 시도의 정치적 효과는 물론 정확하게 계산된 것이었다. 암시적 방식으로 웅장하게 대중을 현혹시킴으로써 사람들의 비판적이고 해방적인 힘이 작동하기를 멈춰야 했다.

연극이라는 제도에서조차 나치의 모든 꿈이 이뤄지지는 않았다. 새로운 작품이 부족했기 때문에 고전이나 천박한 오락용 드라마와 같이 기존에 통용되는 레퍼토리로 돌아가야 했다. 직접적인 전쟁 준비 기간에는 민족공동체 구성원들의 기분 전환과 오락이 보다 중요해졌고, 특히 오페레타와 음악이 있는 희곡에 희망을 걸었다. 그리고 고전작품의 공연을 통해 사람들을 교화하고 세계관을 강화시키고자 했다. 그러기 위해 "작품에 충실한 해석"이 최상의 원칙이 되었다. 하지만 배후에는 종종 지배적 이데올로기의 관점에서 드라마의 제한된 해석이 숨겨져 있었다. 다른 한편 지배자가 관대하게 봐 준 덜 비판적인 연극인들에게 고전 텍스트는 행간의 모순을 암시할 수 있는 가능성을 주었다. 그래서 "비밀경찰"은 이러한 사건을 자주 조사해야 했다. 미학적으로 고전연극은 우선 수사적이고 격정적으로 표현되었다. 이러한 양상은 자연주의뿐만 아니라, 라인하르트의 분위기 예술에 반대하고, 고상한 형식과 이상적으로 고양된 인물을 추구한 결과였다. 무대장치는 거의 철두철미하게 나치예술에 특징적인 웅장한 의고전주의적 성향을 띠었다.

독일에 남은 연극인들 중 단지 소수만이 예술적 수준을 유지하거나 계속 발전시킬 수 있었다. 연출가들 가운데 베를린에서 작업했던 구스타프 그륀트겐스(Gustaf Gründgens), 하인츠 힐페르트(Heinz Hilpert), 위르겐 펠링만이 이에 해당한다. 프로이센 국립극장과 도이체스 테아터의 극장장으로서 앞의 두 사람은 추방된 많은 동료들에게 정착지를 제공했다. 독일 연극문화의 수준을 어느 정도 유지하려는 그륀트겐스의 시도는 논쟁의 여지가 있었다. 하지만 그의 배우로서의 자질과 연출가로서 동료의 예술적 개성을 발휘시키는 능력은 의문의 여지가 없었다. 그륀트겐스의 업적은 그가 국립극장의 여배우 에미 존네만(Emmy Sonnemann)과 결혼한 프로이센의 수상 헤르만 괴링(Hermann Göring)의 후원을 받아 비판적이고 제멋대로인 위르겐 펠링을 방어해 주었다는 것이다. 나치시대에 가장 중요한 연출가였던 펠링은 종종 지배자에게 대담한 공격을 감행했다. 예를 들어 그가 〈리처드 3세〉를 지배체제에 대한 반영으로 연출했을 때, 셰익스피어의 절뚝거리는 거대 악당과 불구인 괴벨 사이의 관련성이 불가피하게 불거졌다. 펠링의 연출력은 "과열되고" "환상적인 것"이어서, "우아하고" "차가운" 스타일의 구스타프 그륀트겐스와는 대조를 이루었다.

망명 시기 드라마와 연극

국가사회주의자들에 의해 독일에서 추방된 예술가와 지식인 가운데 극작가와 연극인들은 특히 힘들었다. 망명으로 인해 그들은 작업의 구심점으로서 독일 무대를 잃어버렸다. 그들 대부분은 가장 중요한 생산수단인 독일 언어를 박탈당했다. 단지 몇 안 되는 배우들만이 이러한 장애를 극복할 수 있었다. 영화에서는 무대보다 언어적 장벽을 뛰어넘는 것이 좀 더 쉬웠다. 이러한 어려움으로 인해 수많은 연극인들은 망명지로 오스트리아–"제3제국"에 합병되기 전까지–와 스위스의 독일어권을 선택했다. 취리히 샤우슈필하우스는 독일 연극예술의 피난처가 되었다. 이곳에서 볼프강 하인츠(Wolfgang Heinz), 카를 파릴라(Karl Paryla), 볼프강 랑호프(Wolfgang Langhoff), 테레제 기제(Therese Giese)와 같은 탁월한 배우들이 활동했다. 대담하고 자유분방한 극장장 오스카 밸터린(Oskar Wälterlin)의 감독하에 히틀러 독일에서 피난 온 연출가 레오나르트 슈테켈(Leonard Steckel)과 레오폴트 린트베르크(Leopold Lindtberg)는 무대장치가 테오 오토(Teo Otto)와 함께 수많은 고전 이외에도 몇몇 중요한 망명 극작가의 작품들을 공연했다. 이러한 작품들은 외된 폰 호르바트의 〈왔다 갔다(Hin und Her)〉, 페르디난트 브루크너의 〈인종들(Rassen)〉, 프리드리히 볼프의 〈맘록 교수(Professor Mamlock)〉, 칼 추크마이어의 〈울라 빈트블라트(Ulla Windblad)〉, 베르톨트 브레히트의 〈억척 어멈(Mutter Courage)〉, 〈갈릴레이의 생애(Leben des Galilei)〉, 〈사천의 선인(Der gute Mensch von Sezuan)〉 등이었다. 마찬가지로 망명을 갔던 드라마투르그인 쿠르트 히르쉬펠트(Kurt Hirschfeld)는 당시 취리히 샤우슈필하우스의 임무를 다음과 같이 요약했다. "독일어권 연극이 단지 선전을 위한 무기였던 시절, 연극을 다시 문화적 기구로 지정하고 연극의 정신적 위치를 자리매김하고 그 기능을 복원시키는 것이 중요했다. 토론이 맹목적 복종으로 대체되는 것처럼 보였던 시절, 예술적·윤리적·정치적·종교적 문제들을 논의에 부쳐야 했다. 인간 모습의 다양성을 유지하고 제시하고, 파시즘의 파괴적 권력에 대항하는 입장을 수립하는 것이 중요했다."[43]

망명자들 스스로 주축이 되었고 정치적으로 대부분 극좌였던 연극 클럽들은 독일어로 공연을 할 수 있는 또 다른 가능성을 제공했다. 이러한 연극 클럽들은 잠정적으로 스웨덴, 멕시코, 영국, 아르헨티나에 있었고, 종종 아마추어 배우와 직업배우가 함께 연기했다. 파리에서 베르톨트 브레히트의 〈제3제국의 공포와 참상(Furcht und Elend des Dritten Reichs)〉, 〈카라 부인의 무기〉 초연과 같은 전문적 공연은 예외적인 경우였다. 망명연극의 특수한 형태가 나치 이전에 이미 수많은 재외 독일인들이 살았던 곳에서 발전할 수 있었다. 특히 북아메리카와 남아메리카의 대도시들, 그리고 소비에트 연방이 그러한 경우였다. 하지만 볼가 독일인[44]의 중심지였던 도시 엥겔스(Engels)에서 극장을 설립하려는 에르빈 피스카토어의 웅대한 시도는 좌절되었다. 이에 반해 일련의 공산주의 극단들은 러시아에서 성공적으로 터전을 잡았다. 몇몇 망명 드라마, 특히 프리드리히 볼프의 드라마가 그들에 의해 초연되었다.

아마 어느 정도 성공한 수십 명의 망명자들을 제외하면 대략 4000명의 작가와 연극인들이 정신적으로나 물질적으로나 매우 어렵게 살았다. 그들은 종종 나치의 세력이 확장됨에 따라 이곳에서 저곳으로 옮겨 다녀야 했고, 체류국의 불신과 전횡에 시달렸다. 그래서 비교적 많은 사람들이 자살을 택했다. 이름이 나 있거나 개인적 연줄이 있다 하더라도, 망명국의 사회와 문화에 적응할 수 있었던 사람들은 소수였다. 미국으로 망명한 철학자 테오도어 아도르노(Theodor Adorno)에 의하면 그것은 "몰수된 언어" 외에 특히 "궁지에 몰린 역사" 때문이었다.

---

43) Zitiert nach Werner Mittenzwei: Das Zürcher Schauspielhaus, S. 179.

44) 러시아제국 시절 볼가 강 근처로 이주한 독일인들의 후예. —옮긴이

대략 70편의 작품을 포함하는 망명 희곡문학은 전반적으로 바이마르 공화국 시절 희곡 발전의 연장선상에 있었다. 하지만 대부분 작가들의 작업은 변화된 조건 때문에 질이 떨어졌다. 동시에 주제는 독일의 현재 상태에 집중되어 있었는데, 그 이유는 짐작할 만했다. 나치정권을 다루는 드라마 작업은 동시대의 형태를 띠기도 하고 역사적으로 위장되기도 했다. 어쨌든 시대극에 가장 중요한 의미가 부여되었다. 이 장르 중 가장 초기의 중요한 드라마는 페르디난트 브루크너의 〈인종들〉과 프리드리히 볼프의 〈맘록 교수〉였다. 대학을 배경으로 하는 첫 번째 연극에서는 인종주의를 낳은 심리적 상태를 보여 준다. 그것은 바로 공동체에 대한 비합리적 동경과 잠재적 공격성이다. 볼프는 자신의 작품에서, 기본법을 내세우다 해고당하고 바지가 잘린 채 거리로 쫓겨나고, 자살에서 유일한 탈출구를 발견하는 유대인 의사의 예를 통해 인종주의가 어떻게 민주주의를 갈기갈기 찢어놓는지 보여 준다. 확고한 공산주의자인 그의 아들은 저항을 한다. 프리드리히 볼프의 다른 망명 드라마처럼(〈프롤리드 마을(Floridsdorf)〉, 〈트로이의 목마(Das trojanische Pferd)〉) 〈긍정적 영웅(Positiver Held)〉은 관객에게 두려움에 빠져 기다리는 것이 아니라 투쟁만이 나치의 야만주의에 저항하는 올바른 방법이라는 확신을 전달한다. 인종주의 이외에 현대작품에서는 나치에 대한 사회적 저항[구스타프 폰 방엔하임의 〈지하실의 영웅(Helden im Keller)〉], "고백 교회(Bekennende Kirche)"[45][46], 러시아에서 독일의 공격 실패[요하네스 베허의 〈겨울 전투(Winterschlacht)〉]와 같은 주제가 다뤄졌다.

역사극은 바이마르 공화국에서보다는 자주 시사적인 정치문제를 위해 사용되었다. 페터 마르틴 람펠은 뮌스터 재세례파 교인들의 지도자를 다룬 〈시온의 왕(König von Zion)〉에서 히틀러와 그 정권에 대한 입장을 표명했다. 프란츠 테오도어 크소코어(Franz Theodor Csokor)는 폴란드의 성녀에 대한 작품 〈야드비가(Jadwiga)〉를 저항에 대한 호소로 형상화했다. 구스타프 폰 방엔하임은 〈하인리히 폰 레틀란트(Heinlich von Lettland)〉로 공산주의의 관점에서 기여를 했다. 마찬

---

45) 나치에 저항하는 독일신교운동. —옮긴이

46) Ernst Tollers, Pastor Hall.

가지 관점에서 볼프는 역사 드라마 〈보마르셰 또는 피가로의 출생(Beaumarchais oder Die Geburt des Figaro)〉에서 자기 작품의 혁명적 힘에 의해 굴복당하는 작가의 비극적 상황을 묘사했다. 대체로 프랑스 혁명은 망명 극작가들이 선호하는 주제였다. 따라서 게오르크 카이저, 페르디난트 브루크너, 아놀드 츠바이크(Arnold Zweig)는 나폴레옹 1세를 다루었다. 프리츠 폰 운루는 장 폴 마라(Jean Paul Marat)의 살해범인 샤를로테 코르데 (Charlotte Corday)에 대한 작품을 썼다.

망명 상황을 자신의 발전에 생산적으로 활용했던 유일한 극작가는 베르톨트 브레히트였다. 무대에서 실험해 볼 가능성은 박탈당했지만, 그는 이 시기에 일련의 중요한 작품들을 썼다. 비유극 〈둥근 머리와 뾰족 머리(Die Rundköpfe und die Spitzköpfe)〉에서 그는 인종주의가 과도하게 발전된 자본주의와 다르지 않다는 논의를 분명하게 보여 주었다. 이러한 —단순한— 견해가 드라마 〈아르투로 우이의 저지할 수 있는 출세(Der aufhaltsame Aufstieg des Arturo Ui)〉에도 깔려 있었다. 시카고의 "꽃양배추 조합" 회원들과 폭력배 아르투로 우이 그리고 그의 갱단과의 관계는 독일 경제와 국가사회주의자들의 관계를 비유적으로 보여 준다. 스스로 "장면별 제스처 목록"이라고 부른 단막극 모음인 〈제3제국의 공포와 참상〉에서 브레히트는 구체적인 실례를 들면서 나치 지배가 일상생활에 미친 끔찍한 영향을 분명하게 보여 주었다. 그의 드라마 〈갈릴레이의 생애〉는 첫 판본에서 주로 억압의 시대에 "진실을 퍼뜨리는 데 있어서의 어려움"을 주제로 삼았다. 두 번째 판본에서는 과학자의 정치적 책임에 무게를 실었다. 왜냐하면 이 문제가 종전 즈음에 원자폭탄의 제조가 진전되면서 매우 중요한 시사성을 띠게 되었기 때문이다.

브레히트의 연극 〈사천의 선인〉에서 극작가는 자본주의에서 선행을 베풀면서 동시에 살아남는 것이 불가능함을 증명하려 했다. 민중극 〈주인 푼틸라와 하인 마티〉에서는 술에 취했을 때는 자신의 운전기사에게 인간적이고, 술이 깬 다음에는 아주 위압적이고 무자비한 지주가 주인공이다.

30년 전쟁을 배경으로 하는 〈억척 어멈과 아이들(Mutter Courage und ihre Kinder)〉에서 브레히트는 관객으로 하여금 전쟁으로 인해 자식들을 잃고도 자신의 어리석음을 깨닫지 못하는 인물과 마주치게 한다. 종군상인인 그녀는 자신에게 수입을 보장해 주기 때문에 전쟁을 찬양하는 것이다. 인물이 경험을 통해 스스로 현명해질 수는 없지만 관객은 이것을 보고 이와 "대립되는 가르침"을 얻어 현명해질 수 있을 것이다. 억척 어멈은 무조건적 생존 의지라는 점에서 슈바이크라는 인물과 비슷하다. 브레히트는 이 인물을 야로슬라프 하셰크의 소설에서 빌려와 연극 〈제2차 세계대전 중의 슈바이크(Schweyk im zweiten Weltkrieg)〉에서 주인공으로 만들었다. 교활한 생존의 달인을 통해 그는 무엇으로도 파괴되지 않는 민중의 힘에 대한 믿음을 보여 주었다. 이러한 믿음과 세상을 보다 낫게 개선시킬 수 있다는 철석 같은 확신이 브레히트에게 망명의 "암흑 같은 시절"을 그나마 무사히 극복할 수 있는 힘을 주었던 것이다.

전쟁 직후의 연극

제2차 세계대전의 종말과 두 분단국가의 형성 사이에 짧은 기간 동안 수많은 독일인들은 토마스 만과 비슷한 생각을 했다. 그는 망명 생활을 하던 미국에서 독일이 항복한 지 며칠 지나지 않아 고향의 라디오 청중에게 이런 연설을 했다. "독일의 패배와 뼈아픈 굴욕에 대한 세계의 환호가 이토록 괴로울 수 없습니다! 우리 아버지와 거장들의 나라 독일과 문명화된 세계 사이에 벌어진 심연이 또다시 얼마나 끔찍스럽게 드러났는지 모릅니다!"[47] 책임의식이 있는 사람들은 이러한 상황에서 과거를 기억에서 몰아내거나 성급한 해답에 만족하지 않고 보다 나은 미래와 새로운 정치적 질서를 수립하기 위한 결론을 이끌어 내고자 했다. "독일은 완벽한 패배를 믿을 수 없을 만치 유리한 상황으로 삼아서 그로부터 완전히 변화할 수 있는 힘을 이끌어 낸다." 이렇듯 알프레트 안더슈(Alfred Andersch)라는 작가처럼 낙관적으로 생각했던 사람들이 적지 않았다. 전쟁 직후 가장 중요한 독일 드라마인 〈문 밖에서(Draußen vor der Tür)〉의 작가인 볼프강 보르헤르트(Wolfgang Borchert)는 젊은 지식인층의 생각을 다음과 같이 표현했다. "우리는 돌아갈 수 있는 곳이 없기 때문에 귀향 없는 세대다. (…) 반대로 우리는 미래의 세대다.

47) Thomas Mann: Deutsche Hörer! S. 153 f.

아마 우리는 새로운 별, 새로운 인생의 도래로 가득 찬 세대다. 새로운 태양 아래, 새로운 심장의 도래. 아마 우리는 새로운 삶, 새로운 웃음, 새로운 신의 도래로 충만해 있다."48)

많은 전쟁 귀향자, 피난민, 아이들과 홀로 남겨진 여자들은 보다 구체적인 문제를 우선 해결해야만 했다. 그들은 폐허에서 쓸 만한 것들을 뒤지고, 임시 거처를 마련하고, 망가진 무기로 재건을 위한 도구를 만들어 내기 시작했다. 따라서 정신적이고 도덕적인 새로운 시작은 물질적인 것들 때문에 뒷전으로 밀려났다. "혁명적으로 새로워진 독일"에 대한 "불타는 희망"으로 가득 찬 "영시점(Stunde Null)"이 자주 호소되었는데, 이것은 여러 가지 측면에서 봤을 때 추후에 만들어진 재건 신화에 다름 아니었다. 대부분의 독일인은 생활환경의 급격한 변화로 인한 불안감에서, 그럴 때는 항상 그렇듯이 전통을 고수하며 익숙한 길을 계속 가고자 했다. 특히 문화 영역에서 그러했다. 전승된 사고방식과 나치정권이 왜곡했던 휴머니즘과 고전주의의 예술 형식은 안전한 보호와 위로를 제공할 수 있었다. 전승되고 증명된 문화, 정치적으로 중립적인 문화는 현재의 도전으로부터의 도피처이자 이미 일어난 일에 대한 양심의 가책을 진정시키는 안정제가 되었다. "보다 나은 독일"의 부활을 증거하고, 역사적 과오를 속죄하고, 슬픔을 심리적으로 극복하는 데 있어서의 불편함을 대체하기 위해 "문화적 유산"을 육성하는 일은 이 당시 동독과 서독의 최고 가치가 되었다.

이러한 맥락에서 연극은 당연히 중심적 역할을 했다. 패망하자마자 사람들은 고전 드라마를 공연하기 위해 집중적인 노력을 했다. 이때 괴테의 〈타우리스의 이피게니에〉(휴머니즘의 송가로서), 강대한 권위에 저항하는 실러의 드라마(〈간계와 사랑〉 그리고 〈돈 카를로스〉), 특히 12년 동안 금지되었던 레싱의 관용 드라마 〈현자 나탄〉은 특별히 사랑을 받았다. 베를린의 "유대인문화협회" 극장의 상임 연출가였고, 강제수용소에서 살아남은 프리츠 비스텐(Fritz Wisten)이 연출한 〈현자 나탄〉을 시작으로 1945년 가을 베를린 도이체스 테아터가 다시 개관했다. "제3제국"에서 탄압을 받고 망명지로 쫓겨났던 연출가들은 대부분 러시아가 점령한 지

48) Wolfgang Borchert: Das gesamte Werk. S. 79.

역으로 다시 돌아왔다. 이들 이외에도 나치 지배 기간에 유사 고전주의적 "제국 전당대회-스타일"로 예술적 수준 미달의 작품들을 제작했던 연출가들 역시 다시 공연을 시작했다. 하인츠 힐페르트, 카를 하인츠 슈트룩스(Karl Heinz Stroux), 한스 슈바이카르트(Hans Schweikart), 구스타프 루돌프 젤르너(Gustav Rudolf Sellner), "탈나치화" 이후의 구스타프 그륀트겐스가 그들이었다. 베르톨트 브레히트는 망명에서 돌아와 1948년 처음으로 독일 연극을 보고 불같이 화를 냈다. 막스 프리쉬는 이에 대해 다음과 같이 말했다. "냉소적으로 킥킥거리기 시작하다가 브레히트는 분노로 얼굴이 창백해져서 깜짝 놀랄 만큼 큰소리를 질렀다. 살아남은 자들의 걱정거리 없는 말투, 무대에서의 거드름 피는 행동, 행복한 무지, 별거 아닌 일이 일어났던 것처럼 그냥 살아가는 뻔뻔스러움, 심미주의, 자기 나라에 대한 성급한 만족, 이 모든 것은 우려했던 것보다 더 심했다. 브레히트는 망연자실했고, 그는 저주의 말을 퍼부었다."[49]

전후의 관객은 대부분 공허한 비장함이 배인 고전연극을 통한 교화를 원했을 뿐만 아니라, 우선 연극에서 일상생활의 걱정을 떨쳐 버리고 싶어 했다. 이러한 욕구는 즉각 채워졌다. 독일의 항복이 있은 지 몇 주 지나지 않아, 예를 들면 베를린 르네상스 극장에서 프란츠와 파울 쇤트한(Franz und Paul Schönthan) 형제의 오래된 소극 〈사비니 여인들의 강탈〉을 다시 볼 수 있었다. 전반적으로 분주한 활동들이 시작되었다. 1945년 말까지 베를린에서만 120개의 새 공연이 만들어졌다. 그중 3분의 2는 대중적 코미디, 음악이 있는 희극, 오페레타들이 깔아 줬다.

두 독일 국가가 수립될 때까지 연극의 중심지 역할을 했던 베를린보다 뒤늦게 지방에서도 활동이 재개되었다. 그 시대가 연극에 얼마큼 열광했는지를 전형적으로 보여 주는 기억할 만한 사건은 1947년 루르페스트슈필레 레클링하우젠(Ruhrfestspiele Recklinghausen)의 설립이었다. 이것은 함부르크 샤우슈필하우스와 루르 지역의 광부들 사이의 교류로 시작되었다. 루르 지역의 광부들은 석탄의 추가 할당금으로 연극을 후원하는 대신 함부르크 샤우슈필하우스에 원정공연을 초청했다. 독일의 도처에서 사람들은 후원무대, 체육관, 식당, 지하실, 구내식당에

49) Max Frisch: Erinnerungen an Brecht. S. 68 f.

서 공연을 했다. 열악한 무대장치와 의상으로 레퍼토리가 허락하는 한 점령국의 검열을 통과한 작품들을 공연했다. 담당 "문화장교들" 중에는 독일 연극계에 대해 해박한 지식을 가지고 있는 이주자들도 있었다. 정치적 차이에 따라 4개국 연합군의 문화정책 역시 상이했다. 각 국가의 점령 정부는 "자국의" 극작법과 "자국의" 연극관을 장려했다. "냉전"이 진전되면서 개별적 문화체계가 심각한 경쟁 양상을 띠게 되었다. 일찍이 1947년 봄 미국과 소비에트 연방의 담당 문화장교들은 연극계에서는 "완전한 합의"가 가능하다고 확신했지만, 두 나라의 연극에 대한 정책의 양극화는 점점 첨예화되었다. 이러한 양극화는 공연 프로그램의 정치적 향방뿐만 아니라 연기법에도 깔려 있었다.

이런 전개 양상에 대한 단초는 이미 전쟁 직후 4개 승전국이 독일인을 제각각 자신의 문화로 통합하려고 노력하는 데서 찾아볼 수 있었다. 그러는 가운데 그들은 지금껏 억눌려 왔던 대중의 막대한 수요를 충족시켰다. 나치는 10년 이상 "제3제국"의 경계를 넘는 중요한 모든 것들을 억압해 왔다. 특히 소련은 연극활동을 집중적으로 장려했다. 1945년에만 점령지역에 74개의 극장, 심지어 이제껏 극장이 없었던 동부지역에도 극장을 개관했다. 이 시기 소련은 러시아 고전과 새로운 소비에트 희곡을 추천할 뿐만 아니라 사회주의 리얼리즘의 미학을 장려했다. 그 대표자로는 콘스탄틴 스타니슬라브스키가 있었다. 그의 체계를 관철시키는 데 막심 발렌틴(Maxim Vallentin), 구스타프 폰 방엔하임, 볼프강 랑호프 그리고 나중에는 볼프강 하인츠와 같은 돌아온 망명자들이 큰 공을 세웠다.

독일의 서쪽을 점령한 연합국은 동시대의 희곡에 전적으로 희망을 걸었다. 미국은 번역을 통해 60편의 작품을 제공하고 공연을 위한 권리를 되돌려 주었다. 이를 통해 민주주의와 자유주의의 관점에서 독일인을 "재교육"하고 서양의 정신적·도덕적 담론으로 재편입하는 데 기여하고자 했다. 예를 들어 사적 영역에서 아름다운 생활을 묘사한 〈우리 마을(Our Town)〉과 독일 관객이 자신의 상황에 대한 비유로 이해한 드라마 〈위기일발(The Skin of Our Teeth)〉과 같은 손턴 와일더(Thornton Wilder)의 작품들이 미국 휴머니즘 희곡에 속했다. 이 작품은 미국 중산층 가정이자, 전 인류의 원형으로 나타나는 가정인 앤트러버스(=everyman) 가족의 이야기를 다루었다. 이 가족은 모든 재난과 홍수와 빙하기와 전쟁을 겪는다. 그럼에도 아버지는 기독교와 독일 이상주의 철학에 영향을 받은 세계관을 주장한다. 이는 형제 살해범인 카인의 형상을 연상시키는 아들과 대립된다. 역시 악의 원리를 대변하는 인물로 —"탈무드"에 따르면— 아담의 첫째 부인이었던 릴리트의 악마적 현신인 하녀 릴리 사비나가 나온다.

손턴 와일더는 신에 대한 믿음으로 가득 차고, 모든 형태의 비극으로부터 거리를 둔 연극세계에 유머와 잔잔한 아이러니로 덧칠을 했다. 그는 장편 드라마와 번안극(에우리피데스의 〈알세스티아데(Alkestiade)〉, 요한 네스트로이의 〈중매인(Die Heiratsvermittlerin)〉)에서뿐만 아니라 단막극과 3분 연극에서 1930년대 초 유럽 여행에서 경험한 연극 수단들을 사용했다. 와일더는 정치적 함의와 무관하게 피스카토어와 브레히트에게서 서사극 모델을 받아들였다. 와일더는 인물들로 하여금 역할에서 빠져나오게 하고, 이를 통해 매번 환상을 파괴한다. 〈우리 마을〉에서는 연출가가 무대 위로 나와서 연극 바깥에서 사건을 해설한다. 이러한 반환상주의 기법으로 그는 자신의 무대를 일종의 세계 연극으로 확장시키는 데 기여한다. 이러한 무대에서 진부한 일상생활은 의미와 품위를 지니게 된다. 영원히 인간적인 것의 초시대적 신화 속에서 구체적이고 역사적인 과정을 해체하는 경향은 전후의 독일 관객의 기호에 부합했다. 관객은 손턴 와일더의 드라마 공연으로 몰려들었고, 비평은 "시대를 초월한 근원적 상황"과 "현재를 넘어서는" "근원적 지혜"의 묘사를 칭찬했다.

유진 오닐의 연극은 "미국적 꿈"의 굴절된 반영으로 이해될 수 있다. 작가의 해설이 이러한 해석을 암시한다. "나는 미국이 지구상에서 가장 성공한 나라가 아니라 가장 큰 실패작이라는 생각에서 시작한다. (…) 미국의 주도적 이념은 영혼 이외의 것을 얻음으로써 영혼을 얻으려는 시도의 영원한 유희이다. 본래 이런 이야기는 성경에 더 잘 나와 있다. '인간이 세상을 얻고 영혼에 상처를 입는다면 무슨 소용이 있겠느냐'에 대한 가장 좋은 사례는 우리 자신이다."[50] 대부분 오닐의 작품은 1920년대에 쓰였고 일부는 독일에서도 공연되었지만, 제2차 세계대전 후에 비로소 대대적인 성공을 거두게 된다. 사람들은 근대사를 경험하고 나서,

50) Zitiert nach Georg Hensel: Spielplan. Bd. II. S. 660.

미국 최초의 중요한 극작가가 표현했듯이 인간 영혼의 심연에 관심을 가지게 된 것이다. 극작법에서 오닐은 유럽 모더니즘의 다양한 경향들을 매번 새롭게 수용했다. 평생토록 그는 가능한 드라마투르기의 모든 모델을 실험했다. 장편 이외에 단막극과 3부작을, 사실주의 드라마 말고도 표현주의 정거장식 연극과 고대를 모방한 비극을, 대화뿐만 아니라 무언극과 내적 독백을, 환상적 무대장치 이외에 상징적 무대장치와 마스크를 실험 대상으로 삼았다. 초기의 자연신화적 사고는 심층심리적 방법으로 대체되었다. 창작의 후반기에 작가는 쇼펜하우어와 니체 그리고 키에르케고르에게 영향을 받아 심오한 페시미즘에 경도되었다.

오닐의 초기 작품은 일련의 단편으로 이뤄져 있다. 대부분은 단막극으로 인간은 종종 우주를 상징하는 바다와 대면한다. 〈지평선 너머(Beyond the Horizon)〉와 〈안나 크리스티(Anna Christie)〉는 이에 대한 가장 좋은 예들이다. 〈존스 황제(Emperor Jones)〉와 〈털난 원숭이(The Hairy Ape)〉 역시 이러한 예에 속하는데, 이 작품들은 현대 인간의 실존적 소외와 실향의 심정을 다루고 있다.

극작가의 창작 중기에 두드러지는 작품은 1921년 〈느릅나무 아래의 욕망(Desire under the Elms)〉과 10년 뒤에 나온 3부작 〈상복이 어울리는 엘렉트라(Mourning becomes Electra)〉다. 〈시인의 기질(A Touch of the Poet)〉, 〈아이스맨 오다(The Iceman Cometh)〉, 〈사생아의 달(A Moon for the Misbegotten)〉, 〈밤으로의 긴 여로(A Long Day's Journey into Night)〉 같은 자전적인 색채가 강한 후기 작품에서 오닐은 "희망 없는 희망"을 알린다. 원대하게 계획했지만 단편으로 남은 연작의 한 부분인 단막극 〈후이(Hughie)〉에서 특히 이러한 정신적 자세는 분명하게 나타난다. 이 작품은 2인극으로 초라한 호텔의 야간 경비와 대화를 시도하고, 이를 통해 실존적 고독감을 없애 보려는 하찮은 한 사기꾼을 보여 준다. 그는 한참 동안 파트너의 무관심으로 좌절하지만, 마침내 그의 억압된 유희 열정으로 인해 짧은 만남을 가지고 두 사람은 서로의 욕구를 충족시킨다. 인간에게 남아 있는 유일한 일시적 위로는 가장 가까운 사람과의 만남이다. 비록 그것이 기만일지라도.

전후 독일 연극에서 〈상복이 어울리는 엘렉트라〉는 특별한 위치를 차지했다. 아이스킬로스의 〈오레스테이아〉를 본뜬 이 비극은 시민전쟁 후 종교적으로 엄격한 뉴잉글랜드의 한 가정의 몰락을 묘사한다. 하지만 이 작품에서는 ―저자의 심리치료 경험을 기반으로— 진짜처럼 섬세하게 형상화된 심리적 갈등이 신의 저주를 대신한다. 저자는 청교도주의에 근거해서 죄와 속죄가 불가피하게 필연적인 것이라는 인물들의 생각이 비극의 결정적 원인이라고 말한다. 이러한 주제는 폐허의 시기에 바로 수많은 독일인들의 중심적 문제였으며, 그들에게 자신들의 실패를 초개인적인 "신의 의지에 의한" 운명으로 해석할 수 있는 가능성을 주었다.

심리적으로 형성된 성격을 드라마 사건의 중심으로 규정함으로써 유진 오닐은 전후 독일 연극에서 중요한 역할을 담당했던 두 미국 작가인 테네시 윌리엄스(Tenessee Williams)와 아서 밀러에게 본보기가 되었다. 윌리엄스의 드라마를 보면 일찍이 아주 화려했지만, 지금은 초라하고 보잘것없는 미국 남부지역에 살고 있는, 불안하고 심리적으로 위험한 개인들이 등장한다. 강압적인 청교도주의에 억압된 성욕이 공격성과 노이로제로 폭발한다. 하지만 이러한 모티브는 처음으로 유명해진 작품인 〈유리 동물원(The Glass Menagerie)〉에서는 나타나지 않는다. 이 작품에서 작가는 시적 멜랑콜리에 빠진 자전적 인물인 젊은 시인의 관점에서 내향적이고 장애가 있는 소녀의 이야기를 들려준다. 소녀의 감정은 잠시 깨어났다가 꿈의 세계로 다시 빠져든다. 작품의 모든 인물들, 특히 봉건적인 남부에서 보냈던 행복했던 청춘의 꿈에 사로잡힌 어머니는 대도시 문명의 익명성과 소외에 괴로워한다. 첫 번째 연출 지시문은 다음과 같다. "집은 (…) 인간집단의 방들이 벌집처럼 따닥따닥 모여 있는 건물 뒤쪽에 있었다. 방들은 소시민적 거주민들이 사는 밀집된 도시지역에 무사마귀 떼처럼 옹기종기 모여 있다. 이런 모습은 미국 사회에서 가장 광범위하고 철저하게 노예화된 지역의 성향을 전형적으로 보여준다. 즉, 모든 동요와 차이점을 거부하고, 층층이 맞물린 기계 더미와 같은 실존과 기능을 추구하는 것이다." 〈욕망이라는 이름의 마지막 전차(A Streetcar Named Desire)〉, 〈뜨거운 양철 지붕 위의 고양이(Cat on a Hot Tin Roof)〉, 〈청춘의 달콤한 새(Sweet Bird of Youth)〉, 〈지난 여름 갑자기(Suddenly Last Summer)〉, 〈이구아나의 밤(The Night of the Iguana)〉과 같이 —특히 그 이후에 촬영된 할리우드 영화를 통해— 세계적으로 유명해진 나머지 작품들에서 테네시 윌리엄스는 암시적 묘사 방식을 통해 숨 막히고 열에 들뜬 분위기를 창조한다. 이러한 상황에서 심리적으로 극단적인 인물들은 목숨을 걸고 갈등과 결판이 날 때까지 싸운다. 하지만 이런 작품들은 나중에 성적 자유주의가 강해지면서 본질적인 매력을 상실하게 되고, 공연 프로그램에서 드물게 찾아볼 수 있게 되었다.

아서 밀러의 드라마 역시 영향력을 잃었다. 리얼리즘적 성향을 띠고 심리적 갈등이 작품 속에서 중요한 역할을 하고 있지만, 뉴욕의 지식인 환경에 영향을 받은 독일계 유대인 이주민의 후예는 남부 출신의 동료 작가들과는 달랐다. 윌리엄스와는 달리 밀러의 드라마에서 가족 간의 관계는 개인심리적인 문제일 뿐만 아니라 사회적인 문제로 나타난다. 정치참여적 도덕주의자인 그는 개인의 행복 추구가 사회 전체에 대한 의무감과 어떻게 연관되어 있는지 항상 문제를 제기한다. 첫 번째 브로드웨이 성공작인 〈모든 나의 아들(All My Sons)〉에서 밀러는 헨리크 입센에게서 넘겨받은 "분석 드라마"의 형태로 이 문제를 다룬다. 주인공은 사회적 책임감의 부족으로 죄를 짓지만, 계속 "평생에 걸친 자기기만"으로 살아가다 결국 진실을 치명적으로 인식하게 된다. 아서 밀러의 가장 성공적인 작품인 〈세일즈맨의 죽음(Death of a Salesman)〉은 이러한 주제의 변주일 뿐이지만, 과거와 현재가 섞인 복잡한 줄거리를 형성하면서 보다 흥미진지하게 진행된다. 지치고 실패한 주인공은 아들들에게 평생 "매력적인 인물"의 성공 레시피를 주입하려고 하나 어느 날 이것은 환상임이 드러난다. 이를 계기로 주인공은 지혜로워진 것이 아니라 보험수당으로 아들의 —또다시 망상적인— "꿈같은 출세"를 가능하게 하기 위해 결국 자살을 감행한다.

밀러는 역사 드라마 〈가혹한 시련(The Crucible)〉으로 조지프 맥카시(Joseph McCarthy) 의원에 의해 냉전 시기에 시작된 공산주의자 박해에 대항했으며, 우둔한 비합리주의를 통해 잠재적 파시즘의 에너지가 어떻게 일깨워지는지 보여 주었다. 아서 밀러의 후기 드라마에서는 사회적·개인적 문제를 함께 다루는 것이 간간히 성공을 거두었을 뿐이다. 2편의 단막극 〈두 번의 월요일에 대한 회상(A Memory of Two Mondays)〉과 〈다리에서 본 풍경(A View From the Bridge)〉은 개인적 운명을 자전적으로 묘사해 가는 작가를 보여 준다. 오랜 기간의 휴식 후에 마지막으로 중요한 드라마 〈몰락한 후(After the Fall)〉가 나왔는데, 여기서 밀러는 마릴린 먼로와의 결혼생활과 그녀의 자살에 대한 자신의 책임을 주제로 다루었다.

미국이 오닐과 와일더 그리고 윌리엄스와 밀러의 작품으로 독일 전후연극의 레퍼토리에 결정적인 영향을 주었던 반면, 영국의 기여는 오히려 적었다. 다작을 하는 존 보인턴 프리스틀리(John Boynton Priestley)의 조금은 장밋빛이 감도는 사회비판적인 가족 드라마(〈시간과 콘웨이가의 사람들(The Time and The Conways)〉과 〈밤의 방문객(An Inspector calls)〉) 이외에 T. S. 엘리엇(T. S. Eliot)과 크리스토퍼 프라이(Christopher Fry)의 "시적 희곡"만이 살아남을 수 있었다. 특히 엘리엇의 작품에서 폐허 시기의 관중들은 일종의 "도덕적 재정비"의 가능성을 보았다. 왜냐하면 그의 작품들은 서양 문화의 근거로서 기독교의 르네상스를 목표로 하는 보수적 신념의 영향을 받았기 때문이다. 미국에서 태어나고 영국에서 산 이 작가의 최초의 드라마는 〈성당의 살인(Murder in the Cathedral)〉으로 영국 교회의 주문으로 쓰였다. 이 드라마는 중세 순교자로서 죽은 캔터베리 교황인 토마스 베케트(Thomas Beckett)의 운명을 다루고 있다. 독일에서 초연되었을 때 비평은 극작가가 "세계에 대한 열린 마음"을 보여 주며 "지역적 편협함"과 "소시민적 도덕"을 뒤로 하고 줄곧 깊이 생각하게 한다고 평했다. 하지만 동시에 형태와 내용상 연극이 해야만 하는 것을 할 수 있는지, 즉 "사로잡고, 감동을 주고, 동요시킬" 수 있는지에 대한 의구심 역시 있었다. 어쨌든 언어가 단순하고 명쾌하고, 주제가 관객의 일상세계를 다루고 있는 엘리엇의 위대한 운문 드라마(〈가족 재회(The Family Reunion)〉, 〈칵테일 파티(Cocktail Party)〉, 〈개인 비서(The Confidential Clerk)〉, 〈원로 정치가(The Elder Statesman)〉)에서는 고상한 시적 매력이 풍겨 나온다. "작가는 시적 형식을 발견해야 한다"라고 엘리엇은 스스로에게 요구한다. "이런 형식을 통해 모든 것이 저절로 표현되어야 하는데, 평범한 일상어가 시를 통해 부자연스러워져서는 안 되며, 드라마의 절정이 고귀한 격정으로 참을 수 없는 것이 되어서도 안 된다."[51] 의도적으로 사용된 언어적 수단을 통해 시인은 줄거리 이면에 제2의 층위가 나타나게 하는 데 성공했다. 무의식적으로 수용되는 이 두 번째 층위에서 여기와 오늘이라는 제한된 현실 배후에 절대적인 것이 떠오르게 된다.

크리스토퍼 프라이 역시 극작가로서의 길을 교회용 주문 작품으로 내딛었다. 처음으로 국제적인 명성을 얻은 작품인 〈포로의 잠(A Sleep of Prisoners)〉은 영국

51) Zitiert nach Georg Hensel: Spielplan, Bd. II, S. 1149.

전쟁포로의 죄와 용서에 대한 꿈을 다루고 있으며, 종종 구약성서에서 유래하는 이미지를 보여 주는 작품으로 교회에서 초연되었다. 프라이의 시적으로 과장된 풍속희극(Konversationsstücke)은 믿음의 문제를 직접 거론하지는 않지만, 심오한 종교적 토대를 가지고 있다. 그 스스로 이렇게 말했다. "코미디는 도피지만 진실로부터의 도피가 아니라, 절망으로부터의 도피다. 믿음으로 가는 좁은 문이다." 엘리엇처럼 프라이 역시 극적 사건을 비유로 고양시키기 위해 자신의 드라마를 운문으로 작성했다. 그의 작품 〈화형을 면한 여인(The Lady's Not for Burning)〉은 15세기를 배경으로 하지만, "다른 시대에도 마찬가지로" 해당되는 이야기다. 이 작품은 〈목격된 비너스(Venus Observed)〉와 〈어둠은 충분히 밝다(The Dark is Light Enough)〉와 같이 서독의 극장에서 공연되어 대대적인 성공을 거두었다.

전후 독일의 정신적 삶에 대한 심오한 영향은 프랑스의 실존주의로부터 시작되었다. 이 철학적 흐름은 존재의 근본적 무의미에 대해 확신하는 "비초월적 인간"의 개인적 자유를 주장한다. 신은 죽었고, 결단을 내려야 하는 인간은 행동을 통해 자신을 스스로 정의한다. 그리고 이러한 행동에 대해 책임을 져야 한다. 이 사조의 중요한 두 사람의 대표자인 장 폴 사르트르와 알베르 카뮈(Albert Camus)는 자신들의 견해를 몇몇 무대작품에서 보여 주었고, 서독에서 열광적으로 수용되었다. 1947/1948년 공연 시즌에 구스타프 그륀트겐스과 위르겐 펠링은 사르트르의 드라마 〈파리들(Les mouches)〉을 공연했다. 미숙한 젊은이 오레스트는 아무런 후회 없이 어머니 살해를 인정하고, 신을 넘어서는 힘을 얻으며, 고향에 닥친 병충해를 극복하면서 자신의 진정한 실존을 얻는다. 하지만 그러한 범죄행위를 저지르도록 그를 신경질적으로 몰아붙였던 누이 엘렉트라는 참회함으로써 자유를 포기한다.

사르트르는 작품 〈폐쇄된 사회(Huis cols)〉에서 홀로 남은 인간의 이미지를 그린다. 그 외부에 아무것도 존재하지 않는 "실존의 감옥"에 갇힌 세 사람은 사랑과 증오로 서로 엮여서 "타인은 항상 지옥"이라는 경험을 한다. 사르트르는 그의 작품들 〈무덤 없는 사자(Mort sans sepulture)〉와 〈정직한 창녀(La putain respectueuse)〉에서 극단적 강박에 빠진 인간의 상황을 다루었다. 극한 상황에서 그들은 공공에 중대한 결과를 가져오는 결단을 내려야 한다. 정치적 토론 드라마 〈더러운 손들

(Les mains sales)〉에서는 인간적 실용주의의 태도와 "이론의 순수성"을 주장하는 독단주의가 대립된다. 그의 작품이 동독뿐만 아니라 서독에서 반공산주의 선전으로 오해되었을 때, 작가는 무엇보다 그에게 중요한 것은 "살인을 저지르고" 이를 고백하는, 부인하느니 차라리 죽는 게 나은 "젊은이의 심리 연구"라고 밝혔다.

사르트르는 그의 마지막 유명한 작품인 〈알토나의 유폐자들(Les séquestrés d'Altona)〉에서 제2차 세계대전 후 독일의 문제에 관여했다. 그는 이 작품에서 아버지의 명령으로 죄를 지은 한 젊은이의 출구 없는 양심의 시련과 아버지와의 갈등을 그렸다.

알베르 카뮈는 그의 드라마 〈칼리굴라(Caligula)〉, 〈오해(La malentendu)〉, 〈계엄상태(L'état de siège)〉, 〈정의로운 사람들(Les justes)〉에서 사르트르와 비슷한 이념과 생활감정을 표현했다. 사르트르가 점점 마르크시즘에 가까워졌던 반면, 카뮈는 이에 대해 거리를 두었다. 카뮈는 엄격한 도덕주의와 휴머니즘, 박애의 기본 입장을 고수했다. 그에게 마르크시즘적 혁명은 받아들이기 힘든 것이었다. 그는 혁명의 이념에서 모든 역사철학적 연관을 제거하고자 했다. 카뮈의 견해에 따르면 어떠한 질서도 추구할 만큼 의미 있는 것은 없다. 세계는 카오스와 폭력으로 규정되고 이성의 수단으로 설명될 수 없다. 비이성적 세계에서 개인에게 남겨진 것은 동경과 환멸 사이에 존재하는 부조리의 확실성뿐이다. 획기적인 에세이 『시시포스의 신화(Der Mythos von Sisyphos)』에서 개진된 이러한 견해로 카뮈는 1950년대 "부조리 연극"의 토대를 마련했다.

독일의 희곡문학에서 전후연극은 바이마르 공화국의 이런저런 작품들과 망명 시기에 만들어진 작품들을 다시 활용할 수 있었다. 특히 동독지역에서는 프리드리히 볼프의 〈맘록 교수〉, 에른스트 톨러의 〈할 목사〉, 베르톨트 브레히트의 〈제3제국의 공포와 참상〉 ―나중에 베를린 앙상블에서 그의 위대한 망명 드라마들― 또는 요하네스 베허의 〈겨울 전투〉가 공연되었다. "천년"제국 시절 동안 "내부 망명"으로 침잠한 작가들의 서랍에는 서정시와 서사작품이 쌓여 갔지만 드라마 작품은 거의 없었다. 그 당시 노선에 충실하지 않은 작품을 공연할 수 있는 전망이 전혀 없었기 때문이다.

전후 독일 연극에 상당한 공헌을 한 사람은 귄터 바이젠보른(Günther Weisen

born)이었다. 그는 저항 그룹 "붉은 악단(Rote Kapelle)"의 일원으로서 1942년 반역죄로 사형선고를 받았고 루카우(Luckau) 교도소에 수감되었다가, 1945년 소비에트 군대에 의해 풀려나 처형을 면할 수 있었다. 바이마르 공화국 시절에 바이젠보른은 이미 몇 편의 드라마로 재능을 증명했고 브레히트와 함께 고리키의 소설 『어머니(Die Mutter)』의 번안작업에 참여했다. 그는 표현주의의 영향을 받은 연출가 카를 하인츠 마르틴과 함께 서베를린에서 종전 후 처음으로 정기공연을 하는 무대인 헵벨 극장을 개관했다. 1946년 그곳에서 그가 저항운동의 개인적 경험을 감동적이고 다소 감성적으로 묘사했던 연극 〈불법자들(Die Illegalen)〉의 초연이 이뤄졌다. 동베를린의 도이체스 테아터에서 그는 1947년 자신의 반자본주의 작품 〈바벨(Babel)〉을 상연했다.

국가사회주의 과거에 대해 가장 성공적인 드라마적 논쟁을 일으킨 것은 칼 추크마이어의 〈악마의 장군(Des Teufels General)〉이었다. 이 작품에서는 실제 인물을 본 딴 한 공군 장군의 초상을 그리고 있는데, 그는 사건이 진행되면서 자신이 "신의 뜻에 따라 부름을 받은 지도자"가 아니라 악마에게 충성을 맹세했다는 것을 알게 된다. 그럼에도 그는 동료가 범죄정부에 행하는 저항에 대해 명확한 입장을 취하지 못하고, 결함이 있는 비행기에 일부러 탑승함으로써 자살을 택한다.

볼프강 보르헤르트: 〈문 밖에서〉, 함부르크 캄머슈필레, 1947년, 볼프강 리벤아이너 연출, 헬무트 코니아르스키 무대장치, 베크만 역의 한스 퀘스트

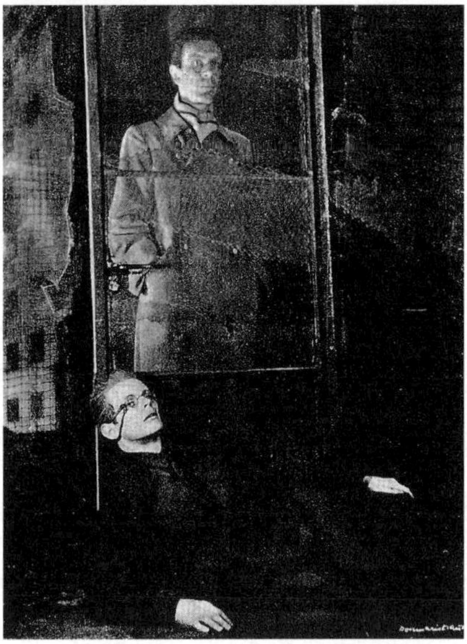

칼 추크마이어 이외에 전쟁 직후의 작품으로는 볼프강 보르헤르트의 〈문 밖에서〉를 거론할 수 있다. 전쟁의 후유증으로 일찍 죽은 이 작가는 주인공의 시각에서

악몽처럼 뒤틀어진 현실을 무대로 가져오는 정거장식 드라마에서 표현주의적인 경향을 보여 주었다. 자전적인 인물로 설정된 주인공은 —군복에 방독면 안경을 쓴— 이미 새로운 환경에 적응한 사람들에게는 우스꽝스럽게 보이는 사람이다. 베크만이라는 이 인물은 여기저기서 비웃음을 사고 몰이해와 부딪히는데, 특히 장교에게 냉소와 무시를 당한다. 장교의 명령에 따라 베크만은 동료들을 죽음으로 몰아갔고, 자신에게 전가된 책임을 장교에게 다시 돌려주려 했기 때문이다. 보르헤르트는 〈문 밖에서〉로 "잃어버린 세대"의 생활감정을 그럴싸하게 묘사했으며, 도덕적 측면에서 오늘날에도 여전히 시사적인 작품을 창조했다.

독일민주공화국의 드라마와 연극

독일민주공화국(구동독)의 극장제도는 사회적·정치적 시스템에 깊이 연루되어 있었다. 독일민주공화국이 존재했던 40년 동안 국가나 당뿐만 아니라 국민들 역시 연극에 높은 가치를 두었다. 대략 200개의 무대가 있는 70여 개의 극장이 있었고, 극장들은 예외 없이 정부 보조금으로 유지되었다. 국민의 숫자와 비교해서 그것은 세계의 다른 어떤 나라보다 많은 것이었다. 1980년대에 여가활동의 근본적 변화로 인해 —특히 텔레비전에 대한 선호 때문에— 관객수가 줄어들기는 했지만 동독(DDR)[52]의 극장 관객수는 "전환기"까지 대략 1년에 1000만 명에 달했다. 저렴한 입장권 가격과 기업, 학교, 협회 등에 입장권을 배부하는 조직적 시스템으로 인해 국민의 폭넓은 계층이 극장 관객이 될 수 있었다. 설문조사에서 보면 관리직의 반과 노동자와 농업협동조합원의 4분의 1이 연극에 관심을 가지고 있었다. 전면적인 진흥책이 연극에 도움이 된 것이다. 단지 몇 만 명의 거주민을 가진 군청 소재지에서조차 극장은 상대적으로 높은 예술적 수준을 유지했다. 하지만 동베를린의 극장들이 비용이나 질적인 면에서 선두를 차지하고 있는 것은 분명했다.

---

52) 독일민주공화국(Deutsche Demokratische Republick)의 약자, 구동독의 국명. —옮긴이

극장에 대한 복지사업은 후원의 부정적인 측면 역시 가지고 있었다. 동독의 극장은 국가기관과 사회주의통일당의 감시를 받았고, 극장에서조차 당파와 당서기들이 사회주의통일당을 대표했다. 이들은 연극에 주어진 기능이 제대로 수행되는지 감시했다. 연극의 가장 중요한 기능은 지배적인 국가이데올로기로서 마르크시즘과 레닌주의의 대중화와 사회주의의 확립과 공고화를 위한 선전이었다. 연극은 낙관주의를 퍼뜨리고 "근본적인 허무주의"를 저지해야만 했다. 인간을 학습이 가능한 존재로, 세상을 원칙적으로 설명 가능하고 통제 가능한 것으로 묘사해야 했다. 연극은 "정치의 파트너"로서 사회적 발전의 유토피아적 목표를 선전하고 허구 속에서 이러한 목표를 선취해야 하는 것이다. 극작가와 연극인들은 이러한 과제를 수행했으나 동시에 이상적 상태와 지배적 현실의 차이를 드러내기도 했다.

이러한 정치적·교육적 과제 이외에 극장에는 휴식과 오락의 기능이 부여되었다. 다수의 관객이 표출한 욕구를 당과 국가는 인정할 수밖에 없었고, 욕구의 충족은 한편으로는 힘든 일상생활에 대한 보상과 다른 한편으로 노동력의 재생에 유익한 것이었다. 연극은 동독에서 국가적 억압을 통해 단절된 비판적 공공성에 대한 대용물로서 중요한 역할을 했다. 연극은 정치적 체계의 결함에 대한 동의 및 개혁에 대한 소망이 적어도 암시적으로 표현될 수 있는 몇 안 되는 장소에 속했다. 그 밖에도 무대에서는 개인적 영역에서만 표현될 수 있는 현실 역시 언급되었다. 따라서 연극은 배출구의 기능을 했고, 동시에 지배적 체계에 대해 공공연하게 비판할 수 있는 용기를 키워 주었다. 1989년 가을 동독이 무너질 때 연극인들이 대대적으로 참여했던 것은 우연이 아니었다.

동독에서 연극 발전의 첫 번째 시기는 사회주의 건립의 영향을 받은 시기로, 1940년대 말 국가 수립부터 1970년대 초 에리히 호네커(Erich Honecker)의 집권까지의 기간이다. 동독의 건립에는 서독과는 전혀 다른 전개 과정이 선행되었다. 서독의 독일인들이 화폐개혁 후 곧바로 자신을 제2차 세계대전의 경제적 승자로 느꼈던 반면, 동독 사람들은 오랫동안 전쟁의 결과를 힘겹게 견뎌 내야 했다. 승전국에 치르는 배상금으로 인해 1인당 부담금은 매우 높았고, 게다가 자본의 유입과 구조 조치도 없었다. 소비에트 정부로부터 지시를 받은 핵심 산업의 국영화와 중앙집권화의 강화는 경제발전에 별로 도움이 되지 않았다. 그들은 최종목표인 소비에트 모델에 따른 사회건설에 대해 추호의 의심도 없었지만, 대부분 러시아 망명에서 돌아온 정치가들은 우선 조심스럽게 첫발을 내딛어야 했다. 이미 전쟁 전에 추진된 인민전선 정책의 의미에서 그들은 시민진영에서도 좌익세력과 반파시즘 세력과의 협력을 구했다. 목표를 관철시키기에는 국민의 지지가 너무 적었기 때문에 공산주의자들은 사회민주주의자들과 연합하기 위해 노력했다. 서독에서는 독일사회민주당(SPD)[53]이 모든 제안을 거절했지만, 동독에서는 독일사회주의통일당(SED)에서 조직화된 노동자운동이 하나로 결집되었다.

동독이 세워지기까지 문화적 생활은 비교적 자유롭게 전개되었다. 서독과는 반대로 사람들은 망명자들의 귀환을 위해 집중적으로 노력했고 그들의 정치적 입장을 가리지 않았다. 상당수의 작가와 지식인이 소비에트 점령지역으로의 초대를 받아들였다. 그들은 아놀드 츠바이크, 안나 제거스, 페터 후헬(Peter Huchel), 슈테판 헤르믈린(Stephan Hermlin), 프리드리히 볼프, 베르톨트 브레히트였다. 하인리히 만(Heinrich Mann)은 새로 창설된 예술아카데미의 의장직을 수락했지만, 취임하기 전에 죽었다. 요하네스 베허는 "독일의 민주적 혁신을 위한" 반파시즘적 "문화연맹"의 의장직을 수락했다. 1954년 그는 동독의 문화장관으로 임명되었다.

연극에 관한 한 사람들은 "시민적 유산"을 무조건 지지했다. 독일공산당(KPD)[54]의 첫 번째 문화회의에서는 일하는 사람들에게 "고립된 예술"이 아니라 예술적 창작력을 끌어올릴 수 있도록 최상의 것이 제공되어야 한다는 결론을 내렸다. 따라서 정치적으로 결정권이 있는 세력들은 레퍼토리와 연출 방식에 영향력을 행사하고자 했다. 그러한 세력에 순응하는 연극인들은 나치에 의해 날조되었던 고전작품의 사실적 묘사와 망명 작품 그리고 "제3제국" 시기에 배척된 외국문학의 공연에 주력했다. 여기에 소비에트 문화권의 희곡문학과 연극예술이 주요한 역할을 했다. 그 이유는 한편으로는 점령세력의 지원 때문이었고, 다른 한편으로는

---

53) Sozialdemokratische Partei Deutschlands의 약자. —옮긴이

54) Kommunistische Partei Deutschlands의 약자. —옮긴이

소비에트 연방으로 망명을 해서 러시아 문화와 밀접한 관계를 가졌던 연극인들이 대부분 요직을 차지하고 있었기 때문이다. 종전 후 도이체스 테아터의 첫 번째 극장장으로 바이마르 공화국 시절 공산주의 선동극단을 이끌었던 구스타프 폰 방엔하임이 임명되었다. 막심 발렌틴 역시 같은 전통에 속했다. 그는 소비에트 연방에서 사회주의 리얼리즘의 일반적인 연기법으로 선언되었던 콘스탄틴 스타니슬라브스키의 이론 확산을 위한 연구소를 바이마르에 설립했다. 프리츠 에르펜벡(Fritz Erpenbeck)은 1946년 브루노 헨셸(Bruno Henschel) 출판사에서 간행되는 잡지 ≪테아터 데어 차이트(Theater der Zeit)≫를 개간했다.

동독 연극에서 탁월한 인물은 1948년 부인 헬레네 바이겔(Helene Weigel)과 함께 베를린으로 돌아온 베르톨트 브레히트였다. 그 전에 그는 스위스에서 거의 1년 동안 새롭게 방향 설정을 하고, 망명 기간에 형성된 연극 구상을 다시 한번 깊이 생각하고 실제로 시험해 보기 위한 숙고의 시간을 가졌다. 브레히트는 소도시 쿠어(Chur)의 극장에서 소포클레스의 작품을 번안한 〈안티고네〉를 연출했으며 헬레네 바이겔이 주인공을 맡았다. 아우구스부르크의 학교 친구이자 나중에 연극 파트너가 된 카스파르 네어가 무대장치를 설계했다. 같은 시기에 나온 『연극을 위한 작은 지침서』에서 브레히트는 서사극에 대해 총괄적으로 서술했다. 그렇게 준비된 극작가는 베를린 동부로 돌아왔고, 지도부 간부들에 의해 예우를 받으며 영접되었다. 볼프강 랑호프는 브레히트에게 그가 이끄는 도이체스 테아터에서 체류할 수 있는 권리를 주었다. 극장장인 헬레네 바이겔과 에르빈 게숀넥(Erwin Geschonneck), 프레트 뒤렌(Fred Düren)과 같이 경험이 풍부한 배우들과 레기네 루츠(Regine Lutz), 케테 라이헬(Käthe Reichel), 에케하르트 샬(Ekkehard Schall)과 같은 신인들로 이뤄진 앙상블은 5년 뒤에 비로소 자신들의 극장을 갖게 되었다. 이 앙상블은 자신들의 극장인 "쉬프바우어담 극장"에서 공연을 하게 되었고, 개별 공연을 위해서 레오나르트 슈테켈, 테레제 기제, 에른스트 부시(Ernst Busch) 같은 객원배우들이 초청되었다. 죽을 때까지 몇 년 동안 브레히트는 그의 학생들과 동료들과 함께 수많은 중요한 작품들을 공연했다. 그중 연출가로서 베르톨트 피어텔(Berthold Viertel)과 에리히 엥겔(Erich Engel), 무대장치가로서는 카스파르 네어와 나중에 합류한 카를 폰 아펜(Karl von Appen)이 탁월한 인물들이었다. 특

베르톨트 브레히트: 〈억척 어멈과 아이들〉, 베를린 앙상블, 1949년, 베르톨트 브레히트 연출, 주인공 역의 헬레네 바이겔

히 〈억척 어멈과 아이들〉, 〈주인 푼틸라와 하인 마티〉, 〈카라 부인의 무기〉, 〈코카서스의 백묵원(Der kaukasische Kreidekreis)〉과 같은 자신의 작품들과 고리키의 소설을 각색한 〈어머니〉와 야콥 미하엘 라인홀트 렌츠의 작품을 개작한 〈가정교사〉가 공연되었다. 브레히트는 연출작업을 "모델집"에 기록하게 했는데, 이것은 상세한 분석과 유익한 그림 자료가 들어 있어 연극학

〈북 치고 나팔 불고〉(조지 파커의 〈모병장교〉의 번안물), 베를린 앙상블, 1955년, 벤노 베손 연출, 칼 폰 아펜 무대설계

도들의 교재로서 사용되기도 한다.

베를린 앙상블에서 브레히트 자신이 연출을 하기도 했지만 그의 교육하에 제자들의 최초의 독립 작품들이 나왔다. 에곤 몽크(Egon Monk)는 〈파우스트 초고〉, 벤노 베손(Benno Besson)은 몰리에르의 작품을 번안한 〈돈 후안〉, 조지 파커(George Farquhar)의 〈모병장교〉(영국 왕정복고 시대의 코미디)를 개작한 〈북 치고 나팔 불고(Pauken Trompeten)〉, 안나 제거스의 방송극을 번안한 〈잔다르크의 재판(Der Prozeß der Jeanne d'Arc zu Rouen)〉을 그의 스승과 함께 만들었고, 만프레드 베크베르트(Manfred Wekwerth)는 중국 연극 〈여덟 번째 기장(Hirse für die Achte)〉의 번안극을, 페터 팔리치(Peter Palitzsch)는 칼 베버(Carl Weber)와 함께 마찬가지로 중국 작품 〈대학자 우의 날(Der Tag des großen Gelehrten Wu)〉을 연출했다. 역시 배우인 테레제 기제는 하인리히 폰 클라이스트의 〈깨어진 항아리〉로 그리고 앙겔리카 후르비츠(Angelika Hurwicz)는 알렉산드르 오스트로프스키의 〈양녀(Die Ziehtochter)〉로 연출을 시도했다.

한스 아이슬러(Hanns Eisler)와 파울 데사우(Paul Dessau)는 결코 극을 보여 주는 음악이 아니라 독자성을 지닌 음악을 베를린 앙상블 공연을 위해 창조했다.

베를린 앙상블은 1960년대까지 생생한 연극실험실이었다. 이곳에서 브레히트에 의해 전개된 연기방법론이 실험되었다. 그리고 사람들은 연출과 드라마투르기 영역에서 집단적 작업 방식을 시험해 보기도 했다. 이곳에서 브레히트와 네어는 무대장치의 새로운 원리를 탐색했다. 정치적이고 미학적인 문제들을 집중적으로 다룸으로써 1960년대, 1970년대에 동독과 서독의 연극작업에 기준이 되는 정신적 수준에 도달할 수 있었던 것이다. 브레히트가 여러 번 당의 공식적인 노선과 갈등을 빚었고, 그의 초기 창작이 사회주의 리얼리즘의 원칙에 대한 예외로서 감내되었지만, 사회주의에 대한 근본적인 동조는 그의 연극작업의 의심할 바 없는 전제였다. 작가의 충성심에 대한 의심의 여지는 추호도 없었다. 물론 스탈린에 의해 영향을 받은 몇 가지 정치적 사건과 조치에서 브레히트는 타협이나 아이러니로 —종종 이해하기 어려운 침묵으로— 도피하기도 했다.

동독의 형성과 서독(BRD)[55]과의 첨예한 경쟁 관계와 더불어 당과 정부의 목표설정이 확고해진 동시에, 그 실현 방법도 강화되었다. 문화는 이제 점점 더 정치에 이용되었다. 정치는 다른 모든 견해와 행동방식을 억압함으로써 체계를 스탈린식으로 만들고자 했다. 경제적 측면에서는 특히 농업의 집단화 그리고 규범에 따른 모범 노동자 특별수당의 도입을 통해 생산성을 향상시키고자 노력했다. 문학과 연극의 과제는 이러한 목표를 선전하는 것이었다. 당의 노선을 따르는 작가들은 이에 적합한 드라마투르기의 견본을 찾기 시작했다. 에르빈 슈트리트마터(Erwin Strittmatter)는 브레히트의 서사극 모델을 따랐다. 그는 베를린 앙상블과 함께 자신의 작품 〈카츠그라벤(Katzgraben)〉을 각색했다. 이 작품은 당연히 진보세력의 승리로 끝나는 토지개혁에 대한 농부들의 태도를 다루는 코미디였다. 이 작품이 ―브레히트의 의미에서― 감정적 압도보다는 사상적 확신을 목표로 했던 반면, 프리드리히 볼프는 마찬가지로 시골을 배경으로 하는 연극 〈시민 안나(Bürger Anna)〉에서 정반대의 길을 택했다. 저자는 자신의 의도를 이렇게 요약했다. "진정한 드라마는 대중을 철저히 뒤흔들고 주무르고 '정화시키기' 전에는 그들을 놔주지 않는다. 드라마는 강렬한 박수갈채든 휘파람이든 화가 나서 문을 쾅 닫고 객석을 떠나든 대중의 즉각적인 내면적 결정을 요구한다."[56]

"문화적 유산"에 대한 당과 정부의 태도는 동독의 첫 번째 발전 단계에서 완고한 교조주의의 특징을 띠었다. 그래서 한스 아이슬러 같은 저명인사조차 이러한 것을 느끼게 되었다. 1952년 이 작곡가는 자신의 리브레토 〈요한 파우스투스(Johann Faustus)〉에서 공식적인 괴테 해석과는 달리 주제를 해석하고자 했다. 그는 인물을 휴머니즘적 본보기가 아니라 권력과 계약을 맺은 지식인으로 그렸다. 하지만 그의 기획은 서랍 속으로 사라졌다. 브레히트의 〈파우스트 초고〉 개작 역시 이와 비슷했다. 즉, 그는 후대가 현재를 위해 고전을 다시 사용할 수 있게 하기 위해서는 고전 텍스트에 대해 비판적인 태도를 취해야 한다는 기본 확신을 가지고 있었다. 이로써 브레히트는 동독의 문화정책이 1960년대까지 지지했던 게오르크 루카치(Georg Lukács)의 유산이론과 첨예한 대립을 보이게 되었다. 헝가리 철학자이자 문예학자였던 루카치는 사회주의 문화가 "시민 휴머니즘"에 연결

55) 독일연방공화국(Bundesrepublik Deutschland)의 약자. ―옮긴이

56) Friedrich Wolf: Gesammelte Werke, Bd. 16, S. 104.

되어야 하고 사회주의 리얼리즘이 과거의 "고전적 걸작"에서 직접적으로 나올 수 있다고 주장했다. 루카치에 따르면 이러한 작품의 특징은 "가차 없는 진실과 아름다움의 결합", "중요한 정치적·사회적 시대문제"의 거론, 마지막으로 "민족적 연대감"이다. 그는 지난 세기 발자크와 도스토예프스키, 톨스토이의 위대한 프랑스 소설과 러시아 소설에서, 막심 고리키의 드라마에서, 독일 고전작품들에서 이러한 특성이 모범적으로 실현되었다고 보았다. 이렇게 이미 주어진 모범적 작품에 비해 "형식주의"와 "데카당스한 혁신적 시도"의 표현으로서 새로운 예술 형식의 실험적 기획은 그에게 불필요하게 보였다. 당과 정부에서 루카치와 그의 이론을 추종하는 수많은 사람들에게 브레히트는 죽기 바로 직전 다시 한번 조심스럽지만 분명하게 자신의 입장을 표명했다. 부주의한 자들은 "형식주의에 대한 필연적인 투쟁, 즉 '형식'이라는 이름으로 현실을 뒤틀고, 예술 작품에서 추구되는 충격이 사회적으로 소망할 만한 것인지 시험해 보는 투쟁을 종종 형상화에 대한 투쟁으로 타락시킨다. 하지만 형상화 없는 예술은 예술이 아니다".[57]

정통 예술이론을 지향하는 관리들은 처음부터 서사극의 개념과 실제에서 어려움을 겪었다. 동독에서 브레히트의 첫 공연인 〈억척 어멈과 아이들〉은 이미 분열된 반향을 불러일으켰다. 특히 주인공의 긍정적인 변화가 이뤄지지 않았기 때문이다. 사람들은 억척 어멈이 전쟁으로 인해 아이들을 잃고도 아무것도 배우지 못한다는 것을 받아들일 수 없었다. 브레히트는 이에 대해 관객이 그럼에도 불구하고 무언가를 배울 수 있을 것이라고 답변했다. 프리츠 에르펜벡은 연극잡지 ≪테아터 데어 차이트≫에서 이 공연을 "대중에게 낯선 데카당스"로 간주했다. 사람들은 브레히트의 〈억척 어멈과 아이들〉을 형식주의 캠페인의 일환으로서 "역사적으로 잘못되고" "정치적으로 해로운" 것으로 비판했다. 〈코뮌의 날들(Die Tage der Commune)〉은 "객관주의"와 "패배주의"를 이유로 공연이 금지되었다. 브레히트의 리브레토에 따라 파울 데사우가 작곡한 오페라 〈루쿨루스의 심문(Das Verhör des Lukullus)〉은 몇 번의 공연 후에 중단되었다. 그 후 저자는 개정판에 〈루쿨루스의 유죄판결(Die Verurteilung des Lukullus)〉이라는 보다 분명한 제

57) Bertolt Brecht: Werke, Bd. 23, S. 147.

목을 달았다. 〈코카서스의 백묵원〉에 바쳐진 브레히트의 마지막 위대한 공연 후 이에 대해 경고를 해야 한다고 생각한 사람은 바로 프리츠 에르펜벡이었다. 비평의 제목은 "막다른 골목을 조심하라!"였다. 브레히트의 연기법 역시 사회주의 리얼리즘의 성배 수호자들에게는 그렇게 보였다. 브레히트는 그들의 비판을 자신의 방법을 다시 생각하고 정확히 설명하라는 요구로 받아들였다. 그는 1920년대처럼 스타니슬라브스키의 이론을 "예술에서 온갖 성직자풍의 산물"로 보지 않았다. 오히려 사회주의 정신에 입각한 모든 연극작업의 명백한 토대로 보았다. 그리고 스타니슬라브스키의 이론과 자신의 개념의 차이를, 특히 감정이입과 체험 그리고 거리를 둔 묘사라는 연기 과정의 두 축 가운데 어디에 치우치느냐에 있다고 보았다.

1953년 이후 동독에서는 문화정책에 자유화 바람이 불었다. 스탈린의 죽음으로 예술에 대한 요구사항이 경감되었고, 6월 17일 노동자 반란에 대한 수많은 지식인들의 상이한 반응이 주의를 환기시켰다. 당은 "자유롭고 창조적인 활동의 가능성이 보장"되어야 한다고 공표했다. 하지만 기본 원칙—정치의 수단으로서의 연극, 형식적 신조로서의 사회주의 리얼리즘, 본보기로서의 시민적 유산—은 의심되지 않았다. 어쨌든 서독 극작의 특정 작품들이 공연되면서 공연 프로그램에서 사회주의 작품이 차지하는 몫이 감소했다. 고전작품의 공연에서는 보다 개방적인 독해가 시도될 수 있었다. 하지만 1956/1957년 "해빙기(문화정책 완화기) 공연 시즌" 후에는 당과 정부가 개입할 필요가 있다고 느끼게 되었다. 1956년 1월 요하네스 베허가 제4차 독일작가회의의 개막식에서 「우리 문학의 위대성에 대하여」를 연설한 후, 독일사회주의통일당의 문화심의회는 1957년 가을 "시민적 데카당스의 영향"을 비판했고, 모든 "와해적 경향"에 대해 등을 돌렸다. 그러나 당은 순수 프로파간다와 미화를 넘어서지 못하는 건설문학 형태의 사회주의 극작의 약점을 보완하지는 못했다. 안나 제거스와 슈테판 하임(Stefan Heym)처럼 원칙적으로 정부에 적극적으로 대립하는 작가들은 현대문학의 "조야하고 소시민적 수준"과 "서투른 원시성"을 한탄했다.

이러한 사태에 대한 반작용으로 "사회주의 문화혁명의 두 번째 단계"의 도입이 홍보되었다. 이 지점에서 사람들은 러시아 혁명 직후 "프롤레타리아 예찬"이라는 슬로건 아래 논의되고 시도되었던 사상을 떠올릴 것이다. 이러한 시도는 몇 년 지나지 않아 억압을 받았지만, 어쨌든 여기에서 중요한 것은 독자적인 프롤레타리아 문화의 전개, 물질적 생산과 문화 창조 사이의 격차 극복, 아마추어 예술인과 직업 예술가 사이의 차별철폐 등이었다. 이러한 전통의 매장에 자극을 받아 1950년대 말인 1959년 4월에 독일사회주의통일당은 전기화학 콤비나트 비터펠드(Elektrochemisches Kombinat Bitterfeld)[58] 회의를 소집했다. 그곳에서 새로운 문화정책의 원칙이 제안되었고, "비터펠트 노선"으로 문학사에 기록되었다. 이에 앞서 미텔도이치(Mitteldeutsch) 출판사는 할레(Halle)에서 주변 지역의 화학 노동자들에게 사회주의 건설을 문학적으로 묘사하는 글을 써서 제출하라고 요구했다. 300명이 넘는 글 쓰는 노동자와 150명의 직업작가가 회의에서 창작의 원칙에 대해 토론하고 미래를 위한 이중 전략을 결정했다. 하나는 정신 노동자가 생업에 종사하는 사람들의 삶을 알기 위해 공장으로 가는 것이었고, 다른 하나는 육체 노동자가 생산현장에서 분쟁과 진보를 기록하고, 이를 통해 "문화의 최고봉"에 오르기 위해 힘주어 "펜을 잡아야" 한다는 것이었다. 캠페인의 실제 결과는 상이했다. 기업을 위한 작가들의 "협력"과 생산현장 방문은 구체적으로는 소득이 별로 없었지만 생업 종사자들의 동원은 인상적인 결과를 낳았다. 도처에서 "글을 쓰는 노동자 모임"과 아마추어 극단들이 생겨난 것이다. 문화관이 설립되고, 지역축제가 만들어졌으며 연극 관람객의 체계적 조직이 더욱더 확대되었다.

전문적인 극작가들 중에서는 몇몇 작가들—헬무트 바이에를(Helmut Baierl), 라이너 케른들(Rainer Kerndl), 루디 슈트랄(Rudi Strahl), 페터 학스, 하이너 뮐러—만이 예술적으로 설득력 있고 영향력 있는 작품으로 시대 상황에 반응했다. 그들은 모두 1930년경에 태어났고, 1950년대에 첫 번째 작품을 내놓은 작가들이었다.

바이에를의 〈단언(Die Feststellung)〉은 브레히트의 학습극 개념에 따른 드라마로 토지개혁이라는 주제를 다루고 있으며, 그로부터 개개인에게 끼친 어려움을 배제하지 않고 있다. 저자의 다음 작품인 〈플린츠 부인(Frau Flinz)〉은 동독 문학에서 가장 성공한 코미디 작품 중 하나다. 이 작품은 브레히트의 〈억척 어멈과

58) 사회주의국가의 기업연합.—옮긴이

아이들〉의 기본 모형을 따른다. 여주인공의 다섯 아들은 하나씩 새로운 국가에 귀의한다. 어머니는 이것을 패배와 상실로 여긴다. 하지만 억척 어멈과는 다르게 그녀는 당의 도움으로 자신의 제한된 시야를 넓히는 것을 배우며, 결국 농업생산 협동조합의 의장이 된다. 희극성은 바이에를의 말에 따르면 "자신의 이해관계에 반하는 —플린츠 부인의— 그로테스크한 투쟁과 원래 자신이 옹호하던 질서에 반하는 절망적인 노력"에 있다.[59] 바이에를의 코미디 〈되벨른의 요한나(Johanna von Döbeln)〉는 〈오를레앙의 처녀〉라는 주제의 현실적 버전이다. 주인공인 "능동적 여걸"은 공장의 직원으로 어떤 구체적인 사건에서 통솔행위가 인간을 기준으로 해야 하는지, 아니면 생산계획을 기준으로 해야 하는지 의문을 제기한다. 철저한 자기비판 후에 사건에 연루된 사람들은 사회주의에서는 더 이상 "선"과 "악"의 단순한 대립이 문제가 아니라, "선"과 "보다 나은 선"의 대립적이지 않은 모순이 중요하다는 것을 통찰하게 된다.

주로 연극비평가로 활동했던 라이너 케른들은 극작가로서 연극 〈소녀의 그림자(Schatten eines Mädchen)〉로 알려졌고, 이 작품은 1961년 초연되었다. 현재와 "제3제국"의 두 시점에서 일어나는 이 이야기는 한 폴란드 소녀의 죽음이 몇 년 뒤 독일 가족의 삶에 어떻게 그늘을 드리우는지 분명하게 보여 준다. 뒤따르는 수십 편의 작품 —그중 중요한 작품은 〈배반당한 반란자(Der verratene Rebell)〉, 〈타협의 밤(Nacht mit Kompromissen)〉, 〈알로이스 핑거라인의 긴 여행(Die lange Ankunft des Alois Fingerlein)〉— 역시 소극장류의 가족 드라마다. 개인의 운명을 통해 사회적·정치적 문제가 묘사된다. 케른들은 제4의 벽과 등장인물에 대한 관객의 감정이입을 요구하는 관습적 연극 개념을 따른다. 전쟁에서 두 전선 사이에 놓이게 된 순박한 주인공을 보여 주는 2편의 핑거라인 작품들에서만 그는 브레히트의 서사극 모델을 따랐다. 그의 기본 주제는 공동체를 위한 몰아적 희생과 개인적 욕구의 충족 사이에서 갈등에 빠진 개인이다.

동독에서 가장 많이 공연된 작가는 루디 슈트랄이다. 그의 희극에서는 사회주의 일상생활의 모순과 폐해가 재미있게 다뤄졌다. 잘 짜인 드라마 구조와 동일화

---

59) Zitiert nach Wolfgang Emmerich: Kleine Literaturgeschichte der DDR, S. 140.

를 불러일으키는 인물들, 그리고 위트 있는 대화로 그의 작품들은 대중적 코미디 장르에 접근했다. 그의 처녀작 〈아담과 에바의 사건(In Sachen Adam und Eva)〉이 대표적이다. 소아과 간호사인 에바와 자동차 수리공인 아담은 휴가 중에 만나 바로 결혼하려고 마음먹는다. 그들은 자신들이 결혼에 얼마나 적합한지 알아보러 법원에 가는데, 거기서 동거의 전형적인 문제들과 마주치게 된다. 그들은 교육을 받고, 결국 결혼할 자격을 얻게 된다. 루디 슈트랄의 다른 작품들은 그의 처녀작만큼 성공적이지 못했지만, 슈트랄준트(Strahlsund)와 치타우 사이에 있는 어떤 극장도 그의 작품 없이는 살아남을 수 없었다.

페터 학스의 영향은 동독의 연극계에 국한되지 않는다. 1970년대 중반 그는 독일어권 현대작가 중 가장 많이 공연된 작가에 속한다. 이 젊은 작가가 1955년 정치적인 이유로 뮌헨에서 동베를린으로 이주했을 때, 그는 3편의 역사극을 가방에 넣어 가지고 갔다. 그것은 베르톨트 브레히트 작품에 영향을 받은 〈에른스트 공작의 민담집(Das Volksbuch von Herzog Ernst)〉, 〈인도 시대의 개막(Die Eröffnung des indischen Zeitalters)〉, 〈로보지츠의 전투(Die Schlacht bei Lobositz)〉다. 이 작품들은 전후 시대 사회적 변혁에 견줄 수 있는 변혁의 시대상을 다루고 있다. 페터 학스는 브레히트로부터 특히 역사적 소재를 변형해서 사용하는 방법론의 영향을 받았다. 그는 〈상수시의 방앗간 주인(Der Müller von Sanssouci)〉에서 이 방법을 사용해 알려진 일화를 이야기하는데 프로이센은 법치국가가 아니라 아주 교활한 비법치국가로 나타난다. 이로써 페터 학스는 프리드리히 대제의 계몽적이고 진보적인 태도에 대한 평판을 해체한다. 작품의 교훈은 신하들의 복지부동이 폭군의 전제주의를 양산한다는 것이다.

페터 학스는 1950년대 말 〈불안과 권력(Die Sorgen und die Macht)〉이라는 작품에서 동독의 현재 문제에 눈을 돌린다. 학스는 제철소 노동자들이 질 낮은 조개탄에 대해 한탄하는 신문의 독자 편지를 보고 공장으로 가서 그곳의 문제를 알아보았다. 그는 질 낮은 연료를, 그것도 대량으로 공급하는 조개탄 공장이 이러한 방식으로 다른 공장의 작업 과정을 저해함에도 불구하고 국가가 어떻게 이런 공장을 장려하는지 사랑 이야기와 엮어서 서술하고 있다. 학스는 당원들의 말을 산문에서 비장한 단장격 5각운의 무운 시구로 바꾸었으며, 유토피아적 미래와 문제적 현재 사이의 모순을 은폐하지 않고 당을 비꼬기 때문에 그의 작품은 긍정적인 결말에도 불구하고 권력자의 공격 대상이 되었다. 작품을 공연하려고 시도했다가 볼프강 랑호프는 극장장 직을, 작가는 도이체스 테아터의 드라마투르그 자리를 잃어야만 했다. 그럼에도 페터 학스는 〈모리츠 타소(Moritz Tasso)〉에서 다시 한번 시사적인 주제를 취급한다. 이 작품의 줄거리는 전후에 발생한 농부들과 한편으로는 농장 일꾼, 다른 한편으로는 지주들과의 대립을 다룬다. 그 중심에는 12년 동안 주인에게 복종했지만 혁명의 시간이 도래한 것을 알고 거리낌 없이 토지를 분배하고자 시도하는 돼지치기가 있다. 하지만 그는 당을 앞서가기 때문에 당의 간부들과 다른 사람들의 사리사욕과 부딪히게 된다. 페터 학스는 일관되게 자신의 주인공들을 작가로 만든다. 작가는 당과 정부가 지시하는 방향으로 가기는 하지만 시대를 앞서가는 인물들로 나온다.

페터 학스처럼 하이너 뮐러 역시 사회주의를 "시대의 계명"으로 받아들였다. 하지만 동독의 건설 방식에 대해서는 비판적인 자세를 취했다. 그는 동독의 건설을 그 스스로 표현했듯이 "마치 노동계급의 적들의 눈으로" 관찰했다. 이러한 모순된 태도는 작가의 전기에 그 뿌리를 두고 있다. 반파시즘 교육을 받은 청년으로서 그는 사회민주당 간부였다가 나중에 독일사회주의통일당의 확고한 당원이 되었던 아버지가 동독이 건립되고 2년 뒤 서독으로 넘어가는 과정을 체험했다. 이 시점에 뮐러는 글을 쓰기 시작했고, 상상 속에서 아버지의 분열적 태도를 넘겨받았다. 이 젊은 작가는 브레히트의 작품들에 열중했고, 특히 사회주의 현대 드라마를 창조하려는 브레히트의 시도를 연구했다. 1955년 부인 잉게 뮐러(Inge Müller)와 함께 쓴 처녀작 〈헐값 노동자(Der Lohndrücker)〉에서 그는 브레히트의 〈뷔싱 프라그멘트(Büsching-Fragment)〉에 토대가 된 이야기를 활용했다. 미장이 발케(Balke)는 생산이 멈출 경우 일어나게 될 막대한 경제적 손실을 감안해서 뜨거운 열기에도 불구하고 작업과 동시에 둥근 가마의 방들을 구조 변경하기로 결정한다. 계획을 실행하는 데는 여러 가지 어려움을 극복해야 한다. 그는 "시민적" 기술자를 구해야 했고, 나치시대에 발케가 밀고했던 한 당 간부는 이 일을 위해 자신의 복수심을 잠시 뒤로 미루게 된다. 또한 자본주의 도급일과 사회주의에서 책임량에 따른 혹사를 마찬가지로 생각하는 동료들을 계몽시켜야 한다. 마지막에 가서는 "역사적 필연성"의 승리에 대해 확신하면서 낙관적인 전망이 열린다. 그 대신 개인적 행복에 대한 동경은 뒤편으로 물러나야 한다. 보편성과 개인의 이해관계의 모순은 아직 해결되지 않은 문제로 남는데, 현실에서는 행복한 미래의 가능성을 열어 놓기 위해 희생자를 요구하기 때문이다.

형식적인 면에서 하이너 뮐러는 〈헐값 노동자〉에서 브레히트 학습극의 간결한 언어적 게스투스를 따랐다. 줄거리는 극도로 빈약해졌고 인물들은 사회주의적으로 의미 있는 본질적 특성으로 축소되었다. 이러한 미학이 당 기구의 순수교조주의적 관리들을 당혹스럽게 만들기도 했지만 그들은 초연을 허락했다.

하이너 뮐러가 1956년 다시 잉게 뮐러와 함께 쓴 생산극 〈수정(Die Korrektur)〉에 나오는 대형 공사현장의 작업반장은 "뼛속까지 빨간 것"으로 충분하지 않다는 것, 그리고 동료들을 정치적으로 설득시키기 위해서는 힘과 인내를 키워야 한다는 것을 배운다. 방송극으로 나온 이후에 그들은 작품의 배경이 되었던 공장 노동자들과 함께 작품에 대해 토론하고 노동자들의 비판에 따라 작품을 수정했다. 이에 당 간부들의 태도는 또다시 나눠졌다. 잉게와 하이너 뮐러는 한편으로는 문학상을 받기도 했지만, 다른 한편으로는 "염세적 작가"로 비판받기도 했다.

소위 "향토작품(Landstücke)"의 범주에 속하는 뮐러의 드라마 〈트랙터(Traktor)〉는 식량 공급을 개선하기 위해서, 전쟁 때 지뢰가 설치된 밭을 개간하겠다고 하는 한 트랙터 기사의 이야기를 다룬다. 그는 일하다가 다리 하나를 잃고 나서, 그에게 내려진 영웅의 역할을 거부한다. "난 후회한다. 다시는 그렇게 하지 않을 것이다. 나는 영웅이 아니다. 나는 다리를 다시 가지고 싶다. 내 다리는 세계의 중심이다." 뮐러는 또다시 미래에 약속된 행복이 현재 개인의 고통을 대가로 치루고 얻은 것임을 분명하게 보여 주었다. 〈트랙터〉가 1970년대 중반, 작품이 쓰인지 20년 후에 비로소 노이슈트렐리츠(Neustrelitz)에서 초연될 수 있었다는 것은 놀랄 만한 일이 아니다. 하이너 뮐러의 향토작품 〈이주한 여인 또는 시골에서의 삶(Die Umsiedlerin oder Das Leben auf dem Lande)〉의 경우도 비슷했다. 이 작품은 심리적으로 형상화된 역할인물들이 나오는데, 토지개혁과 집단화가 개인에게 가져오는 문제점을 일련의 이미지로 보여 준다. 1961년 베를린 경제대학의 대학무대에서 B .K. 트라겔렌(B .K. Tragelehn)의 지도하에 초연된 이후 공연이 금지되었고 참여자들은 굴욕적인 자아비판을 해야만 했다. 연출가는 젠프텐베르크(Senftenberg) 극장의 일자리를 잃었고 "집행유예"로 갈탄 광산지역으로 보내졌다.

1960년대 중반에 나온 작품인 〈건설(Der Bau)〉은 뮐러가 동독의 현실을 배경으로 쓴 마지막 작품이다. 대형 건설현장에 부임한 당 서기관은 파트너로서 까다로운 사람들을 색출한다. 이를테면 독자적으로 일하는 버릇없는 작업반장, 자신의 아이디어가 상사의 책상에 머물러 있어서 풀이 죽은 젊은 엔지니어, 대학을 갓 졸업하고 일반적인 구태의연함과 타협할 수 없는 여자 엔지니어와 같은 사람들이다. 이 작품에서 현실적인 제약을 지닌 건설은 동독의 사회적 건축물에 대한 은유다. 연루된 사람들은 과도기에 살고 있다는 것을 의식하며, 뮐러가 말하듯 "빙하시대에서 공산주의 시대로 가는 나룻배" 위에 방치되어 있다고 느낀다.

에리히 호네커가 권력을 잡은 이후 1970년대 초 동독은 스스로를 사회주의가 "실제로 존재하는" 나라로 정의했다. 새 정권은 현재 상태를 자본주의에서 공산주의로 가는 상대적으로 독립적인 과도기 단계로 규정했다. 사실상 지난 20년 동안 모든 분야에서 근본적인 변화가 일어났다. 국가와 사회가 소비에트 연방을 본보기로 재구성되었다. 서독에 대한 차단막인 죽음의 국경을 통해 노동자들의 이동을 막았고, 동시에 어느 정도의 경제적 부흥의 전제를 마련했다. 경제적으로, 정치적으로 점점 더 안정되었지만 또다시 위기 상황이 발생했고, 1971년에는 발터 울브리히트(Walter Ulbricht)가 당의 제1서기로 교체되었다. 에리히 호네커의 주도하에 1972년 12월 그동안 빌리 브란트(Willy Brandt)가 이끌어 온 서독과의 기본 조약이 체결되었고, 동독은 세계적으로 외교적 인정을 받았으며 두 독일 국가가 유엔에 동시 가입했다.

이러한 긴장 완화의 기운에 실세들은 문화정책의 자유화를 실천할 수 있다고 생각했다. 1973년 제7차 작가회의에서 지식인과 예술인의 역할이 재정의되었다. 이제 "당의 지도적인 역할"이 아니라 "문화 창조자들과의 파트너 관계"가 논의되었다. 하지만 실제로 변한 것은 별로 없었다. 로베르트 하베만(Robert Haveman), 루돌프 바로(Rudolf Bahro)와 같은 지식인들의 비판에 "오랫동안 써먹은 수단들"로 대처했다. 강제적 시민권 박탈이라는 조치가 추가되었고, 1976년 작곡가 볼프 비어만(Wolf Biermann)에게 적용되었다. 이러한 조치는 분노의 폭풍을 불러일으켰다. 수많은 저명 작가들과 연극인들, 그중 볼커 브라운(Volker Braun), 하이너 뮐러, 아돌프 드레젠(Adolf Dresen), 마티아스 랑호프(Matthias Langhoff)는 당과 국가의 지도부에 자신들에 대한 판결을 다시 한번 고려해 줄 것을 호소했다. 하지만 "당은 항상 옳다"라는 모토에 저항하는 무리와의 어떠한 토론도 허락되지 않았다. 이러한 과정에서 수많은 문화 창조자들은 환멸을 느꼈는데, 그때까지 당과 정부의 목표와 자신을 일치시켰던 사람들조차 그러했다.

하이너 뮐러: 〈시멘트〉, 베를린 앙상블, 1973년, 루트 베르크하우스 연출, 안드레아스 라인하르트 무대장치

아우구스트 스트린드베리: 〈율리 양〉, 베를린 앙상블, 1975년, 아이나르 슐레프·B. K. 트라겔렌 연출, 안네모네 하제·유타 호프만·위르겐 홀츠 출연

연극인들 가운데 많은 사람들이 새로운 방향을 모색했다. 루트 베르크하우스(Ruth Berghaus)는 1971년 헬레나 바이겔이 죽은 후 베를린 앙상블의 극장장 직을 인수하고 드라마투르기 자문으로 하이너 뮐러와 함께 극장 개혁에 힘썼다. 그녀는 정치적 주제를 포기하고, 특히 독일어권 서쪽 지역의 오페라 공연에 열중했는데, 이에 생산적 도전으로서 그녀의 미학이 많은 영향을 미쳤

다. 베를린 앙상블과의 작업에서 이미 그녀는 상징적 이미지와 인위적인 육체언어를 통해 규범화된 리얼리즘을 넘어서고자 했다. 1973년 하이너 뮐러의 〈시멘트(Zement)〉는 이러한 대표적인 공연이었다. 베르크하우스는 젊은 연출가들의 실험에도 열려 있었다. 그녀가 극장장일 때 나중에 서독으로 이주해 간 아이나르 슐레프(Einar Schleef)와 B. K. 트라겔렌의 듀오 연출로 프랑크 베데킨트의 〈눈 뜨는 봄〉과 아우구스트 스트린드베리의 〈율리 양(Fräulein Julie)〉이 공연되었다. 두 작품은 병적 시민세계의 파노라마로, 심리적으로 일그러진 주체들의 성적 갈등이 표출된다. 이 작품들은 동독의 비판적인 지식인들이 숭배하는 공연이 되었다.

루트 베르크하우스가 물러난 후 만프레드 베크베르트는 1977년 브레히트의 후계자 바르바라 베르크(Barbara Berg)와 그녀의 남편 에케하르트 샬과 함께 베를린 앙상블을 이끌었다. 하지만 그의 경직된 연출 방식과 보수적인 공연 프로그램 정책은 "박물관화"라는 비판을 불러일으켰다.

브레히트의 제자 벤노 베손은 완전히 다른 길을 갔다. 그는 스승이 죽자 바로 베를린 앙상블을 떠나 도이체스 테아터로 갔다. 그곳에서 그는 1960년대 연극사에 기록될 2개의 공연을 무대에 올렸다. 하나는 페터 학스가 번안한 아리스토파네스의 〈평화〉였고, 다른 하나는 러시아 작가 예브게니 슈바르츠(Jewgeni Schwarz)의 동화극 〈용(Der Drache)〉이었다. 이를 위해 그는 —칼 폰 에펜 이외에— 그 시대 동독에서 가장 유명한 2명의 무대장치가인 하인리히 킬거(Heinrich Kilger)와 호르스트 자게르트(Horst Sagert)를 데려왔다. 이 작업의 주요 특징은 감각성, 우아함, 그리고 욕망이었다. 새로운 연극의 가능성에 대해 베손은 다음과 같이 썼다. "무대와 객석에서 개인적이고 사적인 특성들, 감정, 능력, 사고방식이 더 이상 개인적인 힘이 아니라 사회적으로 영향력 있는 힘으로 인식될 수 있다면 커다란 기쁨이 될 것이다. (…) 우리는 특히 연극적 재미를 여전히 주장한다. (…) 연극은 삶과 똑같이 진지하고 힘들어서는 안 되며 가볍고 유쾌해야 한다."[60] 프랑스어가 모국어인 스위스인으로서 로만계의 전통에 익숙한 그는, 예를 들어 〈평화〉에서 사용했던 반(半) 가면과 같은 코메디아 델라르테의 예술 수단들을 사용

60) Zitiert nach: Theater der Zeit, Nr. 24/1965, S. 9.

아리스토파네스: 〈평화〉, 도이체스 테아터 베를린, 1962년, 벤노 베손 연출, 하인리히 킬거 무대장치, 트리가이오스 역의 프레트 뒤렌

소포클레스: 〈오이디푸스 왕〉, 도이체스 테아터 베를린, 1967년, 벤노 베손 연출, 호르스트 자게르트 무대장치

했다. 베손은 소포클레스의 〈오이디푸스 왕〉 공연에서 그리스 비극의 원시성을 표현하기 위해 아프리카풍의 마스크를 제작하게 했다. 하지만 이것 때문에 문화 간부들은 심기가 불편해졌다. 그들은 마스크 뒤로 "인간의 안면이 사라지면" "사회주의 인간상"이 위험에 빠질 수 있다고 두려워했다. 또한 기계적 연기 방식을 "사회주의 현실에서 갈등을 묘사하고 사람들에 의한 해결을 연극적으로 표현하는 데 적절치 않은 것으로" 여겼다. 그러한 비판에도 불구하고 베손은 자신의 길을 계속 갔다. 로자 룩셈부르크 광장의 폴크스뷔네 극장장으로서 그는 일련의 공연을 연출해서 소박한 감각성으로 관객을 설득시켰다. 그가 제안하고 만프레드 카르게(Manfred Karge)와 함께 만든 두 번의 〈스펙타클(Spektakel)〉 공연이 절정을 이루었다. 이 공연에서 폴크스뷔네 무대의 모든 공간과 그 앞 광장에서 ―어떤 부분은 동시에― 관객에게 가까이 다가가는 연극이 이뤄졌다. 1973년 첫 번째 프로젝트에서는 역사적 민중극과 동시대적 민중극을 볼 수 있었다. 다음 해에는 동독 작가들의 현대 드라마가 공연되었다.

만프레드 카르게와 마티아스 랑호프 역시 베를린 앙상블과의 결별 이후에

헨리크 입센: 〈들오리〉, 폴크스뷔네 베를린, 1973년, 만프레드 카르게·마티아스 랑호프 연출, 피터 하인 무대장치

1972년부터 폴크스뷔네에서 일했다. 그곳에서 그들은 우선 고전작품에 몰두했는데 "작품에 충실한" 그리고 "문화적 유산을 보존하는" 기존의 공연을 포기하고 극단적인 새로운 해석으로 밀고 나갔다. 실러의 〈군도〉에서는 도적들의 태도를 소시민적이고 무질서한 것으로 해석했다. 〈오셀로〉에서는 주인공을 정말 괴물로 그렸다. 입센의 〈들오리〉에서는 인물들을 이미 몰락한 시대의 퇴물로 보여주었다. 이런 접근 방식으로 그들은 서독 무대의 초청공연에서도 성공을 누렸다. 그들은 그곳에서 헤르베트 쾨니히(Herbert König), 위르겐 고쉬(Jürgen Gosch), 볼프강 엥겔(Wolfgang Engel), 아돌프 드레젠, 알렉산더 랑(Alexander Lang), 프랑크 카스토르프(Frank Castorf)와 같은 동료들의 참여를 위한 길을 준비했다.

독일어권 서쪽에 있는 극장에서는 어마어마한 반향을 불러일으켰던 것이 동독의 문화생활에서는 엄청난 실패를 낳았다. 비더만의 국적 박탈의 결과 "상황에 맞지 않는 사람은 떠날 수 있다"라는 구호가 유효해진 이후로, 연출가들 이외에 스테판 슈츠(Stefan Schütz)와 토마스 브라쉬(Thomas Brasch)와 같은 극작가와 안젤리카 돔뢰제(Angelica Domröse), 힐마르 타테(Hilmar Thate), 유타 호프만(Jutta

Hoffman), 위르겐 홀츠(Jürgen Holtz)와 같은 배우들이 서독으로 이주했다. 베를린 앙상블 이외에도 이제 도이체스 테아터와 폴크스뷔네 역시 —벤노 베손이 스위스로 간 후— 예전의 명망을 잃어버렸다. 하지만 정치인들과 문화간부들은 별로 걱정하지 않는 것처럼 보였다. 절대적으로 당의 노선에 충실한 로스토크 출신 극장장 한스 안젤름 페르텐(Hans Anselm Perten)은 "몇 명의 작가와 예술가가" 떠났다고 혼란스러워할 필요는 없다고 말했다. "훌륭한 정치를 가진 민족은 나쁜 작가를 필요로 하지 않는다." 그리고 당의 이론 지도자인 쿠르트 하거(Kurt Hager)는 예술 아카데미 앞에서 "적의 진영으로 넘어가는 사람들은" 언제나 있었다. "그들의 동기는 사회주의에 대한 적개심이거나 권세욕일 것이다"라고 말했다. 동시에 그는 이 땅에 살고 있는 예술가들에게 "문화와 예술을 (…) 사회주의에 대한 '트로이의 목마'로 오용하는 것에 대해" 경고했다. 이렇게 극복한 것으로 믿었던 문화정책상의 혹한기로 돌아가기 시작한 것이다. 국가와 당은 모든 이탈에 감시와 탄압으로 대응했다. 현실과 이데올로기의 괴리는 점점 더 커졌다. 에리히 호네커가 독일사회주의통일당 제10차 전당대회에서 공표했던 것은 어불성설처럼 들렸다. "우리 민족이 지난 수십 년간 이룩한 놀라운 성과를 보면, 시민사회와는 반대로 정신과 권력이 조화를 이루는 것을 당연히 확인할 수 있다. (…) 30년 넘게 동독은 독일 땅에서 문학과 예술이 사회주의 동독에서처럼 그렇게 자유롭게 발전한 적이 없었다는 진실을 증명했다."

이미 진지한 개혁이 수없이 시도되었지만, 미하엘 고르바초프(Michail Gorbatschow)의 글라스노트(Glasnost)와 페레스트로이카(Perestroika) 정책에 의해 고무된 반대당의 적극적인 후원을 받고 있었던, 현실에 어둡고 고집불통이었던 정부는 마치 카드로 만든 집처럼 무너져 버렸다. 예를 들어 문화부가 내놓은 "연극을 위한 미래 발전구상"을 논의했던 것은 변화가 일어나기 불과 몇 달 전이었다. 이것은 동독 연극이 이미 오래전부터 겪고 있던 본질적인 일련의 문제들, 즉 사회보장제도의 예술 적대적인 시스템으로 인한 연극극단의 경직, 각 지역 환경에 관여하는 데 있어서 중앙 통제로 인한 어려움, 기술적·조직적 측면에서 효율성의 부족과 같은 문제들에 관한 것이었다.

다시 한번 호네커 시대 초기로 돌아가 보자. 사회주의 리얼리즘의 신조, 작가들에게 있어 모더니즘 미학은 이제 더 이상 터부가 아니었다. 서정시와 산문에서처럼 드라마에서도 일반적이고 개인적인 것으로 주제가 확대되었다. "주관적 신빙성"[크리스타 볼프(Christa Wolf)]의 범주가 점점 더 중요해졌다. 사회에 대한 개인의 주장은 새로운 모티브로 나타났다. 울리히 프렌츠도르프(Ulrich Plenzdorf)는 서독과 동독에서 모두 성공한 작품 〈젊은 W의 새로운 슬픔(Die neuen Leiden des jungen W)〉에서 이러한 성공적인 예를 보여 주었다. 작가는 끊임없는 플래시백(Rückblenden)[61]과 플래시포워드(Vorblenden)[62]의 영화적 드라마투르기를 통해 사회 주변부에 속한 한 젊은이의 삶과 죽음의 이야기를 들려준다. 18세의 에드가 비보(Edgar Wibeau)는 사회적으로 규정된 규범에 반해 자아실현의 요구를 극단적으로 표현한다. 주인공이 정원 화장실에서 발견한 괴테의 서간체 소설 『젊은 베르테르의 슬픔(Die Leiden des jungen Werther)』은 그의 감정세계에 배경이 되며, 건방지고 무감각한 그의 언어와는 대조를 이룬다. 에드가의 죽음은 절망적인 탈출이 아니라, 사회적으로 유용한 발명작업을 하던 중 일어난 사고의 결과였다. 그의 반항은 국가와 당에 대해 원칙적인 불신을 보여 주지 않으며, 단지 동독 사회에서 주장되듯이 모든 것이 딱 맞아떨어지지는 않는다는 것을 보여 주는 충성스러운 항론에 머문다. 울리히 프렌츠도르프는 그의 주인공으로 하여금 대다수 동독 주민의 목소리에 해당하는 문장을 말하게 했다. "그들은 공산주의에 반대하지 않는다. 어떠한 지식인도 공산주의에 반대할 수 없다. 그들이 지식인이 아니라면 공산주의에 반대할 것이다."

토마스 브라쉬는 프렌츠도르프처럼 개인의 상황을 다룬다. 그는 개인적 상황을 통해 "실제로 존재하는 사회주의" 사회와 자본주의 사회 사이의 연결점을 분명히 드러냈다. 괴테의 〈사티로스〉를 모방한 소극 〈호색한(Herr Geiler)〉에서 브라쉬는 도시에서 숲속으로 들어간 낙오자의 초상화를 그렸다. 주인공은 한편으로는 노동세계의 감옥으로 돌아가지 않으면 그를 부수겠다고 위협하는 "동독의

---

61) 영화나 텔레비전 드라마 등에서 과거의 회상을 나타내는 장면 또는 그 기법을 말한다. —옮긴이

62) 이야기의 장면을 잇는 기법 중 하나로서 문학, 영화에서 사용되는데 미래 장면, 상상·예상·꿈 등의 미래 사건이 삽입되는 경우를 말한다. —옮긴이

정신"에 저항해서 싸우고, 다른 한편으로는 "퇴보적인 개인주의"와 서방의 소비적 사고에 대항한다. 브라쉬의 작품 〈사랑스러운 리타(Lovely Rita)〉는 비슷한 구조를 가지고 있다. 그녀는 "일할 수 있다. 삶에 대한 욕구가 없는 사람도. 이성을 지닌 사람들에게는 단지 두 가지 가능성이 있을 뿐이다. 예술가가 되거나 범죄자가 되거나"라는 표어에 따라 산다. 그래서 리타는 잔인한 폭력놀이를 만들어 내고 무정부적 의식을 거행하며, 그녀와 결혼하려는 점령군 장교인 애인을 총으로 살해한다. 그리고 자살을 시도하고, 결국 자아 중심적 허무주의에 다다른다. "어떠한 것에 대해서도 어떠한 이유도 가지고 있지 않다. (…) 2분 이상 지속되는 확신 역시 없다. (…) 나는 내 스스로 충분하다." 이러한 세계관적 입장을 문화간부들은 당연히 받아들일 수 없었다. 이 때문에 브라쉬는 압박을 받았고 서베를린으로 넘어갔다. 이곳에서 그는 드라마 〈로터(Rotter)〉를 완성했다. 이 작품은 나치 제국과 동독의 악명 높은 동조자의 전기이자 "시민적 의미에서, 방해가 될 만한 개인주의 없이 항상 준비되어 있는" "새로운 인간"의 캐리커처다. 로터를 청소년기부터 상대역인 라크너(Lackner)와 맺어 주고 있는 것은 애증 관계이다. 라크너는 극단적 개인주의자로 그의 좌우명은 "나는 내 자신이다"라는 것이다. 작품의 장르 명칭이 그렇듯이 이 "독일 동화"는 알레고리적 꿈의 장면들로 채워져 있고, 여기에 "늙은 아이들"이라 일컬어지는 상징적 인물들이 등장한다. 브라쉬는 〈사랑스러운 게오르그(Lieber Georg)〉에서 비자연주의적 기법을 쓰고 있는데, 이 작품은 1912년 하벨(Havel)에서 스케이트를 타다가 물에 빠져 죽은 시인 게오르그 하임의 초상화다.

게오그르 자이델(Georg Seidel)이 쓴 답답하고 경직된 상황에서 좌절하는 사람들에 대한 작품들(〈요헨 샤노타(Jochen Schanotta)〉, 〈카르멘 키텔(Carmen Kittel)〉, 〈청춘빌라(Villa Jugend)〉)은 동독의 현 상황을 직접적으로 묘사하고 있다. 이를 제외하고 모든 중요한 극작가들은 1970년대에 이미 역사적이고 신화적인 소재로 되돌아갔다. 페터 학스는 생산극(Produktionsstück) 〈불안과 권력〉으로 당의 불쾌감을 불러일으킨 이후 자신이 동독으로 이주하기 전에 관심을 가졌던 역사극으로 되돌아갔다. 학스는 〈평화(Der Fried)〉, 〈아름다운 헬레나(Die schöne Hellena)〉, 〈폴리(Polly)〉, 〈암피트리온〉, 〈옴팔레(Omphale)〉, —괴테에 따른— 〈플룬더바일러의 대목장 축제(Das Jahrmarktsfest zu Plundersweilern)〉, 〈부재 중인 괴테에 대한 슈타인 씨 댁에서의 대화, 세네카의 죽음(Ein Gespräch im Hause Stein über den abwesenden Herrn von Goethe, Senecas Tod)〉과 같이 고전작품과 주제의 번안을 통해 리얼리즘을 —헤겔의 이중적 의미에서— 지양하는 "사회주의적 고전"의 토대를 마련하고자 했다. 학스가 드라마 이론에 대한 수많은 논문 중 하나에서 말했듯이 "내일의 극작품은 고전 드라마다". 왜냐하면 고전 드라마는 "모든 계층을 관객으로" 삼고 "그들의 욕구를 충족시키기 때문이다". "포스트 혁명적 드라마투르기"의 새로운 특질은 이상이 원칙적으로는 이미 실현되어 있고, 여전히 존재하는 모순은 혁명적으로가 아니라 진화론적으로 지양될 수 있다는 데 있다. 세상은 오점투성이지만 이것이 없다면 예술은 불필요할 것이다. 예술은 바로 그로부터 존재이유가 있기 때문이다. 예술은 "불충분한 것을 만족스러운 방식으로 모사"하면서, 유토피아와 현실의 균열을 뛰어넘는다. "현실과 예술적 재생산의 차이에서 형식이 발생하며, 형식은 예술가의 영혼이 머무는 곳이다."[63)]

따라서 페터 학스에게 예술에서 형식은 원래 정치적인 것이다. 자신의 드라마를 통해 그는 형식을 뛰어나게 발전시켰다. 옛 우화를 드라마적으로 다루고 시적 언어를 구사하는 방식 또한 노련했다. 학스는 동독의 일상현실에 대한 반동으로서 항상 문학의 새로운 왕국을 설계했다. 하지만 해가 지나면서 그의 문학은 현실에 대한 그러한 긴장감을 잃어버렸다. 이로 인해 하이너 뮐러는 자신의 동료를 날카롭게 비판했다. "학스에게는 그가 이 세상으로부터 떨어져 있다는 것이 문제였고 지금도 문제다. 동독은 그에게 항상 동화였다. 그는 DDR을 동화세계로 경험하고 묘사했다."[64)]

크리스토프 하인(Christoph Hein), 볼커 브라운, 스테판 슈츠와 마찬가지로 뮐러에게 신화와 역사로의 회귀는 현실로부터의 도피도 아니며 정치로부터의 회피도 아니었다. 하인은 그의 역사극 〈크롬웰〉, 〈라잘레가 헤르베르트 씨에게 소냐에 대해 묻다(Lassalle fragt Herrn Herbert nach Sonja)〉, 〈원탁의 기사(Die Ritter der

63) Peter Hacks: Die Maßgaben der Kunst, S. 103.
64) Heiner Müller: Gesammelte Irrtümer, S. 24.

크리스토프 하인: 〈아큐정전〉, 도이체스 테아터 베를린, 1983년, 알렉산더 랑 연출, 한스-요아힘 슐리커 무대장치

Tafelrunde)〉와 비유극 〈아큐정전(Die wahre Geschichte des Ah Q)〉과 관련하여 이것을 분명히 못 박았다. "현재 쓰이는 작품은 현대물이다. 이러한 진부한 주장을 하는 것이 나에게 중요하다. 왜냐하면 오늘날 소위 역사물과 현대물 사이의 대립이 형성되고 있기 때문이다."[65] 하인과 그의 동료 극작가들에게 중요한 것은 과거의 모델을 통해 경직된 현실을 역사적이고 변화 가능한 것으로 제시하는 것이다. 역사화를 통한 생소화라는 브레히트의 방법을 다시 취함으로써 그들은 정치적으로 규정된 역사이론에 대립했다. 그들의 의도는 모든 "진보적 전통을 자신에게 적합한 것으로 확보"하려는 것이었다. 극작가들에게는 "역사를 반동적 조작으로부터 정화하는 것"도, 역사의 "긍정적 교훈"도 중요하지 않았다. 그들은 오히려 과거와 현재에 대한 비판적 자세를 관객에게 불러일으키기 위해 이성과 휴머니즘의 실패를 보여 주었다.

볼커 브라운 역시 브레히트가 죽은 후에 비로소 베를린 앙상블에서 드라마투르그로서 활동을 시작했지만 브레히트의 영향을 받은 극작가였다. 브라운은 인간이 함께 사는 방식이 근본적으로 변하거나 변할 수 있었던 시대로부터 역사적 모델을 취했다. 한 사회 형태가 다른 사회 형태로 변하는 과정이 그에게는 아주

65) Christoph Hein: Schlötel oder Was soll's, S. 177.

흥미롭게 보였는데 동독 사회 역시 과도기 사회로 간주했다. 브라운은 공산주의를 향한 진보의 시도에 비판적으로 참여했다. 〈레닌의 죽음(Lenins Tod)〉은 10월 혁명의 몰락과 독재자 스탈린의 집권을 그린다. 동독에서 1970년에 쓰인 이 작품은 1988년에 초연되었다. 〈게바라 또는 태양의 나라(Guevara oder Der Sonnenstaat)〉에서 극작가는 혁명가의 죽음으로부터 거꾸로 피델 카스트로(Fidel Castro)와 함께 정치를 시작한 시점으로 혁명가의 노정을 거슬러 올라간다. 캄파넬라가 태양의 나라[66]를 선취했던 것은 치명적인 실패에도 불구하고 현재 상황에 저항하는 고무적인 예로 평가된다.

〈위대한 평화(Großer Frieden)〉에서 볼커 브라운은 서력 기원 훨씬 이전 중국에서의 혁명을 상상했다. 이 혁명은 "만인의 평등"으로 보편적인 만족감을 충족시키려 하지만 중도에 좌절된다. 유토피아의 말미에 환멸이 드러난다. 마치 1970년대 중반부터 동독에서 그랬던 것처럼. 〈드미트리(Dmitri)〉―실러의 〈데메트리우스-단편(Demetrius-Fragment)〉에 따라―에서 역시 브라운은 좌절된 희망의 이야기를 들려준다. 한 머슴이 러시아의 차르[67]가 되고 "노예들을 자유로운 사람들로 만들려고" 시도하지만 이것을 실천하기 전에 살해당한다. 브라운은 다음의 두 드라마에서는 독일의 역사를 다루었다. 〈간단한 독일어(Simplex Deutsch)〉는 연극과 수업을 위해 고안된 콜라주와 같은 작품이며, 브레히트의 〈한밤의 북소리〉, 사뮈엘 베케트(Samuel Beckett)의 〈고도를 기다리며(Warten auf Godot)〉, 하이너 뮐러의 〈전투(Die Schlacht)〉에 나오는 장면들과 당국에 대한 독일인의 굴종적 태도를 다루는 다른 텍스트들로 이뤄져 있다. 세 부분으로 나눠진 작품 〈지그프리드 여성의 기록 독일인의 열광(Siegfried Frauenprotokolle Deutscher Furor)〉은 ―프리드리히 헵벨의 〈니벨룽겐〉과 하이너 뮐러의 〈베를린에서 게르마니아의 죽음(Germania Tod in Berlin)〉을 본 딴― 독일의 특수한 현상으로서 세 가지 근본적인 문명화의 문제를 주제로 다룬다. 즉, 인간을 통한 자연의 정복―용을 퇴치하는 지그프리트의 형상으로―, 남성

66) 톰마소 캄파넬라(Tommaso Campanella, 1568.9.5~1639.5.21)는 르네상스 시대의 이탈리아 철학자로 르네 데카르트에 앞서 방법적 회의(懷疑)의 필요성을 역설했으며, 정치적 대화 편『태양의 나라』는 그가 옥중에서 쓴 주요 저서다.―옮긴이

67) 옛 러시아 황제의 칭호.―옮긴이

에 의한 여성의 억압—크림힐트(Krimhild)와 브륀힐트(Brünhild)의 운명에서—, 적의 의도적이고 잔인한 섬멸로서의 전쟁이다. 브라운은 이 작품에서 소위 게르만인의 영웅적 행동과 파시즘에서 끔찍한 결말에 이른 독일인의 열광이 같은 전통임을 주장한다.

볼커 브라운은 나치를 피해 도망가야만 하는 사람들의 운명을 〈유럽 통과(Trasit Europa)〉에서 다루었는데, 이 작품은 안나 제거스의 동명 소설의 모티브에 따라 쓰인 것이다. 이 작품에는 1940년 마르세유(Marseille)에서 배표와 미국 입국 비자를 기다리고 있는 3명의 이민자가 나온다. 과도기의 상황으로서 망명은 작가에게 현재를 묘사하기 위한 하나의 모델이다.

볼커 브라운의 〈과도기 사회(Die Übergangsgesellschaft)〉는 "실제 사회주의"의 시기에 동독에서 삶의 상황을 설득력 있게 묘사한 작품이다. 1982년 막심 고리키 극장에서 토마스 랑호프의 연출로 그는 안톤 체호프의 〈세 자매(Drei Schwestern)〉의 배경을 러시아 황제가 지배하는 러시아에서 동독의 현실로 옮겨 놓았다. "비행"이라는 제목의 장면에서 등장인물들은 공중 납치되어서 자신들이 원하는 나라로 가는 꿈을 꾼다. 협소하고 이데올로기적으로 규정된 삶에서 탈출하고자 하는 욕망이 분명하게 드러난 것이다. 고르바초프의 글라스노스트와 페레스트로이카를 배경으로 한 1988년 초연에서 세 자매의 동경의 메타포인 "모스크바"는 아주 시사적인 의미를 가졌다.

스테판 슈츠와 하이너 뮐러는 1970년대, 1980년대 그들의 드라마에서 역사적 실례보다는 신화적 소재로 돌아갔다. 마르크스의 전형에 따라 옛 신화가 유치한 "민중적 환상"이자 문명적 진보를 통해 이미 극복된 것으로 묘사되는 문화적 환경에서 작가들에게 이러한 현상은 우선 기이하게 보였다. 단지 열린 정신을 가진 사람들만이 초기 사회에 대한 단편적 회상으로서 신화의 의미를 인식할 수 있었다. 크리스타 볼프는 그리스 비극을 "수백 년이 걸린 어마어마한 투쟁이 요약된 것"으로 간주했다. "그러한 투쟁에서는 승자의 모럴이 표현되지만" 그 이면에는 "옛것과 길들여지지 않은 야생의 위협이 어슴푸레하게 내비치고 있다". 하이너 뮐러는 "신화에서 경험의 집단적 표현"을 보았다. "더 나쁜 것은" 그것이 언제나 똑같다는 것인데 수백 년 이래로 인간의 상태는 "많이 변하지 않았기" 때문이다.

볼커 브라운은 소포클레스의 〈필로크테트〉의 장소인 렘노스(Lemnos)를 "현재의 장소"로 이야기하는데, 이곳에서 "현재의 시간" 역시 "옛 시간"이 된다. 이러한 맥락에서 사회주의적 백일몽이 악몽이 되었던 작가들에게 고대신화가 왜 선호하는 주제가 되었는지 분명해진다. 현재를 직접적으로 거론할 필요 없이, 지배자들을 도발하지 않고 그들은 사회주의 실제 형태에 대한 불만을 표현할 수 있었던 것이다. 그들은 신화적 과거의 투쟁을 여전히 지속적인 것으로 보여 주면서, 노력했지만 아직 요원한 사회주의 발전의 최종목표 달성을 요구하고, 현실적 근거가 별로 없이 홍보만 하는 낙관주의에 저항했다.

스테판 슈츠 역시 하이너 뮐러에게 헌정된 그의 작품 〈오디세우스의 귀향(Odysseus Heimkehr)〉에서 이런 방식으로 현실에 대해 비판했다. 이 작품에서 주인공은 고국으로 돌아오는데 사람이며 동물이며 모두 옴에 걸려 있고, 권력을 잡으려는 아들과 정부들과 놀아나는 그의 아내는 그를 적대시한다. 그들은 그를 죽이려 하고, 민중은 억압을 깨닫지 못하고 근근이 살아간다. 작품의 요지는 쓰디쓰다. "부스럼 딱지가 앉은 미래는 모두를 똑같이 만들어 버린다."

슈테판 슈츠의 두 번째 고대 번안극 〈아마존의 여인들(Die Amazonen)〉은 가부장적 질서의 유지를 묘사한다. 테세우스 왕은 국가의 기본 방침 때문에 아마존 여왕 안티오페(Antiope)에 대한 사랑을 희생시키고 안티오페는 그의 칼에 쓰러진다. 이로써 그녀의 종족은 몰락할 수밖에 없었다. 이 작품은 정치적 파괴력이 거의 없었음에도 불구하고 동독에서는 공연되지 않았다. 슈츠는 1980년 서독으로 이주한 이래 그곳에서 활동했지만 연극계는 이미 수십 편을 넘어선 그의 작품들에 거의 주의를 기울이지 않았다. 하지만 그는 뮐러 못지않은 연극적 우수성과 "감동적으로 아름다운" 언어를 보여 주었다.

뮐러는 1970년대와 1980년대 날카로운 사고와 두드러진 언어구사력을 갖춘 독일 현대작가들 중 하나였다. 그의 작품에서는 변증법적 유물론의 영향을 받은 고도의 이론이 실험적 실천과 하나가 된다. 뮐러의 후기 텍스트는 "사고의 유희"이자 동시에 꿈의 이미지, 비전, 코멘트로 이뤄진 초현실적 콜라주다. 그의 작품은 현실을 묘사하는 대신 구성한다. 외부 세계를 지시하는 대신 수용자를 그의 주관적 의식으로 돌려보낸다. 그의 후기 작품들은 고유한 창조력의 전개를 촉진하며 —결국은— 예술을 지양한다. "새로운 인간"을 형성하는 작업은 "저자가 사라지게 하는 작업"과 밀접한 관련이 있다. 뮐러의 텍스트는 형식을 통한 연극의 도전으로 작용한다. 그리고 작가는 무대에 저항하는 데 이러한 도발의 기능이 있다고 생각했다.

1929년 작센의 에펜도르프(Eppendorf)에서 태어나서 1995년 베를린 앙상블의 공동 무대감독으로 활동하다 작고한 뮐러는 파시즘의 테러와 사회주의 건설 단계에서의 어려움을 통해 깊은 영향을 받았다. 첫 번째 프로젝트인 〈전투〉에서 그는 두 가지 주제를 엮어 자신의 전기와 연관시켰다. 1970년대 초반에 완성된 일련의 에피소드 중 하나는 매번 그의 작품에 등장하는 어린 시절의 "근원적 체험"을 다룬다. 뮐러는 이렇게 모사했다. "나의 어린 시절의 첫 번째 인상은 1933년의 기억에서 비롯된다. 자다가 옆방에서 나는 소음을 들었고 열쇠 구멍을 통해 남자들이 아버지를 때리는 것을 보았다. 그들이 아버지를 체포했다. 나치스 돌격대가 아버지를 체포한 것이다. 나는 다시 침대로 들어가서 자는 척했다. 그러고 나서 문이 열렸다. 아버지가 문에 서 있었다. 두 남자는 아버지보다 훨씬 더 컸다. (…) 그리고 그는 들어와서 말했다. '아들이 잡니다.' 그러자 그들이 아버지를 데리고 갔다. 이건 내 잘못이다. (…) 이것이 내 연극의 첫 번째 장면이다. (…) 1936년 아니면 1937년에 대한 기억도 있다. 우리는 학교에서 아우토반에 대한 작품을 내야만 했다. 최우수 작문은 베를린으로 보내질 거라고 했다. 나는 상이나 기념 메달을 받을 수도 있었다. 집으로 돌아왔다. 아버지는 실업 상태였다. (…) 나는 아버지에게 작문에 대한 이야기를 했다. 그가 말했다. '문제없어. 넌 상을 받을 필요가 없다. 걱정하지 마라.' 하지만 두 시간 뒤 그가 말했다. '작문하는 걸 도와줄게.' 그리고 그는 나를 도왔다. 그러고 나서 말했다. '넌 지도자가 아우토반을 건설하는 것은 좋은 일이라고 써야만 해. 왜냐하면 그래야 실업자인 아빠가 일자리를 얻을 수 있으니까.' 이것은 배반과 나약함의 경험이었다. (…) 그때부터 우리 사이에 금이 갔다."[68]

뮐러의 작품에서 인물들이 저지르는 배반은 대부분 자기자신에 대한, 자신의

68) Heiner Müller: Gesammelte Irrtümer. S. 90 f.

유토피아에 대한 배반이다. 생산극들 이후에 작가가 쓴 첫 번째 작품으로 소포클레스 비극에 따른 〈필로크테트〉의 경우가 그렇다. 오디세우스와 네오프톨레모스는 냄새나는 궤양 때문에 내쳐진 필로크테트를 전쟁을 위해 다시 데려오려고 한다. 왜냐하면 한 예언자가 필로크테트의 활 없이는 트로이를 정복할 수 없다고 예언했기 때문이었다. 소포클레스는 그의 비극에서 기계적 신의 출현인 헤라클레스의 도움으로 이러한 시도에 성공하지만, 뮐러의 작품에서는 실패로 끝난다. 필로크테트가 오디세우스를 겨누자, 휴머니즘적 입장의 대표자인 네오프톨레모스가 그를 죽인다. 남겨진 두 사람은 필로크테트가 트로이아인에게 살해당했다고 그리스 진영에 말하기로 합의한다. 이러한 거짓말이 그리스인들의 복수심을 일깨워서 활을 가진 살아 있는 영웅보다 오히려 더 도움이 될 것이기 때문이다. 공공성에 유용한 것은 개개인의 배반과 거짓을 필요로 한다. 오디세우스는 젊은 네오프톨레모스에게 분명하게 말한다. "우리는 이 지경까지 왔다/ 자신과 다른 이의 행보가 얽혀서/우리에게 다른 길은 없다./너의 동정심은 게워 내라, 피 맛이 난다/ 여기에 미덕을 위한 자리는 없고 이제 시간이 없다." 모든 이의 행복한 미래라는 상위의 이념을 위해 개인적 도덕심과 동정심을 포기하면서 오디세우스는 사회주의로 가는 길에서 일종의 가차 없는 테러를 상징하는 인물이 된다.

그의 주요 테마, 즉 사회를 위해 일하면서도 자신을 포기하지 않으려는 개인의 문제를 뮐러는 호라치인과 쿠라치인에 대한 로마시대의 소재를 바탕으로 한 작품에서 다룬다. 이 소재는 이미 베르톨트 브레히트가 같은 이름의 학습극에서 사용한 바 있다. 사회를 위해 싸우는 외로운 투사는 적에 대한 관계를 고려하지 않고 사회의 동의 없이 적을 학살하기 때문에 사회의 적이 된다. 베르톨트 브레히트의 학습극 〈조처〉와 관계가 있고, 이것을 극단화한 뮐러의 〈마우저(Mauser)〉에서도 상황은 비슷하다. 러시아 혁명의 한 사형 집행인에게 그의 직업이 일종의 유희가 된다. 그래서 그는 냉철하게 정치적 적을 제거하는 대신 막무가내로 살육을 저지르게 된다. 하지만 마지막에 그는 자신의 제거를 명령해야만 한다. 작품 〈시멘트〉의 제목만 봐도 사회가 안정화되는 과정이 개인에게 냉혹해질 것을, 그리고 사회 전체의 안정적 구조를 보장할 수 있는 중요한 부속품으로서 자신을 이해할 것을 요구하는 것을 알 수 있다. 뮐러는 이 작품을 피요도르 글라드코프

(Fjodor Gladkow)의 소설을 기반으로 해서 썼다. 〈마우저〉와 〈시멘트〉에서 역사의 트라우마로부터 자유로운 세상에 대한 희망이 어슴푸레하게 비치는 반면, –안나 제거스의 단편소설 「교수대의 불빛(Das Licht auf dem Galgen)」의 모티브에 따른– 세 번째 혁명작품 〈임무(Der Auftrag)〉에서는 유럽에서 국가의 요구와 관료주의에 매번 좌절한 혁명이 제3세계에서는 착취당하고 테러를 당한 민족들의 저항으로 만족스럽게 끝날 가능성을 열어 둔다.

근본적으로 뮐러에게 혁명은 남성의 지배로부터 벗어날 여성해방의 기회이기도 하다. 뮐러의 후기 텍스트에 나오는 여성들은 살인을 해방의 수단으로 받아들이고, 기꺼이 폭력을 사용하면서 신화적 형상의 후손으로 나타난다. 이러한 주제는 〈엘렉트라텍스트(Elektratext)〉와 〈메데아 연극(Medeaspiel)〉, 〈황폐한 물가 메데아 자료 아르고호 사람들이 있는 풍경(Verkommenes Ufer Medeamaterial Landschaft mit Argonauten)〉 그리고 〈햄릿기계(Hamletmaschine)〉에서 만날 수 있다. 마지막으로 언급한 작품에서 작가는 오펠리아로 하여금 다음 문장을 말하게 하면서 여성들뿐만 아니라 억압받는 자들의 복수를 수행하는 자로 나타나게 한다. "여기 엘렉트라가 말을 한다. 암흑의 심장에서. 고문의 태양 아래. 희생자의 이름으로. 복종의 행복을 내려놓고. 증오와 멸시, 반란과 죽음이여 만세."

〈메데아 연극〉에서 여주인공은 괴물로 나온다. 물론 남성의 세계가 만들어 낸 괴물이다. 메데아의 남편인 이아손은 서양적 남자의 전형으로 행동한다. 그는 문명화란 이름으로 여성과 환경 그리고 자신의 육체를 정복하고 식민지화했다. 마지막에 그는 자신의 계략으로 좌절하게 되고, 스스로 죽음을 불러오는 자로 인식할 수밖에 없다.

하이너 뮐러는 신화적·역사적 묘사를 통해 경악의 관점에서 역사를 보여 준다. 고대든, 〈맥베스〉 개작에서처럼 봉건주의든, 〈햄릿〉에서처럼 시민사회로 가는 과도기든, 〈사중주(Quartett)〉에서처럼 프랑스 혁명 직전이든, 〈군들링의 생애 프로이센의 프리드리히 레싱의 잠 꿈 비명(Leben Gundlings Friedrich von Preußen Lessings Schlaf Traum Schrei)〉에서처럼 계몽주의든, 〈전투〉와 〈베를린에서 게르마니아의 죽음〉에서처럼 파시즘이든, 그는 항상 잔인하고 모순적인 과거를 묘사한다. 악하고 잔혹한 현실, 구원받지 못함과 이해 불가능이 그의 작품에 항상 존재

윌리엄 셰익스피어·하이너 뮐러: 〈맥베스〉, 폴크스뷔네 베를린, 1982년,
긴카 촐라코바 연출, 한스-요아힘 슐리커 무대장치, 유타 하르니시 의상

한다. 혁명의 진보 속에서도 역시 그가 보기에는 공포와 구토가 그리고 역시 이에 항상 동반되는 욕망이 권력을 휘두른다. 그리고 전율 속에 새로움이, 희망의 첫 번째 형상이 현시된다.

뮐러는 한 편지에서 이렇게 쓰고 있다. "연극은 탄생과 죽음이 하나가 되는 변신의 기쁨/경악을 다룬다. 이것이 연극의 필연성이다."69)

재건 시기 독일연방공화국의 연극

1949년 독일연방공화국의 건립과 더불어 서독에서는 한 시대가 시작되었다. 이 시기는 파괴된 도시의 재건, "기적"으로 간주되는 경제부흥, 민주주의의 공고화, 제2차 세계대전 이전의 사고방식과 행동방식의 복원으로 점철되었다. 피난과 추방으로 인해 다양한 사회계층과 동향인 그룹들이 뒤섞여 하나의 인간 유형

69) Heiner Müller: Theater-Arbeit, S. 126.

이 발생했다. 이러한 인간 유형은 한편으로는 유동성과 출세욕, 다른 한편으로는 명료하고 질서 잡힌 사회와 믿을 만한 정치적 지도력에 대한 동경을 특징으로 한다. 이런 사람들은 우선 자신의 경제적 수입과 성과를 목표로 하고, 복지에 대한 걱정은 이런 일에 소명의식을 가지고 있는 사람들에게 떠넘겼다. 정치적 계층의 상층부에는 논쟁의 여지 없이 황제시대와 바이마르 공화국의 특징인 가부장적인 콘라트 아데나우어(Konrad Adenauer)가 있었다. 보다 국가 주도적인 경제정책, 서독의 재무장에 대한 반대 투쟁, 동독과의 타협에 대한 생각들을 가지고 있었던 사회민주주의 야당은 그가 이끄는 "수상 중심 의회민주주의"에 별로 반대하지 않았다. 사회민주주의 야당의 역할은 경제적으로 일구어 낸 복지에서 노동조합과 더불어 노동자들에게 적절한 몫이 분배되도록 보장하는 데 집중되어 있었다. 독일사회민주당(SPD)[70] 의장인 쿠르트 슈마허(Kurt Schumacher)는 초기에 "자본주의, 카르텔, 교권주의, 보수주의의 4중 결합"을 강도 높게 비판했지만, 당은 1950년대 마르크시즘의 원칙을 포기하고 좌파의 전국 정당으로 변모했으며, 정치적 스펙트럼의 다른 쪽에 있는 기독교민주연합(CDU)[71]과 강력한 균형을 이룰 수 있었다. 아데나우어 당은 경제적 관점에서 사회주의 시장경제를 지지했고, 그것은 루트비히 에르하르트(Ludwig Erhard)에 의해 정치적 실행으로 옮겨졌다. 미국의 원조정책과 서유럽의 초기 경제통합이 이러한 과정을 뒷받침했다. 기업가의 1인당 수입이 노동자 수입의 열 배가 되었지만, 피부로 느낄 수 있는 물질적 상황의 개선이 모든 비판가들의 기를 죽였다. 아데나우어 시대 기독교민주연합의 정치적 행동은 "단지 실험은 안 된다!"라는 모토에 따랐다. 이것은 무엇보다 현재의 무사 무탈에 관심이 있었던 대다수 국민의 안전을 지향하는 바람에 부합하는 것이었다. 나치 과거에 대한 근본적인 논쟁과 같은 미래의 기획은 거의 요구되지 않았다. 이로부터 그 시대의 두 가지 정신적·정치적 기본 태도가 생겨났다. 첫째는 냉전 시기 동독과 점점 날카롭게 대립하게 되는 엄격한 반공산주의며, 둘째는 "제3제국"의 재앙에 대해 "애도할 수 없음"이었다. 제1차 세계대전 후에 수많은

70) Sozialdemokratische Partei Deutschlands의 약자. —옮긴이

71) Christlich Demokratische Union의 약자. —옮긴이

사람들이 필수적인 것으로 여겼던 도덕적 자각에 대해 이제 더 이상 말하지 않았다. 망각, 아니 무의식적 억압을 위한 이상적인 가능성을 소비에서 찾았다. 소비는 마치 정신적 부담을 경감시키기 위한 대중적 수단이 된 것 같았다. 이런 이면에서 보수적 가치관과 생활양식의 복귀 그리고 옛 엘리트들의 진출이 이뤄졌다.

이러한 재건 시기에 —다소 의식을 가지고— 처음부터 다시 한번 시작할 수 있다는 희망을 품은 사람들이 많았다. 전쟁과 독재를 경험한 사람들은 가능하면 바로 다시 "질서 있는" 환경에서 "바른" 사람으로 살고 싶어 했다. 사람들은 "자신만의 벽"을 다시 쌓고 그 안으로 들어갔다. 그래서 공적 생활에는 가치를 적게 두었다. 공동행위에 대한 나치정부의 강요 이후에 새로운 비더마이어적 시민들은 무엇보다도 조용히 살고자 했던 것이다. "친숙한 가정", 경력을 쌓고 재빨리 출세하는 아버지, 잘 보살펴 주는 어머니, 훌륭한 교육을 받는 아이들, 이것이 지상목표였다. "집안 꾸미기 트렌드"와 "탐식하기 트렌드"에 이어서 "여행 트렌드"가 뒤따랐다. 돈이 없는 사람들은 적어도 라디오의 가요 프로를 들으며 "플로렌스의 밤"과 "카프리의 바닷가에서 붉은 태양이 지는" 모습을 꿈꿀 수 있었다. 대다수의 시민들은 카테리나-발렌테(Katerina-Valente)의 히트곡에 공감했다. "좋아질 거야. 점점 좋아질 거야."

특히 하류계층의 오락과 휴식의 매체로서 영화, 텔레비전, 라디오, 화보 이외에 "상류계층"에서 연극은 전쟁 전에 위상을 다시 차지했다. 까다로운 중산층은 "고전적 가치"와의 만남을, 지식인 엘리트층은 인간 실존의 기본적 문제의 심취를 요구했다. 마찬가지로 물질적 욕구 충족을 지향하는 무의미한 삶을 아름답고 교화적인 모습으로 치장할 과제가 연극에 주어졌다. 그래서 사람들은 전쟁에서 손상된 건축물을 수리하거나, 아니면 아예 새 극장을 짓기 시작했다. 1950년대 독일연방공화국에서는 170개의 극장이 매일 12만 5000개의 좌석을 제공했고, 그중 4분의 3이 관객으로 채워졌다. 물론 이것은 조직화된 정기 회원권 시스템이 그 시대 극장의 안정화에 궁극적으로 기여한 덕분이었다.

베를린의 분단으로 도이체스 테아터는 중심점을 잃어버렸다. 오스트리아와 스위스의 독일어권과 더불어, 비교적 통일된 연극계로 성장한 서독의 극장들이 재건되면서 연극의 다양한 지역적 중심지가 형성되었다. 빈의 부르크테아터와 취리히의 샤우슈필하우스 외에 구스타프 그륀트겐스가, 나중에는 카를 하인츠 슈트룩스가 이끈 뒤셀도르프의 샤우슈필하우스, 그륀트겐스 시절 함부르크의 도이체스 샤우슈필하우스(Deutsches Schauspielhaus), 구스타프 구돌프 젤르너가 이끈 다름슈타트의 주립극장(Darmstädter Landestheater), 한스 슈바이카르트의 지도하에 있었던 뮌헨의 캄머슈필레, 하리 부크비츠(Harry Buckwitz)와 하인리히 코흐(Heinrich Koch)의 프랑크푸르트 샤우슈필(Das Schauspiel Frankfurt), 하인츠 힐페르트가 이끄는 괴팅겐(Göttingen)의 도이체스 테아터, 한스 샬라(Hans Schalla)의 보훔 샤우슈필(Bochum Schauspiel)과 보레슬라브 바를로크(Boleslaw Barlog)의 지도하에 있었던 국립 샤우슈필뷔네(Staatliche Schauspielbühne), 서베를린에서 오스카 프리츠 슈(Oskar Fritz Schuh)가 이끄는 쿠어퓌어스텐담 극장(Das Theater am Kurfürstendamm) 등이 대략 중요한 의미를 가졌다. 대부분 중요한 연출가였던 극장장들은 "제3제국" 시절에 결정적인 영향을 받았던 사람들이다. 이러한 경험이 시사적·정치적 현실과의 거리, 형식에 대한 천착, 양식화에 대한 경향과 "작품에 충실한 공연"이라는 그들의 이념을 설명해 준다. 연극에 대한 이런 이해가, 예를 들어 구스타프 그륀트겐스의 전설적인 〈파우스트〉 공연에서 토대가 되었다. 그럼에도 원자폭탄에 대한 풍자와 테오 오토의 무대장치에서는 초현실주의적 암시가 드러난다.

괴테: 〈파우스트 II〉, 뒤셀도르프 샤우슈필하우스, 1950년, 구스타프 그륀트겐스 연출, 테오 오토 무대장치

하인리히 폰 클라이스트: 〈펜테질레아〉, 프랑크푸르트 국립극장, 1962년,
하인리히 코흐 연출, 프란츠 메르츠 무대장치

그뤼트겐스 이외에 특히 1950년대의 양식에 영향을 끼친 사람은 구스타프 루돌프 젤르너였다. 다름슈타트 공연에서 그는 무대장치가 프란츠 메르츠(Franz Mertz)와 함께 양식화된 연극 양식을 발전시켰다. 이 양식은 "인간의 존재 양태를 밝히는 것"을 목표로 했다. 이와 유사하게 오스카 프리츠 슈는 무대를 "정신적 공간"으로 정의했다. 한스 샬라의 "보쿰 양식"은 무대장면의 극단적인 단순화, 비심리적 대사, 과장된 표현의 제스처를 특징으로 했다. 하인리히 코흐는 창작의 핵심을 공간으로 표현하고자 했고 매번 원반의 기본 형태를 사용했는데, 사람들은 그의 무대를 반어적으로 "코흐의 원반"이라고 부르게 되었다.

망명에서 돌아온 연출가들은 이데올로기나 미적 측면에서 근본적으로 다른 방법론을 기반으로 삼았다. 망명 시기 이후에 취리히 샤우슈필하우스와 특히 빈의 부르크테아터 그리고 서베를린의 실러테아터에서 일련의 공연을 연출했던 레오폴트 린트베르크 이외에 무엇보다 프리츠 코르트너가 서독 연극의 우수성을 대표했다. 그 시대의 비장하게 고양된 고전작품의 연출과 천박한 희극에 맞서 그는 상세한 묘사를 지향하는 리얼리즘을 선보였다. 그의 작업 원칙은 배우로서 그가 1920년대 막스 라인하르트와 카를 하인츠 마르틴 그리고 레오폴트 예스너에게서 배웠듯이 대본을 "정신적으로 파악"하는 것이었다. 코르트너는 그 당시 널리 퍼져 있었던 "노래 부르기 쉽게 운율을 재현"하는 것을 강력하게 거부하고, 어

조보다는 의미 부여를 중시했다. 그는 육체언어에서도 모든 수식을 제거하고 육체언어의 심리적 동기를 중요시했다. 코르트너의 목표는 인물들을 초시대적 추상으로부터 관객의 구체적 현실에 가깝게 옮겨 놓는 것이었다. 고전작품의 연출에서 코르트너는 극 중 사건을 정확하게 분석해서 그것으로부터 정치적 관계를 이끌어 냈다. 그와 함께 얼마간 드라마투르그로서 일했던 이반 나겔(Ivan Nagel)은 작품을 다루는 그의 방식에 대해 다음과 같이 묘사했다. "코르트너의 독해 방식은 어느 누구와도 같지 않다. 그는 대중의 구미에 영합하는 관습적 견해를 거스른다. 그는 불신의 눈초리로 작품을 읽는다. 왕과 주인공들이 의지와는 다르게 자신을 폭로하게 되고, 여자 주인공들이 그들의 말로 또는 말과 모순되게 정말로 자신이 누구인지 누설할 때까지 그는 기다린다. 그는 탈무드의 선생이 글을 읽는 것처럼 정확하게 연구하듯 작품을 읽고, 기발한 해석을 한다."[72] 코르트너는 매번 고전작품에 새롭고 매혹적인 해석의 지평을 성공적으로 열었다. 그의 연출에는 하나로 양식화된 구성은 없으며, "판에 박힌 듯한" 인물도 없고, 단정적인 독해 방식도 없다. 다만 단절과 모순만이 있을 뿐이다. 이러한 태도는 성공과 좌절, 고뇌와 투쟁으로부터 성장한 그의 신조에서 비롯되었다. "나는 유일한 진실을 믿지 않는다. (…) 이것은 모든 법칙의 원천이 되는 근원적인 법칙에 위배된다. (…) 이것은 생의 연속성에 대한 배반이다. 유일하게 옳은 것은, 너의 거처에는 파괴가 지배한다는 것이다."[73]

1950년대에 연극의 체계와 기능뿐만 아니라 공연 프로그램 역시 옛 형태가 복원되었다. 다수의 극장들이 다채로운 변화를 통해 오락과 교양, 기분 전환과 교화, 희극과 진지한 드라마, 과거의 작품들과 신작을 제공했다. 후대에 비해 고전작품이 차지하는 비율이 눈에 띄게 높았다. 레싱의 〈민나 폰 바른헬름〉, 〈현자 나탄〉, 실러의 〈간계와 사랑〉, 〈마리아 슈트아르트〉, 괴테의 〈파우스트〉, 클라이스트의 〈깨어진 항아리〉, 셰익스피어의 〈당신 좋으실 대로〉는 히트작이었다. 정치적·사회적 현실을 다루는 작품은 드물었다. 실제 공연 목록은 우선 "시적 드

---

72) Ivan Nagel: Kortner, Zadek, Stein. S. 28.

73) Klaus Völker: Fritz Kortner. S. 408.

라마"와 "부조리극"으로 이뤄져 있었다. 부조리극은 특히 개인으로서의 인간에게 호소하는 연극 장르였다. 위의 두 가지 연극 형태는 로만계의 나라에서 수입되었다. 이러한 형태의 연극을 쓰는 독일어권의 극작가들은 훨씬 뒤처져 있었다. 그래서 그들의 작품 중 어떠한 것도 지속적으로 주목을 받을 수 없었다.

시적 드라마의 대표자는 이탈리아의 루이지 피란델로, 스페인의 페데리코 가르시아 로르카(Federico García Lorca), 프랑스의 장 지로두와 장 아누이다. 그들은 독일 대중에게 경제부흥을 위한 일상의 노력으로부터, 그리고 추악한 과거에 대한 기억으로부터의 도피처로서 환영받았던 "문학의 제국"을 건설했다. 양 세계대전 사이에 쓰인 피란델로의 드라마는 독일에서 드물게 공연되기는 했지만 ―중요한 작품은 〈당신이 생각하는 대로 그렇게(Cosa è se vi pare)〉, 〈오늘밤 우리는 즉흥극을 공연한다(Questa sera si recita a sogetto)〉, 〈작가를 찾는 6명의 등장인물들(Sei personaggi in cerca d'autore)〉, 〈숲속의 거인들(I giganti della montagna)〉이다― 현대연극에서 기본적으로 중요한 작품들이다.

새로운 물리학의 인식과 유사하게 피란델로는 인간과 인간관계의 지각 방식에 의문을 제기한다. 그의 드라마 구상에서 등장인물들은 고정된 단위가 아니라 각각 파트너의 관점에 따라 다양하게 나타난다. 유일하게 진실한 관점이 가능한 고정된 시각은 더 이상 없다. 이로써 모든 견해가 상대적인 것으로 나타난다. 따라서 가상과 존재, 환상과 현실, 광기와 정상, 인물과 마스크의 경계는 흐릿해진다. 관찰자뿐만 아니라 관찰을 당하는 사람 역시 끊임없이 변화하기 때문에 인물의 진정한 정체성도 알 수 없고 묘사될 수도 없다. 모든 사람들이 마스크를 쓸 때, 객석의 관객과 무대의 배우들을 분리시키는 경계 역시 의문시된다. 따라서 피란델로에게 무대 환상과 현실적 기만의 관계가 중요한 의미를 획득하게 된다. 그의 가장 유명한 작품인 〈작가를 찾는 6명의 등장인물들〉에서 상황은 다음과 같이 전개된다. 일단의 인물들이 연습공연 중에 극장에 와서 무대에 서고 싶다고 요구한다. 그들은 한 극작가가 만들어 낸 인물들이지만, 그 극작가에게는 너무 "신파조"로 보여서 떨어뜨렸던 것이다. 그들이 자신의 운명을 연기해 보이자, 연습하던 배우들은 그들에게 관심을 갖기 시작하고 그 역할에 빠져든다. 하지만 그들은 작가의 환상이라는 진실에서 무대의 상투적 형상으로 재현되는 것에 저항한다. 문학적 허구가 그들에게는 살과 피가 있는 사람을 통한 묘사보다 더 진실하게 보인 것이다.

"무대에 등장하는 인물들은 연극에서 문학의 옷을 걸쳐야 한다. 동시에 그들의 뼈와 피를 보여 줘야 한다." 1936년 프랑코-파시스트[74]에 의해 살해된 페데리코 가르시아 로르카는 이러한 원칙에 따란 일련의 작품을 썼고, 이러한 작품들은 매혹적인 그의 서정시와 더불어 그를 20세기 가장 중요한 스페인의 작가로 만들었다. 살바도르 달리(Salvador Dalí)와 루이 브뉘엘(Luis Buñuel)과 교제했던 시기의 환상적이고 초현실적인 연극들, 〈관객(El público)〉, 〈제목 없는 희극(Comedia sin titulo)〉, 〈5년의 세월이 흐르고(Asi que pasen cinco años)〉가 비로소 최근에 독일 무대에서 재발견되었던 반면, "스페인 마을을 배경으로 한 여성 비극들"은 1950년대 이미 공연 프로그램의 고정 레퍼토리가 되었다. 신화적 차원이 강조됨으로써 독일의 전후 관객은 시사적 현실과 관계없이 실존의 근본 문제와 대면할 수 있었다. 〈피의 결혼식(Bodas de sangre)〉과 〈예르마(Yerma)〉, 〈혼자 사는 여자 도나 로지타 또는 꽃의 언어(Doña Rosita la soltera o El lenguaje de las flores)〉 그리고 〈베르나르다 알바의 집(La casa de Bernarda Alba)〉은 사회비판적인 것에 비해 원형적이고 본질적인 것을 전면에 내세웠다. 페데리코 가르시아 로르카는 사람들, 주로 열정과 경직된 사회의 관습 사이의 모순에 빠진 여성들을 보여 준다. 그리고 거기에서 탈출하려는 모든 시도는 치명적으로 끝난다.

이 스페인 작가의 작품과는 달리 1950년대에 가장 많이 공연된 작가인 장 아누이의 시적 드라마들은 독일의 공연 프로그램에서 찾아볼 수 없었다. 아누이는 시민적 희극의 형식을 따르면서 부조리에 가까운, 존재의 환멸적 이미지를 관객과 만나게 했다. 그의 달콤 쌉싸름한, 이따금 좀 저속한 오락극들은 때로는 근본적인 인생의 문제에 대해, 예를 들어 〈로미오와 자네트(Romeo und Jeannette)〉, 〈메데아〉, 〈안티고네〉에서처럼 부정적이고 비극적인 해답을 주기도 하고, 〈성으로의 초대(L'invitation au château)〉, 〈레오카디아(Leocadia)〉, 〈세실 또는 아버지의 학교(Cécile ou L'école des pères)〉에서처럼 반어적이고 긍정적인 해답을 주기도

74) 프랑코 정권하의 스페인 파시스트. ―옮긴이

한다. 대부분 모든 구체적이고 역사적인 특수성이 제거되면서 극의 사건들은 전후 독일의 탈정치적 분위기에 딱 들어맞았다. 인물들은 종종 고대신화적 형상의 원혼(冤魂)으로 나타나서 문학의 초시대적 세계로 밀려났다.

한 세대 앞선 장 지로두 역시 이러한 영역을 자신의 드라마 배경으로 삼았다. 그의 드라마는 양차 세계대전 사이에 가장 중요한 프랑스의 연출가인 루이 주베(Louis Jouvet)에 의해 섬세하고 시적인 연출로 초연되었다. 그의 공연에서는 수사적 요소가 중요한 역할을 했다. 지로두는 인물들로 하여금 세련된 프랑스어로 떠들어 대게 했다. 기지가 넘치고 재미있는 그의 작품은 독일에서 비로소 아데나우어 시대에 무대에 올랐으며 열광적으로 수용되었다. 〈엘렉트라〉, 〈암피트리온 38〉, 〈트로이 전쟁은 일어나지 않는다(La guerre de Troie n'aura pas lieu)〉, 〈운디네(Undine)〉, 〈소돔과 고모라(Sodom und Gomorrha)〉에서 지로두는 세상에 대한 아주 염세적인 태도를 표현했다. 〈엘렉트라〉에서 정원사는 일종의 즐거운 절망 속에서 어쩔 수 없이 굴러가는 운명을 기쁨과 사랑으로 마주하는데 이것은 단지 환상일 뿐이다. 가장 훌륭한 작품이자 오늘날에도 비교적 자주 공연되는 작품인 〈샤요의 광녀(La folle de Chaillot)〉에서도 언뜻 보아 선한 세력의 승리가 결국 "잘못된 해피엔딩"임이 간파된다.

시적 드라마 이외에도 부조리 드라마가 재건 시기 서독일의 극장에서 공연 프로그램의 중심을 이루었다. 이러한 문학적 카테고리에 외젠 이오네스코(Eugène Ionesco), 사뮈엘 베케트 그리고 장 주네(Jean Genet)의 작품들이 속한다. 부조리 드라마의 어마어마한 승리는 이것이 시대의 핵심을 건드렸다는 점을 증명한다. 이러한 경향은 가까운 과거의 그림자와 미래에 대한 불안을 드러냈다. 동서냉전과 핵위협의 시기에 처음으로 역사에서 인류의 자멸을 생각하게 되었고 개인은 세계적 동향의 시나리오를 예측할 수 없게 되었다. 전체 사회질서의 붕괴가 깊은 혼란을 가져온 독일에서 부조리 드라마는 특히 강렬한 반향을 얻었다. 무의미, 개인화의 심화, 인간소외가 건설의 낙관주의를 점점 침식해 왔던 것이다. 더 많은 물질적 욕구가 충족되면서 의미의 문제가 다시 전면에 대두되었지만, 이에 대한 충분한 해답은 어디에서도 구할 수 없었다. 이러한 정신적 상황에서 점점 많은 사람들이 부조리의 정서에 동일화될 수 있었고, 이미 수년 전에 알베르 카뮈는 이러한 정서를 철학적 에세이 『시시포스의 신화』에서 인상 깊게 묘사했다. "한 사람이 유리벽 뒤에서 전화기에 대고 말을 한다. 그는 단지 자신의 무의미한 표정의 변화를 볼 뿐이다. 그는 자문한다. 왜 사는지."[75] 철학자 카뮈는 세계의 무의미에 대한 적절한 반응으로서 개인의 반란을 권유했다. 개인의 반란은 개인을 고독으로부터 벗어나게 하고 사회적 연대에 대한 의무감을 가져다준다는 것이다. "나는 반항한다. 그러면 우리가 된다."[76] 이와 반대로 부조리 드라마의 작가들에게 모든 저항은 처음부터 가망이 없는 것으로 보였다. 그들은 부조리한 세상을 의문의 여지 없이 주어진 것으로, 당연한 것으로 받아들였다. 따라서 그들은 작품을 통해 −카뮈와 사르트르가 "참여적 문학에서" 그랬던 것처럼− 도덕적이고 정치적 자극의 전달을 목표로 하지 않고 세상의 무의미를 지양할 수 없는 사실이라고 주장했다. 이러한 견해는 드라마 형식에도 역시 녹아 있다. 비논리적 이야기 전개, 이성적으로 이해할 수 있는 진술의 거부, 사건의 과장과 극단적 축소와 같은 초현실주의 기법이 다시 사용되었다.

영국의 해럴드 핀터(Herald Finter)가 〈벙어리 웨이터(The Dumb Waiter)〉, 〈생일파티(The Birthday Party)〉, 〈관리인(The Caretaker)〉, 〈무인의 땅(No Man's Land)〉과 같은 몇몇 작품으로, 그리고 미국의 에드워드 알비(Edward Albee)가 〈동물원 이야기(The Zoo-Stroy)〉, 〈베시 스미스의 죽음(The Death of Bessie Smith)〉으로 이러한 문학적 경향에 기여했지만, 부조리 드라마는 본질적으로 프랑스 언어권에 국한되었다. 나중에 체코의 대통령이 된 바츨라프 하벨(Václav Havel)의 −은밀하게 정부 비판적인− 작품(〈가든파티(Das Gartenfest)〉, 〈보도(Die Benachrichtung)〉 등)과 폴란드의 극작가 스와보미르 므로체크(Sławomir Mrożek)의 작품들(〈경찰(Die Polizei)〉, 〈먼 바다에서(Auf der hohen See)〉, 〈카롤(Karol)〉, 〈스트립쇼(Striptease)〉) 역시 부조리극과 어느 정도의 유사성을 보여 준다. 브루노 슐츠(Bruno Schulz)의 서사문학과 스타니스와프 이그나치 비트키에비치(Stanisław Ignacy Witkiewicz)의 드라마 작품도 그러하듯이, 므로체크는 양차 세계대전 기간 폴란드의 환상적이고 초현실적인 문

75) Albert Camus: Der Mythos von Sisyphos. S. 18.

76) Albert Camus: Der Mensch in der Revolte. S. 27.

학과 관련이 있다. 폴란드에서 태어나고 세계 여행 중 아르헨티나에서 제2차 세계대전을 겪고 전후에 프랑스 파리로 이주한 작가 비톨트 곰브로비치(Witold Gombrowicz)는 그로테스크풍의 작품 〈부르고뉴 공주 이본(Yvonne, die Burgunderprinzessin)〉, 환상극 〈결혼(Die Trauung)〉, 그리고 "굉장한 정신박약과 대단한 경화증에 걸린" 부조리극에 대한 패러디 〈오페레타(Operette)〉로 이러한 전통선상에 서 있었다. 독일어권에서는 단지 볼프강 힐데스하이머(Wolfgang Hildesheimer)가 2개의 연작 〈야곡(Spiele, in denen es dunkel wird)〉과 〈시계들(Die Uhren)〉 그리고 1960년 〈부조리 연극에 대한 연설(Rede über das absurde Theater)〉을 통해 이러한 드라마 형식과 대결했다. 여기에서 작가는 "부조리하지 않은 것이 종종 부조리하게" 나타난다는 "깊은 확신"으로부터 부조리 드라마를 쓰려 한다고 말했다. 카뮈와는 반대로 힐데스하이머는 그러한 세계관의 결과가 반란이라고 생각하지 않았다. 그가 보기에 부조리 드라마는 "세계에서 인간의 낯섦"을 보여 주고, "삶이 아무것도 말하지 않으며", "연관성이 없고 비논리적"이라는 사실을 지시하는 데 그 기능을 소진했다.

1960년대 초에 이미 생성된 이 개념이 명확하지 않고 의미 영역이 무제한적으로 확장되는 경향에도 불구하고 부조리 드라마의 몇 가지 특징을 규정해 볼 수 있다. 일상의 과장된 표현, 교훈적인 것에 대한 대립, 순수 유희적인 것으로 축소된 행위, 심리적으로 그려진 인물이 광대나 다른 허구적 캐릭터로 대체됨, 처음으로 되돌아가는 결말의 드라마 구조, 의미 있고 소통하는 대화가 잡담으로 대체됨. 이런 관점에서 보았을 때 청소년기 이래로 파리에 살았고, 북코카서스에서 태어난 아르튀르 아다모프(Arthur Adamov)의 —오늘날 거의 잊혀진— 〈핑퐁(Ping-Pong)〉과 〈파올로 파올리(Paolo Paoli)〉와 같은 작품들, 특히 외젠 이오네스코의 작품들 그리고 제한적으로 장 주네와 사뮈엘 베케트의 작품들 역시 부조리 드라마라는 개념으로 파악될 수 있다.

루마니아인 어머니와 프랑스인 아버지 사이에서 제1차 세계대전 직전에 태어나 프랑스에서 성장한 이오네스코는 이미 초현실주의 작품과 원리를 통해 일찍이 자신의 존재를 알렸다. 부카레스트(Bukarest) 대학에서 프랑스어 교사교육을 받는 동안, 그는 알프레드 자리(Alfred Jarry)의 연극 작품들과 동향 루마니아 출신의 트리스탕 차라(Tristan Tzara)의 작품들을 공부했다. 차라는 취리히 다다이즘의 창설자이자 앙드레 브르통(André Breton)의 경쟁자였다. 이오네스코는 선구자들로부터 일상현실에 대한 무대사건의 자율성이라는 원칙과 현실 파편들의 비논리적 축척이라는 미적 기법을 받아들였다. 그의 첫 작품으로 "반연극"이라고 표기된 드라마 텍스트 〈대머리 여가수(La cantatrice chauve)〉는 1949년에 쓰였는데, 작품에서 "전형적인 영국식" 두 부부가 "전형적인 영국식" 인테리어에서 "전형적인 영국식"으로 차려입고 끊임없이 반복해서 의미 없는 미사어구들은 쏟아 낸다. 이오네스코의 작품에서는 대부분 그렇듯이 주체가 아니라 객체가 언어를 지배한다. 주체는 인물들이 지껄이는 것과 마찬가지로 의미 없고 기계적으로 소리를 내는 시계와 동일한 차원에 존재한다. 이 작품에서는 작가에 의해 다양한 분위기에서 진행되는 이러한 공회전이 지배적이며, 부조리한 의외의 사건들로 점철되어 있다. 예를 들어 돌연 한 소방관이 나와서 작품에 난센스 제목을 제공한 대머리 여가수로부터의 인사를 전한다. 이오네스코는 자신의 의도에 대해 다음과 같이 적어 놓았다. "추상적 또는 대상 없는 연극의 시도는 (…) 연극을 ―또는 그렇게 불리는 것을― 해체한다. 또는 반대로 구체적인 연극의 시도 역시 마찬가지다. 무대에서 보는 것은 단지 그것이다. (…) 그것은 연극이고, 말장난이며, 장면의 유희다. (…) 그 재료는 형상적 인물이 아니다. 어떤 술책도 흥미롭지 않다. 특별한 대상 없는 (…) 온갖 특별한 행위. 그럼에도 터무니없는 어떤 것이 표현된다. 그것 역시 필요하다. 왜냐하면 결국 연극은 우리 안에 품고 있는 (…) 형체 없는 기괴한 상태(…)의 폭로이기 때문이다."[77] 그의 비극적 소극 〈의자들(Les chaises)〉에서 역시 이오네스코는 익숙한 사건을 연관 없이 반복시켜서 부조리성이 드러나게 한다. 저녁마다 공연된 이 "자기반영적 연극"에서 늙은 부부는 회상과 생각, 갈망을 연기한다. 이것이 많아질수록 의자도 ―무대 위 의자의 숫자도― 늘어 가고 그들은 상상의 손님들을 위해 의자를 하나하나 쌓아 올린다. 환상 속에서 "황제"가 나타났을 때 그들은 결국 승리감에 도취되어 자살을 감행한다.

일상의 축적 이외에 외젠 이오네스코는 그의 세계관을 표현하기 위한 수단으

---

77) Eugène Ionesco: Argumente und Argumente, S. 176 f.

로 일상의 과장이라는 기법을 사용한다. 단편 드라마 〈이사 온 하숙인(Le nouveau locataire)〉에서는 다음의 두 가지 경향이 서로 겹쳐진다. 연극은 주인공이 가구와 집기들을 이사 온 집으로 들여오는 것으로 —아주 사실적으로— 시작한다. 하지만 곧 부조리로 급변된다. 들여오는 물건들의 물결은 끊이지 않고, 결국 집 전체가 꽉 차서 세입자는 소유물에 질식해 죽을 것처럼 되어 세상으로부터 고립된다.

이오네스코의 두 번째 창작 단계의 작품들은 모순된 진술의 대립에 기초한다. 작가는 작품의 명확한 수용을 방해하기 위해 이러한 수단을 사용한다. 이렇게 그는 동시대의 극작법과 대립한다. 이오네스코는 베르톨트 브레히트를 종종 "편지배달부"라고 표현했는데, 이러한 강령적 극작가를 비웃었다. "나는 브레히트를 좋아하지 않는다"라고 이오네스코는 말한다. "그가 교훈적이기 때문이다. 브레히트는 이데올로기적이다. 그는 순박하지 않지만 단순하다. 그 스스로 생각할 거리를 주지 않는다. 그는 이데올로기의 거울이다. 그는 그것을 구체적으로 보여준다. 그는 내게 새로운 어떤 것도 말하지 않으며 단지 지껄여 댈 뿐이다. 브레히트적 인간은 단순하다. (…) 그는 사회적일 뿐이다. 그에게 결여된 것은 심층이다. 형이상학적 차원."[78]

작품의 내용을 다의적으로 고양시키기 위해 이오네스코는 기대감을 불러일으키지만 이러한 기대는 바로 깨진다. 연극 〈빈자리(La lacune)〉에서 예를 들면 그는 한 학자의 위대한 명성을 이 사람이 지금 막 자신의 전공과목에서 떨어졌다는 사실과 대조시킨다.

세 번째 창작 단계에서 외젠 이오네스코는 상위 체계를 통한 인간자유의 위협을 다루었다. 작가에게 세계적 성공을 가져다준 가장 유명한 실례는 동물우화인 〈코뿔소(Les Rhinocéros)〉다. 작가의 다음 작품들에도 등장하는 주인공 베랑제(Bérenger), 즉 우리 중 어느 누구기도 한 베랑제는 모든 시민들이 빠진 미혹에 저항한다. 이 작품에서 사람들은 다 똑같이 후피류 동물인 코뿔소로 변신해서 깃발을 흔들며 거리를 행진한다. 1959년에 초연된 이 작품은 독일인들에게 국가사회주의에 대한 비유로 이해되었지만, 이것은 모든 형태의 군중광기와 전체주의를 가

78) Eugène Ionesco: Argumente und Argumente. S. 130.

외젠 이오네스코: 〈공중 보행자〉, 뒤셀도르프 샤우슈필하우스 초연, 1962년, 카를 하인츠 슈트룩스 연출, 테오 오토 무대장치, 베링어 역할의 카를 마리아 슐라이

리킬 수 있다.

그의 마지막 창작 시기인 1962년 이래로 외젠 이오네스코는 죽음이라는 주제에 사로잡혔다. 〈왕은 죽어 가다(Le roi se meurt)〉는 왕 베랑제(Behringer)의 점차 진행되는 내적·외적 퇴위를 통해 개인의 죽음을 묘사한다. 〈공중 보행자(La piéton de L'air)〉에서 베랑제는 비행에 대한 인간의 오래된 꿈을 실현시킨다. 하지만 그가 공중에서 본 것은 혼돈과 재난의 광경들이었다. 〈죽음의 승리(Jeú de mort ou Jeux de massacre)〉에서 각각 20개의 장면은 치명적인 결말로 끝난다. 개인들, 커플들 그리고 모든 인간의 무리가 죽는다. 죽음이 많은 사람들에 의해 심리적으로 철저하게 억압되었던 시대에 작가는 죽음이 세상으로부터 우리를 벗어나게 하는 평범한 사실임을 상기시킨다. 하지만 죽음 자체는 세상으로부터 벗어나지 못한다.

1906년 더블린에서 태어나고 1989년 제2의 고향 프랑스에서 사망한 부조리 작가인 사뮈엘 베케트는 소설과 시, 라디오, 영화, 텔레비전을 위한 글들에서 그리고 드라마에서 매번 한 가지 주제를 변주시켰다. 그것은 바로 죽음에 직면하여 삶에 의미를 부여할 수 있는 없다는 점이다. 그의 세계관의 중심에는 무, 공허, 존재의 부조리가 있다. 삶과 죽음의 동일성을 강조하면서 —그의 작품 중 하나에서 "우리는 무덤 위에 앉아 출산을 한다"라고 했듯이— 그는 탄생과 죽음 사이의 시간을 어떻게 의미 있게 채울 수 있는가라는 문제를 열어 둔다. 그에게 있어 인간을 도울 수 있는 것은 그 무엇도 이 세상에 없으며 형이상학적 심급도 없다. 그의 작품은

무상함의 형상화로서 나타난다. "주인공들"은 성공하거나 실패하는 개인이 아니며 삶으로 인해 항상 좌절하는, 삶이 묻어나는 사람들이다. 그들은 의미도 목적도 없는 대화로 근근이 살아가며, 고뇌에 대항하는 주무기인 난센스 놀이로 시간을 보낸다. 놀이가 끝나면 고통이 그들의 말에 스며들고, 고통스러운 막간이 시작된다. 진정한 소통은 없다. 개인은 근본적인 고독에 사로잡혀 있다.

베케트의 후기 작품에서 인물들은 더 자주 독백을 하거나 침묵한다. 그들은 외적으로 점점 비슷해진다. 사뮈엘 베케트는 〈그 시절(That Time)〉이라는 연극의 인물을 "늙고 하얀 얼굴, 위로 뻗은 덥수룩한 백발"이라고 묘사하고 있다.

이오네스코의 드라마처럼 베케트의 드라마 역시 명확한 해석이 불가능하다. 작가는 어떠한 설명도 엄격하게 거부한다. 베를린 실러 극장에서 〈엔드게임(Fin de partie)〉의 연출을 맡았던 그는 다음과 같이 힘주어 말하며 이와 관련된 질문을 거부했다. "나는 눈앞에 있는 것만 안다." 베케트의 드라마는 관객을 자기자신에게로 향하게 한다. 따라서 관객은 그의 드라마에서 항상 "절대적 진리"가 아니라 자신을 발견하게 된다. 예를 들어 〈고도를 기다리며(En attendant Godot)〉는 이러한 개방성으로 인해 다양한 해석을 수용할 수 있다. 하인리히 뵐(Heinrich Böll)은 제2의 고향인 아일랜드에서 기차를 기다리는 떠돌이들을 생각했다. 테오도어 아도르노는 럭키(Lucky)-포조(Pozzo)의 관계를 헤겔의 주인과 노예라는 주제에 대한 의역으로 해석했다. 알제리의 한 연출가는 블라디미르(Wladimir)와 에스트라공(Estragon)을 토지개혁을 기다리는 두 농민으로 보았다. 베르톨트 브레히트는 이 작품의 문학적 우수성에 매료되어 에스트라공은 프롤레타리아트로, 블라디미르는 지식인으로 분하는 번안극을 계획했다. 또한 난폭한 포조는 지주가 되고, 럭키는 길들여진 동물과 프로그램화된 생각기계인 노예가 혼합된 존재로 상정되었다. 또한 브레히트는 중국인민공화국의 건설에 관한 다큐멘터리 필름을 삽입해서 기다리는 과정에 분명한 의미를 부여하려 했다.

브레히트의 사회주의적 미래에 대한 희망과는 반대로 사뮈엘 베케트는 "아직 행복에 대한 전망이 있었던" 시대를 이미 지나간 과거로 간주했다. 그는 냉정한 페시미즘의 작가인 것이다. 베케트는 사회적 개선 또는 혁명으로 그의 인물들을 도울 수 없다. 그의 작품들은 긍정적인 진술과 의미를 부여하는 메시지의 전달을 포기함으로써 동시대 관객을 당황하고 혼란스럽게 했으며, —특히 독일에서— 모든 것의 실행 가능성에 대한 확고한 믿음이 기반이 된 1950년대 낙관적이고 행동주의적인 태도와 극단적 대립을 이루었다.

5년 동안 〈고도를 기다리며〉는 상연을 위한 극장을 찾지 못하다가 1953년 드디어 비교적 비중이 떨어지는 파리 극장에서 앙토냉 아르토의 예전 동료였던 로저 블린(Roger Blin)의 연출로 초연되었다. 원본은 프랑스어로 쓰였다. 저자는 낯선 어법을 선호했는데, 이것이 모국어보다 훨씬 더 강력한 저항감을 주었기 때문이다. 〈고도를 기다리며〉의 성공은 어마어마했다. 베케트가 —그의 말에 의하면— "소설작업을 하다 휴식을 취하기 위해" 쓴 이 작품은 그를 하룻밤 사이에 유명하게 만들었다.

베케트는 〈엔드게임〉으로 역시 세계적인 성공을 거두고자 했다. 이 작품에서 끝을 기다리는 인물의 모티브는 자신의 몰락에 대한 관찰과 관련된다. 또한 인물들이 휠체어에 묶여 있고 쓰레기통에서 살고 있는 종말론적 상황이 등장한다. 〈크라프의 마지막 테이프(Krapp's last Tape)〉라는 모노드라마의 주인공 역시 몰락의 기미가 역력하다. 늙은 남자가 테이프를 듣고 있다. 그가 30년 전 녹음했던 것인데 그는 테이프를 듣다가 일찍이 "어리석은 바보"였던 자신이라는 낯선 사람을 만난다. 인간은 여기에서 타인으로부터 뿐만 아니라 자기자신으로부터 분리되어 나타난다. 1961년 만들어진 드라마 〈행복한 나날들(Happy Days)〉에서는 끊임없이 치장하기에 바쁜 부인이 거의 동물처럼 퇴행한 남편의 옆에서 모래언덕으로 점점 깊숙이 가라앉으며, 마치 자기최면 상태에 빠진 것처럼 생의 행복에 관한 장광설을 줄줄이 읊어 댄다.

1970년대 베케트는 연극적 구상을 연극의 개별요소들로 축소시켰다. 〈발소리(Footfalls)〉와 〈스퀘어 댄스(Quadrat)〉에서는 허구적 인물과 조명이, 〈한편의 모놀로그(A Piece of Monologue)〉에서는 인물의 대사가, 〈오하이오 즉흥극(Ohio Impromptu)〉에서는 얼굴 없는 두 인물이 낭독하는 말이 이러한 개별요소로 등장했다. 이 작품의 마지막 문장은 다음과 같다. "더 이상 할 이야기가 없다." 베케트의 마지막 드라마 작품으로 1982년에 나온 단편 드라마 〈재난(Katastrophe)〉은 예전 체코의 자유사상가였던 바츨라프 하벨에게 헌정되었다. 이 작품은 재난이 특정 삶의 영역에 속해 있는 것이 아니라 도처에 존재한다는 —역시 연극에서도— 것을 보여 준다. 여기에서는 무대에서 이데올로기적 교육이라는 의심스러운 목적을 위해서가 아니라 미적인 이유에서 인간이 가공되는 과정을 보여 주는데, 이것은 인간을 의심스럽게 만든다.

장 주네는 사회복지기관에서 자라 범죄자가 되었으며, 콕토와 사르트르 같은 저명한 인물들의 변호로 무기징역에서 풀려났던 인물이다. 그의 드라마 작품은 현실에 대한 회의적이고 비관적인 시선, 전통적 인간상의 거부, 드라마에 통용되는 구조적 원칙의 부정이라는 특성을 부조리 드라마와 공유한다. 주네의 극작은 베케트와 이오네스코의 작품보다 더 강하게 제의적 특성을 지니고 있다. 1947년 그의 처녀작인 〈하녀들(Les bonnes)〉에서 작가는 남성이 여성의 역할을 연기할 것을 요구했다. 이 작품에서는 "마님"을 모시는 두 자매가 번갈아 가며 주인마님의 옷을 입어 보면서 일종의 제의를 치른다. 그들은 씁쓸한 결말에 이르기까지 자신의 역할을 줄곧 연기한다. 애증의 대상인 주인마님에 대한 상상적 해방으로 모의되었던 살해가 한 자매의 살인으로 이어진다. 그녀가 한번 시작된 행동을 가차 없이 실행하려고 고집을 피웠기 때문이다. 두 사람은 이렇게 범인과 희생자로서 비로소 사회적 현실을 획득한다. 드라마 〈감시하에서(Haute surveillance)〉는 한 감옥에 갇힌 중범죄자 3명의 이야기다. 그들 중 한 사람은 "힘센" 무리에 들어가기 위해 마지막으로 들어온 사람을 살해한다.

작가는 시민세계의 부정적 복사판과, 세계의 불가결한 구성요소로서 세계를 지배하는 악의 꿈을 보여 준다. 소설(『꽃의 노테르담(Notre-Dame-des-Fleurs)』, 『장례식(Pompes funèbres)』, 『브레스트의 논쟁(Querelle de Brest)』)과 자전적인 『어느 도둑의 일기(Journal du voleur)』에서 볼 수 있듯이 그는 드라마에서 사회의 주변부로 밀려난 사람들은 통용되는 규범의 전도를 통해서만 자신의 진정한 현실을 획득할 수 있다는 것을 묘사한다.

1950년대 후반에 쓰인 후속 작품들에서 주네는 점점 더 정교한 이야기 구조를 만들어 냈다. 드라마 〈발코니(Le balcon)〉에서는 마담 이르마(Irma)의 사창가에서 혁명이 좌절되어 가는 과정을 보여 준다. 이 "환상의 집"에 남자들을 끄는 굉장한 매력이 깃들어 있기 때문이다. 그들은 그곳에서 국가와 교회 그리고 군대의 고위 관직자의 역할을 하면서 만족을 찾는다. 이를 통해 이러한 "사회의 지주들"은 자신의 욕망의 노예로 폭로된다. 주네가 "광대 짓"이라고 부른 드라마 〈흑인들(Les nègres)〉에서는 흑인과 백인이 나오는데, 양쪽 다 흑인에 의해 연기되어야 한다. 또한 그들은 서로 상대방의 머릿속에 박힌 자신의 이미지를 연기해 보여야 한다. 결국 백인들은 흑인들에 의해 처참하게 죽임을 당하고, 이에 술 취한 백인들이 정벌을 위해 정글로 몰려간다.

1961년 —더욱이 베를린 슐로스파크 테아터(Schloßpark Theater)에서— 초연되었던 주네의 마지막 작품 〈칸막이들(Les paravents)〉은 프랑스의 식민지 지배 시절 알제리를 배경으로 한다. 이 작품에서 저항은 "나라에서 가장 가난한 아들"과 "나라에서 가장 못생긴 여자"인 세상에서 버림받은 자들에 의해서 실현된다. 식민지 지배자들은 악과 거만의 원형들로 우스꽝스러운 꼭두각시들로 나타난다. 결국 주네에게는 죽음이라는 현실만이 존재한다. 마지막에 "죽은 자들은" 아직 살아 있는 자들이 무대를 부수고, 무대장치이자 작품의 제목이 되었던 칸막이들을 가지고 퇴장하는 모습을 지켜본다. 마지막 대사는 다음과 같다. "무대는 완전히 비었다. 연극은 끝났다."

드라마의 정치화: 비유극-기록극-비판적 민중극

1960년대 초반 서독의 연극 무대에는 중심이 근본적으로 이동했다. 지난 수십 년간 개인 위주의 문학적인 연극과 부조리 연극이 지배적이었던 반면, 이제 정치적 문학의 다양한 연극 형태가 무대로 밀려들었다. 마르틴 발저(Martin Walser)와 2명의 스위스 출신의 극작가 막스 프리쉬와 프리드리히 뒤렌마트(Friedrich Dürrenmatt)의 비유극, 주요 작가로 롤프 호흐후트, 하이나르 키프하르트, 페터 바이스의 기록극, 특히 마르틴 슈페어, 라이너 베르너 파스빈더와 프란츠 크사버 크뢰츠의 "비판적 민중극"들이었다. 바이마르 시대에 에르빈 피스카토어, 베르톨트 브레히트, 외된 폰 호르바트, 마리루이제 플라이서가 발전시킨 구상을 기반으로 젊은 작가들은 다시금 현재의 구체적인 문제에 눈을 돌렸다. 그들은 작품을 통해 —제2차 세계대전 후 처음으로— 외국에서 독일어권 연극에 다시 명성을 부여했다. 그들은 동시대인들을 도덕적으로 각성시키고 정치적으로 계몽하려고 노력하면서 서독의 복고적 분위기에서 스스로 "말썽꾼"이 되었다. 발저는 자신의 의도를 이렇게 요약한다. "연극에서 가장 중요한 것은 공공성이다. 연극에서는 문제들이 곧이곧대로 언급될 수 있다. 그렇다. 우리 모두 이 순간은 자유롭게, 불행한 일들에 대해서도 웃을 수 있다. 연극은 막강한 세력에 대처하는 인간의 훌륭한 활동이다. 우리 모두가 함께 정치적으로 무엇을 성취했는지, 무엇을 상실했는지, 목격자로서, 전문가로서 그리고 당사자로서 연극을 관람할 수 있다."[79]

서독 드라마의 정치화는 근본적인 실제 역사적 변화의 반영으로 이해할 수 있다. 거침없던 경제성장이 침체로 바뀌고, 이것이 곧 경기후퇴로 변화하면서 "경제기적"은 끝나게 되었다. 1961년 8월 베를린 장벽이 세워지고 연방공화국의 독일인들은 서독의 정치적 잠재력의 한계를 경험하게 되었다. 게다가 그들은 국가의 정체성을 새롭게 규정해야만 했다.

드라마에서 독일의 과거를 "극복"하는 데 큰 공을 세운 이는 스위스 출신의 극작가 막스 프리쉬다. 베르톨트 브레히트가 망명에서 돌아와 1년 동안 취리히에 머물렀을 때, 그와 밀접하게 작업을 했던 프리쉬는 브레히트에게 자극을 받아서 비유극의 형식을 사용했다. 하지만 프리쉬는 비유극을 통해 어떠한 분명한 이데올로기도 전달하려 하지 않았다. 브레히트와 달리 프리쉬는 그의 작품에서 문제제기의 게스투스를 받아들인다. 그는 결함이 있는 사회질서의 이미지를 제시했지만, 모든 개선책은 엄격하게 유보시킨다. 그는 드라마 〈비더만과 방화범(Biedermann und die Brandstifter)〉에서 전체주의적 정부의 상황과 사건을 실례를 들어 비유적으로 보여 준다. 비더만 씨는 테러의 위협 속에서 대단히 순응적인 속물의 태도를 연기한다. 자신의 재산에 대한 걱정 때문에 그는 자신의 집으로 침입해서 자신을 위협하는 범죄자의 앞잡이가 된다. 합창은 —소포클레스의 〈안티고네〉를 패러디하면서— 숙명적인 결론을 내린다.

---

79) Martin Walser: Erfahrungen und Leseerfahrungen. S. 68.

수많은 것이 무의미하지만
이 이야기보다 더 무의미한 것은 없네.
언젠가 불이나
수많은 이들이 죽었지만, 아, 모두 다는 아니지.
그런데 변한 것은 아무것도 없네.

지옥의 에필로그에서 비더만은 도시 파괴에 자신이 연루되었다고 생각하며 자신도 역시 역사의 희생자라고 한탄한다. "우리 같은 사람이 도대체 무엇을 한 것인가?" 〈비더만과 방화범〉의 장르 명칭에 따르면, 이 "교훈 없는 교훈극"에서 작가는 파시즘을 회고하고 동시에 현재와 관련해서 자기파괴의 싹을 품고 있는 사회의 상태를 진단했다.

1961년 막스 프리쉬에 의해 출간된 드라마 〈안도라(Andorra)〉는 마찬가지로 정치적 비유극이며, 선입견의 고수와 다수에 대한 비겁한 순응을 통해 비인간적이고 배타적인 행동방식이 어떻게 발생하는지 보여 준다. 안도라 사람들은 자칭 젊은 유대인인 안도리(Andori)를 사악한 이웃인 "검은" 나라에서 구한 것을 일찍이 자랑스러워했으나, 안도리는 그들에게 오랫동안 소위 다르다는 이유로 지적을 받아 왔고, 마침내 이것을 받아들이고 그들의 지적에 맞게 행동하게 되었다. 그런데 "검은" 나라가 쳐들어왔을 때, 안도라인들이 정말로 어떤 사람들인지 드러난다. 그들은 주저하지 않고 안도리를 희생양으로 적에게 내준다. 〈안도라〉에서 정치적 주제는 정체성의 문제와도 연관되어 있다. 이 문제는 작가의 중심 주제로서 막스 프리쉬의 전 작품을 관통한다. 1950년대 초 초기 드라마 〈외덜란트 백작(Graf Öderland)〉, 〈돈 후안과 기하학에 대한 사랑(Don Juan oder Die Liebe zur Geometrie)〉에서는 사회의 역할 요구에 대해 투쟁하는 주인공들이 나온다.

프리쉬는 문제를 1968년 〈전기-하나의 유희(Biografie-Ein Spiel)〉라는 연극에서 개인적인 차원으로 축소시켰다. 소설 『내 이름은 간텐바인(Mein Name sei Gantenbein)』에서는 일반적으로 정치를 외면하는 이유를 다음과 같이 말했다. "전쟁을 저지하고 보다 나은 사회의 창조 등을 다루지 않는 모든 책은 가끔 내게도 무의미하고 (…) 부적절하게 보인다. 개인의 이야기를 할 시대는 아니다. 하지만 다른 어떤 곳에서도 인간적인 삶이 이뤄지지 않고 개인적 자아에 문제가 발생하고 있다." 〈전기〉에서 프리쉬는 현존하는 현실이 엄청나게 많은 가능성들 중 하나라는 기본적인 견해를 전달한다. 연극은 고정된 현실을 허구적인 방식으로 열어젖힐 수 있기 때문에 현실을 생생하게 묘사하는 기회가 된다. 이러한 목표를 위해 작가는 퀴어만(Kürmann)이라는 암시적인 이름[80]을 가진 인물을 창조한다. 그는 위독해서 병원에 누워 있다. 그가 부인을 알게 된 것은 7년 전 축제에서였다. 그렇다면 이 만남이 일어나지 않았었다면, 그의 인생은 어떻게 되었을까? 체스시합에서처럼 퀴어만의 인생은 다른 가능한 길을 따라 재생되고 다르게 반복된다. 퀴어만은 "일어난 모든 것"을 거부한다. "왜냐하면 그것은 이야기가 되고 철회할 수 없는 것이 되어 하나의 의미를 가정하게 하기 때문이다." 작가는 개인적 이야기뿐만 아니라 정치적 이야기에서 역시 이런 확신을 견지하고 있다. 이러한 관점에서 죽음은 어떠한 변화도 더 이상 허용하지 않는 "최후의 반복"으로 나타난다. 1978년 막스 프리쉬의 후기 작품인 〈트립티콘(Tryptichon)〉은 이와 같은 주제를 중심으로 한다. 이 작품에서 이글거리는 지옥의 스틱스(Styx) 강을 배경으로 한 중심 이미지는 죽은 자들이 과거에 대해 끊임없이 이야기하게 하며, 결국에는 "영원은 무의미하다"는 점을 확인하게 하는 것이다.

프리쉬보다 열 살이 젊은 프리드리히 뒤렌마트는 고삐 풀린 권력추구 욕구가 지배하는 세상은 혼돈에 빠졌으며, 드라마 창작에서 이러한 세상을 비극으로는 묘사할 수 없다는 확신을 가졌다. 그는 「연극 문제(Theaterprobleme)」라는 글에서 예술 작품을 통해 형태가 없는 현실에 형태를 부여하기 위해서 필요한 거리 두기는 오직 희극에서만 가능하다는 이론을 전개시켰다. 뒤렌마트에 따르면 "실러의 드라마는 그리스 비극처럼 분명한 세계와 올바른 국가행위를 전제로 한다. 전체적 조망이 가능한 것은 예술에서 가시적으로 나타난다. 하지만 오늘날 국가는 조망이 불가능하며, 익명적이고 관료적이 되었다. 희극만이 우리에게 남아 있다. 우리의 세상은 원자탄처럼 그로테스크하게 되었다".[81]

80) 독일어로 Kür는 요양이라는 뜻이다.—옮긴이

81) Friedrich Dürrenmatt: Theaterprobleme. S. 44.

뒤렌마트는 세계사에 대한 그의 진단을 〈미시시피 씨의 결혼(Die Ehe des Herrn Mississippi)〉이라는 희극에서 인상적으로 보여 주었다. 3명의 세계 개혁자들—"사랑의 바보", 도덕적인 검사 그리고 공산주의 혁명가—은 아직도 여전히 이데올로기를 신봉하기 때문에 방랑하는 무정부주의자로 등장한다. 희극 〈로물루스 대제(Romulus der Große)〉에서는 알 수 없는 익명의 "불도저"가 세계사를 정하고, 이에 대한 최선의 반응은 아무것도 하지 않는 것이라고 작가는 주장했다. 이 작품에서 주인공은 얼간이 양계업자의 역할로 도망치고 피비린내 나는 "대가"로부터 세상을 자유롭게 하기 위해 로마제국의 몰락을 묵묵히 묵인한다. 뒤렌마트의 〈물리학자(Die Physiker)〉에서도 비슷하다. 한 원자핵 연구자는 자신의 발명이 가져오게 될 재난으로부터 세상을 보호하기 위해 미친 척한다. 하지만 마지막에 그는 자신의 노력이 헛되다는 것을 인정할 수밖에 없다. 한 미친 여의사가 관련 자료를 탈취해서 세계 파괴를 목표로 하는 정권을 세우기 위해 그의 지식을 이용하고자 하기 때문이다.

프리드리히 뒤렌마트의 가장 성공적인 작품은 스스로 "비희극"라고 이름 붙인 〈노부인의 방문(Der Besuch der alten Damen)〉이다. 타지에서 부자가 된 한 부인이 고향의 주민들에게 많은 액수의 돈을 기부한다. 물론 옛날에 결혼지참금 때문에 그녀와 아이를 버린 그녀의 애인을 마을 주민들이 죽여 주는 조건이다. 처음에 주민들은 이 부당한 제안을 비도덕적이라고 거절하지만, 결국에는 물질적 유혹에 넘어간다. 풍요롭게 살기 위해 그들은 말 그대로 시체를 밟고 넘어가는 것이다. 뒤렌마트는 희생자 역할의 인물을 통해 규칙의 예외를 형상화한다. 예수의 수난을 암시하며, 그는 시민들에 의해 고립된 그 남자로 하여금 자신의 죄를 받아들이고 결과에 동의하도록 한다. 마을 주민들의 잘못된 행동에 대해 이 남자가 할 수 있는 유일한 것은 자신의 처분을 기다리며 아무것도 하지 않는 것이다. 이 작품에서는 경제기적을 이룬 서독 사회와 자본주의 가치체계에 대한 비판이 행해지고 있다.

마르틴 발저의 기본 입장은 어떤 면에서 프리쉬나 뒤렌마트와 비슷하다. 그 역시 과거 "극복"을 위해 노력했고 유토피아적 대안 없이 사회를 비판했으며, 연극이라는 수단을 통해 공적으로 정치적으로, 독일인의 과거에 대한 옹색한 타협에 비판을 가했다. 발저의 처녀작 〈우회로(Der Abstecher)〉에서 한 성공한 사업가가 자신의 운전기사에게 연애에 대해 뭔가 자극적인 것을 생각해 보라고 요구한다. 하지만 그는 아무 생각도 하지 않는다. 왜냐하면 이것이 모든 면에서, 그리고 정치적으로도 그에게 최선으로 보이기 때문이다. 이 작품이 베르톨트 브레히트의 〈주인 푼틸라와 하인 마티〉에 대한 풍자라면, 〈참나무와 앙고라(Eiche und Angora)〉는 〈제2차 세계대전 중의 슈바이크〉에 대한 도전이다. 브레히트의 작품에서는 "보잘것없는 사나이가" 현실에 순응하면서 지배자들의 계획을 몰래 훼방놓는다면, 발저는 무엇이 어떤 이득이 되는지 항상 너무 늦게 깨닫는, 별로 지적이지 않은 하류계층의 대표자를 보여 준다. 그는 역사의 카드가 이미 뒤집어진 후에 뒤늦게 나치가 되고, 적절한 시기에 나치로 "변신했던" 상관들에게 비판을 받고 훈계를 듣는다.

비유극 〈실제보다 큰 크로트 씨(Überlebensgroß Herr Krott)〉에서 작가는 풍족한 복지사회에서 계급 간의 대립이 어떻게 값싼 의견 일치로 무너지는지 묘사한다. 마르틴 발저의 〈흑조(Der schwarze Schwan)〉는 훨씬 더 성공적인 정치극이다. 이 작품에서 현대판 햄릿은 덴마크 왕자를 본보기로 연극을 공연해서, 아버지가 강제수용소 의사일 때 저질렀던 잘못을 인정하도록 몰아가려 하지만 실패한다. 젊은 세대를 대표하는 주인공은 나이 든 세대와 자신을 동일시할 수 없다. 왜냐하면 젊은 세대는 아버지들이 어떠한 비인간적 행위를 저질렀으며 그것을 비밀로 했는지 알고 있기 때문이다.

기록극 역시 정치적 주제를 중심적으로 다루었다. 작가들은 기록의 신빙성을 통해 관객들을 시대의 보편적인 문제와 대면시키고자 했다. 이 새로운 장르는 연극을 현재와 최근 과거사의 중대한 주제가 다뤄지는 연단으로서 활용하고자 하는 노력에서 비롯되었다. 강제수용소에서의 대량학살, 유대인 박해에 대한 가톨릭교회의 묵인, 원자폭탄으로 말미암아 임박한 지구의 파괴, 산업국가에 의한 제3세계의 착취 등이 중요한 주제들이다. 작가들에게 중요한 것은 역사의 거짓말을 폭로하고, 은폐되고 억압된 사실을 발견하고 매스미디어의 주장과 견해를 바로잡는 것이다. 그들은 모두 믿을 만한 자료를 바탕으로 그들의 의도와 목적에 맞게 그것을 선별하고 압축하고 가공했다.

페터 바이스는 "기록극에 대한 메모"에서 ―사실로 하여금 스스로 말하게 하려는 노력에도 불구하고― 이 장르의 인위적이고 주관적 특성을 지적했다. "기록극이 미적 범주로부터 자유로울지라도, 예술적 매체로서의 연극을 규정하는 틀로부터 자유로울지라도, (…) 기록극은 예술 작품이 될 것이며, 자격을 가지려면 예술 작품이 되어야만 한다. 우선 정치적 포럼이 되고자 하는 기록극은 그 자체로 의문스럽다. 그러한 경우 외부 세계에서의 실제적이고 정치적 행위가 훨씬 더 효과적일 것이다."[82] 활용된 자료는 믿을 만한 것이며, 예술적 조정과 콘텍스트를 통해 "미적 부가가치"와 작가가 의도한 특정 의미를 지니게 된다. 기록극은 1960년대에 생겨난 것이 아니라 바이마르 공화국 시절 피스카토어와 그의 드라마투르기 그룹에 의해 만들어진 모델을 발전시킨 것이다. 피스카토어는 1962년 서베를린의 프라이에 폴크스뷔네의 극장장이 된 뒤, 그의 생애 마지막 4년 동안 새로운 극작법을 전개시켰다. 그는 전에 모든 극장과 출판사에서 거절당한 롤프 호흐후트의 처녀작 〈대리인〉을 연출하고, 하이나르 키프하르트의 〈로버트 J. 오펜하이머 사건(In der Sache J. Robert Oppenheimer)〉을 초연했고, 마지막으로 아우슈비츠 재판에 대한 페터 바이스의 작품인 〈수사〉를 무대에 올렸다.

〈대리인〉의 초연은 공적 영역에서, 심지어 독일연방의회에서 격렬한 논쟁을 불러일으켰다. 바티칸조차 이에 대해 입장을 표명해야만 했다. 왜냐하면 호흐후트가 이 작품을 통해 나치시대에 유대인들의 강제수용과 살해를 저지하려는 모든 시도를 외교적인 이유로 게을리했다고 교황 피우스 12세에게 책임을 물었기 때문이다. 호흐후트는 프리드리히 실러의 역사적 결단 드라마(Entscheidungsdrama)[83]의 모델을 따랐다. 그의 도덕적 요구 역시 프리드리히 실러와 관련이 있다. 롤프 호흐후트는 현대 국가기구에서 더 이상 어떠한 죄인도 가려낼 수 없다는 프리드리히 뒤렌마트의 견해에 대해 개인의 책임이라는 견해를 내세운다. 원칙적으로 호흐후트는 실러와 다르지 않게 역사적 과정을 개인 간의 대결로서 묘사한다. 영웅 대 적수, 실용주의자 대 이상주의자처럼 〈대리인〉의 인물 구성은 단순하다.

---

82) Peter Weiss: Rapporte.Bd. 2. S. 96.

83) 인물에 의해 야기된 갈등 상황에서 인물의 결단에 의해 갈등이 해결되는 드라마 유형.―옮긴이

역사성이 이렇게 축소되어 나타나는 문제는 〈군인들(Soldaten)〉이라는 제목의 두 번째 작품에서도 분명하게 드러났다. 여기에서는 영국의 수상 윈스턴 처칠(Winston Churchill)이 독일 도시들을 폭격한 혐의로 고발되었다. 이로써 호흐후트는 정당하지 않은 방법으로 수상의 이미지를 더럽혔고, 이로 인해 영국으로부터 격렬한 저항을 불러일으켰다. 작가의 제한된 시각이 다양한 정치적 문제에 대한 작가의 후속 작품을 특징지었고, 이러한 문제는 점점 더 사료로 증명되지 않는 경우가 많았다. 어쨌든 독일어권 무대가 적어도 몇 년 동안 정치적이고 매체적 폭발력을 다시 얻을 수 있었던 것은 호흐후트의 공로다.

1950년대에 서베를린에서 동베를린으로 이주했고, 재이주할 때까지 도이체스 테아터에서 드라마투르그로 활동했던 하이나르 키프하르트는 〈장군의 개(Der Hund des Generals)〉를 통해 서독 무대에서 가장 성공적인 그의 첫 번째 드라마를 선보였다. 그는 전범재판 준비를 위한 심리절차의 예를 들어 법을 통한 무기력한 "과거청산"을 보여 주었다. 이 작품이 브레히트의 영향으로 신빙성 있는 사료가 비교적 드문드문 사용된 서사극이라면, 키프하르트는 〈로버트 J. 오펜하이머 사건〉에서는 순수한 기록극을 썼다. 1964년에 초연된 이 작품은 3000쪽에 달하는 기록을 기반으로 했는데, 이것은 10년 전 미국 핵에너지위원회가 수소폭탄 구축을 지연시킨 물리학자에게 제기한 소송기록이다. 실제와는 다르게 작품 속에서 오펜하이머는 심문을 받는 과정에서 도덕적인 책임을 의식하게 되면서 변화의 과정을 겪는다.

〈요엘 브란트(Joel Brand)〉에서 역시 하이나르 키프하르트는 사료를 기반으로 했지만, 엄격한 기록극 스타일은 뒤로 물러나고 자의적인 창작 부분이 많아졌다. 작가는 이 드라마에서 실제 사건을 기반으로 비인간적인 비즈니스 관행을 보여준다. 헝가리 거주 유대인들의 대피를 두고 나치 앞잡이와 유대인 조직 대표자들 간의 협상에서 이들의 대피는 결국 연합군의 반대로 좌절된다. 나치정부는 100만 유대인의 석방을 대가로 1만 대의 화물차를 받고자 했는데, 이를 통해 인간이 사업수단인 물건으로 전락하는 사건의 상징성이 직접적으로 드러난다. 이 외에도 작가는 아돌프 아이히만(Adolf Eichmann)이라는 나치 살인의 배후 조정자의 잔인성과 편협함을 표현하고자 했다. 하이나르 키프하르트는 〈아이히만 형제

(Bruder Eichmann)〉라는 기록에 기초한 드라마에서 이스라엘 법정에 선 아이히만의 태도를 소재로 삼았다.

1916년 포츠담(Potsdam) 근처 노바베스(Nowawes)에서 유대인 상인의 아들로 태어나 1934년 스웨덴으로 이주한 페터 바이스는 기록극의 가장 중요한 대표자다. 화가와 초현실주의 단편영화 제작자로 활동하다가 1960년경 세부 묘사가 뛰어난 소설 『마부의 몸 그림자(Der Schatten des Körpers des Kutschers)』, 『부모와의 이별(Abschied von den Eltern)』, 『소실점(Fluchtpunkt)』으로 소설가로서 입지를 굳힐 수 있었다. 하지만 그는 1964년 나온 드라마 〈사드 씨의 지도 아래 샤렝통 병원 극단이 공연한 장 폴 마라의 박해와 살해(Die Verfolgung und Ermordung Jean Paul Marats, dargestellt durch die Schauspielgruppe des Hospizes zu Charenton unter Anleitung des Herrn de Sade)〉를 통해 비로소 많은 관객을 얻었다. 이 걸작에 앞서 전통적인 예술가 드라마 〈탑(Der Turm)〉, 그로테스크한 속물 풍자극 〈보험(Die Versicherung)〉, 거리 발라드 〈손님들과 함께 보낸 밤(Nacht mit Gästen)〉, 4개 강음의 운문으로 된 어릿광대극 〈모킨포트 씨의 고통은 어떻게 사라졌나(Wie dem Herrn Mockinpott das Leiden ausgetrieben wird)〉도 있었다. 이러한 다양한 드라마 형태에 대한 경험이 〈마라/사드〉의 풍부하고 복잡한 구조에 녹아 있다. 줄거리는 허구지만 중요한 요소들은 사료를 바탕으로 한다. 페터 바이스는 혁명가에 대한 사드 후작의 역사적 기념 연설에서 아이디어를 얻어 2명의 주요 인물들의 혁명에 대한 상이한 견해를 서로 대립시켰다. 그는 사드가 자신의 생애 마지막 몇 년을 샤렝통 정신병원에서 보냈고, 그곳에서 환자들과 드라마 연극 연습을 했다는 사실에서 "극중극"이라는 비유적 표현을 가져왔다. 〈마라/사드〉는 테제와 안티 테제의 대변자들—혁명가와 극단적인 개인주의자—이 동등하게 대립하는 토론 작품이다. 작가 스스로는 드라마적 기법을 이렇게 묘사했다. 이 작품은 "논리의 법칙에 따라 구성되어 있지 않다". 이 작품은 "완결된 줄거리, 서사적 소재, 완성된 드라마"이고자 하지 않는다. "모든 것을 설명하려는 대화와 완결된 인물 묘사(…)라는 부담을 진" 전통적인 극작법과는 반대로, "여기서는 이성에서 종종 벗어나는 감정과 사고의 연속을 표현하는 것이 중요하다". 이 작품은 "현실의 조각들로 구성된 입체적인 콜라주-이미지 같은 것으로 (…) 작업을 한다".[84] 충격적인 주제와 드라마투르기의 다층성 이외에 연기, 음악, 노래, 춤, 팬터마임이 어우러져 만들어 낸 미적 아름다움이 작품의 어마어마한 국제적 성공을 가져왔다.

아우슈비츠 강제수용소의 경비원에 대한 소송기록을 기반으로 한 기록극 〈수사〉에서 페터 바이스는 〈마라/사드〉와는 완전히 다른 수단을 사용했다. "총체" 연극을 순수 언어극으로, 신빙성 있는 재료와 허구적 재료의 혼합을 순수기록으로 대체했다. 단테 알리기에리(Dante Alighieri)가 『신곡(Göttliche Komödie)』의 지옥편을 그렇게 표현했듯이 페터 바이스는 그의 "오라토리오"를 33개의 노래로 나누었다. 파시즘의 이데올로기적 사고체계가 작품의 발생 시기까지 안정적으로 지속되었던 시대적 상황 속에서 점점 날카로워졌던 작가의 정치의식이 그 토대를 이루고 있다. 1965년 간행된 글 「분단세계에서 한 작가의 10가지 작업 항목」에서 바이스는 사회주의에 대한 절대적 신념을 드러냈다. 후속 작품에서는 새로운 입장이 예술적으로 표현되었다. 〈루지타니아 허수아비의 노래(Gesang vom Lusitanischen Popanz)〉에서 그는 식민지에 대한 포르투갈의 파시즘적 식민정책을

페터 바이스: 〈수사〉, 프라이에 폴크스뷔네 베를린, 1965년,
에르빈 피스카토어 연출, 한스-울리히 슈뮈클레·질타 부세 무대장치

84) Peter Weiss: Rapporte. Bd. 1, S. 14.

고발했다. 〈베트남 논쟁(Viet Nam Diskurs)〉에서는 미국에 대한 전쟁에서 베트콩의 편을 들었다.

1960년대 비유극과 기록극 외에 비판적 민중극이 정치극의 세 번째 형태로 나타났다. 중요한 대표자로는 바이에른의 마르틴 슈페어, 라이너 베르너 파스빈더, 프란츠 크사버 크뢰츠, 오스트리아 출신의 페터 투리니(Peter Turrini)가 있는데, 물론 그의 초기작 〈돼지 도살(Sauschlachten)〉과 〈쥐 사냥(Rattenjagd)〉만이 이 장르에 속한다. 이 젊은 작가들은 마리루이제 플라이서와 외된 폰 호르바트의 모델을 따랐다. 그들의 작품은 나치의 박해로 완전히 잊혔다가, 1965년경에 작품이 발굴되기 시작해서 거의 새로운 작품이나 다름없었다. 젊은 작가들에게 미친 영향은 대단했다. 프란츠 크사버 크뢰츠는 자신이 "플라이서로부터 많은 것을 배웠으며", 자신을 "호르바트의 제자"로 느낀다고 고백했다. 슈페어는 "잉골슈타트" 작품을 쓴 작가와 친분을 맺었으며, 파스빈더는 이 작가가 없었다면 글을 쓰지 않았을 것이라고 말했다.

비판적 민중극과 기록극의 공통점은 사회에 대한 참여이며 차이점은 시야가 좁다는 것이다. 젊은 극작가들의 관심은 주로 '전체'보다는 조심스럽게 선택된 사회 영역의 단면들이었고, 그들은 이러한 단면들을 생생하게 묘사하고 구체적으로 비판했다. 서독과 오스트리아의 소시민, 농업에 종사하는 주민들, 다양한 소외집단의 입장, 행동방식, 가치체계가 중심을 이루었다. "고향"은 답답하고 왜곡된 편협한 장소로 폭로되었다. 인물들의 심리적 기형이 언어로 표출되며, 좀처럼 그들은 진짜 사투리를 쓰지 않는다. 대부분 표준어가 매스미디어를 통해 외딴 벽지까지 퍼지면서 사투리는 추상적이고 제한된 표준어로 대체되었기 때문이다.

민중극의 혁신에 포문을 연 것은 1966년 초연된 마르틴 슈페어의 드라마 〈니더바이에른의 수렵도(Jagdszenen aus Niederbayern)〉였다. 1948년 화폐개혁 직후의 어느 한 마을의 사회상이 주제였다. 화폐는 개혁되었지만 사람들의 의식은 아니었다. 대의적인 평화는 선포되었지만, 개인에 대한 개인의 작은 전쟁은 계속된다. 정치적 파시즘은 종식되었지만, 일상의 파시즘은 끝나지 않았다. 동성애자인 아브람(Abram)과 정신지체인 로보(Rovo)와 같은 외톨이들은 마을 주민들에 의해 동물처럼 쫓기고 범죄나 자살로 내몰린다. 마르틴 슈페어는 〈란츠후트 사람들의 이야기(Landshuter Erzählungen)〉와 〈뮌헨의 자유(Münchner Freiheit)〉를 써서 처녀작과 함께 "바이에른의 3부작"으로 확대했다.

40년도 되지 않는 생애 동안 연극연출가, 극작가, 영화제작자로서 어마어마한 창작력을 보인 라이너 베르너 파스빈더에게 바이마르 공화국의 민중극은 작가로서 그가 이용한 전통들 중 하나였다. 완전히 다른 방향으로부터의 영향, 즉 할리우드 영화, 특히 더글러스 서크(Douglas Sirk)의 영화로부터 받은 영향 또한 그에게 중요했다. 파스빈더가 뮌헨의 "액션-테아터[리빙 테아터 성향의 연극공동체로 파스빈더는 액션 테아터를 계승해 1968년 한나 쉬굴라(Hanna Schygulla)와 피어 라벤(Peer Raben)과 함께 "안티 테아터"를 창단했다]"에서 공연에 적합한 작품을 찾고 있었을 때, 우연히 마리루이제 플라이서의 〈잉골슈타트의 개척자들〉을 만나게 되었고, 이 작품을 개작하여 무대에 올렸다.

이탈리아인을 폄훼하는 표현인 〈카첼마허(Katzelmacher)〉라는 제목을 단 그의 처녀작 역시 이 작가의 작품과 관계가 있다. 파스빈더의 이 작품은 아웃사이더에 대한 젊은이들의 태도를 다루고 있다. 잘생긴 그리스 출신 외국인 노동자가 바이에른의 한 마을에 도착하자 파시즘적 의식이 불거지고, 특히 그것은 공격적인 성적 질투심으로 표출된다. 청년들은 이방인을 잔인하게 때려눕힌다. 소위 그와 관계를 갖은 여사장과 그를 사랑하는 처녀는 마을에서 소외당한다. 마지막에는 그가 한 터키인과 함께 일하는 것을 거부하면서 결국 박해받는 자는 잠재적인 박해자임이 드러난다. 마리루이제 플라이서의 "잉골슈타트" 드라마와 마찬가지로 인물들은 바이에른 방언과 예술적 언어가 섞인 말투를 사용한다. 호르바트의 민중극에서처럼 언어는 표준화된 상투어로 환원된다. 하지만 언어가 어떤 현실적인 소통을 보장하지 못할 때, 육체적 폭력의 행사는 가까워진다. 파스빈더는 "안티 테아터"를 위해 2년여 만에, 즉 1968년과 1971년 사이에 〈프리패러다이스 쏘리 나우(Preparadise sorry now)〉, 〈바이에른의 혼란(Anarchie in Bayern)〉, 〈고양이 목의 피(Blut am Hals der Katze)〉, 〈베어볼프(Werwolf)〉, 〈페트라 폰 칸트의 쓰디쓴 눈물(Die bitteren Tränen der Petra von Kant)〉과 〈브레멘의 자유(Bremer Freiheit)〉와 같이 일상에서의 폭력이라는 주제에 대한 영화 형식으로 구성된 콜라주를 완성했다. 다른 한편으로는 고전 드라마 — 괴테의 〈타우리스의 이피게니에〉, 소포클레스의 〈아약스(Ajax)〉, 로페 데 베가의 〈불타는 마을(Brennendes Dorf)〉, 카를로 골도니의 〈커피하우스(Der Kaffeehaus)〉의 거친 번안물들을 만들었다. 프랑크푸르트 테아터 암 투름(Frankfurter Theater am Turm)에서의 짧은 감독 시절 파스빈더는 가장 많은 논란을 불러일으켰던 작품 〈쓰레기, 도시 그리고 죽음(Der Müll, die Stadt und der Tod)〉을 썼다. 이 작품은 부정한 부동산 사업을 불쾌하고 그로테스크하게 묘사하고 있다. 연극이 나온 지 10년 후인 1985년에 초연이 계획되었지만, 신문의 문예란에서 유대인 지역에 대한 반유대주의적 편견을 부주의하게 다뤄서 논란이 되었고 이로 인해 초연은 좌절되었다.

비판적 민중극의 가장 중요한 작가는 프란츠 크사버 크뢰츠였다. 연달아 나온 그의 작품들은 사회 하층계급의 삶을 자연주의 방식으로 묘사하고 있다. 크뢰츠는 이 하층계급의 침묵이 사회적 위축과 전면적인 소통의 상실을 가져온다는 것을 보여 준다. 그의 초기 연극의 주제는 원치 않는 임신(〈가내노동(Heimarbeit)〉), 중절(〈미치의 피(Michis Blut)〉), 살해의 시도(〈들짐승의 통로(Wildwechsel)〉, 〈남자들의 일(Männersache)〉, 〈유령열차(GeisterBahn)〉), 아웃사이더의 고립(〈사랑스러운 프리츠(Lieber Fritz)〉)이다. 사회적 궁핍, 언어의 궁핍, 욕구의 궁핍, 크뢰츠가 짧은 장면으로 엮어 보여 주는 이 세 가지에서는 탈출구가 없다. 궁핍은 공격적 성욕과 잔인한 폭력으로밖에 표출될 수 없다. 폭력은 약자 아니면 〈소망 콘서트(Wunschkonzert)〉에서처럼 자신에게로 향한다. 이 작품은 외로운 한 여인이 자살을 준비

프란츠 크사버 크뢰츠: 〈슈탈러 농장〉, 도이체스 샤우슈필하우스 함부르크, 1972년, 울리히 하이징 연출, 카를 크나이들 무대장치

하는 과정을 보여 주는 1인극이다. 〈슈탈러 농장(Stallerhof)〉에서는 한 늙은 하인이 농부의 정신박약인 딸을 임신시킨다. 그는 바로 농장에서 쫓겨나고, 그와 유일하게 친한 개는 독살된다. 농부의 부인은 어린 딸에게 중절수술을 받게 하려고 하지만, 결국은 혼외로 얻은 손자를 어쩔 수 없이 받아들이게 된다. 이어 〈유령열차〉는 딸이 도시로 이주하는 내용을 다룬다. 하지만 그곳에서 딸은 결국 아이를 죽인다.

1970년대 초 정치적 입지를 결정하는 의미에서 크뢰츠는 자신의 드라마 창작 원리의 근원에 대해 자문했다. 소외된 사람들을 단지 기록하는 "연민의 극작법(Mitleidensdrama tik)"은 소외된 사람들을 대변하는 관점에 따른 작품들로 대체되었다. 〈백운석 도시 리엔츠(Dolomitenstadt Lienz)〉에서 작가는 처음으로 수감자의 정적인 상황과 대조를 이루며 이러한 상황을 해설하는 노래를 삽입했다. 〈북부 오스트리아(Oberösterreich)〉에서는 더 이상 소외된 존재가 등장하지 않고 평균적 시민인 노동자 부부가 등장한다. 그들은 원치 않는 아이를 낳을 것인가라는 어려운 문제에 직면해 있다. 문제를 성찰하는 능력, 긍정적 해결책, 중절에 대한 포기는 작가의 초기 작품과의 거리를 보여 준다.

크뢰츠는 크리스티안 프리드리히 헵벨의 시민비극 〈마리아 막달레나〉를 논쟁적으로 개작하면서 처음으로 소시민적 행동방식의 캐리커처를 시도했다. 그가 베르톨트 브레히트의 입장에 몰두하고, 호르바트와 플라이서의 민중극 모델의 제한된 범위를 비판했음에도 불구하고, 크뢰츠는 감정이입의 드라마투르기에 머물렀다. 크뢰츠는 1975년 나온 드라마 〈둥지(Das Nest)〉에서 개인적 낭패를 토대로 작품을 썼다. 하지만 그는 이런 당혹감으로부터 인식과 실제적 결과를 요구한다. 한 노동자가 사장을 위해 유독성 폐기물을 호수에 버리고, 자신의 아이가 이로 인해 거의 죽을 뻔하게 되자 아버지는 정치적인 참여의 필요성을 깨닫게 된다.

긍정적인 주인공에 대한 동일화는 작품 〈아그네스 베르나우어〉에서도 기본적인 틀이 된다. 여기에서 작가는 프리드리히 헵벨의 동명 드라마를 어느 정도 따르며, 처음이자 마지막으로 사회적 총체를 형상화하려는 시도를 했다. 가난한 이발사의 딸이 성물 공장주의 아들과 결혼한다. 그녀는 시아버지의 착취에 분노해서 남편과 함께 부유한 시부모의 집을 떠난다. 하지만 반자본주의적 동화는 계속되지 않았다. 다음의 작품들(〈오, 이런(Mensch Meier)〉, 〈건장한 막스(Der stramme Max)〉)은 다시 익숙한 환경에서 진행된다. 실업, 건강에 해로운 작업조건, 청년실업에 대한 공포가 주제다.

1980년대 작품에서 크뢰츠는 계속 극적 사건의 미적 고양을 위해 노력했다. 〈죽도 밥도 아닌(Nicht Fisch nicht Fleisch)〉에서 그는 인쇄 분야에서 합리화 과정의 결과를 둘러싼 현실적 이야기에 표현주의적 장면들을 삽입했다. 〈서독의 공포와 희망(Furcht und Hoffnung der BRD)〉에 등장하는 일상의 장면들에서는 극작가 자신의 심리상태를 보여 주는 분위기 묘사가 주를 이룬다. 〈농부의 노력(Bauernstreben)〉과 에른스트 톨러의 〈독일인 힝케만〉을 본 딴 드라마 〈거세된 남자(Der Nusser)〉는 수난극의 특성을 지니고 있다.

정치적 궐기의 시대 독일연방공화국의 연극

기록극에서 볼 수 있듯이 재건 시기 정치적·문화적으로 복구되고 지평이 확대되기 시작한 이후 서독 사회는 격렬하게 분열되었다. 이러한 ―"학생운동"이라는 통상적인 개념으로는 불충분하게 파악되는― 과정의 결과는 학생운동이 대체적으로 시민 자유주의적 지식인에 국한되었음에도 수많은 삶의 영역에서 오늘날까지 영향을 미치고 있다. 특히 지식인 계층에서 그 시대의 성과는 계속되고 있다. 실례를 들자면 이성 간에 비교적 열린 관계, 비권위적 교육, 아웃사이더에 대한 관용, 다문화적 성향, 전쟁의 거부, 시민혁명의 테두리 안에서 정치 참여에 대한 자발성을 들 수 있다. 학교와 대학, 사회기관과 미디어뿐만 아니라 예술의 영역에서도 전승된 구조에 대한 거부를 특징으로 하는 사고방식과 행동방식을 만날 수 있다. 수많은 여론 형성 제도들, 특히 연극은 오랫동안 지도적 위치를 차지한 "68세대들"로부터 영향을 받았다.

학생운동의 출발점은 수년간 정치적·경제적 태만으로 야기된, 1966/1967년에 발생한, 공화국 창립 이후 최초의 경기침체였다. 위기는 루드비히 에르하르트의 수상직 퇴진을 의미했고, 그는 콘라트 아덴아우어의 후임자로서 "경제기적의 아버지"라는 명성을 곧 상실했다. 쿠르트 게오르크 키징거(Kurt Georg Kiesinger) 수상과 그의 대변인이자 외무장관인 빌리 브란트(Billy Brandt)의 지휘 아래 기독교민주연합과 독일사회민주당의 대연합이 형성되었다. 정부 내부에서는 타협의 불가피성과 "적절하게 조정된 화합의 노력"이 많은 사람들에게 반감을 불러일으켰고 상당한 잠재적 저항이 형성되었다. 두 거대 정당의 연합이 연방의회에서 있을 수 있는 대립을 현실적으로 불가능하게 만들었기 때문에 "원외 반대파(APO)[85]"가 형성되었다. 이들의 정치는 위기 시 연합군의 유보권(Vorbehaltsrecht)을 대체할 "비상사태법"에 대항하는 투쟁에 집중되었다. 원외 반대파에 속하는 비판가들은 현재 국가와 사회에서 많은 책임을 지니고 있는 예전 나치의 동조자들이 비상시에 아무런 제한 없이 민주주의의 편에 설 수 있다는 점에 의구심을 가졌다. 전반적으로 원외 반대파는 과거청산에 있어 사적 영역과 공적 영역에서 지배적인 타부를 없애라고 촉구했다. 대학생들로서 원외 반대파의 핵심을 이루었던 교양 시민계층의 아들과 딸들은 부모에게 "제3제국"에서 그들의 태도에 대해 끊임없이 캐물었다.

운동의 주요 대표자인 페터 슈타인(Peter Stein)은 한 인터뷰에서 당시의 상황을 다음과 같이 묘사했다. "연방공화국의 점령군이 나치의 영향을 제거하려는 조짐이 있었지만 그것은 실패했다. 이에 만족할 수 없었던 사람들은 심각한 개인적 문제와 어려움에 부딪혔다. 양심의 가책과 불안을 느낀 그들이 어디로 향했겠는가? (…) 절망적인 심정으로 그들은 우선 자신의 부모들에게 시선을 돌렸다. 반파시즘적 의식은 이렇게 세대 간의 갈등과 연루되었다. (…) 소위 나의 첫 번째 정치적 활동은 '사소한 따귀'로 일어났다."[86]

대부분 아버지들의 유일한 반응은 히틀러 시대의 청년으로 또는 군인으로 경험했던 것처럼 권위적이고 강력하게 대응하는 것이었다. 이해심 많은 대화는 불가능했다. 베를린에서 페르시아의 황제에 대항하는 데모 중에 어떤 경찰이 벤노 오네조르크(Benno Ohnesorg)를 사살한 후, 학생들은 쿠어퓌어스텐담 거리로 나와

---

85) Außerparlamentarische Opposition의 약자. —옮긴이

86) Zitiert nach Dieter Kranz: Positionen. S. 176.

시민과의 대화를 시도했다. 이때 나중에 "적군파(Rote Armee Fraktion)"의 일원이 된 구드룬 엔슬린(Gudrun Ensslin)이 끼어들었다. "당신들은 그들과 대화할 수 없을 겁니다. 그들은 아우슈비츠의 세대입니다."

원외 반대파의 핵심이 대학생들이었던 근본적인 이유는 경제위기의 맥락에서 논의된 교육의 위기에도 있었다. 자유주의 정치가와 대학교수들은 "경제기적"에 몰두하느라 학교와 대학의 근대화가 소홀해졌다고 비판했으며, 기술발전에 필수적인 능력과 실제 능력 사이의 불균형이 경제적 어려움의 원인이라고 보았다. 사실 너무 적은 수의 학자가 양성되었으며, 이들은 아주 구시대적 방식으로 교육되었다. 학생들이 외친 투쟁구호인 "1000년 된 곰팡내 나는 가운 아래!"는 그 상황을 상당히 정확하게 묘사하고 있다. 그들의 비판은 대학의 비민주적 구조와 비정치적이고 "공부밖에 모르는 바보 같은" 교수들에 대한 것이었다. 비판은 엄격하게 조직된 관료제의 고루한 국가기구, 업적 위주의 의무에 사로잡힌 "사회체제" 그리고 서방세계의 전체 정치체계로 확대되었다. 사실 서방의 정치체계는 저개발국의 착취와 베트남에서 미국이 일으킨 전쟁에서 그 추악한 면이 이미 드러났다.

이러한 저항의 정신적 아버지는 철학자 헤르베르트 마르쿠제(Herbert Marcuse)와 에른스트 블로흐였다. 마르쿠제가 특히 마르크시즘과 정신분석의 사상적 결합을 통해 쾌락원칙과 권력기구에 대해서 "위대한 거부"를 할 것을 요청하면서 젊은 혁명가들에게 중요한 존재가 되었다면, 블로흐는 "희망의 원리"로 운동의 유토피아적 가능성을 제공했다. 미국에서 베트남 전쟁에 대한 저항이 일어났고, 프랑스 대학생들은 드골 대통령의 영도 아래 있는 국가기관의 권위적 태도에 대해 저항했다. 이에 힘을 얻어 1968년 서독의 대학생운동은 점점 빠른 템포로 과격해졌다. 같은 해 2월 서베를린에서 "사회주의독일학생연맹"에 의해 결성된 대규모 국제회의가 거행되었고 회의 참가자들은 베트남 투쟁가들과 연합했다. 탁월한 언어구사력을 지니고 카리스마가 넘쳤던 학생운동의 선구자 루디 두취케(Rudi Dutschke)는 이렇게 외쳤다. "우리도 베트남에서 매일 깨지고 있다!" 1만 2000명이 참가한 마지막 데모는 1945년 이후 온갖 노력을 다해 건설한 모든 것이 파괴될까 봐 두려워하는 시민들과 충돌하게 되었다.

1968년 11월 궐기는 정점에 달했다. 전설적인 "테겔(Tegel) 거리의 투쟁"에서 수많은 시위자들과 경찰들이 중상을 입었다. 이로부터 운동 내부에서 비판의 목소리가 커졌다. 계속된 폭력의 사용에 정치적 의미가 없다는 것이었다. 이어 사람들은 여러 소그룹들로 분열되었다. 일부는 노동자와의 연대를 시도했지만 실패했다. 일부는 작은 혁명지부의 형성을 시대의 사명으로 여겼다. 레닌주의, 트로츠키주의 그리고 마오쩌둥주의의 분파들이 형성되었다. 가장 극단적인 사상을 지닌 분파는 "적색파"였다. 그들은 방화와 약탈, 폭탄테러를 통해 "미디어에 의해 멍청해진 대중"을 그들의 "잘못된 의식"으로부터 흔들어 깨워야 한다고 생각했으며 빠르게 범죄와 테러리즘으로 변모했다.

사회주의의 의미에서 직접적으로 정치적 영향력을 행사하려는 대학생운동의 노력은 무정부주의적이고 하위문화적 경향과 겹쳐졌다. 미국의 "언더그라운드 문화"와 보헤미안적 생활방식, 프리섹스에 대한 욕구, 마약, 자극적 음악을 즐기는 히피와 비트족으로부터 시작해서 유럽 대륙에서, 특히 암스테르담과 서베를린을 중심으로 한 "문화계"가 형성되었다. "방랑하는 대마초 폭도들의 중앙위원회"와 같은 다소 기이한 그룹 이외에 "코뮤네(Kommune 1)"가 결성되었다. 그 구성원 가운데 라이너 랑한스(Reiner Langhans)와 프리츠 토이펠(Fritz Teufel)은 주목할 만한 행동으로 전설적인 명성을 얻었다. 재판에서 판사가 그에게 일어날 것을 요구했을 때, "그것이 진리의 발견에 도움이 된다면"이라는 그의 대답은 명언이 되었다. 성적 개방에 대한 생각은 시민들의 환상을 부추겼다. 하지만 멋진 구호들이 낙관했던 것처럼 공동체가 그렇게 돌아가지 않는다는 것을 사람들이 알아차렸을 때, 그들의 관심은 사그라졌다. 젊은이들과 개방적인 사람들은 폭도들의 입장을 받아들이기는 했지만 당연히 약화된 형태로 받아들였다. 코뮤네는 주거공동체가 되었다. 초기 단계에 공동체 구성원들의 리비도적 파괴 에너지와 "사회주의자들"의 분석적 힘이 "고우-인스(Go-ins)"와 "러브-인스(Love-ins)"와 같은 해프닝에서 생산적으로 융합되었다면, 나중에는 서로 대립하게 되었다. 공동체 구성원인 라이너 쿤첼만(Rainer Kunzelmann)이 오르가즘의 어려움이 베트남 전쟁보다 그에게 중요하다고 공개적으로 공표했을 때, 사회주의독일학생연맹과의 단절은 더 이상 피할 수 없는 것이 되었다.

당연히 학생운동은 예술의 영역을 근본적으로 비판했다. 예술의 시민적 형태는 지배적 정치질서에 대한 순응적 태도로 인해 극단적으로 거부되었다. 헤르베르트 마르쿠제의 글 「문화의 긍정적 성격에 대하여(Über den affimativen Charakter der Kultur)」에 의지하여 특히 과격한 사람들은 예술의 철폐를 요구했다. 어쨌든 사람들은 엘리트의 미적 교육으로부터 "광범위한 대중의 기본 교육"으로 중점이 이동되어야 한다고 요구했다. 학생운동은 지배적인 극장에 대해서 무엇보다 시민적 욕구에의 부합, 관객의 수동적 역할, 독재적인 운영 구조를 비판했다. 사람들은 이러한 "점잖은 연극"이 노동자나 진보적인 경향의 청년들과 아무런 접점이 없으며, 고로 어떠한 사회적인 중요성도 가지지 않는다고 비난했다. "교수에게서 마이크를 빼앗고, 위층 좌석에서 전단이 집회자들의 머리 위로 날아다니고, 혁명가들이 그들의 어린아이들을 데리고 연단으로 올라가고", 이제 길거리에서나 강당에서나 "참여연극"이 공연되었다.[87]

학생혁명의 정점에서 사실 연극과 집단행동이 혼합되었다. 프랑스에서 학생들은 예술의 사원을 점령했다. 에르빈 피스카토어의 제자이자 리빙 테아터를 이끌었던 주디스 몰리나는 이러한 과정을 다음과 같이 설명한다. "피스카토어의 정치극에 대한 생각이 오데옹 극장의 배역에서 완성되었다고 나는 생각한다. (…) 그것은 거의 기적에 가까웠다. 모든 것이 권위와 격식 없이 진행되었다. 어느 누구도 연출가가 아니었으며 배우도 아니었다. 학생들은 최상의 연극이 연단이라는 것을 아주 쉽게 알아차렸다."[88]

기존 무대는 개혁이 가능하지 않은 것으로 간주되었기 때문에 제도권 밖에서 새로운 공연 형태가 발전했다. 종종 준프로들에 의해 공연되고, 의식적으로 비예술적이었던 거리연극은 바이마르 공화국 시절 선전선동-연극(Agitprop-Theater)의 모델을 따랐으며, 우연히 모인 관중에게 "혁명적 실제"를 훈련시키는 것 이외에 다른 목표가 없었다. 그러나 이러한 연극은 그 당시 많은 성공은 거두지 못했다. 견습생, 외국인 노동자, 게이와 레즈비언, 실업자, 수감자와 같은 소외된 계층의 구체적인 욕구를 다루는 특정 목표집단을 겨냥한 연극 역시 과도적인 현상에 머

87) Peter Handke: Prosa. Gedichte. Theaterstücke. Hörspiel. Aufsätz. S. 305 f.
88) Zitiert nach: Erika Billeter: The Living Theatre. S. 16.

물렀다. 하지만 그 후 사회복지 영역에서 연극적 수단을 통한 작업으로 이해되는 연극교육학이 이러한 연극의 의도와 형상화 수단을 수용하고, 성찰하고, 계속 유지시켰다.

1980년대까지 학생운동의 정신을 받아들였던 연극은 전통적인 성탄절 동화공연을 대체하고 자립심을 함양하기 위한 사실주의적 어린이 연극뿐이었다. 1920년 이후 발터 벤야민(Walter Benjamin)이 아샤 라시스(Asja Lacis)와 함께 기획했던 프롤레타리아 어린이 연극 재발견 프로그램을 기반으로 특정 목표집단을 겨냥한 연극 형식이 생겨났다. 이러한 연극은 후속 세대에게 자유주의적·비판적·연대적·평화적 기본 태도를 전달하는 것을 과제로 삼았다. 어린이의 관점에서, 그리고 어린이의 편에서 사람들은 아이들의 일상의 문제를 묘사하고 —행위자로서 아이들과 함께— 가능한 해결책을 공연을 통해 보여 주었다. 이때 따라 부르도록 부추기는 노래는 연극에서 중요한 역할을 했다. 우선 서베를린의 그립스 테아터(Grips-Theater)에서 폴커 루트비히(Volker Ludwig)는 음악가, 연출가, 배우들과 함께 이런 모델을 발전시켰다. 여기에서 탄생한 작품들은 수년에 걸쳐 다른 극장에서, 그리고 독일어권 밖에서 다시 공연되었다.

우선 엄격한 서열, 권위적인 결정 과정, 극단적인 분업, 비예술적 예술 생산에 대한 강요를 특징으로 하는 관습적·제도적 연극에 대한 거부는 1970년대 초 "자유극단들(Freie Gruppen)"의 발생으로 이어졌다. 특히 대도시들에서는 생산방식에서뿐만 아니라 이념적이고 미학적인 관점에서 시립극장과 국립극장에 대한 대안으로 생각되는 연극계가 번성했다. 좌절한 연극인들은 제도권을 떠나서 종종 생활공동체이기도 했던 작업 그룹으로 들어갔다. 연기학교 졸업생들은 국립극장으로 가지 않고 뮌헨의 "빨간무(Rote Rübe)"나 베를린의 "서구의 도시사슴을 위한 극장(Theater zum westlichen Stadthirschen)"과 같은 자유극단들을 창설했다. 독학생들 또는 다양한 워크숍에서 교육을 받은 준프로들이 운동의 붐을 일으켰다. 결국 양이 질을 넘어섰다. 초기에 극단들의 프로그램은 기본적으로 사회비판적 의도를 띠었다. 대본은 스스로 쓰거나, 아니면 같이 즉흥적으로 만들어 갔다. 때때로 기존 작품을 가져와 그것을 자신들의 목적에 맞게 각색했다. 연기 방식에서는 미국에서 "리빙 테아터(Living Theatre)", "샌프란시스코 마임 극단(San Francisco Mime

Troupe)", "빵과 인형 극장(Bread and Puppet Theatre)"이 발전시켰던 육체가 강조된 스타일을 따랐다. "태양극단(Théâtre du Soleil)"과 함께 코메디아 델라르테의 예술 수단을 부흥시키려는 아리안 므뉴슈킨의 시도 역시 서쪽 독일어권 지역의 자유로운 연극계에 고무적으로 작용했다. 공연 장소로 대부분 비어 있는 창고나 공장이 사용되었고 유랑극단에서는 이따금 서커스 천막을 치고 공연을 하기도 했다.

1980년대에는 일련의 다소 큰 지방기초자치단체급 도시들에서, 예를 들어 함부르크의 캄프나겔파브릭(Die Kampnagelfabrik), 슈투트가르트(Stuttgart)의 테아터하우스(Das Theaterhaus), 뮌스터(Münster)의 푸펜하우스(Das Puppenhaus)와 같이 기술적인 기본 무대장치가 마련된 고정 공연공간이 제공되었다. 자유극단들에 대한 국가의 지원은 —시립극장과 국립극장에 비해— 형편없었다. "브레멘 셰익스피어 컴퍼니(Bremer Shakespeare Company)", "프라이에 테아터 뮌헨(Freie Theater München)", 빈의 "세라피온 극장(Serapionstheater)" 또는 베를린의 "프라이에 샤우슈필(Freie Schauspiel)"과 "테아트르 크레아투어(Teatr Kreatur)"와 같이 예술적으로 정평이 나 있는 극단들조차 단원들의 극단적인 자기 착취를 통해서만 예술적 작업으로 생계를 이어 갈 수 있었다. 그들은 초지역적 연극비평을 통해서는 알려지기 힘들었고, 제도권 연극의 동료들에게 종종 무기력하게 비웃음을 샀다. 하지만 그들의 미적 개혁은 제도권에 의해 재빨리 흡수되었다. 이러한 상황에서 몇몇 극단만이 그들의 원래 의도에 충실할 수 있었다는 것은 놀랄 만한 일이 아니다. 대안 연극계가 생긴 다음 25년이 지난 후, 한 전문가의 결론은 냉정하게 들렸다. "자유연극(das freie Theater)처럼 그렇게 변질된 예술은 없다. (…) 1970년대에는 고유한 육체의 발견에서 연극예술을 위한 새로운 척도를 발견하고자 했던 워크숍 문화가 꽃피웠다. 모든 사람을 위한 문화는 역시 모든 사람에 의한 문화를 의미했다. 관객은 배우가 되었다. 저항의 잠재성에서 종종 자기 확인의 제의만이 남았다. 여전히 모든 사람이 무대에 설 수 있다. 이것은 좋은 일이지만 동시에 끔찍하다. 개인적이고 예술적인 자기실현이 모두에게 가능하기 때문에 좋고, 같은 이유에서 끔찍하다. 왜냐하면 종종 자유연극에서 사람들은 예술이 아니라 자의식만을 보기 때문이다. 예술 개념의 민주화와 확대는 독일에서 종종 사회치료적 행사로 나타날 뿐이다. 또는 확고히 자리 잡은 국립극장의 좋지 않은 모방처럼 보인다."[89]

정치적 저항의 에너지는 연극이라는 제도 내부에서도 눈길을 끌었다. 종종 젊은 앙상블 단원들은 연기학교를 나온 후배들과 함께 새로운 내용과 작업 방식을 지향하는 활동단체를 결성했다. 드라마투르기 측면에서 시사적인 실용 작품(Gebrauchsstück)들이 만들어졌는데, 대부분 느슨한 장면 연결로 형상화되었다. 〈루지타이아 허수아비의 노래〉, 〈베트남 논쟁〉과 같이 페터 바이스의 당파적인 작품들과 베트남 전쟁에 반대하는 영어 작품을 번역한 선동적인 작품들이 공연되었다.

시대의 해방적 충격은 제도화된 관점에 가장 강렬한 영향을 주었다. 결정 과정의 민주화와 같은 일반적인 경향에 부합하여 극장에서도 공동결정에 대한 요청의 목소리가 커졌다. 극장장뿐만 아니라, 오히려 보수적인 경향의 연극노조들 역시 회의적이거나 거부감을 가지고 바라보았지만 몇몇 용감한 연극인들은 이러한 시도를 감행했다. 그들의 논거는 설득력 있게 들렸다. 연극이 해방의 매체가 되어야 한다면 연극 작품이 만들어지는 과정 역시 예외적일 수 없다는 것이었다. 따라서 배우와 모든 연극 관계자들은 작업의 목표와 내용 그리고 방법에 대해 공동으로 결정을 할 수 있어야 한다. 거의 모든 무대에서 이 문제에 대한 뜨거운 논쟁이 불타올랐지만, 단지 몇 안 되는 무대에서만 실질적인 결과를 얻을 수 있었다. 프랑크푸르트 암 마인의 시립극장에서는 브레히트의 제자이자, 1960~1970년대 가장 분별력 있고, 개방적이고, 감수성이 풍부한 연출가에 속하는 페터 팔라치(Peter Palatzsch)가 이러한 작업 방식을 위한 질긴 투쟁을 이끌었다. 그러나 법적 실체로서 도시가 지지하고 팔라치와 수많은 동료들이 신명을 다했음에도 이 작업 모델은 제대로 기능을 하지 못했고 7년 후 다시 폐기되었다. 프랑크푸르트의 진보적 성향의 문화 책임자 힐마르 호프만(Hilmar Hoffman)은 애석한 결론을 내야만 했다. "공동결정 모델은 셀프 서비스로 전락했다."

형식적인 원리로서 민주화가 여기저기서 좌절되었지만, 예술작업에는 지속적으로 반영되었다. 특히 배우와 다른 동료들에 대한 연출가의 권위적인 관계가 바뀌었다. 엄격하게 서열화된 생산방식 대신 자발적인 공동작업이 등장했다. 도처

89) Hartmut Krug in: Theater heute, Heft 1/1994, S. 31.

에서 독재적으로 지배하던 극장장은 경영위원회로 대체되었다. 이와 관련해서 1970년경 사회의 광범위한 저변에서 세대교체가 일어났다. 후임으로 취임하는 연출가와 연극감독들은 1960년대 활기 있고, 지적이고, 실험적이었던 대학생 극단 출신이거나 망명에서 돌아온 연출의 대가들에게서 수습 기간을 거친 사람들이었다. 피스카토어의 제자인 한스귄터 하이메(Hansgünther Heyme)는 쾰른(Köln) 극장의 감독으로 임명되었다. 프리츠 코르트너의 조수였던 위르겐 플림(Jürgen Flimm)은 함부르크의 탈리아 극장의 감독직을 인수했다. 클라우스 파이만(Claus Peymann)은 슈투트가르트에서 연극감독이 되었다. 페터 차덱(Peter Zadek)은 극장장으로 보훔으로 갔다. 프리츠 코르트너에게서 청강했던 페터 슈타인은 1970년 베를린 샤우뷔네 암 할레쉔 우퍼(Berliner Schaubühne am Halleschen Ufer) 극장의 감독으로 취임했고 샤우뷔네를 짧은 시간에 1970년대의 우수극장으로 만들었다.

한자동맹 자유도시 브레멘(Bremen)의 극장에 있었던 젊고 재능 있는 연극인들의 공동작업이 이를 위한 중요한 준비 단계가 되었다. 그곳에서 1962년 극장장직을 인수했던 쿠르트 휘프너(Kurt Hübner)는 그 전에 이미 울름의 시립극장에서 인재를 발굴하는 능력으로 인정받았다. 특히 그는 —독일 이민가정의 아들로서— 영국에서 처음으로 연극 경험을 했던 페터 차덱에 주목했다. 휘프너의 개방성 덕분에 차덱은 무엇보다 셰익스피어 드라마와 영어 레퍼토리의 최근 작품들을 통해 자신을 독일 관중에게 소개할 수 있었다. 그는 브렌던 비언(Brendan Behan)의 〈인질(The Hostage)〉, 〈괴상한 녀석(The Quare Fellow)〉과 숀 오케이시(Sean O'Casey)의 〈총잡이의 그림자(The Shadow of a Gunman)〉, 〈은배(The Silver Tassie)〉를 연출하여 아일랜드 출신인 2명의 사실주의 작가들을 독일어권 레퍼토리에 합류시키는 데 기여했다. 휘프너의 시대에 브레멘 극장에서는 차덱 이외에도 페터 팔라치, 라이너 베르너 파스빈더, 한스 노이엔펠스(Hans Neuenfels), 페터 슈타인, 클라우스 미하엘 그뤼버(Klaus Michael Grüber)가 작업했다. 무대장치가로서는 빌프리트 밍크스(Wilfried Minks)와 카를-에른스트 헤르만(Karl-Ernst Herrmann)이 활동했다. 배우로서는 특히 에디트 클레버(Edith Clever), 유타 람페(Jutta Lampe), 하넬로레 호거(Hannelore Hoger), 트라우고트 부레(Traugott Buhre), 부르노 간츠(Bruno Ganz), 미하엘 쾨니히(Michael König)가 있었다.

1968년 브레멘에서 요한 크레스닉(Johann Kresnik)에게 전통적인 발레단 대신 현대적 무용 앙상블을 구성할 기회가 주어졌다. 그는 무용단과 함께 다음 10년 동안 무용과 연극의 혼합 형태인 "안무연극(Choreographisches Theater)"을 발전시켰다. 이렇게 그는 라인힐트 호프만(Reinhild Hoffmann)과 피나 바우쉬(Pina Bausch)와 더불어 "독일의 새로운 탄츠테아터(Tanztheater)"라는 연극 장르의 주역이 되었다. 독일의 탄츠테아터는 이후 현저하게 중요한 위치를 차지하면서 연극에 고무적으로 작용하게 된다. 크레스닉 작업의 독특함은 정치사회 비판적 경향이었다. 내용적으로뿐만 아니라 형식적으로 그의 작품은 브레멘 극장의 주변 환경에서 자극을 얻었다. 가장 중요한 것은 대중성과 의도적인 비예술적 경향, 통속성과 전시성에 대한 욕구, 특정한 도발적 경향이었다. 크레스닉은 페터 차덱과 빌프리트 밍크스로부터 "팝아트"에 따른 이미지 언어(Bildsprache)와, 그 스스로 "녹슬었다"라고 지칭한 거친 미학과 레뷰의 드라마투르기적 모델을 받아들였다. 반대로 그는 공격적이고 폭력적인 형태의 움직임을 통해 연극계의 동료들에게 영향을 주었다. 이러한 움직임을 그는 스포츠, 모던 사교댄스, 민속춤, 재즈댄스, 직업 공간 그리고 군사훈련과 같은 다양한 영역으로부터 창조해 냈다.

이 시기 브레멘 연극작업의 중심을 이룬 것은 페터 차덱의 공연들이었다. 그는 셰익스피어의 —〈영웅 헨리(Held Henry)〉라는 제목으로— 〈하인리히 5세(König Heinrich V)〉와 프랑크 베데킨트의 〈눈 뜨는 봄〉과 실러의 〈군도〉를 공연했다. 무대장치가 빌프리트 밍크스의 무대는 텅 비고, 조명이 밝게 비추었으며, 글자판과 사진 그리고 인용된 그림만으로 장식되었다. 이러한 일련의 작품들의 정점은 1967

〈미국이라는 돼지(정신분열증 환자의 시에 따른)〉, 브레멘 극장, 1970년, 요한 크레스닉 안무

프리드리히 실러: 〈군도〉, 브레멘 테아터, 1966년, 페터 차덱 연출, 빌프리트 밍크스 무대장치

윌리엄 셰익스피어: 〈Measure for Measure〉, 브레멘 테아터, 1967년, 페터 차덱 연출, 빌프리트 밍크스 무대장치

년 공연되었으며 연극사에 기록된, 다음과 같이 길고 복잡한 제목을 가진 공연이었다. 〈윌리엄 셰익스피어의 자에는 자로, 마르틴 슈페어의 번역과 번안, 페터 차덱과 부르크하르트 마우어의 공동작업, 빌프리트 밍크스의 무대장치와 페터 차덱의 자유로운 무대에서 시사적 작품 공연의 토대로서〉. 이 제목에는 이미 다음과 같은 구상이 포함되어 있다. 셰익스피어의 드라마가 젊은 작가 마르틴 슈페어에 의해 간결한 현대 은어로 번역되었고, 드라마투르그, 연출가, 무대장치가로 이뤄진 팀에 의해 다시 한번 개정된 텍스트는 전구만으로 둘러싸인 텅 빈 무대에서 시사적 작품의 공연을 위한 토대가 된다는 것이다. 배우들은 일상복을 입고 연기를 하고 극단적으로 육체적인 연기 방식을 실현해 보였다. 프로그램 책자에서 페터 차덱은 이러한 획기적인 작업의 전제를 언급했다. "나는 작품을 어느 정도 사실적으로 연출하기 시작했다. 하지만 14일 동안 작업한 후에 무대에서의 과정이 내 환상과 일치하지 않는다는 것을 알아냈다. 이에 나는 다시 (…) 작품을 읽기 시작해서, 나의 상상 속에서 일어난 것만을 바로 무대에 올리리라 결심했다. 이 공연은 어떠한 '스타일'도, 어떠한 이론도, 어떠한 의식적으로 미적인

태도도 기반으로 하지 않는다. 그 대신 주관적이고 직관적인 작업의 결과이다. (…) 형식이나 양식화는 외부로부터 부여된 것이 아니라 발생된 것이며, 연습을 통해 발전되었다."[90] 또한 텍스트와의 관계뿐만 아니라 연기자와 연출가의 관계 또한 시대정신에 따라 반권위적으로 변했다.

페터 차덱 이외에 나중에 그와 쌍벽을 이루게 된 페터 슈타인이 브레멘에서 작업을 했다. 그는 뮌헨의 캄머슈필레에서 조연출로 활동하면서 초기의 독자적 연출작업을 했는데, 결국 〈베트남 논쟁〉 공연과 연계해서 베트콩을 위한 기금행사를 펼치는 바람에 해고되었다. 그 후 슈타인은 1968/1969년 공연 시즌에 〈간계와 사랑〉 그리고 〈토르콰토 타소〉를 한자동맹 도시 브레멘에서 연출했다. 연출가와 그의 동료들은 페라라의 궁정 시인에 대한 괴테의 드라마를 시사적 시대 상황에 비추어 해석했다. 부르노 간츠는 주인공을 지배계층의 "정서적 광대"로 보여 주고 정치적 저항의 시대에 예술가의 자기이해와 비교했다. 빌프리트 밍크스는 아크릴 유리로 우리를 짓고, 인물들이 청록색의 인조 잔디 위를 동물원 안의 기이하고 아름다운 동물처럼 움직이도록 했다. 바이마르의 전원적 풍경을 배경으로 추밀원 괴테의 실물 크기의 반신상은 그가 처한 상황을 연상시켰다. 권력

괴테: 〈토르콰토 타소〉, 브레멘 테아터, 1969년, 페터 슈타인 연출, 카를-에른스트 헤르만 무대장치

90) Peter Zadek: Das wilde Ufer. S. 80.

자의 마음에 들기 위해 타소가 몸을 비트는 것을 배우는 육체적 기호를 통해 생생하게 표현했다. 연극의 시작과 동시에 브루노 간츠는 다양한 "천재적 포즈"를 시도했고, 결국 그는 바닥에 등을 대고 쓰러졌다. 유타 람페와 에디트 클레버가 연기한 엘레오노레(Eleonore)에 다가가려는 간츠의 시도도 마찬가지로 좌절되었다. 정신적 상태를 이미지 기호로 전환하는 페터 슈타인의 뛰어난 능력은 마지막 장면에서 빛을 발했다. 타소는 이성적이고 신중한 적대자 안토니오의 어깨에 올라타고 마치 무기력한 아이처럼 그에게 매달려 퇴장한다. 슈타인은 〈토르콰토 타소〉 공연에서 처음으로 구상연극(Das Konzeptionstheater)의 원리에 따라 작업을 했고, 그 후 베를린 샤우뷔네 공연에서 이런 원리를 최고의 경지로 발전시켰다.

페터 슈타인은 무대장치가 칼 에른스트 헤르만과 의상 디자이너 모이델레 비켈(Moidele Bickel), 그리고 브루노 간츠, 유타 람페, 에디트 클레버, 베르너 렘(Werner Rehm), 그 외에 오토 잔더(Otto Sander), 미하엘 쾨니히와 탁월한 다른 배우들과 함께 브레멘에서 접어들었던 길을 베를린에서도 계속 이어갔다. 베를린 시정부는 샤우뷔네 암 할레쉔 우퍼에 편입할 것을 이 극단에 제안했다. 대학생 무대에서 출발한 샤우뷔네의 예산은 현저하게 증액되었다. 2명의 극장 지배인 위르겐 쉬트헬름(Jürgen Schitthelm)과 클라우스 바이펜바하(Klaus Weiffenbach) 그리고 드라마투르그인 디터 슈투름(Dieter Sturm) 이외에 새로 합류한 2명의 연출가 페터 슈타인과 클라우스 파이만이 속한 운영위원회가 구성되었다. 하지만 클라우스 파이만은 예술적 견해 차이 때문에 1편의 공연을 끝내고 나서 탈퇴했다. 여러 날 밤에 걸쳐서 —기술자와 행정직원들 역시 포함한— 극장 구성원들 간의 토론이 이어졌고 공연 프로그램, 인사, 고용계약, 심지어 출연료 문제에 있어 광범위한 공동결정권을 총회와 총회에서 선출된 위원회에 보장해주는 정관이 마련되었다. 실제 행정상의 이유로 이러한 규정은 시간이 지나면서 점점 더 제한되었지만, 극장의 민주주의적 기본성격은 1970년대 말까지 유지되었다. 그리고 이것은 이 극장에서의 예술적 작업이 탁월한 우수성을 지닐 수 있었던 근거 중 하나가 되었다.

새로운 구조와 새로운 감독하에서 샤우뷔네를 개관하기 위해 1905년 러시아 혁명에 대한 막심 고리키의 소설에 따른 브레히트의 학습극 〈어머니〉가 방향을 제시한다는 의미에서 선택되었다. 페터 슈타인과 볼프강 슈비드르치크(Wolfgang

Schwiedrzik) 그리고 프랑크 파트릭 슈테켈(Frank Patrick Steckel)이 공동으로 연출을 맡았다. 다시는 반복될 수 없는 최초이자 마지막 실험이었다. 젊은 배우들의 앙상블은 전 세대의 비판적 연극의 전통에 경의를 표하는 의미에서 객원으로 고용한 테레제 기제를 중심으로 모였다. 확실히 공산주의적인 경향을 가진 작품이 모든 관객의 이념에 반드시 일치하지는 않았겠지만, 분명하고 함축적인 스타일은 관객을 감동시켜 폭풍 같은 갈채를 받았다. 작품이 원래 겨냥했던 목표 그룹을 위해 몇 개의 시리즈를 가지고 연수원과 휴양지에서 원정공연을 했다. 이러한 활동을 계기로 "노동자 및 견습생 극장(Arbeiter-und Lehrlingstheater)"이 생겨났다. 이것은 샤우뷔네에 속하지만 비교적 독자적인 창작단체로서 "예술이 아니라 마르크시즘과 레닌주의를 확산시키는 것"을 목표로 했다. 하지만 노동자층의 사회적 문제에 대한 젊은 작가들의 두 작품[게르하르트 켈링(Gerhard Kelling)의 〈분쟁(Die Auseinandersetzung)〉과 극장에서 일하는 요하네스 쉔크(Johannes Schenk)의 〈운송노동자 야콥 쿤(Transportarbeiter Joakob Kuhn)〉]의 공연과 1921년 노동자 봉기를 다룬 〈3월의 폭풍들(Märzstürme)〉이라는 공동작업 후에 이러한 시도는 중단되었다. 샤우뷔네는 그 후 한스 마그누스 엔첸스베르거(Hans Magnus Enzensberger)의 〈하바나의 심문(Das Verhör von Habana)〉, 브세볼로드 비스네프스키(Wsewolod Wischnewski)의 〈낙관주의 비극(Optimistische Tragödie)〉, 브레히트의 〈예외와 규칙〉, 하이너 뮐러

헨리크 입센: 〈페르귄트〉, 샤우뷔네 암 할레쉔 우퍼 베를린, 1971년, 페터 슈타인 연출, 칼 에른스트 헤르만 무대장치, 모이델레 비켈·요아힘 헤어초크·수잔네 라시히 의상

의 〈헐값 노동자(Lohndrücker)〉와 같이 사회주의적 경향의 이런저런 작품들을 무대에 올렸지만 중점은 점점 “시민적 레퍼토리”로 옮겨 갔다.

시민성의 역사를 연극적으로 탐사하고자 했던 일반적 목표의 첫 번째 실례는 1971년 헨리크 입센의 〈페르귄트〉 공연이었다. 이 작업으로 페터 슈타인과 샤우뷔네는 연방공화국의 경계를 넘어 유명해졌다. 역사영화 방식과 드라마투르기적으로 정확하게 고안되고 미적으로 매혹적인 칼 에른스트 헤르만의 이미지들을 통해 자신을 과대평가하는 소시민의 출세와 몰락에 관한 이야기가 관객에게 전달되었다. 앙상블에서는 경쟁을 피하기 위해 6명의 배우가 주인공 역할을 공유했다.

페터 슈타인은 계속해서 하인리히 폰 클라이스트의 〈홈부르크 왕자(Prinz Homburg)〉, 외젠 라비슈의 〈돼지저금통(Das Sparschwein)〉, 막심 고리키의 〈여름 손님(Sommergäste)〉, 셰익스피어의 〈당신 좋으실 대로〉와 아이스킬로스의 〈오레스테이아〉의 연출을 맡았다.

이러한 거의 모든 작업에 보토 슈트라우스(Botho Strauß)가 번역가와 창작 드라마투르그로서 참여해서 인상적인 활동을 펼쳤다. 그의 작품 〈재회의 3부작(Trilogie des Wiedersehens)〉, 〈너나 할 것 없이(Groß und klein)〉, 〈공원(Der Park)〉을 페터 슈타인은 1970년대 말과 1980년대 초에 무대에 올렸다. 이러한 모든 공연은 정확한 인물 묘사와 독창적인 공간 처리로 깊은 인상을 주었다. 슈타인은 대부분의 공연을 카를-에른스트 헤르만과 함께 작업했는데, 헤르만은 창작을 할 때마다 각각의 구상에 맞춰 좁고 상층 무대조차 없는 헬레쉐스 우퍼에 있는 홀을 새롭게 꾸몄다. 예를 들어 〈페르귄트〉에서 그는 극장 공간의 긴 면에 있는 양쪽 관람석에 관객을 앉게 하고 그 사이에 모래언덕과 산, 스핑크스와 피라미드가 있는 풍경을 설치했다. 또한 슈타인은 하인리히 폰 클라이스트의 〈프리드리히 폰 홈부르크 왕자〉를 작가의 꿈으로 연출했는데, 무대사건은 관객의 건너편에서 진행되었다. 무대배경은 작가와 동시대인인 카스파르 다비트 프리드리히(Kaspar David Friedrich)의 회화를 연상하게 했다. 막심 고리키의 〈여름 손님〉에서 헤르만은 무대 위에 자작나무숲을 완벽하게 꾸몄다. 셰익스피어의 〈당신 좋으실 대로〉는 영화 스튜디오에서 공연되었는데, 궁정 장면은 삭막한 궁정 건축에서, 숲 장면은 정교하게 배치된 동시무대에서 공연되었다. 두 공간은 기이한 조각상과 식물, 동물, 오브제들로 들어찬 미로 같은 통로로 연결되어 있었다. 한 세계에서 다른 세계로 가기 위해 관객은 이런 공간을 배우들과 함께 지나가야만 했다.

페터 차덱처럼 텍스트를 상상력을 위한 자료로 사용했던 그 세대의 다른 연출가들과는 반대로 슈타인은 텍스트에 의지해서 무대사건을 전개시켰다. 그 스스로 말했듯이 "작품의 구조를 감지하고 이해하려는 필사적인 야심"을 그는 샤우뷔네 초기에 앙상블 전체에 감염시켰다. 그들은 다함께 —종종 몇 달에 걸쳐— 화보집과 영화를 공부하고, 때때로 연구 여행을 통해 공연을 준비했다. 이러한 계획들은 대부분 드라마투르그인 디터 슈투름이 이끌었다. 그는 서독 극장에서는 처음으로 연습공연에 수반되는 창작 드라마투르기의 원칙을 철저하게 실현시켰다.

샤우뷔네는 노동자 지역인 크로이츠베르크(Kreuzberg)에 위치한 비좁은 거처에서 쿠어퓌어스텐담의 1920년대 영화관 건물로 이전했다. 이 건물은 완전히 개조되어서 기술적 장치가 탁월하게 갖추어진 3개의 홀을 사용할 수 있게 되었다. 하지만 이와 더불어 예술적 잠재력이 약화되었으며, 극장의 선도적 기능을 잃어버렸고, 1980년대 중반에는 예술감독인 페터 슈타인도 물러나게 된다. 그의 후임은 잠시 동안 룩 본디(Ruc Bondy)가 맡았다. 그는 엘세 라스커-슐러의 〈부퍼강〉, 알프레드 드 뮈세의 〈사랑을 장난으로 하지 마오(Man spielt nicht mit der Liebe)〉와 보토 슈트라우스의 〈칼더웨이, 소극(Kalldewey, Farce)〉을 농후한 분위기와 세분화된 심리로 연출하여 예술감독으로서의 능력을 입증했다.

1980년이 지나 페터 슈타인의 작업은 보수적인 방향으로 전환되었다. 이러한 경향은 결국 잘츠부르크 축제공연의 방향에도 반영되었다. 문학 작품의 시의성 있는 해석 대신에 원래의 의도와 형태를 가능한 한 충실하게 재구성하는 것이 원칙적 방법론으로서 등장했다. 따라서 슈타인은 체호프의 〈벚꽃동산〉과 〈세 자매〉의 작업에서 모스크바 예술가 극장의 스타니슬라브스키 초연을 모델로 삼았다. 또한 연출가는 자신의 초기 작품을 비판적으로 회고했다. 〈토르콰토 타소〉의 연출에 대해 그는 한 인터뷰에서 다음과 같이 말했다.

> 물론 젊은이는 소위 괴테의 형식적 완벽성, 주도면밀함, 안정성에 대해 근본적으로 대립한다.

(…) 그는 무언가를 깨달았다고 믿고 그것을 확신하고 이리저리 휘두르며 환호성을 지른다. (…) 그렇다고 지난 작업을 후회하는 것은 아니지만, 나는 오늘날 이러한 태도를 비판적으로 본다.[91]

두 번째로 인상적인 샤우뷔네의 연출가인 클라우스 미하엘 그뤼버도 비슷한 과정을 거쳤다. 그의 첫 번째 연출은 외된 폰 호르바트의 〈빈 숲속의 이야기〉였다. 그뤼버는 작품을 해체하고 조각들을 다시 맞춰서 묘사된 세계의 부조리성이 드러나도록 했다. 이러한 구상은 초현실주의에 영향을 받은 카를-에른스트 헤르만의 공간 구성과 두드러진 육체 이미지를 통해서 아주 생생하게 표현되었다. 육체 이미지에서 인물들의 내면세계가 외부로 투영되어 나타났다. 페터 슈타인의 철저한 사실주의와 상반되게 자율적 예술세계를 창조하려는 그뤼버의 경향은 에우리피데스의 〈바카이(Die Bakchen): 디오니소스를 섬기는 무녀들〉 연출에서도 분명하게 나타났다. 연출가와 무대장치가인 2명의 화가 에두아르도 아로요(Eduardo Arroyo)와 질 아이요(Gilles Aillaud)는 고대의 태고적 이미지와 현재의 오브제들을 대립시켰다. 현대적 오브제들은 예를 들면 청소기와 우주 비행복 그리고 네온등 같은 것들이었으며, 이 작품을 위해 개조한 전시실은 네온등의 번쩍이는 불빛 속에 잠겼다. 무대는 뒤쪽으로

에우리피데스: 〈바카이: 디오니소스를 섬기는 무녀들〉, 샤우뷔네 암 할레쉔 우퍼 베를린, 1974년, 클라우스 미하엘 그뤼버 연출, 질 아이요·에두아르도 아로요 무대, 수잔네 라시히 의상

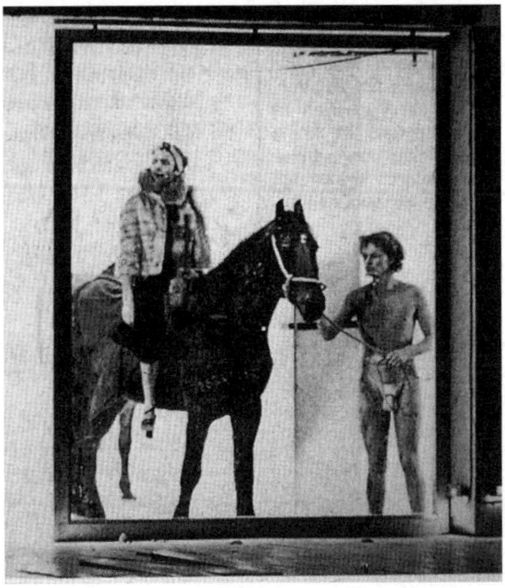

91) Peter Stein in: Theater heute. Jahrbuch 1993. S. 9.

〈엠페도클레스-횔더린 읽기〉, 샤우뷔네 암 할레쉔 우퍼 베를린, 1975년,
클라우스 미하엘 그뤼버 연출, 안토니오 레칼카티 무대장치, 모이델레 비켈·수잔네 라시히 의상

여기저기 뚫려 있는 하얀 벽으로 차단되어 있었다. 뚫린 벽 사이로 가끔 두 마리의 말이 서 있는 게 보였다. 이러한 기호들은 분명하게 해석되지는 않는다. 단지 의도적으로 선택된 것처럼 보이며, 논리적이기보다는 연상적인 연관성을 생각나게 한다. 전체적으로 그뤼버의 연출에서는 뜻밖의 단절과 탁월한 연극적 순간들로 가득 찬 매혹적인 예술적 형상이 중요하다. 특히 이 연출가가 프리드리히 횔더린의 텍스트들을 다룬 공연도 이러한 경우에 해당한다. 그뤼버는 예전에 잘못해서 〈좌절된 희망(Die gescheiterte Hoffnung)〉이라고 불린, 카스파르 다비트 프리드리히의 그림 〈얼음 바다(Eismeer)〉의 모사품을 배경으로, 비극적 단편 「엠페도클레스의 죽음」을 연출했다. 브루노 간츠가 연기한 철학자는 극지 탐험가처럼 차려입고 산을 올라 그의 제자 파우자니아스(Pausanias)를 만난다. 그는 애트나(Ätna) 산의 분화구로 뛰어들기 전에 제자와 음울한 논쟁을 한다. 그뤼버는 기차역의 퇴락한 대기실을 배경으로 현대의 평범한 사람들 사이의 장면들과 이러한 과정을 대비시켰다.

그뤼버는 1977년 베를린 올림픽 경기장에서 거행된 퍼포먼스에서 프리드리히

휠덜린의 서간체 소설 『히페리온(Hyperion)』의 몇 개의 문장을 사용했다. 퍼포먼스의 제목은 〈겨울 여행(Winterreise)〉이었다. 이는 그 시대에 "적군파"의 회원들을 찾는 수사 활동의 암호명과 같았다. 연출가는 파시스트 건축물, 안할터(Anhalter) 기차역을 본 딴 폐허를 배경으로 한 부랑자들의 장면, 그리고 운동선수들의 트레이닝을 고전 텍스트와 연결시켜서, 관객들에게 겨울밤의 냉기뿐만 아니라 사회적·정치적 시대의 냉랭한 분위기를 전달했다. 그뤼버는 거의 모든 연출에서처럼 여기에서도 뇌리에 깊이 박히는 이미지들을 창조해냈다. 한 비평가는 연출가의 특별한 능력을 이렇게 묘사했다. "최후의 순수한 연극 창조자 중의 한 사람. 그의 이미지와 이상은 기술에서 비롯된 것이 아니며, 전자기기에서 비롯된 것도 아니다. 그것은 존경스러울 정도로 영감으로부터 비롯된다. 이따금은 연극에 대한 환상적인 꿈으로부터. 인생으로부터."[92]

서방 독일어권 지역의 1970년대, 1980년대 드라마와 연극

1970년대와 1980년대에 서독의 무대작업은 목표와 내용 그리고 드라마 문학과 공연 방식에서 다원주의의 영향을 받았다. 하나의 통일된 연극계로 성장한 서독, 오스트리아, 스위스의 독일어권 무대에서 정치적·사회적으로뿐만 아니라 정신적·문화적 삶의 다양성이 반영되었는데, 위르겐 하버마스(Jürgen Habermas)라는 철학자는 이것을 "새로운 조망 불가능성(Neue Unübersichtlichkeit)"이라는 개념으로 표현했다. 이러한 경향의 원인은 여론형성 계층에서 1975년경 시작된 의식의 변화였다.

확고한 입장, 객관적 요구, 일반적 목표설정의 자리에 이제 주관성과 내면성이 새로운 정신적 태도로 나타났다. 1968년 학생운동 시기에 강조되었던 정치적 책임으로부터의 후퇴라는 일반적인 경향은 한편으로는 대규모 사회적 프로젝트의 미미한 성공에 대한 환멸의 표현이며, 다른 한편 보편적인 상황에 대한 반작용이

---

92) Peter von Becker in: Theater heute. Heft 1/1996. S. 19.

었다. 말하자면 진보에 대한 믿음과 실현 가능성이라는 이데올로기는 1970년대 전반부에 처음으로 의심되기 시작했다. "오일-위기"는 과잉사회의 나약함을 드러냈다. 또한 "성장의 한계"에 대한 환멸적인 통찰이 확산되었다. "68세대"의 사회적 구상은 실업이 증가하면서 현실과 거리가 먼 희망적 관측임이 드러났다. 게다가 연방 수상인 빌리 브란트의 퇴임과 더불어 진보적 세력에서 사람들이 공감할 수 있는 중요한 인물이 사라졌다.

대부분의 좌파 자유주의적 지식인들은 사회의 근본적인 변혁이라는 방향성을 유지하고 있었지만 실제 상황과 직면해서는 변혁을 연기하고 개인적인 것에 관심을 집중했다. "신 주관성"은 ―너무 지적인 학생운동에 대한 반작용으로― 감각적이고 육체적인 것을 지지했다. 서독 좌익의 가장 중요한 홍보기관지로서 "쿠르스부흐(Kursbuch)" 중 한 권은 특이하게 "감각성"이라는 제목을 달고 있는 것도 있었다. 개별적인 글들에서는 새로운 "감성언어"와 새로운 "지각 방식과 소통의 형식"이 드러나는 "시선과 피부의 접촉"에 대한 것들이 많았다. 사람들은 감성의 표현방식과 에로틱한 관계의 자유를 추구했다. 개인으로서 자신에 대한 태도 역시 이제 더 자유롭고 개방적인 모양새가 되었다.

젊은 세대들, 적어도 중산층과 상류층의 젊은이들은 자기경험과 자기실현을 위해 매진했다. 직업의 결정과 파트너의 선택에 대한 부모의 영향력은 뒤로 물러났다. "경제기적"의 시기에 형성되었던 물질적 가치에 대한 중시는 수많은 사람들에게 의미를 상실했다. 소박함이 대안적 삶의 스타일의 특징이 되었다. 건강한 음식과 운동, 자연친화적인 의학 치료법을 통한 자기 몸 관리 역시 이러한 경향에 속했다. "생태적 공간"에서의 삶이 이상적인 것으로 격상되었다. 이러한 공간에서는 정치적 저항운동의 전반적 사고전략 대신에 예측 가능한 경험에 대한 욕구가 무리 없이 충족될 수 있었다. 이러한 하위문화에서 스스로 진을 빼거나 집어삼켜질 위험은 없었다. 완고하게 강압적인 거대 체계가 점점 완벽해지는 데 대한 반작용인 단순하고 "소박한 삶"에 대한 소망이 충족될 수 있었던 것이다.

이러한 태도는 종종 자족적인 자기중심주의라는 결과를 낳았다. 하지만 많은 사람들이 자기변화와 사회변화를 연결시키려고 시도하기도 했다. 특히 환경 파괴와 핵에너지의 사용 그리고 방어적 군비 확충에 반대하는 시민운동이 일어났다. 이 시대 가장 강력한 해방운동은 여성운동이었다. 이러한 운동은 광범위한 계층을 포함하고 수많은 영역에서 구체적인 진보를 이끌어냈다.

개인화의 경향은 문학 창작에도 반영되었다. 지난 10년간, 예를 들어 기록극이나 비판적 민중극의 작가들 사이에서 지배적이었던 유대감은 사라졌다. 1970년대 후반과 1980년대의 극작가들은 세계관이나 미적 구상, 중심 테마, 공통의 전형, 어떤 것을 통해서도 서로 연관되지 않았다. 각자 자신의 길을 가고, 특수한 내용과 모티브를 전개했다. 그래서 수십 명의 뛰어난 작가들을 보유한 폭넓은 다양한 연극문학이 탄생했던 것이다. 그중 가장 나이 많은 작가는 탕크레트 도르스트(Tankred Dorst)였다. 그는 익살극(〈커브(Die Kurve)〉), 비유극(〈성벽에서의 통렬한 비방 연설(Große Schmährede an der Stadtmauer)〉), 동화극(〈장화 신은 고양이 또는 이 연극을 연기하는 방법(Der gestiefelte Kater oder Wie man das Spiel spielt)〉), 기록극(〈톨러(Toller)〉)을 시도한 후, 비로소 자신의 중심 테마를 발견했다. 현실과 환상의 혼융, 고약한 현실과 유토피아의 모순, 인간존재의 역할성 같은 것들이었다. 도르스트의 작품에서 이러한 모티브는 매번 반복되고 더욱 다양한 옷을 입고 나타난다. 예를 들면 가족극 〈침보란초 화산에서(Auf dem Chimboranzo)〉, 아르투스 왕과 원탁에 대한 기념비적 화보집과 같은 〈메를린 또는 황량한 대지(Merlin oder Das wüste Land)〉, 〈빌라(Die Villa)〉와 〈하인리히 또는 환상통(Heinrich oder Dei Schmerzen der Phantasie)〉에서는 개인적 운명이 최근 독일 역사의 사건들과 연결되어 전개된다.

정치적 전개와 개인의 전기 사이의 긴장은 역시 게를린트 라인스하겐(Gerlind Reinshagen)의 드라마 작품의 특징이기도 하다. 작품들은 역사적 사건이 인간의 의식에 어떻게 침전되어 있는지 보여 준다. 작가에 의하면 3개의 연극 〈일요일의 아이들(Sonntagskinder)〉, 〈봄의 축제(Das Frühlingsfest)〉, 〈춤, 마리!(Tanz, Marie!)〉는 "독일 3부작"에 속한다. 이 작품들에서는 나치시대와 재건의 시기가 아이들의 시각에서 묘사되고 가능하지만 실현되지 않은 일들이 아이들의 꿈속에서 나타난다.

차세대의 여류 극작가들은 여성운동의 의식을 가지고 글을 쓰기 시작했다. 프리데리케 로트(Friederike Roth)는 그녀의 작품들(〈바르트부르크에서의 말 타기(Ritt auf die Wartburg)〉, 〈유일한 이야기(Die einzige Geschichte)〉, 〈전체 하나의 작품(Das Ganze ein

Stück)〉에서 양성 간의 경계선을 탐색한다. 그녀는 "외적 현실과 내적 현실의 중간 형태"를 묘사하려고 노력했다. 그녀의 드라마에서는 현실과 환상이 뒤섞인다. 일상 대화가 서정적 구문과 번갈아 반복된다. 한 비평가는 그러한 기법을 "면밀함과 취중 사이의 모험적인 산마루 타기"라고 그럴싸하게 표현했다.

엘프리데 옐리네크(Elfriede Jelinek)는 페미니즘적 입장을 첨예하게 대변했다. 그녀의 작품들 〈노라가 남편을 떠난 후 일어난 일(Was geschah, nachdem Nora ihren Mann verlassen hatte)〉, 〈질병 또는 현대 여성(Krankheit oder Moderne Frauen)〉, 〈클라라 에스(Klara S)〉에서 여성들은 남성들이 지배하는 사회에서 객체로서 나타난다. 수동적이 되도록 교육받은 여성들은 마조히즘적 경향을 지닌 채, 남성과의 투쟁에서 패배자로 등장한다.

배우이자 연출가인 클라우스 폴(Klaus Pohl)은 그의 작품 〈옛 국가(Das Alte Land)〉, 〈발코니 바(La Balkona Bar)〉, 〈훈스뤽 산맥(Hunsrück)〉, 〈핫머니(Heißes Geld)〉에서 통일 전 독일연방공화국의 상황을 사실주의적으로 묘사하려고 했다.

1970년대 전반에 나온 하랄트 뮐러(Harald Mueller)의 작품들 〈거대한 늑대(Großer Wolf)〉, 〈반만 독일인(Halbdeutsch)〉, 〈표류물(Strandgut)〉의 주인공들은 사회의 주변 인물들이다. 체르노빌의 원자핵 참사에 대한 반작용으로 쓰인 종말-드라마 〈죽음의 뗏목(Das Totenfloß)〉은 짧은 기간이지만 대단한 성공을 가져왔다. 이 작품은 인간이 살 수 없게 된 세상에서 살아남은 몇몇 사람들의 이야기를 담고 있다.

헤르베르트 아흐테른부시(Herbert Achternbusch)는 국가와 교회의 강요를 받는 환경에 대항하여 투쟁하는 바이에른 사람들을 그로테스크하고 우스꽝스럽게 그리면서 민중극의 양식요소들을 사용했다. 〈엘라(Ella)〉, 〈수슨(Susn)〉, 〈구스트(Gust)〉, 〈개구리(Der Frosch)〉, 〈나의 헤르베르트(Mein Herbert)〉 등과 같은 작품들에서 양식화된 방언은 낯설게 하는 기능을 수행한다.

요절한 오스트리아 출신의 베르너 슈밥(Werner Schwab)은 〈포르노 지리학(Pornogeographie)〉, 〈트로일러스 광기와 크레시다 연극(Troiluswahn und Cressidatheater)〉, 〈여자 대통령들(Die Präsidentinnen)〉, 〈마침내 죽어 마침내 숨을 쉬지 않다(Endlich tot endlich keine Luft mehr)〉처럼 외설스럽고 역겨운 언어극(Redestück)에

서 기괴한 단어로 가득 차고 표현주의적으로 두드러진 예술적 방언을 사용했다.

페터 투리니는 비판적 민중극(〈쥐 사냥〉, 〈돼지 도살〉) 영역에서 활동을 시작한 후, 좁은 의미에서 정치적 경향을 고집했던 몇 안 되는 작가 중 하나다. 그는 날카롭게 그려진 이미지와 첨예한 사건을 통해 매번 분노와 격분을 표현했다. 그는 〈낙제생(Der Minderleister)〉, 〈죽음과 악마(Tod und Teufel)〉, 〈마리아와 요셉(Maria und Josef)〉으로 어느 정도 성공을 거두었다.

이 시기에 페터 한트케(Peter Handke)와 보토 슈트라우스, 토마스 베른하르트(Thomas Bernhard)와 조지 타보리(George Tabori)는 서방 독일어권의 극작에 탁월한 기여를 했다. 다양한 세대에 속해 있었지만 그들의 연극작업은 모두 1970년 전후에 시작되었다. 1939년 케른텐(Kärnten)에서 태어난 페터 한트케는 클라우스 파이만이 1966년 프랑크푸르트의 테아터 암 투름에서 초연한 〈관객 모독(Publikumsbeschimpfung)〉으로 첫 성공을 거두었다. 도발적인 제스처는 이 작품과 극작가를 하룻밤 사이에 예술계에서 유명하게 만들었다. "무대에서 항변하고자 하는" 그의 의도는 완벽하게 실현되었다. 관객에게 도발적으로 직접 말을 걸어서 기존의 연극 관습을 부정함으로써 스캔들을 불러일으켰다. 〈관객 모독〉은 연극의 지배적 형태에 대한 공격일 뿐만 아니라 연극에서 말해지는 언어에 대한 공격이기도 했다. 연속된 상투어는 관객의 주목을 끌고 틀에 박힌 언어를 무감각하게 만든다. 인간이 언어를 배울 때 언어체계에 적응하기 위해 어떠한 압박을 받는지 한트케는 1968년 드라마 〈카스파르(Kaspar)〉에서 보여 줬다. 이 드라마는 카스파르 하우저(Kaspar Hauser)의 이야기를 기반으로 하는데, 그는 어렸을 때 버려져서 16년 동안 고립되어 살았고 나중에 어렵게 언어를 배우게 된다. "교사자(敎唆子)"라고 불리는 인물은 그에게 항상 새로운 언어를 가르쳐주는데, 이러한 카스파르의 언어 수업은 조련 행위와 전제적 언어 교육으로 묘사된다.

페터 한트케의 드라마 창작에서 2편의 구변극(Sprechstück)에 이어 〈피후견인이 후견인이 되려 하다(Das Mündel will Vormund sein)〉라는 제목의 "침묵극(Schweigestück)"이 나온다. 여기에서는 주인-하인 관계가 슬로 모션으로 제시되는데, 이러한 관계에서 때때로 역할이 바뀌지만 굴종의 원리는 유지된다.

〈말 타고 보덴제 건너기(Ritt über den Bodensee)〉라는 드라마에서 한트케는 꽁

꽁 언 호수를 건너서 위험을 극복하고 난 뒤, 나중에 위험을 깨닫고 놀라 죽은 한 기사에 대한 전설을 인간의 의사소통에 대한 메타포로 사용한다. 일상의 행동을 지탱하고 있는 문명이라는 얼음판 아래에 인식의 쇼크가 도사리고 있다는 것이다. 핵심 주제는 세 인물이 나오는 장면에서 분명해진다. 세 인물은 과거의 유명한 영화 스타의 이름을 지니고 있다. 헨니 포르텐(Henny Porten)은 계단을 하나 내려갔다. 하인리히 게오르게(Heinrich George)와 에밀 야닝스는 일곱까지 숫자를 센다. 하지만 계단은 여덟 번째까지 있고 포르텐은 평평한 땅으로 발을 내딛으려다 넘어진다. 이러한 장면에서 〈카스파르〉와 〈피후견인이 후견인이 되려 한다〉의 주제가 통합된다. 배우들은 —모든 사람들을 대변해서— 기존의 언어규범과 행동규범의 포로가 된 것이다.

한트케는 사회적 요구와 개인적 자기실현의 소망 사이의 갈등을 〈비이성적인 자들이 멸종하다(Die Unvernünftigen sterben aus)〉라는 작품에서 구체적으로 표현했다. 성공적인 사업가인 주인공은 사회적 강압으로부터 벗어나려고 노력하지만 허망하게 끝난다. 새로운 정체성 대신 오래된 역할이 매번 그를 기다리기 때문이다. 역할 밖의 "비이성적"인 삶은 이러한 세상에서 실현될 수 없다. 그래서 희비극적 주인공은 마지막에 바위로 달려가 부딪쳐 자기 머리를 부순다.

몇 년간의 공백기가 지난 후 페터 한트케는 1981년 다시 "드라마적 시"인 「마을 저편으로(Über die Dörfer)」를 썼다. 이 시절의 말세적 분위기에 대해 그는 긍정적인 가치의 주문을 애써 만들었고 "노바(Nova, 새로움)"라는 이름의 인물로 하여금 이것을 낭독하게 한다. "하늘은 광활하다. 마을은 광활하다. 영원한 평화는 가능하다. (…) 하늘로 향하라. 태양의 고동치는 춤을 보고 너희들의 들끓는 심장을 믿어라. 색채들이 만발하게 하라. (…) 영원을 향해 나아가라. 마을 저편으로 가라." 비평은 이 작품에서 "잘못된 초월성"을 보았고, 초연 시 관객들은 어리둥절해졌다.

한트케가 〈질문 놀이(Spiel vom Fragen)〉로 다음 연극 텍스트를 내놓기 전까지 8년이라는 시간이 흘렀다. 그는 여기에서 영점으로 돌아간 듯했고, 마치 인간이 "텅 빈 머리와 텅 빈 공간"을 가지고 미디어를 재창조하고, 확고한 가설들을 지닌 지배적 연극을 열린 질문들의 연극으로 대체할 수 있는 것처럼 연극을 창작했다.

첫 번째 "침묵극" 이후 20년 만에 한트케는 다시 이 장르에서 자신의 능력을 시험해 보았다. 그는 〈우리가 서로 몰랐던 시간(Die Stunde da wir nichts voneinander wußten)〉이라는 대본에서 다양한 문화와 사회계층 출신인 100명 이상의 인물들을 등장하게 한다. 그들은 아주 여러 가지 방식으로 한 장소를 가로지르고 이를 보는 관객이 머릿속에 저절로 번쩍 떠오르는 이미지를 찾아내기를 바란다. 작가는 스스로 표현했듯이 "꿈 놀이 같은 어떤 것", "우리가 아직 우리 안에 간직하고 있지만 묘사할 수 없는 몇몇 오래된 신화"를 통해 사실적인 인물 구상을 넘어섰다.

통일 전 서독 지식인들의 태도와 상황은 보토 슈트라우스의 드라마 작품에서 가장 분명하고 동시에 섬세하게 나타났다. 1944에 태어난 작가는 독어독문학, 연극학, 사회학을 공부한 후 잠깐 비평가로, 그다음에는 베를린 샤우뷔네 암 할레쉔 우퍼 극장에서 창작 드라마투르그(Produktionsdramaturg)로서 활동했다. 이러한 환경에서 그는 그의 세대에 전형적인 정치화의 과정뿐만 아니라 그 후의 환멸, 대중적 정체성의 해체, 개인과 주관으로의 복귀를 경험했다. 그는 헨리크 입센의 〈페르귄트〉, 하인리히 폰 클라이스트의 〈홈부르크 왕자의 꿈(Traum vom Prinzen von Homburg)〉, 외젠 라비슈의 〈돼지저금통〉, 막심 고리키의 〈여름 손님〉을 번안했는데, 이러한 작품들에는 저항과 좌절의 변증법이 반영되어 있다. 바로 이 저항과 좌절의 변증법은 1970년대 전반부 베를린 샤우뷔네 작업의 전형적인 특징이었다. 샤우뷔네에서 보토 슈트라우스의 처녀작 〈우울증 환자(Die Hypochonder)〉가 초연되었다. 사랑의 드라마, 탐정물, 살롱 코미디의 요소들로부터 작가는 1900년경 시민사회에서 일어나는 사건을 아주 예술적으로 형상화했는데, 인물들은 신경질적인 자기관찰, 과도한 민감성, 무기력한 감정, 광적인 강박이라는 특징을 지닌다.

보토 슈트라우스의 다음 드라마 〈아는 얼굴들, 혼란스러운 감정(Bekannte Gesichter, gemischte Gefühle)〉은 "그 시절" 독일연방공화국을 배경으로 한다. 초라하고, 영락한 호텔에서 오래전부터 몇 명 친구들이 같이 살고 있다. 주인 부부, 직원들, 장기 투숙자들로 이뤄진 공동체는 오랫동안 의지하고 익숙해져서 헛된 희망으로 함께 살아간다. 그들의 숙소가 팔렸다는 소식과 함께 마비되어 있던 상황이 깨어난다. 잠시 비현실적이고 꿈같은 조화로운 상태가 이뤄지지만 이것은 호텔 주인의 자살로 갑작스럽게 끝이 난다. 냉동고에서 죽은 주인은 1970년대 서독 사회의 상태에 대한 메타포로 이해될 수 있다. 이 드라마에서는 비밀스러운 도플갱어와 다른 초현실적인 모티브가 있는 반면, 슈트라우스는 〈재회의 3부작〉에서 모든 형식적 고양을 포기한다. 따라서 작가와 문화적·사회적 환경을 공유하고 있는 동시대인을 차별화하고 섬세하게 묘사할 수 있는 여지가 생겨났다. 할레쉔 우퍼의 샤우뷔네에서 초연을 본 관객은 무대 인물들, 즉 미술전람회 개막식 방문자들을 마치 자신을 보듯 관찰할 수 있었다. 페터 슈타인의 연출은 특히 동시대인들의 고립, 진정한 의사소통의 부재, 소망과 동경의 헛됨을 부각시켰다.

과도하게 민감한 예술 애호가들에 비해 보다 거칠게 구상된 슈트라우스의 연극 〈너나 할 것 없이〉의 여주인공은 고독에 빠진 인간의 화신이다. 30대 중반에 접어든 여인은 전 남편과 친지들 그리고 가족에게 여러 가지 요구와 제안을 하지만 이뤄지지 않는다. 서독 사회로의 길은 허무로의 여행이다. 이렇게 그녀는 점점 더 가난해지고, 나약해지고, 불안정해진다. 정거장식 드라마는 "잘못된 연결"이라는 장면 제목이 붙은 상징적 장면에서 절정에 이른다. 여기에서 믿음의 상실이 자기상실의 마지막 단계로 나타난다. 내적 세계에 대한 가차 없는 분석은 인간존재의 의미에 대한 물음으로 끝난다.

보토 슈트라우스의 연극 〈칼데웨이, 소극〉 역시 형이상학적 관점이 내재되어 있다. 이 연극은 비극 〈너나 할 것 없이〉에 뒤따라 나오는 일종의 사티로스극[93]이다. 한 남자와 한 여자, 같은 오케스트라에서 일하는 두 음악가는 서로 헤어진다. 두 번째 커플은 시대적 트렌드인 레즈비언인데 그들의 관계가 호되게 시험을 당하는 상황에 빠진다. 첫 번째 부분의 결말에서 여자들은 남자를 조각조각 찢는다. 이는 메나데(Mänade)에 의해 갈기갈기 찢어진 테베의 왕 펜테우스에 대한 암시이다. 두 번째 부분에서 칼데바이가 등장하는데 모든 사람들이 그를 지도자로 인정하고, 두 여인은 그가 음탕한 말밖에 하지 않음에도 그를 대중의 선동가처럼 뒤좇는다. 자아분석과 자기체험이라는 심리적 기술에 대한 패러디 다음에 막간

---

93) 고대 그리스에서 비극 다음에 상연되는 일종의 익살극. —옮긴이

극이 뒤따른다. 여기에서 한 쌍의 커플은 그들 이야기의 처음으로 힘겹게 되돌아 간다. 작품은 시작되었을 때처럼 남자와 여자의 이별로 끝난다. 작품의 마지막 대사는 1980년대 서독 지식인의 상황을 전형적으로 표현한다.

> 내가 너에게 말하려 했던 것은
> 사실이 아니야…
> 난 지금 만족스러워, 랄라라랄라
> 우리는 모든 것에서 의미를 찾으려 했어,
> 랄라라랄라. 그럴 만하지.
> 우리는 새로운 화합의 기록을
> 세워야 해, 랄라라랄라
> 가상이 아니라 존재를, 랄라라랄라
> 남은 본능이 되살아나고 있어, 랄라라랄라
> (…)
> 난 만족해, 랄라라랄라

〈칼데웨이, 소극〉에서처럼 보토 슈트라우스는 연극 〈공원〉에서도 역시 개인적 갈등을 심리적·사회적 위기 상황의 결과로 묘사하려고 시도했다. 그는 여기에서 셰익스피어의 〈한여름 밤의 꿈〉의 모티브를 기반으로 했다. 〈여행 안내자(Die Fremdenführerin)〉라는 드라마에는 사랑의 갈등이 중심이 된다. 그리스에서 서로 우연히 만나는 늙은 지식인과 젊은 여대생 사이의 싸움은 판과 님프에 대한 신화의 현대판이다.

독일 통일 직전에 나온 3개의 연속극 〈시간과 방(Die Zeit und das Zimmer)〉, 〈7개의 문(Sieben Tür)〉, 〈방문자(Besucher)〉에서 슈트라우스는 "메시지"의 전달에는 관심이 없이 현대 인간들 간의 만남을 묘사하는데, 이들은 주관적으로 협소한 관점에서 외부 세계를 단지 단편적으로 인지하는 인물들로 나온다.

토마스 베른하르트 역시 그의 작품에서 기형적인 인간을 축소해서 보여 주었다. 물론 그는 사태의 원인을 특정한 사회적·문화적 조건이 아니라 인간의 실존에서 찾았다. 베른하르트는 1931년 홀란드에서 오스트리아 부모의 사생아로 태어나서 잘츠부르크 근처에 있는, 향토시인(Heimatdichter)으로서 두각을 나타냈던 할아버지 집에서 자랐다. 그는 일찍이 결핵을 앓은 적이 있었고 1989년 잘츠캄머굿(Salzkammergut)에 있는 그의 농장에서 생을 마감했다.

산문작가로서 이미 유명해졌던 베른하르트는 1970년 극작가로 데뷔했다. 이 시점부터 그는 연달아 18개의 장편 작품들을 내놓았고, 거의 대부분 클라우스 파이만에 의해 먼저 슈투트가르트와 보훔에서, 그리고 나서 빈의 부르크테아터에서 초연되었다. 베른하르트의 인물들은 주로 정신적으로, 때로는 육체적으로도 병든 형상으로 한계적 상황에 처해 있다. 그의 처녀작 〈보리스를 위한 파티(Ein Fest für Boris)〉에는 쇠약한 불구자들이 등장한다. 〈사냥 모임(Die Jagdgesellschaft)〉이라는 작품에서는 장님이고 죽을병에 걸린 장군이 나온다. 자연에서도 몰락하는 양상이 지배적이다. 이를테면 해충이 장군의 숲을 공격한다. 〈대통령(Der Präsident)〉이라는 드라마에서는 정치적 질서 구조가 파괴되는 징후가 나타나고, 혼란이 국가권력을 위협한다. 예술은 하나의 도피처처럼 남는다. 하지만 예술의 완벽성에 대한 추구는 〈무식꾼과 광인(Der Ignorant und der Wahnsinnige)〉에서처럼 치명적인 질병과 연관되거나 광기에 가까운 편집적인 노력에도 불구하고 좌절된다. "난 첼로를 좋아하지 않아, 하지만 그건 연주되어야 해." 〈습관의 힘(Die Macht der Gewohnheit)〉에서 서커스 단장은 이렇게 말한다. 그는 단원들로 하여금 슈베르트의 〈송어 5중주〉를 연주하게 하려고 하지만, 여러 가지 이유로 실패한다.

그러한 내용은 당연히 직선적인 줄거리를 허용하지 않는다. 다른 말로 대체할 수 있는 관용구가 계속 반복되는 것은 인물들의 독백과 더불어 베른하르트 언어 양식을 특징적으로 보여 준다. 그는 작품들에서 매번 생각할 수 있는 최악의 세상으로서 우리 세계에 대한 이야기를 음악 같은 수다를 통해 들려준다. 연속된 긴 문장들은 그가 얼마나 언어적 표현을 즐기는지 보여 준다. 문장들은 이성적이거나 논리적이지 않으며, 연상적이고 잠언과 같은 구조를 가지고 있다. 그의 작품에서 이러한 언어의 이상 증식을 만들어 내는 사람들은 거의 전적으로 남자들이다. 이에 반해 여자들은 베른하르트 작품에서 몇 안 되는 예외를 제외하면 거의 침묵한다.

토마스 베른하르트가 점점 더 희극으로 방향을 바꾼 것은 그의 세계관의 결과이다. 개인적 운명이 지양될 수 없는 것으로 나타날 때, 비극은 마침내 사라진다. 계몽의 결과로 "위대한 세계 연극(Das Große Welttheater)"은 이제 희극으로 묘사된다. 〈임마누엘 칸트〉라는 작품에서는 기이한 철학자가 배를 타고 아메리카로 간다. 그는 "비판적 이성"을 들여와서 자신의 눈병을 치료하고자 한다. 항해하는 동안 그는 앵무새를 자기 이론의 수호자로 만든다.

〈세계 개혁자(Der Weltverbesserer)〉라는 희극의 주인공은 노쇠한 학자의 캐리커처이다. 하지만 세계 개혁에 대한 그의 논문은 곧 세계 패망에 대한 논문을 뜻한다.

토마스 베른하르트의 형상화는 항상 동일한 모티브를 끊임없이 반복하는 데 국한되어 있는 것처럼 보인다. 그는 1979년 직접적으로 정치적인 동기를 지닌 드라마로 사람들을 깜짝 놀라게 했다. 그는 나치시대 군재판관이었던 바덴뷔르템베르크(Badenwürttemberg) 주의 총리 한스 필빙거(Hans Filbinger)의 과거에 대한 논란에 대해 여느 때와 같이 대단한 예술적 포부로 응답했다. 〈은퇴 전에(Vor dem Ruhestand)〉라는 작품은 "독일 영혼에 대한 희극(Eine Komödie von deutscher Seele)"이라는 적절한 부제를 달고 있다. 서독의 한 재판장은 매년 하인리히 힘믈러(Heinrich Himmler)라는 나치 친위대 대장의 생일을 그의 자매들과 함께 축하한다. 누나는 완벽하게 남동생의 의도에 따라 움직이고, 전쟁 중 폭격으로 휠체어에 앉아 생활하는 여동생은 강제수용소 유니폼을 입고 희생자의 역할을 한다.

토마스 베른하르트의 1980년대 초기 작품들 〈모든 봉우리는 고요하다(Über allen Gipfeln ist Ruh')〉와 〈목적지에서(Am Ziel)〉의 주인공은 작가다. 대문호인 한 작가가 겸손한 부인과 싹싹한 박사과정 여학생, 문예란 편집자와 사업 수완이 훌륭한 출판인 앞에서 교만을 떤다. 다른 작가는 멜랑콜리한 무정부주의자로 스캔들을 일으키려 하지만 허사가 된다.

〈유명인들(Die Berühmten)〉이라는 제목의 ―잘츠부르크 축제 명사에 대한― 풍자극과 문화산업에 대한 2편의 풍자극 이후 베른하르트는 〈소문난 잔치에 먹을 것 없다(Der Schein trügt)〉에서 2명의 늙수그레한 형제를 무대에 올린다. 한 명은 전직 곡예사이고 다른 한 명은 배우이다. 두 사람은 매주 치러지는 의례적인 만남을 싫어하면서도 그것만 바라보고 살아간다. 그들은 마치 그들의 삶에 대해 이야기하는 것 같지만 대화는 이뤄지지 않는다.

베른하르트 미네티(Bernhard Minetti)가 나이 든 희극 배우를 구현해 냈다. 그의 80세 생일을 위해 작가는 거의 독백조의 작품을 썼다. 배우의 이름을 제목으로 하는 이 작품은 연기라는 현상을 다룬다. 〈연극인(Theatermacher)〉이라는 희극을 구상할 때도 토마스 베른하르트는 주인공으로 미네티를 생각했다. 하지만 잘츠부르크 축제 초연에서 트라우고트 부레가 결국 주인공을 연기하게 되었는데, 주인공은 바로 자신을 모든 시대에서 가장 위대한 배우이자 천재적인 극작가라고 여기는 엄청난 떠버리 배우다. 이 연극의 텍스트는 여자와 배우, 의사들과 오스트리아에 대한 유창한 욕설의 장광설로 이뤄져 있다. ("이 나라는 안내서를 찍을 종이 짝만큼의 가치도 없는 나라다.") "비희극(keine Komödie)"라고 표기된 연극인 〈엘리자베스 2세(Elisabeth II)〉에서 역시 주인공인 오스트리아의 중산층 시민은 고향과 정치 그리고 부르크테아터를 헐뜯는다. 결국 영국 여왕을 보러 발코니로 몰려드는 관중들과 함께 마침내 그는 추락한다.

〈영웅 광장(Heldenplatz)〉은 1938년 아돌프 히틀러의 진군 후에 수만 명의 빈 사람들이 모여 그에게 열광적으로 환호했던 장소의 이름을 딴 연극이다. 이 작품은 오스트리아 국민의 권위적 성향과 반유대주의, 편협함과 위선, 자기합리화와 불손함에 대한 청산이었다. 빈으로 돌아온 망명자인 슈스터(Schuster) 교수는 네오나치즘 때문에 다시 외국으로 가야 하지만 가지 않고 대신 창문에서 떨어진다. 작가는 그로 하여금 이렇게 말하게 한다. "내 주변의 모든 일들이 너무 끔찍하다. 하지만 나는 바로 여기 말고는 다른 어떤 곳에서도 살고 싶지 않다."

극작가이자 연출가로서 1970년대와 1980년대 연극에 본질적으로 영향을 주었던 조지 타보리는 제1차 세계대전 직전에 부다페스트(Budapest)에서 교양 있는 시민계층인 유대인 부모 밑에서 태어났다. 그의 아버지와 수많은 친척들은 나치에 의해 아우슈비츠에서 학살당했다. 어머니만이 우연히 이 운명에서 벗어날 수 있었다. 히틀러가 정권을 장악했을 때 타보리는 베를린에 살았는데, 막 호텔분야 교육을 끝마쳤을 때였다. 1936년에 그는 런던으로 망명했고, 터키에서 BBC 특파원으로 일했다. 그 후 발칸 반도와 중동에서 영국 군대를 위해 정보장교로 근무했다. 이 시기에 별로 중요하지는 않은 3편의 소설이 나왔다.

전후에 타보리는 미국으로 이주해서 대본작가로 살았다. [특히 아나톨레 리트바크(Anatole Litvak), 알프레드 히치콕(Alfred Hitchcock), 조지프 로지(Joseph Losey)를 위해서.] 할리우드에서 그는 토마스 만과 베르톨트 브레히트를 만났다. 그는 이 위대한 독일 극작가들의 작품을 최초로 영어로 번역했다.

타보리의 첫 번째 연극 작품인 〈이집트로의 도피(Flucht nach Ägypten)〉는 엘리아 카잔(Elia Kazan)의 연출로 브로드웨이에서 초연되었다. 배우를 위한 유명한 연수기관인 "액터스 스튜디오(Actor's Studio)"에서 그는 콘스탄틴 스타니슬라브스키의 "체계"에 영향을 받은 교육자 리 스트라스버그(Lee Strasberg)와 함께 일했다. 사위인 마르틴 프리트(Martin Fried)와 공동작업으로 타보리는 1968년 오프 브로드웨이 극단과 함께 "검은 미사"인 〈식인종(Die Kannibalen)〉을 무대에 올렸다. 이 작품에서 포로수용소의 수용자들이 기아의 환각 상태에서 빵 부스러기 때문에 한 동료 수감자를 살해하게 되고 나치 친위대(SS) 앞잡이에 의해 그의 시신을 삶아 먹도록 강요당한다. 2명을 제외하고는 모두 이것을 거부해 가스실로 간다. 1년 후 두 연출가는 이 연극을 베를린 실러 극장의 스튜디오에서 공연해달라는 청탁을 받았다. 전대미문의 성공을 거둔 후 이미 57세가 된 연출가는 독일에 머물기로 결정했다.

여러 극장에서 몇 번의 해외공연을 한 후 조지 타보리는 1970년대 중반 브레멘 극장에서 실험극장을 설립할 기회를 얻었다. 그는 우선 10명의 배우와 1명의 무대장치가와 함께 모든 참여자들 간에 새롭고 비권위적인 형태의 공동작업을 추구했다. 리 슈트라스버그의 규범과 심리치료에 근거하기도 하고, 자생적으로 발전된 다양한 방식의 그룹 훈련을 통해 스트레스 없는 열린 작업이 가능한 분위기가 조성되었다. 타보리는 자신을 통상적 의미에서 연출가라기보다는 역할작업에서 배우를 돕는 산파로서 이해했다. 재즈에서처럼 즉흥과 우연이 그의 작업에서 커다란 역할을 했다. 그는 배우들에게 커다란 자유를 허락했지만, 반면 완전한 몰입을 요구했다. 그의 기준은 삶 자체다. 인간을 배우로 변화시키는 것이 아니라 배우를 인간으로 변화시키는 것을 그는 작업의 목적이라고 했다. "최근 10년 동안 내가 봤던 가장 최고의 연기는 샤우뷔네도 아니고, 예지 그로토프스키나 피터 브룩도 아니라 런던의 호스피스 병원, 정신병원, 함부르크의 젊은 매춘남에 대한 3개의 TV 다큐멘터리 프로그램에서다"라고 이 연극인은 한 대담에서 말했다.

이러한 포부를 가지고 타보리와 그의 배우들은 브레멘 극장 실험실에서 일련의 작품들을 만들어 냈다. 이것은 본질적으로 이 시기에 전성기를 맞았던 "연출가 연극"의 작품들과 구별되었다. 〈지크문트의 기쁨(Siegmunds Freude)〉은 게슈탈트(Gestalt) 이론의 창시자인 프레데릭 S. 퍼얼스(Frederick S. Pearls)의 치료 프로토콜에 근거했다. 게슈탈트 치료법은 심리적 갈등의 육체적 발현에 바탕을 둔 방법론이다.

〈토크쇼(Talk Show)〉라는 작업은 타보리가 매번 매진한 기본 테마인 사랑과 죽음을 다루었다. 사건 전체가 커다란 매트리스 위에서 펼쳐졌다. 〈굶주린 예술가(Hungerkünstler)〉 —프란츠 카프카(Franz Kafka)의 단편소설에 의한— 시연은 스캔들을 일으켰다. 배우가 자신이 표현해야 하는 것을 실제로 경험하기 위해 42일 동안 —의사의 감독하에— 굶기로 결정했기 때문이다. 배우들의 최고 고용주로서 브레멘의 문화부서 책임자는 이 시도를 저지하려 했지만 실패했다.

〈햄릿〉에서 연극실험실의 작업은 타보리에게 있어 그가 다음과 같이 요약한 문제를 다루는 것이었다. "모든 아들은 언젠가 자신의 아버지를 죽이고 싶어 한

조지 타보리와 앙상블, 〈지크문트의 기쁨〉 (프레데릭 S. 퍼얼스의 프로토콜에 따라서), 한자동맹 자유도시 브레멘 극장, 1975년, 조지 타보리 연출, 마리에타 에그만 무대장치

다. 하지만 —나의 경우에서처럼— 다른 이들이 그를 위해 그 일을 대신 처리해 준다면 (…), 그럼 어떠한가?"94)

브레멘에서의 작업이 극장장의 교체로 갑작스럽게 중단되었을 때, 타보리는 극단과 함께 뮌헨의 캄머슈필레로 옮겼다. 1978년에서 1987년 사이에 그는 그곳에서 정규 앙상블 배우들과 함께 셰익스피어의 〈베니스의 상인〉 번안극을 연출했는데, "난 죽은 딸을 발치에 눕히고 귀에 보석을 달아 주고 싶었다(Ich wollte meine Tochter läge tot zu meinen Füßen und hätte die Juwelen in den Ohren)"라는 샤일록의 대사가 제목이 되었다. 그리고 사뮈엘 베케트의 〈고도를 기다리며〉와 〈행복한 나날들〉, 에우리피데스의 〈트로이의 여자들〉, 하랄트 뮐러의 〈죽음의 뗏목〉을 공연했다. 그의 극단 배우들과 함께 타보리는 —한스 마그누스 엔첸스베르거의 시에 따른— 〈타이타닉호의 침몰(Untergang der Titanic)〉을 각색하고, 베케트의 밤 그리고 〈메데아〉 버전을 〈엠(M)〉이라는 제목으로 무대에 올렸다. 〈엠〉에서는 주인공이 아니라 이아손이 자신의 아이들을 살해한다.

조지 타보리: 〈기념일〉, 샤우슈필하우스 보훔, 1983년, 조지 타보리 연출, 가추코 와타나베 무대 설치

타보리는 1983년 클라우스 파이만이 이끄는 보훔 샤우슈필하우스에서 자신의 작품 〈기념일(Jubiläum)〉을 연출했다. 이 작품에는 한 젊은 국가사회주의자가 등장하는데 뻔뻔스럽게 유대인에 대한 학살을 부인한다. 살아남은 유대인 아놀트(Arnold) 역시 "아우슈비츠에 관한 거짓말"이 맞기를 바란다. 그러면 독가스로 죽은 그의 아버지

94) George Tabori: Unterammergau, S. 37.

가 어쩌면 아직 살아 있을지도 모르기 때문이다. 작품의 마지막에 아버지가 실제로 나타난다. 아버지는 —초연에서 타보리가 스스로 연기한— 아놀트에게 아무 말 없이 꾸러미를 전하는데, 그 안에는 안식일에 먹는 막 구운 달콤한 빵이 들어 있다. 아들은 다른 인물들과 젊은 나치 군인에게 빵을 나눠 준다. 나치 군인은 빵을 먹고 말한다. "이상한 맛이군." 그러자 아놀트는 "우리가 이상한 사람들인데 뭐"라고 대꾸한다.

보훔에서 공연된 타보리의 다른 작품으로는 〈핍쇼(Peepshow)〉가 있다. 이 연극은 침대와 강제수용소, 출생과 죽음, 그리고 아기를 출산할 때 "이제 어서 나와라, 윌리!"라는 어머니의 말과 "은혜로운 어머니의 품에서 안간힘을 쓰며 정신을 가다듬고, 가장 가까운 가족들에게 둘러싸여 죽어 가는 오늘 밤 당신들과 함께할 수 있어서 기쁘다"라는 윌리의 마지막 말 사이를 오가는 인생에 대한 작가의 자조적 회고다.

히틀러라는 이름의 젊은 화가가 시온주의[95]의 창시자인 데오도어 헤르츨(Theodor Herzl)이라는 이름의 방문판매원과 만나는 〈나의 투쟁〉이건, 유대인과 인도인의 정체성이 바뀌는 〈바이스만과 붉은 얼굴(Weisman und Rotgesicht)〉이건, 성경의 장면들을 보여 주는 리허설 〈골드베르크 변주곡(Goldberg-Variationen)〉이건, 그의 전 작품에서 타보리는 이해할 수 없을 만큼 끔찍한 역사적 사건에 대한 회상과 그로테스크하고 희극적인 낯선 표현 사이에서 위태로운 능선을 탄다. 볼프 비어만은 한 송사에서 다음과 같이 말했다. "조지 타보리는 유행에 뒤진 계몽주의의 자손이다. 하지만 그는 인간의 자식인 우리들에게 —다행히도!— 행복에 대해 위선적인 것을 가르치려 들지 않는다. (…) 타보리는 아이들이 두려움에 떨며 들으려 하지 않지만 들어도 들어도 결코 물리지 않는 이야기를 들려준다. 이야기를 더 해 줘! 끔찍한 이야기를 해 줘. 넌 이야기를 잘하니까. 이야기꾼은 치유할 수 없는 슬픔에 지치고 계몽의 한계 때문에 우울해져서 농담을 하고 놀이를 하고 마치 그냥 유대인의 재담인 것처럼 이야기를 들려준다."[96]

95) 19세기 말에 발생한 유대인 운동. 팔레스티나에 유대인 독립국가의 설립을 목적으로 한다. —옮긴이
96) Wolf Biermann in: Theater heute. Heft 11/1992. S. 23.

독일어 현대 드라마 외에 1970년대와 1980년대에는 새로운 외국 작품의 번역극이 많이 공연되었다. 하지만 몇 편의 작품만이 지속적으로 공연되었다. 가장 그럴듯한 작품들은 프랑카 라메(Franca Rame)와 다리오 포(Dario Fo)의 사회비판적 소극, 샘 셰퍼드(Sam Shepard)의 유희적 해체극 〈삶의 미국적 방식(American Way of Life)〉, 이스라엘인 요슈아 소볼(Joshua Sobol)의 유대주의 문제를 다룬 연극들(〈게토(Ghetto)〉, 〈팔레스타인 여자(Die Palästinenserin)〉) 그리고 후기 시민사회의 몰락과 강박관념을 다룬 베르나르-마리 콜테스(Bernard-Marie Koltés)의 작품들이다.

외국 작가들 가운데서는 드라마투르기적으로 대부분 완벽하고 오락적이면서도 진부하지 않은 통속극(Gebrauchsdrama)을 쓴 영어권 사실주의 작가들만이 어느 정도 안정된 위치를 차지했다. "노장" 해럴드 핀터(Harold Pinter) 외에 이러한 경향의 중요한 극작가들은 피터 섀퍼(Peter Shaffer), 톰 스토파드(Tom Stoppard), 데이비드 스토리(David Storey), 알렌 에이크번(Allan Ayckbourn)이다.

연극 레퍼토리에서 동시대 작품이 차지하는 비율이 다 합해서 4분의 1도 되지 않았다. "68"운동의 영향을 받아서 동시대의 현재 정치적 사건을 다루었던 드라마투르그들과 연출가들의 경향은 비교적 빨리 사라져갔다. 그리고 점점 더 고전으로 되돌아가는 경향이 강해졌다. 보토 슈트라우스는 1989년 뷔히너 상 수상연설에서 이러한 상황을 인상 깊게 묘사했다. "언어연극(Sprechtheater)[97](…)은 오페라에서와 같은 경향을 보여 준다. 이러한 연극은 해석자의 역할을 강화하고, 그다지 화려하지 않은 적은 수의 배우들을 고용하며, 게다가 레퍼토리를 한정한다. 오페라의 〈장미의 기사〉와 같이, 연극에서는 〈벚꽃동산〉 같은 작품들로."[98]

셰익스피어, 몰리에르, 레싱, 괴테, 실러, 클라이스트와 같은 선두주자들 이외에 19세기에서 20세기로 가는 전환기에 대다수의 드라마들이 등장했다. 헨리크 입센, 아우구스트 스트린드베리, 게르하르트 하우프트만, 아르투어 슈니츨러, 안톤 체호프의 연극을 통해 연극인들은 그들 자신과 대다수의 관객들이 속해 있는 계층의 사회적·심리적 구조를 다룰 수 있었다.

---

97) 대사 위주의 연극. —옮긴이

98) Botho Strauß in: Theater heute. Heft 12/1989. S. 37.

프리드리히 실러:
〈데메트리우스와
모스크바의 피의 결혼식〉,
슈투트가르트 뷔르템베
르크 국립극장, 1982년,
한스귄터 하이메 연출,
볼프 뮌츠너 무대장치

안톤 체호프:
〈바냐 아저씨〉,
쾰른 시립 극장, 1982년,
위르겐 플림 연출,
에리히 본더 무대장치,
니나 리터 의상

윌리엄 셰익스피어: 〈트로일러스와 크레시다〉,
뮌헨 캄머슈필레, 1987년, 디터 도른 연출,
위르겐 로제 무대장치, 서니 멜레즈와 페터 뤼어 연기

이 시기 언어연극은 3명의 샤우뷔네 연출가들, 페터 슈타인, 클라우스 미하엘 그뤼버와 룩 본디(Luc Bondy) 그리고 거의 모두 자신들의 극단을 가지고 있었던 많은 연출가들을 통해 뛰어나게 예술적으로 창조되었다.

한스귄터 하이메는 고대 비극, 카스퍼 로엔슈타인(Casper Lohenstein)과 안드레아스 그리피우스의 바로크 비극 그리고 프리드리히 실러의 역사극을 현재와 연관시켜서 공연함으로써 중요한 기여를 했다.

특히 한스 노이엔펠스는 에우리피데스의 〈메데아〉, 괴테의 〈타우리스의 이피게니아〉, 클라이스트의 〈펜테질레아〉, 아리스토파네스의 〈개구리〉를 심층 심리적으로 해석하여 박수갈채를 받았다.

로베르트 치울리(Robert Ciulli)는 드라마투르그인 헬무트 쉐퍼(Helmut Schäfer)와 함께 "루르 강변의 뮐하이머 극장(Mühlheimer Theater)"을 통해 관례적이고 제도적인 강압으로부터 비교적 자유로운 극장의 모델과 이성적일 뿐만 아니라 미적으로도 매혹적인 일련의 작품들을 만들어 냈다.

쾰른 샤우슈필하우스와 함부르크 탈리아 극장에서 —탁월한 배우들 그리고 글리텐베르크(Glittenberg)와 에리히 본더(Erich Wonder) 부부와 같은 무대장치가와 함께— 공연을 만들었던 위르겐 플림 역시 이 시대의 뛰어난 연출가에 속한다.

특히 무대장치가들과 위르겐 로제(Jürgen Rose)의 의상 그리고 뮌헨 캄머슈필레의 탁월한 앙상블을 기반으로 우수성을 입증한 디터 도른(Dieter Dorn)의 작업 역시 이러한 맥락에서 언급되어야 한다.

1970년대, 1980년대 연극의 중심부에는 클라우스 파이만도 있었다. 그는 슈투트가르트와 보훔에서 나중에는 빈 부르크테아터에서 극장감독을 지냈는데 키르스텐 레네(Kirsten Rene), 로레 브룬너(Lore Brunner), 마르틴 슈바프(Martin Schwab), 게르트 보스(Gert Voss)와 같이 유명한 배우들을 자신의 주변으로 모았다. 연출가로서 그는 특히 독일어권의 새로운 극작에 큰 공을 세웠다. 파이만은 페터 한트케, 게를린트 라인스하겐, 보토 슈트라우스, 페터 투리니, 조지 타보리의 작품을 초연했다. 특히 토마스 베른하르트 작품에 대한 해석은 그의 작업의 백미였다. 파이만은 아주 유명한 고전공연에서 중요한 무대장치가들과 함께 작업을 했다. 아힘 프라이어(Achim Freyer)와는 슈투트가르트에서 실러의 〈도적 떼(Die Rä

하인리히 폰 클라이스트: 〈하일브론의 케트헨〉, 뷔르템베르크 국립극장 슈투트가르트, 1975년, 클라우스 파이만 연출, 아힘 프라이어 무대장치

토마스 베른하르트: 〈세계 개혁자〉, 보훔 샤우슈필하우스, 1981년, 클라우스 파이만 연출, 카를-에른스트 헤르만 무대장치, 베른하르트 미네티의 공연 장면

uber)〉, 클라이스트의 〈케트헨 폰 하일브론〉 그리고 〈파우스트〉를, 칼-에른스트 헤르만과는 보훔에서 〈현인 나탄〉과 〈토르콰소 타소〉를 무대에 올렸다. 1968년 세대의 몇 안 되는 연출가 중 한 사람으로서 그는 실망과 환멸에도 불구하고 연극의 정치적 기능에 대한 믿음을 간직했다. 한 인터뷰에서 그는 다음과 같이 말했다. "우리는 연극에서 절호의 기회를 재인식할 용기를 가져야 한다. 극장은 고독한 텔레비전 사회에서 매일 밤 수백 명의 사람들이 함께 공통의 체험을 기다리는 유일한 장소이다. 예를 들어 권력을 가진 자들과 지배층 역시 우둔한 사람들이라는 것을 우리에게 명확히 보여 주기 위해 그들을 우스꽝스럽게 만들고, 이를 통해 그들에 대한 우리의 두려움을 없애고, 공동의 힘을 (…) 얻는 것,

두려움의 극복과 깨달음과 폭로를 통한 공동의 쾌락이라는 연극 본래의 기능을 연극 체험을 통해 재가동하는 것이다. 그러면 연극은 유일성을, 자신의 에너지를 다시 갖게 될 것이다."[99]

페터 차덱 역시 그가 이끈 보훔 샤우슈필과 함부르크의 도이체스 샤우슈필하우스에서 연극작업을 했다. 그는 서방 독일어권의 유명한 거의 모든 무대에서 수많은 원정공연을 가졌고, 대부분 가장 훌륭한 배우들—울리히 빌트그루버(Ulrich Wildgruber), 에바 마테스(Eva Mattes), 하넬로레 호거, 헤르만 라우제(Hermann Lause)—이 여기에 참여했다. 이로써 차덱은 지난 20년 동안 서독 연극에 지대한 영향을 주었다. 오락성과 통속성에 대한 그의 선호는 특히 셰익스피어 공연들(〈리어왕〉, 〈오셀로〉, 〈햄릿〉)에서 두드러졌다. 복잡한 상황을 대부분 "섹스와 범죄" 영역에서 차용한 강렬한 표현으로 전환하는 것이 특징적이었다. 한 비평가는 차덱의 연극작업의 이러한 요소들을 "유랑극단으로 치달은 반고전주의 양식"이라고 평했다. "거슬리는" 배역, 일상으로부터 인용된 제스처, 시대착오적인 의상으로 연출가는 역사극에 대한 시사적인 통찰을 전달했다. "죽은 듯이 보일 정도로 의식적인 연극보다 차라리 의식을 잃을 정도로 생동감 있는 연극"이라는 모토로 그는 수많은 스캔들을 불러일으켰다.

윌리엄 셰익스피어: 〈오셀로〉, 도이체스 샤우슈필하우스 함부르크, 1976년, 페터 차덱 연출, 페터 팝스트 무대장치, 주인공 역에 울리히 빌트그루버

차덱은 시민시대의 작품들

99) Zitiert nach Wend Kässens/Jörg W. Gronius: Theatermacher. S. 131.

〈작은 남자, 그래서 뭐?〉(한스 팔라다의 동명소설에 따라서), 탕크레트 도르스트·페터 차덱 무대 텍스트, 보훔 샤우슈필 하우스, 1972년, 조르주 바케비치 무대장치, 조르주 바케비치·잔느 레뉘시 의상

은 아주 다르게 다루었다. 안톤 체호프의 〈갈매기(Die Möwe)〉와 헨리크 입센의 〈건축기사 솔네스〉 공연은 사회적·심리적 상황에 대한 참을성 있고 나지막한 탐구였다. 연출가는 하인리히 만의 〈운라트 교수(Professor Unrat)〉 또는 한스 팔라다(Hans Fallada)의 〈작은 남자, 그래서 뭐?(Kleiner Mann, was nun?)〉와 〈모든 이들은 홀로 외롭게 죽는다(Jeder stirbt für sich allein)〉처럼 인기 있는 소설을 연극으로 만들어서 대중적 성공을 꾀했다. 페터 차덱은 셰익스피어 〈베니스의 상인〉의 마지막 세 번의 연출과 관련지어 자신의 예술적 신조를 다음과 같이 표현했다. "내가 하는 모든 연출은 밖에서 두드러지게 보일 정도로 생각과 감정, 환상과 투사를 집결시켰다고 생각한다. (…) 난 이상주의자는 아니지만 예술이 삶을 변화시키며 장기간에 걸쳐 영향력을 가진다고 생각한다. (…) 사람들을 설득시킬 순 없지만 사태를 보여 줄 수 있으며, 믿을 만하게 보여 준다면 —사실적이 아니라 믿을 만하게— 영향력을 행사할 수 있다고 생각한다."[100]

지금까지의 개관에서 두드러지는 점은 1970년대와 1980년대 연극작업의 예술적·중심적 위치를 점하고 있는 연출은 전적으로 남성들이 차지했다는 것이다. 연극과 인접한 영역에서는 물론 상황이 이와 달랐다. 소위 새로운 독일 탄츠테아터의 발전은 일반적으로 여성들의 업적이었다. 그들은 시립극장에서뿐만 아니라 자유극단에서도 이러한 연극 형태를 예술적인 경지에 이르게 했으며 비교적 광범위하게 전파시켰다.

이미 묻혔다고 믿었던 독일 표현무용과 미국 모던댄스의 전통의 맥을 이으면서 여성 무용수와 안무가들, 특히 수잔느 링케(Susanne Linke), 라인힐트 호프만 그리고 피나 바우쉬는 선두에 서서 새로운 장르를 발전시켰다. 이것은 지배적인 요소로서 움직임 이외에 음악, 언어, 공간 구성과 의상에 중요한 의미를 부여하는 연극적 종합예술로서 새로운 장르였다. 규범화된 지각 방식을 혼란시키고 변화시키기 위해 구체적이고 감각적인 경험을 전달하려고 노력하는 것 이외에 주관적으로 관찰되고 묘사된 세부적인 것들에 집중하려는 경향이 이 장르의 주요 특징이다. 객관적이고 일반적인 "구상"과 분명한 "표현"을 포기하는 독일의 새로운 탄츠테아터는 학생운동의 정신으로부터 비롯된 토론연극(Diskussionstheater)에 대한 반작용이었다.

피나 바우쉬: 〈어둠 속의 2개의 담배〉, 부퍼탈 탄츠테아터, 1985년, 피나 바우쉬 감독, 페터 팝스트 무대, 마리온 시토 의상, 얀 미나릭과 베네디크트 비예 연기

젊은 여성 안무가들은 그저 이성적이고, 언어적 표현 방식을 두려움과 압박감, 소망과 동경의 실존적 표현으로 대치했

100) Zitiert nach Mechthild Lange: Peter Zadek, S. 54 ff.

다. 세기 전환기에 자유무용의 선구자들—로이 풀러(Loie Fuller), 이사도라 덩컨, 루스 세인트 데니스(Ruth St. Denis)—과 표현무용의 선구자들—루돌프 폰 라반, 마리 비그만, 쿠르트 요스(Kurt Jooss)—처럼 그들은 "인간이 어떻게 움직이는가"가 아니라 "무엇이 인간을 움직이게 하는가"를 물었다. 물론 탄츠테아터는 개인의 내면세계뿐만 아니라 인간의 "고유한" 본성과 문명화 과정에서 발생한 "제2의 본성" 사이의 착종과 대립에 주목했다. 탄츠테아터는 특정한 역사적 과정이 우리 몸에 새겨놓은 규범들을 보여 주었다. 이를 통해 가령 마리 비그만의 예에서 볼 수 있듯이 초역사적인 "진정한 제스처"를 찾아 떠나는 신화적 탐색에서 벗어날 수 있었다. 새로운 독일 탄츠테아터의 예술가와 여성 예술가들이 자신들의 선구자들로부터 전승받을 수 있었던 것은 작업에 대한 기본 태도였다. 피나 바우쉬는 —수잔느 링케와 라인힐트 호프만처럼— 그녀가 졸업했던 에센(Essen)의 폴크방슐레(Folkwangschule)에서 쿠르트 요스로부터 무엇을 배웠냐는 질문에 "정확성"과 "솔직함"이라고 답했다.

1970년 이후 언어극(Worttheater)의 우세에 대한 또 다른 반작용은 "새로운 구상성"에 대한 경향이었다. 따라서 무대장치가와 의상 디자이너의 기능이 중요해졌다. 이러한 현상은 빌프리트 밍크스, 바르바라 빌라벨(Barbara Bilabel), 악셀 맨데이(Axel Manthey), 아힘 프라이어, 칼-에른스트 헤르만과 같은 상당수의 무대장치가와 의상 디자이너들이 연출로 갈아탔던 사실에서도 알 수 있다. 적지 않은 사람들이 연극에서 그들의 작업 이외에 화가나 오브제 예술가로 나서서 공간설치, 환경예술, "연출된 공간"을 창조했다. 무대장치가들은 작품에 의해 미리 주어진 틀을 가능한 한 정확하게 재구성하거나 무대사건을 멋있게 꾸미는 것이 아니라, 전체적 구상의 통합적 구성요소로서 복합적 이미지 세계를 창조해서 인물의 생각과 심리적 상황을 생생하게 드러내는 데 자신들의 임무가 있다고 생각했다. 이 시절 시각적 양식의 특징은 시대착오적인 무대장치와 특히 의상에서 찾아볼 수 있었다. 하지만 이것이 항상 의미를 밝혀주는 데 기여했던 것은 아니고, 그저 그런 예술가들의 경우 종종 "꼼수"로 이용되었다.

극장을 떠나 텅 빈 공장이나 전시 홀에서 연극을 한 베를린 샤우슈필 암 할레쉔 우퍼의 최초 시도도 같은 맥락이었다. 이런 장소들에서는 마주 보게 고정되어 있던 요지경 무대와 관객석의 관계가 해체되어 의미에 따라 무대와 객석이 재배열될 수 있었다.

정상성의 종말: 1990년 이래로 연극의 몇 가지 전개과정

프란츠 빌레

원래는 모든 것이 희망적으로 시작되었다. 동독은 어느 누구도 예상하지 못하고 감히 희망하지 못했던 연극적 메가 해프닝으로 작별을 고했다. 하필 5월 1일 퍼레이드에서 최고의 퍼포먼스를 선보이느라 지칠 대로 지친 동독은 —심지어 거기에 참석했던 에리히 호네커의 얼굴에는 지루함이 역력했는데— 냉전의 모든 노력을 훨씬 능가하는 집단적인 즉흥극을 보여 주었었다. 장벽은 무너졌고, 무방비 상태였던 서독 역시 굴복했으며, 이로써 독일은 재통일되었다.

이 사건으로 인해 창조적인 정신은 위축되었다. 1970년대와 1980년대에 주도적이었던 서독 연극은 —클라우스 파이만에서 디터 도른을 거쳐 위르겐 플림이나 페터 슈타인에 이르기까지— 이런 형국을 전혀 파악하지 못했다. 동독에서 이런 상황의 결과를 제대로 이해한 최초의 인물이 하이너 뮐러였다. 한 나라가 하룻밤 사이에 사라지고, 지난 40년의 과거와 그동안의 삶의 경험, 목표 및 특정 집단에 대한 적개심이 단번에 불필요한 것이 되었다. "화면에서 나는 내 동향인들을 본다./ 40년 전 내가 품었던/ 진리에 격렬하게 저항하는/ 어떤 무덤이 젊음으로부터 나를 보호해 줄 것인가"라고 뮐러는 1989년에 쓰고 있다. 그의 작품 〈사중주(Quartett)〉의 마지막 문장 "암, 나의 연인이여"에서처럼 그 후 5년도 되지 않아 암이 그를 갉아먹었다.

뮐러의 〈햄릿〉, 차덱의 〈이바노프〉

6개월간의 연습 기간을 거친 후 1990년 3월에 공연된 하이너 뮐러의 〈햄릿〉 공연은 시대극이며 그의 문학의 결산이자 유작이 되었다. 뮐러가 40년 동안 동독에서 지치도록 천착한 문제들은 결국 해결되지 않았고, 사회주의 독일 국가를 좌초시킨 모순들은 층층이 쌓여 갔다. 공연은 울리히 뮈헤(Ulich Mühe)의 연기로 8시간 동안 계속되었고 분위기는 침울했다. 하이너 뮐러는 햄릿 아버지의 유령을 음성 녹음을 통해 스탈린과 동일화시켰고, 외르크 구드춘(Jörg Gudzuhn)은 햄릿의 처남을 속물 근성의 권력투쟁가로 변모시켰다. 다그마르 만첼(Dagmar Manzel)은 햄릿의 어머니를 독일의 게르트루드(Gertrud) 이미지로 위대하게 변화시켰다. 마르게리타 브로이흐(Margerita Broich)는 극한에 몰린 햄릿의 연인 오펠리아를 절망적인 제스처로 표현했다. 햄릿은 희망이 없다는 것을 알고 있었다.

좀 지적으로 보이는 뮈헤는 평퍼짐한 검은 옷을 입고 조문을 하러 와서 날카롭고 분명한 어조로 개인적인 감정을 지우며 이렇게 말했다. "사느냐 죽느냐." 그는 절망적으로 관객을 향해 울부짖었다. 그는 멜랑콜리하게 골똘히 생각하는 사람이 아니었다. 어깨에 비해 너무 큰 외투를 걸치고 스스로 부담을 느껴 좌절할 것이라는 사실을 명확히 알고 있는 지나치게 날카로운 의식을 가진 사람이었다. 오히려 그는 몰락해 가는 국가의 패망을 거들었다. 그에게 가족과 같은 국가는 그와 함께 멸망할 것이다. 여기에 감정, 더욱이 사랑을 위한 공간은 없었다. 그는 나중에 〈햄릿기계〉에서 중산모를 쓰고 슬픈 무성영화의 희극 배우처럼 등장해서 사이드스텝을 밟는다.

오펠리아 역의 마르게리타 브로이흐와 주인공 역의 울리히 뮈헤, 하이너 뮐러 연출, 도이체스 테아터 베를린, 1990년

1990년대 초 하이너 뮐러가 베를린에서 평생 재

앙으로 느껴야만 했던 역사를 깊이 파고들었다면, 페터 차덱은 빈에서 다시 체호프를 연출했다. 최고의 배우들, 몇 달간의 연습 기간, 화려한 연출로 이루어진 프로젝트는 독일어권 시립극장과 국립극장에서만 가능했다. 차덱의 공연에서 더 이상 사랑하지도 않는, 죽을병에 걸린 부인과 집에서 보내야만 하는 지겨운 생활은 영락한 지주 니콜라이 알렉세이비치 이바노프에게 고통이었다. 게다가 19세기 러시아의 계몽 지식인들 특유의 무기력이 점점 늙어 가는 그를 엄습해 왔다. 젊은 지식인들의 노동과 변화에 대한 이념은 보드카의 몽롱함과 무능력 속으로 사라져 갔다. 그들의 뇌리에서 사라지지 않은 유일한 것은 불행한 사랑뿐이다.

이바노프의 주변 사람들은 모두들 그를 나쁜 사람이라고 말했지만, 페터 차덱의 공연에서는 그들이 훨씬 더 의심스럽고 신경을 거슬리게 하는 동시대인들로 나온다. 마르틴 슈바프는 세상사를 꿰뚫고 있는 이례적인 술꾼 역을 맡았다. 한스 미하엘 레베르크(Hans Michael Rehberg)는 삶에 굶주려 있는 비사교적인 인물을 연기했다. 이그나츠 키르히너(Ignaz Kirchner)는 사랑에 번민하는 위선적인 의사로 나오는데, 그에게 가장 큰 즐거움은 다른 사람들의 감정을 망쳐 놓는 것이었다.

앙겔라 빙클러와 게르트 보스, 페터 차덱 연출, 〈이바노프〉 빈 공연, 1990년

안네 마리 뒤링어(Anne Marie Düringer)는 혼인을 중개하는 중매인으로서 인간을 통찰한 나머지 오히려 금고와 사랑에 빠지는 인물로 나온다. 이 외에도 아주 매력적인 신부인 안네 벤넨트(Anne Bennent)와 앙겔라 빙클러(Angela Winkler)가 나온다. 앙겔라 빙클러는 이바노프의 병든 아내 역을 감정적으로 깊이 있게 표현하면서 사랑과 절망, 감정의 억압으로부터 비롯되는 급격한 열정이 모든 남자를 오히려 집밖으로 몰아낸다는 것을 보여 준다. 이 연극의 중심에 있는 게르트 보스는 빈의 인기 배우이자 유명한 훈남이었다. 그가 연기하는 이바노프는 온갖 나쁜 소문과는 다른 모습을 보여 주는 데 성공했지만, 결국 이러한 평판에 굴복한다. 이바노프는 자기자신을 분명히 알고 있었으며, 주변에서 자신에 의해 일어난 일들에 당황해서 우울해진다. 결국 그는 기진맥진해져서 멍하게 의자에서 앉아 있다 떨어져 죽는다. 제2의 햄릿이 죽은 것이다. 불필요하고 어정쩡한 지식인이자 행동하지 못하는 인생의 또 다른 방관자로서 말이다.

차덱의 〈이바노프〉는 뮐러의 셰익스피어 공연에 대한 중요한 대항 모델이자 이중 이미지다. 이 작품은 주로 인물들의 감정세계에 관심을 두었지만, 그럼에도 역사적으로, 사회적으로 적지 않게 시사하는 바가 있었다. 1990년대 초에 이 두 편의 사회적 파노라마와 몰락의 스케치는 마구 쌓여 있는 파편들 위에 우뚝 솟은 장대한 스케일의 마지막 전쟁터와 같다.

베르너 슈바프, 아이러니와 도덕

누구나 동의했던 소위 역사의 종말에 대한 반응은 한편으로 서독에서 아이러니로 나타났다. 몇몇 연극인들 이외에 무엇보다 작가들이 이러한 반응을 보였다. 포문을 연 사람은 베르너 슈바프(Werner Schwab)로 그는 새로운 언어를 구사하는 최초의 포스트모더니즘적 향토시인이었다. 하지만 그의 작품에서 비판적 민중극의 인물들은 이 장르에 전형적인 문제들과 피상적으로 씨름을 한다. 이미 외된 폰 호르바트에서 마리루이제 플라이서에 이르기까지, 그리고 라이너 베르너 파스빈더에서 프란츠 크사버 크뢰츠에 이르기까지 그들의 작품에서 편협한 도덕, 잔인한 아버지들, 사회적 억압은 감수성이 풍부하지 않은 사람들에게조차 숨통을 죄어 오는 쇠줄이었다. 베르너 슈바프의 대부분의 작품에서는 인생의 최초와

1994년 그믐날 밤에 죽은 베르너 슈바프

최후의 상황을 다루고, 섹스와 개죽음 사이에서 출구 없고 끝없는 고통이 묘사된다. 그렇지만 이러한 전망 없는 상황이 너무 우울하지 않고 죽을 때조차 너무 비극적으로 되지 않게 하는 것은 바로 그의 연극에서 소리다. 그래서 그의 작품에서 소리로서 "슈바벤 방언"은 하나의 유명한 브랜드가 된다.

언어적 소재는 오스트리아의 라틴어 형태를 띤 남부 독일어 어법인데, 사회학자들은 이것을 출세 신드롬이라고 지칭한다. 표준어를 구사할 수는 없지만, 그럼에도 표준어를 시도하는 사람들은 모두 비슷하게 말을 한다. 뒤틀어진 문법, 현기증 나는 복합명사, 거드름을 피우는 미사여구가 서로 얽히고설켜 끔찍한 가시울타리가 쳐지고, 결국 광포한 언어는 이리저리 격렬히 날뛰다가 좌절된다. 물론 이러한 언어적 절망의 행위가 가져오는 파괴적 효과는 병적으로 지껄여 대는 인물들에게 자신을 포함해서 모든 것이 언젠가는 사물이 되고, 그러면 그들은 이것을 3인칭으로 표현한다는 것이다. 아마도 오스트리아 출신의 슈바프에게 이러한 경험은 당연한 일일 것이다. 오스트리아-헝가리 군주제 시대에는 사람이 중요한 것이 아니라 관료적 상황이 절대적이었기 때문이다. 이렇듯 슈바프의 작품에서는 옛 전통적 주체가 사라지고 자크 데리다(Jacques Derrida)와 미셸 푸코(Michel Foucault), 프란츠 요제프(Franz Joseph) 황제가 서로 조우한다.

슈바프가 새로운 언어를 발견했다면, 토마스 요니크(Thomas Jonigk)나 빌프리트 하펠(Wilfried Happel) 같은 작가들은 희극 체계에 발동을 걸어 속물 근성의 소시민 가족을 단번에 해체시켰다. 토마스 베른하르트와 유사하게, 형식이 한번 잡힌 이후로 특히 슈바프는 벽돌을 찍어 내듯 날쌔게 희곡을 썼고, 드라마는 팝아트의 거장 앤디 워홀(Andy Warhol)의 캠벨-깡통(Campbel-Dose)처럼 시리즈로 생산되었다. 한편 젊은 작가들은 엘프리데 옐리네크에게서 말을 하고 극적 행위를 이끌어 가는 극중 인물의 해체 작업과, 잘 갈고닦은 수수께끼 같은 언어 무대를 배웠다. 이런 무대에서 윤리적 기준치는 현기증을 일으킬 정도로 널을 뛴다. 본능적이거나 조건반사적인 행동을 야기하는 모든 형태의 심리, 완결된 인물의 환상 그리고 옛 드라마 이론에서 "캐릭터"라고 일컬어졌던 모든 것의 잔재가 효력을 상실했다. 특히 도덕에 관한 신조가 그러했다.

훌륭한 행동 또는 비난받을 만한 행동, 상황을 개선시키거나 악화시키는 행동을 구분하는 것은 사실 변화에 대한 전망이 있을 때만 의미가 있다. 주체가 행위능력이 있거나, 적어도 행동을 통해 기존의 상황에 개입할 수 있다는 환상에 자신을 내맡기는 사람들이 있을 때 말이다. 기존 상황이 우세하다는 확신이 서거나 타성에 젖어 있을 경우, 모든 도덕적 논의는 기껏해야 불필요하거나 현실과 동떨어진 것이 된다.

따라서 비판적 민중극과 사실주의 드라마의 유산인 위장된 쾌활함, 슈바프와 그 후계자들의 절망에 가까운 유쾌한 연극, 소극(笑劇), 미화된 희극, 날카로운 익살극은 피상적으로는 1968년의 모든 성과에 대해 무책임한 냉소를 보여 준다. 하지만 그 이면에는 개선의 여지가 없는 세상에 대한 절망적인 경악이 숨어 있다. 이것은 연극이 물려받은 낙관적인 사회비판보다 훨씬 더 절망적이다. 슈바프는 마지막에 죽음에 대한 황홀한 문장들을 썼다. 이러한 문장들은 거들먹거리는 반고전주의 양식 없이는 거의 불가능하다. "죽음은 아름다움 가운데 가장 아름다운 것이다. 죽음 속에서 마리에들(Mariedl)[101] 역시 귀하게 고양될 것이다. 이것은 부드럽게 숙성된 사랑, 즉 죽음을 위한 진정한 서막이다."

아이나르 슐레프 또는 유토피아의 비극

아이러니와 운명 — 비극적 역사를 경험한 동독에서 상황은 그렇게 쉽지 않았다. 동독은 도덕적 자의식의 대부분을 파시즘에 대한 투쟁으로부터 얻었지만, 국가적으로 승인된 안티파시즘이 어떻게 은밀히 독재로 변하고, 예전의 저항 운동가들이 관료적인 군주로 변질되어 갔는지 경험해야만 했던 나라였다. 하이너 뮐러는 〈볼로콜람스크 4번 국도(Wolokolamsker Chausse IV)〉, 〈켄타우로스(Kentauren)〉에서 이러한 묵시록적 역사철학을 한 번 더 집중적으로 제시했다. 뮐러는 부하에게 빨간불에 횡단보도를 건너가라고 명령하는 슈타지(Stasi)[102] 간부의 악몽을 보여 준다. 왜냐하면 국가가 기능을 제대로 발휘하기 위해서는 질서의 파괴자가 필요하기 때문이다. 자신의 명령에 따라 죽은 사람을 눈앞에서 보면서, "변증법의 전선에서 넘어진 채" "불로 지진 자리처럼 고통이" 슈타지 요원에게 불현듯 떠오른다. "나는 내 책상과 엉켜 하나가 되었다." 이런 이미지에는 동독 시민으로서의 삶의 분열적인 근본 경험이 집적되어 있다. 순수한 의도, 부조리로 부패한 사회주의 유토피아 그리고 그 사이에서 마치 살아 있는 서랍처럼 끼어 있는 인간.

우리는 동등한 가치를 지닌 원칙들 사이에 인간이 꽉 끼어서 파열하는 갈등을 비극이라 부른다. 동독이 아이나르 슐레프의 모든 뼈마디를 박살 냈다는 것은 단지 비유적 의미에서만이 아니다. 청소년 시절 그는 문 잠금장치가 없어서 운행하지 말아야 할 열차에 탔다가 떨어져 사고가 난 적이 있기 때문이다. 자전적 에세이 「마약 파우스트 파르치팔(Droge Faust Parzifal)」에도 나와 있듯이, 사고 후 1년 동안 그는 어느 시골 병원에서 치료를 받았는데 거의 죽음의 문턱까지 갔다가 새로운 삶을 맞게 되고 그 이후에는 독일의 수난이라 느낄 만한 삶이 그를 기다리고 있었다. 튀링엔(Thüringen) 주의 장거하우젠(Sangerhausen)에서 1944년에 태어난 그는 부모로부터 이해를 받지 못한 자식이었으며—아버지에게는 거의 인정을 받지 못했다—, 나라로부터 박해를 받은 대학생이었다. 그는 베를린 앙상블에서 억압을

101) 베르너 슈바프의 작품 〈영부인들(Die Präsidentinnen)〉의 인물. —옮긴이
102) 구동독 국가안전부. —옮긴이

당하고, 1976년 서독으로 넘어갔는데 그곳에서는 무시와 모멸을 느꼈으며, 오랫동안 자신의 재능을 펼치지 못했다. 또한 동독에 대해 강박적으로 애증을 느꼈으며, 어머니와 고향 장거스호이저(Sangershäuser)를 결코 떨쳐 버리지 못했다. 그의 기념비적 『게르트루드』 소설의 두 부분과 연극 〈죽은 자의 트럼펫 1과 2(Totentrompeten I und II)〉는 이에 대해 이야기하고 있다.

슐레프의 연출은 격앙된 거부감과 광적인 열광을 동시에 불러일으키며 관객을 분열시켰다. 1993년 슐레프가 연출한 호흐후트의 〈바이마르의 베시〉는 철저한 조사에 기반한 통속소설 같은 연속 장면을 통해 새로운 연방 주에서 의기양양하게 착취를 감행하는 서독인들을 보여 주면서 독일의 살인적인 자책으로 치달았다. 하지만 서독과 동독 사이에 호흐후트식의 분명한 도덕적 경계선은 합창 지휘자의 아주 정확하고 엄격한 연출로 희미해진다. 벌거벗은 채 무거운 장화를 신은 남자들은 헐떡거리면서 번쩍이는 도끼를 흔들다 쓰러진다. 호흐후트의 대사와 단편들로는 충분하지 않자, 슐레프는 독일의 자기 난도질을 프리드리히 실러와 연관시킨다. 검은색, 붉은색, 황금색 옷을 입은 8명의 루이제는 페르디난

롤프 호흐후트의 〈바이마르의 베시〉, 아이나르 슐레프 연출, 베를린 앙상블, 1993년

트[103]의 패거리에게 짓밟히고 독살당한다. 2명의 남자, 프란츠와 카알[104]은 신이 그들을 창조한 대로 벌거숭이로 싸우며 쓰러질 때까지 사랑을 한다. 장식 없이 텅 빈 무대 위에서는 가혹한 형제간의 싸움이 미친 듯 벌어진다.

1996년 슐레프가 (마찬가지로 베를린 앙상블에서) 연출한 〈푼틸라〉는 배경을 핀란드에서 독일로 옮겨 왔으며, 계몽된 인물인 하인 마티가 나오지 않는다. 슐레프는 몸소 연미복을 입고 나와, 변덕스러운 술꾼인 푼틸라를 호통 치는 매력적인 무대 위의 독재자로 그리고 냉엄한 파멸의 영도자로 탈바꿈시켰다. 지적으로 우월한 하인이 가까운 미래에 틀림없이 실제 정치에 영향력을 미치게 될 것이라는 "희망의 작업(Bertolt Brecht)"에 대한 전통적이고 낙관적인 시각에 반해, 주연을 맡은 연출가는 주인공을 분열적이고 매혹적인 인물로 탄생시켰다. 슐레프는 우아한 연미복을 입고 푼틸라를 연기하고 대사를 말하면서 지휘를 하는 것 같다. 보다 정확히 말해 그가 말하는 것을 보면 마치 지적인 기관총같이 느껴진다. 문장들은 결점 없는 어법과 육중한 음량으로 동료 배우들에게 다다다 쏟아진다. 게다가 날카롭고 정확하게 팔로 제스처를 취하면서 말에 리듬을 붙이는 그의 모습은 흐트러지지 않고 집중력이 있으며, 마치 광적인 지휘자처럼 보인다. 무대를 지휘하는 이 고상한 독재자 앞에서 모든 저항은 무너진다. 이런 푼틸라는 —제정신이건 술에 취했건— 그의 위대한 전범들, 이 세기의 파멸의 지도자들처럼 양심의 가책을 느끼지 않는다. 브레히트의 난제에 대해 슐레프는 관점의 전환으로 답변을 한다. 브레히트처럼 1948/1949년 이미 지나간 불행을 희극적으로 극복해서 계몽적인 시각으로 낙관적으로 되돌아보는 대신, 슐레프는 1940년대 중반 작품의 발생 시기의, 피할 수 없는 비극을 들여다보는 관점으로 작품을 연출했다.

「마약 파우스트 파르치팔」에서 슐레프는 니체의 영향을 받은 이론적 틀로 자신의 경험을 형상화했다. 아이나르 슐레프는 문화비판적 프로젝트를 진행시키는데, 여기에는 "비극의 탄생"과 세속화된 계몽적 인간의 오만에 대한 니체의 선언이 영향을 주었다. 그의 "시도"는 "합창단, 함께 일하는 사람들의 공동체, 같은

103) 프리드리히 실러의 〈간계와 사랑〉의 주인공. —옮긴이
104) 프리드리히 실러의 〈도적 떼〉의 주인공. —옮긴이

언어를 사용하는 인물들의 공동체, 작가의 공동체를 다시 무대 위로 올리는 것"이다. 한 목소리의 군중이란 그에게는 잃어버린 이상적인 상태며 이러한 상태는 꼭 개선되어야 한다. 이것은 "필연적인 의식, 즉 위기에 빠진 언어극과 음악극의 예술 형태를 살리기 위한 필수적인 의식"일 뿐만 아니라 "정치적 유토피아의 단초"인 것이다. "중심적 갈등 안으로 여성을 다시 끌어들이는 것" 역시 이에 속한다. 슐레프는 메나데를 다시 등장시키는데, 디오니소스를 추종하는 광란의 여성들인 그들은 황홀경의 도취 상태에서 이성적으로 규정된 문명적 질서에 반대한다는 이유로 생명신의 행렬을 막는 모든 사람들을 갈기갈기 찢어발긴다.

엘프리데 옐리네크의 〈스포츠극(Sportstück)〉은 공동체의 부활에 대한 슐레프의 유토피아에 도전장을 내민다. 왜냐하면 옐리네크는 스포츠에 열광하는 "군중의 행동"에 대해 혐오감을 느끼는 동시에 흥미를 갖기 때문이다. 이러한 맥락에서 옐리네크는 스포츠란 "지칠 줄 모르는 사람들의 조직"이며, "잔인함의 견본품"이고, 전쟁을 위한 예비 연습이라고 말한다. "스포츠 선수는 군인과 같다." 옐리네크의 〈스포츠극〉은 개인화의 기획에 대해서는 어떠한 비판도 하지 않는다. 반대로 어디서 그리고 왜 개인성이 포기되는지를 질문하고 이에 대해 비난한다.

슐레프의 희망과 옐리네크의 두려움의 격돌은 1998년 빈의 부르크테아터에서 소모적인 연극 마라톤으로 끝난다. 이 공연에서 모순을 통해 드러난 균열은 개인성을 가장 높은 가치로 천명한 민주주의 대중사회의 아주 일상적인 분열 깊숙이까지 다다른다. 왜냐하면 슐레프의 공연에서 디오니스적인 공동체가 좋은 반응을 불러일으키거나 우호적으로 보이지 않았기 때문이다. 오히려 15명의 여성과 남성이 전력을 다해 무대 가장자리로 질주하다가 모서리 50센티미터 앞에서 갑자기 멈추어 서서 관객들을 향해 발길질을 하고 입에서 텍스트들을 후두두 쏟아낼 때, 앞 열에 앉아 있던 관객들의 숨이 갑자기 탁 막힌다. 여성과 남성 배우들은 연출가의 의도가 어떻든 간에 너무 많은 개인으로 이루어진 공동체, 너무 많은 수의 군중이 급속히 위험해질 수 있다는 것을 보여 준다. 따라서 슐레프의 유토피아는 독일의 악몽이기도 하다. ―〈바이마르의 베씨〉와 〈푼틸라〉를 봐라.― 어느 누구도 아이나르 슐레프보다 더 분명하게 그것을 보여 주지 못한다.

프랑크 카스토르프와 폴크스뷔네: 역설적 상황

1992년 폴크스뷔네가 발행하는 전반기 프로그램북 가운데 하나에 보리스 그로이스(Boris Groys)의 에세이 『종합예술작품 스탈린(Gesamtkunstwerk Stalin)』의 핵심 부분이 다음과 같이 실려 있다. "우리는 스탈린을 적어도 미학적으로 반복하지 않고는 그로부터 벗어날 수 없다. 따라서 새로운 러시아 예술은 스탈린을 하나의 미적 현상으로 파악하고, 그를 모방함으로써 그로부터 자유로워진다." 프랑크 카스토르프는 동독에 대한 애증 때문에 자기 안에 있는 스탈린주의에 천착함으로써 그로부터 벗어날 수 있다고 여러 번 언급했다. 2000년에 영화화되기도 한 〈악마들(Dämonen)〉의 공연에서 범슬라브적 신의 추종자 샤토프(Schatow)는 불쌍한 광인이 결코 아니다. 그는 단지 서방의 계몽된 시각에서만 그렇게 비칠 뿐이다. 그로이스는 자신의 에세이에서 이렇게 말한다. "이러한 예술을 통해 반감 없이, 어느 가족에게나 특별난 사람이 있기 마련이지라는 식의 우월감으로 우리는 스탈린을 대할 수 있다."

그동안 20년 이상 폴크스뷔네에서 이뤄진 이러한 예술의 성과는 충분히 알려져 왔다. 폴크스뷔네는 모순이 없다고는 할 수 없으며, 입장이 항상 분명하지만은 않았기 때문에 많은 혼란을 야기해 왔다. 그곳은 동독 극장처럼 꾸며져 있지만, 3명의 서독 출신 상임 연출가가 작업을 했다. 한스 크레스닉은 한 대담에서 폴크스뷔네를 통일에 잘 순응해 가는 유일한 극장이라고 칭했다. 하지만 이에 대해서 카스토르프는 결코 자신은 통일을 원하지 않았다고 답변했다. 어쨌든 역설적인 것은 폴크스뷔네가 이러한 상황에서도 침체되지 않고, 1990년대 동베를린에서 적지 않은 성과를 냈다는 것이다.

적어도 사람들이 숨김없이 스탈린을 지지하는 동독에서 카스토르프의 아이러니하고 때로 냉소적인 작업은 서독과는 다른 색채를 띤다. 무대에서는 자칭 우월감의 제스처가 펼쳐지는데, 이것은 이따금 절망적이지만 결코 나약하게 포기하지 않고, 머리를 자신이라는 늪으로부터 쳐들려는 종종 광적인 시도가 된다. 1992년부터 프랑크 카스토르프는 폴크스뷔네에서 작품을 공연할 뿐만 아니라 이것을 기회로 연극 자체를 무대화하는 연극을 만들어 왔다. 이러한 연극은 연극 캐릭터들(Theaterfiguren)—어쨌든 카스토르프는 이 말을 싫어했다고 하는데—뿐만 아니라 연극 자체가 관찰되고 관찰되게 하는 연극이다. 여기에서 배우가 자신의 역할을 연기하는 방식은 감정이입과 전혀 관계가 없으며, 그렇다고 역할인물을 자신의 옆에 마치 빗자루처럼 세워 두라는 베크베르트[105]식의 브레히트 변형과도 관련이 없다. 이것은 그 이상의 효과다. 마치 배우가 공연 전에 소품실로 가서 약속된 의상을 꺼내 관객이 없는 거울 앞에서 한번 입어 보는 것과 같다. 그는 의상을 안팎으로 두루 살펴보고 빛에 비쳐 본 후 걸쳤다가 솔기가 쫙 찢어지면 한 구석으로 내던지는 것을 적어도 두 번은 반복할 것이다.

이런 일도 일어날 수 있다. 휴식 시간 전에 금발의 아주 차갑고, 정말 육감적인 동독 여배우가 날이 선 공군 유니폼을 꽉 끼게 입고, 날카롭게 매혹적인 하라스(Harras)[106]를 우아하게 무대 가장자리로 데리고 간다. 이에 비하면 쿠르트 위르겐스(Curd Jürgens)[107]는 샴페인에 곁들여 먹는 구운 소시지 같아 보인다. 그래서 휴식 시간 후에 다른 배우가 이 역할을 넘겨받게 되었다. 그런데 예전에 함부르크에서 일했던 그는 긴장해서 엄청나게 땀을 흘린다. 이제 태연한 주인공 역할을 해야 하는데 끊임없이 쏟아지는 땀 때문에 번질거려 곤혹스러워졌다. 이 〈악마의 장군〉 공연을 보고 난 후 많은 사람들이 칼 추크마이어가 50년 전에 도대체 무엇을 썼는지 의문을 제기하는 것은 당연해 보인다. 왜냐하면 관객은 이 공연에서 독일 사회에 대한 두 가지 관점을 보았기 때문이다. 이런 것을 작가는 꿈에도 상상하지 못했을 것이다.

카스토르프의 배우들은 텍스트에 일관성 없게 자신을 내맡기고 종종 어찌할 바를 모르며 모순에 빠진다. 그들은 호기심과 연기 의욕으로 가득 차기도 하고, 종종 밤늦게까지 깨어 있고 싶어 하는 어린아이들이 그렇듯이 스타킹과 멜빵바지를 입기도 한다. 그렇게 그들은 〈리어왕〉에서는 친절하고 연로한 노인으로서 과장된 정치적 영웅을 연기했고, 뮐러의 〈전투(Die Schlacht)〉와 〈펜션 쇨러(Pension Schöller)〉에서는 슬랩스틱 콜라주를 만들어 메달의 양면인 히틀러-파시

105) 만프레드 베크베르트(Manfred Wekwerth, 1929~), 독일의 연출가. —옮긴이
106) 작품 속 인물로서, 박해받는 유대인들을 인도주의적 입장에서 도와주는 공군 장성. —옮긴이
107) 독일, 오스트리아 배우(1915~1982). —옮긴이

〈펜션 쉴러〉/〈전투〉, 프랑크 카스토르프 연출, 헨리 휘프헨·헤르베르트 프리취 출연, 1994년

즘과 동독-반파시즘을 감자 샐러드처럼 뒤섞었다. 〈당통(Danton)〉에서는 혁명적 이상과 새로운 역설의 찌꺼기를 유쾌하게 이리저리 내뱉었다. 함부르크 샤우슈필하우스의 배우들과 함께 카스토르프는 이러한 방식으로 〈박쥐(Fledermaus)〉를 공연했다. 이 작품에서 능력 있는 오페레타 앙상블은 곧바로 저열한 독일연방공화국의 오락회가 되었다. 빈에서는 요한 네스트로이의 세 작품과 몇 편의 그 지역 희극작품을 통해 인간에 대한 경멸감을 보여 주는 공감할 만한 알프스 파노라마가 탄생했다.

이러한 연기 방식에서 배우들은 자신감과 불안을 동시에 느끼며 신경질적으로 감정이 이랬다저랬다 한다. 어떨 때는 지치도록 강박적으로 반복되는 헤아릴 수 없는 영혼의 골에 멍하니 빠져 있기도 하며, 언어장애나 눈에 띄는 긴장감을 보이고 희화화와 병적 상태를 왔다 갔다 하기도 한다. 변덕, 돌발, 노이로제성의 발작 또는 소동으로 이루어진 전체 레퍼토리를 거치면서 배우는 인물로 존재하지만 느닷없이 자신의 역할에서 빠져나와 개인적인 태도를 드러내고, 다시 무대 위 연극에서의 연기로 돌아오기도 한다. 따라서 사람들은 공연을 어떻게 평가하

건 간에 공연에서 제작자의 존재를 의식하게 된다. 온갖 약점에도 불구하고 바로 여기에 연극비평의 격렬한 악평도, 압도적인 칭송도 감히 침해할 수 없는 힘이 있다.

물론 1990년대 말, 부유해지고 유명해지는 모든 극장에 닥칠 만한 위험이 폴크스뷔네와 극장장에게도 임박해 있었다. 10여 년 전 샤우뷔네를 좌초하게 만들었던 대가주의(Virtuosentum) 그리고 완전히 무감각해져서 그 자체로 통용되는 살롱-허무주의(Salon-Nihilismus)가 바로 그것이다.

크리스토프 마르탈러의 즐거운 문화비평

50년 동안 전후 지식인을 하나로 묶을 수 있는 가장 작은 공통분모를 찾는다면 오랫동안 머리를 굴릴 필요도 없이 테오도어 아도르노와 마르틴 하이데거(Martin Heidegger), 아르놀트 겔렌(Arnold Gehlen)과 귄터 그라스(Günter Grass), 옛 좌익과 보토 슈트라우스를 한 자루에 담을 수 있을 것이다. 도대체 우리는 무엇을 하려는 것인가? 너무 과도한 시장과 경제효율성, 합리성, 잃어버린 집중력, 점점 더 빨리 사라지는 시간, 소외 등에 대한 저항을 어디에선가 모두들 품고 있을 것이다. 아니면 우리 모두 적응력이 좀 떨어지고 신발이 어딘가 불편해서 아마 더 이상 세상의 속도를 쫓아갈 수 없을지도 모른다. 어쨌든 우리는 정신적인 엘리트에 속해 있기 때문에 이것이 다른 사람들의 잘못이라고 생각한다. 우리가 일부러 늦잠을 잤다고 말할 때처럼. 오늘날 극장에 가는 대부분의 사람들은 그들의 가슴 깊숙이 현대사회가 지나치게 현대화되었다고 생각한다. 그렇지만 우리가 신경질적으로 담배를 피우지 않고, 좋은 여송연에 대해 조금이라고 알고 있는 사람이라면, 크리스토프 마르탈러는 우리 사람이다.

문화비판을 보면 옛날이 더 좋았다는 것을 알 수 있다. 문화비판은 한편으로는 무기력의 감정을, 다른 한편으로는 우월감을 전달한다. 문화비판은 하이너 뮐러에 와서 얼음 없는 위스키를 든 수많은 지식인 총사령관의 묵시록이 되었다. 뮐러 전문인 보훔의 프랑크-파트릭 슈테켈(Frank-Patrick Steckel)이 이끄는 시립극장 또는 베를린 샤우뷔네의 안드레아 브레트(Andrea Breth)가 이끄는 시립극장에서 보여 준 혼란스럽고 결연한 몰락의 이미지는 더 이상 관객이 극장을 찾지 않게 했다. 또는 키치적 위험을 무릅쓴, 시민적 개인에 대한 송별회는 언젠가는 영화에 출연하려 했던 앙상블 단원들에게 저주가 되었고 극장은 끝장이 났다. 1990년대 연극에서 완고한 문화비평가가 모든 사람에게 어렴풋이 이해가 되었던 때도 있었지만 그것으로 아무것도 달성할 수 없었다.

다음에는 크리스토프 마르탈러와 무대장치가 안나 비브로크(Anna Viebrock)에 대해 말해 보자. 그들의 무대에서는 움직이지 않는 시계가 벽에 걸려 있거나 시침과 분침이 거꾸로 돌아가고, 진보를 맹신하는 격언이 벽에서 한 자 한 자 떨어지고 문도 열리지 않는 리프트가 덜커덩거리며 움직인다. 신경 써서 고른 표지판이 아무것도 가리키지 않거나, 계단은 하늘을 향해 나 있거나, 회전문들은 보행자들을 가차 없이 다시 방 안으로 곤두박질치게 한다. 폐쇄공포증의 발상들로 가득 찬 비브로크의 공간은 절망적으로 의미가 제거된 대기실이다. 이런 무대에서 사람들은 끝나 가는 세기에 포위당한다. 이 공간들은 시대를 정확히 가리킨다. 종종 고철 하치장에서 가져온 분실물들로 꾸며져 있는 공간들에는 과거의 경험으로부터 풍기는 냄새가 아직도 배어 있다. 공간의 이러한 구성으로 인해 모든 실용적 의미는 절망으로 내몰리고 확실한 현실적 실용성은 포기된다.

이러한 공간에서 마르탈러는 사람에 의해 움직이고, 완전히 기계적으로 구성되어 시종일관 무의미하게 제자리를 맴도는 무대예술 작품을 연출한다. 이것은 음악, 움직임, 배우들의 고도로 훈련되고, 완전히 쓸모없는 숙련된 기교로 이루어진 반복과 얽히고설킨 착종이 만들어 내는 진정한 기적이다. 배우들은 〈죽여라 유럽인(Murx den Europäer!)〉에서처럼 보잘것없이 얄팍한 근육과 끔찍하게 형편없는 위트를 자랑하기도 하고, 〈영시점(Stunde Null)〉에서는 말 타고 손 흔들기나 빨간 양탄자 넓게 감기를 반복하기도 한다. 배우들은 〈최초의 파우스트(Wurzel-Faust)〉에서처럼 서로 완전히 포개지거나 벽에 부딪쳐 쿵 하고 넘어지기도 한다. 또는 전혀 기대하지 않은 순간 종소리처럼 영롱한 합창이 온갖 목청에서 울려 퍼지고, 그 조화롭고 세련된 목소리로 아주 무의미한 노래 텍스트를 시험해 보기도 한다. 명료한 정신으로 반복을 행하는 배우의 연기는 점점 더 두드러지는 진보에 대한 불안할 정도로 친절한 조소며, 이것을 감내해야 하는 인간에 대한 존경과 모든 근대화의 패배자들에 대한 진심 어린 감정으로 가득 차 있다.

크리스토프 마르탈러의 〈죽여라 유럽인〉, 1993년, 폴크스뷔네

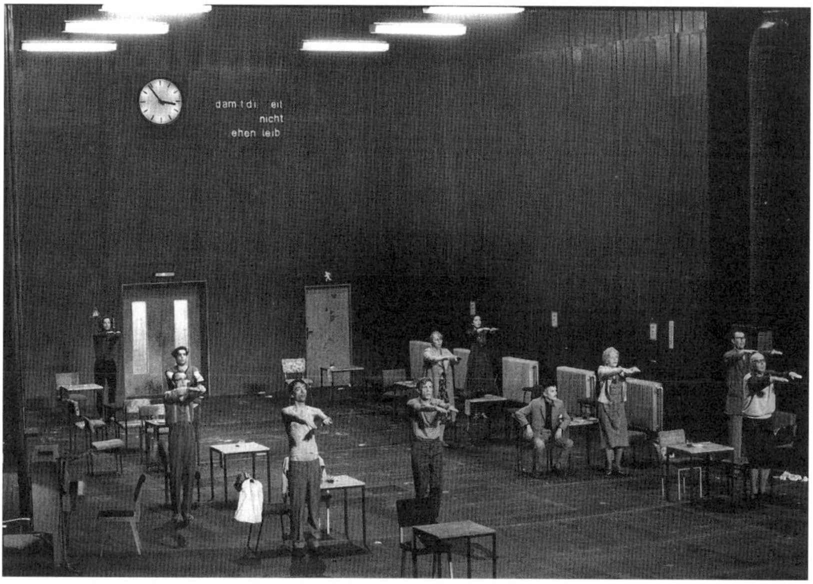

배우들의 연기는 서구의 극대화된 성공 지향에 대해 깊은 회의로 가득 차 있으며, 이것은 독일 역사에 대한 커다란 불신과 기능 위주의 온갖 체계에 대한 진정한 반감, 즉 부족하고 게으르고 불완전한 인간에 대한 공감과 맞물려 있다.

크리스토프 마르탈러와 안나 비브로크는 어떤 사람도 믿지 않았으며, 감히 바랄 수도 없었던 것을 성공시켰다. 이것은 문화비판이 제대로 된 결과를 가져오지는 못할지라도, 당연히 유지될 수 있다는 확실한 증거다. 더 대단한 것은 동베를린에서 빈 축제 주간(Wiener Festwochen)을 거쳐 함부르크와 취리히에 이르기까지 관객과 비평가들이 그들을 존경해 마지않았다는 것이다. 그들은 1990년대 독일 재통일 이후 함께했던 가장 위대한 동료들이다. 이런 아름다운 시간에 감사한다.

모순과 세대교체

슐레프의 니체적 유토피아와 합창과 공동체에 대한 비극적 동경, 마르탈러의 즐거운 문화비판과 현실적 유용성의 파괴, 카스토르프와 배우들의 무정부주의적

역사로부터의 자기구원의 시도 — 지금 현재와 이데올로기에 대한 이 세 가지 "비판적인" 반향은 1970년대와 1980년대의 비판과는 반대로 확연하게 도덕적인 판단을 하지 않으면서, 이성의 요구를 교묘하게 무력화한다. 이는 도덕적인 무관심에서가 아니라 도덕과 이성이 세기말에 이데올로기적 오용으로부터 분리되기 힘들고, 계몽적 이상을 수단으로 하는 연극이 도덕적이고 이성적이고자 한다면 스스로를 부정하게 될 것이라는 확신으로부터 연유한다.

우리는 1990년대에 연극의 "위기"에 대해 자주 이야기했다. 명확한 방향 설정도, 1970년대에서 1980년대 연극의 의기양양한 태도도 없었기 때문이다. (또는 공허해졌기 때문이다.) 3명의 연출가의 작업에서 우리는 그렇게 많은 위기적 현상이 현대연극의 정점에 속하며, 뮐러의 〈햄릿〉과 차덱의 〈이바노프〉가 1990년대 초에 제기했던 문제에 대한 해답이라는 것을 알 수 있다. 출구도 대단한 전망도 없지만, 일부분 난폭한 확신과 엘리트 실용주의가 있었고, 이에 따르면 현실은 모순의 정점에 다다랐다. 모순에 빠지는 사람은 그 안에서 죽는다는 말이 있다. 하지만 1990년대에는 죽지 않으려면 모순에 빠져야 했다.

세대교체는 변화되고 모순된 가치관과 연관되어 있었다. 거의 20년 동안, 1960년대 말부터 1990년대 초까지 성공의 척도는 몇몇 남성 연출가들의 손에 있었다. 페터 차덱, 페터 슈타인, 클라우스 파이만, 위르겐 플림, 루크 본디, 한스 노이펠스 — 이들은 바로 독일 국립극장과 시립극장을 이끈 주역들이다. 이러한 공공극장은 전후, 아무리 늦어도 프리츠 코르트너 이래로 배우 위주의 극장에서 연출가 중심의 포럼으로 변했다. 전후 독일은 특히 국가사회주의 과거에 대한 도덕적인 관대함 덕분에 경제적으로 번성했고, 갈등의 장이기도 했던 전후 독일의 복고적 경향은 1990년대 새로운 상황에서 힘을 잃었다. 게다가 서서히 연금 연령에 가까워지는 연극계의 거장들은 후계자를 키우는 일을 소홀히 했을 뿐만 아니라, 이것을 오히려 마음먹고 방해했다. 왜냐하면 그들의 성취욕과 경쟁심이 그들로 하여금 전임자를 계승하도록 했다면, 그들이 주도적으로 이끌었던 극장과 연출 팀의 환경 역시 동일한 욕구의 지배를 받았기 때문이다. 과도한 경쟁은 팔근육을 단련시켰을지는 몰라도 예술 후속세대를 양성하는 데는 도움이 되지 못했다.

1990년대 말에는 1990년대 초에 거의 생각할 수 없었던 일들이 시작되었다. 30대 초반의 젊은 연출가들에 대한 수요가 갑자기 증가하는 익숙하지 않은 상황이 발생한 것이다. 젊은 연출가들이 심지어 극장을 이끄는 경우도 생겼다. 슈테판 바흐만(Stefan Bachmann)은 1999년 바젤의 샤우슈필 극장장이 되었고, 토마스 오스터마이어(Thomas Ostermeier)는 2000년에 베를린 샤우뷔네를 인수했고, 마티아스 하르트만(Mattias Hartmann)은 보훔 극장을 인수했다. 페터 슈타인, 클라우스 파이만 같은 연출가를 계승해야만 했지만 성공하지 못했던 40대 중반의 연출가 세대를 뛰어넘어 버린 것이다.

이때 오스터마이어는 가장 극적으로 벼락출세를 한 젊은 연출가다. 동베를린의 에른스트-부쉬 연극예술학교(Ernst-Busch-Schule)의 젊은 연출과 졸업생이었던 그는 그를 위해 설치된 도이체스 테아터 별관인 99좌석을 갖춘 가건물 "바라케(Barake)"의 단장으로 활동하며 2년 동안 자신의 능력을 입증했다. 거기서 기획되고 마련된 공연 프로그램은 영국 출신인 마크 레이븐힐(Mark Ravenhill)의 연극 〈쇼핑하고 섹스하고(Shoppen und Ficken)〉, (아일랜드 극작가) 엔다 월시(Enda Walsh)의 작품 〈디스코 피그(Disco Pigs)〉, 영국의 극작가 사라 케인(Sarah Kane)의 작품들 또는 마리우스 폰 마이엔부르크(Marius von Mayenburg)의 〈불의 얼굴 (Feuergesicht)〉을 통해 1980년대 중단되었던 사회리얼리즘 전통을 이어 갔다. 물론 상흔이 없었던 것은 아니다. 무대 위의 주인공들은 마지막 칼날을 자기에게로 돌려, 자신을 토막 내거나 부모의 집과 함께 자신을 폭파하기도 한다. 이런 장면들은 우리가 미래의 전망이라고 부를 만한 것은 아니었다. 옛 희망의 잠재성은 최후의 유희 공간을 미친 듯이 막무가내로 지향하는 것으로 변질되었다. 그리고 이러한 유희 공간은 자기파괴로까지 일탈하게 된다.

더불어 간과할 수 없는 탁월한 연극적 작업을 수행하는 연극인들이 나타난다. 그들은 관찰을 통해 심리묘사를 훌륭하게 해냈는데, 이러한 심리묘사는 보다 좋은 공연에서 상투어와 닳고 닳은 설명 방식과는 현격히 구분되며 현실에 충실한 것이었다. 에른스트-부쉬 연극예술학교에서 훈련을 받은 브레히트와 스타니슬라브스키의 융합, 기술과 감정이입의 혼합은 모든 형태의 리얼리즘적 서사 극작법에 적합하며, 특히 무대 위에서 행위하는 인간에게 이상적이다. 행위하는 인간이 자신이 무엇을 하는지 항상 아는 것은 아니기 때문이다. 다만 결정적인 것은 원래 계몽주의적 임무를 띤, 종종 무기력하기는 하지만 행위하려는 의지가 있는 개인이 다시 등장했다는 점이다.

토마스 오스터마이어는 샤우뷔네의 대표로서 정치적으로 야심 찬 동시대 드라마를 레닌광장의 대표적인 멘델스존 건물에 이식하기 위해 첫발을 내딛었지만 자신의 연극 프로그램의 한계를 경험해야만 했다. 15년 동안 가장 확실한 성공은 초기의 극단적인 작품이 아니라 19세기의 견고한 시민극이었기 때문이다. 헨리크 입센의 〈노라(Nora)〉와 〈헤다 가블러〉를 통해 그는 베를린의 새로운 내면세계를 탐색했다. 카타리나 쉬틀러(Katharina Schüttler)가 연기한 헤다 가블러는 1920년대 전부터 1930년대까지 해방이라고 지칭되었던 것들의 현황을 보여 준다. 자기 손을 힘들여 더럽히지 않고, 선량하지만 지루한 남자를 낚는 것이다. 이런 남자는 항상 유혹에 빠지거나 여자에게 확실히 사로잡혀서 화도 내지 않는다. 이것은 일하지 않으면서 수입이 있는 삶을 보장해 주고, 역시 다양한 활동을 제한하지 않으면서, 쇼핑하고, 시시덕거리고, 멍청한 짓을 할 수 있는, 또는 해도 좋을

토마스 오스터마이어 연출 〈헤다 가블러〉에서 헤다 가블러 역할의 카타리나 쉬틀러(왼쪽), 베를린 샤우뷔네, 2005년

시간을 허락한다. 동시에 아무것도 결정할 필요가 없고, 가능한 한 결정을 피할 수 있는 자유도 준다. 말하자면 선택권이 있는 시민 잡년이다. 헤다와 그녀의 친구들을 통해서 오스터마이어는 미친 듯이 배를 채워 대는 베를린 중산층을 적절히 표현했다. 그들은 도대체 무엇을 위한 것인지 정확히 알지도 못한 채, 취향과 돈, 자유의 수많은 수식어와 제스처로 자신을 치장하고 있는 사람들이다.

토마스 오스터마이어는 1990년대 말과 2000년대 초반 연출가 세대 중 한 명이다. 그들은 독일어권 대극장의 프로그램을 지배했고 스타일과 연극 기법의 다원주의로 동시대 리얼리즘 공연을 실현하려고 시도했다. 슈테판 킴미히(Stephan Kimmig)의 심리적 리얼리즘, 미하엘 탈하이머(Michael Thalheimer)의 격정적으로 치장된 고뇌라는 감정의 세계, 카스토르프에게서 배운 안드레아스 크리겐부르크(Andreas Kriegenburg)의 인물 콜라주, 아르민 페트라스(Armin Petras)의 즉흥적이고 소박하게 펼쳐지는 고전의 현대화, 슈테판 푸허(Stefan Pucher)의 영화와 팝 사이의 애수에 찬 샘플링인 체호프와 셰익스피어 공연 — 이 모든 현상은 새천년의 첫 10년 동안 아주 규범적인 지각 방식도, 공통된 전망도 존재하지 않았던 복잡한 현실에 대한 이질적 접근을 지향하고 있다.

정상성의 끝, 자본주의의 새로운 정신과 가속화된 불평등

1990년대 주요 사건이었던 독일의 재통일과 그 여파는 통일로 인해 통합된 것보다 더 많은 것을 분리시켰다. 스스로 만족한 서독은 역사적 승자의 포즈를 취하면서 천천히 깨닫게 되었다. 경제적으로 너무 큰 위험을 감내하면서, 40년간 끊임없는 복지의 증가 이후 이제 체념해야만 한다는 것을 깨닫게 되었다. 동독은 다시금 하룻밤 사이에 가장 아름다운 민주주의와 소비의 꿈에서 현실 시장경제 속으로 방출된 자신을 보았다. 시장경제는 에리히 호네커가 믿지 않았던 자본주의보다 훨씬 더 진화론적이었다. 아직 더 많은 실망이 있겠지만 무엇보다 예로부터 부지런한 동독인의 자부심 넘치는 정체성의 근거가 되었던 노동을 결핍으로 낙인찍었던 것은 그러한 실망 중 하나였을 뿐이다.

동독의 두 세대는 그들의 삶의 업적이 심각하게 평가 절하되는 것을 보았다. 젊은 세대는 하룻밤 사이에 미래의 전망을 바꿔야 했지만 항상 좋은 것만은 아니었다. 독일인들은 다시금 거의 20년 동안의 정체 기간 후에 어떻게 될지 모르는 가속화된 변화를 겪어야만 했다. 나이 많은 세대가 상대적으로 안정된 복지를 거의 그대로 누리며 살고 있다면 젊은 세대의 많은 사람들은 불안한 인턴십 세대가 되었다. 그들은 높은 성과에도 불구하고, 학교와 대학, 경제 자문가들이 예나 지금이나 설교해 댔던 성과주의의 경계 앞에서 가로막힌 세대가 되었다.

옛 확신은 다른 쪽에서 무너졌다. 우선 신경제가 과거의 직업 패턴을 극단적으로 불확실하게 만들었고 거대한 주식 거품 후에 이러한 직업 표본은 갑자기 무가치한 것으로 사라져 버렸다. 9/11 사태 후 일 년도 되지 않아 노골적인 후기식 민주의자들은 앞으로의 뉴욕행 비행에서 얼마나 많은 새로운 이슬람의 자의식을 극복하고 테러를 당하지 않은 채 생존할 수 있는지 자문해야만 했다. 반면 확신에 찬 대서양주의자는 다음 7년 반 동안의 부시 정부에서 인권과 행복 추구라는 미국의 영원한 가치들이 어떻게 고문실과 공격적인 침략전 혹은 폭격을 당한 시민들과 병행될 수 있는지 곰곰이 생각해 볼 수 있었다. 쥐어짠 연금축소 계약의 공탁금이 회복되자마자, 바로 경제위기가 찾아왔다.

그사이 세계화가 확산되면서 서방의 산업국가들을 자본주의의 새로운 정신으로 몰아넣었다. 첨예화된 경쟁과 높은 유동성, 노동시장의 유연성은 세계화의 특징이었다. 안정된 9 to 5 일자리[108]에 종사하면서 복지에 익숙한 직장인들에게 부드럽게 순응을 요구했던 포디즘적 모더니즘 역시 종말을 맞았다.

두터운 중산층과 2개의 짤막한 끝을 보여 주는 뚱뚱한 연방독일의 사회계층 분포도는 신자유주의를 통해 쥐어짜졌고, 신자유주의에서 새로운 자기 착취적인 셀프 기업이 되어야 하는 개인은 자신이 본받았던 시민적 예술가의 이상이 끊임없는 창조성의 압박에서 급속하게 번아웃 상태로 갈 수 있다는 것을 배워야만 했다. 어쨌든 과거의 멋진 정상성은 아무리 늦어도 2000년대 말에 이중삼중으로 사라져 버렸다. 이때 좋은 정상성이란 한 사회에서 비교 가능한 유사한 삶의 현실이자 개관할 수 있는 현실이며, 어느 정도 일반적 구속력이 있는 의미로서 중간 결산이 가능한 미래 전망을 의미한다.

108) 아침 9시부터 오후 5시까지 일하는 일반적인 일자리를 가리키는 영어식 표현. ―옮긴이

세기 전환기 이후 연극의 답은 다양했다. 다양한 현실 구성, 삶의 경험, 전망, 관객을 위한 단일한 연극은 더 이상 있을 수 없었기 때문이다. 물론 새로운 상황에 대응하려는 다양한 시도들이 있었다.

일상의 인류학: 퍼포먼스와 다른 레디메이드 효과

이러한 다양한 시도들을 고려했을 때 현실의 경계를 희미하게 만들었던 크리스토프 쉴링엔지프(Christoph Schlingensief)의 세기 전환기 작업들은 거의 예언과 같았다. 함부르크의 사회복지센터에서 온 실업자들은 모두 진짜 실업자들인가 아니면 객원배우로서 연기를 하고 있는 것인가? 2000년 빈 국립 오페라하우스 건너편의 컨테이너에서 난민권 신청자들의 해외 추방에 대항하여 관객들의 동정심을 얻기 위해 공연된 〈외국인은 나가라(Ausländer raus)〉에서 연기를 한 2000명의 난민권 신청자들은 그럼 어떠한가? 이때 종종 분간이 되지 않을 정도로 균형이 잘 잡힌 예술과 삶 사이의 곡예는 바로 과거의 퍼포먼스 전통으로 되돌아간다. 퍼포먼스는 원래 10년 전까지만 해도 뉴욕이나 빈에서 온 덥수룩한 몇몇 베테랑들의 오래된 아방가르드 의식이었다. 그들은 예전의 인습 타파주의적 시기

크리스토프 쉴링엔지프의 〈외국인은 나가라〉, 빈 축제주간, 2000년

를 즐겨 노래했으며, 그 시대 머리가 희끗희끗한 독일 시립극장 주인공들과 과히 다르지 않았다.

퍼포먼스는 마르셀 뒤샹(Marcel Duchamp)의 고전적 다다이즘 실천을 따른다. 그는 변기를 갤러리에 세워 둠으로써 아무런 허구적 의미가 없는 익숙한 일상용품을 콘텍스트의 전환을 통해 예술로 변화시키고 그때 무엇이 발생하는지 보고자 했다. 사실 관람자의 기대는 무너지고, 실망한 관람자는 분노했지만 그 분노도 곧 사라져 버리고, 관점의 전환이 발생한다. 일상으로부터, 고양되고 관찰된 일상이, 익숙한 일상으로부터 사소한 인류학적 프로젝트가 생겨난다.

슈테판 캐기(Stefan Kaegi), 헬가르트 하우크(Helgard Haug), 다니엘 베첼(Daniel Wetzel)로 이루어졌고 전문가들을 통해 팀 구성이 그때그때 변화하는 그룹 리미니 프로토콜(Rimini Protokoll)은 예전 뒤샹의 트릭을 가장 체계적으로 자신의 것으로 창출한 팀이었다. 사소한 자전적인 연극 상황에서 관객에게 자신을 소개하고 진짜 등장인물로서 자신에 대해 이야기를 하는 일상의 사람들로 이루어진 그들의 테마파크는 가끔 평범한 TV 다큐멘터리에서처럼 인식을 얻는 결과로 이어지

리미니 프로토콜의 〈발렌슈타인〉 버전, 만하임 국립극장, 2005년

기도 한다. 하지만 이를 통해 금덩어리와 같은 현실을 찾는 데 성공하기도 한다. 예를 들어 작품 〈발렌슈타인(Wallenstein)〉에서 실러의 도시 만하임의 시장선거 후보자인 스벤-요하임 오토 박사는 29세의 젊은 나이에 전망이 없는 선거전에 참여한다. 그는 선거 당일 저녁 파티에서 아내와 반려견 그리고 5리터짜리 맥주통으로 표현되는 속물적인 겉모습을 연출하면서 당원들의 은밀한 술책에 대해 진지하게, 때로는 비꼬면서 혹은 우쭐대는 모습을 기묘하게 뒤섞어서 이야기한다. 이 장면은 이제껏 본 적도 없고 어느 누구도 믿지 않을 정당민주주의를 꿰뚫어 보게 한다.

안드레스 바이엘(Andres Veiel)의 〈킥(Der Kick)〉에서 직접적인 현실 파악은 이와 다르긴 하지만 매우 유사하다. 퍼포먼스에서 실제 자신을 표현하는 배우들이 등장한다면 이 다큐멘터리 연극은 실제 언어자료를 활용한다. 브란덴부르크 주에 위치한 마을 포츨로프(Potzlow)에서 진행된 바이엘의 인터뷰 조사는 다음과 같은 사회적 상황의 근원을 캔다. 즉, 몇몇 술 취한 청소년들이 그들 중 한명을 몇 시간 동안 모욕하고 지속적으로 괴롭힌 후 결국 그에게 수차례 돌진해서 그의 머리를 박살 낸 것이다. 마찬가지로 인터뷰를 기반으로 한 페리둔 차이모글루(Feridum Zaimoglu)와 귄터 젠켈(Günter Senkel)의 일련의 텍스트들 역시 다큐멘터리 문학의 보증된 기법을 다시 취한다. 그들은 접근하기 힘든 여성 이슬람 원리주의자들의 세계(〈젊은 흑인 여성들(Schwarze Jungfrauen)〉)와 불법으로 살고 있는 이주민들의 세계(〈그림자 목소리들(Schattenstimmen)〉)를 추적한다.

리미니 프로토콜, 바이엘 또는 차이모글루와 젠켈은 단지 수많은 사례 중에 세 가지 실례일 뿐이다. 크리스토프 쉴링엔지프의 퍼포먼스 요소들이든, 뮌헨 캄머슈필레의 〈버니힐(Bunnyhill)〉이든, 장소 특정적 연극(Site Specific Theatre)[109]이든, 현실의 모서리에 기댄 다른 수많은 프로젝트건, 2000년대 새로운 또는 재발견한 리얼리티 형식을 하나로 묶어 주는 것은 레디메이드(Readymade) 효과를 통해 현재를 확인하려는 시도라는 점이다. 현재는 불확실하게 되었고, 친숙한 관계

109) 극장 이외의 장소에서, 예를 들자면 특별하거나 또는 특수하게 마련된 장소에서 공연되는 연극.—옮긴이

도 사라졌다. 그래서 그 자체가 아니라면 다른 무엇을 통해서도 현실을 그렇게 확신 있게 묘사할 수 없게 되었다. 이러한 리얼리티 형식은 라인 강과 오더 강 사이에서 공동생활의 기이한 의식을 발전시켰던 이국적인 부족을 보듯 낯설게 이 세상에 대한 시선을 구성한다. 그것은 우리가 사는 세계인 낯선 세상에 대한 탐험이라 할 수 있다.

의미보다는 실재: 위르겐 고쉬

퍼포먼스의 표현 수단들 혹은 불확실해진 현실의 신빙성 있는 소재를 확보하려는 새로운 열망은 문학연극(Literaturtheater), 특히 위르겐 고쉬의 경우에 아주 분명하게 관찰될 수 있었다. 2003년 함부르크에서 연극 〈당신 좋으실 대로?(Wie es euch gefällt)〉를 연출한 이래 그는 놀라울 정도로 변화 가능한 스탠다드 공연 상황을 무대에서 연출했다. 배우들은 맨 앞줄에 편안한 일상의 견본 의상을 입고 앉아 관객의 대리인으로서 작품의 허구 속으로 입장한다. 이때 작품의 허구는 환상주의가 재주를 부릴 때까지 가능한 한 완벽하게 배우의 존재 속으로 이입된다. 왜냐하면 배우는 자신이 맡은 역할로 변신하는 것이 아니라 자신이 맡은 역할 자체를 자기자신으로 변신시키기 때문이다. 어찌 되었건 이러한 현상은 〈맥베스〉의 연출에서보다 안톤 체호프의 작품공연에서 훨씬 더 많이 현재의 육체와 정신이 포기된다. 이때 관객은 들어서 아는 것보다 분명 훨씬 더 가까이에서 무대 인물들의 격정과 반응들을 경험하게 된다. 물론 관객이 그것을 따라잡을 수 있다는 전제하에서 말이다. 이러한 경험의 연극은 상황들을 좀 더 구체적으로 경험하기 위해서 텍스트와 무대 상황을 이용하는데, 우리는 무대의 그러한 상황 앞에 (가끔은 그 안에) 존재하게 된다. 이러한 연극은 거리를 둔 이성적인 현재의 의미장치보다는 현재의 열에너지를 직접적으로 탐색하는 데 훨씬 더 적절한 연극이다.

그러면 단 한 명도 살아남지 못하는 전쟁터 앞에 버남(Birnam) 숲[110]이 눈앞에 펼쳐져 있다면 도대체 그것은 어떤 느낌일까? 이미 시야에 들어와 있는, 그렇지

---

110) 스코틀랜드의 퍼스(Perth)와 킨로스(Kinross) 사이에 위치한 숲으로 셰익스피어의 희곡 〈맥베스〉에 등장하는 장소. —옮긴이

위르겐 고쉬의 연출 〈맥베스〉, 뒤셀도르프 시립극장, 2005년

만 아직 평온한 상황에서 이미 예상되는 파국은 어떤 느낌으로 다가올까? 기존의 수많은 〈맥베스〉 공연에서 지금까지는 어느 연출자도 자신의 무대 앙상블에 문제를 제기하지 않았다. 고쉬의 답은 작품을 다소 효과적으로 "이야기"하고 싶어하는 사람에게는 기묘하고 말도 안 되는 것으로 비춰졌음이 분명하다. 말하자면 배우들은 객석을 지나 퇴장한다. 그들은 어른 키보다 높은 빽빽하게 잎이 무성한 자작나무 가지를 들고 다시 돌아오는데, 나무가 너무 무성해서 겨우 나뭇가지를 잡아당겨 현관문을 통과해야만 한다. 배우들은 각자 나뭇가지를 뒤에 두고 무대 위에 균일하게 선다. 그런 다음 그들은 꼼짝하지 않은 채 무한하게 느껴지는 몇 분 동안 그런 식으로 무대 위에 머문다. 이미 철저하게 피와 오물 등의 쓰레기로 가득한 무대에 초록의 나뭇가지들, 이 시간 동안 우리는 당혹스러운 아름다움이 넘쳐 나는 한 폭의 그림을 볼 수 있다. 끝으로 자신들의 온 힘을 모으나 지칠 대로 지친 배우들, 마침내 이제는 결정적인 무언가가 분명 일어나지 않을 수 없다는, 객석으로부터 점점 예민하게 고조되는 기대감. 극도의 긴장 속에서 마지막 이완된 기다림, 정말 버남에서는 그랬을지 모른다.

뒤따르는 장면도 녹록지 않다. 싸움을 참아 내는 두 남자, 그리고 그 결과는 피상적인 셰익스피어 전문가들에게는 뻔하다. 맥베스는 죽을 것이다. 그렇게 지체 없이 극을 마무리할 수 있다. 결국 마녀들의 예언이 실현된다는 것이 서사의 핵심이다. 즉, 맥베스는 왕이 되지만, 그의 불법적인 왕위 찬탈은 그와 함께 파멸한다. 실제로 2005년 고쉬의 뒤셀도르프 공연에서 우리는 쉴 새 없이 우스꽝스러운 검을 들고 나타나 서로를 향해 두 남자가 돌진하는 것을 목격한다. 그들은 서로 공격하며 뒤엉켜서 옷이 길쭉하게 찢어지고 피범벅이 되어 헐떡거리며 격투를 벌인다. 상처 때문이라기보다는 너무 지쳐서 마침내 두 남자는 언젠가 비참하게 죽는다. 실제로 두 남자가 더 이상 일어날 수 없을 때까지 단순한 무기를 들고 서로를 마구 공격한다면 분명 죽었을 것이다.

위르겐 고쉬의 연출은 우리가 그것을 견딜 수 있도록 시간을 정지시켜 놓은 이러한 순간들로 가득 차 있다. 일체의 리듬을 파괴하고, 잘 짜인 서사의 합리성을 거스르는 사건의 진행들, 게다가 이러한 진행은 사건들을 이해하는 것만이 아니라 그것을 경험하도록 강요한다. 절망적인 욕정에 사로잡힌 안드레이(Andrej)와 나탈리아(Natalja)가 서로를 자세히 비난하든, 크리스토프 프랑켄(Christoph Franken)이 성행위 중에 끝없이 요동치며 뱃살이 부딪치는 소리가 나든(〈세 자매(Drei Schwestern)〉[111], 하노버 상연), 조금 붐비는 임시숙소를 통해서 뜬금없는 폭력의 물결이 또 다른 폭력으로 이어지든(〈아래층(Unten)〉, 함부르크 상연), 혹은 중년의 중산층 부부가 땀을 뻘뻘 흘리며 의미 없이 이삿짐 박스를 질질 끄는 행위를 통해 오히려 감정의 평온함에 빠지든(〈예전의 아내(Die Frau von früher)〉[112], 쾰른 상연) — 항상 그것은 우리의 삶의 순간들이고 동시에 견고한 사건 진행의 흐름을 막는 순간들이다. 왜냐하면 그것은 너무나 아름답거나 혹은 너무나 견딜 수 없기 때문이다. 그것이 사소한 것이든 혹은 '하우프트 및 슈타츠악티온(Haupt-und Staatsaktion)'이든, 사랑이든 혹은 지루함이든 또는 불쾌한 공격이든 아무래도 상관없다. 그렇게 의미 해석의 시도 없이 존재의 한가운데로.

111) 러시아 출신의 극작가 안톤 체호프의 4대 희곡작품 가운데 하나로 1900년에 집필. —옮긴이
112) 극작가 롤란드 쉼멜페니히(Roland Schimmelpfennig)의 15번째 작품. —옮긴이

팝문학과 텍스트 상연: 라인알트 괴츠, 엘프리데 옐리네크, 르네 폴레쉬

몇몇 작가들은 현실과 그것이 요구하는 역설적 의미를 어떻게 연결하는지를 이미 오래전부터 알고 있다. 엘프리데 옐리네크는 연극 작품 〈어린 노루의 놀이 공원(Bambiland)〉과 〈바벨〉에서 이라크 전쟁의 와중에 매일매일 전해지는 미디어의 보도를 텍스트로 가공하거나 혹은 라인알트 괴츠(Rainald Goetz)가 1년 동안 『모두를 위한 쓰레기(Abfall für alle)』라는 이름으로 날마다 인터넷 일기를 쓰든 간에 지각과 쓰기 사이의 거리, 자료와 문학 사이의 간격을 세미저널리즘적으로 통제하려는 시도는 롤프 디터 브링크만(Rolf Dieter Brinkmann) 이후 팝문학의 기준이 되었다. "말하게 놔두어라, 언제나 말하게 놔두어라"라는 고대 중국의 지혜를 지닌 하이데거와 같은 한 인물이 1988년 괴츠의 처녀작 〈성전(Heiliger Krieg)〉에서 시문학적 강령을 요약한다. 그것은 품을 많이 들여 자구 하나하나를 다듬어 보면 다음과 같다. "우선 인물을 창조해 내야 한다. 그러면 너무 많이 말을 해서 파멸하지는 않는다."

이때 연극이 관여하든 관여하지 않든 옐리네크는 우리가 텍스트 안에서 어떻게 자신의 핵심을 바라보는지 지속적으로 보여 준다. 그녀는 문학 생태계에 있어서 하나의 현상으로 그럴 만한 이유에서 빈의 고생물 박물관 같은 곳에 사진 찍어 전시할 만한 작가다. 그녀는 사람들이 많이 다닌 좁은 길에서 영원히 반복되는 짜증이 얼마나 우스꽝스러운지, 그러나 그로부터 벗어날 수 없다는 것을 정확하게 알고 있는 이데올로기 비평의 디노사우르 공룡이다. 왜냐하면 오스트리아는 항상 그렇게 존재하며, 사람들은 항상 그들이 말하는 대로 말하기 때문이다. 그러므로 다른 사람들이 계속 말을 하면서 타인의 말에 끼어들 듯이 그녀 역시 자신과 사람들, 그리고 문학을 통해 사람들의 말에 관여하는 다른 많은 사람들에게 말을 한다. 카프룬(Kaprun)에 위치한 발전소를 소재로 옐리네크는 민족의 신화를 잉태한 알프스 공화국의 역사적 현장을 발굴해 냈고, 연극연출가 니콜라스 슈테만(Nicolas Stemann)은 그녀의 작품 〈발전소(Das Werk)〉의 초연을 가장 설득력 있게, 그리고 그녀가 지향하는 의미에서 그녀의 작품을 탁월하게 도용한 감독이 되었다.

연극 작품 〈발전소〉, 〈바벨〉, 〈울리케 마리아 스튜어트(Ulrike Maria Stuart)〉에서부터 〈상인의 계약(Kontrakte des Kaufmanns)〉과 〈순금(Rein Gold)〉에 이르기까지 슈테만의 연출은 1998년 슐레프의 〈스포츠극〉 혹은 1993년 요시 빌러(Jossi Wieler)의 〈구름, 고향(Wolken, Heim)〉에서 보는 것처럼 옐리네크 작품 해석과 관련해 강력하고 단호하게 개입하는 것이 아니라 연출가로서 옐리네크의 기법을 활용하려는 시도라고 할 수 있다. 언제나 서로의 말을 가로막고, 입장을 표명하고, 진부한 말장난을 하고, 그 사이에 적절한 간계가 끼어들고, 그런 다음 다시 다양한 방식으로 자조와 악의적인 위트가 나온다. 이것은 옐리네크를 전통적인 인물극으로 바꾸어 놓으려는 것이 아니라 전체적인 조망 없이 단지 소재에 몰입하는 옐리네크의 연극이다. 빈의 마르지 않는 언어의 샘 역시 그러하다. "언어는, 특히 이 작품에서 기술에 관한 언어, 즉 수많은 기술 중 하나의 기술, 그리고 다른 많은 작가들, 익명의 '민중의 입' 역시 나에게 제공된 이러한 언어의 조각들을 나의 짐 속에 쑤셔 넣어 실어 나르고, 계속 퍼트리며 발뒤꿈치에 묻은 개똥처럼 참아 내는 데 기여한다"(연극 〈발전소〉 팸플릿, 부르크테아터 발간, 2003년).

연극 외적인 상황을 직접 언어적으로 포함하는 드라마 텍스트-퍼포먼스를 통해 르네 폴레쉬(René Pollesch)는 루체른, 함부르크, 베를린, 슈투트가르트 그리고 빈 사이의 교류를 가능하게 했다. 바로 연결 가능한 이론적 모듈들이 —자본주의 비판은 항상 적합하고, 대의제 비판 역시도 보기 좋고, 세계화 비판은 의문의 여지가 없는— 그의 원재료다. 자본주의적이며, 헛되이 정체성을 획득하려고 애쓰며, 완전히 세계화된 동시대인들은 이러한 이론적 모듈들을 자기자신에게 적용하는데, 결국에는 무대의 인상적인 현존재 가운데서 자신의 불가능성을 입증하게 된다. 즉, 무대는 어느 누구도 벗어나지 못하는, 사고와 언어로 이루어진 미친 듯 돌아가는 샐러드 건조기인 셈이다. 그때그때 가장 시급한 지식의 담론에 도킹하는, 그때마다 도시화에 대한, 젠더에 대한, 혹은 문화에 대한 인식의 정점을 힘들이지 않고 성취하지만 히스테리의 경계에서 이해력이 부족한 어린아이들의 말투로 자신들의 텍스트를 마구 지껄이는 폴레쉬의 무대 인물들은 이른바 서로 밀접한 연관성이 없는 것을 한데 묶는다. 즉, 시민의 파우스트적 노력, 그의 끝없는 지식에 대한 갈증과 연구에 대한 압박 그리고 소파에 누워 포테이토칩을 먹으며 빈둥거리고, 항상 꿰뚫어 보면서도 벗어나지 못하는 쓰레기 같은 방송물 앞에서 매일 몇 시간씩 TV

를 보며 긴장을 푸는 데서 오는 즐거움이 한데 묶여 있다. 평등과 해방은 각각 상대편으로부터 보상을 받기 때문에 우리가 토크쇼와 첨단 학문을 함께 보아야 한다는 것은 연기자들의 흉부를 관통하는 균열에 지나지 않는다. 그리고 "제기랄" 하고 성대를 찢는 듯 소리를 지름으로써 그 균열이 표출될 수는 없을지라도 적어도 많은 즐거움을 자아낸다. 낯설게 하기가 엄청난 재미를 줄 수 있다는 것과 감동적인 통찰이 끝내 결합될 수는 없다.

새로운 연극 작품들: 마리우스 폰 마이엔부르크, 모리츠 링케, 테레지아 발저, 롤란드 쉼멜페니히, 알베르트 오스터마이어, 루카스 베어푸스, 데아 로어, 프리츠 카터, 펠리시아 첼러, 필립 뢸레, 에발트 팔메츠호퍼

여전히 무대에서의 재현가능성을 믿는 전통적인 인물 중심의 서사 드라마 극작법은 요 몇 년 동안에도 게으름을 피우지 않았다. 예전의 위대한 계몽주의적 휴머니즘이 마지막 유희 공간을 가차 없이 벗어나는 것으로 변형된 '영국의 신세대(New Brits)'와 독일의 가장 분명한 접점이라 할 수 있는 마리우스 폰 마이엔부르크 이외에 일련의 동시대 극작가들이 있다. 이들 극작가는 관계에 대한 대화에 귀를 기울인다. 모리츠 링케(Moritz Rinke)는 자신의 무대 인물들과 나머지 세상 사이에 인용 가능한 경구들을 포함해 세심하게 연마된 대화들의 장막을 친다. 이러한 경구들을 통해 동시대의 경향을 주도하는 인물들이 공허하게 지껄인다(연극 〈비에타 공화국(Republik Vieta)〉과 〈낙천가들(Die Optimisten)〉). 마찬가지로 테레지아 발저(Theresia Walser)의 작품(〈킹콩의 딸들(King Kongs Töchter)〉, 〈떠돌이 매춘부들(Wandernutten)〉)도 여기에 등장하는 인물들의 구원을 언어에서 찾고 발견한다. 왜냐하면 그들의 여유로운 불행 전문가들은 머리가 물에 잠긴 상황인데도, 그들의 입에서 놀라운 허풍이, 즉 아주 무미건조한 구원의 반지 같은 메타포가 흘러나오기 때문이다. 이러한 메타포로 우리는 적시에 고개를 물 밖으로 빼낼 수 있다. 개선의 여지가 없는 입만 살은 생존자들은 시적으로 도약하지만, 미적 가상으로 비약하기 전에 어쩔 수 없이 가장 가까운 불안한 실존 상황을 벗어날 수 없다. 그런 다음 그들은 건성으로 들어 넘길 수 없는 자그마한 쿵쾅 소리와 함께 다시 현실의 지면 위로 착륙한다.

오히려 극작가 롤란트 쉼멜페니히는 드라마적 서사 테크닉으로 무엇이든 할 수 있는 일상 현실의 경계를 실험한다. 작품 〈아라비아의 밤(Die arabische Nacht)〉은 5개의 목소리로 구성된 서사 드라마다. 여기서 표현과 이야기는 하나가 된다. 연극 〈푸쉬 업 1-3(Push up 1-3)〉에서는 2개 장면이 평행의 몽타주를 구성한다. 여기서는 반지하 주택에서 상류층으로 출세하고자 하는 망상이 반영된다. 그리고 연극 〈이전/이후(Vorher/Nachher)〉에서는 36개의 역할 인물들이 등장하는데, 줄거리에 결정적인 미니 사건들이 시간 도약을 통해 서로 분리되면서 각각의 장면들이 찰나의 천둥 번개와 같이 제시된다. 그리고 연극 〈예전의 아내〉에서 그것은 여러 번의 시간차가 있는 장면 삽입을 통해 현재의 진부한 관계에 도발적인 장면을 바로 코앞에서 서툴게 끼워 넣는다. 연출자 알베르트 오스터마이어(Albert Ostermaier)는 출구 없는 세계를, 적어도 구성적으로 수많은 가능한 세계 중 하나로 포장하기 위해서 드라마투르기상의 거울트릭 기법을 활용한다. 게다가 그는 연극 〈제작. B급 영화(The Making Of. B-Movie)〉 혹은 〈죽음의 계곡 합류점(Death Valley Junction)〉에서 자가 생산하고 자체로 폐쇄적인 미디어 시스템을 기획했다. 외부 세계와 미디어와의 관계는 수용자의 관념 세계에 한정되어 있고, 관념 세계는 다시금 몇몇 영화 혹은 다른 현대의 신화들에 국한되어 있다. 즉, 인생은 폐쇄된 끝없는 회로로 묘사된다.

과거의 훌륭한 문제작이 다시금 우리에게 닥친 문제들과 관계를 맺는다. 물론 그렇게 해서 그것을 해결할 수 있다고 주장하지는 않는다. 극작가 루카스 베어푸스(Lukas Bärfuss)는 욕망에 가득 찬 장애아 도라(Dora)와 함께 연극 〈우리 부모의 섹스 노이로제(Sexuelle Neurosen unserer Eltern)〉를 규명하고, 연극 〈버스(Bus)〉에서는 세속적인 일상의 죄인들을 버스에 싣고 웰니스 여행 모임의 속죄 가능성을 탐색하거나 혹은 연극 〈엘리스의 스위스 여행(Alices Reise in die Schweiz)〉에서 엘리스(Alice)와 함께 안락사를 위해 여행을 떠났을 때 제기된 문제들 가운데 어느 한 가지도 결코 해결되지 않았다. 이와 반대로, 그는 서구 세계의 수많은 아포리아에 우리가 아직 보지 못한 몇 가지 모순들을 오히려 즐겨 덧붙인다.

이들 작가가 세계를 향해 피가 터지도록 머리를 서로 치고 박든, 그들이 극작법상의 정확한 작업과 표현의 완벽성으로 세계와의 거리를 유지하든, 제한된 현실의 단면들과 분명한 문제들, 그리고 거대하고 규격화된 모든 유토피아와의 이별은 그들 모두에게 공통적이다. 그들은 어떤 파토스도 필요로 하지 않는다. 원대한 기획들보다는 오히려 대안이나 틈새 해답들을 통해 그들은 사고한다. 우리는 그것을 부끄러워할 필요가 없다. 아르투어 슈니츨러, 후고 폰 호프만슈탈 혹은 조지 버나드 쇼 이래로 이미 극작가들의 뇌는 어느 정도 풍요로움에 어찌할 바를 모르는 상태에서 언어중추로부터 번쩍거리는 지속적인 흥분으로 반응했다.

누가 아직도 감동적인 삶의 지속성과 함께 자신의 생각, 느낌, 행동 그리고 의지를 잘 다스릴 수 있는 개인, 즉 자기자신을 제어할 수 있는 개인에 대한 시민적 삶의 꿈을 부단히 믿겠는가? 극작가 데아 로어(Dea Loher)는 근친상간을 모티브로 한 드라마 〈문신(Tätowierung)〉 이래로 많은 작품들을 썼다. 그녀의 작품들에서 등장인물들은 스스로 야기한 일보다 훨씬 더 위력적인 일들을 당한다. 결국 우리는 당연히 이렇게 물을 것이다. 그 모든 일을 당한 사람은 누구인가? 예를 들면, 특수학교 학생이자 목공 견습생인 아담 가이스트(Adam Geist)가 이러한 경우에 해당된다. 그의 아버지는 사라졌다. 그의 어머니는 작품이 시작하자마자 죽는다. 그는 마약상이 되고 애인을 성폭행하고 죽이고, 자살을 시도한다. 또한 소방대에서 인명 구조사가 되고 영웅이 된다. 그런 다음 전기톱으로 대량살육을 저지르고 용병으로 발칸반도로 가서 그곳에서 어느 늙은 남자를 괴롭히는 한 친구를 총으로 쏴 죽이는 등등. 영화제작자 베른트 아이힝거(Bernd Eichinger)의 경우에 그러한 시나리오 구상은 아마도 여비서의 손을 넘지 못했을 것이다. 그와 반대로 데아 로어에게 있어서 서사영화의 허구적 개연성은 그다지 중요하지 않다. 왜냐하면 그런 사건들을 당하는 사람들이 감당할 수 없을 정도가 될 때까지, 일어날 수 있는 것이 그녀의 작품에서 일어나기 때문이다. 연극 〈클라라의 처지(Klaras Verhältnisse)〉에서든 혹은 〈결백(Unschuld)〉에서든 데아 로어의 작품들에는 인간들이 사건들을 장악하는 것이 아니라, 그들이 파멸될 때까지 사건들이 인간들을 장악한다. 거기서 그때마다 해체되는 주체가 그때그때 실제로 존재했는가 하는 것은 결국 순수 이론적인 문제가 된다.

연극연출가 아르민 페트라스도 두서너 개씩 서로 혼란스럽게 교차하는 관점들을 가지고 작업한다. 이때 그는 자기자신으로부터 출발한다. 프리츠 카터(Fritz

Kater)라는 필명으로도 활동하는 페트라스는 1987년 출국할 때까지 프리츠 카터를 만들어 낸 본인과는 부분적으로만 겹치는 동독의 이력을 꾸며 냈다. 그는 1969년 자기 부모와 함께 사회주의통일공화국(구동독)으로 이주했다. 그런 다음 1988년 비로소 서방으로 다시 넘어왔다. 실제의 삶과 꾸며 낸 삶에서의 시간은 이 나라를 감동시키기에 충분했다. 오늘날 그것은 생생한 묘사의 문제를 던진다. 우리는 감상적으로 우리 자신을 회상해야만 하는가, 아니면 우리는 회고적인 고통스러움을 강조해야만 하는가? 우리가 자기 관찰을 할 때 서로 맞지 않는 개별 요소들로 자신을 분해한다면 그것은 무슨 소용이 있는가? 만약 내가 하나의 관점 그 이상이라면, 그것은 도대체 무엇인가? 우스꽝스러운 구동독의 자유독일청년단(FDJ: Freie Deutsche Jugend)과 결코 우스꽝스럽지 않은 억압 사이에, 소시민의 우직함, 자기파괴적인 무정부주의적 발작 그리고 흔히 부조리하지도 익살스럽지도 않은 철저하게 부조리한 정신 나간 행동 사이에 있었던 우리는 도대체 누구였는가? 그리고 그것이 사라진 지금, 그러면 이제는 어디로?

자신과 프리츠 카터 사이에서 왔다 갔다 하던 페트라스는 회고적인 통일신화를 형성하는 경향을 띠지는 않았다. 〈존넨알레(Sonnenallee)〉와 같은 값싼 영화도 아니고 영화상 수상작으로 사회문제를 다룬 〈굿바이 레닌!(à la Good-bye, Lenin!)〉의 방향도 아니다. 오히려 그의 함부르크 3부작 〈파이트 시티, 비네타(Fight City, Vineta)〉, 〈사랑할 시간 죽을 시간(zeit zu lieben zeit zu sterben)〉, 〈우리가 카메라다/제이슨머티리얼(WE ARE CAMERA/jasonmaterial)〉에서 보듯이 그는 시간 도약을 통해 전기적 파노라마를 보여 준다. 그 파노라마의 배우는 그것을 심리학과 값싼 연극 사이에서, 분위기와 가벼운 희가극 사이에서, 카바레와 비극 사이에서 목숨을 건 롤러코스터를 타고 연극을 이끌어 간다. 인물의 전기가 예견할 수 있는 방향을 지니고 있다거나 혹은 인물들이 분명 완성되고 심오한 것임에 틀림없다는 위로를 주는 환상과 우리가 작별을 고할 때만 이 모든 것은 비로소 조화를 이룬다. 왜냐하면 자기만족적 정체성의 소유자들 이외에 그렇지 않은 사람들이 훨씬 더 많이 존재하기 때문이다. 오히려 통합을 갈기갈기 찢는 독일의 페트라스/카터와 같은 사람들 속에 많은 진실이 살아 있다. 그리고 아마도 우리가 생각하는 것 이상으로 페트라스/카터와 같은 사람들이 존재한다.

프리츠 카터의 연극 〈우리가 카메라다〉, 아르민 페트라스 연출, 함부르크의 탈리아 극장, 2003년

초연 〈카스파 집 바다〉의 한 장면, 펠리시아 첼러 연출, 프라이부르크 극장, 2008년

밀레니엄 중반 이래로 새로운 얼굴들이 등장했다. 극작가 펠리시아 첼러(Felicia Zeller)는 사회극으로부터 가사노동의 일상을 거쳐 독립적인 창조적 노동에 이르는 새로운 노동세계를 세심하게 조사된 미사어구를 통해 탐색하고 있다. 연극 〈카스파 집 바다(Kaspar Häuser Meer)〉에서는 어쨌거나 이미 많은 업무 부담을 안고 있는 3명의 청소년복지국 소속 여성들이 과도한 업무 요구 속으로 내몰린다. 사람들은 동시에 3개의 대화 영역에서 함께, 나란히 때로는 겹쳐서 말한다. 그들은 항상 사소한 어떤 것을 너무 빠르게 그리고 불안하고 고립된 상태로 말한다. 몰락하는 프레카리아트의 독일어가 사회복지기관의 언어로 스며들고, 도움을 주는 사람들이 오히려 보살핌을 필요로 한다. 개인사가 직업과 섞여서 세 배의 부담으로 커진다. 마침내 어린아이 한 명이 죽는다. 이에 대해 책임질 요건이 주어진다면, 우리가 책임져야 했을 아이이다. 그렇지만 결코 어떤 종결로 이어지지 않은 이러한 이야기는 말의 거센 파도의 거품 속으로 침몰한다. 사회복지국가는 뜨겁게 과열되고 언어라는 도구는 미쳐 돌아간다. 그렇게 해서 사회극은 마치 사회극의 종말처럼 보인다.

그와 달리 극작가 필립 뢸레(Philipp Löhle)는 불리한 상황에도 불구하고 세계를 최적화하고자 온갖 수단을 다 쓴다. 하지만 이것에 대해 세상이 항상 고마워하지는 않는다. 연극 〈고스포딘이라 불리는(Genannt Gospodin)〉은 그의 첫 번째 '보통사람-드라마(Jedermann-Drama)'113)에 속하는 작품이다. 여기서 연극 제목에 등장하는 동료는 노동이 사라지는 세계에서 시스템 변화와 근본적인 대립에 관한 끊임없는 수다를 진지하게 받아들인다. 뢸레의 새로운 인물인 오브로모프(Oblomow)는 "자본주의에 압력을 행사한다". 그리고 일체의 생업 활동을 무조건 받아들이려 하지 않는다. 뢸레의 그로테스크 연극은 망상에 사로잡혀 사회의 요구를 거부하는 사람들과 돈키호테들을 다룬다. 그들은 건강한 인간 오성의 모든 풍차에 반하여 삐딱한 것을 옹호하는 사람들이다. 삽입된 서사 텍스트들은 템포를 만들어 내고 사건들을 요약하고 언제나 세계를 개선하려는 모종의 프로젝트

---

113) 오스트리아 출신의 극작가 후고 폰 호프만슈탈의 신비극 〈보통사람, 부유한 남자의 죽음에 관한 연극(Jedermann, Das Spiel vom Sterben des reichen Mannes)〉(1911)에서 유래된 장르 명칭. —옮긴이

들을 진행시킨다. 작가의 열광적인 공상가들과 일상의 무정부주의자들은 유토피아가 사라진 시대에 유토피아적인 것을 분주히 찾아 나서면 나설수록 그들에게 변화의 압박이 희극적인 것을 넘어 비극적일만큼 확실하게 그들의 감정을 다시금 상하게 만든다.

마지막으로 에발트 팔메츠호퍼(Ewald Palmetshofer)는 포스트모던한 향토극(Heimatdrama) 작업을 계속 한 작가다. 그와 동시대인들이자, 대학을 졸업한 30대 초·중반의 사람들에게 현실과의 관계는 시야에서 서서히 사라진다. 즉, 별거 아닌 일들이 너무 오랫동안 계속 발생한다. 예아니스(Jeanis)와 밥시스(Babsis), 올리(Oli), 마니(Mani)와 다니(Dani) — 이런 이름으로 그들 모두가 불리듯이 그들은 결코 성숙되지 못했다. 그들은 오랫동안 서로 알고 지냈고 함께 살았고, 그 중간중간에는 이리저리 연결되어 있었다. 그리고 그들은 스스로 결코 옳은 일이 어떻게 일어나지 않게 되었는지 알지 못한다. 그의 연극 〈햄릿은 죽었다(Hamlet ist tot)〉는 지극히 예술적으로 정교하게 연마된 컷백 테크닉으로 3세대에 걸친 농촌 생활을 죽음으로 몰아간다. 그의 후속 작품 〈살다, 글라스 밑에서(wohnen, unter glas)〉는 재회의 주말을 맞이해 주저 없이 쾌적한 호텔로 친구들을 초대한다. 여기서 3명의 옛 친구들이 만나서 미래를 향해 과거를 장황하게 회고한다. 그들의 대화는 구절구절 고상한 대화 예술이고, 다양하게 변주되는 난처함의 소용돌이 속에서 낱말들을 돌고 돈다. 사람들은 "이미 조금은 좌파적·비판적 등등"이었다. 그러나 "시간이 지나면서 그런 것들을 잃어버렸다." 거대한 목표들이 예전에는 있었다면, 지금은 사라졌다. 그럼에도 불구하는 삶의 시계는 계속 똑딱거린다. 물론 우리는 불가피하게 사라진 낙관주의와 함께 신자유주의의 조건들을 받아들인다. 그렇지만 그 때문에 순수한 희망들은 오랫동안 주어지지 않았다. "한 번 하나라도 보여 줘라. 하나의 비전. 하나의 희망. 미래의 비전 — 엿 같은 파노라마를. 한 번 보여 줘라."

체호프: 연극의 호황

이러한 상황은 안톤 체호프의 연극에서도 익숙하게 일어난다. 2000년대 초반의 몇몇 다른 핵심적인 시민의 문제들이 100년 전에 이미 체호프에게 익숙한 테마였다. 드라마 〈벚꽃동산(Kirschgarten)〉 또는 〈플라토노프〉, 〈세 자매(Drei Schwestern)〉 또는 〈바냐 아저씨(Onkel Wanja)〉 그리고 〈이바노프〉든 변화할 수 없는 사회집단들이 어떻게 부서지는지, 벗어날 수 없는 한 무리의 사람들이 꿈을 잃어버린 채 되풀이해서 자신의 내면의 벽을 향해 어떻게 달려가는지 그의 작품들에서 유용하게 관찰될 수 있다. 이때 모두들 사건의 정점에서 자기반성을 한다. "마샤_ 삶은 어떤 의미가 있지? 밖에 눈이 온다. ― 그건 어떤 의미가 있지?" 또는 "올가_ 우리는 뭣 때문에 살지? 우리는 뭣 때문에 일하지? 도대체 난 그걸 모르겠어." 새로운 밀레니엄의 첫 몇 년 동안 이목을 끄는 일련의 체호프 작품의 공연들을 볼 수 있었다. 몇 가지 사례가 있다.

연출가 슈테판 푸허의 취리히 공연에서 드라마 〈세 자매〉는 현재를 보여 주는 잘 정리된 단체 사진 한 장으로 바뀌었다. 그 사진 속에서는 일체의 좋은 뜻이 변질된 채 자기자신에 대한 회상의 이미지로 가족 앨범에 끼여져 있는 것 같다. 자신에 관해 과거형으로 말하는 현재의 인물들만이 무대 위로 몰려든다. 왜냐하면 자신들의 권태가 어떤 흔적도 남기지 않을 것이라는 점을 그들은 알고 있기 때문이다. 그들은 바로 자신들의 여유가 얼마나 자발적인가를 외부에서는 어느 누구도 알아차리지 못하는 통속적이고 평범하게 여유를 즐기는 사람들이다.

베를린 샤우뷔네 극장을 떠난 뒤에 빈의 부르크테아터 극장에서 무대감독 안드레아 브레트는 2005년 〈벚꽃동산〉 공연을 위해 무대세트 디자이너 기스베르트 예켈(Gisbert Jäkel)로 하여금 소비에트 연방 붕괴 이후 흑해에 있는 휴가용 벙커를 상기시키는 무대를 짓도록 했다. 왼쪽 뒤편 무대공간의 원경 중심에는 성인 남자 키 높이의 하수도관이 돌출해 있으며, 그 하수관은 바로 의자 세트 뒤쪽에서 끝난다. 그것을 가시적으로 조망할 수 없다면, 아마도 우리는 그것을 상상할 수밖에 없을 것이다. 무대 위에서 독일-러시아 대농장 소유자라 해도 그것을 멋지게 조망할 수 있다는 것은 착각이다. 안드레아 클라우젠(Andrea Clausen), 우도 자멜(Udo Samel), 엘리자베트 오르트(Elisabeth Orth) 그리고 여기에다 선별된 다른 몇몇 최고 배우들이 파리에서 들이닥쳐서 20년 전처럼 베를린, 보훔 혹은 빈에서와 마찬가지로 이곳에서 체호프를 상연한다. 당당한 과시, 환희에 찬 금고 숭배, 사탕 빨아 먹기, 전보의 개봉, 사랑의 극적 표현, 연방내국세청(Firs)의 명령 등등의 장면이 삽입된다. 그렇지만 그들은 당장 닥친 일, 특히 눈앞에 뻔하게 놓여 있는 것에 대한 그로테스크한 맹목 그리고 공간을 장악한 총체적 파멸감 이외에 어떤 이야기도 하지 않는다. 체호프는 마치 아무 일도 일어나지 않는 듯 사회를 무대 위에서 재현한다. 이때 이른바 그 사회의 벚꽃동산은 이미 적어도 세 번의 화전을 일구었고, 그러는 사이 불모지가 되고 오염되어 연안의 하수구 그 이상도 아니니다. 그러나 그 일가는 전혀 그것을 깨닫지 못한다.

또는 연극감독 디미터 고체프(Dimiter Gotscheff)의 연출로 〈이바노프〉도 마찬가지로 2005년 베를린 폴크스뷔네에서 공연된다. 러시아의 한 지역에서 열렬하게 숭배를 받던 영웅이 보냈던 그 해는 잔인한 해였음이 분명하다. 그 남자는 그 지방의 그림자에 불과하다. 모두 그렇게 말하는데 그들의 말이 옳다. 배우 사무엘 핀치(Samuel Finzi)는 작은 보폭에 굼뜬 정신병자의 발걸음으로 슬리퍼를 신고 무대 제일 앞쪽으로 발을 질질 끌며 걷는다. 아직 체호프에게는 항우울증 치료제가 없었다. 그 경우 과거에는 아무 일도 일어나지 않았다. 아무 일도. 그러나 그것은 바로 전적으로 이바노프의 문제다. 처음에 언급한 연극감독 페터 차덱의 연

〈이바노프〉 공연에서 열연하는 사무엘 핀치와 볼프람 코흐, 디미터 고체프 연출, 베를린 폴크스뷔네 극장, 2005년

출과 비슷하게 유쾌한 자본주의의 그림책에서나 볼 법한 다양한 사람들의 부당한 요구에 둘러싸인 채, 여전히 그는 빚투성이의 대농장에 앉아 있다. 어마어마한 공포가 분명해질 때까지 핀치가 그 상황에서 무슨 짓을 하는가 알아내기 위해서 우리는 오랫동안 바라봐야만 한다. 왜냐하면 핀치는 집중적으로 그리고 자신의 온 힘을 다해서 연기하기 때문이다. 그 밖에는 아무것도 없다. 전혀 없다. 동정심 없는 냉담함 이외에 아무것도 없다. 교태도 없고, 애처로움도 없고, 매력도 없고, 나르시시즘도 없고, 자기 연민도 없다. 수많은 이바노프 연기자들, 그 가운데 특히 배우 게르트 포스(Gerd Foss)의 연기가 뛰어난데, 그들은 자신의 역할에 아무것도 끼워 넣지 않는다. 채 2시간이 되지 않아 그 역시 상의를 정신병자용 가죽조끼로 바꿔 입고 작은 보폭의 기계적인 발걸음으로 무대 뒤로 갈 것이다. 그런 다음 그는 가뿐하게 총을 머리에 대고 쏜다. 그러자 하이너 뮐러가 죽기 전, 지금은 박물관이 된 벽에 그림을 분사한 것처럼 벽에 그라피티가 그려진다. 이것은 뮐러를 유희적으로 인용한 장면이라 할 수 있다.

연출가 겸 배우인 위르겐 고쉬 역시 자신의 마지막 두 편의 대작을 연출했다. 2008년 도이체스 테아터 베를린 극장에서 공연된 드라마 〈바냐 아저씨〉에서 그는 무너져 버린 삶의 희망에 신경이 곤두선 등장인물들을 한꺼번에 출구 없는 구두 상자처럼 생긴 관상용 유리 상자에 몰아넣는다. 그들은 매우 말이 많고, 자신에 대해서 최대한 계몽된 사람들이며, 결코 단 한 번도 평균적인 복지 수준의 변화에 대한 환상 혹은 그 어떤 사회개혁적인 공명심을 품은 적이 없다. 다음 해에 고쉬가 연출한 〈갈매기〉에서는 이러한 상황이 더욱 고조된다. 이 작품은 열정이 결여되고 슬픔이 가미된 드라마가 아니라 불안에 사로잡힌 몰락의 한판 승부였다. 그것을 통해서 우리는 보호받을 수 없는 사랑의 상처를 안은 아르카디나(Arkadina) 역의 여배우 코리나 하포치(Corinna Harfouch)와 함께 그녀의 상처뿐인 비참함을 들여다볼 수 있다. "사랑"은 그녀에게 있어서, 그리고 다른 모든 사람에게 있어서 일체의 생존 기반이 무너지는 상황에서 더 이상 쾌락이 아니라 단지 최후의 구원일 뿐이다.

연극계의 변화: 숫자 놀이

독일의 경제적 변화와 신자유주의 경향이 시립극장들 앞에서도 역시 멈추지 않았다. 많은 자치단체들은 인원이 많이 필요한 극장 경영에 보조금마저 동결시켰다. 그럼에도 불구하고, 특히 물가상승률이나 임금상승으로 말미암아 공공서비스 분야에서 계속 상승하는 비용은 예술 운영의 부담으로 이어진다. 그것은 더 많은 예정 수입을 의미하고, 결국 그것은 효율성의 제고를 통해서만 달성될 수밖에 없다.

이를 통해서 몇몇 예외를 제외하면 극장 폐쇄는 막을 수 있었다. 1991/1992년도 기준으로 여전히 독일에는 공공으로 운영되는 154개의 극장이 있었으며, 이들 극장은 462개의 공연무대와 20만 4328개의 객석을 갖추고 있었다. 2000/2001년도에도 여전히 26만 1좌석을 갖춘 728개의 대/소공연 무대를 운영하는 150개의 공공극장이 있었다. 2010/2011년도에는 강력하게 추진된 다양한 예산 절감에도 불구하고 27만 8297개의 좌석과 890개의 공연무대를 갖춘 (특히 통합을 통해) 견실한 140개의 극장이 남아 있었다. 그리고 이러한 현황은 분명 소규모의 제3 공연무대나 제4 공연무대가 추가된 결과라고 할 수 있다.

물론 관람객 수는 1990년대에 이르러 (1991/1992년 공연 시즌 611만 4293명에서 2000/2001년 시즌에는 543만 8455명으로) 줄어들었다. 그러나 최근에는 배가의 노력을 기울인 덕분에 어느 정도 안정화되어 있다. 즉, 2010/2011년 시즌에는 관람객 수가 529만 1128명에 달했다. 극단운영보조금은 명목상 조금 올랐다. 그러나 실제 무대공연에서는 분명하게 하락했다. 독일연방통계청에 따르면 물가상승률은 1990년대에는 20.4%에 달했고, 2000년과 2010년 사이에는 15.5% 상승하는 데 그쳤다. 그러나 공공서비스 분야 종사자의 임금상승률은 1993년과 2013년 사이에 40%에 달했다. 특히 부족한 수백만 유로는 약간의 좌석점유율 상승 (연극 공연의 경우 1991년에 66.6%에서 최근에는 69.6%로) 및 높은 흥행 수입을 통해서 보충되었다. 극장예산의 자체수입 비중은 1991/1992년 시즌에 13.2%를 차지했다면, 2001년 시즌에는 이미 16%, 그리고 2011년에는 18.4%에 달했다.

당연히 극장 종사자들도 감축되었다. 1991/1992년 시즌에 상시근로자가 4만 5076명이 있었다면, 10년 뒤에는 3만 9494명에 불과했다. 1990년대가 모두에게 혹독했다면, 밀레니엄 시대에 들어서면서 특히 배우들에게 더 혹독했다. 지난 10년 동안에 총 종사자 수가 3만 8980명으로 완만하게 줄었다. 그러나 정기공연들의 경우에 대체로 손해를 보지 않을 수 없었다. 1991/1992년 시즌에 상시 활동하는 전속배우들의 수가 3097명에 달했다면, 2000/2001년 시즌에는 그 수가 2413명으로, 그리고 2010/2011년 시즌에는 2004명으로 줄었다. 따라서 지난 20년 동안 마이너스 35%를 기록했다. 그렇지만 동시에 레퍼토리 및 공연 시스템에 모두들 매우 만족해한다. 특히 2004명의 기존 배우들이 (그리고 숫자로는 결코 잡히지 않는 수많은, 틀림없이 많은 객원배우들) 관객에게 제공하는 공연작품과 공연회수를 보면 주목할 만하다. 즉, 20년 전에는 2841편의 작품이 5만 3343회 공연되었고, 2000/2001년 시즌에도 여전히 2922편의 작품이 5만 24회 공연되었다. 물론 2010/2011년 시즌에는 4176편의 작품이 4만 9134회 공연되었다. 따라서 작품연출의 수는 10년 동안 무려 1/3이 증가했지만, 1992년 이후 무대공연에 참여한 배우들의 수는 1/3이 줄었다. 그러나 만약 저녁시간대에 기존과 같은 방식으로 거의 그대로 공연이 이루어진다면, 결국은 공연 시리즈가 평균적으로 눈에 띄게 짧아졌음을 의미한다.

훨씬 좋지 못한 조건에서 무대공연을 위한 연습시간은 더 적어진 반면에 작품공연은 더 많아졌다. 분명 극장 운영의 시각에서 보면 대성공이지만, 예술적으로는 양날의 칼 그 이상이었다. 그와 병행해서 눈에 띄게 마케팅에 투자했고, 비필수적인 극장 관리직원들은 아웃소싱했다. 점점 더 무대공연은 파트너들과 공동제작을 하게 되고, 게다가 지역 및 글로벌 차원에서의 초청공연 비즈니스가 활발히 이루어지고 있다. 무대감독이나 운영감독들은 최대한 네트워크화되어 있다. 국제적으로 경험이 풍부한 컬처 매니저들, 제작자들 그리고 물류 전문가들도 마찬가지다. 이러한 변화들은 공연 프로그램뿐만 아니라 공연무대의 자기 이해에 있어서도 최소한 깊은 흔적을 남겼다.

압박을 받는 예술가들

1990년대 초반 오로지 예술적인 이유로 독일어권 극장에서는 진지하게 받아들여야 할 —그리고 거의 모두가 그러고자 했다— 공연 프로그램들이 생겨났다. 물론 우리는 잘 알려지지 않은 극작가의 새로운 작품보다는 잠재적으로 고전작품에 관객이 훨씬 더 들 것이라는 사실을 당시에 이미 알고 있었으며, 그에 상응하는 조치를 취했다. 그러나 적어도 밀레니엄 이후에는 그러한 생각이 변했다. 강화된 문화정책적인 정당성의 압력 아래 극장의 완전가동률이 점점 더 중요해졌고 확실하게 관객을 유인할 만한 프로그램이 모색되었다. 크리스마스 동화가 11월과 12월의 공연 프로그램을 점령하고, 최근의 학교 소재 드라마들이 고맙게도 관심을 끌었다. 그리고 20여 편의 규범이 되는 클래식 작품들은 무수한 소설의 각색, 예를 들면 토마스 만부터 요제프 로트(Joseph Roth)에 이르기까지 저녁시간에 유용한 요약본들을 재현하는 여러 소설작품의 각색을 통해서 채워진다. 또한 사회정책상의 통합 지원으로서 이런저런 참여 프로젝트도 전적으로 환영을 받는다.

공연시장에서 우위를 점하고자 하는 연출가들은 높아진 생산 비율에 민감하다. 그들 가운데 많은 이들이 극장장의 지위를 멀리한다. 왜냐하면 그들은 문화정책상 충돌하면서 마찰을 불러일으키고 싶지 않았고, 그 대신 객원감독 체제와 자기 브랜드 관리를 가속화했기 때문이다. 가스토르프(Gastorf), 킴미히(Kimmig), 탈하이머(Thalheimer), 바움가르텐(Baumgarten), 프리취(Fritsch), 페트라스(Petras), 헨켈(Henkel), 푸허(Pucher), 크리겐부르크(Kriegenburg), 오스터마이어(Ostermeier), 폰토벨(Vontobel), 뵈쉬(Bösch), 보세(Bosse), 뉘플링(Nübling) —이들 모두가 2010년대 중반 독일어권 객원연출극장의 (다수가 여전히 남자) 주인공들이다. 몇몇 예외를 제외하면— 예를 들면 쾰른의 카린 바이어(Karin Beier), 뮌헨의 요한 시몬스(Johan Simons) — 그들은 극장장이 아니다. 종종 3개월 주기로, 가끔은 매우 빡빡하게 그들은 빈과 쾰른, 함부르크, 뮌헨과 취리히, 베를린 혹은 드레스덴을 오가며 대작 공연을 연출한다. 이런 경우에는 3~5편의 대작 공연이 공연 시즌에 동시에 나올 수도 있다. 르네 폴레쉬의 경우에는 계산에 넣는다는 것이 거의 불가능하다. 그의 공연 일정표는 부분적으로 년 단위로 일정이 잡혀 있다. 오페라에서만은 좀 더 장기적으로 계획된다. 작품이든 프로젝트든 아직 확정되어 있지 않다면, 그때그때 극장을 사용할 수 있도록 "한 타임"을 비워 놓는다.

동시에 연출연극의 톱 디자이너들은 자신들의 작품을 완성한다. 그들의 무대공연은 단원들의 스타일에서 더욱 분명하게 식별된다. 그것은 전형적인 작업 속도를 고려하면 놀라운 일이 아니다. 예술가의 손길, 즉 "스타일"은 그때그때의 작품, 소재, 모티브, 소설 원작, 영화 각색에 따라 이리저리 떠밀린다. 연기 방식, 무대 디자인과 음향 디자인으로 이루어진 특별한 혼합으로부터 우리는 작품들이 누구의 것인지 재빨리 알아챌 수 있다. 정밀하게 재구성된 팝문화의 무대배경 앞에서 포즈를 취하는 푸허의 쿨한 인물 스케치, 탈하이머의 꽁꽁 얼어붙은, 하지만 머리끝까지 감성으로 충만한 운명의 허수아비, 거침없이 극단적으로 독일 중산층을 표현하는 오스터마이어의 사실적 묘사, 뵈쉬의 지나치게 음울하고 너무 민감하게 연민을 불러일으키는 인물, 퍼시발(Perceval)의 멋지게 해고된 생존의 패배자들, 배우들이 무대 앞으로 나와 자조적으로 떠들썩거리는 스펙타클 연극을 선호하는 보세(Bosse), 발부르크(Walburg)의 캐리커처에 가까운 세부 묘사, 킴미히의 넓은 무대 위에서 순식간에 이루어지는 인물 배치와 이를 통한 재빠른 인물 스케치가 거기에 해당된다. 본래 보조금을 받기에 경제적 부담을 지지 않는 시립극장의 예술 공간들 역시 공연예술가들 쪽에서 보면 점점 더 비용을 줄이고자 했다.

이로써 높은 효용성과 수용성 그 이상을 지향하는 시립극장 체제의 공간들이 예술적 자유와 발전에 있어서 점점 더 매력을 지니게 된다. 2003년부터 2012년까지 마티아스 릴리엔탈(Matthias Lilienthal)은 헵벨-암-우퍼(Hebbel-am-Ufer: HAU)라는 이름으로 예전의 헵벨 테아터(Hebbel Theater)와 테아터 암 할레쉔 우퍼(Theater am Halleschen Ufer)를 합병한 공연무대들을 이끌었으며, 3곳의 무대에서 작품제작소의 전형을 만들었다. 부분적으로는 공동 제작을 하고, 부분적으로는 무용, 퍼포먼스 그리고 연극 사이에서 장르의 경계를 뛰어넘는 초청공연들로 이루어지는데, 이들 공연은 단기 시리즈의 형식으로 취리히, 함부르크, 뒤셀도르프 그리고 프랑크푸르트에서 페스티벌과의 교류 혹은 그에 견줄 만한 극장들과의 교류 형식으로 선보이게 된다. 여기서 국제적인 팀들과 더불어 리미니 프로토콜 혹은 쉬 쉬 팝(She She Pop)은 작품을 제작하고 원정공연을 했다. 베를린 공연은 3일간의 마라톤 형식으로 상연되었다. 그러나 뮌헨 캄머슈필레도 요한 시몬스 또는 세바스티안 뉘플링(Sebastian Nübling)의 작품 연출과 함께 원정공연을 했다. 항상 새로운 포맷과 예술가 찾기의 일환으로 생겨난 혼합된 공연 프로그램은 단기간의 페스티벌 혹은 심포지엄과 교대로 무대에 오르고, 그렇게 해서 시즌마다 100작품 이상의 초연 실적은 모든 레퍼토리 및 앙상블 공연을 능가했다.

시립극장들은 신속함과 미학적 다양성으로 이러한 도전에 대응했을 뿐만 아니라 —점점 커지는 상호 문화적 사회분위기에서도— 세계화에 대응했다. 2007년부터 2013년까지 쾰른 샤우슈필(Kölner Schauspiel)에서 활동한 예술감독 카린 바이어 혹은 2010년부터 뮌헨 캄머슈필레를 이끌고 있는 예술감독 요한 시몬스 — 예술적으로 가장 성공한 독일의 연극 무대들은 유럽의 국가나 유럽 연극계 출신의 배우들을 받아들였으며, 라트비아 출신의 알비스 헤르마니스(Alvis Hermanis) 또는 영국 출신의 케이티 미첼(Katie Mitchell)과 같은 연출가들을 참여시키거나 그들 앙상블의 일부 단원들과 함께 국제적으로 공동 제작을 했다. 예술가들과 함께 공모한 소규모 시립극장들의 지나간 시간들은 —매력적일 정도로 서로 끈끈함에도 불구하고— 당분간 끝난 것처럼 보인다.

공격적인 웃음극: 헤르베르트 프리취의 광란적 희극성

아마 가장 깜짝 놀랄 만한 연출 경력은 지난 몇 년 동안 공교롭게도 한 연극배우에게서 이루어졌다. 헤르베르트 프리취(Herbert Fritsch), 그는 오랫동안 프랑크 카스토르프의 베를린 폴크스뷔네(Berliner Volksbühne)에서 중요한 주연배우로 활동했으며, 밀레니엄의 첫 10년이 끝날 즈음에 스스로 연극연출을 시작했다. 그는 처음에는 루체른과 오버하우젠(Oberhausen)에서 시작했고, 이어 슈베린(Schwerin)과 곧이어 가장 큰 무대라고 할 수 있는 함부르크 소재의 탈리아 테아터(Thalia Theater)와 도이체스 샤우슈필하우스에서, 그리고 취리히와 뮌헨 레지덴츠테아터(Münchner Residenztheater) 또는 베를린 폴크스뷔네에서 연출했다.

유명한 레퍼토리 거장의 작품들에 의지하지만, 그의 무대연출은 본래 작품에서의 사회적 갈등들을 다루는 것이 아니라 철저하게 밝은 결말들과 함께 등장인물들을 극단적 소극(笑劇)의 인물들로 만들어 버린다. 그래서 헨리크 입센의 드라마 〈노라〉(2011)를 오버하우젠에서 연출할 때, 독선적인 가장으로서 헬머(Helmer)와 자신의 미숙함을 각성하는 아내 사이에 발생하는 과거의 남녀평등의 갈등은 더 이상 문제시되지 않는다. 그와는 정반대다. 실로 그렇듯이 그 둘은 서로 잘 어울리는 노부부 같은 인상을 준다. 그의 노년의 성욕은 기껏해야 성적 도구로서 그녀의 자기 연출로 채워지고, 오히려 두 사람에게는 돈이 갈등의 중심에 놓인다.

또는 슈베린에서 연출한 〈해리모피(Der Biberpelz)〉(2010)는 궁핍한 시대에 착한 두 딸과 조금 옹졸한 남편을 포함해 생계가 매우 곤란한 한 가족을 부양하기 위해 세탁부로 일하는 볼프(Wolff)에 관한 이야기로 변함없이 재치가 넘쳐나는 희극 작품이다. 물론 빌헬름 시대의 정부 당국과 가족의 행복을 위해 애쓰는 클루케 볼프(Glucke Wolff) 사이에 벌어지는 과거의 훌륭한 갈등은 제외된다. 그 대신에 무분별한 소유의 열망은 그대로 남겨 두었다. 이러한 열망은 게르하르트 하우프트만이 예전에 그린 유쾌한 옛 베를린의 자연주의 인물을 새로운 우여곡절과 탐욕의 도취 속으로 몰아간다. 이미 무대장치는 사랑스럽게도 눈을 자극한다. 예를 들자면, 번쩍이는 금 테두리에 소스라치게 놀래 소리를 지를 만한 빨강, 노랑, 터키블루 색의 꽃무늬 융단으로 만든 육중한 브레히트식의 커튼 같은 것이다. 마찬가지로 배우들은 아마도 2일간 휴식을 취해야 할 만큼 에너지 소비가 엄

게르하르트 하우프트만의 드라마 〈해리모피〉, 헤르베르트 프리취 연출, 메클렌부르기쉐스 슈타츠테아터 슈베린 극장, 2010년

청난 70분 분량의 대본을 번개처럼 연기한다. 게다가 곡예에 가까운 무대 재현으로 하우프트만의 환경극이 지닌 정감을 몰아내고, 얼어붙은 정지 장면으로부터 사리사욕에 사로잡힌 야만인들의 무리가 튀어 나오는 것 같다.

소위 착취당하는 하녀 레온티네(Leontine)는 음탕하게 장난을 치는 사랑스러운 처녀와 연금 생활자를 노리는 아주 매력적인 꽃뱀이라는 두 얼굴의 소유자[배우 소냐 이제머(Sonja Isemer) 역]로 나오고, 그녀의 14세짜리 여동생 아델하이트(Adelheid)는 빨강머리의 말괄량이 삐삐처럼 머리를 땋은 사춘기 몬스터[배우 이자 바이스(Isa Weiß) 역]로 등장한다. 불쌍하게 추위에 떠는 선장 불코프(Wulkow) 역할의 안드레아스 렘프케(Andreas Lembke)는 교활한 바다의 요괴와 험악한 슈프레(Spree) 강 주변에서 활동하는 밀수꾼을 표현하고, 가장(家長)이며 목공인 율리우스(Julius) 역할의 슈테파네 메더(Stéphane Maeder)는 온통 인디언 분장을 한 뇌졸중에 걸린 수공업자의 우두머리로서 굽은 등을 하고 연기한다. 그들 사이에는 언제나 브리기테 페터스(Brigitte Peters)의 어머니 볼펜(Wolffen)이 있다. 덕지덕지 칠한 그녀의 아이섀도에서는 탐욕적인 비열한 생각이 뚝뚝 떨어지고, 목이 쉰 배의 경적소리 같은 목소리로 그녀는 자신이 거느린 무리들을 몰아댄다. 그들 모두 동일한 탐욕, 즉 돈과 섹스, 그리고 더 나은 삶을 좇는다.

더 나아가 헤르베르트 프리취는 표현주의 방식으로 귀청이 찢어질 듯 소리를 지르는 배우들을 위해서 과거 카스토르의 몇 가지 표현 수단들을 차용한다. 그러나 결국 그는 연출가 레오폴트 예스너의 표현 수단들도 이용했다. 게다가 이러한 표현 수단들은 흔하지 않게 때로는 경제적으로 투입되거나, 때로는 목표 지향적이며 공격적으로 보일 만큼 아주 예리하게 활용된다. 마침내 프리취와 전력 질주하는 그의 앙상블은 시민과 시민이 추구하는 이상적 가치의 범주가 지닌 이면을 보여 준다. 즉, 재빠르게 거짓말을 하고 훔치고 사기를 치며 현혹하는 탐욕의 한 패거리를 무대에 올린다. 그들은 언제든 서로를 물어뜯을 각오를 하고 기습하는 진짜 탐욕스러운 뱀파이어다.

18세기 이탈리아 극작가 카를로 골도니의 작품 〈두 신사의 하인〉에서 볼 수 있는 인간상의 변화가 2011년 슈베린에서 더 분명하게 드러난다. 이탈리아 연출가 조르조 스트렐러(Giorgio Strehler)가 20년 전에 여전히 코메디아 델라르테를 모범으로 삼아서 가급적 복합적으로 고뇌하는 개인으로서의 하인 캐릭터를 찾았다면, 프리취는 역겨운 얼굴들과 마치 가위로 종이를 오려 만든 듯 소란스러운 인간들로 구성된 익살극을 연출한다. 이들은 별로 먹으러 가지도 않고, 하물며 사랑은 가당치도 않다. 그들은 헉헉거리며, 동시에 여러 가지 일을 해서 겨우 연명한다. 그것은 경제 시대에 혼란스러운 상태에 놓여 있는 인간들의 이미지를 보여준다. 미쳐 날뛰는 이러한 광기는 보기 흉하게 변형된 그들의 육체 속으로 밀려들어 와서 이제는 그것이 우스꽝스러운 노멀 상태가 되었다. 헤르베르트 프리취의 거침없는 후반기 연출 커리어는 끝이 보이지 않는다. 그럼 무엇 때문인가?

4장

아방가르드 연극

1900년도경의 연극개혁

20세기의 초기에 현실적인 삶의 여건과 그로 인한 정신-문화적 상황의 근본적인 변화가 유럽 전역에서 일어났다. 급속한 기술의 발전, 산업화, 도시화와 상승된 삶의 템포는 상대적으로 거주민들의 넓은 영역에서 자극과 불안을 초래했다. 교양 시민의 문화를 주도하는 계층은 사실 계층 상승을 시작했던 발전의 정점에서 있다는 자부심으로 가득 차 있었지만 동시에 불확실함과 미래에 대한 회의감도 있었다. 점점 복잡해지는 현실은 연관성이 없는 사실들로 파편화되어 나타났다. 즉, 알 수 없는 힘에 맡겨졌다는 감정에 사로잡혀 있었다. 알베르트 아인슈타인(Albert Einstein)의 상대성 이론과 막스 플랑크(Max Planck)의 양자이론은 이제까지 믿었던 아이작 뉴턴(Isaac Newton)의 세계상을 흔들어 놓았고 지크문트 프로이트에 의한 무의식의 탐구는 계몽주의로부터 전해 오는 인간상에 의문을 제시했다. 시민적 시대의 철학과 예술을 구상하고 공표했던 자율적 개체에 대한 사고는 그 설득력을 상실했고, 곧 대중사회의 형성과 정치적인 집단화의 강요에 의해 결국은 무용지물이 되었다. 그때까지 그러한 논리적 확신 속에서 알 수 없었던 삶의 시스템에 구속되어 있었던 중에 상류층 시민계층과 귀족들은 아름다운 가상의 세계로의 도주 가능성을 찾기 시작했다. 프로이트는 그러한 상황을 이렇게 표현했다. "우리에게 놓인 삶은 너무 어렵다, 삶은 우리에게 너무 많은 고통과 실망 그리고 해결할 수 없는 과제들을 가져온다. 삶을 견디기 위해서 우리는 진통제를 포기할 수 없다. (…) 예술이 제공하는 것과 같은 대리만족은 현실의 반대인 환상이다. 그것이 우리의 영적인 삶 속에 환상을 강조하는 역할 덕택에 정신적으로 적지 않은 영향을 미친다."[1]

1900년 이후 곧 이러한 발전과 관련하여 현실의 사실적인 모방이 아닌 이상향적이며 허구적 대조물로 정의된 몇몇 연극의 콘셉트들이 제시되었다. 자신만의 고유한 시간적·공간적 법칙성을 따르는 자율적인 예술 작품들을 통한 허구적인 모방의 해체에 일련의 구체적 변화들이 연결되었다. 인과율적이고 논리적으로 구성된 줄거리의 포기와 심리적으로 차별화된 무대 형태, 행동과 이미지에 대한 발화된 언어의 지배력의 종료, 인위적으로 과장된 인물을 통해 자연스러운 모습 속의 인간을 배제하는 경향 그리고 연극의 의도된 효과가 최종적이고 합리적으로 납득할 수 있는 메시지와 공감할 수 있는 감정의 전달로부터 감각적·감성적·사변적인 지평의 자극과 확장으로 전환된 점 등이다.

아돌프 아피아, 에드워드 고든 크레이그와 게오르그 푸치스(Georg Fuchs) 등에 의해 고안된 기본 법칙들은 전 20세기 동안 폭넓은 관중의 기대 지평에 필연적인 방향을 제시하고, 제도화된 운영에 정착되고, 극적 문학 작품을 토대로 한 전통적인 연극을 병행하면서 동시에 이를 방해했던 연극예술의 한 발전 방향에 출발점을 이루었다. 이 운동의 주인공들은 사회적 제도로서 연극의 속성보다는 연극의 예술적 성격에 더욱 중점을 두었다. 그들의 대부분은 "연극에 대한 전문 직업"이 아닌 시각예술과 음악 분야로부터 왔다. 그곳에서 지배적인 원칙 "아방가르드(Avantgarde)"를 —이 개념은 군대 용어에서 비롯되었고 군대에서 본대를 위해 길을 탐색하는 전위를 나타낸다— 그들은 연극 영역으로 옮겨 왔고 그와 함께 예술적인 전체 발전에 이 개념을 확실하게 연결했다. 이들의 성과물들은 대부분 많은 지연과 "완화"

---

1) Sigmund Freud: Gesammelte Werke, Bd. X, S. 432 f.

된 형태와 함께 이러한 방법으로 항상 반복하여 새로워질 수 있는 제도화된 연극에 의해 받아들여졌다. 물론 20세기 말엽 이 아방가르드-원칙은 점점 더 회의적으로 되었다. 만약 예술이 발전한다고 전제한다면, 이런 생각은 어쨌든 발전에 대한 믿음이 침해당하면서 매우 의심스러워졌다. 오늘날의 예술을 관찰해 보면 새로움과 관객에게 도발적 영향이라는 아방가르드의 근본적 기준 두 가지가 오늘날 예술의 평가와 특징을 묘사하는 데 쓸모가 없어졌다는 것을 알 수 있다. 아무도 더 이상 진지하게 일정한 관습들의 유효성을 주장할 수 없을 시기에 —적어도 전문적인 관객들 가운데— 기반은 도전성을 상실하게 되었다. "어디론가 간다"는 "포스트모더니즘"의 분위기 속에서 개혁이 실제로 충격적인 영향을 끼친다는 것은 근본적으로 배제되었다. 게다가 새로운 것을 창조하는 것은 점점 더 어려워진다. 즉, 두더지와 경주할 때의 동화 속 토끼만큼이나 새로운 것을 수행하는 예술가에게 그러한 것은 쉬울 수 있다.

이러한 의구심에도 불구하고 20세기 초기 30년 동안에 발생한 현상들과 또한 연극의 현상들에 대한 용어인 아방가르드의 사용은 매우 의미 있다. 1900년 개혁과 연관된 미래주의, 다다이즘, 구성주의 그리고 초현실주의의 예술가들은 자신들을 전위파 예술가들로 생각했고 대다수의 예술가들에 반하여 그들의 앞선 생각으로부터 창조적 에너지의 대부분을 얻었다. 두 번째 예술적인 운동의 시작은 "네오 아방가르드"로서, "역사적 아방가르드"의 귀환으로서 이해된다. 이 예술적 운동의 출발은, 행위예술(해프닝, 플럭서스, 퍼포먼스), 영화극장[타데우시 캔터(Tadeusz Kantor), 로버트 윌슨] 그리고 앙토냉 아르토의 시어터 비전으로부터 영감을 받은 신비주의적·의식적 연극(리빙 테아터, 예지 그로토프스키, 유제니오 바르바)처럼 연극에 있어 중요한 1960년대 초반의 표현 양식들을 만들어 냈다.

반자연주의적인 연극개혁은 아돌프 아피아의 작품에서 출발했다. 그의 고향 제네바의 칼뱅주의적 분위기에 의해 처음에는 연극을 멀리했고 여러 음악대학에서 음악교육을 받은 아피아가 연극개혁에 헌신하겠다는 결심을 했을 때는 이미 20대 중반이었다. 아피아의 결정적인 체험은 리하르트 바그너 생전에 바이로이트에서 그의 〈파르치팔〉 공연을 관람한 것이었다. 아피아는 말을 통해 행위가 결정되고 음악이 "내적 드라마"를 표현하는 "새로운 뮤직 드라마"에 열광했다.

리하르트 바그너: 〈파르치팔〉, 아돌프 아피아 무대장치, 1896년

원형극장 식으로 만들어진 관람석을 지닌 바이로이트 축제극장 건축도 그의 마음에 들었다. 그에게 거슬렸던 것은 무대장치와 연기의 전형적인 성격이었다. 아피아는 뮤직 드라마의 현대성과 연출의 후진성 사이의 근본적인 모순을 확신했다. 그와 함께 아피아는 "이런 의상과 분장"에 지쳐 있었고, "보이지 않는 오케스트라"에 따라 보이지 않는 연극을 공연하고자 꿈꾸었던 바그너에 완전히 동의했다. 바이로이트에서 연출의 실습은 동시대의 풍경화와 역사화의 디테일에 심취하고 과장된 꾸밈을 통해 결정되었다. 조형적인 것에 해당되는 것, 바그너는 모든 개별 예술들이 "최상의 완벽함을 추구해야 한다"는 "종합예술작품"의 요구를 절대로 완수할 수 없었다. 아돌프 아피아는 이 결함을 해결하는 것을 과제로 정한다.

드레스덴과 빈에 있는 오페라하우스 가운데 당시 최고의 시설을 갖춘 기술부서에서 임시 청강을 마친 후에 아피아는 바그너의 사실주의에 의해 요구되는 연출 방식이 아닌 유일하게 음악을 들을 때 떠올랐던 착상에 따라 〈파르치팔〉과 〈니벨룽겐의 반지〉를 위한 대본과 고유한 구상들을 창조했다. 그의 목표는 관객에게 현실에 대한 환상적인 모방이 아닌 창조적인 생각을 부여하는 것이었다. 1899년 출간된 그의 대표 저서 『음악과 연출(Die Musik und die Inscenierung)』에서 아피아는 그것에 대한 다음과 같은 논거를 제시한다. "눈을 속이는 것은 진실된 예술 안에서 아무런 가치가 없다. 진정한 예술 작품이 불러오는 환상은 현실세계의 손실을 대가로 우리를 사물과 감각적 인상들의 잘못된 속성으로 인도하는 것에 기인하는 것이 아니라, 반대로 새로운 시각으로 우리를 깊이 이끈다. 그러므로 이 시각은 우리의 고유한 것으로 되어 나타난다."[2] 모든 자연주의와 역사주의로부터의 이러한 급진적인 전향에 직면하여 아피아는 개혁적 사고의 모델로서

바그너의 "뮤직 드라마"와 필연적으로 결별하게 된다. 그는 작가의 관습적인 연출 아이디어가 오페라의 대본과 악보에 기형적으로 영향을 준다는 확신에 도달했다. 그래서 그는 연출상 확신하는 종합예술작품의 문학적·음악적인 구성요소로서 "언어-음향 드라마"의 가설을 만들어 냈다.

바그너의 콘셉트를 넘어서기 위해서 아피아는, 예술가들이 그들의 비전을 가능한 한 솔직하게 표현할 수 있게 하기 위해, 어떻게 무대를 바꿔야 하는가에 대한 근본적인 질문을 던졌다. 바로크에서 유래한 배경무대는 그의 생각에 결코 적합하지 않았다. 바로크 무대에 대한 그의 비판은 매우 날카로웠다. "무대에 수직으로 그리고 어느 정도 평행으로 그리고 앞부분에서 뒤쪽 끝까지 쌓아 설치된 색칠되고, 조각들로 잘라진 스크린의 혼잡함이다. 이 스크린들은 그려진 조명들, 그려진 그림자들, 그려진 사물들, 신체들, 건축물들로 뒤덮여 있다. 그리고 이 모든 것은 당연히 평평한 평면 위에 있다. 왜냐하면 이게 바로 그림의 본질이기 때문이다. 여기서 3차원은 거짓 공간의 연속으로 대체되었다. 배우에게 그려진 그림 그리고 수평의 바닥에 심어진 그림 액자들 사이를 움직여야 하는 굴욕이 생긴다."[3] 아피아는 그러므로 배우의 구체성과 배우 주변의 평면성 사이의 근원적인 모순이 연극에서 이 두 요소의 직접적인 협력을 저해한다고 확신했다. 그는 또한 상대적으로 좁은 연기 공간 밖에서 종합적인 관점은 더 이상 일치하지 않고 환상이 사라져 버리기 때문에, 배우들의 행동의 자유가 무대장치가 있는 무대에 제한된다는 예로부터 잘 알려진 사실을 다시 한번 지적했다. "가장 아름다운 무대배경"은 그러므로 "그림이 그려진 아마포의 가치 없는 조립"이 된다. 아피아는 무대장치가 있는 무대를 위한 대안을 텅 빈 공간으로부터 시작했다. 텅 빈 공간에서 배우들은 그들의 행동과 움직임을 통해 최초의 억양들을 놓아야만 한다. 여기에 입방체, 경사면, 계단과 연단과 같은 3차원 요소들이 더해진다. 그것들의 설치는 실용성의 원칙에 따른다. 즉, 그것들은 배우와 직접 연관되어 있다. 서 있고 보행하는 가운데 물질적인 무대 세계와 배우들의 접촉은 매우 긴밀하기 때문에 연극

2) Adolphe Appia: Die Musik und die Inscenierung. S. 31.

3) Zitiert nach: Adolphe Appia. 1862-1928. S. 53.

영역의 구성은 중요한 의미를 지니게 된다. 연극 영역의 구성은 배우의 리듬 있는 움직임으로부터 결정되고 그것은 다시 배우의 리듬 있는 움직임에 영향을 준다. 그러나 가정적인 언어-음향 드라마의 실현에서 그 리듬은 음악을 통해 주어진다. 이렇게 드라마의 창작자는 연극제작자로부터 "제한되었던" 연출에 대한 사용 권한을 획득한다. 아피아는 이러한 권한을 드라마-연극적 예술 작품이 추구하는 통일을 위한 전제조건으로 간주했다. 만일 언어-음향 드라마가 창작자의 권한에 전체적이고 직접적으로 놓여 있지 않은 요소를 포함하지 않는다면, 그의 종합효과는 언어-음향 드라마를 "순수하게 유지"할 수 있다.[4]

각 예술들 사이의 관계는 처음에는 순수한 형식적인 관계이다. 통합의 요소로서 리듬은 단지 크기만 조절한다. 음악의 정서적인 내용을 표현하는 것은 아피아에 따르면 특히 조명의 일이다. 무대를 밝히는 과제에서 벗어나 조명은 건축학적으로 구성된 공간무대에서 예술적인 표현 수단으로 자유로워진다. 당연히 시대의 기술적 발전이 이를 위한 전제조건이 되었다. 조명 등을 통한 빛의 움직임, 전철 장치(움직이는 장치)와 제어할 수 있는 저항을 통해 빛의 강약 조절이 가능해졌다. 그리고 영사는 무대 내용의 식별과 무대장치의 동적·조형적인 형태의 변화 없이 신속한 교체를 가능하게 했다. 새로운 필터의 도움으로 조명은 분위기 전달자로 투입될 수 있었고 그로 인해 색채의 표현 기능을 넘겨받을 수 있었다. 조명 색채의 변경, 빛과 그림자, 명암의 유희는 음악의 감정 가치를 시각화하기 위한 이상적인 수단이 되었다.

연기자의 정의는 아피아의 연극 모델에서 사실적인 연기와는 근본적으로 다르다. 전자에서 연기자가 —작가로부터 주어진 범위 내에서— 어법과 움직임, 행동의 장소와 박자—연출가와의 협의 아래—에 대하여 직접 결정하는 반면, 후자에서 연기자는 언어-음향 작가의 지시에 절대적으로 연결된다. 더 이상 내적 동인이 아닌 음악의 박자가 연기자의 움직임을 결정한다. 삶의 경험으로부터 얻게 된 정서적인 소재는 중요하지 않고 개체성 대신 "탈개성화"의 가장 높은 단계가 요구된다. 신체를 완벽하게 제어하는 것이 필수적이며 "유연함"과 "기동성"은 여기서 배우

---

4) Adolphe Appia: Die Musik und die Inscenierung. S. 3.

에게 가장 중요한 자질이다. 그러므로 아피아는 말한다. "언어-음향 드라마"에서 "배우가 이제 더 이상은 시인과 관객에 유일한 중개자도, 더 이상 최상의 중개자도 아니다. 여기서 배우는 드라마의 모든 나머지 구성요소들보다 더도 덜도 필요하지 않은 표현 방법 중 하나일 뿐이다. 배우는 이제 더 이상 큰 역할을 수행하지 않기 때문에, 배우는 다양한 시적·음악적·기술적인 표현 수단과 동일선상에 놓이게 된다."[5)]

묘사의 구체적인 형식에 관해서, 아피아는 또한 제네바 출신의 에밀 자크-달크로즈(Èmile Jaques-Dalcroze)로부터 결정적인 자극을 받았다. 고향에서 음악원 교육자로 활동한 자크-달크로즈는 음악과 움직임은 리듬을 통해 상호 연결되어 있다는 오래전부터 알려진 사실에서 출발하여 "리듬체조"를 만들었다. 이 연습 시스템에서는 모든 음표에 특정한 신체 움직임이, 모든 음정에 특정한 자세가 상응하며, 그 결과 완전한 복잡성 속에서 음악은 공간적 움직임으로 전환될 수 있다. 자크-달크로즈와의 첫 번째 만남 이후에 아피아는 여러 해 동안 체계적으로 그의 작업을 지켜보았고 그가 이론에서 묘사하려 노력했던 것을 그대로 실현해 주는 듯한 새로운 신체언어를 마흔 살의 나이에 습득했다. 처음에는 주저하다가 점점 더 결정적으로 아피아는 리듬체조를 교육적인 방법에서 예술적인 형식으로 발전시켜 나아갔다. 그는 자크-달크로즈에게 학생들의 동작 흐름을 변화시키기 위해 계단과 계단 형태의 장애물을 마주하게 해 놓을 것을 제안했다. 그것으로부터 리듬 공간들에 대한 구상들이

아돌프 아피아: 리듬 공간, 1909/1910년

5) Adolphe Appia: Die Musik und die Inscenierung. S. 15.

탄생했고, 그 "리듬 공간(Rhythmischer Raum)"들 안에서 아피아는 정적인 억양과 동적인 억양 사이에서 항상 반복하여 새로운 크기와 새로운 조화를 탐색했다.

1910년 자크-달크로즈가 드레스덴 주변에 포괄적인 생활개선 모델로 계획된 전원도시 헬러라우에 특수한 학교를 창설하는 임무를 받았을 때 아피아는 조형예술 고문으로 그를 뒤따랐다. 연구소가 포함되는 페스티벌 하우스의 계획에 그 예술가는 이미 그의 영향력을 행사했다. 그의 압력으로 일반적인 파노라마 (투시) 무대가 아닌 객석과 무대가 서로 뒤섞여 옮겨지고, 임의적으로 하강할 수 있는 오케스트라 석을 통해 분리될 수 있는 공간이 설치되었다. 원형의 올라온 관람석 외에 고정된 시설은 없었다. 무대공간은 모든 연출을 위해 기하학적 물체의 도움을 받아 새로이 만들어져야만 했다. 조명과 관련해서도 아피아는 기술사 알렉산더 폰 살즈만(Alexander von Salzmann)과 함께 그의 생각을 광범위하게 현실화하는 데 성공했다. 한편으로 천장과 벽의 하얀 천으로 된 커버 뒤에 수천여 개의 전구를 설치해서 흐릿한 기본 조명 아래 헬러라우 연극 공간 전체가 떠올랐고, 다른 한편으로는 움직이는 조명등과 전철 장치를 지닌 기술적으로 발전한 설비가 연극 역사상 최초로 조명이 필수적인 구성요소로 투입되는 가능성을 제공했다.

그의 재직 기간에 기술적·미학적으로 초현대적인 연극 공간에서 1912년과 1913년 제1차 세계대전 전에 반자연주의적 연극개혁의 정점이 되었던 전설적인 〈학교 축제(Schulfeste)〉가 상연되었다. 첫해에는 자크-달크로즈에 의해 구상된 판토마임 〈에코와 나르치스(Echo und Narziß)〉 및 크리스토프 빌리 글루크의 〈오르페우스와 에우리디케〉의 2막 그리고 그다음은 오페라 및 폴 클로델의 종교극 〈계시〉를 상연했다. 자크-달크로즈가 아피아의 무대공간 구성에 대한 제안을 비판 없이 받아들인 반면 무대의상과 관련해서는 미학적 엄격주의를 반대했다. 검은색 및 몇 단계로 구분되는 회색빛 무용복 외에 아피아는 단지 하나의 소박한 하얀색 망토만 사용하려 했다. 망토의 "주름 잡힌 모양이 공간적 반향처럼 움직임의 리듬에 대답한다". 비록 아피아는 첫 공연 전에 화가 나서 여행을 떠났음에도 불구하고 다음 해에 〈오르페우스와 에우리디케〉의 종합연출 때 다시 자크-달크로즈에게 조언했다. 그들은 압도적인 성공을 거두었다. 저명한 관객들이 모였다. 콘스탄틴 스타니슬라브스키, 조지 버나드 쇼, 후고 폰 호프만슈탈, 그의 영향

크리스토프 빌리 글루크: 〈오르페우스와 에우리디케〉, 〈학교 축제〉, 1913년, 에밀 자크-달크로즈 연출, 아돌프 아피아 무대장치

으로 배우들을 위해 "리듬체조"에 동일한 과정을 만든 막스 라인하르트 그리고 자크-달크로즈의 조교를 자신의 "러시아 발레(Ballets russes)"의 직원으로 고용한 세르게이 댜길레프(Sergej Diaghilew) 등이 있었다.

헬러라우에서 처음 실제로 시험된 무대공간의 콘셉트는 그 뒤에 유럽 모든 나라의 연극인들에 의해 수용되었다. 아피아 스스로도 역시 —절반은 실패했고 절반은 스캔들로 덮인— 단지 2개의 연출 기회밖에 가지고 있지 않았다. 마이랜더 스칼라(Mailänder Scala, 1925)에서 〈트리스탄과 이졸데(Tristen und Isolde)〉와 바젤(Basel, 1924/1925)에서의 〈니벨룽겐의 반지〉였다.

표현주의자들은 아피아의 무대 구성과 조명 사용법의 원칙을 수용했고, 러시아 구성주의자들의 환각적 그림무대를 추상적 공간무대를 통해 대체하려고 노력하는 가운데 그의 기본 모델에서 옳은 방향을 찾았다. 빈의 알프레드 롤러 혹은 베를린 크롤 오페라(Kroll-Oper)의 에발트 뒬베르크(Ewald Düllberg)와 같은 비인습적인 바그너-연출의 무대장치가들은 그의 구상들을 모방했다. 비록 반세기가 지났지만 바이로이트에서도 아피아의 작품의 진가를 인정했다. 1950년대에 빌란트 바그너(Wieland Wagner)는 그의 할아버지 바그너의 원칙을 비판적으로 수용했다. 현대적인 연극에서 그 원칙적 의미를 "순수연극"을 위해 노력 중이던 그의 후계자 자크 코포(Jacques Copeau, 프랑스 연출가)는 이렇게 요약했다. "아피아의 가장 큰 공로는 (…) 그가 연극 밖으로 나와 동시에 우리를 이끌었다는 것이다. 이 활기찬 예술에 대한 사랑으로부터 그는 연극이 새로운 뿌리를 내리게 하고 새로운

힘을 창조하게 만들기 위해 연극을 부정했었고 거부했었다. 그리고 더욱이 더럽혀진 무대의 먼지 쌓인 무대와 어떤 다른 곳으로부터. 그는 이 평범한 신뢰 상자의 덮개를 깨부쉈다. 공기가 흘러 들어왔고, 그리고 우리는 하늘을 보았다. 그리고 삶도 보았다."[6]

아돌프 아피아 이외에도 특히 자신의 개혁에 대한 저서와 프로젝트를 통해 19세기 후반의 역사주의와 자연주의에 반대했던 이로는 에드워드 고든 크레이그가 있었다. 상징주의 예술 이론에 따르면 예술가는 경험적으로 인지할 수 있는 현실 뒤에 판타지의 도움을 통해 볼 수 있고, 예술적 표현을 통해 열리고, 조화와 아름다움 같은 본질적인 것들이 지배하는 하나의 세계가 감춰져 있다는 확신에서 출발했다. 크레이그는 피상적 차원에서의 현실 모방을 단호하게 거절했다. 그의 견해에 따르면 서양 예술의 몰락은 르네상스에서 사실주의를 위한 노력으로부터 시작되었다. 그 때문에 그는 미래의 연극예술가에게 다음과 같이 권고했다. "행위뿐만 아니라 장면 구성에서도 자연주의적이라 말하는 모든 것을 피하라. (…) 자연스러움을 향한 이러한 경향은 예술과 아무 관계가 없으며 만일 인공적인 것을 일상생활에서 만나면 그 인공적인 것이 아무 의미가 없는 것처럼, 자연스러움을 향한 경향이 예술에 드러나면 이 또한 아무런 의미가 없게 된다. 이 두 가지 일은 별개라는 것과 각각의 것을 그 자체로 내버려 둬야 한다는 것을 우리는 마침내 알아야만 한다."[7] 크레이그는 당대의 관습적인 연극에서 이 두 영역이 지속적으로 섞이는 것을 비난했다. 동시에 그것은 종결되어야만 하고 모든 구성 방법은 인공적인 성격을 가져야 한다고 여겼다. "시인의 작업은 비자연적인 언어 양식이나 혹은 시구여야 한다. 배우들의 작업은 전달의 비자연적인 유형이어야 한다. 장면은 하나의 비자연적인 창작이어야 한다. 무시간적이고 엄밀히 정해진 장소도 없다. 배우들은 사람들이 그들을 알아볼 수 없게 마치 인형처럼 변장되어야 한다. 일정하게 정해진 시스템에 따라 형식화된 움직임들이어야 한다. 하나의 비자연적인 조명, (…) 가면들이어야만 한다."[8]

---

6) Zitiert nach Misolette Bablet: Adolphe Appia und Jaques-Dalcroze in Hellerau, S. 41.

7) Edward Gordon Craig: Über die Kunst des Theaters, S. 37.

크레이그는 1905년에서 1910년 사이 그의 가장 중요한 논문들, 대화들 그리고 장면 구상들을 발표하기 전에 수년간 배우로 무대에서 활동했었다. [그의 아버지는 유명한 건축가이며 무대장치가 그리고 연출가인 에드워드 윌리엄 크레이그(Edward William Craig)이고 어머니는 유명한 배우인 엘런 테리(Ellen Terry)이다.] 그의 양아버지이고 런던 "라이시엄 극장(Lyceum Theatre)"의 예술 선생님인 헨리 어빙(Henry Irving)에 의해 가장 완벽하게 발전된 무대 사실주의는 일찍부터 그의 근본적인 의심을 일깨웠다. 25세가 채 안 되었을 때 그는 화려한 경력을 중단하고 미학의 기초 연구에 열중했다. 그것들의 성과를 그 예술가의 전기작가는 다음과 같이 설명한다. "괴테로부터 그는 예술은 표현할 수 없는 것을 구성한다는 것과 시각적이고 상징적인 것이 연극적인 것임을 배웠다. 톨스토이는 그에게 현실의 재현은 예술의 부정을 의미한다는 견해를 확신시켰다. 니체는 그에게 미학적 행동과 지각은 황홀함을 전제로 한다는 것을 계시했을 것이다. 따라서 그의 내면에서 세기 전환기의 미학적 이상주의에 상응하는 이상적인 미를 향한 동경이라는 예술의 진정한 신비학이 발전했다."[9]

이 목표는 또한 크레이그가 무대로부터 퇴직한 후에 열정을 가지고 헌신했던 조형미술 연구의 기반이 되었다. 예술가 친구들로부터 그는 매우 다양한 그래픽 기법을 배웠고, 그것들을 잡지와 책의 삽화에 실험했다. 동시에 그는 연극에 다시 다가갈 때 그를 이끌게 했던 시각예술적인 사고의 원칙과 구조들을 터득했다. 또한 음악이론과 작곡에 종사하면서 크레이그는 그와 유사한 방향을 동경했던 젊은 지휘자 1명과 함께 유명해졌다.

그들은 공동으로 당시 오페라 공연에서 홀대받았던 바로크 시대의 작품 상연이란 목적을 가지고 퍼셀 오페라 학회(Purcell Opera Society)를 설립했다. 이러한 범주에서 크레이그는 그의 첫 번째 고유한 연출로 헨리 퍼셀(Henry Purcell)의 〈디도와 에네아스(Dido und Äneas)〉를 발표했다. 연주장의 단순한 계단식 무대에서 그는 모형, 색, 조명으로 구성된 일련의 조화로운 전경들을 구성했고, 그 전경들

---

8) Zitiert nach Joachim Fiebach: Von Craig bis Brecht. S. 91.

9) Denis Bablet: Edward Gordon Craig. S. 48.

은 특정한 시기나 구체적인 무대를 나타낸 것이 아니라 작품의 기본 생각과 다양한 분위기들을 구체적으로 보여 주었다. 리하르트 바그너의 음악 드라마를 위한 아피아의 초기 장면 구상과 유사하게 크레이그는 판타지를 없애는 세부적 엄밀성을 포기했다. 또한 그는 거대한 건축 모형의 암시적 힘과 구성 조명의 영향 등을 기초했다. 퍼셀 오페라 학회의 다음 연출들(페셀과 헨델의 〈아키스와 갈라테이아〉 그리고 〈베들레헴〉 음악과 1명의 현대적 미스터리 시인의 텍스트에 따른 〈사랑의 가면극〉)에서처럼 〈디도와 에네아스〉에서 그는 단지 비전과 그의 조형미술적 작업에서 시험했던 예술적인 방법들을 출발점으로 삼았다.

크레이그 연출의 획기적인 의미는 단지 소수의 사람들에 의해서 인정되었다. 거의 모든 비판은 부정적으로 끝을 맺었다. 소수의 런던 관객들만이 공연을 보러 왔고 공연은 파산의 언저리에서 맴돌았다. 그때 엘런 테리가 동참했고 그녀는 명성과 막대한 금전적 지원을 통해 아들을 도우려고 했다. 헨리크 입센의 신화적 드라마 〈북방의 원정(Nordische Heerfahrt)〉의 연출을 위해 시설 좋은 집이 임대되었고 경험 있는 직업배우들이 고용되었다. 크레이그는 연출의 모든 시각적인 세부사항뿐만 아니라 어법과 배우들의 움직임에도 관여했다. 처음으로 그는 자신이 무대의 모든 표현 방식을 통치하는 경험을 했고, 자신의 연극에서 새로운 결정 때 큰 역할을 하는 연출자의 이상을 실현했다. 재차 새로이 그는 작가의 사실주의적 연출 지시를 고려하지 않고 고도의 상징적 표현력의 장면들을 발견했다. 이러한 연출은 다음에 했던 셰익스피어의 희극 〈헛소동〉의 연출

에드워드 고든 크레이그: 후고 폰 호프만슈탈의 〈엘렉트라〉 장면 구상, 1905년, 이 프로젝트는 실현되지 못함

처럼 관객에게 호평을 얻지 못했다. 이로 인해 크레이그는 그의 고향과 연결된 모든 다리를 끊기로 결정했다.

예술에서 미래지향적인 경향을 위한 특별한 감각을 지닌 후원자이며 바이마르 궁정의 고문인 해리 그라프 케슬러(Harry Graf Kessler)가 1904년 크레이그를 독일로 데리고 갔다. 케슬러를 통해서 크레이그는 막스 라인하르트와 함께 유명해졌다. 계획되었던 후고 폰 호프만슈탈의 〈엘렉트라〉 연출에 대한 공동작업은 무산되었다. 오토 브람이 이끌었던 베를린 레싱 극장에서 호프만슈탈이 연출한 토마스 오트웨이(Thomas Otway)의 영국 바로크 드라마인 〈구제된 베네치아(Geretteten Venedig)〉의 공연 계획도 동일한 운명을 겪었다. 독일 무대자연주의의 창시자로 연극 역사에 이름을 남긴 총감독과 극작가 그리고 상징주의적인 생각을 했던 연출가 사이의 생각 차이는 극복할 수 없는 것으로 나타났다.

독일에서 체류하는 동안 탄생된 크레이그의 구상들은 공간에 대한 그의 상상력의 확장을 보여 준다. 크레이그의 구상들은 비로소 10년 후에 아돌프 아피아의 작업에서 보다 더 엄격하게 구체화됨을 경험한다. 1905년 4개의 스케치가 그의 드라마 〈계단(Die Treppe)〉을 구성하는데, 이 드라마에서는 건축가가 원래의 주인공이다. 등장하는 인물들과 그들의 행위를 통해 계단은 다양한 의미와 정조적 가치를 획득한다. 첫 번째 스케치에서는 아이들이 계단에서 놀고 있고 그러므로 계단은 밝고 유쾌하게 작용한다. 두 번째 스케치에서 계단은 잠든 것처럼 보인다. 세 번째와 네 번째 스케치에서 계단은 나란히 지나가고 쓰러지는 두 인물을 통해 밤의 고요함과 슬픔을 표현한다. 크레이그는 그것에 대해 다음과 같은 주석을 남긴다. "비록 그 남자와 그 여자가 어느 정도까지는 나를 흥미롭게 하지만 원래 나를 움직이는 것은 그 계단이다. 등장인물들은 일시적으로 그 계단을 지배한다. 그러나 그 계단은 언제나 남아 있다."[10)]

이 침묵의 드라마(Drama des Schweigens)에 대해 우선적으로 조명과 함께 공간의 의미의 변화와 그것에 의한 활기를 부여하는 사람의 움직임이 있는 반면, 크레이그는 그의 이동 장면(Moving scenes)에서 건축학 요소들이 춤을 추게 한다. 물

10) Zitiert nach Paul Pörtner: Experiment Theater, S. 100 f.

체, 평면 그리고 더욱이 무대 바닥의 조각들까지 다양한 속도로 움직인다. 그러므로 의미심장한 무대장면이 발생한다.

연극예술에서 물체와 움직임의 의미는 크레이그에게 비로소 이사도라 덩컨과의 만남에 의해 완전히 의식되었다. 몇 년 동안 그는 자유무용의 설립자와 함께 살았다. 그는 순회공연에 그녀를 동반했고 손에 연필을 들고 그녀의 움직임의 유형을 연구했다. 덩컨, 엘레오노라 듀스(Elonora Duse)와 접촉했다. 그녀를 위해 크레이그는 헨리크 입센의 〈로스메르 저택〉을 위한 무대장치를 설계했다. 덩컨은 감격했다. "그 어떤 사원도 이런 완벽한 아름다움으로 빛나지 않는다. 어떤 고딕식 대성당도, 어떤 이탈리아식 궁전도! 넓은 푸른 공간들, 천상의 하모니, 솟아오르는 선들, 거대한 규모를 통해 영혼은 이 피난처의 밝고 깨끗함으로 옮겨지게 되다. 그리고 피난처의 저편에 가로수 길이 아니라 공간의 무한함이 뻗어 나간다."[11] 초연 후 열광적인 분위기 속에서 듀스는 크레이그가 그녀의 모든 레퍼토리를 조형적으로 새롭게 구성해 주기를 희망했다. 하지만 이 여배우가 무대장치를 초청공연 무대의 기준에 맞게 만들 것을 허락했을 때 크레이그는 그녀의 모든 계획—특히 연극연구소와 같은—으로부터 물러났다.

제도용 책상과 모델에 대한 연극작업이 지속되는 동안 크레이그에게 1960년대가 —1966년 그의 죽음까지— 시작되었다. 그의 구상들은 미학적 고유한 가치에 근거해서 조형예술로 수용되었고, 수집가와 갤러리의 많은 관심을 받았으나, 극장의 작업실 안으로 가는 길은 매우 드물었다. 코펜하겐에서 입센의 〈사기꾼들(Kronpärtendenten)〉 연출과 한 뉴욕 극장에서 〈맥베스〉 연출고문 이외에 —1920년대 후반— 1909년과 1912년 사이 모스크바 예술가 극장(Moskauer Künstlertheater)에서 한 〈햄릿〉 연출은 크레이그의 유일한 실제 무대작업이다. 많은 갈등과 중단에도 불구하고 예술적인 대척자 콘스탄틴 스타니슬라브스키의 협력이 긍정적인 결말을 맺은 것은 그의 관대함 덕분이었다.

크레이그는 햄릿과 덴마크의 궁정 사이의 마찰을 2개의 대비적인 무대공간에서 표현했다. 하나는 완전한 금빛에, 다른 하나는 짙은 검정색에 있었다. 빠른 변

---

11) Zitiert nach Denis Bablet: Edward Gordon Craig, S. 110 f.

화를 가능하게 하기 위해 그는 움직이는 스크린으로 작업을 했는데 이것은 그가 발명한 것으로 오늘날까지 계속 모방되어 활용된다. 크레이그는 이 분위기를 조명의 도움을 받아 만들어 냈다. 빛과 그림자의 변화하는 움직임을 통해 그는 각 공연 영역을 활성화했고, 다른 것들은 의미 없는 것으로 침잠시켰다. 밝음 속에서 스크린 화면은 독특한 활력을, 궁전 사람들이 입은 금색 의상은 번쩍이는 광선의 힘을 얻었다. 어둠 속에서는 비밀스러운 신비로움이 생겨나서 으스스한 느낌을 주었다.

〈햄릿〉 연출 후에 바로 크레이그는 다시금 한 후원자를 통해 오랫동안 품고 있었던 소망—그의 무대이론의 실험과 연구를 위한 학교 설립—을 현실화할 수 있는 기회를 얻는다. 그는 제1차 세계대전 직전에 플로렌스에 연기장 골도니(Arena Goldoni)라는 학교를 설립했는데, 이는 학교 소속의 노천극장 이름에서 따온 것이었다. 개장 안내서에 의하면 "이 학교의 목표는 현대연극이 하지 않는 방법을 완성하는 것이다. 판타지의 생동력과 함께 무대 기술과 예술의 삼투와 또한 새로운 원천에서 연극예술가들의 창조적 힘의 소생이다".[12]

크레이그의 계획에 따르면 그 학교는 전혀 다른 2개 부서로 구성되어야 한다. 한 부서에서는 다양한 분야(건축가, 전기기사, 음악가, 댄서, 발성가, 모델 제작자)의 수공업자들과 예술가들이 크레이그의 아이디어와 비전을 실제적으로 검사하고, 다른 곳에서는 그의 지도에 따라 학생 그룹이 음악, 행위, 스케치, 모델 제작, 조명, 가면 제작, 연극사 등의 과목을 수업 받는다. 연기장 골도니의 교과목 가운데 배역 구성은 의도적으로 비워 두었다. 왜냐하면 배역은 직접 배울 수 있는 것이 아니라 그 배역의 바탕에 놓여 있는 기본적인 능력만을 훈련할 수 있다는 크레이그의 견해 때문이었다. 학교에서는 미래의 연극으로서 대사 없는 마임연극(Mimodrama)을 가르쳤다. 거기서 교육을 위해 크레이그는 학생들에게 도시 구석구석을 관찰시켰다. 몇 시간 후 돌아온 학생들은 크레이그에게 가장 인상 깊었던 사건을 마임극으로 묘사해야 했다.

여러 개의 가명을 사용하면서 크레이그는 자신이 발간한 잡지 ≪가면≫에 거

---

12) Zitiert nach Denis Bablet: Edward Gordon Craig, S. 191.

의 혼자서 글을 실었고 이것은 연극작업의 이론적 토대가 되었지만 전쟁이 일어나서 연극작업은 다시 중지되었다. 가장 중요한 기고문들은 1911년 『연극예술에 대하여(Über die Kunst des Theaters)』라는 책으로 출판되었다. 크레이그의 연극에 대한 정의는 작가가 자신의 견해를 직접 말하는 "연출가"와 보수적으로 생각하는 "연극 관람객" 사이의 대화로부터 출발한다.

연출가: 당신은 연극예술이 원래 무엇인지 아십니까?

연극 관람객: 내 생각에 연극예술은 연기예술입니다.

연출가: 부분이 전체와 동일한 의미를 가지고 있습니까?

연극 관람객: 아니요, 당연히 아닙니다. 그러면 당신은 연극예술이 희곡으로 구성된다고 생각하는군요?

연출가: 희곡은 문학 작품입니다. 도대체 어떻게 한 예술이 동시에 다른 예술일 수 있습니까?

연극 관람객: 그럼 좋습니다. 당신이 연기예술도 희곡도 연극예술을 만들지 않는다고 생각한다면, 나는 연극예술이 장면들과 춤으로 구성되어 있다는 결론에 도달해야만 합니다. 하지만 난 당신이 내게 이 이야기를 하고자 한다고 생각할 수 없습니다.

연출가: 아닙니다. 연극예술은 연기예술도 춤도 아닙니다. 연극예술은 개개의 영역들이 구성되는 요소들의 종합입니다. 연극예술은 연기예술의 정신인 동작, 작품의 몸체를 만드는 단어들, 장면의 영혼인 선과 색 그리고 춤의 존재인 리듬으로 구성됩니다.[13)]

이 정의로 크레이그는 특히 희곡문학과 각본을 동일하게 취급했던 당시의 지배적인 견해로부터 분명하게 거리를 뒀다. 개별 예술들이 개별적 속성에 제한되지 않을 때만 무대예술의 통일성에 도달할 수 있다는 확신을 가지고 크레이그는 바그너의 종합예술작품에 대한 견해를 넘어서는 결정적인 행보를 한다. 19세기의 다른 개혁가들과 같이 그는 예술들의 분산된 와해를 한탄했고, 개별 예술들의 통합이란 이상을 단언했다. 하지만 개별 예술들의 고유한 법칙성과 독립성에 대한 질문은 하지 않았다. 대체적으로 지금까지 문학, 음악, 춤과 조형예술을 공통

---

13) Edward Gordon Craig: Über die Kunst des Theaters. S. 10.

적인 양식의 기준을 통해 함께 묶는 것에 만족했다. 이것을 사람들은 연출가의 고유한 과제로 간주했다. 구조적인 변화가 시작되지 않는 한 그는 양식적 통합의 전문가로 남았고 크레이그가 머리에 떠올렸던 연극예술 작품의 창조자가 될 기회는 없었다. 그에게 예술 작품은 창조적인 개인의 내면세계의 표현으로서 단지 상상할 수 있는 것이었다. 아돌프 아피아가 음악의 리듬과 공간 구성 그리고 움직임 조절 역할을 언어-음향 극작가에게 할당한 반면, 크레이그는 연출에서 예술가의 개성을 본다. 통일적인 무대 통합의 성공은 연출가의 독창력에 달려 있다. 이것을 위한 전제조건은 자명하게도 모든 표현 수단에 대한 그의 재량권이다. 만약 그가 개별 예술을 그것들의 현재의 형상 속에서 인정하지 않고 그들의 기본적인 요소로 환원시킬 때 연출가는 이 재량권을 누리게 된다.

아피아가 무대를 이야기 묘사와 환경 묘사의 연결에서 해방시키고, 그와 함께 형체, 색채 그리고 조명과 같은 요소들을 새롭게 사용할 수 있도록 준비함으로써 조형성에 관여한 것은 아피아에게서 이미 핵심적인 것을 수행했다. 크레이그는 이와 관계없이 움직이는 장면과 스크린을 사용함으로써 그 길을 다시 갔다. 드라마와 연기예술의 비중이 감소한 것은 보다 복잡한 현상으로 나타났다. 크레이그의 해결 방안을 이해하기 위해서는 그의 사고에 대한 기본 원칙을 살펴봐야 한다. 그는 모든 질문에 2개의 답을 준다. 하나는 기존 연극에 관계된 것들의 개혁이고 다른 하나는 유토피아적인 미래의 연극을 목표로 하는 대답이다. 문학에 대해서는 다음과 같이 구체화되었다. 첫 단계에서 크레이그는 연출가가 자신을 시인의 번역자로 이해하기를 원하고, 두 번째 단계에서는 연출가에게 "무언의 드라마" 구성에서 대본을 스스로 만들 것을 권고한다. 그의 시나리오 〈계단〉을 그에 대한 한 예로 들었다. 그러나 연출가가 현존하는 드라마를 이용한다면 이 드라마를 가장 자유롭게 다뤄야 한다. 분석의 출발점에 작품에 대한 종합적 관점이 있어야 하며, 이 종합적 관점으로부터 구성의 모든 요소들이 도출되어야 한다. 연출가는 또한 한 드라마의 다양한 동기들을 주제로 축소시켜야 한다. 그것을 통해서 연출가는 동기를 자신의 연출에 사용 가능한 소재로 만든다.

크레이그는 배우에게 감독의 뜻에 절대 복종을 요구했다. 이상향에서 그는 심지어 배우를 초-꼭두각시(Über-Marionette)를 통해 대체하려고 했다. 살아 있는 배

에드워드 고든 크레이그: 〈초-꼭두각시〉, 리토그라피, 1907년

우는 신체의 우연성에 따르게 되기 때문에 그리고 예술 작품은 단지 절대적으로 계획할 수 있으며 다룰 수 있는 소재들로부터 창조될 수 있기 때문에, "배우는 미래의 연극에 전혀 적합하지 않게 된다. 크레이그는 배우는 연극을 떠나야 한다고 요구한다. 그리고 생명이 없는 도형들이 그 배우의 자리를 차지할 것이다. 그들이 스스로 더 나은 이름을 얻을 때까지, 우리는 그들을 초-꼭두각시라고 부른다. (…) 그 꼭두각시는 고대 사원 안에 석상의 후예다. 오늘날 퇴화된 신의 초상화다. 그 초-꼭두각시들은 삶과 경쟁하지 않을 것이고, 삶을 능가할 것이다. 그들의 이상형은 살과 피로 만들어진 사람이 아니라, 최면 상태의 물체일 것이다. 그들은 죽음과 보다 유사한 아름다움으로 씌워질 것이고 살아 있는 영혼을 발산할 것이다."[14)]

독일의 연극개혁자 게오르그 푸치스는 다름슈타트에 있는 예술인 마을의 회원으로 유겐트 양식을 접했고 그로부터 1901년의 축제극을 만들었으며, 광범위한 연극개혁에 대한 그의 생각을 『미래의 극장(Die Schaubühne der Zukunft)』과 『연극의 혁명(Die Revolution des Theaters)』이라는 2권의 책에 기술했다. 그와 절친한 건축가이자 디자이너인 페터 베렌스가 그의 저서 『삶과 예술에 대한 확신(Feste des Lebens und der Kunst)』에서 언급했듯이 푸치스는 무대와 관람석의 경계선인 무대 제일 앞쪽의 가장자리를 없앨 것을 요구했다. 그것이 그에게는 인간의 원죄를 통해 사람을 세상과 멀어지게 만드는 상징으로 보였다. 배우와 관객들의

14) Edward Gordon Craig: Über die Kunst des Theaters, S. 66.

디오니소스, 도취적인 융합을 통해, 적어도 예술의 가상적 영역에서는 상실했던 통일성이 다시 이뤄져야만 한다. 이 통합의 근저에 놓인 근본적 힘으로서 푸치스는 배우뿐만 아니라 관객에게도 영향을 미치는 리듬을 꼽았다. 푸치스에게 있어 배우와 관객 사이에는 근본적으로 차이가 없다. 하나는 "능동적"이고 다른 하나는 "수동적"인 둘 다 모두 예술가다. "능동적인 예술가들에게서 율동적인 진동은 매우 강렬하다. 그러므로 그 진동은 모든 신경 시스템과 오성뿐만 아니라 외적인 기관도 사로잡고 감정의 해방을 자극한다. 그렇게 능동적인 예술가는 몸짓과 표현을 한다. 반면 수동적인 예술가들에게서 지속적인 에너지의 발산은 다른 길을 찾는다."[15]

루돌프 슈타이너(Rudolf Steiner)와 자크-달크로즈처럼 —당대의 연극에 대해 개혁적인 생각을 했던 이들처럼— 푸치스는 리듬을 문명화 과정 속에서 갈라져 고립된 개체들을 다시 서로 연결하는 비합리적인 힘으로 본다. 이 효과를 자신과 관객들에게서 불러일으키기 위해 배우는 일종의 최면 상태에 걸려야 한다. 그의 우상은 당시에 굉장히 유명했던 수면 댄서 막데라인네 G.(Magdeleine G.)일 수 있다고 생각한다. "막데라인네는 (…) 우리에게 어떠한 구성적인 힘들이 살과 피 속에 잠재해 있는지, 그리고 각 개체들에게서 이 힘들을 일깨우는 게 가능하다는 것을 알려 주었다. 왜냐하면 리듬의 황홀함이 신비한 힘과 함께 그녀를 사로잡았을 때 사실 막데라인네가 잠들었던 것이 아니고 오히려 비로소 깨어나게 되었다."[16]

평면화의 경향이 있는 유겐트 스타일의 정신에 의해 게오르그 푸치스는 부조무대의 도입을 부추겼다. 푸치스나 "현대 문화생활을 주도하는 사람들처럼 미술학교를 통해 갔던 (…) 사람들은 연극이 항상 인간의 모습을 공간적·환경적 깊이에 상응하게 보다 작게 나타나게 하거나 또한 그와 함께 있는 그대로의 묘사라는 요구를 제기할 수도 없으면서 공간적·환경적 깊이를 마치 사실인 것처럼 보이려고 시도하는 것을 더 이상 마음에 들어할 수 없었다".[17]

---

15) Zitiert nach Lenz Prütting: Die Revolution des Theaters, S. 96.

16) Georg Fuchs: Die Revolution des Theaters, S. 67 f.

17) Georg Fuchs: Die Revolution des Theaters, S. 51 f.

이전의 아돌프 아피아처럼 푸치스 또한 모든 무대장치의 마술로부터 무대의 정화를 요구했다. 하지만 그는 동료들과 반대로 구성적인 공간무대가 아닌 회화적인 평면무대를 해결책으로 보았다. 무대의 구체적인 구성에서 그 시대의 회화만큼이나 아시아의 전형들은 중요한 역할을 한다. "그 일본 연출가"는 "무대의상과 장면, 무대장치의 색채의 합성을 통해 환상적으로 작품의 정신적 전개 과정을 수행한다. 예를 들어 남자와 여자가 처음에 천진난만하게 서로 이야기를 주고받는 장면이 있다. 갑자기 그 이야기는 진지하고 위험에 가득 찬 것으로 바뀌면서 순식간에 색채적인 화음으로 전환된다. 처음에는 벚꽃과 밝은 녹색이었다면 갑자기 외투들이 떨어지고, 돗자리가 펼쳐진다. (…) 그리고 화음은 빨간색과 검은색이 되었다. 모든 기계적인 무대의 천둥과 폭풍보다 더 섬뜩할 수 있다."[18]

"리듬적인 색채주의"와 평면성의 경향 이외에 일본 연극에서 세 번째 요소가 푸치스를 사로잡았다. 꽃길을 통한 연극 무대와 관객 공간의 연결이다. 이 꽃길은 그에게 배우와 관객의 화합 때 리듬 있게 "움직이는 사람들"의 공동체를 위한 이상적인 수단으로 나타난다.

다름슈타트의 축제극들이 재정과 예술적인 이유로 인해 실패한 후에 —푸치스가 집필한 파토스 충만한 연극 〈신호(Das Zeichen)〉도, 한 젊은 다름슈타트 작가의 서정적·상징적인 축성극도 관중의 갈채를 받지 못했다— 그 연극개혁가는 독일 유겐트 양식의 두 번째 중심지인 뮌헨에서 그의 작업을 계속했다. 건축가 막스 리트만(Max Litmann)과 함께 그는 뮌헨 예술가 극장의 건축에 대한 계획들을 구상했다. 여기에 필요한 자금은 비텔스바흐 왕실로부터 후원을 받았으며 푸치스가 기록 담당자로서 간부에 속했던 한 단체로부터 조달되었다.

그 건물은 기본 구조에서 마치 페터 베렌스와 푸치스가 다름슈타트를 위해 기획했던 것처럼 완전히 개혁안에 상응했다. 원형 계단식의 관람 공간은 덮을 수 있는 오케스트라 좌석, 앞무대와 변화가 용이한 무대의 앞쪽을 통해 부조무대로부터 분리되어 있었다. 이 부조무대는 2개의 이동식 벽을 통해 나뉘고 뒤쪽으로 무대배경도를 통해 폐쇄될 수 있었다. 그 무대장치는 근본적으로 무대장식가로

---

18) Georg Fuchs: Die Schaubühne der Zukunft. S. 70.

계획되었던 유겐트 양식의 화가들의 바람에 완전히 상응하는 2차원으로 제한되었다.

이 시도 또한 한 연극시즌 후 좌절되었다. 푸치스와 다른 반자연주의적 연극 개혁자들의 이론을 열심히 수용하고 실현했던 막스 라인하르트가 그 집을 임대했고 그 결과 그의 이론을 완화된 형태이기는 하지만 상대적으로 많은 관객이 접할 수 있었다.

이탈리아 미래파의 연극 구상

스스로를 아방가르드로 생각하고 또한 자신들을 그렇게 표현했던 최초의 예술운동은 이탈리아의 미래파다. 그 이름에서 이미 발전의 선두에 서고 대중에게 보다 아름다운 미래로 가는 길을 준비한다는 요청을 분명히 한다. 시인이자 기자인 필립포 토마소 마리네티(Filippo Tommaso Marinetti)의 주변에 모여 있던 젊은 이탈리아 예술가들은 그가 1909년 2월에 파리 ≪피가로≫의 사설로 "미래파의 선언(Manifest des Futurismus)"을 공표한 후에, 그들의 고향에서 강력하게 표출된 퇴행주의라는 과거로의 예술적 방향 설정에 모든 힘을 다해 저항했다. 그들은 미래로의 출발과 기술의 성과에 근거한 세계의 "새로운 구성"을 격렬하게 요구했다.

그들은 새로운 통신 수단, 교통수단을 열렬히 환영했고, 특히 속도의 황홀한 경험을 제공하는 자동차를 찬미했다. 대부분의 기계와 마찬가지로 자동차는 새로운 시대의 상징으로 신비롭게 미화되었다. 마리네티는 자신의 선언문에 이와 같이 기록했다. "폭발적으로 호흡하는 뱀처럼 큰 파이프로 장식된 차체를 지닌 경주자동차는 사모트라케 섬(Samothrake)의 승리의 여신보다 더 아름답다."[19] 세기말의 정신에 빚진 라이너 마리아 릴케(Rainer Maria Rilke)는 날개 달린 승리의 여신의 고대 조각상을 기적으로 간주했다.

도시주의, 대중사회, 민족주의, 권력 지향 그리고 국가 간의 경쟁 등과 같은 당

---

19) Zitiert nach Hansgeorg Schmidt-Bergmann: Futurismus, S. 77.

시의 사회적·정치적 현상들 또한 이탈리아 미래파들에게 무비판적으로 환영받았다. 이 운동의 남성적 제스처는 폭력과 전쟁에 대한 태도에서 자세히 나타난다. 창립 선언문에는 다음과 같은 문장들이 있다. "투쟁에만 아름다움이 있다. 공격적인 특성이 없는 작품은 걸작이 될 수가 없다. (…) 우리는 전쟁을 찬미하고 싶다. ─ 세계의 이 유일한 위생학, 군국주의, 애국심, 무정부주의자의 파괴적인 행동 (…) 그리고 여성 경멸이다."[20]

미래주의자들에게 제1차 세계대전으로 이탈리아의 참전을 격려하게 만들었고, 그들을 자원 입대자들로 전쟁터에 나가게 했던 혁명적인 열광은 정체 상태라는 일반적 감정으로부터 생겨났다. 그 운동 자체는 미래파 세계관과 예술이론의 핵심이 되었다. 이와 관련되어 동시성의 개념이 형성되었고, 동시성은 외적 세계의 현재적 지각과 과거에 대하여 현재화되는 회상의 동시적 의식으로 이해된다. 속도가 공간의 구성을 일반적으로 지양하듯이, 동시성은 시간의 흐름을 부정한다. 따라서 미래주의자들은 예술에서 연속도 병존도 아닌 오직 내적 및 외적 지각 순간의 융합만 있다는 견해로부터 출발했다.

예술가들은 엄청난 사명의식에 고무되어 그들의 의견과 확신을 공표했다. 완전히 새로운 시대의 스타일로 그들은 선전과 선동의 수단을 이용했다. 그들은 빠른 속도로 대륙을 횡단하여 여행했고, 유럽 대도시에 지점을 개설하고 그들의 표어가 담긴 삐라를 뿌렸다. 그들은 그림을 발표하고, 음향 시를 낭독하고, 그들의 선언을 관객들에게 보여 주는 소위 "세라테(Serate)"라고 불리는 저녁 행사를 연출했다. 대부분의 예술가들은 여러 분야에서 동시에 활동했다.

미래파의 저녁 행사에 대해 한 참가자는 다음과 같이 이야기한다. "마리네티가 등장한다. (…) 폭포수와 같은 유창한 연설, 고양이 같은 날렵한 동작을 지닌 잘생긴 젊은 남자였다. 그와 함께 화가 그룹─지아코모 발라(Giacomo Balla), 포트루나토 데페로(Fortunato Depero), 엔리코 프람폴리니(Enrico Prampolini)─, 그리고 시인과 음악가─안톤 줄리오 브라가글리아(Anton Giulio Bragaglia), 프란체스코 칸줄로(Francesco Cangiullo), 루이지 루솔로(Luigi Russolo)─들이 등장했다. 움직이는 그림들이 전시되

20) Zitiert nach Hansgeorg Schmidt-Bergmann: Futurismus, S. 77 f.

움베르토 보치오니: 〈미래파적인 세라타〉, 밀라노, 1911년

었고 음악가들은 소음을 내는 악기로 무장했다. 마리네티는 미래파의 선언문을 낭독했다. (…) 관객들은 끊임없이 소란스럽게 식료품들을 무대 위로 던졌다. 토마토, 오렌지, 감자 그리고 양파 다발들이 폭우처럼 쏟아졌다. 관객들은 서로 욕하고 무대에 소리를 지르며 비방해댔다. (…) 그 장소는 마치 시장처럼 변했고, 혼돈 상태가 발생했다. 루솔로는 침을 흘리며 주변을 뛰어다니고, 카를로 카라(Carlo Carrà)가 외쳤다. '토마토 대신 생각을 내던져, 이 바보들아!' "[21]

새로운 매체로서 행동을 발견함으로써 예술의 미래파들은 이전에 알려지지 않은 효력의 가능성을 획득했다. 계획적인 선동을 통해 정신적·영적 무관심으로부터 관객들을 일깨우는 것이었다. 창작자로부터 분리된 작품에 대한 간접적인 대화를 하는 것 외에도, 시 또는 그림에 대한 예술가와 그의 관객 사이의 직접적인 만남이 이뤄졌다. 문학과 특히 조형예술은 이러한 방법으로 무대로의 확장을 경험했다. 미래파 이래로 예술과 삶의 접근이라는 희망에 찬 이 동인은 특히 다다이즘뿐만 아니라 1960년대, 1970년대의 행위미술 안에서도 항상 반복해서 나

21) Zitiert nach Brigitte Landes: Es gibt keinen Hund. S. 209.

타나게 된다.

다른 미래파적 연극 모델들도 쇼크를 목적으로 했다. 마리네티가 보급한 바리에테-연극에서는 예를 들어 셰익스피어 전 작품이 하루 저녁에 상연되었고 더욱이 비누로 뒤덮인 무대에서 배우들이 비극의 순간 겹쳐 쓰러져서 걸작의 파괴에 기여했다. 활기가 또한 관객을 지배해야만 한다. 마리네티는 의자를 접착제로 칠하고, 재채기를 나게 하는 가루를 뿌리거나 같은 한 자리를 열 사람에게 동시에 판매하는 것 등의 제안을 했다.

미래파의 종합연극 모델에서는 사건이 나타나고 —동시성 원칙에 상응해서— 이 사건은 극적인 스냅 사진으로 압축된다. 여기에 대한 한 예로 칸줄로의 종합무대 폭발을 들 수 있다.

사람들: 총알 한 발.

밤거리, 추위, 텅 빔.

일 분 동안의 고요함

권총 발사 총성

커튼[22)]

종합무대는 오랫동안 준비되어야 하는 것이 아니고, 총체적 창작의 공간 속으로 역동적으로 뛰어들음으로써 발생해야 한다. 미래파 예술가는 "우리의 독창성이 잠재의식 안에서 준비해 놓은" 모든 발견을 무대 위로 올렸다. 미래파 예술가는 경험적으로 납득할 수 있는 현실을 완전히 자율적으로 처리했다. 그는 오직 현실의 부분을 갖고 그것을 그의 기분에 따라 결합했다. 합리성과 논리는 효력을 상실했고, 그 자리를 비현실적인 것과 불합리한 것이 차지했다. 다다이즘의 예술가들과 초현실주의자들도 또한 이후에 이 원칙에 따랐다. 미래파의 종합연극의 목적은 관중을 극단적으로 도발하는 것이다. 무대사건은 관객의 신경을 공격해야 하고, "지각의 미로"를 통해 관객들을 "내팽개쳐야 하고" 이러한 방법을 통해

22) Brigitte Landes: Es gibt keinen Hund, S. 106.

현대 세계에서 일상생활의 자극들의 홍수에 적응해야 한다.

그들의 기술 예찬으로부터 미래파들은 사람은 기계로부터 배워야 한다고 결론을 내렸다. 물론 사람이 기계의 완벽성에 도달하지 못한다 해도, 미래파는 심리학으로부터 벗어나고 기계와 "의형제를 맺으려" 노력해야 한다. 이 견해는 미래파 선언에서 불합리성에 가까운 도취감을 통해 야기되었다. "물질에 대한 지식과 친숙함을 통해 (…) 우리는 부품들과 함께 기계적인 사람의 창조를 준비한다. 우리는 인간을 죽음에 대한 생각에서 그리고 다음에는 죽음에서 자유롭게 할 것이다."[23)]

새로움과의 완전한 동일성으로부터 과거에 대한 급진적 반대가 결과적으로 나타난다. 미래파의 견해에 따르면 아카데미와 박물관은 즉시 파괴되어야 한다. 고전적 작품들은 더 이상 모범으로서 유용하지 않다. 예부터 전해 오는 미적 이상들은 진부한 것으로 간주된다. 낭만적인 정조는 즉물성에 자리를 내주어야 한다. 그들의 셀 수 없이 많은 선언문 중 하나의 제목은 "달빛에 죽음을(Tod dem Mondenschein)"이다. 모든 예술에서 그들의 의지에 따라 오래전에 이미 소진된 인간의 심리학은 "소재의 서정적 광란"을 통해 대체되어야 한다.

"미래파적 회화"라는 계획서에서 다음과 같이 언급된다. "사물에 대한 우리의 새로운 견해는 사람을 더 이상 전체적 삶의 중심으로 보지 않는다. 한 사람의 고통은 우리에게 마치 고통에 시달리며, 경련하고 고통에 가득 차 외치는 전구의 고통만큼 흥미롭다."[24)]

이 근본 자세로부터 미래파들은 사물극(Objektdrama)이라는 새로운 장르를 만들고 이 장르를 다양한 변화 속에 발전시켰다. 마리네티는 혼돈스레 말하고 격렬하게 몸짓하며 ― 붉은 벽에 대한 그들의 의견을 제시하고, 이런 방식으로 이 작품의 "주인공"이 되는 4명의 유형화된 인물들이 등장하는 「무대배경들의 전투」라는 제목의 시나리오를 발표했다. 등장인물들과 사물들은 행동하고 말하는 요소들로 동등하게 등장한다. 마치 예를 들면 시민가정의 일원들과 그들의 가구들

---

23) Filippo Tommaso Marinetti, zitiert nach: Umberto Apollonio: Der Futurismus, S. 81.

24) Zitiert nach Umberto Apollonio: Der Futurismus, S. 42.

로 구성되는 마리네티의 〈사랑의 소극장에서(Kleinem Theater der Liebe)〉처럼, 미래파적 사물극에서 인간은 자주 사물화된 형상으로 나타나고 또한 가끔씩 자신의 신체 부분으로 분산된다. 이렇게 마리네티는 한 시나리오에서는 다리들만 보일 수 있게, 그리고 다른 시나리오에서는 손들만 보일 수 있게 작품을 썼다. 언어는 사물극에서 하위의 역할을 한다. 때때로 언어는 모든 의미로부터 벗어나, 단지 음향요소로만 삽입되는 "언어의 전투"로 나타난다.

시각적인 것의 우세는 데페로의 단막극에서 특히 뚜렷하게 나타난다. 거기서 어떤 색들은 그 자체가 일정한 음가를 지닌 추상적인 인격체들로 등장한다. 예술가는 무대를 위해 인간적인, 식물적인 그리고 추상-기하적인 요소들로부터 혼합된 피조물을 만들어 냈다. 댜길레프의 러시아 발레를 위해 그는 —이고르 스트라빈스키(Igor Strawinsky)의 〈나이팅게일의 노래〉에— 이러한 종류의 인물을 구상했다.

데페로는 그의 "조형적인 춤(Plastischen Tänzen)"에서 기계적인 방향으로 한 단계 더 나아갔다. 짧고, 불합리하고 기괴한 작품에서 작은 로봇과 같은 꼭두각시들은 그들을 위해 만들어진 음악의 리듬 속에서 움직이고 항상 새롭고 환상적인 상황에 따른다. 마리네티의 극작을 위한 협력자인 길베르토 클라벤(Gilberto Claven)은 이 미래파 연극 형식의 기본 의도를 이렇게 요약했다. "그 조형적인 연극(…)은 현실세계의 시야를 확장하고 다양한 형식과 전통의 사건과 대상을 하나의 통일된 방사의 중점으로 인도한다. (…) 사물들은 일상적인 행동의 현실적인 틀 안에서 나타나지 않고 그들의 특별한 속성과 형식적인 관계에 맞게 나타난다. 그것들은 감정, 내적 체험을 형성하고 묘사적인 행동의 통고자로서 수동적으로 작용하지 않는다. 순수한 형식의 가능성으로까지 현실세계의 추상화는 그들의 형이상학적 동력의 조화 속에서 사물들을 변화시킨다. 사물들은 리드미컬하게 우리의 수용능력 속으로 들어오고, 활기를 띠거나 혹은 끝이 난다."25)

이탈리아 미래파의 연극 콘셉트에서 기계에 대한 열광은 자명하게 드러났다. 기계는 미래파에게 그들과 완전히 일치하는 새로운 신으로 나타났다. 이러한 생

25) Zitiert nach Henning Rischbieter/Wolfgang Storch: Bühne und Bildende Kunst im XX. Jahrhundert. S. 75.

포트루나토 데페로: 〈기관차-발레〉의 인물들, 1924년

각으로부터 데페로는 기술 편중적인 형태로 묘사된 〈기관차-발레(Lokomotiven-Ballet)〉를 구상했다. 지아코모 발라는 〈인쇄소〉라는 제목의 연극에서 식자기의 기계 소리와 움직임으로부터 종합무대를 구성했다. 그 종합무대는 댄서 6명의 뻣뻣하고, 충격적인 움직임에 의해 묘사된다. 엔리코 프람폴리니는 전기자석식으로 움직이는 조명기구, 영사 스크린과 스피커를 갖춘 몇 미터 높이의 무대장치인 자석식 극장(Teatro magnetico)을 구성했다. 끝으로 파일럿 페델 아자리(Fedele Azari)는 "미래파적 비행연극"을 선언했고, 1918년 그의 생각을 증명했다. 비행기에 대한 일종의 표현춤을 통해 극적 흐름과 정신적 상태들이 구체화되었다. 이 "공중 서커스"는 동시에 공간의 곡예사가 죽음이 항시 편재한다는 것을 지속적으로 의식하고 그것으로 인해 특히 강렬하게 순간의 생생함을 느끼는 "영웅주의 학교"여야 했다.

비록 그것들이 전통적인 연극 공간 안에서의 상연을 위해 고안된 것들이라 해도 미래파들의 무대작품은 빈번하게 인간적인 주인공을 포기하거나 혹은 그를 배경으로 몰아낸다. 필리아(Filia)의 시나리오 「기계들-감각(Machinen-Sinnlichkeit)」에서 배우들은 정신의 상징으로서 빨간 나선형들, 재료로서 하얀 정육면체와 행위의 상징으로서 다양한 물체로 조합된 기계이다. 소음과 언어가 자신들의 방향에서 벗어날 때 이 요소들은 각각 자신들의 위치를 변경한다. 반대로 무대공간을 구성하는 6개의 금속 접시는 지속적으로 움직인다. 그러한 움직임으로부터 끊임없이 바뀌는 색채 조명과 함께 매우 감각적인 영상연극이 생기게 된다.

이것은 이고르 스트라빈스키의 단지 5분짜리 연주 〈불꽃놀이(Feuerwerk)〉를 내부와 외부로부터 빛을 내는 50개 이상의 다양한 형상들로 짜맞춘 수정체를 통해 시각화하려 한 지아코모 발라에게도 유효하다. 프람폴리니는 그때그때 장면의 감정적 내용에 일치하게 색채로 비춰 주는 "무색의 전기공학적 건축물"을 요

구한 그의 선언인 "미래파적 무대장치들"을 통해 이런 시도에 개념적 토대를 마련했다. 무대가 "기쁨의 빛나는 실현"이 되고 사건이 생생한 긴장감의 엄청난 상승을 경험함으로써 미래파적 연극은 완전히 기술로 규정된 세계의 이상향이 되어야 한다.

러시아 미래파의 드라마와 연극

러시아 미래주의는 엄청난 에너지로 출발하면서 1917년도의 10월 혁명을 정신적으로 선취했다. 화가, 음악가, 시인 그리고 연극인은 소련의 초기 10년이 안 되는 기간에 예술의 만개를 위한 전제조건을 만들었다. 이탈리아 미래파와 유사성들은 간과될 수 없지만, 본질적인 차이 또한 확인된다. 러시아 미래주의는 사실 기술적인 발전에 대해 열려 있었지만, 무비판적인 예찬만을 하지는 않았다. 무분별한 권력 지향뿐만 아니라 민족주의적이고 전체주의적 경향들에 그들은 비판적으로 마주했다. 사실 대다수의 사람들이 혁명을 격렬하게 환영했지만, 많은 사람들이 스탈린의 집권 후에 —다소 자발적으로— 공적인 예술활동으로부터 물러났다.

많은 점에서 러시아 미래파들—가장 대표적으로 데이비드 버리욱(David Burljuk), 블라디미르 마야콥스키(Wladimir Majakowski), 카지미르 말레비치(Kasimir Malewitsch), 미하일 마추신(Michail Matjuschin), 알렉세이 크루쉔니크(Aleksei Krutschonych)와 벨리미르 흘레브니코프(Welimir Chlebnikow)—은 이탈리아 미래파들의 정반대에 서 있었다. 그래서 그들은 마리네티가 프로모션 투어로 그의 생각을 보급하기 위해 페테르부르크와 모스크바를 방문했을 때도 냉정하게 맞이했다. 흘레브니코프는

데이비드 버리욱과 블라디미르 마야콥스키, 1914년

이 기회에 러시아 미래파의 독립성을 강조하는 격문을 공포했다. 그 격문 안에는 다음과 같은 내용이 있다. "오늘 많은 러시아인들과 네바 강가에 정주하는 이탈리아 사람들은 마리네티의 발밑에 엎드릴 것이고 러시아 예술의 영광과 자유로 향하는 첫걸음을 배신하며 그 고귀한 아시아의 목을 유럽의 돌풍 아래로 숙일 것이다. (…) 자유의 남자들은 멀리 떨어져 있을 것이다. 그들은 손님 대접의 법칙은 지키지만, 그들의 활시위는 팽팽했고 그들의 이마는 분노에 차 있었다."[26]

이탈리아 미래파들이 그랬듯이 러시아 미래파들도 제1차 세계대전 시대의 정신적 무감각으로부터 동시대인들을 흔들어 일깨운다는 목표를 가지고 있었다. 이미 그들은 그들의 표제를 통해 선동하려고 했다. 어떤 사람들은 분장한 기괴한 가면을 쓰고 돌아다니고, 다른 사람들은 단춧구멍에 큰 숟가락을 차고 다니거나 조개를 귀걸이로 착용했다. 데이비드 버리욱은 이마에 "나는 버리욱"이라는 마크와 함께 자신을 "이기적 미래파(Egofuturismus)"의 선구자로 소개했다. 마야콥스키는 넥타이 대신 노란 벨벳 한 조각을 목에 두르고 기수처럼 보이는 검은색 조끼를 재단해서 입고 다녔다. 그들의 등장과 마찬가지로 그들은 행동을 통해 쇼크를 주고자 했다. 한 "미래파의 어휘 창조자의 저녁"에서 알렉세이 크루쉔니크는 말레비치에 의해 입체미래파답게 그려진 선전을 위한 안내서 앞에서, 그의 진행 과정 속에서 한 대접의 뜨거운 차를 첫 줄의 관람객에게 뿌렸던 비상식적인 비방 연설을 했다. "공공의 취향을 위한 뺨 때리기" — 그들 선언문의 이 표제에서 그들은 그들의 영향력에 대한 의도를 일치시켰다.

러시아 미래파들은 "언어예술"을 "시간의 뿔"이라 여겼다. 언어의 부흥을 이끌 새로운 어휘의 창조에 대한 작가의 권한은 그들 시학의 주안점이었다. 전통적인 언어의 경직된 단어로는 감정을 적당히 표현할 수 없었기 때문에 언어들은 "보다 높은 직관"에 의하고 "새로운 이성"이 표현되는 "초감각언어"를 통해 대체되어야 했다. 언어의 "해방"을 단순한 음성 조합이라는 극단적 결론까지 추진했던 알렉세이 크루쉔니크는 어느 날 그가 낮잠으로부터 깨어나서 모든 언어를 완벽하게 구사할 것이라고 예고했다. 이것은 미래파가 고삐(Zaum)라고 표현했던, 초논리

---

26) Welimir Chlebnikow: Werke. Bd. 2. S. 20.

적·초이성적 언어로서, 단지 예술적으로 특정한 언어 계보에서는 존재하지 않는 형식과 음향의 조합을 통해 유도되는 것이다. 매우 생산적일 뿐만 아니라 언어 이론적으로도 중요한 문학적 미래파의 대표자인 벨리미르 흘레브니코프의 "웃음을 통한 맹세"란 텍스트의 독일어 개작을 예로 들어 보면 다음과 같다.

Ihr Lacherer, schlagt die Lache an!(너희 웃는 자들아, 웃어라!)
Ihr Lacherer schlagt an die Lacherei!(너희 웃는 자들이 웃음을 터트린다!)
Die ihr vor Lachen lacht und lachhaftig lachen macht,(웃음 앞에서 웃는 자이며 웃으면서 웃어요,)
schlagt lacherich eure Lache auf!(웃으면서 웃어요!)
Lachen verlachender Lachmacher!(비웃는 웃음을 만드는 자들의 웃음!)
Ungeschlachtes Gelachter!(정중하지 못한 큰 웃음!)
Lachen lacherlicher Lachler, lach und zerlach dich!(우스꽝스럽게 웃는 자의 웃음, 웃고 웃어라!)
Gelach und Gelacher,(웃음과 웃음,)
lach aus, lach ein, Lachelei, Lachelau, lacherich, lacherach.(웃고, 웃고, 웃고, 라헬라우, 라헤리히, 라헤라우.)
Ihr Lacherer, schlagt die Lache an!(너희 웃는 자들아, 웃어라!)
Ihr Lacherer, schlagt an die Lacherei!(너희 웃는 자들이 웃음을 터트린다!)[27]

미래파 시인이 즐겨 쓰던 다른 방법은 음절을 작게 토막 내고 새로 배열하는 것이었다. 이 방법은 시각예술의 콜라주에 상응한다. 러시아 미래주의의 각 영역은 매우 밀접하게 연결되어 있었다. 종종 화가이며 동시에 시인으로서 뛰어난 예술가들은 그래픽 구성을 통해 시 작품들을 시각적 사건으로 만들었고, 반대로 그림은 알파벳, 음절 그리고 단어의 삽입을 통해 문학적인 사건으로 만들었다.

자명하게도 예술들의 합병에 매체연극은 무엇보다 적절했다. 미래파의 무대예술은 1913년 12월에 절정을 맞이했다. 페테르부르크의 "루나파크-극장"에서는

27) Welimir Chlebnikow: Werke. Bd. 1. S. 17.

알렉세이 크루첸니크/미하일 마추신: 〈태양에 대한 승리〉 초연, 페테르부르크 루나파크-극장, 1913년, 카지미르 말레비치의 의상 구상들

작가가 제목에 자신의 이름을 붙인 블라디미르 마야콥스키의 작품 하나와 미하일 마추신이 작곡한 〈태양에 대한 승리(Sieg über die Sonne)〉라는 오페라가 알렉세이 크루첸니크의 가극 대본에 따라 상연되었다. 미래파의 이데올로기에 상응하게 이 작품은 어떻게 사람이 우주를 지배하고 별을 복종시키려 하는지를 보여준다. 처음 시작과 함께 2명의 건장한 사람이 커튼을 찢으며 "우리는 우리에게 맞선 세상에 도전한다!" "초이성적" 언어 속에 연속성이 중단되고 기술적인 진보의 표식 속에 훌륭한 미래가 강력하게 호출된다. 시각적인 것에서부터 연출은 카지미르 말레비치의 평면 마분지 의상을 통해 결정되었다. 그 의상을 입은 배우들은 단지 평행으로 이동하거나 혹은 오른쪽 구석 무대의 앞쪽 가장자리로만 이동 가능했다. 무대배경에서 화가는 공간들을 2차원적으로 보이게 하려 했다. 이러한 2차원적 공간은 말레비치가 흑색과 백색의 기하학적 기본 형상을 통해 물질적 잡동사니를 묘사함으로써 우주 에너지를 불러일으키고 예술에서 추상적 개념으로의 길을 보여 주려 의도했던 예술지상주의의 경향을 이미 분명하게 드러냈다.

드라마적인 시 〈블라디미르 마야콥스키 비극(Wladimir Majakowski Tragödie)〉에서 작가는 자신을 인공적인 인물들로 둘러싸인 인물로 등장시킨다. 예를 들어 인공적인 인물들이란 전기의 상징으로서 검은 고양이를 가진 천 살의 노인, 그의 6

〈블라디미르 마야콥스키 비극〉 초연, 페테르부르크 루나파크-극장, 1913년, 요지프 시콜닉의 무대배경도

미터 크기의 연인, "키스하는 아이들(Kuäkindern)"과 한쪽 귀, 한쪽 눈 혹은 한쪽 다리가 없는 남자들이다. 새로운 물질적인 그리고 사회적인 현상과 마야콥스키-인물의 논쟁은 작품의 중심 주제이다. 시인은 사물들의 반란과 그리고 "몰렉 도시"를 통한 위협에 스스로를 방어했다. 물론 기술은 여기서 더 좋은 미래를 위한 보증일 뿐만 아니라 파괴적인 힘으로 나타난다. 영웅은 시대의 사회적 문제에 직면하고 "거지의 혁명"에 빠진다. 마지막으로 그는 신화적인 "눈물의 여성"이 그에게 세상의 괴로움을 산더미처럼 주는 시인으로 장식되었다. 이렇게 그는 품위를 내려놓고 "북해에 폭풍우의 강력한 신"을 위해 떠났다. 요지프 시콜닉(Josif Schkolnik)의 미래파적인 무대배경 및 얼굴, 팔, 다리가 빨간색으로 그려져서 인물들이 "인류의 고통을 마지막까지 드러내기 위하여" 마치 "인간 괴물의 피부 껍질을 벗겨 놓은 것처럼 보였던" 화가 파벨 필로노프(Pavel Filonov)의 마분지-갑옷은 작품의 도전적 제스처를 강화시켰다. 어쨌든 초연은 엄청난 소동과 함께 끝났다. 진보적으로 생각하는 학생들은 감격해 박수를 쳤다. 시민들은 그들의 불만을 격렬하게 나타냈다. 경찰들은 그들이 개입할 준비가 되어 있음을 보여 주었다. 멀리 내다보는 동시대의 사람들은 그 사건에서 "민주적인 젊은이들과 일부 지식층에서 혁명적 분위기의 반향이 커지고 있음"을 보았다.

10월의 혁명은 미래주의자들에게 더 좋은 새로운 세상에 대한 그들의 꿈을 현실로 바꿔 놓을 수 있는 하나의 가능성으로 나타났다. 그들은 새로운 과제에 따라 예술을 발전시킬 방법을 찾았다. 화가들은 기술 편중적 형식의 미학을 확장했고, 이러한 방식에 따라 낙후한 농업국가에서 현대적 공업국가로 개조에 나선 정당과 정부가 추진하는 선전에 부합했다.

많은 예술가들은 구성의 합리적인 창조 원칙을 직관적인 구상에서 찾는다. 숫자와 척도에 따른 구상 방법을 통해 그들은 모든 기술적·사회적 문제를 해결하는 수단을 손에 넣었다고 생각했다. 그들은 전통적인 회화예술로부터 자신들을 분리하고 3차원의 오브제 창조에 열중했다. 그들은 작업을 통해 사회적 중요성을 위해 노력하고, 실용품을 구성하고, 철과 유리로 된 거주 장비를 건조하고 "미래의 도시들"을 설계했다. 하지만 그들의 원대한 계획은 파국적인 경제 상태 때문에 거의 실현되지 못했다. 이 상황에서 연극은 항상 "작은 규모"에서 실현을 위한 가능성을 제공했다. 그래서 예를 들어 블라디미르 타틀린(Wladimir Tatlin)은 그의 상영되지 않은 〈세 번째 인터내셔널〉을 위한 기념물의 기본 사상을 1923년 페테스부르크 예술박물관에서 벨리미르 흘레브니코프의 작품 —원래 방송극이다— 〈Sangesi〉 연출을 위해 이용했다. 이 텍스트 콜라주들은 음향 시와

벨리미르 흘레브니코프: 〈Sangesi〉 초연, 페테르부르크 예술박물관, 1923년, 블라디미르 타틀린의 연출과 무대장치

새들의 지저귐, 다양한 신화로부터 전해 오는 신들 사이의 대화, 세계 역사 진행에 대한 숫자, 신비적 사변 그리고 인류의 위대한 미래에 대한 예언자와 철학자의 예고를 위해 시인이 고안한 별들의 언어로 된 노래들로 구성되어 있다.

러시아 혁명의 연극

1917년의 10월 혁명 이후 러시아에서는, 전쟁 전의 아방가르드를 계승하여, 한편으로는 전통적·시민적 무대의 근본적인 변혁을 추구하고 다른 한편으로는 특별히 프롤레타리아적 연극의 창조를 위해 노력했던 힘찬 문화적 움직임이 있었다. 혁명 이후에 설립된 "프롤레타리아 예찬(Proletkult)"이라는 강령적 이름을 가진 대중 조직이 먼저 이것을 위해 노력했다. 이 대중 조직은 노동자위원회와 군사위원회들의 활동을 조율했고 새로운 연극 형식의 발전을 지원했다. 예를 들자면 가장 외진 지역에 사는 대부분의 문맹 관객들에게 시민전쟁의 상황에 대한 정보를 전달했던 "생생한 신문", 또는 옛 권력자와의 담판을 위한 하나의 극단적인 방법인 "법정 연극" 등이다. "빨간 달력"의 기념축제에 대한 대중 연극들의 기획, 예를 들어 "붉은 군대"로부터 징집된 수천 명의 단역들이 역사적인 사건들을 재공연했던 노동절 또는 혁명의 기념일까지도 프롤레타리아 예찬의 영향을 받았다. 시민(부르주아) 연극의 연출가들이 이러한 시도들을 이끌었고, 혁명의 의무를 다하던 시각예술가들에 의해 설치되었다.

무산자 예찬의 이론가들의 생각에 따르면 연극작업은 프롤레타리아들을 도와 자기표현과 자기이해를 얻게 해야 했다. 창조의 집단성 외에 생활현실의 개조가 두 번째 중요한 목표였다. 모든 노력은 많은 강령 문서들 중 하나에서 말하듯이 "예술은 직업적 삶과 융합되어야 하고" "삶의 능동적·미학적 개조를 위한 도구"가 되어야 한다. 무산자 예찬의 강령에서 또 다른 중요한 카테고리는 과학 그리고 예술에서처럼 물질적인 생산에 타당성을 제공하려 했던 "창조적인 것"이었다. 완성된 견본의 재생산의 위치에 "정말 새로운 것이" 와야만 했다.

플라톤 케르스헨제프(Platon Kershenzew)는 무산자 예찬의 콘셉트를 기술한 자신의 책 제목을 『창조적인 연극』이라 붙였다. 그의 출발점은 시민(부르주아) 연극의 철저한 거부이다. 왜냐하면 이러한 연극 구조는 유일하게 이익의 극대화로부터 정해지기 때문이다. 배우는 경제적인 압박에 종속되었기 때문에 결코 창조적이 될 수 없었다. 그는 오로지 수동적으로 관객의 행복에만 신경 써야 한다. 케르스헨제프에 따르면, 부르주아 연극에서는 무대와 관객석 사이에 "하나의 심연"이 벌어져 있다. 그와 반대로 "창조적 연극"은 관객과 배우의 체험적인 융합을 구축한다. 그것을 위한 전제조건으로 작가는 두 그룹의 "계급 제한적 통일성"을 본다. 그러므로 주인공들은 자신을 전문가로 발전시키고 자기들만의 하위문화에서 생활하면 안 되고, 그들은 "그들의 선반"에 머물러 있어야 했다. 모든 사회적인 영역에서 정신적으로 계획하고 육체적으로 수행하는 행동을 추구하는 통합의 의미에서 모든 연극쟁이들은 연출의 전 단계에 참여해야만 한다. 자신의 스튜디오에서 잘 훈련된, 노동자 배우들은 스스로 발전시킨 작품들을 공장과 주거지역에서 상연하고 볼셰비키즘의 사상을 직접 대중에게 전달해야 한다.

독일에서 무산자 예찬의 콘셉트는 에르빈 피스카토어의 초기 연극작업 및 베르톨트 브레히트의 학습극 모델의 이론과 실천에 영향을 끼쳤다. 소련 자체에서 이 콘셉트는 곧 몰이해와 정당과 정부의 공개적인 적대감에 부딪혔다. 지방의 극심한 후진성에 직면하여 권력자들은 자주적인 무산계급의 문화를 향한 노력 속에서 공허한 유토피아적 이상주의를 보았다. 레닌의 의견에 따르면 "현실적·부르주아적 문화"는 당분간 충분했다. 1921년 공산사회 창립의 즉각적인 실현이 포기되고 부분적으로는 자본주의적 경제 형태로의 회귀가 이뤄졌을 때 프롤레타리아들의 "자발적"이고 문화적인 활동들을 위한 사상적이고 물질적인 전제조건들은 잊혀졌다. 무산자 예찬의 연극 모임은 해산되었다. 그들의 원칙은 부분적으로 노동조합의 선동과 선전부대에 의해 지속되었다.

스튜디오나 실험무대가 무산자 예찬의 다수 아마추어 그룹보다 더 지속적인 영향력을 보였다. 나중에 영화감독으로 세계적인 명성을 얻은 세르게이 예이젠시테인(Sergei Eisenstein)이 문화이론가 보리스 아르바토프(Boris Arwatow)와 작가 세르게이 트레티야코프(Sergej Tretjakow)와 함께 그들만의 고유한 연극 모델에서 발전시켰던 "무산자 예찬의 최초 모스크바 노동자 연극"이 여기에 중심적 역할을 했다. 창작의 집단성과 회원의 아마추어 신분 상태는 이제 더 이상 의무적이지 않았다. 한편으로 예술과 직업생활을 연결시켜야 한다는 요구는 유지되었고 중심적인 강령으로 세워졌다. "일과 삶의 주례자(의전관)"로서 연출가, "숙달된 연기의 전문가"로서 배우가 목표였었다. 가장 극단적인 결론과 함께 여기서 현실을 구성하는 "생산예술"을 통해 모방적 예술의 교체를 촉진했다. 무대는 "생활방식의 표본"과 "인간의 모델"을 제공하는 "새로운 사회적 삶의 실험실"로 변해야 했다.

이 프로그램의 실현에서 세르게이 아이젠슈타인은 사실성의 기본 원칙에서부터 출발했다. 잭 런던(Jack London) 후에 〈멕시코인(Der Mexikaner)〉 연출의 무대제작자로서 그는 권투시합을 (전통식대로) 무대장치 뒤로 옮기고 관객에게 오로지 관찰자의 반응을 통해서만 전달하는 연출자 발렌틴 심실야제프(Walentin Smyschljajew)의 의도에 반대했다. 예이젠시테인은 트인 무대에서 권투가 진행되도록 했다. 가상 공연장소에는 실제 "작용요소들"이 등장했다. 권투 장갑이 몸을 때리는 소리, 땀, 헐떡이는 숨소리. 또한 공간 연출에서도 사실성의 원칙이 지배했다. 예이젠시테인은 진짜 권투링을 설치하고 조명을 장면 효과가 아닌 단순한 조명으로 이용했다. 서커스는 연극 수단의 활용에 대한 모델이었다. 그러므로 또한 거기서 관객에게 모든 것은 실제 형태로 나타난다. 그의 첫 번째 독자적인 연출에서 예이젠시테인은 알

알렉산드르 오스트로프스키: 〈가장 영리한 자가 스스로 어리석음을 만든다〉, 노동자 예찬의 제1모스크바 노동자 극장, 1923년, 세르게이 예이젠시테인 연출 및 무대장치

렉산드르 오스트로프스키의 간계 코미디 〈가장 영리한 자가 스스로 어리석음을 만든다(Eine Dummheit macht selbst der Gescheiteste)〉를 모든 환경적이고 심리적 요인의 삭제를 통해 단순한 사건 진행의 뼈대로 축소했다. 텍스트에서 주로 피상적으로 동기가 부여된 기교적이고 어릿광대적인 매력들의 연속만이 남았다. 이 연출에서 모든 감정은 직접적으로 신체적인 행동으로 전환되었다. "분노는 대담한 도약 속에서, 열광은 하나의 공중제비로 그리고 서정적인 것은 죽음의 돛대 위로 올라감 속에서 묘사되었다." 당연히 뛰어나게 훈련된 배우들은 자신들을 "무대의 노동자"로 이해했다. 그들은 오로지 실용적인 놀이기구로 설치된 원형무대 위에서 선동했다. 특별히 놀랄 만한 사건으로서 무대사건 속에 등장한 인물 가운데 한 명이 비행기에서 극장 건물을 향해 질주하는 화물 자동차 위로 뛰어내리는 단편영화가 삽입되었다. 갑작스레 질주는 중단되었고 배우는 손에 감은 필름을 들고 실제로 무대 위로 떨어졌다.

예이젠시테인이 그의 콘셉트를 나타냈던 "매혹의 몽타주"라는 개념은 한편으로는 서커스를, 다른 한편으로는 산업적 연출의 영역을 지시한다. 하나의 정확하고 일정한 영향을 출발로 삼아 개별적인 매력들은 합성 편집되고 그 결과 그것들은 관객의 의식 속에서 새로운 통일체로 결합한다. 가장 영리한 자의 연출이 그것의 창작자 자신들로부터 "오히려 하나의 형식적인 실험"으로 평가되고 거의 일반적으로 "시민적 일상생활에 대한 풍자"로서 혁명의 목적들과 연결되는 반면, 예이젠시테인의 연극 모델은 〈모스크바, 너 듣고 있나?〉라는 연출에서 선동에 기여했다. 세르게이 트레티야코프는 1923년 독일의 노동자 봉기를 지원하기 위한 구체적인 의도로 이 텍스트를 작성했다. 관객의 반응을 보면 크게 성공한 것 같았다. 상연의 끝에 무대에서 "모스크바, 너 듣고 있나?"라는 질문을 했을 때, 관객들은 합창으로 "나는 듣는다!"라고 응답했고 즉흥적으로 "인터내셔널가"를 부르기 시작했다.

트레티야코프의 〈가스 마스크〉 연출에서 또한 예이젠시테인은 "생산을 조직하는 선동"과 예술과 노동의 삶을 융합하는 것을 목표로 했다. 이 작품은 자신의 삶을 내던져서 그들의 공장을 구하는 무산자 공동체의 영웅적인 결정에 대해 다루고 있다. 이것은 가스 공장에서 상연되었고, 연출은 기계를 가동시키고 종결

효과로 가스 불꽃을 높이 불타오르게 하는 작업을 시작하는 노동자들의 생산활동과 더불어 끝났다. 예이젠시테인은 환경의 실제성과 작품의 허구성이 일치할 수 없다는 것과 매체연극에서 극복될 수 없음을 스스로도 인식했다. 그래서 그는 심지어 〈가스 마스크〉의 연출 기간에 같은 공장에서 같은 배우들과 함께 1924년 완성한 그의 첫 번째 대형영화 파업의 촬영작업을 시작했다.

"극장 10월(Theateroktober)"의 가장 중요한 대표자는 프세볼로트 메이예르홀트였다. 1921년 교육을 위한 국민의원회의 연극 분야의 의장이 되기 전에 그는 연출가로 아돌프 아피아와 에드워드 고든 크레이그의 콘셉트 및 인상주의와 상징주의의 연출법에 의존하여 "양식화된(제한된) 연극" 모델을 발전시켰다. 블라디미르 네미로비치-단첸코의 연극학교에서 교육을 받고, 그 후에 콘스탄틴 스타니슬라브스키의 몇몇 연출에 배우로 참여했던 젊은 메이예르홀트는 그의 스승의 자연주의적인 프로그램에 즉시 반대했다. 몇 번의 공연 시즌 후에 그는 예술가 연극에서 떠나 자신만의 앙상블을 모았고 시각적인 면에서 동시대적인 미술과의 연결점을 찾고 연기적인 면에서 언어와 움직임의 리듬화를 추구하는 실험을 시작했다. 1905년경 스타니슬라브스키 역시 이러한 시도에 참가했지만, 곧 그의 자연주의적 콘셉트로 돌아갔다.

메이예르홀트는 일련의 지방극장에서의 작업뿐만 아니라 페테르부르크에서 여배우 베라 코미사쉐프스카야(Vera Kommissarshewskaja) 극단의 대표 연출자로서 새로운 반자연적인 예술 방법의 포괄적인 연출 목록을 발전시켰다. 동시에 그는 그들의 저작이 러시아에서 집중적으로 수용된 에드워드 고든 크레이그와 게오르그 푸치스와 유사하게 무대는 현실의 묘사를 전달하거나 관객을 지배하면 안 되므로 연극의 연속성을 차단하기 위해 "네 번째 벽"을 연극의 중간에 설치해야 한다는 확신에서 출발했다. 합창의 활동 범위로서 관객과 배우들 사이를 공간적으로 매개하는 원형 오케스트라를 지닌 고대의 원형극장은 메이예르홀트에게 본보기가 되었다. 무대 구성적인 면에서뿐만 아니라 기능적인 면에서도 메이예르홀트는 고대를 기반으로 했다. 그는 계획서 중 하나에서 "무대는 종교적인 공동체의 요소들로부터 멀어졌다." "무대는 관객들로부터 멀어졌다"라고 말한다. "비극의 신성한 숭배가 디오니소스적 '정화' 안에서 묘사되는 것처럼 그들은 오늘날 또

모리스 마테를링크: 〈베아트리체 수녀〉, 코미사쉐프스카야 극장, 페테르부르크, 1906년, 프세볼로트 메이예르홀트 연출, 세르게 수데이킨 무대장치

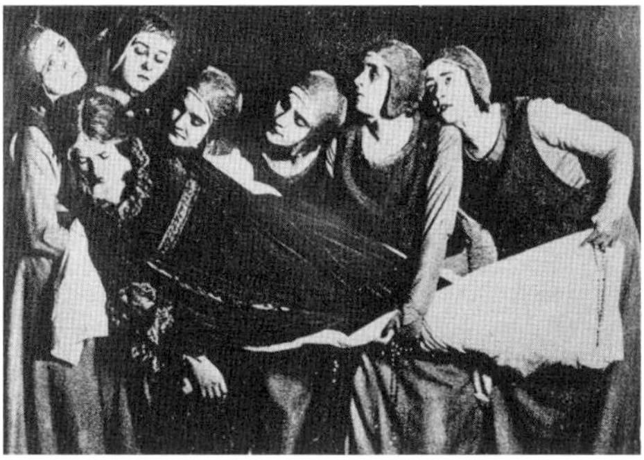

한 예술가들로부터 치유와 정화를 요구한다. (…) 우리는 마스크와 행위 뒤에 인물의 캐릭터를 탐구하고 그들의 '내면적인 가면'을 파악하려 한다. 사람들을 영원한 희생의 디오니소스적 도취에 취하게 하기 위해, 새로운 드라마는 내적인 것에 관심을 기울이면서 외적인 것을 벗어난다(…)."[28] 연극이 이 목표에 다시 접근하기를 원한다면, 연기 방법이 근본적으로 변해야 한다. 등장인물들이 움직이지 않고 침묵하며 이해하기 어려운 운명의 희생자로 나타나는 모리스 마테를링크의 "정적인 드라마" 이론과 실천의 영향하에 메이예르홀트는 "조각술의 조형성"의 원칙을 요구했다. 예를 들어 마테를링크의 상징주의적인 드라마 〈베아트리체 수녀(Schwester Beatrix)〉의 연출에서 사용되었던 것처럼 조각술의 조형성을 위해 그는 다음과 같은 근거를 제시했다. "제스처, 태도, 눈빛, 침묵은 사람들의 진실한 관계를 결정한다. 단어들은 모든 걸 말하지 않는다. 관람객을 예리한 관찰자로 만들기 위하여, 이로써 그가 연기자들의 정신적 움직임을 예감할 수 있는 소재를 관객의 손에 쥐어 주기 위해, 무대에서 움직임의 구성은 필수적이다. (…) 이 양식화된 연극은 신체적인 표현을 고정시키고, 말과 더불어 비극의 운명이 작용하게 하기 위하여, 그것을 통해 관객들의 기억 속에 각각 분류함을 강화했다."[29]

프세볼로트 메이예르홀트의 비자연주의적 전통의 부활을 위한 노력은 먼저 신비적이고 종교적인 것을, 그리고 희극 배우적이고 유희적인 것을 목표로 했다.

---

28) Wsewolod Meyerhold: Schriften. Bd. 1. S. 132.

29) Wsewolod Meyerhold. Schriften. Bd. 1. S. 129 f.

코메디아 델라르테와 바로크의 스페인 희극은 여기에 방향을 제공했다. 전통적인 국민연극의 모든 형태를 연출가는 러시아 시장무대의 이름과 함께 "발라간(balagan)"이라고 표현했다.

그에게 가장 중요하게 활용된 요소로는 일상의 현실과 다른 시간 구조, 관객 밀착형 앞무대 공연, 마스크와 의상 유형, 숙련된 연기 및 노래와 춤이었다. 메이예르홀트에 따르면 민중극장이 "선호하는 기술"은 기괴함이다. 기괴함은, 그가 그의 저서 『발라간』에서 기술한 것처럼, "대부분 혐오스럽고 ― 흔치 않은 것들을 묘사한다. 가시적인 법칙성 없이 가장 다양한 종류의 개념들을 서로 연결하고 있는 유머의 작품이다. 왜냐하면 기괴함은 (…) 어디에서나 오로지 삶의 기쁨과 삶의 변덕스럽고 ― 조소적인 생각에 상응하는 것들만 자기 것으로 만들기 때문이다. (…) 기괴함은 단지 비천함 또는 고고함만을 알고 있지 않다. 그것은 대조적인 것을 혼합하고, 모순을 의식적으로 첨예화한다. 기괴는 일상생활을 자연스러움이 멈추는 경계지점까지 심화한다."[30]

메이예르홀트는 신비한 것과 유희적인 것의 융합을 알렉산드르 블로크(Alexander Blok)의 서정-상징주의적인 드라마 〈가설 소극장(Die Schaubude)(Balagantschik)〉의 연출에서 성공한다. 그는 〈가설 소극장〉에서 E. T. A. 호프만과 에드거 앨런 포(Edgar Allan Poe)에서처럼 기괴함이 대표적으로 구현됨을 봤다. 이 무대작품에서 신비론자들의 그룹 이외에 코메디아 델라르테의 남녀의 서로 다른 다양한 인물 유형들이 나타난다. 감독 자신은 고독과 우울함과 함께 신비론자들의 유심론과 아를레치노의 활력설과 대조적인 인물로서 피에로를 연기한다. 관객들의 눈앞에서 여자 프롬프터는 그녀의 박스 안으로 들어갔고, 개축할 때 아무것도 장식되지 않은 기계들을 볼 수 있었다.

무대 환상의 중단에 대한 경향은 혁명 이전 창작 시기의 메이예르홀트의 연출들을 기반으로 했다. 그 연출은 ―1908년 코미싸-세부스카야와 헤어진 후에― 페테르부르크의 제국극장에서의 결과물들이었다. 하이라이트는 아르투어 슈니츨러의 대본에 따른 〈여자 피에로의 베일〉, 카를로 고치의 〈3개의 오렌지에 대한 사랑〉,

---

30) Wsewolod Meyerhold: Schriften. Bd. 1. S. 216.

몰리에의 〈돈 후안(Molires Don Juan)〉과 미하엘 레르몬토프(Michail Lermontow)의 〈가장 무도회〉 등의 무언극들이었다.

메이예르홀트의 10월 혁명 이후의 첫 번째 연출은 블라디미르 마야콥스키의 〈미스터리움 부포(Mysterium buffo)〉(희가극의 가수)였다. 제목이 말해 주듯이, 중세 신비극(종교극)과 희가극 가수의 혼합에 관한 문제였다. 성경의 동기는 정치 풍자로 이용되었다. 노아의 홍수와 부자이며 힘이 있는 일곱 쌍과 가난한 무산자 일곱 쌍이 천국과 지옥을 지나 "약속의 땅"으로 향하는 여정은 공산주의 세계 혁명과 함께 끝난다. 그 비장하고 기괴한 작품은 1918년 첫 번째 혁명의 기념일에 페테르부르크에서 초연된다. 그때 마야콥스키는 메이예르홀트의 조수로 일했고, 카시미어 말레비치의 무대그림이 만들어지는 동안, 엄격히 특성화된 의상을 설계했다. 종합작품은 전통연극에 대한 도전이었다. 상징적으로 예전 극장의 전형적인 소품이 그려져 있었던 페테르부르크 무대 포스터 및 막은 배우들에 의해 찢겨졌다. 문화관료주의적 부분들에 대한 비판에 근거하여 혼란스러운 시국 때문에 공연은 몇 번밖에 개최되지 않았다. 3년 후 메이예르홀트는 〈미스터리움 부포〉를 보다 덜 도발적으로 연출하고 모스크바에 있는 그의 극장에서 상연하여 큰 성공을 거두었다.

1921년 메이예르홀트는 잡지 ≪연극리뷰(Vestnik teatra)≫를 통해 예술 속의 혁명은 삶 속의 혁명을 계승해야 한다고 발표했다. 모든 무대창작자에 대한 물의를 일으킨 성명에서 그는 "극장 10월"을 선포하고 무산자 예찬의 아마추어 연극과 전문적인 연극의 개혁을 위해 노력했다. 그는 "러시아 연방 소비에트 공화국 최초의 극장"이라는 자랑스러운 이름의 모스크바 무대연출을 통해 연극개혁을 재촉했다. 그는 혁명의 3주년 기념일에 데뷔작으로 벨기에 상징주의자 에밀 베르하렌(Émile Verhaeren)의 역사적인 민중봉기를 주제로 하는 작품 〈아침 노을(Morgenrte)〉을 상연했다. 드라마는 신문으로부터가 아닌 성명, 표어 그리고 시민전쟁에 대한 그때그때의 가장 새로운 전방의 소식을 끼워 넣은 현실적 상황에 맞게 연출되었다. 젊은 예술가 블라디미르 드미트리예프(Wladimir Dmitrijew)가 무대공간, 은회색, 빨간색과 파란색의 기하학적인 물체의 조합을 구성했다. 무대로부터 민중의 합창대 자리가 있는 오케스트라 피트 안으로 계단이 연결되었다. 그래

생명역학적 연습: 파트너 등 위에서 균형 잡기, 1922년

서 답변이 관객석에서 직접 온다는 인상을 풍겼다.

메이예르홀트는 구성주의 원칙을 가장 극단적인 귀결과 함께 무대에 전달하고 —혁명 전 신체 중심의 표현 방식과 함께하는 실험으로부터 시작하여— "생명역학"의 행동 유형을 발전시킨, 다음 다섯 가지의 연출을 통해 러시아 혁명 연극에 가장 중요한 기여를 했다. 이 기여는 안무가 니콜라이 포레거(Nikolai Foregger)로부터 창조된 기계춤과 같이 기술적인 발전에 대한 시대 전형적인 열광을 기반으로 한다.

생명역학의 발전을 위해 메이예르홀트는 러시아 혁명 후에 엄청난 비약과 함께 촉진되었던 학술적인 노동단체를 이용했다. 종종 "테일러주의"라 지칭되었던 시스템은 미국 엔지니어 프레더릭 테일러(Frederick Taylor)의 연구결과로서 이것은 헨리 포드(Henry Ford)의 주문으로 생산 과정에서 움직임을 정확하게 분석하고 작업과 휴식 사이의 이상적인 관계를 결정함으로써 효율성의 현저한 향상을 목표로 했다. 최종적으로 강화된 착취와 이윤의 상승을 목표로 하는 이 방법이 소련에서 미개발 국가의 역사적 상황으로부터 설명될 수 있다. 소련은 파괴와 혼돈의 상황이었으며, 가능한 한 빨리 서구의 기준을 따라잡아야 했다. 레닌과 그의 조언자들은 테일러주의의 실행에서 바로 "사회주의 실현의 가능성"에 대한 의문을 봤다. 시스템은 산업적 합리화의 수단일 뿐만 아니라 일반적으로 신체문화의 교육과 더불어 "새로운 사람"의 교육을 위한 도구로 이해되었다. 메이예르홀트는 그의 "연출작업장"에서 경험 있는 노동자의 움직임의 과정을 연구하여 그로부터 첫 번째로 불필요한 행위를 피하고, 올바른 신체 중심을 위한 정확한 감정 및 뚜렷한 리듬을 밝혀냈다. 이러한 기본 원칙 위에서 만들어진 움직임의 형식은 그

의 견해에 따르면 일종의 춤과 같았다. 이것을 보는 것은 미학적 즐거움을 창출했다. 메이예르홀트는 배우에게 생산하는 노동자처럼 재료를 조직하고, 몸을 훈련시키고, 그 결과 "순간적"으로 외부로부터, 즉 연기자의 감정 또는 이성으로부터 직접 또는 연출가로부터 받은 과제를 경제적이고 정확하고 빠르게 수행할 수 있기를 요구한다. "확실한 눈대중", "안정성" 그리고 "균형 감각" 및 인체 역학에 대한 정확한 지식은 그것을 위한 주요한 전제조건이다. 이를 위해 메이예르홀트는 비수 찌르기, 상대방의 가슴이나 등으로 점프하기, 활쏘기, 발차기 또는 체중 감소 등등 13개의 표준연습을 개발했다.

메이예르홀트의 생명역학은 그의 스승 콘스탄틴 스타니슬라브스키의 자연주의적·심리적 연기 방법에 대해 절대적인 대립 속에 있다. 이 생명역학은 심리학의 교리가 아닌 생명역학의 창조자가 표현한 것처럼 완전히 "신체적 행동으로부터 오는 민감성 동기들을 개발"했다.

그 새로운 연기 시스템은 1922년 메이예르홀트가 연출한 페르낭 크롬랑크(Fernand Crommelynck)의 질투 익살극 〈멋진 간부의 남편[Der herrliche Hahnrei(Le

페르낭 크롬랑크: 〈멋진 간부의 남편〉, 모스크바 메이예르홀트-작업장, 1922년,
프세볼로트 메이예르홀트 연출, 류보프 포포바 무대장치

cocu magnifique)]〉에서 처음 실용적으로 적용되었다. 구성주의 여류 예술가인 류보프 포포바(Ljubow Popowa)는 자유롭게 무대공간에 서 있는 하나의 구조물을 지었다. 그녀는 작가가 자신의 플랑드르의 고향을 섬세하게 기술한 분위기를 지속해서 무시했다. 그녀는 풍차 날개를 통해 무대에 대한 연상을 만들었다. 돌아가는 바퀴의 하나에서 작가 이름의 알파벳을 읽을 수 있었다. CR ML NCK. 무대는 "배우의 작업대"로 정의되었다. 각 연기석은 계단과 미끄럼틀을 통해 서로 연결되어 있었다. 그러므로 배우들에게 훌륭한 연기 가능성들이 제공되었다. 연기의 동력은 각 배우들에서 모든 그룹에 전달되었고, 마침내 연기의 동력이 연극의 구성을 사로잡았다. 사건의 절정에서 주인공의 감정곡선을 향해 동시에 풍차 날개는 회전하기 시작했다. 포포바에 의해 시대에 맞는 일상복의 모범으로 생각된 의상은 엔지니어 복장과 유사해서 배우를 "영상의 노동자"로 보이게 했다. 그들은 움직임을 통해 기호적 성격을 획득했다.

메이예르홀트는 생명역학의 예술성과 어릿광대성을 알렉산더 수코보-코비린(Alexander Suchowo-Kobylin)의 전통적인 법정 익살극 〈타렐킨의 죽음(Tarelkins Tod)〉의 연출에서 강조했다. 프로그램 안에서 설계사로 표현되는 바바라 스테파노바(Warwars Sttepanowa)는 원래 "곡예트릭 장치"였던 이동 소품들을 개발했다. 무거운 짐을 놓으면 양쪽이 벌어지고 곧바로 다시 튕겨 오르는 책상, 스스로 펴지는 병풍, 접이식 침대로 변하는 관, 바퀴 달린 그네와 새장, 또한 의상은 인간 움직임의 역학을 강조했다. 기하학적 장식들은 자세가 변할 때마다 새로운 무늬로 이어졌다. 스테파노바 역시 의상을 작업과 운동에서의 기능적인 의상을 위한 견본으로 보았다.

메이예르홀트의 세르게이 트레티야코프의 텍스트 콜라주 〈일어서는 지구(Die Erde bumt sich)〉의 연출을 위한 류보프 포포바의 무대에는 기계가 가득했다. 무대 가장자리를 지나 나란히 뒤따르는 오토바이 종대가 무대로 왔다. 경운기와 화물차, 진짜 필드 전화와 헤드라이트가 설치되었고 기술화된 미래의 인간으로 꾸며진 사람들에 의해 운행되었다. 스크린에는 혁명의 주인공들의 사진 및 표어 그리고 주석들이 투사되었다. 후에 에르빈 피스카토어가 받아들여 가장 완벽하게 발전시킨 방식이다.

곧 메이예르홀트는 일리야 에렌부르크(Ilja Ehrenburg)의 동기에 따라 자신의 다음 연출 〈트루스트 D. E. 유럽과 이리로!(Trust D. E. Her mit Europa!)〉에서 3개의 스크린을 사용했다. 그의 선동을 위한 스케치에서 무대사건은 투사된 실물과 구호를 통해 보완되었다. 이동식 벽과 탐조등의 도움으로 연출가는 하나의 커다란 동적인 활력과 영화와 같은 효과에 도달했다. 프롤레타리아는 모두 파란 작업복을 입고 등장하고 생명역학적으로 움직였다. 부르주아는 그로테스크하고 과장된 장식으로 묘사되었다.

직접적으로 정치적 영향을 목표로 한 연극작업들 이후 1920년대 중반부터 메이예르홀트는 러시아 고전을 시대에 맞게 수용하기 위해 노력했다. 그는 교육인민위원회로부터 시민적인 전통으로 회귀의 흐름 속에 주어진 슬로건 '오스트로프스키로 돌아가자!'를 수용하고 오스트로프스키의 코미디 숲을 연출했다. 그는 그러면서도 구성주의의 원칙을 기초로 했다. 무대는 텅 비워졌다. 오케스트라석으로부터 무대 앞 가장자리가 높게 바뀌었다. 연극 무대의 가운데에는 2개의 그네를 매달아 놓은 돛대, 배우들에게 그들의 곡예 기술을 보여 줄 수 있는 몇 가지 이동 물품이 있다. 원형 경기장의 분위기는 어릿광대 화장마스크에 의해 더욱 강화되었다.

메이예르홀트는 고전작품 시리즈를 니볼라이 고골(Nivolai Gogol)의 〈검사관(Der Revisor)〉으로 계속했다. 희극의 여섯 가지 변화 및 소설 "죽은 영혼"의 문구에서 그는 비꼬는 기괴한 요소를 강조한 하나의 연극 텍스트를 조립한다. 언어와 움직임, 소리와 조명의 협연은 완전한 음악적으로 구성된 무대장치를 만들었다. 연극 무대는 뒤쪽에 15개의 문이 달린 반원형의 광택 재질 나무 벽으로 막혀 있었다. 그러므로 작품의 등장과 퇴장 연출이 인상적으로 실현될 수 있었다. 대부분의 이야기는 무대 뒤쪽으로부터 과거의 그림자처럼 긴밀하게 모인 인물들이 상연되는, 그러므로 동시에 클로즈업되어 나타나는 작은 연단 위에서 상연되었다. 배우들은 메이예르홀트가 생명역학으로부터 발전시킨 기계역학적이고 인형같은 스타일로 관객들을 선동했다. 연출의 마지막에 진정한 검사관의 도착이 선포되었을 때 모든 인물은 몇 분 동안 놀란 자세로 경직되어 서 있었다. 점차 관객들은 정말 그들 앞에 "죽은 영혼"이 있었다는 것을 알아차렸다. — 배우들은 밀랍

니콜라이 고골: 〈검사관〉, 모스크바 국립 메이예르홀트-극장, 1926년, 프세볼로트 메이예르홀트 연출과 무대장치

인형으로 대체되었다.

메이예르홀트가 보다 양식화된 상연 방법으로부터 돌아서고, 생명역학을 점점 더 훈련 방법으로 간주했다. 따라서 그는 작업을 통해 1920년대 말 스타니슬라브스키의 영향하에서 시민적 자연주의를 모범으로 삼고 결국 사회주의적 사실주의의 토대가 되었던 당의 예술에 대한 견해를 두고 모순에 빠진다.

소시민적인 우매함이나 관료주의가 다뤄졌던 블라디미르 마야콥스키의 2개의 작품(〈빈대(Die Wanze)〉, 〈한증욕(Das Schwitz bad)〉)에 대한 연출을 통해 메이예르홀트는 마침내 지배자들의 공감을 상실했다. 알렉산더 로드첸코(Alexander Rodtschenko)와 세르게이 바크탕고프(Sergej Wachtangow)의 구성주의의 무대장치는 "형식주의적"인 것으로 간주되었다. "연극은 단순한 거울이 아닌 예리한 돋보기이다. 강력한 약으로 치료해야 한다!" 마야콥스키와 메이예르홀트는 〈한증욕〉의 초연에서 객석에 이 구호를 게시하게 했다. 이 구호는 스탈린주의자들에 의해 시스템에 대한 공격으로 오인되었다. 초연이 끝난 몇 개월 후 작가는 혁명의 원래 의도의 곡해에 실망하여 자살했다. 메이예르홀트는 그의 확신에 충실하게 머물려 시도했고 니콜라이 어드만(Nikolai Erdman)의 풍자 자살자를 연출했다. 그는

어드만의 비판적 익살극 〈위탁〉을 1920년 중반 당의 동의를 받아 무대에 올릴 수 있었다. 순수 유전학적 관점하에 새로운 인간 종류의 사육을 다룬—작가 세르게이 트레티야코프의 텍스트에 따른—, 앞선 프로젝트 〈나는 아이를 갖기를 원한다〉와 마찬가지로 어드만의 새로운 풍자적 상연은 금지되었다. 엘 리시츠키(El Lissitzky)와 공동으로 어드만이 이 작품을 위해 하나의 독창적인 공간 구조를 착안했다.

스탈린주의적 테러의 강화 속에 메이예르홀트-극장은 폐쇄되었다. 그로 인해 스타니슬라브스키는 그의 예전 학생이고 예술적 적수인 메이예르홀트를 오페라 극장의 감독으로 고용했으나 그것이 그를 구할 수는 없었다. 메이예르홀트는 체포되었고 고문 때문에 소위 간첩활동을 자백했다. 1940년 처형 얼마 전에 그는 인민위원회 의장에게 보낸 편지에서 자백을 다시 철회했다.

메이예르홀트와 반대로 알렉산드르 타이로프는 그의 모스크바 소극장(Kammertheater Moskau)을 스탈린주의를 통한 파괴 앞에서 보존했다. 원래 반자연주의적 설정이었던 콘셉트를 그는 심한 공격 후에 무대사건이 적어도 기본 구성에서 극장 외부적인 현실에 관련되어 있는 "구조적인 사실주의"의 방향으로 바꾸었다. 그래서 그는 사회주의적 사실주의의 독단을 반 정도 받아들였다. 하지만 이 화해의 시도도 거부되었고, 오로지 전 유럽을 통해 3개 순회공연의 성공만이 폐쇄로부터 소극장을 구할 수 있었다.

원래 메이예르홀트 아래서 배우로 일했으며 나중에 타이로프라는 예명을 쓴 알렉산드르 코른브리트(Alexander Kornblit)는 1914년 설립된 소극장을 독일 연극 개혁자 게오르그 푸치스가 제시했던 것처럼 "연극의 연극화"라는 모토 아래 놓았다. 타이로프의 목표는 "해방된" 무대예술의 발전이었다. — 현실 모방의 강요와 드라마적인 문학의 "작품에 충실한" 재생의 의무에서 해방되는 것이다. 1920년 처음 러시아어로, 그리고 곧 독일어로 출판된 『해방된 연극』이라는 책에서 그는 다양하게 구성된 표현 방법(언어, 노래, 춤 그리고 판토마임, 곡예와 익살)의 통합을 기반으로 하고, 그들의 내적 및 외적 기술에 뛰어나게 훈련된 배우, "종합적인 배우"가 중심에 서 있는 개혁을 기술했다. 메이예르홀트와 같이 타이로프도 코메디아 델라르테와 바로크의 스페인 코미디 연극과 같은 모범들에 기반을 두었다. 그는 상징-의식의 수화를 하는 인도 카타칼리 극단에서 자극을 받았다. 그의 이론과 실제의 무대작업에서 타이로프는 모스크바 예술가 극장의 자연주의뿐만 아니라 많은 실험들을 "스타일 무대"라는 개념하에 요약한 프세볼로트 메이예르홀트의 콘셉트와도 거리를 두었다. "'모든 것은 인생과 같다'고 자연주의 극장은 말했다. 반면 '모든 것은 인생과 다르다'고 스타일 무대는 말했다. '관객들은 그들 앞에 무대가 있다는 것을 잊어야만 한다.' '관객은 그가 극장에 있다는 것을 한순간도 잊어선 안 된다.' '배우는 항상 그들이 현실 생활에 있는 것이 아니라 무대 위에 있다는 것을 생각해야만 한다.' '배우는 결코 사실적인 감정을 가지고 있으면 안 된다.' (…) 만일 자연주의 연극이 문학에 구속되어 있었다면, 스타일 무대는 처음부터 미술의 감옥으로 빠져들었다. 전체 무대, 구성의 모든 과제는 '아름다움'의 관점에 의해 고려되었다. 연극적인 소재의 아름다움이 아닌 일반적·장식적 기획과 배우들을 단지 필수적인 '색 얼룩'으로 인정한 회화적인 기본 이념의 아름다움에서이다."31)

타이로프는 양식화된 무대에서도 자연주의적 무대에서도 연기예술은 그들의 원래 구성 방법을 박탈하고 자매예술로부터 지배된다는 생각에서 출발한다. 그래서 그는 구성요소들의 기본적인 평등을 변호했다. 문학도 조형예술도 연기를 그들의 구속 아래 강요할 수는 없다. 무대감독은 하나의 정렬된 조정자 역할이 할당되는 것에 주의해야만 한다.

그의 연출적인 창작의 처음부터 알렉산드르 타이로프는 그 시대의 가장 진보적인 러시아 예술가들과의 공동작업을 찾았다. 소극장의 첫 번째 연출들 가운데 하나인 인노켄티 안넨스키(Innokenti Annenski)의 타미라(Thamyra), 키타라(Kithara) 연주자를 위해 여류 화가 알렉산드라 엑스테르(Alexandra Exter)는 가볍게 흐르는 예복들과 바디 페인팅의 조합으로 보이는 의상 디자인을 설계했다. 엑스테르는 작품의 고대 무대를 오스카 와일드의 〈살로메〉의 타이로프의 연출무대처럼 입체파의 조각의 일종으로 만들었다. 의상 역시 그 스타일에 상응했다. 엑스테르의 〈로미오와 줄리엣〉에 대한 계획에는 미래주의의 역학이 우세했다. 메이예르홀트의 〈멋진 간부의 서방(Herrlichen Hahnrei)〉을 위한 류보프 포포바의 무대 해법

31) Alexander Tairow: Das entfesselte Theater, S. 46 f.

윌리엄 셰익스피어: 〈로미오와 줄리엣〉, 모스크바 소극장, 알렉산드르 타이로프 연출, 알렉산드라 엑스테르 의상 구상

조지 버나드 쇼: 〈성 요한나〉, 모스크바 소극장, 1924년, 알렉산드르 타이로프 연출, 알렉산더 베스닌 무대장치

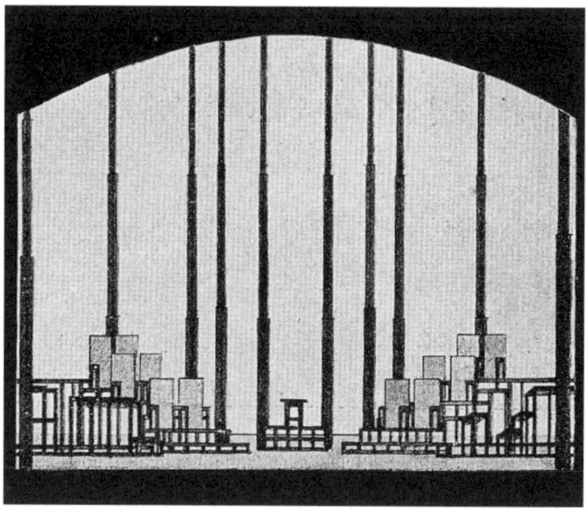

과 함께 완성된 구성주의로의 발전은 스타니슬라브스키의 제자 마이클 체코브(Michail Tschechow)가 연출한 칼데론의 〈마담 말괄량이〉를 위한 장면 스케치에서 분명해진다. 타이로프의 다른 설비자도 이 스타일에 의무감을 느꼈다. 대표적으로 무대를 수직적인 계단식으로 구성할 것을 요청한 연출가의 제안을 충족시켜 주었던 라신의 〈패드라〉와 길버트 케이트 체스터턴(G. K. Chesterton)의 범죄소설을 원작으로 한 〈목요일의 남자가 있었다〉의 알렉산더 베스닌(Alexander Wesnin)의 구상에서 그리고 조지 버나드 쇼의 〈성 요한나〉, 찰스 르코쿠(Charles Lecoq)의 오페레타 〈낮과 밤〉 그리고 베르톨트 브레히트의 〈서푼짜리 오페라〉를 위한 스텐베르그(Stenberg) 형제의 구상에서 그러했다. 타이로프는 르코쿠의 오페레타 〈기로프 레 고로프라(Giroflè-Gorofla)〉의 공연을 위해 시각예술가 기오르기 야쿠로프(Giorgi Jakulow)에게 실용적인 놀이기구들이 있는 서커스 원형극장을 설치하도록 했다.

제한된 의미에서 젊은 나이에 죽은 예브게니 바흐탄고프(Jewgeni Wachtangow)의 1922년 작품도 "10월의 극장"에 속한다. 스타니슬라브스키의 마스터 학생이었던 바흐탄고프는 등장인물과 관객의 동일화 대신 무대 위 배우들의 창작 과정과 관객의 동일화의 요구를 통해 스승의 콘셉트로부터 벗어났다. 연극에서 그가 연기하는 것을 보여 주는 배우의 예술을 통해 "자연에 충실한 진실"이 아닌 "연극

카를로 고치: 〈튜란도트 공주〉, 모스크바 예술가 극장의 스튜디오, 1922년, 예브게니 바흐탄고프 연출, 이그나티 니빈스키 의상 구상

에 적절한 것"이 만들어져야 한다. 연극예술성의 강조에서 바흐탄고프의 "환상적인 사실주의"는 메이예르홀트와 타이로프의 의도와 적절하게 들어맞았다. 그의 가장 대표적인 작품들은 그가 연출한 숄렘 안-스키(Scholem An-Ski)의 유대 신비극 〈악령(Der Dybbuk)〉과 카를로 고치의 동화 코미디 〈튜란도트 공주(Prinzessein Turandot)〉로, 즉흥적으로 만들어진 것들이다. 고치의 코메디아 델라르테에 충실했던 작품의 작업에서 거의 대부분의 과정들은 연습 과정 중에 고안되었다. 즉흥성은 배우가 일상의 옷을 입었고 단지 몇몇의 특징 있는 부분 의상에 의해 보충되는 것에서 잘 나타난다. 즉흥성의 인상은 이그나티 니빈스키(Ignati Niwinski)에 의해 마련된 간단한 부분 장식들이 있는 무대설비를 통해 강화되었다. 무대 바닥의 경사는 배우들에게 장애물로 여겨졌다. 이러한 장애물과 대결하면서 연극은 활성화되었다. 전체적으로 바흐탄고프의 마스터 연출은 러시아 혁명의 연극에서 특징이었던 직접성과 예술성을 반영했다.

추상적 그리고 기계적인 연극

1910년경 이탈리아 미래파와 러시아 아방가르드 운동과 나란히, 특히 정신을 통한 물질의 극복과 현상의 충만에서 사물의 본질로 향하는 추상에 맞춰진, 그리고 물질적인 것에 대한 묘사의 강요로부터 예술의 해방에서 그 목표를 보았던 예

술 경향이 탄생했다. 이 새로운 예술 경향은 20세기 가장 중대한 예술이론적 작업에 속하며 빌헬름 보링거(Wilhelm Worringer)가 1908년에 출간한 책 『추상과 감정이입(Abstraktion und Einfühlung)』에서 철학적인 토대를 가지고 있었다. 그 젊은 학자는 유일하게 "순수한 추상" 속에서만이 "혼돈의 내면과 세계상의 어둠 속에서 안정"을 찾을 수 있는 가능성이 있다는 명제를 세웠다.[32] 몇 년 후 취리히 다다이즘의 창시자가 된 후고 발(Hugo Ball)은 미술에서뿐만 아니라 연극예술에서 추상의 개척자인 바실리 칸딘스키에 대한 강연에서 이 생각을 구체화했다. "이 시대의 예술가들은 (…) 새로운 주제를 명확하고 모호하지 않은 형태 속에서, 표면과 무게를 고려하고, 정돈하고, 조화롭게 하기 위해 본질적인 것, 영적인 것, 세속화되지 않은 것, 현상계의 뒷배경을 찾는다. 그들은 알려진 세계에 비유가 없는 새로운 자연의 창조자가 되었다. 그들은 더 이상 자연의 모방이 아닌 새롭게, 지금까지 전혀 알려지지 않은 형상과 비밀을 위한, 즉 자연물의 증가를 의미하는 형상들을 창조한다. 그것은 형상이라 부르지만 장미, 사람, 일몰, 크리스털 옆에 등가의 존속을 가진 존재들을 창조하기 위한 이 예술가들의 승리의 환호다."[33]

1910년대 초, 현대예술사 초기의 추상화에서 구상화를 극복하기 위한 칸딘스키의 노력이 목표를 이루었을 때, 그는 역시 러시아에서 뮌헨으로 이주한 작곡가 토마스 폰 하르트만(Thomas von Hartmann)과 함께 무대악곡 〈목소리들(Stimmen)〉(후에 〈녹색음향〉으로 바꿈), 〈거인들(Riesen)〉(후에 〈노란음향〉으로 바꿈), 〈검정과 하양〉을 작곡했다. 창작 과정은 동시에 다음과 같은 방식으로 진행되었다. 칸딘스키가 그의 앞에 있는 그림을 단어로 묘사하는 동안, 음악가가 그것을 피아노로 즉흥적으로 연주했다. 예술가들은 모양과 색상, 소리와 움직임에 대한 그들의 착상을 단어와 음표로 구성된 악보에 기입했다. 칸딘스키는 무대 위에서 이 악보를 전혀 보지 못했다. 뮌헨 예술가 극장에서 공연하기로 했던 후고 발의 계획은 제1차 세계대전의 발발로 좌절되었다. "노란 음향"은 이미 인쇄되어 1912년 칸딘스키 외에 특히 가브리엘레 뮌터(Gabriele Muenter), 마리안네 폰 베레프킨(Marianne

32) Wilhelm Worringer: Abstraktion und Einfühlung. S. 81.

33) Hugo Ball: Kandinsky. S. 682.

von Werefkin), 알렉세이 폰 야블렌스키(Alexej von Jawlensky), 프란츠 마르크(Franz Marc), 아우구스트 마케(August Macke)가 속했던 예술가 그룹의 이름을 딴 연감 "청기사"에 나와 있는 화가의 유일한 시나리오이다. 무대 구성에서 일반적 의미의 드라마가 중시되지 않는다. 그 때문에 등장인물의 대사는 배경으로 물러났다. 인물의 대사는 짧은 서정적 문구로 제한되어 있고, 대화라고 할 수 없다. 몇몇 부분에서 칸딘스키가 표현한 것처럼 "의미를 통한 은폐 없이", 그러나 종종 오직 사운드 가치로 언어가 사용된다. 그의 의견에 따르면 단어의 "외적 의미"가 "내적 소리"를 덮어서는 안 되었다.

예를 들어 여기 칸딘스키의 노란 음향을 위한 "안내서" 하나의 무대작곡이 있다. "오케스트라의 모호한 화음. 장막. 무대 위에는 처음에는 허여스름하지만 나중에 진하고 어두운 파란색을 띠게 되는 진푸른색의 여명. 한 시간 후에 중앙에 색채의 몰입과 함께 점점 밝아지는 작은 불빛이 보이게 된다. 한 시간 후에 오케스트라 음악. 쉬는 시간. 무대 뒤에서는 노래의 출처를 알아채지 못하게 설정된 합창이 들리게 된다. 대부분 저음의 목소리가 들린다. 노래는 열정 없이 점으로 표시된 부분에서 중단되면서 한결같이 똑같다.

> 저음: 돌덩이처럼 단단한 꿈 … 그리고 말하는 바위 … 질문으로 가득 찬 수수께끼를 지닌 땅 … 하늘의 움직임 … 그리고 고통 … 돌의 … 위로 높게 자란 보이지 않는 … 벽 …
>
> 고음: 눈물과 웃음 … 저주의 기도 … 합일의 기쁨과 가장 어두운 전투.
>
> 다같이: 어두운 불빛 햇빛이 … 가장 강한 … 날에. —빠르고 갑자기 달아나는— 가장 어두운 밤에 화려하게 빛나는 그림자.
>
> 빛이 사라진다. 갑자기 어두워진다. 보다 오랜 시간의 중단. 그리고 오케스트라의 도입부.[34]

칸딘스키의 무대작곡에서 언어뿐만 아니라 연극의 다른 요소들도 사실주의의 강요에서 해방되는 듯 보인다. 저자는 오히려 오직 자신의 환상에 따라 장면을 구성한다. 20세기로 전환한 이래 반자연주의적 연극개혁자들에게 항상 요구되

---

34) Franz Marc/Wassily Kandinsky: Der Blaue Reiter. S. 212 f.

었던 것처럼, 그 무대예술 작품은 단지 창작자의 상상력을 반영한다. 인과적 관계없이 병렬적이 되어, 사건들은 더 이상 논리적으로 이해할 수 있는 줄거리로 연결되지 않았다. 각각의 시퀀스는 스스로 의미가 있지만 전체 문맥 속에서는 다시 여러 가지 의미로 나타난다. 기호는 초감각적인 현실을 상징한다. 마케는 연감 『청기사』에서 이 콘셉트를 이렇게 묘사했다. "이해하기 힘든 생각들은 이해할 수 있는 형태로 나타난다. 별, 천둥, 꽃으로서, 형태로서 우리의 감각을 통해 파악할 수 있다. 그 형식은 비밀스러운 힘의 표현이기 때문에 형식은 우리에게는 비밀이다. 우리는 형식을 통해서만 비밀스러운 능력, '보이지 않는 신'을 예감한다."[35]

칸딘스키의 시나리오는 이러한 상징적인 형식들로 구성되었다. 예를 들어 초록 음향에서 공처럼 웅크린 것 같은 정확하지 않은 흐린 색의 세 가지 형상들이 커다란 빨갛고 녹색인 언덕 앞에 앉아 있다. 2개의 둥근 지붕이 우뚝 솟은 하얀 벽의 활짝 열려 있는 대문에서 가지각색의 사람들의 물결이 밀려나온다. — 아마도 칸딘스키는 모스크바 크렘린의 원형 지붕을 눈앞에 그렸을 것이다. 주황색과 빨간색의 형상들이 무대를 뛰어다닌다. 녹색의 여성 인물이 등장한다. 칸딘스키의 4개의 스케치 복사본을 보존하고 있는 무대 구성 흑과 적에서는 한 검은색의 남자가 한 하얀 여자 거인 앞에 앉아 있다가 마침내 천천히 머리를 든다. 완전히 검은색 옷을 입은 남자들과 완전히 흰색 옷을 입은 여자들이 무대 제일 앞쪽의 가장자리를 따라 무대를 활보한다. 길고 여러 색의 리본 속에 사람들이 누워 있는 여자 거인을 둘러싸면서 독특한 형식의 서창을 노래한다. 주황색 하늘 앞에서 나무들이 바람에 움직인다. 마침내 초록색 새 한 마리가 날아오른다.

화가는 자신의 이론서에서 여러 번 상세하게 논의했던 색상을 상징적인 의미에 상응하게 사용한다. 검은색은 칸딘스키에게 "가능성이 없는 침묵"이며 죽음을 상징한다. 흰색은 출생과 같이 모든 가능성을 열어둔 침묵을 표현한다. 노랑은 전형적인 지상의 색, 파랑은 전형적인 하늘의 색, 빨강은 제한 없는 따뜻함을 표현하지만 노란색의 "경솔한 특성"은 아니다. 칸딘스키에 따르면 녹색은 "기쁨,

---

35) Franz Marc/Wassily Kandinsky: Der Blaue Reiter. S. 54.

슬픔과 열정의 부속음이 없는" 가장 조용한 색이다, 회색은 무음의, 움직이지 않는 절망의 색, 그리고 갈색은 날카롭지 않고 단단한 색이다. 이 규정을 따르면 무대 구성의 의미에 대한 암시를 찾을 수 있다. 무대 구성이 현대 추리연극으로 읽힐 수 있다는 것은 노란 음향이 출판되었던 것과 연관되어 있다. "청기사" 전체 연감은 영혼의 치료 방법으로서 예술의 사고에 의해 관통되고 대본의 텍스트는 병적 악마의 이국적인 마스크와 저승에서 다시 돌아온 신화적인 인물을 통해 설명되었다. 이렇게 해서 적어도 노란 음향은 구제와 부활의 주제에 대한 진술로 이해될 수 있다. 또한 결론도 그것을 암시한다. 노란 거인 중 하나가 팔을 옆으로 들어 올리면서 성장한다. 인물이 교차하는 순간, 갑자기 어두워진다.

칸딘스키는 그의 저서 『예술의 정신성에 관하여』에서 그의 시대에 많은 지식인들처럼 "물질적 시대"를 비난하고 새로운 정신의 시대가 도래하고 있음을 맹세한다. 그에게는 지각할 수 있는 현실 뒤에 감춰진 이상적 세상을 드러내는 이러한 예술만 유효했다. 그가 논문에서 자신과 정신이 비슷한 사람이라고 강조하며 언급한 모리스 마테를링크처럼 무대사건에서 "정신적 추구와 갈망하는 영혼의 동경"을 보여 주고 싶어 했다. 칸딘스키는 창조적인 개인의 "내면적 필연성"의 표현으로서 예술에 대한 이해를 표현주의자들과 공유했다. 유일하게 이 기준에 따

바실리 칸딘스키: 〈흑과 백 1.〉, 1908/1909년, 토마스 폰 하르트만의 사본

르는 예술가는 원칙적으로 형식적 규칙에서 자유롭다. 그리고 무엇보다 외부 현실에 주어진 것의 모방 압력으로부터 해방되었다. 눈이 내면으로 향할 때, 그는 그 속에 정신이 표현되는 추상적 형식을 예술적인 종합으로 구성할 수 있다.

"비물질과 추상"에 대한 추구 속에서 칸딘스키는 집중적으로 예술의 본질에 열중했다. 그는 요소들을 분석하고, 비교하고 그것으로부터 새로운 종합을 합성하려고 했다. 그의 공감각적인 재능으로부터 이러한 행동은 특히 예정되어 있었다. 색채의 인상은 그에게서 소리의 느낌을 불러일으켰고, 음악을 들을 때 그는 눈앞에 그림들을 보았다. 그 예술가는 이런 현상을 물질적 현상 뒤에 정신적 완전함이 존재한다는 증거로 간주했다. 칸딘스키는 예술 사이의 상응성의 문제를 불가피하게 연극적 종합예술작품의 문제로 이끌었다. 그의 프로그램에서 칸딘스키가 개별 예술의 외적인 통합과 서열화(가장 꼭대기에 음악)를 비판했던 리하르트 바그너와 대립하면서 구성요소들의 절대적으로 조화로운 동급화의 원칙뿐만 아니라 불협화음의 원칙에 따라 구성요소들의 합성을 요구했다. 그가 수년 동안 많은 생각을 교환하고 환상적인 그림을 높이 평가했던 아르놀트 쇤베르크(Arnold Schoenberg)에게 1912년 8월 칸딘스키는 이렇게 썼다. "나는 구성이 '불협화음의 원칙'에서도 도달된다는 것을 —또는 더 좋게는— 여기에서 훨씬 더 가능성이 많다는 것을 보여 주기를 원한다. (…) 그렇게 노란 음향은 구성되었다. 이것은, 즉 내 그림들과 같다. 그것은 그것 하에서 법이 없음을 이해하고 규칙(미술에서 구성)을 이해해야만 (…) 하는 '무정부'라 부르는 것이다." 칸딘스키는 종합예술작품의 미학적 통일성은 개별요소(색, 움직임, 소리)를 "내적 필요성의 토대 위"에서 통합하는 연극예술가들의 능력을 통해 보장된다고 본다.[36)]

전쟁으로 인해 다시 고향으로 돌아간 후 칸딘스키는 러시아 아방가르드의 미래주의적이고 구성주의적인 경향을 만났다. 그로 인해 무대에서 엄격한 추상 추구는 더욱더 확고해졌다. 1922년 건축공예학교에 임명된 후 그는 「추상적인 무대 통합에 대하여」라는 강령적 제목의 논문을 출판했다. 그 논문에서 칸딘스키는 무대 구성을 위해 다시 요소들과 그 요소들의 합성으로 연극의 개별 예술의

---

36) Arnold Schön berg/Wassily Kandinsky: Briefe, S. 72.

바실리 칸딘스키: 〈전시회의 그림들〉, 1928년도의 구상

환원을 요구하고, 건축술과 문학 작품에 관련하여 무대 구성을 보완했다. 형식, 색채, 음향 그리고 동작으로 언어와 공간이 가까워졌다. 화합의 기준은 더 이상 "내면적 소리"가 아닌 "추상적인 소리"로 묘사되었다. 칸딘스키는 그의 연극 콘셉트의 마지막 단계를 1928년 뎃사우의 프리드리히 극장에서 초연했던 무대작품 박람회의 그림들에서 모범적으로 실현했다. 모데스트 무소륵스키(Modest Mussorgski)가 1874년 러시아 화가 빅토르 하트만(Viktor Hartmann)의 사실주의적 그림에 영감을 받아 작곡한 동명의 위대한 피아노 곡을 그는 원본으로 삼았다. 칸딘스키는 음악을 감상할 때 눈앞에 보였던 그림들로부터 작곡을 창조했다. 기하학적으로 과장된 인물들이 등장하는 2의 시퀀스(연속)까지 그림들은 추상적이다.

칸딘스키는 건축공예학교에서 무대 스튜디오의 일에 관여하지 않았다. 그는 이 일을 1923년 —신비적인 표현주의에 따른 로타르 슈라이어(Lothar Schreyer)의 실패 후에— 통솔자로 임명된 동료 오스카 슐레머(Oskar Schlemmer)에게 위임했다. 이미 이전에 발터 그로피우스에 의해 1911년 바이마르에 설립된 연구소에 조각과 벽면 구성의 전문가로 임명된 슐레머는 자신의 새로운 과제에 대한 능력을 "수식적인 캐비닛(Das figurale Kabinett)"이라는 제목과 "수학적 의상 춤"이라는 제목을 지닌 〈3인조 발레(Das Triadische Ballet)〉의 작은 기계역학적인 공연을 통해 증명했다.

마찬가지로 중요한 전제조건은 협회의 종합 프로그램과 일치하는 그의 이론적 출발점이었다. 첫 번째 발전 단계에서 특히 극단적인 합리성과 형이상학적 방향의 생산적인 모순이 특징이었다. 슐레머에게 이 콘셉트는 독일 낭만주의의 정신세계에 대한 새로운 해석을 통해 구체화되었다. 그는 노발리스로부터 "순수 수학은 종교이다"라는 문장을 그의 작업을 위한 모토로 넘겨받았다. 슐레머는 또한 두 번째 낭만주의자 화가 필립 오토 룬게(Philipp Otto Runge)를 자신의 예술적 견해를 위한 증인으로 인용했다. "우리 영혼의 상상과 신비주의로부터 발원하는 예술 작품에서의 엄격한 규칙성은 외적 소재나 역사 없이 가장 필수적인 것이다." 슐레머의 견해에 따르면 엄격한 형식의 추상으로부터 탄생한 예술은 우주질서를 볼 수 있도록 하는 힘과 연관이 있다. 슐레머가 연결되어 있다고 느낀 세 번째 낭만주의 예술가는 하인리히 폰 클라이스트였다. 그가 자신의 창작을 위한 일종의 선언문으로 간주했던 클라이스트의 에세이 『인형연극에 대하여(Ueber das Marionettentheater)』를 그는 〈3인조 발레〉의 초연에서 서문으로 낭독했다. 이 글에서 순진한 무의식 속에 "꼭두각시"는 조화와 전아의 의인화로 나타난다. 그들의 거리낌 없음과 중력을 극복하는 능력에 근거하여 꼭두각시는 사람보다 절대적으로 우위에 있게 된다. 만일 "정신의 마지막 붕괴"가 사라지고, 인형들을 인도하는 "기계 담당자"가 "크랭크 기계 장치"를 통해 대체되면, 사람들이 인식에 관여하기 전에 지배적이었던 천국과 같은 상태가 다시 나타난다. 세계가 사람들의 원죄를 통해 상실했던 이데아와 현실의 통합, 자유와 필연성의 고대했던 통일이 인형들을 통해 실현된다. 초자연적인 것과 기계적·인공적인 것의 통합과 하인리히 폰 클라이스트의 이상향 속에서 인간은 뒷문을 통해 다시 파라다이스로 입장할 수 있다. "그러나 한 점의 한편 위에 있는 두 선의 평균이 무한한 것을 통하여 통과한 후에 다시 다른 편에 나타나는 것만큼 (…) 만일 인식이 하나의 무한한 것을 통해 갔다면 우아함 또한 다시 나타난다. 그 결과 우아함은 무한한 의식을 갖거나 혹은 갖지 않는, 즉 인형 혹은 신 속에, 그것과 같은 인간의 몸에서 동시에 가장 순수하게 나타난다."[37]

---

37) Heinrich von Kleist: Sämtliche Werke, S. 830 f.

슐레머에게 인형은 현대 문명사회의 낯설게 조종되는 개인의 의인화이면서 동시에 인간에게 설정된 한계의 극복에 대한 멈출 수 없는 동경의 초역사적 이상이다. 그의 강령적 논문 「인간과 인공인물」에서 그 예술가는 기술의 발전을 통해 "형이상학적 측면에 따른 구성 가능성들"이 어떻게 증가하게 되었는지, "새로

오스카 슐레머: 변화하는 건축가, 1924년

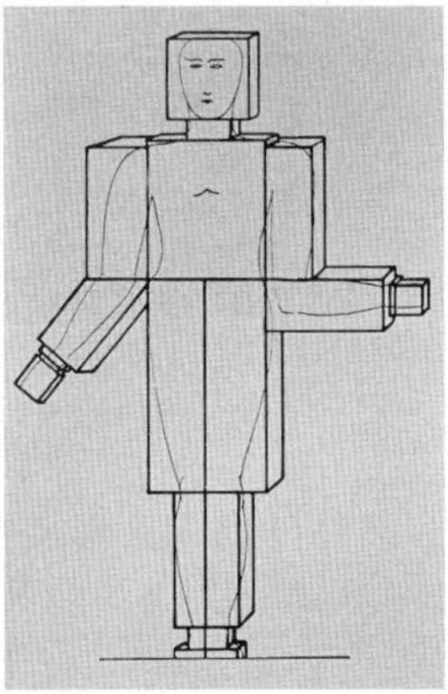

오스카 슐레머: 2명의 파테티커, 1924년

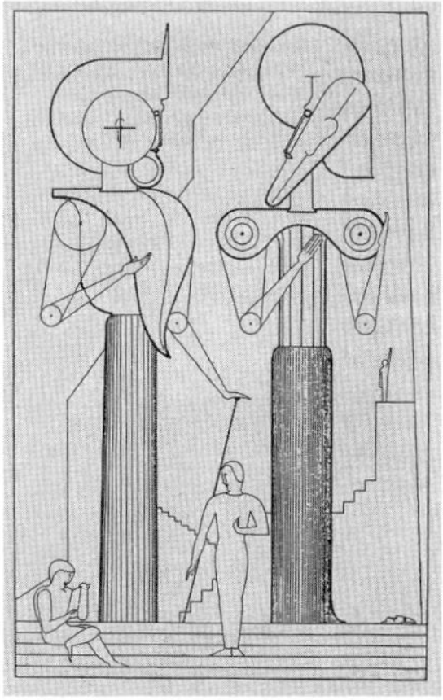

오스카 슐레머: 꼭두각시, 1924년

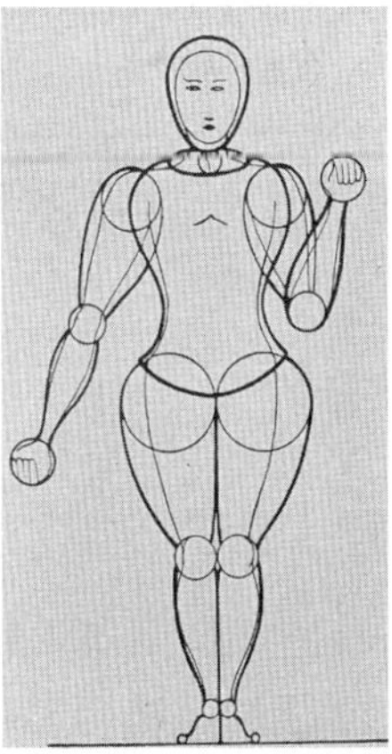

오스카 슐레머: 기술적인 유기체, 1924년

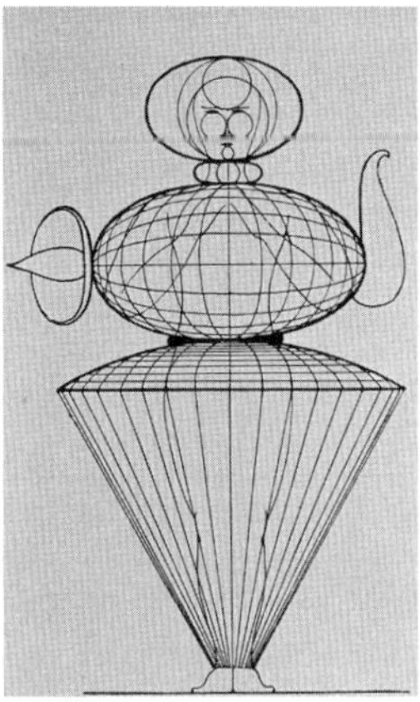

오스카 슐레머: 사람 안의 기호, 1924년

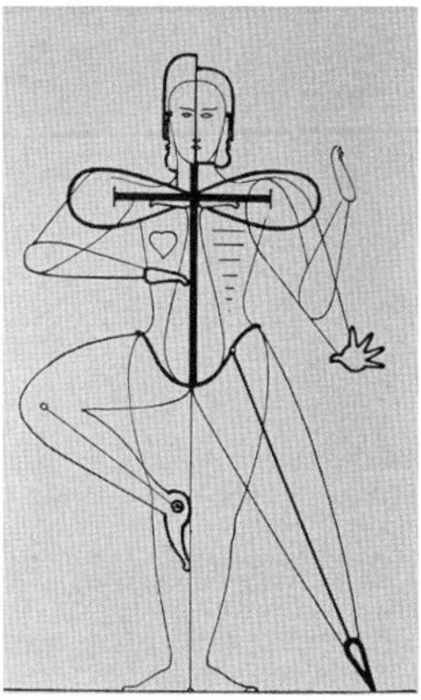

운 믿음에 귀중한 상징일 수 있는" 현대의 "기적 인물들"은 어떻게 창조될 수 있는지를 기술했다.[38] 그의 생각을 명백하게 하기 위해서 그는 "무대의 높이인 2개의 기념비적인 커다란 형상들의 표시와 힘과 용기, 진실과 아름다움, 법과 자유같이 숭고한 개념들의 의인화의 표시를 통해" 그의 논문을 보완했다. 그의 무대 작업 범위 안에서 슐레머는 그것을 위해 클레멘스 폰 브렌타노의 동화 『수탉, 병아리, 킥킥거리며 수다 떰(Gockel, Hinkel und Gackeleia)』에서 차용한 용어 "인공인물"을 사용했다. 예술가 스스로가 그것을 정의한 것처럼 인공인물은 절대적으로 "비인간적인 인형과 자연적·인간적 형상" 사이의 연결 링크로서 본질적인 것으로 개념화된 유형, 조화롭게 정리된 관계의 왕국 속으로 사라진 우상을 대표적으로 나타낸다. 그것은 인간에게 기하학적인 것과 기계적인 것의 강조를 통해 생겨난다. 슐레머의 시각에서 사람은 한편으로 "무의식적인 것과 형이상학적인 것의 그릇"이고 다른 한편으로는 "관절의 메커니즘으로 구성되고 뼈로 만들어진, 계량적으로 정해진 조직이다". 거기서 시작하여 예술가는 인공인물에 대한 인간의 양식화를 위한 네 가지 기본 유형을 발전시켰다. "변화하는 건축가(Wandelnde Architektur)", "꼭두각시(Die Gliederpuppe)", "기술적인 유기체(Technischer Organismus)" 그리고 뻗친 손의 별 모양, 어깨와 척추로부터의 십자가 그리고 무한대의 상징으로서 누워 있는 8이 강조된 "사람 안의 기호(Die Zeichen im Menschen)"라는 표어가 특징인 인물이다.

이 형상들은 〈3인조 발레〉에서뿐만 아니라 슐레머가 전통적인 연출을 위한 그의 실험적인 작업 이전에 나란히 제작한 의상 도안에서도 볼 수 있다. 인체의 움직임의 법칙에 대한 관심은 슈투트가르트 예술아카데미에서 견습 기간에 그를 춤에 대한 연구로 이끌었다. —프리드리히 니체로부터 수용된— 그의 견해에 따르면 이 예술 형식의 본질은 도취적·"디오니소스적"이고 초월에 놓여졌지만 그들의 "최종 형상"에서 "아폴로적이고 엄격한" 유기화학과 기계학 사이의, 자연과 정신 사이의 양극성의 균형을 추구할 수 있다. 제1차 세계대전 때 야전병원에 머무는 동안 그 예술가는 1922년에 초연되었던 〈3인조 발레〉에 대한 작업을 시작했다.

38) Oskar Schlemmer/László Moholy-Nagy/Farkas Molnár: Die Bühne am Bauhaus, S. 22.

그것에 대해 슐레머는 직접 쓴 공고에서 언급한다. “화가의 지도 아래 댄서들과 의상 제작자들은 특별한 것을 만들기 위해 노력했다. 몸의 움직임, 공간, 의상, 형태와 색 같은 춤의 모든 요소의 통합과 삼투를 말한다. 현대예술운동에서 주도적인 회화와 조각은 총체적으로 영향을 미칠 의무를 갖고 있는 것처럼 보인다. 그래서 그들은 춤에 길을 보여 줄 수 있고 춤에 근본적인 힘을 빌려줄 수 있다. 화가는 그러므로 의상과 장식을 위한 초안작업에만 제한되는 것이 아니라 (…) 오히려 화가는 전반적 구상의 소유자이며 집행자이다. 이것은 댄서들에게 자기 자신의 포기를 의미하며, 댄서를 잘해야 정확하게 작업하는 기계로 강등시키는 것으로 보일 수 있다. 하지만 그렇지 않다. 형식의 법칙은 표현의 자유를 주고 영혼은 사로잡힐 수 없다. 우리는 지난 과거의 정조에 대한 예찬과 개인주의적 추구 속에 책임에 반하여 형식과 법칙을 과소평가했다. 오늘날 형식과 법칙은 힘있게 진군하고 있으며 전형적인 것을 정복한다. (…) 하지만 〈3인조 발레〉가 하나의 세계관을 춤추지는 않을 것이다. 그 속에서 그 같은 하나의 세계관을 찾는 것을 아무도 방해해서는 안 된다. (그것은 오히려 꾸민 이야기에 대한 순수한 즐거움일 것이다. 형식과 색채 속의 축제일 것이다.) 예술가들은 여전히 아름다운 것들의 창조자이기 때문이며 여전히 모든 예술은 의도가 없는 것처럼 보인다.”[39]

조형적 요소의 우세는 작품의 생성 과정에 또한 반영된다. 우선 슐레머는 의상을 구상한다. 기본 형태로부터 그는 댄서들의 소위 “바닥기하학”이라 불리는 로드라인을 이끌어 낸다. 그러고 나서 음악을 선택한다. 이후 〈3인조 발레〉 공연에서 파울 힌데미트가 기계 오르간을 위해 특별히 작곡한 음악이 사용되었다. 작품에서는 슈투트가르트 극장의 댄서 커플과 슐레머가 직접 춤을 추었다. 그는 댄서들의 수를 〈3인조 발레〉의 전체 구조를 결정하고 작품에 이름을 부여했던 셋이 하나가 되는 것으로 보았다. 숫자 3은 슐레머에게 매우 중요한 숫자이다. 왜냐하면 숫자 3은 그 안에서 “편집광적 자아”와 “이원론적 대립”이 극복되는 “공동체의 시작”을 나타낸다. 18개의 다양한 인공인물이 “나선(Die Spirale)”, “황금공” 또는 “추상”과 같은 이름들로 나타나는 12명의 댄서들은 서로 다른 색과 지배적

39) Zitiert nach Dirk Scheper: Oskar Schlemmer. S. 33.

오스카 슐레머: 〈3인조 발레〉의 나선, 1919년의 구상

인 분위기로 특성화된 3분야를 구성한다. 첫 번째 부분은 레몬노란색이 내걸린 무대에서 "맑고-익살스럽게", 두 번째는 분홍색 무대에서 "성대하고-조용히", 세 번째는 검은 무대배경 앞에서 "신비적-환상적인" 효과를 내야 한다.[40]

건축공예학교에서의 교육적 활동을 위해 슐레머는 "구구표와 ABC, 법칙성의 규준으로 시작하여" 무대의 "조화이론"을 발전시킬 것을 계획했다. 연구자 정신, 실험에 대한 흥미와 학습 동기가 이 과제의 해결에 한몫했다. 진행 방법에 대해 일기장에 이와 같이 적었다. "건축공예학교 무대(Bauhausbühne)가 이에 의거해 진행했던 방법은 매우 간단하다. 사람은 가능한 한 선입견이 없어야 한다. 마치 세상이 방금 창조된 것처럼 사람은 사물에 접근한다. 사람은 한 사건을 죽도록 성찰하지 않고, 그 일을 신중하게 하지만 자유롭게 펼치게 한다. 사람은 단순하지만 궁색하지는 않다 (…). 사람은 현란하게 장식하거나 부풀린 것보다 소박한 것을 좋아한다. 사람은 감성적이지 않은 대신 영혼을 가지고 있다. (…) 사람은 기본적인 것에서 시작한다. (…) 사람은 점에서부터, 선에서부터, 단순한 표면에서부터 시작하고 단순한 (…) 물체에서부터 시작한다. 사람은 그곳에 있는 단순한 색에서부터 시작한다. 빨간색, 파란색, 노란색 그리고 검은색, 흰색, 회색. 사람은 물질로부터 시작하고, 유리, 철, 나무 등의 물질들의 재질 차이를

40) Oskar Schlemmer/László Moholy-Nagy/Farkas Molnár: Die Bühne am Bauhaus, S. 22.

느끼고 더 나아가, 그들을 깊이 동화시킨다. (…) 사람은 신체적 상태, 삶, 서기, 걷기 그리고 마지막으로 뛰기와 춤추기에서부터 시작한다."[41]

슐레머가 건축공예학교에서 학생들과 수행했던 연구들은 시각적인 것에 집중되었다. 연구소의 전체적 생각과 상응하게 그 출발점은 사람과 공간의 관계였다. 그때 바로 그가 뎃사우로 이주한 이래로 작고 아주 소박한 실험극장에서 사용했던 것처럼 만화경(Guckkasten) 무대는 이의 없이 수락되었다. 2개의 상반된 가능성으로서 슐레머는 사람을 "공간마술적 존재(Der Mensch-das raumbehexte Wesen)"와 "공간창조적 존재(Der Mensch-das raumschaffende Wesen)"로 규정했다. 사람이 공간 라인의 그물에 "구속되어" 있는 것처럼 보이는 상황에 리듬-기계적인 움직임이 상응한다. 사람이 복사형으로 광채를 발하는 얼굴 모양의 중심점을 구성하는 상황에 상응하는 것은 감정 조건적·유기적인 움직임이다. 건축공예학교 무대의 실험에서 다양한 방향, 속도 그리고 걸음 종류(보행, 걷기, 총총걸음)를 통한 이동을 고려하여 인간-공간-관계가 탐구되었다. 더 나아가 표면을 통한 —무대 춤에서 같은— 또는 신체를 통한 —쌓아 올리는 나무상자 놀이같이— 공간 나눔에 대한 연구를 했다. 이렇게 조사된 것들은 대중에 발표되었다. 왜냐하면 굉장히 유희적이었기 때문에 아마추어 관객들에게 매우 매력적이었다. 건축공예학교의 무대작업장에서 또한 색채요소에 대하여 집중적으로 연구했다. 다른 부서에서도 그랬

오스카 슐레머: 사람-공간마술적 존재, 1924년

오스카 슐레머: 사람-공간창조적 존재, 1924년

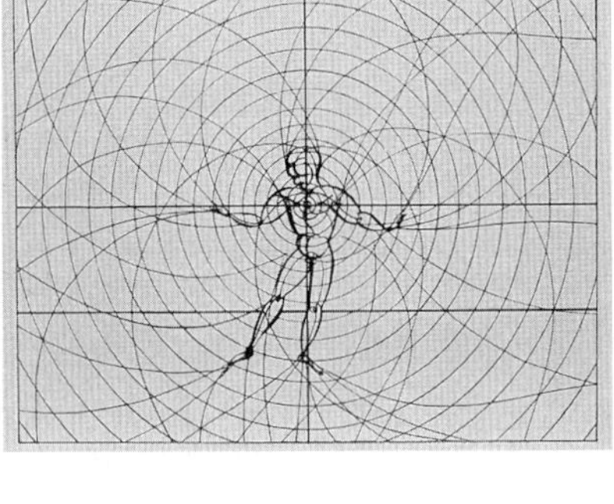

41) Oskar Schlemmer: Briefe und Tagebücher, S.112 f.

듯이 주로 기본 색상인 파란색, 빨간색, 노란색으로 작업되었고 그들의 혼합과 차이뿐만 아니라 미학적이고 심리학적인 효과에 대해서도 연구되었다. 이것과 밀접한 연관 속에서 슐레머가 2개의 관점하에 보았던 주제 "빛"에 대한 과제도 있었다. "텅 빈 무대공간에 정해진 원칙에 따라 정해진 형태 속에 원추형의 불빛으로서 벽으로 흩어지거나 혹은 한 점에 집중된 빛, 흰색 또는 유채색으로 던져져 (…) 그 공간을 자주 놀라운 광학의 환상 속에 밝게 비추고 변화시킬 수 있었다.(…) 하지만 조명은 또한 독립적인 효과에 도달할 수 있다. 수많은 백색과 유색 전구의 조명등의 이동을 통하여, 영사기를 통해 끝임 없이 변화시키고 하나의 흥미로운 광경을 제공할 수 있는 조명놀이를 생각할 수 있다."[42] 부족한 기술장비 때문에 그 실험들은 작은 범위에서 유지되었다. 손전등, 몇 개의 조명등, 채색유리 그리고 스스로 재단한 마분지로 된 틀을 가지고 다양한 실험을 했다. 쿠르트 슈베르트훼거(Kurt Schwerdtfeger)와 루드윅 허쉬펠트-맥(Ludwig Hirschfeld-Mack)은 반사적인 채색등 놀이에서 음악을 조명 그림으로 변화시키고, 18세기에 이미 영혼들을 감동시키고 제1차 세계대전 전에 작곡가 알렉산드르 스크랴빈

금속 춤, 건축공예학교 무대, 1929년

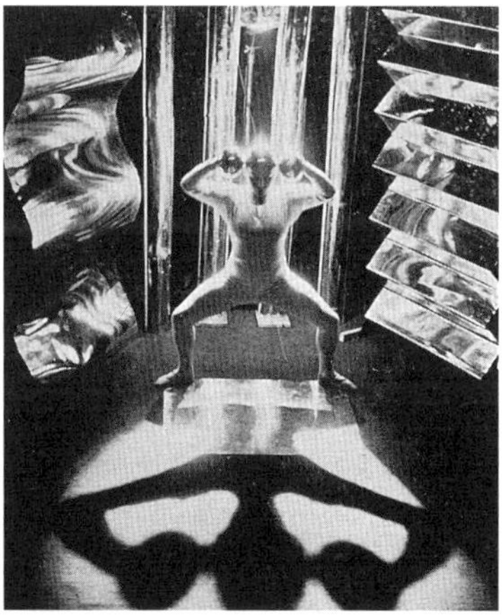

막대기 춤, 건축공예학교 무대, 1926/1927년

42) 디륵 쉐퍼에 따른 인용: 오스카 슐레머. 257쪽 이하. Zitiert nach Dirk Scheper: Oskar Schlemmer. S. 257 f.

(Alexander Skrjabin)과 조명예술가 알렉산더 폰 살즈만(Alexander vom Salzmann)이 몰두했던 주제를 다시 다루었다. 물론 건축공예학교 무대에서 다른 다양한 재료들과 대상들도 연구했다. 이렇게 금속 춤(Metalltanz)과 유리 춤, 타이어 춤과 막대기 춤((Stäbetanz)이 탄생되었다. 한 제스처 춤에서 3명의 연기자들은 의자, 회전하는 낮은 걸상과 금속의자의 도움으로 신체 기본 자세인 앉기, 눕기, 서기에 대해 연구했다. 모든 이런 짧은 공연들은 무언으로 진행되던지 아니면 피아노, 트럼펫 그리고 팀파니 같이 생생하게 일상생활로부터 만들어지는 단순한 소리를 동반했다. 하지만 가끔 클래식 음악은 축음기를 통해 연주되었다.

건축공예학교에서 일반적으로 기술에 대해 높이 평가했던 것을 고려하자면 기계적인 연극의 프로젝트에 몰두하는 것은 놀라운 일이 아니었다. 또한 무대작업장의 지휘권을 넘겨받기 이전에 슐레머는 기괴인물들, 추상화된 신체 부분 및 "마스터"로 표현된 인물로부터 동륜으로 움직이고 보이지 않는 조력자에 의해 이끌어지는 기하학적이고 기계적인 사물로 구성된 연극 수직적인 카비넷을 실현했다. 슐레머는 유감스럽게도 손실된 글을 통해 어느 한 "교수"의 의상과 마스크 속의 사건에 의견을 달았다. 크랭크에서 남자의 모범은 E. T. A. 호프만의 단편소설 「모래 남자」에서의 스팔라자니 박사(Dr. Spalanzani)였다. 올림픽의 설계자, 슐레머가 그의 인공인물의 모델로 본 인간과 유사한 자동장치이다. 슐레머는 스스로 〈수식적인 캐비닛〉을 "사격장과 추상적 형이상학(Metaphysicum abstractum)의 혼합물"로 묘사했다. 그와 함께 건축공예학교 연극작업의 두 가지 내용적으로 중

오스카 슐레머: 〈수식적인 캐비닛〉, 1922년

산티 샤빈스키: 〈기계적인 경운기-소녀〉의 구상, 1925년

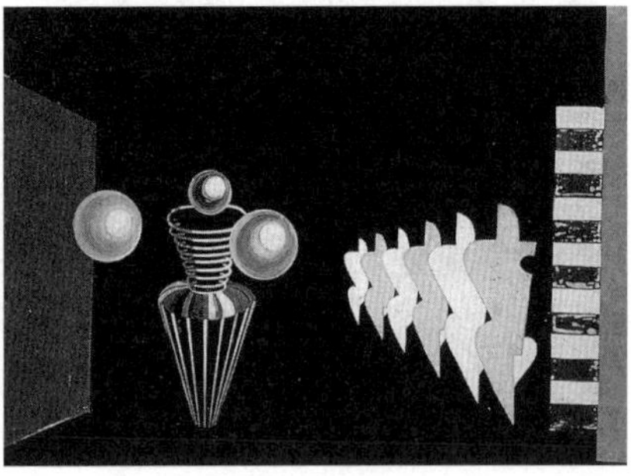

요한 기준점이 명명되었다. 초월성과 대중적 오락문화였다. 특히 후자, 즉 대중적 오락문화를 슐레머의 학생들은 그들의 실험 대상으로 했다. 예를 들어 산티 샤빈스키(Xanti Schawinsky)의 연극 〈기계적인 경운기-소녀(Mechanische Tiller-Girls)〉가 있다.

슐레머는 순수한 기계연극에 대해서는 오히려 부정적이었다. 그에게 있어서 무대 위에서도 "인간은 만물의 척도"였다. 슐레머는 "그것은 모양, 색상 그리고 빛의 움직임 속에 유일하게 사건이 있는 연극들을 생각하는 것이다"라고 기록했다. "만일 인간의 완전한 배제하에 움직임이 기계적 방법으로 이뤄진다면, 이것은 웅대한 기계의 정밀 작업과 같은 기술설비를 필요로 한다. 오늘날의 기술은 이에 대해 필요한 장비를 가지고 있다. 그것은 돈의 문제이며 특히 어느 정도까지 기술적인 비용이 목표로 하는 효과에 상응하는지, 즉 쌩쌩 소리가 나는 회전장치가 형태, 색상 그리고 빛의 변화를 포함하여 얼마나 오랫동안 흥미 있을 수 있는지에 대한 문제이다."[43]

다다이즘과 초현실주의에서의 연극적 요소들

다다이즘은 지금까지 알려지지 않은 익명적 대량학살의 폭력성을 동반했던 제1차 세계대전에 대한 반동이었다. 전쟁을 일으키고 부분적으로 적대적이 된 고향에서 중립적인 스위스로 도망쳐 왔던 소수의 지식인들은 우연히 발견된 아이들의 언어인 "다다(Dada)"를 가지고 삶 속으로의 운동을 외쳤다. 1916년 취리히 슈피겔 골목—레닌의 망명 거주지 건너편에 있던—에 있는 카바레 볼테르(Cabaret Voltaire)에서 다다이즘의 시작을 외친 독일 작가 후고 발은 당시의 감정을 대표적으로 표현했다. "세계 역사는 두 부분으로 갈라졌다. 내 앞의 시간과 나 다음의 시간이 —나 이전의 시간과 내 이후의 시간이— 있다. 천 년의 문화가 붕괴된다. 모든 가치의 전환이 행해졌다. 세계의 의미는 사라졌다. 혼란이 나타났다. 사람은 자

---

43) Oskar Schlemmer in: Bauhaus, Heft 3/1927, S. 3.

신의 얼굴을 상실하고 물질, 우연, 덩어리, 동물, 갑작스럽고 힘겹게 경련하는 사고의 병적 산물이 되었다."[44]

다다이스트들은 이러한 공포와 죽음에 도취한 세계에 대해 책임지기를 거부했다. 그들은 전쟁이 국가들의 제국주의적 권력투쟁의 연장과 다르지 않다고 확신했다. 처음으로 현대적이고 사거리가 먼 무기 시스템으로 실행된 도살은 미래파와는 반대로 기술발전에 대해 비판적이었던 그들에게 타락한 조롱으로 드러났다. 취리히의 다다이스트들은 그때 이미 창조의 주인이라 느끼는 사람이 계몽과 지식이라는 이름으로 그 자신에게 다시 파괴적으로 반작용하는 힘들을 풀어 놓았다는 것을 인식했다. 그들은 이러한 세상을 깊이 혐오했다. 루마니아 출신 그룹의 대변자 트리스탕 차라는 이러한 의미에서 그들 운동의 주요 동기를 "구역질"로 표시했다.

모든 것에 반대하는 근본적인 반대 속에서 다다는 반-예술로 이해되었다. "오물과 수수께끼의 혼동 위로 구제된 하늘을 뒤집는 것"의 거부와 함께 그 운동은 예술의 관습적인 사이비 종교적인 결정 기능과의 관계를 단절했다. "예술은 죽었다. 다다 만세!"가 표어로 주어졌다. 문학은 다다이스트들에게 "현기증"이었다. 그들은 가장 좋은 서적으로 "중단된 책"을 간주했다. 그들은 예술을 삶 속으로 인도하는 것을 목표로 삼았다. "새로운 예술가는 더 이상 그리지 않고 직접 만든다!"고 차라는 요구했다. 행동이 작품을 앞서갔다. 예술가들은 그들의 관객들과 직접적인 의사소통을 했고, 관객을 공격했고 몸소 그들을 비판했다. 미래파와 반대로 다다이즘 운동에는 미래에 대한 믿음이 없었다. 그들의 세계관은 하나의 극단적인 염세주의에 의해 각인되었다. 리하르트 휠젠베크(Richard Huelsenbeck)은 가정했다. "다다는 (…) 무를 의미한다. 이것은 무가 무언가를 의미하는 중요한 무이다. 우리는 무를 통해 세상을 바꾸길 원한다. 우리는 문학과 회화를 무를 통해 바꾸고 전쟁도 무를 통해 끝내길 원한다."[45] 다다이스트들은 카바레 볼테르 무대에서 그들의 이데올로기를 "바보놀이"로 표현했다. 그곳에서 말하거나 노래

44) Hugo Ball: Kandinsky. S. 682.
45) Richard Huelsenbeck: Dada. S. 33.

카바레 볼테르에서 음향 시의 발표 때 후고 발, 취리히, 1916년

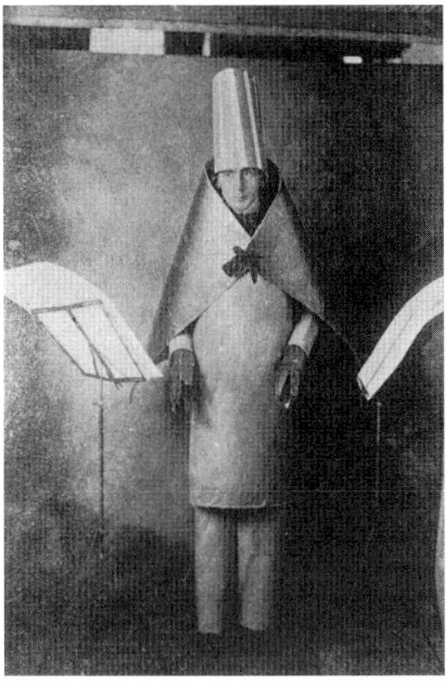

부르게 되는 모든 단어들은 그들에게 "존경을 강요"하는 시사문제가 성공적이지 않았다는 것을 표현해야만 했다. 무대 위에서 "큰북"은 대포 소리보다 크게 울려야 했다. "마녀들의 요란한 안식일 연회"가 속박에서 해방되었고, "아침부터 저녁까지의 야단법석", "흥분", "황홀"이 나타났다. 카바레 볼테르 프로그램의 절정은 마르셀 양코(Marcel Janco)의 마스크를 쓰고 연기된 오스카 코코슈카의 초기 표현주의 익살극 스핑크스와 허수아비의 공이었다. 무대감독으로서 트리스탕 차라는 잘못된 부분에서 천둥과 번개를 치게 했고 이런 방법으로 총체적 혼란을 만들어 냈다. 이 사건은 취리히 다다이스트의 유일하고도 순수한 극장 공연으로 남았다. 그들은 계속되는 다른 공연에서 오직 무대예술의 개별요소만 사용했다.

말했던 단어를 가지고 그들은 음향 시 작업을 했다. 그들은 단어로 의미를 전달하는 가능성에 대해 철저하게 의심했다. 홍보와 언론기사를 통해 언어는 그들에게 황폐화된 것처럼 나타났다. 그들은 "다른 사람이 이미 사용한 것"으로부터 시를 쓰기를, 언어를 고유한 방법으로 사용하기 위해 "아주 새롭게" 발명되지 않은 단어를 건네받기를 거부했다. 다다이즘의 음향 시에 대한 예로는 작가가 가톨릭 미사 노래 스타일로 성직자의 마분지 의상을 입고 낭송했던 후고 발의 시 「순례자의 무리(Karawane)」이다.

jolifante bamba ô falli bambla(욜리환테 밤바 오 할리 밤블라)

Grossiga m'pfa habla horem(그로시가 음파 하블라 호렘)

égiga goramen(에기가 고라멘)

higo bloiko russula huju(히고 블로이코 루쑤라 후유)

hollaka hollala(홀라카 홀라라)

anlogo bung(안로고 붕)

blago bung(블라고 붕)

blago bung(블라고 붕)

bosso fataka(보쏘 화타카)

ü üü ü(위 위위 위)

schampa wulla wussa ólobo(샴파 불라 부싸 오로보)

hej tatta górem(헤이 타타 고렘)

eschige zunbada(에쉬게 준바다)

wulubu ssubudu uluw ssubudu(부루부 쓰브두 우루브 쓰브두)

tumba ba- umf(툼바 바- 움프)

kusagauma(쿠사가우마)

ba- umf(바- 움프)[46]

리하르트 휠젠베크는 알아챌 수 없는 의미로 병렬된 단어 행렬의 소리로 구성된 "환상적인 기도(Phantastischen Gebeten)"를 통해 청취자의 이해가 아니라 감각에, 반향에 빠지고 진동하는 존재 전체에 호소했다. 작가는 그림처럼 관중의 뒤에서 쉭쉭 소리를 내며 승마 채찍을 리듬감 있게 내려치듯 낭독했다. 목격자에 의하면 그는 "문화에 지친 염세주의자"의 태도로 낭독을 거행했다. 다다이스트들에 의해 창조된 "동시적 시(Simultangedichten)"의 낭독 또한 그의 영향을 받았다. 휘파람, 외침, 사이렌 소리로 구성된 소음 무대장치의 배경하에 대부분 다양한 언어로 쓰여진 텍스트들은 보다 많은 낭독자에 의해 동시에 읽혔다.

다다이스트들은 낭독 이외에 움직임의 연극적 요소를 사용했다. "흑인 춤"과 음향 시의 리듬, 혹은 아르놀트 쇤베르크와 에릭 사티(Erik Satie)의 음악에 따른 표현 댄서(표현주의 무용가) 루돌프 폰 라반과 그의 학생들의 "표현주의적"으로 표

46) Hugo Ball: Gesammelte Gedichte. S. 28.

현된 창작물은 카바레 볼테르에서 공연되었다. 이때 사용되었던 마르셀 양코의 가면들은 "동적인 힘"과 "놀라게 하는 불가항력"에 의한 것이었고 그들의 착용자들에게 하나의 "격렬하고, 광기에 몸이 굳는" 제스처를 명령해야 한다.

다다가 취리히에서 소멸되었던 반면, 리하르트 휠젠베크는 전쟁 후의 혁명적인 분위기에서 좁은 의미로 정치적 성격을 띠었던 베를린으로 운동을 이동시켰다. 도발적인 견해는 더욱 강하게 나타났다. 예를 들어 "높은 다다"로 자칭하는 요하네스 바델(Johannes Baader)이 "내가 당신들에게 묻습니다. 당신들에게 예수 그리스도는 무엇입니까?"하고 끼어드는 외침을 통해 베를린 대성당의 크리스마스 예배를 방해했고 스스로 대답했다. "그는 당신들 관심 밖에 있습니다!" 물론 엄청난 소란이 있었고 그는 신성모독 혐의로 체포되었다. 이러한 행동을 통해 시민사회의 바리새 교인적 도덕을 폭로하려 했다. "다다-베를린"은 라울 하우스만(Raoul Hausmann)이 표현했듯이 스스로를 "시민에 대한 구체화된 적대감"으로 이해했다. 경제, 정부, 나라의 현존하는 형태들은 "노동자 계급의 공격"에 지탱할 수 없다는 확신에서 베를린 다다이스트들은 그들의 몰락에 기여하는 것을 자신들의 과제로 보았다. 휠젠베크 이외에도 문학에서는 하우스만, 프란츠 정(Franz Jung) 그리고 발터 메링이, 시각예술에서는 조지 그로스와 존 하트필드가 이것을 위해 노력했다.

거의 혼자 "다다-하노버"를 구체화한 쿠르트 슈비터스(Kurt Schwitters)는 그가 발전시킨 콜라주 방법을 통해 동시대에 맞는 현실과 예술의 결합을 회복시키려 했다. 그는 주변의 대상을 예술 현실로 조립했다. 그의 그림-콜라주에는 있는 물건들은 (거의 쓰레기에서 발굴된) 그의 시에서 이미 각인된 단어이었다. 그는 이것들로부터 「원형 소나타(Ursonate)」 같은 언어작품이나 「안나 블루메(Anna Blume)」 같은 언어작품처럼 난센스 시들을 만들었다. 쿠르트 슈비터스가 자신의 예술 작품에 꼬리표를 붙인 "MERZ"란 단어도 그는 이 구성 원칙에 따라 발견했다. 접착그림(데칼코마니아)을 만들 때 그에게 상업은행, 개인 은행의 광고 문구에서 이 자투리만 남겨져 있었다. 그의 MERZ-그림, MERZ-문학 그리고 MERZ-건축들처럼 "하노버 다다"는 MERZ-무대 역시 다양한 재료와 물건들, 과정과 상황들로부터 이뤄진 콜라주로 구상했다. 한 선언에서 그는 "하얀 벽, 사람, 철조망, 물줄기, 파란 원경, 광추"와 같이 고체의, 액체의, 기체의 물체 전체를 시각적인 소음으로, 그리고 "바이올린, 드럼, 트롬본, 미싱 기계, 똑딱 시계, 물줄기 등과 같은 것을 통해 만들어질 수 있는 것을 종합적 소음"으로, MERZ-무대의 음향학적인 요소로 표시했다. 그것들은 합주의 이상에 따라 작곡되는 것이 아니라 부조화의 기본 원칙에 따라 합성된 하나의 종합예술작품으로 융합되어야 한다. 표현주의의 열정, 미래파적 기술에 대한 열광 그리고 다다이즘의 허무주의를 연결하고 이 모든 출발점들을 조롱하는 장황함과 함께 슈비터스는 동시에 그의 전망을 스케치했다. "사람은 거대한 표면을 만들고, 그것을 할 수 있는 무한대까지 파악하고, 그것을 색으로 칠하고, 그것을 강제로 옮기고 그들의 수줍음을 부서지게 불룩 나오게 한다. 마지막 부분들을 부수고 소란스럽게 하고 무의 부분들을 무한하게 몸부림치게 한다. 톱니바퀴는 톱니를 냄새 맡고 하품하는 재봉틀을 발견한다. (…) 무대 뒤에서 오르간이 노래하고 '퓨트 퓨트'라고 말한다."[47] MERZ-무대 비전에서 모든 요소들은 평등하게 나타난다. 문학과 연기자는 다른 나머지 요소들보다 뛰어나지 않고 동일한 수준에 있다. 일상 논리와 관계없이 그들은 서로 결합되야 한다.

1920년대 중반에 슈비터스의 연극이론은 근본적으로 변화한다. 그의 미니 드라마 〈그림자놀이(Schattenspiel)〉와 〈고난의 놀이(Kümmernisspiel)〉로 이미 문학적인 연습작을 제출한 후에, 그는 베를린 중심에서 행성의 영향으로 저지된 세계멸망을 다루는 "충돌(Der Zusammenstoß)"이란 제목으로 괴기한 오페라 가사를 시도했다. 후기 초현실주의자인 앙드레 브르통, 루이 아라공(Louis Aragon), 필리프 수포(Philippe Soupault)와 게오르그 리베몽-데사이그네스(Georges Ribemont-Dessaignes)뿐만 아니라 전쟁 전 뉴욕에서 초기 다다이즘 방식으로 일했던 마르셀 뒤샹 그리고 프란시스 피카비아(Francis Picabia)가 속해 있던 파리 다다 그룹만이 다다주의적 드라마와 정규 공연을 유일하게 내보였다. 거기에 취리히에서 온 트리스탕 차라가 합류했다. 그는 의미 없는 단어 구성으로부터 비논리적으로 구성된 장면 순서를 지닌 2편의 단편 드라마 〈안티 피리네 씨의 첫 번째 멋진 모험(Das erste himmlische Abenteuer des Monsieur Antipyrine)〉과 〈안티 피리네 씨의 두 번

47) Kurt Schwitters: Das literarische Werk. Bd. 5. S. 39 ff.

째 멋진 모험(Das zweite himmlische Abenteuer des Monsieur Antipyrine)〉을 파리로 가지고 왔다. 그들의 연출은 아주 간단한 방법으로 실행되었다. 인물들의 이름이 새겨진 종이 봉투를 의상으로, 함께 붙인 국수 상자로 만든 마스크, 무대 곳곳에 팽팽한 밧줄을 장식으로 그리고 관객들에게 세 배의 메아리로 다다이즘의 표어를 때려 박는 소음기계. 이 선동적인 효과는 엄청났다. 어떤 동시대인은 이렇게 보고했다. "광기가 무대는 물론 관객석까지 지배했다." 모든 역할을 직접 연기한 작가와 그의 친구들은 썩은 달걀을 맞았다. 때때로 배우와 관객의 관계가 뒤집어졌다. 배우들이 무대에서 침착하게 이 광경을 지켜보는 동안 관객들은 자리에서 일어났고 그들은 발을 구르고 격하게 몸짓하면서 분노를 폭발시켰다. 차라의 〈가스 심장(Gasherz)〉 초연 때, 계속 반복해서 뛰고 "무대에 조금 더 삶을!", "너희의 작품은 좋다. 하지만 우리는 절대 아무것도 이해할 수 없다"라고 외치는 친구를 객석에 앉혔음에도 불구하고 더 이상의 스캔들은 없었다. 파리 다다주의자들은 모든 가능한 방법을 동원해 스캔들을 유발하려 했고 그것을 통해 동시대 사람들을 흔들어 깨우려 했다. 예를 들어 그들은 찰리 채플린이 등장할 것이라는 주장과 함께 관객을 유인하거나, 경제정책 연설로 꾸며진 초대장을 가지고 증권거래소 중개인과 의논했다. 목표한 선동의 원칙이 빨리 소진된 것을, 그 행동들이 오히려 진정한 불안보다 쾌적한 자극을 불러일으킨 것을, 리베몽-데사이그네스가 다음과 같이 확신을 했을 때 "시: 예술; 시가 아닌: 예술; 유희로서 단어들: 예술; 콧수염을 가진 모나리자: 예술; 오물: 예술" 최초의 사람으로 인식했다.[48] 결과적으로 그 시인은 곧 고요한 시골생활로 돌아갔다.

초현실주의의 창시자들은, 특히 앙드레 브르통은 다다이즘이 연극적으로 최절정에 도달했을 때 이미 다다이즘에서 멀어졌다. 1924년 파리의 한 극장에서 제목이 "중단"과 동시에 "닫힘-무공연"을 의미하는 〈휴관(Relâche)〉이라는 제목을 가진 "안티-발레"가 상연되었다. 대본과 무대장비는 프란시스 피카비아가, 음악은 에릭 사티가 제공했다. 쟌 뵈를린(Jean Börlin)의 안무에 따라 유명한 "러시아 발레"의 후계자인 "스웨덴 발레단(Ballets Suèdois)"이 춤을 추었다. 무대에는 3개의

48) Zitiert nach Jürgen Grimm: Das avantgardistische Theater Frankreichs. S. 135.

프란시스 피카비아/에릭 사티/쟌 뵈를린: 〈휴관〉, 스웨덴 발레단, 파리, 1924년

문이 연속해서 서 있다. 뒷 벽면은 관객들을 비추는 조명으로 덮여 있다. 춤추는 일상장면은 부조리한 실제-행위들과 교체되었다. 한 소방관이 계속해서 담배를 피우고 있다. 한 무직자가 무대 가장자리에 앉아 있고 무대를 측량하기 위해 때때로 일어났다. 고전적인 예술은 조롱되었다. 한 벌거벗은 커플은 루카스 크라나흐(Lucas Cranach)의 아담과 이브처럼 포즈를 취했다. 두 장면 사이에 피카비아와 뒤샹이 아직 잘 알려지지 않은 르네 클레르(Renè Clair)와 함께 촬영한 이중노출, 조작된 확대 비율, 근접 촬영을 통한 충격과 놀라움으로 설계된 영화 〈앙트락트(Entr'acte)〉—프랑스어로 막과 막 사이의 시간을 일컫는다—가 상영되었다. 동시에 상징적으로 피카비아 와 사티는 영화가 시작할 때 파리로 대포를 발사했다. 마지막에 작가들은 자동차를 타고 무대로 나왔고 야유 소리와 휘파람과 함께 깊이 생각에 잠긴다. 의도된 효과로서 스캔들, 공격성의 표적으로 예술가들의 개인적인 등장 그리고 삶과 예술 사이의 경계 없애기와 함께 이 공연에서 다시 한번 다다이즘의 가장 중요한 구조적 특징들이 나타났다. 다다이즘의 "재(Asche)"에서 특히 트리스탕 차라와 앙드레 브르통의 열띤 토론에 따라 성장했던 초현실주의도 다다이즘

과 같이 그 시대의 정신적·물질적·정치적 상황에 원칙적으로 반대했다. 하지만 다다와 반대로 초현실주의자들은 부정에 머물지 않고 새로운 긍정적인 가치를 만들어 냈다. 즉, 무의식이다. 그들은 예술을 인간 속에 있는 비이성적인 힘의 자유로운 표현으로 규정했고 예술을 모든 삶의 조건들을 전복하기 위한 수단으로 투입하고 싶어 했다. 꿈과 무의식의 망상이 관심의 중심으로 이동되었다. 물론 초현실주의자들은 동시에 지크문트 프로이트 이론의 영향 아래 있었다. 1921년 10월 브르통은 빈에서 프로이트를 방문하려 했지만, 정중히 거절당했다. 그들의 창작에서 예술가들은 정신분석학에서 "자유로운 연상"에 있는 환자와 유사하게 — 정신의 심층으로부터 걸러지지 않고 떠오르는 이미지에 몰두했다. 2개의 "초현실주의적 선언문"을 통해 초현실주의 운동에 프로그램을 부여했던 브르통은 "자동 글쓰기"의 창작 방법을 선전했다. 여기서 통제하는 이성은 모든 미학적·도덕적 고려처럼 가능한 한 차단되어야만 한다. 시적인 이미지는 의미를 부여하는 언어에 대하여 우선순위를 지닌다. 저자는 내용적·형식적 의도를 추구하지 않는다. 필리프 수포와 공동으로 작성한 텍스트, 산문, 서정시 그리고 격언의 혼합인 "자기장"에서 브르통은 처음으로 이 방법을 적용했다. 대변자로서 브르통의 주변에 모인 수포와 루이 아라공 이외에 로제 비트라크(Roger Vitrac)와 앙토냉 아르토뿐만 아니라 화가 막스 에른스트(Max Ernst)와 안드레 마송(Andrè Masson)이 포함된 파리 초현실주의자들은 자신들을 혁명적 그룹으로 이해했다. 그들은 ≪초현실주의 혁명(La Rèvolution surrèaliste)≫이라는 잡지를 발간했고 "초현실주의 연구 사무실(Bureau des recherches surrèalistes)"을 운영했다. 그들이 추구했던 혁명의 성격에서 그들은 일치하지 못했다. 일부는 정신-문화적인 전복을 추구했고, 다른 일부는 특히 경제사회적인 관계를 근본부터 변화시키려 했다. 그래서 그들이 환멸을 느끼며 즉시 떠났던 공산당의 재가입은 필연적이었다.

합리성, 인과율적 논리 그리고 유용성의 사고에 의해 감춰진 현실이 적어도 예술 속에서 표현되어야 한다는 확신에서 초현실주의자들은 일련의 직접적인 선구자들을 가지고 있었다. 이미 세기 전환기 이전, 자연주의의 전성기 중간에 알프레드 자리는 우부 씨(Monsieur Ubu)의 인물을 위한 그의 드라마 연작을 통해 1920년도에 로제 비트라크와 앙토냉 아르토가 그들의 "극장 알프레드 자리(Thè

알프레드 자리: 〈왕 우부〉, 작가의 의상 구상, 1896년

atre Alfred Jarry)"에서 말한 초현실주의적인 시도에 증거로 끌어낼 수 있는 초현실적 연극에 대한 실제적 예를 주었다. 저자가 나중에 〈쇠사슬에 매여 있는 우부(Ubu in Ketten, Ubu enchainè)〉와 〈간부의 서방 우부(Ubu Hahnrei, Ubu sur la butte)〉를 보완한 작품인 〈왕 우부(König Ubu, Ubu roi)〉는 왕 살해사건 드라마로 아버지 우부를 왕위 찬탈자로 그리고 어머니 우부를 과장된 레이디 맥베스(Lady Macbeth)로 그리면서 셰익스피어 비극의 모범을 따르며 동시에 그것을 패러디했다. 그 작품은 자리가 일반적인 것에 대한 교리로 철학에 반대하여 발전시켰으며 유효한 진리가 아닌 다수의 가상적 해결책을 가진 특정한 것에 대한 학문, 즉 "파타피직스(Pataphysik)"[49]에 근거했다. 젊은 작가가 자신의 물리 선생님을 모범으로 하여 구성한 표제 인물은 19세기 말 시민에 대한 희화이다. 우부는 잔인한 것만큼 야비하고, 탐욕을 부리는 것만큼 음란하다. 그는 단지 본능적으로 행동하고, 거리낌 없이 탐욕, 식탐, 허영심을 충족시킨다. 그 인물은 다른 사람들이 무엇을 생각하는지 진술한다. 우부는 예를 들어 아무런 가책 없이 고백한다. "나는 내 자신을 풍요롭게 하는 것을 중단하지 않을 것이다." 자리가 동시대인의 이 무자비한 성격 묘사를 통해 스캔들을 선동한 것은 그 자체로 이해된다.

자리는 구상적 성찰을 통해 그의 시대를 완전히 지배했던 "환상무대의 착시현상의 우매함"을 공격했다. 그는 환상무대와 반대로 그의 연극을 현실과의 관계

49) 알프레드 자리(1873~1907)가 만든 신조어로, 온갖 부조리로 가득 찬 사이비 철학(과학)을 말한다. —옮긴이

그리고 현실의 원칙과 규정 속에 있는 자율적인 세계라고 정의한다. 이로 인해 그는 동기 부여 없이 시간과 공간을 바꾸고 다양한 현상을 서로 결합하는 권한을 획득했다. 우부 왕을 위한 지침에서 그는 말한다. "장막은 어디서도 상상할 수 없는, 침대 발끝 부분의 나무, 검푸른 하늘의 하얀 눈을 갖춘 무대장치로 자유로운 시각을 부여한다."[50] 또한 다른 한편으로 그는 모든 자연주의적 장식에 "암시적으로 능가했던" 무대를 목록을 통해 표시할 것을 요구했다. "문장의 분할 면 안에서처럼" 연기자들이 앞에서 움직이고, 단순히 채색된 헝겊으로 구성된 "문장학적 장식"의 자리의 생각은 개념화(추상화)를 목표로 한다. 작가 역시 연극의 나머지 다른 요소들로부터 환상 대신 상상력을 요구했다. 예를 들어 〈우부 왕〉의 초연에서 폴란드 군대의 퍼레이드는 오직 단 한 명의 배우에 의해서 묘사되었다. 등장인물 속에 인간의 "영원한 속성", 말하자면 원형을 나타나게 하려는 그의 의도를 자리는 특히 통상의 테두리에서 벗어난 마스크를 통해 표현하고자 시도했다. 우부 왕의 역할을 맡은 배우는 자기중심적 사고의 전형적인 상징으로서 솜으로 채워진 배와 그 위에 나선이 그려진 전신 마스크를 착용했다. 변용한 목소리와 작가가 인형극을 모델로 수용했던 특별한 움직임의 형식은 탈개성화를 목표로 했다.

알프레드 자리의 3부작 우부와 동일선상에서 시인이자 예술평론가인 기욤 아폴리네르(Guillaume Apollinaire)에 의해 1917년도에 쓰인 드라마 〈티레지아의 가슴(Die Brüste des Tirèsias)〉도 놓인다. 여기에서는 전쟁 전에 프랑스에서 인구 감소에 반대하는 성명에 관한 문제를 다룬다. 뒤엉켜진 사건의 중심에는 테레즈(Thèrèse)에서 매일 4만 명의 아이들을 세상에 태어나게 하는 티레지아스(Tirèsias)로의 변신이 있다. 물론 심리적인 동기나 논리적인 공간-시간 구조는 없다. 일상현실의 단면들은 새로운 "초현실"로 함께 조립되는 것처럼 나타난다. 이 부분에 있어서 아폴리네르에 의해 고안된 장르의 명칭 "초현실적 드라마"는 —이 용어는 덧붙여 말하자면 여기에서 처음으로 등장한다— 이 현상을 매우 정확하게 지시한다.

작가는 그의 프로그램을 작품의 머리말에 이렇게 기록했다.

---

50) Alfred Jarry: Ansichten über Theater. S. 36.

시인이 대중, 즉 생기 없는 것들로 하여금 말하게 하는 것은 옳다.
그에게 어떤 생각이 떠올랐을 때
그가 공간보다는 시간에 더 많은 고려를 하지 않는다는 것이 (…) 옳다.
그는 창조자이다.
그는 자기 마음대로 배치한다.
소리, 몸짓, 걸음걸이 그리고 색채를

초현실주의적 예술 작품은 아폴리네르의 견해에 따르면 관객을 놀라게 하고, 관객을 "모욕"하고 그리고 관객의 수동적인 관람 방식에 질문을 던지는 것과 같이 심층에 대한 통찰력을 주어야 한다. 목표설정의 의미에서 연극적인 요소들은 포괄적인 통합을 위해 결합된다. 이 "종합연극"을 위해서는 그 안에서 관객들이 무대사건에 의해 감싸여질 새로운 건물이 세워져야만 한다.

2개의 무대를 지닌 원형극장
무대 하나는 중간에 다른 무대 하나는 일종의 원형 광장을 구성한다.
관중을 둘러싸고
그리고 우리 현대예술의 커다란 전개는
가능할 것이다.[51]

아폴리네르는 1917년 세르게이 댜길레프의 "러시아 발레"에 의해 실현된 작품 〈퍼레이드(Parade)〉를 "초현실주의적"이라고 설명했다. 가극 대본은 장 콕토(Jean Cocteau)로부터 유래했고, 음악은 재즈적 요소와 일상생활의 소음이 섞인 에릭 사티의 네오클래식 음악이었다. 줄거리는 간단하다. 한 예술가 그룹이 파리의 극장 앞에서 관객을 공연으로 유인하고자 하는 광고용 쇼를 선보인다. 그러나 관객들은 그 광고를 공연 자체로 생각한다. 파블로 피카소(Pablo Picasso)는 이 작품을 위해 장막, 단순한 흑백의 무대장치, 프랑스 그리고 미국 관리자의 역할을 위해 통

51) Zitiert nach Jürgen Grimm: Das avantgardistische Theater Frankreichs, S. 89 ff.

장 콕토/에릭 사티/레오니드 마신: 〈퍼레이드〉, 러시아 발레, 1917년, 피카소의 입체파적인 주변 인물을 위한 구상

상의 테두리에서 벗어나는 입체파적인 주변 인물을 도안했다.

콕토는 "발레 수에도이스(Ballets suèdois, 스웨덴 발레 앙상블)"를 위해 춤, 판토마임 그리고 연극이 뒤섞인 작품 〈에펠탑 위에서의 결혼식(Les mariès de la Tour Eiffel)〉을 구상했다. 텍스트는 배우가 아닌 무대 양쪽에 설치된 2개의 스피커에서 말해졌다. 이 작품은 에펠탑 방문 때 일어나는 결혼 파티의 독특한 모험에 대한 이야기다. 사진기로부터 타조와 사자가 올라오고, 하늘에서는 아주 커다란 전보가 떨어지고, 한 작은 아이가 에펠탑에 음식을 먹이려 하고, 죽은 장군이 또한 갑자기 살아 돌아온다. 사물과 사람의 속성이 뒤섞이고, 기술은 자의적으로 파괴되고, 논리는 거꾸로 되었다. "초현실의 드라마"이다. 작품의 불합리성과 시학은 초연에서 이레네 라구트(Irène Lagut)의 부드러운 색채로 된 무대장치와 장 휴고(Jean Hugo)의 환상적인 의상과 마스크를 통해 더욱 강화되었다.

아폴리네르의 〈티레지아의 가슴〉과 뚜렷한 연관 속에서 알사스인으로서 프랑스와 독일 문화 사이에 서 있는 이반 골(Yvan Goll)은 1920년대 초반에 〈죽지 않는 사람들(Die Unsterblichen)〉과 소극으로 〈메투자렘 혹은 영원한 시민(Methusalem oder Der ewige Bürger)〉 아래 2개의 종합극을 썼다. 그 소극에서 그는 기괴하고 풍자적인 그리고 조롱하는 방법을 통해 신흥 부자인 속물, 그의 편협한 부인, 뛰어난 딸과 심장 대신에 기계 장치를 가슴속에 넣고 다니는 사업에 중독된 아들의 성격을 묘사하고 있다. 인물들은 연기하는 동안 그들의 동일성을 바꾸고, 동물과 기계의 특성을 받아들인다. 조지 그로스는 그러한 것들을 그의 배경인물들 속에

이반 골: 〈메투자렘 혹은 영원한 시민〉,
조지 그로스의 실현되지 않은 의상 구상, 1922년

구체적으로 표현했다. 배경 안내서에 대한 그의 도안은 딸의 자연공간을 대학생의 기술-도시의 세계와 대조시킨다.

그의 이론서에서 이반 골은 "시인 자신이 직접 의식하지 않은 그 어떤 것", "마스크 뒤에 숨어 있는 그 어떤 것"의 예술적인 묘사를 요구한다. 무대 위에서는 "비현실적인 진리"가 나타나야 한다. 그 때문에 현실이 종합극으로 되기 이전에 현실은 괴기함 속으로의 소외(낯설음)를 경험해야만 한다. 단지 이렇게 해야만 연극은 "돋보기"로서의 그의 역할을 다할 수 있다. 골에게 있어 괴기함의 가장 중요한 구성수단은 인물들의 순수하게 외적으로만 나타나는 마스크이다. 언어의 비논리와 더불어 "초현실주의(Überrealismus)"의 시각적 수단은 사람들을 놀라게 하고 그것을 통해 더욱 나아지게 해야 한다.

앙드레 브르통의 주위에 모인 대부분의 초현실주의자들은 연극에 부정적인 견해를 가지고 있었다. 연극이라는 매체는 그들에게 솔직한 자기표현을 위해서는 적당치 않은 것으로 보였다. 배우와 극작가들은 마스크 뒤에 숨어 예술을 배신할 수도 있을 것이다. 그 밖에도 그들은 연극의 상업적 성과에 대해 지속적인 타협을 해야만 한다. 그럼에도 불구하고 앙토냉 아르토와 로제 비트라크는 1920년대 후반에 극장 알프레드 자리를 가지고 초현실주의 정신으로부터 하나의 연극 모델을 개발하기 위해 노력했다. 이와 관련하여 비트라크는 꿈과 현실의 장면으로 조합된 삼각관계 이야기인 〈사랑의 비밀(Geheimnisse der Liebe, Les mystères de L'amour)〉과 〈빅터 또는 힘 있는 아이들(Victor oder Die Kinder an der Macht, Victor ou les enfants du pouvoir)〉, 그들의 아이들에게 학대당하는 두 부부에 대한 익살극을 저작했다. 이것은 살롱 코미디처럼 시작하지만 시체더미와 함께 악몽으로 끝난다. 오직 하녀만 살아남고 그녀는 마지막에 정신이 나가 외친다. "이건, 그래. 드라마이다!"

1930년도 이후 비문학적이고 형이상적으로 실행된 "잔혹극(Theaters der Grausamkeit)"의 콘셉트를 제시했던 앙토냉 아르토는 젊은 청년으로서 앙드레 브르통의 영향에 빠져들었다. 아르토의 생활환경을 보면 그럴 만했다. 어릴 때부터 뇌막염 때문에 두통에 시달렸고 진통제에 의존해야 했으며 결국 아편 중독자가 되었던 아르토는 그가 직접 언급한 것처럼 그에게 "죽음" 아니면 "광기" 속에 돌파구가 주어진 것 같은 시점에 초현실주의 사상을 만나게 된다. 초현실주의와 관련되어 아르토는 그의 개인적 고통을 그룹의 집단적 저항 속에서 차단할 수 있는 기회를 봤다. 왜냐하면 그처럼 다른 사람들도 내적 필요성에 의해 만들어지지 않는 예술을 혐오했기 때문이다. 아르토처럼 초현실주의자들은 현실에 대하여 꿈과 광기의 특권을 주고, 그처럼 그들은 혁명을 필수적인 것으로 간주했다. 초현실주의자들의 잡지를 위한 한 기고에서 아르토는 개념에 대한 그의 견해를 다음과 같이 요약했다. "이 혁명은 가치들의 일반적인 평가절하를 목표로 한다. 언어의 절대적이고 새로운 혼란, 생각의 비균등성을 목표로 한다."[52] 초현실주의자들이 공산주의로의 전향과 함께 정치적 목표를 설정했을 때, 아르토는 함께하지 않았다. 그는 이상적(영원한) 사회 참여와 역사적(실용적) 사회 참여의 불일치성을 고수했고 마침내 로제 비트라크와 필리프 수포처럼 그룹에서 배제되었다.

그가 초현실주의에 속해 있는 동안 앙토냉 아르토는 일련의 산문 텍스트와 단편 드라마 〈혈류(Der Blutstrahl)〉, 즉 우주 멸망의 환상으로 끝나는 사랑 이야기를 썼다. 마지막 장면 지시는 이렇게 쓰여 있다. "지금 이 순간 사람은 충돌하는 2개의 별을 보고 발, 손, 머리카락, 마스크, 기둥의 나열, 주랑 현관, 사원, 증류기와

52) Antonin Artaud: Surrealistische Texte. S. 54.

함께 점점 더 천천히 떨어지는, 마치 그것들이 허공에 추락하는 것처럼 생생한 살로 이뤄진 일련의 다리들을 본다."

아르토는 극장 알프레드 자리를 위해 비트라크의 두 작품 외에도 아우구스트 스트린드베리의 〈꿈의 연극〉과 과장된 패러디 드라마 폴 클로델의 〈정오의 극점〉에서 한 막을 연출했다. 클로델은 가톨릭의 영향을 받은 상징주의로 인해 초현실주의자들에게 그들의 주요 대적자 가운데 한 명으로 간주되었다. 그가 실천적 작업과 병행했던 프로그램 논문에서 아르토의 연극을 "섬기지 말고, 그것을 이용하라"고 강조했다. 연극은 "목표가 아닌 수단"이어야 한다. 연극은 "모든 인간적 가치의 왜곡"으로 느껴지는 현재와의 싸움에서 삶과 직접적으로 연결된 요소여야 한다. "커다란 진지함"과 함께 연극은 특히 이성이 접근할 수 없는 삶의 차원을 표현해내야만 한다. "영혼 속 어두운 곳에, 눈에 띄지 않는 곳에, 드러내지 않은 곳에 있는 모든 것을 표현해야 한다."[53] 아르토의 견해에 따르면 "자동글쓰기"처럼 또한 초현실주의 연극의 연출은 모든 이성의 통제를 벗어나야만 한다. 무의식의 자발성에서부터 탄생되어 모든 공연은 삶의 모든 다른 행동들처럼 예측할 수 없고 반복될 수 없다. 그는 "알프레드 자리 극장"의 선언문에서 말한다. "우연은 우리의 신이어야 한다." 아르토의 초현실주의 연극 모델에서 특히 음가로 삽입되는 말해진 언어에 소음과 외침, 상이하게 구성된 장식 요소와 조명 효과 및 특별한 매력으로서 불꽃과 폭발이 더해진다. 이 모든 방법은 관객들을 가능한 한 직접적이고 강렬하게 동요시키기 위해서 투입된다. "우리를 방문하는 관객들은 그들의 정신뿐만 아니라 그들의 감각 그리고 육체가 위험에 직면하는 실제 작업 과정으로 인도된다는 것을 알고 있다."[54]

53) Zitiert nach Jürgen Grimm: Das avantgardistische Theater Frankreichs. S. 402.

54) Zitiert nach Elena Kapralik: Antonin Artaud. S. 66 ff.

앙토냉 아르토의 잔혹연극

불가사의하고 종교적인 연극을 추구하는 아르토의 콘셉트는 초현실주의의 실험무대뿐만 아니라 프랑스 마임 전통에 자극받았다. 그것이 1920년대에 재개되었고 연극을 위해 결실을 맺었다. 샤를 뒬랭(Charles Dullin)과 그의 학생인 에티엔느 드크룩(Étienne Decroux)과 장루이 바로(Jean-Louis Barrault) 주변에서 그는 신체 연기의 새로운 기술을 알게 되었고 그것을 그의 표현 스타일로 통합했다. 한 동료 배우는 아르토의 특색을 이렇게 묘사했다. "그의 부자연스러운 연극은 그를 크게 했고, 그를 변화시켰고, 그에게 모든 나이를 부여했다. 나는 그의 얼굴의 창백한 피부색과 어두운 볼을 다시 본다. (…) 아르토가 움직이기 시작하면 그의 근육은 팽팽해지고, 그의 육체는 앞으로 구부러지고, 그의 창백한 얼굴은 단단해지고, 그의 눈에서는 불이 나왔기 때문에 사람들은 그를 '철사로 이뤄진 배우'라고 불렀다. 그는 이렇게 등장했고 손, 팔 그리고 다리를 가지고 연기했다. 사람은 그가 지그재그로 걷는 것을 보았고, 그의 사지는 무대를 성큼성큼 걸어 다니고, 거칠어진 아라베스크를 그려 넣었다."[55)]

아르토의 연기자적인 실천뿐만 아니라 신체에 대한 이론으로의 이행은 언어에 대한 깊은 회의에서 시작되었다. 그의 문학적인 창작 역시 그것으로부터 결정되었다. 후반기에 그는 직접 낭송하는 음향 시를 점점 더 많이 썼다. "내가 시를 낭송할 때는, 박수를 받기 위해서가 아니라, 남자와 여자의 신체가 나의 신체와 합일 속에 어떻게 전율하고 어떻게 빙글빙글 도는지를 느끼기 위해서이다."[56)] 아르토에게 있어 진정한 시인들은 "신체의 대리인"이다. 그와 반대로 거짓의 시인들은 "정신의 대리인"이다.

아르토의 선언문에서 알프레드 자리 극장에 대한 요약적 서술은 1930년대 초반에 미적-형이상학적 연극의 콘셉트로 응축되었다. 몇 차례의 실패 후에 유일하게 이뤄진 실천적 전환은 르네상스-이탈리아에 이주해 온 영국 낭만주의자 퍼시

55) Zitiert nach Elena Kapralik: Antonin Artaud. S. 35.

56) Antonin Artaud: Briefe aus Rodez. S. 17.

퍼시 쉘리: 〈복수희극〉, 앙토냉 아르토 연출,
파리 1935년, 아버지 역에 앙토냉 아르토

셸리의 〈복수희극(Les Cenci)〉을 그가 직접 연출한 것이었다. 공연은 파리 관객들에게 전혀 관심을 받지 못했고 비판은 치명적이었다. 연출자가 얼토당토않은 광기로 주연처럼 부각되었기 때문이다.

진정한 "잔혹연극"을 통해 사람들은 약물 중독과 금단 고통, 절망과 반항, 광기와 극단적인 형상 사이에서의 동요로 채워졌던 앙토냉 아르토의 찢겨진 삶을 볼 수 있었다. 이미 유럽에서 침몰한 "집단적 신화"를 찾기 위해 아르토는 멕시코 타라후마라의 인디언 부족 마을로 여행을 했다. 그 부족은 1936년 석기시대 수준으로 살았고 그들의 제식에서는 마약 성분이 있는 페요테 식물이 중요한 역할을 했다. 1937년 아일랜드 여행에서 그는 성자 패트릭의 지팡이로 보이는 막대기로 무장하고 켈트족의 승려 "드루이드의 비밀"을 탐구하려 했다. 그러나 경찰 보고서에 기록된 것처럼 이상한 행동으로 인해 그는 감금되었다. 그 후 그는 거의 10년의 긴 세월 동안 프랑스 지방의 정신과 병원들을 방황하기 시작했다. 그는 삶의 마지막 몇 달을 저명한 예술가 친구들이 개입한 덕분에 파리에서 가까운 개방식 개인 병원에서 보낼 수 있었고 다시 문화적인 삶에 참여할 수 있었다. 1947년 파리 소르본에서 그의 마지막 공식적인 출연은 큰 주의를 불러일으켰던 그의 정신병원과의 정산에 도움이 되었다. 다음해 3월 아르토는 사망했다.

〈연극과 그의 대역자(Das Theater und sein Double, Le theatre et son double)〉라는

제목 아래 수집되어 출간된 선언문에서 아르토는 그의 개념적 내용들을 논증적·이론적이 아닌 비유의 도움을 받아 묘사했다. 개별적 텍스트들의 제목은 그의 콘셉트를 설명하는 영역들을 나타낸다. "연극과 흑사병", "연금술사적 연극", "잔혹연극". 비유적(유추적) 묘사 방법은 서양 문화와 언어에 대한 깊은 불편한 심기를 표현한 것이다. 합리적인 개념 세계와는 반대로서 아르토는 개념 "삶"을 끌어들인다. 또한 그는 생철학이 세기의 전환기에 현대 세계의 일방적 합리화에 대한 반동으로서 발전한 것처럼 프리드리히 니체에 의해 기초된 생철학과 관계를 맺는다. 무대를 통한 서양 문명의 개혁이라는 아르토의 희망은 1931년 파리 식민지 박람회에서 발리의 댄스극과의 만남에 뿌리를 두었다. 여기에서는 몸짓의 수단으로 힌두교 신화를 표현하는 제의식에 기초한 연극이 다뤄졌다. 모든 것은 정확히 명시되었다. 모든 소품, 모든 의상 세목, 모든 마스크, 모든 걸음, 모든 몸짓, 모든 입의 움직임, 모든 눈의 굴림 등. 특히 손짓과 손짓의 의미는 고도의 인공적인 코드를 통해 고정되었다. 아르토는 그 효과를 이렇게 묘사했다. "심리학적 경향을 지닌 서양 연극에 대립하여 형이상적 경향을 지닌 동양극에서 동작, 기호 (…) 생각의 복잡한 운집들은 필연적으로 행위의 형이상학이라 부를 수 있는 것을 묘사하는 심오한 태도를 수용하도록 인도한다."[57] 서양의 관객은 르네상스 이래 항상 이야기만 하고, 삶의 일상현실에서 인간이 어떻게 심리적 갈등을 만나게 되는지 기술하는 현실 모방의, 순수 묘사적 연극에 익숙해져 있다. 반대로 동양의 연극에서 배우의 과제는 현세적인 것을 기술하는 것이 아니라, 영적 심층에서 관객을 동요시키는, 보편적 존재로부터 하나의 암시적인 생각을 드러내는 데 있다. "공포의 한 종류는 분명 기쁨도 고통도 그에 속하지 않고, 오히려 진실임을 증명하며 동시에 고귀한 영혼들로부터 명령을 받은 의식에 복종하여 나타나는 이 기계화된 본성을 주시하게 함으로써 우리를 사로잡는다."[58]

단지 그 기능에서뿐만 아니라 아시아 무대의 표현 형태에서도 아르토는 서양 연극에 대한 하나의 원칙적인 대안을 보았다. 그는 발리 사람의 공연에 대해 열

57) Antonin Artaud: Das Theater und sein Double, S. 47.

58) Antonin Artaud: Das Theater und sein Double, S. 62.

광하여 기술했다. "이 연극은 우리에게 그것을 이해하기 위해 완전히 새로운 언어가 고안된 것같이 보이는 순수 무대장치들의 놀라운 혼합을 보여 준다. 배우들은 (…) 온통 우리 서양인들이 영원히 배제했던, 어떤 동화적인, 모호한 현실에 상응하는 몸짓과 비밀스러운 기호의 일정한 숫자를 통해 장식되었다. 거기에 하나의 불가사의한 사건의 정신에 관여했던 무언가가 있다. (…) 이 순수연극에 대한 아이디어는 가장 추상적인 주제를 설명하는 데 있어서 단어에 의한 도움의 모든 가능성을 배제했다는 의미에서, 발리 연극에 의해 놀랍게 현실화되었다."[59)]

아르토는 발리인의 언어에 대한 포기를 자신의 언어 회의와 문학연극에 대한 또 다른 확인으로 느꼈다. 문학연극은 그의 견해에 따르면 작가에 의해 공급된 말로 표현된 창작물을 설명하는 것 이상을 수행하지 못한다. 이러한 구조가 유지되는 한 아르토에게 있어 연극은 "변질되고", "병들고", "죽은" 것이다. 이렇게 그는 극단적인 과격함을 가지고 "극적인 명작", "작가"와 미리 완성된 텍스트의 "독재"에 반대했다. 무대는 아르토에게 구체적인 어법이 말해져야만 하는 하나의 구체적·신체적 장소이고, 본질적 의미로 향하는 하나의 언어이다. 아르토에게 중요한 것은 낱말들이 그 안에서 고착된 형식으로 굳어지는, 말로 표현된 언어를 제스처의 즉흥성으로 되돌아가게 하고, 낱말을 그의 근원에서 파악하고, 말의 창작으로 이끌었던 통로를 복원하는 "신체적·물질적 명백한 언어를 통해 대체하려는 것이다".

발리 연극의 기호를 특정 짓게 하기 위해 아르토는 이집트의 상형문자와 비교를 한다. 추상적 문자와 소리의 기호 시스템과는 반대로 거기서 생각과 감정은 하나의 구체적·비유적인 형상을 획득한다. 지크문트 프로이트는 그와 동일한 예를 꿈의 특징을 나타내기 위해 이용했다. "생각은 주요한 시각적 형상으로 전환된다. 그러므로 언어표상은 그것들에 상응하는 사물표상으로 돌아가게 된다. 마치 묘사 가능성에 대한 고려가 그 과정을 지배하는 것처럼."[60)] 그리고 다른 곳에서 "사실상 꿈의 해석은 이집트 상형문자처럼 옛날 상형문자의 판독과 철저하게

59) Antonin Artaud: Das Theater und sein Double, S. 65 f.
60) Sigmund Freud: Gesammelte Werke, Bd. X, S. 418.

유사하다."[61] 이러한 인식과 직접적인 관계는 없지만 아르토는 꿈의 언어에서 그에 의해 고안된 연극 모델의 기호 시스템과 유사성을 본다. 내용에 관련해서 물론 그의 견해는 근본적으로 정신분석학의 견해와 차이가 있다. 아르토는 꿈에서 해몽을 하고 그와 함께 결국에는 합리화되는 하나의 단순한 대체 행위를 본 것이 아니라 무의식 선언에 자율적이고 긍정적인 지위를 인정한다. 그의 연극에서 무의식 선언은 "빛남"과 "승리"로 이끌어져야만 한다. 그 매체의 본래 의미를 회복하고자 하는 연극의 진정한 언어는 아르토에 따르면 몸짓의 언어뿐만 아니라 공간 그리고 사물들의 언어여야 한다. "미터 높이의 인형", "의식적인 예"에 의해 디자인된 의상, "예상치 못한 빛의 변화", "알려지지 않은 형상과 규정의 대상들", "목소리의 신비로운 아름다움", "특이한 음악 음표" 그리고 마지막으로 "모든 종류의 폭음 효과"가 선호되는 요소에 속한다. 강당 중앙에 회전의자에 앉아 있는 관객은 무대사건으로부터 모든 방면으로 "에워싸여져 있고 모든 방면에서 보여져야 한다". 공간의 모든 곳에서 사건이 펼쳐진다. 순환하는 회랑에서 공연이 된다. 추격과 화재를 통해 "관객들에게로의 사건의 직접적인 영향은 더 이상 공허한 낱말이 아니라는 것을 보여 주게 된다".[62] 아르토의 연극비전에서 모든 것은 관객에게 그의 총체성 안에서 말을 걸고, 사로잡고, 관객의 감각과 신경을 공격하고, 관객의 감성의 어느 부분도 채워지지 않은 채 내버려두지 않기 위해 준비한다. 무대는 "거대한 형이상학적 불안"을 다시 불러오고 문화의 불가사의한 근원을 보게 하는 무질서의 정신을 표현해야 한다. 아르토에게는 물론 인간이 제 의식을 통해 자연을 정복하고 운명을 지배하기 위한 상태의 단순한 복원은 중요하지 않다. "종교적 연극"을 통해 초월적인 것과의 연결을 복원하고자 하는 그의 체념화된 노력은 회귀로서가 아닌 변증법적인 보다 높은 것의 추구로 이해되기 때문이다. 아르토는 인간적인 삶의 개인적 차원이 아닌 개성이 "중시되지 않고" 사람이 "초월적인 힘의 반영"으로 보여지는 "보편적이고 포괄적인", 본질을 향한 자유로운 삶을 목표로 했다.

---

61) Sigmund Freud: Gesammelte Werke Bd. VIII: S. 403 f.

62) Antonin Artaud: Das Theater und sein Double. S. 99 ff.

아르토에게는 이러한 무대미술을 위한 소재로 —칼 구스타프 융의 이론에 따라— "전형"으로 표시된 형상들의 기반이 되는 전래된 신화들이 적합하게 보였다. "집단 무의식" 요소들 중에 아르토에게 가장 중요했던 것은 "범죄적 성향", "성적인 광란"과 "삶의 유토피아적 의미"였다. 그때 가장 다양한 현상적 형태로 표현되는 초역사적 그리고 상호 문화적으로 유효한 현상들이 중요하다. 그래서 아르토는 그의 목적을 위해 "카발라(Kabbala)"로부터의 "책 소하르(Buch Sohar)"만큼 고대신화 또는 푸른 수염 왕(König Blaubart)의 동화도 적합한 것으로 간주했다. 드라마 중에서는 예를 들어 게오르크 뷔히너의 〈보이체크〉나 엘리자베스 여왕 시대의 복수비극같이 본능에 따라 움직이는 영적인 내용의 표현물로 해석되는 것만이 그의 관심을 끌었다. 또한 퍼시 셸리의 〈첸치 일가〉에서도 근친상간과 친부살해의 심층심리학적 동기가 그를 연출로 움직였다. 중심적인 원형은 프란츠 정뿐만 아니라 아르토에게도 삶의 활력이었다. 심리학에서 삶의 활력은 "영혼"의 형태로 수용할 수 있고 연극공상가는 "혼란스러운 삶의 욕구"에 대하여 말하고 그것에 "잔혹성"이라는 개념을 붙였다. 그러므로 그 단어는 일상적인 의미의 폭력성을 뜻하는 것이 아니다. 이것은 오히려 "우주의 냉혹함"의 필연성과 연결된 "삶의 열망"을 의미한다. 신처럼 예술가 인간 역시 "창조의" 잔혹한 "필연성"에 굴복한다. 이러한 의미에서 아르토는 "잔혹연극"을 "창조의 연속"이라 표현할 수 있다.

그의 연극이 추구했던 효과를 설명하기 위해 아르토는 흑사병을 비유로 들었다. 역사적인 서술에 기초하여 그는 그 전염병의 전형적인 경과 과정을 기술했다. 첫 번째 유사성은 예측할 수 없는 발병과 무질서한 확산이다. "흑사병은 겁쟁이를 죽이고 시체에 수음하는 방탕자들은 해치지 않는다." 자의는 위협받는 자들을 불합리한 행동으로 이끈다. 예외적 상황에서 잠재적 힘들이 나타나고, 환각적인 그림들은 불러 일깨워졌고, 그런 것들은 "꺼져 가는 정신적 힘들의 마지막 돌출"이다.[63] 단지 이러한 것들은 연극에서 유기적 충돌이 아니라 형이상적인 충돌에서 비롯되었다. 흑사병 환자처럼 배우 또한 그의 생각에는 존재에 대한 보다 높은 의식을 부여하는 "영감을 주는 힘들"을 통해 결정된다. "내가 살아 있다면,

63) Antonin Artaud: Das Theater und sein Double, S. 24 ff.

나는 내가 살아 있는 것을 알지 못한다. 하지만 내가 연기를 하면, 나는 내가 존재한다는 것을 알게 된다."[64] 일종의 "의식 최면 상태"에서 배우는 그의 가장 극단적인 신체적 가능성을 활성화해야 한다. 배우는 "영혼의 경기자"여야 한다.

연극의 작업에 대한 아르토의 이해에서 호흡은 중요한 역할을 한다. "생명을 보살피는 호흡은 삶의 단계를 다시 차례차례로 애써 기어오르는 것을 가능하게 한다. 그리고 호흡을 통해 배우는 그가 가지고 있지 않은 감정을 스스로 재생할 수 있다." 또한 연기자들은 "어떻게 소리를 내지르는지를 우선 다시 배워야 한다". 왜냐하면 그들은 "신체뿐만 아니라 그들의 목구멍까지 잊었기 때문이다". 잔혹연극에서 배우들은 극단적 표현을 통해 관객을 정신착란 속으로 옮겨 놓아야 한다. 배우는 뱀의 마법사처럼 관객들에게 최면을 걸어야 한다. 배우는 관객에게 "피부를 통해서 형이상학"을 전달해야 한다.

개념 "대역자"의 의미는 연극과 연금술 사이의 유사성으로부터 유추할 수 있다. 연금술 실험실에서 일어나는 물질적인 사건들은, 칼 구스타프 융이 기술한 것과 같이 기술자들의 내면에서, 자신의 무의식 안에서 일어나는 사건의 "대역자"이며 투사다. 마찬가지로 극장 또한 아르토가 말하듯이 "방금 머리를 내보이고 급히 다시 물의 어둠 속으로 돌아가는 돌고래처럼 원칙적으로" 내적 현실의, "모든 위험하고 전형적인 현실"의 대역자여야 한다.[65] 연금술사가 쇠를 금으로 변화시키려는 노력을 "지혜의 황금"에 대한 동경과 연결하고 영혼을 정화하는 것처럼, 잔혹연극 또한 신체적·물질적 방법을 가지고 "영혼의 치료"를 해야 한다.

리빙 씨어터와 오프-오프-브로드웨이 운동

1950년대 미국에서 무대가 점점 강력하게 뉴욕 브로드웨이의 상업성 오락연극과 거기서 성공한 작품들의 리메이크에 집중되었을 때, 오프-브로드웨이(Off-

---

64) Antonin Artaud: Das Theater und sein Double, S. 162.
65) Antonin Artaud: Das Theater und sein Double, S. 51.

Broadway) 극장이라는 표어 아래 힘찬 저항운동이 발생했다. 이 운동은 상업극장으로부터 채택되지 않은 작품들을 공연하고 젊은 연극인들에게 기회를 주는 것을 목표로 했다. 몇 년 후 오프-브로드웨이 극장 자체가 상업화로 소용돌이 속에 빠져들었고 이에 대한 반동으로 오프-오프-브로드웨이(Off-Off-Broadway) 극장이라는 집단적 개념에 각인된 실험적 연극을 하는 일련의 극단들이 형성되었다. 예술을 경제적인 제약으로부터 자유롭게 유지하기 위해서 대부분 독학으로 교육한 배우들은 부수적으로 또 다른 일을 했다. 그들의 기본 의도는 한편으로는 지배적인 사회적·정치적 상태에 대한 비판이었고 다른 한편으로는 신화적인 것을 향한 경향이었다. 대부분은 유럽에서 동시대에 예지 그로토프스키와 유제니오 바르바가 장려했던 것처럼 신체적·제의식적인 연기 방법의 발전을 위해 노력했다. 그들은 작업에 대한 토대로서 자신들의 고유 영역으로부터 온 저자들의 텍스트를 사용하거나 그들의 시나리오를 스스로 즉흥적인 방식으로 발전시켰다.

오프-오프-브로드웨이 운동에 있어 예술적으로 뛰어난 극단은 '라 마마 익스페리멘탈 씨어터 클럽(La Mama Experimental Theatre Club)', '오픈 시어터(Open Theatre)', '퍼포먼스 그룹(Performance Group)' 그리고 '빵과 인형 극장'으로 모두 뉴욕에 정주했다. 라 마마는 1960년대 초반에 유색인종 여배우인 엘렌 스튜어트(Ellen Stewart)에 의해 한 카페에 설립되었다. 라 마마는 신속히 장면-관객에게 성공적이고, 많은 재단으로부터 후원받는 사업으로 발전해 갔고 이 사업은 대부분 창시자의 작업장에서 분화된 지사들을 유럽에 두고 있었다. 라 마마의 주요 공로는 한편으로는 극단적인 연기 방식의 완성과 확산이었고, 다른 한편으로는 1960년대 세대의 삶의 감정과 정치적 확신을 대표적으로 표현하는 미국 작가들의 많은 작품을 소개하는 것이었다.

오픈 씨어터는 리빙 테아터의 앙상블에 등장한 연극인 조셉 체이킨(Joseph Chaikin)의 덕택으로 생겨났다. 콘스탄틴 스타니슬라브스키와 그의 미국 후계자인 리 스트라스버그의 방법에 따라 전통적 교육을 받은 몇몇의 배우들은 체이킨과 함께 작업장에서 배우들의 현실적·심리적 도구를 확장시킬 수 있는 실험을 했다. 그때 주어진 상황이 즉흥적 임기응변 내에서 여러 번 변해야 하기 때문에 방금 만들어진 무대 현실이 다음에 오는 무대 현실을 통해 파괴되고 대체되는

'변환-연습'이 중심적 역할을 했다. 강력한 그룹 활동으로서 수행되었던 그의 훈련 방법을 통해 오픈 씨어터는 다른 오프-오프-브로드웨이 극장과 많은 유럽 앙상블에 대해 적지 않은 모범적 기능을 수행했다. 그의 제작을 위한 출발점으로서 이 극단이 완성된 작품을 사용하는 것은 매우 드문 일이었다. 실험 과정의 시작에서는 추상적 개념과 분위기, 신화와 꿈으로부터 출발하는 즉흥 연기가 자주 있었다. 그 결과는 기록되고, 토론되었고 그리고 항상 반복해서 공동으로 결정한 방향으로 지속 발전했다. 즉흥적인 워크숍에 참가한 작가들은 그렇게 고안된 자료를 구성하고 그것을 장면이나 작품으로 형성했다. 그러면서 그들은 오픈 씨어터에서 배워 익힌 새로운 연기법과 기술, 독자적인 원본을 기반으로 글을 썼다. 일단 가장 중요한 연출로는 세 부분으로 구성된 진클로드 반 이탤리(Jean-Claude van Itallie)의 미국 문명의 타락에 대한 작품 〈미국 만세(America Hurrah)〉, 베트남 전쟁의 반대를 선동한 메건 테리(Megan Terry)의 작품 〈비트 락(Viet Rock)〉, 그리고 반 이탤리와의 공동작품인 〈세르펜티(The Serpenti)〉가 속한다. ―천지창조의 역사로부터 시작하는― 영원한 인류의 문제, 폭력과 전쟁, 사랑과 성, 자유와 속박을 다루었던 이러한 장면의 연속은 현실에서 연극적 허구의 전환까지 극단적으로 구체화되었다. 뱀을 통한 이브의 유혹에서 배우들은 관객들이 원죄를 동시에 체험할 수 있게 하기 위해 진짜 사과를 나눠 주었다.

연극학자인 리처드 쉐크너(Richard Schechner)가 1960년대 말에 설립한 퍼포먼스 그룹도 비슷한 경향을 추구했다. 이 극단은 특히 무대와 관객 사이의 경계를 없애기 위해 노력했다. 퍼포먼스 그룹의 가장 의미 있는 작품인 〈디오니소스 69(Dionysos 69)〉에서 관객들은 공연장에서 그들의 자리를 스스로 정할 수 있었고, 공연 동안 원하는 대로 바꿀 수 있었다. 전체 홀은 이런 방식으로 "하나의 환경이 되었다." 에우리피데스의 〈바카이(Die Bakchen): 디오니소스를 섬기는 무녀들〉에 근거한 이 작품의 연기자들은 그들의 개인적 감정을 행동으로 옮기기 위해 연기를 계속해서 중단했다. 합동연기의 강도는 동시에 철저하게 유지되었다. 이 협동감은 관객에게 확장되어야 했다. 목표는 마술적 의식과 종교적 의식에서와 유사하게 2개의 반구가 하나의 공동체로 융합되는 것이었다. 이러한 의미에서 퍼포먼스 그룹은 〈디오니소스 69〉의 무대 과정을 구성하기 위해 뉴기니 원주민의 제

〈디오니소스 69〉, 퍼포먼스 그룹, 뉴욕, 1969년, 리처드 슈크너 연출

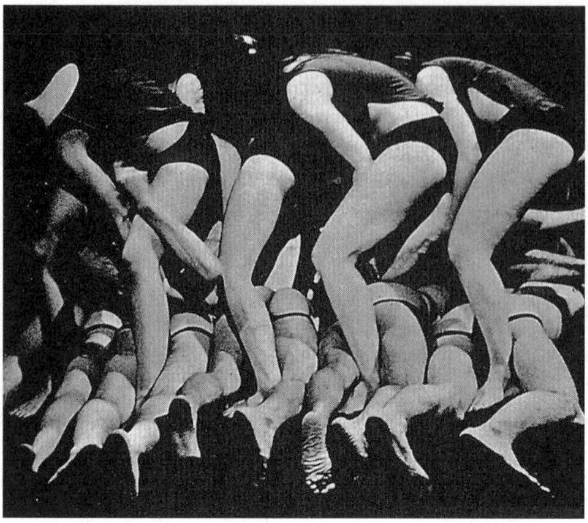

의식 행사를 모델로 선택했다. 완전히 다른 문화 영역으로 제의식을 전달하는 것은 계속해서 성찰되지 않았다. 배우들에게뿐만 아니라 관객들에게 특정한 장면에 요구되는 노출을 통해 공동체 감정을 촉진하려는 시도 또한 소박한 느낌을 불러일으켰다. 〈디오니소스 69〉의 연출은 신의 탄생과 함께 시작되었다. 남자 배우들이 누워 있고 그 위에 여자 배우들이 서 있어 몸으로 만들어진 통로를 남성 연기자가 뚫고 나아갔다. 피리와 드럼의 음향 속에서 배우들은 황홀한 춤을 상연하고 성행위를 흉내 냈다. 합리적인 것의 상징 인물이며 술의 신의 반대되는 인물인 펜테우스를 위해 바카이들은 제의적인 살육을 준비했다. 마지막에 배우들은 그들의 역할에서 퇴장하고 관객들을 현재의 현실로 돌려놓았다. 디오니소스 역의 연기자는 그가 다음 대통령 선거에 입후보하겠다고 말하고 상응하는 광고지를 관객들에게 나눠 주었다.

1961년 독일 출신의 조각가 피터 슈만(Peter Schumann)이 설립하고 변화된 목표 및 미학과 더불어 오늘날까지도 존속하는 빵과 인형 씨어터는 묘사적 요소가 아닌 시각적 요소가 전경으로 놓인다는 측면에서 앞서 언급된 다른 단체들과 차이가 있다. 옛날 고대의 감정을 불러일으키는 가면과 실제 사람 크기만 한 인형의 도움으로 사람들은 빈번한 정치적 시위 및 집회와 관련해서 모든 사회, 인종, 국가 간 갈등을 극복하고 모두가 평화롭게 함께 사는 공동체의 이상에 근거한 성명을 전달하려 했다. 이 목표의 제의식적 선취는 모든 극단의 이름이 암시하듯이 매번의 공연 후 관객들에게 빵을 나눠 주는 것이었다. 빵과 인형 씨어터의 무대

〈회색 여인의 교성곡〉, 빵과 인형 씨어터, 1970년경, 장면 “농부의 부인들”

사건은 한편으로는 다양한 신화에서 유래한 사건과 그림들로, 다른 한편으로는 완전히 비예술적으로 기술된 정치적 성명으로 이뤄졌다.

전체 뉴욕의 오프-오프-브로드웨이 장면을 위한 중요한 모범은 1947년부터 이익에 방향을 맞춘 미국 전후 극장의 대안을 찾기 위해 항상 새로운 시도를 했던 '리빙 테아터'였다. 리빙 테아터는 유럽 출신인 2명의 젊은 연극인 주디스 몰리나와 줄리안 벡(Julian Beck)이 설립했다. 몰리나는 독일 도시 킬(Kiel)에서 태어난 랍비와 여배우의 딸이었고, 벡은 미국인 어머니와 과거 오스트리아-헝가리 제국의 동쪽에서 온 유대인 이민자 사이에서 태어났다. 이 둘은 나치독일에서 도망 온 정치극의 중심인물인 에르빈 피스카토어가 이끄는 뉴욕 연극 워크숍에서 서로 알게 되었다. 그들은 피스카토어에게 연극인으로서 소신 있게 참여해야 하며, 단지 자신이 스스로 믿는 것만 전달해야 한다는 확신을 넘겨받았다. 그들의 작업 목적은 처음에 매우 공허했다. 구체적인 프로그램보다 이전에 이름이 있었고, 리빙 테아터는 그들의 활기찬 외형 속에서 예술에 방향이 맞춰졌다는 것 외에 그 이상의 것은 없었다. 첫 번째 시도들은 특히 형식에 관련되어 있었다. 알프레드 자리와 장 콕토의 초현실주의적 드라마뿐만 아니라 미국 여류 전위예술가인 거트루드 스타인의 텍스트도 연출했다. 벡은 화가로서 시각예술에 새로운 출발점을 가져왔다. 그는 무대장치를 고안했고, 몰리나는 주로 연출을 돌보았다. 물질적 가능성은 극도로 제한되어 있었다. 우선 그들의 집에서, 다음은 헛간에서 그리고 마침내 전위예술가들의 도움으로 개축된 큰 상점에서 연기했다.

1960년대 후반에 리빙 테아터가 대체연극의 발전을 위해 주로 공헌했던 시기에 일단의 연극인들은 또 다른 대안적 삶의 양식을 시험했다. 경제 구조부터 성적 행동까지, 사회관계부터 약물에 대한 태도까지 사회적 및 개인적 삶의 모든 영역에 영향을 준 학생운동 전야의 들뜬 분위기에 고무되어 리빙 테아터는 그들의 설립자들로부터 이미 오랫동안 품어 온 공동생활의 계획을 무질서의 원칙에 따라 '공동체' 안에서 실현했다. 대략 30명의 성인과 몇몇의 아이들로 구성된 공동체에는 그 어떠한 규칙도 유효성을 지니지 못한다. 모두가 다른 사람의 후견으로부터 자유롭게 자신을 개발할 수 있어야 한다. 아무도 다른 사람에 대해 도덕적 판단을 내릴 수 없다. 이상향의 힘에 충만하여 그러나 동시에 획일주의에 빠지지 않고 권위주의적 행동과 계층 구조를 없애려고 시도했다. 몰리나가 말했다. "우리는 개인들의 한 그룹이고 모두가 각자의 고유한 삶을 지속해서 살아갈 수 있으며 공동체 안에서 그의 개인 영역을 지킬 수 있다."[66] 타인의 행복을 위해 열려 있고, 그들의 고통을 함께 나누고, 두려움을 서로 극복하는 것이 공동체의 주요 목표였다. 약한 마약 소비의 금지처럼 소유에 대한 추구 역시 없애려 했다. 그것에 대한 한 회원의 진술이 있다. "나는 대마초를 좋아하기 때문에 피운다. (…) 나는 더 넓어진 의식을 얻었다. (…) 우리 중 아무도 중독되지 않았다. (…) 사람들은 언제 마약을 옳게 사용하는지 알아야 하고, 그러면 마약은 감정을 상승시키고, 자신을 개방하고 그리고 세상에 풍성한 모든 표현에 대하여 자유로워짐에 기여한다는 것을 알 수 있다."[67]

리빙 테아터는 연극작업의 내용을 삶으로 실천하려고 했다. 공동체는 그의 예술적 실천의 고유한 에너지 원천을 만들고 이로써 다시 그룹 내에서 개인의 자기 발견을 생산적으로 해냈다. 그렇기 때문에 새로운 회원을 받을 때는 연기자의 능력보다 내면적 귀속감이 결정적이었다는 게 당연한 귀결이었다. 피터 브룩은 일단의 본질을 이렇게 요약했다. "리빙 테아터에서는 세 가지 조건이 하나가 된다.

---

66) Zitiert nach Erika Billeter: The Living Theatre, S. 24.

67) Zitiert nach Erika Billeter: The Living Theatre, S. 31.

연기하기 위해 존재한다. 연기를 통해 생계를 유지하고 그리고 연기는 공동체적 삶의 가장 강렬하고 가장 개인적인 순간을 포함하고 있다."[68)]

정치적 측면에서 리빙 테아터는 무정부주의 이상을 추구하지만 무정부주의 이상은 완전히 비폭력적 방법에 의해서 실현되어야 한다는 것을 확신했다. 그들은 감옥의 개방, 국가와 모든 권위주의의 폐지 및 돈의 권력의 폐지를 요구했다. 그들은 모든 긍정적인 힘의 통합을 통해 세계의 치유를 얻을 수 있을 거라 생각했다. 비록 그들이 그것을 위해 빤히 들여다보이는 비난 아래 갇혀 있음에도 불구하고 이러한 생각을 리빙 테아터의 회원들은 받아들이지 않았다. 그룹은 그들의 1960년대 작품 속에서 한편으로는 더 나은 세상에 대한 거의 종교적인 희망을 그리고 다른 한편으로는 지배적인 상황에 대한 급진적 비판을 무대에 올렸다. 〈접속(The Connection)〉, 〈여단장(The Brig)〉, 〈미스터리(Mysteries)〉, 〈프랑켄슈타인(Frankenstein)〉, 〈안티고네〉 그리고 〈이제는 낙원으로(Paradise Now)〉. 이 모든 작업에서 연기에 대한 최대한의 신뢰성과 관객과의 가능한 한 직접적인 결합이 추구되었다. 미국 극작가 잭 겔버(Jack Gelber)의 작품 〈접속〉은 침침하고 황량한 칸막이 방에서 카우보이라 불리는 인물이 가져올 마약을 기다리는 마약 중독자 그룹에 대한 이야기다. 그동안 그들은 이야기하고 이야기하다가, 꾸벅꾸벅 존다. 한 명이 더 이상 참지 못하고 소리 지르고 날뛰기 시작한다. 그는 다른 사람들을 공격하고 그들에게 집단 폭행을 당한다. 드디어 '카우보이'가 마약과 함께 등장하고 모두에게 마약 주사를 놓은 후 침묵 속에 사라진다. 연극 전체는 현실과 극적 허구 사이를 진동하면서 전개된다. 시작과 동시에 작가와 감독으로 보이는 2명이 등장하고 이 문제를 절대적으로 사실에 부합되게 무대에 올렸다는 것과 그러므로 실제 중독자들을 등장시켰다는 그들의 의도를 설명했다. 나중에 그 사건은 허구로 드러났다. 배우들은 그들의 역할에서 벗어나고 작가의 역할은 진짜 마약이 사용되지 않았다는 것을 알리는 것이었다. 왜냐하면 그것은 금지되었기 때문이다. 이 작업에서 리빙 테아터는 하나의 놀라운 효과를 획득했다. 피터 브룩은 이 효과를 이렇게 묘사했다. "전통적인 의미에서 작품도, 발단도, 발전도, 이

---

68) Peter Brook: Der leere Raum, S. 108.

야기도, 인물의 발전도, 이야기의 구조도 그리고 무엇보다도 속도도 없었다. (…) 접속에서의 속도는 삶 자체의 속도다. 한 남자가 (…) 축음기를 가지고 무대로 등장한다. 그는 (…) 음반을 걸려고 한다. 그리고 긴 음반이기 때문에 우리는 음반이 끝날 때까지 기다려야 한다. 대략 15분 정도다. (…) 그리고 우리가 어떻게 거기에 앉아 있고, 얼마나 황당해하고, 어떻게 혼란스러워하고 그리고 어떻게 따분해하는지 우리는 갑자기 스스로에게 물어본다. 왜 우리는 당황했고, 왜 우리는 혼란스러워했고, 왜 우리는 지루해했을까? 왜냐하면 우리가 숟가락으로 먹지 않았기 때문에, 우리에게 우리가 봐야 할 것을 말해 주지 않았기 때문에, 우리의 감정의 흥분과 판단이 완전히 준비되지 않았기 때문이다. (…) 그리고 이 경우 싫증과 관심이라는 두 가지 기준은 작품에 대해 가능한 비판이 아닌 우리 자신에 대한 비판이라는 것을 알아차리게 된다. (…) 만일 우리가 내적으로 손상된, 희귀하고, 불행한 사람들의 군상을 보고 어깨를 움츠린다면, 부족함을 우리에게서 직접 찾는 것보다 다른 곳에서 찾는 것은 곤란하다."[69]

1950년대 말 주디스 몰리나와 줄리안 벡은 앙토냉 아르토의 연극비전을 알게 되었다. 이 연극비전은 그들에게 하나의 '깨우침'으로 작용했다. 미 해병대의 한 수용소에서 있었던 테러, 폭력, 가학증을 다룬 케네스 브라운(Kenneth Brown)의 드라마 〈영창〉의 연출에서 이 영향은 직접적이고 효과적이었다. 무대는 "악이 미쳐 날뛰는" 장소여야 한다는 아르토의 견해에서 출발하여 포로들과 경비원들의 일상적 과정이 동일하고 실감 있게 체험되었다. 매번 공연에서 배우들은 폐지하는 것을 작품의 목표로 했던 지옥을 경험해야 했다. 그들은 가해자 또는 피해자 여부에 관계없이 그들에 의해 통치되는 사람에게서 완벽한 권력이 도달하고자 하는 탈인간화를 보여 주기 위해 인격을 부정했다. 무대작품은 포로들과 경비원들의 태도에서 일치됨을 보여 준다. 두 그룹은 수용소의 일상생활에서 상투어를 동일하게 이야기하고 동일한 의례적 방식으로 움직인다. 엄격한 안무는 아시아 연극의 연기 방법을 연상시킨다. 심리적 자연주의와 인공적 형식화의 합성을 통해 관객들은 최면에 걸리게 된다. 이 연출의 정치적 경향은 리빙 테아터를 해

69) Peter Brook: Wanderjahre. S. 43 ff.

산으로 이끌었다. 표면상의 해산 동기는 극단의 세금 체납이었다. 극단은 압력을 피하기 위해 광범위한 유럽 투어를 하게 된다. 이후의 작품은 파리에서 탄생했다.

제목에 그 의도가 표현되어 있듯이 〈미스터리〉는 연기자와 관객 사이의 소위 마적(魔的)인 관계를 목표로 한다. 이 무대작품은 라가음악(Raga-Musik)을 동반하여 명상연습과 요가연습, 연기연습의 요소뿐만 아니라 인간의 신체에서 기계의 인상을 주는 리듬연습으로 이뤄졌다. 마지막 장면은 앙토냉 아르토의 연극과 페스트 사이의 유사성 주장으로부터 영감을 받게 된다. 한 목격자는 다음과 같이 묘사했다. "어두운 무대에서 기침과 신음소리들이 들리고, 서서히 강도가 증가한다. 희미한 불빛 속에서 점차 인물들이 나타나는 것이 보인다. (…) 고통의 소리는 더욱 커진다. 이 인물들은 경련을 일으키고, 서로 포개어 넘어지고, 소리 지르고, 죽음의 두려움 속에서 목에서 그렁그렁 소리를 내기 시작했다. (…) 단발마의 광기 속에서 신체들이 무대에서 관객석으로 떨어진다. 경악스러운 죽음의 과정 동안 몇몇 사람은 복도를 따라 기어가고, 힘들게 그들 자신의 몸을 질질 끌고, 체념적으로 완화를 요청한다. 차례로 한 명씩 죽어 가고, 그들은 무대와 관객석에 흩어져 있다. 마침내 고요함, 침묵, 죽음이 있다."[70] 연극의 낯선 긴장도는 관객들에게 충격적인 영향을 준다. 종종 공황-반응으로 공연이 중단되었다. 관객의 심리적 심층에 대한 공격은 정치적 주입 교육과 연결되어 있었다. 동일한 표어가 항상 반복하여 선포되었다. "전쟁을 중지하라-세상을 바꿔라-가난한 사람들을 위한 빵-베트남에 더 이상 전쟁은 없어야 한다. 지금은 평화!" 이 작품의 의도는 직접적인 자기경험 과정에서 개인의 변화를 통해 세계를 변화시키는 것이었다.

최고의 감성과 엄격한 제의식의 결합이 리빙 테아터의 후속 무대작품들을 특징지었다. 그 모든 작품들은 미국보다 생산조건이 낫고 반향이 더욱 강했던 유럽에서 제작되었다. 1965년 이 극단은 베네치아 비엔날레를 위해 메리 셸리(Mary Shelley)의 소설에서 비롯된 〈프랑켄슈타인〉의 무대버전을 만들었다. 쇠파이프 구조물 위로 한 여자 참가자를 공중부양으로 들어 올려야 하는 그룹 명상이 실행되었다. 이것이 실패하자 모두 각자 다른 방법으로 '죽는다'. 시체에서 프랑켄슈

70) Ernst Wendt in: Theater heute, Jahresheft 1965, S. 101.

〈프랑켄슈타인〉, 리빙 테아터, 주디스 몰리나/줄리안 벡 연출

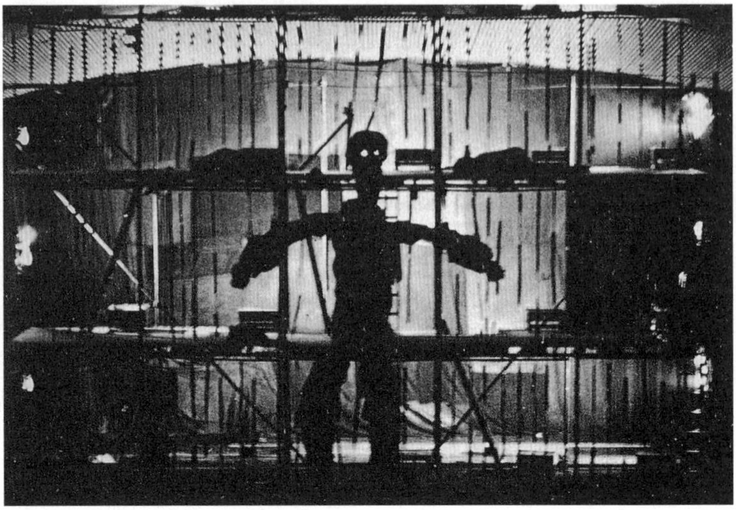

〈안티고네〉, 리빙 테아터, 주디스 몰리나/줄리안 벡 연출

타인 박사는 창조자에게 맞서는 하나의 인공 피조물을 만들어 낸다. 싸우는 자들은 세상의 타락에 책임이 있다며 서로에게 죄를 뒤집어씌운다. 공격성은 사랑의 장면으로 변전한다. 몇 명이 포개져 가라앉는다. 스피커에서 목소리가 나온다. "법은 우리에게 계속 진행하는 것을 금지했다."

1967년 크레펠트(Krefeld) 극장에서 상연된(리빙 테아터)의 〈안티고네〉 연출은 베르톨트 브레히트의 소포클레스-비극의 개작에 기인했다. 여기서 전쟁은

브레히트에서처럼 경제적인 것이 아닌 크레온의 비이성적인 권력 욕망을 통해 야기되었다. 그에게 합창대의 노인들은 '사냥개'로 봉사했다.

〈이제는 낙원으로〉는 1968년 아비뇽에서의 연극 축제를 위해 만들어졌고 서유럽과 미국의 많은 도시에서 객연으로 볼 수 있게 되었다. 이 작품은 절정인 동시에 리빙 테아터의 생산적인 단계의 종말을 의미했다. 주디스 몰리나와 줄리안 벡의 지도 아래 공동과정에서 만들어진 작품은 8단계의 깨달음 속에서 억압, 착취, 전쟁으로 각인된 세상으로부터 비폭력적 혁명을 거쳐 여기 현재의 낙원으로의 길을 보여 준다. 동일한 완전한 존재로서 재창조된 인간에 의해 만들어진 에덴동산의 생각을 리빙 테아터는 한편으로는 카발라의 사상적 세계, 중세 유대교의 신비로운 경향으로부터 그리고 다른 한편으로는 신화적인 사변, 마적인 의식 그리고 복잡한 비밀언어를 통해 표시되는 불교적 탄트라 신앙으로부터 얻었다. 극적인 설계는 엄격했다. 모든 8단계는 의식, 비전 그리고 행동의 세 부분으로 이뤄진다. 첫 두 부분이 결정되는 동안 세 번째 부분은 즉흥성에 맡겨졌다. 여기에서는 —관객과의 긴밀한 접촉 속에— 현재 정치적 그리고 사회적 문제들이 다뤄진다. 시작과 동시에 배우들은 관객들과 어울려 그들에게 슬로건을 속삭인다. 예를 들어 "나는 여권 없이 여행을 할 권리가 없어요." — "나는 전쟁을 종료하는 방법을 모르겠어요." — "나는 돈 없이 살 수가 없어요." — "나는 대마초를 피울 수 있는 권리가 없어요." — "나는 내 옷을 벗을 권리가 없어요." 이 문장들은 반복되고 변형되었고 마지막에 합창은 자유로운 외침으로 고조되고 배우들은 옷을 벗기 시작했다. 첫 번째 단계의 비전은 인디언의 멸종뿐만 아니라 죽은 사람을 잠시 동안 다시 살게 하는 시도를 보여 주었다. 이 연속(시퀀스)에서 서양 문화의 왜곡이 표현되어야 한다. 이것은 또한 첫 번째 부분의 '동작'에서, 즉 뉴욕의 몰록의 예에서 나타났다. 변화를 위한 외침은 상징적인 행동으로 채워졌다. 배우들은 누운 채로 무대 바닥을 리듬감 있게 두드려서 진동하게 만들었다. 거기에다 그들은 신체와 영혼의 통일성 회복을 추구하는 정신과 의사 로널드 D. 랭(Ronald D. Laing)의 텍스트를 노래했다. 이 구조에 따라 다음 장에서 기본 주제들은 항상 반복하여 새롭게 변화되었다. 마지막 단계에서 배우들은 그들의 신체로부터 "인식의 나무를 만들지만, 그것은 더 이상 불행의 원천이 아닌 삶의 나무로" 나타났다.

〈이제는 낙원으로〉의 마지막에서는 배우들과 연기자들의 공동의 거리행진이 있었다. 리빙 테아터가 세계를 변화시키려 했던 에덴동산의 일종의 상징적 의식을 거행한 것이다. 이전에는 사건이 혼란 속에서 사라졌기 때문에 대부분의 공연에서 이런 것은 일어나지 않았다.

리빙 테아터의 콘셉트에서 전통적인 연극의 기준들과 공유된 연극예술을 위한 기준들은 제외되었다. 관객과의 만남에서 신뢰성을 위한 노력은 고유한 자아의 발견과 표현을 위한 능력보다 다른 사람을 모방하기 위한 능력이 보다 적게 요구되었다. 그러므로 리빙 테아터는 전통적인 배우 교육이 아닌 그룹 심리학과 명상의 기술에 훈련 방향을 맞췄다. 여기서는 그룹의 행동이 개인의 연기보다 훨씬 더 중요했다. 낱말언어는 신체언어 아래 절대적으로 종속되었다. 낱말언어는 표어와 단편적 텍스트로 제한되었다. 그러므로 배우들의 다양한 출신은 아무런 역할도 하지 않았다. 감정의 강도를 증가시키기 위해 종종 발음에 불명료한 소리가 이용되었다. 아르토가 큰 가치를 부여했던 외침은 리빙 테아터에서 필수 표현 목록에 속했다. 전형적인 제스처는 황홀함의 제스처였다. 높이 뻗은 팔, 뒤엉킨 팔, 상호 간의 포옹, 명상의 제스처, 자기자신으로의 몰두의 제스처, 몸통 안으로 사지가 들어가는 제스처들이 이에 대한 대조를 이루었다.

연극적 허구의 반전을 반복하는 순간들이 현실에서 관객을 놀라게 할 때 리빙 테아터는 선동적 효과를 보장할 수 있었다. 하지만 이 사건이 효과 구조를 알고 있던 관객들을 마주치는 순간, 연극적 커뮤니케이션은 구속력이 없는 해프닝으로 퇴화하게 된다. 배우들이 상응하는 구호를 거의 외치지 않았다고 관객이 옷을 홀딱 벗고 무대 위로 돌진했던 예일학교에서의 사건이 그 실례였다. 베를린 스포츠팔라스트에서의 객연(초청공연)에서 또한 관객들의 정치적 태도의 다양함이 나타났다. 리빙 테아터의 순박한 환상주의는 관객의 마음에 들지 않았다. 학생운동의 절정에서, 사람들은 실제적인 혁명의 실행에 초점을 맞췄다. 앙상블은 무대에서 퇴장당했다. 관객들은 자기자신에 몰두했다. 많은 관객들은 열렬히 논쟁했고, 다른 관객들은 자전거 경기장의 가파른 곡선 아래로 미끄러져 내렸다.

리빙 테아터의 본래 창의적 에너지는 1960년대 후반에 소진되었다. 앙상블의 일부는 현지 배우들과 빈민가 주민들을 위한 정치적인 길거리 공연을 하기 위해 주디스 몰리나와 줄리안 벡과 함께 브라질로 갔다. 그 이후 극단은 정신병 환자와 함께 작품을 제작했던 이탈리아에서 작업을 했다. 항상 경제적 어려움과 당국과의 분쟁이 반복되었다. 1985년 줄리안 벡이 세상을 떠난 후에도 리빙 테아터는 계속해서 존속했다. 주디스 몰리나는 새로운 파트너와 그녀의 목표를 계속해서 추구했다. 그녀는 이제 그 목표를 이렇게 정의 내렸다. "채찍의 키스로부터 해방과 초월의 수단으로서 연극에 그의 기능을 되돌려 주는 것이다."71)

예지 그로토프스키의 '가난한 연극'

폴란드 연극인 예지 그로토프스키는 전통에 대한 집중적인 분석을 통하여 자신만의 연극세계를 창출해 냈다. 특히 그는 콘스탄틴 스타니슬라브스키의 가르침과 프세볼로트 메이예르홀트의 생체역학, 동양 연극의 여러 표현법, 그리고 앙토냉 아르토의 사상을 공부했다. 그의 사상을 통해 그로토프스키 역시 일방적인 합리성과 대본의 지배성, 그리고 현대연극의 표면심리를 거부하게 되었다. 하지만 그는 아르토의 종교적 의식에 근거한 발리인의 춤 연극의 경향에 대해서는 부정적인 생각을 가지고 있었다. 이와 같은 소통 시스템(춤 연극의 기호체계)은 그 상황이 익숙한 관객들만 이해할 수 있어서, 다른 문화로의 전달이 불가능하다고 여겼기 때문이다. 그로토프스키는 자신의 연극 내의 소통(기호언어)을 "연기자의 심리적·신체적 상태를 표현하는 것"과 비교했다. 이와 같은 구체적인 연기자 — 인간에 대한 방향 전환이 아르토의 비전과 더불어, 감각적인 새로운 연기 방법을 갖추게 해준 것이다.

크라쿠프(Krakau)와 모스크바의 연극학교에서 교육 과정을 마친 1959년, 그로토프스키는 오폴레(Opole)에서 연극평론가 루드빅 플라센(Ludwik Flaszen)과 '13열의 연극실험실(Theater der 13 Reihen)'을 창설했다. 이후에 이를 '연극실험실', 또는 '연극예술 연구소' 고도 칭했다. 1980년대에 그의 팀이 해체되기 전까지는, 약 10

---

71) Judith Malina in dem Film »The Living Theatre - Signal of the Flams«.

명의 연기자로 구성된 극단 앙상블의 세 가지 발전 단계를 엿볼 수 있다. 1959년과 1961년 사이에는 장 콕토의 〈오르페(Orphée)〉와 로드 바이런의 〈카인〉, 괴테의 〈파우스트〉, 블라디미르 마야콥스키의 〈미스터리움 부포〉, 칼리다사의 고대 인도 동화극 〈샤쿤탈라〉, 그리고 폴란드인 아담 미키에비츠(Adam Mickiewicz)가 신약성경의 고통과 부활을 폴란드 민족에 비유하며 쓴 〈선조의 제삿날(Ahnenfeier)〉을 무대에서 연출했다. 이 당시 그로토프스키와 문학 평론가 플라센은 희곡 원본들을 각 부분으로 나누고 추가 요소들을 사용하여 새롭게 편집하고 있었는데 '성스러운' 그리고 '세속적인' 요소들을 통하여 대비적 희곡을 완성했다. 〈카인〉이란 작품을 연출할 때에는 전례의식을 스포츠 경기와 혼합했고, 마야콥스키의 괴기연극에는 중세의 패션 플레이(예수 수난극)에 나오는 장면들을 추가했으며, 동양의 요정극에는 희화적 요소들을 더했다. 이 작업 시기의 두 번째 중요한 요소는 연기자와 관객 사이의 여러 공간적 관계에 대한 탐색이었다. 그로토프스키는 매 작품마다, 무대장치가 예지 구라프스키(Jerzy Gurawski)와 이러한 공간적 관계를 연극의 특징을 잘 사용하여 새롭게 무대를 장식했다. 〈샤쿤탈라〉의 경우, 무대 양쪽에는 관객을 위한 단이 배치되었고, 관객 좌석 뒤쪽에 해설자들이 자리를 잡았다. 또 〈선조의 제삿날〉에서는 연기자들이 무대 사이사이에 관객들을 앉혀 놓고 연극을 선보이기도 했다. 하지만 이와 같은 실험 단계에서 그로토프스키는 많은 관심을 받지 못했다. 여러 토론회를 개최하면서 관객의 관심을 끌려 했으나, 공연을 취소해야 하는 경우도 많았다.

그로토프스키의 두 번째 실험 단계는 1969년도까지 이어졌는데, 그 사이 그의 연구소가 대도시인 브로츠와프로 옮겨 갔다. 그곳에서 여섯 가지 작품을 연출하면서 그로토프스키는 자신의 연출법을 성숙시켰다. 실습과 동시에 그는 말과 인터뷰 형식으로만 형성된 각본을 내세우며, 새로운 콘셉트를 선보였다. 그로토프스키는 무엇에 얽매이거나, 다른 이들에게 간섭받는 것을 피하려고 짜인 각본을 거부했다. 그로토프스키의 이러한 언급 내용은 1968년 『가난한 연극을 위하여』라는 책으로 출판되었고, 이는 얼마 후에 독일어('Für ein armes Theater')로도 번역되었다. 그의 첫 작품은 율리우시 스워바츠키의 〈코르디안〉이라는 폴란드 희곡을 토대로 만들어졌다. 그로토프스키 감독은 이 극의 장소를 정신과의 한 장면으스타니스와프 비스피안스키: 〈아크로폴리스〉, 연극실험실 브로츠와프, 1965년, 지크문트 몰릭/레나 미레카 연출

로 구성했고, 모든 일들이 정신병 환자의 환각인 것처럼 연출했다. 관객들은 병동 침대에 앉도록 했고, 함께 노래하도록 격려되었다. 1916년도에 만들어진 스타니스와프 비스피안스키(Stanisław Wyspianski)의 작품 〈아크로폴리스(Akropolis)〉를 연출할 때에도 이러한 방식으로 관객들과 호흡했는데, 관객들에게 이러한 역할을 부여함으로써 픽션과 현실을 오고 가는 또 다른 차원이 생긴 셈이다.

관객들 사이에서 연극을 한 연기자들은 성경이나 고전시대에 나오는 한 인물만이 아니라, 집단 학살 수용소에 있는 화장터에서 연기와 함께 나타났다가 다시 사라지는 상상인물들의 역을 동시에 맡기도 했다. 연기자들은 알몸 위에 구멍이 뚫린 헝겊 자루를 걸친 채 연극에 임했으며, 한순간 얼굴 표정을 굳히는 방식으로 관객들에게 마치 가면을 쓴 듯한 인상을 심어 주었다. 무대음향의 경우, 호칭기도 형식으로 연출된 대본 외에도 음이 갈라지는 바이올린 소리, 발자국 소리, 또는 오븐 파이프, 수레, 그리고 욕조로 만들어진 요상한 건물을 짓는 망치 소리 등을 선보이기도 했다.

크리스토퍼 말로우의 〈포스터스 박사(Doctor Faustus)〉의 경우에 그로토프스키는 포스터스가 관객들에게 마지막 시간에 자신의 삶을 뒤돌아보며 인생의 에피소드를 이야기하고, 이별 만찬에도 관객들과 함께하는 듯한 무대를 연출했다. 무대는 디귿 자 모양으로 배치되어 있었고, 이 연극의 모든 연기자들은 어두운 옷을, 포스터스는 하얀 옷을 입은 채 진행되었다. 이때 포스터스의 진실을 캐내려 하는 절대적인 열망을 성스럽다 하여 하얀색 옷으로 표현했는데, 이 성스러움은 신의 상징과 대조를 이룬다.

칼데론 데 라 바르카: 〈불굴의 왕자〉, 연극실험실 브로츠와프, 1965년, 예지 그로토프스키 연출

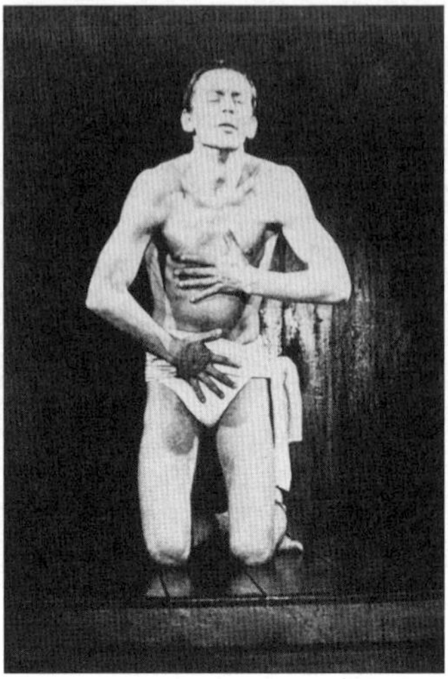

연극연구소에서의 마지막 세 작품에서는 연기자의 역할이 점점 더 중심에 서게 되었다. (셰익스피어와 비스피안스키의) 햄릿에 관한 연구는 애초부터 연기에 대한 연구를 알리고자 계획되었다. 칼데론의 〈인생은 꿈〉을 바탕으로 한 〈불굴의 왕자(Der Standhafte Prinz)〉와, 도스토예프스키, 시몬 베유, T. S. 엘리엇과 성경을 모티브로 삼아 만들어진 〈비유에 의한 계시(Apocalypsis cum figuris)〉는 공연 기간 중에도 새로 발전되었다. 〈불굴의 왕자〉의 경우, 사회의 열광적 콘포미즘과 영웅에 대한 무조건적인 믿음이 주 테마였다. 이 역할은 그로토프스키의 의도를 가장 명확하게 표현할 수 있었던 리스자드 시에슬락(Ryszard Cieslak)이 맡았다. 그로토프스키 감독이 연기자의 목적을 "총체적 연기"라고 칭했던 것처럼, 연기자들을 통해 관객들은 수술실에 참관하는 의대생들의 관점, 또는 선주민의 의식을 몰래 숨어서 지켜보는 여행객들의 관점에서 연극을 관람하게 되었다.

1968년에 완성된 〈비유에 의한 계시〉는 토마스 만의 소설 『포스터스 박사』에 나오는 영웅과 연관시켰다. 아드리안 레버퀸(Adrian Leverkühn)은 35세에 [아포칼립스(Apokalypse) 이후] 그의 마지막 큰 작품을 완성한 후, 정신병에 걸렸다. 그로토프스키도 이 작품을 연출했을 당시 레버퀸과 나이가 같았고, 이 또한 그의 마지

막 작품이 되었다. 무대에서 그는 지구 멸망을 보여 주며, 관객들에게 증인의 역할을 부여했다. 여기서 소도구의 사용은 극단적으로 감소되었다. 빵 한 조각, 물 한 통, 칼과 수건 각각 하나씩, 촛불 100개와 조명 두 대가 전부였다.

그로토프스키의 세 번째 작업 기간인 1970년부터 그의 연극연구소는 이란과 리바논, 미국, 남미와 그 외의 많은 유럽 도시에서 해외공연을 갖게 되었다. 〈불굴의 왕자〉와 〈비유의 의한 계시〉 공연을 위해서 그로토프스키는 열정적으로 비현실적 분위기의 연극 장소들을 찾아 다녔다. 베니스에서 공연할 때는 외각에 있는 무인도에서 공연해서 여객선을 따로 마련하기도 했다. 순회공연을 하면서 그로토프스키는 이미 그의 준연극적 계획에 관심을 가진 자들을 찾고 있었다. 공모를 통해서 '홀리데이(Holiday)'라는 모토 아래 "개인적 편리함을 포기"함으로써 "자유롭게 자신을 찾고 싶은 자"들을 모집했다. 이로써 그는 연극의 기본 요소인 연극과 관객 사이를 구분하는 방식 자체를 없앤 셈이다.

그는 작품들로 자신의 신념을 정확히 드러내는데, 그는 연극이 대부분의 사람들에게 더 이상 진정한 심리적 욕구를 채워 주는 매체가 아니라고 주장한다. 관객들에게 연극이란 문화적·사회적 관례이지만, 연기자에게 연극이란 자기자신이라 했다. 감독의 경우 여러 개인 예술들을 감독하는 것인데, 이 전체를 다 통합시키는 것은 부분적으로나, 또는 아예 이뤄지지 못한다고 했고, 전통 무대 위의 행위는 여러 근원에서 비롯된 요소들의 종합이라 했다. 그러므로 "풍부한" 연극을 "아무 의미와 모양이 없는 집합체"와 비교했다. 연극은 시각적 차원을 추구함으로써, 영화나 텔레비전을 경쟁 상대로 여기고 있지만, 이런 생각은 애초에 패할 게 뻔한 욕심이라 보았다. 줄어드는 대표성을 이겨 내기 위해서 그로토프스키는 오로지 연극 그 자체의 기존 특징을 살리는 것밖에 없다고 주장했는데, 이것은 공연 시 연기자와 관객 사이에서 일어나는 과정이라고 했다. 연극연구원에서의 실습을 위해서는 다음과 같은 결론을 내렸다. "연극에 불필요하다 싶은 요소들을 조금씩 제거함으로써, 분장, 특별의상, 무대세트, 분리된 연극 무대, 조명, 사운드 효과 등이 없이도 연극은 존재할 수 있다는 것을 알아냈다. (…) 우리는 연기자가 관객들이 보는 가운데서 자신의 역할을 가난한 방식으로 조금씩 바꿔갈 때, 자신만의 진정한 연극을 하는 것이라고 생각한다. (…) 그의 얼굴 표정으로 인해 연기자는 무대 바닥을 바닷가로, 책상을 고해소로, 하나의 쇳조각을 자신의 살아 있는 파트너로 바꿀 수 있다."[72]

그로토프스키의 사상에 따르면, "인간에게 주어진 것들"에 대한 초점은 연기자의 창조적인 에너지를 마음껏 펼칠 수 있는 기본 조건이다. 연기자는 정신적·육체적 탈억제를 뜻하는 총체적 연기에서 자기자신을 알아보고, 드러내고 그리고 그로부터 자유로워져야 한다. 그로토프스키에게 총체적 연기란 "자신의 마음을 드러내는 것, 매일 쓰고 있는 마스크를 벗는 것, 한계를 넘는 것"과 "마음의 허전함을 채우는 것"이다. 그럼으로써 의식과 본능이 다시 통합된다고 했다. 연기자의 자기현시를 통해 관객에게도 "행동 가면 밑에 숨겨진 정신적 차원"을 경험할 수 있는 기회가 주어지는 셈이다. 물론 관객 역시 자신의 재탄생을 향한 "진정한 정신적 욕구"가 필요한데, 여기서 "자신의 거짓 가면을 어떻게라도 놓지 않으려" 하는 관객은, 연기자가 던지는 도전장을 당연히 받아들이지 못하게 되어 있다고 했다. 그로토프스키는 자신의 연극 관람이 엘리트들에게만 가능하다는 것을 알고는 있었지만, 이때 엘리트란 관객의 사회적 배경이나 학력에 기본을 둔 개념이 아니었다. "초등학교만 졸업한 노동자는 자신의 자아를 찾을 때 보다 창의적일 수 있고, 어느 대학교 교수는 영원한 기형의 시체처럼 딱딱하고 죽은 창의력을 가지고 있을 수도 있다."[73]

관객의 정신적 깊은 곳까지 도달하기 위해서는 전체 공연이 한 사회와 문화 내에 존재하는 집단적 콤플렉스를 공격해야 한다고 했다. 그로토프스키는 여기에 대해 여러 가지 단체들을 언급하는데 이 가운데 특히 그리스도와 마리아와 같은 종교적 신화, 고통을 뒤로하고 다시 부활한 폴란드 국가의 신화, 그리고 탄생, 성적 성숙, 죽음을 다루는 생물학, 신화들을 예로 든다. 이러한 신화들은 동양 연극에서는 효력을 잃었다고 했다. 그로토프스키는 오직 인간의 육체만이 우주 전체의 진실을 말해 줄 수 있다고 했다. "광란의 경지까지"의 노출은 신화적 상황을 연상케 하며, "함께 이 진실을 나눌 수 있도록 가능케 한다"라고 말했다.

---

72) Jerzy Grotowski: Für ein armes Theater, S. 15 ff.

73) Jerzy Grotow ski: Für ein armes Theater, S. 31.

그럼으로써 그로토프스키에게 전례 신화들은 심리신체적 계시를 보여 줄 수 있는 도구라고 했다. 신화를 연기자가 "총체적 연기" 속으로 뛰어들게끔 하는 트램펄린과 비유했다. 총체적 연기는 자신의 단면을 보여 주고, 자신을 찾을 수 있도록 함으로써 이에 더불어 다른 이들과 공통점을 갖게 해준다고 했다.

연기자의 자아 찾기를 통해서 관객들도 이와 비슷한 탐구에 빠져들도록 노력하지만, 중요한 것은, 절대 감정적 전염을 통해 이뤄지면 안 된다는 것이다. 그로토프스키는 연기자가 관객에게 보여 주는 것이 아니라, 관객과 부딪치듯이, 혹은 "관객을 대신해서" 연기를 해야 한다고 주장했다. 이런 견해는 폴란드 가톨릭의 메시아니즘에서 비롯되었다. 죄 많은 인류를 위해 그리스도가 대신 희생한 것처럼, 연기자도 관객들을 대신해 희생하고 자신을 따르라고 한다. 연극의 이 집중적인 관찰을 필요로 하는 요구는 물론 많은 관객들을 허락하지 않는다. 관객들은 연기자의 호흡을 느끼고 그의 땀 냄새까지도 맡을 수 있을 만큼 가까워야 한다고 했다. 그리하여 연극실험실에서의 공연은 50명 이하, 혹은 훨씬 더 적은 수의 관객만 받았다.

"가난한 연극"에서 연기자에게 주어진 주 목적은, 모든 에너지를 통합시키는 것이었다. 이 에너지는 한 존재의 가장 깊은 곳에서 끌어올려져 "밝은 빛"을 본다고 생각했다. 어떠한 자만하거나 자기중심적인 면을 보여서는 안 되는 이 연기는 치료상의 요소도 포함하고 있다. 연기자는 매일 느끼게 되는 정신분열증, 그리고 몸과 마음과의 싸움을 이겨 내야 하는데, 이는 심리작용에 대해 육체의 저항감을 배제해야 이뤄진다고 한다. 그로토프스키의 방식대로라면 연기자에게 "다방면 기술"이나 "트릭이 가득한 종합세트"를 요구하지 않는다. 그는 연기자의 긍정적인 길 대신, "부정법"을 제시하는 것이다. 이의 목적은 "속죄제사를 반복하는 성스러운 연기자"인데, 이 요소는 폴란드의 가톨릭 메시아 신앙의 요소들을 다시 한번 보여 주고 있다. 그로토프스키의 구상에 따르면 "성스러운 연기자"에 반대편에는 "매수 가능한 연기자"가 기록되어 있는데, 이 두 가지를 창녀의 기교와 "진실된 사랑에서 시작되는 헌신과 얻음"으로 비교하고 있다.[74)]

---

74) Jerzy Grotowski: Für ein armes Theater. S. 26.

감각적 혼돈을 피하려면, 연기자의 연극적 자기현시가 의미 있고 소통할 수 있는 매체로 여겨져야 한다. 내적 충동의 자발성과 정식 표현력이 협동하는 새로운 예술 형식이 세워져야 한다. 이와 같은 언어는 아르토가 정했던 것처럼 정해진 요소들로만 구성되어 있는 것이 아니라, 항상 새롭게 발견되어야 한다. 그로토프스키가 "표의문자(이데오그램)"라고 칭했던 가난한 연극에는 생기와 "심리신체적 상태의 표현", 그리고 "인간적 기본 조건"이 표현되어야 한다. 연기자들이 꾸준한 훈련을 통해 자신의 육체가 투명하고 표현력을 아주 강하게 완성시켜야만 개인의 심리 상태 뒷면에 존재하는 공통성이 표면에 나타나고, 이로 인해 다시 공감할 수 있도록 한다. 그로토프스키의 작품들을 살펴보면, 거의 모든 이런 요소들이 기독교의 이코노그래피(도상학) 영향을 받았음을 알 수 있다. 고통과 자포자기, 그리고 구원과 그리스도의 변용의 내용들이 자주 나타난다. 가난한 연극의 이데올로기뿐만 아니라 외적 형상은 그의 고향을 각인한 종교에 열중했던 그로토프스키의 흔적이다.

유제니오 바르바와 오딘 극단

덴마크의 홀스테브로에 기반을 둔 이탈리아인 유제니오 바르바의 '오딘 극단'은 현재 가장 중요한 연극단 중 하나에 속한다. 오딘 극단은 예술작업 외에도 많은 활동을 했는데, 예를 들어 책을 출시하기도 했고, 교육영화를 제작하기도 했으며, 워크샵과 국제연극인류학회(International School of Theatreanthropology)를 주최하기도 했다. 이는 모두 연극에 관한 연구를 위함이며, 특히 유럽과 아시아의 연기방법 비교에 중심을 두고 있다. 인류학의 관점에서 본 연기 공부의 초점은, 인간의 생물학적·사회문화적 행동에 대한 공부여야 한다고 바르바는 말했다.[75] 이상의 모든 요소는 오딘 극단과 그의 직속 그룹이었던 북유럽 연극연구소에 포함되어 있다.

---

75) Eugenio Barba: Jenseits der schwimmenden Inseln, S. 124.

오딘 극단의 창립자이자 영적 지도자인 유제니오 바라바는 1936년 남부 이탈리아의 어촌에서 장교의 아들로 태어났고 육군사관학교를 다녔다. 17세의 그는 유럽을 돌아다니다 끝내 노르웨이에 남게 되고, 공장에서 일하거나 뱃일을 하다가 대학교에 입학해 문학과 종교학을 전공했다. 그 이후로 바르샤바의 연극대학에서 공부를 더 했고 예지 그로토프스키를 따르기 시작했다. 그로토프스키는 바르바를 그의 단 하나밖에 없는 제자로 삼았다. 이 당시 그는 인도로 긴 여행을 떠나기도 했다. 특히 앞에서는 힌두 신화를 춤과 팬터마임으로 보여 주며, 뒤에서는 노래와 대본이 읽어지는 카타칼리-동작 연극에 관심을 갖게 되었다. 동양 연극에서 자신의 구상을 인정받고 싶어 했던 아르토와 다르게 바르바는 오로지 새로운 연극에 감명을 받았다. 카타칼리 연극이 그의 마음을 사로잡은 이유는 수화의 예술성뿐만 아니라, 서양 사상과는 기초부터 다른 연기자의 존재감 때문이었다. "동양 연극의 연기자는 온전히 존중되어야 마땅할 전통과 조화를 이룬다. 그는 아주 먼 과거에서 어느 장인이 악보를 쓰듯 정해 준 작은 디테일까지도 정확히 연기한다. (…) 그에 반하여 서양 연극에서 연기자는 창의력이 있어야 한다. (…) 오늘도 어느 카타칼리 연기자는 유럽 아이들이 발레를 배우기 시작하는 나이 때부터, 훈련을 시작한다. 이에 따른 심리적·신체적 결과는 뻔하다. 이것을 유럽의 교육 전통에 끼어 맞추기 위해 카타칼리 훈련에서 중요한 운동 요소들을 제외한다는 것은 아무 의미가 없다. 각 운동 동작들이 중요한 게 아니라, 개인의 사고방식이 중요한 것이다. 즉, 연기자에게는 직업을 선택할 때 단순히 말에 흔들리지 않는 굳은 개인의 태도가 중요하다."[76]

공부가 끝난 1960년대 중반에 바르바는 오슬로로 돌아와서 체계적인 연극단에 입단하려 했으나 실패하고 말았다. 그리하여 그는 그곳의 연극 아카데미에 불합격한 지원자들과 팀을 만들어, 게르만의 신 오딘의 이름을 딴 '오딘 연극'이라고 지었다. 오딘이란 이름을 선택한 것에 대해 그는 말했다. "우리의 조상들이 귀신을 쫓았던 것처럼, 우리도 모여 우리 마음속 어두운 곳에 자리 잡은 '오딘'을 내쫓아, 밝은 빛으로 내보기 위함이다." 바르바가 그로토프스키의 연극연구소에서

76) Eugenio Barba: Jenseits der schwimmenden Inseln, S. 59 f.

배웠던 방식대로 그들은 몇 개월 동안 연습한 후에 첫 작품을 만들어 내기 시작했다. 노르웨이의 옌스 뵈르너보에(Jens Bjørneboe)의 〈새 애호가들(Ornitofilene, The Bird lovers)〉을 원고로 썼다. 줄거리는 독일 조류학자들이 이탈리아 마을을 '관광천국'으로 만들어 주는 대가로 주민들의 명금 사냥을 금지시키는 내용이다. 작품의 컷백에서는 오늘의 조류학자들이 과거의 나치 심복임을, 또 과거의 피해자들이 오늘의 사냥꾼임을 보여 준다. 당시 테러의 분위기, 폭력과 끔찍함에 대한 기억들이 다시 떠오른다. 과거의 잘못을 잊고 사는 아버지는 아들의 자살로 인해 벌을 받는다. 모든 연극 맥락은 관객들과의 호흡 사이에서 이어졌으며, 당시 4명의 연기자들은 비극적인 역부터 기괴한 역까지 여러 역할들을 소화해 냈다. 오딘 극단의 첫 작품은 열 번밖에 무대에 오르지 못했다. 관객수가 너무 적었고 시에서 보조금이 전혀 나오지 않았기 때문이다.

이때 덴마크의 소도시인 홀스테브로에서 새로운 문화정책을 도입했으며 오딘 극단을 초청했다. 언어적으로나 여러 면에서 노르웨이와의 관계가 친숙했음에도 불구하고 오딘 극단은 연습실과 꾸준한 경제적 지원을 받기 위해 홀스테브로로 넘어갔다.

〈카스파리아나〉[올레 사비그에 따라], 오딘 극단, 1967/1968년

홀스테브로에서는 몇 년에 걸쳐 오딘 극단을 세계적으로 알릴 수 있는 여러 작품들이 탄생했다. 〈카스파리아나((Kaspariana)〉에서는 비밀스러운 카스파 하우저의 이야기를 다루었다. 카스파 하우저는 문명과 동떨어진 곳에서 자라다가 청년이 되어서야 말을 배우게 된 남자다. 대본은 여러 언어로 선보였는데, 여기서 대본은 청각적 요소를 담당했다. 연기자들은 작은 건축 구조물에 올라가 연기를 했고, 가끔 이 비계들을 악기, 이동무대, 소품, 또는 의상으

로 활용하기도 했다. 홀스테브로에서 연출 시에는 관객수가 아주 적었기 때문에 오딘 극단은 이후 모든 작품들을 선보일 때 마다 덴마크나 이웃나라에 순회공연을 했다.

다음은 〈페라이(Ferai)〉라는 작품이었다. 페라이는 고대 그리스의 도시이기도 하며 패로 제도를 칭하는 라틴어이기도하다. 이 작품에서는 그리스의 알케스티스 신화와 프로데 왕에 대한 게르만 전설이 한 극에 섞여서 —피터 시버그(Peter Seeberg)의 작품을 토대로— 1960년대에 한참 문제가 되었던 주권과 권력을 연상시켰다. 바이킹의 배를 연상시키는 무대는 인원이 제한된 관객들에 의해 양쪽에 둘러싸인 형태로 연출되었다. 그로토프스키와 비슷하게 관객들은 광란적 연출에 함께 호흡하게 되었다. 연극평론가였던 보토 슈트라우스는 오딘 극단을 아주 정확하고 섬세하게 묘사했다. "아주 어린 연기자의 육체는 작은 움직임과 강렬한 폭발까지, 조용한 우상의 역할부터 강한 가라데 싸움, 또는 난폭한 코사크 기병의 움직임까지, 한 치의 떨림도 없이 능숙하게 해낸다. 하지만 극의 미시 구조나 경제적 구조는 불필요한 예술적 완벽함, 또는 어떤 예술적 행위를 허락하지 않는다. 오로지 즉흥적 현실화와 여러 신화적 모험에만 집중되어 있다. (…) 하지만 잊지 말아야 할 것은, 벙어리 연극이 아닌, 언어의 소리와 멜로디 또한 몸과 같이 표현력에 있어서 자유롭게 사용될 수 있는 악기라는 것이다. (…) 오히려 몸의 움직임이 언어의 움직임의 한 일부인 듯하다. 몸이 마치 목소리를 자신의 가장 자유롭고 표현력이 강한 방법으로 쓰듯 말이다. 이 연극은 관객들에게서 평론과 거리를 둔 동정심을 요구하지 않는다."77)

예상치 못한 〈페라이〉의 성공은 모든 유명한 페스티벌에서 큰 관심을 모았다. 이 성공은 유제니오 바르바에게 예술적인 면에서 위험성으로 여겨졌고, 그는 자신의 팀을 해체시켰다. 그중 오로지 3명의 연기자들이 처음부터 다시 시작하자는 바르바의 제의를 받아들였다. 새로 영입된 연기자들과 그들은 자신의 연기 콘셉트의 기본을 재점검했고, 연기훈련의 발전을 위해 함께 연구했다. 몇 달 후 그들은 〈나의 아버지의 집(Min Fars Hus)〉이라는 새로운 작품 연습을 시작했다. 처

---

77) Botho Strauß in: Theater heute, Heft 8/1970, S. 29.

음으로 이미 완성된 문학 작품을 연극 무대에 세운 것이 아닌, 바르바가 그의 팀과 함께 직접 만든 작품이 생긴 것이다. 표도르 도스토옙스키라는 사람의 생에 대해 이야기해 주는 이 작품에서는, 주인공과 그의 아버지 사이에서의 갈등, 그의 성적 모험들, 도박에 대한 열광 그리고 깊은 신앙인이 되는 여정을 그렸다. 연기자들은 작품에서 이 러시아 작가를 실제로 만나는 것처럼 여겼다. 어느 리포트에 그들은 말했다. "이 작품에서는 그의 삶으로부터의 흔적과 상황들을 발견할 수 있다. 하지만 이것은 우리 자신의 진실, 경험 그리고 동경에 의해 여과되었다. 우리는 〈나의 아버지의 집〉을 통해 인도되었고, 우리 자신을 발견했다."[78] 형식적인 면에서 봤을 때는 무언가를 연기자를 통해 변신시킨다는 것이 가장 중요한 요소가 되었다. 이동무대, 소품, 의상과 악기들은 자주 본래의 사용 의도를 잃어갔고 새롭게 변형되었다.

다시 아주 성공적이었던 이 작품을 끝으로 오딘 극단의 첫 발전 단계는 끝이 났다. 과거에는 무대 위에서만 대중과 소통하려고 했었다면, 지금부터는 모든 연극작업을 대중과의 만남이라고 여겼다. 몇 달 동안 전체 팀은 남부 이탈리아의 연극이 존재하지 않는 어느 마을에서 생활하면서 새로운 작업에 열중했으며, 공개적으로 교육 과정을 발전시켰다. 얼마 후 마을 주민들이 극단에 대해 관심을 갖게 되었고 공연을 요청했다. 연극단은 공연을 하는 대신 마을 주민들도 무언가를 보여 주기를 요구했다. 합주공연에서 연기자들은 스칸디나비아 민요를 불렀고 그들의 트레이닝 중 몇몇 요소들을 선보였다. 이탈리아 마을 주민들은 전통연극과 노래로 답례를 했고 이 합주공연은 '단체 축제'가 되었다. 이러한 문화적 '거래'에 대해 바르바는 한 인터뷰에서 말했다. "오딘 극단이 카르피나노에서 작업을 하는 것은 어떤 측면에서 보기에는 이기적이다. 새로운 작업환경은 우리에게 활기를 불어넣어 주기 때문에 우린 이곳에 왔다. (…) 스칸디나비아의 문화적 배경에서 자라, 행동이나 사상이 전혀 다른, 편견이 없다고 생각하는 편견을 가진 극 단원들은 고지식한 기준을 가지고 사는 이곳의 농인 문화와는 아주 다르다. 하지만 이런 '다르다'는 차이가 우리의 초기 출발점이 되었다. 우리는 무엇을 '가

---

78) Eugenio Barba: Jenseits der schwimmenden Inseln. S. 41.

〈오라, 그리하면 이 날은 우리의 날이 되리라〉,
오딘 극단, 1976~1980년, 유제니오 바르바 감독

르치거나' 이곳 사람들의 사회적·문화적 상황에 대해 이야기해 주고 싶어서 온 것이 아니다. 그렇다고 반대로 현지 기준을 모두 받아들이지는 않을 것이다. 우리는 우리의 경험과, 우리의 라이프스타일 그리고 솔직한 감정들을 숨기지 않을 것이다. (…) 우리의 기준을 내놓은 것도, 그들 것을 빼앗아 온 것도 아니다. 양측 모두 가지고 있었던 양보다 훨씬 더 많은 양을 가지고 돌아가게 되었다."[79]

두 문화에서 자란 사람들의 만남은 오딘 극단의 다음 작품에도 주 내용이 되었다. 〈오라, 그리하면 이 날은 우리의 날이 되리라(Come! And the Day Will Be Ours)〉는 어느 미국 장군이 그의 군사들과 인디언들에게 살해되기 전에 쓴 편지 내용이다. 이 제목은 백인 개척자들의 승리에 대한 확신을 보여 주고 있다. 연기자들은 정해진 캐릭터가 아닌, 특정 사물이나 악기로 불렸다. — '책을 든 이', '드럼을 가진 이'.

연기자들은 때론 그들의 예술 능력을 예술적 숙어를 사용함으로써 과시했고, 이는 관객의 감정을 자극하기 위함이었다. 그들 중 3명은 '문명화된', 나머지 3명은 '문명화되지 않은' 역할을 맡았다. 관객들로 하여금 만들어진 동그란 사람 무리 안에서 그들은 서로를 찾고 만나고 싸웠다. 한 무리는 승자의 폭력성을, 다른 한 무리는 패자의 자포자기를 보여 주었다. 베네수엘라에서 체류 중일 때 오딘 극단은 멸종 위기에 처한 야노마미-인디언들에게 자신들의 작품을 보여 주었다. 대가로 그들은 전승 기념 춤을 선보였다.

79) Eugenio Barba: Jenseits der schwimmenden Inseln, S. 76 f.

이러한 '거래'의 또 다른 중요한 요소는 오딘 극단의 가두행진이었는데, 시간이 지나며 이런 퍼레이드를 토대로 〈아나바시스(Anabasis)〉라는 작품이 탄생하기도 했다. 이는 크세노폰이라는 고대 작가가 그리스의 군대 원정대에 의해 낯선 나라들로 여행을 떠나는 이야기다. 다른 언어와 전통에도 불구하고 공통적으로 경험한 여러 장애물과 위험성을 통해 하나의 공동체가 만들어지는데, 이 공동체는 고향에 돌아가는 순간 곧바로 다시 사라지게 된다. 오딘 극단의 무대에서는 연기자들이 어느 군단의 군인들처럼 모여들었다 또다시 흩어졌다 갑자기 발코니석에 나타나 지붕 위에서 상상 속에서만 존재하는 적들과 맞서는 연출을 선보였다. 또한 북과 깃발, 마스크와 죽마를 장비로 갖추었다. 죽음을 상징하는 두 거대한 인물상이 관객들과 직접적으로 접촉을 했다. 이러한 연극 여행은 마지막에 모든 연기자들이 검정색 천으로 모습을 감추면서 막을 내렸다.

1970년대 말에 오딘 극장은 새로운 시도를 모색하는 중이었다. 어린 연기자들이 합류했는데, 이들은 적응하기가 쉽지 않았기 때문에 나이 많은 연기자들이, 몇몇 기대주인 초보자들을 뽑아 그들을 '입양'하기로 했다. 뽑힌 후배들을 위해 예술 전문적, 그리고 경제적 책임을 지면서 따로 연습을 시켰다. 이렇게 새 후배들은 처음부터 전체 팀을 대적해야 하는 것이 아니었는데도 그들과 소통할 수 있었다. 원조 주인공들은 자신들의 여행 경험을 〈일 밀리오네(Il Millione)〉라는 작품으로 선보였다. 스토리는 마르코 폴로가 자신이 경험한 거대한 세계 여행에 대해 화려하게 이야기하는데 동포들에게는 웃음거리가 되었다는 내용이다. '음악적 코미디'라고도 불리던 이 작품의 초점은 노래와 춤에 맞춰졌다.

오딘 극단에서 늘 그러하듯 모든 연기자들은 악기 하나를 가지고 자신을 표현했고, 이 악기 역시 극의 한 인물처럼 다뤄졌다. 바르바는 이 작품에서 표현되는 음의 기능에 대해 말했다. "내가 낯선 문화권을 방문할 때, 예를 들어 내가 방콕에 도착할 때, 길거리나 상점에 있는 라디오에서 미국 또는 일본 음악과 그 나라들의 멜로디가 섞여서 흘러나오는데, 이런 음악은 늘 나의 마음에 와닿았다. 리마, 마라케시 또는 도쿄, 어디든지 늘 처음 받는 음악적 감명이 있는데, 이러한 세계적 '음악문화'는 마치 고장이 난 나침반이 모든 방향으로 도는 것과 같다. (…) 이러한 거대한 매크로에서 우리는 음악적 몰락, 음악의 잔해, 표면적이고 불필요하고 진부한 클리셰들과 함께한다. (…) 이 작품 또한 어떠한 음악기술을 쓰지 않은 목소리로만 구성된 노래로 막을 내린다. 오딘 극장의 모든 작품들은 노래로 끝난다. 마치 인간의 목소리가 현재와의 관계를 요구하는 듯이 말이다."[80] 〈브레히트의 재(Brechts Aske)〉라는 작품의 초기점은 이주한 이 작가의 삶이었는데, 바르바와 그의 연기자들은 이러한 삶을 직접 경험했었고, 이런 경험이 자신의 일을 하는 데 있어 중요한 조건이라고 생각했다. 정해진 국가와 도시의 환경이 준 틀에 박힌 시 앙상블과는 반대로, 오딘 극단은 어딜 가든지 낯설지만 또 한편으로는 이종문화가 가능한 극단이라고 생각했다. 브레히트의 콜라주에서는 그의 망명 생활에서의 장면들이 그의 작품들과 조합을 이루었다. 그 결과 많은 연기자들의 롤 모델이었던 브레히트와 연기자들 사이에서는 생동감 있는 감정들이 전달되었다. 그들의 견해에 따르면 브레히트의 재는 아직도 불타고 있다. 브레히트의 후손들이 더 이상의 연출을 막았을 때 오딘 극단은 두 번째 버전에서 브레히트에게 영감을 주었던 문헌을 통해 그의 말을 대체했다. 중국어로 된 중세의 발라드와 시, 그리고 에리히 뮈잠(Erich Mühsam)과 쿠르트 투홀스키(Kurt Tucholsky)의 동시대의 시들이었다.

1980년대 즈음에 탄생한 〈옥시린쿠스 복음서(Oxyrhincus-Evangelium)〉의 모토는 "총 다섯 권의 복음이 있는데, 마지막 한 권은 끝나지 않았다. 우리는 모두 우리의 작품으로 이를 완성시킨다. 모든 세대마다 한 마디를 더해 간다"였다. 옥시린쿠스는 초기 기독교 문서에 등장하는 이집트 도시다. 바르바는 이 문서의 몇 가지 주제와 인물들을 인용했고 연기자들에게 직접 배역을 정하라고 했다. 안티고네, 오를레앙의 요한나, 사바타이 제비(자신이 메시아라고 했다가 모슬렘이 된 유대인), 세르비아의 종교재판관, 브라질의 캉가세이루(Cangaceiro) 또는 하시디즘의 유대인. 바르바에 말에 의하면 이 연출은 "살아 있는 채로 매장되는 반란, 사악함의 일상화, 악의 일상적 허용 등 마치 그러한 것들을 피할 수 없는 것처럼" 다루고 있다. 언어로는 고대 그리스어의 늦은 현상인 콥트어를 택했다. 이러한 방식으로 연기자들이 여러 언어 영역에서 온 문제를 풀어 나갔고, 통합된 소리를 얻

80) Eugenio Barba: Jenseits der schwimmenden Inseln. S. 83.

을 수 있었다. 정해진 부분에서는 상황이 잠시 멈추어서 관객들이 책자에 우화를 다시 한번 읽을 수 있는 기회를 주었다. 오딘 극단의 모든 작품에서 그렇듯이 연기자와 관객의 공간적 관계가 특유의 내용과 감독의 의도에 따라 연결되었다. 무대는 양 사이드 관객을 둔 좁고 긴 모양이었고, 관객들은 무대 막이 오를 때서야 서로 마주 보고 앉아 있다는 것을 알게 되었다.

바르바 연극의 기본 콘셉트는 여러 면에서 그의 스승 예지 그로토프스키의 콘셉트와 동일하다. 그는 연기자와 관객이 최대한 가까운 선에서 만나게 될 때 연극의 인물이 현실화된다고 생각했다. 연기자는 자신의 안에서 일어나는 여행들, "망상, 꿈, 갈망"을 알리고 관객들은 이러한 자기표현의 증인이 되는 것이었다. 무대에서 오딘 극단은 "유토피아적인 감정"들을 되살리려고 했는데, 이는 "무언, 비겁함, 일상생활에서의 끼어 맞춤"의 반대되는 것이다. 이러한 평론적인 견해는 관객에게만 아니라, 연극연출가 자신들의 "실용주의와 냉소주의"에도 해당한다고 하며, 자기자신을, 그리고 더 나아가 "우리가 살고 있는 이 세상을 바꾸려는" 것에 대해 "용기가 부족하다"라고 말해 주고 있다. 오딘 극단은 모든 사람들이 다 아는 뻔한 진실을 말하는 것이 아니라, 한 사람이 매일 인생을 경험하면서 개인만의 진실을 찾아가는 것이 우선이라고 한다. 그로토프스키와 비슷하게 바르바에게 있어서 연기는 자기탐구다. 연기자는 사회를 데마스킹하는 것이 아니라, 사회의 일부인 자신을 데마스킹하는 것이 중요하다. 연기자에게 바르바는 이러한 편지를 썼다. "당신이 어떤 개인적인, 숨겨진 이유로 연극을 시작했는지는 중요하지 않습니다. 일단 연극과 함께하기로 결정한 이후부터 당신 개인사를 뛰어넘는, 사회적으로 남들과 맞설 수 있는 의미를 찾아야 합니다. 당신의 의무는 당신의 사회적 상황과 당신 마음 깊숙이 동요했던 경험들을 명상하는 것과 같습니다. 모든 공연이 당신의 마지막 공연이 될 수 있습니다. 아니, 마지막 공연이라고 여겨야 합니다. 다른 이들에게 지금까지의 행위에 대해 유서를 남김으로써 당신의 자아를 찾을 수 있는 마지막 기회라고 생각해야 합니다."[81]

관객들을 위한 자기표현과 자기현시의 과정을 통해서 연기자는 자신이 자유

81) Eugenio Barba: Jenseits der schwimmenden Inseln, S. 24.

로워지는 것을 명확히 사회적 측면에서 경험한다. 오딘 극단이 행해 온 같은 마음들과 축소된 사회로의 후퇴, 예술적 연구소와의 격리는 정치적 측면에서 무책임하다는 비판을 받았다. 바르바와 그의 연기자들은 분야를 넓히는 것보다 깊이 있는 작업을 추구했다. 모든 사람 안에 존재한다는 "보물"을 끌어올리기 위해 다른 저항을 이겨 내야 한다. 건들면 아프기 때문에 이를 저항이라고 했다. 바르바는 깊숙이 존재하는 영혼을 "숨겨진 고향" 또는 "통일된 근원"이라고도 칭한다. "집단적 잠재의식"을 통해 그는 신화적 세계를 재발견하기를 바랐다. 연기자가 그의 에너지를 "타오르는 쇳덩이의 불, 또는 불타는 숲속의 목소리"처럼 사용해야만 그의 행동이 관객들의 기억에 오래 남아 새로운 결과를 나타낼 것이라고 했다.

오딘 극단에서는 연기자의 자기현시가 혼돈 상태와는 전혀 상관없는 일이라고 했다. 정신적 충동을 육체적으로 표현할 때는 조절된 명확한 신호로 이뤄져야 하기 때문에 집중력이 꼭 필요하다. 바르바는 이런 연기법의 가장 큰 문제점을 세 가지 단어로 표현한다. "자발성", "의사소통" 그리고 "창조성"이다. "자발성"에 있어서 제일 중요한 건 "여러 대안 중에서 고를 수 있는 자유"와 "자신이 선택한 것을 수행할 수 있는 안정성"이다. 정확한 표현을 찾기 위해 연기자는 기존의 것을 직접 택할 수 있지만, 강력히 따라야 하는 시스템에 저항해야 한다고 생각했다.

의사소통을 위한 힘은 연기자가 자신의 에너지를 하나로 모을 때 생긴다고 한다. 이러한 기술을 얻기 전까지는 시간이 아주 오래 걸린다. 육체가 사회화될 때, 즉 식민지가 되어 버린 상태에서 몸을 새롭게 훈련시키는 것이기 때문이다. "자신이 자라온 풍습과 관점만을 알 뿐이다"라고 바르바가 말했다. "다른 사람을 찾기 위해서 연기자는 자신이 가지고 있는 틀을 깨야만 한다. 그는 새로운 문화에 '식민지로 만들어지기 위해' 치명적이게도 먼저 다가가야 한다. 이러한 이동은 연기자 자신의 인생과 독립 그리고 심리적 표현력을 재발견하게끔 한다. 훈련 중 연습하는 것은 바로 이 '두 번째 식민지됨'이다."[82]

오딘 극단의 이해로는 그들의 훈련 과정이 자신의 에너지를 의사소통을 위해서만 변형하는 것이 아니라 연기자에게 즉흥적·창조적인 연기를 할 수 있도록

---

82) Eugenio Barba: Jenseits der schwimmenden Inseln, S. 101 f.

"정신적 지능"을 키워 주는 것이라고 했다. 각 연기자 개인에게 맞춰진 육체적 연습 프로그램은 자기수양과 자기발견을 향상시키고 그 외에도 멤버들 사이에서 결실 있는 관계와 리더의 지휘를 가능케 하는 "그룹 문화"의 기초라고 할 수 있다. 연기자의 창조적 과정은 예술가나 작가의 과정과 유사하다. "기술적 단련과 규칙 그리고 창의적 변화의 사이"를 유지해야 한다. 오딘 극단에서 이러한 과정은 즉흥적으로 이뤄지는데 감독은 연기자들의 심리신체적 행동에 맞는 "언어적 유사점"을 찾아서 반복될 수 있도록 작업해야 한다.

특별무대, 세미나 또는 출판물을 통해 오딘 극단은 1970년대 중반부터 유제니오 바르바가 "세 번째 연극"이라고 부르는 무대연출이 새로 탄생하기 시작했다. 이 세 번째 연극은 전통이나 미학적 아방가르드와는 아무 관련이 없는 새로운 연극 방법이었다. 가장 중요한 특징은 기존에 존재하던 연기를 하는 전문성을 갖춘 연기자가 없었다는 것과 훈련 과정이 여러 전통을 다루었다는 점이다. "우리는 기존의 훈련을 받지는 않았지만, 관객들이 만든 연기자들, 감독들, 연극인들로 구성된 극단이다. (…) 아무 관련이 없는 작은 섬들처럼, 유럽, 북미, 남미, 오스트레일리아 그리고 일본에서 어린 사람들이 모여 극단을 만들고 살아남으려고 한다. (…) 어쩌면 이 '세 번째 연극'에서야 연극 내에서 생기가 무엇인지를 볼 수 있을 것이다. 기존에 존재하던 연극이란 의미에 새로운 에너지를 불어넣어, 오늘까지 우리의 사회에서 연극을 살아남게 한 것을 말이다. (…) 마치 여러 개인적 욕구들이 작업되기를 원하는 것처럼. (…) 겉으로는 명령적 윤리라고도 설명되는, 직업으로만 해당되는 것이 아닌 일상생활에도 늘 적용되는 그런 태도로 보인다. 끝내 자신의 책임에 가장 먼저 책임을 물어야 하는 사람도 이들인 셈이다."[83)]

피터 브룩의 단순한 연극

20세기의 모든 유명한 개혁자들과 같이 피터 브룩 역시 이미 존재하는 기존

83) Eugenio Barba: Jenseits der schwimmenden Inseln. S. 215 f.

연극에 대한 근본적 의문이 새로운 모델의 구상을 위한 출발점이 되었다. 1968년도에 출간되었던 『빈 공간(Der leere Raum)』을 통해 그는 "죽은 연극"이란 단어를 각인시켰다. 죽은 연극은 마치 "눈속임(Hocuspocus)을 진짜 마술"과, "섹스를 사랑"과 또는 "아름다움을 유미주의"와 혼동하는 것처럼, 비극을 "화려함과 징소리"로 카타르시스를 "감정의 한증탕"으로 치장하는 것과 같다고 했다. 지극히 평범하고 무의미한, 잘못된 감정들에 가득 찬 연극에 맞서 브룩은 셰익스피어가 실현했던 것처럼 생기 있고 소탈하며 초월성을 향해 열려 있는 연극을 이상적인 연극이라고 한다. 엘리자베스너의 작품들은 브룩에게 "브레히트와 베케트를 포함하면서도 초월하는 연극의 한 모델"을 구체화한다. 그리고 "우리는 브레히트 후의 시대에 셰익스피어에게로 돌아가는 길을 찾아야 한다"라고 요구한다. "멸시와 성스러움의 화해할 수 없는 상반 관계로 인하여 그의 작품들은 충격적이며 잊히지 않을 감정들을 우리에게 부여한다."[84]

이러한 서술을 보면, 브룩이 80여 작품 중 4분의 1을 셰익스피어를 토대로 선보인 이유를 쉽게 알 수 있다. 1925년 그는 런던에서 이민자 부모님 밑에서 태어났다. 1970년대에 써진 그의 첫 작품들을 보아도, 그 당시 주목받았던 장 폴 사르트르, 장 아누이, 또는 테네시 윌리엄스의 극 외에도 셰익스피어의 작품인 〈로미오와 줄리엣〉, 〈햄릿〉, 〈눈에는 눈으로〉, 〈겨울 이야기〉가 영향을 미쳤다. 특별한 교육을 누려 보거나 도움을 받아 본 적이 없었던 브룩은 어린 나이임에도 불구하고 런던의 컨벤트 가든에서 6개의 오페라를 무대에 세웠으며, 1952년에는 존 게이(John Gay)의 〈거지 오페라〉를 영화로 제작하고 마르그리트 뒤라스(Marguerite Duras)의 소설을 토대로 한 〈모데라토 칸타빌레(Stunden voller Zärtlichkeit)〉, 윌리엄 골딩(William Golding)의 소설 『파리 대왕(Herr der Fliegen)』을 영화화했다. 초창기 시절 중 그의 가장 중요한 작업은 1955년도 로런스 올리비에(Laurence Olivier)와 비비언 리(Vivien Leigh)가 함께한 전설적인 〈타이터스 앤드러니커스〉 연출이었다. 브룩은 그 당시 유행하던 역사적 환상설을 멀리하고 셰익스피어의 짤막한 대사를 택했다. 이 작품의 희극 연출상 배경은 변형되었다. 브룩은 모든

84) Peter Brook: Der leere Raum. S. 142 f.

상황을 영화에서와 같이 짧은 장면들로 나눠서 전체적으로 봤을 때 관객들의 의식 속에서 서로 분석될 수 있게끔 만들었다. 어느 폴란드의 초대공연에서 '우리 시대의 셰익스피어'로 연극 무대에 큰 영향력을 가졌던 연극학자 얀 코트(Jan Kott)는 브룩의 무대를 예상해 왔으며 늘 꿈꿔 왔던 '계시'라고도 극찬했다. "이 작품에서 셰익스피어는 강렬하고 잔혹하고 악랄하다. 또 세속적이면서도 지옥 같은, 공포스러운, 갈망하는 꿈 같은, 시적인, 거대하고 예상 밖의, 드라마틱하고, 비꼬는, 열정적인 셰익스피어다. 미쳤지만 지혜로운 셰익스피어다."85)

피터 브룩은 1960년대 초반에 당시 영국에서 가장 유명한 극단인 '로열 셰익스피어 컴퍼니'의 대표자가 되었다. 이 극단 내의 연극실험 스튜디오에서 그의 갈구하고 연구하는 정신은 비로소 처음으로 나타났다. 이러한 면은 특히 얀 코트의 해석에 근거를 두고 이야기하면 셰익스피어의 비극 〈리어왕〉을 베케트의 의미에서 부조리한 〈엔드 게임(Endspiel)〉과 유사하게 연출했을 때 드러났다. 이 작품을 통해 나타난 피터 브룩의 변화에 대해 그는 인터뷰에서 이렇게 말했다. "리허설을 시작하기 직전에 나는 무대세트를 부셨다. 나는 무대세트를 녹이 슨 철로 만들었었다. 아주 흥미롭고 복잡하게 말이다. (…) 그런데 갑자기 무언가를 깨닫게 되었다. 이제서야 왜 연극이 하나의 사건인지 보이기 시작했다. 어째서 연극이 어느 장면이나 특정한 맥락에 의존하지 않는지를 알게 되었다. 왜냐하면 예를 들어 연기자가 무대 위에 올라간다는 그 사실 자체가 이미 큰 사건이기 때문이다."86)

이러한 경험을 바탕으로 그의 연구는 연기자의 작업에 더 집중되기 시작했다. 같은 시기에 브로츠와프의 연극연구소에서 그로토프스키가 이런 고민을 했던 것처럼, 브룩 역시 앙토냉 아르토의 구상을 바탕으로 삼았다. 찰스 마로위츠(Charles Marowitz)와 함께 그는 '람다 연극(Lamda Theatre)'이라고 하는 극단을 세우고 어린 연기자들과 육체적인 발전 그리고 발성 표현력의 발전을 연구했다. 자료로는 셰익스피어와 장 주네, 그리고 아르토의 초현실주의 단편 드라마 〈혈류〉를 사용했다. 결과물은 늘 새로운 모습으로 대중에게 선보였다. '잔혹연극'이라는

85) Jan Kott: Shakespeare heute. S. 356.

86) Peter Brook: Wanderjahre. S. 26 f.

페터 바이스:
〈장 파울 마랏의 박해와 살해〉,
헤른 드 사이드 감독 아래
사랑트 극단, 런던 알드윅 극장,
1964년, 피터 브룩 연출,
샐리 제이콥스 무대감독

모토 아래 그의 작품들은 아르토와는 다르게 잔혹함과 잔인함을 의미한 것이 아니라, 연기자의 철저함과 자신의 내면의 잠재의식까지 빠져드는 것을 의미했다.

람다 극단에서의 결실들로 페터 바이스의 희곡 〈장 폴 마라의 박해와 살해(Die Verfolgung und Ermordung Jean Paul Marats)〉라는 작품이 선보이게 되었다. 이 작품은 헤른 드 사이드(Herrn de Sade) 감독 아래서 샤랑트의 순례자 숙박소 연극단(die Schauspielgruppe des Hospizes zu Charenton)이 맡았다. 브룩은 브레히트의 서사연극의 요소들을 대립시켜 놓은 아르토의 미학적 특징들을 정확하게 부각시켰다. 억압된 폭력성, 활발한 섹슈얼리티, 몽유병자와 같은 혼수 상태와 어처구니없는 광기, 이 모든 것이 병자들의 연극 속에 존재했다. 전체적이고 일반적인 연결로 시작했던 이 작업으로부터 종국에는 급격한 혼란이 발생한다. 정신이상자들은 그들의 감시원을 제압하고 무대 앞까지 나왔다. 갑자기 그때 무대 매니저가 나타나 호루라기로 이 게임을 정지시켰다. 그러자 연기자들은 자신의 배역에서 빠져나오듯이 관객의 박수갈채가 끝나도록 한 다음 무대에서 사라졌다. 연기자들은 관객을 혼자 남겨 둔 셈이었다.

브룩이 람다 극단에서 작품들을 만들며 경험했던 짧은 장면들을 삽입한 연출법은, 레뷰 US(Revue US)에서 긍정적으로 빛을 보기 시작했다. 감독이 직접 '그룹-해프닝-콜라보라티브-연극(Gruppen-Happening-Kollaborativ-Schaustück)'이라고 이름을 지었던 작품은 〈미국(United States) 또는 우리(Uns)〉의 축소판이다. 이는 미국의 베트남 전쟁 참여를 의미했다. 전쟁에서 남은 고철과 종이 반죽으로 만든 로켓으로 남성의 성기를 대신한 대형 GI-인형이 무대장치의 전부였다. 연기자들은 여러 연극 장르들을 —예를 들어 다큐멘터리에서부터 선동과 선전, 동양의 가면극에서부터 서정시까지— 이용해서 전쟁의 혐오스러움을 보여 주었다. 관객들이 토론을 하고 항의하기를 유도한 것이다. 이러한 도전의 하이라이트는 허무하고 단순한 끝 장면이었는데, 어느 평론가는 이에 대해 다음과 같이 설명했다. "모두가 어떤 움직임도 없이 바닥에 누워 힘들어하고 있을 때, 검정 장갑과, 검정색 종이 박스를 든 누군가가 무대 맨 앞으로 나와서 마치 의식을 치르듯이 박스 안에서 두 손가락으로 나비 한 마리를 꺼낸다. 이 나비를 천장으로 날게끔 놓아 준다. 두 번째 나비도 똑같이 겁이 난 듯이 위로 날아간다. 세 번째 나비를 꺼내더니 라이터를 켜서 불을 붙인다. 나비의 노란 날개가 재가 되기 전에 타는 소리가 들리는 듯 짧고 고요하게 불이 잠시 붙었다 꺼진다.[87] 평론가나 관객들 모두 이 나비 대신 구겨진 종잇조각이 탄 것을 알지는 못했다.

정확히 이 예에서 우리는 브룩 특유의 연극에 중요한 두 가지 요소를 볼 수 있다. 한편으로는 '설마'라고 생각하는 심리와 연극적 환각에 얽매였다는 사실과 다른 한편으로는 발표할 때 가장 간단한 방법만을 추구하는 심리를 보여 주고 있다. 브룩은 이에 대해 어느 인터뷰에서 이렇게 말했다. "우리가 찾고 있는 그 무언가는 아주 간단한 것이다. 하지만 이 간단한 것을 찾기가 아주 어렵다. 연극은 어떻게 간단한 모양새를 갖출 수 있는지가 포인트다. 심플하면서도 이해하기 쉽고 의미가 가득 담긴, 간단한 모양새 말이다."[88] 이러한 단순함을 언어적이 아닌 그 외 다른 부분에서 찾을 수 있다는 것을 브룩 감독은 1960년대에 더 깊이 깨닫게 되었다. 이로 인해 앙토냉 아르토가 표현한 언어에 대한 불신감을 인정했다. 하지만 희극의 대사들을 자신의 작품의 기초로 삼는 일을 마다하지 않았다. 단, 질 높은 연기자의 정확한 승인을 원칙으로 삼았다.

브룩은 다음 프로젝트로 아르토도 이미 자극받은 로마의 철학가 오이디푸스

87) Ernst Wendt in: Theater heute. Heft 2/1967. S. 16.

88) Peter Brook: Wanderjahre. S. 175.

와 작가 세네카를 택했는데 이를 아르토의 소포클레스 버전과 비교했을 때 훨씬 더 강도 높은 잔혹함을 보여 주었다. 브룩의 작품은 특히 세네카 특유의 수사적인 장광설이 아니라, 또렷하지 않은 허밍으로 시작했다. 이 같은 허밍은 극장 곳곳마다 자리 잡은 합창단의 소리였다. 관객은 이렇게 음향적으로 소리에 감싸였다. 소리를 연구할 때는 특히 원주민의 제사의식에 기록된 소재를 사용했다. 움직임에서도 의식적인 면을 찾으려 애썼다. 연기자들은 대부분 대본에 짜인 행동 패턴을 피하고 현실성을 보여 주기 위해 노력했다. 아르토의 사상과도 같이 연기자들은 대본보다 오히려 인상에 깊은 신경을 썼다. 연극은 "심리적인 것이 아니라, 그리고 구체적이고 육체적인 것이기 때문이다". 이오카스테(Jokaste)의 자살 장면에서는 여자 연기자가 치켜세운 칼을 넓게 벌린 다리 사이로 집어넣으려고 한다. 성과 죽음, 이 두 가지 효과적인 분야는 이 장면에서 통합되었다. 오이디푸스 연출의 끝에도 이러한 욕구에 대한 부분이 나왔는데, 남근 행진(Phallus-Prozession) 도중 긴장이 풀어지고, 고대 연극의 사티로스극에서처럼 비극의 카타르시스 효과가 강화되었다. 고대의 연구가 끝나고 브룩은 다시 셰익스피어에게로 돌아갔다. 중국 서커스와 히피 문화의 로맨틱한 에너지의 영향을 받아 〈한여름 밤의 꿈〉을 아주 예술적으로 연출했다. 하얀 무대 위에는 사다리와 그네를 빼고는 숲을 연상케 하는 은색 나선밖에 없었다.

파리로의 이주와 '국제연극연구소(Centre International de la Création Théâtrale: C.I.C.T.)'의 창립과 함께 1970년부터 브룩의 새로운 작업 시기가 시작되었다. 전 세계의 문화들이 종합된 총체성이 온전히 발달된 인간의 본질이라는 생각, 즉 모든 이가 전 세계적 문화에 관련되어 있다는 기초적 생각으로 그는 프랑스, 독일, 루마니아, 일본, 북미와 아프리카에서 온 연기자 앙상블을 설립했다. 이 앙상블은 여러 재단들로부터 기부금을 받았다. 전 고블링 공장이었던 공간은 프랑스 정부에서 사용할 수 있도록 해주었다. 여러 모국어를 쓰는 이들이 모인 사실 때문에 작업은 비언어적 부분에 집중되었다. 함께 쓸 수 있는 발성, 몸짓언어 또한 아르토의 연구를 토대로 프로그램의 일부가 되었다. 아르토는 '말의 언어'가 자신의 자리를 '몸짓의 언어'에 내주어야 한다고 했다. 나타나는 모습이 보는 이의 마음을 곧바로 움직일 수 있다는 이유였다. 당연히 목적은 이종문화 간 재능과 예술적 스킬을 교환하는 것이 아니라, 함께 '부정법'을 찾아 나가는 것을 의미한다. 이 프로젝트의 시작에 대해 브룩은 말했다. "처음에 우리는 고정관념을 떨쳐 버리는 노력을 해야 했다. 하지만 우리 모두가 중립의 익명이 된다는 뜻이 아니었다. 자신의 민족적인 면을 내려놓으면, 일본인은 더 일본식으로, 아프리카 사람은 더 아프리카 사람처럼 되면서 끝내 행동이나 표현력을 더 이상 예측할 수 없는 때가 온다. 이때 여러 뿌리를 가진 사람들이 함께 창의적 활동을 할 수 있는 기회가 생기는 것이다."[89] 브룩에게 행동의 자발성, 예측할 수 없는 표현력, 다른 사람을 공통언어 없이도 알아들을 수 있는 직관력은 팀 전체의 창조성을 유발하는 데 있어서 기본 조건이다. 이 조건들이 주어져야만 아무 허물없이 사람들을 직선적이고 깊이 감명시킬 수 있는 것이라고 했다.

이러한 목적을 가지고 극단이 생긴 첫 해부터 노력해 왔는데, 첫 작품은 시라즈(Shiraz)가 축제를 위해 작업한 〈오가스트(Orghast)〉였다. 시인 테드 휴스(Ted Hughes)가 쓴 인공언어와 라틴어, 고대 그리스어, 산스크리트어, 고대 페르시아어를 종합하여 대본을 만들었고, 제목은 고대 페르시아어로 정해졌다. 내용은 일본의 사무라이 전설과 동양의 우화, 프로메테우스 신화와 칼데론의 드라마 〈인생은 꿈〉을 조합했다. 장소는 페르세폴리스를 택했으며 첫 편은 위엄 있는 몰락 풍경을, 두 번째 편은 100m 높이의 돌벽과 약 2500년 전의 왕의 묘를 앞에 두었다. 무대의 배경이 이미 기념하는 의식 절차를 기본으로 삼은 분위기를 연출했다. 연극 내의 동작은 태극권과 일본의 노(Nô), 그리고 페르시아의 전통연극과 표현주의 무성영화에서 가져왔고 이와 더불어 각자 육체훈련에서 연습한 요소들이 추가되었다.

극단의 훈련 프로그램은 다른 문화권의 사람들을 만날 수 있는 기회이기도 했고, 이 앙상블이 특히 세 번의 큰 여행을 통해 얻으려고 했던 경험이기도 하다. 첫 번째 여행은 1973년 아프리카 북부에 있는 사하라 사막이었고, 두 번째 여행은 미국 남부에 라틴아메리카 출신 이주 노동자들을 위해 연극하는 극단 테아트로 캄페시노(Teatro Campesino)였고, 세 번째 여행은 오스트레일리아였다. 그곳에

---

89) Peter Brook: Wanderjahre. S. 146 f.

서 자신들의 작품을 소개했고, 원주민들과 서로 춤과 노래, 연극을 선보이는 시간을 가졌다. 간단한 물건들을, 예를 들어 신발 몇 켤레, 또는 종이 상자를 가지고 즉흥적으로 아프리카 마을에서 연극을 했다. 또는 원주민들이 전통 춤을 선보여 주도록 유도했다. 이런 방식으로 이종문화 간의 연극 콘셉트를 실질적으로 경험했다. 가끔은 두 그룹의 활동이 함께 녹아 가는 느낌을 주었다. 피터 브룩은 기억했다. "어느 날 우리는 오후 내내 작은 천막 안에 앉아서 노래를 했다. 우리는 아프리카 그룹과 함께 노래했는데, 어느 순간 우리와 그들이 동일한 성조언어를 구사하고 있다는 걸 깨닫게 되었다. 우리는 그들을, 그들은 우리를 알아듣게 된 것이다. 너무 흥미로운 일이 아닐 수가 없었다. 수많은 각각의 다른 곡들 중에 한 곡이 같았기 때문이다."[90]

브룩은 이러한 연구의 가장 중요한 부분을 근본적인 상황에 대한 생각과 생기 있는 연극을 향한 요청의 압박 속에서 봤다. 특히 모든 작업의 시작은 영점에서 시작하고 항상 가장 단순한 방법을 찾는 것과, 최대한 계획되지 않은 연기자의 행동이라고 했다. 그러기 위해 그는 그의 연기자들과 C.I.R.T.에서 많은 훈련법을 만들어 냈다. 가장 유명한 것 중 하나는 대나무 막대기를 가지고 하는 것인데, 이에 대해 사파리-연극의 동반자는 이렇게 말했다. "내가 연기자들이 대나무 막대기로 일하는 것을 봤을 때마다, 막대기는 리듬과 시간감각, 기술, 균형감각과 신속함, 그리고 브룩이 좋아하는 단어 — 의식을 훈련하기 위해서 사용되었다. 예를 들어, 이 막대기로 한 기계를 표현해야 할 때는, 농업기계 내의 칼처럼 마구 막대기를 회전시켰다. 모든 연기자가 이 '칼' 사이로 닿지 않은 채 지나가야 했다." 브룩은 이 막대기를 기계적 또는 추상적인 물체가 아니라, 아주 개인적이고 강하고 감정이 가득한 물건으로 다루었다. 20년 동안 노-연극의 기술을 훈련받은 요시 오이다(Yoshi Oida)가 대나무 훈련 시 그룹을 이끈 것은 당연했다. 꽃꽂이에서부터 펜싱 예술까지, 모든 일본의 예술 방식에서는 마지막 목적이 유연성, 기술, 완성도, 혹은 예술이 아니다. 그 목적은 항상 정신적인 것이다. 오랫동안 전능한 선-학자(Zen-Meister)에게서 훈련받은 활잡이는 최종적으로 자기자신을 활

---

90) Peter Brook: Wanderjahre, S. 169.

로 맞추는 것을 목적으로 한다. 목적은 그의 앞에 있지만, 현실에서는 그 자신이 목적인 것이다. 이 유능한 활잡이는 자신의 목적을 언제나 응시하고 있다. 어떤 면에서 보면 선생은 이미 존재하지 않는다. 그 자신이 목적이 "된 것이다". 브룩의 연기자들 역시 대나무 막대기가 "되도록" 노력한다. 브룩은 말했다. "귀를 기울여라." "이 막대기가 너희를 안내할 것이다." 팀은 동그랗게 섰다. 한 사람을 사이에 두고 막대기를 손에 들었다. 한 연기자는 동그라미 안쪽으로 달리면서 자신에게로 던져진 막대기를 잡은 후에 곧바로 막대기를 들고 있지 않는 자에게 던진다. (…) 이 연습을 성공시키려면, 잡는 것과 던지는 것이 따로 이뤄져야 한다. 막대기가 엔진이 있는 것처럼 보인다. "그것"이 던진다. "그것"이 잡는다. (…) 이렇게 아무런 노력이나 의식된 의도와는 상관없이 일어나는 상황들은 "예술 없는 예술"이라 불린다. 브룩에게 있어서 이런 예술은 가장 좋은 예술이다.[91)]

1970년대 중반에는 연구소가 국제연극연구소로 확장되었다. 그는 19세기 때부터 의도적으로 수리되지 않은 작은 극장인 테트레 데 부프 뒤 노르(Théâtre des Bouffes du Nord)에 자리를 잡았다. 한 가지 변화가 있었다면 엘리자베스 시대의 연극에 존재하던 관객석까지 나와 있는 무대로 바꿨다는 것이다. 개막작으로 피터 브룩은 셰익스피어의 〈아테네의 티몬〉을 선보였는데, 특히 극단 전체에 신경을 많이 썼으며, 주인공을 맡은 연기자를 앙상블의 대표자로 세웠다. 이러한 원칙은 셰익스피어의 다른 세 가지 작품 〈눈에는 눈으로〉, 〈안토니오와 클레오파트라〉, 〈폭풍우〉(1980년대 후반)에서 이어졌다. 〈폭풍우〉란 작품은 브룩이 선보인 셰익스피어의 작품 중에서 특유의 간단함과 가벼움으로 가장 많은 관심을 받았다고 할 수 있다. 〈우부 왕〉의 연출에도 관객들은 크게 매료되었다. 그 이후로 브룩 감독은 희극을 기반으로 삼는 일은 거의 없었다. 브룩이 뮤직시어터와는 반대로 현실적이고 심리적으로 믿음직하게 무대에 세운 조르주 비제(Georges Bizet)의 〈카르멘(Carmen)〉과 모리스 마테를링크와 클로드 드뷔시(Claude Debussy)의 〈펠레아스와 멜리장드(Pelléas und Mélisande)〉를 제외하면 안톤 체호프의 〈벚꽃동산〉밖에 없었다. 〈벚꽃동산〉은 1980년대 초반에 파리와 1980년대 후반에 뉴욕

91) John Heilpern: Theater- Safari. S. 205 ff.

에서 선보였다.

작품의 온전함에 대하여 책임을 지는 브룩이지만, 그는 앙상블 내에서 단체의 창의성을 추구하고 생산하려 했다. 특히 중요한 요소는 함께하는 훈련 외에도 연습 시 개방된 분위기다. 그래야 연기자들이 전체적인 콘셉트에 맞게 함께 만들어 나갈 기회가 주어진다. 직접 지시하는 일은 드물었다. 오히려 감독의 주된 역할은 연기자가 직접 자신의 생각과 감정을 찾고 연구할 수 있게끔 흥미를 불러일으키는 것이다. 늘 다른 이들과의 관계를 잘 유지하면서 말이다. 마지막 작업 단계에서야 브룩은 조금 더 강하게 연기 과정에 참여한다. 그는 "연기자와 이 작품의 직감적인 관계에서 나타나는" 것이 아닌 "연기자에 속하는" 모든 요소들을 제거해 낸다. 이렇게 해야 "유기적 형태"만이 남게 된다. 그의 감독작업은 이미 정해진 콘셉트에 의해서 이뤄지는 것이 아니다. 페터 슈타인과의 대화에서 브룩은 말했다. "감독은 대본에 파고들어서 그 안에 숨겨진 현실을 끄집어내야 하지만 이를 해석하려 하면 안 된다. (…) 내가 한 사람을 인정하는지 안 하는지는 전혀 중요하지 않다. 모든 배역에 알맞게 역할을 나눠 줘야 하고 연기자는 자신의 관점으로 이 캐릭터를 변화시키면 안 된다. 연극에 생기를 불어넣어야 하지만, 이해시키려 하면 안 된다. 프로스페로는 프로스페로이다. 끝!"[92] 이 발언을 보면 브룩의 연기에 대한 또 다른 이해를 엿볼 수 있는데, 이는 극 안에서 존재하는 완전히 중심적인 연기자의 포지션이다. 연기자는 무대 위에서 피어나야 하고 이 점을 방해하는 모든 요소들을 브룩은 제거한다. 이 점은 시각적인 요소들의 가능성을 과소평가한다는 의미가 아니다. 그에게 중요한 건 연기자들이 처음부터 특정 재료들에 의지하지 않는 것이다. 그리하여 그는 무대연출가에게 연습하는 과정에서 함께 만들어 가기를 요구한다.

이종문화에 초점을 둔 1970년대, 1980년대의 국제연극연구소의 연극 작품에서는 무대장치와 무대의상이 화려하지 않았고, 하나하나에 의미를 두었다. 〈레스 익스(Les Iks)〉는 사진작가와 민족학자의 설명을 토대로 차차 굶주림에 지배당하는 아프리카의 원주민들을 재구성했다. 불모의 토지는 검은 흙과 흐트러져 있

---

92) Peter Brook in: Theater heute. Heft 1/1991. S. 24.

장 클로드 카리에: 〈새들의 회의, 아비뇽의 페스티벌〉, 1979년, 피터 브룩 연출, 샐리 제이콥스 무대감독

장 클로드 카리에/피터 브룩: 〈마하바라타〉, 취리히, 1981년, 피터 브룩 연출, 클로에 오블린스키(Chloé Oblinsky) 무대감독

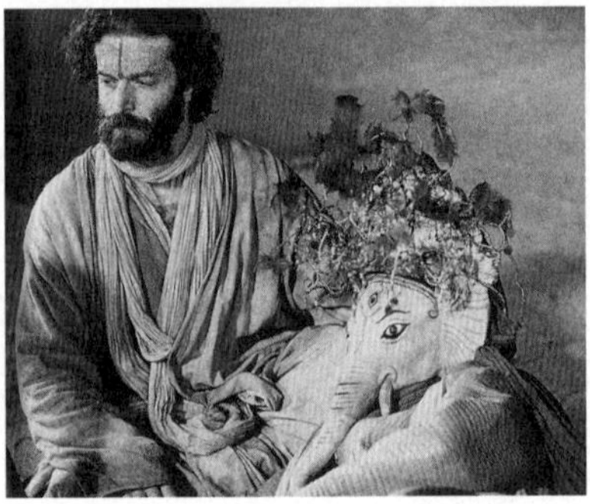

는 돌멩이로 표현되었고, 천막은 연기자들이 원본 기술을 정확히 배워 와서 직접 세우기까지 했다.

아프라카의 소극 〈뼈(L'os)〉를 연출할 때는 다다미와 농부의 삶에서 가져올 수 있는 간단한 용품들을 사용했다. 중세 페르시아의 한 신비주의자가 쓴 시에 근거한 〈새들의 회의(La conférence des oiseaux, Die Konferenz der Vögel)〉에서 그 당시 높은 문명 수준은 값비싸 보이는 양탄자로 표현되었는데 그 양탄자는 동시에 동양의 동화작가의 인상을 심어 주었다. 연기자들은 새들의 등장을 몸짓과 소리로 표현해 냈고, 많지 않은 무대의상들이 리허설 시 무대배경과 함께 짜졌다. 이러한 원칙은 대본에도 해당되었다. 장 클로드 카리에(Jean-Claude Carriére)는 즉석연기를 관찰하고 난 후에 대본 틀을 만들고, 이 대본은 연습 시 계속 개발되었다.

지금까지의 큰 프로젝트에 브룩은 카리에와 공동작업을 많이 했다. 약 10년이 넘는 기간 동안 두 사람은 3000년이나 된 인도의 서사시 〈마하바라타(Mahábhárata)〉를 작업했는데, 미움과 사랑, 전쟁과 평화, 신, 영웅, 신화적 인물이 나오는 문항들을 줄여서 가장 중요한 내용 — 친척관계인 두 왕자 가족의 경쟁만을 그렸고 끝내 9시간 길이의 작품이 완성되었다. 브룩은 자신의 무대에서 여러 가지 연출법을 결합시켰다. 춤과 팬터마임, 가면연극과 인형극, 즉흥연극과 내레이션의 결합. 연기자들의 각기 다른 개성 덕에 그의 폭이 넓어졌다. 일본인, 유럽인, 인도, 아프리카인 — 이들은 자신의 개성을 잃지 않으면서도 함께 하나가 되었다.

브룩과 그의 극단은 관객이 어떤 문화적 배경을 가지고 있든지 관객을 움직일 수 있는 가볍고 함축적인 자세로 세계적인 연극의 유토피아를 현실화했다.

아리안 므누슈킨과 태양극단

1960대에 아리안 므누슈킨이라는 여대생이 친구들과 파리에서 극단을 만들었을 때, 그녀는 '태양극단'이라는 이름을 추천했다. 그녀에게 태양이란 빛, 아름다움 그리고 삶을 의미했기 때문이다. 그녀의 극단은 이러한 관념을 오늘까지도 여전히 준수하고 있다. 장 폴 사르트르의 철학과 베르톨트 브레히트의 연극 콘셉트를 깊숙이 연구한 그녀의 앙상블은 자신의 작업을 사회비판의 도구로 삼았다. 특히 이런 의지는 학생운동으로 인해 더욱 강해졌다. 형식적인 측면에서 보면, 한편으로 어린 극원들은 아리안 므누슈킨이 긴 여행을 통해 알게 된 동양의 전례되어 온 연극에, 다른 한편으로는 코메디아 델라르테의 일반적 마임연극과 프랑스의 연간 행사의 연극에 영향을 받았다. 신체연극의 방법과 기술은 자크 르코크(Jacques Lecoq)의 학교에서 배웠다. 르코크는 가면연극과 에티엔느 드크룩의 '신체마임(Mime corporel)'의 기초를 통합시켜 교육적 시스템을 만들었었다.

태양극단은 3단계로 나뉜다. 1964년과 1969년의 사이였던 첫 번째 단계에서 므누슈킨은 주어진 희곡들에 자신의 요소들을 포함시켜 각색했다. 두 번째 단계인 1969년과 1975년 사이에는 작품 창조를 함께 작업했으며, 1970년대 중반부터 시작한 세 번째 단계에서는 다시 문학 작품으로 돌아왔다.

첫 작품은 막심 고리키의 사회희극 〈소시민들(Die Kleinbürger)〉이었는데, 앙상블은 연극 방법론적인 측면에서 콘스탄틴 스타니슬라브스키의 심리기술에 기반을 두었다. 후속극인 테오필 고티에(Théophile Gautiers)의 〈캡틴 프라카스(La Capitaine Fracasse)〉라는 작품에서는 므누슈킨만의 특유 사항들이 드러나기 시작했다. 매혹적인 연기를 향한 열정, 자신의 분야에 대해서 늘 의문을 갖는 자세, 코메디아 델라르테 인물들의 재구성, 관객들 앞에서 펼쳐진 연기자들의 분장. 훈련 시에도 이미 집단 창조와 창의의 요소들이 나타났다. 연기자들은 소설의 각

장을 가지고 즉흥적으로 임했고 필리페 레오타르(Philippe Léotard)라는 유능한 극단원이 이를 모아 대본을 만들었다. 다음 작업이었던 셰익스피어의 〈한여름 밤의 꿈〉은 앙토냉 아르토의 사상이 담겨져 있었다. 므누슈킨은 셰익스피어의 희극은 무의식적이고 금기사항을 깨트리는, 욕구들이 드러나는 작품이라고 생각했다. 이러한 요소들을 그녀는 움직이는 꿈의 이미지로 보여 주었고, 티타니아와 오베론의 역할로는 안무가를 섭외했다. 안무가의 도움으로 그녀는 신체언어적 상황을 만들었고, 언어라는 요소는 중요성을 잃게 되었다. 반원 형태의 연극 무대와 대부분의 관객석에는 양털이 놓여 있었다. 그 위로 연기자들은 기어 다니거나, 누워서 몸을 비틀거나 아크로바틱 예술 작품들을 선보였다.

1968년 5월 반란으로 인해 태양극단의 연구는 잠시 중단되기도 했다. 태양극단은 당시 대학생들, 노동자들과 연대해 예를 들어 현실-사회비판적인 아널드 웨스커(Arnold Wesker)의 〈부엌(Die Küche)〉이란 작품을 공장 내부에서 공연했다. 극단원들이 그해 여름을 시골에서 함께 보내는 동안, 그들 내에서 정치적 불균형이 생겨나기 시작했다. 그들은 정확한 목표나 내용을 정하는 것에 대해, 또 작품의 예술적 무늬나 방법에 대해 열정적이고 깊은 대화를 나누었다. 이에 대한 실직적인 결과는 므누슈킨 감독과 그녀의 극단이 유명세를 탄 〈어릿광대들(Die Clowns)〉, 〈1789〉, 〈1793〉 그리고 〈황금시대(L'age d'or)〉라는 작품에서 드러나기 시작했다. 학생운동의 자주적인 추동력에 탄력을 받아 태양극단은 작품작업 중 '집

〈1789〉, 태양극단 파리, 1970/1971년, 아리안 므누슈킨 감독

단 창조(Création collective)'라는 방법을 쓰기 시작했고, 서유럽에서도 이러한 방식을 받아들이기 시작했지만, 1970년 중반의 시간적 변화로 인해 다시 없어지고 말았다. 태양극단에서는 차례와 인물들뿐만이 아니라 대본까지도 대부분 즉흥적으로 공동작업을 하면서 탄생했다. 문학과 마찬가지로 감독 또한 의미를 잃어 갔다. 연기자들이 더 강렬하게 연극 무대에 자신을 바친 만큼, 그들은 전체적 무대와 관객들과의 소통에 있어서 훨씬 더 가까워질 수 있었다. 므누슈킨은 두 번째 단계의 감독으로서 특히 연기자들의 탄생을 도와주는 역할을 맡았다. 어느 인터뷰에서 그녀는 "적극적으로 창조적 가능성을 이끌어 가는 파트"가 있고 "그와 같은 위치의 파트너"가 작품의 탄생 과정에 존재한다고 했다. 특별한 연기자들과의 관계에 대해서 그녀는 자신의 성을 거론하며 설명했다. "나는 모형을 제작하는 데는 관심이 없다. (…) 아주 남성적인 특징이다. (…) 나는 연기자 속 안에 들어 있는 것을 찾기를 원하지, 그들에게 무엇을 먼저 주어야 할지 찾지 않는다. 내 생각에 여자 감독들은 빨리 착각에 빠지지 않는 것 같지만, 남자 감독들은 자주 자신들이 연기자에게 무언가를 불어넣어 준다고 착각할 때가 많다."[93]

두 번째 단계의 작업 당시 므누슈킨은 방향과 즉흥작업을 재검토하는 일에 열중했다. 그리고 끝내 역할이 나눠지기 전에 연기자들은 여러 인물을 맡아서 연습했다. 거의 끝부분의 연습 기간 때 므누슈킨이 간섭하여, 주어진 재료들을 정돈하기 시작했다.

이런 방법으로 임한 첫 작품은 〈어릿광대들〉이었고, 광대역을 맡은 연기자들의 즉흥적인 면에 초점을 맞췄다. 장면의 빈틈은 자신의 주인의 소원들이 모두 이뤄지도록 돕는, 만드라고라(Mandragora)라는 기적의 꽃이 채웠다. 이러한 여러 연기 시도로 인해 동화 같은 이야기들이 많이 탄생했다. 내용은 삶과 죽음, 두려움과 명예를 다루었지만, 사회비판적인 일상적 장면, 예를 들면 아이가 많이 있는 집의 여인의 모습 등을 연출하기도 했다. 므누슈킨 감독은 이러한 재료를 가지고 선택을 했으며 연결 부분에 신경을 썼다. 한 가지 약점을 뽑자면, 앙상블의 인원들은 모두 자신만의 이야기를 할 뿐 함께 연기를 하지 않았다는 점이다. 하

---

93) Ariane Mnouchkine in: Theater heute, Jahresheft 1978, S. 137.

지만 〈어릿광대들〉은 연극 방법적인 면에서 매우 생산적이었다. 연기자들의 이러한 과제로 인해 심리적인 것에 근거한 기존 연기 유형에서 자유로워졌고, 오로지 자연주의를 추구하고 표현하며 몸짓과 말투를 찾게 되었다. 태양극단의 거의 모든 무대설치를 맡았던 로베르토 모스코소(Roberto Moscoso)는 작은 무대에 긴 통로를 만들어 연기자와 관객들의 소통을 훨씬 더 강화시켰다. 양측 벽에는 등불이 달린 거울을 걸어 서커스 같은 분위기를 만들어 냈다. 연기자들의 몸짓과 함께해 준 음악단들 또한 훤히 보이는 위치에 자리 잡았는데, 이 또한 같은 의도를 가지고 있었다.

다음 작품으로 태양극단은 프랑스 혁명을 주제로 하여 프랑스 국민들 사이에서는 많이 알려진 소재를 선택했다. 사건의 연도를 제목으로 한 〈1789〉는 특히 비-시민들을 위한 작품으로 프랑스의 혁신 상황을 가상 연극단의 이야기를 통해 보여 주었다. '연극 안의 연극'이라는 예술 방법은 역사적 사실을 불확실하게 보여 줄 위험성과 또 공식적으로 역사책에 남게 된 허위 사실을 토대로 무대에서 선보일 위험성이 존재했다. 전문학자의 도움으로 공부를 하면서 므누슈킨은 이러한 거대한 내용을 단 하나의 작품으로 보여 주는 것은 불가능하다는 것을 빨리 알아차렸다. 그리하여 마르스펠트(Marsfeld) 대학살은 또 다른 작품에서 별개로 다루기로 결정했다. 연기자들이 몇 개월 동안 함께 습득한 지식을 실질적으로 바꾸는 과정에서는 극 단원을 소그룹으로 나눠 각기 발표해야 할 사건만 가지고 연구하도록 했다. 그리고 즉흥 연기의 결과는 모든 단원들 앞에서 선보인 후 이에 대해 대화를 나누고 변경했다. 연기자들 간의 가까운 합동작업에서 장소에 대한 콘셉트도 잡았다. 하나의 긴 무대와 4개의 작은 무대 ― 가끔은 동시에 연기가 이뤄지기도 했다. 정해진 관객석은 없었다. 누구나 돌아다니면서 자신의 시각을 바꿀 수 있었다. 만약 연기자들이 자신들의 무대에서 내려오면, 많은 관객들이 그들을 둘러쌓기도 했다. 연기자들이 자신의 역할을 계속 바꿈으로써, 연극 역할과 비판적이지 못한 일체화는 제외될 수 있었다. 인물들의 특징을 살리기 위해 연극 내에 정확히 짜여진 의상 외에도 비언어적인 요소들이 추가되었다. 표정, 춤, 팬터마임 그리고 아크로바틱. 오로지 마라트(Marat)라는 인물만이 종종 여러 단체들 사이의 권력에 대해 설명했다.

하지만 이 혁신작이 요구하는 공간적 그리고 경제적 조건들은 태양극단을 파산 상태로 몰아넣었다. 지금까지 검소한 장소에서 연습하고 공연을 위해 여러 극장을 대여했지만, 이번 프로젝트는 규모가 큰 조건들이 있었기 때문이다. 오랜 부탁 끝에 파리 시에서 태양극단에게 카르투슈리의 한 공간을 빌려주었다. 카르투슈리는 파리 근교의 빈센느 공원 내에 있는 화약 공장이었고, 시는 이 공간을 극단의 연습 기간에만 빌려준다고 허락한 것이었다. 수리를 해야 하는 이 건물에서 공연은 할 수 없었다. 그래서 태양극단은 밀라노의 조지오 슈트렐러(Giorgio Strehler)와 그의 '피콜로 테아트로(Piccolo Teatro)'의 제안을 받아들여, 밀라노의 체육관에서 초연을 치를 수 있었다. 하지만 파리에서 이 작품을 선보이기에는 그 외의 장소가 없었다. 그런 상황에서 태양극단은 카르투슈리 내의 공간을 사용할 수밖에 없다는 결론을 지었다. 시장의 도움으로 상징적인 의미의 적은 세를 내고 태양극단은 카르투슈리를 사용하게 되었다. 직접 수리를 한 후, 1970년 12월 파리에서 드디어 〈1789〉의 최초 공연이 열렸다.

연기자들의 봉급과 관련해서도 상황이 첨예하게 변했다. 극단은 협회로 등록되어 있고, 시에서 약간의 도움도 받았으며, 부유한 예술인들이 그들을 지원했음에도 불구하고, 단원들은 생활하기에 너무 빠듯한 봉급을 받았다. 시간이 지나면서 시의 지원이 많아지기는 했지만 독일에서 받았던 지원에 비교하면 터무니없이 적은 액수였다. 적은 봉급과 높은 작업 수위는 그룹 내에서도 늘 불화를 일으켰다. 한 주인공은 인터뷰를 통해 이런 말을 했다. "태양극단의 일원이 될 수 있는 건, 오로지 내 모든 것을 바쳤을 때, 아직 총각일 때, 가족도 없고, 아이도 없고, 사랑도 없을 때다. 태양극단은 우리의 모든 시간, 우리의 모든 에너지를 차지하며, 또 우리의 삶을 너무나도 제한한다. 물질적인 면에서 말이다."[94]

첫 번째 작품이 프랑스 혁명을 다루었듯이, 두 번째 작품이었던 〈1793〉은 튀일리를 정복하고 시민주권을 빼앗아 간 내용을 공동작업으로 만들었다. 여기도 또다시 모든 절차는 즉흥적으로 이뤄졌다. 연기자들은 자신의 역할이 가지고 있는 특징들을 직접 만들었고, "Personage(퍼소나지)"라고 불리던 캐릭터로 완성시

94) Philippe Hottier in: Theater heute. Jahresheft 1984. S. 20.

켰다. 교회의 신도석처럼 보이던 카르투슈리의 두 공연장은 처음에 커튼으로 나뉘졌다. 그 앞에는 작은 무대가 서 있었고, 무대 위에서 사회자가 권력자들을 소개했다. 그 이후 커튼이 내려오고 관객들은 연극 도중에 술집, 빨래방, 교회 그리고 막사로 변하는 공간으로 이동되었다. 〈1793〉에서 므누슈킨과 태양극단은 민족의 관점에서 모든 내용을 보여 주었다. 정치적 상황은 48개 중 하나였던 상퀼로트의 삶과 행동을 통해서 소개되었다.

태양극단의 콘셉트였던 공동작업과 역사적 민족연극 개혁의 가장 뜨거웠던 시간은 1975년 〈황금시대〉라는 작품을 통해서였다. 줄거리는 공간상 거리를 둔 2000년에 압달라라는 알제리아 노동자의 관점을 이야기하고 있다. 본격적인 내용이 전개되기 전인 1720년 나폴리에서 코메디아 델라르테의 부분이 보여졌는데, 여기서 아를레키노가 그의 모습을 특유의 마스크와 함께 압달라에게 상징적으로 넘겨주는 것이 연출되었다. 이 작품의 다른 배역들 또한 확실히 이탈리아의 민중 코메디로부터의 유래를 회상시킨다. 압달라가 프랑스에 도착한 이야기부터 착취를 당하고 공사장에서 죽는 스토리에서는 작품명이 아이러니로 이해된다. 코메디아 델라르테처럼 〈황금시대〉에서도 4개의 양탄자가 놓인 무대를 놓고 육체적 행위가 압도적이었는데, 관객들은 자리를 이동하며 관람을 했다.

공동작: 〈황금시대〉, 태양극단, 파리, 1975년, 아리안 므누슈킨 연출

태양극단이 세 번째 작업 단계로 넘어가 공동창조라는 콘셉트를 포기하고 다시 주어진 희극작을 선보이기 전인 1977년에 몰리에르의 삶과 작품을 그린 영화를 제작했다. 대본 제작과 감독은 므누슈킨의 몫이었지만 그녀는 이 분야에서 흔한 경제화와 위계제도를 최대한 뒤로 하고 영화 팀의 창의적 에너지를 사용하기 위해 노력했다. 어느 인터뷰

에서 그녀는 말했다. "연기자와 기술자들이 나의 비전을 받아들임으로써 우리의 공동창조는 시작되었다. 아주 놀랄 만한 일이다. 그리하여 나는 몰리에르 역을 맡은 필립 코베르(Philippe Caubère)에게도 나의 비전에 대해 말해 주었다. 내가 상상하지도 못할 만큼의 폭과 방식으로 그는 작업을 풍부하게 만들어 주었다. 이렇게 모든 부분에서 공동창조가 이뤄질 수 있었다. 내가 각본에 제시했던 것들을 예술가들이 받아들이고 변화시켜서 끝내 내가 계획했던 것보다 훨씬 더 아름다운 결과가 나왔다."[95)]

1970년대 후반부터 작품을 공동 창조한다는 방법은 차차 없어졌지만, 그래도 태양극단은 여느 극단과 차별화되었다. 일반적으로 개인의 원고와 무대장치의 학습이 진행되는 작업 초기단계에 대해 배우들은 이렇게 기술했다. "우리는 첫 연습부터 곧바로 연극을 했다. 분석은 하지 않고 공동의 그림과 공동의 상상을 하면서 곧바로 의상을 입고 분장을 했다. 다른 사람들은 지켜보고 있었다. 모든 것이 즉흥적이었다. 마치 아이들이 모여 함께 노는 것같이 우리에겐 너무나도 당연한 일이었다. 우리는 모든 역할을 맡을 준비가 되어 있었다. 여러 역할로 연습을 하면 할수록, 자신이 끝내 맡게 될 역을 발견할 확률이 높아진다. 그리고 그 결정이 아리안의 마음에 들지 않는 일은 없었다. 어느 순간부터 나는 아리안과 다른 극 단원들을 통해서 내가 맡을 역할을 깨닫게 된다. 그리고 그 역할을 특별히 연구하게 된다. 하지만 이것이 다른 역할에 소홀해진다는 뜻은 결코 아니다."[96)]

세 번째 단계의 첫 작품은 클라우스 만의 소설 『메피스토(Mephisto)』였다. 이 작품은 예술가가 정치적 권력에 유혹을 당하는 줄거리이며, 극의 배역들은 소설가 주변에 실존했던 인물들을 택했는데, 제일 중요한 인물은 그의 전 처남 구스타프 그륀트겐스였다. 그의 후손들은 1936년에 이미 완성되었던 이 작품의 출판을 막았었다. 이 소설이 알려진 계기는 태양극단의 작품을 통해서였다. 므누슈킨의 재구성에서는 나치에 학살당한 공산주의자 오토 울리히스, 일명 한스 오토가 출세주의자 헨드릭 회프겐의 적대자로 등장한다. 〈메피스토〉라는 작품에서도

95) Ariane Mnouchkine in: Theater heute. Jahresheft 1978. S. 137.

96) Georges Bigot in: Theater heute. Jahreheft 1984. S. 22.

다시 연극 안의 연극이라는 방법이 사용되었다. 극장의 양 사이드 무대의 한쪽에는 빨간 커튼과 석고로 된 주현관이 있는 무대가 설치되어 있었고 다른 한쪽 무대에는 공산주의적 카바레 '슈트름포겔(Sturmvogel)'을 보여 주는 눈에 띄는 액자가 걸려 있었다.

1980년대 초반부터 계획해 온 대형 프로젝트인 셰익스피어 작품들을 위해 앙상블은 더 많은 사람을 영입해야 했고, 나이대도 줄여야 했다. 늘 그랬듯이 오디션이나 비슷한 절차를 밟으며 결정한 것이 아니라 몇 주 간의 워크샵을 통해 이뤄졌다. 지원자들은 므누슈킨과 다른 연기자들과 함께 주어진 과제를 가지고 작업했다. 연기학원에 대해 므누슈킨 감독은 회의적이었다. 학원이 어린 학생들에게 주어진 틀에 따라 행동해야 한다고 가르쳤기 때문이다. 이것이 그녀가 비교적 만들어진 모습 없이 그룹에 합류하고 그 작업을 통해 진정한 공부를 하게 되는 인물들을 특별히 선호했던 이유다. 초보자들과 함께하는 작업을 그녀는 이익이라고 생각했다. 그녀는 자크 르코크에게서 직접 배운 가면연기를 특별히 중요하게 여겼는데, 가면을 쓰는 순간 연기자가 자신의 내면에 있는 육체적 표현력을 나타낼 수 있는 용기를 얻는다고 여겼다. 그 외에 가면은 므누슈킨에게 있어 마법-영적 인물의 생애였다. 이 점은 시간이 지나면 지날수록 점점 더 중요해졌다. 연기자의 의무에 대해서 그녀는, 초기 단계의 마임과 육체적 방법과는 또 다른 콘셉트를 찾아냈다. "연기자의 의무는 깊은 곳까지 빠져드는 것이다. 다이아몬드-캐기의 예가 도움이 되는데, 저기 깊은 곳에 아직 가공되지 않은 원석을 찾는 것과 같다. 이 돌멩이를 깎지 않는다면 다이아몬드인지도 모를 것이다. 즉, 연기자는 깊은 곳에서 감정의 초기 상태를 발견하고, 이를 끄집어내면서 남들에게 보여 줄 만한 모양을 몸의 표현력을 빌려 만드는 것이다."[97] 정확한 비전과 명백한 "상상 근육" 외에 그녀는 연기자에게 "내적 풍경"을 몸짓과 그림으로 표출해낼 것을 요구했고, 이것이 관객에게 "감정적·형이상학적·정치적 울림"을 준다고 했다.

자신의 다음 계획에 대해서 그녀는 "우리 시대의 이야기를 하는 표현력을 배우기 위해 셰익스피어의 교육을 받으러 가는 것"이라고 표현했다. 즉, 그녀의 초

97) Ariane Mnouchkine in: Theater heute, Heft 6/1991, S. 10.

윌리엄 셰익스피어: 〈국왕 리처드 2세〉, 태양극단, 파리, 1981년, 아리안 므누슈킨 연출

점은 오래된 것에 대한 관심이 아니라, 현재의 정치에 대한 관심이었던 것이다. "육체의 시"를 "텍스트의 시"로 만들기 위해 그녀가 직접 번역한 〈리처드 2세〉, 〈하인리히 4세(Heinrich IV)〉, 〈십이야〉가 쓰였다. 연극미학적 롤모델로 그녀는 두 왕의 드라마에서 나오는 권력, 폭력의 주제들을 가부키 연극(Kabuki-Theater)의 기호언어를 통해 표현했고, 사랑과 코메디를 다룰 때는 카타칼리 춤(Kathakāli-Tanzes)의 도움을 받았다. 걸음걸이의 방법으로는 노-연극(Nó-Theater)에서 영감을 얻었다. 연기자들은 약간 구부린 다리로 움직였기 때문에 마치 미끄러지듯, 또는 공중에 떠다니는 듯 보였다. 또한 재빠른 등장과 예술적인 몸짓, 숨을 멎게 하는 므누슈킨의 셰익스피어-연출은 동양 연극의 연출법에서 많은 아이디어를 얻었다. 가면과 의상에 있어서 동양적 요소들을 엘리자베시안 시대적 요소들과 섞었다. 당연히 동양적 요소들은 서쪽 문화와 합쳐지면서 원래와는 다른 효과를 얻게 되었다. 한편으로 인물의 특징을 살려 낼 때 사용되었다. 하인리히 왕이 노-연극의 나무 가면을 쓰고 나오고 어린 반역자들이 하얀 분장을 하고 등장했다. 다른 한편으로 이런 합작은 '소외'의 효과를 불러와 연출된 행동들에 대한 깊은 깨달음을 주었다. 이런 효과는 동양을 모델로 삼은 음악에서도 엿볼 수 있었다. 음악은

개개인을 통해 작곡된 것이 아니라, 장 자크 르메트르(Jean-Jacques Lemètre) 앙상블과의 합동작업을 통해 만들어졌다. 여러 악기와 많은 연습 과정을 거쳐 자생적으로 훌륭하게 완성되었다. 음악은 이미 무대연출에 포함된 요소였고, 움직임과 텍스트 사이의 다리 역할을 해주었다. 수사법은 가부키 연극의 어투처럼 말할 때 과격하게 높고 낮은 음색과 길게 늘어뜨린 억양을 생각나게 했다. 세익스피어의 세 작품의 무대들은 모두 기본적으로 동일했다. 무대 바닥에 황토색의 양탄자가 깔렸고 검은 줄 여러 개로 나눠져 있었다. 분위기에 따라 변경된 길고 고급스러운 커튼을 뒷배경으로 쓰고, 적은 수의 간단한 무대장치와 가부키 연극을 모방한 긴 나무판을 썼다. 연기자들은 이 판 위를 통해 무대를 가로질렀다.

므누슈킨과 태양극단이 아트리덴-순환을 통해 연극사의 다른 중요한 시기에 빠져들기 전 그들은 20세기의 이야기를 다룬 두 작품을 선보였다. 소설가 엘렌 식수(Héléne Cixous)의 작품을 딴 〈끔찍하지만 끝나지 않은 캄보디아의 왕 노로돔 시아누크의 이야기(L'histoire terrible mais inachevee de Norodom Sihanouk, roi du Cambodge)〉 그리고 〈인도(L'Indiade)〉. 〈끔찍하지만 끝나지 않은 캄보디아의 왕 노로돔 시아누크의 이야기〉라는 첫 번째 작품은 1955년 시아누크 왕이 론놀이라는 친미 장군에게 왕위를 양위한 후 캄보디아 민족이 겪었던 고난의 길을 50개의 장면을 통해 보여 주었다. 그 외에도 크메르의 정복과 폴 포트의 공포정치, 베트남 적들의 침략까지 등장했다. 〈인도〉는 영국 절대권에 대한 인도 독립운동의 마지막 단계와 동시에 민족들과 종교들 사이의 내적 권력싸움이 전쟁으로, 그리고 끝내 분열의 상황으로 번졌던 내용을 담았다. 이 두 작품들이 기록연극의 기존 틀을 깰 수 있었던 이유는 앙상블의 숨길 수 없었던 연극에 대한 열정이었다.

다시 한번 역동적이고 정확한 육체언어와, 협박적인 등장과 뛰는 장면, 동양의 가면과 값진 의상, 구식의 종과 북소리가 특징이 되었다.

므누슈킨이 에우리피데스의 〈이피게니에 인 아울리스(Iphigenie in Aulis)〉와 아이스킬로스의 〈오레스테이아〉를 엘렌 식수의 도움으로 작업하여 1990년대 초반에 연출했던 그리스 비극 작품의 중심에는 합창단(Chor)이 있었다. 태양극단의 무대 위에 올라온 합창단의 등장에 한 비평가는 이렇게 설명했다. "합창단은 노란색, 금색, 그리고 빨간색 의상과 환상적인 에어캡, 폭넓고 둥그런 치마와 동양

에우리피데스:
〈이피게니에 인 아울리스〉,
태양극단, 파리, 1991년,
아리안 므누슈킨 연출

적 액세서리를 하고 그리스-인도의 리듬과 스텝, 춤에 맞춰서 폭풍적으로 떠다니는 듯이 무대 위로 9명씩, 가끔은 더 많은 인원이 등장했다. (…) 합창단은 대화나 코멘트 사이사이 세력을 얻어 마치 한 집단처럼 관객들 앞에 세 줄을 지어 서 있었다. 그들의 앞에는 지휘자가 서서 동양의 사찰 무용수처럼 뻗고, 또는 둥그렇게 해서 빨갛게 물들인 손을 넓게 펴서 빠른 속도로 신호를 주었고 타!라는 짧은 외침과 함께 연기자들이 반복하여 새롭게 발을 구르거나 날거나, 어처구니없이 놀라는 이상한 몸동작을 하게 했다. 무의식적인 행동, 열광적인 무중력 상태로 말이다."[98] 합창 이외에도 이피게니에의 역을 맡은 앳되어 보이는 인도-프랑스인 연기자가 반전적인 연기로 돋보였다. 예를 들어 그녀는 아버지의 보살핌을 피해 도망가 살려 달라고 빌다가 갑자기 일어나 춤추며 가장 어린 나이임에도 불구하고 여자 합창단의 리더 역으로서 자신의 죽음을 받아들여 국민을 구하려고 했다. 연기자는 이 장면에서 므누슈킨이 고대희극의 특징이라고 뽑은 것의 좋은 예가 되었다. "우리에게도 이해하기 힘든 그런 한순간이었다. 이해할 수 없다. 우리는 그것을 느꼈고 모든 것을 이해하려는 습관을 버려야 한다는 것 또한 깨달았다. 오히려 우리는 한편으로는 의식할 수 있는 모든 것을 이해해야 하지만, 또 한

98) Peter von Becker in: Theater heute, Heft 6/1991, S. 3.

편으로 어떤 순간에는 이해하는 것보다 그냥 휩쓸려 가게끔 허락하는 능력을 키워야 했다."99)

해프닝-플럭서스-빈의 액셔니즘-퍼포먼스 아트

제2차 세계대전 이후 유럽의 창의적 가능성이 침체되었고, 예술을 다시 새롭게 재기시키는 동력은 미국으로부터 왔다. 독일의 표현주의와 바우하우스 예술의 대표자들은 미국으로 망명을 갔고 프랑스에서 넘어온 몇몇의 초현실주의들과 함께 미술에 '액션 페인팅'이라고 하는 새로운 경향의 기초를 세웠다. 액션 페인팅에서는 예술적 창조 과정이 무의식의 표명이라고 이해했고, 적어도 예술 작품만큼이나 큰 의미를 가지게 되었다. 초현실주의의 '심리적 자동성' 외에 젊은 미국 예술인들은 다다이즘에서 만들어진 콜라주 기법을 사용했다. 그들은 작품 안에 사물을 추가하여 작품이 보여 주는 상상 속의 세계와 현실의 요소들을 결합시켰다. 이렇게 '아상블라주(Assemblage)'라고 불리는 미술과 조각의 통합작품이 만들어졌다. 입체적인 것의 독립으로 결국 새로운 환경이 탄생했다. 이 작업에서는 일상생활에서 쓰이는, 가끔은 고물상에 버려졌던, 물건들이 한 공간 안에서 새로이 조립되고 이 전체를 작품이라고 설명했다. 정적인 무대장치에서 동적인 풍경으로 액셔니즘의 마지막 단계가 이뤄진 것이다. 액셔니즘은 미술과 연극에 새롭게 태어난 예술 장르였다.

액셔니즘 예술은 제일 처음 해프닝 운동과 '플럭서스' 예술의 영향을 받았다. 두 분야 모두 1960년쯤에 뉴욕에서 관심을 받았고, 얼마 되지 않아 서유럽에 알려지기 시작했다. 독일에서는 특히 요제프 보이스(Joseph Beuys)와 볼프 포스텔(Wolf Vostell)이 이 장르를 대표했고, 오스트리아의 경우 빈의 액셔니즘의 주요 인물들이 있었는데 그 중심에는 도취적 미스테리 극장의 헤르만 니치(Hermann Nitsch)가 있었다. 1970년대에는 액셔니즘이 퍼포먼스 아트로 변형되면서, 연극

99) Ariane Mnouchkine in: Theater heute. Heft 6/1991. S. 10.

에 새로운 도전으로서 함께 작업을 하게 되었다. 액셔니즘 예술가들의 목적은 예술과 삶의 고리를 없애는 것이었다. 의도와는 상관없이 미래주의와 다다이즘의 역사적 아방가르드의 영향을 받으며 그들은 관객들을 창조적 과정 속에 포함시키려 했다. 관객은 한 사건의 동반자로서 주어진 일상생활의 딱딱한 규칙이 아닌 우연하고 무의미한 듯한 원칙들을 따르길 바랐다. 보여지는 것의 비중이 높은 현대의 삶을 놀랍고 특이한 것들과 대립시킴으로써 당연한 것을 의심해 보고, 자신의 틀을 깨어 진정한 행동만을 하며 살길 바랐다. 포스텔은 자신의 의도를 이렇게 설명했다. "나의 해프닝의 특징은 새로운 행동 패턴을 통해 자극을 줌으로써 참가자들이 마음을 열고 자신을 표현하게 한다는 것이다."[100]

이 새로운 예술적 매체는 1959년 뉴욕의 어느 작은 갤러리에서 탄생했다. 미술에 기반을 둔 앨런 캐프로(Allan Kaprow)는 〈6개 부분 18개 사건(18 happenings in 6 parts)〉이라는 제목으로 한 사건을 연출했다. 극 중 파트는 각각 다른 모양새를 가지고 있었다. 한 여자아이가 오렌지를 쥐어짜고 있고 이해할 수 없는 텍스트가 발표되었고, 단 한 번도 악기를 손에 든 적이 없었던 4명이 콘서트를 열었다. 영화 장면들이 보여지기도 했고 두 남자가 함께 그림을 그렸는데, 이 중 한 명은 선만 그리고 다른 한 명은 동그라미만 그리고 있었다. 계속 반복되는 상황들은 플라스틱 호일로 나눠진 반투명한 3개의 공간에서 이뤄졌다. 그래서 모든 참가자는 옆에서도 다른 상황이 벌어지고 있다는 것을 알고 있었다. 하지만 정확한 사건의 순서에 대해서는 잠시 휴식 후 그들이 자리를 이동했을 때 알 수 있었다. 캐프로는 초대장에 이미 손님들이 "한 사건의 참가자"가 될 것이라고 통보해 두었다. 하지만 막상 행사에서 그는 손님들에게 그냥 연극관객으로서의 역할만 주었다. 초연 이후 다섯 번을 반복한 후에 그 역시 연극의 관습에 따랐다. 하지만 그는 자신의 의견을 첫 번째 실무 경험 이후 2가지 점에서 변경했는데, 해프닝의 주된 특징으로 그는 "수많은 참가자 사이에서 기립하는 관객"과 단 한 번의 공연에서만 "독창성"을 찾아볼 수 있다고 결정지었다.

연극과 자신의 "마치 무엇인 것처럼(as-if)" 관점의 차이는 해프닝에서는 팩트

100) Zitiert nach Rolf Weweder, Vostell, S. 304.

를 기반으로 둔 사건들이 보여진다는 것이다. 이 팩트들은 원래의 연관성에서 분리되어 예술이라고 설명되는데 여기에서 주목해야 할 것은 다뤄진 내용이나 쓰여진 사물들이 미학적으로 전혀 다듬어지지 않았다는 것이다. 예술가적 창조가 필요한 이 부분에 존재하는 현실 내에서의 선택이라는 원칙을 내세웠다. 이러한 방법은 다다이스트 마르셀 뒤샹을 통해 예술사에 남게 되었다. 그는 예를 들어 자전거 바퀴나 남성 소변기 같은 엉뚱한 사물들을 예술 작품이라며 미술관에 전시하기 시작했다. 새로운 측면에서 보면 잘 알려진 물건과 행동에 새로운 의미가 부여된다. 해프닝의 참가자들은 이런 변화로 혼돈되고 도전받고 현실에 대한 바뀐 측면을 얻게 된다.

앨런 캐프로의 〈6개 부분 18개 사건〉을 시작으로 몇 개월 사이 뉴욕에서 해프닝 무대는 이미 널리 퍼져 있었다. 팝아트와 같은 시각예술가들은 이 새로운 장르를 지지하며 1960년대 후반까지 그들이 꽃을 필울 수 있도록 발전시켰다. 해프닝이 보여 주는 면들은 아주 다양했다. 클라스 올든버그(Claes Oldenburg)는 가게를 열어 깁스로 만든 식품들을 팔거나 꿈 같은 행사들을 주최하기도 했다. 로버트 휘트먼(Robert Whitman)은 자신의 해프닝 〈약간의 냄새(Ein kleiner Geruch)〉에서 마네킹을 파괴시키고 조그만 물감통을 터뜨렸다. 유황 가루가 불에 타면서 참가자들은 '지독한 냄새'에 휩싸이기도 했다.

짐 다인(Jim Dine)은 〈자동차 충돌(Car Cash)〉이라는 그의 작품에서 한 갤러리를 하얀 풍경으로 바꿨고, 그곳에서는 흰옷을 입은 사람들이 관객들 사이로 걸어다니고 있었다. 다른 해프닝에서는 다인이 직접 니콜라우스로 변장하여 작은 전등을 가지고 다니며 터무니없는 짧은 극을 연출하기도 했다. 끝을 확실히 맺지도 않고 그는 사라졌고 남아 있는 건 크리스마스 촛불들이 비추고 있는 아기 인형뿐이었다.

독일 액션예술의 주요 인물은 볼프 포스텔이다. 그는 쾰른과 뉴욕을 번갈아가며 미국인들의 콘셉트를 유럽으로 들여왔다. 자신의 작업을 위해 'Dé-coll/age'라는 단어를 지어냈고 이 작업의 의미는 특별한 기술 방식이 표현하고 있다. 이 단어는 1954년 파리의 신문 ≪피가로(Figaro)≫의 기사를 읽고 만든 것인데 비행이 시작되고 난 지 얼마 되지 않아 추락한 기체에 대해 다루었다. Dé-coll/age

짐 다인: 〈자동차 충돌〉, 해프닝, 뉴욕 루벤 갤러리, 1960년

는 익숙한 순서나, 당연히 여겨지는 과정이 중단되었음을 말한다. 콜라주라는 단어가 현실의 단어 조각으로 조합되는 반면, Dé-coll/age는 현실을 파괴하는 것을 의미한다. 즉, 창조할 때는 창조적 파괴가 따른다는 말이다. 이는 포스터를 찢는다든지 그림에 칠하는 것, 또는 익숙한 배경을 헝클어 놓은 듯한 해프닝에도 해당된다. 1960년도의 초반에 포스텔은 넓은 폭의 Dé-coll/agen을 선보였다. 〈도시의 라마(Cityrama 1)〉(쾰른, 1961)에서는 참가자들을 고철 하치장이나 폐가, 정해진 길모퉁이, 집 입구로 보낸 후에 주위의 환경을 통해 예전 기억을 되새기거나 특정 행동을 하게끔 했다. 이 해프닝에 대한 설명서에는 이렇게 기록되어 있다. "막시멘(Maximen) 가에 있는 폐가[돔스트릿(Domstreet)의 입구]: 여러 전쟁 잔해가 있습니다. 안으로 들어가십시오. 가만히 서서 중앙역의 소리에 귀 기울이고 사랑에 빠지십시오! 주더만(Sudermann) 광장: 폐가에 소변을 보면서 가장 친한 친구를 생각하십시오. 호헨촐른너 원형 거리(Hohenzollernring) 60: 다음 사고가 일어날 때까지 이곳에 머무르시오. 뤼벡커-마이바흐 거리(Lübecker-Maybachstraβe): 5분 동안 이곳에 서서 1000-폭탄 테러가 있었던 날 저녁에 이곳에서 죽은 사람 수가 6인지 36인지 생각해 보시오."[101] 이 해프닝에서 포스텔이 중요하게 여겼던 것은, 각 장소에 저장된 '진실'을 알리는 것과 흐려진 의식을 한 단계 한 단계 벗겨 내는

것이었다. 그의 목적에 대해서 그는 이렇게 말했다. "나는 겉으로는 중요하지 않은 사실들과 행동들을 중요한 사건으로 바꿔 놓음으로써 내가 살고 있는 이 시대의 인간화와 삶의 질을 위해 노력하고 싶다. 나의 이런 노력은 단순 반사작용을 넘어 일상생활의 행동-모델이 될 수 있다. (…) 예술도 도덕이 될 수 있다."[102] 포스텔의 액션예술은 전설적인 Dé-coll/age-해프닝 〈인 울름, 움 울름, 움 울름 헤룸(In ulm, um ulm, um ulm herum)〉이라는 작품으로 큰 관심을 받게 되었다. 아주 정확히 구성된 계획에 따라 250명의 참가자들은 6시간 동안 시내 24곳을 돌았다. 10대의 제트 전투기의 콘서트를 들을 수 있었던 공항과 자신의 삶에 대한 이야기를 풀어놓을 수 있었던 겨울 밭, 차 1대가 우선 깨끗이 청소된 다음 색이 뿌려지던 어느 카센터, 많은 여성 중 한 명이 가스 마스크를 쓰고 유모차를 끄는 모습이 보였던 어느 지하 주차장, 뿌연 연기가 터지고 텔레비전 2대가 불타고 있는 쓰레기 처리장, 음식을 섭취해야 하는 도살장, 마지막으로 참가자들을 채석장에 홀로 놔두었다.

해프닝을 전체적 예술로 받아들여 청각적 차원에도 큰 의미를 둔 그는 억지로 플럭서스 운동에 참여하게 되었다. 처음부터 그는 자신의 작품 내에서 나오는 잡음들을 아주 중요하게 여겼으며, 음악이라고 칭하기도 했다.

이러한 그의 사상은 존 케이지(John Cage)라는 플럭서스 예술가의 사상과 잘 맞아떨어졌다. 그는 뉴욕에서 제자들 중 중요한 플럭서스 예술가를 발굴해 낸 인물이었다. 그 당시의 시각미술인들과 동일하게 그 역시 역사적 아방가르드에 영향을 받았다. 미래파 예술가의 청각음악, 다다이스트들의 소리음악회(Lautkonzert) 그리고 에릭 사티의 실험들. 1940년대 후반부터 케이지는 여러 일상생활의 청각적 자극을 통해 실험적 음악을 작곡했다. 특히 우연의 현상과 시간의 짜임은 그의 관심사였다.

〈4'33〉이라는 작품에서 그는 정확히 4분 33초 동안 피아노 앞에 앉아 아무 연주도 하지 않았다. 마치 연주를 시작하는 듯이 세 번 팔을 들어 올리기만 했다.

---

101) Zitiert nach: Wolf Vostell. Retrospektive 1958-1974. S. 96.

102) Zitiert nach Jürgen Schilling: Aktionskunst. S. 9.

이 콘서트는 그 시간 동안 관객들이 만들어 내는 소리로 이뤄진 것이다. 음악의 사건 특징을 잘 살려내고 관객을 함께 포용한다는 의미로 케이지는 제일 중요한 행위예술의 선두자가 되었다. 그가 북캐롤라이나의 블랙마운틴 칼리지(Black Mountain College)에 재직했을 때, 또는 뉴욕사회연구소에서 교수로 있던 시절 메세 커닝햄(Merce Cunningham), 로버트 라우센버그(Robert Rauschenberg)와 앨런 캐프로 그리고 수많은 플럭서스-대표 예술인들이 그의 영향을 받았다.

이름이 이미 말해 주듯이 예술가들은 끝없는 이어지는 사건들, 나타났다 사라지는 사건의 '흐름'들을, 그리고 그 사건의 전개 과정들을 중요하게 생각했다. 플럭서스는 나라들과 문화들 사이에, 예술적 견해들 사이에, 예술과 삶 사이의 딱딱한 경계선을 극복하기를 원했다. 예술가 한 명 한 명마다 이 운동에 대한 자신만의 이해가 따로 있었다. 그들 모두의 공통 사항은, 예술은 어떤 노력 없이도 만들어지고 반복되어야 된다는 점이었다. 뉴욕에서 거주 중인 리투아니아인이자 플럭서스의 창조자이며 조직자인 조지 마키우나스(George Maciunas)는 이 위대함을 이렇게 설명했다. "플럭서스가 가지고 있는 예술의 즐거움은 어렵지 않고, 오락이며, 수준이 낮습니다. 특별한 의미 없는 일들을 가지고 일하며 특별한 기술이나 셀 수 없는 연습을 필요로 하지 않으며 상품적 가치나 제도상의 가치를 가지고 있으면 안 됩니다."[103]

플럭서스 운동에 활발했던 1970년까지의 가장 대표적인 인물들로는 포스텔과 마키우나스 외에 미국의 조지 브레히트(George Brecht), 로버트 워츠(Robert Watts), 에멧 윌리엄스(Emmett Williams), 딕 히긴스(Dick Higgins), 라 몬테 영(La Monte Young), 프랑스의 벤 보티에(Ben Vautier)와 로베르 필리우(Robert Filliou), 덴마크의 페르 키르케뷔(Per Kirkeby)와 헤닝 크리스티안센(Henning Christiansen), 일본의 오노 요코(Ono Yoko), 한국의 백남준(Nam June Paik), 그리고 요제프 보이스를 뽑을 수 있다. 플럭서스의 하이라이트는 서유럽과 미국에서 몇 번의 행사를 하면서 맛볼 수 있었는데, 예술가들은 참여자들을 바꿔 가면서 관객들에게 '이벤트'라고 칭한 액션을 선보였다. 해프닝과는 다르게 이번에는 짧고 간단하게 구성된 사건들

---

103) George Maciunas in: 1962. Wiesbaden Fluxus. 1982. S. 79.

을 보여 주었고, 관객들이 함께 참여하도록 유지하지 않고 극단적으로 도전장으로 내밀었다. 대부분의 플럭서스 이벤트는 음악과 아주 친밀한 관계를 가지고 있었다. 조지 마키우나스가 미군 부대 디자이너로 일하고 있었던 1962년 비스바덴 시의 예술 전시장에서 열린 첫 번째 플럭서스 페스티벌에서, 예를 들어 바이올린을 깨트리고, 그랜드 피아노를 도끼와 톱으로 부서트리고, 전등이 달린 플렉시 유리벽에 크림 케이크를 던지고, 피아노 뚜껑이 고장 날 때까지 열었다 닫았다를 반복했다. 그 외에 떨어지는 물방울 소리와 45분 동안 프라이팬을 두드리는 소리로 구성된 '콘서트'도 있었다.

플럭서스-프로그램의 유연성은 예술적으로 인상 깊이 각인된 요제프 보이스나 백남준 같은 예술인들도 소속될 수 있었고 공동작업에 참여할 수 있게 했다. 실험적인 비디오 작품들로 20세기 이후 가장 핵심적인 예술인인 백남준은 전통 아시아와 현대 유럽의 음악교육을 받았다. 존 케이지의 영향으로 방향을 바꾸고 플럭서스를 통해 특히 파괴력, 에로티즘의 에너지가 현 음악의 발전에 끼치는 영향들을 자세히 연구하려 했다. 1962년 뒤셀도르프의 실내악 중 '음악에 있어 네오다다'라는 프로그램의 진행 때 백남준은 마네킹을 파괴했고 날계란을 군중 속으로 던지며 바이올린을 요란스럽게 망가트렸다. 그 뒷면의 목적은 당시 공연을 본 한 사람의 이야기를 토대로 특별히 재구성할 수 있다. "백남준은 어두컴컴한 공연장에서 두 팔을 천천히 머리 위까지 뻗는다. 시간이 늘어지는 느낌이다. 공연장에서는 누구나 곧 어마어마한 일이 일어날 것을 알고 있다. 백남준은 갑작스러운 동작으로 그의 앞 상에 놓여 있던 바이올린을 부수기 시작한다. 동시에 공연장의 불은 환하게 켜진다."[104)]

요제프 보이스의 예술적인 배경을 살펴보면, 플럭서스 시절에만 그의 창조물이 대중적 예술 흐름과 동시적으로 발전되었다는 것을 알 수 있다. 훗날 그의 작품과 아이디어들이 여기에 뿌리를 두고 있다. 〈시베리안 심포니(Sibirische Symphonie)〉라는 첫 번째 플럭서스 작품은 보이스가 1963년 봄에 선보였다. 플럭서스-이벤트에 기본적으로 사용되었던 소품인 그랜드 피아노, 학교 칠판과 작은 사

104) Wulf Herzogenrath: Nam June Paik, S. 8.

다리 외에 그는 죽은 토끼와 흙 덩어리를 이용하여 피아노 위에 미니어처 풍경을 만들었다. 당연히 그는 짧고 꼭 끼는 가죽조끼와 '플럭서스-부츠'로 알려진 신발을 신고 이벤트 시작과 동시에 자신의 모자를 썼다. 마지막으로 그는 토끼의 심장을 도려내어 칠판에 걸고 그것을 '에너지 보급'으로서 노끈 위에 묶고 다른 물건들과 연결했다. 그 결과 창조자의 관점에서 이 작품은 전체적으로 "텅 빈 시베리아의 풍경"처럼 보였다. 플럭서스의 특징은 짧은 음악의 등장으로 시작했다. 보이스는 직접, 그의 말대로 "행위를 하는 것보다는 의도하는 듯" 피아노로 에릭 사티의 두 곡을 연주했다.

1963년 부퍼탈 미술관에서 보이스는 '피아노 파괴'를 실행하며 플럭서스의 방식을 따랐지만, 다시 신속히 플럭서스와 멀어졌다. 훗날 그의 극들은 확실히 자서전적 성향이 많았으며 신비스러운 정신적 과정의 결과물이었다. 플럭서스에서 이러한 방향은 한 번도 없었다. 이벤트들은 장르 창조자들에게 얽매이지 않아서 어려움 없이도 다른 예술가들로 인해 반복될 수 있었다. 하지만 보이스의 공연에서 예술가는 그 누구도 대신할 수 없는 요소였다. 보이스의 공연은 예술가 보이스 개인과 그만의 카리스마를 통해 완전하게 살아났다. 보이스가 연극과 가장 친밀한 관계였던 작품은 〈이피게니에/타이터스 앤드러니커스(Iphingenie/Titus Andronicus)〉였다. 그는 곰팡이와 함께 등장했고 설탕과 기름을 소품으로 사용했다. 동시에 휴머니티와 야만의 대립을

요제프 보이스: 〈이피게니에/타이터스 앤드러니커스〉, 프랑크푸르트 암 마인, 1969년

표현하는 괴테와 셰익스피어의 작품들을 낭독한 테이프를 틀어 놓았다. 페터 한트케는 당시 공연의 느낌을 이렇게 설명했다. "무대 위의 말 한 마리와 한 남자는 꿈의 그림이라고 할 만한 하나의 작품으로 합쳐졌다. 마치 기억 속 깊숙이 새겨진 그림 같다. 향기가 묻어나고 나 자신도 이런 그림을 작업해 보고 싶다는 의지를 남기는 그림 말이다."[105]

해프닝과 플럭서스와 나란히 1960년대에 빈에서 전위예술운동 가운데 한 예술 장르가 탄생했다. 이 장르의 주창자들은 당시 수도 빈의 억압적인 보수주의를 통해 동기를 얻었다. 대표적인 예술인 오토 뮐(Otto Mühl)은 자신들의 의사를 이렇게 표현했다. "우리는 이 나라와 이 나라의 모든 수감자들이 복합 정신병자라고 생각한다. 단 한 가지 문제는 그들이 그 사실을 모른다는 것이다. 우리는 이런 오해들을 인식시키고 싶다. 이런 일들이 없어지고 치워져야만 자유로운 사람으로 존재가 가능해지기 때문이다." 자극적인 에너지로 빈의 전위예술가들은 섹스, 종교와 같은 금기사항들의 틀을 깨트렸다. 그러면서 그들은 의도적이었는지 아니었는지는 확실치 않지만 특히 빈의 전통에 기대게 되었다. 유겐트슈틸의 에로티즘과 퇴폐적인 죽음에 대한 갈망, 그리고 지크문트 프로이트의 깊은 심리학. 해프닝과 플럭서스 예술가들의 무질서의 기본 자세와는 달리 빈의 전위예술가들은 의도적으로 과시 행위와 모독적인 것을 추구했다. 그럼으로써 그들은 거짓 같고 가식처럼 느껴지는 도덕성을 공격하려는 의도가 있었다. 헤르만 니치와 귄터 브루스(Günther Brus)처럼 어떤 의식을 거쳐서 행하든지, 오토 뮐의 풍자, 또는 루돌프 슈바르츠코글러(Rudolf Schwarzkogler)의 자신 위주의 파괴적인 형태를 갖췄든지 간에 상관없이 그들은 모두 주어진 생각의 도덕성과 행동을 심히 의심하여 항의 시위나 법적으로 경고를 받기도 했다. 모던아트에 호의적인 관심을 갖고 있었던 대중과 진보적인 평가에도 오랫동안 격분하며 거부하는 반응을 보였다. 친밀한 커뮤니케이션을 유지하며 함께 작업하던 이 4명의 빈 전위예술가들의 공통점은 관습의 끈을 끊으려고 하는 의지와 자신의 자제력을 떨쳐 버리고 자유로움을 끊임없이 추구하는 점이었다. 그들은 영혼의 가장 깊은 곳까지 빠져들어 가서

105) Zitiert nach: Jürgen Schilling: Aktionskunst, S. 147.

욕구를 충족시킴으로써 자아를 허물없이 드러내려 애썼다. “본래 욕구를 아무렇지 않게 인정하는 것은 나의 도덕성과 관련이 있다. 사디즘, 공격성, 사악함, 욕구 충족, 배금주의, 사기, 음란성, 배수로의 미학은 체제순응주의, 자연주의와 어리석음을 물리칠 수 있는 도덕적 준비물이다.”[106]

빈 전위예술가 중에서는 헤르만 니치만이 이 길을 변함없이 이어 갔다. 그의 ‘광적인 미스테리 극장’의 콘셉트는 모던예술의 수많은 전통과 연관되었다. 니치는 그의 예술이 갖는 행동주의적이고 퍼포먼스적인 기본 특징으로 인해 이탈리아의 미래파 예술가들에, 일상적 현실에서 가져오는 소재와 대상으로 인해 다다이스트들(특히 마르셀 뒤샹과 쿠르트 슈비터스)에 그리고 무의식과의 연관성에 의해 초현실주의자들에 연결됨을 인식했다. 앙토냉 아르토의 잔혹한 연극의 비전에서 니치는 직접적인 유사성을 발견했다. 1935년 연극 예언자 아르토가 깨달은 것을, 오스트리아인 니치는 자신의 기본 콘셉트를 실습으로 옮기고 연습한 후에야 알게 되었다.

헤르만 니치: 〈80. 행동〉, 뉴욕, 1964년

1960년대 중반에 니치는 신비극의 장면들을 창출했고, 80번이 넘는 행위를 통해 매번 새롭게 변경했다. 중심에는 염소의 사체가 서 있었고, 이를 여러 물체로 문지르고 꽃으로 꾸몄으며, 피와 내장으로 범벅을 만들었고 이를 손으로 때리기도 했다. 하얀 자루 같은 셔츠를 걸친 다른 연기자들도 내장을 가지

106) Otto Mühl zitiert nach: Wiener Aktionismus, Bd. II, S. 198.

고 연출을 했다. 니치는 이러한 상황을 이끌었고 동시에 완벽히 그 사건 속으로 연루되었다. 그는 연기자들의 입에 피를 쏟았고 그들은 이를 다시 내뱉어서 그들의 가운이 조금씩 빨갛게 물들기도 했다. 한 참가자는 옷이 벗겨지고 내장으로 뒤덮여, 마치 내장이 배에서 튀어나온 듯 보인다. 황홀하게 들리는 '괴성 합창'과 '소음 오케스트라'는 이런 해프닝과 동반되었다. 하지만 시각적인 면 외에 음향 또한 조용하고, 명상을 연상시키는 생기를 불어넣는 듯한 부분들이 있다. 예를 들면 금관악기의 소리나 '슈라멜 사중창단(Schrammel-Quartetts)'이 들린다.

디오니소스적인 움직이는 부분과 아폴로적인 고정된 장면의 대조는 이 작품에 대한 작가의 콘셉트다.

괴물 미스테리 극장의 결정적인 요소는 연극 장소다. 니치의 부인과 친구들이 1973년에 그의 유년기 추억들과 깊게 관련된 북부 오스트리아 포도 마을의 오래되고 수리가 필요한 프린젠도르프 성을 샀을 때, 그의 많은 작품들이 그곳에서 발표되었다. 기후상 이유도 있었고 상징적 의미를 가지고 있는 오순제에 공연을 했다. 비좁은 거리와 카타콤처럼 생긴 지하, 소예배실, 거대한 곡창, 마당의 배설물 통 등은 특별한 액션을 가능케 했다. 그 외에도 과일 밭과, 밤나무 거리, 풀밭, 농터, 지하골목 등이 가까운 위치에 있었다.

니치는 연극작업의 목적을 정할 때, '진정 혹은 소산(Abreaktion)'이라는 단어로 시작하는데, 이는 개인 심리학과는 별개로 사용한다. 분노와 파괴 욕망은 언제나 정신병으로 이어질 수 있고, 이는 너무나 쉽게 폭력과 전쟁으로까지 번질 수 있다. 니치에 의하면, 이 같은 욕망의 돌출 위험성은 위협적인 존재가 되었다. 예전과는 달리 더 발전되는 문명의 진보로 인해 이전에 소산의 욕구에 통풍구 역할을 했던 축제나 행사가 사라졌기 때문이다. 이와 관련하여 과거의 가장 중요한 전통 관례로 니치는 토템신앙이 되는 동물을 도살하여 섭취하는 일, 전통적인 거세의식, 국왕 살해, 오이디푸스를 눈멀게 함, 그리스도의 십자가 형벌을 뽑았다. 니치는 알려진 바와 같이 그리스 신화가 탄생한 디오니소스 숭배에 중요한 의미를 두었다. 프리드리히 니체의 사상과 같은 맥락에서 니치는 예수 그리스도 신화를 문명화하는 과정들 속에서 인간의 승화하는 욕망이 반영되어 발전한 디오니소스 전설의 후편이라고 생각했다. 십자가에서의 죽음은 그에게 광적으로 변형된 자기학대처럼 느껴졌다. 모독스럽게 느껴지는 교회 사제복과 성체 현시대를 사용한 것은 바로 이러한 이유 때문이다. 이 의상과 다른 입을 만한, 그리고 피투성이인 셔츠를 소재로 니치는 공연이 끝난 후 직접 예술 작품이라고 여기는 물건들을 만들었다.

1960년대의 액션예술로 인해 그 이후 몇 십 년 동안 시각예술을 표현하는 퍼포먼스 예술이 진화했는데, 퍼포먼스 예술은 연극과 아주 가까운 관계를 유지하며 큰 영향력을 끼쳤다. 관객을 최대한 집중적으로 포괄하려는 해프닝, 플럭서스 예술, 또는 빈 전위예술과는 반대로 라이브 예술 중 하나인 퍼포먼스 예술은 주는 사람과 받는 사람, 즉 무언가를 표현하는 사람과 이를 자신이 느끼는 데로 이해하는 사람의 거리를 인정했다. 과도하게 자주 사용되어 의미가 불확실해진 '퍼포먼스'라는 단어는 영어로 '공연' 또는 '연기'라는 의미를 가지고 있다. 이런 식으로 모든 연극적 행사는 퍼포먼스라고 칭할 수 있지만, 모든 퍼포먼스를 연극이라고 말할 수는 없다. 이유는 각기 다른 현실성 때문이다. 연기자가 연기를 행동으로 옮길 때, 즉 자신이 존재하면서 다른 사람인 척 연기를 하는 반면에, 퍼포머는 자신을 드러내서 이를 진짜 자신을 표현할 수 있는 기회로 삼고 있다. 또 다른 차이점은 공간과 시간을 대하는 그들의 생각이다. 연극은 창작 공간에서 이뤄지는데, 퍼포먼스는 지금 현재의 공간을 포함한다. 연극은 시간을 대부분 마음대로 줄이며 연기하지만, 퍼포먼스는 현실적 시간을 가지고 연기한다. 기간과 공간이 제한되는 연극과 반대로 퍼포먼스는 몇 분이 걸릴 수도, 며칠이 걸릴 수도 있다.

1960년대 동일하게 미래주의와 다다이즘에서 진화하던 퍼포먼스 예술과 전위예술의 공통점은 우선 이 두 가지 예술이 다 표현 양식을 중점으로 두고 있다는 것이다. 여기서도 예술 작품은 하나의 물건이 아닌, 하나의 활동으로서 관객들 앞에서, 또는 녹음되는 카메라 앞에서 이뤄지는 것이다. 자료로 해프닝과 똑같이 현실적 환경들이 사용된다. 퍼포먼스 또한 중간에서 여러 예술의 선을 넘는 듯 모든 요소들을 사용하고 있다. 음악, 소리, 의상, 소품, 공간 설치예술과 액션 페인팅, 사진과 필름 외에 퍼포먼스는 비디오 사용을 자주 한다. 언어는 열등한 역할을 가지고 있다. 전경에는 육체가 있다. 춤과의 경계선은 이어지는 듯 부드럽다. '신체예술'에서도 마찬가지인 것처럼 퍼포먼스에서 사람의 육체는 화법으로 사용된다. 즉, 나체인 몸이 의상이나 그 외의 소품들로 모양을 갖추고, 여러 방법으로 다뤄지고 의도적으로 고통을 가한다. 창조자의 육체적 현존은 퍼포먼스의 구성적 특징이다. 이는 다른 사람으로부터 반복될 수 없다. 작품은 기본적으로 창조자와 함께 존재한다. 그와 함께 나타나고 함께 사라진다. 공연을 위해 퍼포머들은 꼼꼼히 준비를 한다. 해프닝, 플럭서스 예술과는 달리 즉흥적인 면은 확연히 덜 중요하다. 장소와 시간을 정확히 검토하고, 모든 자료와 준비물은 꼼꼼히 정리하며 순서도 짜여 있다. 기본적 호응을 뛰어넘는 호의적 또는 호의적이지 않은 관객들의 반응은 방해라고 생각한다.

하지만 퍼포먼스 예술과 퍼포먼스 예술 이전의 예술들의 가장 큰 차이는 목적에 있다. 퍼포머들은 계획된 자극으로 주어진 사회적 도덕을 비판하려는 의도가 아니라, 감각을 되살리는 것을 주요한 점으로 다루고 있다. 예술인 개인은 의도적·주관적으로 자신의 생각과 경험, 열망을 표현하고 또 상처를 드러냄으로써 치유를 희망한다. 자신의 존재를 바치면서 예술가는 인간 자신과의 근본적인 대립을 생생한 예로 보여 주는 것이다. 미학적으로 과한, 흔히 반복되는 의식으로 그의 삶을 보여 주면서 관객도 자신의 내면세계를 들여다볼 수 있도록 유도한다.

이 의도는 퍼포먼스 아트가 특히 여성의 예술인 것과도 관련이 있었다. 이제까지는 여성들이 예술에서 객체였으나 여기서 처음으로 여성들이 예술 내에서 주인공 혹은 주체가 되었다. 개인적인 면과 사적인 면, 생물적인 면과 현재성을 가진 퍼포먼스 아트가 모든 것이 물질화되고 창조자와 별개로 보편적인 유효함의 특징을 가진, 남성들이 지배하던 전통적인 작품들에 대하여 반대 입장에 서 있게 된 것이다. 퍼포먼스 예술은 가볍고 제한된 인간의 삶의 일부분에 만족한다. 짧은 부분들도 그 자체로 놔두고 정확히 짜여진 계획에 맞춰 통합적인 결과를 낳아야 한다는 의무감을 느끼지 못한다. 꼼꼼하고 거대한 이야기들의 정확한 차례에 의한 인물과 인간에 연연해하지 않는다. 그럼으로써 특히 퍼포먼스 아트는 한 여성의 전기와 그에 따른 전체 여성의 끊임없는 이야기를 선보이기에 아주 적합하다고 할 수 있다. 특히 남성 사회에서 쫓겨난 듯 깊숙이 숨죽여 있었던 기간과 사건들이 퍼포먼스라는 예술을 통해서 다시 수면 위로 올라올 수 있었다. 퍼포먼스 예술의 전체적 방향은 숨겨져 있는 여성의 진화를 끄집어내는 작업이다. 매리 베스 에델슨(Mary Beth Edelson)의 〈기독교가 마녀로 화형시킨 900만 여성의 추모지(Gedenkstätte für neun Millionen Frauen, die die Christenheit als Hexen verbrannt hat)〉라는 제목의 연극이나 혹은 "세상을 떠난 뮤즈"들이 떠오르는 카롤리 슈네만(Carolee Schneeman)의 퍼포먼스가 그런 예다. 자신의 성을 찾아 고고학적인 과거로의 여행을 떠나면서 여성 퍼포머들은 서양의 문명 발전과정 속에 종종 로고스를 통해 이성적 생각, 논리적 언어의 도움으로 인해 거의 통째로 사라진 부분인 신화의 세계들에 빠지기도 한다. 인간존재의 이 차원으로의 접근은 육체적 언어를 통해 가장 잘 수행될 수 있다. 많은 여성 퍼포머들이 무용(춤) 분야의 출신인 것은 결코 우연이 아니다. 무용(춤)은 전통의식에 아주 큰 역할을 하고, 무용의 자료들 또한 시간의 무상함을 통해 초월함을 보여 준다. 굳은 듯이 딱딱한 남성 예술가와는 달리 여자 예술가들은 자신의 몸을 살아 있는 조각품처럼 사용한다. 머릿속으로 계산된 틀 내에서 활동하는 것보다는 자신들의 감정과 정서를 따라서 행동한다. 카롤리 슈네만은 "개인적인 어수선함과 계속 이어지는 감정들"이 자신의 작품세계에서 가장 중요한 자극이라고 말한다. 그녀의 동료 주디 시카고(Judy Chicago)는 이 느낌을 간단한 방법으로 표현했다. "화는 나의 퍼포먼스를 불붙게 하는 연료와 같다."107)

퍼포먼스 아트는 예술적 부활기 당시 뉴욕에서 만들어졌다. 해프닝과 플럭서스 운동과 함께 메세 커닝햄을 중심으로 '포스트모던 댄스'와 존 케이지와 그의 제자들의 실험적인 음악이 자극제가 되었다. 미국의 많은 여성 퍼포먼스 예술가들은 뛰어난 무용교육이나 음악교육을 받았다. 그들의 작품은 유럽의 반-전문성과는 달리 수준이 아주 높았다. 대표적으로 메레디스 몽크(Meredith Monk)를 뽑을 수 있는데, 그녀는 퍼포먼스 내에 자신의 몸과 목소리를 극단적이지만 능숙하게 이용했다. 몽크는 많은 퍼포먼스를 선보이며 자신만의 스타일을 갖추었는데, 늘 존재했던 평화로운 세상 속에 사는 여자가 남성들의 행동주의와 의심되는 결과들로 잊혀지는 과정을 보여 준 것이 특징이다. 이러한 상상은 몽크가 가지고 있는 예술적 창의에 대한 사상과 관련되어 있다. 어떻게든 새롭고 독창적인 무언가

107) Zitiert nach Ingrid Stephan/Sigrid Weigel: Weiblichkeit und Avantgarde, S. 5 ff.

를 만들어 내려는 '남성들'의 작업 방식과는 반대로 그녀는 늘 존재하던 무언가를 찾고자 했다. 몽크의 퍼포먼스 중 가장 잘 알려진 〈여자아이의 교육(Education of Girlchild)〉이라는 작품은 동유럽에서 미국으로 이민 온 자신의 친할머니 이야기를 다루고 있는데, 그녀는 전설과 의례에서나 찾아볼 수 있는 여성의 차원을 끄집어냈다.

로리 앤더슨(Laurie Anderson) 역시 비슷한 퍼포먼스 아트를 추구했는데, 그녀의 출발점은 행위예술이 아닌 시각예술이었다. 필름과 사진이 가장 중요한 역할을 하는 시각예술에 그녀는 언어와 노래, 그리고 라이브 악기 연주를 더했다. 특히 바이올린 연주는 그녀의 퍼포먼스에서 아주 중요한 요소였다. 예를 들어 〈인스턴트-파트 5를 위해(For Instant-Part 5)〉라는 작품은 커튼이 하늘거리는 창문을 영사기로 보여 주고 그 앞에서 바이올린 솔로 연주를 하는 것으로 시작했다. 그다음 앤더슨은 여러 감정적 기억을 끄집어내며 자신의 이야기들을 털어놓았다. 그녀의 숨소리로 앞에 놓여 있던 촛불에 불이 붙었고, 이 촛불은 큰 조명의 불빛을 조정했다. 이 방식으로 무대 바닥에 쓰여 있던 그녀의 대본이 보인다. 그다음, 그녀는 자신의 몸을 영사기 앞으로 옮기면서 마지막 장면으로 그녀의 그림자가 환

카롤리 슈네만, 〈고기의 즐거움〉, 1970년

레베카 혼, 〈장갑 손가락〉, 1972년

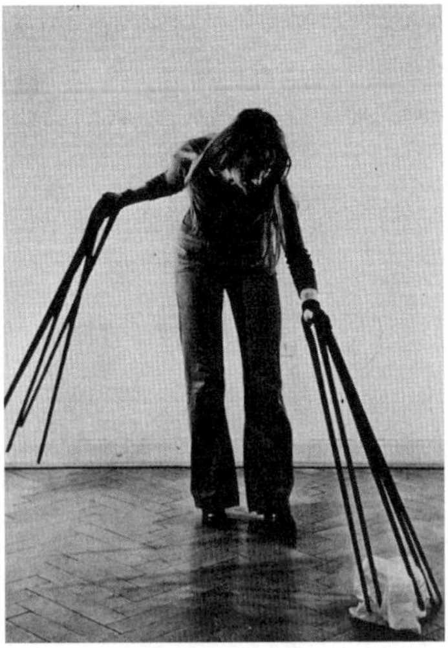

한 스크린에 비친다.

뉴욕의 여성 퍼포머들 중 카롤리 슈네만을 빼놓을 수 없는데, 그녀는 플럭서스 운동에도 이미 참여했었고, 빌헬름 라이히(Wilhelm Reich)의 심리학의 영향을 받아 여성들의 성적자결권을 자신의 목표로 삼았다. 사진으로만 기록된 작품에서는 그녀는 물감으로 칠한 자신의 몸을 선보이며 모계사회의 신화 인물로 뱀 한 마리를 몸에 감도록 했다. [이 모티브는 또한 마리나 아브라모비치(Marina Abramovic)에게 유럽에서 가장 중요한 여자 퍼포머에 꼽히게 하는 역할을 한다.] 슈네만은 자극적인 육체언어로 연극(리빙 테아터)을 연상시키는 〈고기의 즐거움(Meat Joy)〉이라는 작품을 '에로틱 예식'으로 꾸몄다. 그녀는 여성들이 남성들로 인해 움켜잡혀 자결권을 성취하기가 불가능해진 현실을 보여 주려 했었다. 〈그녀를 포함한 한계까지(Up to and including her limits)〉에서 슈네만은 노끈으로 자신을 묶어 주어진 공간 안에서 움직이며 용지로 채워졌던 벽에 손에 들고 있던 색연필로 칠을 하기 시작했다. 사이사이 단어나 부분 문장도 쓰며 자신의 감정을 표현했다. 그 외에 준비 과정을 담은 영화 장면들과 비디오테이프를 상영하기도 했다.

미국의 퍼포먼스-예술가들과는 다르게 유럽 여성 예술인들은 춤이나 음악이 아닌 시각예술에 뿌리를 두고 있었다. 작업의 중심은 그들의 아이디어에 기반을 두었다. 작업의 특성을 표현하기 위해 그들은 '원료 그대로의 퍼포먼스(Raw Performance)'라는 단어를 사용하는데, 이는 모든 사용되는 재료들이 가공되지 않은 상태로 쓰인다는 의이다. 1970년대와 1980년대에는 이러한 예술 방식이 여러 방향으로 발달되었다. 프랑스 예술가 지나 파네(Gina Pane)는 예를 들어 자신의 몸에 자학적인 요소들을 선보였다. 유리 조각 위에 누워 뒹굴거나, 뾰족한 가시를 몸에 찌르거나 면도칼로 혀를 자르는 행동들로 여성 육체의 신성함이라는 금지어의 반대를 표현했다. 프랑스 출신이며 미국에서 활동하는 콜레트(Colette)라는 여성 퍼포머는 미술사의 유명한 예술 작품을 재현했다. 미국과 베를린을 오가며 활동하는 레베카 혼(Rebecca Horn)은 육체에 더 강렬한 느낌을 줄 만한 작품들을 창조했다. 검은 튜브형의 모형들로 자신의 팔을 더 길게, 얇은 쇳덩이로 자신의 손가락을 연장했다. 이러한 모형들은 자연에 대한 감각을 더 자극하고 머리에 얹힌 막대기는 감지기 같은 느낌을 주었다.

레베카 혼 외에 독일 여성 퍼포머들 중 울리케 로젠바흐(Ulrike Rosenbach)를 언급하지 않을 수 없는데 그녀는 요제프 보이스의 제자로, 플럭스 이벤트를 배운 인물이기도 하다. 그녀는 대부분 여성스러움의 상징들을 가지고 작업했다. 〈내가 아마존의 여전사라고 생각하지 않아요(Glauben Sie nicht, daß ich eine Amazone bin)〉라는 작품에서 그녀는 슈테판 로흐너(Stephan Lochner)의 〈성전봉헌(Madonna im Rosenhag)〉이란 작품에 화살을 쏘았으며 이를 비디오로 촬영했는데, 그 안에서 자신의 얼굴과 화살을 맞은 마돈나의 얼굴이 함께 비춰졌다. 〈비너스의 탄생에 대한 성찰들, 1만 년 동안 잠을 자다(Reflexionen über die Geburt der Venus, 10.000 Jahre habe ich geschlafen)〉, 〈공중제비(Salto mortale)〉의 퍼포먼스를 "여성적 예술"이라고 단정지었으며, "여성 예술인들이 자신의 자아와 자신의 육체, 심리, 감정, 사회적 위치를 가지고 충돌"하여 "잠재적인 자신의 본질에 대해 의문을 갖게 된다"라고 설명했다.[108)]

타데우즈 칸토르의 죽음의 연극

폴란드의 예술가 타데우시 캔터(1915~1990년)는 1970년대 중반부터 새로운 실험연극의 모양새를 만들어 내고 이를 '죽음의 연극(Theater des Todes)'이라고 칭했다. 작가(창조자)의 기억을 토대로 만들어진, 죽음의 주문과 함께 물질의 지배로 위협받는 세계에 대해 새로운 삶의 콘셉트를 찾으려 시도한 연극 작품의 이 모델을 타데우시 캔터는 다섯 번의 연출을 통해 풀어냈다. 이 다섯 번의 연출은 대부분 그의 고향인 크라카우에서 탄생되었으며 그 후에 초청극으로서 유럽의 연극 메트로폴에서 볼 수 있었던 것이다. '죽음의 연극'으로 이르기까지 캔터는 미술가, 화가, 오브제트 예술인 그리고 감독으로서 풍부한 작품들을 창조했다. 그의 작품들을 보면 20세기 중후반기의 예술 발전을 지켜볼 수 있다. 그의 예술적 풍부함은 새로운 것에 대한 끊임없는 갈구로 설명된다. 예술가는 자기자신을 시사

108) Zitiert nach: Körpersprache, o. S.

하는 존재다. “시사란 나에게 어떤 순간에 모든 내용과 모든 모양을 포기함으로써 새로운 창조 기간이 시작되는 것이다”라고 그는 기록했다.[109] 캔터는 오직 ‘영구적 혁신’과 ‘극단주의적 사상’들만이 예술을 발전시킨다고 주장했다. 발전에 관한 생각을 인정함으로써, 그는 예술 분야에서는 마지막 한사람으로서 아방가르드의 사상에 포함되는 인물이었다.

그는 미래의 연관성을 예술 전통의 체계적인 자기화와 일치시켰다. 캔터는 이미 크라카우 예술대학생으로서 세기말 예술을 집중적으로 관찰했으며 모리스 마테를링크의 동화극 〈틴타길르의 죽음(La mort de Tintagiles)〉을 마리오네트 인형극으로 선보였다. 에드워드 고든 크레이그의 〈초-꼭두각시〉의 입문서와 연극 콘셉트에 영향을 받아 캔터 역시 실물 크기의 인형을 사용했다. 캔터는 다다이즘이 자극적으로 무엇인가를 유발하는 면에 동의하여, 마르셀 뒤샹의 이미 존재하는 가능성 중에서 예술적 창의를 선택했다는 요소, 쿠르트 슈비터스에게서는 콜라주 기법을 받아들였다. 초현실주의에서 무의식에 의지한다는 것과 ‘심리적 자동성’이라는 창조적 원칙은 그에게 깊은 인상을 남겼다. 캔터는 러시아의 구성주의자들이 미학적 혁신을 정치적 혁신과 통합시키려고 했던 점이 흥미롭다고 생각했다. 바우하우스 예술가들에게서는 극단적 관념을 향한 의지를 높게 샀으며, 오스카 슐레머, 파울 클레 그리고 라슬로 모호이너지의 프로그램 잡지를 대학생 시절 폴란드어로 번역하기도 했다.

‘무의식’을 반대하고 미술에 관해 고지식한 견해를 가지고 있는 크라쿠프 아카데미 교수들에 대한 반대를 통해 훗날의 작업에까지도 결정적인 영향을 미칠 캔터의 사상이 발전했던 중요한 시기였다. “예술 작품이 정신적인 무엇이란 것, 피할 수 없는 물질적 지원에 대한 필요성에 의존한다는 것 그리고 예술 작품이 기억 속에서 훨씬 더 강렬하게 살아 숨쉬고 있다는 것을 시간이 지나면 지날수록 확신하게 되었다. 상상 속, 또는 의식 속의 요소들을 스크린으로 옮기는 것은 그 순간에는 어쩌면 제일 올바른 행위가 아닐 수 있다. 내가 살고 있는 시간이, 그 이상의 무언가를 요구한다는 것을 느낀다. 스크린과 나의 생물체가 어떻게든 함

109) Tadeusz Kantor: Ein Reisender, S. 9.

께 일치되는 것을 말이다."[110] 이런 생각들을 가지고 캔터는 여러 방식을 통해 예술과 현실의 거리를 좁히려고 노력했다. 첫 번째 단계로는 '가공되지 않은, 현실적인, 예술적으로 작업되지 않은 재료'에 집중하는 것이었다. 그리하여 그가 처음으로 파리를 방문했을 당시 미술관보다는 세포, 유전자와 분자를 다룬 미세한 포토그래피에 관심을 더 가졌다. 그에게 이 작품들은 모든 인간적 도덕과 기준들이 파괴된 쓰레기더미처럼 느껴졌다. 그 이후로 캔터는 어떤 실용적 기능도 없고 재료 속으로 되돌아가는 '낮은 현실'의 사물들을 관찰하기 시작했다. 그런 사물들과 작업을 하면서 그는 만들어짐과 흐름의 유기 과정을 예술 작품에 포함시켰다. 다다이즘의 콜라주 양식대로 생활용품으로 심플하게 조립하는 것은 그에게 "불필요한 미화"라고 느껴지게 되었다. 만약 주어진 사물들에게 미학적 존재감을 더하려고 한다면, 그들의 일상의 가치로부터 낯설어져야만 했다. 캔터는 그것을 위하여 그 사이 지금은 익숙해진 예술 방식을 발견해 냈다. 가리기, 숨기기, 감싸기 등이다. '포장(Emballage)'이라는 단어로 그는 자신의 작업 방식과 작업 결과를 표현했다. 캔터가 그의 스케치에서 기술했던 것처럼 배낭과 여행 가방,

타데우시 캔터:
〈무소와의 만남〉,
스케치, 1967년

110) Tadeusz Kantor: Ein Reisender, S. 19.

질끈 묶인 노끈, 박스와 편지 봉투들을 소재로 제시하고 그의 연출에서도 사용했다. "감싸기 자체도 이미 인간적 열정과 보존하기, 격리하기, 생존하기, 다음 세대에 넘겨주기와 같은 인간적인 욕구를 감추고 있다. 그리고 더불어 아직은 알려지지 않은, 비밀스러운 분위기를 풍기고 있다."[111]

인간과 여행 짐을 연결하면서 캔터는 전형적인 '인간-여행자'의 인물상을 창출해 냈다. 짐과 함께 자라게 된 남자는 그림으로 그린 작품에서도, 무대극 작품에서도 여러 변화된 모습으로 나오는데, 이는 한 '생명체'의 대표인물이라고 볼 수 있다. 너무나 큰 배낭을 매고 가는 인물은 미국에서도 1960년대에 볼 수 있었던 작품들과 같이 캔터의 첫 해프닝 작품 〈무소와의 만남(Begegnung mit einem Nashorn)〉에서도 등장했다.

캔터의 다른 작품은 〈편지(Der Brief)〉다. 14m에 87kg인 무거운 편지 봉투를 제복을 입은 8명의 우체부에게 공식적으로 크로코프로 옮기도록 했다. 거리 중간중간에 서 있던 해설자들이 목적지였던 미술관에 모인 관객들에게 전화로 생생하게 당시 상황을 알려주었다.

타데우시 캔터는 연극과의 첫 접촉을 폴란드의 국가사회주의 시절 때부터 했고 1942년과 1944년 사이에는 여러 직종의 친구들과 함께 독립극장을 세웠다. 캔터 스스로가 명명한 이 납골당 연극의 공연은 지하실, 벙커 그리고 개인 집에서 개최되었다. 첫 중요한 작품은 상징적인 스타니스와프 비스피안스키의 〈오디세우스의 귀환(Die Rückkehr des Odysseus)〉이라는 작품이었다. 캔터는 고대 전설들을 현재 상황에 맞춰, 주인공 역으로는 한때 영웅이었지만 지금은 명예를 잃고 되돌아가는 독일 장교의 모습으로, 그가 마지막으로 저지른 끔찍한 사건들을 그렸다. 오디세우스는 트로이 전쟁에서 돌아옴과 동시에 "무덤의 저편", 죽은 자들의 세상에서 살아 돌아온 것이다. 캔터에게 돌아온 오디세우스는 "후기의 인물들의 전례이자 프로토 타입이 되었다. 그것으로부터 많은 예를 들을 수 있을 만큼 수많은 인물들이 있었다. 여러 작품과 연극, 즉 가상의 땅으로부터 있었다. 가상의 세계 안에서, 모두 '죽은 상태'였지만 다시 살아 있는 우리의, 지금의 세상으로

---

111) Tadeusz Kantor: Ein Reisender. S. 91.

돌아왔다. 죽음과 삶의 대립은, 완벽히 가상과 현실의 대립과 같다. (…) 관객의 앞에서 연기자는 죽은 자의 상태를 그대로 받아들인다." 일본의 노-극의 주요 인물 시테와 비슷하게 "죽음의 연극"에서도 연기자는 죽은 이의 환생이라고 이해된다. 캔터는 이를 "죽은 이가 살고 있는 살아 있는 연기자"라고 칭했다. 캔터에게 영원한 죽음의 세계는 절대적이며 순수하다. 반대로 삶의 공간은 더럽혀졌다고 여겼으며 "질이 낮은" 현실로 간주했다. 이를 예를 들어 표현하자면 쓰레기더미에 버려진 물건들이다. 따라서 〈오디세우스의 귀환〉에서는 낡은 벤치와 먼지가 쌓인 상자들과 녹이 쓴 대포가 그것이었다. 구상의 관점과 명확한 역사적 상황의 관계에 대해서 캔터는 이렇게 설명했다. "전쟁의 허물없는 광기를 통해 죽음과 끔찍한 영역들이 생겨났다. 인간적 분별도, 인간의 상식도 뒤엎었고, 뒤엉켜 있으며 분리할 수 없게 되었다. (…) 초월이 일상생활에 '둥지를 틀었다'고 말할 수 있겠다. 그의 성스러운 안식처를 떠나 비밀을 모두 들킨 듯 말이다. 나는 아침 저녁 계속 극적인 현실을 맞이하며 고민들의 미로 안에서 길을 잃었다. 끝내 분별함과 예술 사이에 동일하다는 등부호의 기호를 달게 되었다.[112]

타데우시 캔터는 이러한 이론을 1955년과 1975년 사이 자신의 극단 "크리코^2(Cricot2)"와 여러 작품들을 선보이면서 펼쳐나갔다. 크리코^{2}라는 이름은 1930년대에 크로코프의 아방가르드 미술가들이 처음으로 만든 크리코-극단(Cricot-Theater)을 토대로 지었다. 크리코^{2}는 데뷔무대로 앙상블 단원 카지미에시 미컬스키(Kazimierz Mikulski)가 직접 쓴 〈서커스(Zirkus)〉라는 작품을 선보였고, 두 번째로는 스타니스와프 이그나치 비트키에비치의 〈오징어(Der Tintenfisch)〉를 무대에 올렸다. 비트키에비치는 프로그램 잡지 ≪순수 형식 연극이론의 입문서(Einführung in die Theorie des Theaters der reinen Form)≫로 20세기 초 중반까지 가장 잘 알려진 아방가르드 예술가의 한 명으로 간주되었다. 그 이후로 크리코^{2}는 1920년대에 만들어진 약 24개나 되는 비트키에비치의 작품들만 공연했다. 캔터가 자신의 이론에서 무내용으로 인해 "더럽혀지지 않은" 연극을 요구하여 관객들에게 형이상학적인 영역으로 인도해주는 반면, 비트키에비치는 실습에서 철저히

112) Tadeusz Kantor: Ein Reisender, S. 25 f.

타협했다. 그의 연극들에서 그는 순수 형식의 실험에 제한한 것이 아니라, 구체적인 내용을 다시 받아들였다. 작업 시 그는 프랑스의 초현실주의, 특히 앙토냉 아르토와 알프레드 자리가 가지고 있던 원칙과 방식들의 영향을 받았다. 인물들의 행동이나 심리적 변화는 전혀 타당성이 없고 논리적이지 않았다. 인물들의 감정들은 자주 바뀌었고, 대본은 최고조 감정적인 파트와 무미건조한 철학적 파트가 동시에 존재했다. 여러 분야의 뜬금없는 변화들로 무의미하고 그로테스크한 느낌을 전달한다.

타데우시 캔터가 비트키에비치의 작품에 매료된 이유는 주인공들이 자주 죽지만, 늘 다시 살아난다는 점이었다. 〈오징어〉를 작업할 때, 그에게 중요한 것은 기본틀에 충실한 무대를 만드는 것이 아니었다. 그가 훨씬 더 심혈을 기울인 부분은, 무대 위의 상황이 본래 극과 "동시"에 이뤄져야 한다는 점이었다. 그러기 위해 그는 상황과 역할에 시각예술가로서의 측면에서 관심을 갖고 있던 요소들을 더했다. 예를 들어 이 경우에서는 붕대로 감긴 인물을 세우면서, 살아 있는 포장용품을 만들어 낸 것이다.

"비구상적인 연극"의 콘셉트로 그는 재료를 형식보다 더 중요시 여기는 "일상적인 미술"을 기본 삼아 비트키에비치의 〈작은 저택에서〉라는 작품을 선보였다. 극 중 가장 중요한 부분을 그는 직접 이렇게 설명했다. "연기자들은 아주 좁고 터무니없는 옷장이라는 공간에 잠겨 있다. 뒤죽박죽 뒤엉킨 채, 생기가 없는 물건—셀 수도 없을 만큼의 수많은 자루—과 함께 말이다. (…) 그들은 마치 옷처럼 힘없이 축 늘어져 있고, 연기자들은 이렇게 무거운 자루들과 하나가 되었다."[113]

비트키에비치의 〈바보와 수녀(Narr und Nonne)〉에서 캔터는 "제로-연극(Zero-Theater)"이라는 아이디어로 시작했다. 모든 무대 위에서의 요소들을 영점으로 줄여 예술의 성장이 "위로" "플러스로" 올라가는 것은 순진무구한 허구라는 것을 표현하려 했다. 캔터는 여기서 극의 감정적 강렬함을 줄이고 연기자의 움직임을 최소한으로 줄였다. 아무 형태가 없는 오래된 접는 의자로 만든 터무니없는 "파괴 기계"는 연기자들의 공간을 점점 더 좁혀나갔다. 연기자들은 계속 이에 이기려

113) Tadeusz Kantor: Ein Reisender, S. 120.

스타니스와프 이그나치 비트키에비치: 〈물닭〉, 크리코[2] 극단, 1967년, 타데우시 캔터 감독

맞섰지만, 끝내 지고야 말았다.

비트키에비치의 〈물닭(Das Wasserhuhn)〉을 작품화할 때 캔터는 쓰레기로 "고문기기"를 만들어 놓기도 했다. "영원한 방랑자"의 모습으로 변신한 연기자들은 관객들 사이사이를 돌아다녔다. 이 작품에서 처음으로 실물 크기의 인형들이 출연했고 후속 작품에서 차차 중심을 차지하게 되었다.

이에 더불어 캔터는 비트키에비치의 〈멋부리는 여자들과 행실이 나쁜 여자들(Zierpuppen und Schlampen)〉을 옷장과 옷걸이들 사이, 탈의실에서 선보였다. 중심에는 "낮은 현실"의 습득물로 조립된 모형이 세워졌는데 마치 움직이는 병원 침대 또는 쥐덫을 연상시켰다.

비트키에비치의 드라마 〈종양 히르노비치(Tumor Hirnowitsch)〉를 모티브로 삼아 만든 〈죽음의 학급(Die tote Klasse)〉으로 캔터의 마지막 작품 단계가 1975년에 시작되었다. 5개의 작품 안에 그는 자신의 삶을 무대에 올렸다. 기억을 향한 압박감과 잊혀짐의 두려움은 가장 큰 동기 부여가 되었다. 〈죽음의 학급〉에 관련해서 캔터는 그의 예술적 원리를 이렇게 설명했다. "유년 시절을 재구성할 때는 오로지 아이였을 때의 기억을 간직한 순간, 그림, 상투적 어투만을 사용해야 한

다. 이를 선택하는 일은 기본적(예술적)이다. 이는 온전히 사실을 바탕으로만 구성되었기 때문이다. 어떤 사람에 대해 내가 가지고 있는 기억은 오로지 한 가지의 감정, 단 한 가지의 성격 특징으로 단정지어졌다. (…) 이러한 방법은 진지한 제한이 아닐 수 없다. 아주 훌륭한 제한이다!"[114]

〈죽음의 학급〉에는 비트키에비치 작품의 인물들 외에 캔터의 학교 동료들이 출연한다. 장례식에 온 듯한 의상으로 그들은 죽음의 문턱에 선 노인들이 되어 예전의 학교 교실에 들어가 예전의 놀이와 장난들을 반복한다. "기억기계"로 곧 부서질 듯한 벤치와 너덜거리는 책들이 사용된다. 청소부 아줌마가 빗자루와 큰 낫을 들고 죽음의 메신저로 등장한다. 그녀는 1914년 여름의 "가장 새로운 사건들"이라는 사건을 읽는데, 내용은 오스트리아의 후손이 살해됨으로써 제1차 세계대전이 시작된 이야기를 다루고 있다. 그 당시 동료들에게 괴롭힘을 당했던 학생이 사망 소식들을 발표한다. 한 여인은 쫓기고 잡힌 후에 "가족기계"에 앉혀졌다. 그녀의 다리는 자동적으로 벌려지고 닫힌다. 규칙적인 시간 때마다 연극 인물들은 그들의 어렸을 때 모습을 빼닮은 인형을 들고 다닌다.

캔터의 생각으로 인형과 밀랍인형들은 "승인된 예술을 변두리"에서, "장터의 간이무대"와 "요술 카비넷"에서 자리를 잡아 "서민들의 취향"에 알맞기 때문에 충분히 "낮은 현실"을 몸소 표현하며, "죽음의 크기", 영원함과 절대적인 요소가 된다고 했다. "나는 인형이 살아 있는 연기자를 대신할 수 있다는 말이 아니다. 하인리히 폰 클라이스트와 에드워드 고든 크레이그가 원했던 건 너무 쉽고 순진하다. 나는 내 상상과 아이디어 속에 갑자기 나타난 평범하지 않은 존재들의 모티브와 숙명을 결정하려 한다. 이것의 존재감과 나의 점점 강해지는 확신이 좁혀지면서 예술 속에서의 삶은, 삶의 부재를 통해서만 표현할 수 있다고 생각한다. 또한 자신이 죽음을 맞이함을 통해, 보여지는 것을 통해, 비움과 알림의 부재를 통해 표현하는 것이다."[115]

캔터가 인형에 대해 가지고 있는 생각들은 나치에게 살해된 폴란드의 작가 브

---

114) Tadeusz Kantor: Wielopole, Wielopole. S. 15.

115) Tadeusz Kantor: Ein Reisender. S. 253.

루노 슐츠가 남긴 훌륭한 소설에서 영향을 받은 것이었다. 슐츠의 소설들은 1930년대에 『계피색 가게들(Die Zimtläden)』이라는 제목으로 알려졌다. 그중 『마네킹(Traktat über die Mannequins)』이라는 원서가 있는데, 이는 원래 "관절 그룹"이라는 의미이다. 캔터와 같이 슐츠도 자신의 가상인물들을 "낮은 현실"과 연관시켰다. "데미우르고스(Demiurgos)는 오래 간직된, 온전하고 복잡한 사물과 사랑에 빠졌다. 우리는 시장터를 선호한다. 우리를 감동시키는 물건은 아주 저렴한, 가치가 없는, 아주 오래된 물건이다."116)

〈죽음의 학급〉보다 더 명확하게 이런 점을 보여 준 극은 1980년 피렌체에서 선보인 〈빌로폴, 빌로폴(Wielopole, Wielopole)〉이다. 빌로폴은 작가가 태어난 마을의 이름이며 전기적으로 구성되었다. 이 극에서도 다시 캔터는 자신의 기억을 이용했다. 표면에는 단지 근심거리가 없는 회상 장면들이 아닌, 놀람과 그로테스크한 면들이 통합되었다. 죽은 세상의 인물들이 다시 태어났고, 이들은 단지 캔터의 삶뿐만 아니라 또한 그의 민족의 한을 지니고 있는 인물들이었다. 빌로폴이라는 크로코프의 주변 마을에는 한때 유대인들과 가톨릭 신자들이 평화롭게 함께 살고 있었다. 캔터의 어머니와 아버지는 각각 다른 종교를 가지고 있었다. 이런 기억들로 칸토르는 여러 사건들을 작품화했고, 논리나 심리적인 면에는 전혀 신경 쓰지 않았다. 〈빌로폴, 빌로폴〉에서 그의 아버지는 신랑, 전사, 사상자로 등장했고, 그의 어머니는 처음부터 성폭행의 흔적들을 가지고 있었고, 끝내 피해자가 되었다. 가장 중요한 부분들을 캔터는 그리스도교의 구제(救濟)를 베푸는 역사(용서, 최후의 만찬, 십자가형)를 이용해 보편적인 예를 들었다. 자신의 아버지는 한 장의 사진으로만 봐왔다. 사진 속에서는 동료들 사이에서 군인 모습이다. 이 사진이 타데우시 캔터가 이 작품을 시작하게 한 원동력이었다. 무대 위에서는 군인들이 전쟁터로 향해 기차에 올라타는 순간을 사진으로 찍는 장면이 있다. 연극에서는 카메라가 총으로 변해 갑자기 모든 일원이 죽음을 당한다. 이 극에서 역시 큰 인형들이 무대 위에서 함께했다. 신부 모습을 한 인형은 신랑 동료들이 가지고 노는 공으로 쓰였다. 이런 식으로 그녀가 성폭행당한 장면이 상징적으로 묘

116) Bruno Schulz: Gesammelte Werke. Bd. I. S. 39.

스타니스와프 이그나치 비트키에비치: 〈죽음의 학급〉, 크리코[2] 극단, 1975년, 타데우시 캔터 감독

〈빌로폴, 빌로폴〉, 크리코[2] 극단, 1980년, 타데우시 캔터 감독

사되었다.

혼란 속에서 감독은, 그의 후속극들처럼, 지휘자나 사회자로 직접 함께했다. 늘 검은 양복과 흰 셔츠를 입고 연극을 진행하고 속도를 맞춰주었고 인물들을 정

리해주고 기술자들에게는 조용히 지시를 내렸다. 이렇게 모든 연극이, 해프닝과 비슷하게, 독립적인 작품이 되었다. 무대 위의 캔터의 "불법"적 동행은 존재하는 환상들을 깨려는 의미를 가지고 있었다.

"내 역할은 환상의 틀을 통제하는 것이다. 한 연기자가 자신의 연기에 빠져드는 것을 볼 때 나는 주어진 시간 동안은 이를 허락한다. 하지만 어느 순간 내가 그의 옆에 서 있다. 이것만으로 충분하다. 나는 관객이지 연기자가 아니기 때문이다."117) 〈빌로폴, 빌로폴〉에서 캔터는 하얀 책상보를 접고 무대에서 내려옴으로써 연극의 끝을 알렸다. 작품에서 이 책상보는 잊어버림과 죽음의 상징이 되었다.

〈예술가들은 죽어야 한다(Die Künstler sollen krepieren)〉라는 제목의 의미에 대해 묻자, 캔터는 개인적인 일화를 들려주었다. "양차 세계대전 사이의 기간에 파리의 한 미술관 주인이 자신의 이웃들에게 건축물의 수리사항들을 내놓았지만, 그들은 강하게 반대했다. 유명한 예술인들의 작품을 이 미술관에서 전시하면 이 지역을 알리는 데도 도움이 된다는 그의 말에, 이웃 중 한 명이 '예술인들 모두 죽으라 하세요!'라고 대답했다." 이 제목의 또 다른 이유는 이 작품이 뉘른베르크의 후원자의 도움을 받았기 때문이다. 이 도시의 주민들은 한때 파이트 스토스(Veit Stoß)가 캔터의 고향인

〈예술가들은 죽어야 한다〉, 크리코^2 극단, 1985년, 타데우시 캔터 감독

117) Tadeusz Kantor, zitiert nach Jan Kłossowicz: Tadeusz Kantors Theater. S. 88.

크로코프에 유명한 마리아 제단을 완성하고 돌아왔을 때 세금을 납부하지 않았다는 이유로 얼굴에 못을 박았다. 목조각가 스토스 역시 이 극에 등장했다. 캔터는 그의 실제 모습으로 지휘자로서만이 아니라 군인 외투를 입은 남자아이로 극에 등장한다. 남자아이는 폴란드의 장교이자 독재자 유제프 피우수트스키(Jósef Pilsudski)가 말을 타고 등장하자 뒤를 따르는 역할이었다. 이 외에도 캔터는 세상을 떠나는 노인 역할을 맡아 침대에 누운 채 등장하기도 했다. 이러한 상황극은 캔터의 무대작품에 늘 함께 작업을 해왔던 쌍둥이들의 도움으로 이뤄졌다. 둘 중 한 명은 이 상황을 겪는 역할이었고, 다른 한 명은 이 모든 상황을 지켜보고 언급했다.

두 연기자들이 이 장면을 익살극으로 선보임으로써 이 슬픈 장면이 그로테스크하게 바뀌었다. 죽음은 검정 속옷 차림을 한 유혹적인 어린 여성의 모습으로 등장했다. 혁신의 선두주자로서 그녀는 검정 깃발을 휘둘렀는데, 이는 죽음과 무질서를 의미했다. 고문도구, 사살기계와 끈으로 "생명체"가 되어버린 도구들이 시각적 분위기를 유도했다.

〈나는 다시 여기에 돌아오지 않으리(Ich kehre nie mehr hierher zurück)〉에서 캔

〈나는 다시 여기에 돌아오지 않으리〉, 크리코[2] 극단, 1988년, 타데우시 캔터 감독

터는 마치 자신의 연극 열풍에 감탄한 듯했다. 다시 한번 그는 예전 작품들에 등장한 인물들을 포함하며 대화를 하는 듯 연출했다. 그는 검정 상자를 들고 무대 위에 올랐는데, 이는 바이올린 케이스가 될 수도, 어린이용 관이 될 수도 있었다. 참여하는 인물들은 이것의 등장에 "저기 그가 있다!" 또는 "그는 우리 안에 있다!"라는 발언으로 중계했다. 그와 토론을 하고 끝내 그에게 욕설을 퍼부었다. 캔터는 그 상황에 참여하지 않았다. 오로지 멀리서 제시하는 듯 그의 목소리가 들렸다. 다음 차례로 그는 무대 위로 올라가 반세기 전에 만들어졌던 작품 〈오디세우스의 귀환〉에서 몇 마디를 낭독했다.

타데우시 캔터의 마지막 무대작품 〈오늘은 나의 생일(Heute ist mein Geburtstag)〉은 기억 조각들을 합친 듯한 작품이었다. 75세가 된 그는 생의 역사적 사건들을 뒤돌아보았다. 사건들은 제1차 세계대전을 시작으로 러시아 혁신운동의 혼란과 유대인 박해부터 끝내 걷잡을 수 없을 만큼 번진 제2차 세계대전까지 이어졌다. 연극의 중심에는 닥터 클라인-여호와(Dr. Klein-Jehova)라는 이름의 여의사가 있다. 그녀는 늙고 불구가 된 폭력의 피해자들의 삶의 유용성을 조사했고 그들을 차례로 죽음으로 보냈다. 무대 위에서는 캔터의 예술가 친구 마리아 야레마(Maria Jarema)가 함께했다. 그녀는 가죽 코트를 입고 정치 장교 특유의 모자를 쓴 채로 추상미술을 가석방시키다가 끝내 사회사실주의의 도그마에 못 이겨 무릎을 꿇는 역할이다. 나치의 대학살 당시 사체들 사이에 뛰어들어 끝내 살아남은 미술가 야노쉬 슈테른(Janosz Stern)의 이야기이기도 했다. 독재정부 아래 예술인들의 비극을 보여 주는 것이었다. 무대는 거실처럼, 미술관처럼, 그리고 동시에 예술가의 작업실처럼 꾸며졌다. 한 액자 속에는 디에고 벨라스케스가 그린 왕녀의 초상화를 연상시키는 인물이 자세를 취하고 있었는데, 이는 캔터의 서양 미술사와의 첫 결정적 접촉을 의미했다. 그 외의 액자들은 비어 있었다. 칠판대도 마찬가지였다. 그 사이에는 지휘자의 역할로 캔터가 자리 잡으려 했던 접의자가 놓여 있었지만, 연습이 막바지였던 1990년 12월 그는 세상을 떠났다. 크로코프에서 이 극의 초연 때는 연기자들이 빈 의자에서 마치 지시를 받듯이 연기했다. 녹음된 테이프에서 캔터의 목소리가 흘러나오자, 한 연기자가 그의 역할을 무대 위에서 대신했다. 공연이 끝난 후 관객들은 빈 의자에 꽃을 올려놓았다.

로버트 윌슨의 이미지 연극

1941년 텍사스 주 웨이코에서 태어난 로버트 윌슨은 순수하고 끝없는 판타지와 극단적인 엄격한 형식이 특징인 홍미롭고 수수께끼 같은 이미지 연극을 통해 20세기 4분기의 가장 중요한 연출가에 속하게 된다. 그의 작품은 작업 초기에 연극 무대를 "꿈의 그림"이라고 칭한 후고 폰 호프만슈탈의 연극 형태를 완성시켰다. 모든 예술을 합쳐 각 요소들로 새로운 종합물을 구성하려는 윌슨의 노력은 리하르트 바그너로부터 늘 다시 언급되었던 연극적 종합예술이라는 사상을 담고 있다. "오페라"라고 불렸던, 또는 간단한 표현으로 그의 "작품"들은 1970년대 만들어진 것들로, 연극, 오페라, 발레라고 단정할 수 없지만, 그에게 명예를 가져다 준 작품들이다. 시각적 요소가 대부분 압도적이었지만, 정확히 한 분야의 주 특징이 존재한 것이 아닌, 단독적인 새 분야라고 할 수 있다. 인간관계와 심리적 타당성을 거부함으로써 기억에 남은 현실에 대한 모방이기보다는 오히려 의식적인 "공상"이라고 느껴진다. 적은 수의 비-자연주의적인 무대관습에 익숙했던 관객들은 그의 오페라를 열광적으로 받아들였다. 하지만 1980년대와 1990년대에 기존의 연극과 오페라를 토대로 유럽, 특히 서유럽의 극단 규율에 맞춰 탄생한 그의 연출들은 관객의 높은 기대를 충족시키는 경우가 매우 드물었다. 엄청난 속도로 너무 많은 작품들이 뒤따르다 보니 시간이 흐르면서 부가적·임의적 작품이나 반복되는 작품이 나타나게 되었다. 1994년도에 윌슨이 그림 형제의 명작동화를 원작으로 뮌헨 캄머슈필레에서 발표한 〈풀 속의 달(Der Mond im Gras)〉이라는 작품에 대해 한 평론가는 말했다. "기적을 일으키는 마술사는 미소를 지으며 되돌아본다. 자신의 말을 거창답게 인용하며, 아버지같이 농담을 하고 수다를 떤다. 새로운 것을 갈망하는 에너지, 예전 작품들을 아프도록 괴로워하는 시간은 끝난 것 같다. 윌슨은 더 이상 자신을 노출하며 작품을 발표할 때마다 우리에게 두려움과 감탄을 가르쳐주려는 사람이 아니다."118)

유럽 연극의 영향을 받아 언어라는 요소가 소극적인 역할을 한 윌슨의 오페라

118) Manuel Brug in: Theater heute, Heft 6/1994, S. 94.

와 달리 그와 공동작업을 했던 하이너 뮐러는 여러 언어 영역에서 온 이민자가 많아 한 나라의 이 "이상한 상황"을 이렇게 설명했다. "언어는 이렇게 빠른 시간 내에 통합되지 않기 때문에 이미지가 소통에서 주된 역할을 한다."119). 윌슨의 이미지극을 향한 관심의 근거들은 그의 전기에서도 찾아볼 수 있다. 부모님의 권유로 몇 학기 동안 텍사스 주의 오스틴 대학에서 법학 공부를 한 후에 파리로 가 미술 수업을 받았으며 뉴욕의 명문대 프랫 인스티튜트에서 실내디자인 공부를 시작했다. 곧이어 윌슨은 연극에 관심을 갖게 되었는데, 그는 연극을 "시각 디자이너의 연장 작업"이라고 여겼다. 그는 오페라나 규율적 연극에 대해 전혀 영감을 얻지 못하자 자신의 관심사를 무용으로 바꿨다. 조지 발란신(Georges Balanchine)의 〈뉴욕 시의 발레(New York City Ballet)〉를 본 후 그는 "건축학적 구성"에 감동을 받았다. 그 외에 메세 커닝햄의 실험에도 흥미를 느꼈다. 커닝햄의 〈포스트모던 댄스〉는 댄스 자체 외에는 특별한 내용이 없다. 특별한 이야기를 하는 것도, 특별한 감정을 표현하는 것도, 어느 인물을 소개하거나 음악에 집중하는 것도 아니다. 커닝햄은 자신과 두터운 예술 우정을 나눈 존 케이지와 자주 합동작업을 했다. 하지만 그는 음악자료를 기존의 방식인 동작을 만들어야 할 기본틀로 사용하지 않고 또 하나의 완성된 예술 작품으로 인식했다. 춤은 이와는 독립적으로 대립하는 것이라고 생각했다. 그의 연극 내에서 아주 중요한 역할을 했던 이러한 미학적 원리를 윌슨은 한 연설에서 이렇게 표현했다. "보이는 것과 듣는 것은 서로 경쟁하는 것이 아니라 서로를 강화시켰다. (…) 커닝햄과 케이지의 협동작업에서는 악보가 동작을 구성하지 않았다. 독립적으로 따로 존재했던 두 가지의 요소들이 콜라주에서와 같이 합쳐졌다. (…) 내가 이 작업을 좋아했던 이유는 아무런 어려움 없이 이를 보고 들을 수 있다는 점과 풍경을 보듯이 생각할 부분이 많이 주어졌기 때문이다."

그 외에 윌슨의 작품 생활에 영향을 끼쳤던 것은 장애인과의 작업이었다. 윌슨 본인도 유년기에 언어장애를 가지고 있었는데 무용가이자 교육가인 버드 호프만(Byrd Hoffman)에게 행동을 느리게 하는 기술을 배워 몸의 긴장감을 해소하

---

119) Heiner Müller im Film »Robert Wilson and the CIVIL warS«.

고 심리적 인식의 사용법을 통해 장애를 이겨냈다. 호프만은 윌슨과 작업하는 장애인들에게도 동일한 기술을 적용시킴으로써 대학 학비를 직접 벌었고 그 후에는 여러 나라와 여러 분야의 청년들이 미술교육과 동작 트레이닝을 받기 위해 모인 "버드 호프만 스쿨 오브 버즈" 워크숍에서도 그 기술을 사용했다. 그가 "버즈"라고 칭한 제자들 중에서 몇 명은 훗날 윌슨의 작품 초기 시절의 연기자들이 되었다.

대중용으로 첫선을 보인 두 작품에서부터 윌슨 특유의 무대미학이 또렷하게 나타났다. 팝아트나 해프닝에서처럼 예술과 현실의 거리를 좁히려는 아방가르드 예술의 노력과는 달리 환영주의의 전통을 따랐다. 1969년 오페라 〈스페인의 왕(The King of Spain)〉에 대해서 그는 이렇게 언급했다. "9미터 크기의 거대한 가톨릭 왕들이 홀에 들어왔을 때는 정말 드라마틱한 장면이 연출되었다. 복잡한 시스템의 활차를 20명 이상의 남성들이 무대 위로 끌고 들어왔다. 19세기의 연극 방식을 보여 준 것이다. 그 당시에는 이러한 상황을 벽으로 가리곤 했었다. 1960년대에는 이러한 벽들을 무너뜨렸다. 나는 동시에 이러한 벽을 정확히 이 기기 앞에 놓았다."120) 몇 달 후에 탄생된 작품 〈지크문트 프로이트의 삶과 시간(The Life and Times of Sigmund Freud)〉에서 꿈과 같은 효과를 나타내는 사건 전개의 완만함은 윌슨의 전 작품을 특징 짓는 환영주의로 나타나며 초현실적 콜라주를 연상시키는 상이한 요소들의 결합은 하나의 그림으로 나타났다. 예를 들어 작품이 시작할 때 어린 흑인 여자가 그녀의 손에 앉은 검은 새와 함께 조용히 의자에 자리 잡고 있었고, 뒤에는 촌스러운 수영복 차림의 남자가 무대 위를 왔다 갔다 하고 있었다. 가짜 거북이는 무대 위를 기어 다니고 있었으며, 맨발의 두 여인들은 천천히 모랫바닥을 밟고 있었다. 한 평론가는 이 작품을 "조용한 오페라"라고 불렀다. 윌슨은 초기 작품에서도 그랬듯이 거의 시각적 요소들만 풍부하게 사용했기 때문이다.

의도적이었는지 의도적이지 않았는지 확실치 않지만 윌슨은 자신의 오페라를 통해 아방가르드의 역사를 이어갔다. 1971년 루이 아라공은 파리의 초대공연

---

120) Zitiert nach Sylvère Lothringer: Es gibt eine Sprache, die universell ist, S. 373.

로버트 윌슨: 〈귀머거리 소년의 응시〉, 뉴욕, 1970년

〈귀머거리 소년의 응시(Deafman Glance)〉를 보고 나서 너무나도 감격한 나머지, 이미 5년 전에 세상을 떠난 초현실주의자 친구 앙드레 브르통에게 공식 편지를 써서 그들의 꿈이 이 작품으로 이뤄졌다고 통보했다.

"나는 이 세상에서 한 번도 더 아름다운 것을 본 적이 없었네. (…) 한편으로는 깨어 있는 삶이면서도 눈을 감고 보는 삶이기도 했고, 낮의 세상과 밤의 세상 사이의 혼란이었고 현실은 꿈과 합쳐졌으며 귀머거리 소년의 시선은 차마 설명이 안 되는 면을 보여 주었네."[121]

이 작품의 주인공이었던, 당시 13세 소년 레이몬드 앤드류(Raymond Andrew)는 실제로 청각 장애인이었고 비참한 여건에서 학교 교육도 못 받는 상황에 있었다. 윌슨은 시각적인 면에서 탁월한 소년의 지능에 감탄했다. 윌슨은 이 소년과 친구가 되었고 몇 작품들을 그와 함께 작업하기도 했다. 〈귀머거리 소년의 응시〉는 레이몬드가 그림과 손짓으로 알려준 그의 경험과 꿈을 바탕으로 만들어졌다. 극

121) Louis Aragon: An Open Letter to André Breton. In: Performing Arts Journal. Heft 1/1976. S. 3 ff.

은 거의 무언의 형식으로 7시간 동안, 예를 들어 환한 벽 앞에 서 있는 흑인 여자와 같은 장면들을 보여 주는 식으로 진행되었다. 그녀는 왼쪽 손에 장갑을 끼고, 오른쪽 손은 뒷짐을 지고 있다가 식탁 쪽으로 몸을 돌려 손을 뻗고 한쪽 장갑을 다른 쪽 손에 낀다. 그런 다음, 식탁 위의 병을 들어 유리컵에 우유를 따른다. 병을 다시 식탁 위에 올려놓고 컵을 손에 든 채 뒤를 돌아 그녀를 뒤로 하고 작은 의자에 앉아 만화책을 읽고 있는 한 아이에게 간다. 아이에게 몸을 기울이고 오른쪽 어깨를 어루만지더니 우유컵을 전달한다. 아이는 컵을 들고 우유를 마신다. 여인은 빈 컵을 들고 몸을 다시 돌려 제자리로 가서 컵을 책상 위에 올려놓는다. 그러고서 칼을 들고 헝겊으로 칼날을 두 번 닦은 후에 헝겊을 다시 내려놓는다. 그녀는 다시 뒤돌아서 칼을 든 채로 아이에게 다가간다. 부드럽게 그녀는 아이에게 칼을 댄다. 그녀가 칼을 뒤로 빼는 순간, 아이는 바닥으로 쓰러진다. 무대장치 위에 설치된 그네 위에 앉아 이 상황을 지켜본 레이먼몬 앤드류는 불분명한 괴성을 지른다. 극단적으로 늘어지고 아주 기계적인 줄거리의 진행은 관객의 단순한 극에 대한 체험을 막고, 그들의 관심을 관람하는 행위 자체에 집중시켜, 인지의 복잡함을 일깨웠다.

로버트 윌슨은 자신의 다음 작품에서 이 방식을 더욱더 강화시켰다. 1972년 이란의 시라즈(Schiraz)에서 주최되었던 페스티벌에서 〈카 산과 정원(KA MOUNTAIN AND GARDENIA)〉이라는 작품을 선보였는데, 그 안에서는 한 가족의 이야기가 여러 세대에 걸쳐 500명 이상의 연기자들이 무대에 오르며 약 30시간을 일곱 번의 저녁시간에 걸쳐 공연했다.

이러한 차원에 비슷한 것은 뉴욕에서 탄생하고 그의 무대인생을 더 성장시킨 오페라 〈이오시프 스탈린의 삶과 시간(The Life and Times of Josef Stalin)〉밖에 없었다. 이 극에서 그는 크리스토퍼 놀즈(Christopher Knowles)라는 지체장애를 가지고 있지만 복잡한 수학적 개요를 이해하는 한 아이와 즉흥적으로 대화하는 장면을 통해 직접 연기자로 출연했다. 크리스토퍼가 테이프에 녹음했던 일상생활에서 언어라는 요소를 다루는 모습을 보고 윌슨은 감탄했다. “그는 평범하고 일상적인 단어를 가지고 이를 파괴시켰다. 마치 분자가 된 듯이 단어는 늘 변경되었고 또 다시 파괴되었다. (…) 그는 여러 언어코드를 항상 새롭게 정의했다. 크리스토퍼는 말을 할 때 건축물을 세운다. 그는 시각적 건설을 한다. (…) 그가 하는 작업은 예술가인 나에게 너무 흥미롭게 느껴졌다. 나는 그 작업을 지적인 면에서 이해하려고 하지 않았다. (…) 크리스토퍼와 레이몬드는 둘 다 언어와 관련이 되어 있고, 이 점은 인간이 단어의 뜻을 이해하기도 전에 청각적으로 반응한다는 점을 보여 주고 있다. 즉, 우리의 언어는 아주 기본적이고 보편적인 무언가를 가지고 있다."122)

이러한 생각과 경험들을 바탕으로 윌슨은 언어를 연극적 요소로 사용하는 데 관심을 갖게 되었다. 크리스토퍼 놀즈와 함께 그는 다이얼로그(Dialog)라는 종합적 타이틀을 가지고 반은 즉흥적인 짧은 극들을 만들어 대화의 여러 가능성을 관찰했다. 언어를 연구하면서 깊은 영감을 얻은 윌슨은 다음의 큰 작품인 〈빅토리아 여왕의 편지(A Letter of Queen Victoria)〉에서 대본을 가지고 작업하기 시작했다. 음악적 요소는 〈해변의 아인슈타인(Einstein on the Beach)〉에서 처음으로 중대한 의미가 부여되었다. 미니멀 뮤직을 대표하는 미국 작곡가 필립 글래스(Philip Glass)와 친밀한 공동작업으로 윌슨은 짧은 극으로 구성되며 4개의 파트로 나눠진 오페라를 드로잉과 시간표와 복잡한 구성계획으로 완성해냈다. 본 공연은 휴식 없는 5시간짜리였고, 가끔 쉬는 시간을 가진다고 해도 놓치는 것은 아무것도 없었다. 왜냐하면 이 작품은 목적을 향해 전개되는 것이 아니라 어느 물리학자의 삶의

로버트 윌슨/필립 글래스: 〈해변의 아인슈타인〉,
메트로폴리탄 오페라 뉴욕, 1976년

122) Zitiert nach: Sylvère Lothringer: Es gibt eine Sprache, die universell ist. S. 374 ff.

장면들이나 에피소드를 단순히 나열해 보여 주고 있었기 때문이다. 모든 연극의 전기에서 윌슨은 연상적 방식으로 각 인물의 진부한 요소와 사건들을 역사적으로 의미 있고 대표적인 사건들과 연결했다.

그가 신화적인 아우라를 풍기는 한 인물을 선택함으로써 관객이 가지고 있는 선지식을 대략 예측할 수 있었다. 윌슨은 말했다. "길거리에 서 있는 남자는 아인슈타인, 프로이트, 스탈린, 그리스 신화에 대해서 잘 안다. 그것은 이미 잘 알려져 있듯이 그리스 신화에서 그리고 그리스 연극의 시대에서 관객들이 일정한 지식을 함께 나눌 때와 같은 일이다."123)

시간이 흐를수록 윌슨은 경제적으로 어려움을 겪어 미국에서 비용이 많이 드는 자신의 작품들을, 비교적 많지 않았던 공적 문화장려금을 가지고 공연하기 어려워지기 시작했다. 1960년대에 그는 유럽으로 시선을 돌려 리옹의 극장에서 에디슨의 전기를 선보였고 1년 후에는 베를린의 할레쉔 우퍼라는 극장에서 〈죽음, 파괴 그리고 디트로이트(Death Destruction & Detroit)〉를 공연했다. 청각적 이유로 선택했

로버트 윌슨: 〈죽음, 파괴 그리고 디트로이트〉, 베를린 샤우뷔네 암 할레쉔 우퍼, 1979년

123) Zitiert nach Dorine Mignot: Ein Raum für Salome. S. 87.

던 이 수수께끼 같은 제목 뒤에는 루돌프 헤스(Rudolf Heß)라는 아돌프 히틀러의 대리인의 전기가 부분적으로 숨겨져 있었다. 출발점은 감독이 어느 잡지를 보다가 발견한 한 장의 사진이었다. 그 사진을 가지고 그는 환상적인 장면들을 연출했지만, 이 장면의 의미는 오로지 루돌프 헤스의 삶과 그 당시의 상황을 잘 아는 관객들만 이해할 수 있었다. 공룡들이 춤추는 장면이 있었고, 2대의 우주선이 착륙을 하고, 파티장의 장면이 슬로 모션으로, 베를린 슈판다우에 있는 전쟁 범죄자 전용 수용소를 연상시키는 아무것도 없는 싸늘한 장벽을 보여 주었는데, 이곳은 헤스가 —유일한 수감자로— 자신의 삶을 연명했던 곳이다. 사이사이에는 여러 역할들이 돌아가며 정형화된 대본을 바탕으로 사랑 이야기의 장면들을 보여 주었다.

유럽으로 진출하면서 로버트 윌슨의 미학적 방향은 매우 큰 변화를 맞이하게 되었다. 연출가는 이전보다는 비교적 적게 직접 무대작품들을 만들고, 오히려 전통 오페라와 연극을 무대에 세우는 데 신경 썼다. 1980년부터 그는 매년 여러 개의 작품을 대부분 큰 서독의 시립극장에서 선보였다. 윌슨은 종종 동시에 서너 개의 프로젝트에 참여했는데, 그는 자신의 작업을 단 하나의 "큰 조직"으로 여겼기 때문에 이에 대해 전혀 개의치 않았다. 일상화된 공연사업에 늘 따라붙는 피로감과 너무 틀에 박힌 조건들로 윌슨의 창조성은 반복의 위험성에 빠졌다. 하지만 그의 작품 중 몇 개의 연출무대는 다른 공연과는 비교할 수조차 없을 만큼 그를 매료시켰다. 가령 거대한 프로젝트 〈남북전쟁(The CIVIL warS)〉은, 원래 총 12시간 동안 로스앤젤레스에서 열린 올림픽 게임에서 공연되기로 되어 있었다.

로버트 윌슨: 〈남북전쟁〉, 독일 부분, 시립극장 쾰른, 1984년

작품의 모티브는 미국의 남북전쟁이다. 마르세유, 도쿄, 로마, 쾰른 그리고 로테르담에서 원본을 만들었고 각 민족의 저명한 신화들

을 골랐다. 거의 모든 부분이 완성되고 각각 소개가 되었음에도 불구하고, 경제적인 이유로 이 프로젝트는 끝을 맺지 못했다. 네덜란드의 부분은 시간의 흐름을 전통 동화를 배경으로 보여 주고 거대한 인물 빌헬미나 여왕이 등장하는 반면, 이탈리아의 파트에는 가리발디가 주인공으로 출연하고, 미국의 경우는 하얀 의상을 입은 연기자들이 일본의 전통 인형극 분라쿠를 연상시키는 장면들을 꼭두각시 인형으로 보여 주는 미국의 니플레이(knee play)를 선보였다. 〈남북전쟁〉의 가장 유명한 부분은 쾰른 시 극장에서 탄생한 독일 편이었다. 하이너 뮐러는 셰익스피어의 희곡과 자신의 희곡 〈군들링의 생애 프로이센의 프리드리히 레싱의 잠 꿈 비명〉의 장면들을 골라내어 텍스트 콜라주를 구성했으며, 또 군인의 왕이 자신의 아들 프리드리히 대왕에게 보내는 편지들로부터 장면들을 추가했다. 윌슨과 뮐러는 "집안 전쟁"이라는 대목을 위해서, 민족들이 전쟁 당시 대학살된 사진들을 보여 주며 강조시켰다. 다른 장면에서는 한 남자와 여자를 높은 사다리 위에 서서 마침 우주 비행사처럼 변장시켜 진부한 대화를 나누게 했다. 이 너무나 진부한 대화는 초월적인 것이 없는 문명사회가 점차 정신적으로 죽어감을 강조하는 것이었다. 백마의 모조품을 타고 프리드리히 대왕 역을 맡은 여자 배우가 천천히 무대 위로 올라왔다. 동시에 괴테의 으스스한 발라드 "마왕(Der Erlkönig)"이 암송되었다.

1980년대에 윌슨의 무대창작 하이라이트로는 하이너 뮐러의 〈사중주단〉(캠브리지/미국)과 함부르크 탈리아 극장에서 연기자들과 공연된 〈햄릿기계〉를 뽑을 수 있다. 감독은 두 작품에서 놀라운 명료성과 그 자체에 순수하게 추구하는 아름다움의 장면들을 발견했다. 물론 그는 어떠한 방식의 연출법을 통해 대본을 해석하려 하지 않았다. 어느 인터뷰에서 윌슨은 말했다. "하이너의 텍스트를 읽는 특정한 방식은 존재하지 않는다. 한 단어 안에도 너무나 많은 가능성들이 속해 있기 때문이다. (…) 그의 글들은 설명될 수 없다. 그의 텍스트를 해석하려는 자는 그 텍스트가 그를 거부한다."

일반화하듯이 그는 다른 기회에 이런 말을 덧붙였다. "연극은 무언가를 설명하는 것이 아니다. 우리에게 작품을 보고 생각할 수 있는 가능성을 주는 의미를 가지고 있다. 만약 작품을 모두 다 이해한 듯이 행동한다면, 이 작품은 죽은 작품인 것이다. (…) 우리의 임무는 대답을 주는 것이 아니라 질문을 가능케 하는 것이다. 우리가 질문을 하면 텍스트는 열리게 된다. 그렇게 관객과 우리 사이에 대화가 만들어지는 것이다."124)

윌슨은 슈투트가르트에서 에우리피데스의 비극 〈알케스티스〉와 크리스토프 빌리발트 글루크(Christoph Willibald Gluck)의 오페라 〈알체스테(Alceste)〉를 공동으로 작업하면서 고전적 고대신화에 관심을 갖게 되었다. 암시적이면서 신비한 장면을 연출하기 위해 그는 천천히 움직여 인식조차 할 수 없는 2개의 삼각등을 세워놓았고, 이 불빛은 파란빛을 띠는 커튼에 비춰졌다. 그 앞에는 그리스 소년들의 동상이 서 있었고 말이 없는 한 쌍은 몇몇 장면에서 제의식적인 모션을 통해 주제곡을 부르는 여가수의 음악적 표현을 재차 강조했다. 중세의 신화적인 인물들 중에서 윌슨은 —2000년에 바그너의 〈반지(Ring)〉를 취리히의 오페라하우스에서 공연했고— 〈니벨룽겐〉 이외에 〈파르지팔(Parsifal)〉에 관심을 가졌다. 탕그레트 도르스트(Tankred Dorst)의 극작 〈메를린〉을 토대로 윌슨은 이 "순진한 바보들"의 이야기를 1987년에 처음 함부르크의 탈리스-극장에 올렸고, 1991년에는 바그너의 이 악극을 함부르크의 국립오페라에서 공연했다. 〈파르지팔-호수의 반대편(Parzival-auf der anderen Seite des Sees)〉이라고 불린 연기 버전에서 윌슨은 신화적 과거를 현재와 대립시키기도 했다. 크리스토퍼 놀즈가 연기한 윌슨의 〈파르지팔〉은 청바지에 운동화 차림을 한 학생의 모습이었는데, 그는 높은 전나무가 있고 죽은 왕이 얼어 있는 큰 얼음산도 보이는 동화 같은 풍경에서 살았다.

윌슨의 마지막 대성공은 〈블랙 라이더(Black Rider)〉라는 작품이었다(탈리아-극장 함부르크, 1990). 영어와 독일어가 섞인 대본은 이미 백발노인이었던 비트-시인 윌리엄 S. 버로스(William S. Burroughs)에서 유래했고 톰 웨이츠(Tom Waits)는 음악을 작곡했다. 둘 다 전설적인 예술인들로 손꼽힌다. 〈마탄의 사수〉 버전에서는 마약과 병기, 사랑과 죽음 그리고 사탄 이야기까지 나온다. 윌슨은 이를 위해 표현주의의 무성영화를 연상시키는 삐딱한 건축과 핏기 없는 얼굴, 검은 눈 부위와 뒤엉킨 더벅머리 인물들을 만들어 냈다.

---

124) Robert Wilson: Statements.

윌리엄 S. 버로스/톰 웨이츠/로버트 윌슨: 〈블랙 라이더〉 탈리아-극장 함부르크, 1990년, 로버트 윌슨의 연출과 무대장치

윌리엄 S. 버로스/톰 웨이츠/로버트 윌슨: 〈블랙 라이더〉, 탈리아-극장 함부르크, 1990년, 로버트 윌슨의 연출 및 무대배경, 장면 스케치

로버트 윌슨의 무대 작품들은 전체적으로 무대 위에서 많은 요소를 인위적으로 꾸몄다는 것을 알 수 있다.

그와 함께 그 역시 세기 전환기에 사실적·심리적 연극과 같이 발전해 온 반-자연주의적 전통에 서 있다는 것을 알 수 있다. 아방가르드의 많은 연극 예술인들과 같이 그는 시각예술을 연구하면서 영감을 얻기 시작했다. 윌슨 작품에서 영감의 근원은 건축가로서의 구성주의적 생각, 3차원의 형체를 창조할 수 있는 구상 예술가로서의 능력 그리고 화가로사 시각적 창조력이었다. 이것은 윌슨의 작업 과정의 고유함 속에서 잘 나타난다. 그는 대충 테마를 잡은 후에 극의 구성틀과 시간적 계획, 즉 오로지 형식적 요소들만을 잡아놓는다. 그다음 그는, 대부분 자신의 사물이나 그림의 상상을 토대로 무대를 시각적으로 꾸미기 시작한다. 기본 상태를 그리고 또 그리는 행동을 반복한다. 여기서 남는 원본 종이들은 나중에 연극 제작비를 벌기 위해

판매된다. 윌슨은 이를 단지 공연을 위한 원본이 아니라 독립적 예술 작품이라고 생각했기 때문이다. 대부분 연필로 완성된 그의 그림들은 이미 무대 위의 모양, 비율, 빛과 그림자의 비율을 담고 있다. 윌슨은 이 요소들에 중심적인 역할을 부여했다. 왜냐하면 이런 면들이 무대 위의 상황을 정리하고, 여러 상황극들을 연결해 주며, 한 장면의 감정적 가치를 드러내기 때문이다. 윌슨의 무대작품들은 비교적 적은 수의 그림요소들로 구성되어 있다. 이국적 동물, 헐벗은 침엽수, 빛이 밝혀진 집 정면들, 기술적 기기들과 교통수단들, 허공을 날아다니는 사물과 인물들 그리고 실용적이든지 오로지 장식품으로만 사용되는 — 그 자신에 의해 직접 설계된 의자들과 눕는 의자들.

조형적 요소들처럼 로버트 윌슨은 연기자들의 움직임마저도 극단적 인공성을 지니게 만들었다. 그는 연기자들의 육체적 행위를 아주 작은 파트로 나누었고 그것들을 느리게 연기하도록 시켰다. 그 결과 그 작은 파트들은 더 이상 다른 현실을 위한 기호로 이해되는 것이 아닌 그 자체를 위해 있는 것이었다. 연기자의 육체와 그의 행위는 있는 그 자체 외에는 더 이상의 의미가 없었다. 시각예술에서 "레디메이드(Ready mades)"와 비슷하게 작은 파트들은 기존의 상황에서 끄집어내어져 예술적 행위로 설명되었다. 주의는 그것의 의미가 아닌 구체성으로 향해졌다. 연극 무대는 다른 논리와 규칙과 자신만의 시간을 가지고 있는 새로운 세계인 셈이다. 관객은 자신의 익숙한 인식 방식 때문에 혼란스럽다. 늘 같은 것을 반복하고 최소화된 행위 장면을 통해 관객은 시간의 경고에 대한 감각을 상실하게 된다. 과거와 현재가 뒤엉키기 시작한다.

로버트 윌슨의 작품에서 즉흥적인 면은 존재하지 않는다. 모든 것은 정확히 규정되고 기계적으로 이뤄진다. 감독은 모든 디테일, 즉 몸 전체의 포지션과 행동, 발걸음을 정하고 통제한다. 에드워드 고든 크레이그가 자신의 대형-꼭두각시나, 앙토냉 아르토가 연기자가 동양 연극의 연기자를 이상으로 삼아 살아 있는 상형문자가 되길 바란 것처럼 로버트 윌슨 역시 정확히 기계적인 동작으로 인해 강렬한 효과를 바랐다. 그는 자신의 확신을 이렇게 표현했다. "연극은 토론회이다. 가장 간편한 방식으로 열려 있음을 어떻게 유지할 수 있을까? 이러함을 만들어 내기 위해 내가 가장 선호하는 길은 완전한 통제와 기계적인 방식이다. (…)

로버트 윌슨: 〈나는 내 스페인식 집 안뜰에 앉아 있었는데 이 남자가 나타나서 내가 환각하는 줄 알았다〉, 뉴욕, 1977년

기계가 되는 것을 배우기는 매우 불편하기 때문에 쉽다고 할 수 없다. (…) 내 생각으로 우리는 그런 점을 두려워하고 있는 것 같다. (…) 하지만 온전히 기계적인 방식을 통해서만 우리는 자유를 다시 얻게 된다."[125]

윌슨에게 중요한 것은, 연기자가 자신의 행동을 외적인 모양으로 완벽하게 나타내는 것이었다. 어떤 생각이 그들을 자극시키고, 어떤 감정들을 가지고 일을 하는지는 연기자들 스스로에게 맡겼다. 연습 때 그는 오직 효과에 대해 설명한다. 종종 그에게 떠도는 결과들을 몸소 보여 주기도 한다. 사실적이고 심리적인 것을 추구하는 감독들과는 반대로 그는 상황 타당성(행위논리)이나 인물심리에 대한 토론을 거절했다. 배우로서 이상적인 인물로는 크리스토퍼 놀즈를 뽑았는데, 그는 감독에게도, 자신에게도 역할에 대해 질문하지 않았으며, 이에 대해 "제2의 시나리오" 또는 "설명"을 준비하지 않고, 오로지 요구되는 행동만 했기 때문이다. 스타니슬라브스키나 스트라스버그의 자연주의적 방법론으로 교육을 받은 연기자들이 이러한 작업에 어려움을 겪는 건 당연한 일이었다. 경제적인 이유 외에 윌슨이 1970년대부터 아마추어들과 대부분 작업을 한 이유도 여기에 있었다. 유럽의 연극문화에 입성하면서 그의 연기자 타입에 대한 생각들이 보다 개방적이 되었다. 1988년 한 대화에서 그는 말했다. "연기자가 연기를 잘하면, 잘하는 것이다. 심리적 연기자든 형식주의적 연기자든 아무런 차이가 없다."[126]

125) Robert Wilson/Heiner Müller/Wolfgang Wiens: The CIVIL warS, S. 54 f.

126) Robert Wilson: Statements.

윌슨의 연극에서는 시각적 요소들이 약간의 지배적 영향을 끼치고 있었지만, 청각적 요소들도 무시하지는 않았다. 그는 보이는 것 외에도 들리는 것이 얼마나 중요한지를 늘 강조했었다. 1970년대부터 언어는 그의 작업에 빠질 수 없는 요소가 되었다. 하지만 기존의 언어연극과는 극히 다른 의미를 부여했다. 윌슨은 이 차이에 대해 말했다. "원래 연극에서는 대본이 최우선이다. 어떤 사람이 무대그림을 계획할 때 이 그림은 단지 설명에 기여한다. 나는 처음에는 하나의 통일성에 대해 생각하지 않고 다 따로 구성한 다음에 모든 요소들을 합친다. 무대그림이 텍스트를 설명하는 것도 아니고 텍스트가 꼭 극의 테마를 설명하는 것도 아니다. 테마는 음악과 동작들같이 자율적인 요소가 된다. (…) 이렇게 내가 처음에 각자 나눠 작업했던 요소들은, 마치 콜라주와 같이 조금씩 합쳐지는 것이다."[127) 윌슨의 무대에서 텍스트는 테마를 설명해야 하고, 줄거리를 전개시키고, 자기자신과 세계에 대하여 등장인물과 감독의 진술을 해야 하는 임무에서 자유로워졌다. 의미 부여가 되는 연속성 대신에 먼저 형식적 관점에 따라 구성된 몽타주가 나타난다. 무대연출의 여러 요소들처럼 윌슨은 줄거리 부분에도 어느 정도의 독립성을 부여한다. 이렇게 그는 관객들에게 일상생활과는 다른 꿈의 그림이 있는 나라로 초대하며, 자신들의 낯설음을 놀랍게 받아들이고, 여러 현상 간의 결합을 만듦으로써 일상의 이성적 논리 너머를 이해할 수 있도록 유도했다.

21세기의 세계-연극: 하나의 개요

그리트 반 다이크

연극이 한 사회가 스스로에 대해 숙고해 볼 수 있는 하나의 장소, 특별한 장소라고 가정한다면 이러한 특별한 장소는 방글라데시, 베이루트, 베를린 혹은 부에노스아이레스에도 있다. 연극은 세계 도처에서 상이한 이유로 인해 공연된다. 세

127) Zitiert nach Peter Friedl: Die Balance zwischen den Wachträumen. S. 79.

계-연극은 문화적 상황들로부터 점차 생성되고, 지역의 역사적·사회적 그리고 정치적 발전에 관계되며, 따라서 여러 나라에서 전혀 다른 의미를 지닐 수 있는 행위다. 세계 연극은 야누스의 얼굴을 가지고 있다. 우리는 이 장르에 하나의 유일한 실체가 존재하지 않는다는 것이 분명함에도 불구하고 어떻게 야누스의 얼굴을 가진 세계-연극을 이해할 수 있을까? 이렇게 다양하게 구성되는 세계 연극에 있어 최소한의 공통점은 정체성 부여, 직접적인 의사소통의 가능성, 정치적 공간 그리고 문화적 적응과 같은 다양한 경험들을 만들어 내는 것이다.

현대적 커뮤니케이션 기술의 급진적 발전에 의해 세계 대륙은 서로 연결된 것처럼 보이며 문화적 경계들은 점차 사라진다. 이와 함께 자신의 정체성에 대한 의식 또한 점점 더 불확실해진다. 정체성을 다루는 연극은 그 자체로서 실향과 사회적·정신적 근거의 상실을 기술하고, 문화적 특수성을 다른 맥락으로 가져가서 다시 새롭게 재배치함으로써 정체성을 정립할 수 있다

미디어 커뮤니케이션 매체의 발전에 의해 오늘날의 세상은 현실과 가상이 서로 밀접하게 연결된다. 동시대의 연극들은 이러한 현실을 수용하고, 이를 서사적이고 무대에 적합한 구조 속에서 가공하려고 한다. 연극에서 이러한 익숙한 상황이 가면을 벗고 모습을 드러내게 된다. 연극은 관객들과 연기자들이 함께하는 현재-시간과 함께하는 현재-장소, 즉 공통된 생애에 의해 각인되기 때문이다. 연극은 상이하고 직접적인 의사소통의 가능성을 경험하게 한다.

지난 25년 동안 전 세계적으로 사회주의의 붕괴와 전 지구적 자본주의의 창궐과 같은 중요한 정치적·사회적 변화들이 일어났다. 세계-연극은 이러한 사회적 현상을 성찰하고 그 영향에 대해 고유하고 직접적인 방식으로 반응한다. 연극은 연극 안에서 다른 사회적 모델들이 실험될 수 있는 정치적 공간을 경험하게 하기 때문이다.

전 지구화의 경향에도 불구하고 또는 정확히 말해 전 지구화의 경향 때문에 수많은 사회에서 알려지지 않은 것과 낯선 것들을 의심하는 국가주의적인 정신의 흐름이 서서히 확산되고 있음이 인지된다. 이와 반대로 연극의 발전은 예로부터 국가 간의 문화적 교류를 통해서 지속되어 왔다. 동시대의 연극에서는 다양한 문화적 테크놀로지와 이야기 방식들이 조화롭게 통합되어 연결된다. 연극은 문

화적 융합의 경험일 뿐만 아니라 더 나아가 서로 간에 관대하게 존중할 줄 아는 경험을 만든다.

세계-연극은 관객에게 이러한 경험들을 마련해 주었다. 여기에 소개된 연극 그룹들과 감독들은 이러한 경험을 위해 일반적이지 않은 여러 작품들을 통해 함께 작업했고 연극을 개선하고 지속적으로 발전시켰다. 그들은 빈틈이 없는 건 아니지만, 모범적으로 20세기 후반 서양의 세계-연극의 일반적 경향을 대변하는데 이때 관찰 대상은 주로 미국과 유럽의 도발적인 언어극이다. 언급된 그룹의 대부분은 개별 국가에서 다양하게 성과를 낸 제도화된 극장 구조의 저편에서 발전했으며 "연극-실험"을 통해 내용적·미학적으로 뿐만 아니라 구조적·조직적으로 연극 창작의 새로운 형태를 제시한다. 만일 수백 년 동안 재정 재원을 받았던 연극 예술의 국가인 독일로부터 눈을 돌려 다른 나라들의 연극 구조를 보면 오늘날 독일 연극의 현 상황은 여전히 천국처럼 보인다. 독일과 극장 및 앙상블의 조밀도를 비교할 수 있는 곳은 세계 그 어디에도 없다. 143개의 국립극장, 시립극장 및 주립극장, 218개의 사립극장 그리고 73개에 달하는 축제극은 여전히 독특한 독일의 극장 환경이며 현재 연간 약 9만 1800회의 공연을 양산한다. 이로부터 독일의 호기심 많은 관객들은 매우 다양한 스타일과 연극 작품들로 가장 다양한 프로그램을 구성할 수 있다. 연극 창작을 위한 그와 같은 국가보조금시스템은 그 어디에도 없다. 다른 국가와 달리 독일에서 연극은 공적 과제로 간주되며, 모든 문화 프로젝트의 약 85%를 기금 마련을 통해 자금을 조달하는 미국과는 다르게 민간 경제적·상업적 사업으로 간주되지 않는다. 그러므로 국제적으로 인정받는 감독은 기꺼이 그리고 빈번하게 독일 무대의 객원이 되거나 혹은 연극제에서 자신의 연출작품을 가지고 등장하여 관객에게 자신의 작품을 경험하고 다른 형태의 연극, 즉 세계 연극에 대해 알 수 있는 기회를 제공한다.

여기서 설명된 세계 연극은 몇 가지의 양식적인 특징들을 보여 준다. 시청각 매체와 인터넷을 자연스럽고 완벽하게 다룬다는 점과 언어극, 춤, 퍼포먼스와 같은 여러 장르 사이의 경계를 없앴다는 점 그리고 다양한 분야의 예술가들이 프로젝트를 위해 공동 작업했다는 것을 들 수 있다. 눈에 띄는 것은 예외가 없지 않지만 텍스트가 재설치되어 대부분 연극 공연의 기본 요소로 기여한다는 것이다. 인용문이나 콜라주로 결합된 드라마적 그리고 비드라마적 텍스트의 각색은 다양한 공연들에 기본틀을 제공한다. 이 요소들의 많은 것들이 위에서 언급한 그룹, 즉 비범한 연출을 통해 특별히 새로운 경험들을 만들어 내는 그룹들의 작품에서 재발견된다.

정체성 형성의 연극

빌더즈 어소시에이션

뉴욕의 극단 빌더즈 어소시에이션(The Builder's Association)은 1993년에 우스터 그룹의 여류 연극평론가였던 마리엔 윔스(Marianne Weems) 감독에 의해 창립되었고 여러 분야의 유능한 미국 예술인들로 구성되었다. 마치 시청자가 관심을 끄는 방송을 찾아 TV 채널을 이리저리 돌리는 것과 유사하게 그들은 무대의 사건들이 동시적으로 진행되는 멀티미디어 퍼포먼스를 만들었다. 21세기에 인간의 실험들을 설명하기 위해 그 극단은 텍스트, 연극, 비디오, 소리와 건축학을 작품에 결합한다. 미디어의 소통기술은 연출에서 연기자들과 동등한 파트너가 되고, 그때 작품의 서술적 구조보다 율동적·시각적 전환이 훨씬 중요한 역할을 하게 된다. 파우스트 버전의 〈임페리얼 모텔(Imperial Motel)〉(1995)과 〈점프 컷(Jump Cut)〉

빌더즈 어소시에이션: 〈시차(Jet Lag)〉

(1997)의 두 작품에서 윔스 감독은 고전적 작품들을 새로운 전자공학적 미디어와 접목시킨다. 이야기는 빅브라더와 같은 필름 스튜디오로 옮겨졌고 그곳에서 연기자의 모든 행동은 비디오카메라로 감시되고 눈으로 볼 수 있는 시각적인 사건이 된다. 배우들은 관객들을 위해서가 아니라 단지 비디오카메라를 위해서 연기하는 것처럼 보인다. 라이브 비디오 스트림은 무대 위쪽으로 비춰지는데, 그때 관객은 무대의 아래쪽에서 연기하는 연기자와 그 위에 비춰지는 그림들을 연계해서 인식해야 한다. 즉, 관객에게 현실과 가상의 상황들을 연결할 것이 끊임없이 요청된다.

기술의 사용을 더 많이 늘리면서 처음으로 가상연극과 같은 새로운 연극 유형이 생겨났다. 오늘날 부인할 수 없이 분명한 세계의 구성요소인 전기공학적 미디어와 그들의 새롭고 혁신적인 이야기 방식은 예전의 신화들을 현시대에 적합한 방식으로 이야기해 주는 도구가 된다. 윔스는 작품에서 관객의 감각에 강한 자극을 유도하는 사건들을 동시적으로 상연한다.

윔스가 연출한 〈엑스트라바간자(Xtravaganza)〉(2000)에서 이 그룹은 1920년대 뮤지컬에서 영감을 받고 엔터테인먼트 산업의 시작을 상기시키기 위해 오래된 영화 시퀀스와 장면을 라이브로 재연하여 몇몇 유명 예술가들의 전기에 생명을 불어넣었다. 트립합, 드럼 앤 베이스와 같은 현대음악 스타일을 동시에 포함함으로써 윔스의 연출은 연극의 역사와 동시대적 경향을 결합한다.

크로스-미디어 퍼포먼스인 〈슈퍼비전(Supervision)〉(2006)은 매일 모든 사람에 의해 수집되는 엄청나게 많은 양의 데이터 홍수에 대응하려는 시도다. 이야기는 데이터라는 익명의 상대를 처리해야 하는 3명의 캐릭터에 의해 진행된다. 여기에서 디지털 애니메이션, 비디오 기술, 전자음악 및 라이브 퍼포먼스가 서로 결합된다. 관객은 스스로 이 일상의 광기에 직면하는 배우가 되며, 자신이 누구인지, 그리고 그에 의해 보관되어 마치 정체성을 확립해 주는 듯한 데이터와 자기 자신 사이에 연관성이 어디에 있는지를 자문해야 한다.

윔스의 마지막 프로젝트들 가운데 하나는 〈집/분할 (House/Devided)〉(2011)이라는 제목의 작품이다. 이 작품의 공연에서 존 슈타인벡의 소설 『분노의 열매들(Fruechte des Zorns)』에 등장하는 인물들은 2008년 미국 부동산 위기로 은행에 집을 빼앗기고 노숙자가 된 사람들에 대한 생생한 보고서와 마주한다. 무대는 끊임없이 반복해서 지어지고 해체되는 집으로 구성되며 인터뷰, 주식시장 데이터 및 뉴스 아나운서와 같은 다양한 구상들로 뒤덮인다. 이 공연에서 또한 라이브 퍼포먼스와 사전 제작품이 반복해서 나란히 병행된다.

얀 파브르와 트루벨렌

벨기에 감독 얀 파브르(Jan Fabres)는 형식주의적 연출을 통해 관객을 느림의 발견과 마주하게 한다. 파브르는 시각예술 분야에서 출발했다. 그의 공연은 배우와 무용수가 연기자가 되도록 하는 퍼포먼스와 무대에 연출된 이미지들이기 때문이다. 1980년부터 파브르는 여러 분야의 예술인들 조합인 트루벨린 그룹과 공동작업을 한다. 〈이것은 우리가 기대하고 기다려야 할 연극이다(This is the theatre one should have awaited and expected)〉(1982), 〈달콤한 유혹(Sweet Temptation)〉(1991) 혹은 〈빛나는 아이콘(GlowingIcons)〉 (1998) 등과 같은 작품의 공동연출 때 그는 감독을 맡았으며 무대장치와 조명을 설계했다. 파브르에게 회화는 예술가적 탐색의 근원이다. 하나의 아이디어로부터 구체적인 무언가를 만들어 내고, 자신을 표현할 수 있는 언어를 발견하는 것은 회화에서 가장 쉬웠기 때문이다. 그러므로 파브르는 그의 연출에서 그 어떤 것을 설명하거나, 상응하는 구체적 증빙을 보여 주는 것이 아니라 추상화가처럼 색채, 선, 평면과 재료를 강조하는 그림들을 대치시킨다. 연극은

얀 파브르의 〈머릿속의 유리는 유리로 만들어진다〉에서 엘스 데쾨켈리르

파브르에게 공간, 시간, 육체, 소리, 움직임과 색채의 가공을 위한 것이 된다. 그에게 연기자들의 경험과 꿈은 연출의 근원이다. 작품의 공동작업을 통해 연기자와 무용수들은 여러 장르 사이의 경계를 허물게 되고 또한 거기에서 다양한 무대 요소들은 계급적 서열에 따라 배열되지 않는다.

그가 연출한 〈범용 저작권 1&9(Universal Copyrights 1&9)〉(1995)에서 댄서들은 같은 동작을 반복한다. 여기서 파브르는 일상과 연극을 가지고 유희를 한다. 그의 공연에서 느림은 시간의 지속성을 그려 내는 것이 아니라, 오히려 지연으로 인해 발생하는 시간에 대한 다른 경험을 유발시킨다.

파브레의 〈주인공이 여자일 때(Quando l'uomoprincipale è una donna)〉(2004)는 이브 클라인(Yves Klein)의 작품에 대한 송가다. 그 공연은 한 남자가 집 처마에서 떨어지는 장면을 담은 클라인의 한 사진의 모티브로 소급된다. 파브르의 작품 속 무용수는 마치 의식을 치루는 것처럼 그녀의 인생에서 최대의 도약을 준비하는 듯하며, 그때에 그녀의 인간적 요소는 점점 동물적인 요소로 변화한다. 파브르의 연극에서 배우들은 자기자신 그 이상도 이하도 아님을 의미한다. 배우들은 의미 탐색으로 빠지지 말아야 하며, 신체와 무대의 형식주의에 봉사하고, 오직 관찰의 대상이 되어야 한다. 아마도 그들은 겉으로 보기에 작동되어야 할 기계가 되는데 이러한 경향은 오랫동안 지속되는 반복과 대칭을 통해 강화된다. 이것은 관객을 도발하기는 하지만 다른 한편 파브르는 시간적 요소와 연속성을 통해 디테일에 대한 감수성을 창조해 낸다.

프로젝트 〈마약은 나를 생기 있게 해(Drug Keep Me Alive)〉(2012)에서 파브르는 20년 동안 함께 일한 미국의 댄서 안토니 리치(Antony Rizzy)를 위해 댄스 모놀로그를 쓰고 연출한다. 여기에서는 살 수 있는 날이 얼마 남지 않았으며 남은 날 동안 약을 먹고 생존해야 하는 비틀거리는 한 사람이 그려진다.

루크 퍼시발

벨기에의 연극배우이며 감독이자 작가인 루크 퍼시발(Luk Perceval)은 안트베르펜 왕립음악원을 졸업했다. 그는 안트베르펜에 있는 왕립 네덜란드 극장에서 배우로 활동한 이후에 당시 시립극장 시스템에 대한 불만족스러움에 기인하여

루크 퍼시발: 〈전투들!〉

기 요스텐(Guy Joosten)과 함께 1984년 플랑드르 웨이브 예술가 운동의 가장 중요한 독립그룹 중 하나인 블루먼데이 컴퍼니를 설립했다. 그곳의 대표자들은 고전 텍스트들을 압축된 버전으로, 일부는 플랑드르 방언으로 연출했다. 1991년부터 퍼시발은 블루먼데이 컴퍼니를 단독으로 이끌었으며 블루먼데이 컴퍼니는 점차 확고한 앙상블로 발전했다. 그들의 작업과 미학은 특히 작품의 집약성과 작품 구상에 참여했던 모든 사람들의 치열한 토론 결과에 의해 각인되었다. 1998년 퍼시발은 블루먼데이 컴퍼니와 왕립 네덜란드 극장을 합병하여 극장하우스를 설립했으며 이 극단의 예술감독이 되었다. 이 그룹의 목적은 플랑드르와 네덜란드의 젊은 연극제작자들의 실험연극을 위한 예술적 플랫폼을 만드는 것이었다. 특히 〈전투들!(Schlachten!)〉(1999)이라는 제목의 독일어 버전으로 유명한 셰익스피어-마라톤 〈텐 오르로그(Ten Orloog)〉가 그들의 작품에 속한다.

퍼시발은 2000년부터 독일 극장에서 정기적으로 감독으로 일했고 그곳에서 예를 들어 안톤 체호프의 〈벚꽃동산(Kirschgarten)〉(2001), 장 라신에 따른 〈안드로마케(Andromache)〉(2003) 또는 포세의 희곡 〈가을날의 꿈(Traum im Herbst)〉(2001)과 같은 현대연극을 공연했다. 또한 〈트리스탄과 이졸데〉(2004)와 〈마크로풀로스의 사건(Die Sache Makropulos)〉(2005)과 같은 오페라 연출도 그의 작품에 속한다. 2005년부터 2008년까지 퍼시발은 베를린의 레닌광장에 있는 극장에서 감독으로 일했으며 2009/2010년도 공연 시즌부터는 함부르크 탈리아 극장의 수석감독을 맡아 그곳에서 〈케네디가에 대한 진실(The truth about The KENNEDYS)〉

(2009), 〈태양의 아이들(Kinder der Sonne)〉(2010) 또는 〈문 밖에서(Draußen vor der Tür)〉(2011)와 같은 다양한 연극 프로젝트를 공연했다.

퍼시발은 예를 들어 그의 뛰어난 연출작 〈전투들!〉에서 그렇게 했던 것처럼 고전적인 드라마에서 자신의 고유한 텍스트 버전을 만드는 것을 좋아한다. 여기에서 그는 플랑드르 작가 톰 라누예(Tom Lanoye)와 함께 〈장미 전쟁〉의 새로운 버전을 만들었고 이 버전은 역사적 왕실 드라마의 시사성을 드러낸다. 민주주의 세계의 종말에 대한 현대적인 비전과 같은 느낌을 불러일으키는 〈전투들!〉은 권력과 사회의 붕괴에 대한 이야기를 논리정연하게 설명한다. 이 작품은 12시간짜리 마라톤 연극에서 공연을 위해 적절하게 장면으로 표현된 데카당스에 대한 이야기다. 관객들에게 처음에 중세시대의 조각상처럼 느껴졌던 이 연극은 이후에 점차 민중극 형태에 가까워진다. 독일어와 영어가 뒤섞인 언어적인 혼란 속에서 마지막 왕이 고독 속으로 추방되기 전에 쿠엔틴 타란티노의 마피아 세계를 연상시키는 슬랩스틱과 미국 속어가 시민적 드라마의 심리학에 복종한다. 무대 위에는 간단한 장치를 통해 관객의 상상력을 요청하는 팽팽한 긴장감이 몇 시간에 걸쳐 조성된다.

루크 퍼시발은 자신이 각색한 윌리엄 셰익스피어의 〈리어왕〉을 〈고통의 왕(King of pain)〉(2002)으로 명명한다. 작품은 헤트 토넬루이스 극장, 하노버 극장 그리고 취리히 극장이 공동 제작하고 배우들은 모두 세 극장에서 왔다. 플랑드르어, 네덜란드어, 독일어 및 프랑스어가 각각 자신의 역사적·사회적 환경, 즉 정체성을 설명하기 때문에 퍼시발은 작품을 의식적으로 다양한 언어들 사이에 배치한다. 예를 들어 L의 딸과 사위들이 늙은 아버지의 의사를 무시하고 문제점들에 대해 그와 대화하려고 할 때 그들은 성공한 사람의 프랑스어를 구사한다. L은 서투른 중고 독일어를 약간 섞어서 말한다. 퍼시발은 이 "게르만어적 에스페란토"를 통해 구조적일 뿐만 아니라 내용적으로 유럽의 다양한 연극 환경과 언어 영역에 대해 질문하고 유럽 통합과정의 어려운 점뿐만 아니라 가능성을 보여 줌으로 언어적 한계를 초월한다.

한스 팔라다의 소설을 원작으로 한 그의 작품 〈모든 이들은 홀로 외롭게 죽는다(Jeder stirbt für sich allein)〉(2012)에서는 엽서 전시를 통해 나치정권에 맞서 싸우고자 했으나 저항에 실패하는 노동자 부부 안나와 오토 쾬겔의 사건이 설명된다. 빠르게 진행되는 이 작품에서 피시발은 상호작용을 통해 등장인물, 스토리라인 그리고 역사적 사건에 대한 해석을 할 수 있도록 하기 위해 배우들에게 줄거리에 대한 토론과 성찰을 번갈아 가며 말하게 한다.

직접적인 커뮤니케이션 방식의 연극

더 우스터 그룹

1960년대와 1970년대에 미국에서는 일상의 틀을 깨고 이를 연극화하여 혁명적 의도를 관철하려는 독립극단들이 생겨났다. 그중 한 그룹이 1967년 연극학 교수 리처드 쉐크너에 의해 창설된 전설적인 뉴욕의 퍼포먼스 그룹이었다. 그들은 선동적인 공연을 통해 사회의 규준과 가면을 모두 벗겨 버리고 싶어 했었다. 배우와 관객은 공간을 공유했고 그 공간은 관습에 의한 것처럼 배우와 관객의 공간으로 분리되어지지 않았다. 그리하여 작품 〈디오니소스 69(Dionysus in '69)〉(1969)와 〈코뮌(Commune)〉(1970)의 공연에서는 관객들 스스로가 공연 오브제가 되기도 했다. 관객들에게 고함을 지르고, 낙서를 했으며, 그들의 몸은 만져졌고 그럼으로써 그들은 사건을 피부에 와닿게 체험할 수 있었다.

1980년도에 쉐크너는 그룹의 지도를 포기했고, 엘리자베스 르 꽁트(Elisabeth Le Compte), 짐 클레이버그(Jim Clayburgh) 그리고 스팰딩 그레이(Spalding Gray)의 지도하에 극단 명칭을 더 우스터 그룹(The Wooster Group)으로 변경했다. 그 명칭은 극장의 주소인 퍼포밍 가라제 33, 우스터 거리, 소호, 뉴욕(Performing Garage 33, Wooster Street, Soho, New York)에서 가져왔다. 그들 무대의 본질적인 요소는 배우의 역할을 자유롭게 처리하는 것, 삽입된 영상이 아니라 배우로 기능하는 비디오 프로젝션, 무대 속의 무대, 다양한 스타일 형식의 인용 및 텍스트 원본의 연상적인 사용이다. 창립 이래로 우스터 그룹은 폭력, 문화적 통합, 경계 등과 같은 사회적 테마에 몰두했다.

그들의 작품 〈노선 1과 9〉(1981)에서 백인 배우들은 검게 화장을 하고 등장하고 특히 손턴 와일더의 〈우리의 작은 읍네(Unsere kleine Stadt)〉의 3막 장면들을 보드빌 쇼와 뉴욕의 아프리카계 미국인 방언으로 연기했으며, 그 결과 백인과 흑인 문화의 진부한 표현들이 서로 충돌한다.

체호프의 〈세 자매〉 텍스트에 대한 후기 각색과 공연 〈분발하다!(Brace up!)〉(1990/두 번째 버전 2003)와 유진 오닐의 〈털보 원숭이(Hairy Ape)〉(1997)의 연출에서 우스터 그룹은 자신들만의 고유한 조합을 선보였다. 이 조합에서 희곡의 부분, 개인적 경험들 그리고 영화나 비디오 또는 음악에서 발췌한 부분들이 서로 융합되었다. "진행 중인 작업 과정(work-in-progress-Prozess)"에서는 여러 상이한 요소들이 하나의 공연으로 합쳐진다. 이와 같이 하나의 종합예술작품이 탄생하고, 그 종합예술작품 속에서 모든 요소들은 동등하게 중요시된다. 우스터 그룹은 공연 중에 연극의 제작을 보여 줌으로써 항상 연극이라는 매체와 연관성을 유지한다. 〈분발하다!〉에서는 한 여자 해설자가 극 행위를 이끌어 가며 무대 위에서 특정 대사의 필연성에 대한 토론을 촉발하고 그것으로 인해 관객들은 마치 연극 연습장에 있는 것과 같은 느낌을 갖는다. 이 그룹은 윌리엄 셰익스피어의 〈햄릿〉(2006) 연출을 위한 원전으로 드라마 자체를 사용하지 않고 1964년 리처드 버튼이 함께한 브로드웨이 공연의 유명한 녹화본을 사용했다. 이 녹화본은 많이 편집되어 배경 프로젝션으로 제공된다. 우스터 그룹의 배우들은 기술적으로 완벽하게 영화배우의 연기를 복제하면서 관객과 관련하여 카메라의 움직임을 탐색한다. 예를 들어 배우가 영화에서 클로즈업으로 표시되면 그룹의 배우는 무대 전면으로 나온다. 세 개의 햄릿 버전(셰익스피어, 브로드웨이, 우스터 그룹) 간의 관계는 활동 여지에 따라 나타난다. 거의 항상 이 세 개 버전 모두가 어디에 무게 중심을 두는지에 달려 있기 때문이다. 영화에서 전체 등장인물들이 기술적으로 편집되어서 텅 빈 브로드웨이 무대장치만이 보이기도 하지만 카메라 움직임과 사운드 트랙은 전혀 편집의 영향을 받지 않는다. 이렇게 우스터 그룹의 배우들에게 셰익스피어 캐릭터의 해석을 위한 충분한 여지가 남는다. 의사소통 놀이의 공간이 있는 연극이다.

2012년 개최된 런던 올림픽을 위한 문화행사 기간 동안 우스터 그룹은 로열 셰익스피어 컴퍼니와 협력하여 셰익스피어의 희곡 〈트로일러스와 크레시다(Troilus und Cressida)〉의 연출을 완성했었다. 트로이 쪽은 우스터 그룹이, 그리스 쪽

우스터 그룹: 셰익스피어의 〈트로일러스와 크레시다〉에 따른 〈크라이 트로얀스!〉,
엘리자베스 르 꼼트 감독, 왼쪽부터 오른쪽으로 케이시 스푸너, 수지 로슈, 게리 윌메스와 아리 플리아코스,
파울라 코트의 사진

은 로열 셰익스피어 컴퍼니 측에서 맡았다. 두 극단은 연습 중에 서로 만나지 않았고, 각각 자신들이 맡은 작품 부분을 만든 다음 매우 다른 버전의 이야기를 함께 조합했다. 이를 통해 2개의 사회(제국주의적인 사회와 원주민적인 사회)와 2개의 연극 전통(전통적이고 영국적인 것과 전위적이고 미국적인 것)이 서로 만나게 되었다. 이런 경험으로부터 미국 원주민의 허구적 부족과 전형적으로 형상화된 카우보이 사이의 전쟁을 묘사하고 있기는 하지만, 셰익스피어 희곡의 극적 개념에 놀라울 정도로 가까운 프로젝트인 〈크라이 트로얀스!(CRY, TROJANS!)〉(2014)가 탄생했다.

라 푸라 델스 바우스

카탈로니아의 퍼포먼스 그룹인 라 푸라 델스 바우스(La Fura dels Baus)는 1965년 창립된 엘스 조글라스와 1971년부터 설립되어 있었던 엘스 코메디안트와 같은 극단들의 영향 속에 1979년 바르셀로나에서 설립되었다. 이 두 스페인 그룹은 즉흥 가면희극, 곡예, 마르셀 마르소 혹은 장고 에드워즈의 우스꽝스런 마임

예술의 요소들 그리고 종교의식의 요소를 가지고 공연을 했던 작품에서 프랑코 정권에 의해 포고된 검열을 피해 가려고 했다. 라 푸라 델스 바우스는 초기 작품에서 이 두 그룹의 중요한 양식 요소들을 수용했고 자신들에게 익숙한 환경에서 관객과 만나기 위해 전통적인 연극 무대를 떠났다. 그들의 공연은 공공의 광장과 거리에서 개최되었고 그 결과 연기자들과 관객들이 같은 공간에서 숨 쉬게 되었고 그것을 통해 관객들은 비슷한 경험을 했다. 목적은 "집단적 창작"이었다.

그들의 초반기 퍼포먼스 〈액시언스(Accions)〉(1983), 〈수샤수스(Suz/o/Suz)〉(1985) 또는 〈티에르 문(Tier Moon)〉(1989)에서 라 푸라 델스 바우스는 관객을 마치 좁은 생지옥과 같은 곳으로 옮겨 놓았다. 나체의 연기자들은 고통 속에서 제의적 방식을 통해 탄생과 죽음을 체험할 수 있었다. 그런데 관객석 사이사이를 빠르고 통제할 수 없을 것같이 작은 수레들이 굴러다니기 시작해서 관객들은 갑작스럽게 서로 흩어져야만 했다. 시끄러운 북소리 음악과 환한 조명 효과로 관객들의 두려움은 더욱 증가되었다. 관객과 연기자 둘 다 그들이 벗어날 수 없는 공통된 사건의 퍼포머, 연기자가 되었다.

1990년대에 그룹은 그들의 예술적 프로젝트를 보다 더 전통적인 언어연극, 디지털 극장 그리고 대규모 이벤트의 실현으로 확장했다. 예를 들어 1992년 바르셀로나 올림픽 개막식을 구상하거나 펩시나 메르세데스 벤츠와 같은 대기업을 위한 공연으로 센세이션을 일으켰다. 거기에서 공격적인 신체미학, 실험적인 비디오 및 음악이 광고 이벤트를 당황스럽게 떠들썩한 멀티미디어 연극으로 바꾸었다. 마누엘 드 파야(Manuel de Falla)의 오페라 〈아틀란티드(Atlantide)〉(1996) 또는 클로드 드뷔시의 〈생 세바스티앙의 순교(Le martyre de Saint-Sébastien)〉(1997)로 이 극단은 음악 장르에서 또한 자리를 잡게 되었고 풍부한 공연들로 관객을 설득했다.

〈파우스트 버전 3.0〉(1998)은 괴테의 〈파우스트〉를 토대로 제작되었다. 작품은 놀라운 방식으로 멀티미디어, 그림자극, 소음을 연결하여 파우스트라는 인물을 현대적이고 신비스럽게 풀어냈다. 그룹은 이 공연을 위해 새로운 방법을 개발했다. 비디오 아트의 시각적 언어는 관련된 배우와 연결되어 장면에 상응하는 언어를 동시에 생성한다. 파우스트는 거대한 컴퓨터 화면 앞에 서서 가상의 공간에서 동행자를 찾고 있다. 그러나 파우스트는 혼자다. 메피스토마저도 단지 화면만을 통해서 파우스트와 대화한다. 가끔 주인공의 몸이 화면에 투사된 그림으로 변하고, 그의 그림자가 투사된 이미지가 되기도 하고 또한 때때로 그의 육체가 스크린이 된다. 이 몸-화면-투사 그림의 연결에서 라 푸라 델스 바우스는 디지털 연극을 발견했다. 라이브인 현재와 이미 영화에서 수용된 재료들의 혼합을 통해 차이 나는 여러 시간대들이 서로 연결되고 그로 인해 정체성은 일시적이며 모순성이 매우 다분하다는 것이 경험된다. 2001년에 그룹은 파우스트-신화를 〈파우스트 5.0〉으로 영화화했다.

작품 〈변형(Metamorfosis)〉(2005)의 연출과 함께 라 푸라 델스 바우스는 고전작품인 카프카의 소설 『변신(Verwandlung)』을 각색하여 무대에 올렸다. 이 작품에서는 테라리움을 연상시키는 유리 상자 속에 그레고르 잠자가 등장한다. 외로움과 다른 사람들과의 가상적 관계가 아닌 실제적 관계에 들어갈 수 없는 완전한 무능력은 이전의 도취적인 공연과 대조적으로 조용한 경향이 있는 이 작품의 중심 주제다.

작품 〈카나리아의 아프로디테(Afrodita Canarias)〉(2013)는 그룹의 첫 번째 "바이럴(입소문)" 쇼다. 프로젝트 개발과 리허설 혹은 기자회견은 소셜 네트워크를 통해 추적되고 논평되어질 수 있기 때문이다. 이 프로젝트는 그리스의 세 여신인 아프로디테, 헤라, 아테네가 트로이의 왕자 파리스에게 셋 중 누가 가장 아름다운지 판단해 달라고 한 고대신화를 주제로 다룬다. 라스팔마스/그란카나리아 항구에서 연출되는 이 대규모 프로젝트는 고전발레, 거대한 인형극, 풍성한 영상미를 지닌 비디오 예술 그리고 초대형 곡예와 같은 다양한 양식적 요소들이 결합된 작품이다.

갑 스쿼드와 스테이션 오페라하우스

일상을 보여 주고 관객들과 직접적인 의사소통을 하기 위해 영국의 다양한 퍼포먼스 그룹들의 공연은 특별한 장소에서 개최되었다. 1994년에 결성된 노팅엄과 베를린 출신의 예술가 그룹인 갑 스쿼드(Gob Squad)는 단독주택에서 퍼포먼스 〈하우스(House)〉(1994)를 공연한다. 이때 관객은 장난감과 가정용품의 세심함에 감탄하고 이로써 일상생활의 의식에 주목하게 된다. 사회적으로 규정되고 사회화된 환경이 연극 공간으로 선언되는 것이다. 그룹은 정해진 감독 없이 작업하고 특별한 프로젝트를 위해 다른 예술가들과 협업한다. 그룹은 사랑, 동경, 정체성과 같은 주제를 공동으로 연구하기 위해 연기자와 관객 사이에 새로운 형태의 의사소통과 상호작용을 탐색한다. 그러면서 갑 스쿼드는 그들의 프로젝트를 대부분 원전 텍스트를 토대로 하는 것이 아니라 아이디어, 즉흥 연주 그리고 삶을 기술한 전기로부터 만들어 낸다. 연기자들은 청소년의 클럽문화의 일상적인 상황들을 이용한다. 마치 지루한 파티에서처럼 위트가 최선이 되고 진부한 에피소드들이 이야기된다. 사진, 수많은 무의미한 허튼소리들, 비디오 또는 유명한 영화나 예능 프로들을 따라서 하는 대화들, 통속적인 문화의 인용은 연극의 장면 구성을 위한 도구로 사용된다. 작품 〈당신의 뜻대로 말해(Say It Like You Mean It)〉(2000)에서 그런 것처럼 퍼포먼스에서 배우가 되는 관객은 빈번하게 특별한 기능을 한다. 여기서 그는 세계 종말 이후에 첫 번째 저녁을 그룹과 함께 보내라는 요청을 받는다. 반면에 〈킹콩클럽 (King Kong Club)〉(2005)에서 관객은 원숭이 의상을 입고 영화에 출연해야 하고 저녁이 끝날 무렵 만들어진 영화를 볼 수 있다.

그들의 프로젝트 〈당신의 눈앞에서(Before Your Very Eyes)〉(2011)에서는 그룹 멤버들이 스스로 무대에 오르지 않는다. 그들은 유리 상자를 만들고, 8세에서 14세의 어린이들이 그 안에서 자기 인식, 고유한 자아 발견의 순간을 연기하고 머나먼 어른의 미래를 상상한다. 아이들과 함께하는 2년간의 리허설 과정에서 텍스트는 즉흥 연기와 노화에 대한 성찰로부터 창조되었다. 관객은 외부에서 잼 병 속의 벌레처럼 어린 연기자들이 자아를 시험하는 모습을 지켜보며, 그들이 자신을 처음 알아차린 순간이 언제인지와 과연 젊음이 보존될 수 있을지를 자문한다.

1981년 창립된 런던 극단 스테이션 하우스 오페라(Station House Opera)는 그들의 작품 〈로드메탈, 스위트브레드(Roadmetal, Sweetbread)〉(1998)를 통해 한 남자와 한 여자 사이에서 진정성을 위한 시합을 보여 주고 있는데 그들은 관객의 관심을 서로 차지하려 경쟁하고 있다. 숨 막히는 속도 속에서 반복과 시간을 끄는 듯한 현상을 통해 무음영화의 표현 방식을 연상케 하는 무언의 관계 드라마가 만들어진다. 직접 등장하는 방식과 비디오 프로젝션에 비춰지는 다양한 버전의 주인공

스테이션 하우스 오페라: 〈도미노스〉

들은 모순적인 감정들과 마주하게 되고 그럼으로써 서로 진부한 경쟁 속에 있는 개인들의 감춰진 갈망과 비밀스러운 욕망을 보여 준다.

작품 〈플레이 온 어스(Play on Earth)〉(2006)는 시간대와 장소 변화에 대한 유희다. 세계 속 상이한 세 장소(싱가포르, 상파울루, 영국 뉴캐슬)에서 이벤트는 카메라 앞에서 동시적으로 진행되고 그 카메라는 사건의 진행을 인터넷상으로 생중계한다. 등장인물들의 이야기는 서로 동시에 연결된다. 한 브라질 부부가 아침을 먹고 있다. 하지만 그 부인은 실제 자신의 남편보다 지금 잠을 자고 있는 싱가포르 남성에게 더 관심이 많다. 반면 영국 여성은 브라질 남자를 좋아한다. 배우들은 실제 관객과 인터넷 관객 앞에서 라이브로 공연하고 또한 관객에게 "모든 것이 가능하고" 동시적인 커뮤니케이션이라는 인상을 준다. 그들의 대규모 프로젝트 〈도미노스(Dominoes)〉(2009)는 수많은 자원봉사자들과 관중의 도움으로 공원, 거리, 수로, 공동묘지, 집, 박물관 및 학교를 가로질러 도시에 수천 개의 도미노석을 설치한다. 정해진 날 도미노석들은 넘어진다. 그리고 이 가벼운 시멘트 블록들은 아주 서서히 그들의 궤도를 만들어 도시의 다른 부분을 서로 연결한다. 하루 동안 그들은 도시의 리듬을 바꾼다. 도미노의 길을 함께 만들고 체험함으로써 관객들은 도미노 게임에 다 같이 열광하고 함께 잊을 수 없는 감명 깊은 사건을 만들어 낸다. 지금까지 도미노는 런던, 코펜하겐, 류블랴나, 디종, 헬싱키, 그리고 벨기에의 도시인 바이을과 포페린게 사이에서 개최되었다.

얀 로워스와 니드컴퍼니

벨기에인 얀 로워스(Jan Lauwers)의 연극은 미디어 관객의 변화된 인지 습관을 다루고 있다. 1979년, 로워스는 여러 예술가들과 함께 에피고넨 극단(Epigonen theater)을 설립했는데, 1895년 이 극단에서 브뤼셀의 니드컴퍼니(Needcompany)가 탄생했다. 로워스의 연극은 대립적 상황들을 특징으로 한다. 즉, 개인적 연기와 집단행동, 감정이입과 거리감, 아름다움과 몰락의 대립이다. 로워스는 관객을 형식적 불확실 상태에 놓아두고 시각적으로 강력한 단편적 느낌으로 이끈다. 연출자가 춤곡을 삽입하면서 갑자기 대화를 끊는 것은 폐쇄 형식의 줄거리 전개를 포기하고, 시공간의 영역이 서로 겹쳐져 떠 있는 상태를 의미한다. 이 같은 중단 때문에 사실 공연은 긴장감을 잃을 수 있지만, 관객은 배우의 육체에 집중함으로써 배우들이 연기하는 몸의 움직임의 진정성을 정확히 인지할 수 있다. 제스처, 목소리, 동작들은 로워스의 작품에서 새로운 맥락으로 이어지고, 극적으로 콜라주 기법이 사용된다. 이를 통해 관객은 자신만의 이미지를 상상 속에서 완성할 수 있다.

에피고넨 극단과 함께 선보인 로워스의 초기작, 〈이미 다쳤지만 아직 전쟁은 아니다(Already hurt and not yet war)〉(1982)와 〈타조 새(Vogel Strauß)〉(1984)는 기존

얀 로워스 감독이 연출한 〈니드컴퍼니의 맥베스〉

대본을 다시 도입한 후기작들과는 전혀 다르게 문학작품에 기반을 두지 않았다. 셰익스피어 버전의 〈줄리어스 시저〉(1990), 〈안토니우스와 클레오파트라〉(1996), 〈니드컴퍼니의 맥베스〉(1996)와 〈니드컴퍼니의 리어왕〉(2000)을 통해서 그는 매번 대본과 공간의 결합을 성공적으로 증명했다. 이로써 선형적(線形的)인 줄거리의 전개는 제거되지만 그럼에도 불구하고 여기서 다루어진 주제는 몽타주를 통해 논리적인 규칙을 찾았다. 로워스는 이러한 방식으로 단편화된 영화의 소통과 서술 방법을 연결시킨다.

1994년, 〈뱀의 노래 3부작(Snakesong-Triology)〉의 첫 부분을 시작으로 로워스는 1996년, 죽음·폭력·섹슈얼리티 주제에 대한 탐구를 끝맺음했다. 3부작의 마지막 작품인 〈뱀의 노래/욕망(Snakesong/La Désir)〉에서 로워스는 비유적인 콜라주 기법을 이렇게 설명한다. 어떤 노인이 폭력과 사랑으로 점철된 어두운 악몽의 파편을 묘사한다. 결국 그 남자는 죽게 되는데, 마치 램프처럼, 또는 텔레비전처럼 여배우에 의해 전원 스위치를 내리듯 꺼진 것이다. 〈이사벨라의 방(Isabella's Room)〉(2004)에서 로워스는 복잡하게 얽히고 거짓말 위에 구축된 삶을 살았고 이제는 아흔이 되어 과거를 회상하는 어느 여인의 이야기를 관객에게 들려준다. 작가이자 감독인 로워스는 아버지가 남긴 생소한 유품들을 통해 영감을 얻었다. 아버지는 그에게 아프리카에서 모은 수집품을 남겼으며, 식민 사상으로의 여정에 참조가 되는 자료들도 전해 주었다. 또한 이 작품에서 연출자는 다시 순차적 서술 기법과 비(非)선형적 줄거리 전개를 통해 관객이 자기 자신만의 이야기 버전을 구축하도록 유도한다.

〈예능의 예술(The art of entertainment)〉(2011)은 전 세계로 중계되는 요리 생방송 도중 기억을 잃는다고 믿고 자살을 결심한 한 유명 배우의 이야기를 담고 있다. 마지막 식사가 준비되는 동안 서구의 퇴폐적인 생활양식에 대한 심각한 대화가 시작된다. 직접 대본을 쓰고 연출한 로워스는 인기 있는 예능 쇼의 고전적인 요소를 이용하여 자기 상품화의 도덕적 한계를 탐구했다.

사회정치적 공간의 극장

에이문타스 네크로슈스

리투아니아 현대극의 개혁가인 에이문타스 네크로슈스(Eimuntas Nekrošius) 감독은 모스크바의 엘리트 학교에서 감독 수업을 받았다. 1980년대 중반, 특히 발트 해 연안 국가들의 젊은 세대가 러시아 문화의 지배에 맞서 공개적으로 반기를 들었을 때, 네크로슈스는 리투아니아 언어로 만들어 리투아니아 배우들과 함께 작업한 그의 작품을 통해서 리투아니아의 청소년 연극의 주역으로 부상했다. 1980년에 그는 빌뉴스 청소년 국립극장의 감독을 역임했고, 1998년에는 독립 예술가 센터 메노 포르타스(Meno fortas)를 설립했다. 그는 자신의 시적-은유적 연극에서 등장인물의 심리적 관점을 강조했다. 그의 작품에서 인간 존재의 고유한 이미지가 나타나는데, 이는 복잡하고 수수께끼 같은 의미인 상징의 비밀이다. 단순화와 양식화는 그의 작품에서 반(反)자연주의적인 무대의 틀을 갖추게 함으로써, 배우들의 감정적이고 입체적인 연기가 특히 중시된다. 네크로슈스는 자신이 중요하게 생각하는 줄거리 핵심을 전달하기 위해 대본을 자극과 토대로만 활용한다.

에이문타스 네크로슈스가 연출한 〈맥베스〉의 한 장면

1990년대의 그가 연출한 작품들은 셰익스피어의 작품과 관련이 깊다. 〈햄릿〉(1997)과 〈맥베스〉(1998) 같은 그의 작품은 원전을 새롭게 해석함으로써 반향을 일으켰다. 맥베스의 세 마녀들은 MTV에 등장하는 10대 소녀들처럼 자신감 넘치게 깔깔대며 맥베스에게 살인을 부추기고, 결국에는 살인자를 피해자로 만든다. 배신, 음모, 전쟁 장면을 통해 드러난 맥베스와 그의 자아 인식에 대한 탐구가 줄거리의 핵심이다. 여기서 인상적인 이미지를 지닌 마녀 세 자매가 그를 동반한다. 한 번은 그가 마루판자 위로 넘어지게 되고, 이어서 물체 전체를 부드럽게 회전시키기 위해 그의 발 사이로 커다란 못들이 박혔다. 또 한 번은 마녀들이 그에게 무대 천장에서 돌을 떨어뜨리면서 계속해서 그를 죽이려고 유혹한다. 자아 인식과 자유를 위한 맥베스의 의도는 아마도 선한 의도였는지 모르지만 그것은 악과의 결탁으로 이어질 뿐이다. 네크로슈스의 연극적 성찰은 권력의 변증법을 보여 주며, 소비에트 공산주의 제국의 몰락에 명확하게 초점이 맞춰져 있다. 물론 개인적 상상의 여지도 여전히 충분하지만 정치적 암시임은 분명하다.

네크로슈스가 러시아에서 연출한 안톤 체호프의 〈벚꽃동산〉(2003)은 대성공을 거두었다. 이 작품은 많은 부분이 잘 알려진 러시아 고전의 장면들을 패러디한 것이고, 체호프 작품에 대한 레뷰(Revue) 특징을 띠고 있다. 네크로슈스는 작품 해석을 통해 이러한 친숙한 소재들에 대한 새로운 관심을 재치 있게 불러일으켰다. 최근 네크로슈스는 새로운 관심사를 발견했는데, 베르디(Verdi)의 오페라 〈맥베스〉(2002), 레오니드 데시아트니코브(Leonid Desyatnikov)의 〈로젠탈의 아이들(The Children of Rosenthal)〉(2005)[블라드미르 소로킨(Vladimir Sorokin)의 대본], 리하르트 바그너의 〈발퀴레(Die Walküren)〉(2007) 등의 연출을 통해 그는 음악극 장르에서 성공을 거뒀다. 그의 특별한 작품 해석은 놀라웠다.

2012년 네크로슈스는 이탈리아 비첸차에 있는 유서 깊은 올림피코 극장의 감독을 맡았다. 그곳에서 그는 단테의 3막 〈신성한 코미디(Göttliche Komödie)〉(2012)를 연출했다. 이 독특한 대본을 언어적으로나 연출상으로나 적합하게 만들 수 없다고 생각한 네크로슈스는 단테, 베아트리체, 베르길리우스 같은 인물들에 집중했다. 그는 이 인물들을 검은색의 은유적 금속 벽-행성의 극적인 장면들 안에 배치했는데, 이들은 자기 자신만의 내면의 지옥을 가진 사람들을 만나게 된다. 그러나 온갖 저항, 고통, 형벌에도 불구하고 콧대 높은 이 작품의 주인공은 마침내 확실한 순종을 배운다.

리카르도 바르티스와 스포르티보 극단

이미 군부독재 시대 당시에 아르헨티나의 자유극장은 보조금 혜택을 받으며 당국의 공식 입장을 수용했던 국가극장을 대신한 미학적인 대안의 위상을 갖고 있었다. 자유극장은 군사독재의 절대 권력에 대항하기 위해 공간과 자원을 이용함으로써 비밀스러운 모임과 소통의 장소가 되었다. 100명이 넘는 관객은 수용할 수 없는 극장인 이른바 "신발 상자들"에서는 정치적으로 다른 견해를 표명한 연극이 공연되었다. 사람들은 이 공간을 순수 미학적인 이유보다는 물질적인 이유들 때문에 더 많이 선택했다. 이 "신발 상자들"은 지금까지도 공연 프로그램을 갖추고 있다. 이 극장들은 워크숍을 개최하여 운영비를 충당함으로써 지속적으로 재정 자립을 꾀하고 있다. 아울러 무대장치를 단순화하고 값비싼 무대기술은 과감히 포기함으로써 관객이 배우와 대사에 더욱 집중하도록 촉구하고 있다. 이들의 프로젝트는 군부독재 극복과 독재정권 통치 시기, 3만 6000명에 달하는 아르헨티나 시민의 실종 사건을 주제로 다룬 경우도 있다. 물론 이 사건은 아직까지 해결되지 않고 있다.

리카르도 바르티스의 스포르티보 극단의 〈이름 붙일 수 없는 죄〉의 한 장면

1986년 스포르티보 극단(Sportivo Teatral)을 설립한 작가이자 감독인 리카르도 바르티스(Ricardo Bartis)는 이 극단에서 가장 중요한 대표자 중 한 명이었다. 바르티스와 그의 극단은 장대한 구상을 밝히는 대신 세밀한 사건들을 묘사하는 데 집중했고, 아르헨티나인 작가 호르헤 루이스 보르헤스(Jorge Luis Borges)의 전통에 따라 새롭고 환상적인 신화를 만

든 다음 곧장 해체되었다. 이런 연출은 그의 연출작, 〈거미줄(Telarañas)〉(1985), 〈햄릿 또는 연극 전쟁(Hamlet o la guerra de los teatros)〉(1992) 또는 로베르토 아를트(Roberto Arlt)의 소설을 원작으로 한 〈이름 붙일 수 없는 죄(El pecado que no se puede nombrar)〉(1998) 등에서 아주 생생하게 나타난다. 바르티스는 자신의 연극 작품에서 비극과 희극의 구조를 결합시키기 위해 다양한 작가들의 언어적 음악성을 연구했다. 그의 작품 속 장면들은 종종 부조리하고 그로테스크하게 흘러가지만, 계속 현실로 돌아가는 길을 찾음으로써 거시적인 차원에서 사회비판적인 관점을 제시한다. 이와 동시에 바르티스는 자국의 구체적 상황만을 참고한 것이 아니었다. 그의 서사 방식은 보편적이고 휴머니즘적인 요소 안에 고스란히 남아 있다.

플로렌시오 산체스(Florencio Sánchez) 의 원전에 헌정한 작품 〈점점 더 나쁘게(De Mal en Peor)〉(2005)의 연출은 주목할 만한 역사적 사건을 이야기한다. 북아메리카 출신 여성 메리 헬렌 허턴(Mary Helen Hutton)은 아르헨티나 사람들에게 읽고 쓰는 법을 가르치는 대대적인 캠페인에 참여한 교원 단체의 회원이었다. 26년 동안 인디언 민족에 의해 감금되었다 풀려났을 때 그녀는 정부로부터 국채를 보상으로 받았다. 바르티스는 기이하고 암울한 연출로 다시 한번 역사에 대한 독특한 관점을 선보였고, 그 자신이 답을 찾아야 하는 많은 질문으로 관객을 해방시켰다.

장면 묘사가 풍부한 〈권투 선수(El Box)〉(2010)에서 바르티스는 스포츠를 은유로 이용한다. 한 성공한 노년의 여자 권투 선수는 과거의 승리와 그와 관련된 긍정적인 느낌을 추억하기 위해 낡은 권투 체육관에서 파티를 원한다. 그러나 손님은 한 명도 나타나지 않고, 유일하게 나타난 한 오랜 지인과 그녀는 무의미한 삶, 기억하고 싶은 이야기의 전개 그리고 자제력 없는 열정에 대한 거침없는 대화를 나누면서 흔히 말하는, 실패했지만 만족스러운 파티를 즐긴다.

홀란디아 극단

1985년, 연출가이자 안무가인 요한 시몬스와 작곡가 파울 코엑(Paul Koek)의 예술적 지도하에 창단한 홀란디아 극단(ZT Hollandia)은 공연을 위해, 예를 들어 폐차장, 축구 경기장이나 수산 시장 등과 같은 특별한 장소를 선택한다. 이로써

산업 프로젝트 1: 홀란디아 극단의 KLM 항공 화물

관객들에게 전달되는 구체적이며 감각적인 경험의 내용들이 증폭된다. 대작(大作) 〈신들의 몰락(Der Fall der Götter)〉(1998)은 어느 거대한 공장 홀에서 상연되었는데, 이 작품에서 다루어진 기업가 일가 쿠르프(Krupp)의 가족사가 새롭게 재조명되었다. 낡고 오래된 공장 홀은 저녁 시간에는 그 기능이 바뀌지만 의미상의 연관성은 유지된다. 이 작품에서 배우들은 모두 각자의 역할을 더 많이 맡는데, 연기자들에게 대사를 지시함으로써 반복적으로 연극의 흐름을 끊는 여자 해설자가 이를 지탱한다. 작품의 가장 핵심적인 특징은 대사와 음악의 조화로운 연결이다. 이 공연에서 눈에 띄게 배치된 첼로와 타악기 3중주단은 낯선 나치 돌격대 군가(SA-Lied)를 연주하고, 등장인물의 감정 상태를 강조하기 위해서 즉흥적으로 음향 효과를 낸다.

2001년 홀란디아 극단은 아인트호벤의 남부극단(HZT: Het Zuidelijk Toneel)과 합병했으며, 지금은 펜스튜디오(Veenstudio)와 청년 홀란디아(Jonghollandia)를 갖고 있다. 펜스튜디오는 파울 코엑이 이끄는 실험적 음악 연구소이며, 청년 홀란디아는 마스트리트 연극학교(Maastricht Toneelacademie)의 젊은 졸업생을 위한 극단이다. 한편 요한 시몬스는 2005년부터 2010년까지 네덜란드 플랑드르 주의 겐트 극장(Toneel Gent)에서 감독직을 맡았다. 그곳에서 그는 아르논 그륀베르크(Arnon Grünberg)와 코엣지(J. M. Coetzee)의 소설 작품을 연출했다. 그 외에도 그는 지난 몇 년 동안 〈아나토미 티투스 로마의 몰락(Anatomie Titus Fall of Rome)〉, 뮌헨 실내극장에서 상연된 하이너 뮐러의 〈셰익스피어 논평(Ein Shakespearekommentar)〉(2003) 또는 취리히 극장에서 상연된 미셸 우엘벡(Michel Houellebecq)의 〈소립자들(Elementarteichen)〉(2004) 등과 같은 독일어권 연극의 연출을 맡았다. 2010년부터 2015년까지 시몬스는 뮌헨 실내극장의 극장장을 역임했고, 그 후 2017년까지 루르 트리엔날레(Ruhr Triennale) 예술 축제를 이끌었다.

문화 통합의 극장

로베르 르빠주

캐나다인 로베르 르빠주(Robert Lepage)는 다양한 미디어를 다재다능하고 자신감 있게 다루면서 극장의 경계를 확장시켰다. 자신의 작품에서 그는 마음을 어루만지는 조화로움을 위한 다양한 예술로 녹여 내면서 이와 함께 각각의 표현 형식에 자신만의 매력을 발휘했다.

1989년부터 1993년까지 그는 오타와 국립 예술 센터(National Arts Center Ottawa)의 프랑스 극장의 감독을 역임했다. 이 기간 동안 대표적으로 셰익스피어 3부작 〈코리올란(Coriolan)〉, 〈맥베스〉, 〈폭풍우〉가 탄생되었다. 1994년 르빠주는 보다 자유로운 대본 작업을 위해 제작 회사 엑스 마키나(Ex Machina)를 설립했다. 그는 소속 배우들과 함께 인쇄물이 거의 존재하지 않는 소위 "집단적 글쓰기"라는 협업을 통해 대본을 제작했다. 이 작품들에는 다양한 문화와 언어의 영향이 스며들었는데 이것은 르빠주의 작품에도 반영되어 있다.

예를 들어 〈오타강의 일곱 지류(The seven streams of river Ota)〉는 완성까지 4년 동안 "진행 중"이었던 작품이다. 7부작 이야기의 최종 버전은 1996년에 공개되었는데, 일본·미국·캐나다의 다문화 가족사는 8시간 길이로 연출되었다. 이야기는 1945년 히로시마에서 홀로코스트 생존자들이 등장하면서 시작되는데, 이 장면에서 동시에 원자폭탄 희생자들이 출연하면서 독특한 시간 편집이 진행된다.

로베르 르빠주의
〈오타강의 일곱 지류〉

1997년 이야기는 바로 이곳에서 끝난다. 고통이 가득 찬 가족의 연작(連作)인 것이다. 르빠주는 무대의 배경인 일본 찻집을, 인도네시아의 그림자놀이와 일본의 가부키 그리고 매우 신비로운 느낌을 불러일으키는 이야기의 다양한 시간과 공간적 측면을 보여 주는 비디오 화면 같은 문화적 연극 기술들의 혼합을 위해 능숙하게 이용한다.

1997년 르빠주는 아주 오래된 소방서를 개조한 후 다양한 스튜디오와 컴퓨터 실을 갖춘 제작 센터 라 카세르네 달후시(La Caserne Dalhousie)를 설립했다. 다양한 분야의 프로젝트를 구체화하기 위해 이곳으로 전 세계의 예술가들이 추대되었다. 〈기적의 기하학(Geometry of Miracles)〉(1998)과 〈달의 이면(he far side of the moon)〉(2000) 등과 같은 작품이 이곳에서 탄생되었다.

극장에서 연출자와 배우로서의 활동 이외에도 르빠주는 〈고해(Le Confessional)〉(1995), 〈자유 기고가(Le Polygraphe)〉(1996) 또는 〈노(Nô)〉(1998)와 같은 매우 성공적인 영화를 제작한다. 오페라 감독으로서 그는 베를리오즈(Berlioz)의 〈파우스트의 저주(La Damnation de Faus)〉(1999)와 조지 오웰(George Orwell)의 소설을 개작한 로린 마젤(Lorin Maazel)의 〈1984〉(2005)를 완성했다. 그 외에도 영국 가수 피터 가브리엘(Peter Gabriel)의 다양한 순회공연 및 캐나다의 태양 서커스(Cirque du Soleil)의 카쇼(KÀ-Show)를 기획했다.

르빠주는 자신의 연극 작품에서 관객을 몽환적이고 환상적인 세계로 안내하기 위해 "예술의 낭만적인 것"에 집중한다. 햄릿 버전인 〈엘시노어(Elsinore)〉(1996)에서 그는 다시 드라마 대본 작업으로 복귀했다. 모든 역할을 하는 연기자로서 대가답게 단독 공연을 수행했고, 최고의 기술 완성도로 자신의 이야기를 전한다. 이로써 그는 "예술을 재생산하는 시대"라는 명제를 뒷받침하고자 한다.

그의 작품 〈안데르센 프로젝트(The Andersen Project)〉(2005)도 한스 크리스티안 안데르센(Hans Christian Andersen)의 동화 〈숲의 요정(The Dryade)〉을 원작으로 선택한 압도적인 솔로 공연이다. 이 작품에서 그는 자신의 이야기를 만든다. 어느 작곡가는 —어쩌면 그 덴마크 시인의 현재 연배의 자아일지 모른다— 프랑스 오페라를 위해 안데르센의 동화를 바탕으로 오페라 대본을 썼다고 한다. 이 예술가는 성공에 대한 부푼 희망을 품고 작업을 시작하지만 예술계의 혹독한 현실 때문에 실패한다. 르빠주는 등장인물들의 관계 설정을 위해 무대에서 투사 영상과 라이브 카메라를 사용한다. 동시에 그는 여러 예술들을 하나의 전체 예술 작품으로 통합함으로써 극장의 경계를 확장하는 방법을 완벽하게 이해하고 있다. 다른 작품에서와 마찬가지로 그는 몇 개의 소품과 빠르게 바뀌는 의상의 도움으로 2시간 30분 동안의 솔로 쇼(Solo-Show)에서 여러 역할을 쉬지 않고 수행했다. 이로써 훌륭한 극작 예술을 사랑하는 팬들에게 큰 기쁨을 선사한다.

한편 〈에온나가타(Eonnagata)〉(2011)는 르빠주가 무용가 실비 기엠(Sylvie Guillem)과 안무가 러셀 말리펀트(Russell Maliphant)와 함께 기획·공연한 무용극이다. 이 작품은 루이 15세의 스파이로 활동하기 위해 기꺼이 여장을 했던 프랑스인 슈발리에 데옹(Chevalier d'Eon)의 독특한 인생사에 근간을 두고 있다. 이로써 그는 여성 복장을 즐기는 남자와 트랜스젠더에게 일종의 아이콘이 되었다. 작품 제목의 또 다른 부분인 온나가타(Onnagata)는 일본 가부키 극장에서 여성 역할을 하는 남성을 뜻한다. 따라서 이 이름은 작품에서 한 인간의 젠더와 정체성 문제의 혼란이라는 주제를 내포하고 있다. 3명의 무용수 겸 배우는 (르빠주에게는 무용수로서 처음으로 무대에 선 순간이다!) 온갖 역할을 수행하고, 슈발리에의 역할을 공유하면서 그의 인간성의 다양한 측면을 보여 준다. 또한 이 작품은 새로운 차원의 공간과 시간을 정확하게 창조하는 고급 기술의 완벽한 배치로 깊은 인상을 남긴다. 〈스타워즈〉에서와 같은 광선검과 동양의 북소리를 곁들인 놀라운 전투 장면, 환상적인 곡예 묘기 그리고 초대형 인형은 영원히 반복되는 슈발리에의 살아 있는 양성애적인 정체성에 대한 놀라운 방식을 이야기한다.

로메오 카스텔루치와 소시에타스 라파엘로 산지오 극단

이탈리아의 극단 소시에타스 라파엘로 산지오(Socìetas Raffaelo Sanzio)는 독특한 공연에서 신체적 특성의 경험을 미학적으로 보여 주었다. 1981년 로미오 카스텔루치와 클라우디아 카스텔루치(Romeo/Claudia Castellucci) 그리고 키아라 구이디로와 파올라 구이디로(Chiara/Paola Guidi)가 체제나(Cesena)에서 창립한 이 극단은 이탈리아의 신연극(nuovo teatro)의 가장 급진적인 극단 가운데 하나이다. 이 극단은 연극을, 다른 예술을 연극 속에서 통합하는 예술 형식으로 본다. 관객의 모든 감각들은 열리게 되고 뭔가 뜻밖의 일과 마주하게 된다.

소시에타스 라파엘로 산지오 극단이 공연한 〈오레스티〉의 한 장면

원래 조형예술 분야에서 일했던 예술가들은 무대에 놀라운 설치 및 사운드 공간을 기획한다. 공연은 폭력적이면서 민감한 이미지 연극을 통해 관객을 계속 극도로 혼란스럽게 하는데, 그 이유는 작품이 벌거벗은 몸, 고문당한 동물, 불에 탄 책 등을 이용한 미학적 수단으로 도발하고, 반복적으로 열띤 토론을 자극하기 때문이다. 이 극단은 프로젝트 연극(Projekttheater)을 제작하고 있으며, 모든 작품을 위해 새로운 앙상블을 편성한다. 이 작업 역시 필요한 것처럼 보이

는데, 이것은 예술가들이 병리학적으로 변형된 인간의 몸에서 부분적으로 연극에 적합한 조각품을 만들기 때문이다. 길가메시(Gilgamesh)〉(1990), 〈햄릿〉(1992) 또는 〈오레스티(Orestea)〉(1997) 등 개작한 작품에서 주인공이 말 없는 고통을 나누듯 관객들도 고통스럽게 자극을 받는다. 줄리어스 시저 역은 후두염을 앓기 때문에 확성기를 통해 쉿소리 같은 목소리로 말하는 연기자, 아가멤논 역은 다운증후군을 앓는 연기자, 아폴론 역은 양쪽 팔이 절단된 남자 배우가 각각 맡았다. 고전적 소재는 그림의 이미지로 드러낸 강렬한 퍼포먼스로 축소되고, 본질적인 내용은 인간이 할 수 있는 행동에 대한 당혹감으로 완화했다. 대본은 이렇듯 도취적이고 병적이며, 표현력 강한 미학에서는 당연한 연출에서 어차피 표출하기 힘든 소극(Farce)으로 전락한다. 등장인물들은 신체의 특징이 지나치게 부각되어 자기 이야기의 어떤 표현조차 모두 무의미해진다. 그리하여 고통의 감정을 느끼는 관객은 때로 이것이 신체적으로 다른 점을 드러내 전시된 것은 아닌지 자문하게 된다. 이런 식으로 등장인물이 묘사된다는 것은 그들의 상황을 암시하는데, 그들은 그들 자신의 이야기(그리고 그들의 몸)를 벗어날 수 없고, 삶의 현실에 직면해야 한다. 공연 초반에는 부드러운 하얀 눈가루를 연상케 하는 먼지가 수척한 오레스테스의 전신을 부드럽게 거의 감싸지만, 공연의 마지막 부분에서 그는 자신의 행위에 의해 야기된 붉고 더러운 피바다 속에 서 있게 된다. 1920년대 초현실주의처럼 로미오 카스텔루치 감독도 관객에게 출생과 죽음에 대한 진부한 인상을 불러일으키는 암시적인 이미지의 힘을 신뢰한다. 카스텔루치는 자신의 최근 작품에서 소와 말의 내장을 들어내고, 헤르만 니치 감독의 도취-미스터리 연극의 제물의식을 연상시킴으로써 관객을 경악하게 만들었다. 이런 작품들이 현실적으로 관객의 끊임없는 갈채를 받지는 못할지라도, 한 가지 사실, 즉 소시에타스 라파엘로 산지오의 연극은 오랫동안 그 효력이 지속된다는 점만은 분명하다.

프로젝트 연극 〈안녕 아가씨!(Hey Girl!)〉(2007)는 여성들의 이미지와 그들의 끊임없는 정체성 변화를 다룬다. 예를 들어 탁자 위에 불분명한 덩어리가 놓여 있고 그 속에서 한 젊은 여인이 등장한다. 춤추는 연기 와중에 그녀는 십자군으로 변신하고, 마침내 구멍이 난 날개를 가진 나비의 정체가 드러난다. 또한 여기에서도 상징적 질서가 서로 대립되고 신화적인 함축된 이미지가 차단된다. 관객은 자신이 체험한 것에서 보고 싶었던 것이 무엇인지를 스스로 결정해야 한다.

2012년 카스텔루치는 루르 트리엔날레 예술 축제의 일환으로 〈민요(Folk)〉를 공연했다. 거대한 공장 홀에 커다란 수영장이 있는데, 관중석과 연단이 없기 때문에 관객은 그 주위에 자리를 잡아야 했다. 6명의 전문배우 외에 100명의 엑스트라가 일종의 세례 의식처럼 짙은 안개 속에서 차례로 나와서 잠시 잠수하고, 각자가 방금 잠에서 깨어난 듯한 느낌으로 있다가 다시 집단 군중 속으로 조용히 사라진다. 갑자기 외부로부터 나타난 인체들이 조명이 밝게 빛나, 거의 성스럽게 느껴지는 홀의 창문들로 뛰어오른 다음 그곳에서 떨어지기 위해 홀의 창문을 손톱으로 긁어 소리를 내고 발톱으로 긁어 판다. 이러한 도취적이고 제의(祭儀)적인 연출을 통해 카스텔루치는 다시 한번 관객에게 무수히 많은 연상(聯想)의 가능성을 제공한다.

리처드 맥스웰과 뉴욕 배우 극단

뉴욕 출신 작가이자 감독인 리처드 맥스웰(Richard Maxwell)의 작품은 직설적이고 세심하며 비꼬는 유머로 가득하다. 그의 극사실주의(Hyperrealism) 연극의 소재는 미국식 일상의 평범함, 미국이 화려한 전성기에서 멀어졌다는 관점을 내포하며, 이런 관점은 외부에서 내부로 깊이 관통하는 냉철함을 보여 준다.

맥스웰은 일리노이 주립대학에서 연극을 전공했으며, 그 이전인 1990년대 말 뉴욕으로 왔는데 실험적인 도시극장 무대를 창설하기 위해서였다. 현재 그는 뉴욕 시 배우 극단(New York City Players)의 예술감독으로 재직 중이다. 예컨대 〈집(House)〉(1999)과 〈착한 사마리아인(Good Samaritans)〉(2004) 같은 그의 작품들은 국내외에서 여러 차례 수상한 바 있다. 맥스웰은 철학 서적과 일상의 대화에서 구성한 다음 이를 간결한 대화체로 다시 압축해 놓았다. 많은 그의 극작품에서는 전문배우와 일반인이 서로 협업하며 이를 통해 배우들 간의 강렬한 긴장감이 생긴다. 맥스웰은 형식적인 반복에 대해 회의감을 느끼는 연출가이기에, 극작품에서 항상 특정한 하나의 양식만을 고집하지 않는다. 그는 타성적인 것을 다시 생각하고 이것을 새롭게 정리하기 위해 부단히 자신만의 무대 언어를 찾으려 한다.

〈현실의 종말(End of Reality)〉(2006)은 맥스웰이 각본을 쓰고 연출한 작품으로,

공포와 통제 행위가 이미 오래전부터 사적 영역의 일부가 되어 불안으로 가득한 사회에 대한 우화이다. 이 극작품은 2001년 9/11 테러 이후, 민간 보안 산업이 폭발적으로 성장하여 미국의 소셜네트워크 깊숙이 스며들어 촘촘히 연결된 산업 분야로 발전한 현재 미국 상황을 반영하여, TV 연속극, 액션영화, 사회연구, 문화정책 에세이들을 조합한 다소 고집스럽고 도발적인 혼합물이다. 이 작품에서는 어렵게 않게 현재의 서구 세계로 인식하게 되는 보안업체의 내부 모습이 공개된다. 작품 초반에 B-Movie라는 악당이 보안업체에 침입하여 한 직원을 살해한다. 살인을 저지른 남자가 체포된 후에야 짓눌렸던 공포의 감정은 가라앉지만, 아무 이유 없이 신입 교도관이 그를 풀어 주면서 공포가 되살아난다. 그런데 이런 분위기에서도 다른 사람들의 공포감을 이용해 돈 버는 데 혈안이 된 인물들을 보여 준다. 평범하고 단절된 이들의 대화는 보이지 않게 은밀히 숨은 적, 필연적인 방어 메커니즘과 생존 전략 주변을 계속 맴돈다. 그리고 이 모든 것들은 그들 자신의 감정과 생각과 완전히 상충된다.

독일 본(Bonn) 극단과 공동 제작한 독일-미국의 공동 뮤지컬, 〈더 프레임(The Frame)〉(2006)은 좌절된 꿈과 깨진 희망에 관한 이야기를 들려주는 동시에 독일에

리처드 맥스웰의 〈더 프레임〉

서 미국으로, 유럽 민속음악의 뿌리에서 팝으로 이어지는 음악 여행이다. 특이한 이 극작품에서 관객은 한 가족과 함께 예측할 수 없는 낯선 세계로의 여행에 동참하며 가족이 겪는 낯섦을 함께 경험한다. 이것은 공연을 위해 특별히 본에 온 뉴욕 시 배우 극단의 앙상블 배우들이 미국에서 일어난 장면을 부분적으로 영어로 연기했기 때문이다. 맥스웰은 무대장치를 위해 간단한 소품을 사용하는데, 정거장 드라마와 같이 직접 만든 롤러보트는 대강당에 모인 출연자들을 한 공연장에서 다른 공연장으로 이동시킨다. 모든 배우들이 무대 위에 서 있고, 어떤 불빛도 관객을 비추지 않는다. 침묵하는 사람들은 그저 조용한 일상을 보내는데, 바느질을 계속하거나 소에게 풀을 먹일 뿐이다.

맥스웰의 실험적인 현실극에서는 언제나 모든 것이 똑같이 중요하다. 관객들은 일상의 빛 속에서 무대 위에서 펼쳐진 어느 이야기를 따라가야 할지 스스로 결정한다. 사실적으로 묘사된 인물들은 무대 상황의 리얼리티를 드러내지 않고, 당혹스럽고 정체되고 불안하기 그지없는 현재 미국 상황에 정확하게 초점을 맞추고 있다.

맥스웰은 자신이 본 극단에 의뢰한 작품 〈소녀(Das Mädchen)〉(2010)에서 관객의 전통적인 관람 관행을 다시 한번 뒤집어 놓았다. 자식을 홀로 키우는 아버지가 딸이 이사 나갈 때 느끼는 고독에 관한 대화 대본이 뒤쪽 흰 벽에 투영되어 있고, 관객은 그 대화 내용을 직접 읽어야 한다. 그것은 벽에 투영된 대화 내용 앞에서 앙상블 배우와 뉴욕 시 배우 극단의 단원으로 구성된 일상복을 입은 7명의 배우들이 침묵 속에서 움직이고, 즉흥적으로 춤추며 행동하고 반응하면서 대화를 이끌기 때문이다. 관객은 투영된 대화에서 다양한 역할에 이르기까지 자신만의 방식을 찾고 해석을 시도해야 한다. 맥스웰이 역할 분담을 전적으로 지정하지 않았기 때문이다. 무대장치와 조명 효과가 거의 없는 작품 2막에서 맥스웰은 과거의 관행에서 벗어나 새로운 표현 양식에 다시 적응하기 위해 동작의 언어를 사용한다.

부록: 현대 희곡론

1990년대 초반부터 서서히 젊은 극작가들이 자기 대본으로 무대를 장악하는 추세를 보이기 시작했다. 이렇듯 반복적으로 시대를 초월해서 영향을 주는 희곡론은 사회에 실망하고 분노한 젊은이들을 대변한다. 이들은 이 세계에서 자기 자리를 찾으려 하지만 파괴적인 폭력이나 무기력함 이외에 다른 대안적 행동을 알지 못하는 사람들이다. 이 젊은이들의 꿈과 불안 그리고 야망이 유럽 극단의 무대에 올려졌다. 이 공연을 위해 결집한 극단만큼이나 대본의 내용도 다채로웠으며, 새로운 문학과 연극 형식 그리고 새로운 협력 방식을 통한 실험이 이루어졌다.

여러 유럽 국가들에서 최신 희곡론은 개별 극장의 공연 계획이나 작가 지원 프로그램, 워크숍, 창작 과정 등 신진 작가 육성 프로그램이나 현대 희곡 페스티벌을 통한 각별한 후원이 이루지고 있다. 몇몇 극장들은 극작가들에게 장기적으로 생활비를 지원하면서 재정 지원과 상사 자문을 해 줄 뿐만 아니라 이들의 신예 작품을 무대에 올려 주기도 한다.

예를 들어 1994년 런던의 로열 코트 극장(Royal Court Theatre)의 예술감독은 신진 작가들을 지원하기로 결정했다. 사라 케인의 〈저주(Blasted)〉, 〈파이드라의 사랑(Phaedra's Love)〉, 〈4.48 정신병(4.48 Psychosis)〉 및 마크 레이븐힐의 〈쇼핑과 섹스(Shopping & Fucking)〉, 〈외설적인 폴라로이드(Some Explicit Polaroids)〉, 〈상품(Product)〉과 같은 젊은 작가들의 작품이 여기서 초연되었으며, 이를 계기로 다른 유럽 무대에서 성공을 이룬 발판이 되었다.

1963년, 낡은 한 영화관에서 설립된 후 1972년 국립극장 지위까지 오른 파리의 콜린느 국립극장(Théâtre National de la Colline)도 이와 비슷한 목표를 설정했다. 설립 초기부터 이 극장은 현대 희곡론에 관심을 보였다. 1993년에 편집위원회가 설립되어, 공연과 낭독회를 통해 프랑스와 외국의 신진 작가의 희곡론을 알리는 데 힘썼다. 올리비에 카디옷(Olivier Cadiot)의 〈프라타노프(Platanov)〉, 〈주아브 대령(Le Colonel des Zouaves)〉, 다니엘 다니스(Daniel Danis)의 〈말 소리(Le Chant du Dire-Dire)〉 등과 같은 신진 작가 작품들이 이곳에서 초연했다. 스페인에서도 현대 희곡론은 지원을 받았다. 마드리드의 국립 희곡 센터(Centro Dramático Nacional)는 후안 마요르가(Juan Mayorga)의 〈스탈린에게 보내는 사랑의 편지(Cartas deamor a Stalin)〉, 또는 율란다 팔린(Yolanda Palín)의 〈블랙리스트(Lista Negra)〉 그리고 바르셀로나의 살라 베케트(Sala Beckett) 극장은 세르지 벨벨(Sergi Belbel)의 〈애무(Carícies)〉 같은 신진 작가의 작품을 발굴하기 위해 후원하고 있다.

젊은 작가들의 대본은 구성적으로 아주 다양한 경향을 보인다. 한편으로는 인과론적이며 선형적 줄거리 전개가 거의 나타나지 않는 경향을 보이는데, 이런 유형 작품에서 시공간의 영역이 옮겨지고, 등장인물들은 —주로 젊은 세대를 대표하는 인물들— 심리적으로 특별한 이유 없이 오히려 도식화에 가깝다. 이들이 사용하는 언어는 일상적인 거친 속어를 반영한다. 이러한 구성은 텔레비전, 영화 및 새로운 미디어의 서술 방식의 특징을 드러내는 이 세대의 인지 습관을 명확하게 보여 준다. 비디오 클립과 같이 짧고 간결한 줄거리 시퀀스(Handlungssequenz)가 차례로 한 장소에서 다음 장소로 이동한다. 여기에서 관객은 스스로 머릿속에서 이야기를 조립해야 한다. 그러나 다른 한편으로는 엄격하고 폐쇄적인 줄거리와 정확한 인물 묘사로 고전적인 서사 방식을 강력하게 따르는 경향도 점차 증가하는 양상이다.

요약

이 책에서 소개된 수많은 연극감독들은 독일에서 열리는 페스티벌이나 초청 공연에 등장했고, 이를 통해 비로소 그들이 속한 국가 밖에서도 명망을 얻었다. 많은 단체들이 "세계 연극"이라는 야심 찬 계획 달성을 위해 노력하고 있으며, 이로써 다양한 연극 경험의 기회들을 만들고 있다. 이 가운데 여기서 언급할 단체가 파리에 본부를 두고 1946년, 유네스코가 창설한 국제극예술협회(ITI: International Theatre Institute)이다. 국제극예술협회는 연극을 통해 타자성과 고유성을 바라보는 관점을 객관화하는 능력을 갖도록 하는 데 초점을 둔다. 이 같은 모토를 기치로 국제 학술대회와 연극의 미학적·사회적 연관성에 관한 연구 및 간행물 발행 후원 그리고 국제 페스티벌 개최 등 다양한 활동을 펼치고 있다. 이러한 후원 덕분에 1978년, 독일에서 세계 최대의 국제 연극 페스티벌인 세계의 연극(Theater der Welt)이 태동했고, 이 페스티벌은 3~5년 간격으로 독일의 여러 도시를 순회하며 개최되고 있다. 무엇보다 지난 몇 십 년 동안 연극 페스티벌의 가치가 높아지고 있으며, 연극 페스티벌을 통해 광범위한 관객층이 문화 및 미학적 경계의 확장을 경험하고 있다. 이 외에 아비뇽 연극제, 에든버러 음악 연극제 또는 빈 축제 주간, 비엔날레 본, 루르페스트슈필레 레클링하우젠 및 하노버/브라운슈바이크 페스티벌 등 각양각색의 설립 목적을 표방한 여러 페스티벌이 국제적인 차원에서 계획되고 공동으로 제작되고 있으며, 연극에 대한 새로운 관점, 색다른 관점을 매개하고 있다.

유럽의 극장들도 이와 마찬가지로 연극 공연의 국제화를 추진하고 있다. 특히 베를린의 헤벨 극장, 함부르크의 캄프나겔파브릭, 브뤼셀의 카이 극장 및 암스테르담의 펠릭스 메리티스 극장의 활약이 두드러진다. 이 소극장들은 공동으로 제작비를 조달하고 출판물을 통한 미학적 문제들에 대한 의견 교류를 강화하기 위해 더욱 긴밀히 협력하고 있다.

유럽극장협회(ETC: European Theatre Convention)는 최근 몇 년 동안 극장 네트워크를 구축해 왔으며, 다양한 공연 기획 및 협업을 통해 유럽 극작가들이 언어 장벽을 넘어 서로 회합하고 다양한 작업 조건들을 상세하게 알 수 있도록 도움을 주었다. 1988년 설립된 유럽극장협회는 현재 23개국 40개의 유럽 극장들을 후원하는 공공 협회이다. 국가별 회원 가입이 가능한 극장 수는 각 국가의 규모에 따라 2~5개로 제한된다. 이 협회의 다양한 활동들은 유럽 연극의 다양성과 풍성함을 대중에게 인식시키고 유지하는 데 크게 이바지하고 있다.

세계 연극은 최근 몇 년 동안 미디어 일상과 대조되는 경험들을 풍부하게 제공하고 있다. 이로써 관객들은 큰 감동과 지속적인 자극을 얻고 있다. 앞으로도 세계 연극이 이러한 본연의 임무에 충실해 주기를 간절히 바란다. 연극의 가치와 유용성에 관한 지속적인 논의는 미래에도 결코 중단되지 않을 것이다. 물론 극장은 생존을 위한 분투를 계속해야 할 것이다. 그렇지만 한 가지 확실한 점은 연극이 디지털 미디어 시대에도 엄청난 가치를 갖고 있다는 점이다. 연극이야말로 경험을 창조하기 때문이다.

참고문헌

• HILFSMITTEL

[Lexika]

Brauneck, Manfred/Schneilin, Gérard (Hg.): Theaterlexikon. Begriffe und Epochen, Bühnen und Ensembles. Reinbek bei Hamburg 1986.

Enciclopedia dello spettacolo. Bd. I-IX. Rom 1954 ff.

Kindlers Literaturlexikon im dtv. Bd. 1-12. München 1974 ff.

Parvis, Patrice: Dictionary of the theatre. Toronto 1998.

Rischbieter, Henning: Theaterlexikon. Zürich/Schwäbisch Hall 1983.

Sucher, Bernd C.: Theaterlexikon. Bd. 1 und 2. München 1995/96.

Trilse-Finkelstein, Jochanan Ch./Hammer, Klaus: Lexikon Theater International. Berlin 1995.

[Schauspielführer]

Adams, Christian (Hg.): Harenberg-Schauspielführer. Dortmund 1997.

Berger, Karl-Heinz/Böttcher, Kurt und Gerda, Hoffmann, Ludwig, Naumann, Manfred, Seeger, Gisela: Schauspielführer in zwei Bänden. Berlin 1988.

Hensel, Georg: Spielplan. Bd. 1 und 2. Frankfurt am Main/Berlin/Wien 1966.

Kienzle, Siegfried/zur Nedden, Otto C. A.: Reclams Schauspielführer. Stuttgart 1996.

Rischbieter, Henning/Berg, Jan (Hg.): Welttheater. Braunschweig 1992.

Völker, Klaus (Hg.): Bertelsmann Schauspielführer. Gütersloh/München 1992.

Zelton, Heinrich: Der große Schauspielführer. München 1992.

[Zeitschriften]

Theater heute. Jg. 1960

Theater der Zeit. Jg. 1946 ff.

• ÜBERBLICKSWERKE

Albert, Anna Amalie: Geschichte der Oper. Kassel/Stuttgart 1984.

Arpe, Verner: Bildgeschichte des Theaters. Köln 1962.

Aust, Hugo/Haida, Peter/Hein, Jürgen: Volksstück. Vom Hanswurstspiel zum sozialen Drama der Gegenwart. München 1989.

Bahr, Erhard (Hg.): Geschichte der deutschen Literatur. Bd. 1-3. Tübingen 1987/88.

Balme, Christopher (Hg.): Das Theater von Morgen. Texte zur deutschen Theater-reform. Würzburg 1988.

Berckenhagen, Ekhart/Wagner, Gretel: Bretter, die die Welt bedeuten. Entwürfe zum Theaterdekor und zum Bühnenkostüm in fünf Jahrhunderten. Berlin 1978.

Berthold, Margot: Weltgeschichte des Theaters. Stuttgart 1968.

Best, Otto F./Schmitt, Hans-Jürgen (Hg.): Die deutsche Literatur. Ein Abriß in Text und Darstellung. Bd. 1-16. Stuttgart 1974 ff.

Beutin, Wolfgang u.a.: Deutsche Literaturgeschichte. Stuttgart 1979.

Borgmeister, Raimund (Hg.): Die englische Literatur in Text und Darstellung. Bd. 1-10. Stuttgart 1992.

Brockett, Oscar: History of the Theatre. Boston 1987.

Couty, Daniel/Rey, Alan (Hg.): Le théâtre. Paris 1985.

Daniel, Uta: Hoftheater. Stuttgart 1995.

de Boor, Helmut/Newald, Richard: Geschichte der deutschen Literatur. Bd. 1-7. München 1979 ff.

Devrient, Eduard: Geschichte der deutschen Schauspielkunst. Leipzig 1848. Neuausgabe: Berlin 1905.

Doll, Hans Peter/Erken, Günther: Theater. Stuttgart 1985.

Ebert, Gerhard: Der Schauspieler. Geschichte eines Berufs. Berlin 1991.

Fischer-Lichte, Erika: Geschichte des Dramas. Bd. 1 und 2. Tübingen 1990.

Fischer-Lichte, Erika: Kurze Geschichte des deutschen Theaters. Tübingen/Basel 1993.

Frenzel, Herbert A.: Geschichte des Theaters. Daten und Dokumente 1470-1840. München 1979.

Freydank, Ruth: Theater in Berlin. Von den Anfängen bis 1945. Berlin 1988.

Friedell, Egon: Kulturgeschichte der Neuzeit. München 1967.

Gelfert, Hans-Dieter: Die Tragödie. Theorie und Geschichte. Göttingen 1995.

Glaser, Horst Albert (Hg.): Deutsche Literatur. Eine Sozialgeschichte. Bd. 1-9. Reinbek bei Hamburg 1980 ff.

Gregor, Joseph: Weltgeschichte des Theaters. Zürich 1933.

Greham, Rob: Theater. München/London/New York 1999.

Greiner, Bernhard: Die Komödie. München 1992.

Grimm, Jürgen (Hg.): Französische Literaturgeschichte. Stuttgart 1989.

Gronemeyer, Andrea: Schnellkurs Theater. Köln 1995.

Hansers Sozialgeschichte der deutschen Literatur vom 16. Jahrhundert bis zur Gegenwart. Bd. 1-12. München 1986 ff.

Hartnoll, Phyllis: Das Theater. Wien/München/Zürich 1970.

Hauser, Arnold: Sozialgeschichte der Kunst und Literatur. München 1973.

Hinck, Walter (Hg.): Handbuch des deutschen Dramas. Stuttgart 1980.

Hürlimann, Martin (Hg.): Das Atlantisbuch des Theaters. Zürich 1966.

Institut für Publikumsforschung der österreichischen Akademie der Wissenschaften: Das Theater und sein Publikum. Wien 1977.

Keller, Max: Bühnenbeleuchtung. Köln 1991.

Kindermann, Heinz: Theatergeschichte Europas. Bd. I-X. Salzburg 1957 ff.

Klotz, Volker: Dramaturgie des Publikums. München 1976.

Knapp, Volker (Hg.): Italienische Literaturgeschichte. Stuttgart/Weimar 1992.

Knudsen, Hans: Deutsche Theatergeschichte. Stuttgart 1959.

Lazarowicz, Klaus/Balme, Christopher (Hg.): Texte zur Theorie des Theaters. Stuttgart 1991.

Lehmann, Hans-Thies: Tragödie und dramatisches Theater. Berlin 2013.

Melchinger, Siegfried: Geschichte des politischen Theaters. Velber 1971.

Michael, Friedrich/Daiber, Hans: Geschichte des deutschen Theaters. Frankfurt am Main 1989.

Möhrmann, Renate (Hg.): Theaterwissenschaft heute. Eine Einführung. Berlin 1986.

Molinari, Cesare: Theater. Freiburg im Breisgau 1975.

Petronio, Giuseppe: Geschichte der italienischen Literatur. Bd. 1-3. Tübingen/Basel 1993.

Pfister, Manfred: Das Drama. München 1977.

Pignarre, Robert: Geschichte des Theaters. Hamburg o. J.

Profitlich, Ulrich (Hg.): Tragödientheorie. Reinbek bei Hamburg 1999.

Profitlich, Ulrich (Hg.): Komödientheorie. Reinbek bei Hamburg 1999.

Propyläen Geschichte der Literatur. Bd. 1-6. Frankfurt am Main/Berlin 1988.

Sallé, Bernard: Histoire du théâtre. Paris 1990.

Scheit, Gerhard: Dramaturgie der Geschlechter. Über die gemeinsame Geschichte von Drama und

Oper. Frankfurt am Main 1995.
Schmidt, Leopold: Das deutsche Volksschauspiel. Berlin 1962.
Schmitz, Thomas: Das Volksstück. Stuttgart 1990.
Schöne, Günther: Tausend Jahre deutsches Theater. München 1962.
Schuberth, Othmar: Das Bühnenbild. Geschichte. Gestalt. Technik. München 1955.
Seeber, Hans-Ulrich (Hg.): Englische Literaturgeschichte. Stuttgart 1991.
Southern, Richard: Die sieben Zeitalter des Theaters. Gütersloh 1966.
Stackelberg, Jürgen von: Kleine Geschichte der französischen Literatur. München 1990.
Stramm, Robert: Geschichte des englischen Theaters. Bern 1951.
Unruh, Walter: Theatertechnik. Berlin/Bielefeld 1969.
Thiel, Erika: Geschichte des Kostüms. Berlin 1980.

• DAS THEATER VON DEN URSPRÜNGEN BIS ZUM BAROCK

[Allgemeines]

Albrecht, Siegfried u.a.: Teatro. Eine Reise zu den oberitalienischen Theatern des 16.-19. Jahrhunderts. Marburg 1991.
Borchardt, Hans-Heinrich: Das europäische Theater im Mittelalter und in der Renaissance. Reinbek bei Hamburg 1969.
Borries, Ernst und Erika von: Mittelalter. Humanismus. Reformationszeit. Barock (=Deutsche Literaturgeschichte. Bd. 1). München 1991.
Brauneck, Manfred: Die Welt als Bühne. Geschichte des europäischen Theaters. Bd. 1, 2 und 3. Stuttgart 1994/1996/1999.
Buck, August: Renaissance und Barock I und II (=Neues Handbuch der Literaturwissenschaft. Bd. 9 und 10). Wiesbaden 1972.
Calendoli, Giovanni: Der Tanz. Kult. Rhythmus. Kunst. Braunschweig 1986.
Dietrich, Margret: Europäische Dramaturgie. Wien 1952.
Eder, Klaus: Antike Komödie. Aristophanes, Menander, Plautus, Terenz. Velber bei Hannover 1968.
Hösle, Johannes: Das italienische Theater von der Renaissance bis zur Gegenreformation. Darmstadt 1984.
Kindermann, Heinz: Theatergeschichte Europas. Bd. I: Das Theater der Antike und des Mittelalters. Salzburg 1957.
Pochat, Götz: Theater und bildende Kunst im Mittelalter und in der Renaissance in Italien. Graz

1990.

Rupprich, Hans: Die deutsche Literatur vom späten Mittelalter bis zum Barock (=de Boor/Newald: Geschichte der deutschen Literatur. Bd. 4. Teil 1 und 2). München 1973/1994.

Schöne, Günther: Die Entwicklung der Perspektivbühne. Leipzig 1933.

[Die Wurzeln des Theaters]

Aristoteles: Poetik. Eingeleitet, übersetzt und erläutert von Manfred Fuhrmann. München 1976.

Brunner-Traut, Emma: Der Tanz im alten Ägypten. Glückstadt/Hamburg/New York 1958.

Burkert, Walter: Antike Mysterien. Funktion und Gestalt. München 1990.

Eberle, Oskar: Cenalora. Leben, Glaube, Tanz und Theater der Naturvölker. Olten/Frei-burg im Breisgau 1955.

Girshausen, Theo: Ursprungszeiten des Theaters. Berlin 1999.

Nietzsche, Friedrich: Die Geburt der Tragödie aus dem Geiste der Musik. Stuttgart 1952.

Otto, Walter F.: Dionysos. Mythos und Kultus. Frankfurt am Main 1960.

Schechner, Richard: Theater-Anthropologie. Spiel und Ritual im Kulturvergleich. Reinbek bei Hamburg 1990.

Thomson, George: Aischylos und Athen. Eine Untersuchung der gesellschaftlichen Urspünge des Dramas. Berlin 1956.

Turner, Victor: Vom Ritual zum Theater. Der Ernst des menschlichen Spiels. Frankfurt am Main/New York 1989.

[Das griechische Drama und seine Aufführungsform]

Binder, Gerhard: Das antike Theater. Trier 1998.

Blume, Horst-Dieter: Einführung in das antike Bühnenwesen. Darmstadt 1978.

Dihle, Albrecht: Griechische Literaturgeschichte. München 1991.

Ehrenberg, Victor: Aristophanes und das Volk von Athen. Zürich/Stuttgart 1968.

Flashar, Hellmut: Inszenierung der Antike. Das griechische Drama auf der Bühne der Neuzeit. Mü nchen 1991.

Flashar, Hellmut: Sophokles. München 2000.

Kindermann, Heinz: Das Theaterpublikum der Antike. Salzburg 1979.

Kott, Jan: Gott - Essen. Interpretationen griechischer Tragödien. München/Zürich 1975.

Krumeich, Ralf/Pechstein, Nikolaus/Seidensticker, Bernd: Das griechische Satyrspiel. Darmstadt

1999.
Latacz, Joachim: Einführung in die griechische Tragödie. Göttingen 1993.
Lehmann, Hans-Thies: Theater und Mythos. Die Konstitution des Subjekts im Diskurs der antiken Tragödie. Stuttgart 1991.
Meier, Christian: Die politische Kunst der griechischen Tragödie. München 1988.
Melchinger, Siegfried: Sophokles. Velber bei Hannover 1966.
Melchinger, Siegfried: Euripides. Velber bei Hannover 1967.
Melchinger, Siegfried: Das Theater der Tragödie. München 1974.
Murray, Gilbert: Aischylos. Velber bei Han-nover 1969.
Reich, Hermann: Der Mimus. Berlin 1903.
Schadewaldt, Wolfgang: Die griechische Tragödie. Frankfurt am Main 1991.
Seeck, Gustav Adolf: Die griechische Tragödie. Stuttgart 2000.
Wiemken, Helmut: Der griechische Mythos. Bremen 1971.
Zimmermann, Bernhard: Die griechische Tragödie. München/Zürich 1986.

[Drama und Theater im antiken Rom]

Blänsdorf, Jürgen: Theater und Gesellschaft im Imperium Romanum. Tübingen 1990.
Büchner, Karl: Das Theater des Terenz. Heidelberg 1974.
Lefévre, Eckehard (Hg.): Die römische Komödie: Plautus und Terenz. Darmstadt 1973.
Lefévre, Eckehard (Hg.): Das römische Drama. Darmstadt 1978.
Newiger, Hans-Joachim (Hg.): Aristophanes und die Alte Komödie. Darmstadt 1975.

[Traditionelles Theater im Fernen Osten]

Akademie der Künste Berlin (Hg.): »Ich werde deinen Schatten essen.« Das Theater des fernen Ostens. Berlin 1985.
Banu, Georges: Der Schauspieler kehrt nicht wieder. Japanisches Theater heute. Berlin o.J.
Barth, Johannes: Japans Schaukunst im Wandel der Zeiten. Wiesbaden 1972.
Benl, Oscar: Seami Motokiyo und der Geist des Nô-Schauspiels. Wiesbaden 1952.
Brandon, James/Kokusai-Koryu-Kikin: Japanisches Theater in aller Welt. Katalog: Museum Villa Stuck. München 1998.
Gargi, Bawant: Theater und Tanz in Indien. Darmstadt 1960.
Immoos, Thomas/Mayer, Fred: Japanisches Theater. Zürich 1975.

Izytsu, Toshio und Toyo: Die Theorie des Schönen in Japan. Köln 1980.

Kindermann, Heinz (Hg.): Fernöstliches Theater. Stuttgart 1966.

Lee, Sang-Kyon: West-östliche Begegnungen. Weltwirkung der fernöstlichen Theater-tradition. Darmstadt 1960.

Lee, Sang-Kyon/Obraszow, Sergej: Das chinesische Theater. Hannover 1965.

Lee, Sang-Kyon: Nô und europäisches Theater. Frankfurt am Main/Bern/New York 1983.

Lee, Sang-Kyon/Panzer, Peter: Japanisches Theater. Wien 1990.

Leims, Thomas/Trökes, Manuel: Kabuki. Das klassische japanische Volkstheater. Berlin 1985.

Leims, Thomas: Die Entstehung des Kabuki. Leiden/New York/København/Köln 1990.

Mayer, Fred/Burger, Helga: Chinesische Oper. Zürich 1982.

Oida, Yoshi: Zwischen den Welten. Berlin 1992.

Pound, Ezra/Fenollosa, Ernest/Eisenstein, Sergej: Nô-Genius Japans. Zürich 1963.

Rebling, Eberhard: Die Tanzkunst Indiens. Berlin 1982.

Rebling, Eberhard: Die Tanzkunst Indonesiens. Berlin 1989.

Samson, Leela/Pasricha, Avinash: Der klassische indische Tanz. Stuttgart/Bonn 1987.

Scheng, Julie: Gesichter der Peking-Oper. Hamburg 1990.

Spitzing, Günter: Das indonesische Schattenspiel. Köln 1981.

Weber-Schäfer, Peter: Vierundzwanzig Nô-Spiele. Frankfurt am Main 1961.

[Geistliches und weltliches Spiel im Mittelalter]

Augustinus: Bekenntnisse. Frankfurt am Main 1987.

Braet, Hermann u.a. (Hg.): The Theatre in the Middle Ages. Leuven 1985.

Catholy, Eckehard: Das Fastnachtspiel des Spätmittelalters. Tübingen 1961.

Glier, Ingeborg (Hg.): Die deutsche Literatur im späten Mittelalter 1250 - 1370. Zweiter Teil: Reimpaargedichte, Drama, Prosa (=de Boor/Newald: Geschichte der deutschen Literatur. Bd. III/2). München 1987.

Greisenegger, Wolfgang: Die Realität im religiösen Drama des Mittelalters. Wien 1978.

Kindermann, Heinz: Das Theaterpublikum des Mittelalters. Salzburg 1980.

Michael, Wolfgang F.: Das deutsche Drama im Mittelalter. Berlin 1971.

[Drama und Theater im Humanismus und in der Renaissance]

Bloch, Ernst: Vorlesungen zur Philosophie der Renaissance. Frankfurt am Main 1972.

Burckhardt, Jacob: Die Kultur der Renaissance in Italien. Basel 1930.

Kindermann, Heinz: Theatergeschichte Europas. Bd. II: Das Theater der Renaissance. Salzburg 1959.

Kindermann, Heinz: Das Theaterpublikum der Renaissance. Bd. I und II. Salzburg 1984/86.

Luther, Martin: Tischreden und Colloquia. Leipzig 1879.

Michael, Wolfgang F.: Das deutsche Drama der Reformationszeit. Bern 1984.

[Die Commedia dell'arte]

Dshiwelegow, A.K.: Commedia dell'arte. Berlin 1958.

Duchartre, Pierre Louis: The Italian Comedy. New York 1966.

Esrig, David (Hg.): Die italienische Commedia dell'arte. Nördlingen 1985.

Hansen, Günther: Formen der Commedia dell'arte in Deutschland. Emsdetten 1984.

Hink, Walter: Das deutsche Lustspiel des 17. und 18. Jahrhunderts und die italienische Komödie. Stuttgart 1965.

Krömer, Wolfram: Die italienische Commedia dell'arte. Darmstadt 1976.

Nicoll, Allerdyce: The World of Harlequin. Cambridge 1976.

Pandolfi, Vito: La Commedia dell'arte. Storia e testi. Bd. 1 und 2. Florenz 1957.

Thiele, Wolfgang (Hg.): Commedia dell'arte. Wiesbaden 1997.

[Drama und Theater im Elisabethanischen England]

Finkelstein, Sidney: Brauchen wir Shakespeare? Eine Einführung in das Gesamtwerk. Königstein/Ts. 1981.

Greenblatt, Stephen: Verhandlungen mit Shakespeare. Berlin 1990.

Habicht, Werner u.a. (Hg.): Shakespeare. Kommentar zu den Dramen, Sonetten, Epen und kleineren Dichtungen. München 1972.

Klein, Karl: Aspekte des Tragischen im Drama Shakespeares und seiner Zeit. Darmstadt 1979.

Kott, Jan: Shakespeare heute. München 1970.

Mander, Gertrud: Shakespeares Zeitgenossen. Velber bei Hannover 1966.

Melchinger, Siegfried: Shakespeare. Frankfurt am Main 1986.

Muir, Kenneth/Schoenbaum, Samuel (Hg.): Shakespeare. Eine Einführung. Stuttgart 1975.

Müller-Schwefe, Gerhard: William Shake-speare. Welt - Werk - Wirkung. Berlin/New York 1978.

Naumann, Walter: Die Dramen Shakespeares. Darmstadt 1978.

Posener, Alan: William Shakespeare. Reinbek bei Hamburg 1995.
Schabert, Ina (Hg.): Shakespeare-Handbuch. Die Zeit. Der Mensch. Das Werk. Die Nachwelt. Stuttgart 1972.
Schlösser, Anselm: Shakespeare. Analyse und Interpretation. Berlin/Weimar 1977.
Suerbaum, Ulrich: Das elisabethanische Zeitalter. Stuttgart 1989.
Suerbaum, Ulrich: Shakespeares Dramen, Tübingen 1996.
Vollmann, Rolf: Shakespeares Arche. Ein Alphabet von Mord und Schönheit. Nördlingen 1988.
Weimann, Robert: Shakespeare und die Tradition des Volkstheaters. Berlin 1967.
Weiß, Wolfgang: Das Drama der Shakespeare Zeit. Stuttgart 1979.
Zschirnt, Christine: Shakespeare-ABC. Leipzig 2000.

[Barocktheater in Italien und Deutschland]

Alewyn, R./Sälzle, K.: Das große Welttheater. Die Epoche der höfischen Feste. Reinbek bei Hamburg 1955.
Alexander, Robert: Das deutsche Barockdrama. Stuttgart 1984.
Asmuth, Bernhard: Daniel Casper von Lohenstein. Stuttgart 1971.
Baur-Heinold, Margarete: Theater des Barock. München 1966.
Benjamin, Walter: Der Ursprung des deutschen Trauerspiels. Berlin 1928.
Elias, Norbert: Die höfische Gesellschaft. Neuwied/Berlin 1969.
Flemming, Willi (Hg.): Das Ordensdrama. Leipzig 1930.
Flemming, Willi: Andreas Gryphius. Köln/Mainz 1965.
Kindermann, Heinz: Theatergeschichte Europas. Bd. III. Das Theater der Barockzeit. Salzburg 1959.
Mannack, Eberhard: Andreas Gryphius. Stuttgart 1986.
Wentzlaff-Eggebracht,Friedrich-Wilhelm und Erika: Andreas Gryphius 1616-1664. Darmstadt 1983.

[Spanisches Drama und Theater im »Goldenen Jahrhundert«]

Dieterich, Anton: Miguel de Cervantes. Reinbek bei Hamburg 1984.
Franzbach, Martin: Geschichte der spanischen Literatur im Überblick. Stuttgart 1993.
Gerstinger, Heinz: Calderón. Velber bei Hannover 1967.
Gerstinger, Heinz: Spanische Komödie. Lope de Vega und seine Zeitgenossen. Velber bei Hannover 1968.
Gregor, Joseph: Das spanische Welttheater. München 1937.

Müller, Hans-Joachim: Das spanische Theater im 17. Jahrhundert. Berlin 1977.
Pörtl, Klaus (Hg.): Das spanische Theater von den Anfängen bis zum Ausgang des 19. Jahrhunderts. Darmstadt 1985.
Strosetzki, Christoph: Miguel de Cervantes. Epoche - Werk - Wirkung. München 1991.
Vossler, Karl: Lope de Vega und sein Zeitalter München 1932.

[Drama und Theater der Französischen Klassik]

Eder, Klaus: Corneille/Racine. Velber bei Hannover 1969.
Hartau, Friedrich: Molière. Reinbek bei Hamburg 1976.
Hösle, Johannes: Molière. Sein Leben, sein Werk, seine Zeit. München 1987.
Mander, Gertrud: Molière. Velber bei Hannover 1967.
Stackelberg, Jürgen von: Molière. München/Zürich 1986.
Stenzel, Hartmut: Die französische »Klassik«. Darmstadt 1995.
Taine, Hippolyte: Philosophie der Kunst. Berlin 1987.
Theile, Wolfgang: Racine. Darmstadt 1974.

• DAS THEATER DES BÜRGERLICHEN ZEITALTERS

[Allgemeines]

Balet, Leo/Gerhard, E.: Die Verbürgerlichung der deutschen Kunst, Literatur und Musik im 18. Jahrhundert. Frankfurt am Main/Berlin/Wien 1973.
Borries, Ernst und Erika von: Aufklärung und Empfindsamkeit. Sturm und Drang (=Deutsche Literaturgeschichte. Bd. 2). München 1991.
Cowen, Roy C.: Das deutsche Drama im 19. Jahrhundert. Stuttgart 1988.
Diderot, Denis: Ästhetische Schriften. Bd. I und II. Berlin/Weimar 1967.
Fontane, Theodor: Theaterkritiken. Bd. 1-4. Frankfurt am Main/Berlin/Wien 1979.
Grimminger, Rolf (Hg.): Deutsche Aufklärung bis zur Französischen Revolution (=Hansers Sozialgeschichte der deutschen Literatur von den Anfängen bis zur Gegenwart. Bd. 3). München 1980.
Jørgensen, Sven-Aage: Aufklärung, Sturm und Drang und Frühe Klassik (=de Boor/Newald: Geschichte der deutschen Literatur. Bd. 5). München 1990.
Kafitz, Dieter: Grundzüge einer Geschichte des deutschen Dramas von Lessing bis zum Naturalismus. Bd. 1 und 2. Königstein/Ts. 1982.

Kaiser, Gerhard: Aufklärung. Empfindsamkeit. Sturm und Drang. München 1976.

Kindermann, Heinz: Theatergeschichte Europas. Bd. V und VI: Von der Aufklärung zur Romantik. Salzburg 1961/62.

Kindermann, Heinz: Theatergeschichte Europas. Bd. VII: Realismus. Salzburg 1965.

Kindermann, Heinz: Theatergeschichte Europas. Bd. VIII und IX: Naturalismus und Impressionismus. Salzburg 1968/70.

Klotz, Volker: Bürgerliches Lachtheater. Reinbek bei Hamburg 1987.

Lange, Wolf-Dieter: Französische Literaturgeschichte des 19. Jahrhunderts. Bd. I-III. Heidelberg 1980.

Lessing, Gotthold Ephraim: Sämtliche Werke. Bd. 1-17. Leipzig 1886 ff. Neuausgabe: München 1979.

Mc Innes, Edward: Das deutsche Drama im 19. Jahrhundert. Berlin 1983.

Rinsum, Annemarie und Wolfgang van: Realismus und Naturalismus (=Deutsche Literaturgeschichte. Bd. 7). München 1994.

Schulz, Gerhard: Die deutsche Literatur zwischen Französischer Revolution und Restauration (de Boor/Newald: Geschichte der deutschen Literatur. Bd. 7. Teil I und II): München 1983/89.

Szondi, Peter: Theorie des modernen Dramas. Frankfurt am Main 1956.

Ueding, Gert (Hg.): Klassik und Romantik im Zeitalter der Französischen Revolution (=Hansers Sozialgeschichte der deutschen Literatur. Bd. 4). München 1987.

Zmegač, Victor (Hg.): Geschichte der deutschen Literatur vom 18. Jahrhundert bis heute. Bd. I-III. Königstein/Ts. 1978 ff.

[Die Entstehung des bürgerlichen Dramas]

Alt, Peter-André: Tragödie der Aufklärung. Tübingen/Basel 1994.

Bahr, Ehrhard (Hg.): Was ist Aufklärung? Thesen und Definitionen. Stuttgart 1989.

Barner, Wilfried u. a.: Lessing. Epoche - Werk - Wirkung. München 1987.

Bitter, Rolf von: Voltaire. Leben und Werk in Daten und Bildern. Frankfurt am Main 1978.

Brock-Sulzer, Elisabeth: Lessing. Velber bei Hannover 1967.

Fischer-Lichte, Erika (Hg.): Theater im Kul-tur wandel des 18. Jahrhunderts. Göttingen 1999.

Gottsched, Johann Christoph: Versuch einer critischen Dichtkunst. Leipzig 1730. Neudruck: Darmstadt 1962.

Guthke, Karl S.: Gotthold Ephraim Lessing. Stuttgart 1967.

Guthke, Karl S.: Das deutsche bürgerliche Trauerspiel. Stuttgart 1972.

Hardt, Dietrich: Gotthold Ephraim Lessing oder Die Paradoxien der Selbsterkenntnis. München 1993.

Jacobs, Jürgen: Lessing. München/Zürich 1986.

Koopmann, Helmut: Drama der Aufklärung. München 1979.

Moritz, Karl Philipp: Anton Reiser. Ein psychologischer Roman. Frankfurt am Main 1979.

Pütz, Peter: Die deutsche Aufklärung. Darmstadt 1991.

Stackelberg, Jürgen von: Diderot. München/Zürich 1983.

Stackelberg, Jürgen von: Das Theater der Aufklärung in Frankreich. München 1992.

Szondi, Peter: Die Theorie des bürgerlichen Trauerspiels im 18. Jahrhundert. Frankfurt am Main 1973.

[Europäisches Lustspiel im 18. Jahrhundert]

Attinger, Gustave: L'esprit de la Commedia dell'arte dans le théâtre français. Paris 1950.

Bamberger Angelika: Ludvig Holberg und das erste dänische Nationaltheater. Frankfurtam Main 1983.

Bauer, Roger/Wertheimer, Jürgen (Hg.): Das Ende des Stegreifspiels. Eine Wende in der Geschichte des europäischen Dramas. München 1983.

Goldoni, Carlo: Geschichte meines Lebens und meines Theaters. München 1968.

Hinck, Walter: Das deutsche Lustspiel des 17. und 18. Jahrhunderts und die italienische Komödie. Commedia dell'arte dans le Théâtre italien. Stuttgart 1965.

Hösle, Johannes: Carlo Goldoni. Sein Leben, sein Werk, seine Zeit. München/Zürich 1993.

Marcard, Michaele von: Rokoko oder das Experiment am offenen Herzen. Reinbek bei Hamburg 1993.

Miething, Christoph: Marivaux. Darmstadt 1979.

Pokorny, Jaroslav: Goldoni und das venezianische Theater. Berlin 1968.

Riedt, Heinz: Goldoni. Velber bei Hannover 1967.

Scheible, Hartmut: Carlo Goldoni. Reinbek bei Hamburg 1993.

Theile, Wolfgang: Goldoni. Velber bei Hannover 1967.

[Von der Wanderbühne zum Stehenden Theater]

Bender, Wolfgang F. (Hg.): Schauspielkunst im 18. Jahrhundert. Stuttgart 1992.

Fetting, Hugo: Konrad Ekhof. Ein Schauspieler des 18. Jahrhunderts. Berlin 1954.

Kindermann, Heinz: Konrad Ekhofs Schauspieler-Akademie. Wien 1956.

Kosenina, Alexander: Anthropologie und Schauspielkunst. Studien zur »eloquentia corporis« im 18. Jahrhundert. Tübingen 1995.

Maurer-Schmoock, Sibylle: Deutsches Theater im 18. Jahrhundert. Tübingen 1982.

Neuber, Friederica Caroline: Ein deutsches Vorspiel. Leipzig 1897. Neudruck: Darmstadt 1966.

Pies, Eike: Prinzipale. Zur Genealogie des deutschsprachigen Berufstheaters vom 17. bis zum 19. Jahrhundert. Ratingen 1973.

Riccoboni, Francesco: Die Schauspielkunst. Berlin 1954.

[Drama des Sturm und Drang und der Deutschen Klassik]

Berels, Christoph (Hg.): Sturm und Drang. Katalog: Freies deutsches Hochstift. 1968.

Borchmeyer, Dieter: Die Weimarer Klassik. Bd. 1 und 2. Königstein/Ts. 1980.

Borries, Ernst und Erika von: Die Weimarer Klassik. Goethes Spätwerk (=Deutsche Literaturgeschichte. Bd. 3). München 1991.

Börsch-Supan, Helmut: Karl Friedrich Schinkel - Bühnenbildentwürfe. Bd. 1 und 2. Berlin 1990.

Boubia, Fawzi: Theater der Politik - Politik des Theaters. Mercier und die Dramaturgie des Sturm und Drang. Frankfurt am Main/Bern/Las Vegas 1978.

Conrady, Karl Otto: Goethe - Leben und Werk. München 1994.

Einsiedel, Friedrich Hildebrand von: Grundlinien zu einer Theorie der Schauspielkunst. Leipzig 1797.

Engel, Johann Jakob: Ideen zu einer Mimik. 1785/86. Neudruck: Frankfurt am Main 1971.

Flemming, Willi: Goethe und das Theater seiner Zeit. Stuttgart/Berlin/Mainz/Köln 1968.

Glaser, Horst Albert: Das bürgerliche Rührstück. Stuttgart 1969.

Goethe, Johann Wolfgang: Sämtliche Werke. Bd. 1-18. Zürich/München 1977.

Goethe-Handbuch. Bd. 1-4. Stuttgart 1995/98/99

Hamann, Johann Georg: Sokratische Denkwürdigkeiten. Stuttgart 1973.

Häussermann, Ulrich: Friedrich Hölderlin. Reinbek bei Hamburg 1968.

Henze, Walter: Goethe. Bd. I und II. Velber bei Hannover 1968/69.

Herder, Johann Gottfried: Werke. Bd. I und II. München 1984.

Hinck, Walter: Goethe - Mann des Theaters. Göttingen 1982.

Hohoff, Curt: J.M.R. Lenz. Reinbek bei Hamburg 1977.

Huyssen, Andreas: Das Drama des Sturm und Drang. München 1980.

Jeßing, Benedikt: Johann Wolfgang Goethe. Stuttgart 1995.

Jørgensen, Sven-Aage: Johann Georg Hamann. Stuttgart 1976.

Kindermann, Heinz: Theatergeschichte der Goethezeit. Wien 1948.

Kließ, Werner: Sturm und Drang. Gerstenberg, Lenz, Klinger, Leisewitz, Wagner, Maler Müller. Velber bei Hannover 1966.

Koopmann, Helmut: Friedrich Schiller. Bd. I und II. Stuttgart 1966.

Lenz, Jakob Michael Reinhold: Werke in drei Bänden. München 1987.

Mercier, Louis Sébastian: Neuer Versuch über die Schauspielkunst. Leipzig 1776. Neudruck: Heidelberg 1967.

Müller-Harang, Ulrike: Das Weimarer Theater zur Zeit Goethes. Weimar 1991.

Reichenberger, Theo: Goethes Reflexionen über das Theater. Kassel 1995.

Rischbieter, Henning: Schiller. Bd. I und II. Velber bei Hannover 1968/69.

Schiller, Friedrich: Sämtliche Werke. Bd. 1-5. München 1975.

Ueding, Gert: Friedrich Schiller. München 1990.

Wackwitz, Stefan: Friedrich Hölderlin. Stuttgart 1985.

Winter, Hans-Gerd: Jakob Michael Reinhold Lenz. Stuttgart 1987.

Zeller, Berhard/Scheffler, Walter: Schiller. Leben und Werk in Daten und Bildern. Frankfurt am Main 1977.

[Drama und Theater der europäischen Romantik]

Borries, Ernst und Erika von: Zwischen Klassik und Romantik: Hölderlin, Kleist, Jean Paul (=Deutsche Literaturgeschichte. Bd. 4). München 1993.

Hoffmeister, Gerhart: Deutsche und europä-ische Romantik. Stuttgart 1990.

Hohoff, Curt: Kleist. Reinbek bei Hamburg 1958.

Huch, Ricarda: Die Romantik. Tübingen 1951.

Kindermann, Heinz: Theatergeschichte Europas. Bd. VI: Romantik. Salzburg 1964.

Kleist, Heinrich von: Sämtliche Werke. München/Zürich 1951.

Michaelis, Rolf: Kleist. Velber bei Hannover 1968.

Novalis: Blüthenstaub (Athenaeum. Bd. 1). Berlin 1798.

Novalis: Briefe und Werke. Bd. 1-3. Berlin 1943.

Paulin, Roger: Ludwig Tieck. Stuttgart 1987.

Pikulik, Lothar: Frühromantik. Epoche - Werk - Wirkung. München 1992.
Schulz, Gerhard: Novalis. Reinbek bei Hamburg 1969.
Wichmann, Thomas: Heinrich von Kleist. Stuttgart 1988.

[Theater des hohen Stils und Volkstheater in Wien]

Bachmaier, Helmut (Hg.): Franz Grillparzer. Frankfurt am Main 1991.
Basil, Otto: Johann Nestroy. Reinbek bei Hamburg 1967.
Grillparzer, Franz: Sämtliche Werke. Bd. 1-4. München 1965.
Hein, Jürgen: Ferdinand Raimund. Stuttgart 1970.
Hein, Jürgen: Johann Nestroy. Stuttgart 1990.
Hein, Jürgen: Das Wiener Volktheater. Darmstadt 1991.
Kahl, Kurt: Raimund. Velber bei Hannover 1967.
Mauthner, Bruno: Johann Nestroy. Heidelberg 1974.
Müller, Joachim: Franz Grillparzer. Stuttgart 1963.
Nestroy, Johann: Komödien. Bd. 1-3. Frankfurt am Main 1970.
Raimund, Ferdinand: Sämtliche Werke. Leipzig o.J.
Rommel, Otto: Die Alt-Wiener Volkskomödie. Wien 1952.
Schäble, Günther: Grillparzer. Velber bei Hannover 1967.
Scheit, Gerhard: Grillparzer. Reinbek bei Hamburg 1989.
Urbach, Reinhard: Die Wiener Komödie und ihr Publikum. Wien 1973.
Viviani, Annalisa: Grillparzer Kommentar. Bd. 1. München 1972.
Weigel, Hans: Flucht vor der Größe. Beiträge zur Erkenntnis und Selbsterkenntnis Österreichs. Wien 1960.
Weigel, Hans: Nestroy. Velber bei Hannover 1967.

[Das deutsche Drama zwischen Restauration und Revolution]

Büchner, Georg: Sämtliche Werke und Briefe. Bd. 1 und 2. München 1971.
Denkler, Horst: Restauration und Revolution. Politische Tendenzen im deutschen Drama zwischen Wiener Kongreß und Märzrevolution. München 1973.
Hauschild, Jan-Christoph: Georg Büchner. Stuttgart 1993.
Hermand, Jost (Hg.): Das Junge Deutschland. Texte und Dokumente. Stuttgart 1966.
Hermand, Jost (Hg.): Der deutsche Vormärz. Texte und Dokumente. Stuttgart 1967.

Knapp, Gerhard P.: Georg Büchner. Stuttgart 1984.

Matthiesen, Hayo: Hebbel. Reinbek bei Hamburg 1970.

Metz, Anni: Friedrich Hebbel. Stuttgart 1962.

Petzoldt, Günther: Büchner. Velber bei Hannover 1965.

Rinsum, Annemarie und Wolfgang von: Früh-realismus 1815-1848 (=Deutsche Litera-turgeschichte. Bd. 6). München 1992.

Schaub, Martin: Hebbel. Velber bei Hannover 1967.

Steffens, Wilhelm: Grabbe. Velber bei Hannover 1966.

[Die Übernahme des Theaters durch das Bürgertum]

Aust, Hugo: Literatur des Realismus. Stuttgart 1977.

Borchmeyer, Dieter: Das Theater Richard Wagners. Stuttgart 1982.

Dienes, Gerhard Michael: Fellner & Hellmer - die Architekten der Illusion. Katalog: Stadtmuseum. Graz 1999.

Freytag, Gustav: Die Technik des Dramas. Stuttgart 1983.

Hamann, Richard/Hermand, Jost: Epochen deutscher Kultur von 1870 bis zur Gegenwart. Bd. 1: Gründerzeit. München 1971.

Hoffmann, Hans-Christoph: Die Theaterbauten von Fellner und Helmer. München 1966.

Hoffmeier, Dieter: Die Meininger. Berlin 1988.

Schanze, Helmut: Drama im bürgerlichen Realismus. Frankfurt am Main 1973.

Steinmetz, Anna: Scribe. Sardou. Feydeau. Untersuchungen zur französischen Unterhaltungskomö die im 19. Jahrhundert. Frankfurt am Main/New York/Nancy 1984.

Wagner, Richard: Gesammelte Werke. Bd. III. Leipzig 1871.

[Drama und Theater des Naturalismus, Impressionismus und Symbolismus]

Antoine, André: Meine Erinnerungen an das Théâtre libre. Berlin 1960.

Bahr, Hermann: Zur Überwindung des Naturalismus. Stuttgart/Berlin/Köln/Mainz 1968.

Bayerdörfer, Hans-Peter u.a. (Hg.): Literatur im Wilhelminischen Zeitalter. Tübingen 1978.

Brahm, Otto: Theater. Dramatiker. Schauspieler. Berlin 1961.

Braulich, Heinrich: Die Volksbühne. Berlin 1976.

Cowen, Roy C.: Hauptmann Kommentar. München 1980.

Daus, Ronald: Zola und der französische Naturalismus. Stuttgart 1977.

Delius, Anette: Intimes Theater. Königstein/Ts. 1976.

Funke, Peter: Oscar Wilde. Reinbek bei Hamburg 1969.

Goldschmitt, Rudolf: Hofmannsthal. Velber bei Hannover 1968.

Hamann, Richard/Hermand, Jost: Epochen deutscher Kultur von 1870 bis zur Gegenwart. Bd. 2: Naturalismus. München 1973.

Hamann, Richard/Hermand, Jost: Epochen deutscher Kultur von 1870 bis zur Gegenwart. Bd. 3: Impressionismus. München 1974.

Hamburger, Käthe: Ibsens Drama in seiner Zeit. Stuttgart 1989.

Hoefert, Siegfried: Gerhart Hauptmann. Stuttgart 1982.

Hoefert, Siegfried: Das Drama des Naturalismus. Stuttgart 1993.

Holz, Arno: Das Werk. Bd. X. Berlin 1925.

Irmer, Hans-Jochen: Der Theaterdichter Frank Wedekind. Berlin 1975.

Jost, Dominik: Literarischer Jugendstil. Stuttgart 1980.

Koch, Hans-Albert: Hugo von Hofmannsthal. Darmstadt 1989.

Kohl, Norbert (Hg.): Oscar Wilde. Leben und Werk in Daten und Bildern. Frankfurt am Main 1976.

MacGuiness, Patrick: Maurice Maeterlinck and the making of modern theatre. Oxford 2000.

Maeterlinck, Maurice: Prosa und kritische Schriften. Bad Wörrishofen 1983.

Mahal, Günter: Naturalismus. München 1975.

Mander, Gertrud: Shaw. Velber bei Hannover 1969.

Mayer, Hans: Hauptmann. Velber bei Hannover 1967.

Mayer, Matthias: Hugo von Hofmannsthal. Stuttgart 1993.

Meyer, Hans Georg: Ibsen. Velber bei Hannover 1967.

Meyer, Theo (Hg.): Theorie des Naturalismus. Stuttgart 1973.

Nietzsche, Friedrich: Sämtliche Werke in zwölf Bänden. Stuttgart 1964.

Ollén, Gunnar: Strindberg. Velber bei Hannover 1968.

Paul, Fritz: August Strindberg. Stuttgart 1979.

Perlmann, Michaela L.: Arthur Schnitzler. Stuttgart 1987.

Rieger, Gerd E.: Henrik Ibsen. Reinbek bei Hamburg 1993.

Scheible, Hartmut: Schnitzler. Reinbek bei Hamburg 1976.

Schnitzler, Arthur: Aphorismen und Betrachtungen. Frankfurt am Main 1967.

Schütze, Peter: August Strindberg. Reinbek bei Hamburg 1990.

Seehaus, Günter: Wedekind. Reinbek bei Hamburg 1974.

Sprengel, Peter: Gerhart Hauptmann. Epoche - Werk - Wirkung. München 1984.

Strindberg, August: Über Drama und Theater. Köln 1966.

Strindberg, August: Werke in zeitlicher Folge. Bd. 4, 5, 8, 10. Frankfurt am Main. 1984 ff.

Szondi, Peter: Das lyrische Drama des Fin de Siècle. Frankfurt am Main 1975.

Tank, Kurt Lothar: Hauptmann. Reinbek bei Hamburg 1959.

Urbach, Reinhard: Schnitzler. Velber bei Hannover 1968.

Urbach, Reinhard: Schnitzler Kommentar. München 1974.

Vincon, Hartmut: Frank Wedekind. Stuttgart 1987.

Volke, Werner: Hofmannsthal. Reinbek bei Hamburg 1967.

Völker, Klaus: Wedekind. Velber bei Hannover 1965.

Völker, Klaus: Irisches Theater I. Yeats und Synge. Velber bei Hannover 1967.

Wülfing, Wulf: Junges Deutschland. Texte. Kontexte. Abbildungen. Kommentare. München 1979.

Zola, Émile: Le Naturalisme au théâtre. Paris 1881.

[Drama und Theater des russischen Realismus]

Čechov, Anton: Briefe in fünf Bänden. Zürich 1979.

Gogol, Nicolai: Gesammelte Werke. Bd. 1-4. Stuttgart o.J.

Gourfinkel, Nina: Gorki. Reinbek bei Hamburg 1958.

Hoffmeier, Dieter: Stanislavskij. Auf der Suche nach dem Kreativen im Schauspieler. Stuttgart 1993.

Lavrin, Janko: Tolstoj. Reinbek bei Hamburg 1961.

Lettenbauer, Wilhelm: Tolstoj. München/Zürich 1984.

Melchinger, Siegfried: Tschechov. Zürich/München 1978.

Rischbieter, Henning: Gorki. Velber bei Hannover 1973.

Stanislawski, Konstantin S.: Briefe. 1866-1938. Berlin 1975.

Stanislawski, Konstantin S.: Mein Leben in der Kunst. Berlin 1987.

Stanislawski, Konstantin S.: Die Arbeit des Schauspielers an sich selbst. Bd. I und II. Berlin 1988.

Stanislawski, Konstantin S.: Die Arbeit des Schauspielers an der Rolle. Berlin 1996.

Storch, Wolfgang: Gogol. Velber bei Hannover 1967.

Wolffheim, Elsbeth: Anton Čechov. Reinbek bei Hamburg 1982.

Zelinsky, Bodo (Hg.): Das russische Drama. Düsseldorf 1986.

• DAS THEATER DES 20. JAHRHUNDERTS IM DEUTSCHSPRACHIGEN RAUM

[Allgemeines]

Barner, Wilfried (Hg.): Geschichte der deutschen Literatur von 1945 bis zur Gegenwart (=de Boor/Newald: Geschichte der deutschen Literatur. Bd. 12). München 1994.

Berg, Jan u.a.: Sozialgeschichte der deutschen Literatur von 1818 bis zur Gegenwart. Frankfurt am Main 1981.

Briegleb, Klaus (Hg.): Gegenwartsliteratur seit 1968 (=Hansers Sozialgeschichte der deutschen Literatur von den Anfängen bis zur Gegenwart. Bd.11). München 1992.

Buddecke, Wolfram/Fuhrmann, Helmut: Das deutschsprachige Drama seit 1945. München 1981.

Eckert, Nora: Das Bühnenbild im 20. Jahrhundert. Berlin 1998.

Engler, Winfried: Französische Literatur des 20. Jahrhunderts. Bern 1994.

Fischer, Ludwig (Hg.): Literatur in der Bundesrepublik Deutschland bis 1967 (=Hansers Sozialgeschichte von den Anfängen bis zur Gegenwart. Bd. 10). München 1986.

Fischer-Lichte, Erika (Hg.): Berliner Theater im 20. Jahrhundert. Berlin 1998.

Forster, Heinz/Riegel, Paul: Die Nachkriegszeit 1945-1968 (=Deutsche Literaturgeschichte. Bd. 11). München 1995.

Glaser, Hermann: Kulturgeschichte der Bundesrepublik Deutschland. Bd. 1-3. München 1985 ff.

Hermand, Jost/Trommler, Frank: Die Kultur der Weimarer Republik. München 1978.

Hermand, Jost: Die Kultur der Bundesrepublik Deutschland 1965-1985. München 1988.

Holthusen, Johannes: Russische Literatur im 20. Jahrhundert. Bern 1992.

Jessner, Leopold: Schriften. Theater der zwanziger Jahre. Berlin 1979.

Jhering, Herbert: Der Kampf ums Theater und andere Streitschriften 1918-1933. Berlin 1974.

Lattmann, Dieter (Hg.): Kindlers Literaturgeschichte der Gegenwart. München 1980.

Mennemeier, Franz Norbert: Das moderne Drama des Auslandes. Düsseldorf 1961.

Mennemeier, Franz Norbert: Das moderne deutsche Drama. Bd. 1 und 2. München 1973.

Rischbieter, Henning (Hg.): Durch den eisernen Vorhang. Theater im geteilten Deutschland. Katalog: Akademie der Künste. Berlin 1999.

Rühle, Günther: Theater in unserer Zeit. Frankfurt am Main 1976.

Schnierer, Peter Paul: Modernes englisches Drama seit 1945. Tübingen 1997.

Schöne, Lothar: Neuigkeiten vom Mittelpunkt der Welt. Der Kampf ums Theater in der Weimarer Republik. Darmstadt 1994.

Weyergraf, Bernhard (Hg.): Literatur der Weimarer Republik (=Hansers Sozialgeschichte der

deutschen Literatur von den Anfängen bis zur Gegenwart. Bd. 8). München 1995.
Zmegač, Victor (Hg.): Geschichte der deutschen Literatur vom 18. Jahrhundert bis heute. Bd. I-III. Königstein/Ts. 1978.

[Das Theater Max Reinhardts]

Fiedler, Leonhard M.: Max Reinhardt. Reinbek bei Hamburg 1975.
Fuhrich, Edda/Prossnitz, Gisela (Hg.): Max Reinhardt. »Ein Theater, das den Menschen wieder Freude gibt...«. München/Wien 1987.
Huesmann, Heinrich: Welttheater Reinhardt. Bauten. Spielstätten. Inszenierungen. München 1983.
Reinhardt, Max: Leben für das Theater. Briefe. Reden. Aufsätze. Interviews. Gespräche. Auszüge aus den Regiebüchern. Berlin 1989.

[Drama und Theater des Expressionismus]

Baensch, Dieter: Else Lasker-Schüler. Stuttgart 1971.
Best, Otto F.: Theorie des Expressionismus. Stuttgart 1976.
Denkler, Horst: Drama des Expressionismus. München 1967.
Durzak, Manfred: Zu Carl Sternheim. Stuttgart 1982.
Hamann, Richard/Hermand, Jost: Epochen deutscher Kultur von 1870 bis zur Gegenwart. Bd. 5: Expressionismus. München 1976.
Kaiser, Herbert: Der Dramatiker Ernst Barlach. München 1972.
Karasek, Hellmuth: Sternheim. Velber bei Hannover 1970.
Klüsener, Erika: Lasker-Schüler. Reinbek bei Hamburg 1980.
Kokoschka, Oskar: Das schriftliche Werk. Bd. 1-3. Hamburg 1973.
Kornfeld, Paul: Die Verführung. Nachwort an den Schauspieler. Berlin 1916.
Linke, Manfred: Sternheim. Reinbek bei Hamburg 1979.
Rothe, Wolfgang (Hg.): Expressionismus als Literatur. München 1969.
Rothe, Wolfgang: Toller. Reinbek bei Hamburg 1983.
Rötzer, Hans Gerd: Begriffsbestimmung des literarischen Expressionismus. Darmstadt 1976.
Steffens, Wilhelm: Expressionistische Dramatik. Velber bei Hannover 1968.
Steffens, Wilhelm: Kaiser. Velber bei Hannover 1969.
Vietta, Silvio/Kemper, Hans-Georg: Expressionismus. München 1975.
Viviani, Annalisa: Das Drama des Expressionismus. München 1970.

[Das Zeitstück und das Volksstück in der Weimarer Republik]

Bronnen, Barbara: Karl Valentin und Lisl Karlstadt. Reinbek bei Hamburg 1998.

Fleißer, Marieluise: Gesammelte Werke. Bd. I-IV. Frankfurt am Main 1989.

Hildebrandt, Dieter: Horváth. Reinbek bei Hamburg 1975.

Horváth, Ödön von: Gesammelte Werke. Bd. I-IV. Frankfurt am Main 1970.

Jhering, Herbert: Regie. Berlin 1943.

Jhering, Herbert: Berliner Dramaturgie. Berlin 1947.

Kahl, Kurt: Horváth. Velber bei Hannover 1966.

Kässens, Wend/Töteberg, Michael: Marieluise Fleißer. München 1979.

Krischke, Traugott/Prokop, Hans F. (Hg.): Ödön von Horváth. Leben und Werk in Dokumenten und Bildern. Frankfurt am Main 1977.

Krischke, Traugott (Hg.): Horváths Stücke. Materialien. Frankfurt am Main 1988.

Lehfeldt, Christiane: Der Dramatiker Ferdinand Bruckner. Göppingen 1975.

McGowan, Moray: Marieluise Fleißer. München 1987.

Rühle, Günther (Hg.): Materialien zum Leben und Schreiben der Marieluise Fleißer. Frankfurt am Main 1973.

Schulte, Michael: Karl Valentin. Reinbek bei Hamburg 1968.

[Erwin Piscators Politisches Theater]

Amelung, Ulrich (Hg.): »Leben - ist immer ein Anfang!«. Erwin Piscator 1893-1966. Marburg 1993.

Goertz, Heinrich: Erwin Piscator. Reinbek bei Hamburg 1974.

Hoffmann, Ludwig/Hoffmann-Ostwald, Daniel: Deutsches Arbeitertheater 1918-1933. Bd. 1 und 2. Berlin 1973.

Hoffmann, Ludwig/Pfützner, Klaus: Theater der Kollektive. Bd. 1 und 2. Berlin 1980.

Kirfel-Lenk, Thea: Erwin Piscator im Exil in den USA. Berlin 1984.

Piscator, Erwin: Schriften. Bd. 1: Das PolitischeTheater. Bd. 2: Aufsätze. Reden. Gespräche. Berlin 1968.

Wangenheim, Gustav von: Da liegt der Hund begraben und andere Stücke aus der Truppe 1931. Reinbek bei Hamburg 1974.

Weber, Richard: Proletarisches Theater und revolutionäre Arbeiterbewegung 1918-1925. Köln 1976.

Willett, John: Erwin Piscator. Die Eröffnung des politischen Zeitalters auf dem Theater. Frankfurt am Main 1982.

[Bertolt Brechts Episches Theater]

Brecht, Bertolt: Briefe. Bd. 1 und 2. Frankfurt am Main 1981.

Brecht, Bertolt: Tagebücher 1920-1922. Aufzeichnungen 1920-1954. Frankfurt am Main 1975.

Brecht, Bertolt: Werke. Große kommentierte Berliner und Frankfurter Ausgabe. Bd. 1-25. Berlin/Weimar/Frankfurt am Main 1989 ff.

Brecht, Bertolt: Schriften. Bd. 1-5. Berlin/Weimar/Frankfurt am Main 1991 ff.

Grimm, Reinhold: Bertolt Brecht. Berlin 1966.

Knopf, Jan: Brecht-Handbuch. Stuttgart 1981.

Krabiel, Klaus-Dieter: Brechts Lehrstücke. Entstehung und Entwicklung eines neuen Spieltyps. Stuttgart/Weimar 1993.

Rischbieter, Henning: Brecht I und II. Velber bei Hannover 1966.

Steinweg, Reiner: Brechts Modell der Lehrstücke. Frankfurt am Main 1976.

Voigts, Manfred: Brechts Theaterkonzeption bis 1931. München 1977.

Völker, Klaus: Brecht-Kommentar. München 1983.

[Drama und Theater im Nationalsozialismus]

Daiber, Hans: Schaufenster der Diktatur. Theater im Machtbereich Hitlers. Tübingen 1995.

Drewniak, Boguslaw: Das Theater im NSStaat. Düsseldorf 1983.

Dussel, Konrad: Ein neues, ein heroisches Theater. Bonn 1988.

Gertz, Heinrich: Gustaf Gründgens. Reinbek bei Hamburg 1982.

Reichl, Johannes M.: Das Thingspiel. Frankfurt am Main 1988.

[Drama und Theater im Exil]

Feilchenfeldt, Konrad: Deutsche Exilliteratur 1933-1945. München 1986.

Mennemeier, Franz Norbert/Trapp, Frithjof: Deutsche Exildramatik 1933-1945. München 1980.

Mittenzwei, Werner: Das Zürcher Schauspielhaus 1933-1945 oder Die letzte Chance. Berlin 1979.

Wächter, Hans Christof: Theater im Exil. Sozialgeschichte des deutschen Exil-Theaters 1933-1945. München 1973.

[Das Theater der ersten Nachkriegszeit]

Akademie der Künste (Hg.): Fritz Wisten. Drei Leben für das Theater. Berlin 1990.

Beckmann, Heinz: Wilder. Velber bei Hannover 1966.

Biemel, Walter: Sartre. Reinbek bei Hamburg 1964.

Borchert, Wolfgang: Das Gesamtwerk. Hamburg/Stuttgart/Berlin 1946.

Braem, Helmut M.: O'Neill. Velber bei Hannover 1965.

Frisch, Max: Erinnerungen an Brecht. (In: Kursbuch 7/1966. S. 54 ff.).

Gay-Grosier, Raymond: Camus. Darmstadt 1976.

Gumton, Helmut: Wolfgang Borchert. Berlin 1969.

Jauslin, Christian: Tennessee Williams. Velber bei Hannover 1968.

Kuna, Franz: T.S. Eliot. Velber bei Hannover 1969.

Lange, Rudolf: Zuckmayer. Velber bei Hannover 1969.

Lebesque, Morvan: Albert Camus. Reinbek bei Hamburg 1960.

Lübbren, Rainer: Miller. Velber bei Hannover 1966.

Mann, Thomas: Deutsche Hörer! Europäische Hörer! Radiosendungen nach Deutschland 1940-1945. Darmstadt 1986.

Melchinger, Christa: Camus. Velber bei Hannover 1968.

Riehle, Wolfgang: T.S. Eliot. Darmstadt 1979.

Sändig, Brigitte: Albert Camus. Eine Einführung in Leben und Werk. Leipzig 1988.

Schneider, Rolf: Theater in einem besiegten Land. Frankfurt am Main/Berlin 1989.

Schröder, Claus B.: Draußen vor der Tür. Eine Borchert-Biographie. Berlin 1988.

Wolff, Rudolf: Wolfgang Borchert. Werk und Wirkung. Bonn 1984.

Zehm, Günter Albrecht: Sartre. Velber bei Hannover 1965.

[Drama und Theater in der Deutschen Demokratischen Republik]

Berliner Ensemble (Hg.): Theaterarbeit. 6 Aufführungen des Berliner Ensembles. Frankfurt am Main 1961.

Bertisch, Klaus (Hg.): Ruth Berghaus. Frankfurt am Main 1989.

Besson, Benno: Jahre mit Brecht. Willisau o.J. Braun, Matthias: Drama um eine Komödie. Das Ensemble von SED und Staatssicherheit, FDJ und Ministerium für Kultur gegen Heiner Müllers Die Umsiedlerin oder Das Leben auf dem Lande. Berlin 1995.

Emmerich, Wolfgang: Kleine Literaturgeschichte der DDR. Frankfurt am Main 1989.

Fischer, Bernd: Christoph Hein. Heidelberg 1990.

Franke, Konrad: Die Literatur der Deutschen Demokratischen Republik. Zürich/München 1974.

Funke, Christoph: Der Bühnenbildner Heinrich Kilger. Berlin 1975.

Hacks, Peter: Die Maßgaben der Kunst. Düsseldorf 1977.

Hasche, Christa/Schölling, Traute/Fiebach, Joachim: Theater in der DDR. Berlin 1994.

Hein, Christoph: Schötel oder Was solls? Stücke und Essays. Darmstadt/Neuwied 1986.

Hörnigk, Frank (Hg.): Heiner Müller Material. Text und Kommentare. Leipzig 1990.

Hörnigk, Frank u. a. : Ich Wer ist das Im Regen aus Vogelkot Im Kalkfell. Für Heiner Müller. Berlin 1996.

Hörnigk, Frank (Hg.): Volker Braun. Berlin 1999.

Keim, Katharina: Theatralität in den späten Dramen Heiner Müllers. Tübingen 1998.

Kranz, Dieter: Berliner Theater. 100 Aufführungen aus drei Jahrzehnten. Berlin 1990.

Laube, Horst: Peter Hacks. Velber bei Hannover 1972.

Mittenzwei, Werner (Hg.): Theater in der Zeitenwende. Bd. 1 und 2. Berlin 1972.

Müller, André (Hg.): Der Regisseur Benno Besson. Gespräche. Notate. Aufführungsfotos. Berlin 1967.

Müller, Heiner: Theater-Arbeit. Berlin 1975.

Müller, Heiner: Gesammelte Irrtümer. Bd.[1-3]. Frankfurt am Main 1986 ff.

Neef, Sigrid: Das Theater der Ruth Berghaus. Berlin 1989.

Neubert-Herwig, Christa (Hg.): Benno Besson. Theaterspielen in acht Ländern. Berlin 1998.

Pietzsch, Ingeborg: Thomas Langhoff. Schauspieler. Regisseur. Intendant. Berlin 1993.

Profitlich, Ulrich (Hg.): Dramatik in der DDR. Frankfurt am Main 1987.

Raddatz, Frank-Michael: Dämonen unterm roten Stern. Zur Geschichtsphilosophie und Ästhetik Heiner Müllers. Stuttgart 1991.

Rosellini, Jay: Volker Braun. München 1983.

Schievelbusch, Wolfgang: Sozialistisches Drama nach Brecht. Darmstadt/Neuwied 1974.

Schmitt, Hans-Jürgen (Hg.): Die Literatur der DDR (=Hansers Sozialgeschichte der deutschen Literatur von den Anfängen bis zur Gegenwart. Bd. 11). München 1983.

Schulz, Genia: Heiner Müller. Stuttgart 1980.

Stuber, Petra: Studien zum DDR-Theater. Berlin 1998

Wilzopolski, Siegfried: Theater des Augenblicks. Die Theaterarbeit Frank Castorfs. Berlin 1992.

Wolf, Friedrich: Gesammelte Werke. Bd. 1-16. Berlin/Weimar 1967.

[Theater in der Bundesrepublik Deutschland während des Wiederaufbaus]

Adorno, Theodor W.: Versuch, das Endspiel zu verstehen. (In: Noten zur Literatur II. Frankfurt am

Main 1961. S. 188 ff.).
Bair, Deidre: Samuel Beckett. Hamburg 1991.
Birkenhauer, Klaus: Beckett. Reinbek bei Hamburg 1971.
Bondy, Francois: Ionesco. Reinbek bei Hamburg 1975.
Bondy, Francois/Jelenski, Constantin: Witold Gombrowicz. München 1978.
Camus, Albert: Der Mensch in der Revolte. Reinbek bei Hamburg o.J.
Camus, Albert: Der Mythos von Sisyphos. Ein Versuch über das Absurde. Reinbek bei Hamburg 1959.
Canaris, Volker: Anouilh. Velber bei Hannover 1967.
Daus, Ronald: Das Theater des Absurden in Frankreich. Stuttgart 1977.
Endres, Elisabeth: Die Literatur der Adenauerzeit. München 1980.
Engelhardt, Helmut (Hg.): Samuel Beckett. Frankfurt am Main 1984.
Esslin, Martin: Das Theater des Absurden. Reinbek bei Hamburg 1965.
Gründgens, Gustaf: Wirklichkeit des Theaters. Frankfurt am Main 1963.
Hensel, Georg: Beckett. Velber bei Hannover 1968.
Hermand, Jost: Kultur im Wiederaufbau. München 1986.
Hildesheimer, Wolfgang: Wer war Mozart? Becketts Spiel. Über das absurde Theater. Frankfurt am Main 1966.
Ionesco, Eugène: Argumente und Argumente. Neuwied/Berlin 1962.
Jehle, Volker (Hg.): Wolfgang Hildesheimer. Frankfurt am Main 1989.
Kließ, Werner: Genet. Velber bei Hannover 1967.
Kortner, Fritz: Aller Tage Abend. München 1959.
Lindtberg, Leopold: Reden und Aufsätze. Freiburg im Breisgau 1972.
Mander, Gertrud: Giraudoux. Velber bei Hannover 1969.
Matthaei, Renate: Pirandello. Velber bei Hannover 1967.
Mayoux, Jean-Jacques: Über Beckett. Frankfurt am Main 1966.
Mennemeier, Franz Norbert: Der Dramatiker Pirandello. Köln 1965.
Michaelis, Rolf: García Lorca. Velber bei Hannover 1969.
Nagel, Ivan: Kortner, Zadek, Stein. München 1989.
Otto, Teo: Meine Szene. Köln 1966.
Rogmann, Horst: García Lorca. Darmstadt 1981.
Schuh, Oscar Fritz/Willnauer, Franz: Die Bühne als geistiger Raum. Köln 1963.

Sellner, Gustav Rudolf: Theatralische Landschaft. Bremen 1962.

Völker, Klaus: Fritz Kortner. Schauspieler und Regisseur. Berlin 1987.

Wendt, Ernst: Ionesco. Velber bei Hannover 1967.

[Politisierung des Dramas: Parabel - Dokumentarstück - Kritisches Volksstück]

Beckermann, Thomas (Hg.): Über Max Frisch I. Frankfurt am Main 1979.

Blumer, Arnold: Das dokumentarische Theater der sechziger Jahre in der Bundesrepublik Deutschland. Stuttgart 1977.

Carl, Rolf-Peter: Franz Xaver Kroetz. München 1978.

Cohen, Robert: Peter Weiss in seiner Zeit. Stuttgart 1992.

Dürrenmatt, Friedrich: Theaterprobleme. Zürich 1955.

Gerlach, Rainer (Hg.): Peter Weiss. Frankfurt am Main 1984.

Ismayer, Wolfgang: Das politische Theater in Westdeutschland. Maisenheim an der Glan 1977.

Jenny, Urs: Friedrich Dürrenmatt. Velber bei Hannover 1970.

Karasek, Hellmuth: Max Frisch. Velber bei Hannover 1967.

Knapp, Gerhard P.: Friedrich Dürrenmatt. Stuttgart 1993.

Mayer, Hans: Über Friedrich Dürrenmatt und Max Frisch. Pfullingen 1977.

Melchinger, Siefried: Hochhuth. Velber bei Hannover 1967.

Petersen, Jürgen H.: Max Frisch. Stuttgart 1989.

Rischbieter, Henning: Weiss. Velber bei Hannover 1967.

Schmitz, Walter (Hg.): Über Max Frisch II. Frankfurt am Main 1976.

Siblewski, Klaus (Hg.): Martin Walser. Frankfurt am Main 1981.

Spaich, Herbert: Rainer Werner Fassbinder. Leben und Werk. Weinheim 1992.

Stephan, Alexander: Max Frisch. München 1983.

Taëni, Rainer: Rolf Hochhuth. München 1977.

Waine, Anthony: Martin Walser. München 1980.

Walser, Martin: Erfahrungen und Leseerfahrungen. Frankfurt am Main 1965.

Weiss, Peter: Rapporte. Bd. 1 und 2. Frankfurt am Main 1971.

[Theater in der Bundesrepublik Deutschland im politischen Aufbruch]

Büscher, Barbara: Wirklichkeitstheater. Stra-ßentheater. Freies Theater. Entstehung und Entwicklung freier Gruppen in der Bundes-republik Deutschland. 1968-1976. Frankfurt am

Main/Bern/New York/Paris 1987.
Canaris, Volker: Peter Zadek. Der Theatermacher und Filmemacher. München 1979.
Carstensen, Uwe B.: Klaus Michael Grüber. Frankfurt am Main 1988.
Hermand, Jost: Die Kultur der Bundesrepublik Deutschland 1965-1985. Frankfurt am Main/Berlin 1990.
Hüfner, Agnes (Hg.): Straßentheater. Frankfurt am Main 1970.
Iden, Peter: Die Schaubühne am Halleschen Ufer 1970-1979. München 1979.
Koberg, Roland: Claus Peymann - aller Tage Abenteuer. Berlin 1999.
Korte, Hermann: Eine Gesellschaft im Aufbruch. Die Bundesrepublik Deutschland in den sechziger Jahren. Frankfurt am Main 1987.
Kranz, Dieter: Positionen. Strehler, Planchon, Koun, Dario Fo, Långbaka, Stein. Gespräche mit Regisseuren des europäischen Theaters. Berlin 1981.
Kraus, Hildegard: Johann Kresnik. Frankfurt am Main 1990.
Lange, Mechtild: Peter Zadek. Frankfurt am Main 1986.
Linke, Manfred (Hg.): Theater/Theatre 1967-1982. Berlin 1983.
Mennicken, Rainer: Peter Palitzsch. Frankfurt am Main 1993.
Schedler, Melchior: Kindertheater. Geschichte, Modelle, Projekte. Frankfurt am Main 1972.
Schmidt, Dietmar N.: Regie … Luc Bondy. Berlin 1991.
Strauß, Botho: Versuch, ästhetische und politische Ereignisse zusammenzudenken. München 1987.
Völker, Klaus: Irisches Theater II: Sean O'Casey. Velber bei Hannover 1968.
Zadek, Peter: Das wilde Ufer. Ein Theaterbuch. Köln 1990.
Zadek, Peter: My way. Köln 1998.

[Drama und Theater der siebziger und achtziger Jahre im westlichen deutschsprachigen Raum]

Bayerdörfer, Hans-Peter (Hg.): Theater gegen das Vergessen: Bühnenarbeit und Drama bei George Tabori. Tübingen 1997.
Becker, Peter von: Der überraschte Voyeur. Theater der Gegenwart. München 1982.
Beil, Hermann: Theaternarren leben länger. Wien 2000.
Dittmar, Jens (Hg.): Thomas Bernhard. Werkgeschichte. Frankfurt am Main 1981.
Drews, Jörg (Hg.): Herbert Achternbusch. Frankfurt am Main 1982.
Erken, Günther (Hg.): Tankred Dorst. Frankfurt am Main 1983.
Erken, Günther: Hansgünther Heyme. Frankfurt am Main 1989.

Fellinger, Raimund (Hg.): Peter Handke. Frankfurt am Main 1985.

Gamper, Herbert: Thomas Bernhard. München 1977.

Gronius, Jörg W./Kässens, Wend: Tabori. Frankfurt am Main 1989.

Handke, Peter: Prosa. Gedichte. Theaterstücke. Hörspiel. Aufsätze. Frankfurt am Main 1969.

Hensel, Georg: Das Theater der siebziger Jahre. Kommentar, Kritik, Polemik. Stuttgart 1980.

Hensel, Georg: Spiel's noch einmal, Sam. Das Theater der achtziger Jahre. Frankfurt am Main 1990.

Hofmann, Kurt: Aus Gesprächen mit Thomas Bernhard. Wien 1988.

Hoghe, Raimund: Pina Bausch. Tanztheatergeschichten. Frankfurt am Main 1986.

Höller, Hans: Thomas Bernhard. Reinbek bei Hamburg 1988.

Iden, Peter: Theater als Widerspruch. Plädoyer für eine zeitgenössische Bühne. München 1984.

Iden, Peter: Jürgen Flimm. Frankfurt am Main 1998.

Janz, Marlies: Elfriede Jelinek. Stuttgart 1995.

Jocks, Heinz Norbert/Polenz, Harald/Raddatz, Frank-M.: Die Theatervisionen des Roberto Ciulli. Essen 1991.

Kapitzia, Ursula: Bewußtseinsspiele. Drama und Dramaturgie bei Botho Strauß. Frankfurt am Main/Bern 1987.

Kässens, Wend/Gronius, Jörg W.: Theatermacher. Gespräch mit Luc Bondy, Jürgen Flimm, Hansgünther Heyme, Hans Neuenfels, Peter Palitzsch, Frank-Patrick Steckel, George Tabori, Peter Zadek. Frankfurt am Main 1987.

Mittermayer, Manfred: Thomas Bernhard. Stuttgart 1995.

Nägele, Rainer/Voris, Renate: Peter Handke. München 1978.

Ohngemach, Gundula: George Tabori. Frankfurt am Main 1989.

Pütz, Peter: Peter Handke. Frankfurt am Main 1982.

Radix, Michael (Hg.): Strauß lesen. München 1987.

Renner, Rolf Günter: Peter Handke. Stuttgart 1985.

Roeder, Anke (Hg.): Autorinnen. Herausforderungen für das Theater. Frankfurt am Main 1989.

Roeder Anke: Junge Regisseure: Frankfurt am Main 1994.

Rühle, Günther: Anarchie der Regie. Frankfurt am Main 1992.

Rühle, Günther: Was soll das Theater? Frankfurt am Main 1992.

Schieb, Roswitha (Hg.): Peter Stein inszeniert »Faust« von Johann Wolfgang Goethe. Berlin 2000.

Schlicher, Susanne: TanzTheater. Tradition und Freiheiten. Pina Bausch, Gerhard Bohner, Reinhild Hoffmann, Hans Kresnik, Susanne Linke. Reinbek bei Hamburg 1987.

Schultz, Uwe: Handke. Velber bei Hannover 1973.

Simhandl, Peter: Achim Freyer. Frankfurt am Main 1991.

Sorg, Bernhard: Thomas Bernhard. München 1977.

Sucher, Bernd C.: Theaterzauberer. Von Bondy bis Zadek. 10 Regisseure des deutschen Gegenwartstheaters. München/Zürich 1990.

Sucher, Bernd C.: Das Theater der achtziger und neunziger Jahre. Frankfurt am Main 1995.

Tabori, George: Unterammergau oder Die guten Deutschen. Frankfurt am Main 1981.

Tabori, George: Betrachtungen über das Feigenblatt. Ein Handbuch für Verliebte und Verrückte. München 1991.

Weber, Richard (Hg.): Deutsches Drama der 80er Jahre. Frankfurt am Main 1992.

Welcker, Andrea (Hg.): George Tabori. Das Gedächtnis, der Trauer und dem Lachen gewidmet. Wien/Linz/Weitra/München 1994.

[Das Ende der Normalität. Einige Entwicklungen des Theaters seit 1990]

Balitzky, Jürgen: Castorf, der Eisenhändler. Ch. Links Verlag, Berlin 1995.

Dermutz, Klaus: Christoph Marthaler. Residenz Verlag, Salzburg und Wien 2000.

Detje, Robin: Castorf - Provokation aus Prinzip. Henschel Verlag, Berlin 2002.

Fischer-Lichte, Erika: Ästhetik des Performa-tiven. Suhrkamp Verlag, Frankfurt am Main 2004.

Frank Castorf, Christoph Marthaler, Christoph Schlingensief, Hans Kresnik - die Vier von der Volksbühne. Ein Gespräch. In: Theater heute, Heft 8/9/1999.

Groys, Boris: Gesamtkunstwerk Stalin. Carl Hanser Verlag, München 1988.

Lehmann, Hans-Thies: Postdramatisches Theater. Verlag der Autoren, Frankfurt am Main 1999.

Lehmann, Hans-Thies: Das Politische Schreiben - Essays zu Theatertexten. Theater der Zeit, Berlin 2002.

Lilienthal, Matthias/Philipp, Claus: Schlingensiefs »Ausländer raus. Bitte liebt Österreich.« Eine Dokumentation. Suhrkamp Verlag, Frankfurt am Main 2000.

Lochte, Julia/Schulz, Wilfried (Hg.): Schlingensief! Notruf für Deutschland. Rotbuch Verlag, Hamburg 1998.

Mayer, Verena/Koberg, Roland: Elfriede Jelinek - ein Porträt. Rowohlt Verlag, Hamburg 2006.

Müller, Heiner: Krieg ohne Schlacht. Leben in zwei Diktaturen. Kiepenheuer und Witsch, Köln 1992.

Müller, Heiner: Gesammelte Irrtümer, Interviews, Texte und Gespräche. 3 Bde., Verlag der Autoren,

Frankfurt am Main 1986, 1990 und 1994.
Odenthal, Johannes/Regitz, Hartmut/Wesemann, Arnd: körper.kon.text. Das Jahrbuch der Zeitschrift ballett international/tanz aktuell 1999, Friedrich Berlin Verlag 1999.
Schleef, Einar: Droge Faust Parsifal. Suhrkamp Verlag, Frankfurt am Main 1997.
Schütt, Hans-Dieter: Die Erotik des Verrats. Gespräche mit Frank Castorf. Dietz Verlag, Berlin 1996.
Schütt, Hans-Dieter/Hehmeyer, Kirsten: Castorfs Volksbühne. Verlag Schwartzkopf und Schwartzkopf, Berlin 1999.
Wesemann, Arnd: Jan Fabre. Fischer Ta-schen buch Verlag, Frankfurt am Main 1994.
Wille, Franz: Welches Theater für welche Gesellschaft? In: Theater heute (Das Jahrbuch), Heft 13/1998.
Wille, Franz: Postdramatisches Theater. In: Theater heute, Heft 12/1999.
Wille, Franz: Im Kreml brennt noch Licht. In: Theater heute, Heft 13/1999.
Wille, Franz: Wo bitte geht's zur Wirklichkeit? In: Theater heute, Heft 13/2000.
Zadek, Peter: My Way. Eine Autobiographie. Kiepenheuer und Witsch, Köln 1998.

• DAS THEATER DER AVANTGARDE

[Allgemeines]

Bablet, Denis: Estétique générale de décor de théâtre de 1870 à 1930. Paris 1965.
Ball, Hugo: Kandinsky. (In: Deutsche Vierteljahresschrift für Literaturwissenschaft und Geistesgeschichte. Jg. 51/1977).
Balme, Christopher (Hg.): Das Theater von Morgen. Texte zur deutschen Theaterreform 1870-1920. Würzburg 1988.
Blüher, Karl Alfred (Hg.): Das moderne französische Theater. Darmstadt 1982.
Brandstetter, Gabriele: Grenzgänge. Theater und die anderen Künste. Tübingen 1998.
Brandt, Sylvia: BRAVO & BUM BUM!: neue Produktions - und Rezeptionsformen im Theater der historischen Avantgarde: Futurismus, Dada und Surrealismus. Frankfurt am Main/Bern/New York 1995.
Brauneck, Manfred: Theater im 20. Jahrhundert. Programmschriften. Stilperioden. Reformmodelle. Reinbek bei Hamburg 1982.
Fiebach, Joachim: Von Craig bis Brecht. Studien zu Künstlertheorien in der ersten Hälfte des 20. Jahrhunderts. Berlin 1975.
Fischer-Lichte, Erika (Hg.): TheaterAvantgarde: Wahrnehmung - Körper - Sprache. Tübingen/Basel

1995.

Fischer-Lichte, Erika: Die Entdeckung des Zuschauers. Tübingen 1997.

Fischer-Lichte, Erika: Theater seit den 60er Jahren. Tübingen 1998.

Grimm, Jürgen: Das avantgardistische Theater Frankreichs 1895-1930. München 1982.

Hoßner, Ulrich: Erschaffen und Sichtbarmachen. Das theaterästhetische Wissen der historischen Avantgarde von Jarry bis Artaud. Bern/Frankfurt am Main/New York 1983.

Kott, Jan: Das Gedächtnis des Körpers. Essays zu Theater & Literatur. Berlin 1990.

Lehmann, Hans-Thies: Postdramatisches Theater. Frankfurt am Main 1999.

Lista, Giovanni: La scène moderne. Paris 1997.

Mennemeier, Franz Norbert/Fischer-Lichte, Erika (Hg.): Drama und Theater der euro-päischen Avantgarde. Tübingen/Basel 1994.

Pörtner, Paul: Experiment Theater. Zürich 1960.

Rischbieter, Henning/Storch, Wolfgang (Hg.): Bühne und Bildende Kunst im XX. Jahrhundert. Velber bei Hannover 1968.

Schirn-Kunsthalle Frankfurt (Hg.): Die Maler und das Theater im 20. Jahrhundert. Katalog: Frankfurt am Main 1986.

Schober, Thomas: Das Theater der Maler. Studien zur Theatermoderne anhand dramatischer Texte von Kokoschka, Kandinsky, Barlach, Beckmann, Schwitters und Schlemmer. Stuttgart 1994.

Simhandl, Peter: Bildertheater. Bildende Künstler des 20. Jahrhunderts als Theaterreformer. Berlin 1993.

Städtische Galerie im Städelschen Kunstinstitut (Hg.): Raumkonzepte. Konstruktivistische Tendenzen in Bühnen- und Bildkunst 1910-1930. Katalog: Frankfurt am Main 1986.

Weiler, Christel: Kultureller Austausch im Theater. Theatrale Praktiken Robert Wilsons und Eugenio Barbas. Marburg 1994.

[Die Theaterreform um 1900]

Appia, Adolphe: Die Musik und die Inscenierung. München 1899.

Bablet, Denis: Edward Gordon Craig. Köln 1965.

Bablet, Misolette: Adolphe Appia und Jaques-Dalcroze in Hellerau. (In: Bühnenkunst. Heft 3/1990. S. 37 ff.).

Behrens, Peter: Fest des Lebens und der Kunst. Leipzig 1900.

Craig, Edward Gordon: Über die Kunst des Theaters. Berlin 1969.

Freud, Sigmund: Gesammelte Werke. Bd. I-X. Frankfurt am Main 1967.

Fuchs, Georg: Die Schaubühne der Zukunft. Berlin/Leipzig 1905.

Fuchs, Georg: Die Revolution des Theaters. München/Leipzig 1909.

Hamann, Richard/Hermand, Jost: Epochen deutscher Kultur von 1870 bis zur Gegenwart. Bd. 4: Stilkunst um 1900. München 1967.

Löffler, Michael Peter: Gordon Craigs frühe Versuche zur Überwindung des Bühnenrealismus. Berlin 1969.

Pro Helvetia (Hg.): Adolphe Appia 1862-1928. Katalog: Zürich 1979.

Prütting, Lenz: Die Revolution des Theaters. Studien zu Georg Fuchs. München 1971.

[Theaterentwürfe der italienischen Futuristen]

Apollonio, Umberto: Der Futurismus. Mani-feste und Dokumente einer künstlerischen Bewegung 1908-1918. Köln 1972.

Baumgarth, Christa: Geschichte des Futurismus. Reinbek bei Hamburg 1993.

Hesse, Eva: Die Achse Avantgarde-Faschismus. Reflexionen über Filippo Tommaso Marinetti und Ezra Pound. Zürich 1991.

Landes, Brigitte (Hg.): Es gibt keinen Hund. Das futuristische Theater. München 1989.

Lista, Giovanni: La scène futuriste. Paris 1989.

Löffler, Peter (Hg.): Futurismus. Fünfundzwanzig Stücke. Basel/Boston/Berlin 1990.

Schmidt-Bergmann, Hansgeorg: Futurismus. Geschichte, Ästhetik, Dokumente. Reinbek bei Hamburg 1993.

[Drama und Theater im russischen Futurismus]

Akademie der Künste (Hg.): Sieg über die Sonne. Aspekte russischer Kunst zu Beginn des 20. Jahrhunderts. Berlin 1983.

Chlebnikov, Velimir: Werke. Poesie. Prosa. Schriften. Briefe. Bd. I und II. Reinbek bei Hamburg 1972.

Huppert, Hugo: Majakowski. Reinbek bei Hamburg 1965.

Majakowski, Wladimir u.a.: Eine Ohrfeige für den öffentlichen Geschmack. Hamburg/Zürich 1988.

Majakowski, Wladimir: Wladimir Majakowski Tragödie. (Übersetzung: Heiner Müller). Berlin 1983.

Müller-Scholl, Christine: Das russische Drama der Moderne. Frankfurt am Main/Bern 1992.

Ripellino, Angelo Maria: Majakowski und das russische Theater der Avantgarde. Köln 1964.

Shadowa, Larissa Alexejewna (Hg.): Tatlin. Weingarten 1987.

Storch, Wolfgang: Wladimir Majakowski. Velber bei Hannover 1969.

[Das Theater der Russischen Revolution]

Bochow, Jörg: Das Theater Meyerholds und die Biomechanik. Berlin 1997.

Blok, Alexander: Ausgewählte Werke. Bd. 1-3. München 1978.

Eisenstein, Sergej M.: Schriften 1: Streik. München 1974.

Gorsen, Peter/Knödler-Bunte, Eberhard (Hg.): Proletkult. Bd. 1 und 2. Stuttgart/Bad Cannstatt 1974.

Hoffmeier, Dieter/Völker, Klaus (Hg.): Werkraum Meyerhold. Zur künstlerischen Anwendung der Biomechanik. Berlin 1995.

Kerschenzew, Platon M.: Das schöpferische Theater. Hamburg 1922. Neudruck: Köln 1984.

Lobanov, Nikita: Die russische Avantgarde und die Bühne. Katalog: Schleswig- Hol-steinisches Landesmuseum Schloß Gottorf. 1991.

Meyerhold, Wsewolod E.: Schriften. Aufsätze. Briefe. Reden. Gespräche. Bd. 1 und 2. Berlin 1979.

Paech, Joachim: Das Theater der Russischen Revolution. Kronberg/Ts. 1974.

Rudnitsky, Konstantin: Russian & Soviet Theatre. London 1988.

Tairoff, Alexander: Das entfesselte Theater. Potsdam 1923. Neudruck: Berlin 1989.

Wachtangow, Jewgeni B.: Schriften. Aufzeichnungen. Briefe. Protokolle. Notate. Berlin 1982.

Weise, Eckhard: Eisenstein. Reinbek bei Hamburg 1975.

[Abstraktes und mechanisches Theater]

Boissel, Jessica: Solche Dinge haben ihre eigene Geschichte. Kandinsky und das Experiment »Theater«. (In: Der Blaue Reiter. Katalog: Kunstmuseum Bern. 1986).

Eller-Rütter, Ulrika Maria: Kandinsky. Bühnenkomposition und Dichtung als Realisation seines Synthese-Konzepts. Hildesheim 1990.

Kandinsky, Wassily: Über die Abstrakte Bühnensynthese. (In: Staatliches Bauhaus 1919-1923. Weimar/München 1923).

Kandinsky, Wassily: Über das Geistige in der Kunst. München 1912. Neuausgabe: Bern 1963.

Kandinsky, Wassily: Die gesammelten Schriften. Bd. 1. Bern 1980.

Kandinsky, Wassily: Über Theater, Du théâtre. O TEATPE. Köln 1998.

Kleist, Heinrich von: Sämtliche Werke. München/Zürich o.J.

Louis, Eleonora: Oskar Schlemmer - Tanz. Theater. Bühne. Klagenfurt 1997.

Marc, Franz/Kandinsky, Wassily (Hg.): Der Blaue Reiter. München 1912. Neuausgabe: Berlin. 1988.

Schawinsky, Xanti: Malerei. Bühne. Grafikdesign. Fotografie. Katalog: Bauhaus-Archiv Berlin 1986.

Scheper, Dirk: Oskar Schlemmer. Das Triadi sche Ballett und die Bauhausbühne. Berlin 1988.

Schlemmer, Oskar/Moholy-Nagy, László/Molnár, Farkas: Die Bühne im Bauhaus. München 1925. Neuausgabe: Mainz/Berlin 1965.

Schlemmer, Oskar: Briefe und Tagebücher. Stuttgart 1977.

Schlemmer, Oskar: Bühne. (In: Bauhaus. Heft 3/1923).

Schlemmer, Oskar: Tanz. Theater. Bühne. Katalog: Kunstsammlung Nordrhein-Westfalen Dü sseldorf/Kunsthalle Wien/Sprengel-Museum Hannover. 1994/95.

Schönberg, Arnold/Kandinsky, Wassily: Briefe, Bilder und Dokumente einer außergewöhnlichen Freundschaft. München 1983.

Worringer, Wilhelm: Abstraktion und Einfühlung. München 1908.

[Theatrale Elemente im Dadaismus und Surrealismus]

Artaud, Antonin: Surrealistische Texte. München 1985.

Ball, Hugo: Gesammelte Gedichte. Zürich 1963.

Barck, Karlheinz (Hg.): Surrealismus in Paris 1919-1939. Leipzig 1990.

Bergius, Hanne: Das Lachen Dadas. Die Berliner Dadaisten und ihre Aktionen. Gießen 1989.

Breton, André: Manifeste des Surrealismus. Reinbek bei Hamburg 1977.

Breton, André: Die verlorenen Schritte. Essays, Glossen, Manifeste. Berlin 1988.

Bürger, Peter: Der französische Surrealismus. Frankfurt am Main 1995.

Cocteau, Jean: Werke. Bd. 1-4. Frankfurt am Main 1988.

Fock, Holger: Antonin Artaud und der surrealistische Bluff. Bd. 1 und 2. Berlin 1988.

Gallissairs, Pierre (Hg.): Dada-Paris. Hamburg 1989.

Grimm, Jürgen: Roger Vitrac. Ein Vorläufer des Theaters des Absurden. München 1977.

Grimm, Jürgen: Guillaume Apollinaire. München 1993.

Huelsenbeck, Richard (Hg.): Dada. Eine literarische Dokumentation. Hamburg 1964.

Jarry, Alfred: Ansichten über das Theater. Zürich 1970.

Mayer, Hans: Dada in Zürich. Frankfurt am Main 1990.

Nadeau, Maurice: Geschichte des Surrealismus. Reinbek bei Hamburg 1965.

Nündel, Ernst: Kurt Schwitters. Reinbek bei Hamburg 1981.

Riha, Karl (Hg.): Dada Berlin. Texte, Manifeste, Aktionen. Stuttgart 1977.

Riha, Karl/Schäfer, Jürgen: DADA total. Manifeste, Aktionen, Texte, Bilder. Stuttgart 1994.

Riha, Karl/Wende-Hohenberger, Waltraud (Hg.): Dada Zürich. Texte, Manifeste, Dokumente. Stuttgart 1992.

Schumann, Klaus (Hg.): Sankt Ziegenzack springt aus dem Ei. Texte, Bilder und Dokumente zum Dadaismus in Zürich, Berlin, Hannover und Köln. Leipzig/Weimar 1994.

Schwitters, Kurt: Das literarische Werk. Bd. 1-5. Köln 1981.

Short, Robert: Dada und Surrealismus. Stuttgart/Zürich 1984.

[Antonin Artauds »Theater der Grausamkeit«]

Artaud, Antonin: Briefe aus Rodez. Postsurrealistische Schriften. München 1979.

Artaud, Antonin: Das Theater und sein Double. Frankfurt am Main 1979. Neuausgabe: München 1996.

Artaud, Antonin: Schluß mit dem Gottesgericht. Das Theater der Grausamkeit. München 1980.

Artaud, Antonin: Surrealistische Texte. München 1985.

Blüher, Karl Alfred: Antonin Artaud und das »Nouveau théâtre« in Frankreich. Tübingen 1991.

Freud, Sigmund: Gesammelte Werke. Bd. I-X. Frankfurt am Main 1961.

Jung, Carl Gustav: Psychologie und Alchimie. Zürich 1944.

Jung, Carl Gustav: Von den Wurzeln des Bewußtseins. Zürich 1954.

Kapralik, Elena: Antonin Artaud. Leben und Werk des Schauspielers, Dichters und Regisseurs. Mü nchen 1977.

Thevenin, Paul/Derrida, Jacques: Antonin Artaud. Zeichnungen und Portraits. Munchen 1986.

[Das Living Theatre und die Off-Off-Broadway-Bewegung]

Beck, Julian: The Life of the Theatre. San Francisco 1972.

Billeter, Erika: The Living Theatre. Paradise Now. Bern/München/Wien 1968.

Brecht, Stefan: The Bread an Puppet Theatre. New York 1987.

Buchholz, Imke/Malina, Judith: Living Theater heißt Leben. Linden 1980.

Fröhlich, Petra: Das nicht-kommerzielle amerikanische Theater. Rheinfelden 1974.

Heilmeyer, Jens/Fröhlich, Pea: Now - Theater der Erfahrung. Köln 1971.

Schechner, Richard: Theater-Anthropologie. Spiel und Ritual im Kulturvergleich. Reinbek bei Hamburg 1990.

Schechner, Robert: Environmental Theater. New York 1973.

Schumann, Peter: Puppen und Masken. Das Bread an Puppet Theater. Frankfurt am Main 1973.

[Das »Arme Theater« des Jerzy Grotowski]

Burzinski, Tadeusz/Osinski, Zbigniew: Das Theater-Laboratorium Grotowskis. Warszawa 1979.

Falcke, Christoph: Über das Workcenter Grotowskis. Köln 1996.

Grotowski, Jerzy: Für ein Armes Theater. Velber bei Hannover 1969. Neuausgabe: Zürich/Schwä bisch Hall 1986.

Richards, Thomas: Theaterarbeit mit Grotowskis physischen Handlungen. Berlin 1996.

Schwerin von Krosigk, Barbara: Der nackte Schauspieler. Die Entwicklung der Theatertheorie Jerzy Grotowskis. Berlin 1986.

[Eugenio Barba und das Odin Theater]

Barba, Eugenio/Nagel Rasmussen, Iben: Bemerkungen zum Schweigen der Schrift. Odin Teatret. Schwerte 1983.

Barba, Eugenio: Jenseits der schwimmenden Inseln. Reflexionen mit dem Odin Theater. Theorie und Praxis des Freien Theaters. Reinbek bei Hamburg 1985.

Barba, Eugenio: Vom Entstehen einer Tradition. Köln 1995.

Barba, Eugenio: Kanu aus Papier. Köln 1998.

Watson, Ian: Towards A Third Theatre. Eugenio Barba und das Odin Teatret. London 1995.

[Peter Brooks Theater der Einfachheit]

Brook, Peter: Der leere Raum. Möglichkeiten des heutigen Theaters. Hamburg 1969.

Brook, Peter: Wanderjahre. Schriften zu Theater, Film & Oper. Berlin 1989.

Brook, Peter: Das offene Geheimnis. Gedanken über Schauspielerei und Theater. Frankfurt am Main 1994.

Brook, Peter: Vergessen Sie Shakespeare. Berlin 2000.

Brook, Peter: Zeitfäden. Erinnerungen. Frankfurt am Main 1999.

Fiebach, Joachim/Schramm, Helmar (Hg.): Kreativität und Dialog. Theaterversuche der 70er Jahre in Westeuropa. Berlin 1983.

Heilpern, John: Peter Brooks Theater-Safari. Hamburg 1979.

Kott, Jan: Shakespeare heute. München 1970.

Neuausgabe: Berlin 1989.
Oida, Yoshi: Zwischen den Welten. Berlin 1992.
Ortolani, Oliver: Peter Brook. Frankfurt am Main 1988.
Smith, A.C.H.: Peter Brooks Orghast in Persepolis. Frankfurt am Main 1974.

[Ariane Mnouchkine und das Théâtre du Soleil]

Neuschäfer, Anne/Serror, Frédéric: Le Théâtre du Soleil - Shakespeare. Köln o.J.
Neuschäfer, Anne: Das Théâtre du Soleil. Rheinfelden 1983.
Seym, Simone: Das Théâtre du Soleil. Ariane Mnouchkines Ästhetik des Theaters. Stuttgart 1992.
Théâtre du Soleil (Hg.): Mephisto. München 1983.

[Happening - Fluxus - Wiener Aktionismus - Performance Art]

1962 Wiesbaden Fluxus 1982. Katalog: Museum Wiesbaden/Nassauischer Kunstverein Wiesbaden/Harlekin Art, Wiesbaden/Neue Galerie der Staatlichen Kunstsammlungen Kassel/daad-Galerie Berlin. 1982/83.
Almhofer, Edith: Performance Art. Die Kunst zu leben. Wien/Köln/Graz 1986.
Battcock, Gregory/Nickas, Robert (Hg.): The Art of Performance. New York 1984.
Becker, Jürgen/Vostell, Wolf (Hg.): Happening. Fluxus. Pop Art. Nouveau Réalisme. Reinbek bei Hamburg 1965.
Happening & Fluxus. Katalog: Kölnischer Kunstverein. 1970.
Herzogenrath, Wulf (Hg.): Nam June Paik. Werke: Musik - Fluxus - Video. Katalog: Kölnischer Kunstverein. 1976.
Horn, Rebecca. Katalog: Nationalgalerie Berlin. 1994.
Jaffé, Elisabeth: Performance. Ritual. Prozeß. Handbuch der Aktionskunst in Europa. München 1993.
Körpersprache. Katalog: Haus am Waldsee Berlin/Frankfurter Kunstverein. 1975/76.
Meschede, Friedrich (Hg.): Abramovic. Stuttgart o.J.
Nitsch, Hermann: Das Orgien Mysterien Theater. Manifeste, Aufsätze, Vorträge. Salzburg/Wien 1990.
Rosenbach, Ulrike: Videokunst. Foto. Aktion/Performance. Köln 1982.
Schäfer, Rolf: Ästhetisches Handeln als Kategorie einer interdisziplinären Theaterwissenschaft. Aachen 1988.

Schilling, Jürgen: Aktionskunst. Identität von Kunst und Leben? Frankfurt am Main 1978.

Schneede, Uwe M.: Joseph Beuys. Die Aktionen. Stuttgart 1994.

Stärk, Eckehard: Hermann Nitschs Orgien Mysterien Theater. München 1987.

Stephan, Ingrid/Weigel, Sigrid (Hg.): Weiblichkeit und Avantgarde. Berlin/Hamburg 1983.

Vostell. Retrospektive 1958-1974. Katalog: Neuer Berliner Kunstverein/Nationalgalerie Berlin 1975.

Weweder, Rolf (Hg.): Vostell. Bonn/Köln/Leverkusen/Mülheim/Mannheim 1992.

Wiener Aktionismus. Bd. 1 und 2. Klagenfurt 1988/89.

[Tadeusz Kantors »Theater des Todes«]

Kantor, Tadeusz: Ein Reisender - seine Texte und Manifeste. Nürnberg 1988.

Kantor, Tadeusz: Theater des Todes. Die tote Klasse. Wielopole, Wielopole. Nürnberg 1983.

Kłossowicz, Jan: Wielopole, Wielopole. Nürnberg 1981.

Scholze, Dietrich: Zwischen Vergnügen und Schock. Polnische Dramatik im 20. Jahrhundert. Berlin 1989.

Schulz, Bruno: Gesammelte Werke in zwei Bänden. München 1992.

Wiewora, Dietmar: Materie, kollektive Erinnerung und individuelle Existenz im Theater von Tadeusz Kantor. Kraków 1998.

Witkiewicz, Stanislaw Ignacy: Verrückte Lokomotive. Frankfurt am Main 1985.

[Robert Wilsons Bildertheater]

Aragon, Louis: An Open Letter to André Breton. In: Performing Arts Journal, Heft 1/1976. S. 3 ff.

Brecht, Stefan: The Origin Theatre of the City of New York. Bd. 1: The Theatre of Visions. Frankfurt am Main 1978.

Graff, Bernd: Das Geheimnis der Oberfläche. Der Raum der Postmoderne und die Bühnenkunst Robert Wilsons. Tübingen 1994.

Keller, Holm: Robert Wilson. Frankfurt am Main 1997.

Richterich, Uwe: Die Sehnsucht zu sehen. Der filmische Blick auf dem Theater. Robert Wilsons the CIVIL warS. Frankfurt am Main/Berlin/Bern/New York/Paris/Wien 1993.

Rockwell, John (Hg.): Robert Wilson. The Theater of Images. New York 1984.

Quadri, Franco/Steams Robert: Robert Wilson. Firenze 1997.

Shyrer, Lawrence: Robert Wilson and his Collaborators. New York 1989.

Wilson, Robert: »Die Balance zwischen den Wachträumen und meinen eigenen Bildern finden.«

Gespräch über Robert Wilsons Theater. (In: Theater heute. Jahresheft 1981. S. 77 ff.).
Wilson, Robert: »Es gibt eine Sprache, die universell ist.« (Sylvère Lothringer im Gespräch mit Bob Wilson. (In: Karlheinz Barck u. a.: Aisthesis. Wahrnehmung heute. Leipzig 1990. S. 372 ff.).
Wilson, Robert/Müller, Heiner/Wiens, Wolfgang: Programmheft the CICIL warS. Städtische Bühnen Köln. 1984.
Wilson, Robert: Typoskript eines Vortrags in der Akademie der Künste Berlin. 1994.
Wilson, Robert: Statements in: Programmheft The Forest. Freie Volksbühne Berlin. 1988.

[Welt-Theater im 21. Jahrhundert: Eine Annäherung]

Banham, Martin: The Cambridge Guide to Theatre. Cambridge 1995.
Brauneck, Manfred (Hg.): Theaterlexikon. Hamburg 1992.
Carlson, Marvin: Theories of the theatre. New York 1996.
Fiebach, Joachim (Hg.): Theater der Welt. Berlin 1999.
Fiebach, Joachim: Manifeste europäischen Theaters. Berlin 2003.
Fischer-Lichte, Erika: Das eigene und das fremde Theater. Tübingen 1999.
Lehmann, Hans-Thies: Postdramatisches Theater. Frankfurt am Main 1999.
Sucher, Bernd C. (Hg.): Theaterlexikon. München 1996.
The Builders Association: http://www.thebuildersassociation.org
Jan Fabre/Trobleyn: http://janfabre.be/troubleyn
Luk Perceval: http://lukperceval.info
The Wooster Group: http://thewoostergroup.org
La Fura dels Baus: http://lafura.com
Gob Squad: http://www.gobsquad.com
Station Opera House: http://www.stationhouseopera.com
Jan Lauwers/Needcompany: http://www.needcompany.org
Eimuntas Nekrošius / Meno fortas: http://www.menofortas.lt
Ricardo Bartís und Sportivo Teatral: http://www.sportivoteatral.com.ar
ZT Hollandia: www.hzt.nl
Robert Lepage: http://lacaserne.net
Romeo Castellucci und Socìetas Raffaelo Sanzio: http://www.raffaellosanzio.org
Richard Maxwell / New York City Players: http://www.nycplayers.org

시각 자료

David Baltzer / Agentur Zenit: 346, 351, 504 re.

Akademie der Künste Berlin: 241, 242, 304

Clärchen und Hermann Baus: 488, 489

Thilo Beu: 511

Urška Boljkovac: S. 502

Barbara Braun / drama-berlin.de: 350

Ilse Buhs: 314, 316

A. Buttmann: 317

Rosemarie Clausen: 266, 306, 334

Paula Court: 499

Arno Declair: 348, 355

Guy Delahaye: 335

Phile Deprez: 504

Du Vinage (Gabriele und Matthias du Vinage): 430

T. Eichhorn: 328 o.

G. Englert: 289

Holger Foullois / drama-berlin.de: 359

Martine Franck / Magnum: 461, 462

Flip Glas: 496

Gregor: 344

Roswitha Hecke: 333, 338

Hochschule der Künste Berlin: 158, 198, 405, 464, 475, 477, 481

J. Höpfner: 328 u.

Hannes Kilian: 330, 332 o.

Helga Kneidl: 318, 319

Matthias Kolodziej: 358

Günther Kühnel: 478, 480

Artur Laskus: 315

J. Linders: 507

Max-Reinhardt-Forschungsstätte, Salzburg: 219, 221 u.

Winfried E. Rabanus: 497

Sonja Rothweiler: 353

W. Saeger: 279 o., 283

Schweizerische Theatersammlung, Bern: 368, 370, 371

M. Steinfeldt: 278 o.

Oda Sternberg: 331 o.

Vera Tenschert: 278 u.

Theatersammlung der Österreichischen Nationalbibliothek Wien: 396 u.

Theatermuseum der Universität zu Köln: 220, 221 o., 227, 243, 421

Wolfhard Theile / drama-berlin.de: 337

Abisag Tüllman: 332 u.

Bernd Uhlig: 434, 508

Vitali: 456

Ruth Walz: 487

Silke Winkler: 363

Albrecht, S. u.a.: Teatro. Marburg (Jonas) 1991: 64

Almhofer, E.: Performance Art. Graz/Köln (Böhlau) 1986: 472 (links)

Barba, E./Savarese, N.: Anatomie de l'acteur. Cacilhac (Bouffonneries Contrastes) 1984: 40

Barba, E.: Jenseits der schwimmenden Inseln. Reinbek bei Hamburg (Rowohlt) 1985: 444

Baur-Heinold, M.: Theater des Barock. München (Callwey) 1966: 98 (unten), 99

Berliner Ensemble: Theaterarbeit. Berlin (Henschel) 1961: 250

Berthold, M.: Weltgeschichte des Theaters. Stuttgart (Kröner) 1968: 28, 35, 87, 88, 134

Black Rider - Programmheft. Thalia-Theater Hamburg/1990: 490

Blaue Reiter, Der. Katalog: Kunstmuseum Bern, 1986: 404

Boardman, J. u.a: Die griechische Kunst. München (Hirmer) 1976: 14, 18

Brauneck, M.: Die Welt als Bühne. Bd. I. Stuttgart (Metzler) 1993: 22, 23, 55, 74

Brauneck, M.: Die Welt als Bühne. Bd. II. Stuttgart (Metzler) 1996: 109, 122

Brockett, O.: History of the Theatre. Boston (Allyn & Bacon) 1990: 125, 194

Centre national de la recherche scientifique: Les voies de la création théâtrale. Bd. I. Paris 1970: 141, 433

Centre national de la recherche scientifique: Les voies de la création théâtrale. Bd.V. Paris 1977: 459

Centre national de la recherche scientifique: Les voies de la création théâtrale. Bd.X. Paris 1982: 454 (links)

Centre national de la recherche scientifique: Les voies de la création théâtrale. Bd. XIII. Paris 1985: 449

Couty D./Rey A.: Théâtre. Paris (Bordas) 1989: 30, 106, 377

Deutschmann, W.: Theatralische Bilder-Galerie. Dortmund (Harenberg) 1980: 171

Dieckmann, f.: Karl von Appens Bühnenbilder am Berliner Ensemble. Berlin (Henschel) 1971: 271

Futurismo & Futurismi. Katalog: Venedig. 1986: 381, 385

Grotowski, J.: Für ein Armes Theater. Zürich/ Schwäbisch Hall (Orell Füssli) 1986: 438

Heilmeyer, J./Fröhlich, P.: Now - Theater der Erfahrung. Köln (DuMont) 1971: 429

Hoffmann, H.-C.: Die Theaterbauten von Fellner und Helmer. München (Prestel) 1966: 184

Hoffmann L./Hoffmann-Ostwald D.: Deutsches Arbeitertheater. Bd. 1.und 2. Berlin (Henschel) 1961: 240

Hoffmeier, D.: Stanislavskij. Stuttgart (Urachhaus) 1993: 204, 205

Hürlimann, M.: Das Atlantis-Buch des Theaters. Zürich/Freiburg im Breisgau (Atlantis) 1966: 135

Internationale Sommerakademie des Tanzes: Das Ballett und die Künste. Köln (Ballett-Bühnen-Verlag) 1981: 417

Jean Cocteau. Köln (DuMont). 1989: 420

Jessner, L.: Schriften. Berlin (Henschel) 1971: 230

Kapralik, E.: Antonin Artaud. München (Matthes & Seitz) 1977: 424

Kindermann, H.: Theatergeschichte Europas. Bd. I. Salzburg (Otto Müller) 1957: 26, 30, 32, 57, 58

Kindermann, H.: Theatergeschichte Europas. Bd. II. Salzburg (Otto Müller) 1959: 63, 97

Kindermann, H.: Theatergeschichte Europas. Bd. III. Salzburg (Otto Müller) 1959: 71 (oben), 73, 76, 77, 95, 96, 100, 170

Kindermann, H.: Theatergeschichte Europas. Bd. IV. Salzburg (Otto Müller) 1961: 98 (oben), 111, 114, 127, 137, 147

Kindermann, H.: Theatergeschichte Europas. Bd.V. Salzburg (Otto Müller) 1962: 126, 155

Kindermann, H.: Theatergeschichte Europas. Bd.VI. Salzburg (Otto Müller) 1964: 163, 201

Kindermann, H.: Theatergeschichte Europas. Bd.VII. Salzburg (Otto Müller) 1968: 173, 187, 188
Kindermann, H.: Theatergeschichte Europas. Bd.VIII. Salzburg (Otto Müller) 1968: 222
Kindermann, H.: Theatergeschichte Europas. Bd. IX. Salzburg (Otto Müller) 1970: 192, 214, 374, 393, 416
Kindermann, H.: Das Theaterpublikum der Antike. Salzburg (Otto Müller) 1979: 17, 31, 37
Kindermann, H.: Das Theaterpublikum des Mittelalters. Salzburg (Otto Müller) 1980: 59
Kranz, D.: Berliner Theater. Berlin (Henschel) 1990: 279 (unten)
Leims, T./Trökes, M.: Kabuki. Berlin (Quadriga) 1985: 51, 52
Maler und das Theater, Die: Katalog: Schirn-Kunsthalle Frankfurt am Main, 1986: 396, 399
Mander, G.: Shakespeares Zeitgenossen. Velber (Friedrich) 1966: 80
Maske und Kothurn. 1. Jg. Köln/Graz (Böhlau) 1955: 93
Mayer f./Burger H.: Chinesische Oper. Zürich (Edition Popp) 1982: 45
Molinari, C.: Theater. Freiburg im Breisgau (Herder) 1975: 13, 38, 71 (unten), 119, 246, 270, 400 (oben)
Meyerhold, W.: Schriften. Bd. I. Berlin (Henschel) 1979: 397
Nakamura, Y.: Noh - The Classical Theatre. New York/Tokyo (Walker/Weatherhill) 1971: 48, 49
Nicoll, A.: The World of Harlequin. Cambridge (University Press) 1976: 70, 72
Nitsch. Das bildnerische Werk. Salzburg (Residenz) 1988: 469
Oskar Schlemmer. Katalog: Staatsgalerie Stuttgart. 1977: 408
Otto, T.: Meine Szene. Köln/Berlin (Kiepenheuer & Witsch) 1965: 290
Parkett - Kunstzeitschrift. Heft 16/1988. Zürich/Frankfurt am Main (Parkett-Verlag): 485
Pierrot in der Kunst. Katalog: Haus der Kunst München, 1995: 130
Pietzsch, I./Kaiser, G.: Bild und Szene. Berlin (Henschel) 1988: 280, 286
Pochat, G.: Theater und bildende Kunst. Graz (Akademie Druck-und Verlagsanstalt) 1990: 62
Raumkonzepte. Katalog: Städel-Galerie Frankfurt am Main, 1986: 383, 395
Rebecca Horn. Katalog: Neue Nationalgalerie Berlin, 1995: 472 (rechts)
Rebling, E.: Die Tanzkunst Indiens. Berlin (Henschel) 1982: 41, 42, 43
Rebling, E.: Die Tanzkunst Indonesiens. Berlin (Henschel) 1989: 44 (rechts)
Robert Wilson. The Theatre of Images. New York (Harper & Row) 1984: 486, 491
Rocholl, K.: Szenenbild aus Wessis in Weimar: 341
Rocholl, K.: Werner Schwab mit Skelett: 339
Samson, L./Pasricha, A.: Der klassische indische Tanz. Stuttgart/Bonn (Burg-Verlag) 1987: 40

Schäble, G.: Grillparzer. Velber (Friedrich) 1967: 167

Schaubühne am Lehniner Platz: Tschechow und das Ensemble Stanislawskis. Berlin 1984: 206

Schenk, J.: Gesichter Pekings. Hamburg (Christians) 1990: 46

Scheper, D.: Oskar Schlemmer. Berlin (Akademie der Künste) 1988: 410, 411

Schlemmer, O./Moholy-Nagy, L./Molnár, f.: Die Bühne im Bauhaus. Mainz/Berlin (Kupferberg) 1965: 406, 407, 409

Schneede, U. M.: Joseph Beuys. Die Aktionen. Ostfildern/Ruit (Hatje) 1994: 467

Schnitzler, H. u.a.: Arthur Schnitzler. Frankfurt am Main (S. Fischer) 1991: 212

Schöne, G.: Tausend Jahre deutsches Theater. München (Prestel) 1962: 156, 189

Schwab, L./Weber, R.: Theater-Lexikon. Frankfurt am Main (Cornelsen/Skriptor) 1991: 157

Schwerin von Krosigk, B.: Der nackte Schauspieler. Berlin (Publica) 1986: 437, 439

Shadowa, L.: Tatlin. Weingarten (Kunstverlag Weingarten) 1987: 388 (oben)

Sieg über die Sonne. Katalog: Akademie der Künste Berlin, 1983: 387, 388 (unten)

Spitzing, G.: Das indonesische Schattenspiel. Köln (DuMont) 1981: 44 (links)

Tendenzen der zwanziger Jahre. Katalog: Europäische Kunstausstellung Berlin, 1977: 396

Theater der Stadt Heidelberg: Johann Kresnik. Choreographisches Theater. 1985: 312

Theaterfestival SPIELART München/Peter Norrman: Szenenbild aus einer Inszenierung von The Builder's Association: 495

TheaterZeitSchrift. Heft 30/1988. Schwalbach/Ts. (Wochenschau-Verlag): 225

Wendt, E.: Ionesco. Velber (Friedrich) 1967: 295

Willett, J.: Explosion der Mitte. München (Rogner & Bernhard) 1981: 392

Xanti Schawinsky. Katalog: Bauhaus-Archiv Berlin, 1986: 412

지은이

페터 짐한들 (Peter Simhandl)
오스트리아 빈 대학교에서 민속학과 연극학을 전공한 후 영화와 텔레비전의 연출가로 활동했다. 1970년부터 1999년까지 베를린의 예술 전문대학에서 문학과 연극학 정교수를 역임했다. 그 외에도 예술 대학교와 베를린, 빈의 다양한 연극 무대에서 연출가로 활동했으며, 연극예술에 관한 수많은 저서를 남겼다.

프란츠 빌레 (Franz Wille)
독일 뮌헨과 베를린 대학교에서 공연이론으로 박사학위를 취득한 후 1981년부터 1986년까지 '베를린 자유민중무대'에서 연출가로 활동했다. 1990년부터 연극 전문지 ≪테아터 호이테(Theater heute)≫의 편집장을 역임했다.

그리트 반 다이크 (Grit van Dyk)
독일 베를린과 기센 대학교 그리고 스페인 마드리드 대학교에서 연극과 교육학을 전공했다. 2002년부터 2007년까지 '로스토크 민중무대'에서 연출가로 활동했다.

옮긴이

이문기

페터 바이스(Peter Weiss)의 1960년대 기록극에 관한 연구로 독일 부퍼탈 대학에서 박사학위를 취득 후, 인하대학교 독일언어문화학과와 문화콘텐츠문화경영학과에서 강의교수를 역임했다. 현재는 같은 대학교 문화콘텐츠문화경영학과에서 강의를 하고 있다.
독일의 현대 드라마와 소설, 민담 등이 주요 연구분야이고, 최근에는 광고수사학 및 광고커뮤니케이션에도 관심 영역을 확대하고 있다.
펴낸 책으로는 *Das Engagement für die Geschichte und die Wirklichkeit in den Dpkumentarstücken von Peter Weiss* (2004), 막스 프리쉬의 소설 『나를 간텐바인이라고 하자 (1), (2)』(2005, 역서), 『민담, 그 이론과 해석』(2009, 역서), 『상호문화교육의 이해』(2014, 공역) 등이 있고, 그 밖에 「페터 바이스의 기록극 〈베트남 논쟁〉에 나타난 브레히트 수용의 양면성」(2005), 「기록극의 새로운 구상」(2011), 「그림 동화에 나타난 죽음의 문제」(2013), 「문화적 기억과 영화 매체를 통한 수용」(2015), 「아도르노의 문화산업론과 TV리얼 예능프로그램」(2018)을 비롯해 다수의 논문이 있다.

류용상

독일 튀빙겐 대학에서 리온 포이히트방어(Lion Feuchtwanger)의 초기 드라마에 관한 연구로 박사학위를 받은 후, 현재는 강원대학교와 한국외국어대학교에서 강의를 하고 있다.
펴낸 책으로는 『리온 포이히트방어와 인도』(2004), 『드라마 사전』(2010, 공저), 『번역이론 입문: 번역학 꿰뚫기』(2011, 공역), 『낭만주의: 판타지의 뿌리』(2012, 공역), 『괴테: 예술작품 같은 삶』(2017, 공역) 등이 있다.

이은희

고려대학교 독어독문학과 졸업 후 독일 뮌스터 대학에서 수학했으며 고려대학교 독어독문학과 대학원에서 베르톨트 브레히트 드라마와 연극에 대한 연극기호학적 연구 “Eine Untersuchung des Theaters B. Brechts aus dem Blickwinkel der Theatersemiotik”로 박사학위를 취득했다. 고려대학교 독일어권문화연구소 연구교수, 강릉 원주대학교 인문학연구소 학술연구교수를 역임했으며 현재는 고려대학교 독어독문학과에서 강의를 하고 있다.

주요 연구분야는 베르톨트 브레히트와 포스트 브레히트 연극, 포스트 드라마 연극 등 독일어권 동시대 연극이다.

펴낸 책으로는 『폭력을 관통하는 열 가지 시선』(2013, 공저), 『청년 브레히트 "혁명을 꿈꾸다"』(2019, 공저), 『브레히트 연극사전』(2021, 공저), 『임멘호수·백마의 기사』(2008, 역서), 『서푼짜리 오페라/억척어멈과 자식들』(2012, 역서) 등이 있고, 그 밖에 「새로운 정치다큐멘터리 연극의 가능성: 밀로 라우의 〈동정심-기관총 이야기〉를 중심으로」(2018), 「한 사람이 자동차처럼 해체/재조립될 수 있을까?: 베르톨트 브레히트의 『남자는 남자다』」(2019), 「서사극으로서의 『둥근머리와 뾰족머리 또는 부자는 부자끼리: 잔혹 동화』: 후기 자본주의 사회에 대한 풍자적 비판」(2021), 「브레히트의 발레극 『소시민의 칠거지악』에서 금융종교를 위한 개인의 부정과 자기최적화 그리고 상호텍스트성」(2022) 등 다수의 논문이 있다.

이철우

알프레드 되블린(Alfred Döblin)의 자연철학적 시학에 대한 연구로 독일 쾰른 대학에서 박사학위를 취득한 후에 현재는 국립공주대학교 독어독문학과 교수로 재직 중이다.

모더니즘과 포스트모더니즘의 문화예술이론, 작가 알프레드 되블린과 칼 아인슈타인의 미학, 매체이론 등이 주된 연구분야이고, 최근에는 문화콘텐츠와 문화예술정책으로 연구 영역을 확장하고 있다.

펴낸 책으로는 *Die Verschleierung des Ich* (2013), 『문학, 사랑을 말하다』(2013) 등이 있고, 그 밖에 "Die Liebe als die Ermoeglichung der Moralitaet in Buechners Woyzeck" (2012), "Carl Einsteins Poetologie"(2012), 「알프레드 되블린의 소설이론에 나타난 서사적 자아의 구조분석」(2017), 「예술의 자율성: 절대산문과 입체파 소설로서의 칼 아인슈타인의 실험소설 『베부퀸 혹은 기적의 예술애호가들』 연구」(2020), "Ernst Juenger und das Judentum"(2022)을 비롯해 다수의 논문이 있다.

한울아카데미 2429

세계 연극사

지은이 **페터 짐한들 외**
옮긴이 **이문기·류용상·이은희·이철우**

펴낸이 **김종수**
펴낸곳 **한울엠플러스(주)**
편집 **배소영**

초판 1쇄 인쇄 **2023년 3월 17일** | 초판 1쇄 발행 **2023년 3월 24일**
주소 10881 **경기도 파주시 광인사길 153 한울시소빌딩 3층**
전화 031-955-0655 | 팩스 031-955-0656 | 홈페이지 www.hanulmplus.kr
등록번호 **제406-2015-000143호**

ISBN 978-89-460-7430-9 93680
Printed in Korea.

※ 책값은 겉표지에 표시되어 있습니다.

리트 이야기

독일 가곡과 악극, 시와 음악과 삶이 빚어낸 혼연일체의 예술

- 김희열 지음
- 2023년 3월 30일 발행 | 신국판 | 360면

리트: 시와 음악과 삶이 만든 클래식, 독일 문학의 또 다른 맛

혼연일체가 된 독일의 시, 음악, 그리고 삶

독일 시인들의 텍스트에 음을 붙여 만든 가곡 '리트(Lied)'는 당시의 시대상과 음악가의 성향이 맞물림으로써 시에 새로운 생명을 불어넣었다. 이제는 고전 음악이 된 리트의 시대적 배경을 이해하면서 듣다 보면, 우리는 당대의 문학가와 음악가가 지닌 고뇌, 신념, 예술성을 조금 더 깊이 이해할 수 있을 것이다.

이를 위해 제주대학교 독일학과 명예교수 김희열은 이 책에서 독일 가곡, 즉 리트가 어떻게 발전해 왔는지를 이야기한다. 또한 슈베르트, 슈만 부부, 브람스, 볼프, 바그너 등 기라성 같은 음악가들에 의해 문학이 어떻게 음악으로 재탄생했는지 설명하는 이 책은 더 깊이 있는 가곡 감상에 크나큰 도움을 줄 것이다.

(한영판 희곡) 신의 아그네스

- 존 필미어 지음 | 홍서희 옮김
- 2020년 11월 5일 발행 | 46판 | 208면

1979년 7월 26일 첫 공연 이래 전 세계 사람들의 사랑을 받아온 〈신의 아그네스〉
그 무대 공연의 감동을 한영판 희곡으로 읽는다

지은이는 오랫동안 '믿음과 신앙을 향한 의구심'이란 주제를 고심했다 한다. 그러던 어느 날 우연히 '수녀, 아기살해!(Nun Kills Baby!)'라는 신문 헤드라인을 본다. 뉴욕에 있는 한 수녀원에서 수녀가 피를 흘린 채 동료에게 발견되었고 이 수녀는 임신과 출산을 부인했지만 죽은 아기가 방 안 휴지통에서 발견된 사건이었다. 〈신의 아그네스〉는 이 신문 헤드라인에서 시작되었다.
옮긴이는 〈신의 아그네스〉, 〈뻐꾸기 둥지 위로 날아간 새〉, 〈아트〉 등 유명작품의 국내 공연을 위한 우리말 희곡을 써온 작가로, 이 책은 2020년 11월 예술의 전당 〈신의 아그네스〉 공연에 맞춰 새로이 옮긴 글을 옮긴이의 희곡으로서는 처음 서적 형태로 출판하는 것이다.
또한 우리말 번역과 함께 권말에 영어 원문을 원본 형태로 실었다. 우리말이 가지는 느낌과 영어 원문이 가지는 느낌을 서로 비교해 가며 연극을 보는 것도 흥미로울 것이다

한국 뮤지컬 반세기 스토리

- 박만규 지음
- 2017년 11월 30일 발행 | 국판 | 224면

한국 뮤지컬계의 원로가 이야기하는
뮤지컬과 함께한 반세기 이야기

예그린 악단에서 처음 뮤지컬 일을 시작해서 크고 작은 공연의 극본, 연출, 총감독을 해왔고, 서울시립가무단 단장, 1985년 방북 공연 총감독 등을 역임하며 시대가 요구하는 역사적인 공연을 펼쳐온 그가 한국 뮤지컬이 걸어온 험난한 길을 들려준다.
저자가 보여주는 뮤지컬이 걸어온 반세기는 엄혹한 시절이었고, 역동하는 시절이었고, 지금의 상식으로 예단할 수 없는 시절이었다. 저자가 소장한 어디에서도 찾을 수 없는 자료 사진들은 독자들을 당시의 생생한 현장으로 이끌 것이다.
이 책에 담긴 이야기는 저자의 이야기이자 그 시대를 살아온 우리 원로들의 이야기이며, 뮤지컬이 좋아 뮤지컬에 미쳐 살아온 수많은 뮤지컬인들의 이야기이다.